专史卷

中国奶业史

ZHONGGUO NAIYE SHI

刘成果 主编

中国农业出版社

图书在版编目（CIP）数据

中国奶业史．专史卷／刘成果主编．—北京：中国农业出版社，2013.5
ISBN 978-7-109-13740-0

Ⅰ．①中…　Ⅱ．①刘…　Ⅲ．①乳品工业－工业史－中国　Ⅳ．①F426.82

中国版本图书馆CIP数据核字（2013）第089560号

中国农业出版社出版
（北京市朝阳区农展馆北路2号）
（邮政编码　100125）
责任编辑　颜景辰　刘　伟　肖　邦　王森鹤

中国农业出版社印刷厂印刷　　新华书店北京发行所发行
2013年11月第1版　　2013年11月北京第1次印刷

开本：787mm×1092mm　1/16　　总印张：76.75
总字数：1 560千字
总定价：800.00元（共二卷）

《中国奶业史》编辑委员会

编写组

通史卷

古代篇 曹幸穗 张 苏 柏 芸

近代篇 曹幸穗 顾佳升 张 苏 苏天旺

现代篇 曹幸穗 徐定人 李 栋 王林昌 赵 伟 周振峰 王树贵 晋 萍 陈小凤 毕鉴琨

大事记 刘 琳 曹幸穗 李 栋 王林昌 周振峰 赵 伟 汤承超 许世卫 冯艳秋 林少华 陈晓明 毕鉴琨 张 苏 晋 萍

专史卷

奶牛育种史 张 沅 王雅春 张胜利 陈绍祜

奶牛繁殖 杨利国 于德洪 杨武才 宋亚攀 肖 遥 熊家军 滑国华 韩 丽 付树斌 甄艳红

奶牛疾病防治 冯忠泽 杨劲松 毛开荣 顾进华 巩忠福 陈小云 李俊平 吴 涛 姚文生 范学政 李 宁 蒋 颖 彭小兵 杜昕波 李伟杰 李 虹 李 建

奶牛饲养 王加启 周振峰 张养东 赵海燕

乳制品加工 张书义 顾佳升 许晓曦 汤承超 冯艳秋

乳品消费 聂迎利 许世卫 冯艳秋

特色奶业史

中国羊奶业史 张书义 罗 军 渊锡藩 曹斌云 王建民

中国水牛奶业史 黄 锋 杨炳壮 章纯熙 李大林 梅 俊 陈玉明

中国牦牛奶业史 阎 萍 梁春年 潘和平

其他特色奶业史略 芒 来 陆东林 吉日木图 张书义

奶业管理与服务 许世卫 孔繁涛 张永恩 吴建寨 董晓霞 任育锋 于海鹏 陈天霞 李志强 李哲敏

国际交流与合作 冯艳秋 杨 俐 陈天霞 韦 璐

统稿组

组 长 魏克佳

副组长 刘 琳

成 员 李 栋 周振峰 赵 伟 毕鉴琨

审 稿

徐旺生 李 群 魏荣禄 王福兆 庹国柱

通汇古今　开创未来

刘成果

“欲知大道，必先为史。”这是因为，历史是民族的记忆，不仅可以从其发展进程中找到现在甚至以后多种现象的胚胎和萌芽，而其真正价值在通汇古今，洞观当代，开创未来。

中国是四大文明古国之一，也是历史悠久的农业大国。勤劳、勇敢、智慧的中华民族创造了辉煌的文明和灿烂的文化。其中，以家畜养殖为起源的奶业历史久远，是中国饮食文化中不可或缺的重要组成部分。中国关于奶的记载已有近2 500年的历史，近代奶业上百年，新中国奶业也已走过60多年的岁月，目前中国已经步入建设现代奶业的新阶段。然而，迄今为止仍没有一部记述中国奶业发展历程的史书。因此，编撰《中国奶业史》就成为我们这代奶业人的历史责任。

在农业部有关司局和单位的鼎力支持下，经过中国奶业协会和业界同仁五年的辛勤努力，中国奶业第一部史书——《中国奶业史》即将问世，借此机会我写下几段文字，忝列为序。

历史——源远流长

人类饮奶的历史悠久，饮食畜奶是人类文明的产物。自从生物进化链条上出现哺乳动物以来，它的雌性母体就会分泌出一种“天化神造”的白色乳汁，用以哺育幼崽的成长。处于进化链条高端的人类，也是依靠这种方式繁衍生息，绵延以至无穷。在以往的悠远记忆中，人类从何时开始饮用畜奶一直是个谜。但可以想象，人类“拘兽为畜”开创畜牧业之后，自然会伴生挤奶、饮奶活动。随着近年科技考古昌明，土耳其出土的陶品碎片发现了动物奶的痕迹，以科学测定结果向世人昭示，人类的祖先至少在9 000年前就已开始饮用畜奶。

长期以来，一直存在一种观点，认为欧洲人更耐乳糖。因此，认定饮奶习俗源自欧洲，包括中国在内的东亚等地区，饮奶是“西风东渐”的结果。然而，当本书结稿之后，这种观点将被订正和改写。中国古籍文献中的“饮奶记忆”证实，中华民族不仅是古代奶业文明的创造者之一，而且同时也是奶业技术的发明者之一。中国有“羊奶育孤”的远古传说，有“郯子鹿乳奉亲”的孝子故事。大约在春秋战国时期成书的《黄帝内经·素问》中就提出了“五谷为养、五果为助、五畜为益、五菜为充”的膳食配伍原则。其中“五畜为益”，是指“人食畜肉，饮其汁”大有益处，这里的“汁”就是畜奶。也在此时，中国就有了“醴酪”的乳品记载。公元前，西汉的医书《十问》，已有“饮走兽泉英，可以却老复壮”的描述，甚至出现了“养羊酤酪以供伏腊之费”的“奶业专业户”。在公元6世纪中叶成书的《齐民要术》中，有了世界上最早最完整的传统乳品加工技术的记载。公元10世纪《魏书》里又有“常饮牛乳，色如处子”的记述。公元11世纪中叶，发源于拉萨周边的藏族宗教节日——雪顿节，就是吃酸奶的节日（藏语“雪”就是酸奶，“顿”就是吃的意思)，可见当时利用高原之宝——牦牛奶酿制酸奶的技术已普遍成熟。到了唐宋时代，宫廷御膳师们利用冰窖制作出的冷饮乳制品“酥山”就是冰激凌的雏形。元代蒙古人利用牛、马、羊和骆驼奶煮沸，去掉奶油烘晒干后，捣碎装入瓶中，骑马远征时，加水混合饮用，这实际上就是奶粉的前身。到了明代，李时珍医学巨著《本草纲目》中详记了《服乳歌》:“仙家酒，仙家酒，两个葫芦盛一斗。五行酿出真醍醐，不离人间处处有。丹田若是干涸时，咽下重楼润枯朽。清晨能饮一升余，返老还童天地久。”清朝，牛奶更是皇亲国戚享用的上品。近年复原制作的“清宫全乳宴”，其豪华丰盛的“色香味形”依然倾倒多少中外宾客，让许多乳品专家也叹为观止。

19世纪中期以来，随着专用奶畜品种、养殖技术和经营方法通过信息交流及人员往来等多种渠道直接或间接地引入中国，特别是城市工商业和食品科技装备的发展，逐步形成了中国近代奶产业胚芽。从那时起，人们喝到的牛奶，才真正开始从神圣的祭品、皇家的贡品、贵族的礼品、待客的上品、珍稀的药品乃至特殊人群的补品等逐步变成一种融入了当代科学技术、营养知识及商业广告等多种元素而共同打造出来的商品，变成了受社会普通消费者关注和饮用的大众食品。至此，乳制品才开始撩开它那贵族奢侈品的神秘面纱，由“旧时王谢堂前燕”，逐渐“飞入寻常百姓家”了。

现实——方兴未艾

新中国成立60多年来，特别是改革开放以来，在经济社会快速发展，人民生活水平不断提高，对乳品消费需求激增的拉动下，中国奶业发展迅速，成效显著。一是奶牛存栏量由1949年的12万头发展到2011年的1 440万头，增长了119倍，年均增长8.0%。二是奶类总产量由1949年的21.7万吨，增长到2011年的3 810.7万吨，增长了174.6倍，年均增长8.7%。三是乳制品产量由1952年的624吨，增长到2011年的2 388万吨，增长了38 268.2倍，年均增长19.6%。四是乳品消费量持续上升，成为畜产品消费量中增长最快的产品。奶类人均占有量由1949年的0.45千克提高到2011年的27.9千克，增长了61倍，年均增长6.9%。五是奶业相关法律法规不断完善。2007年9月27日，国务院印发《关于促进奶业持续健康发展的意见》。2008年以后，国家先后出台了奶业的第一部法规——《乳品质量安全监督管理条例》和66项新乳品安全国家标准，还发布了《奶业整顿和振兴规划纲要》等一系列政策性文件。

正确的评估是，中国奶业作为一个产业已经初步形成，但乳制品仍然存在巨大的需求潜力和广阔的发展空间。这主要是取决于奶类的营养价值和保健功能。奶类是大自然赐予人类“最接近完美的食物”，不仅富含人体所需要的蛋白质、脂肪，钙、磷等多种矿物质，维生素A和维生素B_2等多种维生素，各种氨基酸，以及诸多活性免疫因子等营养物质，而且含量丰富，比例合理，消化吸收率高，胆固醇含量较低，具有很好地促进成长发育、保健、美容、养生等功效。奶类能够哺育生命，奶类可以强壮民族。因此，西方把奶牛尊称为人类的保姆，《圣经》中把“圣地”称为流淌奶和蜜的地方。国际社会积极推动奶类消费，世界卫生组织已经把人均奶类消费水平列为衡量一个国家人民生活水平的主要指标之一。2006年6月2日中共中央总书记、国家主席胡锦涛同志就审时度势，因势利导地精辟指出：“牛奶本身就是温饱之后小康来临时的健康食品，不仅小孩要喝，老人要喝，最重要的是中小学生都要喝上牛奶，提升整个中华民族的整体素质。”之所以说这段话精辟，就是文字不多，层次清晰，重点明确。一是指出温饱之后小康来临时是奶类消费增长的新阶段；二是明确了重点消费人群；三是指出奶是健康食品，饮奶的目的是提升整个中华民族的整体素质。在这一思想指导下，卫生部组织制定并发布的《中国居民膳食指南（2007）》，对乳制品消费提出指导意见：“每天吃奶类，大豆或其制品”，同时在新版《中国居民平衡膳食宝塔》中，奶类和豆类食物合居第4层，内容是强调每天每人应吃相当于300克鲜奶的奶类及其制品。按此要求，目前中国居民人均奶类占有还不足其1/4。经教育部审定的义务教育课本《体育与健康》（一至二年级）中明确提出：“儿童处于生长发育的重要阶段，每天喝一杯牛奶能够促进身体长得又高又壮。”最近开始实施的“全国农村义务教育学生营养改善计划”，对不同地区、季节、学龄阶段的推荐食谱中都明确提出了饮奶的要求。可以预见，随着上述这些要求的逐步落实，乳制品一定会受到越来越多人群的青睐，作为奶业发展原动力的消费需求势必不断释放出来。

此外，西方盛传一个说法：上帝给人类两大恩赐，一是豆科植物，二是反刍动物。前者生产丰富的蛋白质，它的根瘤是天然氮肥发生器；后者的瘤胃是天然发酵罐，它将人类不能直接食用的植物纤维转化为动物蛋白。文学巨匠鲁迅先生的名言：“牛，吃的是草，挤出的是奶”，形象地揭示了西方上述说法蕴含的科学道理。正因为如此，奶业是世界上公认的节粮、经济、高效型的产业。奶牛是消耗粮食最少、饲料报酬最高的家畜，它能将饲料中能量的20%、蛋白质的35%转化到奶中。用同样饲料喂奶牛获得的动物蛋白质至少高出养猪的2倍。而且，种草养牛，本身就是循环农业经济体系上不可或缺的重要环节，还是有机生态农业持续发展的必要条件。

鉴于上述情况，我们可以坚定地说：目前中国奶业形势可谓是方兴未艾，作为新兴的健康产业，今后趋势必将是持续发展。

未来——任重道远

中国奶产业虽然已经初步形成，但尚处在成长期，远未达到成熟的程度。表现在奶牛饲养环节上，良种覆盖率低，养殖方式落后，单产水平不高；在乳品加工环节上，原料奶收购价格形成机制不健全，与奶源基地没有形成稳定合理的利益关系，乳制品质量安全事故较多，企业之间竞争不规范；在消费环节上，消费群体培育滞后，消费信心不足与盲目消费并存；在监管环节上，标准缺位、监管不到位同时存在；包括个别媒体不负责任的舆论炒作，也往往产生误导；从全行业上看，行业自律缺乏，核心价值观没有完全树立，文化导向不自觉，社会责任缺失。这些问题和不足，是奶业在成长阶段必须经历和面对的，也是在今后转型过程中需要认真关注和重点解决的。所谓转型，就是转变奶业发展方式，即由速度型转向效益型，由数量型转向质量型，由传统型转向现代型。在此过程中，传统的弊端在减少，现代的因素在增加，最终使中国的民族奶业逐步走向成熟。刚刚胜利闭幕的中国共产党第十八次全国代表大会明确提出：到中国共产党成立一百年时全面建成小康社会，并实现国内生产总值和城乡居民人均收入比2010年翻一番；在新中国成立一百年时建成富强民主文明和谐的社会主义现代化国家。为了这两个百年宏伟目标的实现，必须全面加强现代奶业建设，具体应该做到迈上“两个”台阶，坚持“四化”道路，实现“六型”愿景。

迈上“两个”台阶：第一个台阶是到中国共产党成立一百年或再长一点时间，奶类人均占有量比2010年争取翻一番，接近2012年亚洲平均水平；第二个台阶是到新中国成立一百年时，奶类人均占有量争取再翻一番，达到2012年世界平均水平。

坚持“四化”道路：就是生产方式规模化，增长方式集约化，管理方式标准化，经营方式一体化。生产方式规模化是基础，但规模化要适度。所谓适度，就是要保证三个能力：即青粗饲料的供给能力，粪污的消纳能力，疫病的防控能力。规模化的实现形式多种多样，可以是规模化的牧场，可以是股份合作社，可以是奶牛公寓、托牛所等，不管什么形式，但绝不能是人、畜混居的集中散养，必须做到奶牛繁育、饲料饲养、疫病防控、机械挤奶、粪污处理等统一的专业化养殖。集约化是核心，其本质是技术集成，走技术密集型的路线，通过提高科技含量，提高产量，增加效益。标准化是关键，是实现集约化的抓手，只有实现标准化，各项技术和管理措施才能到位，才能达到集约化的目的。一体化的本质是产业链条各个环节，特别是乳品加工企业和奶源基地之间利益关系的一体化，这是现代奶业健康发展的重要保障机制。一体化的实现形式，无非是乳品加工企业自建奶源基地，奶牛养殖者利用股份合作方式组织起来自建加工企业，再就是加工企业和奶源基地利用规范的合同建立契约关系，严格按合同文本办事，形成紧密和谐的利益共同体。

实现“六型”愿景：即循环经济型，质量效益型，增长集约型，自主创新型，产业一体型，文化导向型。一是循环经济型。首先，农牧结合。中国奶业的发展，牧区今后仍有一定的发展空间和潜力，但更多的新增长点主要在农区。在农区发展奶业，必须坚持农牧结合的道路，做到为养而种，把粮经二元种植结构转变为粮经饲三元结构。其次，资源节约。除了利用良种良法提高饲料报酬率外，能够充分利用农作物的剩余物，如秸秆、藤叶、籽壳和糟渣等宝贵资源，转化为奶。再次，环境友好。做到人、畜分离，将粪污进行无害化处理，资源化利用。同时要考虑资源的承载能力，确定合理的饲养规模。二是质量效益型。质量是生命线，效益是生产力。质量的核心是营养安全和卫生安全，其关键是提高原料奶的质量。从营养指标上，原料奶要通过科学的饲养管理提高干物质含量；从卫生指标上，要把体细胞数、细菌总数和药物残留量降下来。提高效益主要通过三个途径：增产增效、节本增效和提质增效。从战略方向考虑，引进并培育优质乳肉兼用品种牛是提高综合效益和竞争力的一举多得的必然选择。三是增长集约型。要改变增长方式，把奶业的增长点转到依靠科技进步和从业人员素质提高的轨道上来，以规模化为载体，达到标准化，实现集约化。四是自主创新型。目前，中国奶业科技对外依赖度较高，必须加大自主创新力度。要通过增加科技投入，培养科技人才，以企业为主体，走产、学、研结合的路子。加大研发力度，进行技术攻关，实现原始创新、集成创新、引进消化吸收再创新，增加拥有自主知识产权的优良品种、核心技术和关键设备。五是产业一体型。要创新体制和机制，通过科学合理的方式整合协调产、加、销各个环节，扭转目前相互割裂的局面，提高整个产业的组织化程度，形成利益共同体，实现产业化经营。六是文化导向型。文化是灵魂，是基因，是软实力。建设现代奶业，必须发挥先进文化的引领作用，要自觉地打造文化链条。在奶牛饲养环节，以“养健康牛，产优质奶”为基点；在乳品加工环节，以“安全、营养、适口性强”为基点；在消费环节，以“理性消费，科学饮奶”为基点。在全行业提倡“奉献营养，服务健康”这一核心价值观，弘扬以“勤”、“智”、“诚”为载体所蕴含的奋斗精神、科学精神、奉献精神。所有业内及相关企业，特别是乳品加工企业，要加强企业文化这一精神家园的建设，要让企业家的血脉里流淌着道德之血液，严格自律，自觉当好企业公民，履行社会责任。

如果说迈上“两个”台阶是数量目标，而“六型”愿景则是质量要求，尽管实现这样的目标要求，任重而道远，需几代奶业人不懈奋斗，但现代奶业的梦想，从来没有像现在这样如此接近我们。只要坚定信心，坚持先进文化导向，坚持科学发展，坚持创新奶业经营体系，就一定能够在实现中华民族伟大复兴的征途上，续写现代奶业健康发展的新篇章。

目录

第一章
奶牛育种史

在影响奶业发展的诸多技术要素中，奶牛的遗传素质是最重要的影响因素。据国际公认的各技术因素对奶业生产效率提高的贡献率分析结果，良种和群体遗传改良技术的贡献率占40%以上。纵观世界奶业发展的历程，是以培育奶牛良种为起点，而良种的遗传改良又引领和推动了奶业的发展。

尽管中国人养牛挤奶历史悠久，但中国专用奶牛品种的培育历史仅可追溯到19世纪中叶。经过百余年的不懈努力，培育了中国现代奶业的主导品种——中国荷斯坦牛（1992年前称为中国黑白花牛），同时还培育了中国草原红牛、三河牛、新疆褐牛和中国西门塔尔牛等4个乳肉兼用牛品种。从20世纪80年代起，又紧跟国际奶牛育种科技发展趋势，在中国的培育奶牛品种中，开展了构建群体遗传改良技术体系的工作。

鉴于此，本章拟就中国奶牛（包括兼用牛）品种培育历史和群体遗传改良技术进展历程作一概述。

第一节　中国荷斯坦牛（黑白花牛）品种培育简史

中国黑白花牛的品种培育工作可追溯到19世纪中叶。当时随着欧洲商人和传教士进入中国，从荷兰、德国、俄国等地陆续带进来一些奶牛，这些奶牛主要饲养在一些大中城市郊区和东南沿海一带。开始引进的奶牛品种较多，有荷斯坦牛、爱尔夏牛、娟姗牛、瑞士褐牛、短角牛等，但由于荷斯坦牛（俗称荷兰牛）良好的杂交改良效果，使得人们更偏爱毛色为黑白花的荷斯坦牛。荷斯坦牛引入中国后，一方面在小范围内进行纯种繁育，另一方面为了扩大奶牛的数量，也使用纯种荷斯坦公牛对本地黄牛进行杂交改良。经过数世代的级进杂交（upgrading）后，进行杂种牛的横交固定；又经过多世代的选育，逐步形成了特性与特征表现一致，遗传稳定，适应性强的奶牛群体，成为了育成中国黑白花牛品种的基础。中国黑白花牛育成的过程大体上可综合如图所示[1]：

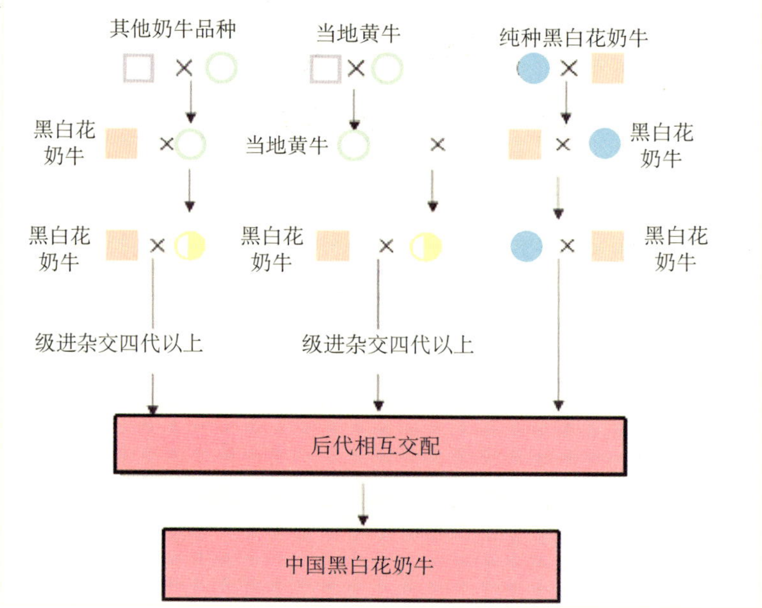

中国黑白花牛育成示意图（中国奶牛协会，1985）

（方框表示公牛，圆圈代表母牛，黑色代表黑白花牛，空白代表非荷斯坦牛。其他品种是指娟姗牛等其他引进品种）

概括来说，中国黑白花牛品种的育成过程可分为三个阶段：

一、引进、杂交改良的初级阶段（1840—1948年）

这阶段经历了1个多世纪的时间，又可分为两个主要时期：

（一）奶牛养殖产业的萌芽，专门化品种奶牛引进中国（19世纪中叶至20世纪初）

据《中国通史》记载，中国“畜禽优种以乳牛引进为最早”。上海是中国引进欧洲专用品种奶牛和创办专业奶牛场较早的城市之一。从各地史料中都能获得专业奶牛养殖兴起时，从种牛引进，到与当地黄牛杂交，再到扩大牛群规模的历史痕迹。

1869年11月苏伊士运河的通航，为欧洲奶牛引种到亚洲创造了条件。1870年（清同治九年）英国的爱尔夏牛被侨民带到上海，之后又引入红白花奶牛[2]。1901年（清光绪二十六年），上海徐家汇天主教修女院开始饲养荷兰种荷斯坦奶

[1] 张其盈，李坚．中国荷斯坦牛（原中国黑白花奶牛）的培育与推广．中国奶牛协会1998年编发的内部资料：22.

[2] 中国畜牧兽医学会．1992．中国近代畜牧兽医史料集．北京：农业出版社：119−123.

牛（共6头，其中1头公牛），较其他品种牛产奶量高，其后不久荷斯坦牛就遍及全上海。当时引种目的是外侨“挤乳自用”。各国侨民的涌进，造成了对牛奶的需求剧增，这是中国发展奶牛业的市场基础。1842—1891年，福建、广州、上海、天津、北平及河南开封等地，以教会、洋行、侨民或在华办校等形式，先后引入荷斯坦牛以及少量的爱尔夏牛、娟姗牛、瑞士褐牛、短角牛、无角红牛等品种[1]。

随着大量奶牛的引入，奶用公牛与本地黄牛母牛开始杂交。清光绪十二年上海广东路的一家牛奶棚成为有记载的首家获得进口种奶牛的养殖户。光绪十九年，上海安福奶棚使用杂交技术改良当地黄牛获得成功。1919年外侨丁氏运来荷兰牛6头（其中公牛1头）供华西大学、四川大学农学院教师和传教士挤奶饮用；虽然无产品对外，但丁氏所饲养的种公牛开始对外配种。在市场需求与可用奶牛品种的双重作用下，各地开办牛奶场日渐增多，大多供外侨和少数知识界、商界人士所需。到1900年，上海已存栏奶牛800余头；1910年北平经营奶牛的养殖场已增加到18家，少则几头，多则不过12～13头，每头每日产奶5千克左右。这个时期，随着奶牛存栏头数的增加，杂交改良牛的比例逐渐增加，形成了中国奶牛品种培育的初始基础。

（二）奶牛养殖产业的发展，奶牛群体初见规模（20世纪前半叶）[2,3]

20世纪20年代，在中国奶牛发展历史上形成了以商业经营为目的、国人斥资引入奶牛和建设奶牛场的高潮期。1928年（民国17年）前后，上海奶牛业日臻完整，一些实力较强的牛奶棚开始从国外批量引进奶牛，显著的特点是，引进行为不再是早期的非营业性为主的模式，而是以外国商人，也不乏中国的达官贵人和社会贤达们为投资主体的商业运作模式[4]。大部分荷斯坦种牛引自于美国、加拿大和日本，也有少量引自澳大利亚、英国、丹麦和俄国等国。此时荷斯坦牛及其杂种后代表现出的产奶量高等遗传特性逐渐为养殖者认可。在上海、北平、天津、广州、温州、昆明等城市及周围农村，出现了奶牛养殖及专业乳制品生产和销售的奶业产业链雏形。1918年，东南大学（后合并成中央大学）农学院创办实验牧场，从国外引进20多头黑白花牛，旨在建立荷斯坦牛良种繁育基地。据谢成侠教授记述，虞振镛先生1920年赴美入德克萨斯州农工学院专攻乳牛学，1921年他用清华大学集资款选购了良种荷兰种荷斯坦牛、娟姗牛和爱尔夏牛共13头，亲自运送回国并在清华学校附近创建了“清华奶牛场”（后称北京模范奶牛场）[5]，这

1　王煜．1997．天津奶业大事纪实．

2　中国畜牧兽医学会．1992．中国近代畜牧兽医史料集．北京：农业出版社：74-88．

3　谢成侠．1985．中国养牛羊史（附养鹿简史）．北京：农业出版社：130-133．

4　王毓峰，沈延成．1984．上海市牛乳业发展史．上海畜牧兽医通讯（12）：1-14．

5　张其盈，李坚．中国荷斯坦牛（原中国黑白花奶牛）的培育与推广．中国奶牛协会1998年编发的内部资料：22．

是当年由国人经营规模最大的、集生产与良种繁育为一体的奶牛场。该奶牛场的建立，带动了北平地区良种奶牛养殖业的发展，到1936年北平地区从事良种奶牛生产的牛场已发展到78家，一年后又扩大到110家，全市存栏奶牛近1 000头。同年，南京地区亦有官办、校办、教会办、私营个体大小奶牛场38家。这一时期，全国乳用牛群体迅速扩大。

抗日战争期间，又由日本输入大量荷斯坦牛。例如，20世纪40年代中期，模范牛奶场、丙子牛奶场等共从日本小岩井购进荷斯坦母牛约200头，进一步扩大了黑龙江、北平地区的奶牛群规模。抗战胜利后的1946年（民国35年）秋，联合国"善后救济总署"在江湾跑马厅内设饲养站，接收了美国、加拿大、澳大利亚、新西兰等国捐赠的以荷斯坦牛为主的8个品种3 352头奶牛，无偿援助给国民政府，这批救济物资主要分配到上海、北平、南京等各大城市的高等院校和农业研究所等单位的附属奶牛场及部分私人牛场[1]。这是中国首次大规模引进北美的优良奶牛种质，对后来中国黑白花牛品种培育产生了一定的影响。

总体来说，20世纪前半叶，中国开启了奶牛养殖产业的历程，为了扩大群体规模，提高生产水平，多次从国外引进优良奶牛种质，通过纯繁和与中国黄牛杂交改良，使中国的乳用牛群体初具规模，为后来育成"中国黑白花牛"形成了种群基础。

二、有计划地杂交和横交固定阶段（1949—1971年）

到新中国成立前夕，上海、北京、南京、天津等地已经成为城市型奶牛养殖与繁育中心。1949年，上海有64家奶牛场，混合群存栏4 880头，日总产奶量17 645千克[2]；北京市奶牛存栏1 500头左右，其中荷斯坦牛及其杂交改良后代1 100头[3]。

自20世纪50年代起，在中国一些大中城市（如北京、上海等）郊区和一些农牧区（黑龙江省等）相继建立了国营大型奶牛场，开始对当时的黑白花混血杂种牛群进行整顿，有计划地使用经过选育的杂种公牛在牛群中配种，以达到横交固定的目的。在此期间，也有的地区为迅速扩大奶牛群的规模，直接使用纯种荷斯坦公牛与当地黄牛进行级进杂交。主要过程如下：

（一）以国营奶牛场为主，逐渐形成品种改良育种基地

新中国成立前的奶牛业不但家底薄，而且是个"烂摊子"。据调查，中国1949年奶牛存栏12万头，其中，纯种荷斯坦牛仅2万余头。这些奶牛主要分布在大中城市和滨州铁路沿线，其中，北京共有奶牛1 500头，天津811头、上海4 880头、南京531头、武汉525头、西安220头、大连335头、昆明834头。

---

1 中国黑白花奶牛育种简史（讨论稿，执笔人为李易方、王伟琪和秦志锐）.1982.中国黑白花奶牛育种科研协作组.

2 王毓峰，沈延成.1984.上海市牛乳业发展史.上海畜牧兽医通讯（12）：1-14.

3 北京市奶牛育种小组、北京市奶牛研究所.1982.北京市黑白花奶牛育种简史（初稿）.

当时全国为数不多的奶牛场绝大部分是由个体、私营和少数外商经营，大部分在城市内设场，饲养规模小，管理粗放，环境污染严重，牛群品质混杂，生产水平低，而且奶牛疾病蔓延流行，特别是人畜共患的结核病和布鲁氏菌病的感染率相当高。为了整顿和发展奶牛养殖业，国家一方面对奶牛群推行淘汰或隔离病牛、培养健康牛群等一系列疫病防治措施，使得牛结核病和布鲁氏菌病很快得到控制；另一方面在大中城市郊区创建了一批大型国营农场，开辟新的奶牛生产基地。1956年对坐落在城市内的私营个体小奶牛场实施了社会主义改造，将其吸纳到国营奶牛场中，扩大了国营奶牛场的生产规模。以北京为例，1955年北京市城内有655个私营小奶牛场，共饲养2 957头奶牛，1956年实行公私合营后，将城内的奶牛全部迁到城郊的4个国营农场[1]。再以上海为例，新中国成立初期，上海市政府对私人奶牛业采取扶持政策，稳定了奶牛生产。1956年实行公私合营后成立“上海市牛奶公司”，私营奶牛场均迁入牛奶公司下辖的各奶牛场，并在全市牛群中进行了牛只来源、生产性能、健康状况的普查工作[2]。通过牛群整顿，使得全市奶牛群在整齐度、生产水平和规模等方面均有较大的发展。在奶牛场中普遍建立牛籍卡档案制度，形成了品种登记工作的雏形，为进一步开展育种工作打下了良好的基础。

各地陆续建立的国营或公私合营规模化奶牛场，为中国奶牛育种工作奠定了坚实的基础。从此时开始，中国奶牛育种工作就以北京、上海为中心，逐步向其他省份辐射，开启了中国黑白花牛新品种培育历程。

（二）建立育种组织，制定育种目标，实施育种技术措施

1959年农业部召开了首次全国家畜家禽育种工作会议，在交流、总结新中国成立后各地对畜禽品种改良和良种繁育经验基础上，提出了开展畜禽育种、加强种畜禽场建设、提高畜禽质量的要求。这次会议进一步推动了奶牛品种改良工作的开展，全国大部分省、自治区、直辖市，根据会议精神拟定奶牛育种方案，在牛群整顿和普查鉴定工作基础上，制定了黑白花牛级进杂交和横交固定方案。但当时由于缺少全国统一育种方案和相应的育种组织，各地奶牛育种处在各自为战、各树一帜的状况，尚未形成强有力的合力。

20世纪60年代初，在北京、上海先后出现的奶牛场间交流种牛选种技术、交换使用种公牛、试行人工授精技术等合作形式，初现了一种联合育种的组织形式，对牛群遗传改良起到积极作用。但这种组织形式是自发的，涉及范围很小，且合作组织的机制和功能也不健全。根据奶业发达国家的成功经验，奶牛遗传改良需要建立全国性或较大范围地域性的育种组织。

1 北京市奶牛育种小组、北京市奶牛研究所.1982.北京市黑白花奶牛育种简史（初稿）.

2 王毓峰，沈延成.1984.上海市牛乳业发展史.上海畜牧兽医通讯（12）：1–14.

中国最早的奶牛育种组织出现在北京，1961年在北京市国营农场管理局主持下，成立了“北京市国营农场奶牛育种小组”[1]。由参与奶牛生产和品种改良的农场领导干部、技术人员、老工人以及高校、科研院所相关专家组成，这一地方性奶牛育种组织与国营管理体制相互配合，首先对全市奶牛群进行普查和整群，建立和健全了牛场谱系资料，编制了奶牛现场品质鉴定指导书，制定了统一的系谱和各种育种记录表格、开展牛只个体登记、产奶记录等各种育种记录制度。为了推行新品种培育，对不同代次的改良牛进行横交试验，制定了“自群选育为主，杂交改良为辅”的育种方针。1957年，上海市牛奶公司拟定以“乳牛良种登记”为主要手段，带动牛群改良的良种化进程。通过清查系谱、核算生产性能、建立技术档案，同时培训出一批土洋结合、具有奶牛外貌鉴定技能的育种技术员。1973年成立“上海牛奶公司育种领导小组”，重新修订上海市牛奶公司良种登记标准，确定核心群育种策略。各地国营农场局也相继建立类似功能的育种组织，并与教学科研单位的专家合作，编写了一批诸如《乳牛鉴定办法》、《奶牛育种资料记录方法》等奶牛育种技术规程。这一时期，农业部在北京、上海等地组织了多次奶牛场技术人员的培训和研讨班，部署各地进行体质外形、生长发育及生产性能的调查。一些省区也着手制订黑白花牛地方性标准，并组建本地区的奶牛核心群。

（三）开展奶牛群体调查、外貌鉴定和个体登记[2]

群体调查是最初育种组织进行的首要工作，根据调查结果并结合苏联的育种经验，分别制订了北京和上海的地方性《黑白花牛鉴定标准》，在这些标准中体现了中国黑白花牛品种的最初育种目标。1962年北京市国营农场奶牛育种小组对当时的北京黑白花牛的体质外形、生产性能及生长发育进行了普查。从中选出的1 039头牛，按当时北京黑白花牛鉴定标准，一等牛639头，特等牛279头；其中高产牛69头，平均产奶量为5 079千克，这一生产性能高于当时苏联的水平，且不低于世界其他奶用品种的性能。1963年北京市国营农场奶牛育种小组对北京黑白花牛群中不同来源种公牛的杂交效果进行了比较，认为荷系荷斯坦种公牛（俗称小荷兰）的杂种后代，乳成分改进程度优于产奶量改进程度，体尺略小，但尻部和乳房结构有明显改进，比较适合北京地区的养殖条件。1964年编写的《北京黑白花奶牛育种资料汇编》（第一集）中公布了“北京黑白花牛鉴定图谱”，详细规范了包括整体观察和鉴定、外貌部位的观察与鉴定，以及种公牛鉴定在内的“种牛鉴定的方法”；1965年，北京市国营农场奶牛育种小组应用部分种公牛后裔的生产记录，采用国外当时使用的简单算法，进行了种公牛育种值估计。事实上，这是中国奶牛育种史上首次进行的种公牛遗传评定工作。

1　北京市奶牛育种小组、北京市奶牛研究所.1982.北京市黑白花奶牛育种简史（初稿）.

2　北京市国营农场奶牛育种小组.1964.北京黑白花乳牛育种资料汇编（第一集）.

1957年上海市牛奶公司成立伊始就着手在牛群中清查系谱、外貌鉴定、核算生产性能，建立技术档案，并参照苏联的一套办法，结合上海的实际情况制定了《上海良种奶牛登记标准》，初步开始良种母牛鉴定登记工作。经鉴定，在全市5 767头成母牛中，有522头符合良种标准，179头种公牛中，有18头符合良种标准，占10.06%。

良种群体公、母牛的鉴定和选择，标志着中国奶牛育种由杂交改良阶段开始逐渐进入横交固定阶段。

（四）集中管理种公牛，初步构建奶牛良种繁育体系[1]

动物遗传育种学理论与奶业发达国家的成功经验表明，种公牛对牛群遗传改良的作用最大，而其贡献率又受种公牛的使用方式和繁殖技术的影响。中国奶牛养殖初始阶段，种公牛与母牛同养在一个牛场中，实施人工辅助的自然交配，公牛的遗传水平得不到保证，且使用效率很低。20世纪50年代后期，在奶牛群相对集中的地区，尤其是大城市郊区国营牛场开始实行种公牛集中饲养和使用，虽然与其后的人工授精公牛站建制相比，当时公牛遗传种质传播的范围仍十分有限，但与之前的分散饲养相比，已经显示出其优越性。1957年北京市最早的种公牛站在南郊农场建立，开始对种公牛以农场为单位进行集中管理，提高了公牛的使用效率。公牛站成立以前（1953—1956年），每头公牛年平均仅承担52.9头母牛的配种任务，公牛集中管理后，平均每头承担162头母牛配种。到1965年实施了鲜精人工授精技术，每头公牛平均配种母牛达336头，种公牛在全群中的比例，由1953年的1.5%下降到1965年的0.25%。公牛集中使用后，促进了种公牛选育强度的提高，1962年北京市试行依据后裔性能分析并结合其自身鉴定的综合评定法选择种公牛。

继北京南郊农场建立了种公牛站后，种公牛集中管理措施在各地迅速推广，提高了公牛培育和选种的科学性。例如，1956年上海成立牛奶公司后，整顿工作首先针对公牛，全市公私合营时所使用的公牛200余头，通过性能记录分析和现场鉴定，淘汰其中50%体型外貌不符合要求、血缘不明或近亲的公牛；1959年又依据亲代泌乳性能等系谱资料，从103头公牛中选留69头；1963年再依据公牛后裔生产性能分析结果，选留其中43头作为种公牛；到1965年，按不同血缘建立10个系和2个副系，并建立8个种公牛集中管理的公牛站。

通过公牛集中管理和利用后裔及半同胞性能分析结果选留优秀种公牛（包括引进纯种牛后代和杂交公牛），使得全国黑白花公牛遗传水平明显提高，1965年以后出现了新中国成立后奶业发展的第一个高峰。

---

1 北京市国营农场奶牛育种小组.1964.北京黑白花种公牛情况分析//北京黑白花乳牛育种资料汇编（第一集）.

世界各国奶牛育种发展进程中，繁殖技术的应用都起到了重要作用。迄今为止最为成熟的繁殖生物技术就是人工授精技术，通过人工授精技术的应用，不仅可以大大降低种公牛的饲养量，节约成本，更重要的是可以使优秀种公牛遗传优势最大限度地传播扩散，提高奶牛群体遗传改良的速度。中国奶牛人工授精技术应用起始于20世纪50年代初，当时原农垦部所属北京双桥牛队、北京市南苑畜牧场（南郊农场前身）德茂牛场，开始试用人工授精配种制度[1]。1958年上海已全面推广人工授精配种技术。与此同时，科技工作者又开始研究精液冷冻技术，并于1958年应用干冰（－78.0℃）为冷源试制牛冷冻精液成功；20世纪60年代内蒙古畜牧科学院和黑龙江省畜牧研究所相继研制成功"安瓿"分装牛冷冻精液；1963年北京北郊农场用干冰研制颗粒冻精成功；1965年农垦部从荷兰引进液氮发生器（型号PLN106），并在北京北郊农场使用液氮（－196.0℃）为冷源制作和保存牛冷冻精液获得成功。使用人工授精技术后，采取公牛统一管理的措施，提高了公牛选择强度，促进了黑白花牛群中高代次杂种牛的横交固定，使牛群的整齐度、生产性能和遗传水平普遍提高。

三、选育提高阶段（1972—1984年）

从20世纪70年代开始，奶牛育种工作逐步进入地区性联合育种阶段，总体工作方针是"本群选育为主、按需求有计划引用外血"。各地政府主管部门配合育种组织部署奶牛场开展品种登记、外貌鉴定、生产性能测定等常规性工作。调查结果显示，当时的牛群体尺、外貌、产奶量以及生长发育各方面都比新中国成立初期有明显的提高。由于育种工作的需要，在农林部科教局的组织协调下，在1972—1974年北方15省（自治区、直辖市）及南方13省（自治区、直辖市）先后分别以北京、上海为核心成立了北方、南方黑白花奶牛育种科研协作组（简称北方协作组及南方协作组），首次实现跨省区联合育种。

1982年在北方、南方两个育种协作组基础上，成立了中国奶牛协会，其中"奶牛育种技术组"是中国奶牛协会最重要的内设机构，当时定位的主要任务是组织实施中国黑白花牛新品种培育工作，制订全国统一的黑白花牛育种目标，推行品种登记、性能测定、体型外貌鉴定、公牛后裔测定等各项重要育种技术，建立健全中国黑白花牛育种体系。

（一）成立北方、南方奶牛育种科研协作组，实施区域性联合育种（1972—1981年）[2]

1972年10月农林部科教局在北京召开了北京、天津、上海、沈阳、西安、

---

[1] 北京奶牛育种.1994.四川奶牛.（1）：9－15.

[2] 张其盈，李坚.中国荷斯坦牛（原中国黑白花奶牛）的培育与推广.中国奶牛协会1998年编发的内部资料：22.

太原等地部分奶牛场代表和专家参加的奶牛育种及冷冻精液人工授精技术科研座谈会[1]，会议上成立了由北方12个省（自治区、直辖市）参加的“北方地区部分奶牛场育种科研协作组”，以北京市农林局为组长单位，成员地区有天津、辽宁、吉林、黑龙江、山西、山东、河北、陕西、甘肃、宁夏、内蒙古等，这是实施全国性奶牛联合育种工作的开端。1973年12月在天津召开的第二次北方协作组会议上，又将原协作组更名为“北方地区中国黑白花奶牛育种科研协作组”；1974年农林部科教局、农垦局在上海召开了有上海、广西、贵州、江西、安徽、福建、四川、湖北、湖南、江苏、广州、杭州、昆明等13个省（自治区、直辖市）农、牧业部门、奶牛场代表和专家出席的“南方地区大中城市奶牛育种科研协作组”成立大会，以上海市牛奶公司为组长单位。两个协作组的工作重点是，在全国奶牛场范围内，普及和规范奶牛群体选育工作。两协作组分别草拟了《奶牛联合育种试行草案和协作办法》，在中国黑白花牛培育工作中的确定育种目标、制定育种方案、推广育种技术、建立育种体系等方面起到重要作用。在北方、南方协作组成立之后，联合育种工作不断扩大，职能进一步细化，1975年北方协作组根据地区分成东北、华北和西北三个片区开展工作。1979年北方协作组率先成立了技术委员会，下设育种、饲养、繁殖、出版四个小组。1980年4月南方协作组在长沙市召开第四次会议，成立四个专业技术小组。1977年根据农林部科教局意见统一正式更名为“中国黑白花奶牛育种科研协作组（北方组）和（南方组）”。两个育种协作组运行期间，重点开展良种奶牛登记，加强后备公牛的选育和公牛后裔测定工作，同时与科研院校一起制订《黑白花奶牛鉴定办法》、《良种奶牛登记办法》、《选种选配方案》以及具体的育种技术实施方案等。

1980年10月8日北京市奶牛比赛会开幕式

1 中国奶牛黑白花育种科研协作组北方组.1982.中国黑白花奶牛大事记.

1980年10月9日在北京市奶牛比赛会上专家为奶牛选手打分
（左一：秦志锐，左三：姜华，左四：张邦恢）

1980年10月15日北京市奶牛比赛会冠军牛

北方、南方奶牛育种协作组的成立打破了地区、部门之间的界限，从而促进了奶牛业的生产、科研、教学及领导、专家、群众的两个“三结合”，调动了有关各方面的积极因素，实现资源联合使用，共同推动了中国黑白花牛育种工作和全国奶牛业的发展。到1981年，北方、南方协作组共召开十次协作组工作会议、六次协作组组长会议以及三次北方、南方组长联席会议。两个协作组在各次会议上都互派代表参加，另单独设联络员会议，意在沟通两个协作组之间的技术进展和育种经验。此外，还针对种公牛后裔测定、体型鉴定等技术问题，分别或联合召开专题会议，举办培训班，协调和部署工作方案。两协作组分别联合本地区各重点场奶牛和公牛站在集中管理公牛、培育和选择种公牛、研发奶牛冷冻精液人工授精、加强育种资料记录、规范饲养管理工艺、实施良种登记、开展科学研究等方面积极工作，对中国奶牛群体遗传改良起到重要作用。

北方、南方协作组这一时期开展的主要工作可归纳为以下几个方面[1]：

1. 制定育种目标和育种方案 根据北方、南方的牛群基础和自然条件，北方、南方协作组分别于1973年和1974年制定了针对本地区的《黑白花牛育种实施方案》。在此基础上，农林部协调两协作组共同制订了全国统一的奶牛育种目标[2]，即"培育生产性能高、体质结实、外貌结构好、适应性广泛、利用年限长、遗传性能稳定的中国黑白花牛新品种"。具体生产性能的育种指标，北方组和南方组也基本一致，育种的重点是乳用性能，产奶量（305天）定为5 000千克以上；考虑到北方气候和饲料条件优于南方，初始制定乳脂率指标时，北方指标（3.6%）比南方指标（3.4%）略高，但其后经过几年的实践，由于牛群的遗传基础等原因，北方原定的指标也难于实施，于是1982年国家颁布的《中国黑白花奶牛标准》中，将北方和南方的乳脂率指标统一改为3.4%以上；在体尺、体重指标上，鉴于南方夏季湿热时间长的生态条件，所以南方地区奶牛的各项指标均低于北方；对于育成新品种在体型外貌上的要求，北、南两地区是一致的，即体质健壮，结构匀称，乳房特征明显，泌乳系统发育良好，肢体结实及姿势良好。

2. 建立大型公牛站，推广人工授精技术，加强种公牛选育[3] 世界上将人工授精技术与精液低温冷冻保存技术的应用誉为20世纪奶牛育种中发生的最大变革。随着中国奶牛群体遗传改良的不断深入，在世界人工授精技术发展潮流的推动下，从20世纪70年代初，中国也进入了奶牛人工授精技术发展的新阶段。1972年农林部科教局在北京召开"奶牛应用冷冻精液技术和工厂化养鸡座谈会"，会议部署在北京市组建全市大型种公牛站，推广奶牛冷冻精液技术。1972年11月"奶牛冷冻精液技术"作为秋季中国进出口商品交易会（广交会）重点参展项目，引起了业界广泛关注，为中国牛冷冻精液人工授精技术应用和普及打下基础。这一阶段工作可以概括为以下几方面。

（1）*地方性大型种公牛站的组建* 1973年在北京市以北郊农场种公牛站为基础，北京市奶牛育种小组从南郊农场、双桥农场、东风农场、西郊农场、东郊农场等场级种公牛站120多头公牛中，严格选择其中20余头优秀公牛，集中饲养和生产冷冻精液，组建了北京市种公牛站。公牛的总体遗传水平相对提高，优良种公牛得到充分利用，每头公牛负担的母牛配种数由原来的200头左右，提高到4 000余头。上海市种公牛站成立于1974年，共选择了41头成年公牛进站。上海公牛站在选择

---

1 臧成耀.1983.中国黑白花牛育种科研协作组工作总结.中国奶牛（3）：10–14.

2 中国黑白花奶牛育种科研协作组.1982.中国黑白花奶牛育种简史（讨论稿，执笔人为李易方、王伟琪和秦志锐）.

3 王怀宝.2000.中国奶业50年.北京：海洋出版社：237–244.

和培育种公牛时，非常重视公牛的血统，建站后培育了13个公牛血统，其中8个为本地多年培育，5个为利用从国外引进资源培育。随后各地也相继建立特色各异的地方性种公牛站或家畜冷冻精液站。例如，1977年黑龙江省在哈尔滨市建成种公牛站，存栏公牛头数和冻精生产规模均居当时国内首位。至1982年，各地先后建立了30个种公牛站，共有种公牛284头（含部分肉牛和黄牛），其中北方地区15个省中有省级种公牛站17个，共有种公牛181头；南方地区有11个省（自治区）建立了省、市级种牛站13个，共有种公牛103头[1]。在各种公牛站中，北京市及上海市种公牛站所饲养的优秀黑白花种公牛最多，冷冻精液推广范围最大，成为中国黑白花牛品种培育的主力公牛站。随着大型种公牛站的组建，对种公牛进行严格的优胜劣汰，大大提高了公牛的选择强度，充分发挥了优秀公牛在牛群遗传改良中的作用，对加快牛群的遗传进展和育成黑白花牛新品种起到了决定性作用。

（2）*人工授精技术的改进与升级* 大型公牛站建立初期，大部分公牛站以制作颗粒冻精为主。1974年北方协作组举办家畜冷冻精液培训班，大力推广使用冷冻精液制作技术，并草拟制定了《牛精液冷冻技术操作意见》，冷冻精液质量不断提高，并解决了贮存冷冻精液的液氮罐容器制作技术，使冷冻精液技术很快在各公牛站普及。北京市种公牛站成立后，承担了农业部下达的“冷冻精液人工授精繁殖技术”重点科技项目，1974年成功研制出0.5毫升细管冷冻精液，并开始批量生产。1980年北京市种公牛站等多家公牛站，先后从法国凯苏（IMV）兽医器械公司引进细管冻精全套生产设备，从此细管冻精在全国大规模批量生产。为了保证冷冻精液质量，北方、南方协作组共同制定了《牛冷冻精液生产规程和质量标准》，这一文件成为了1984年颁布的国家标准《牛冷冻精液》（GB 4143—1984）的雏形。奶牛冷冻精液制作技术不断改进和升级，在推动全国奶牛群体遗传改良和奶牛新品种培育方面起到重要作用。

（3）*通过普及人工授精技术，推广优秀公牛冷冻精液*[2] 中国20世纪70年代初开始推广奶牛冷冻精液人工授精技术，据1975年在西安召开的第三次北方育种协作组会议上统计，用冷冻精液配种的母牛，占北方地区可繁母牛头数的21%左右。而经过几年的努力，到1982年，全国大中城市郊区的奶牛群中，已基本普及使用冷冻精液人工授精，尤其国营奶牛场已百分之百采用冷冻精液配种。这一时期通过引进、培育和选育等育种措施，各地出现了许多遗传素质出类拔萃的优秀种公牛，如南方组的种公牛1059号和325号，北方组的种公牛13477号和16747号，每年承担配种母牛10 000头次以上[1]，利用率比1972年提高数十倍，甚至百倍以上。冷冻精液产品质量也明显提高，据测定，冻精的情期一次受胎率，北方地区从

---

[1] 中国黑白花奶牛育种科研协作组.1982.中国黑白花奶牛育种简史（讨论稿，执笔人为李易方、王伟琪和秦志锐）.

[2] 北京奶牛育种.1994.四川奶牛.（1）：9-15.

1973年的49.5%提高到1981年的54.2%；南方地区从1974年的40%提高到1981年的47.6%。1981年平均总受胎率北方及南方各为93.2%和84.7%，同比分别提高1.8%和5.7%。随着种公牛遗传水平和冻精制作质量的提高，也引起国际同行的关注，1978—1979年，南方、北方各提供10 000剂细管冷冻精液出口到巴基斯坦，这是中国冷冻精液首次进入国际市场。

（4）加强种公牛的选育　在协作组成立前，由于受牛群规模过小、养殖分散、配种技术滞后等因素的限制，优秀种公牛选育技术成效甚微。协作组成立后，特别是大型种公牛站的组建，为实施科学的选种技术提供了有利条件。1980年北方协作组在北京市种公牛站召开了公牛后裔测定方法讨论会，制定了《公牛后裔测定技术操作规程》，成立了公牛后裔测定小组，并效仿国际奶牛育种发达国家的经验，探索性实施公牛后裔测定组织工作和进行公牛遗传评定。但这一时期中国所进行的公牛后裔测定并不规范，当时并没有通过“计划选配”先培育公犊牛，再按规程进行测定和遗传评定，而仅是在青年公牛使用一段时间后，收集公牛已有后代生产性能记录，仅通过简单的育种值估计，对种公牛遗传水平进行评定。尽管这种后测很粗放，但对于从未进行过遗传评定的中国奶牛群，已是一个不小的进展了。两协作组各种公牛站大都自1972年开始在本区域内收集种公牛的后裔产奶成绩。至1981年，北方及南方地区已收集了170余头公牛的后裔女儿资料，并根据估计育种值验证了其中60余头为优秀种公牛。

（5）探索了公牛育种值估计和遗传评定方法[1]　遗传评定和个体育种值估计是评价种公牛种用价值的重要手段，也是世界奶牛育种科技工作者长期探索的主要课题之一。中国遗传育种工作者从20世纪70年代就一直跟踪国际上这一领域的进展。1972年北方协作组提出了采用“同期同龄牛比较法”（contemporary comparison，CC）对公牛育种值估计的建议。这个方法对公牛的女儿，不但与同龄牛相比较，还对女儿头数及同龄牛头数进行校正，最大限度地消除了环境因素的影响。1973年又开始试用“同群牛比较法”（herdmate comparison，HC），该法是按公牛女儿产奶量与其他公牛同期同龄女儿相比较，对种公牛育种值进行估计，后来由于在改进该法中时估值减去了群体平均数，而得到一个所谓“预期差”，于是又称之为“预期差法”（predicted difference，PD）。这一时期跟踪和试用当时国际上通用的育种值估计方法，增强了中国科技人员对这些方法的理解，也为日后发展中国的育种值估计技术体系打下了基础。1978年经过协作组间协调，统一了全国公牛育种值估计方法。20世纪80年代初，又借用当年美国的奶牛总性能指数（total performance index，TPI）公式，将产奶量、乳脂率及体型外貌三项性状育种值合并为TPI指数，并按测定公牛指数排队进行选留，由此实现了公牛遗传评定。

[1] 北京奶牛育种.1994.四川奶牛（1）：9-15.

1978年良种奶牛登记簿（第一卷）

3. 开展良种登记，规范牛群饲养管理工艺 1974年北方协作组就出版了《良种母牛登记簿》（第一卷），此后在1976、1978及1981年又连续出版第二卷至第四卷，并于1979年出版《良种登记公牛》（第一卷）；南方协作组于1978、1980及1981年分别出版了《良种母牛登记簿》（第一卷至第三卷）及《良种公牛登记簿》（第一集）。综合前后九卷登记簿，北方、南方协作组共登记母牛44 024头，公牛34头；其中北方组登记母牛23 392头，公牛24头；南方组登记母牛20 632头，公牛10头。虽然这尚不是十分严谨的良种登记工作，但是在当时的基础和条件下，通过大量测定和记录，了解牛群性能水平，为改良牛群横交固定提供了重要的依据。

中国黑白花奶牛育种科研协作组自北方、南方奶牛育种协作组成立后，致力于奶牛群体各项育种工作的同时，在改进和规范奶牛饲养管理工艺、奶牛饲养标准、奶牛疫病防治等方面开展了大量科学研究工作。例如，北方地区的河北、河南等省推广利用非常规饲料、添加尿素等非蛋白氮饲料饲喂奶牛的方法，南方地区的江西、江苏、武汉、成都、上海等地部分奶牛场利用城郊市场的各种返销蔬菜和加工副食品，在解决青绿饲料的供应问题上都取得了较好的效果。在犊牛饲养技术上也有较大突破，例如北京、天津推广发酵初乳饲喂犊牛，黑龙江、北京等地部分牛场减少哺乳期喂奶量到400～600千克。与奶牛营养与饲料专家合作，还在测定典型日粮的基础上，拟定出中国黑白花牛的饲养标准和高产牛的饲养规程，开发了奶牛专用混合料的配方，并逐步推广。

协作组专家与兽医专家合作，指导和监督各地执行各项防疫和免疫规程以及培育健康牛群的制度和措施，牛群的结核病和布鲁氏菌病净化工作收到了良好的效果。1981年年底，南方协作组的健康牛比例达到84%，比1974年提高15.5%。北方地区健康牛比例达到97.1%。

4. 开展科学研究，培训专业人员，编印技术刊物 中国黑白花牛培育工作是由农林部统一组织管理，由北京、上海等省（自治区、直辖市）市奶牛协会等10个单位执行的科研项目，全国有数十个教学、科研单位的数百名科技工作者参与工作。在项目执行的10余年间，北方、南方两个协作组的组织形式打破了系统间、地域间和牛场间的界限，有利于产、学、研三结合开展奶牛育种领域的科学研究，各协作单位共取得300多项研究成果。成果内容涉及公牛后裔测定方法、公牛育种值的估计方法、冷冻精液人工授精技术的推广和应用、减少犊牛喂奶量的研究、奶牛的饲养标准、开辟蛋白质饲料的来源、制定黑白花牛乳脂率测定和记录的各项标准、育成牛的早龄配种以及初乳发酵喂犊牛等领域。这些成果的研发与推广应用，对成功培育中国黑白花牛品种起到了重要的作用。

在中国黑白花奶牛科研协作组期间，北京市（1979年）、上海市（1980年）先后成立了奶牛研究所，其他一些城市，诸如广州市、西安市等也开展了奶牛科研活动。协作组成立后，举办各种专业学习和培训班多次。早在1975年7月北方协作组就在北京市举办了第一期“奶牛育种师资训练班”。参加这次培训的有北方地区的汉族、蒙古族、回族、满族、乌孜别克族、朝鲜族等6个民族的41名来自生产第一线的技术人员。两协作组为了推行标准化产奶记录，提高记录的准确性，对采奶样人员、乳脂率测定人员、配种员、育种员、挤奶员等分别进行了专业培训。据统计，各奶牛研究所共培训技术人员7 000多人次，培训内容包括育种理论及技术、外貌鉴定、冷冻精液生产、繁殖技术、饲料饲养、奶牛饲养管理技术以及疾病防治等。

两协作组还分别编印了大量的奶牛科技刊物。这一时期，北方协作组编印了《奶牛技术》共14期，南方协作组编印了《南方奶牛技术资料》共12期，另加2期增刊。南、北方协作组联合编印了《奶牛饲养》12期，其主编为王福兆[1]。

5. 协作组运行期间，牛群生产水平大幅度提高[2, 3] 1972年全国黑白花成母牛存栏7.3万头，单产平均3 335千克。经过协作组运行的10年（1972—1981年），中国奶牛育种体系有跨越式进展，通过实施一系列育种措施，牛群在生长发育、体尺体重、产奶性能、繁殖率等方面均有大幅度提高。据1981年的统计数据，全国黑白花牛总存栏达到27万多头，成母牛平均产奶量4 461千克，其中协作组所辖地区的成年母牛存栏头数发展到18.6万头；犊牛初生重38.8千克、18月龄体重400千克以上、一胎母牛体重510千克、犊牛生长期（6月龄内）和育成阶段（7～18月龄）平均日增重分别达到711克和650克；第三胎成母牛平均体高达133厘米以上，体重达550千克以上；国营牛场平均产奶量（305天）为4 700千克，其中上海牛奶公司的6 779头成母牛单产达6 980千克；对103 035头母牛的配种情况统计，总繁殖

---

1 王福兆（1930—）教授曾任天津农学院畜牧兽医系主任、天津市政府畜牧专业顾问团团长、天津奶业协会名誉理事长等。1972年参加北方黑白花奶牛协作组，承担和协调西北片奶牛育种及冷冻精液科研与推广工作。从1980年起主编南、北方协作组主办的《奶牛饲养》；1985年主编由中国奶牛协会主办的《中国奶牛科技与信息》；1989年主编由中国奶牛协会、农业部奶业项目办公室主办的《中国奶业信息》；1982—1995年承担国家标准《高产奶牛饲养管理规范》的制定和推广工作。1985年倡议京、津、沪农学院开设“乳牛学”，并主编教材《乳牛学》。在国内外杂志发表学术论文百余篇。

2 北京市奶牛研究所、北京市奶牛育种协作组.1980.北京市黑白花奶牛历史资料汇编.

3 秦志锐.1991.北京市奶牛育种中的几个问题.北京奶牛（4）：1-2.

率达89.04%。综合各项指标，有45%的成母牛（8.4万头）符合品种标准。一个产奶性能高、体型外貌好、遗传性能稳定、适应性强的中国黑白花牛群体初步形成[1]。

现今，在总结和评述中国荷斯坦牛育种历程时认为，当年奶牛育种科研协作组的10年工作，对奶牛新品种的培育和以后的群体遗传改良工作，都是至关重要的历史阶段。但也应指出，就我们国家这样一个大国的奶牛育种工作而言，两个协作组的形式不利于实现统一育种目标、统一技术规程、统一使用遗传资源、统一规划育种产品市场。特别到了20世纪80年代初，当时的奶牛群体中凸显一些难于解决的问题。一是不同地区的牛群，特别是不同公牛站的种公牛遗传品质参差不齐；二是牛只的体型外貌上某些缺陷，诸如乳房下垂、尻部窄斜、蹄变形等仍占较高的比例；三是有一定比例的牛只在产奶性能方面有缺陷，牛奶干物质含量偏低。其实这三个问题早就引起人们的注意，虽多经努力但遗传改良效果甚微。由此看来全国分为北方、南方两个育种协作组已不适应深入高效育种工作的需求，为此建立一个全国统一的奶牛育种组织，实施全国联合育种，尽快将黑白花改良牛群选育成合格的新品种是十分必要的。

（二）中国奶牛协会成立，统筹联合培育“中国黑白花牛”新品种（1982—1984年）

1982年农牧渔业部决定在北方、南方两个育种科研协作组的基础上，组建成立“中国奶牛协会”（2002年更名为“中国奶业协会”），按照协会章程，协会下设秘书处及六个专业组。原北方协作组组长赵海泉[2]先生出任首届奶协副理事长兼秘书长，这预示着中国奶牛协会的工作重点，仍然延续育种协作组时期既定的培育中国黑白花牛新品种的目标。中国奶牛协会育种专业组由著名奶牛育种学家秦志锐[3]先生领衔，吸收原育种科研协作组时期北方和南方组的育种专家和技术骨干参加。当时育种组的任务定位是：在北方、南方协作组的工作基础上，制定和组织实施全国黑白花牛群体的联合育种，推进中国黑白花牛新品种的培育工作。为此，建立了全国统一的黑白花牛育种体系，在制定育种目标、建立良种登记、推

---

1 《中国牛品种志》编写组.1986.中国牛品种志.上海：上海科学技术出版社：145-148.

2 赵海泉（1917—2000年），20世纪50年代担任北京市黑白花奶牛育种组组长，组织全市国营奶牛场开展建立各项基础资料和科技普及工作，对奶牛育种和生产性能提高起了积极的推动作用。1972年任北方地区15个省、市、区黑白花奶牛育种协作组组长。他主持的“中国黑白花牛的培育”获1987年农牧渔业部科技进步奖一等奖和1988年国家科技进步奖一等奖，为中国发展高产优质高效奶牛业奠定了良好基础，对推动中国奶牛业发展作出了贡献，2011年获“中国奶业终身贡献奖”。

3 秦志锐（1921—2010年），从1944年起从事奶牛育种科研和教育工作，是中国奶牛育种组织创始人之一。他曾任奶牛育种联络员、中国奶牛协会常务理事、副秘书长、副理事长及育种专业委员会主任、中国畜牧兽医学会养牛学分会副会长等职务。他从1983年起组织跨省（区）联合公牛后裔测定工作，最早制订符合国际标准的测定方法和规范，是“中国畜牧兽医学会遗传标记学分会”创始人之一。1995年他组织制定《中国荷斯坦牛群改良方案》，为中国荷斯坦牛育种工作提出了明确的方向和指南。曾获得国家级、省部级奖6项，出版专著2本，发表论文约80篇，译文20万字，2011年获“中国奶业终身贡献奖”。

行性能测定、组建育种核心群、实施青年公牛后裔测定、编写技术标准和规范、组织奶牛育种科学研究、技术推广与人员培训以及国际交流合作等方面全方位地开展工作。

概括起来，这一时期开展了以下几项主要工作[1]：

1. 试行青年公牛后裔测定，改进遗传评定方法[2] 在"奶牛人工授精（AI）育种体系"中，种公牛是影响牛群遗传进展的主要因素。因此培育和选育优秀种公牛，就成为了奶牛群体遗传改良工作的重中之重。评定种公牛遗传素质最可靠的方法是实施青年公牛后裔测定计划。此前，后裔测定这个术语在中国并不生疏，而且在协作组时期也曾试做过，但由于当时理解不透，加之条件有限，收效甚微。为此1983年在秦志锐先生的主持下，中国奶牛协会育种组制定了《中国黑白花种公牛后裔测定暂行规范》，对青年公牛培育与选择、后裔测定的组织、冻精分配与试配、女儿头数与性能测定、公牛育种值估计与遗传评定方法等作了详细规定，力求从技术上与国际接轨。同年开始试验性地组织了第一批3头青年公牛的后裔测定，其后将全国青年公牛联合后裔测定作为常态工作，每年组织一次，测定公牛头数不断增加，到1985年已组织了3批共36头。尽管测定的规模十分有限，但对日后建立群体遗传改良技术体系起到引领作用。

随着黑白花牛群体规模不断扩大和人工授精技术的普及，对冷冻精液的需求日益增加，带动了中国种公牛站的发展，特别是北京、上海、黑龙江等地的公牛站建站较早，公牛遗传水平高且技术基础雄厚，借此迅速扩大生产规模，冻精推广到多个省区，由此加快了奶业不发达地区和新兴地区奶牛群体的遗传改良。到1985年全国已有大小种公牛站35个，成年种公牛存栏366头（含肉用和兼用公牛），仅为1974年的1/4，种公牛总体遗传质量提高明显。

20世纪50—60年代，欧美发达国家已经开始应用奶牛遗传评定方法，并不断改进。如前文所述，中国在奶牛育种协作组时期，已经引用了各种育种值估计法，1984年北京奶牛协会参照美国的总性能指数（TPI）公式，对公牛进行排队。自70年代中期，随着线性模型（linear model）理论和方法的日趋完善，以及计算机技术的发展，最佳线性无偏预测法（BLUP）首先在公牛遗传评定中得到应用。中国畜禽遗传育种界对BLUP法的研究始于20世纪80年代初，1984年，北京农业大学的张勤使用公畜模型BLUP法对17头后裔测定公牛进行了育种值估计，这不仅是中国最早在奶牛育种中应用BLUP法，同时也是首次对种公牛进行科学的遗传评定的范例。自1983年开始每年组织一次的青年公牛后裔测定的育种值估计，均使用公畜BLUP法[1]。

---

[1] 王怀宝.2000.中国奶业50年.北京：海洋出版社：229−236.

[2] 中国奶牛协会.1991.中国黑白花奶牛核心群的选育研究论文汇编.

2. 编制品种标准，推行品种登记制度[1] 1981年经北方、南方育种协作组协商，启动了中国黑白花牛品种标准编制工作，由北京农业大学周建民先生为主要起草人，形成了品种标准《中国黑白花奶牛》，农牧渔业部于1982年以国家标准形式予以公布（GB 3157—82）。该标准描述了中国黑白花牛品种培育过程和毛色与外貌特征；规定了生产性能（下限）和外貌评分等级标准。为了便于《中国黑白花奶牛》（GB 3157—82）的操作实施，还将外貌鉴定试行方法和良种母牛登记试行办法作为附件一起公布。《中国黑白花奶牛》（GB 3157—82）的颁布，对中国黑白花牛品种培育工作起到指导作用。

依据《中国黑白花奶牛》（GB 3157—82），中国奶牛协会于1984年组织第5次登记（前4次为协作组时期进行的“良种登记”），登记良种母牛8 001头，平均305天产奶量为7 022千克，乳脂率为3.57%，并印发了《良种奶牛登记簿》，中国黑白花牛的体型结构也有了明显改进，尤其是乳房下垂及尻部过斜等缺陷已基本消除。这次的登记结果成为其后中国黑白花牛品种审定的重要资料。

3. 深入开展奶牛育种科研工作[2] 中国奶牛协会与北京、上海等9省（自治区、直辖市）奶牛协会以及相关高校、科研院所共同合作，在“中国黑白花奶牛培育”的科研项目（1972—1985年）运行过程中，统一制定育种方案，统一各项育种技术，实施全国联合育种，并开展了大量的科研工作。主要研究课题包括：中国黑白花牛主要经济性状群体遗传参数的估计，培育优秀种公牛和母牛高产核心群选育技术的研究，种公牛育种值估计方法的研究，体型外貌鉴定方法和简化产奶性能测定方法的研究，以及对导入加拿大荷斯坦牛和荷兰荷斯坦牛（乳肉兼用型）血液后的后代改良效果比较的研究等。根据各项研究成果，及时制定措施方案，向全国推广应用。

“中国黑白花奶牛培育”的科研项目，贯穿了中国黑白花牛从横交固定、选育提高到品种育成的14年历程，参加人员涉及28个省（自治区、直辖市）及教学科研单位的280余名科技工作者，各协作单位共取得300多项研究成果，完成论文250余篇。

4. 对外合作交流，培训技术人才[3] 中国奶牛协会除多次组织成批引进优秀种牛、冷冻精液和胚胎等育种材料和先进仪器设备外，特别注重先进的育种方法和技术的引进和消化吸收。1984—1986年先后派出50余人到美国、日本进行技术考察和研修，学习国外的先进技术和管理方法，培养技术骨干，对促进国内奶牛业的科技进步起到了积极作用。在此期间，中国奶牛协会多次邀请国外奶牛育种专家来华讲学，介绍奶牛育种科学动态，传授先进的育种技术。例如，1985年邀

---

[1] 张其盈，李坚. 中国荷斯坦牛（原中国黑白花奶牛）的培育与推广. 中国奶牛协会1998年编发的内部资料：22.

[2] 中国黑白花奶牛核心群选育研究组. 中国黑白花奶牛核心群的选育研究总结（秦志锐执笔）.

[3] 现代奶牛业新技术. 中日技术合作天津奶业发展项目实施技术. 2002.

请美国荷斯坦牛协会专家密克斯（Maurice Mix）先生来华，讲授了奶牛体型外貌鉴定新技术——线性评分法。借鉴这种方法，中国科技工作者构建了中国的奶牛体型线性评分体系[1]。这对于刚步入正轨的中国奶牛育种体系技术水平的提升带来许多重要的启示。

中国奶业协会还举办了一系列培训班（讲习班、研讨班），培训内容除了奶牛生产基本知识和主要技术操作规程外，还涉及遗传育种理论与实践、生物统计、体型鉴定、冻精制作、饲养繁殖、日粮配方、疾病防治及电脑应用技术等。通过培训，培育了一大批技术力量，提高了从业人员的素质，增加了奶牛业整体的技术水平。

四、品种审定与成果获奖（1985—1987年）

（一）品种审定

中国黑白花牛群经历了引进杂交、有计划杂交和横交固定、系统选育提高三个阶段，历时上百年，到1985年已发展到混合群存栏50.3万头，成母牛平均单产达到4 358千克。按照《中国黑白花奶牛》（GB 3157—82），1984年在牛群中进行了较大范围的品种登记，共登记达到《中国黑白花奶牛》（GB 3157—82）的成年母牛21 095头。按校正的成年当量（EM）计，305天平均产奶量为7 152千克，平均乳脂率达3.56%，特征特性良好且遗传稳定、特点鲜明，已建立了以自主培育种公牛为主的开放式良种繁育体系，群体内遗传结构合理，各项育种措施基本健全有效，具备了培育奶牛新品种的基本条件。1985年经农牧渔业部品种审定，正式命名为“中国黑白花牛”新品种，成为中国奶业发展史中第一个自主培育的奶牛专用品种。中国黑白花牛培育成功以后，国际交往日益增加，为与国际接轨，1992年农业部发文决定将“中国黑白花牛”品种更名为“中国荷斯坦牛，英文（Chinese Holstein）”[2]。至2011年，中国饲养的奶牛85 %以上为中国荷斯坦牛及其杂交改良牛。

（二）成果获奖

在中国黑白花牛品种培育期间，农牧渔业部于1972年设立“中国黑白花奶牛培育”的科研项目，并连续资助了12年。项目应用数量遗传学、生理学及营养学的原理，开展了育种、繁殖、饲养、疾病防治等领域的研究工作，并根据研究结果，制定了切实可行的措施和规程，向全国推广应用，收到明显效果。在中国黑白花牛品种审定后，农业部又部署了科研项目的验收工作。通过课题组认真总结，凝练、概括出以下主要成果：

1. 培育和选育种公牛技术 采用非亲缘选配法，培育了大量后备公牛，并用亲缘选配法培育出少量近交后备公牛。在此基础上，选择后备公牛，并进行

---

1 洪广田．1999．北京市荷斯坦奶牛体型线性鉴定．北京奶业（2）：6−8．

2 农业部文件．〔1992〕农（垦）字第41号．

后裔测定。在种公牛育种值估计方法上，逐步将单性状模型改为多性状模型；从简单的相对值，改为使用遗传参数的预期差值，最后提出总性能指数法。

2. 冷冻精液人工授精技术 相关技术如精子顶体完整性评定、用电磁波仪延长精子存活时间等，对提高冷冻精液质量起到较大的作用。

3. 研究并推广饲料加工调制技术 推广了各种不同类型的青贮饲料，对解决粗饲料和蛋白原料不足问题起到较大作用。

4. 改进饲养技术 用发酵初乳饲喂和低奶量技术培育犊牛。采用本国黑白花牛饲养标准，按牛只营养需要饲养，打破了长期凭经验和根据国外标准饲养的落后局面，初步试验表明可提高产奶量5%～30%。

5. 改进生产记录方法 产奶量每月测3次，乳脂率在一个泌乳期测3次（第2、5、8月）。

6. 开展疫病防治 主要针对结核病、布鲁氏菌病进行防治，到1985年这两种病的发病率已降到10%以内。

7. 制订各项技术规程和规范 主要包括品种标准《中国黑白花奶牛》(GB 3157—82)、《种公牛后裔测定技术规范（修改)》、《奶牛产奶记录暂订标准》、《奶牛乳脂率测定暂订标准》、《公牛精子顶体检查技术规范》、《冷冻精液制作操作规程和质量标准》、《良种牛登记方法规定》、《制作发酵初乳喂犊牛操作规程》以及《高产奶牛饲养规范》等。

1985年11月27—29日在北京召开中国黑白花牛培育研究（育种部分）成果鉴定会，“中国黑白花奶牛的培育”科研成果于1987年获农牧渔业部科技进步一等奖，1988年获国家科技进步一等奖。获奖主要完成单位共10个：中国奶牛协会、北京市奶牛协会、上海市奶牛协会、黑龙江省奶牛协会、江苏省奶牛协会、陕西省奶牛协会、山西省奶牛协会、辽宁省奶牛协会、天津市奶牛协会和新疆维吾尔自治区奶牛协会。获奖主要完成人员为：赵海泉、秦志锐、王伟琪[1]、黄国卿、丁丽娟、熊汉林、张国钧、王煜[2]、魏荣禄、洪广田、李亚力、杨校章、孙尚德、

---

[1] 王伟琪（1931—），20世纪60年代初负责引进家畜精液超低温冷冻技术设备，并组织开展家畜精液冷冻及人工授精技术的研究和示范推广，成果获1978年全国科学大会奖；1972年倡导组织成立了北方和南方黑白花奶牛育种科研协作组，1982年担任中国奶牛业协会副理事长，参与的“中国黑白花牛的培育”成果获1987年农业部科技进步一等奖和1988年国家科技进步一等奖；1999年他促成海峡两岸奶牛事业发展学术研讨会在北京成功举行。他对推动中国畜牧业科技进步和畜牧业发展做出了重要贡献。

[2] 王煜（1933—），曾任天津市奶类发展项目办公室专职副主任，中国奶牛协会理事、常务理事、副秘书长、经营管理组组长、委员会主任，中国奶牛协会北方组副秘书长等职。他是1972年天津种公牛站创始者之一，1973年由日本进口13个液氮容器，在国内率先应用冷冻精液人工授精；1980年由丹麦进口2×8鱼骨式挤奶台设备，为机械化挤奶做出示范。1972—1982年作为北方奶牛技术协作组副组长单位代表组织参加北方地区技术协作活动；参与的“中国黑白花牛的培育”成果获1987年农业部科技进步一等奖和1988年国家科技进步一等奖。1985—1998年参与组织实施联合国援助奶类发展项目等五个外援项目，1992年被天津市科委授予奶牛专家称号。

洪振中、冀一伦15人。在完成“中国黑白花奶牛培育”科研项目过程中，还有全国200多名科技人员和数百个奶牛场做出了贡献，对此，中国奶牛协会分别颁发奖状予以表彰。

中国黑白花奶牛育种科研协作奖章

中国荷斯坦牛种公牛

中国荷斯坦牛种母牛

中国荷斯坦牛群体

第二节　中国荷斯坦牛群体遗传改良技术进展

如前所述，育种技术是影响奶业生产效率的主要因素之一。概括来说，畜禽育种技术的范畴包括四个技术领域，分别是：遗传资源保护与利用、培育新品种或新品系、利用杂种优势的繁育体系以及在现有的培育品种中实施群体遗传改良技术。

在各畜种中，奶牛的育种是独具特色的，由于奶牛世代间隔长，一般为4～5年；繁殖率低，每年不足1胎，每胎产1头犊牛，且雌雄各半。因此，当今世界各国奶牛的育种工作主要是针对现有的优良品种，系统地实施科学的群体遗传改良技术。

经过半个多世纪，世界各国的奶牛育种学家应用遗传学理论和方法，经过长期的实践，总结出一套奶牛群体遗传改良的技术体系，概括起来包括：品种登记、生产性能测定、种牛遗传评定和应用繁殖生物技术等4项基础性工作。欧美奶业发达国家的发展历程已经证实，奶牛群体遗传改良技术是迄今最为科学、合理和有效的奶牛育种技术体系。

中国黑白花牛新品种培育成功伊始，中国奶业协会在各级政府的指导下，组织开展了系统的群体遗传改良工作，全国奶牛育种技术体系不断完善，牛群总体遗传水平不断提高，对中国奶业的发展做出了至关重要的贡献。

一、制订奶牛群体遗传改良计划

按照奶牛育种理念，一个已经育成的品种，如不加强在品种内的选育提高工作，将会因受到自然选择的颉颃作用，造成品种退化，即有如逆水行舟，不进则退。为此，在中国黑白花牛新品种审定后，中国奶业协会开展了奶牛群体遗传改良方案（计划）的制定工作，经过起草、制定、试行、修改、落实、再修订等多个阶段，先后形成了《全国联合奶牛群改良方案》（1996年）和《中国荷斯坦奶牛群体遗传改良方案》（2003年）。历经20年，最终由农业部于2008年制定并颁布了《中国奶牛群体遗传改良计划》（2008—2020年）。

（一）《全国联合奶牛群改良方案》的制定

中国奶牛协会自成立伊始，就将育种工作作为协会的重要职能之一，组建了"奶牛育种技术组"，负责协调全国奶牛育种工作。1986年中国奶牛协会第二次代表大会后，将奶协内设机构更名为专业委员会。育种专业委员会仍由著名奶牛育种学家秦志锐研究员领衔，并将主要职能定位为，制定并组织实施中国黑白花牛的群体遗传改良方案。

2007年8月10日中国奶业协会育种专业委员会常务会议在哈尔滨召开

2010年10月中国奶业协会育种工作委员会在济南召开奶牛群体遗传改良与快速扩繁技术研讨会

中国奶牛协会育种专业委员会首先就已开展的几项群体遗传改良技术，诸如品种登记、性能监测、全国青年公牛联合后裔测定和体型外貌评分等，组织专家和各地奶牛育种主管人员进行研讨、培训和座谈，制定了相关的技术规范（草案），并在全国试行。根据试行中反馈回的信息，结合国际奶业发达国家的资料，1993年着手制定系统性、全方位的《全国联合奶牛群改良方案》。制定方案的目的在于，为奶牛群体遗传改良所涉及的主要育种措施（诸如品种登记、生产性能测定、体型线性评分、公牛后裔测定、种牛遗传评定等）的科学化和规范化，提供基本框架。《全国联合奶牛群改良方案》于1996年公布，并以科研协作方式运行，由中国奶牛协会育种专业委员会牵头，部分奶牛主产区承担任务，并制定了相应的任务和考核指标，项目执行期为5年。

在实施《全国联合奶牛群改良方案》过程中，又先后制定并组织实施了《中国荷斯坦牛登记办法（试行）》、《奶牛生产性能检测试点实施方案》、《中国荷斯坦牛体型外貌线性鉴定规范（讨论稿）》、《中国荷斯坦牛种公牛后裔测定规范（试行）》和《中国荷斯坦牛种公牛后裔测定管理办法（试行）》等技术规程，使得奶牛群体在这一时期生产性能和遗传水平不断提高，促进了全国奶业的发展。

（二）《中国荷斯坦奶牛群体遗传改良方案》的制定

2002年10月中国奶牛协会更名为中国奶业协会，协会换届后，新一届理事会领导班子在刘成果理事长的主持下，首先研究了育种专业委员会的工作，并决定将建立健全奶牛群体遗传改良基础工作作为重点。在总结此前工作时认识到，虽然育种专业委员会在坚持开展奶牛群体遗传改良的基础工作中取得了一定的进展，但由于体制、队伍、经费等诸多方面的原因，在落实1996年制定的《联合育种方案》过程中，仅联合了部分奶牛育种基础较好的区域，限制了此项工作在全国奶牛群体遗传改良中的成效。为此，决定由中国奶业协会主持，制定面向全国的《中国荷斯坦奶牛群体遗传改良方案》，并于2002年12月完成第一稿。

《中国荷斯坦奶牛群体遗传改良方案》是根据农业部［1992］农（垦）字第43号文件，由中国奶业协会负责制定和组织实施。《中国荷斯坦奶牛群体遗传改良方案》明确了总体目标是：通过方案的实施，将荷斯坦奶牛选育成遗传素质稳定、良种覆盖率大、生产性能高、体质健壮、体型外貌良好、适应性强、利用年限长的奶牛群体，以适应中国奶业持续健康发展的需要。同时在奶牛育种技术上逐步实现与国际接轨，为中国奶业进入国际奶牛联合会打下基础。

《中国荷斯坦奶牛群体遗传改良方案》编制后，刘成果理事长于2003年1月9日致信时任农业部部长杜青林，就中国奶牛遗传改良问题作了书面报告，题为《关于抓好全国奶牛良种繁育几项基础性工作的汇报》，在该汇报中，刘成果理事长指出："发展奶业，首先要搞好奶源基地建设，否则，是无源之水。解决奶源问题，一是增加奶畜数量，二是提高奶畜质量。从中国的实际情况看，数量增长，势头强劲，但光靠数量增长，忽视牛群质量的提高，奶牛单产低、经济效益低的局面无法改变。”就良种奶牛繁育体系建设问题，刘成果同志写道：“鉴于目前奶业发展快速，国际奶业竞争日趋激烈的态势，主要依靠我们自身的力量加快建设奶牛良种繁育体系的时机已经成熟，新一届奶协经过认真研究，决心把这项关系民族奶业振兴的最基础性工作抓起来，由于奶牛良繁体系的建设是一个长期、持续的系统工程，需分阶段、分地区逐步进行，为此，中国奶业协会育种专业委员会的专家进行了研究，提出了五年发展目标和为达到建设目标，当前急需进行的工作和必要的保证条件。”刘成果理事长在该汇报中，依据《中国荷斯坦奶牛群体遗传改良方案》的内容重点就“五年建设目标”和“当前需要进行的工作”两部分作了汇报。

农业部领导对“汇报”十分重视，对于中国奶业协会关于建设中国奶牛良种繁育体系的设想给予了充分肯定。杜青林部长于2003年1月16日批示：“要大力推进奶业振兴行动计划，努力把中国奶业协会建设成一流协会，振兴奶业要良种先行，良种繁育要夯实基础的思路及具体目标、对策措施值得重视。”时任农业部副部长齐景发在2003年1月17日的批示中指出：“请认真研究落实杜部长的批示。成果同志这封信所阐述的观点和今后的设想很符合实际，协会就应该这样开展工作。他们的计划确属很重要的基础性工作，对推进中国奶业发展将起到积极作用。在2003年的项目安排上应给予重点支持。”

（三）《中国奶牛群体遗传改良计划》（2008—2020年）的制订

2007年9月国务院发布了《国务院关于促进奶业持续健康发展的意见》（国发〔2007〕31号），就中国奶牛良种繁育体系建设提出：“抓紧制定奶牛遗传改良计划，切实做好良种登记和奶牛生产性能测定等基础性工作的要求”，随后农业部发出《关于贯彻〈国务院关于促进奶业持续健康发展的意见〉的通知》（农牧发〔2007〕14号），指出“良种是奶业发展的基础。加强奶牛良种繁育，要以提高奶牛单产水平为核心。我部将制定实施全国奶牛品种改良计划，各地要结合实际，研究制定适合本地区的品种改良计划。”并正式启动制定《中国奶牛群体遗传改良计划》（2008—2020年）的工作。

《中国奶牛群体遗传改良计划》（2008—2020年）以中国奶业协会2002年制定的《中国荷斯坦奶牛群体遗传改良方案》为基础，拓展为对全国奶牛群体（涵盖中国荷斯坦牛、乳用型西门塔尔牛、奶水牛、新疆褐牛和内蒙古三河牛等品种）遗传改良工作的指导性文件。农业部畜牧业司组织全国奶牛育种科技人员，经过广泛的调研，深入的研讨，严格的审定，于2008年4月18日以农业部办公厅发文的形式予以公布。

《中国奶牛群体遗传改良计划》（2008—2020年）全文包括中国奶牛遗传改良现状，实施奶牛群体遗传改良计划的必要性，总体目标、主要任务、技术指标、主要内容和保障措施等五部分内容。总体目标是“到2020年中国荷斯坦牛品种登记工作覆盖到全国，奶牛生产性能测定规模不断扩大，全国青年公牛联合后裔测定稳步推进，优秀种公牛冷冻精液全面普及和推广，奶业优势区域成母牛年平均产奶量达7 000千克，其他地区奶牛每个世代的单产提高500千克，奶牛遗传改良技术逐步与国际接轨，奠定奶业发展的优良种源基础。”

《中国奶牛群体遗传改良计划》（2008—2020年）规划了构建中国奶牛群体遗传改良的四个技术体系：建立健全奶牛个体生产性能测定体系；建立健全中国荷斯坦牛品种登记体系；建立健全种牛遗传评定和公牛后裔测定体系；建立健全优秀种公牛冷冻精液推广体系。制定了预期达到的技术指标：“通过计划的实施，构建中国完整的现代奶牛遗传改良技术规程和组织管理体系，主要内容为奶牛个体生产性能测定、体型鉴定、品种登记、公牛后裔测定、种牛遗传评定、推广使用优秀种公牛等基础性工作。”《中国奶牛群体遗传改良计划》（2008—2020年）还规定了具体技术指标：①在现有基础上年新增生产性能测定奶牛8万头，到2020年达到100万头；②每年新增品种登记牛15万～20万头；2020年达到200万头以上；③经遗传评定和选择，完成 20万头良种牛登记；④每年500头以上青年公牛进入后裔测定；⑤通过遗传评定，年选择经验证的优秀种公牛150头；⑥每个世代平均单产提高500千克、乳蛋白产量增加15 ～ 20千克。

二、开展奶牛群体遗传改良基础性工作

（一）制定奶牛个体识别号体系

准确识别牛群中每一个个体，是所有奶牛群体遗传改良工作中实施的品种登记、产奶性能记录体系（DHI）以及各项群体遗传改良技术中最重要的基础工作。此外，个体识别与牛群的饲养、挤奶、配种、产犊、防疫、淘汰等牛场管理工作都是密切关联的。

鉴于此前中国牛群的个体识别号缺乏统一的编号规则，致使牛号有很大的随意性，不适于全国性个体信息的管理，中国奶业协会育种专业委员会从20世纪90年代初，就致力于建立中国荷斯坦牛个体识别系统。个体识别号体系的编制原则是：牛号应与国际接轨；全国牛号编制执行统一规则；牛号中可划分不同的功能信息区段；编号应由数字和英文字母排列组合，一牛一号，终生不变；使用年限长，保证100年内不会出现重号，以保证奶牛数据库正常运行。

根据以上原则，经过多次组织专家和管理人员研讨，逐步形成了中国荷斯坦牛的种公牛和母牛的个体编号系统。通过多次各种层次的培训，已在全国奶牛主产区，特别是规模化奶牛场中得到推广应用。

（二）建立品种登记体系[1]

品种登记是家畜育种以及群体遗传改良的基础工作之一。品种登记是将具

[1] 秦志锐.1993.加速我国奶牛育种的基础工作.中国奶牛（2）：32-33.

有特定品种血统的个体，登记在专门的登记簿中，或存储于电子计算机特定的数据库中，以确保种用个体、家系或血统的可靠性，同时也是保证家畜品种一致性和稳定性的基础育种措施。在奶牛群中建立品种登记制度，还是鼓励养殖者多饲养良种牛，促进牛群生产水平和生产效益不断提高的一种技术措施。

在中国黑白花品种审定前后，中国奶牛协会曾公布过8册《中国黑白花奶牛登记簿》，但由于当时中国群体遗传改良基础工作尚不完备，加之生产体制和经费等原因，致使品种登记工作不规范[1]。2005年中国奶业协会育种专业委员会依据《中国荷斯坦奶牛群体遗传改良方案》，参考奶业发达国家现行品种登记的工作程序，结合中国的实际状况，进一步规范了中国荷斯坦牛品种登记系统。

品种登记的工作基础是品种标准，中国于1983年曾颁布了《中国黑白花奶牛》（GB 3157—82）。作为品种标准，对于当时中国黑白花牛新品种的培育、扩群和推广起到重要的作用；但由于1992年中国黑白花牛更名为中国荷斯坦牛，特别是在该标准颁布后20多年中，中国荷斯坦牛群遗传结构和生产水平发生了很大的变化，原标准已不能适应牛群育种目标和育种技术的发展，因此，经农业部批准，2005年开始修订中国荷斯坦牛品种标准工作。标准修订工作由中国奶业协会育种专业委员会主持，组织有关专家经过调研、研讨、论证、报批、审定等工作程序，于2008年颁布国家标准《中国荷斯坦牛》（GB/T 3157—2008）。新标准规定了中国荷斯坦牛的品种特征、产奶性能、繁殖性能、适应性、品种登记和系谱登记的基本要求；同时在标准的附件中增补了中国荷斯坦牛品种登记和个体系谱编制的规程。

《中国荷斯坦牛》（GB/T 3157—2008）明确规定："凡符合以下条件之一者可申请登记：双亲为登记牛者、本身含荷斯坦牛血统87.5%以上者、本身或其双亲在国外已是登记牛者。"这是一个典型的"开放式"品种登记体系，鉴于中国荷斯坦牛品种培育历史较短，纯种牛数量有限，很大一部分是不同代次的杂交改良牛，为了保证品种登记初期组建一个一定规模的基础群，需放宽品种登记牛的基本条件；此外，将中国荷斯坦牛群视为世界荷斯坦牛大品种中的一个类群，各国的荷斯坦牛群，仅在育种目标和选育措施上有所差异，而且不同荷斯坦牛类群间交换遗传物质是正常的群体遗传改良措施。

《中国荷斯坦牛》（GB/T 3157—2008）公布后，中国奶业协会又制定了《品种登记工作规程》，规定了登记工作应由专门的组织机构负责。世界奶业发达国家品种登记的职能均由"荷斯坦协会"负责。考虑到中国管理体制的实际情况，荷斯坦牛品种登记工作由农业部授权，中国奶业协会组织运行。按照工作程序，

---

[1] 程根正，张忠超，赵少平.1995.荷斯坦奶牛综合技术鉴定.甘肃畜牧兽医（2）：33-34.

中国奶业协会授权各省（自治区、直辖市）相关协会负责登记，各省（自治区、直辖市）将登记牛资料收集整理后，定期通过网络传送到中国奶业协会。为推动荷斯坦牛品种登记工作，中国奶业协会育种专业委员会编制了适于地方登记组织使用的应用软件和网络平台。到2011年底在中国奶牛数据库中已存储近100万头登记牛的信息。

（三）建立奶牛产奶生产性能测定体系

奶牛个体生产性能测定是对奶牛个体的产奶量定期测量和精确分析其主要营养成分的一项技术措施。早在19世纪末，在美国、丹麦等国就开展推行了这项技术，并称之为“产奶记录（milking record）”或“牛奶测定（milk testing）”。1953年，美国、加拿大两国正式启动了“牛群遗传改良计划（dairy herd improvement，DHI）”，鉴于该项计划是以生产性能测定为基础核心技术，久而久之，美国、加拿大就将DHI作为奶牛生产性能测定的代名词。

在牛群中建立生产性能测定体系，旨在获得牛只个体产奶性能的准确记录。生产性能记录数据，一方面用于牛群遗传改良，诸如遗传参数估计、种用个体遗传评定以及个体选配等技术措施；另一方面对奶牛场或奶农，就原料奶质量控制、饲养管理工艺和常见疾病防治等方面提供咨询和指导。

20世纪80年代，奶牛育种领域的国际合作逐步深入，一些“海归”学者和前来讲学的外国专家，先后将生产性能测定和DHI的理念介绍到国内[1,2]。特别是20世纪90年代，“中日技术合作天津奶业发展项目”和“中国—加拿大奶牛育种综合项目”的实施，首先在天津、西安、上海、杭州四地建立了牛奶监测中心，装备了乳成分自动分析仪和相关的配套设备，制定了一系列技术规程，培训了技术人员队伍，由此使得中国奶牛生产性能测定工作走上了科学规范发展的轨道[3]。1996年“中国—加拿大奶牛育种综合项目”实施第二期计划时，又将北京等13个省（自治区、直辖市）纳入项目，重点推行DHI测定工作。1999年5月，中国奶业协会成立了“中国荷斯坦奶牛全国生产性能测定工作委员会”，进一步健全了DHI推广机制。进入21世纪后，农业部重点支持了奶业主产区DHI测定中心的建设，各地政府也越来越重视奶牛生产性能测定工作。随着生产性能测定工作宣传力度的加强，奶牛养殖企业和养殖者对生产性能测定的认识程度逐步提高，奶牛生产性能测定的规模逐年扩大[4]。

截至2012年年底，全国已建立了22个经过农业部认定的“DHI测定中心”，年测定的奶牛头数达到52.38万头，中国奶业协会的奶牛育种数据处理中心数据

---

1 奶牛泌乳性能测定最优方法的研究.1991.中国奶牛.（2）：51–53.

2 建立北京市奶牛个体性能监测体系的建议.1990.北京奶牛（3）：23–25.

3 上海奶牛生产性能测定DHI工作总结.1996.中国奶牛（5）：27–28.

4 刘成果.2006.中国奶业年鉴2006.北京：中国农业出版社：183–184.

2000年4月中国农业大学与中加合作项目组签订合作协议

库已经存储了来自1 598余个奶牛养殖场，近100万头次的生产性能记录[1]。自2008年起，应用DHI数据，已经连续4年进行了全国青年公牛联合后裔测定的遗传评定工作，使得国家奶牛良种冻精补贴计划得以顺利实施。与此同时，各地DHI测定中心尝试“DHI报告解读”技术咨询工作。

2006年农业部委托中国奶业协会组织编制全国统一的生产性能测定技术标准，于2007年9月由农业部以行业标准《中国荷斯坦牛生产性能测定技术规范》（NY/T 1450—2007）颁布实施，进一步推进了奶牛生产性能测定工作的科学化和规范化。该技术规范规定了中国荷斯坦牛生产性能测定内容、操作步骤和要求，主要用于中国荷斯坦牛生产性能测定，但其他奶牛品种的生产性能测定可参照执行该技术规范。

在贯彻落实该技术规范中，全国畜牧总站协同中国奶业协会，在全国各地举办了多次“奶牛生产性能测定（DHI）技术培训班”。培训内容主要包括奶牛生产性能测定技术标准和规程，检测仪器校准原理和操作，检测仪器校准样品的制备、使用和贮存，检测仪器校准样品定值方法，奶牛生产性能测定数据上报格式等。

（四）建立国家奶牛育种数据处理中心

20世纪80年代后，信息技术在奶牛育种中应用领域不断拓展，欧美奶业发达国家均建立了不同层次的“奶牛育种数据处理中心”，使牛群遗传改良进入“数字化”时代，群体遗传进展明显加快。

---

[1] 农业部奶业管理办公室、中国奶业协会.2012.2012中国奶业统计摘要.

2003年在哈尔滨举办的全国奶牛DHI测定和推广技术交流会

鉴于此，2002年底中国奶业协会向有关部门提交了《国家奶牛育种数据处理中心建设项目建议书》，拟定了国家奶牛育种数据处理中心的功能，包括数据收集与网络传输、数据存储、数据统计分析、统计结果公布和育种技术服务等。国家有关部门对该“建议书”十分重视，并下拨专项资金支持“中心”的建设，到2004年初奶牛数据处理中心已完成硬件建设部分。2004年起连续3年获得农业部“农业先进技术引进项目”（948项目）资助引进专业软件，于2005年购进荷兰CRV公司研发的“奶牛育种数据管理软件（IRIS）”，并与供货商签订了5年售后服务和技术合作协议。随着IRIS数据管理系统的运行，首先将多年积累的珍贵育种资料输入到计算机中，确保了群体遗传改良工作的延续性。随着品种登记和生产性能测定工作在全国逐步展开，各地将新采集的育种数据定期输入到中心数据库，这标志着中国奶牛育种数据管理进入了“数字化”阶段。2006和2007年又与加拿大奶牛网络公司（CDN）进行“量体裁衣”式合作，先后研发引进了适用于中国奶牛群体的“奶牛生产性状育种值估计系统”和“奶牛体型外貌性状育种值估计系统”两套软件。两套软件的使用，使得中国实现了真正意义上的种牛遗传评定工作，标志着中国的奶牛群体遗传改良技术走上了与国际接轨的道路。

（五）推行奶牛体型外貌线性评分系统[1,2]

体型外貌鉴定是奶牛群体遗传改良的重要技术，尽管体型外貌性状不具备

---

[1] 洪广田.1999.北京市荷斯坦奶牛体型线性鉴定.北京奶牛（2）：6–8.

[2] 葛星明，杨红，李洪锋.1994.对中国荷斯坦牛体型线性评定的浅见.中国奶牛（2）：28–30.

2004年中国奶业协会与加拿大奶业工作网签订软件合作协议

2004年11月中国奶业协会与荷兰CRV公司签署合作协议引进育种数据管理软件IRIS

像产奶性状那样的直接经济意义，但是许多体型外貌性状与奶牛的体质健康、使用寿命、繁殖性状等有很密切的关联度，因此世界奶业发达国家在制定育种目标时，对体型外貌性状给予越来越高的关注。

早在中国黑白花牛品种培育期间，中国奶牛育种科技工作者就非常重视体型外貌鉴定。当时沿袭了20世纪50年代由苏联传入的传统体型外貌鉴定方法，这类方法的主要缺点是，主观判断成分高于客观评定，对性状表现优劣的评价定量性不强，科学依据不充分，缺乏统一的评价标准，容易出现因个人好恶，导致评分因人而异。

20世纪80年代，国际奶牛界在传统体型鉴定方法的基础上，充分考虑了奶牛各体型性状的生物学特性，对体型性状采用“线性评定法”。线性评定法是将那些对奶牛生产性能的发挥有明显作用，并可通过育种手段改进的体型外貌性状，应用直线刻度来度量其表现状态，从一个极端到另一个极端，对照奶牛活体按线性方式排列比较，根据个体的实际表现状态予以判分。这一体型评分法是以生理功能为依据的，故被人们誉为“功能型”鉴定方法。

中国自20世纪80年代中期开展奶牛体型外貌线性评定法的引进、消化吸收和推广工作。1983年9月美国荷斯坦协会专家密克斯先生（Mr. M. Mix）来华，首次介绍了奶牛体型线性评定方法，1987年北京奶牛研究所刘忠贤先生赴日本学习归来，系统地将这项技术引入中国。同年，北京农业大学师守堃教授撰文介绍奶牛体型外貌线性鉴定。1987年和1988年美国专家分别在广州、南京举办两期体型外貌线性评定技术培训班。

1990年中国奶牛协会主持召开“首届奶牛体型线性评定研讨会”，会议决定全面普及推广奶牛的体型线性评定技术，由中国奶业协会育种专业委员会编制了《奶牛体型线性鉴定技术规范》。1995年由中国奶牛协会正式发布了《中国荷斯坦牛体型线性鉴定实施方案（试行）》（1995—1999年）。

1996年5月上海举办全国奶牛体型鉴定技术培训班

1990年12月赛牛会前在上海青浦盈中奶牛场进行体型鉴定

1991年1月23日上海市牛奶公司首届赛牛会开幕式

1991年1月23日上海牛奶公司首届赛牛会冠军

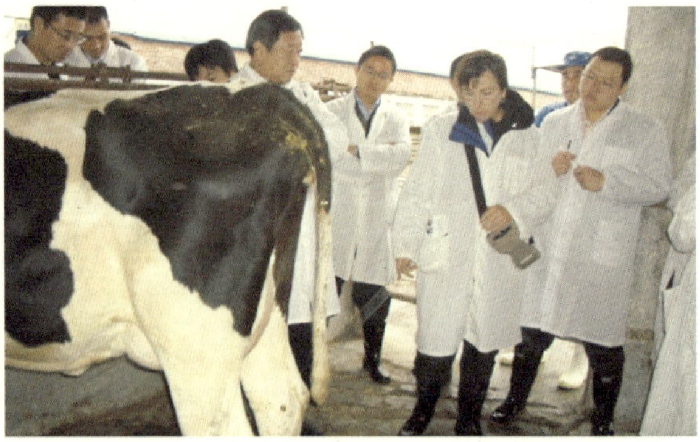

2007年11月19日美国荷斯坦牛协会高级体型鉴定员Deburin女士在上海中美奶牛体型鉴定研讨培训班的实践现场传授鉴定经验

20世纪90年代中期开始的“中—加奶牛综合育种项目”实施期间，农业部邀请加方专家在华举办了多次体型线性评定技术培训班，并选派体型鉴定员到加拿大接受短期培训。2003年中国奶业协会制定了《中国荷斯坦奶牛体型外貌鉴定规程》。迄今中国种牛遗传评定中使用的体型外貌资料，均是线性评定的结果。2007年农业部安排了《中国荷斯坦牛体型线性鉴定性状及评分标准》行业标准的编制任务。到2011年底该行业标准正在审批程序中。线性评定系统的应用与推广促进了奶牛群体遗传改良工作的进展。

（六）构建青年公牛后裔测定技术体系[1,2,3]

在广泛应用人工授精技术（AI）的奶牛群体遗传改良技术体系中，优秀种公牛是影响牛群整体遗传进展的主要因素。据分析，种公牛对奶牛群体遗传改进的贡献率，可达到总遗传进展的75%以上，由此，培育和选育优秀种公牛是奶牛群体遗传改良重中之重的技术。然而，培育和选育种公牛又有许多限制因素，奶牛的繁殖力低，世代间隔长，奶牛最具经济意义的产奶性状是性别限制性状。因此，迄今世界奶业发达国家，都为了追求种公牛选择达到最高的准确性，均采用青年公牛后裔测定，对公牛进行严格的遗传评定后选留。据统计，现今世界各国每年共有5 500余头青年公牛进入后裔测定。

早在中国黑白花牛品种培育阶段，中国奶牛育种工作者就十分重视选育优秀种公牛，并在特定区域内，通过调查和测定公牛后代的表现，确定公牛的选留。从严格意义上讲，这种“测定”不是国际规范的后裔测定。1983年中国奶牛协会育种专业委员会开始组织全国青年公牛联合后裔测定工作，并制定了《中国黑白花种公牛后裔测定暂行规范》。全国联合后裔测定工作是由中国奶业协会育种专业委员会负责组织协调、跨省市的一项育种协作工作。该规范详细制定了后裔测定的工作方案，包括待测青年公牛选择、精液采集、精液协调分配、后裔测定试配、公牛女儿基本资料与性能测定记录收集、公牛育种值估计与遗传评定结果公布等各技术环节的具体实施办法和要求。

自1983年起到2011年底，中国奶业协会共组织了46批全国联合后裔测定，据统计，参加全国联合后裔测定的公牛共1 400余头。经后裔测定留种的验证公牛通过冷冻精液的推广，对全国牛群的遗传改良起到重要作用。尤其是实施全国奶牛良种补贴项目后，经后裔测定具有完整综合选择指数CPI的验证公牛数量逐年递增，为良种补贴计划顺利实施做出了贡献。

---

1 秦志锐.1994.从国外奶用公牛后裔测定看我国的后裔测定工作.四川奶牛（2）：3-6.

2 辛宏量，秦志锐.2002.我国奶用公牛后裔测定问题的探讨.中国奶牛（1）：30-31.

3 陆汉希，金穗华.2005.对我国荷斯坦青年公牛联合后裔测定工作的几点看法与建议.中国奶牛（3）：29-31.

2000年10月26日在中国奶业协会育种专业委员会举办的第24次联合后裔测定会上，朗尼博士授课

2006年中国奶业协会育种专业委员会举办第36次全国青年公牛联合后裔测定

在开展全国联合后裔测定的同时，北京和上海两市还自主组织所属公牛的后裔测定工作。2009年黑龙江、河北、山西、宁夏等省属公牛站，以及山东奥克斯遗传公司，经协商组建了“北方公牛后裔测定联盟”，联合组织所属公牛的后裔测定工作。以公牛站为主体的后裔测定组织形式，既是全国联合后裔测定的一个很好的补充，同时也是后裔测定组织体制改革创新的一种尝试。

中国奶业协会育种专业委员会自1983年制定《中国黑白花种公牛后裔测定暂行规范》后，在执行过程中不断地补充完善，经过5次修订，将该规范提升为《中国荷斯坦青年公牛联合后裔测定规程》。于2007年9月全国青年公牛联合后裔测定工作会议上，正式公布实施。该规程对参加后裔测定的公牛站的资格、参加后裔测定公牛的筛选、冻精检测、数据的收集与分析等工作程序提出了更明确的要求，还特别强调了后裔测定的过程管理。为此，制定了《后裔测定牛场的认定条件》和《后裔测定奖励计划》，作为该规程的附件同时公布实施。

2008年农业部安排了国家标准《中国荷斯坦青年公牛联合后裔测定规程》的编制任务。到2011年底该标准正在审批程序中。

三、高产核心母牛群的选育[1]

组建和选育核心群是牛群遗传改良的重要技术措施之一，中国黑白花牛经新品种审定后就着手规划组建核心群工作，1986—1990年中国奶牛协会主持了国家“七五”科技攻关专题“中国黑白花奶牛高产核心群选育”，有全国13个省市的奶牛育种组织和多个教学、科研单位参加[2]。该项攻关专题以组建中国荷斯坦牛高产核心群为目的，深入研究了培育和选育高产奶牛的关键技术，建立了奶牛育种规划最优化决策系统，探索了奶牛抗热应激性能的选择方法，证实了妊娠母牛泌乳期产奶性能受当胎与配公牛遗传水平的影响[3]。通过科技攻关，选育出核心群高产母牛13 950头，平均产奶量成年当量（ME）为8 780千克，乳脂率为3.65%，比“六五”期间良种登记牛平均产奶量提高883千克，乳脂率增加0.08个百分点，接近当时加拿大、日本同类奶牛的性能水平。这批核心母牛的选育，为此后的群体遗传改良工作打下了良好的基础。

通过攻关专题的执行，使试验区牛群的数量和质量均有了较大的提高。到1990年底全国纯种黑白花牛总数达150万头，据统计表明，全国有627个集约化奶牛场年平均产奶量超过5 000千克。在该专题选育的高产核心群中，牧区平均产奶量超过7 000千克、乳脂率高于3.6%，农区产奶量超过8 000千克、乳脂率高于3.5%。

国家“七五”科技攻关专题“中国黑白花奶牛高产核心群选育”的研究成果，于1993年获农业部科技进步三等奖，主要完成人为秦志锐、柯忠恕、张沅等九人。

四、推广人工授精技术，加快牛群遗传改良

家畜人工授精技术问世于20世纪40年代，首先在奶牛繁育中得到应用。经过数十年的技术发展与完善，尤其是精液低温冷冻保存技术的成功应用，使之成为在奶牛育种中使用的最重要的生物技术。应用人工授精技术，可大幅度地减少

---

[1] 张其盈，李坚．中国荷斯坦牛（原中国黑白花奶牛）的培育与推广．中国奶牛协会1998年编发的内部资料：22.

[2] 陆东林，雷化云，熊丕礼，等.1991．黑白花奶牛核心群培育．新疆农垦科技（5）：26–28.

[3] 秦志锐，杨建尧，张沅，等.1992．奶牛胎儿的父亲对母亲产奶量的影响．畜牧兽医学报（4）：303–307.

种公牛的数量，保证优秀种公牛在群体遗传改良中最大限度地发挥作用。经过多年的研究与实践，在奶牛群体遗传改良中逐渐形成一套系统地应用人工授精技术的育种方案，称之为“AI育种体系”。

中国在奶牛生产中使用人工授精技术始于20世纪50年代，到20世纪70年代中期，随着制备冷冻精液工艺水平的成熟与完善，中国相继将种公牛集中饲养，建立了一批公牛站[1,2]。公牛站的建立，进一步减少了公牛的饲养量，提高了种公牛整体的质量，加快了群体遗传改良进程。

20世纪80年代中期，农业部出资实施了奶牛良种工程计划，一方面，多批次引进奶业发达国家优良血统的青年公牛，补充大型公牛站的种公牛群体，同时大批量引进国外优秀公牛冷冻精液，重点提高核心母牛群的遗传水平；另一方面，在内蒙古、黑龙江、新疆等省（自治区），使用荷斯坦公牛冻精，在地方黄牛群体中，使用人工授精开展了大面积的“黄改奶”工作，经过10余年的努力，奶牛存栏头数大幅度提高，改良牛产奶水平明显提高，在正常饲养管理条件下，3～4代杂交改良牛年产奶量可达5 000千克以上。迄今，在全国奶牛存栏数和总产奶量统计数据中，上述三省（自治区）稳居前三位。人工授精技术的应用，为其后中国奶业高速发展打下了坚实的基础。

中国从2005年起对奶牛良种推广进行财政补贴[3]试点，《奶牛良种补贴试点项目》的主要内容为，应用人工授精技术，由国家出资，为奶牛养殖者发放良种公牛冻精，以求奶牛群体逐世代地得到遗传改良。该项目作为国家扶持畜牧业发展的一项重要支农、惠农政策，2005年国家财政开始对奶牛良种补贴进行试点，随后逐步推开，补贴资金逐年扩大。农业部为该项目主管部门，负责制定、审核项目实施方案，选定种公牛，并对项目进行组织协调、监督、检查、验收以及培训指导等[4]。为了加强资金的管理，农业部与财政部共同制定了《奶牛良种补贴资金管理暂行办法》。省级畜牧主管部门组织指导申报项目，编制项目实施方案，组织技术培训和项目检查，集中选购冷冻精液等；县级畜牧部门负责项目具体实施，对基层技术人员和奶牛养殖户进行培训，建立健全配种、产犊、产奶等相关信息记录档案和耳标佩戴工作；参加项目的种公牛站按照采购合同组织项目冻精生产，确保项目县奶牛冻精的质量和供应。通过国家和地方分别建立职责明确、分级负责的项目管理机制，保证上下协调，责任到人，工作到位。

---

1 徐秀娣，陆耀华，须明华.1999.上海奶牛育种体系的现状和发展.上海奶牛（3）：32–33.

2 张其盈，李坚.中国荷斯坦牛（原中国黑白花奶牛）的培育与推广.中国奶牛协会1998年编发的内部资料：22.

3 刘成果.2006.中国奶业年鉴 2006.北京：中国农业出版社：178–179.

4 关于公布2007年奶牛良种补贴项目的种公牛站、种公牛和冷冻精液细管编号规范的通知.牧站（牧）〔2007〕48号文件.

实施良种补贴项目，政策效应明显，养殖户实惠增加，增产效果显著。项目实施增强了奶农使用优良品种的意识，改变了过去只注重配种数量，忽视冻精遗传质量的现象。通过对奶牛良种冻精进行补贴，冻精销售市场秩序得到了有效治理，加速了奶牛良种冻精的推广和使用。大大加快了中国奶牛良种化进程。该项目实施6年后累计改良奶牛近3 000万头次，获得改良新生母牛1 400多万头，根据科学推算，通过良种补贴后代的改良母牛平均单产可增加500千克以上，经济效益和社会效益显著。

五、种牛遗传评定方法的进展[1]

“遗传评定”是通过估计个体育种值、计算选择指数，对后备公牛的种用价值综合评定的一项重要的育种工作。20世纪70年代，中国科技工作者跟踪欧美国家在育种值估计方法领域的进展，试验性地对种牛进行遗传评定。随着奶牛育种方法和计算机技术的发展，中国使用的种牛遗传评定方法也经历了一个发展过程。70年代开始采用“女儿均数法”，进而使用过“相对育种值”，再后引入了当年美国发展的“同期同龄比较法（CC）”；80年代初期又效仿美国的进展，改用“改进同期同龄比较法（MCC）”，估计出各性状的预期差值（PD）[2]，并根据产奶量、乳脂率和体型外貌评分的PD值，配合成总性能指数（TPI），按TPI值对后测公牛排队和选择；自80年代中后期，随着线性模型理论和方法的日趋完善，以及计算机技术的发展，“最佳线性无偏预测法（BLUP）”首先在奶牛遗传评定中得到应用。

中国有关BLUP法的研究工作，紧跟世界同学科发展脚步[3]，1987年使用“公畜模型BLUP法”，对首批全国联合后裔测定的公牛进行遗传评定。20世纪90年代初，开始了更科学合理的“动物模型BLUP法”的应用[4]。进入21世纪，继续跟踪国际育种值估计方法进展，及时开展了应用“测定日模型”估计奶牛个体育种值的研究，并与加拿大奶牛网CDN公司合作，引进了基于测定日模型的奶牛生产性状和体型外貌性状的两套育种值估计软件。2008年根据全国奶牛良种补贴计划的要求，应用这两套软件，使用数据中心存储的奶牛育种数据，开展了全国种牛联合遗传评定工作。

2006年中国奶业协会育种专业委员会组织相关专家，制定了中国荷斯坦牛群体的育种目标和遗传评定方案。根据中国牛群的现状和市场需求，中国荷斯坦牛群的育种目标是：“通过综合选育措施，培育生产性能优异，且具有良好的体型、

---

1 张勤，张沅，等.2000.中国奶牛育种的现状及发展趋势.北京奶牛（4）：2–5.

2 洪广田，王爱玲.1987.关于公牛育种值评定中共同环境因子C2值估计方法的研究.中国畜牧杂志（3）：46–47.

3 杨长锁，吴金长，文燕，等.1989.应用BLUP法评定种公牛的遗传趋势.青海畜牧兽医杂志（6）：9–11.

4 邹益中，李勇欢，武良铸，等.1991.单性状BLUP法应用于上海奶牛育种.中国畜牧杂志（4）：37–38.

泌乳器官和肢蹄等外貌性状和健康长寿的牛群。”这个育种目标充分体现了“平衡育种”的理念，符合世界奶牛现代育种的潮流。依据这一育种目标，提出了中国奶牛性能指数（CPI）公式，鉴于当时的育种数据尚不够完整，第一版CPI指数仅包括了泌乳量、乳脂率、乳蛋白率3个性状。使用全泌乳期数据的动物模型BLUP法估计育种值，按照CPI计算结果，发布了公牛概要，首次实现全国种公牛联合遗传评定。

2007年开始采用“测定日模型TDM-BLUP方法”，并逐渐在CPI指数中增添了体细胞数、泌乳系统评分、肢蹄评分和体型评分4个性状，使得中国奶牛群体遗传改良的育种目标和遗传评定技术体系逐渐与国际接轨。在随后的4年中，为了配合国家奶牛良种补贴项目的实施，每年进行一次公牛遗传评定，在入选良种补贴计划的公牛中，经遗传评定的验证公牛比例逐年增加：2007年在入选良种补贴计划的公牛中，经验证的公牛仅占14.3%，到2010年提升到35.1%，2011年达到47%。遗传评定技术的改进，促进了中国奶牛群体遗传改良体系整体水平的提升。

六、中国荷斯坦牛“最优化”育种规划系统的建立[1]

“家畜育种规划”研究领域发展于20世纪70年代，它采用系统工程学方法，在家畜遗传育种技术中结合了经济学、信息学和计算机技术等研究方法，构建家畜“优化育种方案”的规划系统。这一领域的发展与应用，是欧美发达国家在20世纪后20年，畜牧生产效率大幅度提高的技术因素之一。

自1985年起，由中国农业大学张沅教授主持，开展了中国荷斯坦牛的育种规划研究，探索应用育种规划方法指导奶牛群体遗传改良工作。重点研究了育种规划的基本方法及不同育种体系的比较，育种目标、育种系统和群体结构因素对育种成效的作用，结合中国荷斯坦牛育种的状况和发展目标，建立了“最优化”育种规划系统。应用这个系统，对中国荷斯坦牛AI育种体系的建立，提供了重要的定量性依据：

1.经对奶牛群生产与育种的经济学分析表明，中国奶牛的产奶性状、生长发育性状和次级性状三者间的经济重要性比例应为2 ∶ 1 ∶ 2。因此，建议在确定育种目标时，除了考虑产奶性能外，还应将那些直接影响奶牛业效益的次级性状（配妊时间、使用寿命和抗病性等）包括在育种目标之中。

2.通过对现行育种方案成效进行测算，结果表明，中国荷斯坦牛当时的育种方案不是“最优化”的。因此，有必要对牛群的群体结构、主要育种措施及繁育体系等因素对育种成效的作用进行分析，为筛选优化育种方案提供可靠的依据。

---

[1] 中国奶牛育种目标中性状边际效益计算方法的研究.1992.畜牧兽医学报（8）：7–11.

3.通过对群体规模、后裔测定试配母牛的比例、测验公牛头数和公牛选择强度等因素，对育种成效的影响程度的分析表明，各地“小而全”的育种方案，限制了群体遗传改良的育种成效。若扩大育种单位的群体规模，将获得更高的育种成效。育种单位每扩大一倍，育种成效可提高5%～10%。

4.根据中国荷斯坦牛群的实际情况，比较了待定公牛体系（WB）、精液保存体系（SS）和青年公牛体系（YB）等三种国际上常用的奶牛繁育体系在实施时可能获得的育种成效。

七、应用胚胎移植技术，建立中国荷斯坦牛MOET育种体系[1]

到20世纪80年代，牛的胚胎移植技术已经日趋成熟，许多人预言胚胎移植技术将成为奶牛快速扩繁的主要技术。然而由于胚胎移植技术操作的复杂性和不确定性，以及高昂的技术成本，限制了在奶牛繁育中普遍使用。为此，国内外专家开展了一系列关于胚胎移植技术在奶牛遗传改良中应用策略的研究。

1991—1996年由中国奶业协会与中国农业大学共同牵头，开展了题为“应用胚胎移植技术选育高产黑白花奶牛的研究”的国家“八五”科技攻关专题研究。该研究的目的在于，通过最优化育种规划方法，制定适于中国国情的“MOET（即超数排卵与胚胎移植）核心群育种方案”，并通过科学的选育方法和高效率的MOET技术的实施，建立中国荷斯坦牛MOET育种核心群，成批培育优秀种公牛和种母牛，并通过使用自主培育的种公牛，提高奶牛群体的遗传水平和育种效益。

通过科学研究，设计了一个“附设测定群的MOET核心群育种体系”，获得了以下研究成果：

1.依据系统工程方法，借助计算机模拟技术，建立了中国荷斯坦牛MOET核心群育种规划系统，并编制相应的计算机软件。

2.针对MOET核心群规模相对较小，而又需要对种母牛进行严格的遗传评定的要求，发展了“群体内的动物模型BLUP方法”。

3.建立了一套适合于实施MOET核心群育种方案的奶牛胚胎移植技术体系，在中国首次实现了大规模、高效率、产业化实施奶牛胚胎移植技术。

4.通过MOET育种体系的实施，在MOET核心群中选育了一批胚胎移植（ET）母牛。这批母牛产奶生产性能，比同期同群牛高出18%。使用这批ET母牛，又培育了一批新一代优秀母牛后代和后备公犊牛。

5.经过该科研项目的研究与应用，自主培育和选育出18头优秀种公牛，这批种公牛的后代表现出了高产、优质、长寿的优良遗传素质，在20世纪90年代，

[1] 张其盈，李坚．中国荷斯坦牛（原中国黑白花奶牛）的培育与推广．中国奶牛协会1998年编发的内部资料：22．

对全国的奶牛群体遗传改良发挥了重要作用，取得了可观的经济效益和社会效益。

“八五”科技攻关计划结束后，农业部通过“农业科技跨越计划”支持，使成果进一步深化和熟化。该项研究以《中国荷斯坦牛MOET育种体系的建立与实施》为题，通过了农业部科技成果鉴定，并于1999年获得农业部科技进步一等奖，2000年获得国家科技进步二等奖，主要完成人是张沅、许宗良、罗应荣、陈静波、张勤等15人。

八、开展奶牛“分子育种”关键技术研究

20世纪90年代至2011年，中国农业大学分子数量遗传学团队与北京奶牛中心合作，先后承担了国家科技攻关与科技支撑计划、863计划、省部级重点项目、948项目和国家自然科学基金杰出青年基金等8个课题，历时14年，系统开展了中国荷斯坦牛分子育种关键技术研究与应用，取得了一系列研究成果，主要包括四方面内容。

1.发展了奶牛精细定位和单倍型推断方法，精细定位了中国荷斯坦牛6号和3号染色体上与产奶性状和功能性状相关联的基因座位，开发了分子标记检测技术，发现了奶牛主要性状的32个QTLs，建立了中国荷斯坦牛主要性状功能基因鉴定的技术平台。

2.开展了中国荷斯坦牛重要性状主效基因和分子标记挖掘与应用研究，证实了DGAT1和GHR两个主效基因，对中国荷斯坦牛产奶性状具有显著遗传效应；开发了检测试剂盒，并获得了国家发明专利授权。

3.系统研究了影响奶牛标记辅助选择效率的因素及标记辅助遗传评定方法，发展了中国荷斯坦牛生产性状、体型外貌性状和繁殖性状遗传参数估计和遗传评定技术平台。

4.构建了中国荷斯坦牛重要遗传缺陷分子诊断以及奶牛亲子鉴定技术平台，研制了分子检测试剂盒，获得了国家发明专利授权；建立了全国种公牛遗传缺陷诊断和监控体系及种公牛DNA信息数据库。

上述研究成果已在中国奶牛群体遗传改良中得到推广与应用。经统计测算，使用测定日模型遗传评定方法，可提高种牛选择准确性5～10个百分点；应用主效基因检测，辅助种公牛选择，可提高其后代生产性能3%～5%。通过牛群遗传缺陷检测，大大降低了遗传缺陷牛的发生；公牛DNA信息库的建立，提升了中国种牛血缘可追溯能力，奶牛分子育种关键技术的研究成果，增强了中国自主培育荷斯坦种公牛的能力，加快了牛群遗传改良的进展。

该项研究以《中国荷斯坦牛分子育种关键技术研究与应用》[1]为题，通过教育

[1] http://www.bjkw.gov.cn/n1143/jiangli2010/sec/I30-2010-001.html. 项目编号I30-2010-001.

部科技成果鉴定，并于2011年获得北京市科技进步二等奖，主要完成人是张沅、张勤、张胜利、孙东晓、杜立新等15人。

九、构建中国荷斯坦牛基因组选择技术平台

进入21世纪后，国际上基因组选择（GS）技术的发展与应用，为传统奶牛遗传评定体系带来新的发展空间。基因组选择是结合“基因组育种值（GEBV）”进行种牛选择的技术，基因组育种值估计的准确性远高于青年公牛单纯的系谱指数，同时若与验证公牛的后裔测定结果结合，可进一步提高选择的准确性。由此，基因组选择可实现种公牛的早期选择，缩短奶牛遗传改良的世代间隔，节约选种成本，提高选种效率。

进入21世纪后，奶牛的基因选择技术发展迅速，已经成为奶业发达国家公牛遗传评定的主要技术。自2009年1月美国开始发布种公牛基因组育种值开始，德国、加拿大、荷兰等十几个主要的荷斯坦牛主产国家，都已经发布了各自的基因组育种值评定结果。

中国奶牛全基因组选择研究主要由中国农业大学承担，2008年获得国家863计划的支持，同时还得到农业部948项目等多个相关课题的资助。课题组汲取国外相关研究成果，建立了以验证公牛女儿为主的“参考群体”，进行了SNP效应估计方法的比较研究，使用Illumina Bovine SNP50芯片对个体进行SNP标记检测；改进了估计SNP标记遗传效应技术。到2010年底，已经构建了较完善的中国荷斯坦牛基因组选择技术平台；可以估计种牛个体主要性状的基因组育种值，基因组遗传评定的准确性可达到65%～75%。以上研究结果凝练为“中国荷斯坦牛基因组选择技术平台的建立”科研成果，已于2012年1月通过了教育部组织的成果鉴定，鉴定专家组建议，尽快在中国的奶牛群体遗传改良中实施基因组选择技术。

2012年1月14日中国荷斯坦牛基因组选择技术平台的建立

2012年，经农业部批准，中国启动种公牛遗传评定基因组选择实施方案[1]。总体指导思想是，在坚持开展和完善青年公牛后裔测定的同时，利用自主构建的基因组选择技术平台，一方面对于尚无后裔测定成绩的青年公牛，利用基因组信息估计GEBV，并结合系谱信息进行遗传评定，对入选青年公牛限量使用。另一方面，条件允许时，也对有后裔测定成绩的验证种公牛，结合基因组信息进行遗传评定，进一步提高验证公牛选择的准确性。由此，既可以整体提高中国种公牛遗传评定的可靠性，又可以满足奶牛群体繁育对优秀种公牛冷冻精液的需求。

十、奶牛育种的国际合作与交流

回顾中国奶牛育种的历程，与奶业发达国家的科技合作起到了主要的作用。这种合作是多种形式的。包括优秀种牛、冷冻精液和胚胎等育种材料的引进，先进仪器设备的引进，先进科学的育种方法和技术的引进和消化吸收等。

（一）与奶牛育种国际组织合作

当今与奶牛育种有关的全球性联合组织机构主要有：世界荷斯坦联盟（WHFF）、国际动物记录委员会（ICAR）和国际公牛遗传评估组织（Interbull）等。

世界荷斯坦联盟是包括世界主要奶业大国在内的世界奶业协会组织，至2011年，拥有23个成员国。它以在全球范围内促进荷斯坦牛繁育为目的，宗旨是让所有从事荷斯坦牛良种登记的成员国能够在相同的水准上，组织和管理各自的品种登记和生产性能测定等工作。

中国奶业协会于2004年向世界荷斯坦联盟提出加入的申请，并在同年巴黎召开的联盟全体会议上，被接收为联盟成员国。这对中国奶牛遗传改良有着重大意义，意味着中国奶业已经打破封闭，开始与国际奶牛育种组织建立密切关系，开展技术交流和信息共享，学习和引进国际先进技术，促进中国奶业快速、健康发展。

2004年6月世界荷斯坦联盟当值主席、加拿大荷斯坦协会主席弗莱曼先生专程来华，访问了中国奶业协会，与时任理事长刘成果先生、秘书长魏克佳先生，就中国奶业协会与世界荷斯坦联盟合作问题，进行了深入会谈。近年来，中国奶业协会认真履行世界荷斯坦联盟章程，按时缴纳会费，参加世界荷斯坦联盟各种活动，并上报有关数据。中国奶业协会还与国际动物记录委员会多次接触，探讨加入国际动物记录委员会事宜。

---

[1] 关于公布参加2012年畜牧良种补贴项目种公牛站、种公牛的通知．牧站（奶）〔2012〕66号．

1987年4月 在国际农业及耕作展览会上中国奶业协会参观美国荷斯坦牛协会站台（左二秦志锐，左三周鼎年，左四美国荷斯坦牛协会国际部主任米克斯，左五赵海泉）

1996年9月10日中国奶业协会派代表参加在日本札幌举办的第九届世界荷斯坦牛大会

2006年10月16日中国奶业协会育种专业委员会访问美国荷斯坦牛协会

2007年9月16日中国奶业协会访问挪威Tine协会

2008年11月4日中国奶业协会育种专业委员会访问意大利荷斯坦牛协会

2009年11月9日中国奶业协会育种专业委员会主要成员在北京友谊宾馆与ICAR秘书长安德烈罗萨提先生会谈

（二）奶牛育种领域的国际合作项目

1. 中日奶牛育种合作项目[1] 1990年日本国际协力事业团和中国农业部，签署了日本政府援助的“天津奶业发展项目”，在项目实施的12年中，主要完成了以下有关奶牛育种领域的工作：

（1）*建立并实施奶牛生产性能测定技术体系* 由日方援助了一套奶牛生产性能测定设备。经过日方专家培训，在天津形成了规范的奶牛生产性能测定技术体系，到2002年项目结束时，已在12个大型奶牛场4 500头奶牛系统实施了生产性能测定工作。

（2）*建立先进的奶牛冷冻精液生产技术体系* 日方援助一套细管冷冻精液生产设备，形成了独特的生产冷冻精液技术体系，日方还援助两头验证公牛和10头良种公牛的冷冻精液1 575支，用于良种牛的繁育。

（3）*建立奶牛血型鉴定中心* 日方转让了制作专用抗血清、血型鉴定技术和亲子判定技术。当时该中心被命名为“中国奶牛协会血型分析中心”，承担了全国联合后裔测定青年公牛血型鉴定的任务。

（4）*技术培训与人员交流* 在项目执行期间，日方共派遣长期专家17人次，短期专家39人次在华就冷冻精液生产、牛群饲养管理、体型线性鉴定、生产性能测定、繁殖障碍防治、修蹄等进行技术指导和人员培训。中方先后派出技术人员43人次赴日培训。

该项目形成的先进配套技术及成功应用，已使天津市成为国内奶牛业发展先进地区之一，推动了天津市及全国奶业的现代化进程。

2. 中加奶牛育种综合项目 “中国加拿大奶牛育种综合项目”是一个由加拿大国际开发署（CIDA）赞助的双边合作项目，简称IDCBP项目；该项目的宗旨是，通过加强中国奶牛业的育种和管理基础工作，提高奶牛业的生产效率与牛奶的质与量，使人民受益。

项目第一期（1994—1998年）在上海、杭州和西安三城市设点，按照加拿大的青年公牛后裔测定方案，在上述三城市开展育种基础性工作。项目第二期（1998—2003年）增加了北京项目区和一些扩展项目点。

项目一期由加方提供了包括青年公牛、优质胚胎和冷冻精液在内的一批遗传物质，并依照加拿大奶牛群体遗传改良计划，在三个项目点分别装备了牛奶分析实验室，并建立了牛群生产性能测定技术平台，到1997年秋，3个项目点大约有15 000头牛进入生产性能测定系统。

培训是项目的重要工作之一，一方面由中方派送技术骨干到加拿大接受特定领域的培训。另一方面，加方奶牛专家来中国进行各种形式的培训。IDCBP项目

[1] 刘成果.2006.中国奶业年鉴2006.北京：中国农业出版社：228.

为中国奶牛育种体系的建立奠定了坚实基础，2006年加方项目执行主任加里朗尼博士[1]获得中国政府颁发的“友谊奖”。

2004年4月中国奶业协会理事长刘成果出席在加拿大使馆举行的中加奶牛育种综合项目（IDCBP）总结会

2006年9月30日国务院总理温家宝在北京人民大会堂亲切接见荣获2006年中国政府“友谊奖”的加里朗尼博士

[1] 加里朗尼博士（Dr.Clare Rennie，1927—），曾任加拿大圭尔夫大学畜牧系主任、加拿大安大略省农业厅副厅长和中国-加拿大政府双边项目——奶牛育种综合项目（IDCBP）执行主任兼项目育种专家，中国奶业协会顾问。1991—2006年先后到项目点及项目推广地区进行技术指导达28 次，组织举办了1 000 多次国内外学习班，培训奶牛专业技术人员66 070人。帮助中国引进加拿大优秀奶牛遗传材料，建立了优质奶牛核心牛群，引进9分制奶牛体型外貌评定方法和先进的种公牛遗传评估系统，并首次建立了奶牛生产性能测定（DHI）体系；2006年荣获中国政府“友谊奖”，受到时任国务院总理温家宝、副总理回良玉亲切接见。

除此之外，中国与日本、荷兰、德国、以色列等国的奶牛科技合作均取得明显的成果。

（三）奶牛育种技术领域的国际交流活动

多年来，中国奶业协会育种专业委员会坚持借鉴奶业发达国家的成熟经验，开展全方位的合作交流，促进了中国奶牛群体遗传改良技术体系的建立与实施。

2008年7月24日英国奶牛育种公司Genus 访问中国奶业协会

在21世纪初，中国奶业出现高速超常规发展热潮后，凸现牛群总体遗传进展缓慢，奶农养殖效益下降等问题。新时期奶业可持续健康发展，对奶牛群体遗传改良提出了更高的要求。为了适应奶业发展新形势的需要，中国奶业协会育种专业委员会在2006—2010年期间，组织北京、上海、黑龙江、天津4家主要种公牛站的负责人和育种科技人员，对美国、加拿大、德国、法国、荷兰、丹麦、意大利、捷克、西班牙、英国等10个奶业发达国家，进行奶牛群体遗传改良技术的专题系列考察。

2006年2月1日中国奶业协会育种专业委员会参加法国蒙贝利亚牛后裔展

在之前的国际交流中了解到，奶业发达国家类似于中国种公牛站的企业，其功能定位不仅是生产和推广冷冻精液的公司，而且是在群体遗传改良技术体系中，承担培育和选育优秀种公牛的重要育种部门。由此，中国奶业协会育种专业委员会认识到，为了实施中国奶牛群体遗传改良计划，必须首先转变奶牛育种的理念，扩展公牛站的种牛选育职能，建立自主培育种公牛和选育优秀种公牛的技术体系和相应的运行机制。鉴于此，组织此专题系列考察，旨在考察奶业发达国家公牛后裔测定的技术体系与实施管理机制、奶牛生产性能测定体系、各育种组织间功能的分工与衔接、公牛育种企业冻精生产技术与设施以及奶牛场参与群体遗传改良计划的管理模式等。

在此专题系列考察期间，各国荷斯坦协会均给予了高规格的接待，并精心地安排了紧凑高效的工作日程。考察团访问了包括加拿大的Semex、Alta，美国的CRI、Select Sires、Accelerated Genetics，德国的Master Rind，荷兰的CRV，丹麦的Dansire在内的几乎所有世界最著名的奶牛育种企业，通过技术报告会和座谈研讨，深入了解了欧美国家奶牛育种企业的育种规划和种公牛选育的运行机制。考察期间还拜访了美国农业部动物改良方案实验室（AIPL）、美国荷斯坦协会所属DHI数据中心（AGRITECH）、加拿大奶牛网中心（CDN）、德国数据处理中心（VIT）、荷兰奶牛数据处理中心（NRS）等及多个对世界奶牛遗传改良有重要影响的育种技术研发机构。考察团成员从中领会了发达国家奶牛育种理念，了解了技术发展动态。在此专题系列考察访问中，累计进行了25次技术讲座，听取了50余个技术报告，参观访问了40余个包括公牛母亲场、胚胎生物技术中心、遗传物质进出口公司在内的各种类型的奶牛育种组织和设施。这次系列考察技术层次高、专业性强、内容丰富而广泛，对制定中国荷斯坦牛遗传改良计划和实施奶牛群体遗传改良工作起到重要作用。考察团在国外表现出的认真严谨精神，给各接待方留下了深刻的印象。通过考察活动，大部分受访国的荷斯坦协会和相关的育种组织，都与中国奶业协会育种专业委员会建立了稳定的业务联系和技术合作关系。

2006年10月11日中国奶业协会育种专业委员会访问加拿大Alta育种公司

2006年10月17日中国奶业协会育种专业委员会访问美国Select Sire育种公司

2007年7月5日中国奶业协会育种专业委员会访问德国奶牛育种组织VIT

2007年7月4日中国奶业协会育种专业委员会访问德国OHG 公牛母亲测定场

2007年7月4日中国奶业协会育种专业委员会访问德国Master Rind育种公司

2007年7月13日中国奶业协会育种专业委员会访问丹麦Dansire育种公司

2008年11月3日中国奶业协会育种专业委员会访问意大利Zolesco育种公司

2010年7月28日中国奶业协会育种专业委员会访问西班牙Galicia省奶业协会

2010年7月28日中国奶业协会育种专业委员会访问西班牙Galicia省U.T.E. BOS公牛母亲场

为了推进中国荷斯坦牛群体遗传改良计划，中国奶业协会育种专业委员会还多次邀请奶业发达国家荷斯坦协会，来华举办奶牛育种技术交流研讨活动。仅在2005年到2009年期间，就举办了2次中美奶牛育种技术论坛（2005年大连、2008年哈尔滨），3次中德奶牛育种论坛（2006年北京、2007年南京、2008年哈尔滨），1次中加奶牛育种论坛（2007年南京），1次中荷奶牛育种技术论坛（2006年北京)。在此期间，还就群体遗传改良中的专项技术，诸如后裔测定体系技术体系、体型外貌线性评分、DHI测定体系及数据报告解读、DMU数据处理软件系统、公牛繁殖管理技术、奶牛基因组选择等，邀请国外著名专家，举办了多期培训班。促进了中国奶牛群体遗传改良技术推广和人才培养。

2005年9月中国奶业协会育种专业委员会在大连召开的奶业大会上举办中美奶业研讨会

2006年4月16日中国奶牛协会育种专业委员会邀请加拿大奶牛育种专家Clare Rennie博士和Bob Lang在北京召开中加奶牛育种研讨班暨青年公牛后裔测定会

2006年9月2日中国奶业协会育种专业委员会在北京举办中荷奶业论坛

2006年9月3日中国奶业协会育种专业委员会在北京举办中德奶牛育种研讨会

2007年6月22日在南京召开的奶业大会上中国奶业协会育种专业委员会举办中德奶牛育种论坛

2007年6月22日在南京召开的奶牛大会上中国奶业协会育种专业委员会举办中加奶业发展交流研讨会

2008年4月中国奶牛协会育种专业委员会邀请丹麦专家Per Madsen、苏国生等在北京举办DMU育种软件高级培训班

2008年5月中国奶业协会育种专业委员会邀请加拿大专家Bob Lang、Robert Moore和David Loewis等在北京举办全国奶牛群体遗传改良高级培训班

2008年5月中国奶业协会育种专业委员会在北京举办全国奶牛群体遗传改良高级培训班

2008年9月中国奶业协会育种专业委员会在哈尔滨召开的奶业大会上举办中德奶牛育种与繁殖研讨会

2008年6月26日中国奶业协会育种专业委员会邀请加拿大奶牛繁殖专家Mary Buhr博士在延庆对全国种公牛站采精及冻精制作技术人员进行为期3天的培训

第三节 中国乳肉兼用牛品种培育简史

乳肉兼用牛（dual purpose cattle）指既具有较高产奶性能，同时又具有优良产肉性能的牛品种，是相对于专用牛品种（special purpose cattle），诸如乳用或者肉用品种而言的。虽然兼用牛在单方面性能上不能与专用品种直接相比，但其母牛产奶量约为乳用品种的2/3，且其犊牛生长速度可达肉用品种的70%～80%，同时具有抗逆性强、生产寿命长、繁殖效率高等特点，在综合经济效益方面凸显优势。在中国牛业发展过程中，乳肉兼用牛品种具有十分独特的作用。中国乳肉兼用牛集中分布于东北部、西北部草原和广大农村，至2011年，其奶产量占全国奶总产量的15%左右。乳肉兼用牛以其良好的适应性，丰富了乳用品种的多样性，有利于充分利用中国有限的草场和饲料资源而达到既生产牛奶又生产牛肉的目的，有利于缓解中国肉用母牛存栏不足的局面。然而，由于在兼用牛养殖区域通常存在不挤奶、原奶收购不能完全以质论价、牛奶牛肉高附加值产品开发不足、牛肉生产行业不规范等行业发展瓶颈，乳肉兼用牛综合养殖效益高、抗风险能力强的特性在中国尚未完全发挥。国家奶牛良种补贴计划从2005年起试点实施，2006年将部分乳肉兼用牛品种纳入国家良种补贴范畴，随着补贴的品种和推荐公牛的数量逐渐增加，到2011年，良种补贴中已包括了乳肉兼用型西门塔尔牛、新疆褐牛和三河牛三个品种共238头公牛。

受俄罗斯等周边国家遗传资源特点影响，自18世纪起，中国东北、西北部草原及部分农区曾大量引入乳肉兼用型牛品种，如褐牛、西门塔尔牛、兼用短角牛等对本地黄牛进行杂交改良，经过杂交、横交固定和本群繁育等阶段，从20世纪80年代起，已自主培育了四个乳肉兼用型牛品种，包括两个国家级新品种和两个地区级新品种。回顾乳肉兼用型品种的培育历程，有利于重新认识乳肉兼用型牛品种受到农牧民欢迎的历史背景和重要意义，吸取中国荷斯坦牛育种体系建设经验，通过持续选育提高其乳肉兼用遗传特性，促进中国牛业健康发展。

一、三河牛品种培育简史

三河牛（Sanhe cattle）是中国自主培育的优良乳肉兼用牛品种之一，因育成于大兴安岭西麓额尔古纳市的三河地区（根河、得勒布尔河、哈布尔河）而得名。三河牛是本地牛（蒙古牛）与多个品种（西门塔尔牛、西伯利亚牛、俄罗斯改良牛、后贝加尔牛、塔吉尔牛、雅罗斯拉夫牛、瑞典牛和日本北海道荷兰牛等）杂交后，经系统选育而形成的，在育成过程中受西门塔尔牛影响最大。

1954—1955年在收购本地及离境苏侨所饲养奶牛的基础上，在呼伦贝尔盟筹建了24个以养牛为主的国营牧场，进行有计划的选育提高；经过30多年努力基本形成品种，1986年内蒙古自治区政府正式验收并命名为“内蒙古三河牛”。三河牛一直以谢尔塔拉种牛场为核心扩繁，现主要分布在内蒙古东北部，集中于呼伦贝尔盟额尔古纳市、陈巴尔虎旗及岭北铁路沿线一带，总头数近12万头。

三河牛耐粗饲、耐高寒、抗病力强，乳成分高，遗传性能稳定。毛色有红（黄）白花和黑白花，体大结实，四肢强健，蹄质坚实，乳房大小中等，质地良好，乳静脉明显，乳头大小适中。

（一）引进和杂交的初级阶段（1898—1953年）[1]

1898年俄国在中国东北修建中东铁路，俄国铁路员工带进一些西门塔尔牛和西伯利亚牛等品种到滨州铁路沿线；在1905年前后，俄国人带着牛群来到三河地区；1912—1917年间，在滨洲、滨绥沿线，曾引进大批乳肉兼用及乳用牛和蒙古牛进行杂交。在1917—1923年苏联十月革命后，逃亡到中国的白俄又携带数千头奶牛入境，包括西门塔尔牛、后贝加尔牛、西伯利亚牛、雅罗斯拉夫牛、霍尔莫高尔牛、塔吉尔牛、瑞典牛等品种。这些品种都不同程度、无计划地参与过对当地蒙古牛的杂交改良，对三河牛的形成有不同程度的影响。据1923年东北铁路农林局调查，西门塔尔牛、后贝加尔牛、西伯利亚牛的改良牛在呼伦贝尔盟三河地区以及滨州、滨绥铁路沿线就有7 691头。1940年前后曾从日本引入过黑白花牛。1952年中国农业科学院的前身华北农业科学院畜牧实验室在中东铁路沿线进行了实地考察，证明当时在原呼伦贝尔盟三河地区以及滨州、滨绥两铁路沿线的牛群中，西门塔尔牛血统占52.9%，西伯利亚牛、后贝加尔牛等血统次之。这些杂种群体形成了三河牛品种的育种基础，而且通过吉林、黑龙江、内蒙古哲里木盟等地种畜场繁育扩散，也对中国西门塔尔牛草原类群的部分育种基础产生影响。

（二）有计划地杂交和横交固定阶段（1954—1975年）[2,3]

三河牛有计划的选育工作始于1954年。1954和1955年在收购离境苏联侨民及当地人民饲养的苏系兼用牛和奶牛及其杂种后代基础上，呼伦贝尔盟建立了24个国营农牧场（如内蒙古谢尔塔拉种牛场），同时在核心场建立了种公牛站；1955年7—8月，对原呼伦贝尔盟牧管局的15个场进行调查，鉴定成母牛871头，一等以上个体占62%；牛的毛色以红白花为主（66%）。1962年内蒙古从苏联引入苏系西门塔尔牛110余头，饲养在呼伦贝尔盟谢尔塔拉种牛场和锡林郭勒盟索额图牧场，1964年经自治区种畜场布局调整，大部分转至哲里木盟嘎达苏种畜场；

---

1 涂友仁.1985.内蒙古家畜家禽品种志.呼和浩特：内蒙古人民出版社.

2 中国农业科学院畜牧研究所.1963.调查研究资料汇编第一集（1958–1961）.

3 中国农业科学院畜牧研究所.科学研究年报（1962）、科学研究年报（1963）、科学研究年报（1964）.

期间引进的种牛对于谢尔塔拉种牛场的种群产生了重要影响[1]。1963年曾从中国农业科学院畜牧所引入苏系西门塔尔牛公牛；为提高产奶量，1965年从原巴克西牧场引入黑龙江省黑白花牛（小荷杂）。

1961年5—7月，中国农业科学院畜牧所陈幼春同志随农业部畜牧兽医局调查组对三河牛的育种情况进行调查，谢尔塔拉种牛场等14个单位存栏三河牛种公牛3 563头，三河牛及其改良母牛37 893头，三河牛比例在各旗不同，公、母牛比例差异大，尚未采用人工授精技术。1963年8—9月，由中国农业科学院畜牧所贺程浩同志、内蒙古畜牧兽医科学院研究所刘钟同志及呼伦贝尔盟国营牧场管理局刘镜平同志共赴三河地区8个牧场24个牛群进行观察、测量及鉴定，调查发现，三河牛母牛乳用型偏多，公牛兼用型偏多。这段时期内三河牛生产上有2次起伏，首次低潮是农牧场管理局建局初期缺乏养殖经验，第二次低谷出现在1961年和1962年自然灾害的困难时期。

自20世纪60年代起，中国农业科学院畜牧所以及内蒙古国营谢尔塔拉种牛场科技人员共同协作，从三河牛的遗传背景、泌乳曲线、头型、角相、毛色、乳房形状、种公牛利用、选种选配等方面入手，建立核心群，试验性导入西门塔尔牛后提高群体一致性、改善体型和后躯缺陷，并形成《三河牛育种方案（修正草案）讨论稿》（1963—1972年），对于横交固定过程中确定理想型、明确选育目标起到指导性作用。

（三）本群繁育和品种审定阶段（1976—1986年）

1976年，在原呼伦贝尔盟成立了三河牛育种委员会，重新制定了三河牛品种培育方案，以24个国营农牧场为骨干、以地方牛群为基础，建立了三河牛育种体系。

1976年6—7月，对三河地区9个场57头种公牛和15个重点队1 812头母牛进行了外貌鉴定和生产性能测定，表明三河牛在体尺、外貌、产奶以及生长等方面比建场初期有明显提高。1978年谢尔塔拉种牛场引入肉乳兼用型奥系西门塔尔、利木赞、夏洛莱牛，期望通过杂交在乳、肉方面提高现有牛群水平。1979年再次开展三河牛的生产现状调查，提出了三河牛育种生产的发展建议。20世纪80年代开始，三河牛的选育本着“以品种选育为主，适当引进外血为辅”的育种方针，有计划开展科学育种工作。1981年开展了品种资源调查，三河牛列入《中国牛品种志》。根据调查资料制定了三河牛企业标准，将三河牛选育提高作为重点科研课题纳入内蒙古自治区科委1981—1983年的科研计划。

1981年在内蒙古海拉尔谢尔塔拉种牛场建立了三河牛家畜繁育指导站，结束了各场分别饲养种公牛的历史，组织核心群，实现统一供种。谢尔塔拉种牛场负

[1] 涂友仁.1985.内蒙古自治区家畜家禽品种志.呼和浩特：内蒙古人民出版社：14-19.

责选择培育种公牛，推广冷冻精液人工授精技术。1982年开始组织编写三河牛品种标准，1984年颁布了《三河牛》地方标准，1986年由国家标准局颁布了《三河牛》(GB/T 5946—86)。

1979年和1980年旱灾缺草导致三河牛数量下降；1984年后进行体制改革，包牛到户后打草自足有余，结束了抗灾保畜的被动局面。20世纪80年代内蒙古呼伦贝尔盟地区有10余家乳品企业，养殖三河牛8万头，初步形成了由种公牛站、育种场、养牛大户、乳品加工企业组成的产业化体系。1974—1979年重点场（队）调查的2 750头次的305天平均产奶量为3 145千克；海拉尔乳品厂374头次平均乳脂率为4.13%。根据呼伦贝尔盟国营农牧场23年（1958—1980年）资料统计，三河牛繁殖成活率77%。由于三河牛特点突出、品质优良，1980年前从产地输出支援外省（自治区）达10万余头，全国除台湾省外，黑龙江、吉林、河南[1]、甘肃[2]、西藏[3]等各省（自治区）均曾引入三河牛。

经多年系统选育，辅以犊牛定向培育、坚持育种记录、建立饲料基地以及加强疫病防治等一系列措施，三河牛逐步成为体型外貌基本趋于一致，毛色以红黄白花为主，耐粗饲、耐寒（冬季最低温度可达－50℃，积雪覆盖约200天）、宜牧，抗病力强，乳脂率高、乳肉兼用性能好且遗传性稳定的种群。1986年9月3日在内蒙古海拉尔市，三河牛通过了农业部组织的专家组验收鉴定，培育单位是内蒙古家畜改良站、海拉尔农牧场管理局、内蒙古农牧学院、谢尔塔拉种牛场等单位。内蒙古自治区人民政府将该新品种命名为“内蒙古三河牛”[4]，验收时存栏约8.5万头。1986年三河牛入编《中国牛品种志》。2003 年 6 月1日列入中华人民共和国农业部《中国畜禽遗传资源状况》畜禽遗传资源名录。三河牛成年公牛的体重900～1 000千克，体高154.5厘米，体斜长202.7厘米，胸围187.5厘米，管围24.8厘米；成年母牛体重500千克左右；体高131.4厘米，体斜长164.6厘米，胸围187.5厘米，管围19.8厘米。由于逐年选育提高和改善饲养管理，年头均产奶量由50年代的1 500～2 000千克，提高到2 200～3 300千克，305天产奶量达4 000千克以上的个体为数不少，乳脂率4%左右。三河牛产肉性能，在一般放牧饲养条件下屠宰率50%～55%，净肉率40%左右[5]。

（四）成果获奖和持续选育提高（1987—2010年）

“三河牛培育”1982年获呼伦贝尔盟科技成果特等奖，1991年获内蒙古自治区科技进步一等奖。主要获奖单位有：内蒙古家畜改良站、海拉尔农牧场管理

---

1 河南省家畜家禽品种编辑委员会.1986.河南省地方优良畜禽品种志.郑州：河南科学技术出版社：10.

2 甘肃省畜牧厅.1986.甘肃省畜禽品种志.兰州：甘肃人民出版社：13.

3 黄文秀，孟有达，蔡全林，邓立友.1981.西藏家畜.北京：科学出版社：134.

4 内政传发〔1986〕45号文件.内蒙古自治区人民政府办公厅关于“内蒙古三河牛”新品种命名的决定.

5 中国畜牧兽医学会.1992.中国近代畜牧兽医史料集.北京：农业出版社：134-138.

局、内蒙古农牧学院、谢尔塔拉种牛场等单位；主要培育人员有：王韵波、刘震乙、李民、王鼎新、刘凤亭、安淑敏、郭忠甲、扎拉根、刘镜平、王文臣、张士军、苗永庆、姜仁顺、冯强、朱权荫、郝武汉、仁复、孙继权、冯广清、姜士国、朱太德、图吉、王玉莲、康秀绪、李才、姚孟贤、哈斯巴图、杨作舟、何璞、王洪福、扎拉根等。

受产业发展的影响，1991年曾提出了实施“三河牛乳肉分离工程”的规划[1]，即通过有目的的本品种选育和引种改良，使兼用型三河牛逐步向偏乳型和偏肉型两个方向发展，形成乳用型和肉用型两个品系；然而由于产业动力不足、技术力量薄弱等原因，虽然杂交导入了一些乳用、肉用基因，上述育种规划未能得到系统发展。20世纪90年代由于经济体制转变，大部分三河牛下放到户养后，只保留了两个国有牛场。虽然保证了牛群饲料条件，但育种群的正常测定和数据收集受到了限制，除两个国有农牧场参与育种外，其他群体主要利用优秀公牛进行选配扩繁。由于在收购牛奶时不以质论价，20世纪末全国奶牛热潮中许多农户用荷斯坦牛改良三河牛，导致三河牛数量大幅度减少，2005年存栏数下降至约4万头，其中海拉尔农垦集团存栏3.12万头。

在2002年立项的科技部重大支撑项目（奶业专项）“北方牧区现代化奶业生产技术集成与产业化”以及2006年立项的国家“十一五”科技支撑项目“三河牛选育提高繁育体系的建立”支持下，对重点场三河牛基础群进行了系统鉴定，研究了遗传评估、育种规划、兼用牛线性体型评分、分子标记辅助选择（MAS）等技术在三河牛选育提高上的应用，使三河牛核心群快速恢复了原貌，并得到进一步提高。2009年在内蒙古呼和浩特奶牛生产性能中心测定三河牛母牛群5 050头次，全群平均产奶量4 326.30千克，乳脂率4.06%，乳蛋白3.31%，体细胞27.07万/毫升。经短期育肥，18月龄以上三河牛阉牛屠宰率54.6%，净肉率41.3%，眼肌面积85.56 厘米^2。三河牛核心群2009年达1 000头，平均产奶量6 030千克，乳脂率4.21%，乳蛋白率3.45%，体细胞计数26.39万/毫升，繁殖率90.5%；并出现了产奶量9 700千克的高产个体。种公牛体重1 150千克，种母牛体重500～650千克。海拉尔农牧场管理局家畜繁育指导站2009年存栏种公牛95头，其中采精公牛30头，育种核心群每年向社会提供特一级种公牛15头。根据农业部办公厅和财政部办公厅联合下发的农办财〔2009〕105号文件，2009年起三河牛列入国家兼用牛良种补贴名录。2009年呼伦贝尔盟地区5万头母牛进入良种补贴，2010年8万头母牛进入良种补贴。2011年共28头三河牛种公牛经专家评定为良种补贴公牛[2]。经全面修订，中华人民共和国国家标准《三河牛》(San-he cattle)

[1] 何璞.1992.论三河牛“乳肉分离”的系统工程.中国奶牛（4）：23–26.

[2] 全国畜牧总站文件.牧站（奶）〔2011〕96号.

GB/T 5946—2010代替GB/T 5946—1986于2011年1月10日发布，2011年6月1日起实施。

三河牛种公牛

三河牛种母牛

三河牛品种鉴定会（谢尔塔拉种牛场，1986年）

二、新疆褐牛品种培育简史

新疆褐牛（Xinjiang brown）是在天山北麓伊犁、塔城地区以本地黄牛为母本，引入瑞士褐牛、阿拉托乌牛和科斯特罗姆牛等与之杂交，长期选育而成的优良乳肉兼用品种，包括原伊犁地区的“伊犁牛”，塔城地区的“塔城牛”和其他地区的褐牛，这些牛曾被称为“新疆草原兼用牛”，1979年全疆养牛工作会议上统一定名为“新疆褐牛”。1983年经新疆维吾尔自治区畜牧厅组织专家组验收鉴定，命名为地方新品种，并于1984年报请农牧渔业部审批。现主要分布在新疆维吾尔自治区伊犁哈萨克自治州，集中于昭苏、尼勒克、特克斯、新源及巩留等县。2008年末，新疆褐牛存栏近35万头，杂种牛约100万头。新疆褐牛对于恶劣的气候和粗放的饲养条件具有很强的适应能力，能耐严寒酷暑，放牧性能好，抗病力强。据测定，牧区新疆褐牛母牛3胎以上产奶量1 750～3 500千克（150天）。乌鲁木齐种牛场褐牛在全舍饲饲养条件下305天平均产奶量可达到5 000千克以上，乳脂率4%～5%。新疆褐牛18月龄阉牛屠宰率47.5%，净肉率36.6%；2.5岁阉牛屠宰率为52.5%，净肉率为41.8%[1]；成年母牛屠宰率52.1%，净肉率39.4%。

（一）引进与杂交的初级阶段（1910—1948年）

新疆褐牛的来源较复杂，其引进和杂交的基础工作始于20世纪初。1910—1933年俄国侨民迁入伊犁、塔城等地时带来了瑞士褐牛及其杂种牛。1937—1940年新疆农矿厅从苏联购进瑞士褐牛种牛44头，在伊犁、塔城等地进行杂交改良。但由于种牛数量少，主要是用牵引交配，杂种后代母牛数量有限。1943年统计改良牛存栏2 665头，1949年存栏改良牛1 200头。

（二）有计划地引进与杂交改良阶段（1949—1976年）

新疆褐牛有计划大量引进良种、杂交改良和育种工作是在中华人民共和国成立后才开始的。1951—1958年成立了国营种畜场，建立了人工授精配种站，期间自治区畜牧厅曾先后数次从苏联购进阿拉托乌牛86头（公41头、母45头）、科斯特罗姆牛68头（公28头、母40头），进行纯繁以及本地牛杂交改良。纯繁主要在昭苏种马场和乌鲁木齐种牛场进行。在1951—1953年，在昭苏种马场和乌鲁木齐种畜场周围进行杂交改良；1954年开始大范围杂交改良，在伊犁、塔城、乌鲁木齐等地进行黄牛改良试点，以后逐步扩大到北疆各地、州及地方国营牧场和生产兵团团场。1954—1957年，杂交配种母牛数分别为3 126头、6 721头、7 740头和16 718头，其中采用人工授精的母牛分别为213头、4 429头、5 627头及7 162头。1958年在“大跃进”形势下，进行纯繁和杂交改良较早的几个主要种畜场分别拟定了育种计划，开始了有计划的新品种培育工作，当年杂交配种母牛53 626头。特克斯和巩留2县，1960年共建大畜配种站114个；尼勒克县杂交配种母牛占适龄母牛数的70%；乌鲁木齐县东风公社甘沟二大队用阿拉托乌牛和科斯特罗姆种公牛精液进行人工授精，对土种牛实行“全改”。1963年，全疆存栏褐牛杂种牛6.5万头。选留的改良牛对当地自然环境具有良好的适应性，在以放牧为主的粗放饲养管理条件下，生长发育良好并具有较高的生产性能。1963年昭苏种马场的4代母牛（大多数为第一胎）244天的挤奶量平均1 360.8千克，比哈萨克母牛179天的553.9千克提高了1.46倍。到1965年，累计在北疆广大牧区推广阿拉托乌牛与科斯特罗姆纯种公牛和高代杂

---

1 全灵，郭小平，王健.2005.伊犁河谷新疆褐牛育成简况和发展现状.黄牛杂志，31（4）：110-112.

种公牛14 082头，1965年共存栏杂种牛7.5万头。“文化大革命”期间，牛种推广和选育受到很大的影响。1976年，新疆褐牛杂种牛存栏下降至5.99万头。

（三）横交固定、本群繁育和品种审定阶段（1977—1983年）

1977年和1980年，自治区畜牧厅场管处组织从德意志联邦共和国（西德）和奥地利进口3批瑞士褐牛共108头，分配到昭苏种马场、巩留牛场等几个重点场用于纯繁和杂交改良。1978年，在塔城召开新疆草原兼用牛育种协作会议，总结育种改良工作经验，讨论加速育种进程的技术措施，并成立育种协作组，拟定育种协作方案。

1979年新疆维吾尔自治区在乌苏县召开养牛生产会议，总结新中国成立30年来的养牛生产和育种改良经验，并针对养牛业落后、牛存栏数由1965年的282.13万头下降到1978年的222.39万头的局面，从养牛生产、育种改良和商品牛基地建设等方面，拟定和落实近3年的任务和实施方案。确定全疆以发展乳肉兼用牛为主（占总牛数的70%），适当发展一部分肉用牛（占20%），在大、中城市郊区和工矿区发展奶牛为主（占10%）的区划比例，并拟定了《1979—1985年新疆草原兼用牛品种育种计划提纲》、《新疆草原兼用牛鉴定分级标准》（试行草案），提出了《新疆草原兼用牛归属办法》。经讨论把“新疆草原兼用牛”改称为“新疆褐牛”，同时废除其他一切称谓。1979年，杂交配种母牛16.3万头，比1978年增加1倍。1980年，新疆维吾尔自治区在乌鲁木齐五一农场召开第二次养牛生产会议。以乌鲁木齐种牛场为主的7个重点育种场、社开展了联合育种，加快了新品种培育进程。1981年新疆八一农学院根据伊犁、昭苏、尼勒克的新疆褐牛测定资料，制定了新疆褐牛奶量与体重的简易测定法。1982年，全疆改良牛已达18.5万头。

1979—1983年，新疆褐牛育种协作组着重抓了重点育种场的牛群鉴定、整群和归属工作，自治区牧业科技研究项目《新疆褐牛的选育提高》（1980—1986年）由畜牧厅牵头，塔城种牛场、乌鲁木齐种牛场、巩留牛场、昭苏种马场、伊犁哈萨克自治州畜牧兽医工作站、八一农学院具体实施，建立了育种核心群。各地（州）也分别对改良时间较长、牛群品质较好的场、社的牛群进行鉴定和整群。

1983年，全疆新疆褐牛及其改良牛存栏约24万头。新疆褐牛育种协作组委托畜牧厅、生产兵团农业局、自治区畜牧科学院、八一农学院、石河子农学院、自治区畜禽繁育改良总站、伊犁哈萨克自治州畜牧兽医总站、塔城地区育种站、新疆褐牛育种重点场，抽调专家和技术人员组成新疆褐牛品种验收技术组，于当年8—9月份，对伊犁、塔城、乌鲁木齐3个地、州、市的18个场、社的新疆褐牛进行了现场鉴定验收。验收技术组根据《新疆褐牛鉴定标准》（草案），在9个重点场、社随机抽出267头成年母牛进行个体鉴定，并检查了12个繁育场、社2 160头牛（23群）。对新疆维吾尔自治区畜禽繁育改良总站、伊犁和塔城地区家畜育种站、尼勒克二牧场、昭苏种马场等单位的种用公牛同时进行了鉴定，符合新疆褐牛标准的为3053头。通过自治区技术鉴定，命名为新品种“新疆褐牛”。

（四）成果获奖和持续选育提高（1984—2010年）

中华人民共和国专业标准《新疆褐牛》（Xinjiang brown cattle，NY22—1986代替ZBB 43003—86）于1986年2月15日发布，1986年5月1日起实施。1988年“新疆褐牛品种培育”获新疆维吾尔自治区科技进步三等奖。获奖培育单位主要有新疆维吾尔自治区畜牧厅、新疆畜牧科学院、自治区畜禽繁育改良总站、乌鲁木齐种牛场、塔城地区种牛场、昭苏种马场、新疆农业大学等单位。主要培育人员有：于大新、黄异生、玉素甫·穆罕默德、阿不都热合曼·艾山、郭松乔、朱子忠、吴蓬春、黄安华、李凌霄、王树栋、杨信伯、信明等。

新疆褐牛品种改良在20世纪90年代经过了一段停滞期。20世纪90年代末，经过专家讨论，结合新疆的实际情况，认定舍饲新疆褐牛向偏乳用方向选育，草原放牧新疆褐牛应该坚持乳肉兼用型方向发展。1992年畜牧厅组织相关单位、专家，在1986年制定的《新疆褐牛》（NY22—1986）基础上进行修订、补充和完善，制定出比较详细的新疆褐牛体尺、体重、产奶量等鉴定分级标准。

1999年新疆畜禽改良总站申请并获得国家农业部“948”项目资助。1999年和2001年分别从美国引进了美国瑞士褐牛冷冻精液2 000剂、胚胎200枚和种公牛4头，在塔城种牛场、乌鲁木齐种牛场实施胚胎移植和导血，同时在伊犁、塔城等农牧区进行群体改良。

2006年“十一五”国家科技支撑计划课题《新疆褐牛选育提高繁育体系的建立》开始实施。在核心群和新疆褐牛中心产区建立了品种登记、DHI测定、体

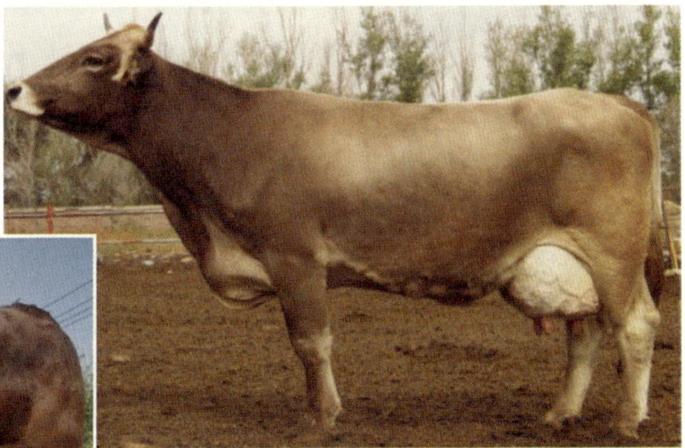

新疆褐牛种母牛

新疆褐牛种公牛

型鉴定核心群数据库，为新疆褐牛种牛遗传评定奠定基础，为生产性能测定服务体系应用于褐牛生产管理提供技术规范。2010年新疆褐牛选育群1 121头，产奶量6 180千克，乳脂率4.3%，乳蛋白率3.27%，体细胞计数32.6万/毫升，繁殖率86%。2007年起新疆褐牛列入国家良种补贴名录，2007年新疆及新疆兵团的13万头褐牛母牛进入良种补贴，2008年22万头，2009年26万头。2011年共66头褐牛种公牛进入良种补贴计划[1]。

三、中国草原红牛品种培育简史

中国草原红牛（Chinese grassland red）是从20世纪50年代初开始，在吉林、内蒙古、河北和辽宁等省（自治区）的草原地区，以兼用型短角牛为父本，蒙古牛为母本，经历杂交、横交固定和本群扩繁等阶段，在放牧饲养条件下育成的乳肉兼用型新品种。1985年8月通过农牧渔业部组织验收，正式命名为“中国草原红牛”，至2011年，主要分布在吉林省的白城地区，包括通榆、乾安、长岭、大安、洮南、镇赉等县，内蒙古的翁牛特旗、巴林左旗、巴林右旗、克什克腾旗、敖汉旗等地以及河北的张家口地区。

（一）引进、杂交改良的初级阶段（1927—1951年）

1927年吉林省公主岭农事试验场分3批由美国和加拿大引进短角牛。1929年公主岭农事试验场在内蒙古东部奈曼旗沙里胡图嘎利用5头短角牛种公牛建立蒙古牛改良试验基地，1933年存栏短角牛公牛8头和母牛14头；后因战事纷乱，未能继续进行。1936年在乌兰浩特利用短角牛改良蒙古牛。1947年又从美国、加拿大等国引进兼用型短角公牛。东北行政委员会农业部公主岭农事试验场1948年接收敌伪遗留短角公牛1头、1949年3月由沈阳东北大学农学院拨入短角母牛13头进行繁育，改良蒙古牛。1950年，河北省国营察北牧场从北京、大同等地引进短角公牛改良本地牛，改良面遍布坝上、坝下各县[2]。

（二）各省区分别有计划杂交改良阶段（1952—1972年）[3]

1952年，东北人民政府农林部农业科学研究所佟元贵、孙守贵、彭宇年等在原热河省昭乌达盟与内蒙古赤峰翁牛特旗、海金山牧场等单位合作，为增加牧区奶源，选用兼用型短角种公牛以人工授精方法改良蒙古牛。自1953年，内蒙古赤峰翁牛特旗和锡林郭勒盟的正蓝旗牧区利用短角牛改良蒙古牛，杂交一代体型外貌有明显变化，级进二代的体型外貌接近父本，头变清秀、面平直，后躯接近方平，乳房发育较好，而三代牛则不如二代牛优秀，说明在当时纯放

---

1 全国畜牧总站文件．牧站（奶）〔2011〕96号．

2 河北省畜牧水产局．1985．河北省家畜家禽品种志．

3 涂友仁．1985．内蒙古自治区家畜家禽品种志．呼和浩特：内蒙古人民出版社．

牧的条件下继续级进杂交会导致后代适应性降低。从1966年开始从二代和三代杂种牛群中选择理想型个体进行横交试验。1972年，昭乌达盟存栏各代短蒙杂种牛5万头。

东北大区撤销后，1958年吉林省农业厅决定，在吉林省白城地区通榆县三家子种牛繁育场建立试验点，继续开展短角牛改良蒙古牛工作，培育吉林红牛新品种。1959年春，吉林省农业科学院畜牧所养牛室在通榆县举办了第一期牛人工授精训练班，培训114名学员。同年，在开通公社和瞻榆镇建立了两处采精站，负责为开通、边昭等8社1场的47个输精点提供精液，当年配种母牛4 487头，受胎率为75%。“345”号短角公牛常温精液配种3 765头母牛，创造了常温精液人工授精的最高纪录。1960年6月，通榆县委做出了关于《大力开展黄牛改良、培育吉林红牛》的决定，利用5头短角公牛，建立了5处采精站、94个输精点，全县半数以上的生产队开展了黄牛人工授精改良工作。1960年末通榆县种牛繁育场牛存栏达1 263头，其中基础母牛572头，根据毛色和体型分别组群，严格选种、选配，淘汰杂色牛。1964年，经吉林省政府批准，在通榆县裕记大甸子建立通榆县新华种牛场，从吉林省农业科学院畜牧所调入68头短角牛进行纯繁，为改良当地蒙古牛提供种源；并在白城地区的通榆、乾安、长岭、大安、洮南、镇赉6个县及11个国营畜牧场，以通榆县为中心，以通榆县种牛繁育场为核心，建立改良育种基地，推广短角牛改良蒙古牛技术。根据对各代短蒙杂种牛生产性能和适应性等综合评定，提出就当地的自然环境和饲养条件以级进杂交到二代为宜（含75%短角牛血），1972年，在通榆县种牛繁育场开展横交固定试验，当年存栏各代短蒙杂种牛13万头（其中通榆县6万多头）；至1973年，吉林省农业科学院畜牧所共繁育出优良种牛432头，推广到黑龙江、辽宁、河北、内蒙古、新疆等省（自治区）。

1955年河北省沽源牧场建成，开展利用短角牛改良本地牛的工作。1952—1958年推广到辽宁省昭乌达盟的种公牛36头，母牛40头；1958—1973年推广到吉林省白城地区的种公牛114头，母牛116头，为改良蒙古牛提供了大批的优良种公牛。

经过选育并辅以冬季补饲等措施，各杂交改良牛群的放牧采食性能和适应性有很大提高，母牛受胎率94.07%，犊牛育成率97.92%；初生体重公犊34.8千克、母犊32.6千克，6月龄体重公犊192.6千克、母犊168.2千克，成年公牛体重926.6千克、体高143.7厘米，成年母牛体重574.4千克、体高129厘米；300天产奶量初产牛2 635.6千克、经产牛3 689.3千克，最高产奶量个体5 742.4千克，乳脂率4.2%～4.6%；具备了肉乳兼用型的特点。

（三）联合育种、横交固定和品种审定阶段（1973—1985年）

1973年12月，在农林部科教局的组织协调下在天津召集会议，由吉林省任组长单位，由北方4省（自治区），即吉林省白城地区、辽宁省昭乌达盟（原热河省管辖）、河北省张家口地区、内蒙古锡林郭勒盟和伊克昭盟联合成立草原红牛育种协作组，统一定名为“草原红牛”，制定了“草原红牛育种协作办法”。鉴于上述地区的自然条件、改良基础和育种目标、途径和方法基本相同，组织开展联合育种，工作的重点是在杂交牛群中选择理想型个体，按等级选配进行横交固定。

1974年，吉林省农业科学院受农林部科教局委托承办召开了草原红牛育种协作会议。在北方4省（自治区）间制定草原红牛的育种工作方案，形成了《草原红牛育种试行方案》、《草原红牛鉴定试行办法》、《草原红牛育种工作若干技术方法》等技术文件；同年，4省（自治区）有关行政部门、科研单位、高等院校、国营种牛场等单位共17人组成了联合调查组，历时55天，调查了4个地区（盟）、8个旗（县）12个农牧业公社和12个国营场（站），摸清了育种区草原红牛现状。

1974年，吉林省农业科学院畜牧所率先引进国际先进的牛冷冻精液人工授精技术，在通榆县边昭公社试点，当年冷配母牛1 200头，受胎率73%。1975年，吉林省革命委员会批准在白城市建立家畜冷冻精液站，重点推广牛冷冻精液人工授精技术。1976年该站开始利用横交公牛生产冻精，加速了草原红牛育种进程；同年，在北京全国农业展览馆展出草原红牛育种阶段成果。

1977年，吉林省农业科学院畜牧所在通榆县举办了首期四省（自治区）草原红牛育种培训班。同年，“草原红牛新品种培育”列入国家重大科研项目之一。据赤峰1979年762头牛的鉴定统计，特级占3.54%，一级占36.22%，二级占31.63%，三级占23.23%，等外仅占5.38%。220头毛色调查统计，紫红色占41.8%，红色占38.6%，其余为沙毛。五一种畜场有一部分无角的草原红牛，改良后代杂种牛体大，发育快、产肉多、产奶量高、适应性强，深受广大农牧民欢迎。该成果1978年分别获全国科学大会奖和吉林省科学大会奖。

1979年6月成立了河北省草原红牛育种委员会，根据育种协助组的育种方案，以沽源牧场为重点育种场，张北、康保、沽源、尚义、赤城、崇礼等县为育种基地县，进行横交工作。

在本群繁育、选育提高阶段，应用综合等级评定和继代方法选留优秀种牛，采用同质亲缘、异质远缘方法进行个体选配，同时进行种公牛的后裔测定，推广冷冻精液人工授精技术，使牛群的生产性能和遗传稳定性得到了明显提高。1980年吉林省存栏短角牛646头，主要分布在白城和四平地区，育种区基本上普及了牛冷冻精液人工授精技术。1982年10月，吉林省农业科学院畜牧所在本院举办第二期四省（自治区）草原红牛育种培训班。1984年，吉林红牛育种区存栏草原红牛8 000头，杂种牛12.8万头。经普查鉴定，育种区内达到育种指标的基础母牛2 287头，其中特一级牛48.73%。同年11月，“吉林草原红牛育种”项目通过省级鉴定验收。该成果1985年获吉林省科技进步特等奖[1]。

1984年，据河北省6个育种县及沽源牧场调查统计，共存栏草原红牛母牛2 000余头。国营牧场成年母牛体高125厘米，体重400～450千克，产奶量1 600千克（210天），乳脂率3.96%；成年公牛体高145厘米，体重911千克；社队牛体高约120厘米，体重约400千克；1985年2月对河北省农村全年放牧的3头20月龄小公牛进行屠宰试验，活重323.3千克，54天育肥日增重1 296克，屠宰率52.8%，净肉率42.4%。

1985年8月20日，农牧渔业部畜牧局组织专家在赤峰市召开了草原红牛品种验收及品种标准审定会，并正式命名为“中国草原红牛”。1986年5月，“草原红牛培育协作组”获农牧渔业部畜牧局奖励。1986年6月颁布了由吉林省农业科学院主持制定的国家标准《中国草原红牛》（ZBB 43006—86）。

中国草原红牛整体结构匀称，体质结实；被毛为紫红色或红色，部分牛的腹下或乳房有小片白斑。体格中等，头较轻，大多数有角，呈倒八字形，略向内弯曲。颈肩结合良好，胸宽深，背腰平直，四肢端正，蹄质结实。乳房发育较好。成年公牛体重700～800千克，母牛为450～500千克；犊牛初生重30～32千克。在放牧加补饲的条件下，平均产奶量为1 800～2 000千克，乳脂率4.0%。核心群305天产奶量4 000千克。经短期育肥至18月龄阉牛宰前活重378千克；持续育肥至18月龄出栏体重497.4千克、屠宰率57.36%、净肉率47.40%。该品种适应性强、耐粗饲、抗病力强、发病率低；夏季完全依靠草原放牧饲养，可耐受严寒酷热，适合中国北方草原地区放牧饲养。到1985年，整个育种区内存栏杂种35.4万头，草原红牛2.8万头。吉林省通榆县三家子种牛繁育场是中国草原红牛培育原种场之一。

（四）成果获奖和持续选育提高阶段（1986—2010年）

“中国草原红牛”品种培育成果于1987年7月获国家科技进步二等奖。获奖培育单位主要有吉林省农业科学院畜牧研究所、内蒙古自治区家畜改良站、内蒙古赤峰市农畜改良工作站、河北省张家口地区畜牧兽医工作站和吉林省通榆县三家子种牛繁育场等单位。主要培育人员是：佟元贵、栗佩瑜、孙守贵、李钰、张秉全、宁志远、孙理、彭守年、侯志林等。“草原红牛品种资源综合利用技术开发研究”1990年获吉林省科技进步三等奖和省政府科技成果推广二等奖。

品种育成后，为了进一步提高生产性能，在本品种纯繁选育的同时，分别于1987年和1994年在通榆县三家子种牛繁育场开展了导入丹麦红牛和利木赞牛的试验。据2001—2003年调查结果，含1/4丹麦红牛血的草原红牛三胎以上（3～

[1] 吉林省农业科学院简史（1948—1987）.1988.吉林省农业科学院内部资料：215.

5胎）年平均产奶量3 145.9千克，比品种验收时提高89.21%；含1/4利木赞血的草原红牛断奶小公牛，持续育肥至18月龄出栏体重520.7千克、屠宰率59.22%、净肉率49.19%，分别比草原红牛提高了4.69%、3.24%和4.57%。

2001—2005年，吉林省科技厅重大招标项目“优质肉用草原红牛产业化技术开发研究”，以通榆县三家子种牛繁育场为试验点，在西艾力、兴隆山、向海等乡（镇）养牛大户和规模饲养场进行示范，还制定了《草原红牛饲养管理技术规范》（DB 22/T 960—2002）等吉林省地方标准。

2006年吉林省中国草原红牛及其杂种牛数量达到4万多头，其中通榆县三家子种牛繁育场养殖草原红牛4 088头，产奶母牛1 187头，至2011年，是国内唯一的草原红牛供种场。

草原红牛种母牛

草原红牛种公牛

中国草原红牛成果鉴定、标准审定会（赤峰，1985年）

四、中国西门塔尔牛品种培育简史

中国西门塔尔牛（Chinese simmental）的培育，从19世纪末的初期引进到20世纪80年代正式立项研究、建立育种体系，经历了杂交改良、横交选育、闭锁繁育、再引进提高、扩繁选育等几个阶段，于2002年通过国家畜禽遗传资源委员会新品种审定，正式命名为中国西门塔尔牛，为乳肉兼用型牛品种。选育方案采用开放核心群育种（ONBS）模式，中国西门塔尔牛吸收了来自欧美多种类型的西门塔尔牛种质资源，在新疆平原和草原、四川山区、太行山麓半农半牧区，皖北、豫东、苏北农区，松辽平原、科尔沁草原，根据不同的生态环境类型及最初杂交群体所含地方品种基因比例不同，建立了平原、山区和草原三个类群。中国西门塔尔牛广泛分布于全国各省（自治区、直辖市），据2001年统计，中国西门塔尔牛杂交后代存栏602万头，其中内蒙古、新疆、吉林、黑龙江、河北、安徽、山西和甘肃等省（自治区）存栏量大；育种群规模2万头，核心群2 178头产奶量达到4 300千克以上，乳脂率4.03%。据97头育肥牛试验结果，日增重1 106克，18～22月龄宰前活重573.6千克，屠宰率61.4%，净肉率50.0% [1]。

（一）引进及杂交的初级阶段（1874—1956年）

1874年法国驻军把法国东南部红白花奶牛（Pie Rouge de l' Est，法国西门塔尔牛）引种到上海，为西门塔尔牛进入中国的最早记录，但由于主要为法军自用，很少流入民间。19世纪末、20世纪初大量苏系西门塔尔牛涌入中国东北和教会系统。1952年华北农业科学院畜牧实验室对中东铁路沿线的牛群进行了实地考察，结果证明牛群中西门塔尔牛血统占52.9%。这部分含有西门塔尔牛血液的群体在吉林、黑龙江[2]、内蒙古哲里木盟地区和吉林西部与锡林郭勒盟乌拉盖地区[3]形成了中国西门塔尔牛草原类群的部分育种基础，同时这部分群体参与三河牛核心群形成，随各省（自治区）引种扩散，例如甘肃、西藏等地，为中国西门塔尔牛其他地方类群贡献了基因。

（二）有计划地引进、扩繁和杂交阶段（1957—1980年）

1957年国家由苏联正式引进西门塔尔牛（30头），饲养在河南省邓县南阳黄牛场，目的是用于改良南阳牛的产奶性能和役力，培育新品种，然而由于西门塔尔牛具有白头特征，当地农民拒绝接受该品种，部分杂种牛为浅乳白色，融入南阳牛群。1960年国家第二批引入80头，包括苏联的乌克兰到西伯利亚西门塔尔牛的各类种系，一部分运送到内蒙古哲里木盟扎鲁特旗以及新疆霍城、新源、特克

---

[1] 许尚忠，等.2003.中国西门塔尔牛新品种选育及高效生产.中国牧业通讯（11）:52-54.

[2] 陈幼春.2007.西门塔尔牛的中国化.北京：中国农业科学技术出版社：337.

[3] 内蒙古乌拉盖肉乳兼用牛杂交阶段性科研资料汇编（1978—1985）.1985.内蒙古农民学员肉牛科研组编写的内部资料：123.

斯等地饲养[1, 2]，一部分在中国农业科学院畜牧研究所（北京市海淀区马连洼）院内养殖，进行观察和测定（1968年全部转运到内蒙古哲里木盟嘎达苏种畜场）。20世纪50年代末到60年代初，黑龙江省从苏联远东地区先后进口西门塔尔牛及其高代杂种牛50余头，饲养在国营富裕农场、长水河农场、跃进农场等；西藏于1960年10月从苏联十月农场引入西门塔尔牛15头，饲养在澎波农场，后因高山反应较重，转至场址海拔3 000米以下的林芝县西郊的林芝种畜场；1961—1962年中国农业科学院畜牧研究所科技人员多次向农业部畜牧局汇报该品种良好的产奶性能和耐粗特性，农业部畜牧局决定在有关省区进行推广，在全国建立十个大家畜繁殖基地县，其中西门塔尔牛主要样板基地是山西省沁源县，并责成中国农业科学院畜牧研究所开展有关的科研工作。该县原来引进的黑白花牛在海拔2 000多米的石山区爬坡不利，蹄部和乳房受损严重，利用西门塔尔牛进行改良解决了这些问题，为当地奶业和肉牛业发展奠定了基础。

1963—1967年，改良工作基本停滞，此间，嘎达苏种畜场从锡林郭勒盟额力图牧场、呼伦贝尔盟谢尔塔拉种牛场和中国农业科学院畜牧所共接收212头苏系西门塔尔牛（其中公牛82头）。农业部畜牧总局下文将山西和呼伦贝尔盟的有关种畜都转到吉林省查干花种畜场，进行西门塔尔牛纯种繁育。经研究人员在现场整顿牛群，淘汰了不符合西门塔尔牛特性的个体外，拟定了维持六个血缘组的保种方案，在嘎达苏和查干花种牛场继续与当地的三河牛杂交，扩大种群。

20世纪70年代出现西门塔尔牛热，1976—1980年中国先后四次从西德引进德系西门塔尔牛共235头，分配到黑龙江省（甘南种牛场、齐齐哈尔种畜场、八五二农场）、内蒙古（高林屯种畜场、乌拉盖牧工商分公司）、吉林省（查干花种畜场）以及四川、河北等地；1977年进口14头瑞士西门塔尔牛养殖在黑龙江省甘南种牛场；1977年、1980年两次共进口138头奥地利西门塔尔牛分配到辽宁省（公牛饲养在辽宁省冷冻精液站，母牛饲养在清原县种畜场）、黑龙江省（甘南种牛场）、湖北、浙江、甘肃、河北和内蒙古（乌拉盖牧工商分公司）等地；原进口种牛在国内各省市之间流动，据引种到各地的饲养观察报告，进口种牛在各地种畜场饲养条件下繁殖、生长情况正常，抗病力强，遗传稳定性好，但由于蛋白质饲料和优质粗饲料缺乏，加上缺少饲养管理经验，一胎产奶量为2 085～3 612千克，约相当于其系谱中母亲产奶量的一半，以后胎次产奶量逐渐提高，可达系谱母系性能水平的75%左右[3]。

1972年，在内蒙古哲里木盟已存栏西杂、三河牛杂种18.2万头，占全盟黄牛总数的18%，哲里木盟畜牧主管部门正式提出科尔沁牛培育计划，并被纳入哲里

1 哲里木盟家畜改良站.1981.西门塔尔牛育种参考资料（一）.内部资料：1.

2 吕金堂，等.1983.伊犁畜禽品种资源.伊犁哈萨克自治州畜牧局内部资料：107.

3 刘计民.1983.关于内蒙古乌拉盖德、奥西门塔尔牛群的鉴定报告.中国西门塔尔牛（4）：42–47.

木盟畜禽改良和育种规划，设定了育种目标；1978年内蒙古牧管局制定的“内蒙古乌拉盖肉乳兼用型肉牛新品种培育方案及科研计划”[1]。到1980年哲里木盟各系纯种西门塔尔牛存栏608头，其中基础母牛295头，仅嘎达苏种畜场就向盟内外提供种牛673头，其中公牛431头[2]。

1979年9月农牧渔业部在湖南城步县召开“全国农区畜牧业草山利用建设和发展草食牲畜会议”。会上决定将西门塔尔牛作为推广的草食家畜品种之一，“西门塔尔牛选育方法的研究”课题（牧07-2）作为“六五”农牧渔业部重点项目支持，由中国农业科学院畜牧研究所承担，启动了西门塔尔牛提纯选育研究的序幕[3]，这是中国西门塔尔牛育种的转折点。同年，中国农业科学院畜牧研究所在北京原址恢复，农牧渔业部畜牧总局和畜牧研究所人员开始对西门塔尔牛的保种和在各地的情况进行调查，整个科尔沁草原已划入西门塔尔牛发展区。受农牧渔业部畜牧总局委托，中国农业科学院畜牧研究所举办了全国西门塔尔牛选育学习班，在学习班上对包括内蒙古、黑龙江和新疆等11个省（自治区）的西门塔尔牛数量、质量和饲养情况进行调查，当时11省（自治区）共存栏纯种西门塔尔牛2 248头，其中饲养头数较多的有内蒙古（33.9%）、黑龙江（19.9%）、新疆（11.7%）、吉林（10.6%）和四川（8.3%）等；苏、德、奥、瑞系共存，以苏系和德系为主；舍饲、半舍饲和放牧三种饲养方式共存，其中舍饲以新疆呼图壁种牛场为代表，半舍饲以黑龙江省齐齐哈尔种畜场为代表，放牧为主的模式以内蒙古嘎达苏种畜场为代表。部分地区成立了西门塔尔牛育种委员会，制定了区域内西门塔尔牛育种试行方案，确定地方性组织结构、育种方向、饲养标准、登记制度、鉴定方法和标准等，为后期西门塔尔牛的迅速扩群打下了基础。至此，西门塔尔牛在全国不同地理条件和气候环境条件下表现出的广泛适应性得到普遍承认，各省区的改良和繁育工作亟待交流和指导，对于全国性的群体遗传改良权威机构的需求迫在眉睫。

（三）计划选育和本群繁育提高阶段（1981—2002年）

1．“中国西门塔尔牛育种委员会”成立，全国统一育种措施 1981年4月中国农业科学院畜牧研究所在内蒙古通辽举办了第一期西门塔尔牛培训班，同时研究有关成立全国西门塔尔牛育种委员会事宜。1981年5月农牧渔业部畜牧总局在通辽市召开“中国西门塔尔牛育种委员会”成立大会，核心任务为培育中国西门塔尔牛，通过了全国西门塔尔牛育种委员会章程、西门塔尔牛饲养试行方案、鉴定标准和方法试行方案和后裔测定方案（包括良种登记、谱系鉴定和综合鉴定公

---

1 “内蒙古乌拉盖肉乳兼用型肉牛新品种培育方案及科研规划（草案）”（1978—1985）．内蒙古农牧场管理局科技站等单位起草的内部资料．

2 内蒙古自治区哲里木盟畜牧兽医科学研究所、内蒙古自治区哲里木盟畜牧兽医学会．1980．关于西门塔尔牛繁育情况的调查报告．哲里木畜牧科技（总第六期）．

3 陈幼春．2007．西门塔尔牛的中国化．北京：中国农业科学技术出版社．

式）并统一编号原则，决定出版《中国西门塔尔牛》专刊。根据西门塔尔牛分布于全国15个省（自治区），其中12个省（自治区）建立了专门培养西门塔尔牛的种畜场，全国存栏纯种牛3 000余头，西杂牛50万头以上的形势，成立东北组、南方组、西北组和技术组，分别由吉林省畜牧局孙荫成、四川省畜牧局濮家騄、新疆维吾尔自治区畜牧厅于大新和中国农业科学院畜牧所陈幼春兼任组长。

1985年6月18日在北京召开“全国西门塔尔牛工作座谈会”，确定了育种委员会主任委员、秘书长和技术组组长、组员名单，增设华北组。1986年4月19日中国西门塔尔牛东北地区及内蒙古呼伦贝尔盟、兴安盟、哲里木盟育种工作会议在哈尔滨召开，会议着重讨论了联合开展纯种繁育和种公牛后裔测定以及引进高产西门塔尔牛和红色荷斯坦牛冻精，提高西门塔尔牛生产性能等问题，会议决定成立东北地区及内蒙古东四盟（含昭盟）西门塔尔牛育种委员会的秘书组和技术组，设在黑龙江省家畜繁育指导站。1987年8月3—6日，华北地区西门塔尔改良牛综合利用经验交流会在山西省太原市召开，8个省区代表交流了西门塔尔牛及其改良牛的综合利用经验，标志着中国对西门塔尔牛的育种工作已经进入到蓬勃发展的新阶段。

1988年10月中国西门塔尔牛育种委员会第三次会议在江西泰和县召开[1]，15个省（自治区）的技术人员交流了纯繁和改良工作经验；将安徽省和江苏省编入华北组；布置了《中国西门塔尔牛鉴定标准》的检验工作。1991年11月16日，中国西门塔尔牛育种委员会成立十周年纪念暨第四届育种委员会会议在四川省乐山市召开，起草了《中国西门塔尔牛国家标准》（草案），《中国西门塔尔牛》专刊正式发行。

1998年5月，世界西门塔尔牛育种联合会主席Hugo Valentin博士、意大利西门塔尔协会主席Zamuttini先生等一行11人访问中国，在北京和内蒙古通辽考察了中国西门塔尔牛牛群，并进行了学术交流。育种委员会分三批在1999年和2000年回访意大利，建立了国际合作交流渠道。

2. 组织良种登记和后裔测定，育种体系初步形成 中国纯种西门塔尔牛来源于苏联、瑞士、西德、奥地利、法国等国，品系多、分布广但总量少。1982年4月在北京举办西门塔尔牛良种登记和后裔鉴定会议，正式成立了西门塔尔牛后裔测定领导小组，组织第一批四个系的7头（3岁至6岁不等）公牛后裔测定；1982年6月，《中国西门塔尔牛良种登记簿》（第一册）出版，选登了全国13个种畜场的161头优秀母牛，平均产奶量3 346千克，体重565千克。1983年据11省市不完全统计，纯种西门塔尔牛发展到4 750头，305天产奶量超过5 000千克的个体28头，新疆呼图壁种牛场、湖北省罗汉寺种羊场、黑龙江省甘南种牛场和四川省阳坪种牛场被评为1982—1983年度高产群体。同年，据包括内蒙古、黑龙江、山西、河北、四

[1] 《中国西门塔尔牛》编辑部与《江西畜牧兽医杂志》编辑部.1988.中国西门塔尔牛育种委员会第三次会议专刊.

川、甘肃、吉林、湖北、浙江和辽宁等十三省（自治区）统计，西杂牛存栏97.36万头，占改良牛总数的40.62%，占牛总存栏的7.8%，其中内蒙古（51.8%）、黑龙江（14.9%）和山西（9.1%）等省（自治区）西杂牛存栏数最高。西杂挤奶牛约有14.8万头，强调西杂牛的乳肉兼用性成为扩大杂交改良成效的关键。

1984年4月2日，全国西门塔尔牛后裔测定会议在湖北省武汉市召开，研究制定了《中国西门塔尔牛后裔测定暂行规范》，选出7头4周岁以上种公牛（德系2头、瑞系1头、澳系3头和苏系1头）组织第二批后裔测定，对于参加测定的18个母牛饲养单位分配了颗粒冻精6 155粒[1]。

1985年6月18日在北京召开全国西门塔尔牛工作座谈会。农牧渔业部畜牧局颁发了“关于转发全国西门塔尔牛工作座谈会资料的函”（〔85〕农牧（畜）字第323号文件），要求各地抓紧西门塔尔牛杂交改良工作。1985年全国西门塔尔牛总数超过1万头，改良后代150余万头，在进口牛种中比重最大。1985年12月，《中国西门塔尔牛良种登记簿》（第二册）出版，选择标准为本群中最好的前20%个体，登记了12个种畜场的197头母牛，产奶量超过5 000千克的44头，平均产奶量4 418千克，乳脂率4.1%；母牛体重602千克。

为了快速提高牛群的乳肉生产性能，于1984年和1987年分别从西德和法国引进了457头德系西门塔尔牛、370头蒙贝利亚牛，饲养在吉林查干花种畜场、内蒙古高林屯种畜场、辽宁阜新种牛场、新疆呼图壁种牛场、四川阳平种牛场；同期引进到中国的还有瑞士、奥地利及加拿大和美国西门塔尔牛。遗传物质通过新疆、内蒙古、四川、辽宁等地的种公牛站以冻精形式得以传播。1988年据16省（自治区）统计，西杂牛达220万头，占改良牛总数的58.6%，遍布除福建和台湾外的28个省（自治区）。1987年引进的法国蒙贝利亚牛一胎产奶量4 200千克。东北三省、河南、河北、安徽、四川、山西、内蒙古、甘肃、新疆等省（自治区）种公牛站西门塔尔种公牛饲养数量近120头，并形成了以东北科尔沁草原、新疆伊犁草原、太行山区、四川大巴山区为核心的重点改良区域。1986年农牧渔业部〔1986〕农（牧）字第63号发布的牛品种区域规划中，确定西门塔尔牛为优质草原地区、商品粮基地、半农半牧区和丘陵区改良黄牛的主要品种。

1987年4月在河北省秦皇岛市召开第三次全国西门塔尔种公牛后裔测定会议。1990年6月，《中国西门塔尔牛良种登记簿》（第三册）出版，登记217头优秀母牛，混合胎次产奶量5 152千克；1990年底，全国纯种西门塔尔牛已经达到近3万头，共有12个纯种繁育场，22个公牛站存栏西门塔尔种公牛150头，年生产冷冻精液220万份，年杂交改良黄牛75万头。据24个省（自治区）统计，存栏西门塔尔改良牛436.92万头，占改良牛总数的57.79%。在东北、华北、西北、

[1] 中国西门塔尔牛育种委员会.1984.中国西门塔尔牛.第三期.

黄淮海四区域形成西杂牛50万头以上的集中区域。改良历史较久的内蒙古哲里木盟已经成功培育中国第一个乳肉兼用品种群，1990年8月内蒙古自治区命名为科尔沁牛，是中国第一个利用西门塔尔牛改良培育的比较理想的兼用型品种。

1992年7月在通辽市高林屯种畜场，举办了“西门塔尔牛线性体型评分及国际体型外貌鉴定方法讲习班”，研讨了中国西门塔尔牛体型线性评分和犊牛“三度”评分技术，首次确定了全国统一的“西门塔尔牛线性评分标准”。此举对改进全国西门塔尔牛的乳房结构、体型外貌起到了重要作用。1993年6月12日中国西门塔尔牛育种委员会公布了后裔测定结果，包括1981年（北京）、1983年（武汉）、1987年（秦皇岛）三次种公牛后裔测定结果综合统计后的种公牛排列次序。

1994年4月24日，第四次中国西门塔尔牛种公牛后裔测定与攻关课题和育种协作组会议在江苏徐州市召开。会议修订了中国西门塔尔牛种公牛后裔测定规范，公布了种公牛后裔测定结果的评定方法［预期差值（PD）法和BLUP法］，并组织第四次后裔测定冻精分配。

1991年黑龙江省齐齐哈尔种畜场从加拿大阿尔伯塔省引进西门塔尔牛妊娠青年母牛26头；1996年，云南省从加拿大引入加系西门塔尔牛，在云南省昆明小哨的云南肉牛中心纯繁供种。虽然加系西门塔尔牛与欧洲、苏联的西门塔尔牛育种目标差异大，呈明显的肉用型特征，但是由于国内长期不能从欧洲引种，血缘狭窄，再加上同一时期国内肉牛业兴起，加系血缘在全国各地迅速扩展。

3. 国家科研投入使育种技术不断进步，选育技术路线不断成熟 中国西门塔尔牛育种委员会挂靠于中国农业科学院畜牧研究所，与各有关科研院校、生产单位共同参加了农业部“六五”、“七五”重点攻关课题，参考苏联、北美、欧洲和日本等国的育种经验，在良种登记、遗传参数估计、鉴定标准建立、饲养标准制定等方面卓有成效；国内育种人员先后就成年牛当量、泌乳天数的校正方法、环境相关值（C^2）的估测、泌乳曲线以及总性能指数和育种值估计等方面进行了研究和实践[1]。举办国家和省级训练班60余次，培训技术人员3 000余人次，以“西门塔尔牛”专刊为宣传阵地，发表文章近千篇，获得省、部级成果20余项。例如，1989年经过研究证明，哲里木盟苏系西门塔尔牛中存在1/29罗伯逊易位体（母牛受胎率比正常个体低17%），检测并淘汰所有易位个体。1990年10月，以王福兆、顾嘉恩等为首的专家组在通辽验收了“七五”科技攻关课题《高产西门塔尔牛群的培育》。

通过为核心育种场配备计算机，在1992年（中国农业科学院畜牧所）、1993年（吉林查干花种畜场）和1994年（内蒙古高林屯种畜场）举办三次计算机育种技术培训班，建立了中国西门塔尔牛综合信息计算机管理系统。1995年8月，修

[1] 陈幼春．1985．奶用公牛后裔鉴定的方法专集．中国西门塔尔牛（3）．

订了《中国西门塔尔牛体型线性鉴定实施方案》的试行草案。1995年7月5—7日在内蒙古高林屯种畜场，冯仰廉、盛志廉等专家组成专家组对“中国西门塔尔牛选育”（85-12-02-02）课题进行了验收和现场检查。

“九五”国家科技攻关课题“中国西门塔尔牛新品种选育”进一步将全国西门塔尔牛育种队伍集合在一起，包括7个育种核心场和4个最大的改良区。1996年中国西门塔尔牛“草原型”选育获新疆维吾尔自治区科学技术进步奖三等奖。2000年中国西门塔尔育种委员会参照《中国荷斯坦牛牛群改良方案》拟定了《中国西门塔尔牛牛群改良方案》，并从2000年7月份开始试行，暂定每3年修订一次。

4.国家级新品种审定和成果获奖 经过多年的杂交改良和系统选育，中国西门塔尔牛建立并完善了开放核心群育种体系，在太行山麓半农半牧区，皖北、豫东、苏北农区，松辽平原、科尔沁草原建立了3个地方类群，品种特征明显，性状遗传稳定，牛群整齐度高；群体规模大，适应性强，分布范围广，在中国绝大部分地区均能表现良好的生产性能；育种群规模达2万头，育种区存栏100万头。西门塔尔牛及杂交改良牛总存栏达602万头。农业部畜牧兽医局组织专家于2001年8月31日至9月5日在通辽市举行了中国西门塔尔牛品种审定会，国家畜禽遗传资源委员会牛品种审定委员会张沅、常洪等专家一致认为：中国西门塔尔牛符合国家畜禽遗传资源委员会制定的“牛品种审定标准”，确定为国家级畜禽新品种。2002年正式命名为“中国西门塔尔牛”[1]，同时颁发了畜禽新品种证书（〔农02〕新品种证字第1号）。

2002年中国西门塔尔牛新品种选育研究成果获得了中国农业科学院科技进步一等奖（证书编号：2003-6）和北京市科学技术奖一等奖（证书编号：2002农-1-001）；2003年11月获得国家科技进步二等奖（证书编号：2003-J-203-1-01）。中国西门塔尔牛的主要培育单位涉及东北三省、内蒙古、新疆、山西、河北、河南、安徽、四川、江苏、浙江、甘肃等省（自治区）的畜牧局、各级科研院所、省和部分县（旗、地区）改良站、种公牛站、种牛场等80余家。主要培育人员有：许尚忠、陈幼春、贾恩棠、李俊雅、王雅春、王淮、沙比尔哈孜、段利君、邵志文、王晓华、钱松晋、杨效民、徐载春、董自山、周梦尧、马洪祥、季守才、马如信、周光瑞、潘志成、孙燕飞、常宝山、黄松乔、陶留柱、李凤福、王炳鑫、刘树民、刘更新、胡月龄、张国梁等。

（四）持续选育提高阶段（2003—2010年）

品种审定后，在“十五”科技攻关计划、“十一五”科技支撑计划以及国家“863”计划等科研课题支持下，中国西门塔尔牛的选育技术和育种体系日渐完善，2003年颁布了中华人民共和国国家标准《中国西门塔尔牛》（Chinese simmental，

---

1 中华人民共和国农业部公告第188号.2002年1月31日.

GB 19166—2003）。

2006年欧洲部分国家牛冻精进口解禁，2007年从德国、法国进口德系西门塔尔牛和法国蒙贝利亚牛冻精近万剂，缓解了法系、德系西门塔尔牛群纯繁血缘过窄等问题。2008年11月12日，在四川省阳坪种牛场召开育种工作会议，明确指出了中国西门塔尔牛育种工作的重要性与紧迫性。从2008年起，乳肉兼用型西门塔尔牛进入国家奶牛良种补贴项目，2008年补贴10万头乳肉兼用西门塔尔牛，每头母牛补贴2剂冻精；2009年补贴数量为27万头；2008年、2009年、2010年和2011年入选良种补贴项目的乳肉兼用西门塔尔牛公牛头数分别是18头、69头、116头和137头[1]。

2010年11月7日，中国西门塔尔牛育种委员会第八届理事会在三亚召开，总结“十一五”期间全国西门塔尔牛的整体育种体系建设情况，明确在国家良种补贴体系大力支持下，继续建立健全全国联合育种机制，从完善品种数据库开始，逐步实现多品种、多血缘系的联合遗传评估的技术思路。

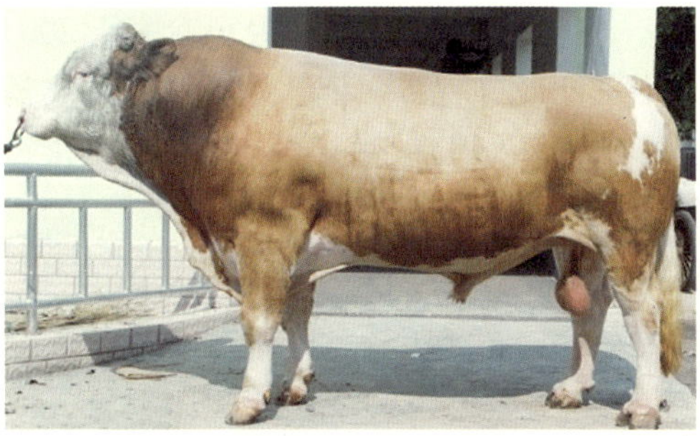
中国西门塔尔牛种公牛

中国西门塔尔牛种母牛

中国西门塔尔牛品种审定会议（通辽，2001年）

1 全国畜牧总站关于公布参加奶牛良种补贴项目种公牛站、种公牛（第一批）的通知．牧站〔2009〕60号，牧站（奶）〔2010〕106号，牧站（奶）〔2011〕96号．

第二章
奶牛繁殖

在新中国成立前，奶牛的繁殖手段十分落后，只是奶牛户利用自己饲养的公牛与当地的母牛散交滥配，生产水平很低。新中国成立初期，全国仅有12万头奶牛，而且品种混杂，疫病流行。新中国成立以后，中国共产党和人民政府制定了“保护现有牲畜，奖励繁殖，发展畜牧业”的方针，开展了“爱国增畜和群众性选配运动，采取了有计划地建立国营农牧场、配种站和逐步发展奶牛的措施”[1]，同时开始推广人工授精技术，使奶牛业得到一定的恢复和发展，到1959年奶牛头数增加到19万头。20世纪60年代以后，由于冷冻精液研制成功并得到广泛应用，牛群的扩繁速度增快，特别是优秀种公牛的利用率大大提高，促进了育种工作，加快了奶牛改良的步伐。经过对牛群的整治及大规模的联合育种，利用冷冻精液人工授精技术对黄牛进行级进杂交改良，奶牛头数迅速增加，质量不断提高。到1985年，全国奶牛数量达到162.7万头，比新中国成立初期增长了约13倍；黑白花品种牛数量达到50.3万头，比开始联合育种的1972年增加了5.9倍，品种牛的年单产奶量达到4 358千克，比1972年提高了30.7%[2]。当年，中国的第一个奶牛品种——中国黑白花牛宣告育成。与此同时，冷冻精液人工授精技术在三河牛、草原红牛、西门塔尔牛、新疆褐牛等乳肉兼用牛的培育及水牛和牦牛的奶用改良上也发挥了重要作用。由于冷冻精液人工授精技术在中国黑白花牛育成和其他品种牛改良中起到关键作用，该项技术的普及被称作是中国奶牛业的一场革命[3]。进入20世纪90年代后，冷冻精液人工授精技术又有了新的进展，即性控冷冻精液开始在奶牛人工授精中应用。利用性控冷冻精液为母牛输精，后代的母犊率达93%以上，为中国良种奶牛的快速扩繁，以满足21世纪初奶牛业对母牛的需求提供了有效途径。

在人工授精技术全面普及的基础上，20世纪70年代中国开始了奶牛胚胎移植技术的研究，并于1978年取得首次成功。20世纪80年代以后，胚胎移植技术渐趋

---

[1] 农业部科学技术委员会，农业部科学技术司. 1989. 中国农业科技工作四十年. 北京：中国科学技术出版社：253.

[2] 张其盈，李坚. 中国荷斯坦牛（原中国黑白花奶牛）的培育与推广. 中国奶牛协会1998年编发的内部资料：22.

[3] 农业部科学技术委员会，农业部科学技术司. 1989. 中国农业科技工作四十年. 北京：中国科学技术出版社：263.

成熟，以胚胎技术为基础发展起来的胚胎生物高新技术（如卵母细胞的体外成熟、体外受精、胚胎分割和性别鉴定、干细胞培养、转基因及克隆技术）应用于奶牛的相关科学研究也取得不同程度的进展。1996年以后胚胎移植技术开始在奶牛上得到广泛应用。到21世纪初，中国奶牛胚胎移植已形成一定规模，每年能生产1万多头胚胎移植牛，鲜胚和冻胚的移植受胎率都达到了国际先进水平。2004年，中国应用体细胞克隆技术和加拿大政府赠送给朱镕基总理的种公牛“龙”，获得了两头健康的克隆牛，这项成果标志着中国的奶牛繁殖技术已迈入一个崭新的领域。

在推广应用人工授精和胚胎移植技术的过程中，中国的奶牛工作者与大专院校、科研院所的科技人员合作，开展了一系列科学研究。在牛冷冻精液的研制过程中，对稀释液及防冻保护剂、精液的冷冻形式、冻结温度进行了系统研究，使冻精的质量不断提高。在母牛方面，早期研究人员通过观察和对繁殖性能的统计分析，确定了母牛的初情期、发情周期和排卵时间，并研究了母牛产奶量与发情排卵的关系，为适时配种提供了依据。在应用研究的基础上，适时引进和推广了同期发情技术、早期妊娠诊断技术及不孕症防治技术。这些技术的研究和推广，为不断提高受胎率、减少空怀牛头数和降低饲养成本起到重要作用。

在长期的生产实践中，中国的奶牛工作者总结出一整套科学的奶牛繁殖管理方法，用这些方法规范奶牛场的繁殖工作，对提高牛群的繁殖效率、保证奶牛生产的正常进行发挥了巨大作用。1988—1992年，中国奶牛协会组织全国有关专家编写了《奶牛繁殖技术管理规范》，通过贯彻实施，使试点牛场的情期受胎率提高到60%以上，达到了国际先进水平。进入21世纪以后，中国的奶牛繁殖管理进入全面规范化的发展时期，形成了国家、行业、地方和企业的立体管理体系，已初步完成了奶牛繁殖管理的规范化建设工作。

为了提高奶牛繁殖技术人员的业务和学术水平，农业部和地方畜牧主管部门及中国奶业协会、中国科协、中国畜牧兽医学会自行或委托大专院校、科研院所举办了各种类型的技术培训班和学术研讨会，其中中国奶业协会繁殖专业委员会[1]

---

1 中国奶业协会繁殖专业委员会，原名中国奶牛协会繁殖专业委员会，前身是原中国黑白花奶牛育种科研协作组（北方）繁殖组（成立于1972年）和中国黑白花奶牛育种科研协作组（南方）繁殖组（成立于1974年）。1982年，中国奶牛协会成立，南、北方两个繁殖组组成中国奶牛协会繁殖专业委员会。第一届（1983—1986年）主任为魏荣禄，副主任是姬作义、王运亨，委员有于德洪、马天福。第二届（1987—1991年）主任为姬作义，副主任是于德洪、沈家森、蒋忠华，委员有孟宪刚、马海滨、孟克俭、王前、缪振鸿、马天福。第三届（1992—2001年）主任为姬作义，副主任是于德洪、张忠诚、周永南，委员有沈家森、张盛兴、缪振鸿、马天福、孟克俭、关伟昆、金宝水、李永鹏、贾福德。第四届（2002—2006年）主任为杨利国，副主任是于德洪、张忠诚、孙荣鑫、陈静波、章孝荣、金穗华。第五届（2007—2011年）主任为杨利国，副主任是田见辉、施振旦、张淑君、周虚、章孝荣、肖兵南、李邦佑、岑桂英、陈静波、金穗华、刘法海、吕奇、宋洛文、翁士乔、杨洪。中国动物繁殖学科的学术带头人和著名的专家、学者几乎都参加过繁殖专业委员会的活动。繁殖专业委员会的活动坚持了5个结合，即：大会研讨与生产实际结合，大会交流与疑难解答结合，学术报告与专题研讨结合，大专院校与生产单位结合，技术推广与产品展示结合，使所有的活动都收到了实效。

自1982—2011年共举办各种技术培训班和研讨会达47期（次），这些活动对促进奶牛繁殖科技进步、解决奶牛生产中的繁殖难题、提高奶牛繁殖力和生产力起到重要作用。经过多年的培训与实践，中国已形成一支从事奶牛繁殖的基本技术队伍。据估计，2010年活跃在奶牛战线上的繁殖技术从业人员有3万～4万人，他们为各种繁殖技术的有效实施不断贡献自己的力量。

1983年北京市举办郊区县奶牛配种技术训练班

1982年全国农垦系统奶牛繁殖培训班师生合影
（第二排左起第7人至第13人依次是熊汉林、姜华、张邦恢、梁中民、严中慎、胡明信、孙拓）

2001年中国奶业协会在福建南平市举办第十六次繁殖技术研讨会

第一节　繁殖技术的研究与应用

一、人工授精技术

（一）历史沿革

中国早在20世纪40年代就有人研究奶牛人工授精[1]，新中国成立后这项技术才得到快速发展，其发展历程可分为新鲜精液和冷冻精液两个阶段。

1.新鲜精液人工授精阶段（20世纪50年代至60年代初）　新中国成立初期，受当时技术水平的制约，奶牛繁殖仍沿袭传统的公、母牛自然交配的方式，每头公牛每年仅能承担几十头母牛的配种任务，不但公牛的饲养量大、成本高，而且繁殖率和公牛的选择强度很低，牛群整体的遗传改良速度非常缓慢。1950年以后，中国从苏联引进了人工授精技术和工具，迅速展开了对这项技术的研究与应用，并很快在奶牛生产中推广。1951—1954年，农业部连续举办了8期牛（马、羊）人工授精训练班和讲习会，东北地区和北京、上海也相继举办了若干期牛人工授精培训班推广这项技术。1952年，北京双桥农场率先应用新鲜精液人工授精技术给奶牛授精并取得成功[2]，随后北京南苑畜牧场（后来的北京南郊农场）也在奶牛上应用成功。1956年，上海牛奶公司开始推广应用这项技术，至1957年底，全部国营与公私合营牧场的奶牛都实现了人工授精配种。与此同时，广西农学院的研究人员用奶牛新鲜精液改良当地黄牛也获得成功，受胎率达到74.05%。应用人工授精技术后，每头公牛平均承担配种的母牛数增加到200多头，多的可达1 000多头。由于这项技术具有能提高公牛配种效率、延长公牛使用年限、便于运输、可以有效地解决公牛不足地区的母牛配种和减少疾病传播等许多优点，所以发展很快。1953年，北京、上海、武汉、长春、哈尔滨等10多个城市的国营奶牛场开始应用这项技术[3]，此后逐步在国内普及。50年代末，北京、上海的奶牛已100%实行了人工授精[4]。

2.冷冻精液人工授精阶段（20世纪60年代初以后）

（1）*颗粒冷冻精液的研制与应用*　中国从20世纪50年代开始进行牛精液冷冻保存试验。该技术是长期保存家畜精液的一种先进技术，精液经过冷冻，可以

---

[1] 据杨利国提供的材料记载：1942年，吕高辉和吕高超在成都华西大学农业研究所任职期间，曾利用人工授精技术配种奶牛50余头，受胎率达80%以上。

[2] 朱士恩.2010.中国动物繁殖学科60周年发展与展望.北京：中国农业大学出版社：64.

[3] 农业部科学技术委员会，农业部科学技术司.1989.中国农业科技工作四十年.北京：中国科学技术出版社：235.

[4] 于德洪.1999.我国奶牛人工授精技术50年回顾.中国奶牛（6）：36-37.

延长其在体外的存活时间，长期维持其受精能力。其方法是：将新鲜精液经含有抗冻剂和其他保护物质的稀释液稀释，通过降温、分装、平衡和冷冻等工艺流程，制成冷冻精液，然后置于超低温条件下长期保存。冷冻精液的剂型有安瓿、颗粒和细管三种。60年代初，内蒙古畜牧科学院和黑龙江畜牧研究所采用干冰（－79℃）作冷源，研制成功了以安瓿分装的牛冷冻精液，曾用于部分牧区的黄牛改良工作，后来由于更先进的颗粒精液冷冻保存技术诞生的原因，此成果未能推广。1963年，北京市北郊农场开始了颗粒精液冷冻保存技术的研究。研究工作由农场副场长赵海泉和畜牧科科长张邦恢同志主持，在中国农业科学院畜牧研究所的协助下，用干冰作冷源成功研制出奶牛颗粒冷冻精液，从此拉开了中国奶牛冷冻精液人工授精的序幕[1]。

冷冻精液与新鲜精液比较有着更多的优越性，如能使公牛的精液长期保存、随时取用，不受地区、时间和公牛寿命的限制，并能更大限度地提高优秀公牛利用率，加快良种繁殖，是奶牛繁殖与育种的一项重大技术突破，所以从一开始就受到国家有关部门的重视。为了尽快推广这项技术，农垦部于1964年从荷兰引进了第一台液氮发生器（型号：PLN106），在北京市北郊农场奶用公牛冷冻精液试验点，开始了以液氮（－195.8℃）为冷源、超低温生产颗粒冷冻精液的研究[2]，第二年即研制成功并进行了授精试验，取得了满意效果。在“文化大革命”中，该试验点的科技人员在极其困难的条件下仍坚持冷冻精液的研究，使冷冻精液质量不断提高。到1972年，以液氮为冷源生产的颗粒冷冻精液输精261头，受胎145头，情期受胎率达到55.6%，比同期常温新鲜精液的情期受胎率55.3%还略有提高[3]。之后，上海市牛奶公司、吉林省农业科学院畜牧研究所、广东省农业科学院畜牧兽医研究所、西安市及关中地区奶牛育种协作组、济南市乳品公司也相继开展了试制和推广应用牛冷冻精液的工作。根据此项技术的进展情况，农林部科教局[4]于1972年底召开了“部分省市机械化养鸡和家畜冷冻精液人工授精繁殖技术座谈会”，对牛冷冻精液的研究与推广工作做了进一步推动，并帮助北京市于1973年在北郊农场冷冻精液试验点原址的基础上，成立了中国第一个省级种公牛站——北京市种公牛站[5]，集中饲养优秀的奶用种公牛。当年在农林部科教

---

1 于德洪．1999．我国奶牛人工授精技术50年回顾．中国奶牛（6）：36–37.

2 张其盈，李坚．中国荷斯坦牛（原中国黑白花奶牛）的培育与推广．中国奶牛协会1998年编发的内部资料：9.

3 北京黑白花奶牛育种简史．北京市奶牛育种小组、北京市奶牛研究所1982年编发的内部资料：22.

4 1970年5月，国务院将农林办公室、农业部、林业部、水产部、农垦部合并成立农林部。1979年2月，撤销农林部，恢复农业部、林业部、农垦部建制。1982年5月，第五届全国人民代表大会23次常委会决定将农业部、农垦部、国家水产总局合并成立农牧渔业部。1988年4月，第六届全国人民代表大会决定农牧渔业部更名为农业部。

5 张其盈，李坚．中国荷斯坦牛（原中国黑白花奶牛）的培育与推广．中国奶牛协会1998年编发的内部资料：9.

20世纪80年代初的北京市种公牛站

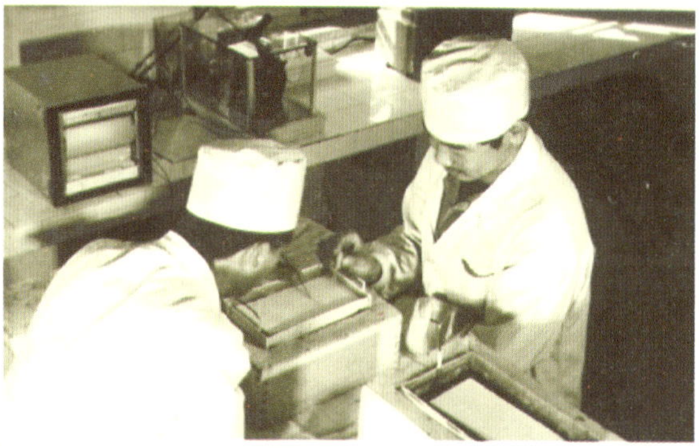

技术人员在氟板上制作颗粒冷冻精液

局局长臧成耀的安排下，委派该站站长熊汉林等同志赴古巴进行考察，学习古巴在冷冻精液制作和公牛站管理上的经验。该站当年即承担了农林部下达的“家畜冷冻精液人工授精繁殖技术”重点科技项目，继续从颗粒冷冻精液的稀释液配方、冷冻工具、冷冻温度等方面进行深入研究，同时开始了颗粒冷冻精液的批量生产。该项目后来在1978年获得了全国科学大会奖[1]。1973年12月，农林部科教局在天津召开了“北方地区黑白花奶牛育种协作组会议”，进一步布置了牛冷冻精液推广工作，并于1974年委托北京市牛奶公司举办了“家畜冷冻精液训练班”，使该项技术推广面逐渐扩大。此时，全国已有14个省、市开展牛冷冻精液的试制和推广工作，建输精点139处。但当时冷冻精液的贮存工具还很落后，因为缺乏液氮容器，精液的贮存和运输只能因陋就简地采用广口暖瓶来代替，这种方法虽然一时解决了专用容器缺乏的困难，但液氮消耗快、损失大，不但不能满足精液长途运输的需要，而且精液不能在牛场长期保存，只能现取现用，严重制约了冷冻精液的推广速度。为了解决在推广中缺乏液氮容器的困难，在当时中共中央委员、国务院生产组王震同志的亲自过问下，由沈阳101机械厂开始研制液氮容器，由于受“文化大革命”的干扰，此研究未能取得成果，后经四川机械设计院于1975年试制成功，于1977年试用于生产[1]。至此，冷冻精液人工授精技术突破了推广工作中的瓶颈，使该项技术的辐射面迅速扩大，到20世纪70年代末，全国大中城市郊区和奶牛基地的国营奶牛场及部分农区奶牛专业户的奶牛繁殖，已基本实现了颗粒冷冻精液人工授精配种。到1981年，中国奶牛使用颗粒冷冻精液的普及率已达85%，大中城市几乎100%。

---

[1] 农业部科学技术委员会，农业部科学技术司.1989.中国农业科技工作四十年.北京：中国科学技术出版社：42.

液氮罐和精液贮存库

1981年，据对33万头奶牛的统计，用颗粒冷冻精液的一次配种受胎率，南方为47.6%，北方为54.2%[1]。

由于冷冻精液的推广普及，种公牛的利用率进一步提高，每头公牛平均承担配种的母牛数增加到1 000多头，多的可达4 000头。由此改变了各地奶牛场自养种公牛与本场母牛配种的传统办法，各地相继成立了地区级种公牛站，将优秀公牛集中饲养和使用，不但大大提高了优秀公牛利用率，使奶牛的生产力大幅提高，而且由于种公牛饲养头数的减少，节省了大量的饲养费用和饲料用粮。如北京市在采用自然交配时期，奶牛的年平均产奶量只有3 000千克左右，使用新鲜精液进行人工授精后，到20世纪50年代末平均达到4 000千克左右，采用冷冻精液后，1980年达到6 238千克，20年时间提高了2 000多千克。在使用冷冻精液前，全市饲养135头公牛，年饲养管理费用达34.5万元，年饲料用粮23.8万千克，使用冷冻精液后，公牛饲养头数减少到19头，年饲养管理费用降到4.85万元，年饲料用粮仅5.7万千克，分别降低了85.93%和76%[2]。

（2）*细管冷冻精液的研制与应用*　与颗粒冷冻精液比较，细管冷冻精液有冻后活力好、易标准化、卫生状况好、不易污染、易标记、使用方便等优点。中国于20世纪70年代中期开始细管冷冻精液的引进与开发。当时，北京和上海的种公牛站曾用进口的塑料细管，用手工方法进行过小批量生产，并部分出口到巴基斯坦。但是，由于缺乏细管分装机、印字机等一系列机械化生产设备，制约了生产量和推广速度。1979—1980年，上海牛奶公司曾用自行设计研制的JZ-45型细管分装机生产过一批细管冷冻精液，经在全国11个省、自治区、直辖市进行的输精试验，取得了情期受胎率57.5%的成绩，但后来由于受种种条件的限制，该成果未能推广[3]。直到1981年利用联合国开发计划署对中国的资助，由北京市种公牛站从法国凯苏IMV兽医药械公司引进了制作细管冷冻精液的全套设备，生产和推广才得以顺利开展[2]。以后即开始了大规模的引进与开发。在20世纪80年代，除了吉林和上海继续引进法国设备外，山西引进了西德的斯密特式塞球封口细管冷冻精液分装机，黑龙江、新疆、青海、贵州等省（自治区）则从日本引进了西川

1　中国黑白花奶牛育种简史．中国黑白花奶牛育种科研协作组1982年编发的内部资料：7.

2　于德洪．1999．我国奶牛人工授精技术50年回顾．中国奶牛（6）：36–37.

3　张坚中，徐铁铮．1988．家畜冷冻精液．北京：农业出版社：75.

式冷冻精液设备。20世纪90年代以后，全国几乎所有种公牛站陆续从国外引进了冷冻精液设备。到1992年，据不完全统计，中国牛细管冷冻精液的生产量和推广量分别占到总生产量和推广量的43.3%和43.2%，1996年分别增加到55.2%和55.0%[1]。进入21世纪以后，细管冷冻精液逐渐全部代替了颗粒冷冻精液，成为中国牛冷冻精液的唯一剂型。

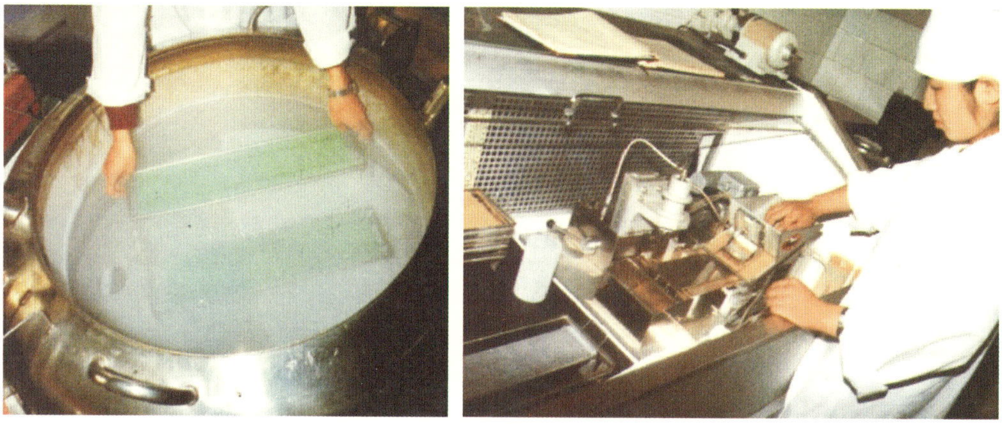

制作细管冷冻精液

（左图为将平衡好的细管精液放入液氮容器中冷冻；右图为用细管分装机分装精液）

为了保证牛冷冻精液质量和对牛冷冻精液生产实施有效控制，中国于1984年颁布了国家标准《牛冷冻精液》(GB 4143—84)，农业部分别在南京市和北京市相继设立了专门的质量监督检验机构，定期或不定期对各地种公牛站生产的细管冷冻精液进行监督抽查或统检。据1992年、1993年、1997年和2007年4次监督检查结果，中国牛细管冷冻精液的合格率分别为66%、67%、80%和96%[2]，质量逐年提高。但中国牛冷冻精液的生产和质量水平与国外先进水平比较仍有一定差距。国外一头良种公牛年产冻精平均为2.5万～5.0万剂，高产个体可达10万剂，中国平均只有1.0万～2.0万剂，突出个体可达5.0万剂。每头公牛的年平均授精母牛数，国外为3 000头左右，水平高的如新西兰可达8 000头，个别个体可达几十万头，中国平均只有1 500头左右，水平高的可达4 000头。公牛授精的情期受胎率，国外一般在60%～70%，中国平均在50%～60%，水平高的地区可达65%左右。中国的冷冻精液人工授精技术仍有潜力可挖。

(3) 性控冷冻精液的研制与应用　20世纪90年代，精子分离技术获得成功，使家畜性别控制技术取得突破性进展。21世纪初这项技术及其设备在国外形成市

1　于德洪.1999.我国奶牛人工授精技术50年回顾.中国奶牛（6）:36–37.

2　何新天.2008.全国种公牛站资料汇编.北京：中国农业出版社.

场。此时恰逢中国奶业进入大发展时期，产奶母牛和母牛犊成为市场抢手货，因而引起中国对这项技术和设备的大量引进。应用这项技术生产的母犊数成倍增长，母牛存栏数快速增加，有利于淘汰低产母牛，使牛群质量得到提高。因此，这项技术的应用成为满足21世纪初中国奶牛产业对母牛需求的有效途径。

性控精液是基于X精子DNA含量比Y精子高3%～5%的原理，利用流式细胞仪在体外将X和Y精子分离后制作的精液产品。中国自20世纪90年代开始与国外平行地进行了一些精子分离的试验研究，先后研究了密度梯度离心法、抗体亲和层析法、流式细胞法、沉降法、电泳法、H-Y抗体分离法等多种方法，但都未能得到实质性的结果，直到21世纪初从国外引进了流式细胞仪后才有了一些试验成功的报道。2001年，黑龙江大庆市田丰生物工程公司开始应用流式细胞法研制奶牛性控冷冻精液，2003年该公司的首批奶牛性控冷冻精液上市。2003年11月7日，中国第一头应用自行分离的性控冷冻精液产生的性控奶母牛犊在该公司诞生，填补了国内空白[1]，之后第二代、第三代性控奶母牛犊陆续在该公司诞生，该项成果标志着中国性控冻精技术日益走向成熟。2009年，全国有15个省（自治区、直辖市）的90多个县、市使用了该公司生产的奶牛性控冷冻精液，得到性控母牛犊20多万头，母犊出生率达93.2%。2004年，XY种畜（天津）有限公司和内蒙古蒙牛繁育生物技术有限公司先后从美国引进精子分离设备和技术，进行奶牛性控冷冻精液的试验研究和规模化生产。XY种畜（天津）有限公司当年即在北京、天津、黑龙江、吉林和重庆等地利用公司生产的性控冷冻精液进行了大规模的奶牛人工输精实验，配种后母犊率达到93%以上。随后，内蒙古蒙牛繁育生物技术有限公司也进行了大规模输精试验。

从2005—2008年，该公司推广使用奶牛性控冷冻精液27万剂，配种母牛15万头次，产母犊14万头，平均情期受胎率达58.6%，母犊率也达到93%。到2010年，中国年生产奶牛性控冷冻精液能力达50万剂以上，生产能力居世界首位，性控冷冻精液的质量也达到国际先进水平。据北京、内蒙古、河北、

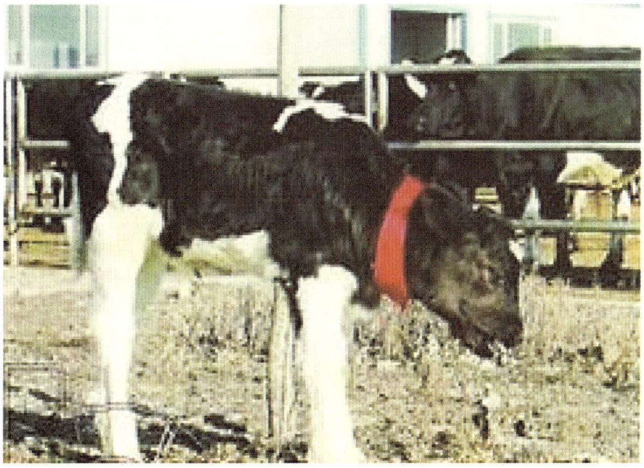

2003年诞生于黑龙江省大庆市的中国第一头性控犊牛

[1] 朱士恩.2010.中国动物繁殖学科60周年发展与展望.北京：中国农业大学出版社：65.

黑龙江和新疆的统计，已有55%以上的青年母牛使用性控冷冻精液配种[1]。

为了提高推广效果，以获得特定性别的优质高产后代，2005年XY种畜（天津）有限公司率先从国内引进了有北美血统的优质荷斯坦公牛后代100多头，作为优质性控冷冻精液的精源。而内蒙古蒙牛繁育生物技术有限公司则与北京奶牛中心合作，直接从美国ABS公司引进经过验证的优秀种公牛的遗传资源，用于生产性控冷冻精液，为性控冷冻精液在国内的推广应用奠定了品质保证[2]。

但性控冷冻精液存在的问题是，精子分离的成本相对较高。截至2010年，单支价格仍高达200～300元，而普通优质冷冻精液仅为60～80元。若想进一步扩大性控冷冻精液的应用规模，首先要对精子的分离技术进一步优化完善，其次要通过相应研究提高性控冷冻精液的受胎率。但对于这项技术的前景业界的看法并不一致。一种看法认为，只要生产成本降低，性控精液的前景仍然看好，因为提高母犊率，可以提高母牛淘汰率，进而提高群体生产水平，并且认为精子分离技术是家畜繁育技术继人工授精和胚胎移植之后的第三次技术革命，将对中国奶牛业发展起到重大作用；另一种看法认为，性控冷冻精液是一种过渡性的精液品种，若干年后，当中国的奶业市场渐趋饱和以后，对母牛犊的需求量将会保持在一定范围内，届时只需用常规冷冻精液生产的母牛犊，就可以满足全国奶牛群的转群需要与贸易需求，性控冷冻精液在中国将没有市场。

（二）技术的改进与提高

1. 采精技术与精液冷冻技术

（1）采精技术　中国牛用采精假阴道最早是苏式的，不但笨重，而且精液容易受到污染。20世纪80年代初，吸取法国、美国和日本假阴道的优点，缩小了假阴道体积，将光面内胎和波纹面内胎改进为鸡皮面内胎，从而使其使用更加灵便，精液不易受到污染，而且由于鸡皮内胎增加了对公牛性欲的刺激，提高了公牛射精量和精子密度，使平均一头公牛每次可多采得0.5毫升精液，每年可多采精液50毫升，大大提高了优秀种公牛利用率[3]。

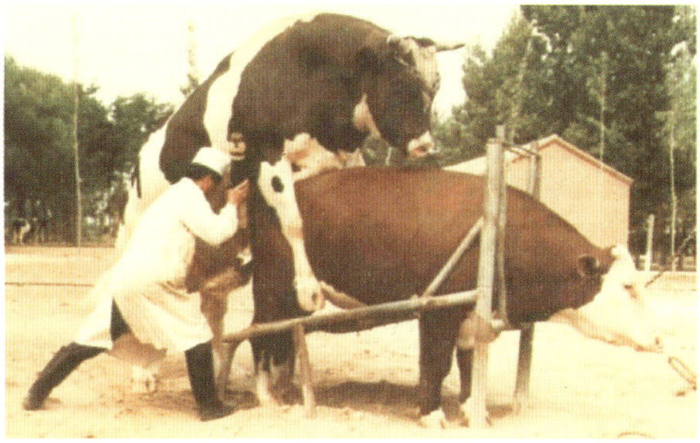

采取种公牛精液

[1] 朱士恩.2010.中国动物繁殖学科60周年发展与展望.北京：中国农业大学出版社：65.

[2] 朱士恩.2010.中国动物繁殖学科60周年发展与展望.北京：中国农业大学出版社：141.

[3] 王久明.1985.新型牛用采精假阴道//北京市畜牧兽医学会1985年学术论文摘要集.北京：北京市畜牧兽医学会.

（2）*冷冻方法* 早期是以干冰为冷源，将干冰粉碎打洞后滴冻。1964年，由国外引进液氮发生器后，改为以液氮（－195.8℃）为冷源在铝饭盒或铜丝网的表面上滴冻，后来又发展到用氟板（聚四氟乙烯板）进行滴冻，冷冻效果不断得到改进。到细管冻精阶段，采用了自动化冷冻程序，冷冻精液质量进一步提高。

（3）*稀释液配方和精液保存方法* 早期新鲜精液的稀释液配方由三种成分组成，即低温保护剂（卵黄、乳类等）、维持渗透压的物质（柠檬酸钠和糖类等）和抗菌物质（青霉素、链霉素等）。一般稀释3～4倍，个别的可稀释10～15倍。在0～5℃环境中保存，保存的方式有用氯化铵降温或冰水保存的，有用冰箱保存的，最多可以保存7天。冷冻精液的稀释液配方中，除了新鲜精液配方中已有的成分外，增加了防冻保护剂——甘油。一般稀释10～40倍，个别的可稀释百倍以上。早期在干冰（－79℃）中保存，但很快就发展到在液氮（－195.8℃）中保存，可以长期保存。精液保存方法的改进是人工授精技术的重大突破，对家畜繁殖、育种以至畜牧业发展具有重大意义。

2. 输精方法与输精器械 在输精方法上，20世纪50年代基本采用的是开膣器扩张阴道和子宫颈外口输精的方法，精液注入的深度不够，受胎率受到影响。1952年，东北农业科学研究所首先推出了直肠把握子宫颈深部输精法[1]，1954年北京市双桥农场成功进行了应用，仅此一项简单的改进，就使受胎率提高了10%～15%[2]。20世纪60年代，此项技术开始在全国推广，至80年代，全国大部分牛场都应用了这项技术。

输精器械的改进与精液剂型和输精方法的改进密切相关。在使用新鲜精液和颗粒冷冻精液期间，以使用由北京农业大学安民教授于1956年设计的简化牛用输精器为主。该产品有金属和玻璃两类材质，有与注射器或乳胶头连接两种类型。推广应用细管冷冻精液以后，改用法式（卡苏枪）和日式（卡簧式）输精枪，此

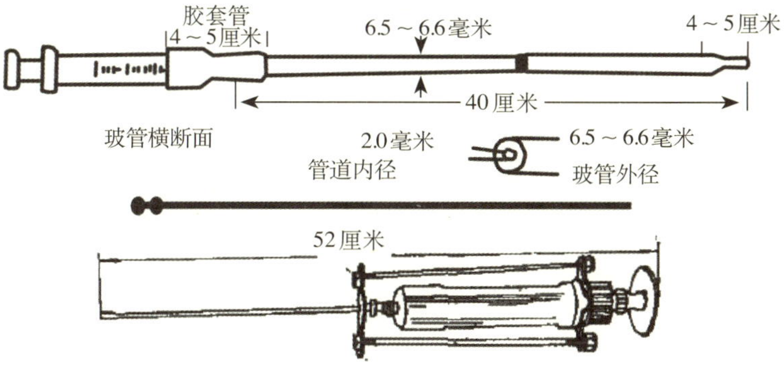

北京农业大学安民教授1956年设计的牛用输精器草图（上）及后来诞生的类似产品（中和下）

1 陈伯华．1962．对牛实行子宫深部输精的方法．山西农业科学．

2 冯一．1959．牛的培育与疾病防治．北京：农垦出版社：194．

类产品既有进口的，也有国内仿制的。在此期间，四川农业大学还推出了一种内窥镜输精器，由于不适合直肠把握输精法使用，所以未能推广使用。在20世纪90年代后，为满足细管冷冻精液的推广应用，诞生了多种类型的输精枪。在2002年，农业行业标准规定了输精器的制作方法，其构造类似于法式输精枪。

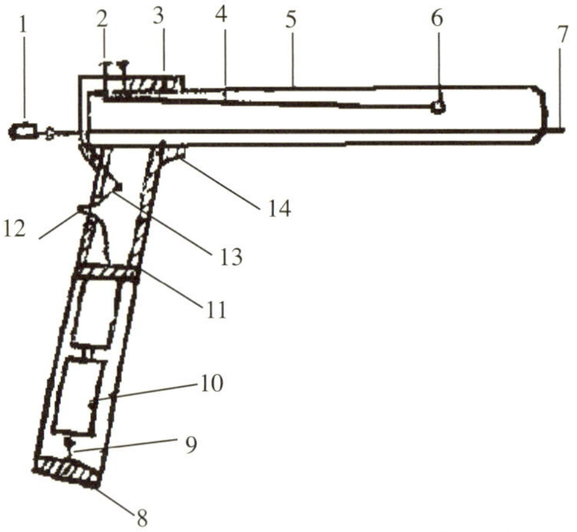

四川农业大学于80年代研制的内窥镜输精器

1.注射器　2.连接螺钉　3.枪柄　4.灯管　5.内窥镜　6.聚光灯　7.输精管　8.筒盖　9.弹簧　10.二号电池　11.电池筒　12.开关　13.导线　14.紧固螺钉

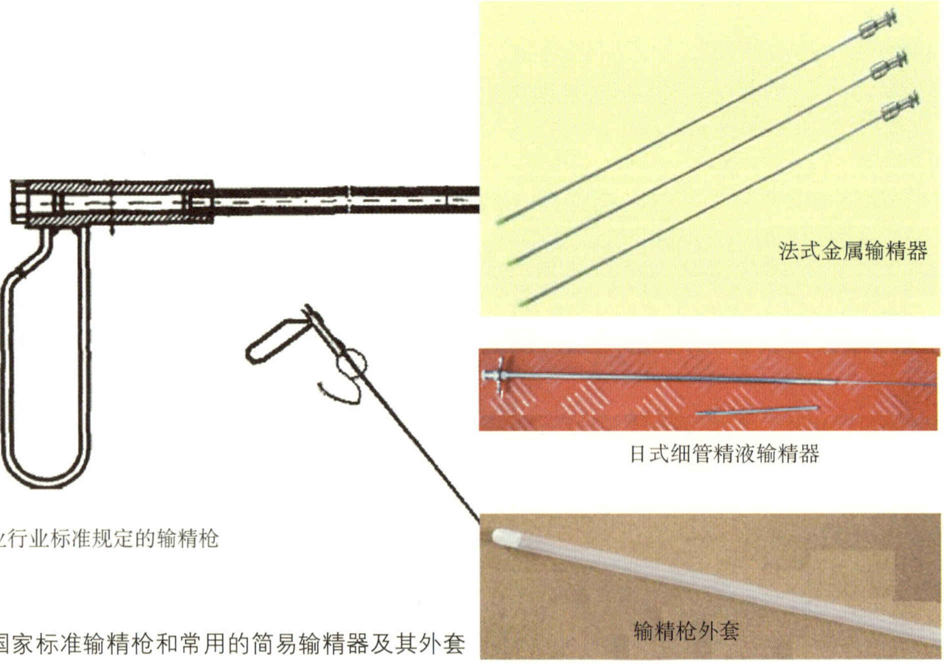

日式细管精液输精器

农业行业标准规定的输精枪

国家标准输精枪和常用的简易输精器及其外套

3.精液质量检测方法 精液品质检查技术经历了由低倍显微镜估测逐步向血细胞计数法、光电比色法、仪器测定法发展的历程，尤其是射精量的检测由刻度集精管读取变为称量法，技术操作进一步简化，各项指标的检测精确度不断提高，并且更加客观、有效。

4.发情鉴定技术 奶牛发情鉴定技术随养牛规模的扩大而在不断发展。早期和饲养规模较小的奶牛场，发情鉴定常采用外部观察法、试情法、阴道检查法和直肠检查法。21世纪初期开始，饲养规模较大的牛场，则开始采用超声波诊断法或计步器法。

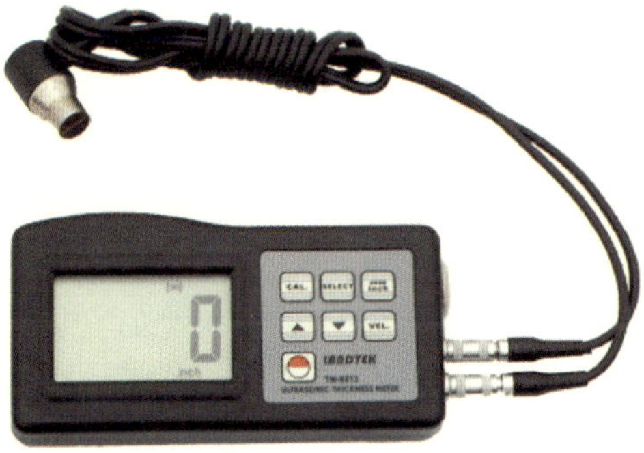

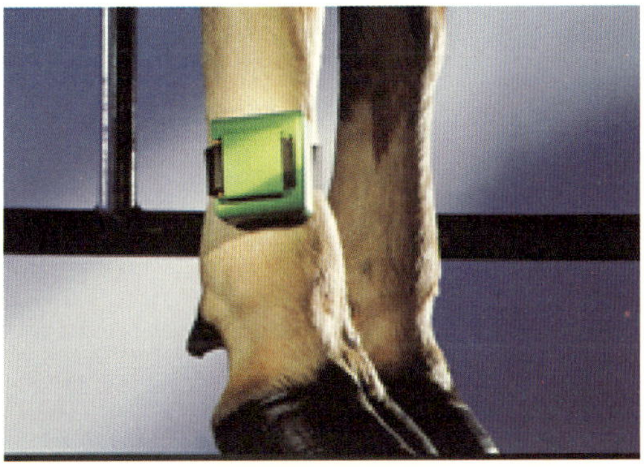

用于奶牛发情鉴定的便携式超声波诊断仪（左）和计步器（右）

5.诱导发情和同期发情技术 是奶牛人工授精的辅助技术之一。诱导奶牛发情和同期发情，既可缩短产犊间隔，又便于人工授精技术的推广应用，因此，自20世纪60年代开始，这两项技术逐渐得到重视。但在20世纪70年代中期以前，由于国产激素种类较少，进口激素不仅价格昂贵，而且不易获得（受外汇指标控制），所以只能利用进口激素进行一些这方面的试验研究，而在生产中很少应用。

当时最有效的诱导发情和同期发情方法，是皮下埋植孕激素、口服甲地孕酮或子宫颈内注入前列腺素类似物，同期发情率在64%～85%，情期受胎率在30%～57%[1]（表2-1）。该时期的诱导发情和同期发情的特点是：激素单独使用，激素制剂的相对价格较高，同期发情和诱导发情的效果相对较差，主要表现在诱导发情率和同期发情率以及配种后情期受胎率较低。

---

[1] 郑丕留，梁克用，董伟，安民，杨学时.1980.中国家畜繁殖及人工授精进展概述.中国农业科学（2）：91-96.

表2–1　20世纪70年代末中国奶牛同期发情试验结果

处理方法	处理母牛头数（头）	同期发情率（%）	第一情期受胎率（%）
耳背埋植18-甲基炔诺酮20～30毫克，持续10～12天	632	72.4～85.0	35.0～57.1
口服甲地孕酮，每日每头7～20毫克，持续10～15天	474	64.0～83.0	30.8～48.3
子宫颈内注入15-甲基前列腺素$F_{2\alpha}$ 1～2毫克	136	82.3～85.1	34.5～47.3
子宫颈内注入前列腺素$F_{1\alpha}$甲酯1～2毫克	36	77.0	36.0
子宫颈内注入13-去氢前列腺素$F_{2\alpha}$ 1～2毫克	35	—	23.3

自20世纪80年代初开始，国产激素种类增多，进口激素价格降低，诱导发情和同期发情技术开始用于生产实践。这个时期的主要特点是：激素配伍应用较普及，诱导发情率、同期发情率和配种后的情期受胎率相对较高。例如，西北农业大学张岳教授领导的研究团队（1991），将初乳和新斯的明及促性腺激素释放激素联合应用来诱导母牛发情，结果93.3%产后乏性母牛发情，配种后的情期受胎率达到71.4%。之后，有人将促性腺激素释放激素（GnRH）与氯前列烯醇联合应用于诱导发情和定时人工授精，平均提高情期受胎率20个百分点以上[1]。进入21世纪以后，这项技术更加成熟，一些程序化的诱导发情、排卵的方法（Ovsynch）开始出现，并很快被制药厂家开发成商业化产品，使用者只要按照产品说明书推荐的药剂组合和程序用药（单独或组合使用前列腺素、促性腺激素释放激素、黄体酮阴道栓等），母牛就会定时发情、排卵，输精后受胎率可达到60%以上。这项技术的成功应用，大大提高了奶牛的人工授精效率。

6.妊娠诊断技术　奶牛人工授精的辅助技术之一。对奶牛进行妊娠诊断，可以及早检出空怀和妊娠的母牛，以便对空怀母牛采取诱导发情、对妊娠母牛采取保胎措施，以提高繁殖力。

在奶牛生产中，国内多数牧场，特别是小规模牧场一直沿用直肠检查方法，该法的主观性较强，而且需要操作者长期学习才能掌握。21世纪以后，大规模牧场开始采用B型超声波诊断技术（简称B超）进行妊娠诊断，与直肠检查法相比，该法不但易学，而且科学、客观、可靠。

在超声波的应用上也经历了由D超到B超的发展过程。

超声波诊断技术主要有A超、B超和D超（多普勒超声）三种方法。中国从20世纪80年代开始超声波诊断技术的研究，为了节省成本以适合在中国推广应用，当时的试验用的都是D超法。由于D超法主要是以探测宫血音的变化来进行诊断，掌握起来比较困难，所以尽管该法的效果明显，却一直未能大规模推广应用。

1　姚国良．2008．定时输精程序（Ovsynch/TAI）在奶牛繁殖上的应用效果．中国奶牛（12）：33–35．

1996年，中国从加拿大批量引进了兽用B超仪，以后又引进并生产了便携式兽用B超仪。与D超相比，用B超进行妊娠诊断对操作经验的依赖性较小，检查结果以实时图像显示，更加客观、可靠。配种后26 ~ 30天 的确诊率高达88.9%，高于50胎龄左右的直肠检查法的确诊率；配种后31 ~ 35天的确诊率为97.2%，配种后35天以上的确诊率达到100%[1]。由于B超法的明显优势，进入21世纪以后，兽用B超仪在中国得到了广泛应用。

二、胚胎生物技术

（一）胚胎移植技术

1.发展历程 中国自1975年开始奶牛胚胎移植的试验研究，1978年在上海牛奶公司首次获得成功，之后经过约20年的努力，至20世纪90年代中期才实现大规模的推广应用。按其发展脉络可分为试验研究、发展提高和推广应用三个阶段。

（1）*试验研究阶段*（20世纪70年代中期至20世纪80年代初期） 这个时期，全国有20多个省（自治区、直辖市）近30个单位开展了奶牛胚胎移植工作，一时间曾在中国掀起了一股奶牛胚胎移植热。1977年，陈秀兰带领中国科学院遗传研究所203组的成员在上海市牛奶公司第七牧场开始进行胚胎移植试验。第二年，用手术方法首次取得了奶牛新鲜胚胎移植的成功[2]；1979年，又协助北京市西郊农场用非手术方法获得成功[3]。1981年，他们在上海又取得了奶牛胚胎超低温冷冻保存的成功。第二年，将冻后的胚胎再移植，成功地获得了两头犊牛。1981年，中国农业科学院畜牧所和北京农业大学与国外合作，进行国际间奶牛新鲜胚胎长途

由中国科学院遗传研究所与上海市牛奶公司于1978年研究成功的中国首对胚胎移植牛

由中国科学院遗传研究所与上海市牛奶公司（1982）研究成功的中国首批冷冻胚胎移植牛

[1] 邓干臻，李成叶，高斌章，等.2004.奶牛妊娠的早期诊断——实时B超法.中国兽医学报（6）：75-76.

[2] 中国科学院遗传研究所，上海市牛奶公司第七牧场.1979.牛胚胎移植成功.遗传（2）：47.

[3] 王运亨.1980.奶牛非手术受精卵移植试验研究.畜牧兽医学报，11（2）：93-100.

运输移植试验也获得成功[1]。此外，还相继有一些胚胎移植成功的报道，但都是些重复试验的结果。这个时期的成绩，也仅限于以上这些为数不多的“成功”。当年，不少单位都在重复着以产下一头胚胎移植牛为目的的试验，但由于当时技术上还不完善，而且设备简陋，缺乏先进的实验手段，用于超数排卵的激素制剂国内也不能保证供应，有的虽能供应但质量很差，所以大多数的超数排卵效果不稳定，移植妊娠率很低。同时由于对这项技术的认识不足，一些单位盲目上马，工作缺乏统一组织协调，供体牛和受体牛的数量和质量都得不到保证，用于试验的牛头数很少，而且各单位都是单打独斗，技术力量分散，从而影响了试验进展。当时平均每头供体母牛仅能采到2.3个卵，其中可用卵为1.0个，移植受胎率为20.38%，每头超排牛平均仅能获得约0.1头犊牛[2]。

（2）*发展提高阶段*（20世纪80年代初期至20世纪90年代中期） 这个阶段的特点是：①奶牛胚胎移植得到国家和地方政府的重视，开展移植研究的单位加大了投入，群体规模增大，工作逐步走向协调有序，水平提高较快；②后期研究方向向深度、广度转移，成为中国奶牛胚胎生物高技术的起步阶段；③以奶牛做供体、黄牛为受体的“借腹怀胎”研究增多；④利用胚胎移植技术的优势，在育种上开展了“优化MOET（超数排卵与胚胎移植）的核心群育种方案”的研究。

1982年12月，在中国奶牛协会成立大会上，时任国务院副总理的王震同志发表了重要讲话，在讲到奶牛胚胎移植时，指示：“要把这件事当成大事来办，要列入六五计划、七五计划，要培养这方面的技术人员、技术工人[3]。”为了贯彻落实王震同志的指示精神，当时的农牧渔业部委托中国奶牛协会于1983—1988年连续召开了4次全国奶牛胚胎移植技术座谈会，中共中央书记处调研室、农牧渔业部、中国农业科学院、有关地方政府部门及正在开展奶牛胚胎移植研究的大专院校、科研院所、奶牛生产单位和为胚胎移植提供药品器械的厂家参加了会议[4]。

---

[1] 朱裕鼎.1982.牛新鲜胚胎由西德运往北京移植成功.中国畜牧杂志（5）：11.

[2] 第一次全国奶牛胚胎移植技术座谈会纪要.1983年4月3日.

[3] 中华人民共和国农牧渔业部（83）农（办）字第一号文.关于成立奶牛协会的通知（附件一：王震同志在中国奶牛协会成立大会上的讲话）.1982年12月13日.

[4] 中国奶牛协会全国胚胎移植技术座谈会第一次会议于1983年在西安举行，第二次会议于1985年在南昌举行，第三次会议于1986年在唐山举行，第四次会议于1988年在北京举行（与中国畜牧兽医学会繁殖学分会合办）。会议先后由中国奶牛协会赵海泉秘书长、周鼎年秘书长、梁中民常务副秘书长主持。参加会议的人士主要有：中共中央书记处调研室谭立民；农牧渔业部陈书田、董重久、张其盈、董思澄、张仲伦；中国奶牛协会魏荣禄、姬作义、熊汉林、于德洪、王运亨、马天福、林玲、孙荣鑫、桑润滋、叶长竹、缪振鸿、金宝水；大专院校安民、董伟、刘健、严忠慎、孙拓、张大鹏、钱菊汾、曹述彬、张忠诚、张朝昆、窦忠英、牛树理、王元兴、王凤瑞、戴杏庭；科研院所梁克用、童孚中、陈秀兰、谭丽玲、朱裕鼎、钟世芳、罗应荣、郭志勤、陈英芳、范必勤、王秀阁、金正泰、杭维才、黄忠牧、冯书堂、张继慈、贾福德、齐义信、马世援、肖崇贵、刘元海、郭年藩、阳早、寒春；地方政府有关部门张邦恢、吴镇麒、赵升荣；新华社杨健。

首次会议，首先统一了对当时奶牛胚胎移植形势的认识，认为：几年来虽然取得了一定成绩，但进展缓慢，大多数单位对胚胎移植这项工作还缺乏足够认识。对开展这项工作需要较大经济投入及试验牛只、激素药品、仪器设备要有严格的要求等方面认识不足。会议要求开展胚胎移植的单位必须有务实精神，不能一哄而起，一哄而散，要冷热结合，务求必胜。在第2次会议上，组成了由中国奶牛协会、中国科学院遗传所和中国农业科学院畜牧所组成的工作班子，负责抓技术协作、工作进度和先进技术设备的引进，并协助制药单位大力提高和稳定激素制品的质量，对采卵、检卵、移卵器械设备进行选型和定型生产。在第3次会议上，重点交流了奶牛胚胎移植黄牛的经验。第4次会议由中国奶牛协会与中国畜牧兽医学会繁殖学分会联合举行。会议在全面总结十几年来中国奶牛胚胎移植经验的基础上，由中国奶牛协会繁殖专业委员会和中国畜牧兽医学会繁殖学分会共同提出了关于提高超数排卵和胚胎冷冻效果、胚胎鉴定方法及提高移植妊娠率的指导意见，并指出胚胎移植应采取有偿服务的形式，建议可先行在农民饲养奶牛积极性较高的地区推广。通过这四次会议，使中国的奶牛胚胎移植工作，从认识不足提升到上下认识一致并逐渐认识深刻，从自发、无序、力量分散进展到由政府牵头、集中优势、有序发展，找到了一条适合中国条件的技术路线和工作方法。这之后，各地逐渐加大了对奶牛胚胎移植的投入，使其技术条件不断得到改善，而且逐步形成了一支稳定的技术队伍，使这项技术水平有了显著提高。1988年，中国奶牛胚胎移植每头供体母牛的平均获卵数提高到了5.6枚，其中可用卵数提高到3.6枚，鲜胚移植的受胎率达到39.4%，高的达到50%以上，冻胚移植的受胎

全国第四次奶牛胚胎移植技术研讨会全体代表合影

率达到21.5%，高的达到40%以上，每头超排牛平均获得的犊牛头数接近1.0头，基本达到了可以推广应用的水平[1]。当时业界内人士一致认为，此项技术正处于在中国奶牛业中推广应用的前夜。为此不少单位积极采取措施，创造条件，向生产应用和开发过渡。但是由于奶牛胚胎移植项目未能列入当时的国家推广计划，所以到1996年以后才得以大规模推广。在此期间，中国开展了大规模的学术交流和技术培训活动。加拿大、美国、日本、澳大利亚、法国等国家的胚胎移植专家，多次来华讲学和交流，中国也多次组团或派员赴国外考察学习和进行合作研究，并在北京、南京和乌鲁木齐举办了多次动物胚胎移植及相关生物技术的国际学术会议。同时还在河北、吉林、内蒙古、新疆、北京等地举办多次全国性的奶牛胚胎移植培训班，学员达数百人。通过上述活动，进一步提高了中国奶牛胚胎移植的水平，1995年，每头超排牛平均获得的犊牛头数提高到2.0头，从而为大规模推广应用奠定了坚实的基础。

在1982年和1984年，由中国奶牛协会、中国科学院遗传所和中国畜牧兽医学会动物繁殖学分会主持，分别在北京和南昌举办奶牛胚胎移植技术研讨会（上）和技术培训班（下）

1 第四次全国奶牛胚胎移植技术座谈会纪要.1988年12月4日.

当胚胎移植水平提高到一定程度后，一些科研人员把研究方向转向了其他胚胎生物技术，开始向这项技术的深度、广度进军。从1986—1995年，胚胎分割、胚胎性别鉴定、试管牛、转基因牛及核移植等高新生物技术取得一大批科研成果。与此同时，将奶牛胚胎移植给黄牛、让黄牛借腹怀胎生产奶牛的研究也取得了进展。1985—1986年，河北省芦台农场奶牛实验站获得15头中国首批黄牛所生胚胎移植奶牛犊。1987年，吉林省农业科学院又获得93头黄牛生的胚胎移植奶牛犊[1]。

出生于河北省芦台农场奶牛试验站、以黄牛为受体批量生产的奶牛胚胎移植犊牛

胚胎移植作为一种品种快速扩繁的技术手段，在奶牛育种上也发挥了巨大作用。中国在“八五”国家科技攻关项目中，对奶牛MOET育种技术进行了研究。通过研究，在中国成功建立起奶牛MOET育种技术体系。该体系较现行的常规育种方法遗传进展提高50%～100%。该技术的实施不但加速了中国荷斯坦牛的品种改良进程，而且使胚胎移植技术的应用达到了全面实用化[2]。

（3）推广应用阶段（20世纪90年代中期以后） 这个时期的主要特点，一是技术水平大幅度提高，部分成果达到国际先进甚至领先水平；二是奶牛胚胎移植列入了国家重点科技项目，加大了推广应用的规模；三是专业化的胚胎公司不断出现，胚胎生物技术逐渐向产业化、标准化方向发展。

胚胎移植技术水平的大幅提高首先体现在科研成果上。1996年，河北农业大学科研人员实验，冻胚解冻成活率和移植妊娠率分别达到76.2%和46.6%[3]。1997

---

1 朱士恩.2010.中国动物繁殖学科60周年发展与展望.北京：中国农业大学出版社：106.

2 朱士恩.2010.中国动物繁殖学科60周年发展与展望.北京：中国农业大学出版社：107.

3 桑润滋，王凤瑞，李建国，等.1996.提高牛冷冻胚胎成活率和移植受胎率的研究.河北农业大学学报，19（2）：97-101.

年，贵州农学院研究人员采用玻璃化冷冻牛胚胎方法，将解冻后的奶牛胚胎移植到黄牛受体，产犊3头[1]。1998年，河北农业大学科研人员将鉴定为A、B级的7日龄奶牛胚胎，分三步冷冻保存，解冻成活率达84.4%，冻胚移植妊娠率达46.7%，其中A级冻胚移植妊娠率为77.8%[2]。1999年，天津市奶牛发展中心科技人员在生产条件下利用乙二醇作抗冻剂直接移植解冻后的牛胚胎，并未影响受体母牛的妊娠率[3]。2001年，新疆农业科学院郭志勤等超排奶牛806头，头均获胚5.6～6.1枚，鲜胚的移植妊娠率为63.25%，冻胚的移植妊娠率为50.11%。2001年，中国农业科学院畜牧所罗应荣、朱化彬等超排奶牛859头，头均获胚5.9枚，鲜胚的移植妊娠率为51.74%。以上研究均达到了国际先进水平[4]。

与此同时，中国开始实施大规模的奶牛胚胎移植技术推广工作。1996年，国家科委下达了“应用胚胎生物技术建立良种牛繁育体系和生产体系”重大技术推广课题，该课题被列入“九五”国家重点科技项目（攻关）计划。该项课题的下达与实施，拉开了中国奶牛胚胎移植大规模推广应用的序幕。该课题由北京奶牛中心和黑龙江省畜牧研究所承担，在1996—2000年共超排供体母牛859头次，获得可用胚5 077枚，头均获得可用胚5.91枚；移植受体母牛4 102头，妊娠2 123头，受胎率51.76%；获良种母牛犊1 049头，系谱优秀种公牛犊11头；移植性别鉴定胚胎59枚，受胎率37.3%，产犊22头，性别鉴定合格率100%；累计繁殖8 000千克以上的高产奶牛1 049头，其中9 000千克以上、乳脂量270～290千克的高产奶牛核心群331头。通过课题的实施，在北京市和黑龙江省建立了两个高产奶牛繁育基地。这项课题取得的优异成绩，为进一步扩大推广规模奠定了基础[5]。

国家科委下达的“九五”国家重点科技项目“应用胚胎生物技术建立良种牛繁育体系和生产体系”的奶牛课题组成员，前排左起第三人为课题主持人、北京奶牛中心主任许宗良

1 刘若余，许厚强，任侃，等.1997.牛胚胎玻璃化冷冻应用研究.山西农业生物学报，16（3）：11-13.

2 靳胜新，桑润滋，王凤鸣.1998.中国荷斯坦牛胚胎冷冻与移植受胎技术研究.当代畜牧（1）：7-9.

3 贾福德，刘壮.1999.在生产条件下牛冷冻胚胎直接移植的效果.中国畜牧杂志（1）：29-30.

4 朱士恩.2010.中国动物繁殖学科60周年发展与展望.北京：中国农业大学出版社：106.

5 朱士恩.2010.中国动物繁殖学科60周年发展与展望.北京：中国农业大学出版社：108.

2002年，农业部在北京、河北、内蒙古、黑龙江、山西、陕西、宁夏、山东和新疆九个省（自治区、直辖市）组织实施了“万枚高产奶牛胚胎富民工程”。当时中国奶业发展很快，奶牛饲养头数迅速增长，特别是农户养牛得到突飞猛进的发展，出现了一大批奶牛专业户，农民个体养牛头数占到了中国奶牛总数的90%以上，但牛的质量较差，生产水平很低。如何尽快对中国广大农民养殖户中的一大批质量低劣的奶牛进行改良，成为当时中国奶牛业发展中的一个重要问题。为此，该项目要求实施胚胎移植的供体母牛必须具有较高的生产水平，要求以产奶量为主的综合选择指数要处于群体的前20%，305天产奶量在7 000千克以上，乳脂率、乳蛋白率分别在3.5%、3.0%以上，外貌无明显缺陷，外貌评分为一级以上。为了项目的顺利完成，项目参加省（自治区、直辖市）都成立了项目领导小组，下发了文件，实行了合同管理，安排了地方专项资金用于项目补贴，极大地调动了农民养殖户对胚胎移植的热情和积极性。在不到一年时间里，超排了3 000多头供体母牛，获得15 400枚高产奶牛可用胚胎，供体牛头均生产合格胚胎5.13枚；截至2002年底完成移植15 757枚，移植妊娠率达45%～52%。2003年，出生了3 000多头优质犊牛。在该项目的带动下，全国其他各地也积极开展了胚胎移植工作，当年完成胚胎移植25 000枚，获得5 000头左右的高产母牛。

此外，“十五”期间国家投资1.5亿元，在河北、北京、上海、黑龙江和内蒙古等省（自治区、直辖市）实施的“十五”国家重大科技攻关专项“奶业重大关键技术研究与产业化技术集成示范”也获得了重大成果。通过该项目，在中国建立了奶牛胚胎移植产业化和性控胚胎生产技术体系，建成胚胎移植中心 2 个，奶牛优质胚胎年供应能力达到3万枚。

除了国家项目以外，地方上也加大了胚胎移植推广力度。如河北省人民政府在2002—2009年，每年拨出1 000万元专项资金用于开展奶牛胚胎移植工作。八年间，共获得胚胎移植犊牛30 000余头，提高了本省奶牛良种比例，带动了全省奶业的发展。

这个时期，出现了一些专业化的奶牛胚胎商业公司，如向中生物公司、北京安伯胚胎生物技术中心、新疆天康畜牧生物技术股份有限公司、山东临沂盛能奶牛胚胎公司、河北陆海胚胎移植有限公司等。这些公司生产或引进高产奶牛常规胚胎、体外受精胚胎和性控胚胎供应给客户。他们有较强的技术团队和先进的设备，胚胎移植效率较高。

随着奶牛胚胎移植推广规模的扩大和商业化，国家加强了对移植技术和胚胎质量的管理。2007年，农业部颁布了《奶牛胚胎移植技术规程》（NY/T 1445—2007）。该规程规定了供体牛的选择、超数排卵、人工授精、胚胎采集、胚胎质量鉴定、胚胎冷冻保存与解冻、受体牛的选择与同期发情处理、胚胎移植等技术操作的基本原则、要求和方法。2008年，农业部又颁布了《牛羊胚胎质量检测技术规程》(NY/T 1674—2008)。该规程规定了牛、羊胚胎形态评定方法和发育情况检测的技术程序。这两个标准的颁布和实施，促进了奶牛胚胎移植技术的健康发展。

在这期间，胚胎生物技术学术交流非常频繁。分别于1996年、1997年在南京、北京召开了两次动物胚胎移植及相关生物技术国际学术会议，分别于2001年和2003年在乌鲁木齐和合肥市召开了两届胚胎生物技术交流会。在2004—2010年期间，先后在陕西、广西、甘肃、北京召开了四次动物生物技术学术研讨会；在1998—2010年期间，先后在呼和浩特、昆明、武汉、宁波、保定、青岛、天津召开了七次以胚胎生物技术为主要内容的动物繁殖技术研讨会。

2. 技术的改进与提高

(1) *超数排卵技术（简称“超排”）* 超排技术是指将高产母牛作为供体，应用相关促性腺激素对其处理，然后用优秀种公牛精液进行人工授精，从而获得多个受精卵或胚胎的技术。应用该技术可以大大提高优秀母牛的繁殖效率。

在20世纪80—90年代，由于受外汇控制的制约，国外激素制品很难进口，中国的奶牛超排主要使用的是国产激素。由于国产激素纯度不够（促卵泡素中促黄体素含量较高），加上当时对超数排卵规律与影响因素的研究不够深入，所以超排的效果很差。最初，超排一头牛平均仅能获得1.0枚可用卵，经过不断努力，后来提高到能获得3.6枚可用卵。进入21世纪以后，国外激素大量涌入中国市场，国产激素，尤其是经过中国科学院动物所进一步提纯的激素，纯度有了明显改善，使国内用于超排的激素制品质量有了大幅度提高。同时，国内对影响奶牛超排的因素如激素的种类与制剂、超排频率、供体牛的营养、牛只个体差别、操作人员的技术水平等进行了大量的深入研究，形成了几套成熟的超排技术路线和方法，如促卵泡素（FSH）减量注射法、“阴道栓+促卵泡素+前列腺素”法、连续超排法、青年牛高强度重复超排法等。这个时期，用国产激素超排平均每头牛可获得5.5 ~ 6枚可用卵，用进口激素平均每头牛可获得6 ~ 7枚可用卵，用连续超排法可使一头牛年生产可用胚几十枚，多的可得到60枚以上[1]。2009年以后，用主动免疫抑制素促进供体牛卵泡发育，提高了超排效率和胚胎产量，使超数排卵技术得到了进一步优化。

(2) *胚胎移植的器械和方法* 继1979年非手术法胚胎移植在中国获得成功后，全国各地纷纷掀起了非手术法胚胎移植的热潮，移植器械和方法不断得到改进。

①器械的改进　1979—1980年，大多用牛的受精卵采取器作冲卵管进行非手术冲卵，然后用注射式玻璃输精管在低倍镜下吸取胚胎，按人工输精方式移入有

[1] 张新慧，吴胜权，薛建华，等.2006.奶牛高效重复超排的试验研究.中国奶牛（4）：31-34.

黄体侧的子宫角前端。当时的冲卵成功率约50%，受胎率不高。

1981年，黑龙江省畜牧研究所研制出新型采胚器、授胚器、采授胚保护器和集胚器。该移植器械是根据牛的生殖道结构设计的，构造比较合理，易插入宫颈，而且结实耐用，挺实光滑，便于清洗消毒。

1986年，中国农业科学院畜牧所与空间飞行器总体设计部合作，研制成功KF-1型不锈钢牛胚胎移植器及与之配套的阴道隔离管和将胚胎吸入塑料细管的胚胎吸入器。该移植器由推动杆、长导管和短导管三部分构成，与前端开口的移植器相比，较易通过子宫颈且不易将宫颈黏液带进子宫内。

2002年，一种由探视管和摄取器组成的动物胚胎移植装置研发成功[1]。使用该装置对母畜和胚胎几乎无伤害，而且无需麻醉，从而达到母畜的循环使用和胚胎的及时移植，使胚胎移植不仅有了稳定可靠的供体，还能大大提高胚胎的成活率和产犊率。

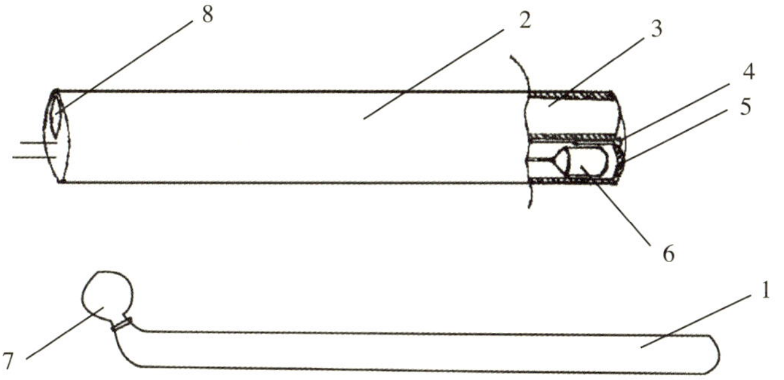

由探视管（上）和摄取器（下）组成的胚胎移植装置
1.摄取器　2.探视管　3.管子　4.照明器
5.放大镜　6.微型摄像探头　7.压力球　8.探视孔

2005年，一种可避免胚胎丢失的非手术胚胎移植器问世[2]。该移植器由可永久使用的不锈钢制移植枪和一次性使用的聚氯乙烯硬外套及软外套以及纽扣状塑料卡环组成。使用该移植器可防止胚胎注入时液体倒流现象，因而可有效避免胚胎丢失现象的发生。

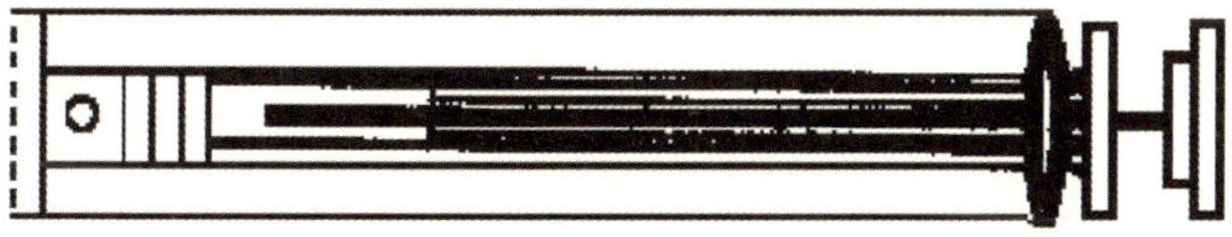
牛用非手术胚胎移植器

1 吕仁红.动物胚胎移植装置.中国专利02222641. 9.2003-04-09.

2 桑润滋.牛用非手术胚胎移植器.中国专利CN1939238.2007-04-04.

同年，带内窥镜的胚胎移植器研制成功[1]。通过内窥镜可直观地观察到子宫颈口，从而方便了移植操作，避免了由于盲插造成的穿孔等机械损伤。

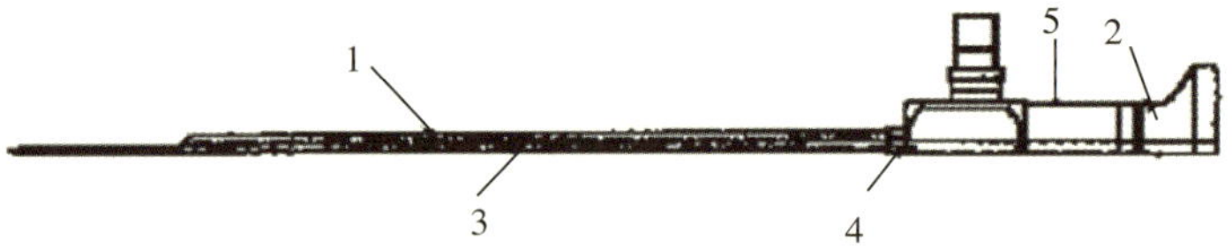

由移植管和移植体组成的胚胎移植器和内窥镜

1.光路管　2.可视窗口　3.移植管　4.卡扣　5.内窥镜壳体

2006年，华中农业大学研究人员发明了一种采用毛细管作为洗涤胚胎工具的操作装置[2]。该装置用毛细管取代了一直使用的巴斯德吸管，降低了实验成本；另外，由于连接头过渡区后面的圆柱形管壁上标有可识别的刻度，可准确掌握洗涤胚胎时的剂量，所以更加易于操作和避免胚胎丢失，而且重量轻、体积小、操作简单，经消毒、灭菌，可重复使用多次。

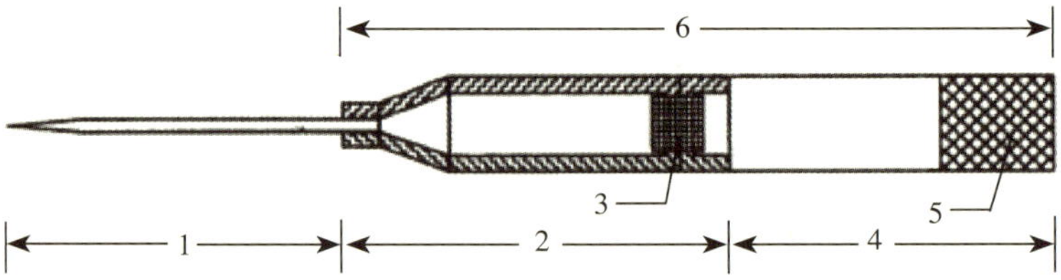

采用毛细管作为洗涤胚胎的操作装置

1.毛细管　2.连接头　3.过滤室　4.硅胶管　5.密封端口　6.中空筒体

2009年，河北省遵化市畜牧水产局的研究人员发明了一种牛用胚胎移植枪[3]，由内芯、外管、硬外套钢头、软外套组成。与外套管螺纹连接的硬外套高温消毒后可重复使用，避免了一次性硬外套更换的繁琐，减轻了移植人员的工作量，提高了奶牛胚胎移植的成功率。

②方法的改进　2007年，一种通过提高母体子宫内干扰素水平来提高胚胎移植妊娠率的方法开始使用。应用该法可提高移植妊娠率15%～20%[4]。

同年，一种新的胚胎体外处理方法在牛胚胎移植中应用。该方法是将牛的胚胎放在一种特制的培养液做成的液滴中，利用显微操作系统固定住胚胎，然后在胚胎的透明带与内细胞团之间，用打口针沿内细胞团水平切线处穿入透明带，再

1 岳奎忠，刘玉堂．兽用可视胚胎移植器．中国专利CN2796667.2006-07-19.

2 杨利国，余荣．一种胚胎操作装置．中国专利CN2824871.2006-10-11.

3 李爱民，等．牛用胚胎移植枪．中国专利CN201404309.2010-02-17.

4 曾申明．一种提高牛、羊胚胎移植妊娠率的方法．中国专利CN101116640.2008-02-06.

用打口针轻轻挑破透明带，使透明带上形成一个微口，使胚胎更容易着床，从而提高胚胎的移植妊娠率。应用该方法可使牛的胚胎移植妊娠率提高20%[1]。

（3）拣胚技术 拣胚又称拣卵，是指在体视显微镜下，从冲卵液中寻找胚胎。收集胚胎的冲洗液有多种，在不断地改进。在早期，各种生理盐液如林格氏液、洛克氏液、台式液等和自体血清以及血清和盐液的混合液，曾作为冲洗收集胚胎之用。随后，多采用杜氏磷酸盐缓冲液（PBS）、布林斯特液、合成输卵管液（SOF）、惠屯氏液、海姆氏液（Ham's F-10）以及199培养液。这些冲洗液除含有各种盐类外，还含有多种有机成分，不但用于冲洗收集胚胎，还用于体外培养、冷冻保存和解冻等处理程序。20世纪90年代以后，多采用改进的杜氏磷酸盐缓冲液（表2-2）。

表2-2 改进的杜氏磷酸盐缓冲液（mPBS）成分

成　分	称重（克）	加三蒸水（毫升）
氯化钠	8.00	
氯化钾	0.20	
磷酸氢二钠	1.15	
磷酸二氢钾	0.20	800
牛血清蛋白	3.00	
葡萄糖	1.00	
丙酮酸钠	0.036	
抗生素	0.20	
氯化钙	0.10	100
氯化镁	0.10	100

（4）胚胎冷冻保存技术 胚胎冷冻保存方法经历了由常规冷冻（包括慢速冷冻和快速冷冻）到玻璃化冷冻的发展过程，操作方法愈来愈简单，冷冻效果愈来愈好。常规冷冻法是用二甲基亚砜或甘油等作为防冻剂对胚胎进行处理，再用不同降温速率将胚胎降至一定温度，然后放入液氮中保存的方法。玻璃化冷冻是先用一种玻璃化溶液对胚胎进行处理，再将胚胎降到一定温度，然后放入液氮中保存。20世纪90年代前，中国基本采用常规冷冻法，冷冻胚胎的妊娠率在20%～40%。90年代以后改用玻璃化冷冻法，冷冻胚胎的妊娠率提高到40%～60%。

（二）其他胚胎生物技术

1.胚胎分割技术 胚胎分割是指利用机械或化学方法人为地将早期胚胎切割成两个或多个部分，然后在适宜的条件下进行体外培养，再移植给受体母畜，从

[1] 李叙浩，等.一种哺乳动物胚胎的体外处理方法及在胚胎移植中的应用.中国专利CN200710145433.6.2009-03-18.

而获得同卵双胎或多胎的胚胎生物技术。由于来自同一胚胎的后代有相同的遗传物质，且早期胚胎的每一个卵裂球都具有独立发育成个体的全能性，所以胚胎分割技术是扩大胚胎来源的一条有效途径。利用胚胎分割可扩增优良胚胎的数目和生产同卵双胎、同卵多胎的克隆动物，为早期胚胎遗传疾病的检查和性别鉴定等技术提供一种活体组织检查的方法，还可将同卵双生后代用于各种对照试验，能最大限度地排除个体间遗传差异所造成的影响，更重要的是加速优秀种母牛的繁殖，促进奶牛育种。

中国奶牛胚胎分割的研究始于20世纪80年代。1986年，西北农业大学窦忠英首次将分割的41枚半胚移植给26头受体牛，妊娠6头，成为中国鲜胚分割移植成功妊娠的首例[1]。1987年，中国科学院遗传研究所谭丽玲等与成都市凤凰山乳牛场合作共分割8枚发育至第7天的奶牛胚胎，将14枚半胚移植给7头受体后，成功生出中国第一对人工分割的同卵双胎牛犊。此后，至1990年10月期间，谭丽玲等在不同地区的6个奶牛场进行胚胎分割研究，从培训基层技术人员做起，逐步简化分割方法，共分割奶牛胚胎277枚，移植半胚522个，移植受体288头，其中43.4%受体妊娠，半胚妊娠率为29.7%，产犊率为27.3%。这是中国第一次大规模进行的奶牛胚胎分割技术的研究与应用，虽然是在设备条件比较简陋的牛场进行的，却培训了相当数量的基层胚胎移植技术人员，为胚胎移植技术在奶牛中的进一步推广应用做出了重要贡献[2]。

在1991—2000年，中国主要侧重于胚胎分割技术的优化，以提高成功率。如：用普通体视显微镜和玻璃针分割胚胎，利用冷冻奶牛胚胎进行分割并移植，将7日龄的奶牛胚胎进行四等份分割后移植给受体牛，应用显微操作仪分割胚胎等。这些研究都取得了一定成果，四等份分割胚胎获得同卵三犊的成果达到国际领先水平[3]。

2000年以后，由于此项技术自身的局限性（成本较高，成功率提高较慢）和受到其他优势胚胎生物技术的冲击，再也没能得到进一步发展。

2. 胚胎性别鉴定技术 胚胎性别鉴定技术是基于胚胎分隔技术及其相关技术对已经获得的早期胚胎进行性别鉴定，淘汰不需要胚胎的一种技术。该项技术在早期主要采用细胞学、免疫学、X-连接酶检测法等方法，后来多采用分子生物学的方法，如探针法、聚合酶链式反应（PCR）法等。1991年，曾溢滔、胡明信等率先应用PCR扩增 SRY（雄性的性别决定基因）序列进行奶牛胚胎性别鉴定获得

---

[1] 窦忠英.1987.动物胚胎分割试验报告.西北农业大学学报（15）：19–24.

[2] 谭丽玲，吴德国，疗和模，等．1990.奶牛胚胎分割试验研究．畜牧兽医学报，21（3）：193.

[3] 窦忠英，王新庄，樊敬庄，等.1992.奶牛胚胎一分为四分割移植试验.西北农业大学学报，20（2）：1–4.

成功，性别符合率达100% [1]。之后，1992—2006年有多人从不同角度用PCR法进行了胚胎性别鉴定，都取得了成功。在此期间，中国农业科学院畜牧所的研究人员先后用血液、体外培养体细胞、克隆胚胎、体外胚等为模板材料，对引物进行筛选，建立了双重PCR胚胎性别鉴定体系。该体系灵敏度高，准确率可达100%，而且操作程序大大简化[2]。

为了简化胚胎性别鉴定的操作程序、提高检测准确性，2005年中国曾采用日本开发的LAMP（环媒介导恒温扩增）技术对牛胚胎进行性别鉴定。当时，山东省农业科学院将用LAMP法鉴定出性别的16枚胚胎（13枚雌性、3枚雄性）移植给同期发情的受体牛，结果所产犊牛的性别与鉴定的性别完全相符，准确率为100% [3]。LAMP胚胎性别鉴定技术40分钟即可完成扩增、检测和判定整个过程，但是需要专门的仪器和试剂盒及较高的实验室条件，检测成本很高，加上性别控制精液的兴起与发展，使得该技术的推广应用受到限制。尽管2010年6月，《牛早期胚胎性别鉴定巢式PCR法》（GB/T 25876—2010 ）正式发布实施，但该项技术仍未得到大面积推广应用。

3. 卵母细胞冷冻保存技术　卵母细胞冷冻保存技术是指采取特殊的保护措施和降温程序，将卵母细胞保存在超低温（−196℃）条件下，通过抑制细胞内新陈代谢活动使卵母细胞可以长期保存，按一定方式解冻后，又能恢复其受精、卵裂等发育潜能的一种保存技术。该技术是在哺乳动物精液和胚胎冷冻保存成功的基础上发展起来的新兴生物技术，是繁殖技术领域的一次重大尝试。由于卵母细胞体积大、水分多，胞质成分复杂，对冷冻保护剂和冷冻、解冻过程敏感，冷冻后不易成活，所以卵母细胞冷冻保存技术国内外的进展都很缓慢，仍处于研究阶段。

中国对牛卵母细胞的研究始于20世纪80年代。1985年，江苏农业科学院科研人员用二甲基亚砜做冷冻保护剂，慢速冷冻牛未成熟（GV）期卵母细胞，快速解冻后卵母细胞存活率为86.5%，体外成熟率为15.1% [4]。之后，有人采用程序冷冻法、玻璃化法冷冻卵母细胞，但效果不理想。进入21世纪，国内有关牛卵母细胞冷冻保存的研究增多，先后有人采用开放式拉长细管法（OPS）、玻璃毛细管法、超快速冷冻法进行了研究，卵裂率为17%～52.4%，囊胚发育率为16.7%～44.4%，虽然效果有所提高，但仍很不稳定。

---

1 曾溢滔，胡明信，等.1993.应用PCR扩增牛SRY序列进行奶牛胚胎性别鉴定.中国科学，23（4）：371−376.

2 王栋，程金华，朱化彬，等.2006.两温度梯度多重PCR鉴别牛早期胚胎性别的技术.遗传（28）：334−338.

3 黄金明，熊杰，柳尧波，等.2005.LAMP法鉴定奶牛早期胚胎性别的效果研究.家畜生态学报，26（1）：20−22.

4 范必勤，等.1985.牛卵泡卵母细胞的超低温冷冻和解冻后的体外培养成熟.江苏农业学报（1）：27−32.

尽管卵母细胞的冷冻保存是一项很有潜力的生物新技术，国内外学者为之进行了大量的研究，但是卵子的冻存技术进展缓慢，卵母细胞冷冻保存效果一直不理想，主要障碍是卵母细胞冷冻保存过程中的冷冻损伤。如何选择适宜的冷冻保护剂和冷冻方法，以减小甚至避免冷冻过程对卵母细胞造成的危害是国际性难题。纵观牛卵母细胞冷冻的研究，无论是成熟卵母细胞的研究还是GV期卵母细胞的研究，都主要集中在玻璃化方法的应用、寻求减少冷冻液体积和加快降温速率的方法上，在优化牛卵母细胞冷冻的条件、研究低温生物学机理和探讨冷冻损伤的机理（尤其是分子机理）方面做得还不够。因此，卵母细胞的冷冻在保存条件及低温生物学特性等方面还有待进一步研究。

4. 体外受精技术 体外受精是指在体外条件下完成精卵结合的技术，用此技术繁殖的犊牛被称为“试管牛”。由于正常受精过程的完成需要一个完全成熟的卵子和一个获得受精能力的精子，且受精后需对其进行培养才能发育成为一个可移植的胚胎，所以从广义上讲，体外受精技术又包含卵母细胞的体外成熟培养和受精卵的体外培养两个密切相关的技术。与人工授精相比，体外受精所需精子数减少，精液利用率提高，能解决奶牛胚胎移植所需胚胎的生产成本高及来源匮乏等问题，并能为其他胚胎工程技术提供丰富的实验材料和必要的研究手段。

中国牛体外受精技术的研究起步较晚，但进展较快，21世纪初时已达到国际先进水平，每年约有数百头试管牛出生。

中国最早研究牛体外受精的是广西农学院卢克焕，1987年他在都柏林大学攻读博士学位期间，将奶牛体外受精胚胎移入19头母奶牛体内，获得16头牛犊[1]，此为世界首例体外受精技术成功应用于奶牛的报道。1989年，旭日干等的实验结果表明，利用屠宰母牛卵巢卵母细胞也可以生产能用于胚胎移植的体外受精胚，并于当年8月15日产下在中国出生的第一头体外受精牛犊[2]，且具有正常的繁殖性能。进入20世纪90年代，旭日干等在澳大利亚和加拿大的胚胎生产基地，利用体外受精技术，生产了近4万枚胚胎，并在国内进行胚胎移植，获得了良种试管牛犊350余头。

中国诞生的首头“试管牛”（1989年）与其研究小组

1 卢克焕 .1988. 牛体外受精胚胎移植后的怀孕和产犊结果 . 广西畜牧兽医（1）：4–8.

2 旭日干，张锁链，薛晓先，等 .1990. 牛体外受精卵的移植及妊娠产犊 . 科学通报（2）：1666–1667.

虽然中国的牛体外受精技术取得了举世瞩目的成绩，但总的成功率仍偏低，一般仅为35%左右。因此，对牛卵母细胞体外成熟、体外受精和受精卵的体外发育培养的系列研究仍在继续。

5. 显微受精技术　显微受精是借助显微操作仪将精子或精子细胞直接注入卵母细胞质内（又称卵胞质内受精）或卵周隙中（又称透明带下注射）来实现受精的手段，主要包括卵母细胞和精子的处理、精子注射、人工激活以及注射卵的体外培养等技术。与体外受精技术相比，由于显微受精技术只需在成熟卵母细胞中注入一个精子即可完成体外胚的生产，且精子不需有运动能力、存活或完整性，故而能充分利用精液，最大限度地利用优秀种公牛遗传资源。

中国奶牛显微受精技术的研究始于1992年，中国农业科学院畜牧研究所朱裕鼎团队利用牛冷冻精子进行注射，受精率为19.9%，卵裂率为9.4%[1]。1997年，西北农林科技大学研究人员将牛解冻后的精子再在－20℃冷冻致死，然后注入经钙离子载体激活过的成熟卵母细胞中，受精率为46.3%，8～16细胞期胚胎和桑葚胚发育率分别为21.95%和7.3%[2]。2004年，广西大学研究人员利用来自同一头公牛的X、Y分离精子进行显微受精胚胎的生产，卵裂率和囊胚率分别为65.0%和25.6%，证实了分离精子没有影响显微受精后胚胎的发育，可有效用于牛显微受精技术[3]。2006年以后，中国的研究内容主要集中在不同激活方法、卵母细胞成熟培养时间、精子状态及精子操作液对显微受精的影响方面，取得了不少成果。

6. 转基因技术（乳腺生物反应器）　转基因技术是基因工程与胚胎工程相结合的一门新兴生物技术，是将人工重组的外源DNA导入受体动物基因组中或将受体基因组中的一段DNA切除，从而使受体动物的遗传信息发生改变，并且这种改变能遗传给后代的生物技术。通常，将用转基因技术生产的动物称作转基因动物；如果转入的基因能在乳腺中高效表达，这样的转基因动物又称为乳腺生物反应器。

中国从1984年开始转基因动物研究。1992年，由新疆畜牧科学院郭志勤研究员等利用精子载体法获得了

郭志勤等（1992）利用精子载体法获得的转基因牛

1　卢圣忠，朱裕鼎. 1992. 牛和猪精子注射法受精研究. 北京：中国农业科学院.

2　李青旺. 1997. 杨凌：西北农林科技大学学报（自然科学版）.

3　张明，卢克焕. 2004. 牛分离精子IVF和ICSI后胚胎发育的比较研究//科技、工程与经济社会协调发展——中国科协第五届青年学术年会论文集.

15头转人胰岛素转基因牛[1]。此后，陆续诞生了转人血清白蛋白基因（1999）、转人岩藻糖转移酶基因（2003）、转乳铁蛋白基因（2005）、转人溶菌酶基因（2004）、转人防御素基因（2009）、转奥米伽-3脂肪酸基因（2009）、转人CD20抗体基因（2008）牛，为用乳腺生物反应器生产大分子药物、提高奶牛生产效益奠定了基础。

7. 体细胞克隆技术 体细胞克隆又称体细胞核移植，是将供体细胞核移入到去除体细胞核的受体卵母细胞中，使其经过人工激活处理后，发生卵裂并发育成新的个体，使核供体的基因得到完全复制的技术。

中国是继日本、新西兰、美国等国之后掌握牛体细胞克隆关键技术的少数国家之一。虽然中国牛核移植技术的研究起步较晚，但是在短期内却取得了很大进展。

2001年，中国农业大学陈永福教授等将在新西兰生产的64枚冷冻保存的体细胞克隆胚胎移植到受体母牛，于10月15日，通过剖腹在深圳绿鹏公司转基因动物繁育基地获得一头克隆活犊牛。这是中国首例体细胞克隆牛。非常可惜的是，由于哺喂初乳不当而死亡。

2002年，由中国科学院动物研究所陈大元研究员主持的国家自然科学基金重点项目“家畜体细胞无性繁殖研究”，在山东省曹县山东中大动物胚胎工程中心开始克隆牛胚胎制作和移植试验。于2002年1月中旬到2月中旬获得14头克隆牛后代，这是中国获得首批完全在国内完成克隆胚胎制作和胚胎移植的克隆奶牛后代，实现了中国成年体细胞克隆牛成活群体的零的突破[2]。

中国最早于2002年2月获得的体细胞克隆奶牛

2003年5月，中国科学院与新疆金牛公司合作生产出新疆第一头克隆牛“金牛盖瑞1号”，但出生不久后死亡；同年7月，他们又生产出胞胎体细胞克隆牛“金牛盖瑞2号”和“金牛盖瑞3号”。同年，李宁院士实验室将含有新霉素抗性（Neo）基因和增强绿色荧光蛋白（EGFP）基因的双标记选择载体导入胎牛输卵管上皮细胞，再借助体细胞克隆技术获得3头转基因克隆牛。

在人工授精技术得到推广应用的当今，由于种公牛的繁殖效率远远高于种母牛，所以克隆优秀种公牛的意义远大于克隆种母牛。2004年，中国农业大学李宁

1 http//www.docin.com/p-123795412.html.

2 朱士恩.2010.中国动物繁殖学科60周年发展与展望.北京：中国农业大学出版社：153.

院士等以北京奶牛中心饲养、由加拿大政府赠送给朱镕基总理的种公牛“龙”的外耳皮肤成纤维细胞为核供体，以从屠宰场收集的卵母细胞为胞质供体，进行了体细胞核移植，获得2头健康的克隆个体，朱镕基总理亲笔题词，为其分别取名为“大隆”和“二隆”[1]，体现了党和政府高级领导人对奶牛高科技事业的重视。

利用体细胞克隆技术生产的优质种公牛“大隆”（左）与体细胞供体牛“龙”（右）的合影

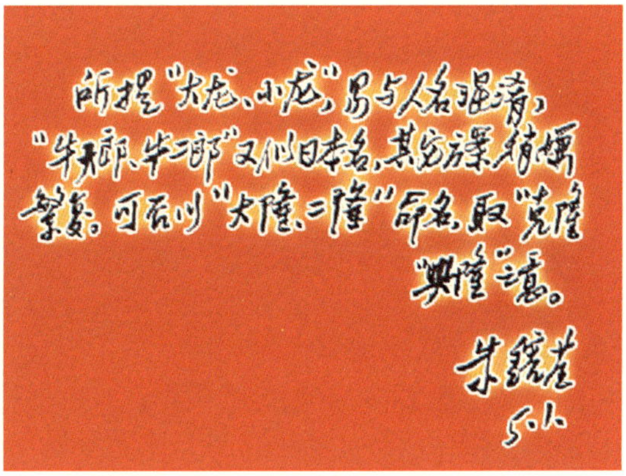

朱镕基总理为体细胞克隆种公牛“大隆”和“二隆”命名题词

2005年，内蒙古大学旭日干院士领导的团队也获得了体细胞克隆奶牛“蒙蒙”，然而，由于克隆牛内脏器官发育不良，出生2日后死亡。2006年，李宁院士团队为探讨造成许多克隆动物出生后不久即死亡以及器官发育异常的分子机理，分析了染色质修饰基因在新生死亡克隆牛组织中的表达情况，发现两个染色质修饰基因的表达异常。该团队进一步分析体细胞克隆牛不同组织器官中的基因印记状态，证实了部分组织中基因表达紊乱可能是造成体细胞克隆牛器官发育异常和克隆效率低下的原因之一。

8. 干细胞技术 胚胎干细胞是从早期胚胎中分离出来、具有发育全能性的细胞系，既具有胚胎细胞的特性，可以分化为成年动物体内任何一种类型的细胞，又具有细胞系的特性，可在体外培养繁殖而又不发生分化，可进行冷冻保存和遗传改造。因此，利用牛胚胎干细胞系生产转基因牛，是基因育种和生物制药的重要工具。

自1993年开始，西北农林科技大学窦忠英教授团队做了大量研究工作，取得了突破性的进展。1995年，他们成功分离克隆出牛类胚胎干细胞；1999年，他们将源于牛早期胚胎内细胞团的牛类胚胎干细胞最高传至第6代；2000年，他们又将源于牛原始生殖细胞的类胚胎干细胞最高传至第15代。

---

[1] 李宁，张胜利，朱化彬，等. 顶级荷斯坦种公牛的体细胞克隆研究与应用（国家科技成果）.

第二节 繁殖障碍的防治

奶牛繁殖障碍主要表现为不孕和胎儿死亡，其中以不孕对奶牛的繁殖影响最大。据中国部分城市调查，因不孕引起的繁殖障碍牛可占到可繁母牛的9.5%～12.5%，而在有些农村地区可占到20%～40%，由此造成全国奶牛的胎间距平均达400天以上，平均每头每年空怀天数超过了40天。2004年有人测算，奶牛每空怀一天损失可达50元，若以全国800万头可繁母牛计算，每年仅此一项造成的损失即可达160亿元。

中国奶牛繁殖障碍的检测方法，经历了发情观察、直肠检查、细菌学检查（生殖道疾病）、激素测定、超声波诊断的发展历程。在早期，人们以产后数月不发情作为评定奶牛繁殖障碍的依据；后来逐步推广直肠检测、细菌学检查（生殖道疾病）、激素测定和超声波诊断等技术；常将上述所有技术结合起来，以提高检查的准确性。

在奶牛繁殖障碍防治方法方面，中国经历了从中兽医药（中草药、激光）向西兽医药（抗生素、生殖激素）方向转化的过程。尤其在20世纪80—90年代，抗生素使用量较大，几乎所有母牛产后均使用大量抗生素，以预防产后疾病。进入21世纪，随着人们对乳品质量安全和对抗生素残留危害性的重视，抗生素的使用量显著减少，甚至不用，而用不含抗生素的新兽药取代抗生素。

一、发病情况的变化

奶牛的繁殖障碍分为先天性和后天性两大类。在20世纪90年代以前，先天性繁殖障碍以生殖及内分泌功能紊乱引起的生殖器官异常，或因卵子、精子及合子有生物学缺陷而丧失繁殖能力的先天性不孕较多，如幼稚病、两性畸形、异性孪生、生殖道畸形等。而在20世纪90年代以后，一种新的遗传性疾病“脊椎畸形综合征（CVM）”的发病率逐渐增加。CVM是丹麦科学家阿狼荷姆（Agerholm）等最早于1999年发现、存在于奶牛中的隐性遗传病。CVM隐性遗传缺陷基因纯合时可引起早期流产、死胎或犊牛出生后很快死亡，患畜最显著的特征为脊椎弯曲畸形（脊椎弓背）、两前腿筋腱缩短、腿部畸形、系部呈对称性内向僵直、颈短和心脏畸形等。2007年，北京奶牛中心检测了150头种公牛，发现16头是CVM携带者，携带率为10.7%。检测140头母牛，发现17头是携带者，携带率为12%[1]。新发现与繁殖障碍相关的遗传疾病还有牛白细胞粘连缺乏症（BLAD）、牛

[1] 杨通广，李艳华，郑维韬，张胜利．2009．奶牛隐性遗传缺陷脊椎畸形综合征的SSCP分析．中国奶牛(5)：25-28．

短脊椎综合征（Brachyspina）等。

引起奶牛后天性繁殖障碍的因素主要是后天的获得性疾病、营养失调及不良环境。新中国成立初期，传染病与寄生虫病引起的奶牛不孕和流产是造成奶牛繁殖障碍的主要原因。当时国家制定了“防治兽疫”和“防重于治”的方针[1]，对布鲁氏菌病、结核病、钩端螺旋体病、弧菌病等严重影响奶牛健康和繁殖力的疾病，通过采取防疫检疫、三级净化、推广人工授精、改善饲养环境、研发疫苗和有效药剂等措施，使这些疾病的发病率逐年降低。20世纪70年代以后，因各种原因引发的子宫内膜炎和由于生殖和内分泌紊乱引起的卵巢功能异常开始成为造成奶牛不孕的主要原因。据中国农业科学院中兽医研究所1984—1988年对10个城市30个奶牛场的10 495头适龄母牛调查，发现产后子宫内膜炎的发病率为20.1%。北京农业大学调查北京、南京、上海等16个城市的奶牛，发现子宫内膜炎占不孕奶牛的68.34%[2]。据东北地区的调查，该病的发病率为20%～30%[3]。浙江省金华市调查该病的发病率达60%以上。徐州、无锡、泰州、连云港调查其发病率为29.3%[4]。安徽淮南市调查该病的发病率为43.5%[5]。而因内分泌紊乱导致的卵巢机能障碍性不孕，据1988—1990年嘉定地区调查，可占到不孕牛的71.2%[6]。1988年据银川郊区调查，由于营养和生殖器官疾病导致的不孕占到18.1%，其中卵巢疾病占14.2%[7]。1993—1996年据呼和浩特市、包头市及赤峰地区的调查，因繁殖疾病引起的不孕占到91.2%，其中卵巢疾病占22.8%[8]。1999—2000年广州市调查，卵巢疾病占不孕牛的41.4%[9]。2006—2008年据青海省民和县的调查，不孕牛占可繁牛总数的24.9%，其中卵巢静止的占7.43%，排卵延迟的占4.12%，发生持久黄体的占2.8%，发生卵巢囊肿的占4.8%[10]。据李胜利统计，因子宫内膜炎和内分泌紊乱引发的不孕总计可占到中国奶牛繁殖疾病的80%以上[11]。在发病原因上，早期（20世纪60年代前的城近郊区和90年代前的农村）的奶牛不孕，多因管理粗放造成的子宫炎症及饲料缺乏或品种单一造成的卵巢疾患引起。后期（20世纪

---

1 农业部科学技术委员会，农业部科学技术司.1989.中国农业科技工作四十年.北京：中国科学技术出版社：253.

2 朱士恩.2010.中国动物繁殖学科60周年发展与展望.北京：中国农业大学出版社：167.

3 瞿自明，宋富源，等.1986.奶牛子宫疾病研究概况.中国兽医科技（7）23-26.

4 李世宏，杨国林，等.2007.奶牛子宫内膜炎研究进展.中国奶牛（1）：34-38.

5 吴明楼，苏辉，等.1996.奶牛子宫内膜炎的调查与分析.中国奶牛（6）：33-34.

6 曾林，付兴伦，等.2000.不孕症奶牛抗卵巢抗体的检测及临床意义.畜牧兽医学报，31（2）：137-139.

7 李吉明，薛忠义，等.1990.农村奶牛不孕症的病因调查及预防措施.宁夏农林科技（5）：35-38.

8 祁生胜，刘俊平，等.1998.内蒙古部分地区奶牛不孕症的调查.内蒙古畜牧科学（1）：41-42.

9 何勇军，蔡少东，等.2002.南亚热带区中国荷斯坦牛繁殖障碍现状的初步分析.畜牧与兽医，34（3）：22-23.

10 张寿，纪辉宗，等.2009.奶牛不孕症的调查与治疗.中国畜牧兽医（5）：136-137.

11 李胜利.2005.奶牛繁殖障碍与繁殖疾病的营养调控.中国畜牧杂志，4（9）：3-6.

70年代以后的城近郊区和21世纪初期的农村部分地区），由于奶牛产奶量提高速度较快，因营养失调而引起的不孕成为仅次于子宫内膜炎而造成奶牛繁殖障碍的主要原因。如因产后能量负平衡引起的乏情，干奶期营养过剩引起的卵巢机能下降、持久黄体、卵巢囊肿，日粮粗蛋白质水平过高引起的不发情，磷不足或钙磷比例不当引起的安静发情，硒与维生素E缺乏引起的胎衣不下和卵巢囊肿，等等。另外，由于产量高的牛对热应激更为敏感，而中国的养牛设施一般都达不到防暑的理想标准，在炎热来临时，大多数牛会发生卵巢机能降低或功能失调，从而诱发不孕。此外，奶牛高产以后，围产期的生产性疾病增多，如低钙血症、低镁血症、酮病、脂肪肝、蹄叶炎、难产、皱胃变位等病多发，这些病都会影响奶牛发情，进而诱发不孕。

二、防治方法的变迁

在20世纪80年代以前，中国对奶牛不孕的防治主要采用中兽医方法和中草药治疗；进入90年代以后，激素疗法、杀菌药和抗生素疗法、复合类化药疗法成为主流。

由于繁殖疾病的治疗必须有直肠检查、触摸卵巢和生殖道的经验，所以中国奶牛繁殖障碍的防治一般由配种员独立或与兽医共同实施。

（一）中兽医的针灸疗法

应用针灸治疗母牛不孕，以治疗子宫及卵巢疾病为主，主要有电针、激光针灸及水针等疗法。

1. 电针疗法　电针在20世纪70年代兴起，曾广泛用于母牛不孕的治疗。电针有普通电针和无针电脉冲刺激等类型，各有其特点。应用电针能使一些发情不正常的屡配不孕母牛发情怀孕，其催情有效率可达88.46%～91.2%，妊娠率可达70%以上。

2. 激光针灸疗法　激光照射一定穴位具有促进动物繁殖机能的作用，在20世纪80年代应用较广泛，其特点是见效快，疗效显著，适应范围广，操作简单，无副作用，污染小，感染机会少，是现代技术和传统针灸的结合。应用氦氖激光照射母畜的交巢（后海）、阴蒂、阴俞等穴位，可以促进母牛的发情、排卵，并使卵巢静止或持久黄体患牛怀孕、产犊。1981年，于船等照射卵巢静止奶牛56例，发情排卵54例（96.4%）；照射持久黄体奶牛36例，发情排卵33例（91.7%）[1]。

3. 水针疗法　即穴位注射疗法，是一种针、药结合的新型疗法，比普通肌内注射用药有很大的优势。该法既有针刺的刺激效应，又有药物作用，与单纯肌

[1] 周自动.1984.激光在畜牧兽医上的应用.石河子农学院学报（2）：45-46.

内注射相比用药量大大减少，有利于神经体液的综合调节，具有用药量小，效果佳，操作简单，便于普遍推广等优点。据报道，用水针治疗因卵巢功能异常和生殖器官炎症引起的母牛不孕症，治愈率可达90%以上[1]。

（二）中草药疗法

奶牛不孕的表现主要有肾阳虚型和气滞血瘀型两种。肾阳虚病畜体形多消瘦，口色淡白，脉象细弱无力，被毛不顺，无光，小便清长，大便稀薄等。上述病症与现代兽医学的卵巢静止、卵巢萎缩颇相似，实验室测定其雌激素水平偏低。气滞血瘀型的病畜，口色淡白或晦暗，脉象沉细，久不发情，孕酮含量较高，表现为卵巢上有持久黄体或黄体囊肿。中国的中兽医通过长期实践，筛选出多种治疗上述疾病的良方，如复方丹参液、复方蒲公英煎剂、双丁注射液、瓜蒌散、鱼腥草、黄芪、蒲公英、益母草等。市场供应的制剂主要有以下几种：

1. 促孕灌注液 由南京农业大学于1987年研制成功[2]，2006年获得国家发明专利。促孕灌注液具有清热解毒、活血化瘀、祛腐排脓、净宫促孕的功效。通过子宫内灌注给药，治疗子宫内膜炎、卵巢静止和持久黄体均有较好的疗效。临床试验表明，促孕灌注液治疗母牛子宫内膜炎的二次治愈率为96.2%，其中一次治愈率为86.5%，疗效显著。

2. 汇鑫孕宝冲剂 由河北农业大学研制成功，内含赤芍、大黄、枳壳、干姜、香附等中药。用其治疗慢性子宫内膜炎有显著疗效[3]，总有效率大于96%，治愈率大于94.2%，受胎率可达86.7%。对于隐性子宫内膜炎，用药1～2剂即可治愈，慢性卡他性子宫内膜炎，用药2～3剂即可治愈，且安全无毒副作用。

3. 天花粉蛋白 上海农学院和中国科学院上海有机化学研究所、上海市牛奶公司等单位将该药开发为兽用，并首先用于治疗奶牛胎衣不下。通过311头奶牛的临床试验，证明兽用天花粉蛋白对奶牛胎衣不下有明显的效果，可平均提高受胎率21%，降低不孕率13.87%[4]。

4. 清宫消炎混悬剂 由江苏省农业科学院研制开发，经2 200余例的临床试验，治疗奶牛不孕症的有效率达95%以上，受胎率达85%以上。

5. 清宫液 由中国农业科学院中兽医研究所研制成功。该药液具有显著的抗炎、杀菌、活血化瘀、排脓生肌和促进子宫收缩的作用，且安全可靠、使用方便、无毒副作用，而且不需冲洗子宫，是治疗奶牛子宫内膜炎的理想药物。经全

---

1 丁法林，李应贤.1991.水针疗法应用二则.中兽医药杂志（3）：42–43.

2 宋大鲁，宋金彬，胡元亮.1987.中药促孕灌注液的研制与应用.南京农业大学学报（9）：116–119.

3 李呈敏，史万玉，郝素亭，等.2005.应用“汇鑫孕宝”治疗母牛子宫炎性不孕症的疗效观察.今日畜牧兽医（12）：3–4.

4 潘新权，刘洪昌，郁国，等.1985.中药天花粉蛋白防治乳牛胎衣不下及提高受胎率的初步研究.上海农学院学报，6（2）：99–101.

国20多个省（自治区、直辖市）的推广应用，取得了显著的经济效益[1]。1989年，该药因推广应用的成绩显著，获农业部科技进步三等奖。

（三）激素治疗法

生殖激素可调控母牛发情周期和公牛性活动，是防治牛不孕症的首选药物。国内最早于20世纪70年代末和80年代初应用雌激素诱导母牛发情（治疗乏情症），后来又用含苯甲酸雌二醇、孕酮和丙酸睾酮的“三合激素”进行诱导发情和同期发情处理，均取得了一定成效。

随着促性腺激素、前列腺素类似物和促性腺激素释放激素类似物的人工合成，用这些激素治疗母牛卵巢机能疾病、诱导分娩、防治生殖疾病以及提高公牛性欲和精液受精率等方面，均取得非常好的效果（表2-3）。

表2–3　中国各类激素产品研发单位及其在奶牛不孕症治疗中的应用

年份	激素种类	主要研究单位	最先生产厂家	主要用途
1956	孕激素	中国科学院上海有机化学研究所	仙琚制药	同期发情，治疗胎盘滞留和习惯性流产
1958	绒毛膜促性腺激素	水产部南海水产研究所淡水室	宁波市激素供应站	治疗卵泡囊肿、诱导排卵、提高情期受胎率
1959	雌激素	中国科学院上海有机化学研究所	上海华联制药有限公司	治疗不孕症
1959	催产素	北京大学生物学系生物化学教研室		治疗奶牛黄体囊肿、持久黄体，预防和治疗胎盘滞留、提高受胎率
1962	孕马血清促性腺激素	内蒙古畜牧兽医科学研究所	卫生部长春生物制品研究所	治疗乏情、超数排卵，提高情期受胎率
1963	雄激素	南京药学院、化学工业部上海医药工业研究院	上海华联制药有限公司	治疗公牛阳痿和性机能减退症。此外，与雌激素、孕激素合并用于诱导奶牛发情排卵、治疗乳房炎和不孕症
1971	促卵泡素与促黄体素	宁波市水产养殖激素厂	宁波市三生药业有限公司（原宁波市水产养殖激素厂）	治疗卵泡囊肿、保胎
1973	促性腺激素释放激素	中国科学院上海生物化学研究所	中国科学院上海生物化学研究所	治疗乏情、卵泡囊肿，进行早期妊娠诊断
1976	15－甲基前列腺素$F_{2\alpha}$	中国医学科学院药物研究所	上海第九制药厂	治疗乏情和持久黄体
1982	氯前列烯醇	上海有机化学研究所	上海计划生育研究所	治疗乏情和持久黄体

[1] 李世宏，严作廷，谢家声，等.2009.“清宫液2号”治疗奶牛子宫内膜炎试验研究.中兽医药杂志（6）：32–33.

（四）杀菌药和抗生素疗法

在20世纪90年代以前，生产中常用高锰酸钾液、呋喃西林液、淡复方碘溶液、新洁而灭液、10%浓盐水、露它净、青霉素、链霉素、氯霉素、庆大霉素、四环素族、1 ∶ 2碘酊甘油、石蜡油复方碘液等灌洗子宫，以治疗母牛生殖道疾病。进入20世纪90年代以后，随着人们对抗生素残留问题认识的提高，对抗生素的应用开始谨慎。

（五）复合类化药疗法

自20世纪80年代后，为了提高不孕症治疗效果，国内开发了以下几种复方制剂供应市场。

1. 宫得康 由原长春兽医大学孟宪刚教授发明，1989年由北京立时达药业有限公司（原北京市兽药厂）开发生产。主要由氯霉素、吠喃唑酮和樟脑组成，具有促进子宫平滑肌收缩、以排出子宫内积脓、使子宫快速净化的作用。可用于治疗急性、慢性和较严重的子宫内膜炎、子宫蓄脓以及子宫颈炎、阴道炎等。2002年，北京立时达药业有限公司又推出防治奶牛子宫内膜炎的换代产品“新宫得康混悬剂”，其中主要成分为醋酸氯己啶。此外，还有一些生产厂家也开发了“宫得康”产品，成分各不相同。

2. 复方缩宫素乳剂 商品名“宫复康”，由南京农业大学杨利国教授等于1995年研究开发，于1998年上市，2000年获得国家发明专利。该产品不含抗生素，主要由雌激素、催产素、植物油、食盐和新洁尔灭乳化而成，专用于预防和治疗母牛不孕症、诱导母牛发情，在母牛分娩后使用，可促进胎衣排出、子宫复原，有助于缩短产犊间隔，从而提高母牛繁殖率。该制剂还可用于治疗卵巢机能疾病和生殖道疾病。

三、防治体系的建立与演变

为减少奶牛繁殖障碍的发生，提高受胎率，中国不但研制和开发出多种新药、特效药及治疗方法，而且从20世纪80年代以后逐渐建立起奶牛繁殖障碍的防治体系。其内容主要包括：要求后备牛的生长发育要达到指标，每年要保持一定的转群比例，饲料要合理搭配并符合卫生标准，日粮营养要满足需要，加强围产期的管理（重点是防止母牛过肥，强调自然分娩，加强产后监护，坚持出产房时的检查，处理好胎衣不下牛），做好发情鉴定，及时配种，按时进行妊娠诊断，对空怀牛和流产牛要及时处治等。在防治体系建立过程中，中国奶牛协会的繁殖专业委员会和疾病防治专业委员会及中国畜牧兽医学会产科学分会做了大量工作。1992年，该三个组织在南宁联合举办了奶牛繁殖疾病防治技术研讨会，对奶牛繁殖障碍的防治工作提出了指导性建议。

全国畜牧兽医学会产科学分会理事长、东北农业大学教授郑昌乐在奶牛不孕症防治技术培训班上讲课

郑昌乐教授在奶牛不孕症防治技术培训班上做现场演示和辅导

进入21世纪以后，由于奶牛繁殖障碍的发生率仍然较高，尤其是因营养失调而引发的繁殖障碍增多，从而引起业界对奶牛繁殖障碍问题更广泛的关注。此时，关于营养与繁殖关系的研究开始增多。如能量和蛋白质对奶牛繁殖性能的影响与调控技术的研究，泌乳量对奶牛繁殖性能、血浆代谢产物和生殖激素的影响的研究，保护性脂肪对高产奶牛繁殖性能影响的研究，经微量养分（强化维生素A、维生素D、维生素E同时以氨基酸螯合物微量元素代替无机微量元素）强化的预混合饲料对经产牛繁殖性能影响的研究，等等。中国奶牛营养首席专家李胜利进行了关于奶牛繁殖障碍与繁殖疾病的营养调理的研究[1]。该研究从繁殖学角度提出了奶牛日粮营养水平的调理方案，内容包括：通过饲养措施克服奶牛产后能量负平衡的调理，改善奶牛泌乳期体况评分（BCS）的调理，根据日粮蛋白质特性和水平对奶牛繁殖障碍与繁殖疾病的调理，矿物质和维生素对奶牛繁殖障碍与繁殖疾病的调理；同时根据奶牛的繁殖需要，提出了不同泌乳期的营养标准。以上这些研究获得的成果和提出的方案使新时期奶牛繁殖障碍的防治体系得到很大充实。另一方面，由于新的遗传性疾病的相继出现，促使中国的奶牛育种工作者从预防遗传疾病的角度提出新的选种选配方案，而这些方案直接关系到奶牛繁殖障碍的防治。再就是进入21世纪以后，由于奶牛数量增长过快，尤其是农民饲养的奶牛数量迅速增加，致使由于管理跟不上而出现一系列问题，一些20世纪五六十年代的问题又重新出现，如布鲁氏菌病在某些农村地区暴发。针对出现的新情况、新问题，奶牛繁殖障碍防治体系也做出了调整。新防治体系的主要结构是：①加强防疫检疫工作，防止繁殖性传染病的侵入和暴发；②严格执行选种选配方案和人工授精规程；③加强奶牛各繁殖期、泌乳期的营养调理，做到营养均

[1] 李胜利.2005.奶牛繁殖障碍与繁殖疾病的营养调控.中国畜牧杂志，4（9）：3–6.

衡；④提高生产管理水平，重点是提高饲喂水平（中心是提高干物质采食量和饲料合理搭配）和提高奶牛舒适度；⑤积极防治奶牛各种普通病，重点是严格执行产后监护规程，按兽医学要求对繁殖障碍性疾病进行检查和采取有效的防控措施；⑥原有防治体系的其他规定和要求。

第三节 繁殖管理的规范化

一、繁殖管理在奶牛管理中的地位

中国早期并没有“繁殖管理”这个概念，繁殖管理的内容是包含在生产技术管理中的，20世纪80年代初经北京农业大学孙拓教授将最早形成于国外的这个概念介绍到中国后，才从生产技术管理中独立出来。

多年的实践证明，繁殖管理在奶牛管理中有着非常重要的意义。高水平的繁殖管理可以最大限度地减少消极因素对奶牛繁殖进程的影响，充分发挥先进技术的作用和挖掘奶牛的繁殖潜力，从而对生产起保障作用。多年来，中国的奶牛生产单位非常重视抓繁殖管理，并通过实践总结出了一套完整的管理办法。由于繁殖管理在生产中的重要作用，后来被列为动物繁殖学的主要研究内容之一。2010年，在朱士恩主编的《中国动物繁殖学科60周年发展与展望》一书中，将动物繁殖学内容概括为繁殖理论、繁殖技术和繁殖管理三大部分，并把“繁殖管理”界定为“在生产中为保持和提高畜群繁殖效率采取的一切管理措施”[1]。

二、奶牛繁殖管理的发展过程

（一）早期的奶牛繁殖管理

新中国成立初期，在采用自由交配的牧场，繁殖管理仅限于保持适当的公母牛比例。在采用人工辅助交配的牧场和城市中的私人奶牛养殖户，繁殖管理的内容增加了保证配种季节不使公牛过肥或过瘦的措施，调教公牛使其避免伤人的措施，清洁牛体、修蹄及防止散交滥配的要求和规定等。

使用新鲜精液人工授精技术以后，种公牛的全价营养和日粮配方方案、配种计划、输精方法、采精和精液稀释保存规程、公牛的拴系和运动方式、护蹄和睾丸维护方法及规定、公牛和受配母牛的清洁要求、选种选配方案等都进入了奶牛繁殖管理的范畴。

[1] 朱士恩.2010.中国动物繁殖学科60周年发展与展望.北京：中国农业大学出版社：3.

（二）推广冷冻精液人工授精后的奶牛繁殖管理

1. 奶牛场的繁殖管理 推广冷冻精液以后，优秀公牛的利用率大幅提升，奶牛的改良速度加快，良种母牛越来越多，产奶水平逐年提高，但同时也带来了奶牛繁殖力下降的问题，如牛群的繁殖疾病增多，受胎率下降，空怀天数被拉长等。从20世纪80年代开始，奶牛的繁殖问题几乎成为牛场的首要问题。当时，北京市的牛场总结出了“抓奶先抓配”的经验，这个经验很快就在全国推广。各地纷纷采取了加强奶牛繁殖管理的措施，并组织地区性的业务交流活动，请牛群繁殖力高的牛场介绍经验，举办不同类型的培训班，大力提高牛场的繁殖管理水平。此期间，中国奶业协会也举办了若干期（次）以繁殖管理为主要内容的全国性培训班和技术研讨会。

奶牛场的繁殖管理内容是逐步发展的。先是对发情鉴定、输精程序（包括对精液的解冻要求、输精时机、输精部位、输精次数、精液用量等）、妊检、繁殖记录等提出简单的要求，后逐渐扩展为对奶牛繁殖全过程的管理，内容包括：各繁殖期的营养与管理、繁殖的卫生管理、接产管理、产前产后监护、对繁殖障碍牛的特殊管理、高产牛的繁殖管理、发情鉴定与输精程序管理（比前期增加了发情控制方案、炎热季节的繁殖管理措施、发情预报制度、对输精母牛子宫状况的要求）、妊娠检查管理、繁殖记录与繁殖报表管理和繁殖管理目标等。根据管理需要，中国奶业协会还统一了繁殖力的计算公式和统计方法，总结出了奶牛繁殖管理的30个要点，把这些要点作为经验向全国推广。进入21世纪以后，一些管理先进的牛场，开始利用激素制剂对奶牛繁殖进程进行控制，并实现了繁殖工作的计算机管理。

2. 种公牛站的繁殖管理 推广冷冻精液以后，随着采精器具、稀释液配方和冷冻程序的改进，对种公牛站在牛舍建筑、采精频率、公牛运动方式、采精卫生（包括生殖器、包皮卫生）、精液质检方法方面提出了新的要求。在1992年中国奶牛协会颁布的奶牛繁殖技术管理规范中，加进了“公牛生殖器官检查规程”的内容。

3. 繁殖管理的规范化进程 规范化进程是从对种公牛精液生产及其质量管理开始的。1965年，中国农业科学院畜牧研究所编写了《牛人工授精操作规程》，由该所繁殖研究室主任董伟先生主持在北京市北郊农场种公牛站进行了实施。该规程对种公牛管理制度、精液生产工艺、精液质量检验方法和授精工作的组织要求等作了明确规定。1979年，农林部颁布了《牛冷冻精液人工授精试行条例》[1]。1984年，国家标准局发布了国家标准《牛冷冻精液》(GB 4143—84)[2]，对牛冷冻精液的剂型、剂量及解冻后的精子活力、呈直线运动精子数、精子畸形率、精子顶

---

1 杨学时，周广辅．1985．全国牛冷冻精液国家标准培训班技术辅导教材．吉林省农业科学院．

2 主要起草人：杨学时，周广辅。

体完整率、每毫升细菌菌落数、精子存活时间等规定了国家标准指标，并对冷冻精液制作程序、检查方法、使用方法及包装标记形式、贮存和运输方法进行了规范。1986年5月，中国奶牛协会颁布了《公牛精子顶体检查技术规范》[1]。为配合上述标准和规范的实施，中国奶牛协会于1986年11月召开了全国奶牛冷冻精液质量评比与生产经验交流会，对各公牛站的冷冻精液质量和技术人员的质量检验操作水平进行了交流评比。于1988和1991年，连续召开两次全国种公牛繁殖管理技术研讨会，交流贯彻、推行国家标准《牛冷冻精液》（GB 4143—84）的经验体会[2]。

1983年中国奶牛协会对种公牛站有关人员进行公牛精子顶体检查技术培训

“繁殖管理”的概念传到中国以后，奶牛繁殖管理的规范化进程开始延伸到奶牛场。一些牛场和管理部门开始对奶牛场的繁殖管理经验进行总结，并将其用于指导奶牛的繁殖工作。最早进行这项工作的是北京市奶牛研究所。1985年，该所编写了教材《奶牛繁殖管理》[3]，在北京市农工商总公司举办的奶牛饲养管理培训班上进行了讲授。该教材在总结北京市奶牛繁殖工作经验的基础上，参考国内外有关资料，从奶牛的繁殖技术管理、繁殖的饲养管理、繁殖疾病的监控、配种制度和技术人员在繁殖管理中的职责等五个方面进行了阐述。后来这些经验总结被纳入生产技术管理规范中，成为《北京市奶牛场试行规范》的一部分。在这个阶段，还没有关于奶牛繁殖管理的全国性规范，其规范内容除了在北京市农场局编写的《北京市奶牛场试行规范》中有所涉及外，黑龙江8511农场编写的《奶牛生产技术管理规范》中也列有奶牛繁殖管理章节。当时，大多数的奶牛繁殖管理还只体现为由各地奶牛企业自行制定的繁殖管理制度和人工授精规程。

中国奶牛繁殖管理全面进入规范化的发展轨道应以中国奶牛协会发布和实施《中国奶牛协会奶牛繁殖技术管理规范》为标志。1988—1992年，中国奶牛协会繁殖专业委员会组织各省（自治区、直辖市）奶牛协会及有代表性的种公牛站、

---

1 主要起草人：陈元明，林玲，黄美玉，朱志庆；指导：严忠慎；审稿（按姓氏笔画排列）：王运亨，冯建超，朱裕鼎，朱惠兰，沈家森，杨学时，张岳，赵海泉，姬作义，熊汉林，魏荣禄。

2 于德洪.2008.坚持不懈地为中国奶牛事业服务（中国奶业协会1～3届繁殖专业委员会工作回顾）//中国奶业协会繁殖专业委员会第23次繁殖技术研讨会论文集：5-8.

3 由该所繁殖研究室负责人于德洪同志编写。

奶牛企业和大专院校、科研院所的专家，编写了《中国黑白花种公牛繁殖技术管理规范》和《中国奶牛协会奶牛繁殖管理规范》，并分别在各省（自治区、直辖市）的种公牛站和试点牛场试行。1992年又将两个规范合并为《中国奶牛协会奶牛繁殖技术管理规范》，由中国奶牛协会在协会系统内发布并实施[1]。该规范对种公牛的基本要求和繁殖指标、管理措施，母牛的繁殖指标及发情鉴定、配种、产后期和繁殖障碍牛的管理、繁殖记录和统计报表都给与了规范。之后，中国奶牛协会繁殖专业委员会于1993年召开了奶牛繁殖技术管理规范推行工作经验交流会，于1994年召开了全国种公牛繁殖技术管理规范推广工作经验交流会，在各省（自治区、直辖市）奶牛协会的大力支持与配合下，全面推进了繁殖管理规范的推行工作，取得了明显的效果。如规范试点单位北京西郊农场，从1987年到1992年，总受胎率由90.5%提高到97.0%，情期受胎率由58.7%提高到61.9%，繁殖率由94.2%提高到95.5%。杭州市在全市奶牛场推行本规范，1989年与1992年相比较，总受胎率由82.21%提高到88.75%，情期受胎率由58.03%提高到61.90%，繁殖率由80.81%提高到85.05%，每次受胎冷冻精液耗用数由5.45剂下降到3.0剂。各地种公牛站根据本规范的要求，在全面提高管理制度和操作规程的基础上，建立了种公牛生殖器官的检查和护理程序，有效地保证了采精工作的顺利进行，提高了采精效率[2]。《中国奶牛协会奶牛繁殖技术管理规范》的制定与实践，给中国奶牛繁殖管理的规范化打下了重要基础。

在此之后，中国奶牛繁殖的规范化管理进入一个新的发展时期。一方面，一些地方和企业规范纷纷出台，如上海牛奶（集团）有限公司编发了《奶牛繁殖管理规范及技术要点》[3]、福建长富集团编发了《奶牛繁殖工作管理规范及技术概要》、北京市质量技术监督局发布了《奶牛饲养管理技术规范》（第2部分为繁殖）[4]、成都市奶牛协会编发了《成都市奶牛场技术管理规范》（第2部分为母牛的繁殖管理）、安徽省技术监督局发布了《牛人工授精操作规程》[5]、新疆维吾尔自治区畜牧厅发布了《牛塑料细管冷冻精液质量标准》[6]和《牛塑料细管冷冻精液人工授精操作规程》[7]、山东省和云南省发布了《牛胚胎移植技术规程》[8]、北京三元绿荷奶牛养殖

[1] 该规范在《中国奶牛》1992年第4期第21～23页公开发表。主要起草人：姬作义、于德洪、张忠诚、王运亨、沈家森、马天福、蒋忠华、关伟昆、缪振鸿、马海滨、张盛兴、金宝水、刘绳武、孟克俭。

[2] 中国奶牛协会奶牛繁殖技术管理规范推行工作经验交流会纪要.1993年11月1日.

[3] 编写人：杨新华、孙荣鑫。

[4] DB11/T150.2—2002，主要起草人：于德洪、吕奇、张晓霞、宣柏华、张新慧。

[5] DB34/T089—1993，主要起草人：李赛明、宣依群、胡仁富、吴宓。

[6] DB65/T2163—2004，主要起草人：金花，迪利夏提、马依努尔、托呼塔生。

[7] DB65/T2164—2004，主要起草人：王锡波、金花、迪利夏提。

[8] DB37/T494—2004（山东），DB53/T 263—2008（云南）。

中心发布了《奶牛养殖技术标准》(其中第4部分为繁殖标准)[1]，等等；另一方面，国家有关部门加大了规范化工作力度，一系列关于奶牛繁殖的行业规范陆续发布，如农业部农垦局发布了《农垦系统奶牛场技术管理规范》(第二章为奶牛繁殖)，农业部发布了《牛冷冻精液生产技术规程》[2]、《种公牛饲养管理技术规程》[3]、《牛人工授精技术规程》[4]、《奶牛标准化规模养殖生产技术规范》(第4部分为选育与繁殖)[5]、《奶牛胚胎移植技术规程》[6]等。国家质检总局则发布了代替GB 4143—84的新的国家标准《牛冷冻精液》(GB 4143—2008)[7]。至此，中国的奶牛繁殖管理形成了国家、行业、地方和企业的立体管理体系，初步完成了奶牛繁殖管理的规范化建设。其中一些单位，还随着GAP、HACCP、ISO9000等认证工作的开展，将奶牛繁殖管理推向了标准化、数字化轨道。如北京奶牛中心种公牛站，构建了从技术操作到工作程序、从生产工艺到产品质量的标准化体系[8]；大理白族自治州家畜繁育指导站，开发了"种公牛站生产管理信息系统"，实现了冷冻精液生产

为配合《农垦系统奶牛场技术管理规范》的制定，农业部农垦局于1997年召开了农垦北方部分省区规范化奶牛场工作会议，在会上重点讨论了奶牛场的繁殖管理问题

（中排左起第二人为第四届中国奶业协会理事长周诗平、第三人为秘书长方有生）

---

[1] Q/NCLHJ04 04—2003，主要起草人：张振新、乔绿等。

[2] NY/T1234—2006，主要起草人：陆汉希、徐桂芳、金穗华。

[3] NY/T1446—2007，主要起草人：张晓霞、胡志刚、刘玉等。

[4] NY/T1335—2007，主要起草人：金穗华、徐桂芳、黄文佳、刘长春、张晓霞、张志峰、陆汉希。

[5] 农业部文件．农办牧〔2008〕3号．

[6] NY/T1445—2007，主要起草人：孙凤俊、张新慧、薛建华等。

[7] GB4143—2008，主要起草人：金穗华，徐桂芳、陆汉希、张晓霞、黄文佳、刘桂霞。

[8] 何新天．2008．全国种公牛资料汇编．北京：中国农业出版社：123-125．

的自动化管理[1]；上海光明荷斯坦牧业有限公司建立了数字管理系统，通过系统可以随时了解每头牛的空怀天数、影响奶牛繁殖的营养和健康问题，从而对牛群繁殖进程进行控制，有效地降低了牛群空怀率[2]。

但中国奶牛繁殖管理的规范化工作发展并不平衡，一些奶牛户和新建奶牛场还没能实现奶牛繁殖的规范化管理，在奶牛繁殖的生产和技术管理中还存在许多问题。这个问题的出现和存在，是由于21世纪初中国奶业曾一度超常规发展，牛群头数快速膨胀，出现了奶牛管理滞后的状况，首当其冲的管理问题就是繁殖管理滞后，结果导致大量奶牛脱（拖）配、空怀。为了改变这种状况，各地相继举办了奶牛繁殖技术培训班，一些针对奶牛户的繁殖管理规范和以繁殖管理为重要内容的养殖小区管理规范也相继出台。如上海奉贤县出台了《奶牛繁殖技术操作规程》，唐山地区出台了《唐山丰润区奶牛生产技术规范》[3]，天津武清润华奶牛养殖小区、内蒙古呼和浩特市兵州亥第六牧场园区（小区）、山东菏泽市倪集养殖小区制定了系统的小区饲养标准化规范[4]，等等。但这些还远远没能满足广大奶农的需要，尤其是如何能让奶农理解和熟练地运用这些规范，则还要做许多艰苦细致的工作。

---

1 何新天.2008.全国种公牛资料汇编.北京：中国农业出版社：153-154.

2 吴俊.2009.应用健能赢数据管理牧场繁殖工作.中国奶牛（4）：60-61.

3 雷汗发，宋美清.2006-3-28.奶牛圆了农民致富梦.经济日报.

4 刘成果.2008推进奶牛养殖标准化，发展现代奶牛养殖业.中国奶牛（4）：2-3.

第三章 奶牛疾病防治

1840年后，西方奶牛开始进入中国，西方防治奶牛疾病技术也随之传入。1900年，上海应用结核菌素试验诊断牛结核病；1905年，上海实行牛奶卫生检验，以防奶牛结核病蔓延；1920年，上海从美国引进巴氏杀菌设备生产消毒牛奶。1930年，农业部青岛商品检验局设立血清制造所，开始中国的兽医生物药品制造。之后，上海、北平等地相继建立血清厂、疫苗厂。但是，由于战乱频繁、经济落后，政府无力采取有效的防控措施。据记载，1942—1945年，西北兽疫防治处生产的牛瘟疫苗，仅能满足不到2%牛的防疫需求，绝大多数的牛无法进行预防注射。至1949年，牛瘟、牛肺疫、布鲁氏菌病、炭疽、牛气肿疽等疫病流行，严重危害奶牛业的发展。

新中国成立以后，奶牛疾病防治工作得到政府的高度重视。经过几代人不懈努力，奶牛疾病防治取得了显著成效。在传染病防控方面，消灭了牛瘟、牛肺疫，控制了牛结核病和布鲁氏菌病；在普通病防治方面，研发出预防乳房炎、蹄病和营养代谢病的卫生保健技术，保障了奶牛群的健康，为奶牛业的发展作出了重要贡献。依据奶牛疾病防治工作的特点，可以将新中国成立后的奶牛疾病防治划分为三个历史时期：严重危害奶牛的疫病扑灭和控制时期（1949—1977年）、奶牛疾病防治技术快速发展时期（1978—1997年）、奶牛保健与疾病综合防治法制化时期（1998—2011年）。

第一节　严重危害奶牛的疫病扑灭和控制时期（1949—1977年）

中华人民共和国成立初期，奶牛大多为个体分散饲养，设施简陋，管理简单，个体产奶量低；兽医防疫机构少，兽医防治技术水平落后，疫病时常流行，其中以结核病、布鲁氏菌病、牛肺疫、牛瘟的流行最为严重。1949年9月召开的中国人民政治协商会议制定的《共同纲领》第三十四条规定，要“保护和发展畜牧业，防止兽疫”，把消除疫病危害，作为保护农牧业生产发展，促进国民经济恢复的一项重要任务来对待。中央和地方政府相继成立兽医科研机构，研究疫病防治和研发疫苗；建立和改造兽用疫苗制造厂，生产防疫所需生物制品；成立防疫机构，组织技术人员深入养殖户，采取扑杀和疫苗接种等措施，有效地控制了疫病的发生和流行。1956年消灭了牛瘟，牛肺疫、炭疽、气肿疽、布鲁氏菌病等传染病也很快得到了控制。

一、新中国政府为奶牛疫病防治创造了有利条件

1952年2月15日，政务院124次政务会议通过的《关于1952年农业生产的决定》中提出，畜禽疫病防治“实行预防注射，组织中兽医，提高医疗技术”。根据这一精神，同年8月15日农业部召开的全国畜牧兽医工作会议提出，防疫工作要“以改善饲养管理为主，注射防疫为辅”。经过几年的实践，到1956年，经国务院第七办公室批准，由农业部签发的《全国畜牧兽医工作会议总结报告通知》提出，畜禽疫病防治实行“改善饲养管理，加强家畜卫生，结合药物防治”的方针，对民间兽医采取“团结、使用、教育、提高”的政策。据此，全国组织广大民间兽医和政府部门的兽医一起，大规模地对包括奶牛在内的家畜普遍开展预防注射，结合扑杀病畜、封锁疫区、加强消毒等综合防治措施。

同年，农业部颁布《关于从牛肺疫安全区运出牛只的暂行规定》。1957年，农业部公布牛结核菌素检疫办法；制定包括奶牛的布鲁氏菌病注苗免疫的综合防治措施；开展可用于奶牛的牛肺疫菌苗的研究，在全国范围内开展了对奶牛等牛只的结核病、布鲁氏菌病和牛肺疫的控制和消灭工作。1959年，农业部、卫生部、外贸部、商业部联合发布《屠宰卫生检疫规程》，明确对涉及奶牛的牛瘟、牛肺疫、牛结核、布鲁氏菌病等传染病和一些寄生虫病，应进行检疫处理。

1952年，在全国兽医生物制品制造人员讲习会上，各厂代表总结交流了各自的制造方法，在苏联专家的帮助下草拟了《兽医生物制品制造与检验规程》，由农业部批准颁布，后又相继于1957年、1959年、1963年、1973年进行了修订。1963年农业部组织编撰出版了中国第一部《兽药规范》（1963年版）。虽然这个时期由于中国奶牛业还不发达，还无专门针对奶牛的专用兽药，但已有一些可用于奶牛疾病预防和治疗的兽药，包括用于预防的牛瘟、牛肺疫、布鲁氏菌病等疫苗，用于治疗的青霉素、链霉素、磺胺类等抗生素与化学类兽药等，为奶牛疾病防治用药的生产制造、检验和使用提供了标准。

在国家推行农业合作化的大背景下，全国各地纷纷成立农业合作社，以前分散饲养的奶牛实现集体饲养。同时，民间兽医入社，成立了兽医院或诊所；各地培训了大批不脱产的防疫员，充实了基层防疫力量。在政府兽医部门的指导下，农业合作社自己担负起奶牛的兽医卫生和预防注射工作，加强了经常性的饲养管理、卫生工作，有计划地定期进行预防注射，为奶牛疫病防治创造了有利条件。

根据中共中央颁布的《1956—1967年农业发展纲要（草案）》和1959年毛泽东同志发表的《关于发展养猪业的一封信》以及中共中央防治血吸虫病领导小组、北方防治地方病领导小组的指示精神，全国动物防疫工作的重点农区是以猪、禽疫病为主，牧区是以牛、羊疫病为主，疫病统筹安排，全面防范。除抓好猪瘟、新城疫、牛肺疫、羊痘、螨病、猪囊虫病外，南方还重点防治血吸虫病，北方全面开展布鲁氏菌病的防治工作。对重点疫病采取了大范围联合防范，实行统一指挥、统一行动，在短时间内突击预防注射的“大会战”，即在一两天内完成全乡、全县甚至一个地区的预防注射任务。几年的努力工作，为在全国范围内消灭牛瘟，有效控制牛肺疫、牛结核病和布鲁氏菌病等奶牛主要疫病奠定了基础。

二、兽医研究机构相继成立，奶牛疫病防控技术研究有了显著提升

1949年，东北行政委员会家畜防治所改名为东北人民政府农业部兽医研究所，这是新中国最早建立的兽医科研单位。1957年划归新组建的中国农业科学院，更名为中国农业科学院兽医研究所，1965年更名为中国农业科学院哈尔滨兽医研究所。该所开展的结核病、布鲁氏菌病、牛瘟、牛肺疫、口蹄疫等疫病的防治研究与奶牛疫病防治密切相关。

1952年，农业部兽医生物药品监察所成立，从事兽用疫苗制造研究及质量检验等工作。该所在奶牛的结核病、布鲁氏菌病、牛瘟及其疫苗防治方面做了大量技术工作。1982年更名为中国兽医药品监察所。

1957年，中国农业科学院兰州兽医研究所成立，专门从事草食动物疫病研究，口蹄疫是其研究重点。

1958年，中国农业科学院中兽医研究所成立，专门从事传统兽医学的研究。

1964年，中国农业科学院家畜血吸虫病研究室在上海成立，专门从事家畜血吸虫病的研究。

新中国成立后，特别是1956年国务院颁布《关于加强民间兽医工作的指示》以后，中兽医事业受到党和政府的关怀、重视，得到蓬勃发展。中兽医科学技术告别过去单纯依靠个人经验积累的旧时代，进入由国家组织力量，按现代科学方法开展研究的新阶段。与此同时，不少省和高校先后成立中兽医研究或教学机构[1]。

三、奶牛疫病净化工作成就显著

由于政府的高度重视和技术人员的共同努力，经过短短的六七年时间，就

[1] 中国农业科学院 . 2001. 中国农业科学院志 . 北京：中国农业科学技术出版社：505.

在全国范围内扑灭了对包括奶牛在内的养牛业危害极其严重的牛瘟。同时，牛肺疫、牛结核病和布鲁氏菌病等严重危害奶牛的主要疫病也得到了有效控制。

（一）成功消灭牛瘟

牛瘟是家畜中最古老的传染性疾病之一，曾给包括奶牛养殖在内的世界养牛业造成了毁灭性的打击。

早在500多年前，青藏高原牧民就有采取感染牛瘟的野山羊血（自然弱毒）通过牦牛口鼻灌服传代，再采取轻度感染牛的血液灌服健牛，称为“灌呷波”。待牛瘟平息后将牛血毒涂在山羊皮上阴干，冷藏保存备用。1953年农业部兽医生物制品监察所曾在青海用牦牛作安全效力试验，检验这种免疫方法的安全性和可靠性，结果证明免疫力强，但反应强，有死亡，很不安全。

中华人民共和国成立后，开展科学的牛瘟防治工作，研制成功牛瘟疫苗并大规模接种。1949年北京解放后，陈凌风[1]从华北农业科学所家畜防疫系取得中村Ⅲ系牛瘟兔化弱毒种毒，交哈尔滨家畜防疫所进行继代，同时用黄牛、蒙古牛进行安全效力试验，还在疫区就地制苗试用。他还进行了牛瘟兔化毒牛体反应苗的试验研究，认为免疫力强且安全，可在当地用牛制造反应苗。1950年，东北地区和内蒙古消灭了牛瘟。

1950年末，陈凌风又主持了牛瘟兔化毒通过山羊或绵羊继代致弱研究，1952年牛瘟绵羊化兔化弱毒苗研制成功。该苗适合于各种牛的免疫，安全有效，牦牛注射7天后即可产生抗体，免疫力保持4年以上，解决了兔化毒注射延边牛、牦牛反应重的问题，成为中国防治和消灭牛瘟的有力武器。由于当时中国经济技术条件落后，交通不发达，不具备冷链系统，广大兽医技术人员克服重重困难，采用人背驴驮的方法把种毒和简单设备带到乡村、牧区，现场制造疫苗，并亲自指导基层兽医和防疫员接种疫苗。通过全面连续接种牛瘟兔化弱毒疫苗（如广东省自1950年起连续使用3年，牛瘟疫苗注射密度高达95%以上），使牛群获得坚强免疫力，对控制、消灭牛瘟起到关键性作用。1949—1952年，全国累计注射牛瘟疫苗1 807多万头[2]。

1952年农业部在兰州召开全国防治牛瘟会议，程绍迥[3]主持推广东北地区、内蒙古普遍注射弱毒苗建免疫带经验，制定全国5年内消灭牛瘟规划。根据袁庆志[4]等建议，试用东北兽医研究所新培育的兔化山羊化绵羊化继代适应毒对牦牛进行安全效力试验，1954年全国抽调百余技术骨干到青藏高原注射牦牛300多万头，到1955年消灭青藏高原地区牛瘟疫情，完成了中国消灭牛瘟的最后一个战役

[1] 陈凌风（1913年11月—），曾任农业部畜牧兽医局副局长。

[2] 农业部畜牧兽医司.1993.中国动物疫病志.北京：科学出版社.

[3] 程绍迥（1901年6月—），曾任农业部畜牧兽医局局长，中国农业科学院副院长。

[4] 袁庆志（1921年1月—），曾任中国农业科学院哈尔滨兽医研究所所长。

(1953—1954年各省都已普遍注射),以后均由各省自行组织常规性防疫注射,连续3年,实践证明牛瘟绵羊化弱毒苗注射后免疫期可长达4年以上。

由于政府的高度重视,通过大规模接种牛瘟疫苗,牛瘟迅速得到了控制。1950—1954年,牛瘟疫情呈下降趋势;1955年已稳定控制本病疫情,1956年除青海报告病例1例外(发病120头、死亡90头,该起疫情也于当年成功被扑灭),全国再无病例报告[1]。

经过各级政府和有关科研机构、科技工作者的共同努力,1956年,最终消灭了对奶牛生产造成重大威胁的牛瘟。从1949年至1956年,仅用8年时间就在全国范围内彻底消灭牛瘟疫情,在中国近代兽医史上写下了光辉一页。在全国消灭牛瘟病例后,仍坚持注射疫苗数年,部分边界地区坚持注射的时间更长,对巩固扑灭牛瘟的成果起到关键性保证作用。1970年以后在中国实际上已不再接种牛瘟疫苗(包括水牛、牦牛的异源疫苗)[2]。

在这个时期,哈尔滨兽医研究所、农业部兽医生物药品监察所等单位在奶牛疫病疫苗研制方面做了大量卓有成效的工作,兽医工作者研制成功的"牛瘟绵羊化山羊化弱毒疫苗"、"牛肺疫兔化弱毒菌苗"被中国工程院评为中国二十世纪重大工程技术成就。

(二)基本控制牛肺疫

牛肺疫也称牛传染性胸膜肺炎,是由丝状支原体引起的对奶牛等牛科动物危害严重的一种接触性传染病。20世纪50年代,牛肺疫在内蒙古、辽宁、新疆等12个省(自治区)377个县流行,累计发病274 750头,死亡93 371头,60年代初在内蒙古、山西、西藏等11个省(自治区)356个县发生,累计发病171 746头,死亡62 400头。

1956年,农业部颁布《关于从牛肺疫安全区运出牛只的暂行规定》。1959年,农业部、卫生部、外贸部、商业部四个部联合发布的《屠宰卫生检疫规程》规定中,牛肺疫列为必须检疫的动物疫病,检出的牛须扑杀并进行无害化处理。

牛肺疫防控明显见效的技术主要是疫苗免疫。1953年,中国农业科学院哈尔滨兽医研究所研制出牛肺疫培养物弱毒疫苗,1955年前广泛用于疫区免疫;1958—1959年,哈尔滨兽医研究所研制成功牛肺疫兔化弱毒菌苗和牛肺疫兔化-绵羊适应菌苗后,在疫区普遍进行预防接种,用不同毒力的菌苗接种敏感度不同的牛种,以减少接种反应(牦牛比黄牛和奶牛更为敏感)。兔化苗免疫原性高而稳定,为迄今国外牛肺疫菌苗所不及。

---

1 农业部兽医局.2007.中国无牛瘟感染认证申请.

2 中新网2008年6月3日电,世界动物卫生组织(OIE)国际委员会在法国巴黎召开第76届大会,认可中国为无牛瘟国家。

1958年以前采用血清学检验作为分群的方法，扑杀病牛，用培养菌对补体结合反应阴性牛预防接种。因培养菌苗有不少缺点，而且大面积作血清学检验有很多困难，因此收效不大。1958年以后，创造出适应中国国情的独特的防治牛肺疫方法，即省去检疫、分群隔离和扑杀阳性及疑似病牛的几个步骤，采用对临床型病牛屠宰，其余牛一律用牛肺疫兔化疫苗预防接种，使隐性感染牛症状明显而及时屠杀，未感染牛得到免疫，加速了牛肺疫的净化。这种措施是国外未见的。实践证明，这种不经检疫、全面注苗的方法，无论在暴发疫区或受威胁区均能收到控制牛肺疫流行的效果。同时，利用补体结合试验和微量凝集试验处理病牛和血清学阳性牛，结合封锁、消毒等措施，疫情基本得到控制。20世纪70年代发病牛仅有5 516头，死亡1 986头，以后，在全国范围内再未见有本病的发生。

中国在20世纪70年代基本上控制了牛肺疫[1]。

（三）高度重视布鲁氏菌病的防治

布鲁氏菌病是一种危害极大的慢性人兽共患传染病，在奶牛中较常见。20世纪50—70年代，布鲁氏菌病的流行呈上升趋势，70年代为高峰期。1953年，辽宁省大连市岭前农场景山奶牛队孕牛流产率达25%，同年湖北省武汉合作社牧场的100头孕牛流产24头，血检阳性率达69%，10年间，该场共检奶牛8 109头，试管法阳性1 703头次，阳性率21%，检查怀孕母牛2 461头次，流产379头次，平均流产率15.5%。河南、福建、浙江、江西、北京、甘肃等6个省用试管凝集反应抽检部分奶牛场，阳性率分别为4.03%、4.00%、30%、7.20%、5.16%、10.19%。60年代，部分省（自治区、直辖市）阳性率较高，但未出现大流行。1962年河南省郑州市奶牛场207头怀孕母牛流产46头。1963年辽宁省营口市奶牛场52头孕牛流产，血检阳性率27%。70年代为布鲁氏菌病流行高峰期，以陕西、吉林、四川、西藏、新疆等5个省（自治区）较严重。

中华人民共和国成立后，布鲁氏菌病的防控得到政府的高度重视。一度拨出专项经费，成立了北方防治地方病领导小组，将布鲁氏菌病纳入地方病的防治规划和方案。1958年，布鲁氏菌病被列入《全国农业发展纲要》，作为重点控制和消灭的疾病之一。1960年，布鲁氏菌病又被中共中央北方防治地方病领导小组列为重点防治的四种疾病之一。1963年，成立了卫生部医学科学委员会自然疫源性疾病专题委员会，下设布鲁氏菌病研究小组，到1979年改为全国地方病科学委员会，下设布鲁氏菌病专题研究组。1964年9月，农业部、卫生部、中共中央北方防治地方病领导小组联合在内蒙古自治区包头市召开全国第一次布鲁氏菌病防治会议，乌兰夫副总理到会作了指示。

---

[1] 中新网2011年5月25日电，世界动物卫生组织（OIE）第79届年会通过决议，认可中国为无牛传染性胸膜肺炎（简称“牛肺疫”）国家。

20世纪50—60年代，主要采取检疫为主的综合性防治措施，对检疫出的阳性奶牛进行扑杀或隔离、淘汰，健康奶牛用牛19号（S19）菌苗预防注射。70年代实行以畜间免疫为主的综合性防治措施，主要用中国兽药监察所研制的猪2号（S2）菌苗和中国农业科学院哈尔滨兽医研究所研制的羊5号（M5）菌苗免疫[1]取得很好的效果，至70年代末，布鲁氏菌病呈现明显的下降趋势。有361个疫区县基本控制人、畜布鲁氏菌病，占总疫区县的35.92%[2]。

（四）采取积极措施防治牛结核病

结核病是由结核杆菌引起的人兽共患的一种慢性传染病。家畜结核病在中国流行已久，与人的结核呈平行关系。从国外大量输入奶牛，有很多结核病牛混入其中。20世纪50年代，全国牛结核病呈缓慢上升的趋势，无论是国营奶牛场，还是个体饲养的奶牛，其结核病的感染率都比较高。60年代，全国牛结核病继续呈蔓延的趋势。70年代，随着奶牛业的不断发展，兴建的奶牛场日益增多，结核病的流行也达到了历史高峰期，且其中奶牛阳性率比较高[3]。

1957年，农业部公布了结核菌素检疫办法，对奶牛结核病的防治，当时的措施是：采用结核菌素皮内试验诊断和综合防治相结合。定期检疫，开放性结核病牛予以宰杀，无症状阳性牛从牛群中隔离。被病牛污染的用具、牛床彻底消毒。对阳性结核牛场实行了三级净化措施，即在第一次检疫后30 ～ 45天进行第二次检疫，后每隔1 ～ 1.5个月复检1次，凡在6个月内连续3次检疫不再有阳性病牛出现，认定为假健牛群。假健牛群的犊牛出生后立即与母牛分开，可喂经巴氏消毒初乳3 ～ 5天，调入中途站。20 ～ 30日龄作第一次结核检疫，在100 ～ 120日龄前连续进行3次检疫，皆为阴性者再进入健康群。这些措施在当时都收到了良好的效果。

（五）加强炭疽病防治

炭疽是由炭疽杆菌引起的一种人兽共患急性传染病。牛，特别是奶牛极其易感。20世纪50年代，每年发病牛均在1万头以上，最高发病年为1951年，病牛达45 327头，发病率为0.15%。60年代以后，发病数逐渐下降，发生范围也有所缩小。1949—1989年期间的统计数据显示，共计病牛543 569头，死亡299 169头，致死率为55.04%。

1952年，农业部印发了《防治炭疽病暂行办法草案》。1958年，由农业部和卫生部联合发出《关于加强防治炭疽病工作的通知》，对炭疽病的发病规律、预防办法、防治措施和避免人受感染等都作了明确指示。1962年，当内蒙古等

1　农业部畜牧兽医司.1993.中国动物疫病志.北京：科学出版社：109–118.

2　中共中央地方病防治领导小组办公室.中国布鲁氏菌病及其防治（1950—1981）：59.

3　农业部畜牧兽医司.1993.中国动物疫病志.北京：科学出版社：127–133.

省（自治区）人畜间炭疽病流行时，农业部和卫生部及时发出《关于人、畜炭疽病疫情的联合通报》，要求各部门密切联系、共同协作、限期扑灭。1963年，农业部发出《关于加强炭疽预防注射和皮张炭疽检验工作的通知》。随后于1964年又由农业部、卫生部、轻工业部和对外贸易部相继联合发出《关于加强畜产品收购、加工人员对炭疽的预防及各地牲畜防疫工作的通知》和《关于畜产品炭疽检疫通知的几项补充规定》。这些规定使炭疽防治工作有法可依，有章可循。

中国20世纪50年代研制出了炭疽疫苗，从此对炭疽的预防效果产生了根本性的改变。资料显示，连续注射10年左右，发病头数即明显下降。随着炭疽芽孢苗注射密度的增加，炭疽发病数逐渐减少。

20世纪50年代起，各地肉品联合加工厂和牲畜屠宰场开展了炭疽的宰前和宰后检验。对检出的病牛、肉尸和受污染的车间均按照农业部、卫生部、对外贸易部和商业部联合颁发的《关于肉品卫生检验试行规程》中的规定严格处理，既保证了人身健康，又防止了病原散播。自20世纪60年代起，各省（自治区、直辖市）陆续加强了进、出境家畜及畜产品的运输检疫，凡过境家畜必须持有炭疽预防注射证，对皮张、鬃、毛、骨等采用炭疽沉淀法检验，对呈阳性反应者经过严格消毒后才准许通过。各口岸也将家畜及其皮张、鬃、毛的炭疽检疫列为重要检疫项目之一。这一措施在防止炭疽的传播上起到了重要作用[1]。

（六）明确提出消灭日本血吸虫病

日本血吸虫病是一种人兽共患寄生虫病。以牛感染率最高，南方疫区散养奶牛常有该病发生。如大理州洱源县1957年抽查奶牛血吸虫病感染率为36.7%。

新中国成立后，党和国家领导人非常重视日本血吸虫病的防治，1955年，毛泽东主席发出了“一定要消灭血吸虫病”的号召。从中央到地方多次发文，要求把防治日本血吸虫病的工作搞好，并成立各级防治日本血吸虫病委员会或领导小组。全民动员，开展了大规模的群众性血防运动，在短期内就基本查清了血吸虫病疫情，救治了大批血吸虫病人。

1956年1月23日，中国共产党中央委员会政治局提出的《1956—1967年全国农业发展纲要》第26条，明确提出了消灭血吸虫病的任务。1957年4月20日，国务院发出关于消灭分体吸虫病的指示，详细地分析了防治日本血吸虫病的重要性、迫切性和艰巨性，要求各级党、政部门把防治本病列入议事日程，务必抓好。1957年4月23日，中共中央批转中央防治血吸虫病九人小组的工作报告和“防治吸虫病工作条例”，之后在全国范围内掀起了防治日本血吸虫病的新高潮。

---

[1] 农业部畜牧兽医司.1993.中国动物疫病志.北京：科学出版社：83−91.

1957年8月，农业部举办全国家畜寄生虫病讲习会时，把血吸虫病列为主要内容，为各省培训血吸虫病防治干部50人，讲习会结束后，组织调查队分赴四川、江苏、湖北、上海、福建等省进行调查。

1962年6月22日，农业部下发《关于防治耕牛分体吸虫病的通知》，在《防治分体吸虫病工作条例》中第十三条指出“对感染分体吸虫病的家畜，以农业部门为主，积极进行调查和治疗”。“文化大革命”期间，血吸虫病防治工作仍继续进行。

（七）牛出血性败血病以预防为主

牛出血性败血病以奶牛等牛科动物发病较常见，在全国各省（自治区、直辖市）均有发生。据四川、湖北、内蒙古、浙江、云南、湖南、贵州、江西、青海、新疆、海南、宁夏、河南、安徽、甘肃等15个省（自治区）历年发病情况统计，1949—1989年共有发病牛2 155 562头，死亡800 012头，其中以20世纪50年代危害最严重，70年代疫情下降。1958年和1963年为本病流行高峰年。发病数分别达106 965头和114 110头，发病率为0.33%和0.38%。

中国对牛出血性败血病采取预防为主的防治策略，使用的疫苗主要是氢氧化铝甲醛菌苗，从1951年起即在各省的常发地区应用，20世纪60—70年代，在老疫区及其周围高密度注射。本病治疗用青霉素、链霉素、四环素等抗生素及磺胺类药物效果良好。20世纪50年代，甘肃、西藏等省（自治区）曾用多价血清治疗，有明显效果。

（八）钩端螺旋体病的防治

钩端螺旋体（简称钩体）病是多种动物共患的自然疫源性人兽共患传染病，奶牛等牛科动物是主要易感动物。20世纪50年代畜间钩端螺旋体病流行病学调查资料显示，在普查的12个省（自治区）中，有7个省（自治区）发生此病，如：1956年内蒙古海拉尔市一牧场牛群被确诊发生此病；1959年四川部分地区暴发钩端螺旋体病。20世纪60年代，家畜发病明显增多，如：1960—1962年四川温江县以血清补体结合试验，检出该地区牛的钩端螺旋体病阳性率为77.7%；1962年北京农业大学报道北京犊牛发生本病。1972—1978年，广东省5个县发生牛钩端螺旋体病，发病58头，死亡10头。通过血清凝集溶解试验发现，20世纪70年代，牛的钩端螺旋体病无论发病数量还是阳性检出率都达到历史高峰期。其后，疫情趋于稳定，发病范围及发病头数明显减少。

台湾钩端螺旋体被视为奶牛重要传染病，在1964年曾进行调查，牛血清阳性率为13.5%（73/583）。

（九）牛锥虫病的防治

牛锥虫病又称苏拉病。奶牛锥虫病主要存在于湖北、山西、浙江、江西、河南、湖南、广东、海南、贵州、云南、宁夏和青海等12个省（自治区）。20

世纪50年代，本病共发生病牛2 796头，死亡1 389头，致死率为49.68%。20世纪60年代，发病省、县、乡数都比50年代有所增加，但发病数却比50年代略有减少。70年代是本病发生流行的第一个高峰，总计发病36 763头牛，死亡7 138头。

在防治方面，20世纪50年代，解放军军马研究所研究成功补体结合试验，曾在部分省用于查病。据统计，70年代，全国普查牛500多万头，治疗102万头次，治愈率达90%。1975年春，浙江农林局发文“关于做好锥虫病查治工作的通知”，同年6月24日，省农、财两局下拨1.8万元给金华等5个地区作紧急防治牛锥虫病的费用，推动了查治牛锥虫病工作向前发展。

（十）棘球蚴病的防治

棘球蚴病亦称包虫病，是一种重要的人兽共患慢性寄生虫病。奶牛等牛科动物是其幼虫（棘球蚴）的主要宿主。新中国成立前后本病在30个省（自治区、直辖市）广为流行，但以放牧羊、牛的地区，如新疆、甘肃、西藏、内蒙古和青海等省（自治区）的牧区流行较为严重。从表3-1各年代棘球蚴感染情况看，感染率都保持在较高水平。

表3-1　棘球蚴感染情况调查

年　代	平均感染率	备　注
20世纪50年代	44.93%	474/1 055
20世纪60年代	35.93%	434/1 208
20世纪70年代	57.39%	1 087/1 874

新疆维吾尔自治区自1957年后的调查统计，北疆奶牛等牛科动物的感染率为72.18%（1 038/1 438），感染强度肝脏7 ～ 89个包囊，肺脏1 ～ 27个包囊。南疆奶牛等牛科动物感染率为8.70%～ 21.20%，平均为20.30%。中国颁布的《中华人民共和国家畜家禽防疫条例实施细则》和《中华人民共和国传染病防治法》中，已把棘球蚴病列入依法管理的3类传染病，各省（自治区、直辖市）也多次发文，广泛深入宣传，加强对本病的防治。但由于本病病程发展缓慢，感染、发病难以及时察觉，引不起人们足够重视，防治多为临时性的。

（十一）牛梨形虫病的防治

牛梨形虫病又称牛焦虫病。奶牛对本病最易感。牛梨形虫病分布于全国30个省（自治区、直辖市）。每隔3 ～ 6年发生一次流行高峰。20世纪50年代发病率最高，60年代最低，此后逐渐升高。致死率（除60年代外）和死亡率随年代而逐渐降低。经过多年防治，基本控制了本病的流行，但发病范围却增大，多呈零星散发，发病率、死亡率、致死率均有下降。

多年来认真贯彻以“防”、“治”为主的综合性防治措施，做到早期诊断，早期治疗，改善饲养，加强管理，适时灭蜱，避蜱放牧和疫苗接种，对控制本病的发生和流行起了很大的作用。治疗采用杀灭病原体的药物：20世纪50年代主要使用硫酸喹啉脲、盐酸吖啶黄、台盼蓝等；20世纪60年代，除以上药物外，还采用二磷酸氯喹啉、磷酸伯氨喹啉等；20世纪70年代，主要应用三氮脒。

（十二）梭菌病的防治

牛梭菌病主要有破伤风、气肿疽和魏氏梭菌（现名产气荚膜梭菌）病。虽然梭菌病呈现散发流行的特点，但由于死亡快速，死亡率高，对奶牛养殖危害明显。

破伤风是一种非常古老的疫病。新中国成立后，各地奶牛时有本病发生，并且在个别省（自治区、直辖市）还比较严重，但总的流行过程呈下降趋势。由于本病受特殊的传播途径（经伤口感染）限制，年度发病情况波动不大，20世纪50—70年代发病略高。除沿用古老的方法外，采取各种预防措施，对发病家畜进行积极的治疗，取得了很好的效果。中国早在1952年，丰台兽医卫生科学研究所就试制了1%明矾沉降破伤风类毒素。精制破伤风抗毒素可用于该病的治疗。经过多年防治，全国各地发病牲畜明显减少，已得到有效控制。

奶牛气肿疽在中国分布很广，新中国成立前部分地区就有本病发生和流行。本病在各地长期流行，虽然发病率不高，但致死率很高，造成严重损失，曾是养牛业危害较大的主要病害之一。20世纪50年代后期，中国采用免疫接种、毁尸灭源、封锁、隔离消毒等防治措施，已基本控制疫情。

四、中兽医防治奶牛疾病的继承与验证

（一）建立中兽医研究、教学机构

中兽医学是中国传统兽医学，在中国奶牛疾病防治中一直扮演着重要角色。新中国成立后，特别是1956年国务院颁布《关于加强民间兽医工作的指示》以后，中兽医事业受到党和政府的关怀、重视，得到蓬勃发展。中国农业科学院中兽医研究所的成立，以及不少省和高校先后成立的中兽医研究或教学机构，对研究中兽医防治奶牛疾病起到了有力的推动作用。

（二）中兽医“采风”活动

传统兽医学中蕴含丰富的疗牛经验，在奶牛疾病治疗方面有其独特的作用。医牛专著《抱犊集》、《养耕集》和《牛医金鉴》等，代表了中兽医防治牛病的很高成就。中兽医学典籍中大量的与奶牛疾病防治相关的诊疗、保健和药剂等资料，被证实很有价值。依照国务院《关于加强民间兽医工作的指示》，农业部于1959年2月发出《关于中兽医“采风”和编辑中兽医新药物志的通知》，组织

了空前的“采风”活动，收集了大量的经验良方及散失文献。据不完全统计，共达百种之多，其中不乏《牛医金鉴》、《牛经切要》、《牛经备要医方》和《医牛宝书》等与奶牛疾病防治有关的历史文献，为奶牛疾病防治提供了有效指导[1]。在此期间，大多数省（自治区、直辖市）都编印了中兽医经验集，把分散的材料集中起来印发各地参考使用，并作为文献保存，形成了重要的历史文献。

由中国农业科学院中兽医研究所、北京农业大学等单位对发掘的文献资料进行系统整理、校正、注释，编著成册，很多珍贵的遗产得以重见天日，很多零散的资料得以系统化，为继承和发扬祖国兽医学遗产奠定了坚实的基础。其中影响较大的文献有：《新牛马经》[2]、《兽医针灸汇编》[3]、《中兽医诊疗经验》[4]、《中兽医针灸学》[5]、《中兽医诊断学》[6]、《中兽医治疗学》[7]、《全国中兽医经验选编》[8]和《新编中兽医学》[9]。

（三）开展验证，探究机理

通过对中兽医古籍资料的整理，从中发掘出大量的防治牛病的有效的经方验方和诊治方法。这些经方验方、诊治方法对奶牛临床治疗是一笔宝贵的财富。这些经验很多经过临床研究与疗效验证。在对古籍的挖掘、整理后，转入中兽医传统理论的验证及其现代科学实质研究方面。

20世纪70年代，中兽医用独活寄生汤加水杨酸钠或加减红花散结合肌内注射醋酸可的松治疗牛风湿病，用中药配合激素诱发不孕奶牛泌乳，用黄岩酊（包括岩青和三颗针）治疗犊牛腹泻，用雪莲汤和复方雪莲汤注射液治疗牛胎衣不下等，均取得较好的临床疗效。

70年代，一些单位开始对有效方药的作用机理进行研究。如加味承气汤对胃肠功能影响的观察，党参藜芦散对牛瘤胃功能活动的试验，地榆槐花汤治疗牛流行性腹泻的非特异免疫试验，顺气孔插枝对T淋巴细胞的影响，复方仙阳汤对子宫、卵巢发育影响的观察，中药剂对奶牛产后血液流变学的影响等，肯定一些经典成方对牛病，包括奶牛疾病的临床治疗效果，对阐明其可能的作用机理提供了根据[10]。

---

1 于船，牛家藩 .1993. 中兽医学史简编 . 西安：陕西科学技术出版社：13.

2 金重冶 .1956. 新牛马经 . 北京：财政经济出版社 .

3 中国农业百科全书中兽医卷编辑委员会 .1991. 中国农业百科全书 · 中兽医卷 . 北京：农业出版社：248.

4 中国农业科学院 .1990. 中国农业科学技术四十年 . 北京：农业出版社：303.

5 中国农业科学院中兽医研究所 .1959. 中兽医针灸学 . 北京：农业出版社 .

6 中国农业科学院中兽医研究所 .1962. 中兽医诊断学 . 北京：农业出版社 .

7 中国农业科学院中兽医研究所 .1963. 中兽医治疗学 . 北京：农业出版社 .

8 全国中兽医经验选编编审组 .1977. 全国中兽医经验选编 . 北京：科学出版社 .

9 中国农业科学院中兽医研究所，中国农业科学院兰州兽医研究所 .1979. 新编中兽医学 . 兰州：甘肃人民出版社 .

10 中国农业科学院 .1990. 中国农业科学技术四十年 . 北京：农业出版社：306.

兽医针灸术在中国历史悠久，《蕃牧纂验方》中就有“春季放大血，则夏无热壅之病”的记述，故民间常惯于春季放静脉血，以预防热性疾病的发生。新中国成立后，针灸治疗牛病更是得到了长足的发展。1970年，中国人民解放军北京部队军马防治检验所和北京市兽医院首次采用电针麻醉为包括牛在内的401例家畜进行手术，成功率达95%以上。由于电针麻醉简便易行，所以开始在临床推广。

第二节 奶牛疾病防治技术快速发展时期（1978—1997年）

改革开放以后，人民生活水平不断提高，人们对乳及乳制品的需求量大为增加。为了解决“喝奶难”，国家对奶业的扶持政策加强，允许乡村集体、农民个体养殖奶牛，出现了“国营、集体、个体一齐上”的局面。全国各地纷纷从国外大批引进奶牛及胚胎，进行奶牛品种改良。随着奶牛的大量进口及国内地区间的流通，一些动物疫病随之进入中国，给奶牛疫病防治带来巨大压力。针对这些新情况，国家在健全组织，完善法律法规，加强疫病防治技术和国际交流等方面采取了一系列措施，在奶牛传染病和普通病防治方面取得了显著的技术进步，有效保障了奶牛业的快速发展。

一、兽医一系列法律法规和技术标准陆续颁布

（一）动物疫病防治

1982年6月，国务院颁布《中华人民共和国进出口动植物检疫条例》。同月，农牧渔业部公布《中华人民共和国动物检疫对象名单》，口蹄疫、牛瘟、蓝舌病、等被列为严重传染病，结核病、布鲁氏菌病、牛肺疫、牛传染性鼻气管炎等被列为一般传染病。

1985年2月，国务院颁布《中华人民共和国家畜家禽防疫条例》。尔后，农牧渔业部先后出台了《中华人民共和国家畜家禽防疫条例实施细则》等配套规范性文件。这些防疫法规和规章使奶牛防疫工作开始走上法制化管理的轨道。

全国有24个省（自治区、直辖市）制定了有关动物防疫的规章，有的地方还制定了地方性法规。这些对于加强奶牛防疫工作，促进奶业发展，增强和保护公众健康，发挥了重要的作用。

1991年10月，全国人大通过《中华人民共和国进出境动植物检疫法》；1996年，国务院颁布《中华人民共和国进出境动植物检疫法实施条例》，这为引进健

康动物及其产品提供了法律保障，尤其是奶牛及其胚胎、精液在一定时期仍然需要进口的情况下。

（二）兽药管理

1978年，农业部修订颁布了《兽药规范》。1978年版的《兽药规范》，分为一部、二部，分别收载化学药品和中药。这是首次将兽用中药列入兽药国家标准。1992年农业部再次修订颁布为《中华人民共和国兽药规范》。1992年版的《兽药规范》收载化学药品89个，药材及其制品147个，成方制剂52个。

1984年，农业部对1952年开始制定、经过5次修订的《兽医生物制品制造与检验规程》进行了第六次修订。1992年再次修订颁布为《中华人民共和国兽用生物制品制造与检验规程》，该版收载生物制品94个。为了保护兽用生物制品研制者的知识产权，农业部颁布不包括制造工艺的《中华人民共和国兽用生物制品质量标准》，收载生物制品138个。

1990年，农业部颁布第一版《中华人民共和国兽药典》。该版收载化学药品343个，生物制品36个，药材及其制品418个，成方制剂81个。中国成为世界上少数几个颁布兽药典的国家之一。

至此，中国建立了《中华人民共和国兽药典》、《中华人民共和国兽药规范》、《中华人民共和国兽用生物制品制造与检验规程》、《中华人民共和国兽用生物制品质量标准》的兽药国家标准体系。在这些标准里，收录了奶牛疾病防治用药物和制剂，规范了药品质量和用药标准。首次在标准中制定了休药期以控制兽药残留，为保障畜产品食用安全制定了技术要求。

1987年，国务院颁布了《兽药管理条例》。农业部相继出台一系列配套规章。1988年，农业部颁布《兽药管理条例实施细则》；1989年，农业部部长签署部令第2号、第3号、第4号、第5号、第6号，分别发布《核发〈兽药生产许可证〉、〈兽药经营许可证〉、〈兽药制剂许可证〉管理办法》、《进口兽药管理办法》、《新兽药及兽药新制剂管理办法》、《兽用新生物制品管理办法》、《兽药药政药检管理办法》，农业部颁布《饲料药物添加剂品种及使用规定》、《兽药生产质量管理规范（试行）》(GMP)，农业部畜牧兽医司颁布《兽药批准文号规定》；1991年，农业部畜牧兽医司颁布《新兽药一般毒性试验技术要求和新兽药特殊毒性试验技术要求》、《兽药审评工作实施办法》；1992年农业部畜牧兽医司颁布《兽用消毒剂鉴定技术规范》、《实验临床试验技术规范》。这些兽药管理的法规和规章，不仅保障了动物用药的有效、安全，还保障了食品安全。尤其是像与民生息息相关的生鲜乳这类鲜活畜产品。至此，中国兽药管理的法律法规体系、兽药标准体系形成。

1988年，农业部颁布了《外国企业在中华人民共和国注册兽药管理办法》；1993年，农业部颁布了《进口兽药质量标准》。这些规章加强了对进口兽药的严格管理，防止伪劣、假冒、淘汰的兽药进入中国，既保障用药安全，又保障消费者的利益。

二、科研工作如火如荼，奶牛疾病防治技术得到普及

为了确保奶牛业的健康发展，1980年，北京率先成立了北京奶牛研究所。此后，上海、南京、天津、重庆、西安等大中城市也纷纷成立了奶牛研究所。在研究所里内设牛病研究室，除加强奶牛乳房炎等常见疫病防治研究外，还加强了对牛白血病、牛流行热、牛传染性鼻气管炎、牛病毒性腹泻－黏膜病及犊牛腹泻等传染病的防治研究工作。此外，农业部动物检疫所、中华人民共和国动植物检疫总所、农业部所属全国畜牧兽医总站等机构的成立也对加强奶牛疫病防治工作起了重要作用。

1980年，北京首办了《奶牛科技》（简报），不久，《上海奶牛》、《中国奶牛》等相继创刊，为传播、交流奶牛疾病防治技术发挥了积极作用。

在奶牛传统疫病防治方面，中国也不断加强研究。例如，布鲁氏菌病的防治，从1978年开始，推广使用农业部兽医药品监察所研制的布鲁氏菌病S2疫苗

和中国农业科学院哈尔滨兽医研究所研制的布鲁氏菌病M5疫苗，并对奶牛疫苗接种途径进行了改进，由以前单纯的肌内注射增加了口服免疫和气雾免疫途径，大大提高了工作效率。

1982年，中国奶牛协会成立。为了推进奶牛疫病防治工作的深入，中国奶牛协会设立了疾病防治组。在农牧渔业部畜牧兽医司、农垦局及各地奶协等单位的支持下，中国奶牛协会开展了对全国奶牛结核病的普查。同期，各种类型的奶牛疾病防治培训班开办，广泛普及了兽医防治技术，提高了临床兽医的技术水平。

为了进一步摸清奶牛疫病流行情况，1989年，在农业部畜牧局组织的全国畜禽疫病普查中，按照《中华人民共和国家畜家禽防疫条例实施细则》要求，对牛白血病、牛流行热、牛传染性鼻气管炎、牛病毒性腹泻－黏膜病、犊牛腹泻奶牛疾病、口蹄疫、蓝舌病、副结核、牛肺疫等9种奶牛疫病进行普查，进一步掌握了奶牛疫病流行状况。

（一）防治奶牛疾病生物制品的研制

20世纪80年代，中国兽医药品监察所、中国农业科学院哈尔滨兽医研究所、中国农业科学院上海寄生虫研究所等研究出“布鲁氏菌虎红平板反应抗原”、“牛日本血吸虫凝集试验抗原”、“牛副结核病补体结合反应抗原与阴、阳性血清”等诊断用品。

90年代，中国农业科学院兰州兽医研究所、新疆畜牧科学院兽医研究所、内蒙古生物药品厂、兰州生物药品厂等单位研制并成功注册“口蹄疫O、A型双价活疫苗”、“口蹄疫A型活疫苗”、“牛O型口蹄疫灭活疫苗二联灭活苗”、“牛羊口蹄疫活疫苗”。

80—90年代，中国兽医药品监察所研制成功“提纯结核菌素”、“提纯副结核杆菌素”、“兽用炭疽油乳剂灭活疫苗”、“猪牛巴氏杆菌灭活疫苗”；中国农业科学院哈尔滨兽医研究所研制成功“牛流行热病毒灭活苗”；甘肃省畜牧兽医研究所研制成功“牛副伤寒活疫苗”；吉林省 畜牧兽医研究所、吉林省生物药品厂联合研制成功“牛副结核灭活疫苗”；南京农业大学、常州市动物药品厂联合研制成功“蜡样芽孢杆菌粪链球菌复合菌制剂”。

以上兽用诊断试剂和疫苗的研制成功，为奶牛相关疫病的防治提供了重要的技术手段，意义重大。

（二）防治奶牛疾病化学药品的研制

在这期间，兽用化学药品的研制工作也取得了很大的成绩，农业部批准了一系列用于奶牛疾病防治的新兽药（表3-2）。

表3-2 批准用于奶牛疾病防治的新兽药

新兽药	用途
注射用促黄体素释放激素A2（促排卵素2号）、A3（促排卵素3号）	治疗奶牛排卵迟滞、卵巢静止、持久黄体、卵巢囊肿及早期妊娠诊断
二氢吡啶	饲料添加，提高奶牛情期受胎率和种公牛精液品质
万乳康（由盐酸左旋咪唑、淫羊藿、黄芪配伍组成的中西复方散剂）	增强奶牛免疫功能，用于治疗奶牛隐性乳腺炎
甲基前列腺素$F_2\alpha$注射液	奶牛的同期发情、同期分娩，也可用于治疗持久性黄体、诱导分娩和催排死胎
苄星邻氯青霉素注射液	治疗奶牛乳腺炎
阿维菌素透皮溶液	奶牛寄生性昆虫病
注射用抗血促性素血清	中和奶牛体内过剩的血促性素
宫炎清溶液（磺酸间甲酚与甲醛缩合物制成）	奶牛的慢性子宫内膜炎、子宫颈炎、阴道炎
甲砜霉素片、散	治疗奶牛肠道、呼吸道细菌感染
硼葡萄糖酸钙注射液	奶牛的钙缺乏症
硫酸黏菌素预混剂	治疗和预防奶牛革兰氏阴性菌引起的肠道疾病
盐酸洛美沙星片、可溶性粉、注射液	治疗奶牛细菌感染
替米考星注射液	治疗奶牛胸膜肺炎放线杆菌、巴氏杆菌及支原体感染
甲磺酸达氟沙星粉、可溶性粉、注射液、溶液、颗粒	治疗奶牛的细菌及支原体感染
乳酸环丙沙星可溶性粉、注射液	
注射用酒石酸泰乐菌素	
盐酸二氟沙星片、粉、溶液、注射液	
盐酸环丙沙星可溶性粉、注射液	
氧氟沙星片、可溶性粉、溶液、注射液	
烟酸诺氟沙星可溶性粉、溶液、注射液	
伊维菌素注射液	奶牛胃肠道线虫病、牛皮蝇蛆
青蒿琥酯片	抗原虫药，用于奶牛泰勒梨形虫病
氧阿苯达唑片	抗蠕虫药，用于线虫病和绦虫病等
氰戊菊酯溶液	驱杀奶牛外寄生虫如蜱、虱、蚤等
氯氰碘柳胺钠注射液	防治奶牛肝片吸虫病、胃肠道线虫病
蝇毒磷溶液	防治奶牛牛皮蝇蛆、蜱、螨、虱和蝇等外寄生虫病
精制马拉硫磷溶液	杀灭奶牛体外寄生虫
碘伏、复合酚、氯甲酚溶液、复合亚氯酸钠、溴氯海因粉、稳定化浓戊二醛溶液	消毒防腐

（三）防治奶牛疾病的传统兽医学研究

在中兽医领域，真正针对奶牛疾病开展研究工作始于20世纪80年代初期。中兽医对防治奶牛乳房炎、蹄病、不孕症、犊牛腹泻、瘤胃酸中毒等疾病进行了研究，提出了有效的防治措施[1]。

20世纪80年代以后，中兽医传统理论现代研究取得明显进展。国内学者运用现代技术探讨动物病证、脉诊、口色以及辨证的科学本质研究。在用胃电图对奶牛脾虚证辨证分型、经穴调控生殖内分泌等方面做了深入的研究，取得明显的进展，为奶牛中兽医理论的科学阐释奠定了基础。

由于中药对奶牛乳房炎、子宫内膜炎、卵巢性疾病、代谢病等具有独特疗效，中兽医对奶牛疾病防治研究的被重视程度和支持力度都在不断加大。一批与奶牛疾病防治相关的科研项目被陆续列入农业部重大科学研究项目，得到了农业部的持续资助，以"八五"、"九五"期间资助最为有力[2]。

在农业部、国家自然科学基金、国家攻关计划和各省（自治区、直辖市）科技计划的持续资助下，相继开展了"中西结合对牛胃病诊断和治疗的研究"（1979—1985年）、"中西兽医结合防治奶牛乳房炎的研究"（1981—1985年）、"奶牛隐性乳房炎综合防治措施的研究"（1986—1990年）、"奶牛子宫内膜炎性不孕症综合防治的研究"（1986—1990年）、"奶牛卵巢性不孕症的诊断与防治方法研究"（1991—1995年）等与奶牛疾病防治相关的研究，取得了丰硕的研究成果。"家畜针灸经穴电学特性的研究"（1985—1988年）、"家畜脉象图的探讨及其在兽医临床上的应用"（1987—1990年）、"胃电图对奶牛脾虚证辨证分型的研究"（1989—1990年）、"兽用中草药免疫作用及机理的研究"（1990—1992年）、"血液动力流变学与中兽医脏腑辨证相关性的研究"（1991—1994年）、"中兽医脏腑辨证与微量元素关系的研究"（1992—1994年）、"经穴对生殖内分泌激素的调控及其在奶牛繁殖上的应用"（1992—1995年）等一系列与中兽医防治奶牛疾病相关的基础性研究得到了国家自然科学基金的稳定资助。

三、防治技术的国际交流日益广泛

改革开放后，中国政府高度重视重大动物疫病防控国际交流合作。一是不断完善与有关国际组织的交流与合作机制，与国际社会分享中国重大动物疫病防控经验，积极参与全球动物卫生政策和规则制定；二是加强与周边国家合作，积极推进亚太地区重大动物疫病区域联防联控；三是积极帮助亚非国家提高重大动物疫病防控能力；四是强化双边检疫与卫生条件议定机制，推进动物疫病防控有序

[1] 农业部科技教育司.1999.中国农业科学技术50年.北京：中国农业出版社：502.

[2] 中国农业科学院.1990.中国农业科学技术四十年.北京：农业出版社.

开展。中国对外合作交流的能力不断提高，受到国际社会高度评价。

自1980年，中国与美国、加拿大、法国、德国、荷兰、阿根廷、爱尔兰、蒙古、苏联、罗马尼亚、波兰、保加利亚等国签署了兽医（动物卫生）协定，增强了互信，交流了技术，为动物贸易和动物疫病防控做出了贡献。1994年农业部实施引进国际先进农业科学技术计划（948计划），有效提高了中国疯牛病、牛布鲁氏菌病、牛结核病等奶牛疫病防控技术。1992年大湄公河流域国家共同发起区域经济合作机制，将口蹄疫等威胁奶牛等动物健康的疫病纳入区域共同防控体系。

四、奶牛传染病的研究与防治成果卓著

20世纪80年代初，中国从国外大批引进奶牛及胚胎开展牛群改良。但是，随之而来的一些新的传染病在牛群中传播，其间对牛白血病、牛流行热、牛传染性鼻气管炎、牛病毒性腹泻－黏膜病及犊牛腹泻进行了研究。1989年，遵照农业部颁发的《中华人民共和国家畜家禽防疫条例实施细则》的要求，除了上述几种疫病外，并对口蹄疫、副结核、牛肺疫等疫病进行普查，进一步掌握了奶牛疫病流行状况，加速了奶牛疾病的净化过程。

（一）消灭牛肺疫

据统计，1949—1989年，牛肺疫在全国23个省（自治区、直辖市）发病，累计发病牛471 357头，病死178 570头。1989年，除在新疆、西藏部分边界地区外，全国其他地区停止了疫苗免疫，到1992年全国停止了疫苗免疫。

1992年，农业部下发农（牧）字〔1992〕第13号文件，根据全国范围内牛肺疫控制消灭情况，按照《全国消灭牛肺疫实施方案》的要求，1992—1995年对全国的牛肺疫消灭情况进行验收总结。流行病学调查由各级兽医站负责；临床检查由县、乡两级兽医站负责；病理检查、补体结合试验由省或省指定的地区级兽医诊断室负责；病原分离由哈尔滨兽医研究所负责，各省负责采样送样。疫情监测工作由农业部负责组织，各省、地、县、乡分工实施，将牛肺疫作为监测的对象，每年集中普查1～2次。省、地、县三级专家鉴定组，分别对省、地、县的牛肺疫消灭情况进行考核验收，认为达到消灭标准后，分别向上一级畜牧兽医管理机构申请考核验收。全国无疫状况由农业部考核认定。

1995年底，全国各省（自治区、直辖市）均达到了农业部规定的消灭牛肺疫标准，通过了农业部的考核验收。1996年1月16日，中国宣布消灭了牛肺疫，标志着一种严重危害奶牛业的传染病在中国消除了。

（二）有效防御牛瘟传入

1994—1995年，针对巴基斯坦北部发现牛瘟，根据农业部指示曾在相邻边界上建立了免疫带，有效地防御了严重危害包括奶牛业在内的牛瘟的传入。此后，

在全国任何地区未再进行牛瘟的免疫接种。

由于历史、地理、文化传统等原因，香港和澳门特别行政区没有完善的种畜禽繁殖体系，除极少部分地区外，基本无种畜禽的养殖，绝大部分的商品化活畜禽是从中国大陆引入，近50年来，未有牛瘟病例发生的报告，可以断定香港和澳门特别行政区内无牛瘟感染。

在地理上，台湾岛四面环海，与邻近地区有着天然的屏障，有着严格的进口控制体系和较为完善的动物疫病防控机制。世界动物卫生组织于1989年依据监测数据将台湾地区列为牛瘟非疫区。

（三）重要人兽共患病得到有效控制

1. 布鲁氏菌病 1980年1月，经国务院批准，卫生部、农业部颁发了《防治布氏杆菌病暂行办法》；1980年6月，农业部在吉林省海龙县召开北方16个省、市、自治区家畜布鲁氏菌病防治疗会议，针对奶牛等布鲁氏菌病防治工作作了全局部署和安排。1980年9月，农业部印发《家畜布氏杆菌病弱毒苗使用暂行办法》。1981年6月，中共中央北方防治地方病领导小组办公室印发了《布病疫区（以县为单位）控制标准和考核方法暂行规定》，对奶牛等易感家畜布鲁氏菌病的流行和控制程度作出了明确规定，并以此标准开展了对各省（自治区、直辖市）的防控效果考核。1988年卫生部、农业部颁发了《布鲁氏菌病诊断方法、疫区判定和控制区考核标准》，进一步改善了评判标准。同年《中华人民共和国传染病防治法》将布鲁氏菌病列入乙种传染病，使布鲁氏菌病防治工作步入法制管理的范畴。

20世纪80年代，各级业务部门相继在各省（自治区、直辖市）广泛地开展了流行病学、病原学的系统调查工作。各科研单位对布鲁氏菌病的病原、诊断、免疫、检测等方面做了大量研究工作，基本查清了奶牛布鲁氏菌病的分布、流行规律和特点，制定预防措施、大力开展防治工作，取得了显著成绩。奶牛布鲁氏菌病发生明显减少，并逐步得到控制；但90年代中期以后，奶牛布鲁氏菌病又有一定程度的增加，这与世界疫情相似，被称为“再度肆虐”传染病。

1990年农业部与卫生部联合开始设立了14个省（自治区）的15个地（市、州、盟）为布鲁氏菌病全国监测点，对全国的奶牛等家畜和人间布鲁氏菌病进行监测，以达到掌握疫情动态、预测疫情趋势、科学评价防治效果的目标。

2. 牛结核病 中国政府长期保持制定相应防控规划，采取了以“检测、检疫、扑杀和消毒”相结合的综合性防治措施，一些地区的奶牛结核病得到了稳定控制。

20世纪80年代及以后，全国奶牛结核病的流行有所缓和，但其感染率仍然比较高，这一阶段，一些奶牛场的感染仍然十分严重。

1983年5月24日至6月12日，中国奶牛协会组织北京、上海、南京的兽医专家，对奶牛结核病和布鲁氏菌病比较严重的成都、重庆、武汉三市的奶牛进行调查。共考察了18个“结核病和布鲁氏菌病”严重场、健化过渡场（假定健康场）及健康牛场。通过调查，比较清楚地了解到这些城市奶牛场的“结核病和布鲁氏菌病”流行情况和控制工作采取的措施。

1984年10月，中国奶牛协会在汉口召开“结核病和布鲁氏菌病”防治经验交流会，共25个省（自治区、直辖市）56位代表参加。会议交流了防治经验和防治措施，对检疫方法、疫苗的使用、制定标准以及检疫器材的生产等问题，进行了交流讨论。这次会议总结推广了有效的经验，推进了“结核病和布鲁氏菌病”防控工作。

3. 日本血吸虫病 20世纪70年代后至90年代中期，奶牛血吸虫病在南方疫区时有发生。在一些严重流行区域，奶牛血吸虫病感染率平均达到24.3%，个别自然村甚至高达80.3%。

1978年恢复了全国血吸虫病研究委员会。1989年，江泽民同志在致湖区五省血防工作会议的信中指出：“全心全意为人民服务，是共产党唯一的宗旨。和人民群众一起共同努力消灭血吸虫病，是党和政府义不容辞的责任。”在20世纪90年代初，又掀起了“全民齐动员，再次送瘟神”的血防工作新高潮。

1990年，农业部颁发《家畜血吸虫病查治规程》（试行）、《消灭家畜血吸虫病分级标准和考核验收办法》（试行）和《消灭家畜血吸虫病地区疫情监测办法》（试行）。1990年3月23日国务院印发《关于加强血吸虫病防治工作的决定》（国发〔1990〕18号），明确了卫生部、农业部、水利部和湘、鄂、赣、皖、苏主管省长或血防领导小组组长参加的血吸虫联防领导小组，统一指挥和协调湖区五省血防综合治理工作。

1992年，农业部决定成立血吸虫病防治专家咨询委员会，张延喜副部长在首届血吸虫病防治专家咨询委员会成立会上，明确提出了“农业系统的血防工作应与农业、农村、农民问题结合起来”。各疫区省按照农业部的要求，相继成立了农业血防领导小组和血防办公室，协调农业系统各方面力量，有计划、有步骤推进农业血防工作。

全国畜牧兽医总站、中国农业科学院上海家畜寄生虫病研究所主持完成的农业血防综合治理新技术研究获得1996年农业部科技进步奖一等奖，改善了血吸虫病的防治技术。

（四）奶牛常见传染病的防治得到强化

1. 牛传染性鼻气管炎 牛传染性鼻气管炎是由牛疱疹病毒Ⅰ型、坏死性鼻炎病毒引起的牛的一种急性、热性、接触性传染病，能引起母牛流产和死胎。迄今为止，各大洲都有发生牛传染性鼻气管炎的报道，通过血清抗体检查表明，几乎所有国家的牛群都不同程度地检出了牛传染性鼻气管炎病毒（IBRV）的抗体。中国自20世纪70年代开始从进口种牛中发现本病，并分离和鉴定了该病毒。根据国内部分省（自治区）血清学普查结果表明，广东、广西、河南、河北、湖北、新疆、山东、四川、青海、西藏、黑龙江等地区的奶牛、黄牛、水牛、牦牛、犏牛中均有牛传染性鼻气管炎病毒感染。

1988年7月，京郊某牛场从日本进口的牛群中，犊牛表现神经症状，呼吸困难，排血便等，死亡率占70%，同时，该场妊娠牛发生流产，流产率达22%。1991—1995年，通过临床诊断、病毒中和试验等，确诊为牛传染性鼻气管炎。

牛传染性鼻气管炎采用的防治方法为扑杀和接种疫苗。经过3 ~ 5年的免疫，可收到明显效果。

2. 魏氏梭菌病（现名产气荚膜梭菌病）**的防治** 魏氏梭菌病是梭菌病的一种。20世纪80年代末，魏氏梭菌病已在豫东地区零星发生，以犊牛发病为主，很少涉及其他家畜。1994年后，本病流行日趋严重，患病畜种和数量增加，除黄牛发病外，奶牛、山羊、绵羊等发病增多，甚至还有一些野生动物发病的报道；同时流行地区也在不断扩大，河南、山东、广东、宁夏、云南、甘肃、青海、北京、广西、吉林、辽宁、湖南、安徽、福建、四川、陕西、江苏、上海、海南、天津、贵州、重庆、河北、内蒙古、新疆等25个省（自治区、直辖市）均有该病报道。魏氏梭菌病的诊断可采用细菌分离鉴定、聚合酶链式反应（PCR）、血清中和试验等方法。预防主要采取疫苗接种为主。

3. 副结核病的防治 副结核病也叫副结核性肠炎，主要侵害奶牛。在20世纪80—90年代，农业部曾作为重点攻关项目进行研究。

1981—1983年，中国兽药监察所首次成批分离出副结核菌株。80年代发病范围扩大到28个省（自治区、直辖市），发病数和发病率较前明显提高。

1981—1985年，中国兽药监察所完成了牛副结核病诊断制剂及诊断方法的研究。该研究提纯出副结核菌素和副结核补体结合反应的抗原，为诊断牛、羊副结核病和进出口动物检疫提供了可靠的方法。1987年，牛副结核病诊断制剂及诊断方法的研究成果获得农业部科技进步奖二等奖。该成果研制成诊断用副结核菌素，并制订出皮肤变态反应的82-2判定标准。经效力试验、对比试验、细菌学试验，证明此诊断制剂及其判定标准在特异性和敏感性方面优于英国纯副结核菌素。补体结合试验是研究得最早的副结核病血清学诊断方法，至今仍为国际上所采用。

1987年8月，吉林省兽医研究所研制出用禽型结核菌制造的牛副结核病补体结合反应抗原与阴、阳性血清用于该病的诊断。

4. 弓形虫病的研究 弓形虫病是世界性分布的人畜共患寄生虫病。奶牛与其他品种牛一样，都是弓形虫易感动物。1955年，中国学者在福建省平潭、长乐等地首次从猫和家兔体内分离到弓形虫，后又从猪、豚鼠等动物体内分离到虫体，从而确认中国有弓形虫病。1975年，云南省镇康县发现牛弓形虫病。

据统计，1975—1985年云南省共5个县发生牛弓形虫病，死亡率为37.8%。福建（1979年）、江西（1980年）、贵州（1982—1983年）等省曾用间接血凝法调查，结果显示牛弓形虫感染阳性。1987—1989年对江西、云南、新疆、贵州等10个省（自治区）的牛弓形虫血清学调查显示，平均阳性率为9.13%。

5. 锥虫病的防治 锥虫病主要在南方地区流行，奶牛是锥虫病易感动物，常有奶牛场发生锥虫病的报道。

20世纪80年代初期，浙江省畜牧兽医研究所研究成功间接血凝试验，方法简单、快速、检出率高，已广泛应用于本病普查。80年代中期，中国农业科学院研究出酶联免疫吸附试验和乳胶凝集试验，均因检出率高，又简便快速而广泛应用于查病工作，对检疫和普查病畜，检出带虫动物，提供了良好的手段。

20世纪80年代主要对重点地区进行免疫，据四川、湖北、浙江、江西、广东、湖南、云南、西藏、甘肃、青海、新疆等11个省（自治区）统计，1951—1989年共免疫牛2.8亿头，其中以四川、湖北、湖南、青海等4个省免疫数较多。

6. 牛梨形虫病的防治 牛梨形虫病分布于全国30个省（自治区、直辖市）。与20世纪五六十年代相比较，80年代发病率较高。致死率（除60年代外）和死亡率随年代而逐渐降低。经过多年防治基本控制了本病的流行，但发病范围却增大，多呈零星散发，发病率、死亡率、致死率均有下降。

奶牛对本病最易感。多年来认真贯彻以“防”、“治”为主的综合性防治措施，做到早期诊断，早期治疗，改善饲养，加强管理，适时灭蜱，避蜱放牧和疫苗接种，对控制本病的发生和流行起到了很大的作用。20世纪80年代，除三氮脒外，主要应用咪唑苯脲。1995年，中国农业科学院兰州兽医研究所承担的“牛巴贝斯虫病综合防治技术研究”专题通过验收，该专题对中国除台湾和海南2省外牛的蜱传性血液原虫进行了调查，发现了巴贝斯虫、泰勒虫、无浆体3属7个虫种。首次证实了刻点血蜱是牛的大巴贝斯虫病的传播媒介，建立了间接血凝试验和酶联免疫吸附试验（ELISA）两种诊断技术，进一步证实咪唑苯脲用于牛巴贝斯虫病的防治具有很好应用前景。

五、奶牛普通病的研究与防治取得显著进展

奶牛普通病的发生不仅与饲养管理水平有关，而且，受其生产性能高低的影响。其中以乳房炎、繁殖障碍、蹄病等病显著增加，并成为主要危害奶牛健康的疾病。针对生产实际问题，兽医科学工作者开展了乳房炎、繁殖障碍、蹄病以及

瘤胃酸中毒、酮病、酒精阳性乳等防治研究，摸清了发病原因，提出了有效的防治措施，解决了生产问题。

（一）开展奶牛乳房炎的综合防治研究

从有资料记载，奶牛乳房炎的发病情况就一直很严重。20世纪70年代中期，奶牛亚临床乳房炎的发病率为20%以上，80年代，有60%以上的奶牛都感染有亚临床型乳房炎，机械挤奶的奶牛场可高达79.7%[1]。

中国对奶牛乳房炎的大规模诊断调查开始于1982年，一些学者率先对乳房炎进行研究，开发了诊断仪和诊断液。北京、上海、浙江等地，开展了奶牛乳房炎的综合防治研究，采取措施进行预防，例如加强管理，降低乳腺感染；严格执行挤奶操作规程，加强挤乳卫生；接种乳房炎疫苗；抓好干奶期最佳预防；加强对有关疾病的治疗，及时淘汰病牛。

中国奶牛协会疾病防治委员会于1995年12月18日至20日在北京奶牛中心召开了《奶牛乳腺炎防治规范》实施总结会。来自上海、北京、天津、黑龙江、江苏、山西、山东、湖北等14个省（自治区、直辖市）共29位代表参加了会议。会议认为：《奶牛乳腺炎防治规范》从总则、挤奶规程、饲养、管理、育种、预防、兽医与挤奶员职责、防治乳腺炎应达到的目标及乳腺炎发病率计算方法等均有明确的规定，内容全面、系统、细致、实用，完全符合奶牛场的实际情况，只要认真贯彻执行，必将有效地控制乳腺炎的发生，从而达到提高牛奶质量、产量和经济效益的目的。

20世纪90年代以后，奶牛业趋于稳步发展，在奶牛疾病研究过程中，人们逐渐掌握了奶牛发病的原因与防治办法。同时，也深深地认识到只习惯于个体治疗，已远远不能适应当今规模化、集约化和牛高产的形势。因此，保证奶牛健康，减少隐性、临床型疾病的发生及其所造成的经济损失，加强奶牛疾病的早期监测，提早预报，及时控制，则是兽医工作者的重要工作。于是传染病综合防治、蹄卫生保健、乳房卫生保健及营养代谢病监控等防治措施相继形成。

（二）防治繁殖障碍技术不断改进

在中国，据统计，奶牛繁殖障碍发生率可达15%～25%，是以妊娠母牛发生流产、死胎、木乃伊胎、无活力的弱仔、畸形胎儿和公母牛不育症的一类疾病。

20世纪30年代以前，传染性疾病曾是繁殖障碍的重要病因[2]，如布鲁氏菌病、弯曲菌病、衣原体病、赤羽病、牛细小病毒病、牛黏膜病、李氏杆菌病、沙门氏

---

1 郑星道，周颐载，彭学文.1982.乳牛隐性型乳腺炎诊断方法比较试验.现代畜牧兽医（6）：33-36.

2 陈家璞.1992.乳牛疾病学.北京：农业出版社：270-278.

菌病、霉菌病、立克次氏体病、新孢子虫病和弓形虫病等。随着奶牛业的发展，奶牛繁殖障碍类传染病严重制约繁殖牛群的数量和质量。此外，子宫颈炎、卵巢炎、阴道炎、输卵管炎等均是引起奶牛不孕的直接原因。为此，国家加大了研究投入，通过技术集成或创新，迅速建立引起繁殖障碍的传染病诊断检测技术手段，研制相关疫苗制品和治疗药物，利用技术推广应用体系摸清流行规律，提高了奶牛繁殖障碍相关传染病的防控应急能力，将其控制到最低水平。

在药物治疗方面，1986年首次报道了催产素对奶牛持久黄体和黄体囊肿的治疗效果。同期，中兽医根据临床症状将其分为肾阳虚和气滞血瘀两型，采用补肾壮阳、活血化瘀、补血调经等治法，丰富了奶牛繁殖障碍防治手段。

（三）蹄病的防治

作为奶牛的常发病之一，蹄病可造成奶牛产奶量下降，饲料报酬降低。随着奶牛养殖数量增多，奶牛产奶量逐年递增，随之而来的是蹄病的发病也逐渐增多，蹄病已在奶牛业中成为仅次于乳房炎和繁殖系统疾病引起奶牛被迫淘汰的第三大疾病。中国奶牛肢蹄病发病率平均在50%左右，高的达70%～80%，每年因蹄病而被迫过早淘汰的奶牛占淘汰总数的15%～30%，给奶牛业造成经济损失巨大。

据对北京成年奶牛母牛3年（1984、1989、1990年）统计，蹄病占总发病率的9.9%、6%和8.4%，蹄变形占31.2%。据北京奶牛中心的统计数字，从1982—1991年的10年间，每年因蹄病造成的经济损失大约在20万元。

1985年5月，中国奶牛协会在北京召开奶牛疾病防治经验交流会，22个省（自治区、直辖市）奶协疾病防治组负责人及代表35人参加。会议交流了奶牛常见病的防治经验，重点对奶牛代谢病、肢蹄病、真胃移位、犊牛腹泻、副结核、乳房炎、不孕症等疾病的发生发展以及发病机制和防治方法等进行了总结交流。代表们学习了不少知识和对一些常见病的防治经验，引起了各地对严重影响奶牛生产的一些常见病的重视。

1986年10月27日至11月14日，中国奶牛协会在北京举办了奶牛疾病防治培训班，重点针对奶牛常见病进行授课，对国外奶牛传染病、寄生虫病、代谢病也作了介绍。培训紧密结合生产实际，讲求实效。25个省（自治区、直辖市）的畜牧兽医技术人员共51人参加了培训，其中大部分学员是各地奶协派出的直接从事奶牛疾病防治的兽医人员。

这些会议和培训对全国奶牛常见病的防治工作起到了很好的推动作用。

第三节 奶牛保健与疾病综合防治法制化时期（1998—2011年）

1997年7月，全国人大颁布了《中华人民共和国动物防疫法》，1998年1月1日起施行，标志着包括奶牛防疫在内的动物防疫工作进入法制化管理时期。这对加强奶牛防疫工作的管理，预防、控制和扑灭奶牛疫病，促进奶业发展，保护人体健康，维护公共卫生安全，具有重要意义。随着奶牛防疫的法律体系不断完善，有关奶牛的疫病防治技术规范相继出台，国家标准的制定、修订进入新阶段，奶牛防疫体系建设得到加强，奶牛疾病防治技术进一步成熟，开始步入奶牛保健与疾病综合防治的法制化。2007年5月25日，中国作为主权国家重返世界动物卫生组织（OIE）。显示中国兽医事业在适应中国兽医工作特点的基础上，逐步与国际接轨，并且得到国际组织的认可。

一、动物防疫体系建设得到加强

从1998—2011年，中国重大动物疫病防治体系建设取得了很大成绩，兽医行政化管理、动物防疫体系、防疫物资保障和法律体系方面的不断完善，有效地保证了中国畜牧业的发展、畜产品的安全及人的健康。

（一）动物防疫的法律体系得到完善

1998年，农业部农垦局颁发农垦系统《奶牛场技术管理规范（草案）》，对奶牛疾病防治收到了明显效果。有关奶牛的动物疫病防治技术规范、标准相继出台。

2001年，为保障无公害食品的牛奶的生产，农业部颁布了行业标准《无公害食品　奶牛饲养兽药使用准则》（NY 5046—2001）、《无公害食品　奶牛饲养兽医防疫准则》（NY 5047—2001）、《无公害食品　奶牛饲养饲料使用准则》（NY 5048—2001）、《无公害食品　奶牛饲养管理准则》（NY 5049—2001）。

2002—2005年，农业部发布了与奶牛疫病控制有关的4个动物疫病防治技术规范：《布鲁氏菌病防治技术规范》（农办牧〔2002〕74号）、《牛结核病防治技术规范》（农办牧〔2002〕74号）、《牲畜口蹄疫疫情防治技术规范（试行）》（农牧发〔2004〕20号）、《亚洲Ⅰ型口蹄疫防治技术方案》（农医发〔2005〕13号）。国家质量监督检验检疫总局发布了国家标准《动物布鲁氏菌病诊断技术》（GB 18646—2002）、《动物结核病诊断技术》（GB 18645—2002）。

2002年，农业部制定了《动物免疫标识管理办法》、《动物检疫管理办法》等配套规章。2007年8月30日，《中华人民共和国动物防疫法》经过修订，对“动物疫病的预防”、“动物疫情的报告、通报和公布”、“动物疫病的控制和扑灭”、“动物和动物产品的检疫”、“动物诊疗”、“监督管理”、“保障措施”等做了明确规定。2010年1月4日对《动物检疫管理办法》修订，其中对乳用动物检疫审批、检疫监督等做出了规定。动物防疫的法律体系不断得到完善。

2004年，新修订的《兽药管理条例》颁布，农业部陆续修订、发布了一系列配套规章，对奶牛用药的研制、生产、检验、销售、监督管理做了规定。通过新药评审、进口兽药注册和产品批准文号发放3个环节，把住奶牛用药产品准入关。

2007年，农业部新增、修订并颁布了与奶牛有关的动物疫病防治技术规范《口蹄疫防治技术规范》、《布鲁氏菌病防治技术规范》、《牛结核病防治技术规范》和《炭疽防治技术规范》。这些规范对奶牛疫病的监测、检疫、净化及人员防护、防疫监督等作出了相关技术规定，进一步明确了奶牛疫病的防控要求。

加强奶牛养殖管理是防治奶牛疾病的重点工作，为了更好规范奶牛养殖，中国制定了一系列的相关标准：《生活饮用水卫生标准》(GB 5749—2006)、《饲料标签》(GB 10648—1999)、《奶牛场卫生及检疫规范》(GB 16568—1996)、《农产品安全质量　无公害畜禽肉产地环境要求》(GB/T 18407.3—2001)、《病害动物和病害动物产品生物安全处理规程》(GB 16548—2006)、《畜禽养殖业污染物排放标准》(GB 18596—2001)、《良好农业规范　术语》(GB/T 20014.1—2005)。这些标准的颁布，切实保障了中国奶业更好、更健康的发展。

在防控政策方面，“预防为主、依法防控、科学防控”成为疫病防控的总要求。根据兽医科学技术水平的不断发展，国家不断调整防控政策，对口蹄疫等危害奶牛的重大动物疫病实行强制免疫和扑杀补偿相结合的政策，同时加强饲养管理、检疫监测、淘汰血清学阳性奶牛以及隔离消毒等综合措施，使得口蹄疫、牛结核、布鲁氏菌病等主要奶牛疫病得到了有效控制，防控水平得到了极大提高。

（二）防控管理和技术支持体系进一步加强

2004年7月，经中央机构编制委员会批准，农业部设立兽医局，启动了中国兽医管理体制改革。农业部兽医局的设立加快了动物防疫法律制度建设步伐，发挥了在畜产品国际贸易中的保护作用。

2006年3月，为了提高中国重大动物疾病预防控制和应急处置能力，农业部成立了中国动物疫病预防控制中心；全国畜牧兽医总站更名为全国畜牧总站；在中国兽医药品监察所加挂“农业部兽药评审中心”的牌子；农业部动物检疫所更名为“中国动物卫生与流行病学中心”，中国农业科学院畜牧研究所更名为中国农业科学院北京畜牧兽医研究所，中国农业科学院上海家畜寄生虫病研究所更名为中国农业科学院上海兽医研究所；在中国农业科学院北京畜牧兽医研究所、哈尔滨兽医研究所、兰州兽医研究所和上海兽医研究所，分别加挂中国动物卫生与流行病学中心北京分中心、哈尔滨分中心、兰州分中心、上海分中心牌子。同时充实了这几个单位的兽医工作职责。从此，中国基本形成了以农业部兽医局为行政管理部门，中国动物疫病预防控制中心、中国兽医药品监察所、中国动物卫生与流行病学中心及4个分中心为主体的国家级动物疫病技术支持体系。

除此之外，国家陆续建立了国家外来动物疫病诊断中心（国家疯牛病参考实验室）、疯牛病检测实验室、农业部兽医诊断中心等实验室，加上各科研机构、大专院校的实验室，确保了奶牛疫病在内的动物疫病防治的实验室技术支持需要。

2007年，中共中央、国务院《关于积极发展现代农业扎实推进社会主义新农村建设的若干意见》中明确提出要建立和完善动物标识及疫病可追溯体系。在同年3月19日召开的全国动物卫生监督执法暨动物疫病追溯体系建设工作会议上，农业部提出力争用5年左右时间，逐步建立既适合中国国情又与国际通行做法接轨的动物标识溯源系统，切实提高重大动物疫病防控能力，保障动物产品质量安全，促进养殖业持续健康发展。这个体系的建立，对奶牛疫病防控的积极作用尤其明显。

二、动物保护工程和无规定动物疫病区启动建设

2000年以后，中国奶牛饲养出现了前所未有的新形势，奶牛村、奶牛小区在不少地区出现，奶牛饲养数量、养殖区域不断增加。进入新的世纪，中国启动了无规定动物疫病区和动物保护工程建设，启动无公害食品行动计划，对奶牛疾病防治工作进入保健与疾病综合防治相结合的新阶段。

2001年开始，国家投资建设松嫩平原、辽东半岛、胶东半岛、四川盆地和海南岛等五片无规定动物疫病区示范区，建立并完善了动物疫病控制、检疫监督、疫情监测和屏障保护体系，取得了明显的经济效益和社会效益。2009年12月，经全国动物卫生风险评估专家委员会组织评估，海南省免疫无口蹄疫区正式建成，这是中国第一个通过无规定动物疫病区评估的省份，标志着动物疫病区域化管理进入新阶段。

三、启动无公害食品行动计划

2001年，农业部启动了“无公害食品行动计划”。以全面提高中国农产品质量安全水平为核心，以农产品质量标准体系和质量检测体系建设为基础，以“菜篮子”产品为突破口，以市场准入为切入点，从产地和市场两个环节入手，通过对农产品实施“从农田到餐桌”全程质量安全控制，用8～10年的时间，基本实施主要农产品的无公害生产和消费，保障消费安全，使质量安全水平达到发达国家或地区的中等水平。

2003年，农业部要求，紧紧抓住污染源控制、标准化生产和市场准入三个关键环节，重点解决植物产品农药残留超标，动物源性产品兽药残留和药物滥用三个重大问题，确保“菜篮子”产品和出口农产品生产和消费安全。

牛奶无公害标准化生产，是指在奶牛生产全过程中，按照无公害食品标准从环境、引种、饲料饲草、用药和管理等几个方面进行质量监控，生产出无公害、无药物残留的牛奶，经认证合格获得认证证书并允许使用无公害农产品标志，同时生产过程中不对周围环境造成污染。2001年9月3日，农业部颁布了《无公害食品　奶牛饲养兽药使用准则》，规定了生产无公害食品的奶牛饲养过程中允许使用的抗生素类药、抗寄生虫类药、激素类药及其使用准则。牛奶无公害生产是保障人民身体健康、提高生活水平的需要，是养殖场及养殖户生存的需要，是奶业可持续发展的需要，也是中国奶业融入世界大市场，参与国际、国内市场竞争的需要。

2008年，第29届奥林匹克运动会在中国北京举办，中国政府高度重视奶业生产，针对奶牛疾病和用药安全，开展了严密的兽药残留监控工作，高质量地保障了奥运期间的牛奶饮食安全。

四、兽药管理水平迈上新台阶

2000年，《中华人民共和国兽药典》（2000年版）和《中华人民共和国兽用生物制品制造与检验规程》（2000年版）出版。

2005年版《中华人民共和国兽药典》、《兽用生物制品》，收载的用于奶牛的药物大多是奶牛传染病、乳房炎、子宫内膜炎等与生产性能密切相关疾病的防治药物。

经过农业部兽医局、农业部兽药评审中心多年的努力，兽药地方标准集中清理后，有部分奶牛疾病防治用药上升为兽药国家标准。中国兽医药品监察所、中国兽药典委员会办公室组织编写了《奶牛用药知识手册》和《奶牛安全用药知识挂图》，为奶牛安全用药提供了科学依据和实用参考。

新修订的《兽药管理条例》于2004 年11 月1 日起施行。与以前相比，进一步加强了对兽药生产的管理，明确兽药产品批准文号由农业部统一核发，同时取消兽药行业标准和地方标准，只保留兽药国家标准；进一步规范了兽药进出口管理程序；根据防治动物疫病的需要，加强对兽用生物制品的管理；研制、生产、经营、进出口属于生物制品的兽药，都要遵守比普通兽药更加严格的管理制度；增加了国家实行兽药储备制度，以应对突发的动物疫情和灾情；强化了监督措施，规范了执法程序。同年，农业部发布《兽药注册办法》、《兽药产品批准文号管理办法》；2005年，农业部发布《新兽药研制管理办法》、《兽药生产质量管理规范检查验收办法》等配套规章，为履行《中华人民共和国动物防疫法》所规定的防疫任务提供了药品保障。

五、中兽医学防治奶牛病

中兽医学积累了大量的防治牛病的行之有效的诊疗手段和中药方剂，在某些方面甚至具有其独特的不可替代的作用。从奶牛常见病来看，主要是乳腺疾病、产科疾病、肢蹄病三大病；还有消化系统疾病和营养代谢病。而中草药对这些疾病的预防和治疗有明显的作用；且易投药、成本低、无抗药性及残留，越来越多地被应用于奶牛保健和无公害牛奶生产。

（一）中兽医防治奶牛疾病的研究不断深入

由于在中西兽医结合治疗奶牛疾病方面的探索卓有成效，中兽医防治奶牛疾病的手段被列入奶牛疾病综合防控体系，使中国奶牛疾病的防治进入中西兽医并存共处、交融结合的新时期。

中兽医、中兽药防治奶牛疾病的研究已被列入大多畜牧业重大项目，如“奶牛主要疫病的关键防治技术及其产业化研究”（2001—2005年）、“奶牛主要疾病综合防控技术研究及开发”（2006—2010年）、“中兽药现代化研究及应用”（2008—2010年）等国家攻关计划、重大科技专项及科技支撑计划项目中都有中兽医防治奶牛疾病的内容。

2002年，奶牛主要疫病诊断和免疫技术取得进展，成功研制一批高效无毒中兽药。兽用奶牛乳房消毒剂、奶牛子宫消炎散1号、奶牛宫净康、乳炎消、清宫补益散、促孕散、虫净灵、曲麦消食散等一批新兽药获得省级新兽药审定。

2003年，2个用于乳房炎和子宫内膜炎防治的制剂取得了新兽药证书，2种新兽药获得省级新兽药证书和生产批准文号。2003年，由北京三元集团有限责任公司主持的“十五”国家重大科技专项“北方大城市郊区奶业现代化生产技术集成与产业化示范”课题完善奶牛卫生防疫体系，实现示范区牛群健康，保证食品安全。山东农业大学主持奶牛细菌性乳房炎高效防治新药的研制，研制了一种针对奶牛乳房炎常见病原菌及耐药菌株的高效防治药物。

2004年，“十五”奶业重大科技专项成果显著，建立了奶牛常见疾病的快速诊断方法和防治体系。中国农业科学院兰州畜牧与兽药研究所等单位主持国家科技攻关计划“奶牛主要疫病防治关键技术研究与产业化开发”，研究完成了防治奶牛乳房炎和子宫内膜炎的纯中药新制剂“乳源康”、“清宫液2号”等。

（二）传统兽医针灸术在奶牛疾病防治中得到创新发展

清代的《养耕集》、《抱犊集》、《活兽慈舟》等仅收录牛体穴位40余个。经过对古籍的整理，在实践中探索，不断发现新的敏感点，完善了牛的针灸穴位，进一步拓宽了有效针灸穴位的适应证。至20世纪90年代末，牛体全身穴位达到145个。

在继承传统针灸治疗方法的基础上创新和发展了不少新疗法，如电针疗法、插枝疗法、水针疗法、耳针疗法、激光针灸疗法、特定电磁波谱（TDP）疗法等。电针牛关元俞治疗牛瘤胃积食、前胃弛缓、慢性瘤胃臌胀等前胃疾病，电针后海穴配合脱肛穴或治脱穴治疗顽固性脱垂证，以及电针用于母牛不孕症、奶牛乳房炎等都取得满意的效果。用激光或激光穴位照射治疗奶牛疾病性不孕症、奶牛隐性乳房炎、颜面神经麻痹、肢蹄病及消化道疾病，均取得较好的疗效。

最突出的成就是家畜针刺麻醉术。电针麻醉简便易行、适用范围广、费用低廉、生理功能干扰小、麻醉后苏醒快、手术护理简单、术后创伤愈合良好，麻醉过程中还可以配合进行强心、输液或其他抗休克措施以减少麻醉手术中的意外事故和并发症、继发病的发生，所以很快为广大临床兽医接受。期间，筛选出很多针麻穴位及穴位组合。

兽医针灸术经过六十年的发展，在奶牛疾病防治上的应用已经日趋成熟，而且已被广泛接受。

六、国际交流开启新篇章

2007年5月25日，在世界动物卫生组织（OIE）国际委员会第75届大会上通过中华人民共和国作为主权国家参加世界动物卫生组织，台湾作为非主权地区继续参加其组织活动。

2008年2月26日，世界动物卫生组织与中国农业部联合在北京举办了世界动物卫生标准研讨会。

在与世界动物卫生组织合作中，中国还于2001年启动了与奶牛疫病有关的牛海绵状脑病、牛传染性胸膜肺炎和牛瘟的国际无疫认证项目，2008年5月底，世界动物卫生组织国际委员会在第七十六届大会上，世界动物卫生组织已认可中国为无牛瘟国家。作为世界动物卫生组织成员国，中国已逐步建立起完善的动物卫生信息通报和交流制度。1996年，农业部兽医局开始以"动物疫情月报"的方式对外发布国内动物疫情。1999年，农业部创办并编辑出版《兽医公报》，涉及口蹄疫、牛海绵状脑病等奶牛疫病。1999年起，中国开始每年或每两年向国际社会公布中国动物卫生状况白皮书。

七、奶牛传染病防治技术不断进步

2008年，农业部对1999年发布的《一、二、三类动物疫病病种名录》进行了修订[1]，与奶牛相关的口蹄疫、牛瘟、牛传染性胸膜肺炎、牛海绵状脑病（疯牛病）被列为对人与动物危害严重，需要采取紧急、严厉的强制预防、控制、扑灭等措施的一类动物疫病。

二类动物疫病中，与奶牛疫病相关的有布鲁氏菌病、炭疽、伪狂犬病、魏氏梭菌病、副结核病、弓形虫病、棘球蚴病、钩端螺旋体病、狂犬病等9种多种动物共患病，以及牛结核病、牛传染性鼻气管炎、牛恶性卡他热、牛白血病、牛出血性败血病、牛梨形虫病（牛焦虫病）、牛锥虫病、日本血吸虫病共8种牛的专有疾病。

被列为三类动物疫病的病种名录中，有牛流行热、牛病毒性腹泻－黏膜病、牛生殖器弯曲杆菌病、毛滴虫病、牛皮蝇蛆病共5种牛病，另有大肠杆菌病、李氏杆菌病、类鼻疽、放线菌病、肝片吸虫病、丝虫病、附红细胞体病等奶牛可感染的多种动物共患病。

---

[1] 中华人民共和国农业部公告第96号 .

《中华人民共和国动物防疫法》还规定，二、三类动物疫病呈暴发性流行时，按照一类动物疫病处理。

由于有《中华人民共和国动物防疫法》及其配套法规和政策的支撑，国家对奶牛疫病防治技术研究的支持力度在不断加大，并取得了许多科学技术成果，大大改进了奶牛疫病的防控技术水平。

（一）口蹄疫诊断和预防措施更加成熟

中国第一个口蹄疫灭活疫苗由兰州兽医研究所于1987年研制成功。在此基础上，1997年兰州兽医研究所又发明了不增加工艺环节的疫苗抗原浓缩技术，大幅度提高了疫苗的免疫效力。中国口蹄疫灭活疫苗的生产工艺已十分成熟，产品符合国际标准。口蹄疫诊断检测试剂于2005年全面完成了技术换代，实现了与国际接轨，达到世界动物卫生组织标准。

（二）应对布鲁氏菌病的再度肆虐

中国奶业迅速发展，奶牛大范围流动，部分地区出现奶牛布鲁氏菌病疫情上升，有些无疫地区亦出现了散发疫情，且疫情与奶牛流动情况关系较大。对此，国家和地方开始了系统的调查和防治工作，对流行疫区采取以疫苗免疫为主的综合防治措施，对控制区也加强了检疫监测等措施。

技术上，酶联免疫、荧光偏振、补体结合酶联免疫等抗体检测技术、聚合酶链式反应（PCR）等病原检测技术都已进入临床应用阶段，标记疫苗的研究也在广泛开展。

（三）严防疯牛病传入

2000年，在全世界对疯牛病威胁感到恐慌的时候，农业部畜牧兽医局组织农业部动物检疫所有关专家，对中国疯牛病的状况进行了风险分析，表明中国没有疯牛病。之后，每年在全国范围内按照世界动物卫生组织的规定开展了疯牛病的监测工作，通过连续的监测，证明中国确实没有疯牛病。

中国虽尚未发现疯牛病，但为了拒疯牛病于国门之外，于2001年成立了国家疯牛病参考实验室、监测中心。中国采取防御疯牛病的主要措施为发现疫情后及时上报，妥善处理；加大防疫力度，严厉打击肉品走私活动；严格入境检疫；在饲料生产上要保证消灭病原因子，禁止给反刍动物饲喂反刍动物组织；交换遗传材料（精液、胚胎）方面要注意防范病原因子的引入；一旦发现有可疑病畜即焚毁；加强食品卫生检疫，杜绝经食物链引入疯牛病；加大研究力度，促进防治朊病毒病药物的研制开发。

（四）防治日本血吸虫病成就显著

2004年5月20日，中共中央总书记胡锦涛同志作出批示：“做好血吸虫病防治工作关系到人民的身体健康和生命安全，关系到经济社会发展和社会稳定，各级党委、政府务必从实践‘三个代表’重要思想的高度，坚持立党为公、执政为民，深刻认识做好这项工作的重要性和紧迫性。要加强领导，明确责任，依靠科学，综合治理，发动群众，联防联控，完善政策，增加投入，确保各项防治措施的落实，确保有效控制血吸虫病流行目标的实现[1]。”2005年，国务院成立了血防领导小组，由吴仪副总理任组长。2006年4月1日国务院总理温家宝签署中华人民共和国国务院令第463号，公布《血吸虫病防治条例》，于2006年5月1日起施行。

六十年来，在一代代党和国家领导人的亲切关怀下，中国血防工作取得了举世瞩目的巨大成就。广东、广西、福建、江苏和上海等五个省（直辖市）和全国270多个县已基本消灭了血吸虫病[2]。

（五）采用综合措施防治副结核病

2003年，《牛副结核灭活疫苗的研究》项目获得国家科技成果。已有副结核菌弱毒苗和灭活苗可用，免疫效果虽好，但不宜推广，主要原因是因接种后变态反应阳性，无法与自然感染牛区别，影响检疫效果。该病尚无有效疗法，一经确诊立即淘汰。采取隔离、消毒、检疫、淘汰、加强饲养管理等综合措施，可较好地控制本病。

2008年，农业部公告957号颁发了副结核分枝杆菌酶联免疫吸附测定（ELISA）抗体检测试剂盒的注册证书。学术界一直公认以直肠黏膜粪便检菌诊断牛副结核病最准确。副结核皮内变态反应是国际上广泛采用的诊断方法。

八、奶牛普通病的防治进一步规范化

（一）综合防治乳房炎

进入21世纪，中国奶牛乳房炎发病率持续走高，据调查，发病率高达70%～80%，每年造成的直接经济损失约为30亿元人民币，是中国奶牛的第一大疾病。其中每头奶牛每年由乳房炎引起的产奶量下降所造成的损失为1 200 ～ 3 600元。

中国对隐性乳房炎不采用抗生素治疗，而是提倡综合预防，降低其阳性率。其主要原因是隐性乳房炎流行广，发病率高，如治疗所需药费开支过大，而且会增加生鲜乳的不安全性，对生产影响较大。

2010年6月21日，农业部印发的《奶牛乳房炎防治技术指南（试行）》（农医发〔2010〕29号），规定了奶牛乳房炎的诊断、监测、报告、预防、治疗和应急处置的操作程序、技术标准和保障措施，进一步规范了奶牛乳房炎防治工作。

（二）奶牛繁殖障碍防治工作取得明显成效

21世纪是高新技术的时代，现代高科技不断应用于奶牛繁殖障碍防治工作

---

1 卫生部等关于印发《血吸虫病综合治理重点项目规划纲要（2004—2008）》的通知．卫疾控发〔2004〕357号．

2 武忠弼．1984．病理学．北京：人民卫生出版社．

中。诊断方法除了采用通常的临床症状诊断法以外，还可采用血浆或乳汁孕酮测定诊断法、免疫性不孕症诊断法、超生影像技术诊断法。临床上治疗方法主要有生物疗法、激素疗法、激光疗法、子宫冲洗灌注法、针灸疗法、中药疗法、手术疗法。在饲养管理方面使用全价配合饲料，确保奶牛日粮营养平衡。改善饲养环境，将奶牛饲养在通风、干燥的畜舍内，降低热应激对奶牛的影响。同时加强干奶期、围产期母牛的饲养管理，做好母牛产后重点监控。将现代高新技术应用于奶牛业生产中，并向产业化方向发展，是奶业发达国家的普遍趋势。在发达国家，奶牛的育种工作已广泛应用现代胚胎生物工程技术、以胚胎移植为基础，结合同期发情、超数排卵、活体采卵、体外受精、胚胎收集、性别鉴定、胚胎分割、胚胎克隆、胚胎冷冻保存等组装形成奶牛高效快速繁育技术体系。中国已经构建完善了超数排卵和胚胎移植核心群育种方案（MOET），使良种母牛繁殖率提高了20倍。

中国牛胚胎移植技术较为成熟，并已开始商品化。北京、上海、新疆等地先后应用胚胎生物技术进行良种繁育工作，每年生产胚胎牛2 000 ~ 3 000头，已取得了明显的效益。这些技术进一步提高了繁殖效率，减少了奶牛繁殖障碍的发生。

（三）多种保健措施用于防治蹄病

奶牛蹄病是奶牛业的主要疾病之一，它与乳房炎和生殖系统疾病共同构成了奶牛饲养业的三大制约因素。资料显示，中国一些奶牛场的奶牛蹄病发病率居高不下，如：唐山市奶牛养殖小区蹄病占全部患病奶牛的29.1%；武汉地区各养殖场奶牛蹄病发病率均在25%左右；乌鲁木齐地区的调查显示奶牛蹄病发病率为38.4%；湖北宜昌地区的奶牛蹄病调查显示发病率为40%；哈尔滨市奶牛蹄病发生情况调查显示，随着奶牛集约化饲养程度的提高，奶牛蹄病的发病率也有所上升，发病率为5%～10%，其中主要以奶牛蹄叶炎、腐蹄病病例居多。

在奶牛蹄病频发的态势下，奶牛蹄病防治技术也得到了相应的提高发展。二磷酸组织胺诱发奶牛蹄叶炎病变的病理学等研究，对蹄病致病机理进行了探索，用硫酸铜、甲醛浴蹄，改善饲养环境，定期检查蹄部、修蹄，实施科学饲养等蹄病防治技术逐步完善，同时，火烙法、喷雾治疗法、饲料添加锌制剂法等新方法在奶牛蹄病防治上也取得了一定的效果。

（四）代谢病防治日渐重视

研究表明，酮病是由于糖类、脂类代谢障碍，在奶牛体内的酮体量异常增加并呈现出临床症状，即病牛的产奶量下降，不吃精料，迅速消瘦，呼出的气体、乳汁以及尿发出酮味，然而有的并不表现临床症状。在中国高产牛群中，临床酮病的发病率一般占产后母牛的2%～20%，而亚临床型酮病的发病率一般占产后母牛的10%～30%，且酮病的发病率有逐年升高的趋势。中国在奶牛酮病发病机理、检测方法等方面进行了大量研究和应用，取得了良好效果[1]。

瘤胃酸中毒是由于反刍动物短时间内采食大量谷粒等富含可溶性糖类物质，导致瘤胃内急剧产生、积聚并吸收大量有机酸物质所致的一种急性消化性酸中毒。日粮精粗比对奶牛消化代谢及乳脂肪酸成分影响，瘤胃微生物脲酶抑制剂的合成与应用等研究大大提升了防治瘤胃酸中毒技术水平。

2005年，《奶牛常见营养代谢病防治技术规程》（DB13/T 694—2005）颁布，规定了奶牛酮病、瘤胃酸中毒等发病原因、临床症状与诊断和防治，标志奶牛常见营养代谢病防治开始受到政府重视。

[1] 刘宗平.2003.现代动物营养代谢病.北京：化学工业出版社.

第四章
奶 牛 饲 养

奶牛饲养不但涵盖牛场建设、饲草料供给、饲喂、挤奶、贮运、环保等多个技术和管理环节，而且包含不同历史阶段奶牛饲养的体制和模式的变革。本章以阶段更替和体制变革为主线，以模式更新和技术突破为辅线，记载了新中国成立后奶牛饲养的体制变革、模式转变、管理提升和技术进步，供业界参考。

新中国成立后的奶牛饲养，可分为四个发展时期，一是新中国成立初期（1949—1957年）。这一阶段，奶牛饲养从战争中逐渐得到恢复并较快发展。前期奶牛饲养以私营为主，后期随着社会主义改造，集体和国营饲养的比重逐步上升。奶牛饲养多集中于城市，整体而言，条件简陋，管理粗放，饲养水平较低。饲草料靠自种自给、自由农贸市场购置和划拨饲料地或配给饲料粮等途径供给，饲养方式基本上是有啥喂啥。二是计划经济时期（1958—1978年）。这一阶段，奶牛饲养以国营为主、集体为辅，多集中于城郊，由于划拨了“饲料地”或配给了“饲料粮”，饲草料供给得到保障，饲养管理水平普遍提升。与饲养相关的科学研究和技术示范有所加强。凭借国营优势，依靠科技进步，加之牛奶作为特殊商品有效避免了冲击，奶牛饲养保持了平稳增长。三是改革开放时期（1979—2000年）。这一阶段，奶牛饲养由城郊向广阔农村拓展，从所有制上，个体、集体、国营、外资共存；从模式上，有家庭散养、个体专业户、养殖小区、规模牧场同在。国家放开了饲草料价格，其供给走向市场。随着《高产奶牛饲养管理规范》、《奶牛饲养标准》的制定、实施和奶牛科研、技术示范的加强，饲养管理逐步规范，饲养水平逐步提升。改革开放为奶牛饲养注入活力，推动了奶牛饲养快速发展。四是新世纪初期（2001—2011年）。这一阶段，确立了建设现代奶业的目标，推进了规模化、集约化、标准化、一体化建设，加快了奶牛饲养方式的转变。实施系列专项和示范工程，基础研究和科技示范获得重大突破，新技术、新成果被广泛应用，奶牛饲养水平快速提升。国务院先后出台了国发〔2007〕31号文件，提出了奶牛养殖的“八条”扶持和补贴政策；颁发了《乳品质量安全监督管理条例》，规范了奶牛养殖职责和监管。通过三年整顿和振兴，奶牛养殖从“婴幼儿奶粉事件”中快速恢复并保持增长。

纵观各个发展时期，无论是体制和模式上的变革，还是管理和技术上的创新，都不同程度地推动着奶牛饲养不断发展，实现了数量和质量的历史性跨越。据统计，2011年奶牛存栏1 440.2万头，牛奶产量3 657.8万吨，分别是1949年的120倍和183倍，年均分别递增8.0%和8.8%。

第一节　新中国成立初期奶牛饲养状况（1949—1957年）

受各种因素的影响，新中国成立时奶牛业家底薄，奶牛饲养主要集中在城市，条件简陋，管理粗放，饲养水平较低。饲草料是有啥喂啥，饲草料的供给主要是通过自种自给、自由农贸市场购置、划拨饲料地或配给饲料粮等多途径解决。“三年国民经济恢复时期”国家积极引导、扶持个体私营；1953年起，实施社会主义改造，通过建立互助组、合作社、公私合营和投资兴建国营奶牛场等，私营向集体、国营转变，集体、国营的比重逐步上升，但整个阶段的奶牛饲养仍以私营为主。这一时期引导、扶持和改造等政策，促进了奶牛业快速恢复并有所发展。

一、奶牛业快速恢复与发展

（一）新中国成立时奶牛业家底薄

在近代，因多数中国人生活水平低下，又不习惯饮奶，牛奶市场需求有限，且受长年战乱的影响，所以留给新中国的奶牛业家底可谓相当薄弱。据史料记载，有三个客观写照。一是存栏少、产量低。新中国成立时全国奶牛存栏只有12万头，牛奶产量只有20万吨，其他奶类产量不足2万吨，按全国人口近5亿计算，年人均奶类占有量不足0.5千克[1]。二是品种混杂、分布不均衡。12万头奶牛中，产奶性能较好的荷斯坦奶牛仅2万头，且主要集中在少数几个大中城市和滨州铁路沿线。其中，上海饲养奶牛4 880头、北京1 500头、昆明834头、天津811头、南京531头、武汉525头、大连335头、西安220头。其他多数分布于黑龙江省、内蒙古自治区、新疆维吾尔自治区等区。三是健康状况不良。新中国成立时，兽医防疫机构不健全，兽医防治技术落后，奶牛疾病蔓延，牛群健康状况极差。

（二）“三年国民经济恢复时期”鼓励和扶持个体私营

1949—1952年，中国进入“三年国民经济恢复时期”。党和政府积极贯彻保

[1] 王怀宝．2000．中国奶业50年．北京：海洋出版社：3．

护私营工商业政策，鼓励和扶持个体私营，发展奶牛饲养，对肉、蛋、奶经营，采取自由贸易政策，使全国特别是大中城市郊区奶牛饲养场（户）数、奶牛存栏数和牛奶产量得到快速增加与提升。

北京市1949年私人开办奶牛场和个体奶牛饲养户60家，奶牛存栏1 500头，年产牛奶2 000吨。到1955年，私营奶牛场和个体饲养奶牛户发展到655家，饲养奶牛2 957头，年产牛奶6 000吨（表4-1）。上海市新中国成立时奶牛饲养单位64家，奶牛存栏4 880头。1955年达到131家，饲养奶牛5 268头。天津市1949年从事奶牛养殖的有90户，奶牛811头，至1953年，发展到240户，奶牛1 530头。

表4-1 北京市1949年与1955年私营及个体饲养户奶牛生产情况对比

项　　目	1949年	1955年	增长绝对量	增长倍数
养殖场（户）数	60	655	595	9.9
奶牛存栏（头）	1 500	2 957	1 457	1.0
牛奶产量（万吨）	0.2	0.6	0.4	2.0

资料来源：《北京地方志》。

除北京市、上海市、天津市外，各地奶牛饲养业也都有所发展，且都以个体私营为主。当时，奶牛饲养快速发展的原因有三，一是国家的鼓励和扶持。“三年国民经济恢复时期”，国家积极鼓励和扶持个体私营养殖业，对肉蛋奶市场实行自由贸易政策。如1951年，中国人民银行北京分行贷款7亿元（时币），支持福康畜殖股份有限公司赴哈尔滨、海拉尔、齐齐哈尔等地购买奶牛60头，扩大生产[1]。又如1951年，山东省工业厅投资15万元，用于购买奶牛和建设牛舍，促进了奶牛的饲养[2]。二是社会对乳制品的需求迫切。随着人口的增长和饮奶意识的增强，社会对乳品消费的需求增加。特别是很多妇女参加了社会活动，相应的托儿所、保育院等机构增多，这些机构都需要大量的乳制品。1951年，政务院颁布《中华人民共和国劳动保险条例》，规定男女同工同酬，极大地鼓舞了广大妇女的工作热情。有资料统计，新中国成立时全民所有制女职工为60万人，到1957年增长为328.6万人，增长近5倍。三是抗美援朝时期，中国对包括乳制品在内的军需用品需求量加大，刺激了乳品行业的发展，乳品行业又推动了奶牛饲养的发展。

1　中国福康畜殖股份有限公司调查报告．北京市档案馆．档案号048－001－00031．1951．

2　济南畜牧公司的发展简史．济南市档案馆．档案号169－1－59．1951．

（三）"一五"时期实施社会主义改造

1953年，中央颁布了第一个国民经济发展计划，即第一个五年发展计划。以此为节点，以生产资料私有制为基础的个体私营奶牛饲养业，逐步改造为生产资料公有制为基础的集体、国营奶牛饲养业。其改造措施有四种：建立互助组、建立合作社、实施公私合营和发展国营奶牛场。

1. 建立互助组 1953年2月15日，中共中央颁布《关于农业生产互助合作的决议》。《关于农业生产互助合作的决议》指出：在新区和互助运动薄弱的地区发展临时性、季节性互助组，在有初步互助运动基础的地区发展常年互助组。贯彻落实《决议》要求，通过建立临时性、季节性和常年互助组，奶牛逐步由生产资料私有制为基础的个体私营饲养，改造为以生产资料公有制为基础的集体、国营饲养。伴随着体制的转变，奶牛饲养的组织化程度提高，集体、国营饲养的比重上升。当时，各地私人养牛户都联合建立了各种规模、各种类型的互助组。如1953年，广州全市饲养奶牛1 696头，成立常年互助组100个，季节性互助组152个[1]。重庆市小型奶牛场自愿合并建立互助合作生产小组，或进一步组织生产合作社（当时也称初级社）[2]。

2. 建立合作社 1954年1月8日，中共中央颁布《关于发展农业生产合作社的决议》。《关于发展农业生产合作社的决议》总结了建立互助组或初级社的经验，要求进一步引导个体农民由互助组到初级社，再到高级社，实现社会主义改造。遵循《决议》，私人养牛户通过参加农业生产合作社和自行组织奶牛生产合作社两种途径展开了社会主义改造运动。

（1）加入农业生产合作社 北京市规定，无论奶牛场设在何处，如饲养规模小于20头奶牛，或者雇用工人小于10人，且是本地农民在本村饲养奶牛的，加入本村农业生产合作社，成为农业社的奶牛饲养户[3]。当时，红星集体农庄、来广营社、鲁谷社、张郭庄社、西山社等都接纳很多这样的奶牛饲养户[4]。天津市规定，市内及郊区饲养奶牛的家庭户和奶牛不多、雇工较少的中小户，一律参加农业合作社[5]。济南市除对规模较大的奶牛场实行公私合营外，其余小规模奶牛饲养户、奶山羊饲养户全部并入郊区农业社[6]。上海市私人养牛户有300余家，每户有奶牛1～3头，在合作化中，动员他们牵牛回乡参加农业生产合作社[7]。

---

1 1949—1953年农业生产统计资料．广州档案馆．档案号202—47．1954．

2 重庆市建设局关于私营奶牛场管理意见（征求意见稿）．重庆档案馆．档案号 1091—002—00307．1954．

3 奶牛工作情况．北京市档案馆．档案号036—002—00066．1956．

4 关于对私营牛乳业进行社会主义改造的规划（草案）．北京市档案馆．档案号001—014—00311．1955．

5 对我市奶牛业改造意见的请示．天津市档案馆．档案号X0238—C—144．1956．

6 济南市对资改造工作委员会关于对本市牛乳业的调查报告．济南市档案馆．档案号169—1—27．1956．

7 关于本市私营奶牛业实行社会主义改造方针的请示报告．上海市档案馆．档案号B46—1—14．1955．

（2）组建奶牛生产合作社　按照《决议》，对不愿加入或没有条件加入农业生产合作社的，可自行组建奶牛生产合作社。如1955年冬和1956年春，黑龙江省的农业合作化运动高涨，许多奶牛户都积极要求组建奶牛生产合作社，当时黑龙江全省先后组建了44个奶牛生产合作社[1]。

3. 实施公私合营　1954年9月2日，政务院第223次政务会议通过了《公私合营工业企业暂行条例》，对民族资本主义工商业实行社会主义改造。在这一历史背景下，中国对规模较大、资金较多、有劳资关系的奶牛场实行公私合营。例如，北京市规定，如果奶牛饲养规模超过20头，或者雇用工人超过10人，一律按私营企业进行公私合营改造[2]。1954年，北京市成立了最大的奶牛场——公私合营北京东郊畜牧场，1955年初，吸收市内其他大中型的奶牛户入场，成为北京奶业进行社会主义改造的模范企业[3]。参照北京市奶牛饲养公私合营的经验，天津市委托天津市农林水利局负责对市内及郊区的奶牛场及大户进行改造，实行清资核产，定股定息，与天津市的国营农场建立公私合营牧场[4]。1956年5月，西安市对规模较大、资金较多、有劳资关系的私人奶牛场进行了社会主义改造，6月改造完成，公私合营奶牛场达到11个。1956年，南京对“三家邵氏牧场”公私合营，建立南京市仙林农牧场乳牛场和南京市卫岗牛奶厂。

南京市卫岗乳品厂旧场址

4. 发展国营奶牛场　除建立互助组、合作社和实施公私合营外，发展国营奶牛场是奶牛饲养实施社会主义改造的重要一环。概括而言，其发展措施和途径有遗留转制、公私合营和投资新建三种。

（1）通过遗留转制发展国营奶牛场　新中国成立时，革命根据地、国民党政府管辖区、敌伪特区等都遗留一些数目不多、规模不大的奶牛场，对这些遗产，新中国实施了转制，组建了较早的国营奶牛场。

美国友人阳早、寒春一家在西安

1 奶牛生产情况（稿本回忆档案）. 黑龙江省档案馆. 档案号101-01-167. 1958.

2 奶牛工作情况. 北京市档案馆. 档案号036-002-00066. 1956.

3 北京公私合营东郊畜牧场概况. 北京市档案馆. 档案号092-001-00076. 1956.

4 对我市奶牛业改造意见的请示. 天津市档案馆. 档案号X0238-C-144. 1956.

①革命根据地的奶牛场直接转为国营奶牛场　如国营北京市南郊农场，其前身是晋察冀军区于1947年建立的奶牛场，于1950年转制为国营北京南郊农场，归属北京市农林局领导。延安光华农场，1950年并入西安畜牧场，1952年与西北企业公司奶牛场合并为西安奶牛场，美国友人阳早、寒春到此指导工作，1955年再并入草滩农场，成为陕西省最大的国营奶牛场。1950年，哈尔滨市的16个国营奶牛场也主要是机关单位和部队办的农牧场转制而来，牛奶产量占当年哈尔滨市总量的21.1%。

②接管国民党政府和敌伪奶牛场改制为国营奶牛场　1949年底，新中国接管了75万多个官僚资本企业，其中也包括了许多与牛奶和奶牛有关的企业和单位。例如，国民政府教育部所属的“南京遗族学校”卫岗奶牛场，与中央大学鼓楼奶牛场、金陵大学太平门奶牛场合并组织国营南京卫岗乳品厂；国民党励志社副食品基地的奶牛资产，1949年4月就地转交北京市政府，成立北京市双桥农场；济南牲畜公司是1950年以济南实业公司（私营）为基础，将济南军区所属的奶牛场和政府机关的奶牛场作为政府投资入股，共同组建成公私合营的济南畜牧公司，有乳品加工厂、食品厂、奶牛场，1955年再将济南五大牧场并入，1956年更名为济南牧工商公司，正式转为国营企业[1]。同样，新中国也接管了一些敌伪奶业企业，虽数目不多，但多数在大城市，规模较大，设备先进，接管改制后成为新中国初期骨干奶牛场和加工企业。如1949年6月成立的国营上海牛乳场正是接管敌伪奶业资产后改组而成的[2]。

(2) 通过公私合营发展国营奶牛场　“三年国民经济恢复时期”，中国积极支持、引导个体私营奶牛饲养，各地都建立了很多私营奶牛场。对这些牛场，在第一个五年发展计划期间，中国通过公私合营逐步将私营奶牛场转为国营奶牛场。这一举措，最典型的是各大城市都设有国营牛奶公司。如1956年1月23日上海成立了上海市牛奶公司，管辖6个国营奶牛场、3个牛乳加工厂、1个营业所和7个公私合营牧场，共存栏奶牛7 805头，约占全市奶牛总数的76.5%。天津市亦是如此，1956年组建了国营天津市牛奶公司，统管天津市不同所有制的奶牛场，并逐步分批改制转制成国营奶牛场。除改制转制私营奶牛场外，北京市还将农村集体化奶牛场（包括合作社和早期人民公社）通过建制转化成国营奶牛场。如北京市在完成农村集体化改造以后，曾将朝阳、丰台、海淀、门头沟、昌平、大兴等6个区的26个公社和周口店的良乡公社（包括原国营长辛店农场），全部过渡为全民所有制的人民公社，转为全民所有制后，同时挂人民公社和国营农场两个牌子，按原来的区划建立区联社和总农场[3]。

1　济南市对资改造工作委员会关于对本市牛乳业的调查报告．济南市档案馆．档案号169-1-27．1956．

2　地方国营上海牛乳场基本情况调查小册．上海档案馆．档案号B163-1-74-17．1953．

3　国营和地方国营农林牧渔场情况调查说明．北京市档案馆．档案号005-006-00477．1963．

（3）通过投资兴建发展国营奶牛场　除遗留转制、公私合营外，新中国也开始投资兴建了一大批国营奶牛场。新中国成立初期，天津市的许多机关和国营企业单位分别办起了福利牧场，如天津铁路局、纺织工业管理局、总工会、干部疗养院、天津钢厂等十多个单位，共有奶牛259头。北京市在新中国成立初期建立国营奶牛场，主要为中直机关和市民提供鲜奶，如1949年国营香山奶牛场、1950年建立的国营巨山农场、1954年建立的北京市福利农场、1954年国营东郊农场以及1955年建立的北京市公安局所属的团河劳改农场等。1952年以后，中国在北京相继拨款建立了五里店、城府、西苑、德茂等几家国营奶牛场。到1955年底，北京新建的几个国营农场已养奶牛2 010头，年产牛奶3 000吨。此期间，其他地方也相继兴建国营奶牛场。1951年9月，国营西北企业公司从黑龙江安达县萨尔图购买85头奶牛，成立西北企业公司奶牛场。1952年哈尔滨市松花江奶牛场建立，1954年江西省畜牧良种场建立（金牛企业前身），1955年新疆维吾尔自治区呼图壁种牛场建立，这些奶牛场均是以饲养荷斯坦奶牛为主的综合性奶牛场。

回顾新中国成立初期的奶牛饲养业，虽历史遗留的家底薄弱，但经过“三年国民经济恢复时期”的恢复和第一个五年发展计划时期的发展，奶牛饲养业得以快速恢复和发展，其存栏和产量都有所增长。据统计，1957年全国奶牛存栏15.98万头，牛奶产量25.34万吨，分别比1949年增长了33.2%和26.7%，年均分别递增3.7%和3.0%（表4-2）。

表4–2　1949年和1957年中国牛奶产量、奶牛存栏量统计

年份	牛奶产量（万吨）	奶牛存栏（万头）
1949	20.00	12.00
1957	25.34	15.98

资料来源：《中国畜牧业统计 1949—1989》和《中国奶业50年》。

二、奶牛饲养条件简陋管理粗放

新中国成立时，中国奶牛饲养生产性能较低，全国年产牛奶仅20万吨，以7万头成母牛计，每头成母牛每年牛奶产量不足3吨。究其原因，主要是当时奶牛饲养条件简陋、科技水平较低和管理粗放。当时，中国内蒙古、新疆等牧区，尽管饲养奶牛的历史较早，但牧民对饲养技术认知度低、管理粗放。奶牛饲养主要依靠放牧，通常情况下，太阳升起前挤奶，升起后赶牛放牧，太阳下山前赶回再挤奶；挤奶采用手工挤奶方式，挤出的牛奶除鲜饮外，主要制作奶

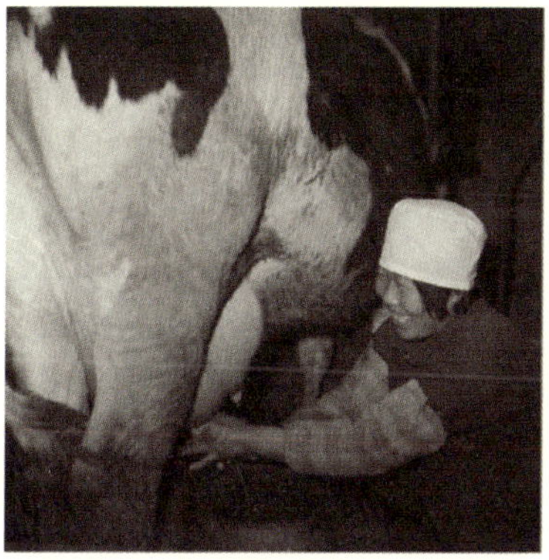

手工挤奶

豆腐、奶皮子、奶酪等奶制品；奶牛没有固定、规范的牛舍，牧民用木头制作简单围栏将奶牛饲养在房屋的周边，条件稍好一点的牧民会给奶牛搭建一个简易棚舍，遮阳避雨。为提高牛奶产量，少数牧民会在晚上为奶牛补饲一些晒干的牧草或青稞、荞麦、玉米等谷物饲料。

而农区养牛主要用于耕地、拉车等役用，这些役牛基本没有产奶能力。但也有少数农民，特别是靠近牧区或者是有牧区及城市务工经历的农民，开始饲养乳肉兼用型牛。一般养殖数量较少，1 ~ 2头居多，最多不超过5头，是典型的家庭散养，属于家庭副业，饲养管理粗放。一根绳、一根铁链，将奶牛拴系在门前、屋后，没有固定牛舍，任凭风吹雨打和阳光暴晒。奶牛的主要饲料是各类谷物的干秸秆，还有少量的谷物籽实。干秸秆和谷物籽实多数不经过任何处理，直接饲喂。农闲时节，挤奶、饲喂相对固定，而一旦遇到农忙，挤奶、饲喂规律则被完全打乱。

新中国成立时尚有为数不多较大的奶牛场，其饲养管理相对较好。例如，在国民革命军遗族学校创办的卫岗奶牛场，创建初始就已搭建简易牛舍，管理上要求奶牛一天洗两次澡，每天量一次体温，对每头牛反刍的次数要做记录，以便观察奶牛的健康状况。奶牛饲料丰富多样，并注意合理搭配；有了初步的饲料加工工艺，对干谷物、秸秆进行铡短处理，以方便奶牛采食，对谷物籽实，特别是豆制品进行热炒，提高食欲，促进消化吸收；奶牛的饲喂、挤奶等均有相对固定的程序。不过，像这样的奶牛场在当时可以说是凤毛麟角。

总体而言，基础差、底子薄、条件简陋、管理粗放、饲养管理水平低下，是新中国成立初期奶牛饲养业的真实、客观写照。

三、改善饲料生产，促进奶牛饲养

（一）开始配给饲料粮、饲料地

新中国成立初期，奶牛饲养情况复杂。从体制上，既有个体私营，又有集体国营；从模式上，既有家庭散养，又有规模牛场；从区域上，既有城区内的，也有城郊结合部的，还有城郊的、远郊农村的以及边远牧区的。情况不同，其饲草料的供给也不同。这种不同，与经济体制、分布区域和是否拥有配套土地有关。分布于城市内的，或城郊结合部的一些私营奶牛场和饲养户，或少数国营奶牛场，没有配套的土地种植饲草料，主要从自由购销农贸市场购买。同样，分布于农村没有土地的奶牛饲养大户也是如此。这种供给方式在新中国成立后“三年国民经济恢复时期”比较常见，并占据主流。而另外一些奶牛饲养户、国营规模牛场，它们多数分布在城郊，有配套的土地，土地种植的一部分可用于奶牛的饲草料，属于自种自足型。边远牧区的奶牛饲养户有自己的草场，主要放牧饲养。

随着“三年国民经济恢复时期”的结束，中国开始通过多种途径将私营转变为国营，土地归集体和国家所有。同时，随着人口的快速增长，粮食需求量增加，饲料粮的供给紧张，原来的粮食自由购销市场被取消，开始实施统一、按计划供给。在此背景下，为满足奶牛饲养的需求，中国开始为奶牛饲养配给“饲料粮”或划拨“饲料地”。配给饲料粮的标准，有些考虑奶牛群体的大小；有些考虑奶牛群体的类别，犊牛、育成牛、泌乳牛都有不同的标准；有些考虑产奶量，依据不同的产量配给不同数量的饲料粮。不同地域，配给标准也不同。同样，不同地域，划拨“饲料地”的数量也不同。这一时期，配给“饲料粮”或划拨“饲料地”，是应对体制改革，适应人口增长和牛奶消费增长而做出的一种积极、有效的尝试，它为计划经济时期奶牛饲草料的供给提供了经验和参考。

（二）犊牛代乳料的研发

为节省牛奶，提高饲养效益，科研工作者开始尝试用代乳品饲喂哺乳犊牛。1943—1944年，中央大学、金陵大学（现南京农业大学）开展了犊牛代乳品饲养技术研究，开发代乳品，既满足了犊牛营养需要，又节省了大量牛奶，缓解了当时牛奶供应紧张的局面，增加了奶牛饲养效益。当时，代乳粉的主要成分有细麸皮、细米粉、细米糠等，共饲喂6个月。试验选择2头纯种荷兰黑白花犊牛和2头杂种荷兰黑白花犊牛，出生7天后，将牛犊与母牛隔离，饲以代乳粉。试验结果为：4头小公牛的6月龄增重为正常发育平均体重的83.9%，结果令人满意。考虑到所选小公牛的初生体重比一般小牛体重轻，其平均体重约为正常体重的81.5%，体高为正常体高的93.1%，推测若初始体重相差不大时，使用代乳品的犊牛增重效果应高于83.9%，而接近吸食母乳的犊牛。因此，在犊牛饲养中，完全可以用代乳粉替代部分牛奶，以获得较大的经济效益[1]。

20世纪50年代初期，国营农大农场进行了脱脂乳代替全乳饲喂犊牛的尝试，达到同样的饲喂效果，节省饲喂成本。国营农大农场昌平分队对滨州牛及荷兰牛与滨州牛的杂种一代母犊，按全乳（包括初乳）280千克，脱脂乳720千克，精料130千克，青绿饲料、干草自由采食，冬季饲喂块根类及青贮饲料各150千克的方案培育的犊牛，平均日增重为774克，期终体重（6个月）为177千克，最高的达198.5千克，达到了高产牛的增重指标。由于饲喂脱脂乳，每头犊牛哺乳期的培育成本节省了156元[2]。

（三）牧草资源勘察和品种培育

1. 牧草资源勘察 为满足牛、羊对牧草资源的需求，新中国成立初期，国家和地方都开始了对牧草资源的勘察。1950年，西北军政委员会曾组织科技人员赴

---

1 濮成德．1944．用代乳粉饲养小牛试验报告．畜牧兽医月刊（4）：8-10．

2 刘恒．1958．利用脱脂乳降低犊牛培育成本．中国农垦（2）：39．

宁夏、甘肃、青海、新疆、陕北进行畜牧业与草原方面的调查[1]。1951年，西藏和平解放后，政务院文化教育委员会组织一批科学家组成西藏工作队，对西藏的自然资源进行考察。其中，草地学家贾慎修和植物学家崔友文、钟补求，于1951—1954年对西藏的草地和草地植物进行了调查[2]，取得新中国成立后第一批有关草地资源科学方面的调查成果[3]。

1952年，中国农业部组织锡林郭勒盟草原调查团，由牧草学家王栋、植物学家李世英、汤彦丞，对锡林郭勒盟的乌珠穆沁草原进行了路线考察，描述了草原类型，调查记载了草原牧草[4]。

20世纪50年代中期，为适应草地畜牧业生产和建立国营畜牧场之迫切需要，中国北方重点草地畜牧业地区的地方政府，组织了旨在服务于畜牧场规划为主的重点地区草地调查。1956年，内蒙古自治区畜牧厅草原管理局组建了草原队，至1959年间，对全区草地资源开展大调查；1955年，新疆维吾尔自治区畜牧厅组建了草原调查队，开始新疆维吾尔自治区草地资源的调查；1956年，青海省畜牧厅组建草原队，对青海省的草地资源进行首次普查；20世纪50年代后半期，甘肃省畜牧厅组织队伍，对甘肃省甘南草地和祁连山的草地进行了有重点的考察。这些调查，都是分散进行，范围有局限[5,6]。

1957年，为适应开展大规模草地建设和草地调查的需要，中国农业部举办了全国草原讲习班，邀请李继侗等专家讲学。1958年举办全国草原训练班，邀请苏联草原学家A.X.伊万诺夫等专家讲学。他们为中国培养了一批国家急需的草地调查、草地建设与管理技术人才，后来成为中国草地资源学科、草地建设与管理的中坚力量。

随着经济恢复期的结束，中国开始步入大规模经济建设时期。第一个五年发展计划的实施，特别是草地畜牧业发展规划的制定，迫切要求有各种可靠的自然资源为依据。因此，50年代中后期，大规模的自然资源综合考察蓬勃开展。以中国农业科学院各综合考察队为主进行的区域性草地资源调查，基本上查清了中国北方和西部牧区的天然草地资源。同时，调查指出，中国传统牧区草场已超载过牧，草场开始退化和沙化，应引起特别关注和高度重视。

2. 筛选牧草品种 牧草品种的形成首先是从引种和野生牧草驯化开始的，这是一种多快好省的方法。从20世纪30年代，中国开始由国外大量引入牧草品种，

---

1 苏大学，胡兴宗，廖国藩，等．1996．中国草地资源．北京：中国科学技术出版社：9-11．

2 贾慎修．1953．西藏高原的自然概况．科学通报（8）：51-58．

3 钟补求．1954．西藏高原的植物及其分布概况．生物学通报（10）：10-13．

4 王栋．1953．内蒙古锡林郭勒盟草场概况及其主要牧草营养的介绍．南京：畜牧兽医图书出版社．

5 甘肃省畜牧志编辑委员会．1991．甘肃省志：第二十一卷畜牧志．兰州：甘肃人民出版社．

6 青海草地调查队．1965．青海玉树东南部地区的草场类型及其经济评价．植物生态学与地植物学丛刊，3（2）：173-199．

先后引进了苜蓿、三叶草、百脉根、多年生黑麦草、猫尾草、黄花草木樨、白花草木樨等多种牧草种质，为新品种的培育奠定了基础。从20世纪50年代开始，经过大量的引种试验、评比、筛选，进而评选出一大批适应当地条件的地方品种，如新疆和田苜蓿、河北蔚县苜蓿、山西晋县苜蓿、陕西关中苜蓿等，南方筛选出柱花草、白三叶、多年生黑麦草、岸杂一号狗牙根、大翼豆、坚尼草、宽叶雀稗等[1]。

四、开始奶牛饲养技术试验

（一）研发饲料青贮和氨化技术

优质青贮饲料，汁多味美，家畜喜食，尤其是为乳牛所青睐。新中国成立前，中国科研工作者便开始了青贮的研究，并进行饲喂试验，均取得一定成功。1943年，原西北农学院的王栋开始从事青贮玉米的研究，1947年又在南京中央畜牧实验所从事青贮研究，使用简陋的土窖青贮获得成功，所贮青饲料芳香多汁。青贮成功后，选用品种、体重、年龄、受胎、怀孕等情况相似的奶牛12头，进行了饲喂试验。试验结果表明：用青贮饲料代替日常所用稻草，试验期内牛奶产量增加18.2%，效果十分明显。这一试验结果对于发展奶牛业具有重要意义，当冬季青绿多汁饲料缺乏时，青贮饲料比普通饲料具有明显增加产奶量优势，且成本较低，奶牛饲养中推广应用前景可观[2]。

在上述研究的基础上，1951年上海第一牧场首次自制玉米秸秆青贮成功。1953年，华北农业科学研究所将收获后的玉米秸秆青贮技术列入科研规划[3]。1957年，上海牛乳公司第二牧场在介绍育成牛养殖经验时，重点介绍了玉米秸秆青贮饲料的使用，每头每年用量达到500千克。1957年，中国农业部畜牧兽医局一位副局长和两位苏联专家曾在报告中指出，青贮料是畜牧业中质量非常好的饲料，并在冬季青绿饲料缺乏时起重要作用[4]。

与此同时，科研工作者也开始研究粗饲料的氨化技术。1954—1955年，华北农业科学研究所用石灰水处理了小麦秸。通过处理，小麦秸的柔软性增加，味道得到改善，奶牛喜欢采食，且检测表明，处理后的小麦秸比不处理的有机物、粗纤维、无氮浸出物的消化率分别高19%、23%和18%。除用石灰水外，还尝试了氨水氨化秸秆。氨水按小麦秸重量的10%～12%（含氮量为15%～17%）喷洒处理，在10～20℃下薄膜封存14～18天即可达到氨化效果，或用尿素2千克，水15～20千克处理100千克麦秸可以达到同样效果。50年代末至60年代初，这

1　云绵凤，米福贵.2004．牧草育种技术．北京：化学工业出版社：1-6．

2　王栋．1948．玉蜀黍青贮料对乳牛产乳影响之测定．畜牧兽医月刊（7）：8-9．

3　张国立．1996．青贮饲料的发展历史、现状及趋势．辽宁畜牧兽医（3）：19-21．

4　李学志．1957．关于内蒙古自治区发展畜牧业生产的几个问题．中国畜牧杂志（3）：145-149．

些技术在河北、山东、湖南、山西等省推广，效果显著。

（二）研究借鉴国外标准规范奶牛饲养

新中国成立初期，中国没有制定自己的奶牛饲养规范，奶牛的饲养管理依据来自三个方面：一是经验传承；二是外国专家现场指导，如美国友人阳早、寒春夫妇，来中国并深入牛场指导；三是借鉴国外标准，这在新中国成立初期的一些规模化牛场最为常见，这也是规范奶牛饲养的重要依据。

有资料记载，从1953年起，中国规模较大的农场便开始推广应用苏联的奶牛饲养标准，这对规范中国奶牛饲养，促进奶牛健康和提高生产性能等方面都具有重要的借鉴和指导意义。据1957年《中国畜牧杂志》记载，在一些规模化奶牛场，已初步规范了犊牛饲养：犊牛出生后1 ～ 1.5小时给第一次初乳，初乳每天喂量4 ～ 6升，后增至8升，初乳连喂1周，1周后改为普通常乳。1个月内犊牛单独居住，1个月后混养，并在喂奶的同时添加干草浸液和燕麦粥，后慢慢习惯吃青草[1]。另据1957年上海牛乳公司第二牧场有关育成牛养殖经验介绍，奶牛养殖中已十分注重饲草料的搭配和处理，其重点有：一是开始使用玉米秸秆青贮饲料（表4-3）；二是严禁饲喂霉变饲料；三是甘薯藤、菜类等多汁饲料与干青草或蒿草间隔饲喂；四是进行饲料搭配时，从配方上就注重选择多样化的原料，发挥了原料间的营养互补功效；五是饲喂稻草前，提前切短至2.54厘米左右，并放入5%～ 10%的盐水中浸润[2]。如此注重饲草料的调制和搭配，不仅提高了奶牛生产性能，还降低了胃肠道疾病发病率。

表4–3　育成牛全年消耗各类饲料总量[1]

单位：千克

精料	渣料	青草	干草	块根饲料	青贮饲料	菜皮（包括茎叶饲料）
900	900	3 600	900	800	500	1 600

（三）研究设计饲料吸铁机

20世纪50年代，规模较大的国营牧场增多，牧场日粮多采用工业精料和青饲料。但由于当时加工设备较粗糙，工业精料中常伴有一些废铁钉、铁丝等。奶牛采食后，极易发生创伤性胃炎和心包炎。据上海市统计，1953年第四季度发病3头，1954年第一季度9头，第二季度2头，第三季度6头。1955年第一季度2头，第二季度2头。其他地方如太原、兰州等地都时有发生。为此，上海市牛奶公司在各牧场创制了饲料吸铁机，有效清除了奶牛工业精料和青饲料中的废铁钉、铁丝等。

吸铁机的原理和做法是：利用普通的交流电，220伏，通过一个金属的整流

1　刘乃琴．1957．集体农庄中的犊牛饲养．中国畜牧杂志（1）：48．

2　丁国石．1958．饲养乳牛工作上的一些经验．中国畜牧杂志（2）：51–54．

器，它的规格是把交流电110～220伏，在50～90赫兹频率下，经过整流器转变为直流150伏，0.7安培，再转变成电磁。吸铁板是用150伏的直流电，铁板的规格是6.985厘米×35.56厘米×35.56厘米，电流通过吸铁板产生电磁。做一个木头架子，上面有一个漏斗倒饲料，一条很长的长板，下端装置吸铁板，饲料通过长板，把金属杂质吸住，使清洁无金属杂质的饲料通过[1]。

第二节 计划经济时期奶牛饲养向国营化发展（1958—1978年）

计划经济时期，国家引导和扶持国营奶牛饲养业发展，奶牛饲养呈现出以国营为主，集体为辅的局面。国营奶牛场多建在城市近郊，奶牛开始离开城市，走向郊区。与新中国成立初期的私营相比，国营奶牛场饲养管理水平普遍提升。饲草料主要依靠划拨“饲料地”或配给“饲料粮”来解决。为提升奶牛饲养管理水平，加强了奶牛饲养科学研究与技术推广。凭借国营优势，依靠科技进步，加之牛奶作为特殊商品得到相应支持，奶牛饲养业有效减弱了“三年困难时期”和“文化大革命”的影响，保持了稳定增长。

一、积极发展国营奶牛业

（一）引导与扶持奶牛饲养向国营化发展

随着国民经济的恢复发展和人口数量的增长，牛奶的需求增加，仅靠城市饲养奶牛已远远不能满足需要。究其原因有三：一是城市空间有限，不能容纳太多的奶牛；二是城市没有配套土地，解决不了奶牛饲草料问题；三是奶牛的粪尿污染了城市环境。而城郊离城市较近，且有丰富的土地，是奶牛饲养的好地方，这在新中国成立初期及以前已建立的城郊国营奶牛场得到很好印证。在此背景下，国家积极出台系列政策，引导和扶持城郊农产品供给基地建设。其中，发展城郊国营奶牛场，扩大牛奶供给，得到特别重视。至此，中国奶牛养殖开始离城迁郊，并在新中国成立初期社会主义改造的基础上，最终实现了奶牛养殖以国营为主，集体为辅的局面。

从20世纪50年代后期一直到“三年困难时期”，中国牛奶，特别是大、中城市的牛奶供应十分紧张。为解决牛奶供应紧张的问题，1956年9月，中国共产党第八次全国代表大会决议指出：城市附近和工矿区附近，应该把增产蔬菜等各种

---

[1] 沈延成．1958．采用饲料吸铁机消灭牛创伤性胃炎．畜牧与兽医（3）：140-143．

副食品供应城市和工矿区的需要作为重要任务[1]。同年，全国农业工作会议上进一步明确：城市郊区的农业生产应该以蔬菜、奶、肉、鸡、鸭、蛋等副食品生产为主，为城市的副食品供应服务[1]。

1957年5月，农业部召开城市、工矿区副食品生产、供应座谈会，农业部副部长刘瑞龙作了《关于城市副食品生产问题》的报告，对城市肉、奶、禽、蛋的生产、供应做了具体安排，并采取了相应措施。会议重申了中国共产党第八次全国代表大会和1956年全国农业工作会议规定的城市发展副食品生产的方针，提出能就地生产就地供应的都应就地生产，不能依赖于外地调剂。城市郊区副食品生产的好坏，应该是衡量城市郊区农业生产工作好坏的主要标志。有计划地解决城市、工矿区副食品供应的主要办法在于组织各方面力量，建立副食品生产基地，划定城市工矿区的郊区及其附近地区作为副食品生产基地的范围，给社员划自留地种饲料，增加畜禽饲料[1]。

1959年9月，毛泽东主席在河北省委第一书记林铁、天津市委书记赵克等陪同下，到天津杨柳青农场视察，毛泽东主席说："还是全民所有制优越性大，可给集体所有制作样子"。同年同月，中共中央在批转《廖鲁言同志关于召开十四个城市蔬菜会议情况的报告》中指出：望切实抓紧夏菜秋菜的生产，抓紧猪、鸡、鸭、鹅、鱼等副食品的生产，做好蔬菜和其他副食品的产、供、销工作，力争早日缓和城市副食品供应紧张的局面"[2]。

1960年，中国召开的第三次全国大、中城市副食品生产会议，国务院副总理李先念出席会议并作了总结发言，对大、中城市的副食品生产做了具体部署。这些决议和指示，都极大地促进了奶牛养殖与生产。

1962年，时任北京市副市长的万里在前门饭店召开有各国营农场场长、技术人员、养牛工参加的专业会议，慰问广大养牛职工，为养牛工人增加口粮，解决了奶牛的饲料等实际问题。

1962年7月，北京市领导向国务院副总理谭震林汇报了国营农场经营情况和困难，经周恩来总理同意，谭震林批示拨给北京国营农场2 000万元用于发展农牧业，农垦部和市政府下拨配套资金1 000万元，共计3 000万元，交由北京市农林局安排，主要用于发展农场奶牛业，先后建立了40个奶牛场，奶牛数量大量增加，产奶量迅速上升。1963年比1962年牛奶收购量猛增1 200万千克，以后每年递增牛奶500多万千克，解决了当时牛奶供应不足的问题。

1975年，在邓小平主持国务院工作时，要求在大、中城市、工矿区建设一批机械化养猪场、养鸡场、养牛场，以逐步解决城市和工矿区对畜禽产品的需要[3]。

---

1 当代中国丛书编辑部．1991．当代中国的畜牧业．北京：当代中国出版社：129．

2 当代中国丛书编辑部．1991．当代中国的畜牧业．北京：当代中国出版社：129–130．

3 当代中国丛书编辑部．1991．当代中国的畜牧业．北京：当代中国出版社：130．

根据中国的有关政策，全国各地结合自身的实际情况制定了扶持奶牛养殖业的政策。1957年1月，北京市委为国营农场确定了以粮为纲，农牧结合，多种经营，大力发展副食品生产，逐步建设成首都的副食品基地的发展方针。各农场都把发展奶牛作为首要任务，加强领导、制定规划、积极发展建设奶牛场。有的农场党委提出一个大队建一个奶牛场。在统一规划下，一批规模奶牛场相继建立。

（二）国营奶牛场发展与壮大

国营奶牛场属公有制，它顺应了经济所有制的变革，显示出计划经济体制下发展公有制的优势。在中国政策的推动下，各地都积极发展国营和集体奶牛养殖。

1956年6月，杨柳青农场收购苏侨鲍洛尼科夫经营的18头奶牛，从此天津市第一个国营奶牛场诞生；同年10月，双林奶牛场建场；1957年，工农联盟、塘沽国营奶牛场建立。1959—1964年，天津市组建了大港、军粮城、红光、东郊国营奶牛场。1972年，塘沽扩建新奶牛场；1975年，组建了红旗奶牛场。到1978年底，天津市奶牛存栏8 000头，全都是国营场奶牛，平均年产牛奶16 725吨，平均年单产5 029千克，为满足牛奶和奶制品供应发挥了重要作用。

城市奶业最具代表性的上海市，在对农业、手工业和资本主义工商业进行社会主义改造的过程中，走上了国营为主的发展道路。1956年1月23日成立了上海市牛奶公司，管辖当时的6个国营奶牛场、3个牛乳加工厂、1个营业所以及7个公私合营牧场，共存栏奶牛7 805头，约占全市奶牛总数的76.5%，其中成乳牛4 671头。至1978年，上海市共存栏奶牛21 860头，牛奶总产量62 376吨，平均年单产4 548千克。

南京市在新中国成立初期，接管了由原遗族学校实验牧场及所属6家奶牛场，合并组成国营南京奶牛场（卫岗奶牛场）。1959年，南京市有奶牛1 727头，全年上市牛奶469万千克，分别是新中国成立初的3.3倍和3.9倍，且管理体制和经营方式全部是国营机制。1960年，奶牛存栏首次突破2 000头，达到2 040头，牛奶产量也随之上升，迎来了新中国成立后南京市奶业在计划经济时代发展的第一个高峰期。以后奶牛存栏波折起伏，至1978年，奶牛存栏2 302头。

武汉市1956年实行公私合营后，全市奶牛达到2 856头，比1952年增加1倍多。1958年，武汉市东西湖进行围垦，开办国营农场，加速了国营奶牛生产的发展，这一年武汉市奶牛总头数为4 549头，比1956年增长59.2%。1964年，在牛奶公司的推动下，国营奶牛场进一步壮大，奶牛存栏发展到6 555头，牛奶总产量2 021万千克，奶牛年平均单产4 280千克。其中，集体奶牛场15家，奶牛1 125头。

在这一阶段，中国其他城市和地区也都加快了国营和集体奶牛场的建设和发展步伐。辽宁沈阳辉山畜牧场、塔山畜牧场、铁岭种畜场、锦州畜牧场、大连奶牛场；吉林长春市畜牧场、吉林农大奶牛场；黑龙江红色草原牧场、哈尔滨松花江奶牛场、香坊农场；河北芦台农场、保定畜牧场；山西太原农牧场、大同奶牛场、山阴农场；陕西西安草滩农场、奶畜公司第一奶牛场；内蒙古呼和浩特大黑河奶牛场、包头黄河奶牛场；宁夏平吉堡奶牛场；甘肃兰州段家滩奶牛场；青海西宁奶牛场；新疆呼图壁种牛场、五一农场；山东济南乳品公司奶牛二厂、青岛畜牧公司李村奶牛场；安徽合肥保健奶牛场；杭州牛奶公司奶牛场；广东广州畜牧场；昆明农垦奶牛场等相继建立。

综上所述，1958—1978年，中国奶业走的是“以国营为主，集体为辅”的城郊型发展之路。以国营为主、集体为辅，带动了全国奶牛饲养的发展。到1978年，全国奶牛存栏48万头，其中国营奶牛场饲养37万头（农垦系统27万头），占总存栏数的77.08%，集体饲养8万头，占总存栏数的16.67%，个体饲养3万头，仅占6.25%。国营奶牛场主要在大、中城市的农垦系统，其中北京、天津、上海、宁波、武汉等市超过50%。

二、奶牛饲养水平普遍提升

（一）国营奶牛场拥有较完善的牛舍

受经济条件和生产观念的多重影响，在以私营为主的个体奶牛养殖中，奶牛养殖多为“因陋就简，因地制宜”。在当时，“因陋就简，因地制宜”曾是发展畜牧业的主要方式。因此，多数奶牛没有专门的牛舍，被拴系在露天的房前、屋后和庭院中，即使条件较好，少数奶牛也仅被饲养于简易牛棚。没有牛舍的庇护，夏季奶牛遭受阳光暴晒，冬季遭受刺骨寒风，阴雨、暴雪中无处藏身，致使奶牛生产性能低、疾病多发。

全开放牛舍

全封闭牛舍

随着奶牛养殖相关政策的出台以及投资力度加大，中国各地新建了许多国营奶牛场。国营奶牛场参考国外标准，开始为奶牛建造了较为“奢侈”的奶牛舍。这些牛舍基本满足奶牛的生活习性，确保了奶牛生产潜力的发挥。而且各地牛舍风格迥异，呈现不同区域特色，如在南方，奶牛舍为防暑降温，多建造全封闭式牛舍；在北方，为兼顾防寒、降温和采光，多建造半封闭的牛舍，但北方部分过寒冷地区重点考虑防寒，也如南方一样，建造的是全封闭牛舍，改善了奶牛的饲养环境。

早在1958年，曾有学者研究了牛的气候生理与牛舍建筑设计间的关系后指出：来自欧美的奶牛，相对耐寒，但害怕炎热，可建立有顶棚的开放式牛舍或有顶棚有北面墙的半开放式牛舍，并证明开放式牛舍，在冬季保温上对奶牛无不良影响，而对夏季防热有显著的优越性，更适应奶牛气候生理特征，让奶牛更舒适，生产更多的牛奶，与原来建设封闭式牛舍相比，成本降低很多[1]。20世纪70年代末80年代初，也有学者研究了凉棚朝向与防热遮阳的效果，研究显示：长轴东西走向的凉棚显著优越于长轴南北走向，凉棚的面积要按有效遮阳面积设计，棚顶的材料和颜色影响防热，建议使用隔热能力强、色浅的材料，凉棚要有一定的高度，以减少太阳辐射和加强通风[2]。

（二）国营奶牛场强化饲养管理

社会主义改造完成以后，特别是1958年“二五”计划开始以后，中国具备了对全国奶业进行计划管理的基础和条件。

为了实行对奶牛饲养的计划管理，配套了系列管理办法和制度。从1956年开始，各地相继制订了内容大同小异的奶牛饲养管理制度和办法。其中，较为完整的、系统的是北京奶牛管理制度，包括畜牧场奶牛饲养管理制度、奶牛场防疫制度与兽医工作制度、配种工作制度、配种操作制度以及种公牛的饲养管理规则、育成牛的饲养管理规则、成奶牛的饲养管理规则、产奶牛的饲养管理规则、犊牛的饲养管理规则等[3]。这些制度和办法，完全为国营奶牛场量身定制，具有良好的适应性和可操作性，有助于提升奶牛的饲养水平。

下面仅以泌乳牛为例，简单介绍当时北京市国营奶牛场分群饲养管理规则。

(1) 严格遵守畜牧场的工作制度与防疫制度。

(2) 根据乳牛情况要分别饲养，饲养时要勤添勤喂，定时定量，并经常注意观察饮食、排粪和体温等情况，有异常现象者应及时报告兽医，进行诊断治疗。

(3) 一切挤奶用具用后均须冷水冲洗，然后用热碱水洗涤，放在清洁地方备

---

1 安民．1958．从牛的气候生理谈谈牛舍建筑的要求．中国畜牧学（1）：39－42．

2 何连坡．1984．牛场凉棚朝向与遮阳效果的探讨．中国奶牛（2）：26－31．

3 鹿圈、晨光农业社乳牛饲养观察报告：乳牛工作组关于乳牛改造工作报告．北京市档案馆．档案号036－002－00066．1956．

用，挤奶前还应用热水冲洗，注意清洁。

(4) 挤奶环境必须保持安静，尽量采用拳握法挤奶，挤奶过程中不能间断，挤奶前用50℃左右的温水（最好加入2%～3%的漂白粉）洗净乳房，进行充分按摩后再动手挤奶，如奶量显著降低时需再行第二次按摩，最后再行第三次按摩，必须将奶挤净。洗乳房的用水要常换，保持清洁，挤出的奶应及时过秤详细记载并送到存奶室。对有乳房炎与其他疾病的牛只，挤奶时应排在最后并使用专用桶与毛巾。挤出之牛奶单独存放和处理，以免传染疾病。

(5) 干奶期要保证60天左右，停奶应在干奶期前5～7天完成，根据个体情况逐渐减少或减去多汁饲料和精料，减少挤奶次数，并控制饮水数量，直到停奶为止，停奶过程中必须经常注意乳房变化情况，有异常现象时应及时报告兽医进行诊断。干奶期逐渐恢复到干奶牛的饲料定量，干奶期间要加强饲养，但不应过肥，对营养情况差或产奶量高的牛此期应多给饲料。

由此可见，计划经济时期，通过建立舒适的牛舍和加强奶牛饲养管理等措施，国营奶牛饲养水平得到了提升。

三、供给“饲料粮”和“饲料地”

根据有关方针和政策，中国各地结合自身的实际情况制定了扶持奶牛饲养的政策，除按计划给予资金支持外，还规定了奶牛“饲料地”和“饲料粮”的标准。

1961年，天津市近郊农业局在《关于天津市奶牛生产存在问题及今后意见的报告》中指出，认真解决饲料问题首先要建立足够数量的饲草料基地。凡是以奶牛为主的场，除部分地种水稻、蔬菜外，全部作为饲料基地，因地制宜地种植饲料作物。由于农场土地有限，奶牛饲草料不能完全解决，首先，要满足多汁饲料的需要，按大小牛平均，每头牛要留0.33公顷多汁饲料基地，种0.07公顷胡萝卜、甘薯、甜菜等块根，0.27公顷种青玉米等青贮和青饲作物，收获后国家不征购，不算精料指标。其次，调整精料供应办法和指标。每头牛供应2.5千克的指标不变，作为基本定量，另根据牛奶产量补助部分精料，可采取每交售牛奶0.5千克，补精料100克的办法，以保证高产牛的体质不受影响。再次，开辟副料来源。糟、渣、糠、麸、饼粕是奶牛必不可少的饲料，这些副料应由饲料供应部门统一经营，首先要保证奶牛的需要，同时农场要进行淀粉、酿酒、榨油等小型粮食加工，和粮食部门签订合同，副产品用于补助奶牛饲料的不足。最后，干草需要数量很大，农场周围的荒地应全部划归农场，作为奶牛的饲草基地，不足部分应由饲料供应部门组织货源，安排供应。

上海市1966年为彻底解决奶牛青饲料正常供应，使牛奶产量不受青饲料时多时少的影响而波动，以及从根本上解决奶牛青饲料供应的问题，上海市农垦局委员会建议对已经场、队挂钩生产队土地面积中的粮食、蔬菜田计230公顷，改种奶牛饲料地；另外，根据当时10 000头牛群情况和青饲料供应条件的变化，要求再批准增加饲料田面积540公顷。具体意见如下：在嘉定县桃浦公社春光大队划30公顷和第五牧场挂钩；在宝山县大场公社新华大队划70公顷和第一牧场挂钩；在川沙县严桥公社张楼大队划40公顷和浦东牧场挂钩；在嘉定县江桥公社五四大队划70公顷和第三牧场挂钩[1]。

黑龙江省1964年对城镇交售牛奶的国营农牧场和集体所有制单位饲养的奶牛调整日供精料标准的规定为：犊牛（7月龄以内，包括小种公牛）1千克；育成牛（7～18月龄）2千克；大育成牛（19月龄到产犊前）和种公牛3千克；产奶牛按产奶记录每产1.5千克奶供应0.5千克精料。各地供应时，根据当地具体情况，应将供应精料中的20%，折成麦麸供应（折合标准为0.5千克精料折合1.5千克麦麸）。凡能够自给的国营农牧场，国家不再供应，不能全部自给的，可参照上述标准，由国家给予适当补助[2]。

1973年，北京市委发出指示：为了确保首都牛奶供应，除将现有的14 400头奶牛养好、力争高产稳产外，1974年还要增加1 600头，年底达到16 000头。为了实现这一目标，北京市委向农林局、市牛奶公司和市属各国营农场，提出四点具体要求：一是提高交售牛奶的补助饲料粮标准，鼓励奶牛饲养单位扩大饲养规模、提高奶牛生产性能，奶牛饲料粮的供应办法是按每交售商品奶1 325克供应500克饲料粮；二是新增成年奶牛的饲料供应标准，1973年北京市粮食局通知，规定成年奶牛每增加1头，增加供应饲料粮2 100千克，平均每个饲养日2.5千克（以每头成年奶牛需饲养840个饲养日计）；三是支援外省市的小牛计划1 000头，每出售1头青年母牛供应饲料粮150千克；四是种公牛站饲养的种公牛按实有头数，每日每头供应4千克[3]。

1974年，北京市委指示，各农场必须保证每头成年奶牛有0.27～0.33公顷饲料地。各场饲料地的来源，以国营农场自己的土地为主，要固定地块，专门生产奶牛饲草料。若国营土地不能满足，可由农村生产队代种，但必须落实地块，地块靠近牛场。如此，最终确保青饲、青贮和部分块根等饲草料的自给自足，并能适当解决部分干草[4]。

---

1 关于改进奶牛饲料基地的管理和增加饲料基地的请示报告（初稿）. 上海市档案馆. 档案号13180–1–68–158. 1966.

2 黑龙江省人民政府委员会关于加强奶牛生产和奶粉生产管理工作的通知. 黑龙江省档案馆. 档案号XD028–2–327. 1964.

3 北京市农林局关于下达1974年商品奶和用粮计划的通知. 北京市档案馆. 档案号092–003–00267. 1974.

4 北京市粮食局、农林局关于奶牛饲料地有关规定的通知. 北京市档案馆. 档案号092–003–00267. 1974.

山东省为解决好奶牛的饲料粮供应问题，规定国营奶牛场的供应标准，由当时的每头每天3.5千克，改为以基础日粮加以奶换料的办法，即在大、小牛平均每天2千克维持饲料粮的基础上，每生产1.5千克商品奶再供应0.5千克精料[1]。

总之，这一时期，奶牛饲草料的供给主要是划拨“饲粮地”或配给“饲料粮”，有效缓解了当时奶牛饲草料供给的不足，极大地推动了中国奶牛养殖的发展，提高了奶牛饲养水平。

四、加强奶牛饲养技术应用

（一）建立人工种草示范区

奶牛是草食家畜，离不开优质、充足的牧草。但中国天然牧草资源缺乏，无法满足奶牛生产所需，必须大力实施人工种草及进行天然草地改良。这在南山牧场的发展中可以得到充分印证。

1975年，南山牧场成立，从国外引进一批优良奶牛和肉牛进行饲养。但随着牧业的发展，载畜量的增加和牲畜采食择优存劣的作用，天然草场的优势多被巴芭茅、黄背茅、五节芒等劣质草以及蕨类等占据。劣质草饲用价值低，秋天老化，冬季枯黄，从头年11月到次年4月形成长达四五个月枯草期，牛羊出现了“夏饱、秋肥、冬瘦、春死”的严重问题。牲畜由于缺草掉膘，每逢冬春体重和产奶量都急剧下降，牛奶品质也保证不了，牛羊死亡率高达20%～23%。牧场在经济收支上，由于牲畜死亡损失、冬季产奶量减少和买草支出增加，从1975年到1980年每年要亏损20万～30万元。

南山牧场

为了帮助南山牧场解决前进中的困难，一直关心南山建设的王震同志，派来了北京农业大学的教授和专家。经过深入的调查，专家提出：南山必须改良天然牧草，实行人工种草，这样才能让牛羊一年四季吃到营养丰富的青草。南山牧场的建设者认识到草是矛盾的焦点。于是从1978年起，在牧草的引种试验和建立人工草场上下了大功夫。他们首先引进了多种豆科和禾本科优良牧草，并进行带垦、穴垦、全垦等耕作方法的试验，初步找到了适宜本地生长的品种，如各种三叶草、多年生黑麦草和鸡脚草等，先后种植人工牧草266.64公顷，为南山牧场的发展奠定了基础。

1979年开始，中国与澳大利亚合作在南山建设现代化种畜、牧草种籽繁殖

[1] 山东省革命委员会农业局、山东省革命委员会一轻局、山东省革命委员会商业局、山东省人民银行关于扶持社会发展奶牛生产的报告．山东省档案馆．档案号A068-06-057．1979．

场。在中澳双方专家和技术人员、工人的共同努力下，1980年后，示范牧场建成了混播优质人工草场560公顷。与此同时，中国畜牧总局和民航专业航空局在南山进行了大规模飞播牧草试验，2年成苗面积1730公顷。到1981年，人工草场比重占到全场可利用草场面积的1/4。整个80年代，先后在南山建了5330公顷的人工草场。据测定，人工草场的产草量比各类天然草场平均增长5～10倍，单位面积牧草蛋白质的含量提高50%～70%。人工栽培的优质牧草经过干旱和寒冷考验，除在最冷季节约2周时间休眠外，基本达到常年生长，成为常绿性优质草场。由于建立了人工草场，没有枯草期，牧场畜牧业的发展和经营管理出现了好转。由于改善和提高生产条件，加强了科技应用，奶牛饲养管理水平不断提升，奶牛健康状况逐步好转，单产水平逐渐提高。

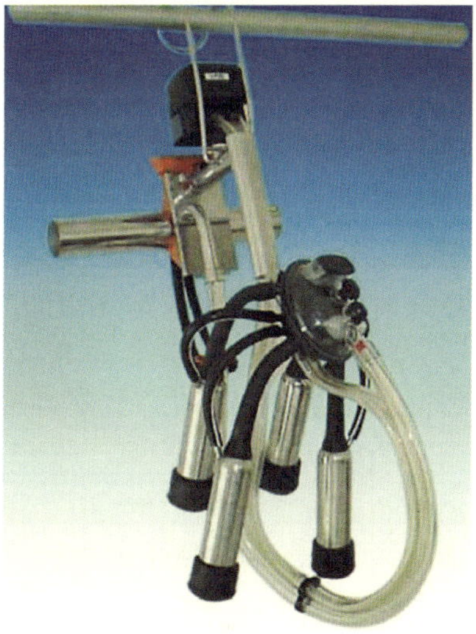
管道挤奶

（二）探索机械化挤奶技术

机械化挤奶是奶牛生产中一大技术革命，它有利于提高工作效率，减少牛奶污染和提高牛奶质量。20世纪50年代，北京市双桥农场开始引进苏联的挤奶机，此后，上海、天津、哈尔滨、沈阳等地农场陆续引入，开始进行机械化挤奶试验，摸索在中国实现机械化挤奶的途径。20世纪60年代，北京、上海、天津等地农场都自行设计了转盘挤奶台。为了充分利用旧牛舍，北京市自制了管道式挤奶机，部分牛场又安装了丹麦、德意志民主共和国的鱼骨式双列挤奶台。上海、北京、杭州等地农垦系统都建立有挤奶机制造厂，进行批量生产[1]。1958年上海市成立乳品机械修配厂（1982年改名为上海乳品机械厂），自制多种挤奶机械，1974年上海市牛奶公司各牧场牛舍全部安装了挤奶设备。

五、徘徊曲折的奶牛饲养业

1959—1961年的“三年困难时期”，中国遭遇自然灾害，粮食歉收，粮荒呈现，人畜被饿死、病死者较多。据统计，1961年，全国黄牛（含奶牛）年末存栏量由1957年的5 032.5万头下降至4 358.8万头，减少了13.4%。

从1960年开始，中国调整恢复与发展奶牛养殖，在以集体为主发展畜牧业的基础上，允许发展个体私有畜牧业。为恢复生产，采取了一系列重要措施。

[1] 当代中国丛书编辑部．1991．当代中国的畜牧业．北京：当代中国出版社．

一是调整大牲畜的产销政策。

1961年5月7日，周恩来在河北省邯郸地区农村调查期间给毛泽东的电话中强调：目前最主要的问题是恢复社员的体力和畜力问题。1962年11月22日，中共中央、国务院发布《关于发展大牲畜的几项规定》，强调：大牲畜是现阶段中国农业生产的主要动力和肥料来源。按照党在农业问题上的根本路线，在农业集体化的基础上实现农业机械化以后，大牲畜也是不可缺少的辅助动力和肥料来源。尽快地发展大牲畜，是发展农业生产、进一步巩固和壮大人民公社集体经济的一项根本措施。该规定有10项：①坚决把大牲畜（包括散畜）全部下放给生产队所有，并且长期稳定下来，30年不变；②生产队必须认真做好保护和繁殖大牲畜的工作；③在认真保护和发展集体所有的大牲畜的同时，应该允许和支持社员家庭或者几户伙养一两头大牲畜；④有计划地、有领导地开放牲畜交易市场，恢复历史上传统的交流关系和流转规律；⑤在大牲畜产区和大牲畜多余的社队，出卖大牲畜是增加社员收入的生产项目之一，出卖大牲畜的收入，应该纳入当年分配；⑥在一般农业地区，大牲畜应该以自繁、自养、自用为主。牛、马、驴、骡都要发展，应该根据各地的习惯和条件，因地制宜，适于发展什么牲畜，就发展什么牲畜；⑦认真保护和选育种畜，整顿和充实配种站。生产队也可以把集体所有的种畜，固定给有配种经验的社员饲养，专业配种；⑧全面安排牲畜的饲草、饲料。生产队在安排作物的播种面积时，要把大牲畜的饲草安排进去，还要像分配粮食一样分配好农作物秸秆。在打草季节要组织社员打草贮草。国家征购和社队分配粮食的时候，一定要安排好大牲畜的精饲料。也可以根据饲养大牲畜的需要和土地的情况，为集体所有的大牲畜划出适当数量的饲料地；⑨加强牲畜疫病的防治工作。整顿和充实畜牧兽医工作站；⑩积极利用山区、草原区和牧区丰富的天然草场，发展牲畜，建立牲畜的繁殖基地[1]。

二是调整牧区生产政策。

依据中央文件精神和国家民委《关于少数民族牧业区工作和牧业区人民公社若干政策的规定（草案）》的精神，重申并确定牧区以牧为主的方针，推行生产责任制，并确定社员自留畜标准。内蒙古规定自留畜可占牲畜总数5%～7%；青海省规定每人2只羊，2人1头奶牛，1户1匹马[2]。

三是调整畜产品价格。

适当调高畜产品收购价格，并进行物质补贴奖励，外贸和商业部门分别从1961年和1962年起，在收购肉猪时，给予奖售粮；收购其他牲畜和畜产品时，

---

1 当代中国丛书编辑部．1991．当代中国的畜牧业．北京：当代中国出版社：43．

2 当代中国丛书编辑部．1991．当代中国的畜牧业．北京：当代中国出版社：44．

奖售化肥、布票、白糖等紧俏工业品[1]。

四是整顿畜牧兽医站。

1963年1月，农业部发出了《关于整顿和充实畜牧兽医站的指示》，同年8月，国务院发布《关于民间兽医工作的决定》，加强了对畜牧兽医站的整顿[2]。另外，还调整和巩固教育和科研机构；试办了出口畜产品商品生产基地。经过这一阶段，中国畜牧业有了较大恢复和发展，黄牛（含奶牛）存栏由1961年的4 358.8万头，增加至1965年的5 357.3万头，增加了998.5万头，增幅22.9%。

正当恢复和发展取得较好成效时，“文化大革命”开始了，中国相关部门、地方政府、畜牧管理部门等几乎陷入瘫痪或半瘫痪状态，教育、科研、技术推广工作几乎停顿，一系列行之有效的发展方针、政策、措施遭到了否定和批判，畜牧业发展再次受阻。原有订奶关系取消，牛奶销售出现困难，牛奶价格接连下降，在亏损不能承受时，奶牛养殖者只能淘汰和宰杀母牛，导致奶牛养殖业发展缓慢。北京奶牛养殖受到的影响最大。据统计，1970年北京奶牛存栏14 000头，比1965年减少8 000头，直到1978年，奶牛存栏数才恢复到16 536头，与1965年相比，尚差5 464头。因为生产秩序被打乱，劳动纪律松懈，饲养管理不善，使奶牛生产的发展受到严重影响，同时科技人员下放，失去了技术力量，导致奶牛生产水平不断下降。“文化大革命”前的1965年，北京市成乳牛年均产奶量4 964千克，到1969年下降了17.6%；1965年总商品奶量4 484.3万千克，到1969年下降18.4%，严重影响了北京市的牛奶供应，出现了居民吃奶难的问题。同样，上海地区的奶牛存栏数在1950—1960年间呈增加趋势，至1960年增至22 400头。1960年后的“三年困难时期”和1966—1976年的“文化大革命”，上海地区的奶牛存栏数徘徊于1.6万～2.0万头，1978年才恢复至22 436头。天津奶业亦受到重大损失，生产秩序被打乱，天津市农垦局被撤销，各农场被分割给财贸、文教和郊区干校。奶品公司脱离农口被并到财贸口的糖酒公司，牛奶生产和收集加工销售分割成几大块，奶业失去了综合平衡并陷入困境。1967年全市奶牛存栏下降到3 200头，1968年3 010头，1969年只有2 850头，连续3年数量减少，比1965年末减少2 471头，下降46.4%。虽然70年代初，奶业得到逐步恢复，但直到1978年改革开放后，天津奶业才步入发展的黄金时期。

综上所述，虽然在“大跃进”和“人民公社化”运动席卷中国时期，以及“三年困难时期”和“文化大革命”时期，奶牛饲养确实受到影响，减缓了发展，但同时奶牛饲养凭借国营优势，依靠科技进步，加之牛奶作为特殊商品与人们生

---

1 当代中国丛书编辑部．1991．当代中国的畜牧业．北京：当代中国出版社：45．

2 当代中国丛书编辑部．1991．当代中国的畜牧业．北京：当代中国出版社：45-46．

活息息相关而得到有效庇护。与其他行业相比，奶业遭受的影响程度较轻，虽有些年份出现下降，总体仍保持了稳定增长。据统计，1978年中国奶牛存栏和牛奶产量分别为47.50万头和88.30万吨，分别比1957年增加2.0倍和2.5倍，年均分别递增5.6%和6.4%（表4-4）。

表4-4　1957—1978年中国牛奶产量及奶牛存栏统计

年份	牛奶产量（万吨）	奶牛存栏（万头）
1957	25.34	15.98
1959	27.00	19.00
1969	51.00	26.80
1972	57.10	—
1973	80.60	36.80
1974	88.60	36.30
1975	88.80	40.60
1976	88.50	42.50
1977	87.70	44.70
1978	88.30	47.50

资料来源：《中国畜牧统计资料 1949—1989年》和各年度《中国奶业年鉴》。

第三节　改革开放时期奶牛饲养向多种模式发展（1979—2000年）

1979年，改革开放为奶牛饲养业带来了活力。从经营体制上，奶牛饲养呈现个体、集体、国营、外资等多种所有制；从运行模式上，有家庭散养、专业户、饲养小区、规模场等多种类型，改变了以国营为主的单一体制和模式；从分布区域上，奶牛饲养由城郊向广阔农村拓展；从饲草料供给上，国家放开饲料价格，由市场供给；从科技水平上，奶牛饲养制定了《高产奶牛饲养管理规范》和《奶牛饲养标准》，奶牛饲养管理逐步规范，奶牛饲养科学研究和技术推广进一步加强。最终，灵活的体制、适宜的模式、市场的运营和科技的进步，共同推动了奶牛饲养在这一时期快速发展。

一、奶牛饲养呈现多体制、多模式

1978年12月，党的十一届三中全会召开，提出了改革开放的基本国策。

1979年，改革开放拉开序幕。在此背景下，奶牛饲养业也开始变革。从体制来说，中国鼓励和扶持农村家庭饲养奶牛，以国营为主、集体为辅的局面转为国营、集体、个体、外资共存，且个体比重逐步增加并占据主导地位。从布局来说，由城市、城郊开始向广阔农村转移，流传着“牛下乡、奶进城”的响亮口号。

（一）鼓励农村家庭饲养奶牛

1979年，中国十一届四中全会通过《中共中央关于加快农业发展若干问题的决定》，把鼓励社员家庭养畜放在首位，并鼓励农、牧民户养大牲畜，不限数量，给了农、牧民根据自己的条件决定饲养畜、禽种类和数量的自主权。1979年和1980年，有15个省、自治区、直辖市先后发出了鼓励社员和集体大力发展草食家畜的公告。1982年，中共中央在批转《全国农村工作会议纪要》中再次强调：要把一切行之有效的鼓励畜牧业发展的政策落实到各家各户。

随着方针政策的贯彻实施，农村家庭奶牛饲养发展很快。1978年底，农村家庭养牛占奶牛总存栏量的5.0%，1982年底增长至52.0%，增长了47个百分点。即使是大城市，家庭奶牛饲养的比重也有大幅增长，据北京、天津、上海、西安、南京、武汉6个大城市的统计，1989年奶农饲养的奶牛已达3.8万头，提供给加工厂原料奶，分别占6市奶牛总头数的21%和原料奶总产量的19%。而1990年26个省、自治区、直辖市的统计显示，全国奶牛存栏中，全民所有制占22.4%，集体所有制占9.5%，个体户占68.1%。

农村家庭奶牛养殖户

农村家庭奶牛养殖户，仍以农业生产为主业，奶牛饲养为副业。因是副业，规模较小，多为1 ～ 2头，或3 ～ 5头；因陋就简、因地制宜、管理粗放。走进村落，常见奶牛被拴系于街头巷尾、庭院门口、庭院一隅，没有像样的棚舍，无论是白天还是黑夜，不管是晴天还是暴风骤雨，都露天饲养。少数条件较好的家庭，为奶牛搭建了简易棚舍。饲草料有啥喂啥，季节性、区域性差异较大，如粗饲料是各种秸秆和秧蔓，北方有杂草、小麦秸、玉米秸、花生秧、甘薯秧、南瓜藤、豆秸等，南方以水草、稻秸为主。精饲料相对一致，主要是玉米、麸皮、豆饼等。饲喂也简单粗放，不讲究营养搭配。习惯性地让奶牛自由采食秸秆，热水泡玉米面定时补饲。没有机械，多手工挤奶，挤奶时间农闲时相对固定，农忙时则相对随意。挤奶后牛奶用冷水降温，送到相应收奶点。牧区或部分农区，奶牛靠放牧饲养，白天赶到草地草坡、田间地头、河边沟边等区域放牧。

（二）扶持奶牛饲养专业户

1979年后，中共中央、国务院把发展农村商品生产作为农村工作的重点，采取各种措施，以加快农业、畜牧业向商品化、专业化和现代化发展。

1981年，中共中央、国务院转发国家农委《关于积极发展农村多种经营的报告》的通知中指出：组织各种形式的专业队、专业组、专业户、专业工。积极鼓励和支持社员个人或合伙经营养殖业……凡是适宜社员个人经营的项目，尽量由农户自己去搞，生产队加以组织和扶助。在上述政策的鼓励下，在畜、禽饲养业中涌现出一部分有专长、有经营条件的畜禽饲养专业户。他们由从事家庭副业变为专业饲养，把粗放经营变为集约经营，由自给性生产变为商品生产，走上专业化、商品化生产的道路。据统计，1987年各种畜牧专业户达到93.5万户，比1984年底的45万户增加了48.5万户，这其中就有很多奶牛饲养专业户。

与农村家庭户相比，除种植农田外，不再饲养其他畜禽，以奶牛饲养为主业。有些奶牛饲养专业户甚至不种植农田，完全以奶牛饲养为主。因是主业，他们特别注重奶牛饲养，奶牛饲养的规模、水平都有较大提高。饲养规模平均10头以上，个别高达20头以上，夫妻均是奶牛饲养的主要劳动力。虽没有规模场那样的牛舍，但他们为奶牛搭建了简易的棚舍，晴天奶牛也常被拴系在庭院内外，烈日、暴雨等异常天气和夜晚则拴系在棚舍内，不再纯露天饲养，有了棚舍的庇护。饲草料在有啥喂啥的基础上有了贮备、选择和简单处理，饲料依靠自家种植或收购农户种植的玉米、秸秆等，并对秸秆进行铡短、切碎等简单处理；并适当注重营养搭配，按一定比例将玉米、麸皮、豆饼等简单混合饲喂。没有机械，也多数采用手工挤奶，挤奶后牛奶用冷水降温。随着手推式便携式挤奶设备的出现，少数专业户购置相应设备，实现了机械挤奶。因有专人饲养，其饲养程序相对固定，定时饲喂、定时挤奶、定时清理粪尿。因此，与家庭散养相比，专业户有很大的优势，在推动奶牛饲养发展中发挥了巨大作用，而且自身获得了丰厚的利润[1]。

（三）发展奶牛饲养小区

1997年，由天津市武清区曹子里乡华明畜牧场创建奶牛养殖小区，其运作模式是将分散的养牛户适度集中起来，统一管理，统一服务，集中建设，集中挤奶，分户饲养[2]。奶牛养殖小区的出现，在一定程度上缓解了“小、散、低”困局，提高了组织化、合作化程度，提升了养殖水平和效益。此期间，奶牛饲养小区得到了业界的肯定和支持，奶牛饲养小区在全国逐步蓬勃发展起来，短短的几年中，奶牛饲

---

1 谭向勇，曹暕，周俊玲，等．2007．中国奶业经济研究．北京：中国农业出版社：61．

2 谭向勇，曹暕，周俊玲，等．2007．中国奶业经济研究．北京：中国农业出版社：62．

养小区如雨后春笋般陆续兴起。到2000年，北京、上海、天津、河北、山西、内蒙古、黑龙江等七省（自治区、直辖市）奶业优势产区共建有小区1 600多个，奶牛存栏70多万头，占七省（自治区、直辖市）总存栏数的20.9%。

从小区建设主体来看，有五种模式：一是乳品企业与乡村联合共建小区，由乡村提供场地，共建牛舍和挤奶厅，乳品企业提供挤奶机械、冷奶槽等设备，农户租牛舍，牵牛入区，“小区”由基层奶协管理；二是农民合伙投资建“小区”，奶农共同出资建设牛舍和挤奶厅，县区政府资助挤奶机械设备，“小区”由奶农组成管委会共同管理或由基层奶协管理；三是养牛大户投资建“小区”，“小区”的设施全部由养牛大户兴建，自用部分牛舍，大部分出租给其他奶农使用，由养牛大户自己管理；四是乳品企业投资建“小区”，作为企业自有奶源基地直接管理，牛舍招租；五是开发商投资建“小区”，“小区”的设施全部由开发商投资兴建，成立管委会管理。综合这五种建设和管理“小区”模式的共同特点：一是有凝聚力，“小区”的投资者（包括乳品企业）与养牛者，通过资产把双方的利益联结在一起，实行利益共享，风险共担，成为利益共同体，增强了奶农抵御风险的能力，有利于奶牛饲养业的稳定发展；二是有承受力，进驻“小区”的农户大都是牵牛入区，适合于农民现有的经济条件，扩大了农户养牛的范围，能吸纳更多农民和社会剩余劳动力投入奶牛饲养业，增加了就业机会；三是有活力，“小区”坚持民力、民营、民受益，各级政府不直接参与“小区”的经营管理，主要是制定优惠扶植政策，实行市场运作，帮助农民发展奶牛饲养小区。同时，通过引导“小区”建章立制，建立民主管理机制，确保各方的利益和“小区”的发展，具有生机和活力[1]。小区虽有“多个统一”的优势，但分户饲养的根本问题仍然存在，仍有一定的局限性，只能作为当时或短期内改善家庭散养的一种过渡，若确保小区持续健康发展，必须解决统一饲喂问题。

（四）建设规模奶牛场

生产实践证明，发展规模饲养是奶牛饲养的必然，它有利于奶牛集中生产，提高工作效率和生产效益，有利于科技的应用和普及。新中国成立初期和计划经济时期，国家在城市、城郊投资兴建了一批规模化国营奶牛场，由于体制和规模优势，国营奶牛场发展状况良好。后来，进入改革开放年代，国营奶牛场虽进行了改革，所有制形式有所改

规模化奶牛场

[1] 刘成果．2005．中国奶业年鉴 2004．北京：中国农业出版社：3．

变，但凭借规模优势依然保持良好发展态势。同时，随着家庭奶牛饲养的壮大，家庭散养规模小、分布散、产能低的问题和矛盾显现。虽然发展小区有所缓解，“多种统一”模式带来了发展动力，但仍然无法解决分户饲养的根本难题。借鉴国内外规模牛场发展经验，国家开始积极鼓励、扶持和引导规模奶牛场建设。

规模化奶牛场，以企业为经营实体，以企业自身的资金、技术、设备以及无形资产为依托，遵守企业经营规则和奶畜的自然生长发育规则，与家庭、专业户、小区奶牛饲养相比，在规模、设施、设备和管理上都有极大优势。从规模而言，多数几百头，也有上千头、几千头不等；从设施、设备而言，有像样的牛舍，先进的设备；从管理而言，有不同分工、不同职责、不同规范。因此，从规模、设施和管理而言，规模化奶牛场集约化程度提高，便于技术推广应用，便于高效管理。如规模奶牛场的职能部门设置较全，有办公室、财务室、饲料采购、饲料生产、牛奶生产、兽医、后勤等，各部门分工细致而明确。规模奶牛场设施、设备齐全先进，有自动饲喂设备、挤奶机械、钢结构棚舍、智能管理系统等，提高劳动、管理效率，提升养殖、质量水平。规模化奶牛场奶牛饲草料充足、丰富，搭配合理，满足了营养需求。同时，规模化奶牛场饲养管理经验丰富，牛群结构适宜，生产性能较高[1]。

从建设途径上，规模化奶牛场有延续下来的国营奶牛场，有国营奶牛场的改制，有乳品企业、个体、外资等投资兴建，有小区改组，有合作社改组等。不管以何种方式建设，它们都有效缓解了“小、散、低”的难题，凭借自身的规模化、集约化、标准化优势，给中国奶牛饲养带来生机和活力。为建设现代奶业，加快奶牛饲养方式转变奠定了基础。

二、奶牛饲养管理规范

1972年和1974年，中国分别成立了北方和南方两个中国黑白花奶牛育种科研协作组，1977年协作组在西安举办了秸秆利用经验交流会，随后召开了高产奶牛饲养管理经验座谈会。1979年制定了奶牛饲养标准草案，推广犊牛早期断奶技术，并加强相关技术的培训和推广工作，取得了显著成效。1982年，中国奶牛协会（中国奶业协会的前身）成立，在协会的推动下，奶牛养殖的科学研究和技术示范更加规范、更加系统。1985年，中国制定了《高产奶牛饲养管理规范》行业标准，成为中国奶牛规范管理的里程碑[2]。1986年，中国制定第一版《奶牛饲养标准》，结束了照搬国外饲养标准的历史。

---

1 谭向勇，曹暕，周俊玲，等．2007．中国奶业经济研究．北京：中国农业出版社：61-62．

2 王怀宝．2000．中国奶业50年．北京：海洋出版社：246-247．

（一）制定和实施《高产奶牛饲养管理规范》

1982年，农牧渔业部下达了《高产奶牛饲养管理规范》的制定任务，由西安市农业科学研究所负责起草。至1985年，在充分借鉴国外规范，结合中国奶牛生产实践的基础上，该规范形成并经过了多方面的验证。1985年，该规范通过了农牧渔业部的审定，列为中华人民共和国行业标准，于9月1日生效实施。1985年9月23至26日，在兰州召开的全国第四次奶牛饲养技术交流会上，有10多个单位对该规范作了验证报告，证明应用该规范，可提高奶牛饲养管理水平，对提高奶牛产奶量，降低饲养成本，培养高产、稳产牛群具有重要指导意义。

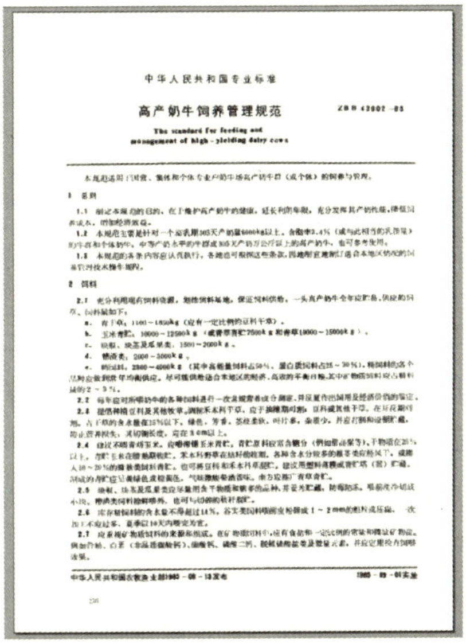
中华人民共和国专业标准

高产奶牛饲养管理规范　ZB B 43002—85

The standard for feeding and management of high-yielding dairy cows

《高产奶牛饲养管理规范》

《高产奶牛饲养管理规范》颁布实施后，据《中国奶牛》1986年后的报道：辽宁、山西、黑龙江、北京、上海、四川、江苏、吉林、浙江、新疆等地许多奶牛场实施验证，认为该规范中规定的营养需要与饲养管理方法是恰当的、合理的，所提出饲料贮备量及其结构是可行的[1]。

为了进一步推广《高产奶牛饲养管理规范》，中国奶牛协会分别于1988年和1993年在天津召开了全国《高产奶牛饲养管理规范》推广会议。与会代表一致认为，该规范为高产奶牛饲养管理提供了科学的理论依据，对创建高产、健康牛群起到了普及奶牛科学技术的作用。

（二）研究制定和推广《奶牛饲养标准》

奶牛饲养标准是以饲养营养科学研究结果为基础，提出奶牛的营养需要和饲料对奶牛的营养价值，是实行科学养牛、增加产奶量和提高饲料利用效率的基本技术依据。

20世纪60年代，中国已开始了奶牛营养需要的研究，1978年奶牛饲养标准被列为农业部重点科研项目，1983年被列为国家攻关项目，由北京农业大学、科研协作组和中国奶牛协会完成，积累了中国自己的科研数据和规律，于1979年第一次制订了《奶牛饲养标准（试行草案）》，以后又于1981年、1983年和1985年做了三次补充修订。在深入研究的同时，在全国范围内开展了大规模生产验证和试行，肯定了试行标准的科学性、准确性、实用性和对生产的指导作用。中国奶

1　王福兆．1994．《高产奶牛饲养管理规范》的制定及其应用．中国奶牛（2）：21—24．

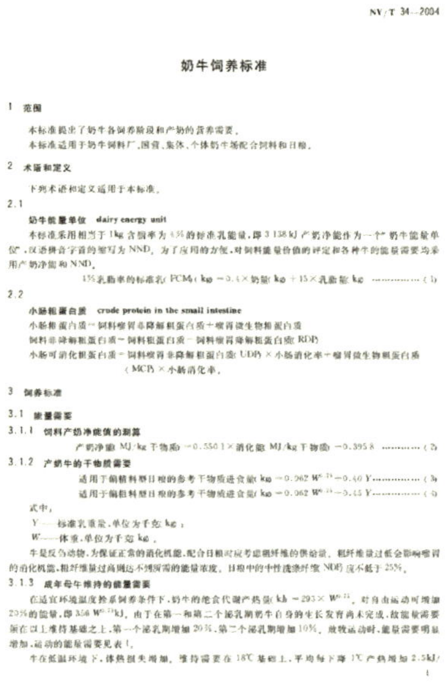

NY/T 34—2004

奶牛饲养标准

1 范围

本标准提出了奶牛各饲养阶段和产奶的营养需要。

本标准适用于奶牛饲料厂、国营、集体、个体奶牛场配合饲料和日粮。

2 术语和定义

下列术语和定义适用于本标准。

2.1

奶牛能量单位 dairy energy unit

本标准采用相当于1kg含脂率为4%的标准乳能量，即3 138 kJ产奶净能作为一个"奶牛能量单位"，汉语拼音字首的缩写为NND。为了应用的方便，对饲料能量价值的评定和各种牛的能量需要均采用产奶净能和NND。

4%乳脂率的标准乳(FCM)(kg)=0.4×奶量(kg)+15×乳脂量(kg) ……………(1)

2.2

小肠粗蛋白质 crude protein in the small intestine

小肠粗蛋白质=饲料瘤胃非降解粗蛋白质+瘤胃微生物粗蛋白质

饲料非降解粗蛋白质=饲料粗蛋白质－饲料瘤胃降解粗蛋白质(RDP)

小肠可消化粗蛋白质=饲料瘤胃非降解粗蛋白质(UDP)×小肠消化率+瘤胃微生物粗蛋白质(MCP)×小肠消化率。

3 饲养标准

3.1 能量需要

3.1.1 饲料产奶净能值的测算

产奶净能(MJ/kg干物质)=0.550 1×消化能(MJ/kg干物质)−0.395 8 ……………(2)

3.1.2 产奶牛的干物质需要

适用于偏精料型日粮的参考干物质进食量(kg)=0.062 $W^{0.75}$+0.40 Y……………(3)

适用于偏粗料型日粮的参考干物质进食量(kg)=0.062 $W^{0.75}$+0.45 Y……………(4)

式中：

Y——标准乳重量，单位为千克(kg)；

W——体重，单位为千克(kg)。

牛是反刍动物，为保证正常的消化机能，配合日粮时应考虑粗纤维的供给量。粗纤维量过低会影响瘤胃的消化机能，粗纤维量过高则达不到所需的能量浓度。日粮中的中性洗涤纤维(NDF)应不低于25%。

3.1.3 成年母牛维持的能量需要

在适宜环境温度拴系饲养条件下，奶牛的绝食代谢产热量(kJ)=293×$W^{0.75}$。对自由运动可增加20%的能量，即356 $W^{0.75}$kJ。由于在第一和第二个泌乳期奶牛自身的生长发育尚未完成，故能量需要须在以上维持基础之上，第一个泌乳期增加20%，第二个泌乳期增加10%。放牧运动时，能量需要明显增加，运动的能量需要见表1。

牛在低温环境下，体热损失增加。维持需要在18℃基础上，平均每下降1℃产热增加2.5kJ/

1

《奶牛饲养标准》

牛生产领域中，惯用朴素的产奶能量转化概念，以产奶多少作为衡量饲料能量价值、效率和经济效益的尺度。为了将能量转化的科学概念与生产中的经验习惯结合起来，力求简便易行，避免繁琐的能量数值，所以采用相当于1千克含脂4%的标准乳的能量，即以3.14兆焦产奶净能作为一个"奶牛能量单位"，其汉语拼音缩写为NND。正式标准于1986年12月由农业部批准颁布为国家标准(ZB 43007—86)。已在全国各地奶牛行业实施，取得了显著的经济效益和社会效益。

由中国农业大学主持的反刍家畜新蛋白质（小肠蛋白质）体系农业部重点项目和反刍动物能量转化规律及调控的国家自然基金重点项目，于1993年和1998年通过了部级专家组的鉴定，并将其研究成果收入到饲养标准中，因而，修订第二版（NY/T34—2004）的重点内容为小肠蛋白质和氨基酸体系。新蛋白质体系包括了对饲料瘤胃降解和非降解蛋白质、瘤胃微生物蛋白质合成量及氨基酸的组成等小肠蛋白质参数及评定方法[1]。

为便于在生产实践中应用，还出版了以饲养标准为主要内容的专著《奶牛饲养标准和典型日粮配方》(农业出版社，1989)、《奶牛营养需要和饲养标准》(中国农业大学出版社，2000)，以及《奶牛营养需要和饲料成分》(中国农业出版社，2007)[2]。

三、饲料供给市场化

20世纪80年代中后期，中国各地相继取消了长期以奶换料的饲料供给模式，精料由国家平价供给逐步转变为由市场议价供给。

以前，奶牛精料的供给模式是以奶换料。1989年8月以前，黑龙江省规定国营、集体饲养奶牛每交售3千克鲜奶，个体饲养奶牛每交售4千克鲜奶，由粮食部门供应1千克平价配合饲料，或者是每饲养1头奶牛划给0.07 ~ 0.13公顷饲料地，地随牛走，谁养牛谁种植，饲料地不交征购粮和统筹金。上海市1985年的以奶换料，每千克奶返料0.4千克，饲料由市奶牛公司供应。

---

[1] 李胜利，等．2009．中国60年奶牛营养与饲料研究进展及饲养工艺的改进．中国奶牛（1）：30–42．

[2] 感谢冯仰廉教授指导并提供翔实资料。

供给方式转变后，精料供给不再是国家平价，而是市场议价，即饲料粮的价格不再受国家价格的保护和限制，而是完全由市场决定。由于当时国家平价较低，故取消以奶换料的平价政策后，各地饲料粮价格都有了一定程度的上涨。1989年8月，黑龙江省政府发布125号文件，取消奶牛精饲料的价格补贴，改平价为议价，每千克豆饼从0.33元提高到1.1元，玉米由0.305元提高到0.70元，麸皮由0.16元提高到0.20元，配合饲料由0.41元提高到1.02元，提价幅度为150%。1986年取消平价后，江苏各地生产饲料的主要原料如玉米、大麦、麸皮、棉饼等价格均有较大幅度的上升。如每100千克大麦的价格，由原来的32元上升到48元左右；每100千克玉米由34元上升到50元；每100千克麸皮由20元上升到34元左右[1]。1988年4月，苏北奶牛带（徐州到连云港铁路沿线的铜山、睢宁、新沂、东海、灌云等5个县）粮食部门取消对奶牛业生产供应平价饲料，全部改为供应议价饲料。1988年以后，议价饲料价格不断上涨，徐州市每千克混合精料由1988年3月份以前的0.37元（平价）提高到0.76元（议价）。连云港市的饲料上涨情况见表4-5。由于饲料价格的上涨，配合饲料中玉米、饼类及细糠等精料由占70%下降到占30%。同时，奶牛粗料主要为稻草，青料有啥吃啥。1988年，哲里木盟玉米、豆饼、糠麸和配合饲料的价格比1980年分别上涨1.2倍、3.2倍、1.8倍和1.1倍（表4-6）。

表4-5 连云港市1988—1989年几种饲料粮价格[1]

单位：元/千克

项　目	豆饼	玉米	麸皮
1988年3月以前（平价饲料）	0.66	0.23	0.13
1988年10月（议价饲料）	1.22	0.68	0.64
1989年第1季度（议价饲料）	1.62	0.82	0.76

表4-6 哲里木盟饲料销售价格的变化[1]

单位：元/千克

年份	配合料	玉米	豆饼	糠麸
1980	0.22	0.20	0.24	0.12
1981	0.22	0.20	0.24	0.12
1982	0.24	0.23	0.38	0.14
1983	0.26	0.23	0.38	0.16
1984	0.32	0.34	0.38	0.18
1985	0.32	0.34	0.38	0.22
1986	0.36	0.38	0.56	0.24
1987	0.40	0.38	0.90	0.26
1988	0.46	0.44	1.00	0.33

[1] 成春到．1987．稳定饲料价格．饲料工业（1）：18．

四、奶牛饲养科技进步取得实效

（一）饲草育种结硕果

1986年，全国牧草育种委员会和全国牧草、饲料作物品种审订委员会成立，着手进行牧草的品种审定和登记工作，极大地促进了中国牧草品种选育、地方良种的整理、国外优良牧草品种的引进以及野生牧草的驯化工作。从1986年到2002年，通过全国牧草品种审定委员会审定登记的品种达250个，其中野生栽培种40个，地方品种40个，引进品种69个，育成品种101个，育成品种占各类品种的40.4%。90年代，黑龙江省畜牧研究所利用抗寒、抗旱性很强的野生黄花苜蓿和扁蓿豆与紫花苜蓿分别进行杂交，育成了龙牧801和龙牧803两个抗寒苜蓿新品种。甘肃农业大学、新疆农业大学畜牧学院、内蒙古图牧吉草地研究所以黄花苜蓿与紫花苜蓿杂交分别育成了甘农1号杂交苜蓿、新牧1号杂花苜蓿和图牧1号杂花苜蓿抗寒新品种。吉林省农业科学院畜牧研究所以国外引进的根蘖型苜蓿为原始材料，采用综合品种法，育成公农3号耐牧根蘖型苜蓿品种。甘肃农业大学以类似的方法育成甘农2号杂花苜蓿。除此之外，抗蓟马苜蓿、多叶苜蓿的选育以及羊草新品种的选育，杂交狼尾草、卡选14号狗尾草、热研4号王草、抗寒耐热三叶草、杂交青饲玉米等育种工作都取得了可喜的成果[1]。

苜蓿新品种

20世纪70年代末80年代初，中国农牧渔业部畜牧总局在南方各省推广种植1974年引进的豆科牧草——大翼豆，在各省牧草种子基地试种繁殖。江西省牧草饲料试验推广站在1982年4月间播种0.11公顷，生长良好，8、9月高温季节青刈两次，折合0.07公顷产青草4 000千克，用于饲喂奶牛[2]。1982年9月，河北省康保县在全县8个乡17个村开始围栏养草，共围建草场2 130公顷，其中围天然草滩1 270公顷，在退耕地上人工种草850公顷，种植紫花苜蓿50公顷，老芒麦260公顷，赖草30公顷，粮草混播510公顷，产饲草384万千克，解决了当年饲草料的严重短缺[3]。湖南省针对引进的牧草越冬或越夏困难的问题，1988年，湖南省引进扁穗牛鞭草，逐步推广到湘北、湘南、湘西、湘中地区，在各地表现了良好的适

1 云锦凤，米福贵，杨青川．2004．牧草育种技术．北京：化学工业出版社．

2 沈子仪．1984．优质高产豆科牧草——大翼豆．江西农业科技（12）：24-25．

3 田大斌，李茂芳．1985．围栏种草办法好　牧草丰盛牛羊壮．中国草食动物（1）：23．

应能力，深受广大农户欢迎[1]。深圳市光明华侨畜牧场引种过苏丹草、串叶松香草、美国籽粒苋、杂交狼尾草等牧草品种；1990年，从广东省农业科学院畜牧研究所引种皇草，种植10公顷，通过比对试验，认为产量和草质都优于象草[2]。

（二）大力推广青贮、氨化饲料及配套技术

中国自20世纪50年代开始推广青贮技术，但规模不大，后来一度中断。1982年后，再次在全国推广青贮技术，并开始进行氨化秸秆的试验。经过各级畜牧工作者的努力和有关部门的支持与配合，推广工作初见成效。青贮氨化技术的推广，有利于缓解畜牧业对粮食的依赖，对促进畜牧业持续稳定发展发挥了积极作用。

1．引进、研制青贮及氨化加工机械 1979年，由中国农机院设计的9SQ-10型牵引式双行青贮收获机通过部级鉴定。1980年，9SQ-10型牵引式双行青贮收获机投入小批量生产，随后与9SQ-5型单行悬挂式青贮收获机配套的青贮饲料拖车7CC-7S以及7CC-4S也先后投产。这样，用联合收获法收获青贮的机具已基本可以配套。联合收获法工效很高，但由于生产规模所限，当时主要在一些国营农场（主要是奶牛场）应用。广大农村仍采用分段收获法，即人工收割青贮作物（秸秆、藤蔓），运回青贮窖附近用切碎机切碎入窖，压实，密封贮存。用这种方法生产效率虽然不如联合收获法，但远高于人工切铡。而且切碎机售价低廉，专业户能够负担得起。

9SQ—10型青饲主机

1984年，在联合国粮农组织的协助下，从美国AG-BAG公司引进大型袋贮技术及设备，每袋可青贮150吨。青贮技术也得到快速发展，除传统的窖贮、塔贮外，又发展了袋贮、壕贮以及平地青贮等多种多样的青贮形式。

1986年，中国成功研制出第一套秸秆氨化设备。1988年末，由机械电子工业部呼和浩特畜牧机械研究所研制的优质粗饲料新型化学处理设备93JH-400型秸秆化学处理机通过部级鉴定，该设备可对麦秸、稻草、玉米秸等多种高纤维饲料，通过理化加工处理，使之变成易于牲畜消化吸收的饲料，年单班生产能力可为400头牛提供全年的粗饲料[3]。1989年，北京农业工程大学研制的金属箱式和土

[1] 孙祥贵，李科云．1994．适宜湖南栽培的主要优良牧草简介．湖南畜牧兽医杂志（2）：21-22.

[2] 陈会智，林培胜，郑业鲁．1991．光明华侨畜牧场奶牛场牧草高产栽培经验．广东畜牧兽医科技（4）：18-19.

[3] 杨文大．1990．93JH-400型秸秆化学处理机简介．饲料工业（2）：47.

建式两种氨化炉投入使用[1]。

2. 研究推广青贮技术 中国虽然在20世纪50年代初期即研究推广青贮技术，但过程时起时落。到1977年以后，才逐步推广[2]。

1983年，农业部畜牧兽医局分别在四川隆昌、内蒙古科左后旗召开南方和北方青贮工作会议。1986年，农业部草捆青贮技术考察组赴英国考察，引进草捆青贮新技术并在翁牛特牧场试验成功，专用的缠草捆机在贵州威宁试用。同年，农业部在北京召开全国青贮饲料工作会议。在农业部门的推广下，青贮技术逐渐走进奶牛饲养者家中，被奶农所接受。1979年，江苏省东海种畜场，青绿多汁饲料跟不上，冬春两季以干稻草为主要饲草；1982年，建了半地下式圆形青贮窖一座，青贮玉米16 000千克，弥补了冬春季节奶牛青绿多汁饲草的不足，并且饲喂青贮玉米的奶牛比饲喂稻草的奶牛乳产量提高50.45%[3]。黑龙江省龙江县饲喂青贮玉米秸秆，比饲喂羊草便宜77.15%。黑龙江虎林县八五六农场奶牛管理站，从1994年开始，每年9月底至10月初，用面瓜壳、甜菜叶做青贮饲喂奶牛，解决北方地区冬春季无青绿多汁饲料喂家畜的问题[4]。合肥地区过去用甘薯喂奶牛，因不搞青贮，边收边喂，常常造成多吃腹泻、掉膘和降低产奶量等现象。为了解决这个问题，养殖者采用青贮甘薯作饲料常年饲喂奶牛，取得良好的效果[5]。山东省招远县的毕郭吴饲养2头奶牛，冬春季节吃不到青绿多汁饲料，从1987年起，在蜡熟期将0.33公顷玉米带棒收割，添加尿素制作青贮，既解决了冬春季节青绿多汁饲料缺乏问题，又收到了良好的饲喂效果，并改变了当地人错误思维。在当时，很多人都认为玉米即将成熟，不收籽实而加以收割是糟蹋粮食[6]。

制作青贮饲料

随着青贮相关技术研究的深入，青贮也衍生了多种类型。常见的有三种：一般青贮，也称普通青贮，即对常规青饲料（如青刈玉米），按照一般的青贮原理和步骤使之在厌氧条件下，进行乳酸菌发酵而制作的青贮；半干青贮，也叫低水分青贮，是将青贮原料经过预干蒸发，使水分降低到50%时青贮而成，常用于

1 郭佩玉．1992．秸秆综合利用的重大发展．饲料工业，13（12）：20–25．
2 张国立，贾纯良，杨维山，等．1996．青贮饲料的发展历史、现状及其趋势．饲料工业（3）：19–21．
3 陈秉忠，李白灵．1983．饲喂青贮玉米可提高奶牛产奶量．饲料研究（5）：27．
4 李汝宽，丁文广，鹿占修．1996．青贮面瓜壳甜菜叶——冬春季喂奶牛效果好．饲料研究（11）：29．
5 合肥乳品厂．1981．用青贮山芋喂奶牛可提高产奶量．饲料研究（1）：32–33．
6 盛竹章．1990．青割玉米喂奶牛效果好．饲料研究（4）：28．

青贮牧草和水分含量较低的原料，与一般青贮相比，水分含量较低，抑制了某些腐败菌的生命活动，有利于乳酸菌发酵，不但使青贮品质提高，而且克服了高水分青贮排汁所造成的营养损失；特种青贮，是青贮中需要对原料进行特殊处理或添加一些添加剂而制作的青贮，常用的青贮添加剂有微生态添加剂、酸类添加剂和营养性添加剂。除了多种青贮类型外，青贮的形式也多种多样，常见的有塔青贮、窖青贮、壕青贮、堆青贮、袋青贮、裹包青贮等。奶牛饲养中选择何种类型、何种形式的青贮，应依据原料的种类、青贮的设施、青贮的区域和青贮的条件，选择适宜的青贮类型和形式，为确保青贮质量，可按量添加适宜的添加剂。

3. 研究推广氨化技术 除秸秆青贮外，秸秆经过氨化亦可提高其营养价值和消化率。秸秆一般都呈散装，堆垛密封后注入液态氨或者秸秆喷洒尿素溶液混合均匀后堆垛密封，经过一段时间后再开垛饲喂。这种方法通常只能在牛场处理，现场处理现场饲喂。秸秆氨化处理后消化率可提高10%～15%，含氮量增加1～2倍，采食量提高25%，并明显降低饲料成本[1]。

1983年，农牧渔业部畜牧兽医局、全国畜牧兽医总站在山东召开秸秆氨化现场会。1985年，农牧渔业部畜牧兽医局在北京大兴县举办全国性秸秆氨化培训班，培训各省技术推广骨干。此后，农业部每年召开秸秆氨化经验交流会或举办培训班。在各级畜牧部门的共同努力下，秸秆氨化技术推广工作逐渐发展起来。到1985年底，全国累计氨化秸秆3 150吨。1986年，据17个省市和90个县的统计，共氨化秸秆4.3万多吨[2]。1987年，农牧渔业部畜牧兽医局在河南周口召开秸秆氨化经验交流会；同年11月，联合国粮食及农业组织派遣两名专家来中国考察秸秆氨化及养牛情况后，于1988年赠款33万美元援助中国在河南、河北两省各建一个秸秆氨化示范区，进行试验示范，并培训各地的氨化技术推广人员[3]。

“八五”期间，国家科学技术委员会下达了关于“粗饲料营养价值改进技术研究”（85-016-03-02）的科技攻关专题，由北京农业工程大学主持，研究内容包括：节能、节氨、安全型液氨氨化设备的研制；碳酸氢铵加热分解快速氨化新工艺、新设备研究；复合处理秸秆等粗饲料研究；研制适合中国广大农村、国有农场应用的不同规模的秸秆氨化技术设备系列，并分别在玉米、小麦、水稻产区建立3个示范点。

（三）奶牛饲料添加剂的开发应用

随着奶牛产业的发展，养殖者逐渐认识到奶牛饲草饲料的营养水平直接决定着牛奶产量。特别是随着高产奶牛群的出现，反刍动物饲料逐步趋向高能化，养

---

1 毛华明，冯仰廉，杨润德，等. 1989. 建立秸秆饲料处理成型加工厂的可行性研究. 饲料工业 (9)：18-20.

2 徐春塘. 1989. 大力推广秸秆氨化技术. 饲料工业 (11)：50-51.

3 王怀宝. 2000. 中国奶业50年. 北京：海洋出版社：279.

殖者通常采用增加日粮中精料比例的办法来提高日粮能量浓度，结果带来许多弊端，如纤维消化率降低、乳脂率下降、瘤胃功能紊乱、臌胀症及酮病等[1]。为了解决这些问题，饲料工业部门与科研院所结合，在引入国际先进经验的基础上，积极探索开发奶牛饲料添加剂。

1981年，郑州市饲料厂研究了奶牛日粮中添加微量元素的合适剂量，并进行了试验。混合日粮中按3%添加，使每100千克饲料含碳酸钙2 334克，硫酸锰5.4克，硫酸锌5.1克，硫酸铜15克，硫酸铁39.6克，碘化钾0.09克，氯化钴0.81克。结果表明，试验组泌乳牛平均每头日产奶量为15.53千克，对照组为14.5千克[2]。

1983年10—12月，乌鲁木齐五一农场奶牛场进行了碳酸氢钠喂牛试验[3]。1983年，北京市营养源研究所根据国外的报道，研制成“多犊锭”奶牛用饲料添加剂，并验证其对奶牛有明显的促生长作用，并能提高奶牛情期受胎率、种公牛精液品质和奶牛产奶量[4]。1986年，南京农业大学与南京乳牛科学研究所对奶牛进行补喂醋酸钠试验，效果显著。1991—1993年，北京市饲料研究所研制成功奶牛用多维矿剂[5]。1992年，威海畜禽养殖公司应用脂肪酸钙添加剂饲喂奶牛[6]。还有的企业以柠檬酸厂、酒精厂、味精厂等的废水，生产高蛋白饲料酵母[7]，或使用蛋白酶、淀粉酶和纤维酶等多种酶系的复合酶饲料添加剂[8]，以及麦饭石、松针粉、海藻粉、黄芪、刺五加等中草药添加剂[9]。

（四）发酵初乳哺育犊牛技术的研究

20世纪70年代中期以前，各奶牛场培育犊牛按照苏联的理论，采用高喂奶量、长哺乳期、高日增重的方案，犊牛喂奶量一般在750千克左右，高的在1 000千克以上，180日龄断奶，平均日增重800克。青年母牛18 ~ 20月龄体重400千克以上配种，28 ~ 30月龄开始产第一胎。这样培育的奶牛产奶性能并不高，转群成本在2 000元以上。而从初生到产第一胎的标准成本为1 700元。在较长时期内，由于后备牛培育技术进步不大，各场培育1头奶牛一般要亏损300 ~ 500元[10]。1980年8月，天津塘沽农场奶牛队首先试制自然发酵初乳获得成功，先选了5头犊牛试喂，观察1个月，看到犊牛生长发育正常，随后在天津市国营农场管理局

---

1 黄梓平．2001．反刍动物高能饲料添加剂的研究．饲料研究（5）：4–6．
2 郑州市饲料公司．1982．添加微量元素对奶牛泌乳增重的影响．饲料研究（3）：38–39．
3 陆东林．1984．碳酸氢钠喂牛．饲料研究（5）：52．
4 孙毓秀．1985．奶牛饲料添加剂——多犊锭．饲料研究（9）：17–18．
5 刘忠贤，闻瑞璋，洪昌茂．1995．维生素矿剂在奶牛饲料中的开发应用．饲料研究（12）：23–24．
6 张仲平，张峰．1993．奶牛日粮中添加脂肪酸钙试验．饲料工业，14（8）：29．
7 金其荣．1989．利用废水生产高蛋白饲料酵母．饲料工业（4）：26．
8 冯强，王惠，段李浅．1996．复合酶制剂对奶牛泌乳性能影响的试验报告．饲料工业，17（6）：15–17．
9 王珏，李光辉，张树杰．1996．中草药添加剂对家畜的增乳作用．饲料工业，17（1）：28–30．
10 王煜．1983．全面推广利用发酵初乳代替常乳培育犊牛技术．中国奶牛（3）：15–20．

牛群中推广。此后，许多牛场都进行了降低喂奶量、早期断奶的试验，并成功将过去哺乳期5～6个月，喂奶量800～1 000千克，降到哺乳期2～3个月喂奶量在500千克以下。黑龙江省8511农场试验成功利用100千克常乳（不包括初乳）哺育犊牛的技术，获得1980年度黑龙江省科技成果二等奖，农垦部科技成果三等奖。北京农业大学和双桥农场试验成功利用90千克新鲜初乳哺喂犊牛1个月断奶的技术。有学者在1986年报道，用260千克发酵初乳60天断奶与用620千克常乳110天断奶比较，前者降低奶量并提早断奶，对其早期体重的生长发育是受到一定程度的影响，但在12～18月龄期间因重视饲料日粮搭配，营养水平适度，至18月龄的体重均超过南方黑白花牛的育种标准（18月龄400千克），证明12月龄以后能得到满意的补偿生长效果[1]。1983年，中国奶牛协会在天津市召开犊牛培育经验交流会，会议期间拟定了《制作发酵初乳饲喂犊牛操作规程（草案）》向广大奶牛专业户推广发酵初乳培育犊牛技术。

（五）机械化挤奶技术的推广应用

机械挤奶自新中国成立时便开始使用，但发展一直迟缓。据1979年农垦部对20个大城市国营农牧场调查，仅有26.25%的成乳牛使用机械挤奶[2]。例如，新中国成立前上海多数奶牛场靠手工操作养牛和挤奶，1954年开始逐渐引进苏联等国挤奶机，1958年成立上海乳品机械修配厂（1982年改建为上海乳品机械厂），并自制多种挤奶、饲料加工和乳品加工机械。1974年，上海市牛奶公司各牧场牛舍全都安装了挤奶机设备。

中国最早商业化引进挤奶机整机是在1979年的深圳光明华侨农场。之后，广州市牛奶公司以与香港补偿贸易的形式，引进了4台2×10位鱼骨式挤奶机。1988年，中国第一家中外合资生产挤奶机的企业在广州诞生，名为广州市万宝—纽帕尔斯乳业机械有限公司。

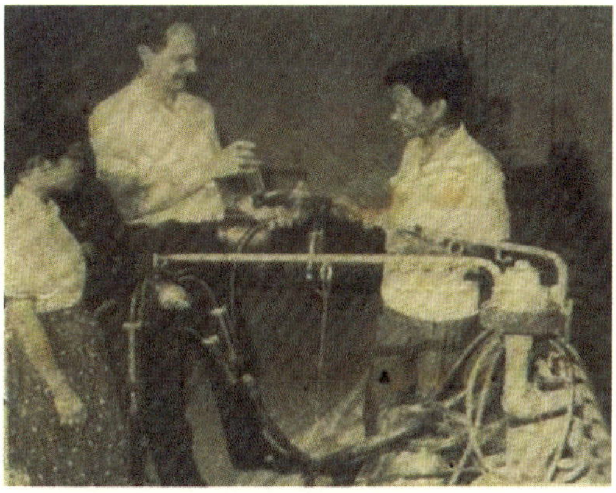
万宝技术人员与新西兰机械技术人员交流

各种形式的挤奶机在中国的奶牛场都有应用。其中有进口的日本奥利安低配管道挤奶机，东德英泼萨、丹麦斯特兰科和瑞典阿发—拉伐坑道式挤奶机。北京北郊农场研制的9JSG-g-I型高配管道挤奶机通过部级产品样

[1] 邓伟，等．1986．发酵初乳饲喂犊牛早期断奶与产奶性能的研究．中国畜牧杂志（6）：44–45．

[2] 柳忠魁．1984．国内外奶牛挤奶设备综述．粮油加工与食品机械（4）：1–9．

机鉴定，并投入小批量生产。上海和通辽的提桶式挤奶机有一定批量的推广和应用。北京北郊农场、上海牛奶公司研制和应用了转台式挤奶机，北京南郊农场、西安草滩农场分别研制了高配管式和坑道式挤奶机并在本场使用。挤奶设备的应用，无疑促进了奶牛饲养业的快速发展。

并列式挤奶台

转盘式挤奶台

总之，从1979年到2000年，由于奶牛养殖实施鼓励和扶持政策，多种所有制形式共存，解决了所有制单一的制约。同时，奶牛养殖采取“牛下乡，奶进城”，解决了城郊发展奶牛土地和饲草料资源的限制，这一时期，奶牛存栏和牛奶产量实现了快速增长。2000年，中国奶牛存栏、牛奶产量分别达到了488.7万头和827.4万吨，分别比1978年增加9.3倍和8.4倍，年均递增率分别为11.2%和10.7%。

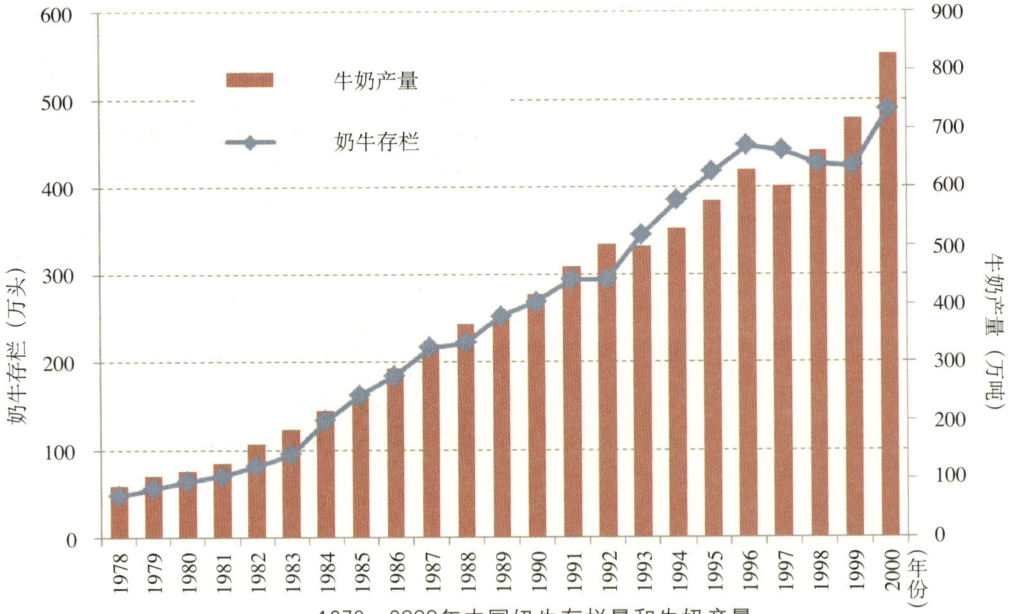

1978—2000年中国奶牛存栏量和牛奶产量

[资料来源：《中国畜牧统计资料 1949—1989》和各年度《中国奶业年鉴》]

纵观这一时期中国奶牛养殖业，不难发现奶牛存栏也曾出现两次负增长。一是1992年，奶牛存栏294.2万头，比1991年下降了0.4万头。第一次负增长，主要原因是20世纪80年代中后期，中国各地先后放开了饲料价格，饲料不再实行国家平价供给，而是由市场议价供给，放开饲料价格后，饲料价格快速上涨，奶牛饲养成本上升。但牛奶收购价格仍由国家控制，仅有小幅缓慢上涨。这也就是业界所说的“一头活一头死”。受此影响，奶牛养殖效益下滑，部分饲养者开始减少饲料喂量，增加淘汰率，奶牛存栏下降。1992年，中国再次放开了牛奶收购价格，实现了饲料和牛奶价格的市场同步，促进了奶牛存栏的恢复与增长。二是1999年，奶牛存栏424.1万头，比1998年减少了2.4万头。第二次负增长，其主要原因是中国乳制品品种单一，市场竞争力较低，国外乳制品大量进入，波及奶牛养殖效益，奶牛存栏因效益低下，再次降低。这其中，也有奶牛饲养方式“小、散、低”的因素。因此，进入21世纪，奶牛饲养注重了增长方式的转变，乳制品企业注重产品结构的调整，另外，奶牛养殖与乳品加工科技的快速进步，将迎来奶业的迅猛发展。

第四节　新世纪初期奶牛饲养方式开始转型升级（2001—2011年）

进入21世纪，中国高度重视奶业发展。从政策法规看，立足解决2006年奶业发展困境和着眼未来发展，2007年国务院出台了《关于促进奶业持续健康发展的意见》，奶牛养殖落实“八条”扶持政策和补贴措施；2008年，国务院颁布了《乳品质量安全监督管理条例》，从法规的层次，规范了奶牛饲养的生产和监管；同年，多部委制定了《奶业整顿和振兴规划纲要》，实施了三年的奶业整顿和振兴；2010年，中国颁布了《生乳》等66项国家标准，避免了标准的交叉、重复和漏项等。从生产监管看，中国加大了奶站、生鲜乳和乳制品的质量安全监管，实现了监测区域、指标的全覆盖。从科学研究和示范推广看，“十五”后，奶业均列为优先发展产业，实施重大专项、“973”专项、产业体系、科技入户等，基础研究和科技示范取得重大突破。从发展方式看，进入21世纪，奶牛养殖加快了转型升级，重点推进了规模化、集约化、标准化和一体化建设。最终，这都为奶牛饲养转型和实现现代奶业创造了条件和提供了保障。总结这一时期奶牛饲养，有些经验值得借鉴：一是产业发展离不开国家政策上的扶持（出台31号文件、颁布《乳品质量安全监督管理条例》、实施整顿和振兴等）；二是必须加快奶业发展方式转变，扎实推进规模化、集约化、标准化和一体化建设；三是必须强化奶牛养殖的基础研究和科技示范，努力提升奶牛养殖水平；四是必须加强质量安全监管，避免质量安全事件发生。

一、推行“四化”，加快奶牛饲养方式转变

进入21世纪，中国奶业确立了建设现代奶业的最终目标，并确定当前奶业正处于由传统奶业向现代奶业转型。要建设好现代奶业，必须加快奶业发展方式转变。就奶牛饲养而言，当前主要任务是推进“四化”，加快奶牛饲养方式转变。所谓“四化”，即饲养方式规模化、增长方式集约化、管理方式标准化、经营方式一体化，是实现高效现代奶牛饲养的必由之路。因为规模化是基础，只有实现奶牛饲养规模化，才能广泛运用先进技术。集约化是核心，集成各项先进实用技术，推广应用到规模化奶牛场，提高奶牛饲养的科技含量。标准化是关键，通过标准化生产，把集成的关键技术落在实处。一体化是根本举措，建立健全产、加、销利益联结机制，形成风险共担、利益共享的经济联合体，实现各方利益的均衡化。

（一）推进奶牛饲养规模化

规模化是基础，适度规模化是奶牛饲养的必然之路，是实现高产、优质、高效的前提和保障。奶牛饲养达到适度规模，为新技术、新成果的集成和应用奠定了基础。由于新技术、新成果的应用，提升了管理水平，提高了生产效率，改善了生鲜乳质量，降低了生产成本，减少了环境污染，获得了较高的经济效益、社会效益和生态效益。据《中国奶业年鉴 2011》记载，2010年全国不同规模奶牛成本收益统计，在365个饲养日内，规模（大于10头）奶牛主产品（生鲜乳）产量平均为5 639.96千克，平均产值18 944.33元，净利润为4 438.71元，分别比散养奶牛（10头以下）的高373.73千克、2 582.64元和267.89元。

2004年4月，中国奶业协会在河北省石家庄市召开第一届中国奶牛发展大会，会议重点研讨了奶牛饲养规模化的问题。会议指出，借鉴国内外奶牛饲养经验，结合中国奶牛饲养实际，提高规模化举措有两个：一是发展规模奶牛场，包括家庭规模奶牛场、集体规模奶牛场、国有规模奶牛场、股份制规模奶牛场等；二是发展奶牛养殖小区，通过发展规模化奶牛场和小区有助于实现小规模向适度规模、分散养殖向集中养殖、粗放养殖向集约化养殖、手工挤奶向机械化挤奶和兼业经营向专业化养殖转变，有助于提高牛奶产量、牛奶质量、劳动生产效率、经济效益、奶农的组织化程度和环境质量。

第一届中国奶牛发展大会

2007年9月，国务院出台《关于促进奶业持续健康发展的意见》（国发〔2007〕31号），文件指出：解决奶牛养殖“小、散、低”的问题，应加快发展规模养殖场（小区）建设，推进奶牛养殖的规模化、集约化、标准化。为贯彻落实该意见要求，农业部制定了《奶牛规模化场（小区）养殖标准和规范》，并会同国家发展改革委员会、财政部实施了系列规模化补贴。

2008年11月，《奶业整顿和振兴规划纲要》发布，要求推进规模化、标准化养殖：“中央在现有奶牛规模化养殖建设投资规模的基础上，进一步加大中央预算内投资支持力度，支持奶牛主产区加快现有养殖场（小区）标准化改造和新建标准化规模养殖场（小区）。该纲要明确要求：到2011年10月底前，在推进养殖规模化、100头以上规模化养殖场（小区）奶牛比重由不足20%提高到30%左右。

2009年7月，国家发展改革委员会和工业及信息部联合发布《乳制品工业产业政策》以及相关的政策，明确支持乳制品加工企业加强自有奶源基地建设，鼓励自建、参股建设规模化奶牛场、奶牛养殖小区。

在国家相关政策的扶持下，在农业部等相关部委、农业部畜牧业主管部门、行业协会和企业共同努力下，中国奶牛饲养的规模化程度逐步提升（表4-7）。2011年，中国存栏100头以上的奶牛规模养殖比例达到33%，比2002年提高了21.1%；奶牛单产水平达到5 500千克，比2000年提高了80%。把握国家扶持政策，积极配套相关政策，各地也都加快发展规模化养殖的进程，奶牛规模养殖比重不断提高。2011年，在10个奶牛主产省（河北、河南、山东、山西、黑龙江、辽宁、新疆、内蒙古、陕西、宁夏）中，存栏100头以上的奶牛规模养殖比例排名前5位的省份分别是：河北省，比例为66.7%；河南省，比例为55.6%；山东省，比例为51.7%；辽宁省，比例为41.9%；山西省，比例为34.9%。

表4-7　2002—2010年全国奶牛规模化统计情况

年存栏规模	2002年	2003年	2004年	2005年	2006年	2007年	2008年	2009年	2010年
1～4头	44.8%	46.7%	47.1%	45.6%	42.8%	41.1%	32.4%	28.1%	26.4%
5头以上	55.3%	53.3%	53.0%	54.4%	57.2%	58.9%	67.7%	71.9%	73.6%
20头以上	25.9%	27.4%	25.2%	27.7%	28.8%	31.5%	36.1%	42.6%	46.5%
100头以上	11.9%	12.5%	11.2%	11.2%	13.1%	15.8%	19.5%	26.8%	30.6%
200头以上	8.3%	8.8%	7.7%	7.9%	9.3%	12.0%	15.5%	22.8%	26.5%
500头以上	5.5%	5.6%	4.9%	4.8%	5.6%	7.6%	10.1%	16.0%	19.4%
1000头以上	2.9%	2.7%	2.7%	2.3%	3.0%	4.0%	5.5%	8.3%	10.4%

资料来源：各年度《中国奶业年鉴》。

（二）推进奶牛养殖集约化

利用奶牛养殖小区和规模牛场作为技术集成的载体，为开展集约化经营奠定了基础，从而有条件采取先进配套技术和管理方法。集约化经营的本质是推进科学进步，充分发挥科技在提高奶牛业生产力中的作用。为推动集约化发展，中国各地积极采取措施推进规模化奶牛场和养殖小区建设，许多地区探索出一些好的经验和做法。

第二届中国奶牛发展大会

2006年6月，第二届中国奶牛发展大会在内蒙古包头市召开，主要议题是研究推进奶牛饲养集约化。会议提出三条措施：一是良种良法配套，良种以荷斯坦牛为主，兼顾西门塔尔牛、娟姗牛等，良法配套玉米青贮、牧草加工、机械化挤奶、全混合日粮（TMR）、粪便综合治理等技术；二是调整牛群结构，合理的牛群结构为成母牛约占全群的60%、淘汰率约占成母牛的20%、增长率约占全群的8%，有助于高产、高效和优质，若淘汰率较低，则低产劣质奶牛比例增大，饲料报酬不高，固定资产摊销大，场地、人工、管理成本高，影响奶牛生产效益；三是提高从业人员素质，奶牛饲养是技术型产业，对人员要求较高，加强奶农培训，培养相应技能，有助于提升产业发展水平。

（三）推进奶牛饲养标准化

中国标准化工作在新中国成立前就已开始，1944年由中国、英国、美国等18个国家发起成立了联合国标准协调委员会。1949年成立中央技术管理局，内设标准化规格处，管理全国标准化工作。随后相继成立了中央技术委员会标准局、国家标准总局、国家技术监督局、国家质检总局等管理全国标准化工作。农业部第一个管理农业标准化的机构是科技司标准处，现在由市场与经济信息司负责农业标准化工作。2006年，经国家标准化管理委员会正式批准，成立了全国畜牧业标准化技术委员会，负责标准的制定、修订、审定和宣传的业务工作。地方也成立了相应的标准化管理机构。

2001年，中国制定了《无公害食品　奶牛饲养管理准则》；2003年制定了《农产品安全质量　无公害乳与乳制品产地环境要求》；2004年修订了《奶牛饲养标准》；2006年制定了《奶牛场卫生规范》；同年，引入危害分析与关键控制点（HACCP）方法，制定了《奶牛场HACCP饲养管理规范》；2006年5月，颁布国家标准《良好农业规范》（GB/T 20014）与《良好农业规范认证实施规则（试行）》（CNCA –N-004），同年，中国奶业协会在国内率先开始了良好农业规范奶牛场认证培训工作。这些标准有效规范了行业发展，促进了科研成果在一线的推广、普及，也为后来加快标准化规模奶牛场（小区）建设奠定了基础。

2007年4月23日，胡锦涛在中共中央政治局第四十一次集体学习时精辟地指出："各级党委和政府要增强责任感，切实把实施农业标准化和保障食品安全作为一件大事，纳入经济社会发展总体规划，列入重要议事日程。"

2008年3月5日，温家宝在十一届全国人民代表大会第一次会议上的政府报告中指出：推进农业标准化生产，提高农产品质量安全水平，同时强调，要认真落实支持奶业的政策措施。胡锦涛总书记和温家宝总理的讲话明确了农业标准化地位，为中国农业标准化和奶业的发展指明了方向。

2008年9月，中国奶业协会在上海召开了第三届中国奶牛发展大会，中国奶业协会理事长刘成果作了关于推进奶牛养殖标准化的主题报告。报告交流了中国开展标准化工作的历程、标准化进程的概况和加快标准化建设的措施。

第三届中国奶牛发展大会

除此之外，从2008年开始，中国实施了奶牛标准化规模养殖补贴，每年安排5亿元，对存栏300头以上的养殖场给予补贴，按不同规模每个奶牛场分别补贴

80万元、130万元和170万元，用于建设水电路、粪污处理、防疫、挤奶设施及饲草料基地等。截至2011年，已累计补贴2 400多个奶牛场，提高了中国奶牛标准化规模养殖的水平。

（四）推进奶业一体化

纵观新中国成立后中国奶业发展历程，可以发现奶业一体化是伴随着中国奶业生产体制和价格体制的转变而变化的，可以划分为四个阶段。

第一个阶段是新中国成立至1978年。这一阶段30年，其中奶牛饲养以私营为主5年多，以国营为主20多年。在生产资料公有制体制下，实行统购统销，即统一收购生奶，集中消毒、装瓶，统一销售。因此，这一阶段奶牛饲养、乳品加工和市场销售是统一管理的。

第二个阶段是1978—1992年。这一阶段15年，奶牛饲养体制由国营为主转为以私营为主；区域由城市、城郊向乡村扩展，呈现了“牛下乡、奶进城”的局面。体制和区域的变化，都使得统购统销难以实施，产－加－销利益联结松散。但当时国家仍控制着牛奶收购价格，产、加、销各环节间的利益冲突不大。

第三个阶段为1992—2008年。继放开饲料价格后，1992年中国再次放开了牛奶收购价格，奶业真正走向市场。走向市场，调动了奶业发展的活力，推动了奶业发展。但这一时期，奶牛饲养以小规模家庭为主，由于组织化程度较低，与乳品企业相比，其缺少话语权。在诚信、自律不到位，缺乏制度监督时，乳品企业垄断价格，导致了奶源季节性紧张时，竞相高价抢购；奶源季节性富余时，压级压价。

第四个阶段为2008年至今。2008年“婴幼儿奶粉事件”发生，其奶源基地建设滞后和产业一体程度低的系列矛盾集中显现。为解决这一难题，中国加强了规模化、组织化建设，鼓励、引导乳品企业通过自建、收购、参股、控股、合同等多种形式，加快奶源基地建设，研究并完善产－加－销利益联结机制，利益共享、风险共担的结合体正逐步形成。

二、奶业科研和示范推广工作不断推进

（一）奶业重大科技专项

21世纪初期，特别是经过“十五”、“十一五”和“十二五”奶业重大科技专项的实施，奶牛养殖关键技术水平得到显著提升。

2002年10月，科技部、农业部启动了“十五”国家重大科技专项——奶业重大关键技术研究与产业化技术集成示范项目。专项投入总资金4.05亿元，其中国家科技攻关投入1.5亿元，带动地方、企业配套2.55亿元。专项设立了6个奶业发展共性关键技术研究课题，8个不同类型区奶业现代化生产技术集成示范课题，项目围绕高产奶牛良种繁育、优质配合饲料开发和奶牛高效饲养等奶业发展

中的一系列关键问题，重点加强了重大关键技术研究与产品开发、先进适用技术集成与产业化示范。项目建立了20个示范区，奶牛总规模达到118万头，成母牛平均单产由5 000千克提高到6 500千克，项目区原料奶产量增加近150万吨，年产值增加近30亿元，乳品加工附加值增加近50亿元；示范区农民每头奶牛多收入1 000元以上，促进农民增收累计60亿元；扶植奶牛养殖示范户10万多户，辐射养殖户达到80多万户；通过项目辐射带动，使中国奶业每年的增长速度超过20%，奶业发展的科技贡献率接近50%。

2006年，"十一五"奶业科技重大专项继续实施，项目经过5年科技攻关，在奶牛育种、营养饲料、繁殖、重大疫病防治、乳制品开发和乳品安全等8个方面实现了一系列重大关键技术的突破，研发了一批具有广阔市场前景的产品和设备，建设与发展了一批特色突出、对地方奶业发展拉动作用明显的示范区。项目吸纳了全国81家科研单位和企业的3 314人参加实施工作，共取得通过鉴定的科技成果102项；开发新技术、新产品、新材料、新装置326项；制定颁布实施国家、行业、地方或企业标准（技术规程）149项；获授权国家发明和实用新型专利195项；发表论文1 967篇，培养博士294人，硕士943人，企业技术骨干1 930人，高级管理人员100人，累计培训奶农16.9万余人次。在全国共形成试验基地、示范点370个，设计建设产品中试线、生产线95条。

（二）奶牛科技入户示范工程

2005年，按照《农业科技入户示范工程规划（2005—2010年）》，农业部启动了奶牛科技入户示范工程，中国农业科学院北京畜牧兽医研究所负责实施，当年启动示范县10个，遴选示范户10 000个，筛选主推技术10个。2006年起，示范县增至20个，示范户增至18 000多个。实施科技入户，有效解决了技术推广"最后一公里"和成果转化"最后一道坎"的难题，通过科技人员直接到户，良种良法直接到牛，技术要领直接到人，特别是通过开展主体培训，发放实用性技术资料，组织现场咨询与示范，奶牛养殖水平有了大幅提升。据各年度测产平均，示范户比科技入户工程实施前和比非示范户，其节本和效益增加均在10%以上，辐射带动了周边近20万个养殖户，其节省成本和效益增加也超过了5%。

农业部奶牛科技入户培训班

（三）国家奶牛产业技术体系项目

2007年12月11日，农业部、财政部印发《现代农业产业技术体系建设实施方案（试行）》（农科教发〔2007〕12号），奶牛产业技术体系列入第一批10个大宗农产品产业技术体系建设试点。21日，农业部和财政部在北京人民大会堂联合召开“现代农业产业技术体系建设试点启动大会”，农业部部长孙政才出席大会并讲话。29日农业部公布现代农业产业技术体系建设第一批试点建设依托单位和岗位聘用人员名单（2007—2010）（农科教发〔2007〕14号），即国家奶牛产业技术研发中心建设依托单位——中国农业大学，以及首席科学家，遗传育种与繁殖研究室、营养与饲料研究室、疾病控制研究室、环境控制与乳品安全研究室、乳品加工研究室研究室主任名单和23个综合试验站站长名单。后来，增加产业经济研究室。目前，奶牛产业技术体系包括6个功能研究室，26名岗位科学家（112名团队成员）、23个综合试验站（86名团队成员），涵盖115个示范县、247个示范辐射牛场。体系按照“十一五”、“十二五”整体规划，紧紧围绕重点任务积极开展工作，以点带面，取得了一些重要进展，共获得鉴定成果15项、省部级奖21项，发表论文600余篇（其中SCI收录90余篇），培训技术人员30 000余人次。

2011年国家奶牛产业技术体系工作总结会

（四）启动奶业科技基础研究

为提升牛奶质量安全水平，加强牛奶品质等基础性研究，2010年12月，中国重点基础研究发展计划（“973”计划）“牛奶重要营养品质形成与调控机理研究”项目在北京启动。该项目是2010年科技部批准立项的113个“973”项目之一，依托单位为中国农业科学院北京畜牧兽医研究所。项目运用现代营养学、营养基因组学和整合生理学等理论与方法，揭示乳成分前体物的生成、利用及其调节机制，阐明乳脂肪和乳蛋白合成的分子基础与代谢调控网络，

“牛奶重要营养品质形成与调控机理研究”项目启动会

建立调控乳脂肪、乳蛋白含量与组成的理论和方法，旨在通过解决中国牛奶营养品质低下等重大关键科学问题，建立适合中国国情的饲料资源利用理论体系和技术途径，为改善中国牛奶品质提供理论依据，进而推动中国奶业转型升级。

三、应用新技术，提升奶牛饲养现代化水平

（一）推广全混合日粮（TMR）

全混合日粮（TMR）技术，是根据奶牛在不同生长发育和泌乳阶段的营养需要，结合当地特定饲草料资源，通过合理的设计满足生产需要的日粮配方，用特制的搅拌机具对粗饲料、精饲料和各种添加剂进行搅拌、切割、揉搓、混合和饲喂的一种先进的饲养工艺。

全混合日粮饲喂奶牛

全混合日粮（TMR）饲养工艺起始于20世纪60年代，在美国、英国、以色列等国首先推广应用。此后，全混合日粮饲喂技术成为国内外学者们研究的热点。20世纪80年代TMR饲喂技术引入中国。中国较早的TMR设备使用是在广州的香满楼牛场，80年代中期从美国引进骑士（Knight）TMR饲喂设备，80年代加拿大赠送中国4台，其中三元、光明、西安草滩各有1台，另一台去向不明。因没有零配件供应，只使用了1年即停用。

1985年，北京农业大学在北京南郊农场金星奶牛场和亦庄奶牛场进行了TMR的饲养试验，取得了较好的效果。1990年，北京奶牛育种中心良种场由瑞典引入TMR机械进行了生产应用。2000年以后，TMR机械在全国逐步得到推广应用[1]。

2002年，北京已经有6个牛场8 000头奶牛实施了TMR饲养工艺[2]；2003年底，北京三元绿荷在中以示范牛场、金银岛牧场、永乐店新牛场等17个牛场实施了TMR饲养工艺，均收到良好效果。同时，北京、上海、辽宁、福建、内蒙古等地的许多大型现代化奶牛场也开始实施TMR饲养工艺。但由于TMR饲养工艺适用于规模化的奶牛场，并且TMR设备成本太高，散养奶户用不起或不适宜实施TMR饲养。为了解决散户饲养奶牛不能应用TMR技术的难题，2003年，黑龙江省双城市荣耀饲料生物技术开发公司与中国农业科学院北京畜牧兽医研究所开展技术合作，专门建立从事TMR加工和配送中心，并采用拉伸膜裹包技术，生产裹包TMR饲料，直接按照需求配送到奶牛户，有效解决了散户在TMR应用方面的难题。2005年至今，中国奶业协会和全国奶牛（草食动物）科技入户示范工程

[1] 中国奶业协会．2009．中国奶业改革开放30年．中国奶牛（1）：2–7．

[2] 刘成果．2003．中国奶业年鉴．北京：中国农业出版社．

每年都举办培训班，无偿为奶农培训TMR配制技术；并派出专家，深入奶牛养殖一线，指导TMR技术的应用。2007年后，随着中国奶业主产省和国家农机补贴政策的实施，TMR饲喂设备在中国的普及速度大大加快，到2009年9月，全国共有TMR饲喂设备1 250多台，800多个牧场和小区使用，近70万头奶牛（按每个牧场存栏800头牛计算）采食TMR日粮，占全国奶牛总头数的5%，尤其是黑龙江、内蒙古、北京、上海、山东、河北等省市都加大了对TMR饲喂设备的补贴力度，黑龙江省TMR饲喂设备已经超过330多台，内蒙古450多台。2010年，农业部农业科技入户将奶牛全混合日粮（TMR）调制技术作为奶牛（草食动物）科技入户示范工程的主推技术推广应用。

（二）开展奶牛生产性能测定（DHI）

奶牛生产性能测定（DHI），是用于奶牛群体遗传改良的一套技术。

DHI测定报告反映了牛只及牛群配种繁殖、生产性能、饲养管理、乳房保健及疾病防治等方面的准确信息。DHI测定的主要内容有三项：一是收集奶牛系谱、胎次、产犊日期、干奶日期、淘汰日期等牛群饲养管理基础数据；二是每月采集一次泌乳牛的奶样，通过测定中心的检测，获得牛奶的乳成分、体细胞数等数据；三是将这些数据进行分析整理与评估，形成生产性能测定报告。

牛场管理人员利用生产性能测定报告，能够科学有效地对牛群加强管理，充分发挥牛群的生产潜力，进而提高经济效益。因此，DHI是服务于奶牛牧场管理，为开展奶牛生产性能测定的首要目的。同时，政府主管部门利用收集的大量数据信息，组织开展全国奶牛良种登记、种公牛后裔测定、遗传评定及奶牛的选种选配等工作，提高奶牛整体种质遗传水平，增加牛奶产量，保证奶牛养殖经济效益。

奶牛生产性能测定自1907年诞生后，经过100年的发展，已经逐渐演变为综合的牛场管理方案，旨在向奶农提供全面的牛场管理信息。奶牛生产性能测定在中国起步较晚，1992年在中日奶业技术合作项目的扶持下，天津市启动了奶牛生产性能测定工作；1995年随着中国—加拿大奶牛综合育种项目的实施，先后在上海、北京、西安、杭州等地逐步开展奶牛生产性能测定；至2010年底，全国25个省份的1 034个奶牛场参加奶牛生产性能测定，测定牛群超过40万头（表4-8）。测定奶牛场充分利用测定报告，强化奶牛场饲养管理，不仅增加牛奶产量，而且提高了牛奶质量，取得了良好的经济效益和社会效益。

表4–8　2010年中国奶牛生产性能测定情况

地区	牛场数（个）	奶牛数（头）	日平均产奶量（千克）	平均乳脂肪率（%）	平均蛋白率（%）	平均体细胞数（千个/毫升）
北京	79	40 094	31.47	3.77	3.19	327.18
天津	31	21 097	27.27	3.77	3.23	373.12

（续）

地 区	牛场数（个）	奶牛数（头）	日平均产奶量（千克）	平均乳脂肪率（%）	平均蛋白率（%）	平均体细胞数（千个/毫升）
河 北	87	32 728	24.07	3.79	3.33	464.48
山 西	55	16 480	17.53	3.60	3.22	522.60
内蒙古	42	29 661	24.51	3.34	3.35	384.16
辽 宁	16	14 565	20.89	4.01	3.26	394.30
吉 林	1	367	17.69	3.99	3.24	409.55
黑龙江	113	59 646	19.79	3.61	3.25	485.04
上 海	116	40 610	25.26	3.59	3.20	445.89
江 苏	41	17 030	23.99	3.75	3.28	419.93
浙 江	8	5 337	22.06	3.95	3.25	683.47
安 徽	8	2 958	21.99	3.62	3.21	549.89
山 东	102	28 780	18.73	3.82	3.30	469.48
河 南	94	23 427	19.91	3.57	3.22	458.01
湖 北	11	5 897	17.75	3.74	3.23	570.38
湖 南	6	2 044	15.66	3.77	3.22	313.33
广 东	3	3 710	20.88	3.51	3.31	384.19
广 西	3	1 061	20.88	3.55	3.11	622.14
贵 州	2	324	14.66	3.75	3.29	480.91
云 南	37	10 252	15.42	3.67	3.22	822.61
重 庆	4	1 684	18.76	3.63	3.31	487.54
陕 西	82	14 632	21.69	3.66	3.22	623.59
宁 夏	50	19 860	25.80	3.79	3.37	568.10
新 疆	36	18 700	25.04	3.79	3.21	581.73
福 建	7	3 112	20.59	3.78	3.29	771.10
全 国	1 034	414 056	22.97	3.68	3.25	467.23

资料来源：《中国奶业年鉴 2011》。

（三）倡导散栏饲养工艺

舍饲条件下，奶牛的饲养方式主要有拴系饲养、散放饲养和散栏饲养三种方式。拴系饲养是中国传统的奶牛饲养方式。随着饲养规模的不断扩大，传统的拴系饲养已不能满足规模化奶牛场的需要，管理方便、环境条件好和劳动强度低的散栏饲养工艺开始推广普及。

散栏饲养是集自由卧栏、自由采食和挤奶厅统一挤奶的饲养管理方式，奶牛摆脱了拴系，能在牛舍内自由运动。散栏饲养在北美和西欧已经推行了50多年，

散栏饲养工艺

这种饲养模式传到中国已经是1982年。西安草滩农场利用国产挤奶机，实行分群饲养，是国内第一个实现准散栏饲养的牛场；北京小王庄牛场1984年在阳早、寒春夫妇的指导下，利用挤奶厅挤奶加散栏饲养的模式，是国内第一个实现分群饲养、自由卧栏、挤奶厅挤奶的散栏饲养模式。1993年，北京奶牛中心良种场和京联奶牛公司实现散栏饲养，当时的自由卧栏建在室外，2000年北京三元金星牛场参考国外饲养模式，在室内设置自由卧栏，挤奶厅集中挤奶，才开始在北京大面积推广散栏饲养模式。进入21世纪后，尤其是随着规模化牛场建设的发展，中国新建牧场（小区）大多采用散栏式饲养工艺，并开始关注奶牛福利[1]。

散栏饲养模式的突出特点是：采用无运动场体系的全舍饲饲养方式，舍内有采食区、躺卧休息区、挤奶间、清粪区等不同功能区，奶牛分群饲养，可以在舍内自由走动。这种饲养工艺因其具有占地面积少、管理方便、环境条件好、劳动强度低、奶牛的饲料转化率高等优点而得到越来越多的牛场及生产管理人员的喜爱。与传统拴系饲养技术相比，散栏饲养更加符合奶牛的自然和生理需要，使奶牛根据生理需要全天候自由采食、自由运动。奶牛的饲养工艺由精、粗饲料分开饲喂向全混合日粮饲喂方式转变，向分群饲喂方式转变，能够做到精细饲喂。挤奶方式由人工挤奶、管道式挤奶向挤奶厅统一挤奶转变，提高了挤奶效率，同时也做到了奶牛饲养区和挤奶区的完全分开，保证了牛奶的卫生质量。散栏饲养便于实现饲喂方式的机械化，提高劳动生产效率。以1 200头规模的奶牛场为例，采用传统饲养方式需职工300人，而采用散栏饲养和集中挤奶方式，仅需劳动力85～100人[2]。推广散栏饲养，国家、行政事业单位、研究所、高校、企业，都发挥了重要作用。

（四）建立数字化管理系统

由于中国信息技术和畜牧科技发展的滞后，信息技术在中国奶业中的应用发展比较缓慢。有关资料显示，1979年由上海朱益民研究开发了奶牛育种信息处理系统，到1982年整个系统由原来的TQ16中型计算机移到H-09微型计算机上，开

[1] 李胜利，黄文明，张书义，等．2009．中国60年奶牛营养与饲料研究进展及饲养工艺的改进．中国奶牛（1）：30-42．

[2] 宋宝治，王永康．1991．谈散栏饲养奶牛场总体布局和牛舍工艺设计．中国奶牛（5）：22-24．

发语言也从ALGOL语言转移到UNLX05下的高级BASIC语言，开创了中国在地区性奶牛育种方面使用信息技术的先例[1]。20世纪90年代末，北京、上海先后推出中文版的奶牛应用软件。1999年，上海益民软件公司推出奶业之星软件包，2001年底，广州市华美牛奶公司购进奶业之星网络版，成为第一个用局域网管理奶牛场的用户，这标志着中国奶牛进行现代化管理实现了一个质的飞跃，也开创了中国奶牛业走进网络化管理时代的先河。随后，中国开发出一些有关奶牛技术管理方面的软件并在奶牛管理中进行了应用。

中国正式提出奶牛场数字化管理是在“十五”后期启动的“863”计划重大专项—数字农业技术研究与示范中得以体现。在全国范围内，集中了信息专家和畜牧业领域专家开始奶牛场信息数字化管理平台的研究，开展了中国奶牛事业综合技术平台的构建。借鉴国内外先进经验，探索、建立一套与国际接轨、符合中国国情的奶牛养殖管理体系和生产规范，提高奶牛养殖者的技术素质、管理水平和原料奶质量，2005年北京佑格科技发展有限公司与中国农业大学、农业饲料工业中心组织众多养牛专家，通过调查许多大型奶牛场，听取了许多有多年养牛管理经验专家的意见，根据现代奶牛场管理的要求，结合近年计算机技术的飞速发展，经过几年的艰苦开发，成功开发了符合现代奶牛场管理、全面的、便于操作的奶牛场管理专家系统。该系统包含牛群管理、饲养管理、繁殖监控、产奶管理、各种生产和统计分析报表等。基本上解决了如何提高牛场管理的效率和降低奶牛场生产成本的问题。

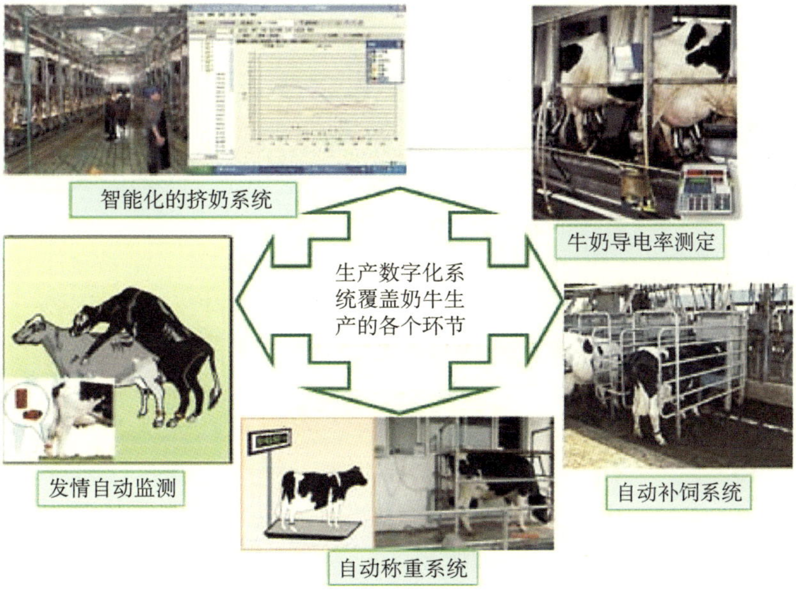

奶牛场数字化管理系统

[1] 张学炜．1997．谈微机技术在中国奶牛业中的应用与发展．中国奶牛（3）：8-10．

宁夏石嘴山市卉丰农林牧场使用数字化管理系统后，借助全混合日粮搅拌机，使日粮结构更趋合理、平衡、科学化，牛奶日单产从20.3千克提高到24.3千克，真正实现了奶牛的科学饲养，提高了经济效益。河北正定县新城铺的绿洲奶牛养殖中心，采用智能化、精细化技术后，饲养人员大大减少，经过几个月的对比试验，奶牛采食量明显提高，日产奶量由原来19千克提高到23千克，乳脂、乳蛋白率分别提高了1.5%，奶牛单产量由原来的4.5吨增加到5.5吨以上。

四、开发资源，优化奶牛日粮结构

日粮是奶牛饲养的重要物质基础，没有营养全面、均衡的日粮，就没法保证奶牛健康、高效和优质。进入21世纪，奶牛养殖基础研究和科技示范取得重大突破，相关的日粮配合、调制和饲喂技术得到强化。通过开发饲草料资源，优化奶牛日粮结构，不仅提高了饲料消化率、利用率，而且还减少了污染物排放，最终提高生产性能，改善生鲜乳质量，增加饲养效益。

（一）推广应用全株玉米青贮饲料

中国玉米青贮的研制和饲喂，早在1943年原西北农学院的王栋教授就已开始，随后1947年南京中央畜牧实验所使用简陋的土窖青贮获得成功，并进行了奶牛饲喂试验，用青贮饲料代替日常所用稻草，试验期内产乳量增长18.2%，效果十分明显。1951年，上海第一牧场首次自制玉米秸秆青贮成功。但新中国成立初期，奶牛养殖以个体私营为主，青贮饲料并没有推广开来，仅在少数的国营奶牛场加以应用。青贮饲料真正得到推广是在20世纪70～80年代，一些国营、集体、个体奶牛场开始大量使用，农村奶牛专业户也开始制作青贮。进入21世纪，青贮饲料得到更广泛的应用。

全株玉米青贮

21世纪前10年，中国在继续改善玉米秸秆青贮饲料的基础上，重点推广了全株玉米青贮饲料的种植、调制和应用。

2002年，除一些新兴奶牛产区开始试验和推广玉米青贮饲料外，中国其他绝大多数奶牛主产区已全面开展了青贮玉米的种植、制作和应用。青贮玉米的品种主要以粮饲兼用型品种为主。北京市规模化牛场或养殖小区每头成乳牛日投喂青贮玉米25 ~ 30千克、投喂牧草4 ~ 5千克、植物块根5千克，饲喂一头奶牛年平均需青贮玉米8吨以上。通过推广玉米青贮饲料，有效地提升了奶牛生产潜能。黑龙江省奶牛单产情况，1999—2001年一直徘徊在3.5 ~ 4吨，饲喂几年青贮饲料后，奶牛单产增加到4.5吨左右。山东省饲喂全株玉米青贮的奶牛产奶量提高5%～8%[1]。在石家庄市，饲喂全株玉米青贮，奶牛产奶量提高了10%～15%。在一些饲养条件比较差、科技水平比较低的地区，奶牛产奶量甚至提高了15%～20%。这在2007年的一项全株玉米青贮替代普通秸秆试验得到验证：使用全株玉米青贮（专用青贮玉米品种）替代奶牛日粮中普通粮食玉米干秸秆，试验期内实验组比对照组产奶量都有所增加[2]（表4-9）。

表4–9　全株玉米青贮替代干玉米秸秆对奶牛日产奶量的影响

试验天数（天）	青贮玉米组平均日产奶量（千克/头）	普通秸秆组平均日产奶量（千克/头）	差异（千克）	增长率（%）
0	26.5	26.3	0.2	0.8
1	26.5	26.3	0.2	0.8
7	27.3	26.5	0.8	3.0
13	28.5	26.0	2.5	9.6
19	28.5	26.0	2.5	9.6
24	27.3	25.0	2.3	9.2

尽管全株玉米青贮在奶牛主产区得到了发展，但在中国的发展还很不平衡，全株玉米占青贮饲料的比例还很低。除了在几个奶牛主产省全株玉米青贮的种植、应用达到一定规模外，其他地区只有一些零散种植。即使是在全株玉米发展相对较好的地区，全株玉米青贮在青贮饲料中的比例还比较低：山东省2002年全株玉米青贮占全部青贮的38%，河北省全株玉米青贮的种植只占青贮玉米种植面积的12.5%。同时，青贮玉米品种不全，国内大面积种植的青贮玉米多为粮饲兼用型品种，专用青贮玉米品种的筛选及其制种技术研究有待加强；大型收贮机械缺

全株玉米收割

[1] 刘成果．2003．中国奶业年鉴．北京：中国农业出版社：164–166．

[2] 金哲．2008．利用青贮玉米饲料提高奶牛产奶量的试验．养殖技术顾问（4）：29．

乏，小型铡草机效率不高，制作青贮往往要耗费大量人力和工时，一座容积1.2万米[3]、贮量8 000多吨的青贮窖，需动用100人、8台切碎机，20天的时间才能贮完[1]。

2003年7月，中国奶业协会成立饲料饲养与环境专业委员会，进行饲料原料、日粮配合等技术的推广和技术指导工作。2003年12月6日，饲料饲养与环境专业委员会第一次全体委员会议在北京召开，就当时奶牛养殖中面临的饲养与饲料问题进行了研讨。2004年4月7日至9日，中国奶业协会在河北省石家庄市召开中国奶牛发展大会，就全株玉米青贮技术进行推广和经验交流。2005年，农业部农业科技入户示范工程将全株玉米青贮技术作为奶牛科技入户的主推技术在全国推广[2]；2006年6月，中国奶业协会召开第二届中国奶牛发展大会，刘成果再次强调将推广全株青贮玉米作为协会的重点工作[3]。此后，中国奶业协会和全国奶牛（草食动物）科技入户示范工程每年都举办青贮玉米培训班和技术观摩，以提高奶农对全株玉米青贮的认识。2007年，全国奶牛（草食动物）科技入户示范工程统计，奶牛科技入户示范区奶牛养殖示范户青贮使用率增长到78.2%，2007年比2005年提高了45.5%；示范县整体水平达到47.2%，比2005年提高了近5%。奶农使用全株青贮玉米后，在不降低生产性能的情况下可节省10%～20%的精饲料，每日每头的养殖成本减少1～2元。

（二）推广应用苜蓿饲料

随着奶牛养殖规模化、集约化、标准化的不断推进，对优质牧草，特别是对为奶牛提供优质蛋白的苜蓿需求更加迫切，用苜蓿饲喂奶牛，是植物蛋白转化为牛奶蛋白的最理想的技术途径，不仅蛋白质转化效率高、质量好，而且从源头上保证牛奶的质量和数量安全，大力发展苜蓿产业已成为奶牛养殖业安全高效的必由之路。

1. 苜蓿饲用价值备受重视 苜蓿干草蛋白质的含量高达18%～26%，按每0.07公顷产干草800千克，高的可达1 500千克计算，蛋白产量可高达160千克，其粗蛋白产量是玉米的2倍以上。

苜蓿草

苜蓿干草

---
[1] 刘成果．2003．中国奶业年鉴．北京：中国农业出版社：164-166．
[2] 中华人民共和国农业部．2005．2005年农业主导品种和主推技术．北京：中国农业出版社．
[3] 刘成果．2007．中国奶业年鉴．北京：中国农业出版社．

1983年国外有研究表明，以50%燕麦青贮和50%精料为奶牛基础日粮，用0千克、3千克和6千克的人工干燥苜蓿干草分别替代等量的精料，与对照组相比，4%的标准乳分别增加了0.2千克和0.7千克，乳脂产量分别增加了0.03千克和0.05千克；乳蛋白产量没有改变，干物质采食量增加[1]（表4-10）。

表4–10 以人工干燥苜蓿替代不同精料对奶牛产奶量和乳品质、干物质采食量的影响

项目	苜蓿替代精饲料量			标准误
	0千克	3千克	6千克	
4%标准乳（千克/天）	22.7	22.9	23.4	0.43
乳脂量（千克/天）	0.87	0.90	0.92	0.03
乳蛋白量（千克/天）	0.82	0.82	0.82	0.01
干物质采食量（千克/天）	19.6	19.9	20.8	0.29

注：日粮以50%的燕麦青贮和50%的精料为基础，0千克替代组精料喂量9.5千克。

2002年中国有研究显示，苜蓿添加量6千克和9千克组与3千克组相比，4%标准乳产量分别增加2.1千克和3.7千克，乳脂产量分别增加0.085千克和0.133千克，乳蛋白产量分别增加0.076千克和0.115千克，乳中体细胞数分别降低1.3万个和7.6万个（表4-11）[2]。

表4–11 添加不同量苜蓿干草对奶牛产奶量和乳品质的影响

项目	苜蓿添加量		
	3千克	6千克	9千克
4%标准乳（千克/天）	27.8^{B}	29.9^{A}	31.5^{A}
乳脂量（千克/天）	1.075^{b}	1.160^{a}	1.208^{a}
乳蛋白量（千克/天）	0.959^{C}	1.035^{B}	1.074^{A}
体细胞数（千个/毫升）	162^{a}	149^{a}	86^{b}

注：同一行中标不同大写字母者差异极显著（$P<0.01$），标不同小写字母者差异显著（$P<0.05$）。

1999年，光明集团开始在11 600头成母牛中推广饲喂苜蓿，2000年每头每天苜蓿干草喂量为2.33千克，成母牛年单产牛奶8 027千克，比1998年的7 166千克增加861千克，提高12%；2002年，每头每天苜蓿干草喂量为2.27千克，成母牛年单产进一步提高到8 821千克，比2000年增加794千克，提高9.9%[3]。北京市从2001年开始

1 Christensen，Cochran．1983．Composition and nutritive value of dehydrated alfalfa for lactating driry cows．Journal Dairy Science（66）：1282–1289．

2 李志强，韩建国．2003．苜蓿干草在高产奶牛日粮中适宜添加量的研究．中国农业科学（8）：950–954．

3 刘成果．2003．中国奶业年鉴．北京：中国农业出版社：145–146．

推广苜蓿饲喂奶牛，三元集团16 900头成母牛，2000年成母牛年单产7 556千克，比1998年的7 154千克增加402千克，提高5.6%，2002年每头每天苜蓿干草喂量为2.19千克，成母牛年单产8 559千克，比2000年增加1 003千克，提高13.3%。

2．苜蓿品种开发与推广 以甘肃农业大学和中国农业科学院为主要承担单位的优质饲草高效生产关键技术研究与产业化开发课题，针对中国奶牛饲草生产和加工中存在的关键技术问题，结合农业结构调整和生态环境建设的需要，从苜蓿新品种培育、良种扩繁、苜蓿产业化生产、收获加工、青贮等方面开展联合技术攻关，为中国不同区域奶业生产提出了优质饲草高效生产的关键技术和配套技术体系。

培育“草原3号杂花苜蓿”和“天蓝苜蓿”优良苜蓿新品种，并通过全国牧草品种审定委员会审定。筛选出一批抗旱、耐寒、长穗、低纤维等优异育种材料和适合不同区域栽培的优良苜蓿品种。系统研究苜蓿种子田丰产技术并进行组装集成，在甘肃、内蒙古等地建立苜蓿良种繁育基地600公顷，推广3 000公顷，年产苜蓿种子400吨。在东北、西北、华北、黄淮海等地区进行苜蓿产量构成要素、养分需求、需水规律、水肥耦合等研究和示范，建立苜蓿高效生产示范基地6万公顷，种植优质饲草24万余公顷。研究苜蓿低损高效收获加工技术，取得微生物青贮添加剂应用新技术、天然乳酸菌接种剂——绿汁发酵液、优质苜蓿种子生产专用肥、苜蓿叶蛋白提取新技术等成果。为示范区的优质饲草生产提供高效的综合生产技术和技术支撑[1]。

3．实施“振兴奶业苜蓿发展行动” 受多种因素的影响，近年来中国苜蓿种植面积逐年减少，产量大幅下降。据统计，2003年中国苜蓿草总产量达1 700多万吨，而加工苜蓿草产品150万吨左右[2]，商品化率仅为10%。但中国奶牛饲养对苜蓿草的需求却与日俱增，不得不从国外进口。据统计，2007年、2008年、2009年、2010年、2011年，中国分别进口苜蓿0.21万吨、1.96万吨、7.66万吨、22.72万吨和28.85万吨，5年间苜蓿进口量增加了136倍多。满足奶牛饲养对苜蓿草的需求和减少对进口的依赖，必须大力发展中国自己的苜蓿产业。

农区草业发展论坛

2008年，在农区草业发展论坛上，中国奶业协会理事长刘成果曾强调：奶业

1 刘成果．2005．中国奶业年鉴．北京：中国农业出版社：134．
2 刘成果．2004．中国奶业年鉴．北京：中国农业出版社．

振兴，急需草业支撑，要立草为业，形成战略，落脚点重在启动优质牧草苜蓿和全株玉米青贮的种植、加工和应用示范项目。2011年，原农业部副部长、中国畜牧业协会会长张宝文，原农业部副部长、中国奶业协会理事长刘成果，原农业部副部长、中国草业学会名誉会长洪绂曾，中国工程院院士、兰州大学草地农业科技学院教授任继周，中国工程院院士、中国农业科学院北京畜牧兽医研究所研究员张子仪，中国工程院院士、中国农业科学院副院长刘旭，中国工程院院士、中国科学院地理科学与资源研究所研究员李文华，中国工程院院士、兰州大学草地农业科技学院院长南志标，中国工程院院士、北京林业大学教授尹伟伦，中国科学院院士、中国农业大学生物学院教授陈文新，中国保健协会张凤楼理事长，北京林业大学教授、中国畜牧业协会草业分会卢欣石会长，国家牧草产业技术体系首席科学家、中国农业大学教授张英俊，国家奶牛产业技术体系首席科学家、中国农业大学教授李胜利献言上策，建议加大对中国苜蓿产业的支持力度，得到温家宝的高度重视。

从2012年起，农业部和财政部启动实施“振兴奶业苜蓿发展行动”，中央财政每年安排5.25亿元，在苜蓿优势产区和奶牛主产区，建设高产优质苜蓿示范生产基地，对苜蓿良种、标准化生产技术以及收获加工设施设备给予扶持。“十二五”期间，将累计投入资金21亿元，建设133 320公顷高产优质苜蓿生产基地，提高苜蓿生产专业化、规模化、标准化和集约化水平，促进草畜配套，提高奶牛生产效率，从根本上提升生鲜乳质量安全水平。

（三）推广应用工业配合饲料

饲料加工厂

2001年后，反刍动物生产的快速发展和饲料业结构的优化调整，双向拉动了反刍动物用工业饲料的生产，奶牛饲养有了真正意义上的工业配合饲料。随着饲料工业的发展，人们对添加剂在奶牛饲料中的应用效果有了明确的认识，奶牛饲料添加剂的使用也越来越普遍。奶牛饲料添加剂主要有矿物质添加剂、维生素添加剂、瘤胃缓冲剂、瘤胃代谢调控剂、过瘤胃蛋白质和过瘤胃脂肪、阴离子盐、生物活性物质、抗应激添加剂等。

2001年，中国反刍动物配合饲料产量为122.99万吨，2002年产量为177.72万吨，较2001年增长44.5%；反刍动物浓缩饲料产量为85.8万吨，较2001年增长121.8%[1]。

2004年，中国反刍动物工业配合饲料产量达到187.97万吨，比2003年增长

[1] 刘成果．2003．中国奶业年鉴．北京：中国农业出版社：163．

8.0%；浓缩饲料产量为120.79万吨，比2003年增长5.4%；添加剂预混合饲料产量为18.13万吨，比2003年增长17.4%。在反刍动物饲料中，奶牛专用饲料的比例在30%左右，中国奶牛工业配合饲料、浓缩饲料和添加剂预混合饲料的产量分别为56.39万吨、36.24万吨和16.92万吨，折合精料补充料达570多万吨（浓缩饲料按照1∶5、添加剂预混合饲料按照1∶20折算成精料补充料）。2004年，中国奶牛工业配合饲料消耗总量在1 600万～2 000万吨，商品饲料折合成的配合饲料所占的比重仅为28.5%～35.6%。2004年，中国牛奶产量前五位的省（自治区）为内蒙古、黑龙江、河北、山东和新疆，其产奶量达1 428.0万吨，占到全国牛奶总产量的63.5%，中国反刍动物配合饲料产量达109.4万吨，占全国总产量的58.2%，反刍动物浓缩饲料产量达81.9万吨，占全国总产量的67.8%[1]。

2007年，中国反刍动物饲料总产量突破568万吨，比2001年增加了3.6倍。其中，配合饲料350万吨，占61.6%；浓缩料193万吨，占34.0%；添加剂25万吨，占4.4%（表4-12）。中国反刍料产量排前10位的省（自治区、直辖市）分别是黑龙江、内蒙古、河北、陕西、北京、江西、山东、新疆、辽宁和甘肃（表4-13），反刍动物饲料产量合计为468.82万吨，占全国反刍料产量的82.5%。其中，反刍料产量排名前3位的省（自治区）分别为黑龙江、内蒙古和河北，产量分别为133.4万吨、96.5万吨和53.5万吨，分别占全国总产量的23.5%、17.0%和9.4%，三省（自治区）反刍料产量占全国反刍料总产量的49.9%。

表4–12　2001—2007年中国各类反刍饲料生产量统计

年份	总产量（吨）	配合料（吨）	浓缩料（吨）	添加剂料（吨）
2001	1 229 872	1 229 872		
2002	1 777 198	1 777 198		
2003	3 344 027	2 043 355	1 146 417	154 255
2004	3 268 875	1 879 783	1 207 960	181 132
2005	3 871 873	2 364 574	1 312 694	194 605
2006	4 625 734	2 707 609	1 686 058	232 067
2007	5 682 823	3 502 288	1 931 142	249 393

资料来源：《中国饲料统计》（2002—2008年）。

表4–13　中国反刍料产量和奶牛存栏量排名前10位的省（自治区、直辖市）

地区	产量（万吨）	位次	地区	奶牛存栏（万头）	位次
黑龙江	133.40	1	内蒙古	251.23	1
内蒙古	96.47	2	新　疆	210.55	2
河　北	53.46	3	河　北	145.81	3
陕　西	32.28	4	黑龙江	136.06	4

1　刘成果．2005．中国奶业年鉴．北京：中国农业出版社：116．

（续）

地区	产量（万吨）	位次	地区	奶牛存栏（万头）	位次
北　京	32.17	5	山　东	79.26	5
江　西	30.47	6	河　南	55.62	6
山　东	29.92	7	陕 西	39.29	7
新　疆	24.79	8	西 藏	34.72	8
辽　宁	18.58	9	山 西	31.77	9
甘　肃	17.29	10	辽 宁	28.39	10
合　计	468.82		合计	1 012.69	
全　国	568.27		全国	1 218.91	
10省（自治区、直辖市）占有比例（%）	82.50		10省（自治区、直辖市）占有比例（%）	83.08	

资料来源：《中国饲料统计 2008》。

五、奶牛养殖贯彻落实国发〔2007〕31号文件

改革开放后，特别是进入21世纪，中国奶业发展迅猛，对丰富城乡市场、优化农业结构、增加农民收入做出了重要贡献。但2006年中国奶牛饲养效益下滑，亏损面加大，部分地区开始宰杀母牛犊。究其原因，既有成本上涨的因素，更有高速发展长期积累的深层次问题和矛盾。主要表现有：良种覆盖率低、生产性能低、生产方式落后、利益联结松散、定价机制不合理、市场秩序不规范、质量保障体系不健全、消费群体培育滞后、市场开拓不力等。必须给予特别关注，加强政策扶持，采取综合措施解决这些问题。立足当前解困，着眼长远持续健康发展，2007年9月27日，国务院出台了《关于促进奶业持续健康发展的意见》，即国发〔2007〕31号文件。

《关于促进奶业持续健康发展的意见》共五部分，十七条。该意见遵循“立足当前解困，着眼长远发展，坚持以农为本、理顺利益关系、规范企业行为、维护市场秩序，坚持市场导向、加大政策扶持”的四项原则，针对奶牛养殖的重点任务和扶持政策提出了“八条”建议，也就是被业界津津乐道的“奶八条”。用一句话概括，为“五项补贴，两项支持，一项准入”。

一是加大奶牛良种补贴力度。加强奶牛良种繁育，加大良种推广力度，优化奶牛群体结构，不断提高奶牛单产水平。从2005年开始，中国实施奶牛良种补贴，安排资金1 500万元，2007年安排资金1亿元，2008年增至2.4亿元，2009年及以后每年安排2.6亿元。重点对荷斯坦牛、娟姗牛、奶水牛、乳用西门塔尔牛等品种进行冻精补贴。每头能繁母牛一年补贴2 ～ 3剂冻精，每剂补贴10 ～ 15元。至2011年，累计改良奶牛约4 300万头（次），全国奶牛平均单产水平从4吨提高到5.4吨，提高了35%。

二是实施后备母牛补贴政策。对享受奶牛良种补贴改良后的优质后备母牛

每头一次性补贴500元，中央财政对中西部地区给予补助，其中中央财政负担60%，地方财政负担40%；东部地区补贴由地方财政负担。2007年全国后备牛补贴资金共4.302亿元，补贴后备牛数量近90万头。

三是实施牧业机械购置补贴。将牧业机械和挤奶机械购置纳入财政农机具购置补贴范围，国家对奶牛养殖农户购置牧业机械和挤奶机械给予补贴。根据各地的具体情况，中央财政补贴购机款的比例在30%以内，购机者负担70%以上。

四是完善奶牛重大疫病防治和扑杀政策。将患布鲁氏菌病、结核病而强制扑杀的奶牛，列入畜禽疫病扑杀补贴范围，具体办法比照口蹄疫扑杀补助办法执行。

五是建立奶牛政策保险制度。2008年开始，国家对参保奶农给予一定的保费补贴。财政部提供保费补贴的地区为中西部地区、新疆建设兵团和中央直属垦区。其中，中西部地区保费由财政部补贴30%，地方财政补贴30%，养殖户承担40%；新疆建设兵团和中央垦区保费由财政部补贴60%，养殖户承担40%。东部地区由地方财政提供一定比例的保费补贴。

六是支持奶牛标准化规模养殖。2008年开始，国家对奶牛养殖场（小区）水电路、粪污处理、防疫、挤奶设施及饲草料基地建设等给予适当投资补助。2008年当年安排2亿元国家基本建设资金支持奶牛标准化规模饲养。国家投资分三个档次予以补助，其中每个年存栏200～499头的奶牛场，国家平均补助50万元；每个年存栏500～999头的奶牛场，国家平均补助100万元；每个年存栏1 000头以上的奶牛场，国家平均补助150万元。2009年起，国家补贴资金增至每年5亿元。2011年，国家依据当前情况和未来发展需求，提高了补贴标准，将补助规模划分为年存栏奶牛300～499头、500～999头和1 000头以上三个规模，国家分别补助80万元、130万元和170万元，比原补助标准提高了20万～30万元。至2011年，国家共补助资金17亿元，扶持奶牛标准化规模养殖场（小区）2 474个。

七是加强对奶牛养殖农户的信贷支持。国家要求金融机构对奶牛养殖农户、奶农合作社等提供信贷支持，开发适应奶业的金融产品，搞好金融服务；地方政府要给予适当贴息补助。对2006年1月1日至2008年6月30日期间，因非主观因素发生还贷困难的奶牛养殖农户，其逾期贷款视困难情况予以展期，具体期限由贷款银行决定。经贷款银行同意展期的逾期贷款免收罚息。

八是完善奶业产业政策。中国颁布了《乳制品加工业行业准入条件》，对新建和扩建乳品加工项目取消备案制，统一实行核准制，并将与之配套的奶源基地建设、工艺与装备、产品质量、能源与水消耗、环境卫生与保护、安全生产与责任等作为项目核准条件，对已建、在建、拟建项目进行清理。

该意见立足于解决当时中国奶业面临的困难，又着眼于现代奶业的长远发展，提出了一系列政策措施，对于恢复奶农信心，稳定奶牛存栏，防止奶业大起大落，促进奶业增长方式的转变，全面提升中国奶业的质量、效益和竞争力具有重要意义。该意见在中国奶业发展的关键时期出台，对中国奶业的发展起到了积极地稳定、鼓舞和促进作用。该文件是中国奶业史上国务院发布的第一个文件，具有里程碑意义。该意见充分肯定了奶业的地位，明确了今后中国奶业发展的指导思想、基本原则、主要任务和工作重点，对今后中国奶业的发展具有长远的指导作用。

六、奶牛养殖实施整顿和振兴

新中国成立后，特别是改革开放后，中国奶牛养殖发展迅猛，成就显著。但在跨越式发展的过程中，奶牛养殖也滋生了一些深层次的矛盾和问题。2006年的波动、2008年的“婴幼儿奶粉事件”等值得行业反思。在2008年“婴幼儿奶粉事件”发生后，奶牛养殖业积极开展整顿和振兴，并获得质的飞跃。

（一）推进了奶牛标准化规模养殖，加快了奶业发展方式转变

一是扶持奶牛规模养殖。从2008年起，国家每年安排专项资金，用于支持奶牛标准化养殖场和小区建设。至2011年，中央财政共投资17亿元，累计补助2 474个奶牛养殖场（小区）。全国100头以上奶牛规模养殖比重超过33%，较2008年提高13.5%，奶牛标准化规模养殖水平大幅提升。二是实施奶牛良种补贴。自2005年起，国家开始实施奶牛良种补贴。至2011年，7年来中央财政共投资12.35亿元，累计改良奶牛4 280.5万头（次）。三是开展生产性能测定。2008—2011年，中央财政每年安排2 000万元，按照每头奶牛补贴70元的标准，累计测定奶牛117.8万头（次）。

（二）加强了奶站监管，提高了标准化管理水平

“婴幼儿奶粉事件”后，农业部门根据国务院的要求，全面开展奶站清理整顿，依法加强奶站监管，连续4年开展生鲜乳专项治理，通过自查、省间互查、重点抽查等方法，不断强化奶站监管，坚决取缔不合格奶站，清理非法收购营运黑窝点，规范生鲜乳生产、收购、运输的市场秩序。同时，在清理整顿中，大力推进了奶站标准化建设和管理。据统计，与清理整顿前相比，清理整顿后奶站数量减幅达34%（表4-14），至2011年维持在1.3万个左右。奶站由乳制品生产企业、奶畜养殖场和奶农合作社三类合法主体开办，全部持证经营，纳入监管。全国近8 000辆生鲜乳运输车也全部持证运输，规范运营。同时，与清理整顿前相比，奶站的设施设备、卫生条件、检测手段等都有了明显改善。

表4–14　2008年中国各类奶站数量统计

单位：个

地区	乳品企业自建	规模养殖场自建	养殖小区建设	个体私营投资	流动收奶点	其他	合计
北 京	2	34	16	16	3	10	81
天 津	14	36	81	59	—	—	190
河 北	205	315	676	1 427	583	5	3 211
山 西	32	115	63	531	42	49	832

（续）

地区	乳品企业自建	规模养殖场自建	养殖小区建设	个体私营投资	流动收奶点	其他	合计
内蒙古	162	195	522	2630	284	38	3831
辽 宁	28	67	65	260	18	12	450
吉 林	5	10	12	248	6	—	281
黑龙江	532	386	293	1 621	2 217	207	5 256
上 海	—	116	—	—	—	—	116
江 苏	55	39	15	43	6	—	158
浙 江	—	98	43	19	—	—	160
安 徽	7	17	9	1	1	4	39
福 建	—	33	—	—	—	—	33
江 西	9	1	—	2	—	—	12
山 东	196	225	237	201	216	18	1 093
河 南	93	111	235	15	295	4	753
湖 北	18	15	10	13	—	—	56
湖 南	9	9	—	1	—	1	20
广 东	12	62	—	—	—	—	74
广 西	17	6	—	—	—	1	24
海 南	2	—	—	—	—	—	2
重 庆	24	2	—	—	—	—	26
四 川	29	38	—	52	17	5	141
贵 州	20	3	—	16	—	—	39
云 南	112	25	43	92	983	—	1 255
西 藏	—	—	—	—	—	—	—
陕 西	173	172	262	241	—	—	848
甘 肃	22	20	4	27	20	2	95
青 海	46	3	2	14	19	2	86
宁 夏	82	117	42	201	222	5	669
新 疆	130	125	128	120	59	—	562
合 计	2 036	2 395	2 758	7 850	4 991	363	20 393
占全国比例（%）	10.0	11.7	13.5	38.5	24.5	1.8	100.0

注：统计时间点为2008年10月1日。

（三）实施了全国生鲜乳监测计划，质量安全得到切实保障

2009年开始，农业部门实施了生鲜乳质量安全监测计划，通过专项监测、飞

行抽检、异地抽检、隐患排查等手段，以奶站和运输车为重点，逐年扩大抽检范围，提高抽检频次，坚决打击各种违法添加行为。全国已实现奶站监管和生鲜乳监测两个全覆盖，即监测计划覆盖全国所有奶站，覆盖国家公布的所有违禁添加物。至2011年，累计抽检生鲜乳样品5.6万批次，三聚氰胺检测值全部符合国家管理限量值规定，未检出皮革水解蛋白、碱类物质等违禁添加物，全国生鲜乳质量安全水平比2008年以前有了大幅提高。

（四）完善了法律法规和制度标准，奶牛养殖步入良性发展轨道

在法制建设方面，颁布了中国奶业第一部法规《乳品质量安全监督管理条例》，其中对奶牛养殖的各环节都有明确的规范。在加强监管方面，国务院办公厅发布了《奶业整顿和振兴规划纲要》，下发了《关于进一步加强乳品质量安全工作的通知》，对乳品生产经营许可、检验检测、质量追溯、打击非法经营行为、落实质量安全责任等方面做了明确的规定和要求。在标准建设方面，公布了《生乳》等66项新标准，基本解决了乳品标准重复、交叉、矛盾和指标设置不科学等问题，完善了中国乳品质量标准体系。农业部印发了《全国奶业发展规划》，出台了《生鲜乳生产收购管理办法》和《生鲜乳收购站质量安全“黑名单”制度》等5项新制度。这些法规规章的陆续出台，使中国奶业发展逐步走上有法可依和规范化管理的轨道。

《乳品质量安全监督管理条例》

（五）强化了奶农培训，科学养殖水平大幅提高

中国奶牛养殖整体水平较低，究其原因有多个方面，但奶农素质偏低严重影响着养殖科技的提高。为解决这一问题，在已有培训的基础上，农业部组织中国奶业协会、全国畜牧总站、中国农业科学院、国家奶牛产业技术体系等单位，通过奶农培训计划、DHI培训项目、科技入户工程、金钥匙技术示范现场会等，在全国举办了大量培训班，重点培训奶牛繁育、日粮制备、卫生防疫等实用型养殖技术，以及提高生鲜乳质量安全水平的关键技术。至2011年，累计组织培训活动1 100多次，培训奶农20多万人，发放培训资料30多万份，奶农科学养殖水平和质量安全意识明显提高。

经过三年（2008—2011年）的奶业整顿和振兴，中国奶牛养殖在恢复中快速发展，已重新站在历史发展新起点。奶牛存栏和奶类产量保持增长，标准化规模

养殖水平大幅上升。2011年，中国奶牛存栏1 440.2万头，奶类产量3 810.7万吨，分别比2008年增长17%和0.8%。全国100头以上奶牛规模养殖比重达到33%，比2008年提高13.5%。随着中国奶源基地建设步伐的加快，奶牛养殖业素质的提升，生鲜乳质量安全水平的提高，“婴幼儿奶粉事件”发生后的处置和反思，引出了好的结果，推动了中国奶业的恢复振兴和持续健康发展。

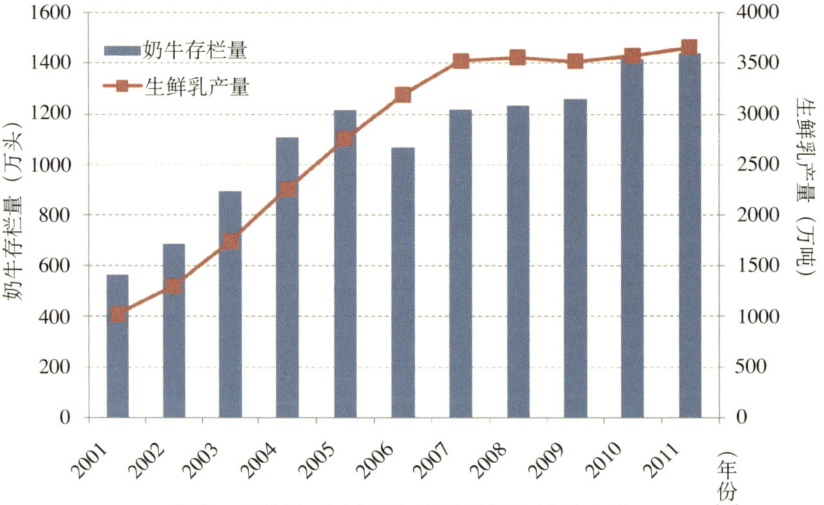

2001—2011年中国奶牛存栏量和生鲜乳产量
（资料来源：《中国奶业年鉴 2002—2012年》）

纵观中国奶牛养殖这11年的发展，从存栏、产量而言，先是5年的高速增长，后是6年的转型缓慢增长。究其原因，改革开放带来了经济的繁荣，人民生活水平大幅提升，对乳制品的需求旺盛，为5年的高速发展创造了条件。同时，此期正处于第十个五年计划，国家对奶业生产和科研非常重视。据统计，2001—2005年中国牛奶产量和奶牛存栏数年均递增率分别高达20.1%和27.0%。但间断发生的乳制品质量安全事件，影响了乳品消费的增长。同时，进入2006年，奶牛养殖成本涨幅超过40%，而生鲜乳收购价格涨幅低于10%，奶牛养殖效益下滑，亏损比例增加，养殖者不得不通过减少后备牛存栏降低亏损，2006年奶牛存栏在5年高速增长中出现下降。立足当前解困、着眼长远发展，2007年国务院出台了《关于促进奶业持续健康发展的意见》，缓解了奶牛养殖的困境。但突如其来的2008年“婴幼儿奶粉事件”再次沉重打击奶牛养殖。但国家、行业临危不惧，共克时艰，通过加大扶持、实施整顿振兴和出台法规、标准，让中国奶牛养殖走出了危局，重新踏上了新的发展起点。据统计，2011年中国奶牛存栏、牛奶产量分别达到了1 440.2万头和3 657.8万吨，分别比2006年增长34.7%和14.5%，年均递增率分别为6.1%和2.8%。

第五节 奶牛养殖与生态环境保护（1949—2011年）

一、奶牛养殖对环境影响始受关注

奶牛粪尿排泄量较大，若处理不当，容易污染周边环境。一个千头牛场，每天排粪污量近40吨，若处理不当，就会对环境造成严重污染。如果缺乏有效控制，就会导致生态破坏。因此，密切关注和加强粪污综合治理，保护养殖周边环境和生态，对确保奶业持续健康发展意义重大。

在2005年“奶业与生态环境国际论坛”上，中国奶业协会理事长刘成果强调指出，奶牛养殖实施粪污综合治理，加强环境保护，确保奶业持续健康发展具有四点重要意义[1]。

奶业与生态环境国际论坛

（一）农村小康建设的需要

中国农业面源污染主要来自三个方面：一是化肥、农药等农用化学品过量使用造成水体、土壤和农产品污染；二是畜禽养殖业废弃物随意排放造成地表水、地下水和空气的污染；三是农村生活污水和生活垃圾导致环境卫生状况恶化。其中，畜禽养殖业废弃物是农业面源污染的

奶牛场粪污污染

[1] 刘成果．2012．奶业之道．北京：中国农业出版社：101-108．

大户，每年畜禽养殖废水排放量超过100亿吨，成为巨大的污染源。奶牛个体粪便排泄量在家畜中是最多的。因此，奶牛场，特别是奶牛养殖小区和规模牛场必须配套建设粪便处理和资源化利用设施，杜绝粪污直接排放，以有利于减少奶牛粪便污染水质、空气和土壤；避免粪便中病原微生物造成人畜共患疾病的交叉污染。这是改善农村卫生环境面貌的必要措施。国家将农村环境治理列入“十一五”环境保护重点，以实施农村小康行动计划为突破口，加强农村环境保护，并在管理和资金等方面提出一系列保障措施，对于中国奶业，这既是挑战，也是机遇。

（二）发展循环经济的需要

奶牛养殖业推行循环经济的途径是坚持农牧结合，建立“土地—种植业—奶牛养殖业”三位一体的农业生产系统。其优点，一是保证有效地消纳奶牛粪便，把奶牛场的牛粪便以有机肥料的形式返回农田，减少对环境的污染，减少化肥施用量，保持和提高土壤的肥力；二是保证有充足的优质饲料，特别是青贮饲料，因消耗量大（每头产奶牛每天20千克），含水量高，应该做到自给，以提高农作物的利用率，发挥奶牛的生产性能，并给奶牛创造好的福利条件；三是保证经济、环境和社会效益相统一，使整个农业生态系统形成“粮食多—饲料多—奶牛多—肥料多—粮食多”的良性循环。促进农村建设资源节约和环境友好型社会。

（三）开发生物能源的需要

奶牛粪便的科学处理是奶牛场环境保护的关键，以奶牛粪便为原料生产沼气是值得大力推广的好办法，既可以灭杀粪便中病原微生物，达到无害化处理的目的，又可开发生物能源，缓解农村能源短缺。粪便通过沼气发酵后有三种生成物，一是沼气，以甲烷为主，是一种清洁能源，可以直接作为燃料用于发电，用于农村生产和生活；二是沼液，含可溶性氮、磷、钾，是优质肥；三是沼渣，主要成分是有机残渣和无机物，是一种优良有机肥，具有土壤改良功效。因此，很多人称：“沼气百利，而无一害”。

（四）保障奶业可持续发展的需要

实践证明，实现规模化经营是高产、优质、高效发展奶牛养殖业的必由之路。近年来，由于农民养牛积极性高涨和奶牛养殖小区蓬勃发展，农户饲养奶牛的规模不断扩大。但是，随着饲养规模的扩大，奶牛粪便处理和环境保护的问题也越来越突出。若粪污不能有效处理，将对环境产生严重的影响：一是污染水质，污水中大量的有机物和无机盐为细菌和藻类的繁殖提供了条件，致使水体发黑、发臭，水生环境和饮用水资源受到破坏；二是污染空气，来自粪污在堆放过程中的有机物的腐败分解产物，包括氨、硫化氢、甲烷和有机酸等多种恶臭物质，污染空气，氨气进入大气层后，可造成酸雨，过量甲烷的排放会导致温室效应的加剧；三是污染土壤，高浓度污水可导致土壤孔隙阻塞，造成土壤透气性、透水性下降及板结，影响土壤质量。这些污染危害人和动物的健康和生产活动，同时也会降低原料奶的质量，使其细菌总数和有害物质超标，不能加工优质乳制品。这样的奶牛场不具备生存条件，只得被迫搬迁或关闭，这种情况在中国有些地方已经发生。因此，在推进中国奶牛饲养规模化的过程中，必须坚持把环境保护放在第一位，以保障奶业的持续发展。

二、不同时期奶牛养殖环境治理与保护情况

1949—2011年，中国奶牛养殖大致经历了四个时期：一是新中国成立初期（1949—1957年），二是计划经济时期（1958—1978年），三是改革开放时期（1979—2000年），四是21世纪初期（2001—2011年）。这四个时期的奶牛养殖污染和环境保护，先是因集中饲养于城市内，随着人口的增加和城市增容，污染了城市环境，影响了城市卫生，威胁了人民健康，从而形成了最初的污染问题；但随着奶牛养殖“离城迁郊”和“奶牛下乡，牛奶进城”两次迁移，缓解了当初的污染问题；但后来随着饲养数量的增长，加之奶牛生产缺乏规划，饲养过度集中，污染防治意识和措施不到位，加剧了农村家庭、养殖小区、奶牛场等内部及周边的污染。但值得欣慰的是，人们已逐步增强了对污染问题的重视，加强了对污染的调研和防治。

新中国成立初期（1949—1957年），奶牛养殖数量虽然较少，总存栏量不超过20万头，但奶牛养殖相对集中，绝大多数集中饲养在城市内。如新中国成立初期，仅北京城内的东四、西四、宣武等区，就饲养奶牛400多头；崇文、西单也有城中奶牛场。另外，北至德胜门，南至东铁匠营，西至广安门外，东至花市大街小市口，就有奶牛养殖户229户。这些城内的奶牛直至1956年才分别被迁至城郊的西红门、鹿圈乡和南郊。据统计，仅城内的曙光社、晨光社和红星社3个社，就迁出奶牛880头[1]。天津市亦是如此，当时奶牛多在市内饲养。据统计，市内有1 730头，郊区有656头，市内养殖量占总饲养量的72.5%。据档案记载，这些奶牛被饲养在城内，由于牛场场地狭小，设备简陋，牛粪不能及时清除，人牛杂处，影响了城市的卫生和人民健康。还有些奶牛，虽然并未饲养在城内，而是饲养在城郊结合部，如清华大学的奶牛试验场、某些教堂的奶牛场，虽有专人饲养和清理粪尿，但仍难以消除奶牛粪尿产生的不良气体，影响了居民的生活。

20世纪50年代中后期，随着中国城市人口的增加，特别是双职工和妇女就业的增多，对乳制品的需求剧增，导致乳制品成为稀缺产品。同时，城市型奶牛养殖滋生了奶牛粪尿污染问题。这都需要迫切解决，国家积极引导和扶持奶牛“离城迁郊”，到土地丰富、饲草料充足的城郊建立国营农场，进行奶牛饲养。

[1] 关于奶牛迁往郊区的投资的请示. 北京市档案馆. 档案号002-010-00131. 1958.

因此，计划经济时期（1958—1978年），中国奶牛养殖逐步由城市内部转移至城郊。随着奶牛养殖的“离城迁郊”，城市内奶牛养殖萌生的粪尿污染问题也随之弱化，短期内淡出人们关注的视线。究其主要原因：一是城郊主要以国营奶牛场为主，农场有充足的土地，它们的肥料主要依靠畜禽粪尿，可有效消纳奶牛场的粪尿；二是国营奶牛场场地不再狭小，相对宽广，方便清理粪便和收集尿液和污水。同时，奶牛场配套建设相应的牛舍、运动场，设置了明沟和暗道，雨水和污水分开，也初步具备了防污意识和措施。

改革开放时期（1979—2000年），中国对奶牛养殖实施“国营、集体、个人一起上”的方针，奶牛养殖在“离城迁郊”后，再一次实施了“奶牛下乡，牛奶进城”的战略大转移。这次转移，奶牛走向更为广阔的农村和牧区，其生活的空间进一步壮大。初期，虽然奶牛养殖数量有所增长，但对于广大农区和牧区来讲，有充足的土地消纳奶牛的粪便、尿液。因此，改革开放初期，污染问题也不严重，主要原因有：一是奶牛被转移至农村，其分布较散，饲养不集中，单位土地粪尿承载量小；二是当时家庭劳动力富余，由专人饲养奶牛和清扫粪尿，减少了粪尿污染现场和周边环境的机会；三是当时土地实施家庭联产承包制，土地归自己所有，能自由地向土地施入发酵处理好的粪肥。但随着发展，特别是改革开放后期，奶牛养殖数量剧增，养殖密度增大，超出了单位土地的承载力。同时，一些养殖专业村、专业户，养殖小区、规模奶牛场，在设计时缺乏科学规划，没有设计粪污处理设施，致使粪尿处理不及时、不得当，滋生了比新中国成立初期更严重的环境污染问题。

奶牛场污水池

21世纪初期（2001—2011年），由于中国奶牛饲养迅猛发展，特别是规模化程度的发展使奶牛养殖区域集中，以及种养结构的分离，奶牛粪尿、不良气体的污染日益严重。从全国来看，多数奶牛场没有配备粪尿处理、资源化利用设施和相应的配套耕地。据有关资料显示，中国规模奶牛场（40～1 000头以上）平均每头奶牛仅占有耕地986.6米^2，其中南方地区106.7米^2，北方地区1 839.8米^2。农牧脱节加剧，环境保护问题突出。就农村而言，农户散养奶牛生产管理落后，环境污染比较严重。至2011年，中国农村奶牛养殖仍以农户散养为主。奶牛多数饲养在房前屋后，牛舍简陋，卫生条件差，一般没有专门粪便处理设施，对周围环境污染严重。就城郊而言，由于经济、市场和历史的原因，中国规模奶牛场多数分布在大中城市郊区。由于缺乏耕地和粪便处理设施，对城市周边空气、水体污染构成威胁。据环保部门对大型奶牛场排出粪水的检测结果，化学需氧量（COD）超标50 ~ 70倍，生化需氧量（BOD）超标70 ~ 80倍，水中悬浮物（SS）超标12 ~ 20倍。

三、推进奶牛养殖环保工作

（一）逐步重视奶牛养殖污染问题

人们对奶牛养殖污染问题的重视和环保意识的增强，不是一蹴而就的，而是伴随国家整个污染防治和环保意识的加强而增强的。

1972年6月，中国政府代表团参加了联合国人类环境会议，会议通过了《人类环境宣言》，环境保护开始摆上国家议事日程。

1973年8月，国务院召开第一次全国环境保护工作会议，审议通过了“全面规划、合理布局、综合利用、化害为利、依靠群众、大家动手、保护环境、造福人民”的环境保护工作32字方针和中国第一个环境保护文件——《关于保护和改善环境的若干规定》，成为中国环保事业的第一个里程碑。《规定》提出了防治污染措施必须与主体工程同时设计、同时施工、同时投产的“三同时”原则，后来成为中国第一项环境管理制度。至此，中国环境保护事业开始起步。

1978年，全国人大五届一次会议通过的《中华人民共和国宪法》规定“国家保护环境和自然资源，防治污染和其他公害”。这是新中国历史上第一次在宪法中对环境保护作出的明确规定，为中国环境法制建设和环境保护事业的发展奠定了基础。同年12月，中共中央批转的国务院环境保护领导小组关于《环境保护工作汇报要点》明确指出：消除污染、保护环境是进行经济建设、实现四个现代化的重要组成部分。

1979年，国家颁布的《中华人民共和国环境保护法（试行）》，使环境保护工作步入法制轨道，加快了环境保护事业的发展。

20世纪80年代后，步入正轨的中国环境保护事业稳步发展。1983年召开的第二次全国环境保护工作会议，正式把环境保护确定为中国的一项基本国策，制定了“经济建设、城乡建设和环境建设要同步规划、同步实施、同步发展，做到经济效益、社会效益、环境效益相统一”的指导方针，明确了“预防为主、防治结合”、“谁污染、谁治理”和“强化环境管理”的环境保护三大政策。

1984年5月，国务院发出《关于环境保护工作的决定》，对有关保护环境、防治污染的一系列重大问题，包括环境保护的资金渠道都做出了比较明确的规定，环境保护开始纳入了国民经济和社会发展计划，成为经济和社会生活的重要组成部分。

1989年4月，国务院召开第三次环境保护会议，提出积极推行深化环境管理的环境保护目标责任制、城市环境综合整治定量考核制、排放污染物许可证制、污染集中控制和限期治理5项新制度和措施，对新上项目坚决实行“三同时”，不增加新污染源，对老污染源有计划、有步骤地分期加以解决。

"八五"期间，特别是1992年联合国环境与发展大会之后，中国在世界上率先提出了《环境与发展十大对策》，第一次明确提出转变传统发展模式，走可持续发展道路。随后中国又制定了《中国21世纪议程》、《中国环境保护行动计划》等纲领性文件，提出了中国可持续发展的总体战略、对策以及行动方案，确定了污染治理和生态保护重点，加大了执法力度，积极稳步推行各项环保管理制度和措施，环境保护工作取得了较好的效果。

"九五"期间，全国人大八届四次会议审议通过了《中华人民共和国国民经济和社会发展"九五"计划和2010年远景目标纲要》，把实施可持续发展作为现代化建设的一项重大战略，使可持续发展战略在中国经济建设和社会发展过程中得以实施。期间，中国环境保护事业得到了进一步加强，环境保护事业进入了快速发展时期。

2002年，中国第一部循环经济法——《清洁生产促进法》出台，标志着中国污染治理模式由末端治理开始向全过程控制转变。

"十五"和"十一五"奶业专项都设置了奶牛环保课题，从综合方面，采用多种方法，研究了奶牛污染防治和环保问题。

（二）不断加强奶牛养殖污染防治

在新中国成立初期（1949—1957年），奶牛养殖主要集中在城市内，所产生的粪尿由饲养员打扫，并运送至城外粪尿堆积场，堆积发酵后，施入农田。这一时期，是利用清扫消除了现场的污染，采取高温堆积降低粪污的危害，最后通过还田实现了粪污的资源再利用。这种方式在计划经济时期（1958—1978年），甚至是改革开放时期（1979—2000年）都较实用和常见。稍有区别的是，后两个时期建立了规模较大的奶牛场，这些奶牛场在设计中就适当注意粪污的排放、清理、收集和处理，比新中国成立初期在粪污防治方面有了一定的主动意识和应对措施。这些应对措施有：牛舍、挤奶厅、运动场等设计了污道，实施了污水与雨水的分离，污水设置暗道，避免不良气味污染周边空气等。有些奶牛场在牛场内或牛场周边设计了粪污沉淀池和固态粪污堆积发酵池等。堆积发酵，也是最传统的高温堆积法，即将粪便堆积，控制相对湿度70%左右，形成好氧发酵的环境，微生物大量繁殖，有机物分解为植物能吸收利用的无机物和腐殖质，同时高温（50 ~ 70℃）杀灭病原微生物，达到无害化处理的目的。最终处理完的粪污，通过归田实现资

高温堆积法

源再利用。

21世纪初期（2001—2011年），奶牛养殖实现了迅猛发展，由于布局欠合理，粪污处理设施不到位，且环保意识不强，起初不受重视的奶牛粪尿污染问题，逐步严重和恶化，并渐渐发展为奶牛专业村、规模养殖小区和规模奶牛场最重要的、最突出的面源污染。总结先前奶牛养殖粪尿污染综合治理的经验，借鉴国外奶牛养殖粪污综合治理的先进做法，中国循序渐进地开展了奶牛养殖粪污的综合防治，并取得系列成效。

1. 加强了立法和制标 为加强环境保护，保持生态平衡，实现持续健康发展，中国先后制定、颁布并实施了《中华人民共和国环境保护法》、《中华人民共和国水污染防治法》、《中华人民共和国大气污染防治法》等基本法规，并针对畜禽养殖，也包括奶牛养殖，制定并颁布实施了《畜禽养殖污染防治管理办法》、《ISO14000系列环境管理标准》和《畜禽养殖业污染物排放标准》等。这些法规，为开展奶牛养殖污染防治和环境保护提供了法律支撑。其中，在奶牛场建设审核中，都要求有配套的耕地，既能解决粗饲料供给问题，也能消纳奶牛粪尿，通过还田实现有效地防控污染。

2. 加强了节能减排研究 重点通过营养调控，提高饲料资源利用率，减少氮、磷排泄，控制二氧化碳、甲烷等有害气体的产生和排放，从而实现低碳养殖，保护生态环境，促进奶业的可持续发展。另外，对已经产生的粪尿，及时清理、收集，并通过有效的方式进行处理，最大限度地降低污染程度。最简单的方法就是及时清扫，及时堆肥高温发酵。有些奶牛场、养殖小区、专业户，没有自动清粪系统，清粪工采用扫帚、铁锹，以及拖拉机铲等将粪便清理成堆，并及时运到固定堆肥区域进行高温发酵。有些奶牛场安装了自动清粪系统，系统会自动通过传动装置将粪尿及时传走，到达集粪池，经过固液分离机，分离出固态粪污和液体污水，固态粪污以过晾晒大棚或烘干机，制成干燥的粪肥或牛床垫料。而液体部分经过处理后可直接还田灌溉，或经过厌氧发酵生产沼气，沼液再达标排放。

奶牛场刮粪车

3. 加强污染综合治理研究 重点通过沼气、堆肥等，变废为宝，逐级消除或减弱污染程度。通过沼气技术，牛粪尿发酵产生沼气，既对粪尿进行无害化处理，又开发了生物能源。

4. 配套相关政策和资金 实现良性循环，制约瓶颈在土地资源不足，国家出台政策，为奶业发展配备适宜土地资源，提供必要的扶持资金。

5. 加强良性农牧业循环研究 世界治理粪尿污染最成功的方法是走农牧业结合之路，即“养殖—粪便（沼气、肥料）—耕地—饲料—养殖”模式，使整个农业生态系统形成“粮食多—饲料多—奶牛多—肥料多—粮食多”的良性循环，实现经济、环境和社会效益和谐统一。

6. 开展沼气利用，生产生物能源 这不仅可以大大节省处理使用的动力，而且可以获得沼气，排放的废渣和废液还可用于农业生产，减少化肥的使用量。

20世纪80年代，中国从国外引进了几种分离设备，如斜板筛、转动筛、挤出式分离机和带式压滤机，利用这些分离设备处理奶牛场粪污进行固液分离，之后将固体部分进行高温堆肥，液体部分进行沼气发酵，提高处理效率。上海星火农场饲养奶牛2 900头（3个牛场），每年排放4 500吨粪便，兴建了6座450米^{3}沼气发酵池，年产沼气147万米^3，可供75%的居民（3 000户）生活用气，每年可替代3 140吨直接燃烧的煤。

奶牛场沼气工程

中国早期的中小型奶牛养殖场沼气工程是在用水压式沼气池技术的基础上发展的，地埋式、50～200米^3，由数个单池组合而成，无单独的储气柜。如绵阳市农科所农场沼气工程（1980年），以牛粪为原料，12个单池，总容积1 519米^3，常温发酵，沼气以集中供气的方式解决了近百户职工的生活燃料。

1982年建成的成都凤凰山畜牧园艺场沼气工程是中国最早的农场大型沼气工程。该工程可以说是中国畜禽粪便处理工程的开端，工程的综合技术水平较高。由农业部沼气科学研究所设计，采用射流搅拌的全混合发酵工艺。工程日处理1 000头奶牛粪污，装置总容积1 200米^3，隧道式，中温发酵，进料浓度为6%总固体（TS），水力停留时间（HRT）为60天，有机负荷为每天1.0千克总固体/米^3，装置池容产气率为每天0.238米^3/米^3。日产沼气1 000米^3，其中300米^{3}用作沼气发电（50kW4125C沼气—柴油发电机），其余用于职工生活燃料。

沼气发电

从20世纪80年代中期开始，上海农垦系统建设了一批中国数量最多的牛场沼气工程，多数采用全混合发酵工艺。由于上海工业微生物研究所和上海交通大学等单位的介入，也研发了一些新的发酵工艺和装备。如上海交通大学在上海“五四”农场建成同心圆折流反应器，由于增加了原料在装置中的流程，提高了牛粪原料的降解率，在近中温发酵条件下，装置池容产气率达到每天1.1米^3/米^3。

1991年建成的上海星火农场大型奶牛场沼气工程是当地的标志性工程，也是20世纪90年代中国最大的畜禽场沼气工程。该工程由上海市工业微生物研究所和上海城乡建筑设计院共同设计。

在沼气建设中，涌现出一批典型，如黑龙江省农垦牡丹江管局海林农场圣澳牛场绿源沼气站。海林农场位于海林市西南60千米的长汀镇，拥有耕地8 732.5公顷，人口7 300人，3个农业管理区、6家股份制企业、13个奶牛标准化养殖小区，是黑龙江垦区现代化中型农、工、牧结合的农业企业。2010年存栏奶牛1.2万头，全部实现小区标准化饲养。其中，圣澳合作牛场存栏3 500头，占地43.5公顷。由于奶牛每天产出大量的粪便和废液，污染了土地、水面和空气，环境质量日渐恶化，给农场居民的生活带来了不良影响。为了解决这一问题，2005年4月，农场投资450多万元，建设了绿源沼气站，2006年1月投入使用。该站占地1.5公顷，容积1 900米^3，日处理牛粪尿80米^3，日产沼气2 000米^3。其中，500米^{3}供应900多户职工生活用能，1 500米^{3}用于发电。

牧草基地沼液浇灌车

绿源沼气站采用升流式固体床反应器（USR）发酵工艺，工艺模式为生态模式，发酵原料为圣澳牛场3 000头奶牛的粪尿。所产沼渣用于蔬菜种植基地或以60元/吨的价格销售给周边农村。沼液主要用于200公顷水稻田生产。在非用肥季节，进行部分储存后，其余进行好氧处理，达标后排放。2007年农场投资352.36万元，在第二管理区新建沼气站1处，年产沼气21.9万米^3、沼渣肥400吨、沼液肥7 000吨。满足了第二管理区居民生活燃气、集中供热和发电，沼渣、沼液用于种植有机水稻和蔬菜。并将富余的沼气成功并入第一处沼气工程联网使用。至2011年，海林农场已初步形成循环经济发展新模式的雏形，以清洁能源沼气工程为纽带，连接了畜牧业、种植业（绿色蔬菜、有机水稻）、职工生活用气的循环经济链条。

第五章
乳制品加工

乳制品加工业是中国食品工业增长较快的产业之一。发展乳制品工业对于改善城乡居民膳食结构、提高国民身体素质、丰富城乡市场、提高人民生活水平，以及优化农村产业结构、增加农民收入、促进社会主义新农村建设具有很大推动作用；对带动畜牧业和食品机械、包装、现代物流等相关产业发展具有重要意义。

新中国成立前，国产乳制品寥寥无几，生产落后，国内乳制品供应基本被外国品牌所垄断。回顾60多年发展历程，无论是乳制品加工厂的建设与生产规模、产品产量、质量和品种，还是生产技术、设备制造、科研教育、消费市场等方面，中国乳制品加工业发生了巨大变化[1]。

第一节　新中国成立初期的乳制品生产（1949—1958年）

旧中国一穷二白，民不聊生，奶资源十分匮乏，各地虽存有少数乳品生产企业，但只能说是乳制品工业的萌芽，并承受“洋货”的倾销打击[2]，导致有些被迫停产。1949年，中国奶牛存栏数仅12万头，奶山羊17万只，奶类总产量21.7万吨[3]。

新中国成立后，党和政府非常重视乳制品生产，通过三年国民经济恢复（1949—1952年），实施国民经济第一个五年计划，中国乳制品加工业从微不足道，到逐渐壮大，开始有计划地发展，使得乳制品加工业得到了迅速恢复和发展，逐步形成了真正意义上的乳制品加工业，新中国乳制品生产向前迈出了第一步。

一、乳品生产恢复与发展

新中国成立初期，中国百废待兴。除上海、浙江等地几家近乎停工状态小型乳品厂外，全国基本没有正规的乳品厂。党和政府高度重视，加以正确引导，中

1　宋昆冈.2009.乳制品行业//中国轻工业联合会.中国轻工业辉煌60年：217.

2　据海关统计，1946—1948年，中国从23个国家进口乳粉、炼乳、奶油共计1.26万吨，耗外汇740多万美元。

3　韩光烈.1999.中国乳制品制造业50年.北京：中国大百科全书出版社：105.

国奶类资源得到了发展并开始利用，恢复和建设了一批乳品厂，使乳制品得到不断增产，终使乳制品加工业得以恢复和发展。

（一）乳品三年恢复期（1949—1952年）

新中国成立后，党和国家为解决民生问题，立即实施三年国民经济恢复建设，国家对资本主义工商业实行利用和限制并重的政策，旨在保护民族工商业，制定了扶持奶业发展的一系列方针，鼓励与恢复乳品生产，竭力维持城市居民的日常饮奶需要。因此，中国乳品加工业与其他经济部门一样得到了较快恢复。

截至1952年，经过三年国民经济恢复，中国奶业得到了发展，奶量开始增加，乳品生产得到了初步恢复，全国乳制品总产量达到了624吨[1]，生产呈现复苏。

1. 旧厂复工与新厂开办　按当时政策，无论是外国人投资经营的乳品企业，还是民族资本投资管理的乳品厂，政策上均允许合法运营，维持了乳品企业的多元化，全国乳品生产得以恢复，乳品开始供应市场。

1949年上海建立的益民食品一厂和三厂开始生产乳制品。经过努力，上海益民三厂迅速恢复了“光明牌”全脂乳粉的生产，之后更名为上海乳品厂[2]。

1949年末，素有“炼乳之乡”美誉的浙江温州瑞安，在人民政府大力支持下，在各方共同努力下，吴百亨先生于1926年创立的温州百好乳品厂得以恢复“擒雕牌”炼乳生产。其炼乳以水牛奶为原料，复工之后，生产发展很快，1953年总产值为32.9万元。

1950年，内蒙古自治区[3]国营海拉尔牛乳化工厂建成投产，以土法生产奶油和干酪素，当年生产乳制品59吨，这是新中国成立后中国建设的第一个乳品厂，后经搬迁、改建，日处理能力达到3吨，1952年更名海拉尔乳品厂。

1951年，建成广州市大东炼乳厂（后改名为广州市乳制品厂），以平锅法生产炼乳。1952年，建成内蒙古牙克石乳品厂。

除黑龙江省外，新中国成立初期的几年内，全国尚有一批以鲜销[4]或土法生产乳粉、炼乳的小型乳品厂陆续复工或开办于北京、西安、广州、上海、天津、重庆、南京、济南等城市。另外，有一定数量的土法生产乳粉、炼乳等的加工作坊陆续兴起，散布于城郊和农村奶源产地附近[5]。

1　宋昆冈.2009.乳制品行业//中国轻工业联合会.中国轻工业辉煌60年：217.

2　王中，等.1986.当代中国的轻工业（下）.北京：中国社会科学院出版社：107.另，《当代中国的轻工业》第二十四章“乳品工业”部分，系由轻工业部食品局张秀珍处长、黑龙江省轻工厅武显章调研员（兼省食品工业公司经理）、黑龙江省乳品工业研究所吴松成副所长等于20世纪80年代共同合作编写。注文据武显章、关士勋《黑龙江乳品工业发展史略》，黑龙江省食品工业公司出版，1986，第134页整理。

3　内蒙古自治区成立于1947年。1949年8月，由齐佩剑等人在内蒙古自治区扎赉诺尔成立大众合作社牛奶加工厂，即扎赉诺尔乳品厂的前身。同年，建成内蒙古自治区上库力乳品厂，该厂于1982年迁入拉布达林，更名为拉布达林乳品厂。

4　此期的鲜销包括将生乳简单过滤后的直接销售，也包括经煮沸或巴氏杀菌后的销售。

5　古往今来，中国民族传统手工制作乳品源远流长，传袭至今，从未间断，如奶豆腐、干奶片、奶块儿、黄油、酥油、奶坯子、奶皮、酸奶、酸奶豆腐、白油（渣）、酸酪蛋、手工奶酪（鲜）、乳饼、乳扇等。

2."黑土地"奶飘香　1945年8月15日，日本投降，东北解放，直至1949年10月1日新中国成立前，中国共产党领导下的人民政权已经在黑龙江省建立。但因土地改革、剿匪及支援全国解放战争等一系列革命活动，发展经济尚没有摆到重要位置。全省奶牛7000多头[1]，所产牛奶基本是维持城镇的鲜销。虽然1947年黑龙江省农牧厅和东北行政委员会农林局在安达萨尔图地区[2]创办以饲养奶牛为主的东风牧场与国营农场[*]，生产少量俄式干酪[3]，以及土法生产奶油、酪胶（指土法生产的干酪素）等。除此之外，20世纪二三十年代俄国人兴办的乳品厂和旧时私人牛奶作坊几均处于停顿状态[4]。

1951年7月，新中国成立后黑龙江省第一个小型乳粉厂建成于哈尔滨顾乡屯半拉城子哈尔滨奶牛场[2]，设备很简单（用两口平锅浓缩，木箱盘式干燥），人工粉碎。4名工人以纯手工操作方法生产，年生产乳粉7吨。这是新中国成立后，黑龙江省乳粉生产的真正开始，也起到了火种作用。

1952年，在哈尔滨、齐齐哈尔、一面坡、安达、肇东、萨尔图、海林等地，已出现了18家乳品厂[5]，总共安装了71口平锅，均以土法生产乳粉、炼乳和干酪。

[1] 关士勋，武显章，邹滨年.1985.黑龙江乳品工业经济研究.哈尔滨：黑龙江人民出版社：11.

[2] 1906—1977年，萨尔图隶属安达管辖（1906年为安达厅第二辖区，1913年为安达县西乡，1960年为安达萨尔图区，1969年为安达县红旗镇）。1978年起，萨尔图划归大庆市管辖，现为大庆市萨尔图区。

[*] 萨尔图地区几个国营牧场于1955年组成红色草原牧场，隶属生产建设兵团独立三团。1970年，兵团领导决定以已有700多头奶牛为依托，建立了农垦系统的乳品厂——红色草原牧场乳品厂，1978年该乳品厂归属大庆市后，更名为大庆乳品厂。几经改造，1984年日处理能力达到90吨，乳粉商标"大庆牌"。注文据：安达市地方志办公室《安达县志》，黑龙江人民出版社，1992，第281页，以及武显章、关士勋《黑龙江乳品工业发展史略》，黑龙江省食品工业公司出版发行，1986，第102页至103整理。另外，《黑龙江乳品工业发展史略》一书业经黑龙江省出版总社[黑出管字（86）第26号]备案。《黑龙江乳品工业发展史略》、《黑龙江乳品工业经济研究》作者之一"关士勋"，时为黑龙江省轻工业厅副厅长关士青同志笔名。

[3] 此处"俄式干酪"是指不杀菌圆形干酪，系20世纪初（1903年中东铁路通车后）由白俄侨民带入黑龙江省安达、萨尔图等地的一种俄式民间乳制品。因为未经杀菌、不添加发酵剂等独特制作技艺，所以其制作手法经验、干酪模具、原料奶卫生质量、自然发酵等较为关键。约在1920年，俄国侨民开始雇佣当地人制作干酪、奶油等，其中就有技工李泰、郭万林等。1952年，黑龙江省安达干酪厂年产干酪90吨，萨尔图干酪厂年产干酪20吨。注文据吴显章、关士勋《黑龙江乳品工业发展史略》，黑龙江省食品工业公司出版发行，1986年，第18页、第103页整理。另外，黑龙江安达地区的俄式不杀菌圆形干酪系中国鲜有的地方特色乳制品，以其独特制作技艺及风味传袭至今。此外，国内有些地区将干酪亦称为"奶酪"、"芝士"、"计司"等。GB5420—1985及GB5420—2010定名为"干酪"。

[4] 1917年苏联十月社会主义革命成功以后直至1938年，一些白俄罗斯资本家、地主和富农为逃避惩罚，携带大批动产东窜逃亡至中国中东铁路沿线（今松嫩平原等地），开始饲养奶畜及土法生产乳制品（鲜奶、奶油、干酪等）。此期，黑龙江省境内已有许多乳制品作坊与奶庄，如安达境内的"宝隆"奶庄、"劳别达"奶庄、萨尔图的"齐步高"奶庄、哈尔滨的秋林牧场（哈尔滨秋林公司所属）、卡斯托罗姆厂、沃伦兹奥夫厂、雷贝奇厂、梅里尼科夫厂等。至1936年，哈尔滨已有25家（其中，中国人开办的7家、俄国人开办的18家）。

[5] 此期18家乳品厂分别是：哈尔滨的立人乳品厂、福婴炼乳厂、瑞华炼乳厂、同盛炼乳厂、利民炼乳厂、华丰炼乳厂、新华炼乳厂、大陆炼乳厂、华康炼乳厂、哈尔滨市畜牧厂，以及一面坡建群乳品厂、齐齐哈尔昂昂溪炼乳厂、安达干酪厂、萨尔图干酪厂、肇东炼乳厂、喇嘛甸乳品厂、宋站乳品厂、海林横道乳品厂，其中仅哈尔滨市畜牧厂1家为国营企业，其余17家均为私营企业。

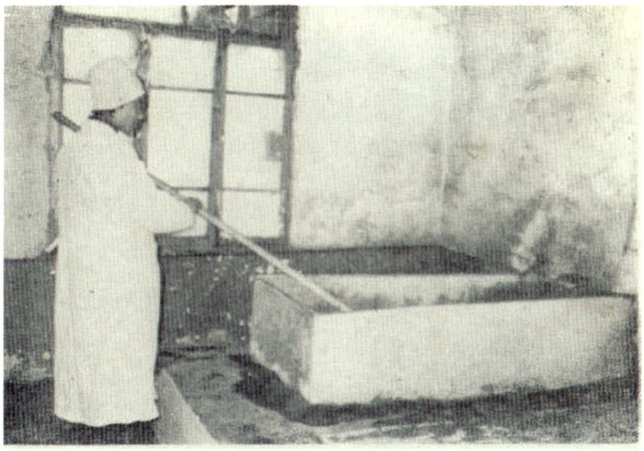

20世纪50年代，平锅法生产乳粉的情形
（图片引自1986年《黑龙江乳品工业史略》）

20世纪50年代，平锅法生产乳粉的干燥箱
（图片引自1986年《黑龙江乳品工业史略》）

20世纪50年代，平锅生产乳粉厂房外观
（图片引自1986年《黑龙江乳品工业史略》）

1952年黑龙江省生产乳粉481.4吨，成为新中国初期乳制品主要生产基地。乳品生产从业人员250人。到了1953年，黑龙江省乳品企业发展到20家，乳制品总产量1 170吨，其中乳粉506吨。

（二）乳品列为“一五”发展重点

1953年至1958年，中国实施发展国民经济第一个五年计划，乳制品工业是轻工业建设的重点之一[1]。1956年9月召开中国共产党第八次全国代表大会，进一步确立了全国人民主要任务是集中力量发展社会生产力，实现国家工业化，极大促进了全国乳制品加工业的迅速发展，各地投资新建与扩建了一批专业乳品厂和牛奶公司。

1. 兴建“喷雾法”乳粉厂与乳糖厂 在黑龙江，为了充分利用当地奶源，同时为地方众多的“土奶粉”企业树立机械化生产榜样，以提高生产效率与产量，

1 宋昆冈. 2009. 乳制品行业//中国轻工业联合会. 中国轻工业辉煌60年：217.

保证乳粉质量，1953年12月，黑龙江省工业厅斥资66万元在安达县建起一座日加工能力20吨的安达县食品厂奶粉车间（即安达乳粉厂），设施装备主要仿制上海“海河洋行”即上海益民三厂的生产技术，实施单效盘管真空浓缩，采用卧式马口铁衬里木制干燥箱进行高压喷雾，投产当月即生产乳粉3吨[1]，这是黑龙江省第一座机械化国营乳粉厂[2]。从1954年起，所产“红星牌”乳粉行销全国[3]，1957年[4]开始以“红梅牌”[5]全脂乳粉出口，产品销往朝鲜、罗马尼亚、巴基斯坦、越南、马里、苏丹等国家，为黑龙江省乃至全国乳制品工业做出了重要贡献[4]。1954年，在齐齐哈尔也建成了一座日加工原料奶5吨的压力喷雾乳粉厂。

1955年，哈尔滨松江罐头厂建设了日处理9吨的压力喷雾奶粉车间。哈尔滨奶牛场将昔日平锅设备改造成日处理能力5吨的离心喷雾奶粉设备。萨尔图畜牧场乳品厂和牡丹江松江乳品厂也将平锅设备拆除，换成滚筒干燥薄片奶粉设备，提高了生产效率[6]。

1956年，国家再次投资500万元兴建以生产乳糖、奶油、干酪素为主的黑龙江乳糖厂（即安达乳糖厂）[7]。该厂系中国“一五”计划156项国家重点工程配套项目，归黑龙江省工业厅直接领导。该厂与华北制药厂（今华北制药集团前身）形成配套[8]，用于生产抗生素[9]等药品。主要设备由丹麦、瑞典引进[10]，技术性能先进，机械化程度较高，日处理能力100吨[11]。1957年投产后交付安达县管理。

1957年，国家投资扩建内蒙古自治区海拉尔乳品厂，主要设备由国外引进，生产奶油、乳糖、干酪素，日处理能力100吨。

2. 乳品产量抵近两万吨

“一五”期间，上海牛奶公司、上海乳品二厂、内蒙古自治区扎赉诺尔乳品厂、长春市公私合营华康食品工业社、旅大罐头厂、海拉尔牛乳化工厂那吉分厂、双城乳品联合厂[12]、牡丹江乳品厂、福建华侨投资公司漳州罐头厂、上海市牛

---

1 安达市地方志办公室.1992.安达县志.哈尔滨：黑龙江人民出版社：340.

2 武显章，关士勋.1986.黑龙江乳品工业发展史略.哈尔滨：黑龙江省食品工业公司出版：59.

3 关士勋，武显章，邹滨年.1985.黑龙江乳品工业经济研究.哈尔滨：黑龙江人民出版社：12.

4 安达市地方志办公室.1992.安达县志.哈尔滨：黑龙江人民出版社：38，340.

5 “红梅牌”乳粉系黑龙江省粮油进出口总公司出口产品统一商标，黑龙江省其他乳品厂所产乳粉如为出口专用，皆用此商标。由此知道，即便当时国内乳制品奇缺，但仍有乳粉、炼乳等批量出口。

6 关士勋，武显章，邹滨年.1985.黑龙江乳品工业经济研究.哈尔滨：黑龙江人民出版社：15.

7 1956年，安达乳糖厂选派一批青年骨干专程赴浙江省瑞安百好乳品厂系统接受为期6个月的乳制品生产培训。

8 黑龙江轻工业厅史志办公室.1990.黑龙江乳品工业志稿.中国乳品工业（6）：272.

9 此期，中国粗制乳糖多用于发酵工业之培养基，尤其是医药工业的青霉素生产，可提高青霉素的收得率。

10 该厂除国产设备外，由丹麦、瑞典引进了奶油分离机、菱形奶油搅拌机、片式热交换器、奶油包装机等专业设备，时为国内比较先进的机械化乳品厂。

11 安达市地方志办公室.1992.安达县志.哈尔滨：黑龙江人民出版社：4.

12 关士勋，武显章，邹滨年.1985.黑龙江乳品工业经济研究.哈尔滨：黑龙江人民出版社：16.

奶公司、北京市牛奶站等相继成立，全国乳制品加工业生产出现了高潮，提高了中国乳品生产能力。如1949年上海饮用牛奶的订奶户约5万户，巴氏杀菌奶年总产量414.3吨，到1955年增至15万户，产量达1 242.8吨。

1954年，伴随奶畜养殖量持续增长，奶源不断增加，黑龙江省乳品工业得以快速发展，许多工厂收奶量逐渐增多，低效率的平锅法已经不能满足生产需要。在安达乳粉厂示范影响下，黑龙江省开始发展乳品生产。

截止到1958年，仅黑龙江省的乳品厂就已达到了55家，（如哈尔滨市的胜利乳品厂、双城乳品厂、富裕乳品厂、海伦乳品厂、泰康乳品厂等）[1]，产能与机械化程度均有提高，全省乳品年总产量达到了4 134吨，其中乳粉2 322吨，炼乳1 310吨，奶油251吨，干酪素114吨，乳糖137吨（仅为安达产）[2]，为满足人民生活需要、发展相关产业发挥了重要作用，成为全国主要乳制品生产基地。

1958年，瑞安百好乳品厂分出一部分力量，创建了温州乳品罐头厂（后更名浙江省瑞安乳品厂），增加了炼乳产量，并改“白日擒雕”为“擒雕”商标[3]。在此期间，天津、吉林、广东、青海、云南、福建、四川等省份的乳制品加工都有所发展。

1958年全国乳制品产量达到19 688吨，比1952年的624吨增加30.6倍，平均年递增率99.5%[4]。

二、乳品业社会主义改造与布局

20世纪50年代，伴随乳品加工企业的兴建，全国开展了社会主义改造。1956年，经过资本主义工商业的社会主义改造，全国各地乳制品加工企业发生了很大变化，许多乳品厂改变了所有制形式，而且改造的同时，有的扩大了生产能力，有的由手工操作改为半机械化、机械化操作，为顺利完成国民经济第一个五年计划奠定了基础。与此同时，不断尝试调整乳品加工企业布局，优先考虑如何充分利用有限奶源，加强计划与统筹，努力使中国乳制品加工与奶畜养殖、奶源供给形成区域匹配，以期协调发展。

从这一时期起，中国农垦事业及集体农牧业开始得到发展，同时建设了一批国营乳品企业。到1978年，全国采取集中饲养的大部分良种奶牛基本属于农垦系统的国营牧场。集约化的奶牛饲养为后来乳制品加工业的发展，尤其是城市的消毒奶供应，提供了奶源保障。

---

1 黑龙江轻工业厅史志办公室．1990．黑龙江乳品工业志稿．中国乳品工业（6）：270．

2 关士勋，武显章，邹滨年．1985．黑龙江乳品工业经济研究．哈尔滨：黑龙江人民出版社：19–21．

3 新中国成立后，浙江瑞安百好乳品厂生产的甜炼乳以“熊猫牌”、“长城牌”商标出口罗马尼亚、巴基斯坦、马来西亚、新加坡、埃及、坦桑尼亚、赞比亚等，盛享国际声誉。

4 宋昆冈．2009．乳制品行业//中国轻工业联合会．中国轻工业辉煌60年：217．

（一）乳品业的社会主义改造

从1953年起，根据过渡时期总路线，中国开始对农业、手工业和资本主义工商业实施系统的社会主义改造。到1956年，中国形成了三大改造高潮，基本上完成了生产资料私有制的社会主义改造任务。各地乳品企业也都行动起来，积极参与社会主义改造。

由于奶畜养殖及加工企业在全国各地管理归属不一，因此，各类乳制品加工企业也逐步形成了国营农场（农垦）、轻工、畜牧、商业及手工联社[1]等不同管理部门。

1. 国营集体唱主角 伴随全国民族资本主义工商业的社会主义改造不断深入，全国逐步实施奶业合作化，各地相继成立了集体奶牛合作社或国营农场，为发展乳制品加工提供了基本保障。

20世纪50年代初期，新中国的乳品加工企业产权属性主要为两种类型。一种是由中外侨商在新中国成立前投资设立的“民营企业”，此类型在国民经济恢复时期各地比较多。另一种是新中国成立时直接为人民解放军军事管制委员会接收并已转为国营的原“国民政府”乳品企业，如南京原国民革命军遗族学校所属的实验牧场与乳品厂以及1949年上海市人民政府（军事管制委员会）没收的牛奶棚[2]。此外，也有一些在解放区已建立并持续运行的乳品加工企业。

乳品企业改造时的吸纳主体，就是政府同期开始有计划地在各地（如北京、上海、海拉尔、齐齐哈尔、哈尔滨、温州等地）兴建的那些国营乳品企业，具体改造方式主要是通过收购、搬迁、改建等途径，形成了一大批国营乳品加工企业或集体合作社乳品企业，实施统一计划生产。

新中国成立初期，一些城市将接管的敌伪牛场建成国营奶牛场，一批军队或机关自给性的奶牛场也并入国营农场，所产牛奶加工成消毒奶，供应给市民，尤其是婴幼儿、老人。虽然起初生产奶量不大，但这是新中国一些大中城市供奶的伊始。从此，农垦国营奶牛场、奶站（点）[3]经过发展壮大[4]，逐步形成生产、加工一体化供给模式，形成了中国城市型鲜奶（主要为瓶装巴氏杀菌奶）生产体系。1952年全国国营农场共饲养奶牛4 700头，1957年发展到了5.2万头，产奶量0.55亿千克。1962年奶牛为13.5万头，产奶量1.15亿千克。1965年奶牛达到了19万头，产奶量1.95亿千克，1965年，北京、上海、天津、沈阳、哈尔滨等城市国营农垦农场的供奶量占各市供奶量的80%以上[5]，为保证乳品供应，尤其城市的鲜奶供应，发挥了重要作用。

---

1 关士勋，武显章，邹滨年 .1985. 黑龙江乳品工业经济研究 . 哈尔滨：黑龙江人民出版社：10.

2 此期的上海地区还有由第一牧场与虹桥路第二牧场组建成的“国营上海农场”等。

3 指简单生产消毒奶的加工站（点）。

4 张林池，等 .1986. 当代中国的农垦事业 . 北京：中国社会科学出版社：198.

5 张林池，等 .1986. 当代中国的农垦事业 . 北京：中国社会科学出版社：199.

2. 实现社会主义改造 1954年9月2日政务院第223次政务会议通过《公私合营工业企业暂行条例》，对民族资本主义工商业实行社会主义改造。1954年，浙江瑞安百好乳品厂率先在全国实行了公私合营。之后，全国各地私营奶畜场和民营乳品加工企业积极走向公私合营。此期，国营农场奶牛生产规模进一步扩大，保证了奶品质量，扩大了鲜奶供应[1]。

1955年，上海英商“可的牛奶公司”将其下属4个牧场（共1 200头奶牛），以及位于上海江宁路的一个加工厂“最高牛奶公司（为上海乳品一厂的前身）”一并转让给上海地方工业局，改名为“地方国营上海牛乳场”（同年划转归上海农业局）。

1955年，济南五大牧场并入济南市畜牧公司，1956年改名为济南牧工商公司，下辖济南乳品厂和牛奶食品厂[2]。

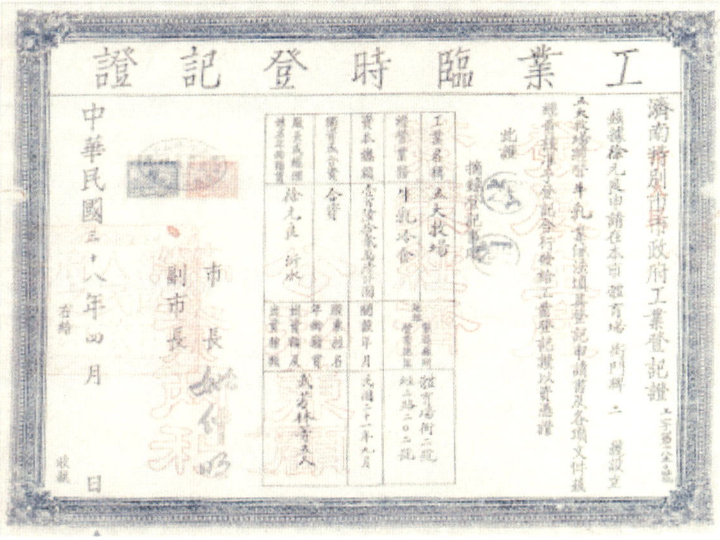
工業臨時登記證
工業名稱 五大牧場
中華民國二十八年四月 日
市長
副市長

1939年4月五大牧场（济南佳宝前身）成立营业执照

1956年，南京最大规模的私营牧场三家邵氏牧场经公私合营后，改为“南京市营仙林农牧场乳牛场”和“南京市国营卫岗牛奶厂”[即“南京卫岗乳业有限公司”和“南京奶业（集团）有限公司”的前身]。至此，标志着中国乳制品加工企业基本完成了社会主义改造。

（二）尝试合理布局

自20世纪50年代起，无论宏观全局，还是地方局部，中国在努力建设发展

---

1 张林池，等.1986.当代中国的农垦事业.北京：中国社会科学出版社：199.

2 张继平.2008-1-29.1932徐眉生等创办“五大牧场”.济南时报.

乳制品加工业的同时，就已经开始注重乳品加工与奶源供给的协调与匹配，各地产业实践和发展措施充分体现了乳制品加工与奶源供应的特殊关系，以及乳制品加工能力与规模的重要性。一些省、市、县乳制品生产的发展措施，对后来具有借鉴意义。1958年以前，全国乳制品产量见表5-1。

表5-1　1952—1958年全国乳制品[1]产量[2、3]

单位：吨

年 份	产 量
1952	624
1953	837
1954	1855
1955	5820
1956	8188
1957	12700
1958	19688

1. 依托奶源建工厂　新中国成立前，乳品加工厂（点）多在人口密集的城市，因此，偏远地区的奶源难以得到利用。然而，乳与乳制品对新中国具有重要意义。1950年，内蒙古自治区就在奶源丰富的呼伦贝尔地区海拉尔办起了土法生产奶油和干酪素的乳品厂[4]。虽然设备简单，但毕竟是新中国成立初期奶业布局“全国一盘棋”的“第一招”，紧紧依托当地奶源，具有宏观战略意义。

随后，黑龙江省在毗邻中东铁路沿线、奶源发展条件较好的松嫩平原等地，陆续建设了一批机械化乳品厂，如安达乳粉厂、尚志县一面坡建群乳品厂与石头河子乳品厂、肇东乳品厂和宋站乳品厂、阿城乳品厂、喇嘛甸乳品厂[5]、昂昂溪乳品厂[6]等，既兼顾了奶畜发展和奶源保障，又紧邻铁路交通干线，便于产品调运。无不体现了奶源对乳品加工的至关重要。

自新中国成立初期，北京市开始按照“合理布局副食品基地”的原则，在城市郊区陆续兴建了10余个附带乳品加工车间的奶牛场，形成了局域性奶业布局，为北京市乳制品供应及未来奶业发展奠定了基础。

为有效利用青海省的丰富奶类资源，原来在上海的私营企业“康尔素乳品厂”，在1955年完成公私合营后，于1956年9月搬迁到了青海省西宁市小桥大街

1　此处“乳制品”系指干乳制品，如乳粉、奶油、干酪、干酪素，不包括液体乳。

2　中国食品工业年鉴编委会编 .1985. 中国食品工业年鉴1984. 北京：轻工业出版社：241.

3　骆承庠 .1990. 国内外乳品工业概况 . 哈尔滨：东北农学院 .

4　宋昆冈 . 乳制品行业// 中国轻工业联合会 . 中国轻工业辉煌60年：217.

5　1958年喇嘛甸乳品厂合并至泰康乳品厂（亦称杜尔伯特蒙古族自治县乳品厂，简称“杜蒙乳品厂”）。

6　昂昂溪乳品厂为齐齐哈尔乳品厂的前身。

325号的新址，成为青海省“西宁康尔素乳品厂”[1]，以滚筒法生产“康宁牌”全脂乳粉。

地处四川省阿坝州红原县的“红原奶粉厂”，以前是由藏族爱国人士贡唐仓活佛出资30万大洋兴建的[2]。1956年，为充分利用当地牦牛奶资源，造福民众，四川省政府给予积极扶持，促进了牦牛乳制品生产发展。

2. 统筹管理增产能 1955年刚诞生的上海市牛奶公司，当年就出台了《上海市牛奶公司1956—1967年上海市乳牛事业生产发展规划（草案）》，投资扩建第三、第六牧场，新建第七、第八、第九牧场共5个大型奶牛场。后来又在浦东新建“上海乳品三厂”，统一规划，协调发展。如，在上海地区，原来分别属于美商的“海宁洋行”和英商的“怡和洋行”两个乳品厂，曾在上海地区相互争抢奶源，争夺乳粉市场份额，1949年被上海市人民政府工业局接收重组后，分别更名为“益民一厂”和“益民三厂”，生产经营范围也有了具体分工，以避免不必要的恶性竞争[3]。其中，益民一厂员工近3 000人，使用6个喷头的一套喷雾设备，加工米粉等粮食制品。益民三厂员工约700人，使用4个喷头的一套小喷雾设备，加工乳粉等[4]。为了避免无序争抢奶源而影响行业的整体发展，“益民三厂”在1956年并入“上海乳品二厂”，便于更好地统筹管理，协调发展[5]。

1956年，为保证安达乳粉厂奶源供给，国家调配将黑龙江省农牧厅和东北行政委员会农林局在安达萨尔图地区创办的东风牧场与国营农场所产牛奶全部供给安达乳粉厂，原牧场的所有乳品生产职工也一并归入安达乳粉厂，直至1970年[6]。1958年8月，为统一管理，减少奶源供应矛盾，避免争抢原料奶，确保收奶秩序，黑龙江省安达县人民委员会决定将安达乳粉厂与安达乳糖厂合并，改称安达乳品厂。合并后的安达乳品厂，产能得到进一步提高，生产组织更为集中，产品包括乳粉、奶油、乳糖、干酪素、干酪等，同时吸纳和促进了周边地区奶户与养殖业发展。自此，安达乳品厂日处理能力达100多吨，时为中国最大机械化乳品厂，并在后来相当长一个时期内，成为全国乳品生产技术人员和管理干部的主要学习和培训基地，为中国乳制品工业发展做出了积极贡献[6]。

---

1 青海省西宁市城北区人民政府．大事记．http://www.xncb.gov.cn/html/11/288.html．

2 李发抒．2007．任重而道远的四川乳业//中国奶业协会2007年会论文集．

3 王中，等．1986．当代中国的轻工业（下）．北京：中国社会科学院出版社：107-108．

4 系上海益民三厂和乳品二厂老员工、上海市牛奶公司退休高级工程师蔡迦勒提供。

5 关于上海市私营乳品工业调查研究报告．上海市档案馆．档案号B163-1-135-1．

6 武显章，关士勋．1986．黑龙江乳品工业发展史略．哈尔滨：黑龙江省食品工业公司：103．

20世纪60年代安达乳品厂厂区
（图片引自武显章、关士勋《黑龙江乳品工业史略》）

三、乳品科教与技术进步

20世纪40年代后期，中共中央在东北地区建立了人民政权。为发展农牧业生产，建设社会主义，先后成立了各类院校，设立各类学科专业，为即将诞生的新中国培育建设人才。20世纪50年代，在各级政府领导下，全国广大乳制品企业干部职工发扬“自力更生、艰苦奋斗”精神，在缺少资金、缺乏设备的情况下，动脑筋，想办法，积极推进技术进步，提高产量与质量，取得了明显成效，谱写了动人篇章。

（一）教研奠基与技术交流

新中国成立初期，与其他教育领域一样，中国乳品教研工作尚处萌芽，教研基础薄弱。基于条件限制，无论是教学实验设施，还是师资科研力量等，均处于起步前的孕育阶段。乳品教研基本属于“拿来主义”，主要通过国外输入，汲取乳品加工知识，发展本国乳品加工技术。

1. 乳品学科与专著问世 在促进乳品加工企业恢复发展的同时，党和政府对新中国乳品教育与科研事业给予高度重视。1948年，在东北解放区建立的高等农业院校——东北农学院[1]落成于哈尔滨，在畜牧系内开设了包括乳和乳制品在内的畜产品加工专业，属全国最早的乳品学科高等教育专业。资料显示，1948年入校的学生中，共有4人专攻乳品加工专业，并于1951年毕业。这4名学生中，就有后来全国著名乳品专家、轻工业部韩光烈[2]高级工程师，以及乳品专家、黑龙江省

[1] 东北农学院于1994年更名为东北农业大学。

[2] 韩光烈（1927—2012），辽宁新民县人。1951年7月毕业于东北农学院畜产品加工专业，先后在热河省农业厅、东北行政委员会地方工业部食品工业局工作。1955年调至中央地方工业部食品工业局。1956年任食品工业部食品局工程师。1957年任轻工业部食品工业局工程师、高级工程师，直到1986年退休。韩光烈同志自1955年起至退休前，一直从事全国乳制品工业管理工作，包括标准制定、行业政策、发展规划、科研攻关、大型重点项目论证审批等。曾以“韩光”为笔名，著有多部著作，如《怎样建小型乳品厂》等。韩光烈同志为中国乳制品工业发展做出了重要贡献。

食品工业公司袁永海高级工程师。

当时主要乳品技术教科书是达维多夫所著的苏联高等院校教材《乳与乳品事业》[1]及《乳与乳品事业实习》[2]。《乳与乳品事业》为新中国第一部乳与乳制品加工学的译著，由东北农学院苏联教材编译室程式遵、施阑生翻译，并由东北农学院畜牧系畜产品加工教研室薛春祺校对。全书23万字，图文并茂，内容包括苏联奶业发展简史、乳的成分与性质、影响乳成分的因素、取乳条件与技术、乳的初次加工、乳与乳制品的加工方法（乳与酸乳制品、奶油、干酪、乳品罐头、冰激凌、乳加工的副产品）、组织与技术问题等，1953年由中华书局股份有限公司出版发行，这是新中国第一部乳品加工教学技术“指南”。直到后来，中国许多乳品加工技术工具书及生产技术，仍沿袭着该书一些技术要诀与基本方法。

《乳与乳品事业》封面
（图片由东南大学张国农教授提供）

1958年，吴信法[3]先生编著《乳及乳制品》，由轻工业出版社出版发行。该书为新中国首部乳品加工专著，反映了当时中国乳品加工理论技术水平。

2. 技术交流与科研　20世纪50年代，中国已开展了有组织的乳品加工技术科研工作，为新中国的乳制品工业开发新技术，培养科研队伍和生产技术骨干。如，1955年，轻工业部在上海举办第一届乳和乳制品检验培训班，对全国乳品检测技术人员进行培训，强化乳品检验技术，把好质量关。1956年，内蒙古轻工科学研究设计院成立，内设乳品工业研究室（轻工乳品科学研究所的前身），该室为新中国第一个乳品专

1　Р. Б . 达维多夫著 .1953. 乳与乳品事业 . 上海：中华书局股份有限公司 .

2　卡尔斯茨妮卡娅、库甘涅夫著，达维多夫校订《乳与乳品事业实习》，经苏联高等教育部审定为畜牧学院及畜牧系用教学参考书，由苏联农业出版社出版发行。中文版《乳与乳品事业实习》系由东北农学院程式遵、施阑生翻译，并由东北农学院畜牧系畜产品加工教研室薛春祺、才家骧校订，于1955年由财政经济出版社（上海）出版发行，时被列为中国高等学校教学用书之一。另，该书第132页中，将“奶油”译为“乳酪”。——作者注

3　吴信法（1911—2004），浙江宁波人，教育家。1929年考入国立中央大学农学院畜牧兽医系，1933年毕业。历任南京国民政府实业部职员，陕西武功国立西北农学院兽医系讲师、副教授、教授、系主任。1944—1948年，通过黄三美奖学金考试，赴美国密西根州立大学和加拿大杜朗多皇家畜牧兽医学院留学。1948年回国任上海市宰牲场场长，1952年任上海市卫生局督查科技正，1955年被错划“右派”，1960年任安徽农学院教授至1970年退休。有关畜牧兽医、乳与乳制品、微生物学等著作30余部。

门科研部门，由著名乳品专家金世琳[1]先生领衔，开展乳品科研工作[2]。

20世纪50年代，在全国重点乳品厂建设项目中，轻工业部等有关部门重视借鉴先进乳品技术，邀请苏联、德意志民主共和国等奶业专家和工程技术人员，参加乳品工程项目建设及各种技术交流，协助中国乳品工程技术人员开展生产、技术指导，增进了友谊和交流，一定程度上助推了中国乳制品工业的发展。如，1956年，在筹建设备较先进的安达乳糖厂期间，就有来自东欧的专家参与其中。

1958年，轻工业部食品局召开全国乳品技术经验交流会，专门推介1957年8月两位德意志民主共和国专家马维和布隆科尔来华历时2个月的考察报告，对中国乳制品加工业的原料奶供给、乳品生产技术、工厂基本建设及发展规划等提出了系统性意见[3]。

20世纪50年代后期，轻工业部食品局组织编辑了《乳制品生产先进经验》、《简易喷雾乳粉厂的设备和设计》[4]、《乳与乳制品质量的提高》[5]等一批乳制品生产专著书籍，由轻工业出版社出版发行，为普及推广生产、加工技术，推动乳制品加工业发展做出了不懈努力[6]。

（二）"土洋结合"创新路

20世纪50年代，受条件局限，中国乳粉的生产方法基本分为两种，各有利弊。一种是机制乳粉，即采取压力喷雾或离心喷雾进行干燥。虽然该方法具有产品质量高、生产效率高等优点，但由于投资大，设备复杂，需要钢材多，建厂投产时间较长，且诸如高压泵、不锈钢等设备设施材料尚需依靠进口，不符合当时"一穷二白"国情及市场需求。另一种是平锅法手工制粉。该法投资少，设备简单，生产操作容易，投产快。

客观地讲，平锅法在三年恢复期起到了积极作用，但由于存在乳粉质量低、成本高、劳动强度大、生产效率低等缺点，随着社会需求不断增长和人民生活水平逐步提高，已不能适应发展需要。

1.肇源"技术革新" 1958年，黑龙江省肇源县乳品厂干部职工，解放思想，

---

1 金世琳（1919—2007），内蒙古科尔沁人，中国著名乳品专家、学者。早年留学日本京都帝国大学工学部，回国任教北京大学农学院。1945年日本投降后返回内蒙古，参加内蒙古自治运动革命工作。新中国成立后，历任内蒙古自治区人民政府工商部、工业部（厅）、轻化工厅工程师，轻工科学（轻工乳品科学）研究所所长、总工程师，1993年离休后任名誉所长。第三届全国人大代表，第七届全国政协委员。1991年首批享受国务院特殊津贴人员之一。金世琳先生为中国乳品工业发展做出了卓越贡献。

2 陈慎行.1983.回顾与展望.中国乳品工业（3）：35－36.

3 食品工业部食品工业管理局生产技术处.1958.乳制品生产先进经验.北京：轻工业出版社：89－98.

4 轻工业部食品局编.1959.简易喷雾乳粉厂的设备和设计.北京：轻工业出版社.

5 食品工业出版社编.1960.乳与乳制品质量的提高.李坚，译.北京：轻工业出版社.

6 1949—1958年，中国乳制品归口行业管理沿革变化是：1949年11月归食品工业部，1950年12月归轻工业部，1956年5月归食品工业部，1958年2月归轻工业部。

打破“洋框框”，开展技术革新，创立了手工、机械相结合的简易喷雾生产乳粉方法，取得了成功。

肇源县乳品厂采用手工、机械相结合的简易喷雾生产方法，推动了乳粉生产技术的进步，提高了产能，是多、快、好、省发展乳粉生产的一项重要手段。其特点是“洋办法与土办法相结合”，在生产工艺上采用了先进的喷雾干燥方法，而生产设备就地取材，自己动手制造。其生产设备的主要优点如下[1]：①投资少、收效快、设备简单、容易制造，建厂时间短，基本可以做到就地取材，适合人民公社大办工业需要。②产品质量高，生产工序较平锅法简单，技术操作容易掌握。③采用了先进的喷雾干燥方法，为手工操作过渡到半机械化生产和以后过渡到机械化生产创造了条件。④可以实现一机多用，生产多种产品。既可以生产乳粉，也可以适时生产蛋粉、淀粉等。

2. 因地制宜辟新径 1958年12月，黑龙江省化工厅、轻工业厅召开全省现场会，积极推广肇源县的实践经验，同时还大力宣传与推介肇源县利用本地黄牛奶发展乳制品加工的经验和做法，并提出在1959年基本实现全省乳粉生产喷雾化的奋斗目标，鼓励全省各地加快发展乳制品加工。

1959年1月，轻工业部食品局派出专门技术小组，对肇源县乳品厂的经验进行了系统总结与研究[2]，现场临摹设备设施，绘制图纸，测量生产参数，形成图集与手册，补充和改进操作方法及要点说明，形成系统性生产技术方案，并依此于1959年编著出版了轻工业及食品工业小型工程设计业图书——《简易喷雾乳粉厂的设备和设计》，由轻工业出版社正式出版发行，开始在全国一些地区进行推广。

1959年，轻工业部在肇源县还举办了全国乳制品生产技术培训班，推广乳制品生产简易喷雾技术[3]。1960年，轻工业部食品局在内蒙古通辽召开全国乳品工作会议，继续着重宣传推广黄牛挤奶，增加奶量，鼓励多产乳制品[4]。

肇源县乳品厂的“土洋结合”经验，以及利用本地黄牛挤奶来保障奶源的做法，在全国各地起到了积极示范作用，为全国进一步推进技术革新和设备改造，提升乳粉质量和产能，因地制宜利用本地奶源，提供了实用方法与思路，探索了乳制品生产新途径[5]。

四、乳品种类及其替代品

虽然经过三年经济恢复和社会主义改造，中国乳制品加工业得到了恢复与发展，

[1] 轻工业部食品局.1959.简易喷雾乳粉厂的设备和设计.北京：轻工业出版社：3.
[2] 王中，等.1986.当代中国的轻工业（下）.北京：中国社会科学出版社：118.
[3] 武显章，关士勋.1986.黑龙江乳品工业发展史略.哈尔滨：黑龙江省食品工业公司：77.
[4] 王怀宝.2002.中国乳业指南.北京：中国农业出版社：169.
[5] 轻工业部食品局.1959.简易喷雾乳粉厂的设备和设计.北京：轻工业出版社：3.

乳制品产量连续递增，但中国乳制品加工起点低，奶资源匮乏，生产技术仍较落后。20世纪50年代，中国乳制品产品结构单一，主要为乳粉、炼乳和少量奶油[1]，而鲜销乳仅局限于部分城市，干酪素、乳糖仅为工业用，不参与社会商品流通。从全国总体供需看，乳制品供应量远远满足不了人民群众生活需要，特别是婴幼儿和老弱病人。正基于此，此期陆续研制了乳制品的替代品，用以弥补乳制品的严重不足。

（一）乳制品成为短缺品

20世纪50年代，乳制品产品种类主要是以无任何添加物的全脂巴氏杀菌奶[2]为主，辅以“土洋”两种工艺生产的乳粉和炼乳，构成了当时乳制品工业的三个主导产品。此期，包装容器大多为玻璃瓶、镀锡桶（盛散装消毒奶）或马口铁罐（铁听）等。其中，玻璃瓶居多。

1. 实行专营统拨 新中国成立之初，中国局部地区经济尚未复苏与恢复，根本谈不上乳品保障供给。在抗美援朝期间，乳粉和炼乳更是部队重要“军需”营养品之一，需要竭力保障。因此，乳制品供需实际是“外松内紧”，由政府实行专营统拨，市场供给实施统一管理，因此，无论是市场供应，还是乳制品产量，都难以充足供给，乳制品成了社会上的短缺产品之一。

当时有限的乳制品消费又大多集中在经济相对略好的北京、上海、重庆、天津、广州、南京等大中城市，主要供给对象是少数婴幼儿、病人或年老体弱者等。随着人民生活水平提高和妇女就业人数增加[3]，城市鲜奶供应开始愈发紧张起来[4]。

1956年，国营农场所属的北京市牛奶站通过接管“保生”、“健生”等私营炼乳社等扩大生产能力，已拥有东单奶站、德胜门奶站、广安门奶站等20多个加工供应站点，几经扩大产能，日收购原料奶总量约28 000千克，供应66400个奶户。此外，还承担了全市292个托儿所、64家医院的牛奶供给，为保障北京人民饮奶发挥了重要作用。即便如此，北京市牛奶供应仍显不足。当时，全国各大城市供奶情况几近如此，加快发展乳制品加工业已是当务之急。

2. 上下努力保供给 1958年秋，毛泽东主席将数十封人民群众来信批转给时任农垦部长王震同志，要求重视发展牛奶生产，努力增加乳制品供应，解决群众特别是孩子的吃奶问题[5]。农垦部随即作出了部署，首先号召大城市郊区国营农场采取措施，加快发展奶牛及乳制品生产[6]，开创了农垦系统发展奶业的新局面。北京、上

[1] 武显章，关士勋.1986.黑龙江乳品工业发展史略.哈尔滨：黑龙江省食品工业公司：48.

[2] 20世纪70年代前，中国乳品业内将“巴氏杀菌奶”称“消毒奶”、“消毒鲜奶”、“市乳”等。

[3] 新中国成立后，由于城镇广大妇女开始参与工作和劳动，婴幼儿逐渐采取人工喂养，因此，保障饮奶问题日渐重要，这也是城市鲜奶需求激增的主要原因之一。

[4] 张林池，等.1986.当代中国的农垦事业.北京：中国社会科学出版社：198.

[5] 刘成果.2012.奶业之道.北京：中国农业出版社：218.

[6] 张林池，等.1980.当代中国的农垦事业.北京：中国社会科学出版社：199.

海、天津、黑龙江、辽宁、广东、江苏等地的农垦系统国营农场开始积极发展奶牛养殖，建设乳品厂，扩大加工能力，为缓解乳制品供应紧张局面发挥了重要作用。

为有效利用各地奶类资源，实现区域优势互补，合理调剂，城市周边以生产消毒奶和加糖炼乳、乳粉为主，边远地区则以生产“土奶粉”和“土炼乳”为主。自20世纪50年代后期，关于如何利用有限奶源提高乳制品产量，各地想了许多办法，如黑龙江的海伦县、河南的郑州市、陕西的关中地区等开始加工羊乳制品，浙江的瑞安等地区尝试增加耕牛挤奶，以保证多产乳制品，克服各种困难，全力提高乳制品产量。

由于当时没有更多的奶资源可供加工，为了保证城市里的婴儿和病人等特殊人群的最低需求，不得已控制或减少了酸奶、奶油及干酪等的生产。如自新中国成立前得以沿袭下来的安达地区俄式不杀菌圆形干酪[1]，当时只按政府指令进行小批量不定期生产，以应对特殊需要。

（二）代乳食品

20世纪50年代中期，在婴幼儿母乳不足或其他原因导致需要人工喂养的情况下，如何保证婴幼儿的代乳食品供给问题，日渐突出。党和政府非常关心婴幼儿健康成长，在努力增加全国乳粉生产的同时，将科研和生产密切结合，专门研制了替代母乳的婴儿食品，广泛寻找和开发婴儿食品所用资源，以保证喂养婴幼儿需要。

古往今来，利用经过碾磨等方法处理的谷物来喂养孩子，是中国民间饮食固有的传统，直至近代有许多学者（如祝慎之、诸福棠、侯祥川、周启源等）一直在不断研究替代母乳的代乳制品工艺和配方[2]。

此期，各地陆续出现了不少以“乳”、“奶”命名的其他产品，如“代乳粉”、“乳儿粉”和“奶糕”等婴儿代乳食品。在婴儿代乳食品中，最为著名的是按照“5410”婴儿食品配方生产的系列产品。这个配方是卫生部营养与食品卫生研究所科研人员在1954年10月研究成功的，所以配方的名称叫“5410”。凡采用这个配方由不同企业组织生产而得到的产品，允许自行赋予商品名，如上海益民食品一厂在1954年用喷雾干燥法生产的“光明牌代乳粉”[3]，1956年哈尔滨松江罐头厂生产的“飞盾牌代乳粉”等，以及“5410”改进版的“宝宝乐（上海）”、“婴宝（广西）”、“第一代（广东）”、“新五号（北京）”、“新苗（江苏）”[4]等。1958年，轻工业部召开全国第一次乳制品经验交流会时，将代乳食品列入部管产品。实际上，这些产品中有相当部分既不属于“乳制品”，也不属于“复

---

1 20世纪50年代末，安达乳品厂的俄式不杀菌圆形干酪主要制作技工为唐志刚先生。20世纪80年代，唐志刚开始传授干酪制作技艺给安达乳品厂技术员孙岩等，使不杀菌圆形干酪生产技艺得以传袭。

2 王中，等.1986.当代中国的轻工业（下）.北京：中国社会科学院出版社：122.

3 王中，等.1986.当代中国的轻工业（下）.北京：中国社会科学院出版社：123.

4 “新苗代乳粉”系江苏省如东县乡村赤脚医生最早提出的配方，适宜当地生产，后经修订，简化黄豆处理过程，经试制而定型。

合乳制品”[1,2]，而是属于“豆基”或“谷基”范畴的婴幼儿食品[3,4]，配方中的主要成分是大豆粉、蛋黄粉、大米粉、植物油、维生素和矿物质。直至20世纪60年代，此情况也无大的改变，见表5-2。

开发婴儿代乳食品，间接反映的是中国奶类资源严重稀缺，加快研制接近母乳的婴儿乳粉已迫在眉睫。后来的发展证明，随着乳制品供应能力不断提高与品种不断增加，婴幼儿乳粉占据了越来越重要的地位。

表5-2　20世纪70年代国内婴儿代乳食品部分品种[5]

类别	生产地点工厂	产品名称	蛋白质（%）	脂肪（%）	糖（%）	热量（千卡[6]/百克）	钙（毫克）	原料组成
调制奶粉	西安红旗乳品厂	调制奶粉	6.8	11.4	84.0	465	572	牛奶糊精、砂糖、蛋黄粉、豆油
	长春第一食品厂	似母奶粉	18.5	18 ～ 22	61 ～ 65	—	—	大豆、牛奶、豆油、糊精、砂糖
喷雾状的产品	上海益民食品一厂	光明牌代乳粉	23.7	16.3	53.8	473	596	大豆、糊精、砂糖、蛋黄、钙、磷、核黄素
	芜湖乳品厂	代乳粉	22.65	13 ～ 19	52 ～ 57	—	—	大豆、奶粉、砂糖、淀粉、油、钙、B族维生素

1　国际食品法典CODEX STAN 206—1999，第2、3款。

2　国家食品药品监督管理局.2009.国际食品法典标准汇编（第四卷）.北京：科学出版社：435.

3　萧家捷.1997.婴儿配方食品综述.食品工业科技（5）：1-4.

4　萧家捷（1914—2005），江苏南京人。1937年毕业于南京金陵大学化学系。1938—1949年任中央工业实验所技工、工程师，期间，1945—1946年赴美国进修乳品加工。新中国成立后，历任轻工业部上海工业试验所、食品工业科学研究所、食品发酵工业研究所工程师、高级工程师、总工程师、教授级工程师。第六届、第七届全国政协委员。为中国乳制品工业科技发展，特别是在儿童营养、乳品微生物、乳品发酵剂等领域做出了重要贡献。

5　艾长余，刘长江，等.1977.婴儿奶粉的研制与生产.中国乳品工业（1）：2.

6　1卡等于4.184焦。

（续）

类别	生产地点工厂	产品名称	蛋白质（%）	脂肪（%）	糖（%）	热量（千卡[6]/百克）	钙（毫克）	原料组成
糕干类的产品	中国医学科学院	“5410”乳儿粉	18.8	13.6	58.1	430	661	大豆、大米、蛋黄、骨粉、砂糖、食盐、豆油、核黄素
	广州国强食品厂	淮山鲜奶糕	4.0	4.1	84.5	391	391	糯米粉、白糖粉、大米糖、猪油、淮山粉、奶粉
简易制品	如东县掘港食品厂	新苗代乳粉	14.8	8.2	69	409	425	大豆、大米、玉米、鸡蛋、砂糖、油、蛋壳粉
	北京顺义县沙峪公社	1号豆代奶粉	16.4	5.9	—	383	426	大豆、玉米、面粉、鸡蛋、砂糖、油、蛋壳粉、碳酸钙、维生素B_2
标准	1958年轻工部试行标准	代乳粉 乳儿糕（粉）	21～25 16～18	15～18 11～13	52～57 64～68	450 420～480	600～800 600～700	—

五、加工技术与质量卫生

20世纪50年代，中国乳制品企业生产加工技术处于初级阶段，此期主要特征为技术装备简单，机械化生产局限于少数乳品企业。由于生产技术手段尚未由手工作业向半机械化生产转变，生产设备落后，乳粉生产普遍使用平锅法。简单的生产方式，造成了乳粉、炼乳质量较差。由此可见，如何保证与提高乳与乳制品质量成为当时的关键问题，迫切需要改进。

（一）生奶收购与加工

20世纪50年代，奶的收购及乳品加工方式，如冷却（工厂内）、杀菌、干燥技术，以及收奶、计价等较为简单，均具有明显的时代特征，形成了新中国成立初期特有的乳制品生产技术形态与方式。

1. 收奶与计价 新中国成立初期，有些乳品加工企业是直接在牧场内划出一片土地而建，对于自有牧场的收奶方式均是接收未经冷却的“热奶”。即便那些距乳品厂远近不一的其他类型牧场或私人奶户，一般也没有制冷设施或有效冷却手段。由于不能及时冷却，生乳极易变酸变质，损失大，尤其是在夏季更为突出。因此，也就不难理解为什么当时各地的收奶计价方法中常用“酸度”指标了[1]。因为当时均以手工方式挤奶，卫生条件差，所以有的乳品厂干脆要求在挤奶后的2个小时内，必须将生奶运送到加工车间门口。在当时，只要酸度不高，就能换来好价钱，对于乳品厂附近的个体奶户来说，能用挤奶桶或其他容器尽快将奶送到乳品厂，绝对是自己每天要做的一件大事。

此期，除了少数国营农场和集体牧场外，中国奶牛养殖基本为私人奶户养殖，奶源一般都很分散，牛奶的生产不容易集中。当时的牛奶收购组织就已经成为乳品工厂不可分割的一个重要组成部分[2]，如果距加工厂远的奶牛户较多，一些乳品厂在奶户较集中的区域中心选址，投资建立自己的收奶站[2]，并派员管理。接收下来的牛奶立即及时运回工厂加工。通常一个乳品工厂设有4 ～ 5个收奶站，多的也有20多个，主要依据工厂规模大小和奶源的集中程度而定。当时的收奶桶均用镀锡的铁、钢、铝、白铁皮等制成，容积不等，以40升的居多。一般均以人力或畜力运送，条件好的乳品厂用货车载奶桶运送。一个日处理能力2吨的乳品厂，40升的奶桶大约50多只就够用了[3]。

按要求，“收奶工段”接收下来的牛奶，必须在接收之后的第2个“2个小时内”投料加工，即牛奶被规定在挤出之后的4个小时内，允许不经任何保护处理而处于原始自然的状态中。但当时一些规范的乳品工厂已经掌握与认知牛奶需要冷却运送。实际上，许多地方因地制宜，采用如井水、河水、冷窖等自然冷源来冷却生乳，虽然效果不如机械制冷，至少表明当时从业人员对降低温度可以防止奶中微生物生长，已经有了认识和运用。

收奶时需要对生奶进行验收。当时验收的主要项目，除了称重外，还要进行品质检验。品质检验除了颜色、质地、状态等外观指标外，有的还需要“含一口奶”漱口吐出后，品味其留在舌、口腔的感觉，即进行滋味和气味的判定。条件好的，辅以酒精测试（评定其新鲜度），采取比重测定（评估是否掺水），也有的采用滴定法测定酸度。

[1] 韩光，袁永海，等.1960.怎样建小型乳品厂.北京：轻工业出版社：90.
[2] 韩光，袁永海，等.1960.怎样建小型乳品厂.北京：轻工业出版社：87.
[3] 韩光，袁永海，等.1960.怎样建小型乳品厂.北京：轻工业出版社：92.

奶价及其支付标准，各地情况不一。但大多以酸度、含脂率（少数以比重，还有只按重量的）作为计价依据。以酸度计价，先规定若干等级的差价，再据滴定酸度而计价付款；以含脂率（或比重）计价的，首先规定最低含脂率的标准价，然后规定变动幅度的价格增减比率。如，当时黑龙江省以比重（波美比重计测定）为依据，规定常温下牛奶比重为20 ~ 33波美度或羊奶为33 ~ 35波美度时，每千克0.26元，比重 ±3%，则价格 ±10%。又如，内蒙古自治区的计价，见表5-3。

表5–3 内蒙古自治区的牛奶收购计价标准[1]

比重（波美度）	29 ~ 30	31 ~ 32	33 ~ 34	35	36以上	28以下
单价（元/千克）	0.14	0.151	0.163	0.174	0.185	不收纳

2. 预处理、杀菌与浓缩

（1）预处理 指的是在对生奶进行热杀菌处理前的处理。当时主要手段是纱布过滤，少数工厂配置机械净奶。一般工厂无能力进行奶油分离和脂肪标准化（生产奶油、干酪素、乳糖的工厂除外）。由于当时牛奶的脂肪含量普遍较高，尤其是当时存在着非“黑白花”品种的其他奶牛，如娟姗牛、爱尔夏牛、丹麦红牛、瑞士褐牛、西门塔尔牛等，其奶汁的脂肪含量均高于黑白花奶牛，因此，成品的乳脂肪含量都比较高，尤其体现在城市的鲜销奶。在新中国成立初期，若能够分离富余的奶脂肪以制备奶油等产品，会有着丰厚的利润。如，当时在上海最受市场欢迎的商品奶是以黑白花奶牛奶和其他奶牛（如娟姗牛等）的奶，按“对半”比例调和的“巴氏杀菌奶”。

（2）杀菌 乳品工厂当时普遍采用的是间歇式巴氏杀菌法。一般是将奶放进一个锅里，锅壁有“夹层”结构，如果夹层里面流过热水或水蒸气，锅内的奶将在不断搅拌的情况下被均匀地加热。当温度上升到63 ~ 65℃（使用安放在适当位置上的温度计指示）时，需在该温度下保持30分钟，然后迅速切断热水或水蒸气，改为冷水或冰水在“夹层”里流动，以迅速冷却奶汁到5 ~ 10℃，完成消毒加工。立即灌装后移入冷库，供第2天上市。封口标签注明第2天的“星期X”，这就是保质期。这种具有冷热切换功能的“夹层”和带有搅拌器装置的“锅（缸）”，称为“夹套锅”（也称“加工缸”）。由于只能是逐锅（缸）进行加工，该法称“间歇式巴氏杀菌法”。

另外，有将奶装入容器，暂不封口，移入“蒸笼”实施加热，达到一定温度后移出蒸笼再封口。在奶未完全冷却之前即分送给客户，标签标注为“星期X”，指杀

[1] 韩光，袁永海，等.1960.怎样建小型乳品厂.北京：轻工业出版社：97.

菌加工的当天。“蒸笼”法对温度和时间的控制比较粗糙，适于当时的小城镇供奶。

（3）浓缩　此期的浓缩方式多用“平锅（板）法”，即将奶汁倾倒于平底的浅锅里，奶汁厚度不超过2厘米。锅下用木炭等燃料加热，辅以不断地搅动与翻炒，使奶中的水分挥发。前期加热温度可以控制在65℃左右，随着水分的挥发，温度应逐步下降，奶体积减少到临近40%时，温度不能超过60℃（此时加入已溶解的蔗糖）。待牛奶变成了糊状，按照“先樀板、后铁铲”小心翻炒。再过约10分钟，停止加热，用冷水等办法降温，即成“炼乳”了。经此方法制得的浓缩奶，色香味和质地较差，复水性不好，品质不佳，无法与“盘管真空浓缩罐”制造的“洋炼乳”相比，所以称“土炼乳”。但投资和运行成本较低，适于当时的经济条件[1]。

3. 平锅法、滚筒法　采用“平锅（板）法”干燥技术制备乳粉的方法，是指当生乳的体积减至原体积的40%时，边翻炒、边压扁、边翻身，直至变成近乎干燥的“奶片”，再移到别处降温“晾片”。最后，再以手工方法施加压力使奶片变成粉末，制成了“平锅奶粉”，俗称“土奶粉”。“平锅奶粉”杂质含量高，与水的复原性能比“土炼乳”更差，水分含量难以控制，保存期不确定，品质较差。

此外，还有一种在平锅法基础上加以改良的“滚筒干燥法”。一般滚筒以铜或铸铁制成，直径为600毫米，长度为1.1米，内部维持着一定压力的蒸汽，以12转/分速度旋转，使生乳均匀喷洒在缓慢转动的滚筒上方表面，成为一层奶薄膜，待转到下方，奶薄膜已干燥成为固态薄片，通过一个刮板，将奶薄片刮下、盛接，再施压粉碎成乳粉。虽然产品质量有所改良，但仍属“土奶粉”类。

（二）初期的质量与要求

1949年至1956年期间，中国没有统一的乳与乳制品标准，各地各厂皆按自己的产品标准进行生产，产品质量仅由工厂检验室自己检测与判定，缺乏统一的全国质量规范，但受当地卫生部门监管。

1957年2月8日，经食品工业部工业管理局批准，新中国第一部乳制品产品质量标准及检验方法正式发布，并于1957年4月1日实施[2]。标准代码为“食乳技1301—56”至“食乳技1310— 56”，共10项乳品标准，包括《全脂乳粉》、《淡炼乳》、《黄油》、《甜炼乳》、《牛乳检验方法》、《全脂乳粉检验方法》、《淡炼乳（高温杀菌炼乳）检验方法》、《甜炼乳检验方法》、《黄油检验方法》和《乳、乳制品细菌检验方法》等，标志着中国乳制品标准管理迈出了历史性重要一步，行业规范管理开始起步。

同时颁布的标准还有《代乳粉》（食乳技1311—57）、《代乳粉检验方法》（食

1　此期，上海益民食品三厂乳品厂，借助旧时留下的“水力喷射器”（一些地区俗称“水老鼠”），产生稳定负压并与“单效盘管式浓缩罐”配套使用，实施机械法浓缩。

2　宋昆冈.2009.乳制品行业//中国轻工业联合会.中国轻工业辉煌60年：220.

乳技1312—57)。几乎同期，国家计划委员会及卫生部还颁发了《工业企业设计暂行卫生标准》，用以指导建设乳制品工厂[1]。

1.乳品工厂卫生[1] 当时规定，乳品厂无论大小，在卫生工作上都要建立卫生制度和配备各种卫生设施。新建或改建乳品工厂的卫生规范必须符合国家计划委员会及卫生部颁发的工业企业卫生设计标准中的各项规定。生产用水和饮用水应保持清洁，并经常做化学细菌检查，使符合当地卫生防疫站的规定。垃圾箱和没有下水道的厕所距离生产车间应不少于25米（设置冲水设备的厕所除外），厕所要有严密的防蝇设备，并必须经常消毒和保持清洁，便坑及垃圾箱必须加盖。厂区内车行道路和人行道的两旁应加以绿化。

乳粉仓库温度宜在25℃以下，相对湿度为75%以下。仓库应做到无鼠、无蝇，并组织定期消毒。利用药品消毒时必须防止污染食品。车间必须备有通风设备，吸风器吸入的空气必须经过滤（有的采用水淋方式除尘）；没有通风设备的厂房应开气窗或用风斗式的自然通风。车间地面应用不渗水材料筑成，并具有一定坡度及流水沟道，壁面应有1.5米以上高度的墙裙，车间天花板、梁柱、墙角应光洁无缝。生产车间入口处必须备有擦鞋垫子和洗手设备。

乳品厂一般备有更衣、淋浴、休息、餐饮等设施。新生产工人、车间职能人员和经常去车间的其他工作人员必须经健康检查（包括带菌检查），合格后方可上岗。乳品厂保健站（医务室）应负责掌握职工健康状况，凡患有开放性肺结核、肠系传染病、传染期性病、皮肤传染病、化脓性疾病及其他法定传染病者，一律不得参加生产工作等。

2.乳品质量要求 在20世纪50年代，中国乳制品基本以乳粉为主，而且多为平锅生产方式。在此，仅择全脂乳粉质量技术要求为例，介绍当时的产品质量水平。此期原料乳的质量要求是依据不同乳制品而区别对待的，也间接反映出此期中国奶源的匮乏。

（1）*生产全脂乳粉的原料乳质量要求* 采用从健康牛只挤出的新鲜天然乳汁。产犊前15日的胎乳和产犊后7日内的初乳不得使用。不得含有肉眼能见的机械杂质。具有纯粹的新鲜牛乳的滋味和气味，不得有异味（如饲料余味、苦味、臭味、霉味、涩味等）。形状为均匀无沉淀的流体，浓厚黏性者不得使用。色泽应呈白色或微黄色，不得呈红色、绿色或显著的黄色。酸度不超过20°T（个别地区条件特殊者可使用不高于22°T的鲜乳）。原料乳成分要求，见表5-4。不得使用防腐剂。

[1] 韩光，袁永海，等.1960.怎样建小型乳品厂.北京：轻工业出版社：105.

表5–4　全脂乳粉的原料乳成分

种　类	脂肪（%）	非脂固体（%）
乳牛乳	大于3.2	大于8.5
水牛乳	大于8.5	大于10.5

（2）全脂乳粉的分类与分级　全脂乳粉系指新鲜牛乳经消毒、干燥而制成的粉状或薄片状乳粉。全脂乳粉根据制造方法分两种。粉状乳粉：用喷雾干燥方法制成的。薄片状乳粉：用滚筒或平锅干燥法制成的。化学指标见表5-5。

表5–5　全脂乳粉化学指标[1]

项　目	粉状乳粉						薄片状乳粉					
	出厂标准			保证期限内标准（非密封包装的）			出厂标准			保证期限内标准（非密封包装的）		
	特级	一级	二级	特级	一级	二级	特级	一级	二级	特级	一级	二级
水分不超过（%）	2.25	2.50	3.0	4.0	4.5	5.0	3.0	3.0	3.5	4.5	5.0	5.5
脂肪（%）	25～30											
含有干燥物质12%的复原（液体）牛乳酸度不超过（°T）	18	19	20	18	19	20	18	19	20	18	19	20
铜盐含量在1千克产品中以铜计算的毫克数不超过	4	6	8	4	6	8	8					
锡盐含量在1千克产品中以锡计算的毫克数不超过	100											
铅盐含量在1千克产品中以铅计算的毫克数不超过	2											

注：① 保证期限内标准（密封包装的）与出厂标准同。② 纸盒装乳粉特级品水分出厂标准为2.5%。

（3）全脂乳粉的技术条件　全脂乳粉的溶解度见表5-6，杂质度见表5-7。

[1] 韩光，袁永海，等.1960.怎样建小型乳品厂.北京：轻工业出版社：112.

表5-6 全脂乳粉的溶解度

种　类	等级	溶解度（离心沉淀法30℃）		
		出厂标准	保证期限内	
			密封包装	费密封包装
粉状乳粉	特级	99.0%	99.0%	97.0%
	一级	97.0%	97.0%	95.0%
	二级	95.0%	95.0%	92.0%
薄片状乳粉	特级	95.0%	95.0%	90.0%
	一级	90.0%	90.0%	85.0%
	二级	85.0%	85.0%	80.0%

表5-7 全脂乳粉的杂质度

种类	等级	杂质度（用百万分数表示）
粉状乳粉	特级	6
	一级	16
	二级	16
薄片状乳粉	特级	16
	一级	16
	二级	32

细菌指标规定，全脂乳粉中不得含有病原菌，全脂乳粉中的杂菌总数及大肠杆菌数见表5-8。

表5-8 全脂乳粉的细菌指标[1]

等级	杂菌总数（个/克）	大肠杆菌数
特级	30 000	2克中无
一级	50 000	1克中无
二级	100 000	0.1克中无

（4）包装及标记　全脂乳粉的包装分为两种。密封包装：用马口铁罐或其他能不使外界空气渗入的包装物。马口铁罐的罐盖应用封口机密封，如用可移去的盖，盖内应有使罐内空气与外界隔绝的一层马口铁皮。非密封包装：用玻璃瓶、厚纸盒或大容器包装。玻璃瓶口应有封口纸，盖内应衬厚纸板；用厚纸盒包装时，乳粉应先装在不易透水的纸袋中（如硫酸纸、蜡纸），然后封入盒内，盒外再用蜡纸封合或在合缝处用蜡等不透水物封固。瓶装乳粉的外包装箱，用外层表牛皮纸的黄板纸制成的瓦楞纸，每箱装6瓶或24瓶。瓶与瓶之间有瓦楞纸或其他类似的材料隔开。罐装乳粉的外包装箱用木板制成，制箱用的木板应干燥。箱的

1　韩光，袁永海，等.1960.怎样建小型乳品厂.北京：轻工业出版社：114.

外面应加钉不少于二道的铁皮或粗铁丝。

（5）保管运输及其他要求　成品应堆放在干燥的仓库中，仓库温度应在25℃以下，相对湿度以75%以下为宜。堆放时要与四周墙壁隔离20厘米以上，离地10厘米以上，并不应与潮湿或是生虫的物品堆放在一起。运送时要用厚布遮盖，避免日光照射或雨水浸泡。同时小心轻放，避免剧烈振动。在以上保管条件下，乳粉成品不得短于下列的保证期限（自生产日计算）：马口铁罐装（密封）为1年，如用氮气充填的其保证期限可延长至2年；瓶装的为9个月；盒装或散装乳粉（大容器包装）可按不同季节，不同包装材料及不同运销地区，由生产和销售单位双方自行规定不同的保证期限。

第二节　徘徊曲折的乳品业（1959—1978年）

如前所述，20世纪50年代是中国乳制品业恢复发展比较快的时期。1958年以后，由于受到诸多人为因素及自然灾害等因素的影响，直至“文化大革命”，中国的乳制品工业在企业数量、生产产能、产品品种等方面都发展得比较缓慢，呈现了大起大落局面，经历了下跌、复苏、停滞的徘徊曲折发展过程。1976年粉碎“四人帮”后，随着工农业生产恢复和发展，乳制品加工业迎来了加快发展的机遇。

1978年奶类总产量97.1万吨，其中牛奶88.3万吨，羊奶8.7万吨。全国共有乳品厂262家，日加工原料奶能力1 950吨，乳制品企业职工人数2.7万人，乳制品产量4.7万吨，较1976年增长了26.9%，其中，乳粉产量2.2万吨，炼乳产量2.3万吨，干酪素产量1 319吨[1]。

新中国成立，全国乳制品生产管理涉及轻工、农业和商业等部门。几个主管部门对乳制品加工业的行业管理，均做了大量卓有成效的工作。如，20世纪70年代前，轻工主管部门主要通过建立重点厂联系制度[2]，及时掌握几十个重点厂的第一手材料，同时从企业月报中了解收奶、产量、品种、质量、消耗等基本情况，作为制定政策、开展行业指导的重要依据。在产品方面，企业突出了以乳粉为主的发展格局；在建厂规模上，根据奶源状况规定大中小相结合；在设备方面，限于财力，按土洋结合的方式进行运作。20世纪70年代至80年代初，为增加奶源供给，各地曾一度制定了以奶换料[3]的鼓励政策等。

1　宋昆冈．2009．乳制品行业//中国轻工业联合会．中国轻工业辉煌60年：217-218．

2　韩光烈．1999．中国乳制品制造业50年．北京：中国大百科全书出版社：106．

3　武显章，关士勋．1986．黑龙江乳品工业发展史略．哈尔滨：黑龙江省食品工业公司：35-37．

一、乳品科教起步

20世纪60年代，有关部门非常重视中国乳制品科学技术教育工作，从培养未来本国乳品人才队伍入手，逐步奠定中国乳品加工教学与科研基础，对日后中国乳品加工技术进步产生了深远影响。

（一）技术外援与自立

新中国成立初期，为加快乳制品工业建设，满足人民日益增长的物质生活需要，学习与消化吸收国外先进乳品加工技术，中国就已邀请东欧乳品专家来华传授技术与经验，发展乳制品加工。

从1960年以后，新中国乳制品加工的科技与教学培训工作开始完全依靠中国自己力量，奋发努力，积极向前，踏上了独立自主的发展征程。

1. 技术援助 国民经济第一个五年计划期间，中国开始聘请苏联、德意志民主共和国等国专家为中国乳制品生产提供技术支持与指导。客观地讲，对新中国的乳制品加工起到了启蒙与引路作用，如中国早期建设的几个较大乳品工厂项目。

乳品技术援助内容还包括乳与乳制品的基础理论、生产操作、质量控制、产品检测、工厂设计、设备维护，甚至乳制品工业规划及奶源质量管理等。

相对来看，技术援助在乳制品加工方面产生的影响，似乎远不及奶牛养殖业深远。因为他们所传授的知识通常为奶油、干酪及联产品方面的知识[1]，外国专家并不十分了解当时中国并没有足够的奶源可以生产这些产品。这些从当时保存下的技术资料及留苏或留洋学者所撰专著中可得到印证[2,3]。不过，1957年8月，德意志民主共和国乳品专家考察中国4省12个乳品厂后，所提建议和意见十分中肯[4]，具有针对性和建设性。

1958年，苏联乳品专家开始任教东北农学院、内蒙古农牧学院等院校，参与教学授课。期间，东北农学院还特别邀请了苏联联邦乳品研究所所长特卡钦科教授主讲乳与乳制品[5]。

2. 自主教学与培训 1958年，受刘成栋[6]部长引荐，攻读完日本北海道九州大学

---

1 20世纪70年代以前，中国乳制品生产中的所谓联产品一般泛指生产奶油或干酪的同时，利用其副产品所制成的其他乳制品，如干酪素、酪乳粉、乳糖等，业内俗称“联产品”。

2 Р. Б. 达维多夫 .1953. 乳与乳品事业 . 北京：中华书局股份有限公司 .

3 吴信法 .1959. 乳及乳制品 . 北京：轻工业出版社 .

4 此处指《德国乳品专家对我国乳品工业的意见》。

5 徐矶，李易方 .1991. 当代中国的畜牧业 . 北京：当代中国出版社：507.

6 刘成栋（1911—1995），又名刘达，黑龙江省肇源县新站人，北平辅仁大学肄业。1936年加入中国共产党，1937年入延安中央党校学习。曾任中共晋察冀一地委组织部部长、五地委书记，哈尔滨市市长。1948年起，历任东北农学院党委书记兼院长、林业部副部长、东北林学院党委书记兼院长。1963年调任中国科学技术大学党委书记，后任国家标准计量局局长。1977年任清华大学党委书记兼校长，1983年起为清华大学名誉校长。中共十二大代表、第五届全国人大代表、第六届全国人大常委。

研究生的骆承序[1]先生满怀爱国之心，毅然返回祖国，就职于东北农学院畜产品加工专业，开始从事中国乳品加工研究与教学。从20世纪50年代末起，骆承庠联袂金世琳、萧家捷等奶业学者和专家，为中国乳制品加工技术发展做出了卓越贡献。

1960年，为加快全国乳制品加工教学进程，逐步建立与完善农业和轻工类院校的乳品教学专业，受农业部和教育部委托，东北农学院（时校址位于哈尔滨市动力区王兆屯）举办了全国高等农业院校畜产品加工首届师资进修班[2, 3]，骆承庠先生担任培训班教师，系统实施乳品加工理论技术培训与生产教学，为全国其他大专院校专门培养乳品加工师资力量和教学骨干。

1960年7月，由于形势变化，苏联政府单方面撤走了在华全部专家，苏联外教们没能按期完成教学课程，余下课程由中国教师自己完成，短暂的苏联外援结束了。就其影响看，虽然远不及其他领域的损失大，但对刚起步的中国乳品科教工作无疑是一件憾事。即便如此，当时苏联专家留下的课程讲义和技术文献，以及此期出访苏联、捷克斯洛伐克、德意志民主共和国等社会主义国家的学者们所形成的考察报告，都成为我们后来独立发展乳制品工业的珍贵资料和技术资源。

几乎同期，全国还有其他几所大中专学校陆续也开设乳品加工专业，培养技术人才。如，轻工业部乳品专修班、上海食品机械学校乳品专科班、广州华南工学院、黑龙江省食品工业学校、内蒙古轻工业学校等[4]。另外，当时几家较有影响的乳品厂所购丹麦、联德德国、民主德国、日本等国的设备，如海拉尔乳品厂、安达乳品厂的热交换器、分离机、奶油搅拌机等，以及20世纪60年代呼和浩特乳品厂所购进的双效浓缩设备等，虽数量和种类有限，但均成为中国自主发展乳品加工教学与研究的宝贵实物。

（二）乳品科教兴起

20世纪50—60年代，由于受当时国际形势影响，中国尚处被封闭、孤立中，许多国际性交流活动，包括国际乳品联合会的行业技术会议或活动难以参加，获取全球乳品行业新技术和新动态也受到了很大限制。在以后的一个相当长时期

---

1 骆承庠，1924年9月26日生于浙江义乌。东北农业大学教授、博士生导师，中国著名乳品专家。1947年毕业于国立英士大学，1948年任台湾农事研究试验所技士及台中农学院讲师，后留学日本攻读研究生，1958年回国就职于东北农学院。骆承庠教授把毕生精力和学识奉献给高等农业教育和畜产食品科技事业，成为中国现代畜产品加工教学与科研的开拓者与奠基人，其业绩受到党和政府的重视及全国同行的敬佩。先后担任国务院学位委员会学科评议组成员、农业部科技顾问、国家教委科学技术协会委员、中国奶业协会顾问、中国食品工业协会顾问等。半个多世纪以来，骆承庠教授几十年如一日，鞠躬不辍，风雨经年，无私奉献，成绩卓著，致力于畜产品科研与教学，硕果累累，桃李天下，培养了大批乳品加工技术人才。在全国农业高等教育界、乳品界，享有崇高威望。2010年11月，被中国奶业协会授予"中国奶业终身贡献奖"。

2 据东北农业大学许晓曦教授提供食品学院院史（内部资料）整理。

3 骆承庠、周光宏 .2004. 中国畜产品加工研究会20年周年记 .

4 武显章，关士勋 .1986. 黑龙江乳品工业发展史略 . 哈尔滨：黑龙江省食品工业公司：132 － 144.

内，中国乳品科研和教育工作与全国乳制品生产一样，坚持走自己的发展道路，坚持实现中国乳品科教振兴。

1. 筹建科教院所 20世纪50—60年代，中国乳品教学与科研开始正式起步。自1956年内蒙古轻工科学研究设计院设立乳品研究室后，黑龙江轻工业科学研究所于1964年建立了乳品专业研究室，1966年扩大了研究机构，在安达县乳品厂内正式成立了黑龙江省乳品工业研究所[1]，内设分析、工艺、设备、情报四个研究室，直属黑龙江省轻工厅管辖。黑龙江省乳品工业研究所为中国乳制品工业科技进步和技术发展做出了重要贡献。

东北农学院畜牧系自1958年正式建立了畜产品加工专业[2]后，于1959年、1960年分别招收了两批五年制本科生，教学课程包括乳品加工、肉品加工、蛋品加工、食品卫生检验、食品冷藏、畜产品综合利用等，培养中国高等院校第一批乳品加工专业本科生。这两批学生分别于1964年、1965年毕业，被业内称为“64班”和“65班”。这些从东北农学院走出去的学生[3]，其中许多人成为中国乳品加工的技术骨干和中坚力量。东北农学院堪称新中国早期培养乳品加工人才的摇篮。

无锡轻工业学院的前身是南京工学院食品工业系，其办学历史可追溯到1902年的三江、两江师范学堂。1958年东迁无锡市（社桥）原华东艺专旧址，更名为无锡食品工业学院，后改称无锡轻工业学院（后又改东南大学）。20世纪60年代初，开始培养食品加工机械本科生，其中一部分毕业生专门从事乳品加工设备研究与开发。1975年6月，由无锡轻工业学院和江苏省无锡县乳品厂联合举办了华东区乳品工业技术学习班，为改善乳粉溶解度，推广大颗粒速溶奶粉新型工艺等发挥了积极作用。

以上这些大专院校、研究所及后来陆续建立的各地乳品科研院所，均为中国乳品科教起步与振兴做出了历史性贡献。

2. 推广技术与标准 随着乳制品加工业发展，迫切需要技术推广与行业信息交流，20世纪50年代末至70年代，陆续出版发行了多种乳品技术工具书。如，1958年

---

[1] 该所系在原黑龙江省工业厅试验所的基础上设立。起初黑龙江省轻工业局调黑龙江肥皂厂副厂长崔振东任该所副所长，全所技术干部如黄澧权、吴松成、张保锋、胡鼎臣、戴广林、艾长余、李玉贤等共计12名。建所后不久“文化大革命”开始，研究所被撤销，科研人员全部并入安达乳品厂分散劳动。1973年重新恢复研究所建制，安达乳品厂厂长王焕明任所长。1983年黑龙江省轻工业厅任命黄澧权为所长，刘孔喆、吴松成为副所长。该所于1987年由安达县迁至哈尔滨，更名为黑龙江省乳品工业技术开发中心。在以后数年里，国家乳制品质量监督检验中心、全国乳品工业科技情报站、国际乳业联合会中国委员会联络站等机构陆续进驻其中。经科技部综合计划司批复，以黑龙江省乳品工业技术开发中心和黑龙江省乳业集团为依托单位，于1999年正式组建国家乳业工程技术研究中心。

[2] 东北农学院畜产品加工专业于1966年停止招收本科生，后于1982年联合西北农学院开始培养乳品研究生，1984年恢复招收本科生。

[3] 如黑龙江乳品厂高奎元厂长、黑龙江乳品机械总厂庞士俊总工程师、北京西郊乳品厂崔景泰总工程师等。

由轻工业部[1]组织召开的全国乳制品代乳品技术经验交流会，将各地乳制品生产方面的成功经验集中汇编成《乳制品生产先进经验》，向全国乳制品加工行业推介。

1960年4月，轻工业出版社出版发行了17万字的《乳与乳制品质量的提高》，内容主要是1953年6月在海牙举行的第十三届国际乳业大会的乳品技术资料，该书集中了当时世界最先进的乳与乳制品生产技术与科研成果。后人需知该书也是来之不易，是几经争取，从苏联先得到俄文版，又经轻工业部食品局组织编译，由俄文翻译为中文，可谓几译版本而成。从这一侧面也可以看出，当时中国乳制品加工业主要依靠自己力量，坚持走“独立自主，自力更生”发展道路。

在此期间，轻工业部食品局等部门也多次组织全国性乳制品加工技术交流和培训活动，推动乳品加工技术进步。1977年，著名乳品专家、内蒙古轻工科学研究所金世琳先生编著40万字的《乳与乳制品生产》，由轻工业出版社出版发行。20世纪70年代，中国乳品加工全国性专业杂志应运而生。1973年，黑龙江乳品工业研究所创办《乳品科技情报》（季刊），着手乳品加工科技的普及推广工作，1984年发展成为当时全国乳制品行业唯一科技期刊《中国乳品工业》[2]，为促进乳制品工业发展，普及推广乳制品先进技术，发挥了重要作用[3]。

提高乳制品质量标准，必将促进先进技术应用。为不断提高乳制品质量，加强乳品质量管理，同时引导乳制品行业向更高技术标准迈进，1960年，轻工业部对20世纪50年代发布的乳制品标准进行了修订，标准数量仍维持《全脂乳粉》、《淡炼乳》、《甜炼乳》、《牛乳检验方法》等10个。标准代码修改为“QB”，并将原标准中的“黄油”改为“奶油”。1978年，国家标准计量局发布《食品卫生标准》，其中包括消毒牛乳及乳制品的卫生管理办法。

二、跌入低谷后的复苏

1959—1961年，由于受到“左”的路线干扰，私人养殖被当成“资本主义尾巴”割掉，加之连续三年的自然灾害，全国粮食严重减产，奶畜饲料得不到保证，致使全国原料奶产量大幅下降，许多乳制品工厂开工不足，不少工厂甚至停产，全国乳制品产量由1958年的19 688吨下降到1961年的6 528吨。“左”倾错误与自然灾害的双重因素影响，致使乳制品生产跌入低谷。

从1962年开始，随着党的“调整、巩固、充实、提高”八字方针贯彻落实，

---

1 1958—1993年，中国乳制品归口行业管理沿革变化是：1958年3月至1965年2月归第一轻工业部，1970年至1993年4月归轻工业部。

2 曾用刊名《黑龙江乳品工业》、《乳品工业》。1985年《中国乳品工业》改为双月刊。另外，自2012年编撰史稿以来，国家乳业工程技术研究中心刘鹏主任及《中国乳品工业》编辑部李彦贤主任提供了珍贵文献资料，在此表示衷心感谢。

3 张和平.2003.认识“中国乳品工业”我很幸运.中国乳品工业（4）：9.

奶畜生产有了恢复，乳制品生产也出现了复苏，至1965年，全国乳制品产量达到2.1万吨，超过了1958年。1966年乳制品产量达到2.4万吨，较1965年增长14.3%，全国乳制品生产呈现了大跌后的再次发展[1]。

（一）喷雾、平锅的更迭

20世纪60年代起，中国乳制品生产实际面临的主要问题是既要保证乳粉市场供应，又要不断改进乳粉质量，二者皆需兼顾，相辅相成，缺一不可。否则，都将不利于乳制品加工业的发展。

1.喷雾法“搁浅” 德意志民主共和国乳品专家马维和布隆科尔于1957年考察了中国“土奶粉”生产后，曾指出：“滚筒奶粉只能作为糖果原料用，不宜做食用”[2]。“土炼乳”和“土奶粉”品质差，不及喷雾法生产的乳粉。如何提高乳粉质量，是这一时期困扰中国不小的难题，各地都在寻求解决的办法。实质上，其根本有效途径，是有计划地进行设备技术改造，逐步增加喷雾法的比例，加快淘汰土法生产的乳粉。

但事与愿违。早在1953年，黑龙江省仿造上海益民食品三厂箱式奶粉喷雾装备，兴建了日处理生奶20吨的安达乳粉厂，实际已经为其他“土奶粉”生产企业树立了一个加工高品质乳粉的样板。然而，由于经济实力不够，许多平锅奶粉企业对安达乳粉厂的喷雾装置等望而兴叹。

另外，据资料显示，1956年底，黑龙江省15家乳品企业中[3]，一些维持着平锅生产的企业一直在千方百计动脑筋，寻找提高“土奶粉”产品质量的方法，努力实施“技术革新”。如，1957年有人总结了尚志县某奶粉厂的“平锅奶粉先进操作经验”，加以推广，实际上只是纠正了一些不规范的操作，使乳粉品质得到有限的改观。此期，也有一些乳品厂在尝试使用了真空浓缩之后，再使用“平锅”来加工奶粉的所谓“技术革新”。

2.蛮干的“平锅”热 伴随全国“大跃进”运动，乳制品生产的盲目蛮干现象愈加突出，平锅法居然备受吹捧，各地“揭竿而起”，掀起了以平锅法生产乳粉的高潮。如，1958年底，黑龙江省平锅数量再创新高，达到了分属于162个小厂的381口之多[4]。此期的高指标、瞎指挥情况越演越烈，在全国其他地区出现了建设平锅乳粉厂的现象。例如，甘肃甘南地区及河北张家口地区，在1958年4—8月分别兴办了100多个平锅奶粉厂，内蒙古自治区还制定了在一年内建设1000口平锅乳粉厂的“宏大”计划[5]。

---

1 此期北京利用专项资金于1962年建起了40个国营规模奶牛场。

2 韩光、袁永海，等.1960.怎样建小型乳品厂.北京：轻工业出版社：97.

3 黑龙江省轻工业厅史志办公室.1990.黑龙江乳品工业志稿.中国乳品工业（6）：270.

4 1958年底，黑龙江省新建平锅法生产乳粉的小厂达110多个，但随着20世纪60年代初的自然灾害发生，全省牛奶产量锐减，许多工厂停工或关闭，1962年小厂减少到了30多个。

5 韩光，袁永海，等.1960.怎样建小型乳品厂.北京：轻工业出版社：6-7.

当时人们之所以倾心于平锅法制造奶粉，主要原因是“见效快”，迎合“大跃进”形势。当时建一个日处理480千克生奶的平锅奶粉厂只需要2个月的施工期，投资额为9 170元，能够迅速实现“遍地开花”；按每天两班生产计算，年产奶粉22.3吨，当时国家收购价是723元/吨，只需要8个月就可收回投资。可见，平锅法工艺和设备在那时依然有着相当的地位和青睐度。

诚然，虽然平锅法所产乳粉、炼乳质量较差，但平锅法在新中国成立初期的一段时期，为迅速增加全国乳制品产量，保障市场供给，起到了特殊时期的特别作用。但是，进入20世纪60年代，随着人民生活不断改善，社会需求不断增加，乳制品加工业发展的重点之一应该是设备技术手段的渐进更新与改造，而不是盲目地单一追求“快”与“遍地开花”。当然，也有例外，如无锡县乳品厂虽然创始于轰轰烈烈的“大跃进”年代，时为几间破旧祠堂，几口平锅，利用土法生产乳粉，但积极坚持发展，向其他先进的喷雾法乳品厂学习取经，开始自己动手，改造设备，于1962年实现了真空浓缩和喷雾干燥手段，乳品生产得到了发展，1978年生产乳粉等共计400多吨。这样的实例全国还有许多，后来的发展也充分证明了这一点，设备技术改造是唯一发展出路。

（二）设备大改造

自1962年起，随着经济形势好转，国家开始重点对浙江、黑龙江、内蒙古等地的乳品厂进行革新、挖潜、改造[1]。在全国范围内，乳制品企业技术改造一直延续到了20世纪70年代中期，中国终于逐步由“平锅法”生产“土奶粉”和“土炼乳”，迈进了离心喷雾、压力喷雾生产乳制品的时代。历时10年多的乳制品企业大改造，可谓“第一次设备改造”，无论是乳制品产能，还是产品质量均有了提高，中国乳制品加工行业一改过去的装备差、质量低局面，乳制品生产开始得到恢复并逐步步入正轨，呈现喜人的发展态势。与此同时，一些大中城市消毒奶的生产设备得到了改进，产量得到了提高。

1. 打响技术改造“第一枪” 1964年，黑龙江、内蒙古、浙江等地先后对本省（自治区）乳制品进行了全行业挖潜，开展设备技术大改造，打响了设备改造“第一枪”。

首先，黑龙江省政府在1964年拨出乳品技术改造资金1 700万元，大力推进设备技术改造，将双城、富裕等9个平锅奶粉厂改造成为喷雾干燥奶粉厂，将阿城乳品厂改造成滚筒奶粉厂。同时，对安达乳品厂[2]、肇东乳品厂、哈尔滨松江罐

---

[1] 南庆贤.2000.中国奶业50年.北京：海军出版社：297.

[2] 时因华北制药厂开始以玉米糖浆及药用精制淀粉代替了价格较贵的乳糖，因此，1965年安达乳品厂停止了乳糖、干酪素的生产，根据国家需要而适量生产奶油、干酪（俄式不杀菌圆形干酪），黑龙江省计划委员会投资100万元新建日处理能力40吨的卧式不锈钢干燥箱及配套浓缩杀菌设备，主要生产乳粉，厂日处理能力提升至70吨。

头厂乳品车间、泰康乳品厂[1]等骨干乳制品企业实施扩改工程，省内奶源条件好的乳制品企业全部实现了现代喷雾技术，为提高乳粉质量奠定了坚实基础。

1965年，黑龙江省的乳品厂设备改造项目全部竣工投产，生产方式由简单的平锅法、滚筒法等转型为机械化（压力喷雾法、离心喷雾法）生产，全省日处理牛奶的能力从108吨提升到210吨，奶粉的品质也得到了明显提高[2]。仅1965年全省乳制品产量就达到了4 611吨。其中，黑龙江省肇东乳品厂自1964年技术改造后，所产全脂乳粉产品以“红梅牌”[3]开始出口国外[4]。

1966年，呼和浩特乳品厂新购日处理原料奶20吨的丹麦乳粉生产设备，完成了设备更新与技术改造，机械化程度明显提高[5]。同期，温州市百好乳品厂也开始实施设备改造与技术革新，产能和质量得到了进一步提高。

2. 掀起技术改造热潮 几乎同期，全国各地纷纷开展乳品厂设备改造，扩大生产规模，新建乳品厂，增大生产能力。如，新疆生产建设兵团农四师二牧场，曾于1958年在寨口建立了一家乳品厂，员工18名，采用平锅设备，当年即生产奶粉9.1吨，1959年奶粉产量达到62吨，员工发展到了90名。1963年，寨口乳品厂实施设备更新和改建，采用上海前卫机械总厂制造的真空浓缩罐和压力喷雾器，日处理生乳10吨。同年，另一家相同规模的乳品车间在石河子食品厂（原新疆生产建设兵团农八师绿洲食品厂）同时兴建。1968年，两家乳品企业共生产“团结牌”奶粉214吨，为兵团系统乳制品加工发展奠定了基础，积累了经验[6]。1965年，新疆伊犁地区第一家乳品厂——巩留县乳品厂建成，伊犁地区乳制品加工从此开始起步和发展[7]。

1965年，中国自购进超高温灭菌机和均质机后，解决了甜炼乳脂肪上浮与变稠问题。如瑞安百好乳品厂生产的“擒雕牌”炼乳，在质量上可以与世界名牌英国“鹰牌”炼乳媲美。1966年，北京南郊农场乳品厂购进日处理能力40吨的日本进口设备，机械化程度明显提高，主要生产脱脂奶粉、奶油和炼乳。

---

1 泰康乳品厂亦称“杜尔伯特蒙古族自治县乳品厂”。1964年国家投资71万元改建泰康乳品厂，安装日处理能力15吨的压力喷雾式乳粉设备。1982年起经两次扩建后，1984年日处理能力达到100吨，产品商标为“草原香牌”和“红梅牌”（后者为出口专用）。

2 黑龙江省轻工业厅史志办公室．1990．黑龙江乳品工业志稿．中国乳品工业（6）：272．

3 除“红梅牌”商标外，基于不同的出口国家或地区，中国出口乳制品还曾用“熊猫牌”、“雪花牌”等商标。注文据黑龙江省安达市畜牧局孙岩同志提供信息整理。另外，撰写史稿期间，孙岩同志还主动提供了自己珍藏多年、几近绝版的《黑龙江乳品工业发展史略》、《乳与乳品事业实习》、《喷雾干燥》等珍贵文献史料，在此表示衷心感谢。

4 关士勋，武显章，邹滨年．1985．黑龙江乳品工业经济研究．哈尔滨：黑龙江人民出版社：35．

5 王中，等．1986．当代中国的轻工业（下）．北京：中国社会科学院出版社：119．

6 任亚光．1991．新疆生产建设兵团乳品工业发展简史．农垦乳品，1．

7 中国食品工业年鉴编委会．1997．中国食品工业年鉴1993—1996．北京：中国轻工业出版社：337．

乳粉生产“离心喷雾干燥”技术也开始得到了重视和发展[1]。起步之初，主要是在小型奶粉厂推广使用，如江苏省苏州乳牛场乳品厂、广州市广州乳品厂、江西南昌畜牧良种场乳品厂等。20世纪70年代，喷雾法生产技术在各地许多乳品厂开始应用，简易的压力喷雾法开始被连续式喷雾法取代，但在一些乡镇兴办的乳品厂中，仍有一部分还在使用平锅法生产乳粉和炼乳。

三、在动荡中艰难前行

1966年“文化大革命”开始，不少地区只准国营和集体单位饲养奶牛，而个体户饲养奶牛再次被当做“资本主义尾巴”予以禁止，使奶畜生产遭到严重破坏，奶源供应不足，乳制品生产受到一定程度影响。到1976年，全国乳制品产量仅有3.7万吨。1966—1976年十年间平均年增长率仅为4.6%[2]。

在极其困难条件下，乳制品加工业步履维艰，但许多乳品企业和科研技术人员克服重重困难，坚持开展生产与科研活动，积极主动改进工艺技术，取得了许多生产技术成果，使中国乳制品加工业在逆境中终未停下前进的脚步，为发展乳制品生产做出了不懈努力。

（一）攻克炼乳疑难

20世纪70年代前，中国炼乳品种主要为加糖炼乳，其中以温州百好乳品厂、温州乳品厂和哈尔滨松江罐头厂生产最多。此外，上海乳品二厂少量生产加糖炼乳[3]。1964年，就在各地乳制品企业紧随黑龙江省之后大举进行技术设备改造、奋起摘掉“土炼乳和土奶粉”帽子之时，上海乳品二厂却面对他们的炼乳产品的“小白点”在发愁。

1. 解决“小白点” 为了出口越南、马里共和国等地，实现出口创汇，上海乳品二厂开始组织生产净重量397克的铁罐装“甜炼乳”[4]，成品保质期为2年。而这一产品的生产过程颇为曲折，缘于产品加工后，成品放置仅数月，就发现有沉淀物出现在铁罐的底部。品尝时，舌上有细砂粒的粗糙感，但又不是“乳糖结晶”质量缺陷。生产技术人员对此百思不得其解，甚至连这种“细砂粒”究竟是什么，都无从知晓，只得沿用浙江瑞安百好乳品厂一直使用的俗称用语——“小白点”进行描述。浙江瑞安百好乳品厂以前也曾偶尔遇到过类似问题[5]，但因为出现的概率不大，所以未对产品质量和出口造成影响。采取措施，实施必要的联合

---

1 由于此法生产乳粉的颗粒度略大于压力喷雾法，乳粉溶解度和分散性略佳，因此，20世纪70年代后期采用此法的乳品厂有了一定发展。

2 宋昆冈.2009.乳制品行业//中国轻工业联合会.中国轻工业辉煌60年：217.

3 骆承庠.1990.国内外乳品工业概况.哈尔滨：东北农学院.

4 此规格系出口要求。

5 瑞安百好乳品厂甜炼乳所用原料时为水牛奶，而上海乳品二厂所用原料为荷斯坦牛所产牛奶。

攻关，着手解决炼乳中的“小白点”，消除炼乳的品质缺陷，已势在必行。

为此，轻工业部组织动员全国技术力量，组成了全国甜炼乳“小白点”技术攻关组[1]，集中开展技术攻关与科研协作，开展专门研究，终于搞清了“细砂粒”的主要成分是柠檬酸钙。后来，又经过近10年的研究和分析，直到1973年才认识与破解了发生沉淀的机理在于原料奶里复杂的“离子平衡”，当这种平衡被破坏时即发生“小白点”现象。再经努力，终于研究制定了有效的预防措施，即以0.01%的比例，添加颗粒直径小于10微米的柠檬酸钙晶种胶体液，彻底解决了柠檬酸钙沉淀所导致的“小白点”问题。

2. 完善甜炼乳生产工艺 几乎同期，在生产甜炼乳的强制结晶方法中，针对所加乳糖晶种纯度不一而极易造成乳糖结晶超标的缺陷，哈尔滨市松江罐头厂还研究成功了晶种添加“优选法”，以确定甜炼乳生产中乳糖晶种的最佳加入量。

此外，全国甜炼乳“小白点”技术攻关组还对甜炼乳可能出现的其他各种缺陷，逐一进行了深入研究与分析。如，黏度变稠或变稀、脂肪上浮、霉菌引起的“纽扣”、混入初乳而产生的“绿斑”、颜色褐变、非强制结晶条件下的蔗糖结晶等，都一一提出了应对解决的办法。这些技术结论和工艺方法，后来都载入了中国乳制品加工技术之大乘——《乳品工业手册》[2]。

十年攻关结硕果。1975年，正式定型了甜炼乳的生产工艺[3]，标志着中国乳制品加工企业已经完全掌握了甜炼乳的全部生产技术，诸如“小白点”等可能影响甜炼乳产品质量的技术难题终于得到彻底解决。

（二）速溶技术的进步

20世纪60年代中期前，关于乳粉的速溶性问题始终困扰着中国乳制品工业。虽然在乳粉生产中开始推广喷雾干燥设备后，全脂乳粉的品质已有显著提高，但与国际先进加工技术相比还存在较大差距，主要原因在于乳粉颗粒过细，冲调时易结团上浮而难以分散溶解，食用极不方便。进入20世纪70年代，如何开发研制速溶乳粉，提高奶粉的溶解度与冲调性，一时成为国内乳粉加工业的热门话题。

1.“速溶”的局限 20世纪60年代中期，经过技术分析与研究，结合1959年在松花江乳品厂进行的试制经验，东北农学院骆承庠等专家提出可以尝试研制大颗粒且颗粒度较均匀的速溶乳粉。按此技术工艺方向，时在黑龙江省与全国其他各地，一些乳制品科研人员曾尝试了许多办法试制生产大颗粒速溶乳粉，积累了生产经验，取得了一定进展，但尚不能定型加以推广运用，产品速溶性达不到预期。

---

1 该技术攻关组由轻工业部食品局、内蒙古轻化工科学研究所、黑龙江省乳品工业研究所及相关企业的专家和技术人员组成。

2 金世琳．1987．乳品工业手册．北京：轻工业出版社．

3 上海市牛奶公司乳品二厂．1977．关于解决甜炼乳中柠檬酸钙沉淀的体会．乳品工业（4）：31–34．

20世纪70年代，中国业内学者和技术人员已了解国外的速溶乳粉生产方法——流化床附聚技术及加上后段的卵磷脂[1]喷涂法，也曾做过成功的试验[2]。但是，当时中国乳制品工业受到诸如高质量卵磷脂来源、配套的喷涂工艺技术，以及相应流化床设备设施等关键技术的局限，难以实现工业化速溶乳粉生产，在短期内很难彻底解决乳粉速溶性问题。

诚然，加入蔗糖后所生产的全脂甜奶粉，其冲调性会得到一定程度改进，因此，全脂加糖奶粉曾一度占据着中国乳粉总产量的90%[3]，但加糖乳粉并不是国际乳品行业的主流产品，而且消费范围也受到一定程度限制，不能满足消费者对速溶乳粉的需求与期望。

2.“三结合”攻关 虽然离心喷雾乳粉，同样条件下比压力喷雾的乳粉颗粒度大，速溶性略好[4]，但基于全国离心喷雾生产工厂不多且多为小厂，不适宜迅速推广，而全国压力喷雾生产厂相对较多，于是开始重点研究采用压力喷雾干燥技术生产速溶奶粉。

1974年起，为开发研制速溶奶粉，黑龙江乳品工业研究所已在先前（1966）试验基础上开始研究速溶奶粉检测项目与检测方法，开发乳粉检测技术，如测定奶粉冲调性方法、奶粉颗粒平均直径测定、乳粉水分快速测定方法等，先期完善速溶奶粉检测技术，以便服务于速溶奶粉的试制。

1974年，在黑龙江省轻工局组织协调下，东北农学院、完达山食品厂[5]、黑龙江省乳品工业研究所、安达乳品厂等单位共同合作开展试验，实施厂、所、校三结合。首先，在完达山食品厂生产车间实施现场技术攻关，经历了上千次试验与研究，1974年8月终于获得成功，东北农学院骆承庠教授还总结了压力喷雾生产工艺并于1975年3月在东北地区乳品技术协作会议上作了介绍[6]。主要是通过提高浓缩奶浓度，调整进风温度和风量，加大喷头板眼孔径与芯子角度[7]，借助压力喷雾干燥法，使得奶粉颗粒的平均直径从20微米增大到了50微米，控制乳粉颗粒

[1] 因为卵磷脂在世界上首先由鸡蛋黄中提炼，所以过去又把它称为“蛋黄素”。

[2] 1979年，黑龙江省乳品工业研究所与安达乳品厂合作，曾尝试成功卵磷脂速溶奶粉生产技术。

[3] 骆承庠，等.1985.乳与乳制品工艺学（内部资料）.

[4] 关士勋，武显章，邹滨年.1985.黑龙江乳品工业经济研究.哈尔滨：黑龙江人民出版社：44.

[5] 在时任农垦部部长王震将军的亲自关怀下，黑龙江省国营8511农场于1963年从上海引进340头奶牛、5头公牛在密山、虎林地区开始建设牛奶基地。1964年在农场畜牧一队成立了奶品加工班。1965年8月建立了乳品车间（同年10月组建奶粉厂）。1966年5月用浓缩压力喷雾工艺生产出第一批奶粉，农场场长张源培提议产品商标为“完达山”牌，场宣传干事秦代祥设计了“完达山”商标图案。1979年以“牡丹江农场局完达山奶粉厂”名义正式注册“完达山”商标。1993年，“完达山”商标持有人变更为“黑龙江省完达山食品厂”。1996年3月，以完达山食品厂为核心成立了完达山企业有限公司，先后又名完达山集团乳品公司及黑龙江省完达山乳业股份有限公司。

[6] 《黑龙江省八五一一农场志》编委会.1996.黑龙江省八五一一农场志（1956—1992）.北京：改革出版社：120.

[7] 刘俊华.八五一一农场志（1993—2000）.2007.黑新出图内字〔2007〕R121号：184.

分布均匀度，增加了乳粉团粒的蓬松性，改善了全脂乳粉速溶问题[1]。

试制成功的大颗粒全脂速溶奶粉，颗粒平均直径30微米以上，大大提高了乳粉溶解性与分散度，改善了乳粉冲调性，使中国乳粉生产步入了新的时代，后来业内惯称这种方法为压力喷雾速溶奶粉工艺。此后，在一段时期内，全国各地逐步推广使用该项大颗粒速溶乳粉生产技术，并在生产实践中不断改进与提高，如无锡县乳品厂、福州乳品厂、哈尔滨奶牛场乳品厂（后称哈尔滨松花江乳品厂）等，取得了乳粉速溶技术的可喜进步。

（三）研制婴儿乳粉

新中国成立后，党和政府非常关心婴儿的健康成长。全国儿童保卫委员会、全国妇联、轻工业部、卫生部、商业部等部门极其重视中国婴儿代乳食品的研制与生产。这一时期，中国乳品工业科技人员为提高乳制品品质，增加品种，立足国情，因地制宜，不断研究与改进技术，付出了极大的努力，做出了重要探索。研发技术方向正确，为以后的婴儿用乳粉深入研究与发展奠定了基础。在中国乳品科技工作者的努力下，这一时期中国浓缩和干燥乳制品的品质几乎步步紧随着国际乳制品发展潮流和趋势，取得了长足进步。

1.“双工牌”供不应求 据不完全统计，进入20世纪70年代后，中国婴儿代乳食品生产企业已发展到300多家，如北京第一食品厂（主要生产“鹿头牌”代乳粉）、上海儿童食品厂（主要生产2号多维乳儿粉）等，婴儿代乳食品受到重视，为此轻工业部为代乳食品制定了标准，有关技术还参与了东欧、东南亚等地的国际交流并对外支援。即便如此，中国婴儿代乳食品还是不能满足消费者的需要，各地之前研制的速调代乳粉和多维代乳粉等，虽食用较方便，但品种少，产量低，有的质量也较差，营养不尽合理，冲调性不佳，甚至有的产品冲后成糨糊状，给消费者带来很多麻烦[2]。

1977年，在轻工业部等有关部门统一部署与支持下，在中国医学科学院卫生研究所、北京医学院妇儿医院等科研与临床单位大力协作下，决定在中国主要乳制品生产基地黑龙江省，重点开展婴儿奶粉研制试验工作。1978年，经黑龙江省食品工业公司具体组织协调，由黑龙江省双城县乳品厂、哈尔滨市儿童保健所、黑龙江省乳品工业研究所、黑龙江省轻工业研究所等单位共同参与研究试制婴儿奶粉。

1979年，婴儿奶粉在双城县乳品厂投入工业化生产，到1980年已经生产“双工牌”婴儿奶粉790吨，产品销往北京、上海、广东、四川、河北、吉林等十几个省份，受到群众欢迎。当年仅双城县儿童乳品厂就收到各地消费者的求购信

---

1 中国食品工业年鉴编委会.1985.中国食品工业年鉴1984.北京：轻工业出版社：241.

2 艾长余，等.1981.婴儿奶粉的研制生产.中国乳品工业（2）：1.

函多达700多封，产品供不应求[1]。

2. 技术路线 “双工牌”婴儿奶粉所采取的工艺技术充分利用黑龙江省内资源（牛奶、大豆、植物油等），突出营养互补，坚持以牛奶为基础，调整蛋白质、脂肪、糖类三大营养素的比例，同时以部分植物性蛋白质、植物性脂肪、饴糖（麦芽糖）来改善和增补牛乳中营养素与母乳相比的不足，并强化维生素D_2和铁盐。现摘录如下，以期反映当时的技术研究与认知状态。

20世纪80年代，双城儿童乳品厂厂房
（图片引自1986年《黑龙江乳品工业史略》）

牛奶中的酪蛋白含量为人奶的5倍，而牛奶中酪蛋白与乳清蛋白之比为5 ∶ 1，人奶则近似1 ∶ 1[2]。为了减少酪蛋白的含量，科研人员添加了植物蛋白中较好的大豆蛋白，并添加蛋氨酸以期与牛奶相近[3]。牛奶脂肪中亚油酸之类的必需脂肪酸含量较低。人奶中的亚油酸、亚麻酸除容易吸收外，还能促进其他饱和脂肪酸的吸收，因此，用植物（大豆）脂肪去置换牛奶中的部分脂肪，目的是强化亚油酸。牛奶中乳糖含量与人奶中乳糖含量相比较少，通过添加饴糖和双糖，可减少成品中α型乳糖的含量，使双歧杆菌占优势，进而防止其他杂菌感染婴儿肠道，有利于消化。牛奶中的无机盐为人奶的3.5倍，通过添加植物性蛋白质、脂肪和糖类，来降低牛奶中电解质的含量。另外，据婴儿生长发育需要还添加了铁盐。对生产用水进行脱盐。原料奶本身含有一定的维生素，为了解决北方光照时间短，加上当时在婴儿中普遍存在佝偻病问题，因此，专门强化维生素D_2，促进婴儿骨骼的正常生长发育[4]。

---

1 艾长余，等.1981.婴儿奶粉的研制生产.中国乳品工业（2）：16.

2 21世纪初的研究结果证明，一般牛奶中酪蛋白与乳蛋白含量之比为1 ∶ 4，人奶中该比值为3 ∶ 7。虽然20世纪80年代初的研究结果与此不尽相同，但至少反映出当时研究技术方向是正确的。——作者注

3 艾长余，等.1981.婴儿奶粉的研制生产.中国乳品工业（2）：9.

4 艾长余，等.1981.婴儿奶粉的研制生产.中国乳品工业（2）：11.

四、自主发展与勤俭建业

回顾1978年以前的发展历程，中国乳制品加工业虽然经历了许多磨难与曲折，但仍取得了历史性进步，获得了许多成绩。即便年代繁芜复杂，但无论逆境还是顺境，广大乳品企业职工和科技人员始终坚持自力更生，艰苦奋斗，勤恳开拓，奋发图强，积极开展技术革新，不断提高乳制品生产技术，自主开发新工艺、新设备，取得了世人瞩目的成就。

在生产实践中，技术人员充分发挥聪明才智，团结协作，积极奉献，开源节流，坚持追求发展质量，为中国乳制品加工业发展做出了历史性贡献。与此同时，逐步形成了中国乳品机械制造业，在发展乳制品工业的历史进程中，得到了发展和壮大。

（一）自行制造与节约

20世纪70年代以前，中国乳粉加工的能源消耗一直普遍较高，甚至在早期曾是发达国家的4～5倍，每吨乳粉的标准煤耗高达5.6吨[1]。据后来估计，那时的燃料费用在中国乳制品制造成本中的比重是25%，而国外仅为7.5%[2]。

为了节约能源，减少成本，20世纪60—70年代，中国乳制品加工行业就开始做了许多努力和探索。生产乳粉的浓缩、干燥是乳品厂消耗能源较多的主要工序。各地乳品厂大多采用单效盘管式浓缩罐，生产过程中的蒸汽浪费大，能源消耗高。

1. 国产“双效”助节能　乳品厂的设备节能越来越重要。早在1960年，哈尔滨奶牛场乳品厂就率先将喷雾干燥装置所排出的热湿气，接入加热“空气房”使用，节约了煤耗，开创了节能先例。

1966年，呼和浩特乳粉厂（后称呼和浩特乳品厂）曾从丹麦引进双效降膜式浓缩设备，同年，刚刚成立的安达县轻工机械厂（黑龙江省安达乳品机械总厂前身）即派人对这套设备专门组织了现场测绘[1]，开展了生产状态下的技术参数测量工作，随后在本厂开始自行研制，几经努力，终于制造成功了国产双效降膜式蒸发器，使每吨奶粉的煤耗减少了850千克。

20世纪70年代起，各地有些新建乳品厂陆续采用了双效降膜式浓缩设备，逐步替换了旧的单效浓缩罐，大大降低了蒸汽消耗。在生产实践中，双效降膜式浓缩设备不断得到改进与优化，定型为RP6K7型双效降膜式蒸发器。安达县轻工机械厂的RP6K7型双效降膜式蒸发器[3,4]开始批量制造生产，供应全国乳品厂使

---

1 王中，等.1986.当代中国的轻工业（下）.北京：中国社会科学院出版社：119.

2 金世琳.1987.从“念草木经 兴畜牧业”谈乳品工业.中国乳品工业（6）：273.

3 主持设计试制这套RP6K7型双效降膜式蒸发器的安达县轻工机械厂工程师郭毓、庞士俊于1978年荣获全国科学大会优秀成果奖。

4 安达市地方志办公室.1992.安达县志.哈尔滨：黑龙江科学技术出版社：62.

用。这是中国乳粉生产一次历史性突破，开启了国产浓缩设备新历程。

2．“三效”再进步　1972年，上海市牛奶公司乳品三厂联合有关工程技术人员，自行设计和建造安装了国内第一台奶粉立式顺流喷雾干燥塔。经一段时期运转后，设计人员进行了技术总结，如为保证热风分配均匀且无涡流，确保不产生干燥效果及避免焦粉与“黏壁”，在干燥塔顶部，自行设计制造并安装了热风分配箱内的直径较大的锥形圆环、特制锥形导风器等，效果良好。这套设备除了具有能够保证乳粉品质、增加产能等特点外，合理降低能源消耗也是这套干燥塔的显著优点[1]。由此看到，通过工程技术人员的认真钻研与探索，当时中国乳粉干燥技术已经开始向前迈进了一步。

1979年，上海轻工业设计院在进一步收集国外有关资料基础上，又自行设计制造了三效降膜浓缩蒸发器，探索进一步降低能耗的方法，并获得可喜成功。这套设备于1979年安装在了新建的陕西富平乳品厂和四川阿坝红原乳品厂，投入生产运行，每蒸发1吨水的耗汽量比双效浓缩蒸发器降低30%，节能效果显现[2]。

此外，有些乳品厂（如无锡县乳品厂等）还针对乳粉干燥器所排放热湿气，采用自己制造的热回收装置，尝试循环利用余热，减少热能损耗，也取得了一定效果。

（二）资源利用与技改

与新中国成立初期相比，20世纪70年代，中国乳制品生产技术与装备已有了很大提高，各地积极利用宝贵奶源，取长补短，相互学习，积极交流，增产节约，使得技术革新与改造层出不穷，一些科研院所和许多骨干乳品企业起到了中坚作用[3]。

时值此期，消毒奶与乳粉仍然是中国乳制品的主要“当家”品种，因此，围绕牛奶和乳粉的生产技术革新和“小发明”、“小技改”也相对较多。如，肇东县乳粉厂收奶站的马口铁制简易冷排[4]，广州市牛奶公司乳品厂自行试制的高温灭菌奶[5]，北京南郊乳品厂的奶粉小包装塑料袋脉冲式热合机[6]，天津市乳品厂自制发明的真空卸奶机[7]，安达乳品厂的奶粉空罐盖冲眼翻边一次完成磨具技术[8]，海拉尔乳

1　曹惠兴．1981．对立式顺流压力喷雾干燥设备的探讨．中国乳品工业（4）：24-31．

2　王中，等．1986．当代中国的轻工业（下）．北京：中国社会科学院出版社：120．

3　20世纪50年代至80年代末，全国乳品加工企业之间的学习交流非常频繁，好的经验与技术得以及时推广，“天下乳品是一家”在全国蔚然成风，有力地促进了乳制品生产发展。如，20世纪50年代至80年代，作为全国乳品生产重要骨干单位之一的安达乳品厂接待和培训来自省内及西藏、甘肃、云南、新疆、四川、福建、内蒙古、天津、北京、辽宁、吉林等地各乳品厂的技术工人和生产干部，累计5万多人。另外，20世纪60—70年代，安达乳品厂还曾先后为阿尔巴尼亚、越南、朝鲜等代培生产技术骨干。

4　肇东乳粉厂．1975．马口铁制简易冷排．中国乳品工业（2）：55．

5　广州市牛奶公司乳品厂．1974．试制高温灭菌奶．中国乳品工业（4）：33．

6　北京市南郊乳品厂．1974．奶粉小包装塑料袋脉冲式热合机．中国乳品工业（4）：26．

7　天津市乳品厂．1974．真空卸奶机简介．中国乳品工业（4）：39．

8　安达乳品厂．1975．奶粉空罐盖冲眼翻边一次完成磨具．中国乳品工业（2）：48．

品厂的HR-25P型双效蒸发罐研制[1]等，既提高了工效，减小了劳动强度，也节省了资源，降低了能耗。

乳品生产企业秉承独立自主、自力更生，坚持因陋就简、修旧利废，诞生了许多当时比较实用的生产加工技术手段，如利用过去基本废弃的副产品，努力开发新产品，节约增效等。这些均见证了那个时代特有的工作激情与精神风貌。

1. 国产“小配套” 1976年，黑龙江省富裕县乳品厂采用黑龙江省乳品工业研究所一系列新技术和科研成果，并联合齐齐哈尔轻工业学校等单位，实施“三结合”。通过考察研究与设计制造，自行安装了一整套高压立式喷雾干燥设备并开始投产。在运行生产中不断改进，如当时比较先进的水分自动控制系统、U型阀自动出粉系统、奶粉团块粉碎装置、旋风分离器回收细粉、仓壁震动、余热回收、四喷枪过滤及防滴等技术和设施，使乳粉生产向国产自动化迈进了一大步。同时，应用黑龙江省乳品工业研究所研制的乳粉红外线水分快速检测技术，随时服务于生产中的乳粉水分控制[2]。

20世纪70年代，在奶源相对丰富的地区，如内蒙古、新疆、青海等地，由于牧区分散，道路交通不便，生乳不能及时运送，每年都有大量生乳因得不到及时加工而白白损失，有限的奶源得不到很好利用，而国内外乳制品需求却与日俱增。1973年，为发展乳制品工业，充分利用奶源，避免浪费，同时增加农牧民收入和乳制品产量，轻工业部和上海市轻机公司批准实施新产品科研项目——小型奶粉成套设备的研制。全国各地针对小型奶粉设备设计制造与使用，都有不同程度的进展，取得了成功[3]。

项目由上海前卫机械厂、上海饮料机械厂、上海轻工业设计院、上海市牛奶公司乳品二厂等联合承担，专门组成设计生产试制小组，开始研发生产小型奶粉成套设备。1974年，小型奶粉成套设备开始在浙江省金华食品厂内试产运行，1975年获得了成功[4]。日处理生乳能力4吨，主要设备采用盘管式消毒器（每小时处理生乳300千克）、循环升膜式真空浓缩罐（每小时蒸发量193千克）、喷雾干燥塔（每小时蒸发量42千克）、燃油热风炉等。全部设备总投资仅9.2万元，投资少，体积小，操作简单，可连续生产，维修、清洗方便，达到了预期要求。同年，开始向全国牧区推广使用，为利用各地分散的奶源发挥了重要作用。同时，也标志着国产设备基本能满足小型乳品厂建设需要。

2. 综合利用 1977年，湖北省洪湖县副食品公司联合湖北省轻工设计院、武汉奶粉厂等，自己设计制造了NG-76型小型奶粉机，尤其适宜公社级或乡镇级乳

---

1 海拉尔乳品厂.1977.HR-25P型双效蒸发罐.中国乳品工业（4）：37.

2 富裕县乳品厂.1974.高压立式喷雾干燥设备试车汇报.中国乳品工业（4）：14-15.

3 上海市前卫机械厂，等.1975.小型奶粉成套设备.中国乳品工业（2）：33-48.

4 上海市前卫机械厂，等.1975.小型奶粉成套设备.中国乳品工业（2）：34.

品厂使用[1]。此外，1978年，陕西省轻工设计院也做了小型乳粉厂建厂尝试，在本省内试产使用，取得了一定效果。

此期各地就如何充分利用奶源或乳制品的副产品，也做了许多工作，取得了显著效果。如，1974年，上海牛奶公司乳品一厂利用乳糖结晶的母液和奶油、干酪素的洗涤水（过去基本废弃掉），研制生产工业上用途较广的“白地霉”，年产10吨，创造了财富，又节省了资源，也保护了环境[2]。又如，青海省达日县自1967年起，就利用当地民众常年生产酥油的传统习惯，将生乳分离出酥油后的奶渣（以前基本都浪费掉），用盐酸法生产干酪素，到了1976年，拥有手动奶油分离器1 486台，干酪素生产已经普及到了全县每一个公社生产队和每个作业组，全年生产230多吨干酪素，发展和增强了集体经济[3]。

1976年，吉林省扎鲁特旗乳品厂黄花山分厂地处牧区，周边奶源虽比较丰富，但较为分散。于是开始发展乳制品的联产品生产，如通过分离生乳，生产了鲜奶油、重制奶油、干酪素等[4]。又如，哲里木盟通辽乳品厂等也开始利用分散奶源，生产上述产品。酸牛奶是北京人民特别喜爱的传统食品，通过不断改进酸牛奶生产技术和设备，尤其是酸奶菌种扩培技术不断完善，提高了酸牛奶产能和质量。1976年，北京市牛奶公司生产酸牛奶930多吨[5]。

（三）乳品机械业的兴起

伴随乳制品工业发展，中国乳品机械业开始兴起，走向历史舞台，如黑龙江、上海、浙江等地出现了专业设计和施工单位。同时，这些单位在乳制品加工设备技术改造实践中，既提高了机械化生产水平，也积累了工厂设计与施工经验，锻炼了技术人员队伍，提高了修配能力与制造能力。中国乳品机械专业制造队伍由此应运而生，拉开了乳品机械制造业的崭新序幕。例如，1966年起，中国先后帮助阿尔巴尼亚[6]、越南[7]等国兴建乳品厂，在设计和建设乳品厂工程项目中，主要工程设计[8]与设备制造单位功不可没[9]。

---

1 中国乳品工业.1976.

2 上海市牛奶公司乳品一厂.1974.提高干酪素、乳糖、白地霉产品质量和得量的情况.中国乳品工业(4)：34-39.

3 青海省达日县.1974.利用分散奶源大力发展干酪素.中国乳品工业（4）：9-11.

4 扎鲁特旗乳品厂.1975.小型联产品生产简介.中国乳品工业（3）：18-19.

5 北京市牛奶公司.1977.北京酸牛奶.中国乳品工业（4）：34.

6 中国援建日处理能力为15吨的阿尔巴尼亚斯库台乳品厂，主要生产消毒奶、乳粉、奶油、炼乳、酸奶。1966—1969为建设期，1970年投产，项目由黑龙江省轻工业厅李维成副厅长负责。另外，中国还援建巴基斯坦、朝鲜等国乳品厂。

7 1974年，中国开始援建越南木州乳品厂，项目由黑龙江省工业厅援外处齐耀先处长负责，具体技术与设计由黑龙江省乳品工业研究所高奎元等实施。历经考察与选址等，1977年完成设计，后因形势变化而终止援建。

8 黑龙江轻工业厅史志办公室.1990.黑龙江乳品工业志稿.中国乳品工业（6）：283.

9 1967年，安达县轻工机械厂承担了阿尔巴尼亚斯库台乳品厂的设备制造任务。

1. 骨干乳品机械厂诞生 1958年，上海市牛奶公司以原上海乳品二厂机修车间的人员为主体（包括原"益民三厂"），抽调各乳品厂、养蜂场、牧场的机修人员和技术工人组建了上海市牛奶公司机械修配制造厂（上海乳品机械修配厂的前身）。当时该厂的任务是为牛奶公司下属各乳品厂和牧场的机械修配、汽车修理和饲料加工服务。当时的车间简陋，以牛舍改造为车间，设备也只有几台车床、刨床等。1962年，上海牛奶公司机械修配制造厂重新并入乳品二厂，作为其中的一个车间。1964年又从乳品二厂划出，成立独立的上海市牛奶公司机修厂，下设汽修组、钳工组、运输组、饲料组、技术组等部门。自主产品有储奶罐、奶泵、真空泵等，以后逐步研发生产了乳糖结晶缸、单效盘管浓缩锅、奶粉喷雾塔、奶瓶清洗机、牛奶灌瓶机、纸罩扎线机等设备。20世纪70年代初，更名为上海乳品机械厂。

缘于20世纪50—60年代的几次重大乳品设备革新与改造，黑龙江省安达县已经积累了丰富的乳品设备制造经验。1965年，在北京召开的全国乳品工业会议上，根据全国乳制品工业发展需要，考虑到安达县是全国重点奶牛生产基地，且有乳品研究所和较大乳品厂，轻工业部建议在安达县建设一座专业性乳品机械制造厂。1966年，安达县抽调部分技术骨干组建了安达县轻工机械厂（即黑龙江省乳品机械总厂的前身[1]）。由安达乳粉厂机修车间[2]、县农机厂、食品厂、制米厂等几家单位抽调57名职工，从县机械厂调进2台车床、1台刨床、1台滚齿机，干部和技术工人又自己动手，制造弹簧钟、滚齿机、剪板机、扁管成型机等设备，利用县食品厂的乳品车间做厂房，当年8月即投入生产，年底就生产出了2台夹层锅[3]。后来生产的乳品机械品种发展到了单效浓缩罐、双效降膜式蒸发器、双联过滤器、乳粉干燥塔、盘管式杀菌器、各类贮罐等乳品专用设备，成为全国乳品机械设备制造主要骨干专业厂之一。

2. 群雄荟萃乳飘香 20世纪60年代中期，全国除了上述两家专门生产乳品机械的企业外，还诞生了一批专门为乳品厂提供设计或生产设备的机械厂家。如，以向乳品行业提供乳品厂整体设计而闻名的中国轻工上海设计院[4]、中国轻工武汉设计院、黑龙江省轻工设计院；以向乳品行业提供片式热交换器、离心物料泵等闻名的上海饮料机械厂[5]；以向乳品行业提供奶缸、炼乳浓缩罐、奶粉压力喷雾塔等闻名的上海前卫机械总厂；以向乳品行业提供高压均质机而闻名的上海烟

---

1 该厂于1983年重组并归属黑龙江省轻工业厅直接管理，更名为黑龙江省乳品机械总厂，为轻工业部乳品设备生产定点企业。2005年改制，更名安达市天圜乳品机械制造有限公司。

2 武显章，关士勋.1986.黑龙江乳品工业发展史略.哈尔滨：黑龙江省食品工业公司：56.

3 安达市地方志办公室.1992.安达县志.哈尔滨：黑龙江人民出版社：354.

4 中国轻工上海设计院成立于1965年。

5 1964—1966年，上海饮料机械厂已经先后生产出奶油搅拌机与片式杀菌器。

草工业机械厂；以向乳品行业提供奶油分离机、净乳机[1]等闻名的江苏南京船用辅机厂；以向乳品行业提供管式热交换器而闻名的宁波食品设备制造厂；以向乳品行业提供塑料袋（软袋）灌装机而闻名的航天工业部航空电器公司[2]。

20世纪70年代，虽然中国乳品机械制造水平与世界乳品发达国家差距较大，但技术、装备和材料，以及系列配套设备等都有了可喜进步与发展，基本能满足此阶段中国乳品加工生产需要。1959—1978年全国乳制品产量见表5-9。

表5-9　1959—1978年度全国乳制品产量[3,4]

单位：万吨

年度	产量	年度	产量
1959	1.84	1971	3.03
1960	2.00	1972	3.40
1961	0.65	1973	3.49
1962	0.76	1974	3.55
1963	1.33	1975	3.66
1964	1.77	1976	3.67
1965	2.12	1977	3.92
1966	2.35	1978	4.65
1970	2.96		

注：乳制品系指干乳制品，如乳粉、奶油、干酪、干酪素，不包括液体乳。

第三节　改革开放初期的乳制品工业（1979—1990年）

1978年改革开放后，党中央在农业方面制定和贯彻了一系列正确方针，不仅全面发展了国营、集体和个体的奶牛生产，而且随着农村家庭承包制的推广，发展了大批奶牛饲养专业户和专业村，奶源生产进入了一个快速发展期，使中国商品奶的产量大幅度增加。伴随奶源生产的快速发展，乳制品产量、产值、品种、质量、技术、装备等方面都发生了很大变化[5]。

1990年，全国乳制品总产量达到了31.21万吨，与1978年相比，增加5.7倍，乳制品市场供给得到了进一步保障。全国共有乳制品加工企业756家，已遍布全国29个省、自治区、直辖市，比1978年增加了近3倍，其中独立核算企业540个。乳制品

1　此期，青海农牧机械厂研制生产了小型手摇或电动奶油分离机、净乳机、实验室用离心机等。
2　中国奶业发展战略研究课题组.1990.中国奶业发展战略研究.武汉：湖北科学技术出版社：203.
3　中国食品工业年鉴编委会.1985.中国食品工业年鉴 1984.北京：轻工业出版社：241.
4　骆承庠.1990.国内外乳品工业概况.哈尔滨：东北农学院.
5　宋昆冈.2009.乳制品行业//中国轻工业联合会.中国轻工业辉煌60年：218.

产值36.72亿元（按1990年不变价计），完成利税总额2.14亿元，其中利润1.26亿元。乳制品产量较多的省份是：黑龙江省114 294吨，浙江省22 496吨，内蒙古22 008吨，陕西省15 117吨，山西省13 390吨。1990年乳制品出口量2 137吨（其中乳粉117吨），出口省份是浙江省1 989吨（主要是炼乳），黑龙江省142吨（其中主要是乳粉）[1]。

一、产品结构与品种

党和国家领导人非常关心中国乳制品工业。1978年中央和国务院领导同志多次作出重要指示，要求加快发展乳制品生产，政府有关部门多次对乳制品生产作出部署和要求。长期关心中国奶业的王震将军指出“牛乳制品加工极为重要，是婴儿及特军兵种、重工业工人极需的”[2]。1979—1990年，随着奶源生产的好转与供应量的不断增加，人民生活水平持续升高，市场消费的拉动，乳制品产量成倍增加，乳制品产品结构开始发生了显著变化。

在发展几个主要乳制品如乳粉、消毒奶、炼乳的同时，重点开发生产了婴儿配方乳粉，形成乳粉系列化，研制了一些新产品，如奶圆、奶片等。另外，此期城市的酸奶生产发展很快，而全国奶油、干酪产量较少。奶油和干酪素除牧区以土法生产部分外，正规生产的主要是海拉尔乳品厂、富裕县乳品厂等[3]，干酪主要是安达乳品厂、甘南县长吉岗干酪厂、北京东直门外乳品厂生产，主要是天然干酪（不杀菌圆形干酪、荷兰Edam干酪）和融化干酪[4]两个品种。

（一）主要乳制品的发展

20世纪80年代以前，由于中国长期缺奶，加之各地奶业发展不平衡等，因此，中国乳制品加工首先是满足群众吃奶为主[5]。因此，此期的乳制品品种必然极其单一。如，1987年全国奶类产量373万吨（含羊奶），其中约170万吨用于消毒奶的生产，占奶类总量的45%[5]，以保证城镇供奶。因此，此期一些城市形成了以生产消毒奶为主、其他品种为辅的产业结构，而黑龙江[6]、内蒙古等地则是以乳粉和炼乳为主。

---

1 中国食品工业年鉴编委会.1992.中国食品工业年鉴1991.北京：中国轻工业出版社：301.

2 摘自1977年10月王震给江西省委副书记黄知真同志的亲笔信。

3 富裕县乳品厂主要以联合奶油制造机生产奶油。

4 “融化干酪”业内亦称“再制干酪”、“重制干酪”、“熔融干酪”、“加工干酪”等。2010年，国家食品安全标准GB25192—2010定名为“再制干酪”。

5 中国食品工业年鉴编委会.1989.中国食品工业年鉴1988.北京：中国轻工业出版社：379.

6 20世纪70年代末至80年代末，中国主要乳品生产基地黑龙江省开发了许多新产品，如双城儿童食品厂研制出婴儿奶粉、幼儿奶粉、儿童奶粉、孕妇奶粉等系列产品。之后几年，安达、泰康乳品厂开发了老年奶粉，齐齐哈尔、绥棱、讷河乳品厂研制了乳豆粉，富裕乳品厂开发出了巧克力奶粉、咖啡奶粉，一面坡乳品厂生产了“五加参”奶粉，齐齐哈尔乳品厂开发出了蜂蜜奶粉，海伦乳品厂试制了羊奶干酪、再制干酪，阿城乳品厂生产出了酸凝乳，哈尔滨松江罐头厂开发出了果味酸奶，肇东乳品厂研发了奶片，双城乳品厂研制生产出了母乳化奶粉，大庆红岗乳品厂开发了真空成型塑料包装牛奶干酪，哈尔滨闫家岗农场乳品厂在骆承庠教授帮助下开发出了乳酸菌粉（乳酸菌素）等。

1. 都市消毒奶“翻番” 中国许多大中城市消毒奶主要由郊区的国营农场生产经营，实施产、供、销一体化管理。由于受资金、饲料等条件限制，虽经努力发展，但生产量仍跟不上市场需求，全国大城市消毒奶供应一直比较紧张。20世纪80年代初，在北京、上海、天津、南京、武汉、西安等地均发生了“吃奶难”。随着各地采取一系列措施，特别是各地国营农场系统起到了中坚作用，促进了大城市（如西安、乌鲁木齐、长春、哈尔滨、大连等地[1]）奶业生产发展与消毒奶供给，加上1983年联合国世界粮食计划署奶类项目的实施[2]，开始生产再制奶[3]，这些大城市的液态奶供应紧张状况逐步得到缓解。

党的十一届三中全会后，国营农场实施农工商综合经营，奶牛养殖业得到快速发展，奶源数量开始大幅提高，加快了大中城市消毒奶的生产加工，大幅提升了供给能力。如，1976年，北京消毒奶日均销售量仅为80吨。1980年，北京新建了东直门外乳品厂，并采用机械洗瓶机、30头圆盘灌奶机生产消毒奶，增加了全市消毒奶供应量。自1985年东直门外乳品厂从法国购进软包装牛奶灌装机后，北京市其他乳品厂陆续安装了软包装灌装设备，逐步代替了旧式的消毒奶瓶装生产线，大大提高了消毒奶生产保障能力。至1989年北京日均销售消毒奶达到290吨。1991年北京市基本实现了消毒奶生产机械化。

1978年，上海为提高消毒奶生产能力，探索了许多办法。如，上海乳品二厂自制的20头牛奶瓶自动扎线机生产能力达到每分钟200瓶，大大提高了生产效率[4]。1979年，上海奶牛发展很快，牛奶生产大幅增加。为提高消毒奶加工能力，先后扩建乳品一厂、二厂、三厂，新建乳品五厂、八厂，又在第七牧场、第十一牧场和第六牧场增设加工车间，加上后来在星火农场、东海农场及崇明岛建立了第四、第六、第九乳品加工厂等，上海市加工能力显著提高。1990年，上海市日供瓶装消毒奶已突破200万瓶，与1989年相比日供应增加50万瓶，与1983年相比，日供应量翻了两番[5]。上海市市民终于从“缺奶喝”转变为“有奶吃”。

1984年，北京、天津、上海等大中城市陆续开始取消牛奶凭票证供应。北京、上海、天津、南京、武汉、西安等六大城市液态奶（巴氏杀菌奶、酸奶）供应量于1988年达到了4.44亿千克（含再制奶20.1%），比1982年增加近2倍[6]。

---

[1] 张林池，等.1986.当代中国的农垦事业.北京：中国社会科学出版社：200.

[2] 中国自1983年接受联合国世界粮食计划署奶类项目无偿援助以来，连同欧盟在内的国际乳品援助总值折合人民币10亿多元，国内配套资金17亿元，合计27亿元，项目分5期连续执行，覆盖24个省、自治区、直辖市，项目历时20年，缓解了中国大中城市居民吃奶难局面。

[3] 再制奶（再生奶）是以脱脂乳粉和无水黄油为原料（有时也加入酪乳粉），经溶解、混合、均质、杀菌、冷却、包装而制成的产品，或与部分新鲜生牛乳按一定的比例混合后经加工而制成的消毒牛乳。

[4] 张麟麟.1978.二十头牛奶瓶自动扎线机简介.中国乳品工业（3）：39.

[5] 中国食品工业年鉴编委会.1992.中国食品工业年鉴1991.北京：中国轻工业出版社：303.

[6] 徐矶，李易方.1991.当代中国的畜牧业.北京：当代中国出版社：141.

在保障大城市消毒奶供应中，国营农垦系统的乳品加工企业发挥了重要作用。据中国农垦乳品技术交流站[1]资料显示，自1990年起，全国农垦乳制品企业生产巴氏消毒牛奶超过了70万吨。1981—1991年，全国农垦乳品企业生产巴氏消毒牛奶的产量见下图。

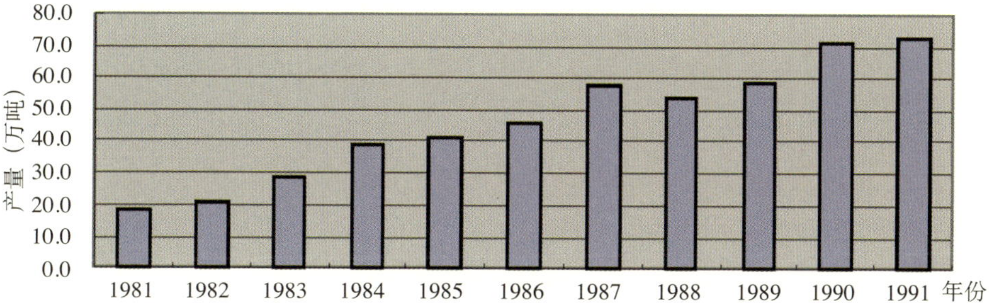

1981—1991年全国农垦乳制品企业生产巴氏消毒牛奶的产量
（此图数据由顾佳升提供）

2．“当家”乳品与供奶香港 20世纪70年代至80年代末，从全国范围看，始终以乳粉、炼乳为主导产品，由于乳粉、炼乳易于保存和运输，便于实施国内统一调拨与调剂，成为确保乳制品供给的“当家”乳品，甚至20世纪80年代后期，主要乳制品生产基地依然保持着以乳粉和炼乳为主的生产惯性，且产量、产能均以较高速度增加。

1987年，全国乳制品产量27.22万吨，比1986年的21.17万吨增长了28.6%，其中奶粉产量18.99万吨，占总产量的69.8%，居产量第2位的是全脂加糖炼乳。而在奶粉中，又以全脂加糖乳粉为主，全脂乳粉和婴儿配方乳粉（母乳化奶粉）相对较少[2]。

在乳粉与炼乳的生产区域上，也呈明显差异。北方地区以乳粉为主，南方地区则以炼乳居多。在中国乳制品生产基地，乳粉生产比例极高。如，黑龙江省生产的乳粉占本省乳制品总产量的95.7%，浙江省生产的乳粉仅占本省乳制品总产量的23.2%，而广东省则几乎没有乳粉生产。1990年，全国乳粉总产量24.152 5万吨，占乳制品总产量的80.6%[3]，比1978年增长了11倍。12年中，除1989年略有下降外，乳粉在全国乳制品生产中，依然保持着“当家”地位。炼乳产量较大的企业是浙江瑞安市百好乳品厂与温州乳品厂，1990年分别为3 386吨和2 033吨。1990年，婴儿配方乳粉增幅较大，见表5-10。

---

1 中国农垦技术交流站于1983年由农业部农垦局设立于上海市牛奶公司，1993年撤销。

2 中国食品工业年鉴编委会.1989.中国食品工业年鉴1988.北京：中国轻工业出版社：379.

3 中国食品工业年鉴编委会.1992.中国食品工业年鉴1991.北京：中国轻工业出版社：301.

表5-10　1990年全国199家重点乳品企业产品比例[1]

乳制品品种	1989年完成（吨）	1990年完成（吨）	占统计量比例（%）	比上年增减（%）
合　计	143 072	236 169		
全脂奶粉	7 318	8 123	3.4	11
全脂加糖奶粉	93 533	103 400	43.8	10.55
婴儿配方乳粉Ⅰ号	9 791	16 220	6.9	65.66
婴儿配方乳粉Ⅱ号	10 082	12 329	5.2	22.29
甜炼乳	16 124	13 943	5.9	－13.53
奶　油	477	395	0.17	－15.49

20世纪70年代末至80年代，香港地区的牛奶生产与供应开始逐渐依赖内地。缘于香港土地局限，香港奶牛养殖业发展受城市环保等要求而始近“黄昏”，香港消毒奶供应面临“枯竭”。1979年，深圳光明华侨畜牧场与港商（香港豆品公司）合作，建成日处理24吨的消毒奶加工厂，采用瑞典成套自动化先进设备生产消毒奶。到1983年，供应香港总量达7 000多吨，占香港市场销售总量的70%[2]。

3. 城市的“新宠”　酸奶是全国大中城市民众喜爱的一种乳制品，特别是夏秋季节，更是畅销食品。新中国成立后的酸奶工厂化生产，起步于20世纪60年代的北京、天津等地区[3]，后来逐渐发展到了上海、广州、西安、武汉、郑州等各大城市。20世纪80年代初起，一些小城市也开始生产酸奶。早在1959年，内蒙古轻工研究所成功采用冷冻升华干燥技术保藏乳酸菌菌种。1985年，轻工业部在内蒙古轻工研究所建立了全国乳酸菌发酵剂研究中心，开始批量生产干粉状酸奶发酵剂，为中国开展工厂化酸奶生产创造了条件。

进入20世纪80年代以后，酸奶生产得到较快发展品种增加。据1987年对北京、天津、南京、沈阳、武汉等10个城市的调查资料显示，约19.6%的原料奶用来生产酸奶。这10个城市的酸奶生产量比1986年增长了80.8%，发展速度很快，其中北京1987年生产酸奶11 750吨，酸奶总量为全国之首[4]。

实际上，北京市自1966年就建立了泡子河酸奶厂（今北京站附近），开始生产瓷罐装酸奶，初期以手工灌装，开始了酸奶工厂化生产历程，当年就生产酸奶104吨（461 000罐）[5,6]。1976年，北京牛奶公司自制了酸奶灌装机，提高了生产效

1　中国食品工业年鉴编委会.1992.中国食品工业年鉴1991.北京：中国轻工业出版社：301.

2　徐矶，李易方.1991.当代中国的畜牧业.北京：当代中国出版社：537.

3　据1986年中国畜产品加工协会、中国牧工商联合总公司组织印编的酸奶加工培训教材——《酸奶的加工》第2页整理。

4　中国食品工业年鉴编委会.1989.中国食品工业年鉴1988.北京：中国轻工业出版社：379.

5　北京市牛奶公司生产组.1977.北京酸牛奶.中国乳品工业（4）：34–37.

6　北京泡子河酸奶厂的工人王师傅系新中国成立初期专为苏联使馆制作酸奶的老技工，仅凭手感、眼观等即可制作出风味极佳的凝固型酸牛奶，经验丰富，人送绰号“酸奶王”。后来，泡子河酸奶厂迁址朝阳门外南小街，更名朝阳牛奶供应处（朝阳奶站），所产消毒奶、酸奶专供各使馆。

率，当年生产酸奶932吨，夏、秋日销售量最高达4吨。1982年，北京东直门外乳品厂从丹麦引进日产15吨的酸奶生产先进设备，实现了酸奶生产大部分工序自动化、机械化，同时在东直门外乳品厂内设立了北京市乳品研究所，开展酸奶菌种提纯、扩培等技术研究与开发，研制成功的酸奶露获1984北京市科技成果奖。1984年，东直门外乳品厂开始生产搅拌型果料塑杯酸奶和凝固型塑杯酸奶。北京市酸奶产能得到了大幅提高，1989年达到3.3万吨[1]。

上海早在1928年已有规模不大的酸奶作坊，但无工厂化生产。新中国成立后，上海的酸奶生产得到一定程度发展。20世纪80年代，上海酸奶的年产量开始逐年递增，从1982年的550吨增加到1989年的2 967吨，平均递增27.2%[2]。

1983年，乌鲁木齐市牛奶公司乳品厂从北京引进优良的酸奶菌种，结束了新疆酸奶自然发酵的历史，从此改为人工发酵生产酸奶，酸奶质量大大提高。

截止1989年，北京、上海、天津、武汉、南京、西安6大城市的酸奶总产量达5.03万吨，比7年前的1982年6城市合计1 709吨，增加了近30倍[2]，成为城市的“新宠”，发展势头迅猛。

4. 老资格的“联产品” 正如前面所讲，自20世纪60年代起，中国一些乳品企业已经开始了干酪素与乳糖的生产。由于工序的繁简差异，在中国生产干酪素的乳品小厂似乎要多于乳糖生产，而乳糖多为专业乳品厂生产。基于其他工业需要，如供皮革和造纸印刷行业用的干酪素（制备胶黏剂），供医药化工行业用的乳糖（生产青霉素的培养基用）等非食用的乳制品在20世纪80年代一直保持生产。其中，生产干酪素最为重要的工序是奶油分离技术，脱脂奶含脂率低于0.03%[3]，这是生产高质量干酪素的第一前提。因此，有条件的乳品厂，此工序大多采用进口的奶油分离机，脱脂效果较好，可保证干酪素质量。1978年中国干酪素产量1 319吨，1990年为1 375吨，产量较为平稳。

实际从严格意义上说，中国此期生产的“联产品”与奶业发达国家是略有不同的[4]。除几家专业工厂外（如海拉尔乳品厂、北京南郊乳品厂等），一般乳品厂生产的“联产品”是对新鲜度与质量较低的生奶，或者由于各种原因使得牛奶变得不再适于食用，同时为避免资源浪费，经简单综合处理后，分离得到脱脂奶，经酸法点胶所得乳清经石灰乳中和，再经洗涤、干燥等而制成工业所需的粗制产品（粗制乳糖），因此，称其为“工业用联产品”似乎更为贴切。

---

1 中国奶业发展战略研究课题组 .1990. 中国奶业发展战略研究 . 武汉：湖北科学技术出版社：438.

2 中国奶业发展战略研究课题组 .1990. 中国奶业发展战略研究 . 武汉：湖北科学技术出版社：201.

3 《乳品工业手册》编写组 .1987. 乳品工业手册 . 北京：轻工业出版社：285.

4 国外还包括利用可食用的牛奶加工的联产品，如制造奶油而得到的酪乳、干酪素钠盐等，以及制造干酪而得到的乳清蛋白、乳糖等。

（二）新产品开发与生产

1979年6月，全国人民代表大会第五届第二次会议的第1840号提案——建议为婴儿生产代乳食品对中国乳品工业具有重要意义。由此拉开了中国乳制品工业向社会正式提供“乳基”婴儿配方奶粉[1]的序幕，结束了中国乳制品工业此前仅提供全脂奶粉或婴儿乳粉喂养婴儿的历史[2]。此前，中国生产的婴儿代乳食品多属于“豆基”或“米基”类型[3]，因为缺乏奶源，所以实际生产中的含“乳基”情况尚少。

随着牛奶生产发展与市场需求增加，乳制品产品开始增加，如酸奶、冰淇淋等在各地城市发展很快，干酪生产也有所增长。此期，奶粉品种中出现了调味奶粉系列品种，液态奶领域里开发出了调味奶（也称为“花色奶”）系列品种。如，甜牛奶、咖啡牛奶和巧克力牛奶等，还有橘味牛奶、香蕉牛奶等果味牛奶，但总体看，此间中国乳品品种比较单一。实际上，随着市场需求与消费结构的变化，人们对乳制品的选择性开始逐步增强。

1.婴儿乳粉升级换代 1980年，为“解决娃娃吃饭难问题”，国务院将“第二代乳基婴儿食品配方（曾用名母乳化奶粉）”的研究课题，作为“六五”（1981—1985）期间重点攻关项目，正式下达给内蒙古轻工科学研究所和黑龙江省乳品工业研究所（以下称“两所”）[4]。1979年，黑龙江省双城县乳品厂为了发展婴儿乳粉生产，将厂名更改为双城县儿童乳品厂。1981年，双城县儿童乳品厂配合两所共同研制成功了婴儿配方奶粉（后称配方Ⅰ号），主要强化了植物蛋白、微量元素、维生素等，当年通过技术鉴定并正式投产，获国家银质奖[5]。截至1987年，双城县儿童乳品厂已生产婴儿奶粉及母乳化奶粉3 000多吨。

1983年2月，从新西兰进口脱脂粉后，两所在杭州食品厂、内蒙古通辽乳品厂、甘旗卡乳品厂、海拉尔乳品厂、双城县儿童乳品厂、江苏无锡县乳品厂等共同合作下[6]，仅3个月就研制成功并定型了“婴儿配方乳粉Ⅱ”配方与工艺。该配方不再使用大豆蛋白，并且首次提出在乳蛋白质含量中“乳清蛋白≥60%”的指标。即要求使用品质上乘的脱盐乳清蛋白为原料生产婴儿食品[7]。当时婴儿配方奶

[1] 《婴儿配方食品》GB10765—2010，第3.2.1款。

[2] 关于本市代乳品生产供应情况的调查报告．北京市档案馆．档案号119-001-00538．本档案文件记载：“品种有代乳粉、糕干粉和混合奶粉（60%鲜奶、30%大豆奶粉混合喷雾制成）三种。”由此可见，早在1961年，类似乳基的产品已经开发生产。

[3] 萧家捷．1997．婴儿配方食品综述．食品工业科技（5）：1-4．

[4] 国发〔80〕262号文批转了轻工、粮食、商业三部门的《关于解决婴幼儿食品问题的报告》。

[5] 中国食品工业年鉴编委会．1989．中国食品工业年鉴1988．北京：中国轻工业出版社：385．

[6] 中国食品工业年鉴编委会．1989．中国食品工业年鉴1988．北京：中国轻工业出版社：242．

[7] 1981年7月20日，轻工、卫生主管部门联合在昆明组织起草《婴儿食品营养剂卫生标准》，1982年8月25—30日又在北京召开标准审定会，1983年8月1日联合颁发中华人民共和国轻工业部标准（试行）《婴儿食品营养及卫生标准》QB869-83，1984年1月1日起在全国实施。

粉（即母乳代奶粉，后称配方Ⅱ号）主要安排在重点企业生产，而且国家还专拨外汇购买进口的脱盐乳清粉[1]予以支持。“婴儿配方乳粉Ⅱ号”研制项目获国家科委“六五”公关项目科技进步二等奖。

1990年全国婴儿配方乳粉产量有较大增长，全国约为3.5万吨。其中配方Ⅰ号2万吨、配方Ⅱ号1.5万吨。据对199家重点乳品企业生产情况统计，婴儿配方乳粉Ⅰ号产量较大的企业依次是黑龙江省海伦县乳品厂2 936吨，双城市儿童乳品厂2 039吨，齐齐哈尔乳品厂1 702吨[2]，富裕县乳品厂1 186吨。婴儿配方乳粉Ⅱ号产量较大的企业依次是石家庄市乳业公司3 394吨，黑龙江乳品厂（安达）2 307吨，杭州市食品厂2 165吨，双城市儿童乳品厂2 165吨[3]。

中国乳品科技人员花费了约40年时间，开始迎头赶上了国际婴幼儿营养科学研究的前沿，预示着婴儿乳粉加工技术取得了重大进步，为解决“娃娃吃饭难”探索了有效途径，为中国乳制品工业日后发展拓展了广阔空间。

2. 乳粉系列化与干混工艺　20世纪80年代，中国乳粉新品种不断涌现。除婴儿配方乳粉（母乳化乳粉）外，还研制生产了孕妇乳粉、强化锌乳粉、老人乳粉[4]、多维乳粉[5]等新型产品，逐步形成了乳粉产品系列化。

1987年，由黑龙江省乳品工业技术开发中心研制成功的新型孕妇乳粉通过了技术鉴定。黑龙江省龙江县乳品厂率先协助试生产，所产“灯塔牌”孕妇乳粉开始批量生产，供应市场。孕妇乳粉是为适应孕妇在妊娠期的特殊营养需要而研制的新型乳粉品种，对改善孕妇自身营养状况和促进婴儿优生优育具有重要作用。“灯塔牌”孕妇乳粉与之前国内已有的孕妇乳粉相比，有了较大改进。一方面首次添加了牛磺酸，对婴儿视力、智力等发育有比较明显的促进作用，另一方面采用了新型维生素C添加剂，并针对几种微量元素添加剂，分别以其有机物形式替代了其无机物形式而实施添加，更利于人体吸收[6]。

1987年，齐齐哈尔轻工学院联合黑龙江省甘南乳品厂共同研制成功了“黑龙牌”强

1　资料显示，20世纪80年代中国所开发生产的婴儿配方奶粉（母乳代奶粉）中，其实际投料配方所用的进口乳清粉均为90%脱盐乳清粉（D90），其脱盐乳清粉的灰分≤3%，此指标值与国际先进标准一致。另外，此期《婴儿配方奶粉》（专业标准）历经多次修正，1986年前虽未正式得以颁布实施，但行业内已按此标准生产并得到实验验证。

2　齐齐哈尔乳品厂的前身系1952年政府接管俄国侨民遗留牛奶作坊——黑力斯道夫等所创办的昂昂溪牛奶供销合作社，土法生产炼乳、奶油、乳粉等，其中干酪年产35吨并一度出口朝鲜。1956年昂昂溪牛奶供销合作社在黑龙江碱厂的旧址上新建滚筒法乳粉厂，组建了齐齐哈尔乳品厂。1958年，乳品厂因距糠醛厂较近，为避免污染而又迁址昂昂溪榆树屯。乳品厂几经起落与建设，1984发展成为日处理能力100吨的较大乳品厂，产品商标“瑞雪牌”、“红梅牌”（出口专用）。

3　中国食品工业年鉴编委会．1992．中国食品工业年鉴1991．北京：中国轻工业出版社：301．

4　中国乳品工业．1985（5）：2．

5　刘文阁．1985．黑龙牌多维乳粉通过鉴定．中国乳品工业（5）：3．

6　曲津华．1987．新型孕妇奶粉通过省级技术鉴定．中国乳品工业（6）：244．

化锌全脂加糖乳粉，配方中主要强化了葡萄糖酸锌等。全国缺锌儿童较多，该产品对儿童补锌、克服厌食偏食效果较好。儿童喂养试验表明，在促进幼儿生长发育方面与普通乳粉相比，具有良好效果，差异明显。同时，该产品具有良好的经济和社会效益[1]。

1989年，黑龙江乳品技术开发中心试验研究成功婴儿配方乳粉Ⅱ号（母乳化乳粉）干粉混合法新工艺[2]。之前，婴儿配方乳粉的生产均采用湿法工艺，即将脱盐乳清粉溶化，加入维生素、植物油等经浓缩、喷雾干燥制成。而该项新工艺是利用50%左右的高脂乳清粉（含脂20%左右）和50%的基粉（以牛乳、乳脂肪、植物油为原料，含脂肪35%左右），以及粉状维生素粉和矿物盐直接以干粉状态混合均匀得到产品。这样的工艺不必重新溶化乳清粉，节约能源，使每吨成品成本降低40元左右[3]。自此之后，干粉混合工艺技术逐步在一些婴儿配方乳粉生产企业开始应用。

3.“小产品”[4]增加与开发 1980年以前，中国主要由安达乳品厂生产天然发酵的俄式不杀菌干酪，年产约20吨，主要供应外国驻华使馆及少数涉外饭店。1987年，北京东直门外乳品厂从芬兰引进依达姆（Edam）[5]半硬质干酪生产线[6]，日产干酪500千克。1984年武汉乳品厂采用武汉市轻工业科学研究所试制成功的双叉乳杆菌[7]，开始生产供应双叉乳杆菌酸牛（羊）奶。这种酸奶既有利于老年人肠道吸收，促进新陈代谢，也有利于增强儿童免疫力。

奶片是1984年开发的一个乳制品新品种，是以脱脂奶粉、半脱脂奶粉为原料，添加葡萄糖、蔗糖，再调以微量元素、维生素、风味料等经加压成型，不经冲调，直接食用的片状食品。1984年黑龙江省肇东乳品厂用国产单冲头压片机试制奶片，年产量几十吨。1987年肇东乳品厂引进意大利设备投产后，1988年产量达350吨，创利税123万元。1989年，全国已有14家生产奶片的乳品企业，一般生产能力每年240吨[8]。

奶圆[9]为中国特有产品，是以饴糖、蔗糖、奶粉为主要原料，适当添加奶油、风味料混合成半固体，制成一定形状，经真空干燥膨化成球形，故称奶圆。最早由黑龙江省完达山食品厂于1987年试制成功并率先生产，奶圆投产后效益显著。

---

1 张保锋.1987.强化锌全脂加糖奶粉通过省级鉴定.中国乳品工业（4）：149.

2 1988年，轻工业部食品工业司、新西兰乳品局、黑龙江省乳品工业技术开发中心共同签署一项国际合作科研项目——婴儿配方乳粉干法生产新工艺的研究，同年被列入黑龙江省重点科研项目计划。新西兰专家组曾于1989年两次来华合作指导，我国按期完成了攻关内容，达到所要求的主要技术经济指标。

3 中国食品工业年鉴编委会.1991.中国食品工业年鉴1990.北京：中国轻工业出版社：332.

4 此处之所以名曰“小”，仅指产量较少。

5 依达姆干酪（Edam）也称Edamski干酪，原产地为荷兰，成熟时间一般为6～8周，属于半硬质干酪。国内另有译成“伊顿干酪”、“艾达姆干酪”等。

6 徐矾，李易方.1991.当代中国的畜牧业.北京：当代中国出版社：522.

7 “双叉乳杆菌”后来亦称“双歧乳杆菌”。

8 中国食品工业年鉴编委会.1991.中国食品工业年鉴1990.北京：中国轻工业出版社：332.

9 “奶圆”亦称“奶香酥”、“奶球”、“奶乐”等。起初由黑龙江省完达山食品厂化验员王艳华等从膨化玉米联想到“膨化奶糖”而研制成功，该项技术获国家专利。奶圆入口即化、好吃美观，深受群众喜爱。

后经黑龙江省食品公司、黑龙江省乳品工业开发中心摸索试制成功，开始推广。1989年，全国有近20家乳品工厂生产奶圆，年总产量200吨。

婴儿配方鲜奶是1990年由北京市南郊乳品厂与中国预防科学院营养与食品卫生研究所共同研制生产，以"'万年青牌'宝宝奶"投入批量生产[1]。婴儿配方鲜奶是以脱脂牛乳、脱盐乳清粉、稀奶油、精炼玉米油为主要原料，添加维生素及微量元素，经配料、预热、均质、标准化、杀菌、冷却加工而成，可直接食用，适于6个月以内的婴儿。该产品的开发和生产，无疑是婴儿们的福音。

（三）开发含乳制品

此期伴随乳制品生产大发展，各品种也开始登台亮相。这些品种无论处于市场上的强势或弱势，还是源自乳品家族宗亲或衍生，均促进了乳品市场琳琅满目。

1. 走红的麦乳精 存在不一定合理，但存在有其客观必然。古往今来，人类的饮食探索从未止步，但传承沿袭下来的食品，都是历经时间的洗涤、岁月的磨砺及人们的代代认知认同。至于那些衍生出的派别，弃也罢，用也罢，无一例外地接受着苛刻抉择。在此，不知下面所说的麦乳精是否属于例外了。

新中国成立前的一个老产品"麦乳精"，20世纪70—80年代在中国陡然走红，可谓经久不衰。麦乳精是一种乳固体含量为25%～30%的固体饮料产品，糖类达60%以上[2]，属于含乳的固体饮料[3]。虽然其产量并不是很大，与传统的消毒奶和乳制品通过"凭票凭证"的计划分配渠道的供应量相比似乎无足轻重，但在20世纪70—80年代，对一些企业来说，麦乳精确实很重要，耗奶量不多却获利颇丰，以及喝的时候特别诱人的香甜味，因此，对消费者具有一定吸引力，成了曾引领中国乳制品潮流多年的"宠儿"，一度"走红"的常青树。

但也有观点认为，即便麦乳精不属正宗的乳制品家族，但毕竟它至少含25%的乳成分，倘若市场消费食用了100吨麦乳精，也相当于消费了25吨的乳制品，不能说对乳制品市场没有拉动作用。在国人尚无普遍消费乳制品饮食习惯的情况下，开发生产各种口味与花色的含乳食品也不无道理。随着时间推移，麦乳精似乎给后人及乳制品家族留下了"正本清源"的可能。如今，虽然没有多少人将其视为乳制品了，但不等于没人喜欢它。

2. 含乳饮料 20世纪80年代至90年代初，中国含乳饮料产品发展神速。先期是发酵后酸奶经添加2倍的水进行稀释，再经调味后而得到的活性乳酸菌饮料，颇受青睐。后来，开始出现在牛奶中直接添加有机酸（乳酸、苹果酸、柠檬酸等）经人工勾兑与稀释的乳酸饮料。诚然，如何开发适合国人饮食习惯和口味

---

1 中国食品工业年鉴编委会.1992.中国食品工业年鉴1991.北京：中国轻工业出版社：302.

2 黄澧权.1988.中国乳品工业的发展.中国乳品工业（2）：89.

3 2005年国家质量监督检验检疫总局明确其为固体含乳饮料，归入饮料业的范畴。

的新产品，是中国几代乳品人为之奋斗的目标，乳制品加工业更是责无旁贷。但是，其乳成分最多也只有全乳的1/3，却在几十年间一直被大众误以为是“乳制品家族”成员，直到2003年才开始“拨开云雾”，乳制品家族与乳酸饮料划清界限，终于分道扬镳了。这是不争的事实。

含乳制品的不断开发，一方面增加了品种，繁荣了市场，提高了企业效益，另一方面也给后人留下了许多思考，尤其是开发产品的基本思路与技术方向。不可否认的是，一味的“添加”似乎过于简单了，似背负了“玷污”奶的嫌疑。因此，借助新型加工技术，诸如膜分离技术[1]、生物工程技术[2]、冷冻杀菌和干燥技术等似乎更显合理[3]。正如前人已探索出的经乳酸菌发酵的酸奶和干酪等，就是很好的例子。

对营养丰富的奶而言，“提取”或“改性”似乎比“添加”更理性。这便引起我们的思考：何为乳制品、开发新型乳制品的基本原则、如何使公众了解与知道更多、乳的标识要求，等等。毋庸置疑的一个共识，就是促进中国奶业大发展的根本，更重要的是在于宣传乳的营养益处，拉动乳制品消费。

二、技术装备进步与提高

技术装备是建设与发展乳品加工业的必备条件。改革开放为中国乳制品工业的发展带来了前所未有的活力与生机。1979—1990年，随着牛羊奶畜发展及乳品市场增长，对乳品机械需求量大增，技术和工艺不断提升，乳品生产技术装备有了重大进步[4]。无论是国产乳品机械装备，还是进口的乳品设备，均使中国乳品厂的技术装备水平有了较大提高，新引进的技术设备有的甚至已达到了世界先进水平，开启了中国乳品加工史上的第二次技术改造。

20世纪80年代，中国的乳品设备与世界先进水平相比约有20年的差距[5]。从全国乳品工厂总体看，状况并不乐观。例如，1978年全国乳品厂262家，1990年发展到540家（独立核算企业），虽然乳品厂增加了2倍多，但其中相当一部分为小型工厂，日处理能力100吨以上的仅占3%，50吨以上的40%[5]。大部分乳品工厂的日处理能力仍比较低，设备技术平均水平还比较落后。一方面说明中国对先进的技术装备的消化吸收缺乏推进力度，另一方面也反映了加工设备改造与全面提升，绝不是一朝一夕的事情，既要考虑有计划地统筹发展，与奶源协同推进，也要兼顾国力、国情，注重资源利用与节约。

---

[1] 可应用于乳制品工业的膜分离技术，包括反渗透、超滤、微滤、瓷过滤、纳滤等。

[2] 可应用于乳制品工业的生物工程技术，包括基因工程、细胞工程、酶工程、发酵工程及生化工程等。

[3] 工业和信息化部、国家发展和改革委员会（工联产业〔2009〕第48号）公告．乳制品工业产业政策（2009年修订）．第三十四条．

[4] 骆承庠．1990．国内外乳品工业概况．哈尔滨：东北农学院．

[5] 黄澧权．1988．中国乳品工业的发展．中国乳品工业（2）：91．

（一）国产设备设施的进步

截至1990年，中国已拥有一小批以乳品机械为主业的骨干厂，包括上海乳品机械厂、黑龙江省乳品机械总厂、上海饮料机械厂、上海前卫机械总厂（原周浦机械厂）、宁波食品设备制造总厂、哈尔滨乳品设备制造厂、美乐公司大程乳品机械厂、北京乳品机械厂、天津航空电器厂等[1]。20世纪80年代至90年代初，全国专业化乳品机械工程公司相继成立，如中国轻工机械黑龙江乳品机械公司[2]、黑龙江省乳品设备成套安装工程公司等[3]，开展国内外乳品工程建设服务。

从技术装备看，中国在乳品加工设备方面一直坚持独立自主、自力更生，并不断引进和吸收世界先进设备技术，取得了重大进步。绝大多数新建乳品工厂使用的是全套国产乳品设备，表明中国乳品机械制造业已经具有一定的水平[4]。从生产规模上看，乳品机械工业可以提供中、小型乳品厂成套设备。如上海、宁波、黑龙江、大程等乳机厂均能制造5吨、10吨、20吨、50吨日处理量的奶粉成套设备。黑龙江乳品机械总厂还引进了日处理能力100吨的丹麦乳品机械加工技术和专用设备[5]。

从技术水平看，用国产乳品机械装备的乳品厂已初步实现机械化，平锅生产等手工操作方式已基本被淘汰。另外，从设备材质上看，除奶桶以铁皮搪锡或铝合金居多外，生产设备接触产品的内表面多以不锈钢制造，改变了以往使用铜、铁、搪锡设备的状况，从而使产品的卫生质量及重金属指标得到保证[5]。

1. 干燥塔与节能设施 众所周知，乳粉生产中的干燥工序无论是采取压力喷雾，还是离心喷雾等，喷雾干燥是消耗能源较大的工序，同时也影响和决定了乳粉的质量。因此，在开发生产国产喷雾干燥设备及配套设施时，中国乳品科技与工程技术人员一方面注意提高生产能力和效率，另一方面越来越注重节能技术的应用，不断改进设计思路和优化方案。

20世纪70年代末，黑龙江乳品工业研究所参照国外先进设计理念，大胆采取了变一步干燥为两步干燥的方法，探索研究了喷雾沸腾干燥技术（流化床干燥技术），节能技术取得了可喜突破[6]。1982年，在黑龙江省投资126万元扩建安达乳品厂的技改工程项目中，该项节能技术首次使用，具体方案及技术论证由安达乳品厂组织实施[7]，成套设备由黑龙江省乳品机械总厂生产，建成了一座日处理能力

---

1 中国奶业发展战略研究课题组．1990．中国奶业发展战略研究．武汉：湖北科学技术出版社：204．

2 该公司成立于1986年，隶属中国轻工业机械总公司管辖，后更名北京中轻机乳品设备有限责任公司。

3 黑龙江省乳品设备成套安装工程公司成立于1993年，隶属黑龙江省乳品工业技术开发中心。

4 黄澧权．1988．中国乳品工业的发展．中国乳品工业（2）：91．

5 中国奶业发展战略研究课题组．1990．中国奶业发展战略研究．武汉：湖北科学技术出版社：203．

6 王中，等．1986．当代中国的轻工业（下）．北京：中国社会科学院出版社：120．

7 具体方案及技术论证由富有经验的安达乳品厂技术厂长孙惠武负责组织实施，工程质量较好，试车效果理想。

50吨的日式"MD型"[1]压力喷雾干燥塔，试车获得成功，节能20%[2]。1982年，在陕西富平乳品厂新建羊乳粉项目中节能技术再次使用[3]，建成了日处理能力100吨的大型乳粉压力喷雾干燥设备[4]，标志着中国自己设计生产大型乳粉厂水平有了质的飞跃，国产干燥技术进入一个新的发展阶段[5]。

1983年，黑龙江省泰来乳品厂与哈尔滨工业大学合作，研制成功了热管排风余热回收装置，应用在乳粉生产中[6]。这种装置体积小，效率高，维护简便，余热回收效率达到了50%[3]。1984年，轻工业部组织全国各地乳品厂集中推广这一经验，受到许多乳品厂的欢迎，为节约能耗发挥了重要作用。此外，上海饮料机械厂成功研制生产的BP2系列板式换热器，获得国家质量金奖[7]。

2. 国产灭菌机与原位清洗（CIP）[8] 1985年，由轻工业部上海轻工业设计院与浙江宁波食品设备制造厂联合试制生产的国产RP6L40新型超高温瞬时灭菌机，在浙江宁波食品设备制造厂投入批量生产。该机型是在1981年研制成功的RP6L20基础上，解决了制造中关键技术——双套盘管的同心度[9]，改进了蒸汽自控装置和自动记录仪表，每小时处理能力4吨，虽然与国外先进设备尚存差距[10]，但已完全满足灭菌要求。RP6L40新型超高温瞬时灭菌机先后在北京西郊乳品厂、山西洪洞乳品厂、浙江温州乳品厂等正式投入使用，性能稳定，灭菌效果良好，实现了灭菌设备国产化[11]。

1989年，浙江省宁波食品设备制造总厂与轻工业部杭州轻工机械研究所联合研制，成功试制生产了原位清洗设备。该设备主要由碱液槽、酸液槽、蒸汽加热管、气动阀、离心泵、仪表电气控制箱、洗液分配管等组成，洗涤过程采用自动程序控制。该设备批量生产之前，首先在杭州食品厂、柳州食品厂试用，取得了

---

1 此期所称"MD型"乳粉干燥塔，系指日本森永乳业公司制造的喷雾干燥装置的简称。该型干燥塔具有使液滴干燥并使干燥粉末能够得到冷却的特点，同时配以单一喷嘴喷头，雾滴与热风呈并流干燥，而冷风与干燥粉呈逆流冷却，可避免形成团块状乳粉，提高乳粉分散性，减少焦粉及乳粉黏壁现象。

2 经1982年、1983年、1984年三次设备改造与扩大产能，安达乳品厂日处理能力达到120吨，时为年产6 000吨乳粉的全国最大乳品厂。此后全国日处理能力20吨以上新建乳品厂均赴安达或富平学习二步干燥技术。

3 王中，等.1986.当代中国的轻工业（下）.北京：中国社会科学院出版社：120.

4 1982年富平乳品厂新建单班处理50吨的乳粉干燥设备系轻工业部上海轻工设计院设计建设。

5 按照黑龙江省乳品工业研究所设计原理，1981年6月齐齐哈尔汽车制造厂为齐齐哈尔乳品厂成功生产出振动流化床干燥器，生产全脂速溶乳粉。该设备与原有喷雾干燥塔配套使用，采用二次干燥技术，提高产能20%～25%，节省热能51%～20%。

6 许吉英.1981.乳粉干燥塔（箱）余热的初步回收.中国乳品工业（4）：31-34.

7 中国奶业发展战略研究课题组.1990.中国奶业发展战略研究.武汉：湖北科学技术出版社：204.

8 原位清洗系指应用水、清洗剂、消毒剂和相关设备对闭路的食品设备及其管道内部进行的循环性冲洗处理，亦称就地清洗、原地清洗、在位清洗。

9 中国乳品工业.1985.

10 此期国外同类设备的灭菌工艺参数为125～150℃，保持1～2分钟。

11 此期四川自贡机械厂生产的专用均质机也投入批量生产。

很好效果，设备性能达到了国外同类产品要求。1990年开始批量生产[1]，标志着中国原位清洗技术有了较大进步，一改过去依赖进口配套局面，国产原位清洗技术逐渐在中国乳品厂中得到普及与运用。

1990年，由轻工业部日用化学研究所承担的国家“七五”科技攻关项目——食品工业清洗剂获得成功。在该种新型乳品设备清洗剂中，所采用的PC系列输奶管道清洗剂在山东省莱州市化工厂正式投产。以前旧式清洗剂是采用较高浓度的氢氧化钠与硝酸清洗，既污染环境，也易腐蚀设备，不利于安全生产。PC系列输奶管道清洗剂经毒理试验及有害物质含量的测定，证明无毒、无害、无气味，不污染环境，清洗效果好，成本低[2]。PC系列输奶管道清洗剂与原位清洗设备的研究成功与批量投产，促进了中国乳品企业设备清洗技术的进步。

3. 储奶罐与灌装机 1990年，上海乳品机械厂成功设计和制造了国产露天立式储奶罐，并批量生产。随着乳品加工厂规模的不断扩大，储奶设备容量及数量增加，使用室外储奶罐可有效节省车间内场地面积和建筑费用。上海乳品机械厂制造的国产露天立式储奶罐首次在比较炎热的云南、上海等地乳品厂投入使用，效果良好。露天立式储奶罐容量分别为15吨、30吨、60吨。在炎热夏天罐内储存牛奶，24小时内最高升温不超过2℃[2]。

奶罐的进奶口、出奶口均在罐底，其进奶方式可以保持进奶平稳，避免产生泡沫。储奶罐采用原位清洗技术，在奶罐锥顶中心装配T型旋转式喷头，喷头转速每分钟300转，最大清洗液流量每小时15吨，全部储奶罐清洗过程在密闭的系统中自动进行。露天储奶罐具有较大经济效益。以30吨罐为例：安装4座30吨罐，总贮量120吨，需要占地45米^{2}的室外面积，花费65万元资金。但如果安装6吨室内罐存放这些奶，需要占地200 米^{2}的车间，总花费80万元[2]。因此，许多乳品工厂，特别是新建乳品厂纷纷开始采用露天储奶罐，与之前相比，节省了资金。

1989年，浙江省宁波食品设备制造总厂研制成功RP7B2型塑杯灌装热封机，投入批量生产，从而结束了中国酸奶塑杯灌装机依赖进口的局面。该设备体积小，重量轻，功能全，自动化程度高，造价低，适于流体、半流体食品灌装，如酸奶、消毒奶等。采用热合方法封盖，可自动打印日期，供杯、供盖、灌装、输出全部自动化，灌装速度每小时1 200 ～ 1 500杯，型杯容量50 ～ 500毫升[1]。

1990年，北京乳品机械厂研制成功RBSRZ Ⅱ型塑杯全自动灌装机，投入批量生产[2]。该灌装机采用链板直线型罐装，落杯、灌杯、放纸、打印生产日期、封口、余线排出、出杯等全部工序自动间歇完成，装杯量在150 ～ 210克，罐装

---

1 中国食品工业年鉴编委会.1991.中国食品工业年鉴1990.北京：中国轻工业出版社：331.

2 中国食品工业年鉴编委会.1991.中国食品工业年鉴1990.北京：中国轻工业出版社：302.

速度为每小时2 000 ～ 2 200杯，设备总功率3千瓦。两种型号灌装机开始陆续装配在各地乳品厂，提高了消毒奶、酸奶等的产能和效率[1]。

（二）引进设备技术

自20世纪80年代起，中国开始引进了一批国际先进的设备与成套装备。这些设备不但包括先进的奶粉生产设备，而且引进了巴氏杀菌奶等各种乳制品的技术装备，配套设备设施也随之增多，如自动控制系统、检测仪器、包装机械与单元电气配件等，使中国乳品加工企业开始迈向新时代。这不但大大提高了乳品生产设备水平，而且节约了能源。

面对这些先进的生产技术设备，此期的当务之急，是如何协调组织好消化吸收这些引进设备，更快地提高中国乳品设备制造技术，全面提升乳品加工业整体装备水平，缩小与世界奶业发达国家的差距。

1. 引进乳粉成套设备 1985年，黑龙江乳品厂在安达县落成投产[2]，日处理能力200吨[3]，工厂年产8 833吨速溶奶粉和146吨奶油“华丹牌”和“红梅牌”，总投资5 100万元，占地91 000米^2。该厂成套设备由丹麦引进，主要包括先进的奶槽车、流量计、原料奶仓（100米^3，2座）、微机自动控制奶油标准化系统、奶油分离机[4]、稀奶油脱臭罐、杀菌机、均质机、五效蒸发器、附带卵磷脂速溶设施的全套干燥系统、乳粉贮运仓、全自动塑料袋灌装机、铁听真空灌装机、原位清洗系统等，以及红外线多组分乳质分析仪，大大提高了乳粉质量，降低了能源消耗。该项目不但引进了世界先进的乳粉、奶油成套生产设备，而且也为国内乳品行业提供了先进的设计方案。黑龙江乳品厂成为当时中国日处理能力最大的首家现代化样板乳品厂[5]，标志着中国乳粉生产迈进了一个新时代。

20世纪80年代，现代化的黑龙江乳品厂厂区外貌
（图片引自1992年《安达县志》）

---

1 中国食品工业年鉴编委会.1992.中国食品工业年鉴1991.北京：中国轻工业出版社：302.

2 《中国乳品工业》编辑部.1985.庆贺黑龙江乳品厂建成投产.中国乳品工业（1）：1–3.

3 黑龙江乳品厂投产后，为减少安达地区日益突出的奶源供给矛盾，经多方协调，决定将安达县境内滨州铁路沿线以西地区的主要奶源划归安达乳品厂收购，铁路沿线以东的主要奶源供给黑龙江乳品厂使用。

4 该机型号：207，Westfalis，MSA130–01–076型。

5 韩光烈.1999.中国乳制品制造业50年.北京：中国大百科全书出版社：107.

1984年，在高奎元（右二）等陪同下，黑龙江省陈雷省长（左一）等视察建设中的黑龙江乳品厂
（图片引自1985年第1期《中国乳品工业》）

1985年1月，经贸部顾问程飞同志（左三）在黑龙江乳品厂投产典礼上致辞，黑龙江省委书记李力安（左二）、副省长侯捷（右二）等领导同志参加投产仪式
（图片引自1985年第1期《中国乳品工业》）

1985年，轻工业部王文哲副部长（中）和黑龙江省轻工业厅副厅长关士青（右一）在参观视察全脂速溶奶粉生产工艺
（图片引自1985年第1期《中国乳品工业》）

1988年，内蒙古自治区额尔古纳旗的拉布达林乳品厂引进丹麦DTD公司先进设备，建成投产日处理能力100吨的乳粉生产线，总投资2 418万元[1]。主要引进设备包括原料奶流量计、分离机、杀菌均质设备、四效蒸发器、全套乳粉干燥系统、原位清洗系统、乳粉贮运、塑料袋自动包装机等。当时额尔古纳旗地区奶源发展迅速，原生产设备加工能力已经不能适应，经轻工业部和内蒙古自治区批准而扩建一条乳粉生产线，以提升日加工能力。1988年，云南邓川乳品厂引进荷兰施托克（Stork）公司日处理生乳能力100吨的速溶奶粉生产线[2]。

1990年，中国第一家中外合资乳品加工企业——黑龙江省双城市雀巢有限公司正式投产[3]。项目总投资7 800万元人民币，其中雀巢投资占60%，中方投资占40%。企业第一期工程已建成两条生产线，日处理能力为100吨，主要生产婴幼儿奶粉。产品包括全脂速溶奶粉、“力多精”婴儿奶粉、“力多精”全蛋白奶粉、“赐你力”奶麦粉、“赐你爱”奶豆粉等，总生产能力为7 000吨。引进设备包括多效蒸发器、高速离心喷雾机、大豆精加工设备、带脱盐的麦芽糖制造设备等[4]。1990年仅开工4个月，就已生产“力多精”婴儿奶粉300吨，生产400吨全脂速溶奶粉。

2.建液体乳生产厂 1984年，内蒙古扎鲁特旗乳品厂经内蒙古自治区进出口公司，引进瑞典阿法—拉伐公司的片式超高温杀菌机（每小时灭菌能力1 ～ 4吨）、利乐公司的无菌包装机（每小时4 500包、纸盒四面体250毫升包装），以及配套设备和400万只纸盒的复合纸等，新建生产线于1985年安装完毕并投产，单班日生产能力20吨，其产品主要供应矿区和一些城镇[5]。这是中国首次成套引进灭菌奶生产设备，具有重要影响。

1988年，上海乳品八厂建成投产[6]，时为中国最大的瓶装消毒奶生产厂。其收奶、加工、灌装的成套设备系用丹麦政府贷款引进，配备国产辅助设备设施，新建生产线日处理能力115吨。年产瓶装消毒奶36 500吨，塑料杯装搅拌型果酸奶和凝固型酸奶3 650吨，冰淇淋1 800吨。全厂占地33 000米^2，建设总投资4 200万元，产品商标“浦光”牌。

上海乳品八厂的收奶预处理由初滤器、脱气器、活塞式流量计、板式冷却器组成。生产消毒奶采用85℃保温16秒的参数。其中，原料奶经脱气器可蒸发掉10%的水分，使总乳固体提高到13.2%～13.6%。消毒奶的成套洗瓶罐装线由英

---

[1] 内蒙古拉布大林乳品厂引进丹麦奶粉生产线验收投产.1989.中国乳品工业（1）：1.

[2] 云南省邓川奶粉厂日处理鲜乳突破100吨.中国乳品工业（4）：146.

[3] 宋昆冈.2009.乳制品行业//中国轻工业联合会.中国轻工业辉煌60年：219.

[4] 中国食品工业年鉴编委会.1992.中国食品工业年鉴1991.北京：中国轻工业出版社：303.

[5] 中国乳品工业动态.1985.中国乳品工业（2）：1.

[6] 王松涛.1989.目前中国规模最大的瓶装消毒牛奶生产厂.中国乳品工业（1）：32−33.

国Dawsen-UDEC公司生产，分别由脱箱、洗箱、洗瓶、检瓶、装瓶打盖、装箱、堆垛等组成。消毒奶以220毫升容量的小口玻璃瓶盛装，0.05毫米厚的铝箔封口。酸奶生产主要设备包括3个酸奶发酵罐（每个5吨），3个酸奶间歇杀菌罐（每个0.5吨），1台板式加热/冷却器及相应的泵。酸奶灌装采用丹麦Trepko公司的设备，包装容器为180毫升的塑料杯，以涂塑的纸盖或铝箔盖封口。

3. 建综合乳品厂　1990年，北京华冠乳品公司投产[1, 2]。1983年开始运筹项目，属1990年北京亚洲运动会重点工程配套项目，1990年7月正式投产，总投资15 662万元，工程由荷兰施托克公司总承包。厂区占地面积7万米^2，建筑面积2.6万米^2，共有7条生产线，日处理能力150吨。生产设备与主要检测仪器全部进口，分别从荷兰、联邦德国、法国、瑞典、丹麦、日本、英国、意大利等国家进口。生产全脂速溶奶粉（卵磷脂喷涂）、巴氏杀菌奶、灭菌奶、奶油、稀奶油、干酪、酸奶（搅拌型、凝固型）、冰淇淋（双色、蛋卷）[3]、干酪素等[1]，几乎囊括了全部乳制品。产品商标"健将牌"。其中，凝固型酸奶采取250克玻璃瓶装，铝箔盖封口，酸奶菌种由丹麦汉森公司进口，实施四代扩培，酸奶组织状态好，结构实密（即便酸奶瓶倒置过来，酸奶也不外流），风味极佳，深受市民欢迎。时在北京大街小巷和胡同里，曾一度被喜称为"白盖"，产品供不应求。1990年北京亚洲运动会期间，所产巴氏杀菌奶、奶油、干酪专供运动员餐厅。干酪品种有硬质干酪[4]、半硬质干酪、再制干酪和鲜干酪4种，其中再制干酪（切片型）后来主供北京"麦当劳"。

北京华冠乳品公司的工厂为全封闭的建筑形式，设计先进，各生产车间采用独立供风与高效过滤系统。3条收奶线（1条奶桶收奶线、2条罐车收奶线）与7条生产线连同其配套公用车间基本实施自动微机控制——中央控制室管理[1]，奶粉生产车间生产实施独立自动控制。北京华冠乳品公司时为中国生产乳制品种类较全的现代化综合乳品厂，具有20世纪80年代国际先进水平[5]。

（三）援助项目带来的进步

自1983年中国接受联合国世界粮食计划署（WFP）奶类项目援助后（以下简称"奶类援助项目"），一些设备设施也随之得到了应用，尤其是加工技术及单元设备技能，正如无水奶油和脱脂乳粉"一定程度缓解了城市饮奶紧张"一样，奶类援助项目促进了设备技术的运用。由于该项目的涉及区域一般为大中城市，因

1　中国食品工业年鉴编委会.1992.中国食品工业年鉴1991.北京：中国轻工业出版社：303.

2　北京华冠乳品公司筹建期间称"北郊乳品厂筹建处"，宋凤藻同志任筹建处主任。

3　1992年，北京华冠乳品公司开始生产软冰淇淋混料——奶昔、圣代，供应北京"麦当劳"快餐店。

4　北京华冠乳品公司配置了1台3吨容量的进口干酪凝乳槽，可生产契达干酪等。契达干酪（Cheddar）原产英国，后来世界各地均有生产。成熟期一般为3个月至3年，属硬质干酪。国内也有译成"切达干酪"等。

5　中国奶业发展战略研究课题组.1990.中国奶业发展战略研究.武汉：湖北科学技术出版社：439.

此，在设备技术上对被援助的城市乳品企业的提升具有一定促进作用。1988年4月25日，卫生部颁布了《混合消毒牛奶卫生标准》，加强对"再制奶"及"混合奶"加工过程卫生监督管理。

实施奶类援助项目的同时，一些奶业发达国家及国际组织、国际知名乳品设备公司等也对中国给予很大关注，纷纷寻求与中国的合作，如无偿援助实物、政府贷款、技术交流与合作等。无论是乳品加工技术，还是设备引进及培训，均对中国乳品加工的设备技术进步产生了重要影响。一些乳品项目的建成有时属于多个外援项目与中国投资的共同结果，如前文提到的北京华冠乳品公司等。由此可见，在20世纪70年代末的改革开放之初，刚刚敞开大门的中国乳制品加工业面临着极佳发展机遇，对国内乳品机械行业来说也是机遇与挑战并存。

1. 提高技能与实力　1983年启动奶类援助项目前，城市里的大多乳品企业设备基本由国产钢材与材料制成，相当多的乳品企业尚未接触和使用不锈钢制造的乳品加工设备。随着奶类援助项目逐步展开，一些加工技术与设备得到了应用，如先进的氩弧焊管道焊接、原位清洗、高速离心机、高压均质机、自动灌装机、自动洗瓶机等。

奶类援助项目期间，被援助城市的乳品企业经受了一次普遍的技术培训。例如，在再制奶的生产中，乳品企业学习了如何将脱脂奶粉和无水黄油两种干乳制品再制成液态奶，同时，改扩建厂房与仓库，增添了专用生产设备设施，如均质机、水粉混合器等，骨干技术工人掌握了不锈钢管道设备的氩弧焊接技术与安装[1]。被援助加工企业的实力得到增强，市场竞争力得到提高，正如奶类援助项目第二期援助协议约定合作内容所述"通过项目的实施，改造项目区的乳品企业，使其成为在市场经济条件下能够生存发展，具有竞争力的企业"[2]。

在项目执行期间，被援助单位在质量检验方面也有了提高。一些企业利用项目资金购置了先进仪器，如牛奶手动脂肪测定仪等。一些大城市还专设了维生素、重金属、药物残留等非常规指标检测手段或机构，如天津、上海的农业部食品质量监督检验中心就是利用部分援助项目资金建成。

2. 技术培训与输入　技术提高的方式不仅体现在设备引进，也体现在乳品技术培训方面。1979—1984年，一些欧美的大学和研究机构接受了中国数千名访问学者赴国外开展科研合作或技术进修，其中有数十名访问学者是中国农业院校、科研机构及相关企业派出的，在欧洲系统学习当代的乳品工艺学与先进技术。他们中的绝大多数归来后，都成了中国各个高等院校或科研院所乳品加工专业领域骨干。

奶类援助项目执行期间，援助方向中国项目地区派出畜牧、乳品加工及其他

---

[1] 用于制造乳品生产设备的不锈钢材质，一般分为SUS316、SUS304两种，此期多为进口，业内简称"316"和"304"，其中SUS316更耐腐蚀且价格相对较高。

[2] 殷成文.2003.中国奶类发展援助项目.中国乳业（1）：10.

各类奶业专家组（团），专门从事技术援助。专家组成员以北欧地区为主，如瑞典、丹麦等，也有少数中方专家和技术人员参与。据统计，奶类援助项目执行期间共组织乳品技术培训班1 354期，其中在国外开展培训23期，约有200多人次出国培训学习，在国内各地组织开展培训班1 331期，约4.2万人次参加[1]。奶类援助项目的一系列技术培训与讲座，促进了中国乳品加工技术普及与提高。

1985年，丹麦的Pacilac公司[2]通过项目合作，组织编译了中文袖珍版《乳品技术》[3]，推进乳品实用技术应用。由农牧渔业部畜牧局奶类项目管理监测组专门组织翻译了由瑞典阿尔法—拉伐（ALFA-LAVAL）公司[4]编著的*Dairy Handbook*的中文版《乳品手册》[5]，由东北农学院骆承庠教授担任总审核，约50万字，图文并茂，内容丰富，系统介绍了现代化乳品工厂的设备、工艺、产品及自动化等内容。

1985年译著的袖珍版《乳品技术》及1986年出版的《乳品手册》

1984年利乐公司首台无菌灌装设备在内蒙古扎鲁特旗乳品厂安装投产1986年，地处上海崇明岛的上海乳品六厂，引进了利乐超高温瞬间灭菌设备与技术，安装了“利乐砖”灭菌乳灌装生产线，并实施现场培训，提高员工操作技能。1987年新疆乌鲁木齐农场管理局从芬兰引进了Electrolux 电加热超高温瞬时灭菌奶生产流水线[6]。1989年12月瑞典阿尔法—拉伐公司来华举办包装技术讲座[7]。1989年天津乳品二厂引进法国索迪玛（Sudima）公司的酸奶技术和流水线，开展现场培训。

3. 收奶方式的改进　20世纪80年代，随着乳品厂规模的逐渐扩大，增加了厂内临

---

1 谷继承，殷成文，等.2004.奶业纵横.北京：经济日报出版社：746.

2 该公司为丹麦乳品工程承包公司（Danish Turnkey Dairies）的核心企业，后于1987年被英国APV公司收购。

3 中文袖珍版《乳品技术》由轻工业部科技情报研究所刘东翻译，李方正校对。其原版*Dairy Technology*系丹麦巴斯拉公司汉森（E.Aa Hansen）先生编辑的小手册。

4 1993年重组更名为Tetra Laval（利乐拉伐），Tetra Pak（利乐）为其核心企业之一。

5 瑞典阿尔法－拉伐公司编.1986.乳品手册.乳品技术丛书编译组.北京：农业出版社.

6 任亚光.1991.新疆生产建设兵团乳品工业发展简史.农垦乳品（1）：22—24.

7 金东华.1990.瑞典阿法－拉伐食品加工和包装技术讲座在哈尔滨举行.中国乳品工业（1）：1.

时储存生奶的需求（一般原则为设备日处理生奶能力的50%～100%）。因此，企业收受未经冷却的生牛奶方式已不适宜，进而更多倾向于收受经国营牧场处理的“冷奶”。

在奶类援助项目期间，被援助城市相当多的国营农场奶牛场逐步完善了挤奶设施和生奶冷却设备，已开始有能力在牧场“就地冷却”生奶了。如，1983年，上海已有专门设备公司开始向国营奶牛牧场提供直冷式奶缸，北京北郊农场的几个奶牛场也已全部完善了牛奶冷却设施。

在接受冷奶的方式中，生奶的卫生质量主要取决于挤奶的卫生条件和挤奶之后冷却生奶的速度，一些加工企业设置“厂外收奶站”的兴趣逐渐下降，进而陆续改为遣派自己保温的奶罐（槽）车直接收奶，提高生奶运送速度，缩短运送时间。

但是采用保温奶罐车运输生奶，在全国各地乳品厂发展趋势不尽相同，大中城市郊区相对较快，而偏远农牧及奶源分散地区则不多见。除有条件的国营牧场外，各地基本上利用井水、泉水或河水等冷却形式，全国机械冷却方式仍较少[1]。1979—1990年度全国乳制品产量见表5-11。

表5–11　1979—1990年度全国乳制品产量

单位：万吨

年度	产量	年度	产量
1979	5.36	1985	15.759 9
1980	6.32	1986	21.168 4
1981	7.91	1987	27.20
1982	9.97	1988	29.40
1983	11.20	1989	28.68
1984	12.3411	1990	31.20

注：此处乳制品系指干乳制品，如乳粉、奶油、干酪、干酪素，不包括液体乳。

三、科教培训与交流

20世纪70年代末至80年代，改革开放为中国乳品科技进步与交流创造了良好条件，带来了无限生机，无论是国内乳品科研教育及技术培训，还是与国外开展奶业技术交流，均取得了显著成就，增强了中国乳品技术实力，提升了中国乳品生产技术水平，中国乳品培训、科研、教育等工作获得了较快发展与进步。

（一）建立乳品培训基地

技术先行，培训为首。20世纪80年代起，中国开始与北欧一些国家如瑞典、丹麦、芬兰等开展技术培训合作，陆续建立了5所技术培训中心[2]，着重培养从业

[1] 韩光烈.1984.浅谈中国乳品工业的现代化问题.中国乳品工业（1）:62.

[2] 此期5所技术培训中心指：轻工业部（呼和浩特）全国乳酸菌发酵剂研究中心、北京中瑞奶业培训中心、黑龙江省乳品工业技术开发中心、上海市乳品培训研究中心和天津乳品开发中心。

人员技术能力，提高生产人员操作技能，同时开展乳品技术研究。如，1989年由芬兰政府援助建设天津乳品开发培训中心（后改名为天津市中芬乳品研究培训中心）。1990年10月，由丹麦政府国际合作发展署（DNIDA）提供无息贷款援建的上海市乳品培训研究中心落成，所有设备和仪器均由Pasilac-DTD总承包[1]。

1. 建成全国首家奶业培训中心 1985年，北京中瑞奶业培训中心成立。该培训中心系据中国政府、瑞典政府工业、科学和技术合作协议与农业合作会谈纪要而建立。瑞典政府无偿提供设备设施及培训。1983年11月双方代表在北京正式签订了协议书。

中瑞奶业培训中心的项目期为4年，落座在北京北郊朱辛庄。培训中心附近配置了拥有300多头奶牛的奶牛场。培训中心的乳品实验厂日处理能力为每班（8小时）3 000千克牛奶，可生产巴氏杀菌奶、奶油、酸奶、冰淇淋、超高温灭菌奶、农家干酪（鲜干酪）等。瑞典方面提供全套乳品加工与包装设备，以及奶牛场的挤奶设施、管道及过滤、冷却、储存、运输等设备，总投资1 501万瑞典克朗。中方提供场地、房屋建筑、教学配套设施等，总投入512万元人民币。

中瑞奶业培训中心基本具备了奶业培训和产品开发条件。中心自成立以后，先后共举办了7期有86人参加的培训班，还举办了11期专题讲座，为发展北京乳制品加工做出了贡献，同时也为全国开展乳制品加工生产技术培训树立了榜样，提供了支持。期间，协助许多科研院所开展乳品技术科研试验，实施产、教、研相结合，培养了一批中高级技术人才。由于项目效果良好，中瑞双方协商将项目再续延4年，实施二期合作，于1987年12月在瑞典乌普萨拉签订协议。二期合作的前两年（1988—1989年），瑞典提供2865万瑞典克朗，中国提供100万元人民币[2]。瑞典方面派来乳品加工专家[3]常驻中瑞奶业培训中心，开展具体组织与指导。

2. 成立综合性乳品技术中心 1987年6月，中国第一座现代化的集科研、教育、检测为一体的黑龙江省乳品工业技术开发中心在哈尔滨市建成，正式投入运行。黑龙江省乳品工业技术开发中心涵盖了两个项目，即中国、丹麦合作建设的黑龙江省乳品培训中心项目，由中国与联合国计划开发署合作建设的国家乳品检测中心项目[4]。

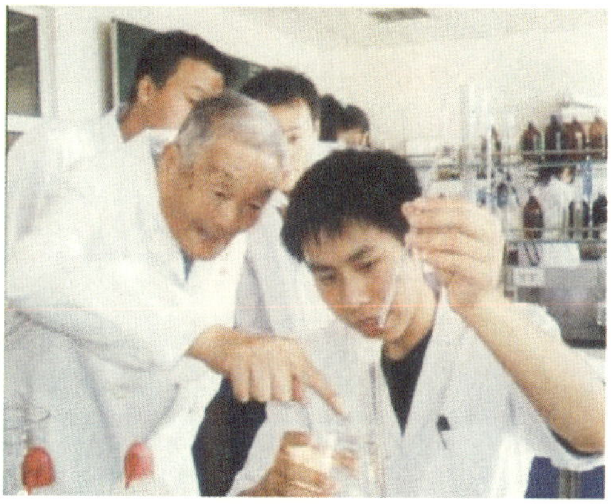

东北农学院骆承庠教授在指导学生实验
（图片源自2010年《食品科学技术研究进展》）

---

1 该中心于2000年2月24日更名为光明乳业技术中心，2011年8月授牌“乳业生物技术国家重点实验室”。

2 《当代中国》丛书编辑委员会.1991.当代中国的畜牧业.北京：当代中国出版社：533–534.

3 瑞典方面常驻乳品专家为林德先生等。

4 中国食品工业年鉴编委会.1989.中国食品工业年鉴1988.北京：中国轻工业出版社：381.

培训中心由丹麦设计，配置了先进乳品试验厂和电教设备，是当时亚洲第一个设备设施齐全的现代化乳品培训中心。培训中心总投资1 338万元人民币，其中丹麦政府提供试验厂设备、仪器、电教设备折合人民币560万元（1 750万丹麦克朗），同时，在丹麦培训中国教师及向哈尔滨派遣专家提供赠款折合人民币128万元（400万丹麦克朗）。试验厂配备了收奶、复原乳、预处理及巴氏杀菌奶、干酪、酸奶、奶油、超高温奶、乳粉、炼乳等生产设备，以及超滤设备、原位清洗设备等先进教学实验设备。培训中心的任务是为乳品行业培养技术人员和熟练工人，为在职技术人员和工人提供深造机会，同时开展新产品、新设备、新技术开发和消化吸收国外引进技术，为全国乳品厂提供技术协作、技术咨询服务[1]。

（二）乳品教研与交流

截至20世纪80年代末，乳制品工业服务体系日臻完善，除了工厂设计、乳品设备制造、技术培训、质量检测、乳酸菌发酵剂生产中心、乳品工业杂志及乳品技术情报交流、乳品检测仪器制造及部分省（自治区）的乳品协会外，中国乳品加工高等教育体系、乳品教研体系得到了快速发展，不断推动与促进技术进步，提高了乳品从业人员素质，培养了后备新生技术力量。此期，一些高等学校、科研院所、培训中心等均做出了重要贡献。

1.培育乳品人才 随着改革开放的深入，全国一些农业、轻工、商业系统的大专院校及研究单位，如东北农学院、无锡轻工业学院、黑龙江省乳品工业技术开发中心、天津轻工业学院、内蒙古轻工科学研究所、内蒙古轻工业学校等先后成立了食品加工专业，增加了乳品加工课程，在全国各地培养了一大批乳品技术人员[2]。

自1977年恢复高等教育体制后，全国许多农业院校纷纷从偏远乡镇陆续回迁城市，其中，东北农学院是最早恢复建立乳品加工教学的高等院校。1981年，东北农学院全部从阿城迁回哈尔滨市香坊校区新址。1982年，作为全国乳品加工教学起步最早的高等院校，东北农学院率先培养中国乳品研究生。1988年，建立了当时全国唯一的动物食品科学博士点。1990年底，已毕业乳品专业硕士研究生如郭明若、万贤生、骆志刚、孟岳成、孔保华等7名[2]。1983年，农业部委托东北农学院举办全国高等农业院校及中等专业学校畜产品加工教师培训班，这些受训教师成为全国各院校的骨干，并陆续在各地院校创办了畜产品加工专业或食品专业[3]，加快了全国乳品人才培养进程。1984年，东北农学院农畜产品加工专业[4]招收了“文化大革命”后第一批普通高等院校乳品加工专业本科生29人。截至1990年，共培养本科生100多人。1985年，应乳制品企业要求，东北农学院还建立了

[1] 中国食品工业年鉴编委会.1989.中国食品工业年鉴1988.北京：中国轻工业出版社：381.

[2] 骆承庠.1990.国内外乳品工业概况.哈尔滨：东北农学院.

[3] 刘希良，孔保华，马莺，等.2010.食品科学技术研究进展.北京：中国轻工业出版社.

[4] 此期，东北农学院农畜产品加工专业归属东北农学院农业工程系管理。

乳品大专班（2年制），学员50多名，为黑龙江省各乳品厂培养输送实用型人才。在教学中，骆承庠教授亲自为研究生、本科生、大专生授课，系统传授乳品加工技术，带队赴生产一线实习，理论联系实际，培养了大批高级科技和实用技术人才。后来这些学生均在各自岗位做出了优异成绩，其中许多人成为中国乳制品加工领域学科带头人和领军人物[1]。

2. 科技成果与著作 20世纪70—80年代，中国乳品加工技术科研成果层出不穷，为后来乳品科研不断进步奠定了坚实基础。如，由内蒙古轻工科学研究所主持的“六五”国家科技攻关项目：罐头、儿童食品专种及加工技术的研究——婴儿配方奶粉（母乳化奶粉）中间工业试验，超滤、反渗透技术在乳制品工业之应用研究[2]，微生物凝乳酶扩大试验及应用研究，奶油粉中间工业试验[3]，纯培养乳酸菌发酵剂，减轻甜炼乳钙盐沉淀及变稠等缺陷的研究等。由黑龙江省乳品工业研究所主持的胃朊酶（猪）制取[4]，U型自动出粉阀，乳粉水分自动控制系统等[5]。期间，乳与乳制品基础理论研究也取得了重要进展，如东北农学院的山羊乳理化性质的研究、微生物发酵生产乳清饮料的研究、开菲酵母乳糖酶活性的研究、酸牛奶酒（kefir）工艺学研究[6]、低酸度酒精阳性乳的产生原因及对策、乳糖结晶法生产全脂速溶奶粉的研究、噬菌体引起发酵剂活性的损失及预防、乳糖酶提取与钝化的研究[7]、乳酸菌蛋白水解力的测定及研究、树木凝乳酶的研究与应用等[8]。

20世纪80年代，内蒙古轻工科学研究所金世琳所长（右二）带领乳品科研人员研究反渗透技术
（图片引自1986年《当代中国的轻工业》）

---

1 刘希良，孔保华，马莺，等.2010.食品科学技术研究进展.北京：中国轻工业出版社.

2 系指脱盐乳清粉生产技术。

3 指奶油粉生产技术。

4 由于牛胃蛋白酶（即皱胃酶）供给的局限，20世纪70年代中国开始研究猪胃朊酶（简称“胃蛋白酶”）提取技术，主要目的是替代生产干酪所需的牛胃蛋白酶，提高与保证猪胃朊酶效价。自此之后，国产干酪如安达的俄式不杀菌干酪等开始使用长春生物制剂厂生产的胃蛋白酶（效价1 ∶ 3 000）。在此之前（约20世纪60年代前），乳品厂生产干酪主要使用“土法”自提牛胃蛋白酶。

5 《中国乳品工业》编辑部.2007.金世琳生平.中国乳品工业（2）：63-64.

6 张列兵，刘鹏，等.1996.开菲尔粒基质和产生开菲尔基质的微生物.中国乳品工业（6）：41.

7 杨贞耐，骆承庠.1989.乳糖酶提取与钝化的研究.中国乳品工业（4）：3-9.

8 据刘希良等《食品科学研究进展》（中国轻工业出版社，2010）及东北农业大学许晓曦教授提供资料整理。

1989年，全国乳品质量检测中心对获得部级优质产品奖的全脂加糖乳粉和部分企业的全脂淡奶粉进行了分级检测。共检测产品72个，总评分数A级的21个，占总数的29.2%，B级26个，占总数的36.1%，C级22个，占30.6%，级外品3个，占4.2%[1]。

（二）标准法规

1979—1990年，中国发布了一批乳制品产品标准，增补了重要的行业或地方乳品标准相关要求，对促进乳制品产品质量提高，完善标准体系与健全法规，发挥了重要作用。

1. 发布与修订标准 1979年，轻工业部对乳制品标准进行修订和增订，标准数量增至20个。在原来基础上增加了《全脂加糖乳粉》、《脱脂乳粉》、《圆形硬质干酪》、《圆形硬质干酪检验方法》、《消毒牛乳》、《酸牛乳》、《工业干酪素》、《工业干酪素检验方法》、《粗制乳糖》、《粗制乳糖检验方法》[2]。1981年，轻工业部对乳制品标准进行修订，标准数量仍为20个，将“圆形硬质干酪”名称改为“硬质干酪”。

1985年，轻工业部、卫生部对乳制品标准进行修订和增订，由部颁标准改为国家标准，标准数量仍维持20个。18种产品及检验方法的标准代码：GB 5408—85至GB 5425—85。此外，还有如《酸牛乳》（GB 2746—85）；《全脂无糖炼乳》（GB 2747—85）。补充了标准《稀奶油》。原《乳、乳制品细菌检验方法》由《食品卫生微生物学检验》（GB 4789—84）代替。以上标准由国家标准局组织汇编成《乳、乳制品及其检验方法》[3]，经新华书店全国发行。

1986年，农业部、卫生部制定《生鲜牛乳收购标准》（GB 6914—86），代替《消毒牛乳》（GB 5408—85）中附录A（补充件）“生鲜牛乳的一般技术要求”。

1989年国家新发布3种乳制品标准。《婴儿配方乳粉Ⅰ号》（GB 10765—89），该标准适用于以新鲜牛乳、羊乳、蔗糖、豆浆、饴糖等为原料并强化维生素、矿物质，经配料、均质、杀菌、浓缩和喷雾干燥而制成的粉末状产品。这个产品过去叫“婴儿奶粉”，最早生产于黑龙江省双城县儿童乳品厂。

《婴儿配方乳粉Ⅱ号》（GB 10766—89），该标准适用于以鲜牛、羊乳和脱盐乳清粉（或脱盐乳清）为主要原料，强化维生素、矿物质，经配料、均质、杀菌、浓缩、喷雾干燥制成的粉末状产品，其主要营养成分的配比是仿照人乳设计的，可用作6个月以内婴儿的母乳代用品。婴儿配方乳粉Ⅱ号原名为母乳化奶粉。

《脱盐乳清粉标准》（GB 11388—89），该标准适用于由制作干酪或干酪素所得副产品乳清经脱盐、浓缩、喷雾干燥制得的粉末状的产品，可用作婴儿配方乳

1 中国食品工业年鉴编委会.1991.中国食品工业年鉴1990.北京：中国轻工业出版社：334.

2 宋昆冈.2009.乳制品行业//中国轻工业联合会.中国轻工业辉煌60年：220.

3 国家标准局.1986.乳、乳制品及其检验方法.北京：中国标准出版社.

粉或其他食品的原料[1]。

2. 行业与地方法规政策 1981年，卫生部发布《乳与乳制品卫生管理办法》，本办法共计10条。办法规定了奶畜的疫病防治及病畜乳汁的处理、挤奶卫生与程序、冷藏温度、杀菌方法、器具消毒杀菌、乳制品包装等内容。

1983年，卫生部发布《混合消毒牛乳暂行卫生标准和卫生管理办法》，标准是以部门规章的形式发布，规定了混合消毒牛乳的感官指标、理化指标、细菌指标，以及生产原料脱脂奶粉、无水奶油的卫生标准。卫生管理办法规定，产品的名称只能用“混合消毒牛乳”，不能用“消毒牛乳”，同时，规定了生产用水必须符合饮用水卫生标准[2]。

1987年，为保证原料奶[3]质量，维护消费者利益，黑龙江省、内蒙古自治区、山西省颁布了相关管理规定。如，黑龙江省人民政府颁发的《鲜奶质量管理规定》共6章23条，对原料奶质量管理、收购管理、质量检查和卫生监督及处罚等做了详尽的规定。黑龙江省规定：原料奶收购按行政区域管理，未经行政公署或市、县人民政府批准，不准跨界收购原料奶；收奶站的质量检查员有权检查所属范围内的原料奶质量；在原料奶中掺入有毒有害物质的，由当地质量监督部门处以1 000元罚款；构成犯罪的，由司法机关依法追究刑事责任。该规定于1987年10月17日起在黑龙江省执行[4]。

（三）探索收奶计价合理性

轻工业部食品局等非常关心乳品厂生奶收购计价方法的改进。1981年，轻工业部食品局有关领导要求江苏无锡县等乳品厂探索“以脂论价”方法，创出一条新路子[5]。1982年，东北农学院与黑龙江双城县儿童乳品厂进行7个月的合作实验，证明“以脂论价”不仅提高了所收原料乳质量，而且对节约资源、减少损失浪费具有重要作用[6]。此期，浙江金华乳品厂也取得了成功经验[7]。

1984年之前，全国缺乏脂肪快速检测仪器[8]，收奶验收时无法当场及时检验，不利于以脂论价方法的推广，因此，基本仍沿用过去的比重、酸度检查办法。可见，实现脂肪快速测定是实现生乳收购计价方法改进的重要保证。1985年，受轻工业部机械局委托，由轻工业部沈阳轻工机械设计研究所研制的QRC － 1型手动

---

1 中国食品工业年鉴编委会．1991．中国食品工业年鉴1990．北京：中国轻工业出版社：334．

2 宋昆冈．2009．乳制品行业// 中国轻工业联合会．中国轻工业辉煌60年：221．

3 编撰史稿、查证相关文献时，发现20世纪80年代前，人们习惯称原料乳为“鲜乳”，不属严格术语。

4 中国食品工业年鉴编委会．1989．中国食品工业年鉴1988．北京：中国轻工业出版社：379．

5 无锡县乳品厂．1984．收购鲜奶“以脂论价”的情况汇报．中国乳品工业（4）：25．

6 骆承庠．1990．国内外乳品工业概况．哈尔滨：东北农学院．

7 中国食品工业年鉴编委会．1985．中国食品工业年鉴1984．北京：轻工业出版社：242．

8 此期已有从丹麦引进的快速乳脂肪检测仪，但因价格等因素不宜全国推广。

脂肪测定仪通过鉴定[1]。该仪器主要用于原料奶脂肪含量的测定，操作简便，为开展和普及运用以脂（质）论价方法创造了条件[2]。

自1986年起，各地陆续选点、选厂开始探索新的收奶计价方法——以脂（质）论价[3]，以期改变过去简单的酸度、新鲜度、比重或重量计价方法，旨在增强收奶计价合理性、科学性，维护奶户合理利益[4]，提高乳品厂收奶质量[5]。

1.尝试计价方法 以脂论价指以生乳的脂肪含量多少实施以质论价。生奶收购时如单纯以脂肪含量论价，见表5-14。

假定计价表以生（牛）奶脂肪含量3.2%为计价基点，拟定出不同脂肪含量乳的相对价格，其中A为不定值，各地可根据地方的具体实际情况，确定收购价格来确定A值（人民币：元）。另外，计价基点也是可变的，可根据乳中脂肪含量的高低做相应的调整，如脂肪基础含量较高的地区，可将基点（1.00A）上移至3.5%，较低的地区可下降至3.0%。

表5-14　鲜乳收购依脂肪含量计价

脂肪含量（%）	价格（元/千克）	脂肪含量（%）	价格（元/千克）
2.6 ~ 2.69	0.65A	3.7 ~ 3.79	1.20A
2.7 ~ 2.79	0.75A	3.8 ~ 3.89	1.25A
2.8 ~ 2.89	0.82A	3.9 ~ 3.99	1.30A
2.9 ~ 2.99	0.87A	4.0 ~ 4.09	1.35A
3.0 ~ 3.09	0.92 A	4.1 ~ 4.19	1.40 A
3.1 ~ 3.19	0.96 A	4.2 ~ 4.29	1.45 A
3.2 ~ 3.29	A	4.3 ~ 4.39	1.50 A
3.3 ~ 3.39	1.04 A	4.4 ~ 4.49	1.53 A
3.4 ~ 3.49	1.07 A	4.5 ~ 4.59	1.56 A
3.5 ~ 3.59	1.10 A	4.6 ~ 4.69	1.60 A
3.6 ~ 3.69	1.15 A	—	—

表中价格的升降幅度若在基点附近一般为3%～4%，且明显低于基点脂肪含量的，则有向奶中掺水等之嫌，对价格下降幅度明显（如为5%～10%），则有罚款作用。而脂肪含量较高的乳，其价格上升幅度为3%～5%。

1 此QCR－1型乳脂肪测定仪主要技术指标为：含脂率测定范围0～13%；测样速度80～100乳样/小时。含脂率 0～5%时，标准误差为0.06%。含脂率5%～8%时，标准误差为 0.10%。

2 此期轻工业部专门部署手动脂肪测定仪投入批量生产，生产厂为黑龙江省肇东广播器材厂等。同时，多次举办手动脂肪测定仪使用操作全国培训班。

3 中国食品工业年鉴编委会.1992.中国食品工业年鉴1991.北京：中国轻工业出版社：342.

4 中国乳品工业.1988（5）：215.

5 20世纪80年代，东北农学院已试验成功国产冰点仪。以国产或进口的冰点仪测定原料乳的冰点已有尝试和应用。但因条件限制，多为单一测定，未与其他项目指标结合使用，加之原料乳成分因季节或奶畜品种及饲养条件等存在较大差异，除少数实验厂外，原料乳的冰点测定方法始终未在全国普遍推行。

脂肪含量的检验频度每周至少1 ～ 3次，以月平均或周平均结果参考计价[1]。

所谓以质论价是指在以脂论价的基础上，再根据奶的蛋白质含量、总干物质含量[2]、美蓝试验时间及酒精凝固试验中的一项或两项（或以上）检验结果等进行论价，并对其价格进行增加或扣减。四项质量指标的分级指标见表5-15。

选用的检验结果为1级时，在脂肪价格的基础上增加2%～ 3%。检验结果为3级时，在脂肪价格的基础上扣减4%～ 6%。检验结果为2级则不增不减。检验频度每周至少1 ～ 2次。

表5–15　四项质量指标分级要求

级别	蛋白质含量（%）	总干物质含量（%）	美蓝还原时间（小时）	酒精凝固试验
1级	≥3.5	≥13	≥5	72°　（－）
2级	≥3.0	≥11	≥2	70°　（－）
3级	＜3.0	＜11	≥1	68°　（－）

2.综合性以质论价　综合性以质论价，是指以乳脂肪含量和蛋白质含量作为论价基础指标，依据这两项指标的优劣，订出价格级别（表5-16、表5-17），再根据菌落总数、耐热菌数和体细胞数确定乳的卫生级别（表5-18、表5-19），融进论价系统。另外，还有三项为扣款指标，即杂质度、酸度和抗生素（旧称抗菌素），如其超过规定标准，即行扣款。

表5–16　脂肪含量和蛋白质含量分级要求[3]

	脂肪（%）	蛋白质（%）
1级	≥3.5	≥3.5
2级	≥3.3	≥3.3
3级	≥3.1	≥3.0
4级	＜3.1	＜3.0

表5–17　价格分级[3]

价格级别 / 脂肪含量级别 / 蛋白质含量级别	1	2	3	4
1	1	1	2	4
2	1	2	2	4
3	2	2	3	4
4	3	3	4	4

1　中国乳品工业.1988.

2　此期，牛乳总干物质（全乳固体）测定方法之一为计算方法，即全乳固体（%）=0.25L+1.2F+0.14，其中L为乳稠计（15℃ /15℃）度数，F为乳脂肪（%）。

3　中国乳品工业.1988.

在收奶时，若3级奶的价格为A元，一般2级的价格为1.1A元，1级价格为1.2A元，4级价格不大于0.9A元。

表5–18　鲜乳卫生指标分级要求[1]

级别	菌落总数（万个/毫升）	耐热菌数（万个/毫升）	体细胞数（万个/毫升）
1级	≤50	≤0.5	≤50
2级	≤400	≤2.0	≤200
3级	＞400	＞2.0	＞200

卫生级别为1级的原料乳，在由表5-17得到的价格级上加价5%～10%。卫生级别为3级者，则在由表5-17得到的价格上扣款不低于10%。而2级者，不加不扣。

在杂质度、酸度和抗生素三项指标中，如超过要求者，一般予以扣款[1]。标准为：杂质度≤0.02%；酸度≤20°T；抗生素为阴性（–）。

一般情况下，杂质度和酸度两项指标中，若有一项不符合要求者，扣款不低于由表5-17得到价格的5%，两项均不符合要求者扣款不低于10%。抗生素阳性者扣款不低于10%，并且细菌指标不再具有意义，亦不融入论价系统。表5-16、表5-17中的指标及上述三项指标的检验频度：每周不少一次（或每两周1～3次）。该办法在实际应用中，有的企业选用了其中的部分指标，或增加某些指标，如乳糖、感官等。

表5–19　鲜乳卫生级别分级[1]

菌落总数级别 / 卫生级别 / 体细胞数级别、耐热菌数级别	1	2	3
1	1	1	3
1	1	2	3
1	2	2	3
2	1	2	3
2	1	2	3
2	2	2	3
3	2	2	3
3	2	3	3
3	3	3	3

1　中国乳品工业.1988.

基于上述原则，全国各试点乳品厂按照各自实际情况制定了不同办法与标准，积极探索收奶计价的有效办法，取得了可喜进步，积累了宝贵经验。

第四节 踏上现代化征程的乳品工业（1991—2011年）

一、稳定发展的乳制品加工业

1999年，全国固体乳制品产量达69万吨，其中乳粉产量约50万吨；液体乳产量约95万吨。与1990年相比，固体乳制品产量增加37.87万吨，增长率为121%，乳粉产量增加25.85万吨，增长率为107%。液体乳产量与1995年52.4万吨（1995年前没有全国统计数字）相比增加42.6万吨，增长率为81.3%。

20世纪90年代末，中国乳制品产量增长很快，乳制品行业规模越来越大。1999年，全国共有独立核算企业378家，全部职工年平均人数8.49万人，工业总产值（当年价）147.9亿元，产品销售收入148.7亿元，固定资产原价89.5亿元。

（一）“八五”期间乳品企业与产品结构

“八五”期间[1]是中国奶业及乳品加工稳定发展的时期。乳制品年总产量由1991年的31.21万吨，增加到1995年的52.4万吨，增长了36%，平均年递增率为8%[2]。

1995年全国乳制品行业产销量前10名的企业是：石家庄乳业（集团）公司13 454吨、哈尔滨金星乳业集团公司（原哈尔滨市松花江第二乳品厂）8 600吨、山东省文登市乳品厂5 500吨、黑龙江省康维乳业集团公司（原黑龙江省杜尔伯特乳品厂）5 460吨、杭州食品厂4 543吨、内蒙古海拉尔乳品厂3 784吨、云南省洱源县邓川奶粉厂3 848吨、黑龙江省富裕县乳品厂3 847吨、内蒙古青山乳业股份公司（原呼和浩特乳品厂）3 397吨、西安银桥乳制品实业有限公司3 319吨[3]。

中国乳制品工业同过去比，发展很快。但同世界比，差距很大，还面临许多问题，如产品结构调整、市场开拓、引导消费、发展战略等。乳制品工业十几年来的发展，使行业对一些问题逐渐有所认识，中国奶业及乳制品工业的发展，取决于消费市场的开拓[4]。

---

1 “八五”期间指1991—1995年。

2 宋昆冈.1996.乳制品工业“八五”回顾及“九五”发展思路.中国乳品工业（1）：8.

3 中国食品工业年鉴编委会.1997.中国食品工业年鉴1993-1996.北京：中国轻工业出版社：337.

4 宋昆冈.1996.乳制品工业“八五”回顾及“九五”发展思路.中国乳品工业（1）：8-9.

1. 平稳发展，形势喜人 “八五”期间乳制品行业形成了一批产量大、质量稳定的大型骨干企业，如石家庄三鹿乳业集团、哈尔滨金星乳业集团公司、内蒙古海尔乳品厂、黑龙江大庆乳品厂、杭州食品厂、黑龙江省康维乳业集团公司、浙江瑞安百好乳品厂、云南邓川奶粉厂、江西乳品厂、黑龙江省乳品工业技术开发中心实验厂。其中石家庄三鹿乳业集团利用冀中平原玉米种植面积大，青贮饲料丰富的有利条件，实行“奶牛下乡、牛奶进城、城乡联合、发展奶源”的战略；与科研单位挂钩，联合开发新产品；以质量取胜，以信誉赢得市场，五年间迈大步。1986年，该公司乳制品产量仅有1 434吨，1990年达到3 390吨，1995年达到1.2万吨，为中国首家年产量超万吨的乳品企业。

“八五”期间，一些新产品得到发展，产量增加，质量提高，产品结构有了调整。在乳制品的总产量中，乳粉比例有了明显下降。1990年，乳粉占总产量的比例为80.6%，1994年为70.5%。在乳粉中，以加糖乳粉为主的格局，也得到了改变。适合于不同人群营养需要的新产品，如婴儿配方乳粉、儿童助长乳粉、孕产妇乳粉、老年人乳粉等，质量提高，产量增加。其中婴儿配方乳粉发展最快，产量约达6万余吨。适合不同消费者要求的各种风味的调制乳粉，如果味乳粉、豆乳粉等，逐渐受到消费者欢迎。同时，便于贮藏、食用方便的灭菌奶有了较快发展[1]。

“八五”期间，中国乳及乳制品市场发生了根本性的变化。主要是这些年来乳制品加工业发展迅速，产量大幅提高，同时国外产品大量进入国内市场，以及受人民生活水平和购买力所限，乳制品已由原来的卖方市场转为买方市场，消费者开始有选择地购买名牌、优质、知名度高的产品，而一些产量小、知名度不高、开拓力不够的企业则处于平销状态。

2. 主产区的良性发展 1995年全国乳制品产量为52.4万吨，比1994年增长23.84%。在乳制品中，奶粉的产量为35.22万吨，占67.21%，比1994年下降3.54个百分点。在乳制品产量中，前6名的省、自治区依次是：黑龙江省11.81万吨，占全国总产量的22.54%；浙江省6.81万吨，占13%；陕西省5.88万吨，占11.22%；河北省6.9万吨，占6.47%；山东省3.29万吨，占6.28%；内蒙古3.03万吨，占5.78%[2]。

“六五”期间[3]是内蒙古自治区乳制品工业发展最快的时期，日加工原料奶能力由1980年的394吨增加到1985年的877吨。“七五”期间[4]日加工原料奶能力又有较大增长，乳品厂由1985年的30多个增加到1991年的176个，日加工原料奶

1 宋昆冈.1996.乳制品工业“八五”回顾及“九五”发展思路.中国乳品工业（1）：8–9.

2 中国食品工业年鉴编委会.1997.中国食品工业年鉴1993—1996.北京：中国轻工业出版社：337.

3 “六五”期间指1981—1985年。

4 “七五”期间指1986—1990年。

能力由877吨增加到2 225吨。其中，1991年，呼伦贝尔盟共有乳品厂114个，日加工原料奶能力为1 379吨。

新疆维吾尔自治区伊犁哈萨克自治州自1965年建起第一座乳品厂——巩留县乳品厂后，于1984年又先后在尼勒克县幸福牧场、特克斯县兴建了2个日加工原料奶20吨的乳品厂，在昭苏、察布查尔兴建了2个日加工原料奶10吨的乳品厂，在霍城县兴建了1个日加工原料奶5吨的乳品厂。1985年伊犁哈萨克自治州又建了日加工原料奶20吨、10吨乳品厂共7个。1991年，伊犁地区已有乳品厂19个，乳制品产量由1980年的146吨增加到3 161吨，占内蒙古自治区乳制品产量的36%[1]。

1994年，黑龙江省奶牛存栏73.22万头，比1993年的67万头增长9.3%。乳制品产量122 005吨，占全国总产量28.7%。1994年全省乳制品行业销售收入达17.5亿元，较上年增长26%。上缴税金1.1亿元，较上年增长120%。创利5 000万元，较上年增长105%。盈利企业占行业总数的70%以上[1]。

3. 引进与合资项目 “八五”期间是中国乳制品行业对外合作、合资较快发展的时期，一些著名的跨国集团、国际公司开始进军中国，合资或合作办企业。据不完全统计，合资、合作企业已达20余家。这些企业带来了资金、技术和管理经验，为中国乳制品工业增添了活力和生机[2]，生产自动化程度显著提高。

黑龙江省乳制品行业同国外合资、合作取得较大进展，许多世界著名奶业公司到黑龙江考察、洽谈与合作。1986年，第一家外资企业“雀巢”进入中国乳制品行业，在黑龙江省双城市建造合资乳制品厂。之后，一些知名奶业公司相继在中国建厂，开始生产婴幼儿配方乳粉等产品。1991年，中日合资的哈尔滨森永乳品有限公司[3]产品已投放市场，先期合资的双城雀巢公司也进行了大规模扩建。此外，日本雪印公司同杜尔伯特乳品厂、台湾味全公司同黑龙江乳品厂开展合资或合作[1]。从国外引进全套先进设备的黑龙江乳品厂（安达）、黑龙江富裕县乳品厂分别于1985年和1990年投产。这两个厂投产后的第一年效益未能令人满意，但随着生产经营的改善，很快获得较好的经济效益。富裕县乳品厂1991年实际收奶量31 517吨，收奶平均干物质11.54%，最高日收奶量155吨，乳制品产量5645吨，其中婴儿配方乳粉Ⅰ号1 724吨，婴儿配方乳粉Ⅱ号784吨，产值4 667万元，实现利润493万元，上缴税金220万元。黑龙江乳品厂1991年收奶量33 550吨，最高日收奶量141吨，乳制品产量6 025吨，其中婴儿配方乳粉Ⅱ号2 390吨，加糖乳粉3 578吨，总产值5 269万元，实现利润432.6万元，税金171.7万元[4]。

---

1 中国食品工业年鉴编委会.1997.中国食品工业年鉴1993—1996.北京：中国轻工业出版社：337.

2 宋昆冈.1996.乳制品工业“八五”回顾及“九五”发展思路.中国乳品工业（1）：8.

3 其前身为哈尔滨综合乳品厂（原哈尔滨第一乳品厂）。

4 中国食品工业年鉴编委会.1993.中国食品工业年鉴1992.北京：中国轻工业出版社：342.

1992年，中国台湾宜兰食品工业股份有限公司成立旺旺集团，开始在祖国大陆建厂[1]，主要生产铁听装旺仔牛奶等系列乳制品。1992年，上海光明乳业与法国达能（Danone）公司开始“联姻”合作[2]，以期增加酸奶产能及提升酸奶品质。

截至2007年，全国已有外资企业如旺旺、美赞臣、多美滋等74家，占全国规模以上企业（736家）总数的10.1%。固定资产280.7亿元，占全行业固定总值的29.2%。“三资”企业工业总值468.7亿元，占全行业工业总产值的35.3%，比2001年的30%[3]提高了5.3个百分点。

从外资企业生产及经营模式看，一般可分为以下几种形式：在中国扶持奶牛饲养业，收购牛奶、生产乳制品，产品在国内市场销售或出口到国外市场；从国外进口乳粉复配生产婴幼儿乳粉，或直接分装由国外进口的乳粉，在国内市场上销售；在中国没有工厂，没有奶源基地，以资本运作的方式参股或控股中国乳制品企业，以获得经济效益；中国的大型骨干企业吸引外资入股，成为“三资”企业；在国外“借壳上市”，成为“三资”企业[4]。

（二）新技术与科研成果

20世纪末至21世纪初，中国乳制品新技术得到了较快发展，产业化研究与示范不断进步。“十五”期间，国家重点启动的12个重大科技专项中有3个涉及乳与乳制品科技攻关项目，即农产品深加工技术与设备研究开发（包含乳品加工关键技术研究与设备开发的内容）、奶业重大关键技术研究与产业化技术集成示范、食品安全关键技术研究。2006年，科技部又启动“十一五”国家科技支撑计划重大项目“奶业发展重大关键技术研究与示范”课题研究，取得了一批重要科研成果。期间，各省（自治区、直辖市）也相继启动地方科技项目，实施乳制品科技攻关，获得了许多技术突破。

例如，乳品加工工业技术研究与应用及新型乳制品研制及其产业化开发[5]、乳制品质量安全控制技术研究与产业化示范[6]、乳品加工关键设备及材料研究与开发[7]、乳品质量安全控制关键技术研究及开发[8]、新型益生菌乳制品生产技术集成及

---

[1] 旺旺集团在祖国大陆兴建的第一个乳品厂——湖南旺旺食品有限公司1992年建成于湖南长沙市，隶属湖南旺旺总厂。之后，旺旺集团先后在南京、北京、广州、成都、杭州、济南、包头、淮安、铜川、安庆等地兴建了乳品厂。

[2] 王佳芬.2008.新鲜——我和光明15年.北京：中信出版社：117.

[3] 徐定人，殷成文.2004.奶业纵横.北京：经济日报出版社：8.

[4] 宋昆冈.2009.乳制品行业//中国轻工业联合会.中国轻工业辉煌60年：219.

[5] 课题项目由北京农业大学任发政教授主持。另外，“十五”期间系指2001—2005年。“十一五”期间系指2006—2010年。

[6] 课题项目由北京三元食品股份有限公司陈历俊博士主持。

[7] 课题项目由中国农业科学院农产品加工研究所吕加平博士主持。

[8] 课题项目由东北农业大学霍贵成教授主持。

产业化示范、乳蛋白源生物活性肽的研究与开发[1]及乳与乳制品生产安全检测能力建设[2]等一系列国家或省级科研成果，促进了乳制品加工业的科技进步。此外，出版了一批具有影响力的行业大型工具书。例如，张和平、张列兵等主编的《现代乳品工业手册》[3]于2004年出版，谷鸣主编的《乳品工程师技术手册》于2009年出版发行[4]。

1.新工艺 1991年5月，乳清粉离子交换脱盐技术通过由黑龙江省科学技术委员会和省轻工业厅组织的鉴定。该项技术是采用离子交换技术在保留乳清粉原有营养成分的情况下，除去含盐乳清粉中的大部分盐类，以生产脱盐乳清粉。通过该技术处理的脱盐乳清粉完全能达到生产婴儿配方乳粉要求。该技术由黑龙江省乳品工业技术开发中心与黑龙江省双城市儿童乳品厂共同研制[5]。

1992年5月，从荷兰引进的灭菌奶生产线在浙江省金华市乳品厂正式投入生产，此为国内第一条塑料瓶灭菌奶生产线，采用二次灭菌工艺，生产能力为4吨/小时，相当于两班50吨。生产线包括吹瓶、灌装、管式一次灭菌和静水压二次灭菌设备。该生产线的工艺过程是：将牛奶用套管式灭菌机以135℃、8秒进行第一次灭菌，同时均质后冷却到28℃装入高压聚乙烯塑料瓶，封口后进入连续式静水压灭菌机，以118℃、13.6分钟进行第二次灭菌，经冷却、贴标即为成品[6]。

2004年2月，北京三元食品股份有限公司乳品一厂（原双桥农场乳品厂）的膜微滤技术生产线正式投产，日处理能力100吨，主要生产高品质鲜奶（ESL奶）[7]。该工艺核心技术主要采用陶瓷膜微滤技术除菌净化原料奶，其除菌率达到99.93%，并结合低温巴氏杀菌并实施清洁或无菌灌装。在4～6℃条件下，产品保质期长达1个月，且产品风味纯正、新鲜。全套生产工艺技术均为“三元”自主研发，一改过去传统的单一热处理方式，不存在过度杀菌问题，产品无蒸煮味道。ESL奶为国内首创[8]，开辟了中国巴氏杀菌奶加工技术的新时代。

2.新技术 实现乳制品生产自动控制、赶超世界先进水平是乳制品行业多年来的愿望。一些研究单位与企业在这方面做过很多工作，但均因在线浓度测定[9]问题解决不了，而无法取得令人满意的效果。

1993年，大连广裕自动化研究中心研制的RWKX－1型乳制品微机控制系统

---

1 两项课题均由光明乳业股份有限公司郭本恒博士主持。

2 该课题由四川新希望乳业有限公司汪家琦博士负责。

3 张和平，张列兵，等.2004.现代乳品工业手册.北京：中国轻工业出版社.

4 谷鸣.2009.乳品工程师技术手册.北京：中国轻工业出版社.

5 中国食品工业年鉴编委会.1993.中国食品工业年鉴1992.北京：中国轻工业出版社：341.

6 中国食品工业年鉴编委会.1997.中国食品工业年鉴1993—1996.北京：中国轻工业出版社：338.

7 丁玉振，吕加平，于景华，等.2005.ESL奶加工技术研究.中国乳品工业（7）：6-9.

8 中国食品工业年鉴编委会.2006.中国食品工业年鉴2005.北京：中华书局：172.

9 乳制品生产中的在线浓度测定技术，一般指为实现连续生产的自动化控制而需随时监测奶成分或浓度变化，通常采用如测定电导率的浊度计等在线传感器来实现自动控制。

成功地解决了在线浓度测定问题，对提高中国乳制品生产自动控制水平起到了推动作用。该微机控制系统包括杀菌温度、二效出口浓度、冷却水出口温度、喷雾干燥排风湿度、物料流量、蒸气压力等参数控制。该控制系统经过在哈尔滨综合乳品厂实际运行，各元件运行可靠，各仪器仪表显示准确无误。由于使用微机控制系统使特级品率提高，减轻工人劳动强度，改善了工作环境，节水、节汽、节电，初步推算每年大约节省26万元，经济效益显著[1]。

杭州中亚机械有限公司开发生产的高速联杯酸乳灌装机、软包装灭菌乳灌装机及山东泉林包装有限公司等生产的复合纸质包材无菌灌装机等关键设备、包材开始装备乳品厂，投入生产使用。北京天大光谱技术有限公司、浙江大学联合研制生产的乳成分快速分析仪也开始应用于生产中[2]。

3. 新产品 “燕牌”婴儿奶粉是杭州食品厂在原婴儿配方乳粉II号基础上经过改进配方、改进工艺而研制成功的，1992年5月通过专家鉴定。该产品与婴儿配方乳粉II号相比，最大特点是经过特殊工艺处理，使制品中保留了多种免疫活性物质，每100克制品中免疫活性物质≥20国际单位。另外，该产品还添加了促进婴儿大脑发育的营养素——牛磺酸，每100克制品中含量为15 ～ 35毫克[3]。

婴儿配方乳粉III号是由黑龙江省乳品工业技术开发中心、双城市儿童乳品厂、黑龙江乳品厂共同研制的一个婴儿配方乳粉新品种，1992年8月在哈尔滨市通过鉴定。婴儿配方乳粉III号与II号相比，其显著特点是采用添加淀粉糖浆来代替部分脱盐乳清粉，原料来源比较便利[3]。

1992年，“金星牌”系列婴儿奶粉（I、II阶段）在哈尔滨松花江第二乳品厂（原呼兰乳品厂）正式投产。该产品是由东北农学院食品科学系、哈尔滨松花江第二乳品厂联合研制成功的。“金星牌”婴儿奶粉I段是以牛奶、脱盐乳清粉为主要原料，强化维生素、矿物质和微量元素，产品营养成分模拟母乳而设计，适合出生6个月内婴儿食用。“金星牌”婴儿奶粉II段是以牛奶、脱盐乳清粉、精制小米粉为主要原料，强化维生素、矿物质和微量元素，适合4 ～ 12月龄的婴儿食用[3]。

2004年11月，“十五”国家奶业科技专项研究项目——共轭亚油酸（CLA）牛奶经中国农业科学院畜牧研究所王加启研究员等4年攻关取得重要突破，2005年开始商品化生产。该项研究是以奶牛自身合成共轭亚油酸机理为核心，采取奶牛个体筛选、饲料营养平衡和瘤胃发酵调控等现代生物技术，使牛奶中共轭亚油酸[4]含量

---

[1] 中国食品工业年鉴编委会.1997.中国食品工业年鉴1993—1996.北京：中国轻工业出版社：338-339.

[2] 中国食品工业年鉴编委会.2003.中国食品工业年鉴2002.北京：中华书局：155.

[3] 中国食品工业年鉴编委会.1997.中国食品工业年鉴1993—1996.北京：中国轻工业出版社：339.

[4] 共轭亚油酸具有增强免疫力、调节血脂、预防糖尿病等功效。通常牛、羊等反刍动物的乳及肉是人类摄取共轭亚油酸的主要来源，但含量很低。因此，共轭亚油酸的研究与开发，已经成为21世纪国际前沿新技术。

由每百克10毫克提升到每百克40 ～ 90毫克。该研究成果处于世界领先水平[1]。

2007年1月，内蒙古伊利实业集团股份有限公司完成了高水解率低乳糖牛奶[2]（营养舒化奶）生产技术研究与开发。该项技术首次在国内采用超高温瞬时灭菌后无菌添加工艺，成功实现了乳糖酶的无菌在线添加技术，开发出高水解率的低乳糖牛奶（水解率≥90%）。该工艺在提高生产效率、降低生产成本的同时，解决了低乳糖奶褐变的技术难题，使低乳糖牛奶的货架期长达7个月以上。同时，低乳糖舒化奶对不耐受乳糖人群有极其显著的效果，对乳糖吸收不良的改善有效率为96.6%，对乳糖不耐受症改良的显效率为90.1%，有效率为96% [2]。

（三）注重奶源质量

生产高质量的乳制品必须要有高质量的原料奶。20世纪90年代，随着生产规模不断扩大，许多乳制品企业越来越重视原料奶质量，为提高原料奶收购质量积极探索有效途径和办法，确保乳制品质量。“问渠哪得清如许，为有源头活水来”，奶源生产是奶业发展的源头，是乳制品企业“第一车间”[3]。

1. 实施“以脂（质）论价” 自1986年起，为保证收购原料奶质量，全国各地开始选点、选厂进行以脂（质）计价收奶的试验与试点。进入20世纪90年代后，陆续取得了成功经验。特别是黑龙江省以质论价收奶工作开展得比较好。许多企业采取这种办法，收到了明显效果，不仅使原料奶质量提高，而且企业也收到了明显的经济效益[4]。如1991年10月，黑龙江省食品工业公司在黑龙江乳品厂（安达）召开了提高原料奶收购质量的现场会，交流以脂计价的经验。乳品企业一般有奶户上千家，多的则有几千家，每天2次收奶，以脂计价收奶工作量很大。关键是如何计价、如何检测。各厂方法不一样，各有特点。

黑龙江省完达山食品厂的做法是：①两级管理。即工厂对各收奶站实行宏观控制，收奶站实行独立核算，对奶户实行以脂肪含量多少来计价，工厂对收奶站也实行以脂计价。②三级检验。收奶站对奶户交奶检验，工厂对收奶站检验，农场畜牧公司对收奶站交往工厂的原料奶同时做对照检验，即监督工厂的检验。③检测方法。采取天天取样、抽样化验的方法，是否化验采取当场抽签来确定，这样使化验员和奶户对何时化验找不到规律。④合理定价。该厂规定正常乳的脂肪含量为4.5%～ 2.5%，2.4%以下为低脂乳。不同脂肪含量奶价不同，2.0%价格为0.308元/千克，2.5%的为0.514元/千克，3.0%的为0.618元/千克，3.5%的为0.720元/千克，4.5%的为0.926元/千克。该厂采取以脂计价收奶的第一年就少收水800余吨，减少直接损失40多万元。

---

[1] 中国食品工业年鉴编委会.2007.中国食品工业年鉴2006.北京：中华书局：219.

[2] 中国食品工业年鉴编委会.2009.中国食品工业年鉴2008.北京：中华书局：105.

[3] 刘成果.2012.奶业之道.北京：中国农业出版社：70.

[4] 中国食品工业年鉴编委会.1993.中国食品工业年鉴1992.北京：中国轻工业出版社：342.

大庆乳品厂则采取双项检验办法：①计价标准。按黑龙江地方标准规定脂肪含量3.4%，酸度16°T，相对密度（温度20℃）1.029为标准奶，价格0.7元/千克。现场收奶相对密度低0.001减当天奶量的5%；低0.002，减当天奶量10%；低0.003，减当天奶量30%；低0.004以上按掺假处理。脂肪计价=收购奶量×（平均测量值÷3.4）×0.70元，脂肪最高限为5%，最低限为2.7%。超过最高值或低于最低值（包括5%、2.7%），按“等外奶”处理。②采样方法。厂里成立的原料奶检验室，配备专职检验人员，备有采样工具。收奶员当场取样，盛入事先放有保鲜药的采样中，当面写好奶站名、奶户编号，装带锁的取样箱内，取样箱钥匙由专职检验人员保管，回厂由专职人员取走样品，摇匀后取10毫升装入编好奶站、奶户号的大瓶中，每10天检测一次脂肪含量。该厂实行收奶新办法，普遍受到奶户的欢迎，交好奶的老实人增加了经济效益，而掺水掺假的不仅没有捞到好处，而且奶款少。通过核算，大庆乳品厂每吨乳粉的奶耗、煤耗都有了明显下降[1]。

2. 建设机械化挤奶站 20世纪90年代中期前，中国除了农垦系统等国有奶牛牧场外[2]，各地奶牛饲养户基本上都是手工挤奶，原料奶的卫生指标与质量很难保证。

为适应液体乳产品的发展要求，许多乳品企业越来越重视原料奶卫生质量，陆续投入资金建设自己的机械化挤奶站，以保证原料奶质量。其中，内蒙古伊利实业集团股份有限公司所开创的“分散饲养、集中挤奶”模式最具代表性。内蒙古伊利实业集团股份有限公司的做法是：在养牛比较集中的村或镇，企业出资建设起机械化挤奶站[3]，一般平均200～300头牛建立1个挤奶站，配备榨乳机、冷却设备、贮奶缸等。每天早、晚，奶牛饲养户将自己的奶牛赶到挤奶站统一榨乳，按照卫生操作规程，清洗乳房、消毒，由公司的专职人员进行现场监督。这种方式从根本上解决了分散饲养与牛奶质量不稳定的矛盾，非常适合中国当时的国情。

内蒙古伊利实业集团股份有限公司在1999年投资近4 000万元，建起了机械挤奶站近百座，使收购的原料奶质量有了明显改善。因此，他们生产的灭菌奶在全国销售形势非常好。1999年5月中国乳制品工业协会在呼和浩特召开现会，专

---

1 中国食品工业年鉴编委会.1993.中国食品工业年鉴1992.北京：中国轻工业出版社：342.

2 20世纪50年代，国营北京双桥农场开始引进苏联的挤奶机，以后，上海、天津、哈尔滨、沈阳等地农垦国营农场也陆续引进，推行机械化挤奶。20世纪60年代，北京、上海、天津等的国营农垦农场，均自行设计制造了转盘挤奶台。为充分利用旧牛舍，此期北京市农场局还自制了管道式挤奶机，部分牛场还安装了丹麦、德意志民主共和国的鱼骨式双列挤奶台。上海、北京、杭州等地的农垦系统都建立了挤奶机制造厂。1984年，全国农垦国营农场共有挤奶机441套，机械挤奶的母牛头数已占全群的15%，其中上海市国营农场80%的母牛已采用机械挤奶。各地农垦国营农场实施机械挤奶，改善了原料乳卫生状况，提高了牛奶品质。

3 由内蒙古伊利实业集团股份有限公司投资建设的中国第一家奶牛养殖专业村挤奶站于1997年在呼和浩特市赛罕区四间房村建成运行，所装管道式挤奶机由大都林公司提供，采用计量瓶称量。该挤奶站的建成，为全国散养奶牛实现机械挤奶探索了新办法、新途径，为提高奶源质量迈出了重要一步。

门推介伊利集团的成功经验，深受与会代表的好评[1]。

自1999年下半年起，全国许多乳品企业开始学习推广内蒙古伊利实业股份有限公司“分散饲养、集中挤奶”经验，使得机械挤奶在全国各地迅速推开，特别是一些大中乳品企业及主要生产液体乳的企业很快建起了条件较好的机械化挤奶厅。由于推广机械挤奶，使原料奶的质量明显好转，原料奶菌落总数由原来的几百万个/毫升降到50万个/毫升以下，有的甚至降到10万个/毫升以下。在“分散饲养、集中挤奶”基础上，还有一些乳品企业探索了“集中饲养、集中管理、统一服务、分户经营”的奶牛小区模式[2]。

二、管理与质量

20世纪90年代起，中国乳制品行业管理得到了进一步强化与发展，成立了行业协会，组织开展各类活动，增强行业凝聚力与活力，加入了国际乳品联合会，积极参与国际奶业技术交流，不断完善标准与法规，开展质量检查，提高产品质量，实施品牌战略，开展行业评比，培育大型骨干企业，提高全行业整体素质，促进乳制品加工业健康发展。

（一）提升行业管理

随着全球经济一体化发展趋势愈发明显，以及中国经济体制改革与市场经济的不断推进，乳制品加工业迫切需要加强国内外交流与合作，加强行业管理，增强行业实力，持续提高行业整体水平。实施行业管理，建立重点企业联系制，开展信息统计，完善与把握行业重要运行经济指数，积极发展乳制品加工业。

1.行业组织与加入国际乳品联合会 第六届全国乳品工业技术协作组会议于1992年5月在哈尔滨市召开，来自全国25个省、自治区、直辖市的从事乳制品工业生产、科研、工程设计、教育、设备制造等企事业单位的代表共300余人参加。会议通过了《全国乳品工业协作组章程》，成立了工作组会员大会理事会和常设办事机构——秘书处，秘书处设在黑龙江省乳品技术开发中心，还成立了协作组的学术委员会，学术委员会主任由内蒙古轻工科学研究所名誉所长金世琳担任，副主任由东北农学院骆承庠教授和黑龙江省轻工业厅科技处黄澧权[3]处长担任[4]。

经轻工业部（轻改〔1993〕8号文件《关于同意成立中国乳制品工业协会的批复》）批准并在民政部注册登记（社证字第1654号），中国乳制品工业协会于

---

1 中国食品工业年鉴编委会.2001.中国食品工业年鉴2000.北京：中国统计出版社：132.

2 中国食品工业年鉴编委会.2002.中国食品工业年鉴2001.北京：中华书局：278.

3 黄澧权，1940年出生于广州市。1960年毕业于广州华南工学院食品系，分配至黑龙江省工作，担任食品学校教员。后曾任黑龙江省乳品工业研究所工程师、室主任、所长，黑龙江省乳品工业技术开发中心主任等职，为黑龙江省及中国乳品工业发展做出了积极贡献。

4 中国食品工业年鉴编委会.1997.中国食品工业年鉴1993—1996.北京：中国轻工业出版社：338-339.

1995年6月6日在北京正式成立[1]。

中国自1983年已同国际乳品联合会建立联系。1985年，轻工业部派代表以观察员身份参加国际乳品联合会活动。1985—1995年，共参加2届大会和5次年会。1994年9月，国家科学技术委员会批准中国乳制品工业协会加入国际乳品联合会。1995年3月，中国向国际乳品联合会提出申请，6月即得到国际乳品联合会答复并交纳当年会费。1995年9月国际乳品联合会第79届年会上中国正式加入。根据国际乳品联合会章程规定，经中国轻工业总会[2]批准，国际乳品联合会中国国家委员会正式成立。中国轻工业总会副会长潘蓓蕾担任主席，中国轻工业总会食品造纸部主任耿兆林、黑龙江省轻工业厅厅长杜义任副主席、中国乳制品工业协会理事长宋昆冈等28人为委员[1]。

国际乳品联合会第25届大会暨第82次年会于1998年9月在丹麦阿胡斯市举行。中国乳制品工业代表团一行15人出席会议[3]。国际乳品联合会第83次年会于1999年9月在希腊雅典召开，国家轻工业局副局长、国际乳品联合会中国国家委员会主席潘蓓蕾率17人中国代表团出席会议[4]。国际乳品联合会第85次年会于2001年10月在新西兰奥克兰举行，中国乳制品工业协会组织34人代表团出席会议[5]。2001年，由国际乳品联合会中国国家委员会、中国乳制品工业协会、黑龙江省乳品工业技术开发中心共同组织翻译的《英汉乳业术语词汇》出版发行[6]。

由国际乳品联合会、国际乳品联合会中国国家委员会、中国乳制品工业协会主办，上海奶业行业协会、光明乳业承办的世界奶业盛会——第27届国际乳品联合会世界乳业大会于2006年10月23—26日在上海光大国际会展中心举办，共有来自世界60个国家的近1 400名代表参会[7]。能在中国举办世界性奶业大会是中国奶业界多年来的愿望，是中国奶业融入世界的重要标志。这取决于中国国际地位的提高、改革开放所取得的巨大成就及中国奶业的快速发展。会上，中国奶业协会理事长刘成果先生作了《迈向现代化的中国奶业》的演讲[8]。此次盛会加强了国内外奶业经济和技术合作，为中国逐步融入世界奶业奠定了良好基础[9]。

---

1 中国食品工业年鉴编委会.1997.中国食品工业年鉴1993—1996.北京：中国轻工业出版社：338 – 340.

2 中国轻工业总会于2001年2月改为中国轻工业联合会。

3 中国食品工业年鉴编委会.2000.中国食品工业年鉴1999.北京：中国统计出版社：187.

4 中国食品工业年鉴编委会.2001.中国食品工业年鉴2000.北京：中国统计出版社：132.

5 中国食品工业年鉴编委会.2003.中国食品工业年鉴2002.北京：中华书局：156.

6 该书系国际乳品联合会组织编写且拥有版权，1983年正式出版，著有英文、法文、德文、西班牙文4种文字版，是国际上最具权威性的乳业术语词汇书。1992年国际乳品联合会D12委员会（法规、标准、分类、术语委员会）对1983年版本进行了修订，于1995年8月再版。

7 中国食品工业年鉴编委会.2008.中国食品工业年鉴2007.北京：中华书局：164.

8 刘成果.2012.奶业之道.北京：中国农业出版社：156–160.

9 魏克佳.2007.全面落实科学发展观　推进中国现代奶业建设.中国乳业（1）：4.

2006年10月23—26日第27届国际乳品联合会世界乳业大会在上海召开

2. 首次统计液态奶产量与乳企排行 1995年，中国第一次对市售液态奶总量做出统计（液态奶是指消毒奶、超高温灭菌奶、酸奶等）。1996年全国液态奶总产量是51.94万吨。液态奶产量较大的省份分别为：北京11.33万吨，占全国总产量的21.8%；上海17.73万吨，占全国总产量的34.1%；江苏5.33万吨，占全国总产量的10.3%；广东3.27万吨，占全国总产量的6.3%；浙江2.58万吨，占全总产量的5.0%；天津1.78万吨，占全国总产量的3.4%；山东1.78万吨，占全国总产量的3.4%。

1996年，中国乳制品工业协会对企业生产经营情况进行数据统计，按照工业销售产值、乳制品产量、液态奶产量、利税总额、人均创利润、原料奶收购量等6项指标，分别排出企业的名次。

（1）工业销售产值（表5-20）[1]

表5–20 工业销售产值前12名企业

企　业	工业销售产值（万元）	名次
上海光明乳业有限公司	83 287	1
石家庄三鹿集团股份有限公司	37 553	2

[1] 中国食品工业年鉴编委会.1998.中国食品工业年鉴1997.北京：改革出版社：251.

（续）

企　　业	工业销售产值（万元）	名次
黑龙江完达山乳业集团	22 023	3
张家港乳品一厂	21 073	4
哈尔滨金星乳业集团	20 800	5
山东省文登市金洋乳品集团公司	16 648	6
黑龙江省宋站乳品厂	15 963	7
黑龙江省乳业集团总公司	14 412	8
陕西省西安银桥企业集团	14 000	9
山西古城依美口乳品有限公司	13 329	10
山东文登鹏程食品有限公司	11 297	11
江西乳品厂	10 067	12

（2）乳制品产量（表5-21）[1]

表5-21　乳制品产量前12名企业

企　　业	乳制品产量（吨）	名次
石家庄三鹿集团股份有限公司	20 005	1
哈尔滨金星乳业集团公司	14 200	2
黑龙江完达山乳业集团	11 540	3
陕西省西安银桥企业集团	8 730	4
黑龙江省宋站乳品厂	8 660	5
上海光明乳业有限公司	8 502	6
黑龙江省乳业集团总公司	8 065	7
山西古城依美口乳品有限公司	8 053	8
黑龙江康维乳业（集团）公司	6 502	9
黑龙江红星乳品集团公司	5 183	10
杭州食品厂	4 878	11
山东省文登市乳品厂	4 800	12

1　中国食品工业年鉴编委会.1998.中国食品工业年鉴1997.北京：改革出版社：251.

（3）液态奶产量（表5-22）[1]

表5-22 液态奶产量前10名企业

企　　业	液态奶产量（吨）	名次
上海光明乳业有限公司	131 194	1
南京卫岗乳制品厂	29 388	2
北京双桥乳品厂	16 452	3
昆明市牛奶公司	14 642	4
成都乳品公司	11 166	5
金华市乳品厂	7 715	6
广州燕塘中奶公司	7 236	7
兰州乳品厂	6 658	8
武汉市牛奶公司乳品厂	5 616	9
宁夏夏进乳品饮料有限公司	4 651	10

（4）利税总额（万元）[1]

表5-23 利税总额前12名企业

企　　业	利税总额（万元）	名次
上海光明乳业有限公司	10 967	1
张家港乳品一厂	2 974	2
山西古城依美口乳品有限公司	2 766	3
石家庄三鹿集团股份有限公司	2 718	4
黑龙江完达山乳业集团	2 326	5
哈尔滨金星乳业集团	2 020	6
山东省文登市金洋乳品集团公司	1 672	7
山东文登鹏程食品有限公司	1 598	8
云南省邓川奶粉厂	1 456	9
黑龙江省宋站乳品厂	1 440	10
武汉市牛奶公司乳品厂	1 185	11
山东省文登市乳品厂	1 111	12

1 中国食品工业年鉴编委会.1998.中国食品工业年鉴1997.北京：改革出版社：252.

（5）人均创利润（表5-24）[1]

表5-24　人均创利润前12名企业

企　业	人均创利润（元）	名次
山西古城依美口乳品有限公司	71 371	1
山东文登鹏程食品有限公司	23 953	2
云南省邓川奶粉厂	21 952	3
山东省文登市金洋乳品集团公司	21 465	4
张家港乳品一厂	21 152	5
北京南口乳品厂	19 766	6
黑龙江康维乳业集团公司	19 694	7
山东省文登市乳品厂	19 537	8
上海光明乳业有限公司	18 715	9
湖南省南山绿色食品开发公司	15 526	10
武汉市牛奶公司乳品厂	12 967	11
山西省山阴县国营乳品厂	10 148	12

（6）原料奶收购量（表5-25）[1]

表5-25　原料奶收购前12名企业

企　业	原料奶收购量（吨）	名次
上海光明乳业有限公司	143 285	1
哈尔滨金星乳业集团	81 760	2
黑龙江完达山乳业集团	79 228	3
石家庄三鹿集团股份有限公司	65 562	4
黑龙江省宋站乳品厂	52 268	5
陕西省西安银桥企业集团	50 400	6
山西古城依美口乳品有限公司	43 250	7
云南省邓川奶粉厂	33 878	8
黑龙江省乳业集团总公司	30 093	9
黑龙江省康维乳业集团总公司	29 212	10
黑龙江省红星乳业集团公司	28 462	11
内蒙古海拉尔乳品厂	28 065	12

[1] 中国食品工业年鉴编委会.1998.中国食品工业年鉴1997.北京：改革出版社：252.

3. 千禧年的乳品企业排行 2000年乳制品行业大型企业集团进一步发展和壮大，产品市场占有率进一步提高。据中国乳制品工业协会统计，2000年销售收入前10位的企业共实现销售收入86.1亿元；乳制品（乳粉）产量前10位的企业产量合计为18.6万吨，约占全国乳制品总产量的31.6%；液体乳产量前10位企业产量合计为93.5万吨，约占全国液体乳总产量的70%。2000年全国乳制品行业销售收入、乳制品产量、液体乳产量排行前10位企业依次如下[1]。

（1）销售收入排行（表5-26）[1]

表5-26 销售收入排行

名次	企　业	销售收入（万元）
1	上海光明乳业股份有限公司	233 920
2	石家庄三鹿乳业集团	177 805
3	内蒙古伊利实业集团股份有限公司	141 651
4	北京三元食品有限公司	69 581
5	黑龙江省完达山企业集团乳品有限公司	67 649
6	上海英特儿营养乳品有限公司	43 474
7	山东省鹏程食品股份有限公司	33 758
8	哈尔滨金星乳业集团公司	31 701
9	山西古城乳业集团有限公司	30 501
10	深圳市光明华侨畜牧场晨光饮料公司	29 963

（2）乳制品产量排行（表5-27）[2]

表5-27 乳制品产量排行

名次	企　业	乳制品产量（吨）
1	石家庄三鹿乳业集团	45 010
2	黑龙江省完达山企业集团乳品有限公司	25 600
3	内蒙古伊利实业集团股份有限公司	23 608
4	山西古城乳业集团有限公司	18 473
5	哈尔滨金星乳业集团有限公司	15 180
6	上海光明乳业股份有限公司	15 060
7	西安银桥股份有限公司	14 038
8	山东省鹏程食品股份有限公司	9 503
9	上海英特儿营养乳品有限公司	8 299
10	黑龙江龙丹乳业科技股份有限公司	7 946

1 中国食品工业年鉴编委会.2002.中国食品工业年鉴2001.北京：中华书局：277.

2 中国食品工业年鉴编委会.2002.中国食品工业年鉴2001.北京：中华书局：278.

(3) 液体乳产量排行（表5-28）[1]

表5-28 液体乳产量排行

名次	企 业	液体乳产量（吨）
1	上海光明乳业股份有限公司	362 024
2	北京三元食品有限公司	226 372
3	内蒙古伊利实业集团股份有限公司	75 879
4	南京奶业（集团）公司	72 085
5	深圳市光明华侨畜牧场晨光饮料公司	46 056
6	沈阳乳业有限责任公司	40 456
7	济南佳宝乳业有限公司	35 618
8	山东省鹏程食品股份有限公司	28 247
9	石家庄三鹿乳业集团	26 438
10	青岛市奶业总公司	21 766

（二）质量与管理

建立与完善乳制品行业法规和标准，确保乳制品质量，是保障全行业健康发展的重要前提。21世纪初，中国乳制品质量有了明显提高，但由于企业规模、技术装备水平、管理水平等方面的差距，市场上的产品质量不能令消费者满意。因此，有关部门不定期、不间断地组织乳制品质量抽查，对提高产品质量起到了积极作用，同时，不断完善和制订乳制品标准法规，开展行业品牌推介活动，培养乳品评鉴师，实施产品质量评鉴。

1. 抽查产品质量 2002年4月初，国家质量监督检验检疫总局公布2001年4季度对灭菌乳监督抽查的结果，此次抽查了哈尔滨、沈阳、北京、天津、石家庄、济南、南京、上海、杭州9个城市19家经销企业销售的32家乳品企业33个产品，有7家工厂生产的产品不合格，7家企业的名字被曝光，有的企业竟是知名的外资企业。此次还抽查了27家中小型企业生产的28个产品。抽查不合格的主要原因是缺乏对生产标准的正确认识，特别是产品名称的标注有错误，如将“××乳饮料”标注成“××乳”，对配料控制和对原料奶的质量管理不重视，导致产品的理化指标达不到标准要求，有的企业生产工艺控制不严，没有实施规范管理[2]。

2002年第2季度，对酸牛乳产品质量进行了监督抽查。在北京、沈阳、长春、哈尔滨、天津、石家庄6个城市抽查了39家乳制品企业生产的39个酸牛乳产

[1] 中国食品工业年鉴编委会.2002.中国食品工业年鉴2001.北京：中华书局：278.

[2] 中国食品工业年鉴编委会.2004.中国食品工业年鉴2003.北京：中华书局：252.

品。抽查结果表明：大中型企业的产品质量较好，抽查的15家大中型企业的15个产品全部合格，抽样合格率为100%。这些企业质量意识较强，生产设备较为先进，质量管理体系健全，能严格按标准组织生产。而小型企业产品质量问题较为突出，抽查的24家小型企业的24个产品，合格13种，抽样合格率仅为54.2%，有些企业管理混乱，设备简陋陈旧，不按规范操作，偷工减料现象严重，不合格的企业及产品被曝光。抽查中主要问题反映在如下方面：卫生指标、添加剂使用、脂肪或蛋白质指标[1]。

2. 标准与管理 20世纪90年代，轻工系统组织修订了几个重要标准。1992年，轻工业部发布《乳酸菌饮料》(GB6006—92)。1999年，国家轻工业局对乳制品标准进行修订和增订，将“消毒牛乳”更名为“巴氏杀菌乳”；增加1个标准——《灭菌乳》；将《全脂乳粉》、《脱脂乳粉》、《全脂加糖乳粉》合并为一个标准，增加“调味乳粉”品种；将《全脂无糖炼乳》、《全脂加糖乳粉》合并成一个标准《全脂无糖炼乳和全脂加糖乳粉》；将《工业干酪素》、《工业干酪素检验方法》、《粗制乳糖》、《粗制乳糖检验方法》、《硬质干酪》降为轻工业标准，使用“GB/T”代码。

1995年，为保护婴儿身心健康，促进母乳喂养，根据《国际母乳代用品销售守则》，卫生部、国内贸易部、广播电影电视部、新闻出版署、国家工商行政管理局、中国轻工总会等联合发布《母乳代用品销售管理办法》。该办法规定：母乳代用品产品包装标签上应用醒目的文字标有说明母乳喂养优越性的警句，不得印有婴儿图片，不得使用“人乳化”、“母乳化”或类似的名词；生产者、销售者不得向医疗卫生保健机构、孕妇、婴儿家庭赠送产品和样品，减价销售产品或以销售为目的有条件地提供设备、资金、资料；禁止发布母乳代用品广告；禁止广播、电视、电影、报纸、杂志、音像制品、电子出版物等传播媒介上进行母乳化用品的宣传，包括播放和刊登有关母乳代用品的报道、文章和图片。该办法自1995年10月1日起施行[2]。

为有效地利用外资，优化外商投资结构，提高利用外资的质量，中国轻工总会召开利用外资会议，发布了《关于轻工业利用外商投资导向意见》和《轻工业利用外商投资导向目录》，其中导向目录分别列出鼓励、限制、禁止投资的行业及产品。乳制品加工业被列为限制外商投资的行业；合资企业建立乳制品加工企业，必须按要求交纳奶源发展基金；禁止设立乳品加工外商独资企业[2]。

国家质量监督检验检疫总局于2001年6月发布《关于婴幼儿配方乳粉生产许

1 中国食品工业年鉴编委会.2004.中国食品工业年鉴2003.北京：中华书局：252.

2 中国食品工业年鉴编委会.1997.中国食品工业年鉴1993—1996.北京：中国轻工业出版社：340.

可证工作有关问题的通知》(国质检函〔2001〕168号)[1]，发布《婴幼儿配方乳粉产品生产许可证实施细则》，开始实施许可制度。明确规定：所有以牛、羊乳为主要原料，加入适量的维生素、矿物质和其他辅料，经加工制成的供0 ～ 3岁婴幼儿食用的产品都在发证范围，所有生产经营单位都必须取得生产许可证方可生产。婴幼儿配方乳粉产品生产许可证管理将促进生产企业的技术装备水平、管理水平的提高，一些不具备生产条件的企业将被拒之门外[2]。

3. 名牌乳品与评鉴 2002年，在中国乳制品工业协会协调下，乳粉、液体乳被列入“中国名牌产品”推荐范围。在国家质量监督检验检疫总局和中国名牌战略推进委员会的领导下，组成了中国名牌战略推进委员会乳粉、液体乳专业委员会，委员会的委员由中国乳制品工业协会及农业、卫生、质检、消费者协会等有关单位推荐组成，经中国乳制品工业协会审定，报中国名牌战略推进委员会批准后生效。乳粉、液体乳专业委员会根据《中国名牌产品评价管理办法》，结合乳制品工业的实际情况，制定了《乳粉、液体乳评价细则》和《乳粉、液体乳评分办法》。

中国名牌乳粉、液体乳经省级初选，中国名牌战略推进委员会乳粉、液体乳专业委员会的评价与筛选，报中国名牌战略推进委员会、国家质量监督检验检疫总局审核批准，以下产品被授予“中国名牌产品”称号（表5-29和表5-30）。

表5-29 乳粉类产品

品牌	生产企业
三鹿	石家庄三鹿集团股份有限公司
龙丹	黑龙江龙丹乳业科技股份有限公司
圣元	青岛圣元乳业有限公司
古城	山西古城乳业股份有限公司
伊利	内蒙古伊利实业集团股份有限公司
完达山	黑龙江完达山乳业股份有限公司
金星	哈尔滨金星乳业集团有限公司
秦俑	西安银桥股份有限公司

[1] 婴幼儿配方乳粉是供特殊人群——婴幼儿食用的产品，技术含量高，质量要求严。1994年，国家质量技术监局曾拟对婴幼儿配方乳粉生产实行许可证管理，委托有关部门制订了实施细则，但由于种种原因未能实施。

[2] 中国食品工业年鉴编委会.2003.中国食品工业年鉴2002.北京：中华书局：156.

表5-30 液体乳类产品

品牌	生产企业
三元	北京三元食品股份有限公司
三鹿	石家庄三鹿集团股份有限公司
光明	上海光明乳业股份有限公司
伊利	内蒙古伊利实业集团股份有限公司
蒙牛	内蒙古蒙牛乳业股份有限公司

2002年7月，由中国乳制品工业协会主办、农业部乳品质量监督检验测试中心承办的乳品评鉴师考测选拔在天津举行。20世纪80年代，国家有关部门开展产品质量评比，曾选拔了一批经验丰富的感官评鉴师，其后20余年没有再进行过评鉴师选拔。通过本次考评，全国共有31人获得乳品评鉴师资格[1]。

2005年6月，中国乳制品工业协会组织了2次乳品评鉴师考评工作，来自天津、河北、北京、内蒙古、山东、陕西、云南、新疆的近百名乳品技术人员参加了考评。经专业知识考试、感官技能测试，有57位优秀者获得中国乳制品工业协会颁发的乳品评鉴师职称。为了规范、推动乳品评鉴师考评工作的开展，提高乳制品感官质量的提升，中国乳制品工业协会于2005年3月正式发布《乳制品感官质量评鉴师管理办法（试行）》，共分9条，包括乳品评鉴师的定义、等级区分、考评条件、培训与考试及管理等内容[2]。

三、新世纪后的高速发展

21世纪初，中国乳制品加工业无论是产能产量、生产规模，还是加工设备、产品结构都发生了巨大变化，进入了一个高速发展期。一些乳制品企业通过大范围、大规模的资产重组，转向集团化运营，集中度及规模不断扩大。同时，乳制品企业重视自身技术改造，不断引进设备技术，行业整体装备和技术水平大幅提高[3]。

21世纪初，中国现代化的乳制品生产线
（图片引自2010年《盛世农垦：与祖国共辉煌》）

21世纪初，中国引进的再制干酪全自动生产线
（图片引自2010年《盛世农垦：与祖国共辉煌》）

[1] 中国食品工业年鉴编委会.2004.中国食品工业年鉴2003.北京：中华书局：254.

[2] 中国食品工业年鉴编委会.2007.中国食品工业年鉴2006.北京：中华书局：220.

[3] 刘成果.2012.奶业之道.北京：中国农业出版社：178.

2008年，全国乳制品（包括液体乳）产量达1 810.6万吨，其中液体乳1 525.2万吨，乳粉产量约为120万吨。与1999年相比，乳制品产量增加1 646.52万吨，增加10.0倍。其中乳粉增加近70万吨，增加1.4倍。液体乳产量增加1 430.2万吨，增加15.1倍[1]。

（一）产品结构与"入世"影响

2005年，国有及年销售收入500万元以上乳制品企业698家，比1998年的395家，增加了303家。其中，日处理能力1 000吨以上的14家，500吨以上的19家，300吨以上的25家[2]。在乳制品加工业高速发展的同时，乳制品产品结构仍趋于单一[3]。

1. 液体乳上升与工业乳粉增加 2000年，全国干乳制品产量82.9万吨，比1999年的69.08万吨增长20.01%。其中乳粉产量约占乳制品产量的70%，为58万吨。据测算，乳粉产量中全脂乳约占20%，加糖乳粉约占30%，婴儿配方乳粉占20%，其他乳粉占30%；同1999年相比，全脂乳粉比例上升3个百分点，加糖乳粉下降4个百分点，婴儿配方乳粉、其他乳粉与1999年基本持平。液体乳（杀菌乳、灭菌乳、酸乳等）增加幅度较大，全年产量约为134.1万吨，比1999年增加1.4倍。在液体乳产品中，杀菌乳约占55%，灭菌乳约占25%，酸乳约占12%，其他乳约占8%。与1999年相比，杀菌乳的比例下降5个百分点，灭菌乳上升4个百分点[4]。

从以上分析可以看出，时有结构中的各产品比例发生变化。乳粉类产品中全脂乳粉即工业用乳粉的生产在增加，而传统的加糖乳粉的比例在下降，在市场销售的小包装乳粉中，具有功能性的配方乳粉正在稳步增加。在产品结构调整上，液体乳生产和销售增加幅度明显高于乳制品，特别是在大中城市，液体乳的消费已成为主流。在液体乳产品中，灭菌乳增加幅度最快，缘于基地型乳品企业的自身产品结构调整。

2. 灭菌乳发展迅速与企业壮大 2001年全国乳粉产量61万吨，比2000年的58万吨增长5.2%。在乳粉产量中，全脂乳粉约占23.5%，加糖乳粉约占22.3%，婴幼儿乳粉约占28.0%，其他乳粉约占26.2%。与2000年相比，全脂乳粉上升3.5个百分点，加糖乳粉下降7.7个百分点，婴幼儿乳粉上升8个百分点，其他乳粉下降3.8个百分点[5]。

---

1 宋昆冈.2009.乳制品行业//中国轻工业联合会.中国轻工业辉煌60年：218.
2 刘成果.2012.奶业之道.北京：中国农业出版社：177.
3 刘成果.2012.奶业之道.北京：中国农业出版社：178.
4 中国食品工业年鉴编委会.2002.中国食品工业年鉴2001.北京：中华书局：277.
5 中国食品工业年鉴编委会.2003.中国食品工业年鉴2002.北京：中华书局：154.

21世纪初，中国乳制品自动化包装生产线
（图片引自2010年《盛世农垦：与祖国共辉煌》）

2001年液体乳产量246.1万吨，比2000年的134.1万吨增长47.4%。在液体乳产品中，杀菌乳约占43.0%，灭菌乳约占35.4%，酸乳约占14.5%，其他乳约占7.1%。与2000年相比，杀菌乳下降12个百分点，灭菌乳上升10.4个百分点，酸乳上升2.5个百分点。灭菌乳总量首次超越杀菌乳产量[1]，而且设备自动化程度达到世界先进水平。

2001年乳制品行业的联合、兼并进一步发展，大型企业集团规模继续发展，产品的市场占有率进一步提高。据统计，2001年乳制品销售收入前10位的企业共实现销售收入128.5亿元，与2000年前10位企业相比增长49.2%，约占全行业规模以上企业销售收入的47.2%。

乳粉产量前10位的企业产量合计为25.8万吨，比2000年前10位企业产量合计增加7.2万吨，约占全国总产量的42.0%。液体乳产量前10位的企业产量合计为137.5万吨，比2000年前10位企业的产量合计增加44万吨，约占全国总产量的49.1%。税利总额前10位的企业税利合计为15.7亿元，约占行业税利总额（规模以上企业）的43.1%。

2000年中国启动“学生饮用奶计划”。据规定，学生饮用奶的产品为超高温瞬时灭菌和无菌包装，要求定点企业日加工原料奶能力至少50吨以上[2]。截至2002年，有48家乳品厂被认定为全国学生饮用奶定点生产企业。

3.“入世”影响与产品结构变化 2002年是中国加入世界贸易组织（WTO）的第一年，乳制品进口关税减让，国际市场乳制品大幅度降价，乳制品行业经受了考验[1]。2002年，全国乳制品产量大幅度增加，经济效益提高。乳制品工业越

[1] 中国食品工业年鉴编委会.2004.中国食品工业年鉴2003.北京：中华书局：251.

[2] 中国食品工业年鉴编委会.2002.中国食品工业年鉴2001.北京：中华书局：278.

来越受到各级政府和社会各界的重视，资本市场以从来没有过的兴趣关注着乳制品行业，乳制品领域成为媒体竞相报道的重点之一[1]。

2002年，全国规模以上乳制品企业499家，共完成工业总产值373.63亿元，比2001年增长24.1%；销售收入347.48亿元，增长27.8%；税利总额完成40.91亿元，增长28.0%；利润总额完成23.73亿元，增长38.6%。干乳制品产量93.35万吨，增长25.64%。其中乳粉产量约75万吨；液体乳产量355.1万吨，比2001年增长44.29%[2]。

2002年，全国共进口各种乳制品26.74万吨，金额2.468亿美元，分别比2001年增长34.7%和24.1%；其中乳粉进口11.1万吨，金额1.61亿美元，分别增长88.4%和41.42%；乳清粉进口13.8万吨，金额0.9亿美元，分别增长15.2%和2.6%。在2002年的一段时间内，大量乳粉的进口对国内市场造成冲击，是一些以生产大包装乳粉为主的企业出现产品积压的主要原因之一，适逢2002年底国际市场乳粉价格上升，国内市场需求转旺，乳粉销售形势略有好转。

由此看出，从2000年起，中国乳制品种类结构比例变化较大。之前中国乳制品基本是以乳粉为主，液体乳所占比例很小，而且仅是一些都市型的乳制品企业在生产。如，2000年，乳粉同液体乳的比例仅是1 ∶ 3.7，而到了2002年，乳粉同液体乳的比例却已经达到了1 ∶ 5.1。同时，乳粉、液体乳的各自内部构成也发生了很大变化。据对160家重点企业统计，在2002年乳粉类产品中，全脂乳粉占25.7%，全脂加糖乳占18.0%，婴幼儿乳粉占28.3%，脱脂乳粉占1.5%，其他乳粉占26.5%。同2001年相比，全脂乳粉上升2个百分点，全脂加糖乳粉下降2个百分点，婴幼儿乳粉基本持平。2002年液体乳类产品中，杀菌乳占31.4%，灭菌乳占46.1%，酸乳占22.5%，同2001年相比，杀菌乳下降7个百分点，灭菌乳上升7个百分点。

（二）加工产能快速提升

乳制品加工业快速发展的同时，布局不合理、加工能力区域过剩等逐渐显现[3]。在20世纪90年代初，中国最大生产企业的产能是日加工原料奶200吨，而进入21世纪后，中国最大的乳品厂的日加工原料奶能力已达1 200吨，有些技术装备达到国际先进水平。20世纪90年代初，日加工原料奶100吨的液体乳生产企业为数不多，进入21世纪后最大的液体乳工厂的日加工原料奶能力达1 500吨。2008年，全国最大乳制品企业年原料奶日加工量已达到了384.5万吨[4]。

---

1 内蒙古伊利实业集团股份有限公司于1996年在上海证券交易所挂牌交易，成为全国乳品行业首家A股上市公司。随后，北京三元食品有限公司于1997年在香港上市。上海光明乳业有限公司于2002年在上海证券交易所上市。

2 中国食品工业年鉴编委会.2004.中国食品工业年鉴2003.北京：中华书局：251.

3 刘成果.2012.奶业之道.北京：中国农业出版社：178.

4 宋昆冈.2009.乳制品行业//中国轻工业联合会.中国轻工业辉煌60年：218.

1．2003年乳品加工新项目[1]　2003年1月，青岛圣元圣乔治乳品厂一期工程正式投产。该项目总投资3 000万元，生产规模为年产乳粉3.2万吨，6条生产线全部采用先进的PLC自动控制系统，包装机全部由国外引进。2003年3月，洛阳巨尔乳业有限公司投资2.3亿元的日处理原料奶600吨超高温瞬时灭菌无菌奶项目在洛阳市高新技术开发区工业园动工。其一期工程投资1.5亿元，日处理原料奶能力300吨。

2003年6月，黑龙江杜尔伯特伊利奶粉二期工程正式投产。该工程总投资2.59亿元，日处理原料奶能力460吨，年产奶粉1.5万吨，是当时亚洲单机生产能力最大、现代化水平最高的婴幼儿乳粉生产厂。2003年8月，济南佳宝乳业有限公司投资兴建的佳宝工业园一期一段工程投产，全部引进国外设备，日处理原料奶600吨，产品为灭菌乳。

2003年8月，天津完达山乳业有限公司在天津市武清开发区投产运行，主要生产灭菌奶、酸奶等，日生产能力350吨。2003年9月，山西大同夏进乳业有限公司加工厂正式投产。该项目投资5 000万元，建筑面积11 850米^2，5条灭菌乳、酸乳生产线，年产液体乳10万吨。同期，山东得益乳品工业园一期工程投产，工厂占地130亩[2]，投资1.3亿元，日处理原料奶为300吨，设备全部由国外进口；沈阳乳业有限公司乳品新厂建成投产，总投资1.2亿元，占地59 200米^2，建筑面积18 000米^2，生产线20条，年生产液体乳11.5万吨；河南科迪集团乳品厂正式投产，项目占地200亩，建筑面积2万米^2，设备全部由国外引进，总投资2亿元，灭菌乳年生产能力10万吨。2003年10月，福建长富乳业集团乳制品加工三期工程正式投产，总投资1.86亿元，日生产液体乳200吨，使长富集团液体乳日生产能力达600吨。

2．“十五”后期竣工投产的大型乳品厂[3]　2004年2月，三鹿张北中都乳品厂投产，全厂占地100亩，建筑面积6 411米^2，总投资2 000万元，主体喷粉干燥塔为“900塔”[4]，日处理能力为150吨；河南巨尔乳业一期灭菌乳生产线投产，日加工生产灭菌乳300吨；齐齐哈尔伊利乳业有限公司投产，总投资3 700万元，3条灭菌乳生产线，日处理能力90吨。

2004年6月，安徽益益乳业科技园在淮南市经济技术开发区正式开园。共有5条液体乳生产线，日处理能力90吨。同期，邢台三鹿乳业有限公司正式开业。工厂位于邢台市宁晋县西城区，占地面积130亩，总投资1.8亿元，一期工程投资

1　中国食品工业年鉴编委会.2005.中国食品工业年鉴2004.北京：中华书局：199.

2　1亩等于1/15公顷。

3　中国食品工业年鉴编委会.2006.中国食品工业年鉴2005.北京：中华书局：172.

4　“900塔”系指喷雾干燥塔每小时水分蒸发量为900千克。中国业内一般习惯以乳粉喷雾干燥塔每小时水分蒸发量的数值直接简称干燥塔名称，同时代表产能大小。如“1 500塔”代表水分蒸发量为1 500千克/小时的乳粉干燥塔。数值越大，则表示干燥塔的乳粉产能越高。

1.1亿元，日加工液体乳500吨。2004年11月，济南佳宝乳业二期工程正式投产，车间面积26 000米^2，安装生产线40条，主要生产巴氏杀菌奶和酸奶。2004年12月，赤峰伊利乳业有限公司正式投产，总投资3 000万元，共有液体乳生产线6条，日处理能力280吨。

2005年2月，南京奶业泰州公司举行奠基仪式，项目占地108亩，总投资5 000万元。同年4月，河北迁安三元乳品项目正式奠基动工，项目占地126亩，总投资605.33万美元（折合人民币5 000万元），生产及辅助设施建筑面积4万米^2，一期工程设计能力为年处理原料奶10万吨。5月，伊利集团武汉奶粉加工项目在武汉经济技术开发区举行奠基仪式，该项目隶属于杜尔伯特伊利乳业有限公司分公司，总投资1.7亿元，建筑面积1.36万米^2，年加工能力为3万吨奶粉。6月，伊利集团乌兰察布乳品厂建设工程启动，项目占地260亩，总投资1.8亿元，竣工后日处理原料奶能力1 000吨。同月，齐齐哈尔明一乳业的一期工程开工建设，项目总投资1.2亿元，产品为乳粉、干酪，原料奶日处理能力250吨。银桥乳业生物科技工业园在西安新产业园正式动工，项目占地200亩，建筑面积10万米^2，总投资2.5亿元人民币，主要生产液体乳。7月，伊利金川新工业园正式竣工投产，项目占地20万米^2，总投资3.5亿元，安装超高温灭菌乳生产线18条，日处理原料奶能力1 500吨，时为亚洲最大的液体乳生产厂。伊利集团与安徽长丰县合作，在长丰县双凤工业园建设综合性生产基地，项目总投资1.8亿元，年生产液体乳、冷饮16万吨[1]。

2005年8月，蒙牛乳业（集团）有限公司与丹麦阿拉·福兹公司组建合资公司正式签约[2]，主要生产乳粉等[2]。2005年9月，成都光明乳业有限公司正式开业，工厂占地面积3.5万米^2，总投资1.6亿元，产品为新鲜屋、新鲜杯、塑料方杯、塑料圆杯、百利包等包装形式的酸奶和牛奶。一期工程投资8 500万元，年产量5万吨。10月，伊利集团在黑龙江肇东市开工建设大型液体乳生产厂，项目投资3.2亿元，加工能力为日产灭菌奶850吨、酸奶150吨。10月，伊利集团山东平阴县生产基地投产，项目总投资2亿元，日处理能力600吨，产品为灭菌奶、酸牛奶。2005年11月，蒙牛乳业宝鸡工业园正式动工建设，工业园坐落在宝鸡高新区，占地180亩，安装25条液体乳生产线，年产量达25万吨。同月，芜湖卫岗工业园建成投产，项目占地50亩，一期工程投资2 000万元，产品为杯装、瓶装奶系列50多个品种，日产能力为100吨。

---

[1] 中国食品工业年鉴编委会.2007.中国食品工业年鉴2006.北京：中华书局：220.

[2] 丹麦阿拉·福兹公司时为欧洲最大的乳品企业，世界排名第6位，技术力量雄厚，特别是配方奶粉技术处于领先地位。蒙牛乳业（集团）有限公司以品牌、市场网络和厂房为基础，阿拉·福兹公司以技术、研发、管理为依托，双方共同投资5.4亿元人民币，组建注册资本为1.8亿元人民币的奶粉厂。其中蒙牛乳业（集团）有限公司占51%的股份，阿拉·福兹公司占49%股份。

3. 2006年产能继续攀高[1] 2006年2月，由石家庄三鹿集团投资1.8亿元建成的配方乳粉生产线，在河北省丰南高新技术开发区正式投产。工厂引进国际一流的生产设备，采用生物工程技术，年产量达到2万吨。3月，宁夏夏进集团公司奶粉生产线正式投产，该套生产线年处理原料奶3万吨，采用了国内较先进的立式上排风压力喷雾干燥塔。5月，圣元国际集团张家口圣元三厂投产，年生产能力超过32 000吨。6月，合肥伊利乳业有限责任公司举行投产庆典，工厂坐落于安徽省长丰县双凤工业区，总投资4亿元，包括液体乳和冰激凌两个项目，一期项目于2005年7月动工，总占地面积400亩，总建筑面积3.5万余米^2，主要生产纯牛奶、花色奶、优酸乳、早餐奶等8大系列、100多种液体乳产品，以及10大系列、200多个品种的冷饮产品，时为安徽省最大的奶业项目。

2006年8月，重庆天友新乳品厂在渝北投产，新工厂占地130亩，总投资1.3亿元，年产10万吨灭菌奶和酸奶。9月，伊利集团在黑龙江省大庆市杜尔伯特县的二期工程竣工投产，时为亚洲单线生产能力最大、技术最先进的奶粉生产基地，项目投资1.7亿元，日处理原料奶900吨，年产奶粉3万吨。同月，蒙牛乳业（尚志）有限责任公司液体乳生产基地正式投产，总投资3.5亿元，20条生产线，日处理能力800吨，年产液体乳20万吨[1]。

2006年10月，光明乳业股份有限公司举行乳品八厂扩建竣工庆典暨光明AB100益生菌酸奶1亿杯下线庆祝仪式。乳品八厂扩建项目占地近百亩，固定资产超过3亿元，产能700吨/日，年产能已达20万吨，时为世界上生产规模最大、自动化程度最高的酸奶工厂之一。光明乳业股份有限公司自主研发生产的光明健能AB100益生菌酸奶，为国内第一个获得提高免疫力功能的“健”字号酸奶。乳品八厂先后引进德、美、法、丹麦、瑞典等世界先进的灌装流水线24条，可同时满足原味、调味、果粒、果酱、超大果块、饮料等20个大类、近百种产品、200余种包装形式的生产，并应用了发酵终点控制技术、黏度控制技术、冷冻隧道技术。

2006年10月，总投资4.5亿元的蒙牛集团宝鸡工业园正式投产，工厂位于高新区新区二期高新大道南，占地180亩，共有24条液体乳生产线，日生产量960吨，年生产规模为21万吨，投资1亿元引进德国GEA（基伊埃）全自动预处理系统，并引进了德国康美灌装机。生产纯牛奶、酸酸乳系列、早餐奶、风味奶等。

2006年11月，伊利集团定州乳业综合项目正式竣工，项目总投资4.5亿元，日处理原料奶1 500吨。2006年，黑龙江摇篮乳业有限公司日处理原料奶300吨综合加工项目在大庆市肇州工业园正式投产，工厂日处理原料奶300吨，占地面积

---

[1] 中国食品工业年鉴编委会.2008.中国食品工业年鉴2007.北京：中华书局：166.

50 000米²，总建筑面积15 690米²，总投资1.6亿元。年产奶粉5 000吨、豆奶粉4 500吨、液体乳40 000吨。2006年，天津光明乳业股份有限公司先进液体乳生产线建成投产。该生产线引进利乐TBA22灌装机，为利乐公司全球最高速的灌装机，每小时可达20 000包产品，时为国际先进生产设备。

四、行业自律与现代化建设

2006年，全国规模以上乳制品企业717家，产值1 074.2亿元，同比增长21.1%，年利润总额55.02亿元，同比增长14.2%，增幅比2005年减少30个百分点。全国液体乳产量1 244万吨，同比增长8.6%。中国传统奶业的弊端在不断减少，现代奶业的因素在逐步增长，奶业正处于由传统奶业向现代奶业转型的关键期[1]，但行业自律与现代化乳制品工业建设任务依然艰巨。

随着乳制品市场竞争日趋激烈，开始出现竞相压价、概念炒作等[2]。这些行为不仅损害了行业的整体利益，使整个乳制品企业赢利空间缩小[3]，而且也损害了广大消费者的利益，成为影响行业发展、消费增长的一大"公害"[4]。据不完全统计，2006年乳制品企业因促销而减少收入竟达50亿元，相当于全行业利润的91%[5]。

（一）"超常规"发展与措施

由前面叙述可以看出，自进入21世纪，中国乳制品生产能力与规模一直处于高速的"超常规"态势[6]，而乳制品消费市场，特别是城镇居民乳制品消费增长趋缓[7]，大中城市乳制品市场出现区域性相对饱和，如北京、上海、重庆的乳制品消费支出首次出现负增长[8]。乳制品行业潜埋着深层次矛盾与危机，无序竞争等不稳定因素在增长，尤其体现在乳制品企业的原料奶收购及液体乳生产与市场方面。

1. 乳企"奶源大战"及"价格战"[9] 2003年，大型乳制品企业的规模、市场占有率进一步提高。2003年销售收入前10位的企业销售收入285.58亿元，占全国规模以上企业销售总额的57.3%；利润总额16.05亿元，占全国规模以上企业利润总额的52.4%[10]。

---

1 刘成果.2012.奶业之道.北京：中国农业出版社：197–198.
2 刘成果.2012.奶业之道.北京：中国农业出版社：34.
3 刘成果.2012.奶业之道.北京：中国农业出版社：178.
4 中国食品工业年鉴编委会.2007.中国食品工业年鉴2006.北京：中华书局：216.
5 刘成果.2012.奶业之道.北京：中国农业出版社：198.
6 刘成果.2012.奶业之道.北京：中国农业出版社：174.
7 刘成果.2012.奶业之道.北京：中国农业出版社：97.
8 中国食品工业年鉴编委会.2007.中国食品工业年鉴2006.北京：中华书局：216.
9 中国食品工业年鉴编委会.2005.中国食品工业年鉴2004.北京：中华书局：195–196.
10 中国食品工业年鉴编委会.2005.中国食品工业年鉴2004.北京：中华书局：196.

快速发展的乳品业成为社会各界关注的热点，在高速发展的背后潜伏着不容忽视的问题[1]。2005年7—8月，河北省石家庄周边县市、安徽省部分地区、浙江省乐清市、宁夏贺兰县等地出现了奶农倒奶现象，引起社会各界的重视。与此同时，乳制品加工厂重复建设的情况仍很严重，形成奶源供给不足，有的地方一个开发区就有几个乳品厂，造成产能过大；甚至有的项目竟是在没有奶源的情况下上马，盲目扩大加工规模，造成奶源大战[2]。生产加工能力的急剧扩张，带来了市场过度竞争。有的乳制品企业采取价格战（如特价或捆绑销售），进行低水平的恶性竞争[3]，体现在液态奶市场上尤甚，买三赠一，买二赠一，有的甚至买一赠一[4]。

2. 制定政策与管理措施 针对液态奶生产经营的不良发展态势，国务院办公厅2005年9月18日印发了《关于加强液态奶生产经营管理的通知》（国办发明电〔2005〕24号），要求全力加强液态奶生产经营管理，扭转无序与混乱状态，回归健康发展方向。中国奶业协会、中国乳制品工业协会积极配合文件精神，动员与号召骨干企业及全行业开展严格自律，加强行业诚信与企业文化建设。

2006年9月，国家质量监督检验检疫总局发布《复原乳专项监管工作规范》。该文件指出，为将液态奶日常监管工作落到实处，确保监管成效，切实维护奶农利益，促进中国乳制品行业健康发展，依据《中华人民共和国产品质量法》、《关于加强液态奶生产经营管理的通知》（国办发明电〔2005〕24号）、《关于复原乳标识标注有关规定》（国标委农情〔2005〕75号）和《食品生产加工企业质量安全监督管理实施细则（试行）》（总局令第79号）等有关法律法规的规定，要求液态奶生产企业，凡在生产加工灭菌奶、酸牛奶过程中使用乳粉或者复原乳的，必须在产品正式投产前进行备案；复原乳标识标注规定，复原乳生产加工企业禁止性行为；液态奶生产企业的日常监管工作要求；液态奶专项监督抽查制度；严厉查处液态奶生产加工企业违法违规行为；建立完善液态奶长效监管机制等[5]。

2003年7月，为进一步完善食品安全市场准入制度，切实从源头加强食品质量安全的监督管理，规范乳制品企业生产过程，国家质量监督检验检疫总局宣布对乳制品等10类食品实施市场准入制度，并发布了《乳制品生产许可证审查细则》。改变了此前由卫生部门核发食品企业卫生许可证的做法。实施生产许可证管理的乳制品包括：巴氏杀菌乳、灭菌乳、酸牛乳、乳粉、炼乳、奶油、干

---

1 中国食品工业年鉴编委会.2005.中国食品工业年鉴2004.北京：中华书局：195.

2 中国食品工业年鉴编委会.2007.中国食品工业年鉴2006.北京：中华书局：216.

3 刘成果.2012.奶业之道.北京：中国农业出版社：178.

4 中国食品工业年鉴编委会.2005.中国食品工业年鉴2004.北京：中华书局：196.

5 中国食品工业年鉴编委会.2009.中国食品工业年鉴2008.北京：中华书局：104.

酪。乳制品申请单元为三个：液体乳（包括巴氏杀菌乳、灭菌乳、酸牛乳）；乳粉（包括全脂乳粉、脱脂乳粉、全脂加糖乳粉、调味乳粉）；其他乳制品（包括炼乳、奶油、硬质干酪）。乳制品生产许可证有效期为3年，产品类别编号为"0501.2."。必备的生产资源包括：生产场所、必备的生产设备、产品相关标准、原辅材料的有关要求、必备的出厂检验设备、检验项目、抽样方法及其他要求等。各地质量技术监督部门对所有乳制品生产企业的必备条件进行现场审查，符合条件的企业获得生产许可证，产品可进入市场销售，未获得生产许可证的产品不准进入市场[1]。

（二）行业自律与监管

如前所述，在奶业发展过程中，积压了一些深层次问题亟待解决。例如，乳制品企业与奶农的利益关系不顺，原料奶定价机制不合理，乳制品企业间无序竞争，质量保障体系不健全，液态奶标识未落实等，严重影响行业正常发展与产业基础。社会监管环境的变化对行业发展具有很大影响。

1.行业自律 2003年5月，中国乳制品工业协会制订并发布了《乳制品企业生产技术管理规则》。规定了奶源管理及生鲜乳收购、乳制品加工厂建设、乳制品加工设备、乳制品质量管理、乳制品厂卫生管理等内容，提出必须减少重复建厂情况发生，其中规定乳制品加工企业建设应保持合理的半径，一般应在50千米以上等[1]，积极建议实施乳品加工厂的合理布局与调控等，开展行业自律建设。

2007年，时任中国奶业协会理事长刘成果先生曾敏锐指出"奶业发展正面临一个'坎'，如果应对及时，措施有力，可望保持健康发展；如果应对不好，可能会出现大起大落"[2]。2007年6月，中国奶业协会积极实施行业自律，提倡规范市场行为，营造公平竞争环境，践行社会责任，构建和谐行业，推进现代奶业发展，组织14家大中型乳品企业携手联合发布《乳品企业自律南京宣言》，在全行业倡导开展公平竞争、推行合同收奶、恪守诚信经营、谋求共同发展、接受社会监督。

2008年2月，刘成果先生再次指出"奶业的形势有喜有忧。喜的是奶价提高了，奶农养殖的积极性提高了。忧的是现在原料奶收购秩序比较乱，抢奶的现象比较严重，哄抬奶价，造成质量下降，存在乳制品不安全的风险"[3]，表达了对乳制品加工业未来发展的期望与担忧，殷切希望各方乃至全行业予以高度重视与警惕。

---

[1] 中国食品工业年鉴编委会.2005.中国食品工业年鉴2004.北京：中华书局：196.

[2] 刘成果.2012.奶业之道.北京：中国农业出版社：198.

[3] 刘成果《努力为构建奶业持续稳定健康发展的长效机制服好务》。摘自2008年2月28—29日中国奶业协会在海南三亚召开全国奶业（乳业）协会主要负责人联席会议的讲话。

2. 监管体系亟待完善 行业自律的缺失反映出社会监管体系存在着某种程度的缺陷，监管体系亟待完善。自1949年后，中国社会对乳制品工业的监管体制和机制本身也有一个发展和变化的过程。如，在1950年第一届全国卫生会议上开始确定工业卫生的监管属卫生系统管辖[1]。1982年颁布的《中华人民共和国食品卫生法》明确了监管职责属于县以上的卫生行政管理部门所属的卫生防疫站或者食品卫生监督检验所。

1995年修订后的《中华人民共和国食品卫生法》规定，食品卫生的执法主体由卫生防疫站转为卫生行政部门。食品卫生监督检验所相应地更名为食品卫生监督所。1998年国务院机构改革，组建国家药品监督管理局，食品安全的执法主体改为由农业部、国家技术监督局、国家工商管理局、卫生部和国家食品药品监督管理局共同参与的分段监管模式。执法依据也分别采用《中华人民共和国农产品质量安全法》、《中华人民共和国产品质量法》、《中华人民共和国食品卫生法》等。另外，乳制品工业属于食品工业的一个组成部分，自1990年起，乳制品行业归口也几经变化，频频调整与变迁管理部门[2]。2009年颁布《中华人民共和国食品安全法》，又进一步明确了各部门分工职能。关于监督职能的沿革，有学者研究后曾指出，产业监管行政权力的系统性设置，具有内在的合理性和科学性[3]。

（三）乳制品工业现代化建设

自21世纪初，经过连续多年高速增长后的中国奶业正处在从单纯的数量扩张向整体优化结构、全面提高产业素质和竞争力转变的重要转变时期。2006年中国奶业发展出现较大波动，奶牛养殖效益大幅度下降，个别地区出现宰杀母牛犊现象，原因之一是乳制品加工企业与奶农的利益关系不顺，原料奶定价机制不合理，加工企业恶性竞争，市场秩序不规范，质量保障体系不健全等。党中央和国务院领导高度重视，2007年9月下发了《国务院关于促进奶业持续健康发展的意见》[4]，做出重要决策，采取了综合措施，以确保中国奶业持续健康发展。

《国务院关于促进奶业持续健康发展的意见》充分肯定了奶业的地位，对未来中国奶业的发展做出了总体部署，是一个纲领性文件，具有里程碑意义。该意见

---

1 此期，上海市等地的乳制品具体归乳肉管理所等管辖。

2 1993年起，乳制品行业管理体制的沿革变化：1993年5月轻工业部撤销，成立中国轻工业总会。1998年3月25日，九届全国人大一次会议审议通过的国务院机构改革方案，中国轻工业总会撤销，成立国家轻工业局。2001年2月，国家轻工业局撤销，国家轻工业局所管理的业务范围由国家经济贸易委员会和国家发展与改革委员会负责。2008年9月，工业和信息化部正式组建并开始运行，包括乳制品工业在内的食品工业由工业和信息化部管理。

3 韩忠伟，等.2010.从分段监管转向行政权衡平监管.求索（6）：155−157.

4 国务院关于促进奶业持续健康发展的意见.国发〔2007〕31号.

对奶业当前存在的问题和深层次问题进行了深入透彻的分析，认为当前奶业存在的突出问题的直接原因是饲料价格上涨，原料奶收购价格偏低，深层次原因则是奶业各个环节存在问题的集中表现[1]。

1．指导思想与基本原则 该意见对建设现代乳制品工业提出了指导思想。以邓小平理论和“三个代表”重要思想为指导，全面贯彻落实科学发展观，按照建设社会主义新农村的基本要求，把发展现代奶业放在更加重要的位置，以保护奶农利益为根本，以建立奶农与企业合理的利益关系为纽带，以完善法律法规、质量标准和规范市场秩序为保障，以加大政策扶持力度为支撑，努力推进中国奶业的规模化、标准化、优质化和产业化，把中国奶业的整体素质和效益提高到一个新水平。该意见不仅为稳定当前的奶业形势，防止大起大落服务，而且为今后奶业的发展指明了方向，具有长远的指导作用。

该意见对建设现代乳制品工业明确了基本原则。建设现代乳制品工业，应规范企业行为，维护市场秩序。引导乳制品加工企业合理布局，壮大实力，有序发展。规范企业收购、加工、经营行为，防止恶性竞争。建立健全质量标准，完善检验检测手段，落实产品标识制度，加强市场监管，确保质量安全。加强乳品进口调控与管理，对乳品进口设立符合国际惯例的特别保障措施。

2．工作重点与配套措施 该意见针对性准。主要体现在对形势判断准确，问题分析透彻，采取措施得力，可以操作[2]。

《国务院关于促进奶业持续健康发展的意见》提出了政策配套措施[3]。积极发展产业化经营，形成合理的原料奶定价机制。大力发展以奶农为基础、基地为依托、企业为龙头的奶业产业化经营方式，形成相互促进、共同发展的格局。鼓励乳品加工企业通过订单收购、建立风险基金、返还利润、参股入股等多种形式，与奶农结成稳定的产销关系和紧密的利益联结机制。积极扶持农民专业合作组织的发展，维护奶农利益，为奶农提供服务。加强对原料奶收购价格的指导，防止奶价过低损害奶农利益。实现原料奶收购的优质优价。规范原料奶收购秩序，严厉打击掺杂使假、强买强卖、压级压价等违法违规行为。

为落实该意见，2008年，国家发展和改革委员会发布《乳制品加工业行业准入条件》，分别就企业设立与布局、工艺与装备、产品质量、能源及水消耗、环境卫生与保护、安全生产与社会责任、监督管理、附则等方面对乳制品企业做出要求。几乎同期，国家发展和改革委员会发布实施《乳制品工业产业政策》[4]，明确了中国乳品工业发展方向，开始着手引导与建设中国现代乳品工业。从政策目

---

1 刘成果．2012．奶业之道．北京：中国农业出版社：201–202．

2 刘成果．2012．奶业之道．北京：中国农业出版社：201．

3 刘成果．2012．奶业之道．北京：中国农业出版社：202．

4 乳制品工业产业政策．国家发展和改革委员会公告2008年第35号．

标、产业布局、行业准入、奶源供应、技术与装备、投资融资、质量安全、组织机构、资源节约与环境保护、乳制品消费、其他方面做出规定，规范乳制品行业的发展。

五、行业整顿与转变发展方式

2007年全国有规模以上企业（即全部国有和年主营业务收入500万元及以上非国有工业企业）736家，其中内资企业638家，港澳台商投资企业24家，外商投资企业74家。工业总产值1 329亿元，其中内资企业完成工业总产值709.8亿元，占全行业的53.4%；港澳台商投资企业完成工业总产值150.5亿元，占全行业的11.3%；外商投资企业完成工业总产值468.7亿元，占全行业的35.3%[1]。

2007年，全行业乳粉产量135万吨，奶油产量1.5万吨，干酪产量0.8万吨，炼乳产量10万吨。据中国乳制品工业协会对99家（产值占规模以上企业总产值的90%）会员单位的统计，在乳粉类产品中，全脂乳粉占17%，全脂加糖乳粉占6%，脱脂乳粉占3%，婴幼儿乳粉占52%，中老年乳粉占7%，调味乳粉占8%，其他乳粉占7%。规模以上企业液体乳产量1 441万吨，其中，巴氏杀菌乳占12%，超高温灭菌乳占71%，酸乳占17%[2]。

2007年，行业的集中度继续提高。据统计，2007年销售收入前10位的企业共有加工厂238家，销售收入达869.6亿元，占全国规模以上企业总销售收入的66.4%；利税总额前10位的企业完成利税总额96.1亿元，占全国规模以上企业利税总额的72.5%；乳粉产量前10位企业总产量68.3万吨，占全行业的50.7%；其中婴幼儿乳粉产量前10位的企业总产量41.7万吨，占全行业的69.5%；液体乳产量前10位的企业总产量达809.8万吨，占全国规模以上企业液体乳总产量的56.2%[3]。

（一）“婴幼儿奶粉事件”及应急措施

2008年9月11日晚，卫生部根据甘肃省卫生厅调查，向全国通报：“经相关部门调查，高度怀疑石家庄三鹿集团股份有限公司生产的‘三鹿牌’婴幼儿配方奶粉受到三聚氰胺污染。”国家质量监督检验检疫总局立即组织对“三鹿牌”婴幼儿奶粉进行了抽样检验，并开始部署对全国婴幼儿配方奶粉进行专项监督检查，对109家乳品企业进行了排查，共检验了491批次产品。

2008年9月17日晚，中央电视台新闻联播公开公布了国家质量监督检验检疫总局9月16日的检查结果，有22家婴幼儿奶粉生产企业的69批次产品检出了

1 中国食品工业年鉴编委会.2009.中国食品工业年鉴2008.北京：中华书局：102.

2 中国食品工业年鉴编委会.2009.中国食品工业年鉴2008.北京：中华书局：102-103.

3 中国食品工业年鉴编委会.2009.中国食品工业年鉴2008.北京：中华书局：103.

含量不同的三聚氰胺。在检出三聚氰胺的产品中，石家庄"三鹿牌"婴幼儿配方奶粉三聚氰胺含量很高，其中最高的达2 563毫克／千克，其他企业的产品在0.09～619毫克／千克[1]。其他87家乳品企业的产品未检出三聚氰胺。在全国乃至全球范围内引发了轩然大波。

"婴幼儿奶粉事件"属特大食品安全事件，国务院办公厅于2008年9月19日启动应急响应机制，发出通知要求各地各级政府都要建立领导机构和工作机制，全力救治患病婴幼儿；组织问题产品的下架、召回和封存；对乳制品进行全面检查，向所有乳制品生产企业派驻监管人员等。2008年10月7日，卫生部、工业和信息化部、农业部、国家工商行政管理总局、国家质量监督检验检疫总局5部门联合发布公告（2008年第25号），迅速规定三聚氰胺在乳与乳制品中的临时管理限量值要求：婴幼儿配方乳粉中三聚氰胺的限量值为1毫克/千克，高于1毫克/千克的产品一律不得销售；液态奶（包括原料乳）、奶粉、其他配方乳粉中三聚氰胺的限量值为2.5毫克/千克，高于2.5毫克/千克的产品一律不得销售；含乳15%以上的其他食品中三聚氰胺的限量值为2.5毫克/千克，高于2.5毫克/千克的产品一律不得销售。

至2009年初，查实污染奶粉的三聚氰胺源于"奶贩子"。这些非法经营者为提高原料奶的蛋白质含量以牟取利益，非法添加了三聚氰胺（所谓的"蛋白精"）；另有不法分子用三聚氰胺制作"蛋白精"兜售给"奶贩子"。乳品企业使用这些原料奶加工成了产品流向社会。因食用污染奶粉而受影响的儿童近30万人。

"婴幼儿奶粉事件"使全国乳品企业一度滑入低迷状态，使中国奶粉销售陷入极度困难，乳品市场萧条，生奶收购量急速下跌。党中央和国务院领导高度重视，国家迅速启动一级响应，相关各部门迅速行动，采取有效措施予以应对，竭力救治患儿，降低奶农损失，同时对整个乳品行业进行整顿和规范，相继制定出台了一系列重大政策和法规，对恢复乳制品生产，恢复市场，稳定消费信心发挥了决定性作用。2009年7月，商务部、工信部、财政部发布《乳粉收储公函》，由工信部制定储备指标，按照"国家补贴、就地储备"的原则，分两批对15万吨积压奶粉做出给予收储补贴处理，在一定程度上缓解了企业的市场压力。2008年，全行业利润额同比降低28.12%[2]。另外，重塑消费者信心需要更长时间的努力[3]。

（二）行业整顿与加快转变奶业发展方式

"婴幼儿奶粉事件"发生后，2008年10月6日国务院迅速颁布了《乳品质量

---

1 国家质检总局同时公布被检乳品企业中，只有广东雅士利的婴幼儿配方奶粉出口到了孟加拉国、缅甸、也门3个国家，经对留样检测，未发现三聚氰胺；供应2008北京奥运会、残奥会的乳制品均未检出三聚氰胺；2008年9月14日以后生产的液态奶未发现三聚氰胺。

2 宋昆冈.2009.建设和谐乳业，推动良性发展.哈尔滨：2009年中国乳制品工业协会理事长扩大会议.

3 方言.2008.解读奶业整顿和振兴规划纲要.中国乳业（11）：7.

安全监督管理条例》[1]（以下称《条例》）。《条例》明确了监管部门的职责分工。《条例》规定：畜牧兽医部门负责奶畜养殖以及生鲜乳生产环节、收购环节的监督管理；工业主管部门加强对乳制品工业的管理；质检部门负责乳制品生产环节和进出口环节的监督管理；工商行政管理部门负责乳制品销售环节的监督管理；卫生部负责乳制品质量安全监督管理的综合协调，组织查处食品安全事故，制定质量安全国家标准；明确了企业在产品质量安全方面所承担的责任。

2008年11月19日国务院办公厅转发《奶业整顿和振兴规划纲要》[2]（以下称《纲要》）。2009年6月1日起，我国颁布实施新的《中华人民共和国食品安全法》（以下称《食品安全法》），进一步明确规定了新时期中国食品安全要求、监管与法律责任等。

自《条例》、《纲要》和《食品安全法》发布后，政府各职能部门和全行业对奶业开始进行全方位整顿、规范与振兴，加快转变奶业发展方式。

1. 奶站清理整顿与原料奶质量监督 2008年10月，国家工商行政管理总局与农业部颁发的《生鲜乳购销合同（示范文本）》。要求在生鲜乳购销中采用统一的合同文本，明确生鲜乳交易的数量、质量、价格、计价标准和违约责任等。"婴幼儿奶粉事件"发生后，农业部采取紧急措施实施督导与监察，并按照《条例》等履行法律法规赋予的职责。2008年11月7日，农业部发布实施《生鲜乳生产收购管理办法》，对生鲜乳生产、收购、储存、运输、出售等做出规定，对生鲜乳收购站、运输车辆实施许可证管理。2009年3月10日农业部制定发布了《生鲜乳收购站标准化管理技术规范》、《生鲜乳生产技术规程》等配套规章和规范性文件，迅速开展全国性奶站清理整顿工作。2009年末，即已取缔和关闭6000多个不合格奶站，并持续开展生鲜乳质量安全专项整治，强化执法，规范生产，极大提升了中国奶源质量安全的可靠性。

2010年7月，农业部全面完成了《纲要》等规定的奶站清理整顿任务。经过清理整顿，奶站数量减少了6 890个，减幅达34%。全国留存奶站13 503个，奶站的机械化挤奶率达到了87%[3]。全部奶站都按照规定由乳品企业、奶农专业合作组织和规模化牧场主办，持生鲜乳收购许可证合法经营。奶源生产基本恢复到"婴幼儿奶粉事件"之前水平。截至2011年底，农业部连续三年实施生鲜乳质量安全监测计划，累计抽检3.7万批次，生鲜乳质量安全百分之百符合国家标准。同时，加快推进奶牛标准化规模养殖建设，重视质量和效益。经过三年的奶业整

---

1 乳品质量安全监督管理条例．国务院令第536号．

2 奶业整顿和振兴规划纲要．国办发〔2008〕122号．

3 王俊勋．2011．奶业发展动态与政策．中国乳业（9）：4．

顿和振兴，不仅保证了原料奶的质量安全，也加快推进了奶牛养殖的规模化、标准化，促进了中国奶牛养殖业生产方式的转变[1]。“婴幼儿奶粉事件”发生后，许多乳品企业开始反思，并高度重视自身的奶源基地建设，纷纷将自有或可控奶源基地建设作为工作重点。

2．乳制品企业的清理整顿 2009年6月26日工业和信息化部、国家发展和改革委员会在《乳制品加工行业准入条件》[2]和《乳制品工业产业政策》的基础上，重新修订并联合公布《乳制品工业产业政策（2009年修订）》[3]（以下称《政策》）。

《政策》提出了准入门槛，特别是对产品质量安全、生鲜乳供应提出了更为明确的要求。分别从政策目标、产业布局、行业准入、奶源供应、技术和装备、投资融资、产品结构、质量安全、组织结构、资源节约与环境保护、消费与流通、监督管理、其他13个方面做出了具体规定，规范乳制品行业的发展。其中，特别是对乳制品企业的奶源供给、基础设施、生产设备、检测能力等提出了更高要求。2010年，按照《政策》相关准入要求，对已建项目重新进行审核清理，对在建项目进行准入审核。国家质量监督检验检疫总局发布了2010年版《乳制品生产许可证审查细则》、《婴幼儿配方乳粉生产许可证审查细则》，对原有的全国1176家乳制品生产企业和婴幼儿配方奶粉生产企业，实施生产许可重审。

截止2011年7月，乳制品生产企业许可重审获证企业共为688家。经过许可审查，关闭了将近半数的不合格企业，为促进中国乳制品工业现代化建设，提升企业的整体素质和管理水平，保障乳品质量安全，迈出了重要一步[4]。

3．乳品安全标准与企业诚信建设 从2009年起，按照新颁布的《食品安全法》等法律法规要求，由卫生部牵头对中国乳品安全标准进行了制定和修订。乳制品质量安全国家标准，把产品质量标准、卫生标准合并为一个标准。本次乳制品质量安全国家标准修订，形成了66个标准，其中产品标准14项、生产规范2项、检测方法标准49项、原料标准1项，并于2010年正式颁布[5]。这套国家标准解决了2009年之前中国的乳品相关标准所存在的部分指标交叉或重复。同时修订了一些重要内容，如，将“全脂加糖乳粉”并入“调制乳粉”范畴；将“乳清制品”统一纳入“乳清粉和乳清蛋白粉”标准中；同时规定了“生乳”范畴与定义等。“婴幼儿奶粉事件”之后，中国有关乳制品的法规及标准得以进一步完善，为乳制品加工业的健康发展奠定了基础。

关于乳品企业诚信问题，早在2002年中国奶业协会换届大会上，新当选为

---

1 高鸿宾在广州召开的全国饲料和生鲜乳质量安全监管工作会议讲话，2010年7月1日。

2 原2008版《乳制品加工行业准入条件》的修订版。

3 乳制品工业产业政策（2009年修订）工联产业〔2009〕第48号．

4 宋昆冈．2011．清理整顿后的中国乳业．成都：中国乳制品工业协会第十七次年会．

5 卫生部发布《生乳》（GB19301—2010）等66项食品安全国家标准。

中国奶业协会理事长的刘成果先生就特别强调了构建诚信的重要性，要求中国奶业协会和全行业紧紧围绕协会文化、会风、精神，积极开展“勤”、“智”、“诚”建设。2004年，在中国奶业协会四届三次理事会上刘成果理事长再次明确指出“诚信是对企业品质、企业经营者品质的要求，是企业对社会、对消费者的责任。”[1]2009年12月，为加快推进食品工业企业诚信体系建设，保障食品质量安全，促进食品行业健康发展，工业和信息化部等10个部门[2]联合发布《食品工业企业诚信体系建设工作指导意见》[3]，建立了各部门协调工作机制。率先开展了以乳制品等行业为代表的食品企业诚信体系建设，制订发布了《食品工业企业诚信管理体系（CMS）建立及实施通用要求》[4]、《食品工业企业诚信评价准则》[5]，编发《乳制品生产企业——诚信管理体系建立及实施指南》[6]，要求乳制品企业依法生产经营，履行承诺，承担社会责任，加强企业文化建设，提升队伍素质，保障乳品质量安全。1991—2010年度全国乳制品产量见表5-31。

表5–31　1991—2010年度全国乳制品产量[7]

单位：万吨

年度	乳制品	其　中	
		液体乳	干乳制品
1991	37.30	—	37.30
1992	41.29	—	41.29
1993	41.74	—	41.74
1994	42.45	—	42.45
1995	103.42	52.40	51.02
1996	102.35	51.94	50.41
1997	114.28	57.80	56.48
1998	122.86	68.00	54.86
1999	164.08	95.00	69.08
2000	217.00	134.10	82.90

1 刘成果.2012.奶业之道.北京：中国农业出版社：90.

2 10个部门系指工业和信息化部、国家发展和改革委员会、监察部、农业部、商务部、卫生部、中国人民银行、国家工商行政管理总局、国家质量监督检验检疫总局、国家食品药品监督管理局。

3 工信部联消费〔2009〕701号文.

4 工业和信息化部部颁标准——轻工行业标准QB/T4111—2010。

5 工业和信息化部部颁标准——轻工行业标准QB/T4112—2010。

6 2009年9月，《乳制品生产企业——诚信管理体系建立及实施指南》由工业和信息化部消费品司组织编发。

7 据《中国食品工业年鉴 1991—2008》，以及农业部奶业管理办公室、中国奶业协会《中国奶业统计摘要 2011》整理。

（续）

年度	乳制品	其　　中	
		液体乳	干乳制品
2001	320.40	246.10	74.30
2002	448.45	355.10	93.35
2003	723.46	582.87	140.59
2004	949.18	806.74	142.44
2005	1 310.42	1 145.79	164.63
2006	1 459.57	1 244.04	215.53
2007	1 787.45	1 441.00	346.45
2008	1 810.56	1 525.22	285.34
2009	1 935.11	1 641.64	293.47
2010	2 159.6	1 845.80	313.80

第六章
乳品消费

第一节 牛奶匮乏，乳品实行专供时期

新中国成立初期，中国一穷二白、百废待兴，农产品和食品严重匮乏。1949年，中国奶牛总存栏为12万头，奶类总产量为21.7万吨。按当时全国人口5.4亿人计算，平均每人每年奶类占有量仅为0.40千克，平均每天为1.1克[1]。同时，乳品加工业尚处恢复和发展阶段，乳制品生产落后，牛奶紧缺，乳品种类单一，使牛奶成为了一种短缺产品，只能实行专营专供。此期，由于居民的经济收入低，消费支出很低，人年均用于牛奶消费的支出仅有2 ～ 3元。

一、供应特殊人群

1949年至20世纪50年代末，这时期奶类消费主要集中在北京和沿海几个大城市中为数不多的优裕家庭和某些特殊人群[1]，包括婴幼儿和病人等。

婴幼儿和病人是特殊保护对象。这在北京发生两次牛奶供应短缺时，表现得尤为突出。新中国成立伊始，具有临时宪法地位的《共同纲领》获得通过，妇女取得了包括经济权利在内的各项法律赋予的平等权利，包括城市女性的就业。在国家经济建设需要的时候全力投身于社会生产和社会工作中去，是当时政府提倡，也是广大城市妇女可以接受的就业方式。正是基于这种与国民经济发展需要相适应、有条件就业的指导思想，国民经济恢复和第一个五年计划时期，中国城市妇女就业情况达到空前盛况。例如，1949—1957年，女职工总数从60万人增加到328.6万人，年均增长率达到23.68%，女职工占职工总数的比例由7.5%逐步上升为13.4%。妇女解放，走出家庭，孩子急需有专职人员看管，这不但催生了城市中的街道幼儿园，也造成了对牛奶需求的快速增长[2]。1955—1956年，北京出现了第一次牛奶供不应求。1956年11月上旬，北京市每天奶站收进牛奶约27 988千克（其中包括原国营农场公私合营东郊畜牧场每天进奶12 078千克，新公私合营

1　计算机世界报，2009年9月18日第36期。

2　蒋永萍.2000．50年中国城市女性就业的回顾.劳动保障通讯（3）：29–30.

畜牧场每天进奶15 195千克，天津芦台每天进奶715千克）。当时，订奶户为：零户66 400户，医院64家，托儿所292家，每天共需要牛奶32 295千克，因此，短缺牛奶4 306千克，其中婴幼儿吃奶缺口就有1 430千克。为保婴幼儿吃奶，奶站确定婴幼儿、病人用奶为必保对象，动员成年健康人暂停用奶，奶站因此停止了给原大人订户的奶2 903千克[1, 2]。

1958年的“大跃进”期间，国民经济失衡，后期还发生了全国性自然灾害。这场灾难同样也波及了城乡牛奶供应。北京出现了有史以来很少遇到的商品匮乏，食物短缺，市场紧张。幸运的是，作为首都，得到了全国各兄弟省份全力以赴的支持，但北京的牛奶供应还是相当紧张。1959年，北京出现了第二次牛奶供不应求。1959年，因订奶困难，有的用户抱着孩子到北京市委要奶吃。为了保证必保对象吃到奶。在海淀分站，重病号需凭医院证明进行登记订奶；初生婴儿需凭出生证、户口簿，发给奶证，每天2瓶，每瓶0.23千克。满周岁的，供应1瓶，再掺兑“代乳粉”。代乳粉和婴儿糖票，每月各发1张。凭票到指定商店可购买代乳粉0.5千克（由黄豆粉、大米粉及少许奶粉掺兑而成）和黄砂糖0.1千克。1959—1960年，奶站共调剂牛奶2万多千克，解决了重点供应对象用奶问题。因此，收到表扬信14 000余件，吃奶儿童照片280张。上海市规定新生婴儿照顾供

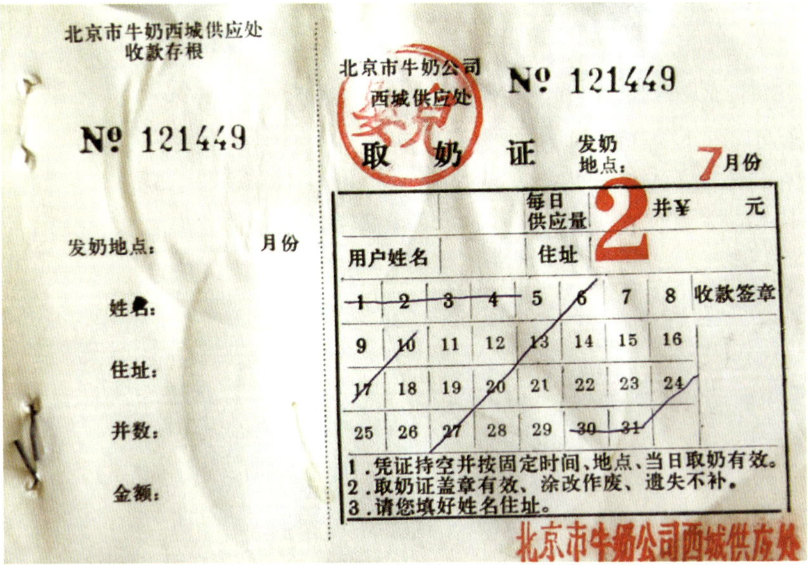

计划经济短缺时期，北京市为控制饮奶量，专门为保证婴儿供奶而制作的取奶证

1 王怀宝.2000.中国奶业50年.北京：海洋出版社：14—21.

2 北京市农林水利局关于目前牛奶供销上存在的问题和解决意见的请示.北京市档案馆.

应牛奶1瓶至1周岁，癌症患者、胃出血“+++”及需吃流质病人凭病史卡和医生证明照顾供应半年[1,2]。

上海的牛奶供应也十分紧张。《上海市农业局关于1956牛奶供应情况和今后供应意见》[3]对这一状况进行了阐述。新中国建立后，上海奶业有了很大发展，奶产量也有了很大的提高，但与社会日益增长的需要比较起来，还有相当大的差距。特别是工农业生产的高涨，人民收入的增加，就业面的扩大，妇女就业后需以鲜奶哺乳婴儿等，使鲜奶长期处于供不应求的状态。上海市每天可以生产生奶50 349千克，其中瓶奶销售为37 195千克，加工损耗1 814千克，小牛饮用4 536千克，供应益民厂平均每天7 717千克，每天要相差907千克左右。在这种情况下，上海市牛奶公司不得已曾三次实行分区停奶，共停了7 711千克。虽然勉强得以周转，但饮奶户意见很大。同时，要求订奶的饮户还有7 000多户，还有医生证明迫切需要牛奶的婴儿和病人仍在3 000户以上。就业妇女时常怀抱婴儿到上海市牛奶公司及各营业部要求增加供应，牛奶公司每天接到要求订奶的来信经常在100封左右（电话未计）。为了缓和牛奶供应的紧张，上海市牛奶公司采取了一些措施，如继续挖掘生产潜力，提高奶产量；减少损耗；从第三季度起停止发展新的饮户，停止代销等。这些措施虽起到了一定的作用，但牛奶供应紧张的情况仍不能消除。为了进一步解决牛奶供求之间的矛盾，上海市牛奶公司决定，以婴儿为主要服务对象，照顾某些病人的特殊需要，对一些必须吃奶的同志予以适当的照顾。

到了1960年，虽然上海市的牛奶产量随着工业的飞跃发展而不断提高，但生产与消费的矛盾日益显著。在生产方面，饲养管理不善，饲料不足对牛奶产量产生了直接影响。在消费方面，由于社会劳动就业人数不断扩大，妇女就业造成婴幼儿需奶增加；同时，随着冶金、化工工业发展，高温和有毒车间工人对牛奶的需要也有显著增加。在市场销售对象方面，过去长期遗留下来的不合理供应办法仍然存在，因此，就不能更好地为缺奶婴儿、严重病人及工业生产服务。1960年4月，上海市每天鲜奶的销量达到63 502千克，其中老订户就有61 235千克左右。这些老订户中，绝大部分属于一般营养补助，真正缺奶婴儿、严重病人占少数。其中又有许多老订户原订量较多。由于供应紧张和不合理现象，致使社会上意见较多。1960年1—3月，人民来信直接送公司要求订奶和希望改进供应办法的有405件（基层来信不在内）。1960年1—3月乳品二厂收到的关于婴儿和病人要求订奶的文件证明共758件，针对这种情况，上海市牛奶公司提出了《牛奶减

1 计算机世界报，2009年9月18日第36期。

2 王怀宝.2000.中国奶业50年.北京：海洋出版社：14–21.

3 上海市农业局关于1956牛奶供应情况和今后供应意见.上海市档案馆. 档案号B45–1–125.

员供应和实行计划供应方案（草案）》。该方案提出对原订户0.23千克以上者实行减量供应，同时保证婴儿、严重病人等特别需要牛奶的新订户能够订上奶。这些新订户是：1周岁以内的缺奶婴儿急需牛奶哺养者；急需吃流质的严重病人；工业和国防方面特别急需者；其他特需照顾的供应户。具体的供应办法是：婴儿必须凭产科医院证明；吃流质的病人必须凭市立医院或区级地段医院和行业系统医院证明；工业饮奶必须凭行业党委证明；国防饮奶必须凭相当师一级军事相关证明；特需供应户必须凭有关单位证明，经主管营业部门了解核实后安排供应。而且，这些新订户一律是短期供应，婴儿从出生起供应至1周岁断奶为止，到期即停止，吃流质的病人只作临时供应；同进，新订户一律以0.23千克为限，特殊情况也只能根据当时的奶源情况适当增加[1]。

北京和上海的牛奶供应都如此紧张，更不用说其他地区了。以西安市为例。到20世纪50年代末期，西安市的鲜奶供应一直都处于供不应求的紧张状态。《西安市牛羊奶产销情况及今后改进意见的报告》显示，1960年8月，平均每天供应市场的鲜奶为6 625千克。按照西安市统计局1959年的统计资料，全市共有2岁以下幼儿156 547人，平均每人每天只能分配到40克多鲜奶；如按1岁以下的婴儿计算，平均每人每天也只能分配到0.2千克多鲜奶。

二、个体私营奶牛场与工商业社会主义改造

消费是促进奶业发展的动力。在这一时期，这一点表现得非常突出。北京奶业的发展具有一定的代表性。

1955—1956年北京市出现的第一次牛奶供不应求，刺激了北京奶牛养殖业私营改造。新中国建立初期，北京市委、市政府积极贯彻保护私营工商业的政策，支持、引导私人养牛业发展。到1955年，私营奶牛场和个体养牛户已经发展到655家，饲养奶牛2 957头，牛奶产量每年达到600万千克，奶牛头数、产奶量比1949年增加了2倍多，有人称之为养牛“黄金时代”。与此同时，国营养奶牛场也同步发展。但是，除少数较有规模的私营奶牛场外，大部分私人饲养奶牛，牛舍狭小，条件差，病牛多，牛奶不消毒就出售，牛奶质量次，价格高，曾经0.5千克的牛奶相当于1千克猪肉的价格，市民反映强烈。因此，北京市对私人养奶牛进行了社会主义改造，将其全部纳入国营农场实行公私合营，以后全部变成由国营农场经营。1957年，私人牛场的改造全部完成。改造后，致力于扩大牛群，改善经营管理，提高科学养牛水平。不少私营奶牛入场后，产奶量立即上升。20世纪50年代后期，北京市把混杂多病的牛群，改造成为初步黑白花型健康牛群，牛奶产量得以提升，也解决了北京市第一次牛奶供不应求的问题。

---

[1] 关于当前牛奶产销情况及新的供应办法的报告．上海市档案馆．档案号A72-2-499．

1959年出现第二次牛奶供不应求，促使北京市改善牛奶的供应办法。1956年，私营改造接近完成，北京市奶产量递增。为了适时解决好牛奶加工和供应销售，1956年3月，建成了国营北京市奶分站，7月建成广安门分站，1957年在全市建了10个分站，承担起供应订奶户66 400户，订奶托儿所292个，订奶医院64个的任务。牛奶站同时负责牛奶销售、加工，农场生产的牛奶及时送到牛奶站，经过加工及时供应到消费者手中，主要由10个分站的工人送奶。第二次牛奶供不应求时，各个奶站采取有效措施，一方面，调剂牛奶供应，如东单分站停止供应冷饮点牛奶，保证重点人群；另一方面，送奶工人不计苦累，骑车送奶，即使在大雪致使交通中断的情况下，送奶也没有间断。上述措施使北京市有效缓解了第二次牛奶供不应求，有力地促进了北京市牛奶生产、配送、消费体系的建设。

重庆市奶业发展也经历了这一过程。1951年11月3日，重庆牛奶场股份有限公司董事会向重庆市人民政府企业局提交报告，力求通过公私合营，使西南成为全国食品工业基地，并冀求于最短期间实现。在报告中，重庆牛奶场股份有限公司指出：我两公司经营业务，一为罐头、糖果、饼干；一为鲜奶、黄油、奶粉，均与人民日常生活有密切关系。自新中国成立后，西南经济恢复与发展，我两公司业务随之好转。但以西南土地改革大部分完成后，农村生产力解放，千万农民的购买力逐渐增长，对于加工食品已有需要。将来土地改革全部完成时，此项需要量必将增大。同时，城市工商业调整后，欣欣向荣。失业人员亦已充分就业，一般购买力亦日渐增大。我两公司及各食品同业现有之生产力，对于目前加工食品之需要，已不能充分供给，更遑论适应将来经济繁荣之新趋势。为满足今后广大城乡人民普遍增加之需要，实有赖于集中力量，扩大经营，请求国家投资，领导走向合营之必要，从而建立一大型食品机构，对西南地区的主要食品进行有计划的加工制造，以资适应。我两公司经数度协商，均表示一致赞同，劳方亦复同意，力求公私合营。重庆市人民政府企业局对此申请的批复是：所请合营一节，原则上同意，并要求会编扩充计划[1]。1954年3月12日，重庆市人民政府建设局又提出，为逐步满足市民对牛奶的需要，我局初步提出对本市私营牛奶场管理的意见，其中包括各牛奶场的牛奶不得掺假并应由市联社统一收购；成年母牛必须在产后第一、二次发情时尽可能选择优良的公牛配种，彻底消除空怀现象；注意培育犊牛，非经主管机关批准不得淘汰，每天应饲喂给犊牛足够的牛奶，哺乳期应延长到3～6个月，以提高其成活率并发挥其优良性能，公牛要经主管机关监控合格才能配种；对传染性流产和结核病牛，各场应分别集中隔离饲养，未经主管机关批准不得买卖；每月向主管机

[1] 重庆牛奶场股份有限公司信笺和上级领导的批复．重庆市档案馆．档案号1106–1–423．

关报送乳牛的出生、死亡、产奶量及配种情况等。这些措施对于促进重庆奶业的发展具有重要而积极的作用[1]。

新中国建立后，天津市的奶牛养殖业取得了很大发展。1951年1月，私营牧场有奶牛923头，1952年1月为1 423头，1954年1月为1 843头。1955年12月，天津市共有奶牛（包括公牛和小牛）3 447头（包括国营芦台农场奶牛数），1956年3月已经达到3 586头。由于奶牛数量不断增加，产奶量亦不断增加，1955年天津市牛奶总量为564.5万千克。此期，鲜销牛奶数量没有乳品厂加工多。如，1955年，天津市牛奶实际销售了529.5万千克，其中乳品厂加工309.5万千克，占总产量的57.37%，而牧场销鲜牛奶230万千克，占总产量的42.63%。1956年，情况更加明显，乳品厂加工牛奶总量上升至61.15%，牧场销鲜牛奶下降至38.85%。这种情况并不是因为鲜奶没有销路，而是因为很多人想订购牛奶，却不知道在哪里订。天津食品公司在其本单位食堂试销鲜奶结果显示，100个人中就有50个人食用鲜牛奶。说明广大居民需要牛奶，只是供给渠道不畅[2]。针对这一问题，天津市出台了《调整天津市牛奶推销及价格方案》[3]。按照该方案的要求：为了扩大销售和便利市民的需要，增设售奶站及门市部。因为时间仓促，增设7个点供应鲜奶，今后根据市民的需要继续设立。同时，提出了要成立专门机构负责对牛奶市场的统一销售和统一领导，加强对市场的管理。另外，还提出了收购时各产奶单位牛奶计价办法（包括全部包干法和代销法两种）；扩大宣传工作，提高市民对食用牛奶的认识；调低销售价格，扩大销售等。该方案为确保正常的供应市民食用鲜牛奶和保证人民健康，解决牛奶积压及价格紊乱等问题作出了积极贡献。

第二节　30年的乳品凭票供应渐向大众化消费过渡

20世纪60年代初至80年代末，牛奶凭票供应实行了近30年。牛奶逐步向大众化生活必需品过渡，供给数量逐渐增加，刺激了牛奶的消费。奶的消费水平、消费结构和消费观念发生了变化，消费人群逐步扩大，除了城市地区和传统的牧区外，农村地区的一些居民也开始饮用牛奶或食用奶粉。

大中城市奶类消费量日趋增长。在一些城市，牛奶已经开始转为大众化的生活必需品，但多数城市仍作为居民的保健食品。在占全国人口80%的农区集镇、

1 重庆市私营牛奶场管理的意见．重庆市档案馆．档案号1091-2-307．

2 关于解决奶制品及牛奶产、销问题的意见．天津市档案馆．档案号X0283-C-318．

3 调整天津市牛奶推销及价格方案．天津市档案馆．档案号X0283-C-345．

乡村，基本上仍保持亚洲型的饮食结构，人们获得动物蛋白质的主要来源是肉类、禽蛋及水产品，对奶的消费量十分微小甚至基本上不吃奶；在一部分经济发达、人均收入水平比较高的农村，妇女使用鲜奶或奶粉代替母乳者增多。在中国西北部、北部牧区，奶是牧民的主要食物，自给消费量较大。

一、实行乳品凭票供应

（一）凭票供应制的兴起

20世纪50年代末，“总路线”、“大跃进”和“人民公社化”运动席卷中国，再加上“三年困难时期”的影响，中国出现了极为严重的物质短缺，这种短缺催生了中国凭票证供应制度，面票、油票、肉票、菜票、布票……大大小小的票证将老百姓的柴米油盐酱醋茶统统列入“计划”，直至没有“票”，寸步难行。这其中就有奶票。全国除农牧区和部分乡村有自食外，商品奶几乎全部采用票证供应方式供给，销售渠道和销售方式单一。奶票也变得特别抢手，很多人托关系，为的就是拿到奶票。

为了保证面粉供应，1953年11月1日，北京市首次发行面粉购买证，揭开了北京市票证历史。随后，植物油、粮食、猪肉和牛羊肉、豆票等相继问世。北京自1960年9月开始实行代乳品凭票供应办法，对城区、近郊区（朝阳、海淀、丰台）和门头沟区非农业人口2岁以内儿童，每人每月供应1千克，对郊区9个县每月只能供应18 000多千克[1]。1961年，北京市开始实行牛奶的凭票供应，当时乳品被列为9种凭票定量供应的主要副食品之一，乳品被列为凭证定量供应的14种副食品之一，牛奶与卷烟被列为限量供应的2种产品。1965年，中国食品限量供应的票证种类曾一度减少，但是“文化大革命”期间票证又越来越多。如北京市牛奶以前为限量供应，这期间只供婴儿、重病人和老人。1979年，当北京老百姓已拥有了粮票、肉票、油票、糕点票、鸡蛋票等五花八门的票证时，北京市牛奶公司被迫推出了红、蓝、白三种取奶票，以通过压缩营养奶，保证重点和限量供应的手段，缓解供求矛盾。婴儿用奶户发红票，凭医院的新生儿出生证明办理手续，且规定了2周岁以内的婴儿每日供奶0.75千克，2周岁以上的每日0.5千克的标准量；重病人用奶户发放蓝票，凭医院的诊断证明，每日供应牛奶0.25千克；老年人订奶户发放白票，视当月奶源情况逐月确定供应天数和瓶数，一般情况也仅仅是月供20日，每日0.25千克。与此同时，北京市停止了对冷饮和糕点制作行业的原料奶供应。

（二）牛奶的供应和领取方式

牛奶的领取方式，最初一般由消费者持奶票到居委会或指定地点领取。如回

[1] 关于本市代乳品生产供应情况的调查报告．北京市档案馆．档案号057-001-00011．

民奶食品厂（伊利前身）每天牛奶产量不超过500千克，购买者必须凭医院或单位证明，早起排长队凭票购买。在广州，唯一供应鲜乳制品的地方是牛奶店（前身为广州市畜牧场乳品厂），因为市民必须凭票才能买到牛奶，所以在老广州人心中，这个地方留下了很深刻的印象，牛奶店所在的云海通津被“老广”俗称为“牛奶巷”。同一时期，全国各地的乳品产销供应基本处于类似状态。一些特殊人群由牛奶公司送奶上户。

随着城市和奶业的发展，牛奶公司逐步建立供奶点，居民凭奶票（奶证）到供奶点取奶。进入20世纪80年代后，许多城市特别是大城市的企业，进一步加强了乳品网点建设，扩大和方便了牛奶的供应。如1989年底北京市供奶点扩大到80余个，方便了持票居民取奶。

1979年北京市朝阳区酒仙桥11街坊的一个取奶站

（三）凭票供应制度的结束

从20世纪80年代中期开始，随着奶牛养殖业和乳品加工业的发展，牛奶供应量逐步加大，牛奶供应紧张的状况开始缓解。与其他票证相似，奶票也渐渐退出历史舞台。从1984年开始，北京、上海等大中城市陆续开始取消牛奶凭票证供应。

二、人均消费量增长

20世纪七八十年代，奶类的人均消费量均出现了较大幅度的增长，特别是20世纪80年代以后。

1970年时，中国人均牛羊奶占有量仅0.9千克，1978年为1千克，1980年上升到1.4千克，1985—1987年分别为2.7千克、3.2千克和3.5千克，1988年达到3.9千克。1978—1988年，中国人均牛羊奶占有量增加了2.9倍[1]。

[1] 中国奶业发展战略研究课题组.1990.中国奶业发展战略研究.武汉：湖北科学技术出版社：179.

从人均奶的消费量来看，1978年时仅为1.0千克，1987年时已经达到了4.1千克，10年间人均年消费量增加了3.1倍[1]。

三、消费人群逐步扩大

20世纪60年代初至80年代末，牛奶的消费人群逐步扩大，除了大中城市和传统的牧区外，农村地区的居民也开始消费牛奶。

（一）大中城市奶类的消费

大中城市是当时中国商品奶和乳制品的主要消费市场。由于城市工商业发达，居民收入较高，流动人口多，大多数城市牛奶一直是供不应求。全国67个大中城市（包括直辖市、省会城市、计划单列市、经济特区城市、沿海开放城市和人口在50万以上城市）的奶类消费动态研究表明：1986年67个大中城市共有2.67亿人，其中市区人口9 800万人，存栏奶牛58万头，年产牛奶135.7万吨，占全国牛奶产量的46.8%；市区人口平均牛奶占有量为13.7千克，居民直接消费鲜奶82.45万吨，人均年消费鲜奶8.4千克。

除此之外，每年还从国外调进大量乳制品投入市场。其中，北京、上海、天津、武汉、南京、西安6大城市，从1984年开始，得到了联合国粮食计划署的奶类项目援助，促进了这些地区奶业的发展，大大缓解了供需矛盾，也有效地促进了这些城市奶类的消费。1986年6大城市（包括世界粮食计划署援助的再制奶在内）人口平均消费量达到21.1千克，其中北京31.1千克，上海22.5千克，天津15.8千克，武汉13.9千克，南京11.8千克，西安22.8千克。

6大城市居民奶类消费水平在当时全国来说已经算是比较高的了，但供应面仍然很小，如北京市订奶户只占总户数的26.2%，人数80万人，占城镇人口的14%。上海市日供奶120万瓶，折合6个市民1瓶奶。南京市场的情况更能说明问题，由于供奶不足，全市1 007所幼儿园得到供奶的仅15所，小学2 935所，得到供奶的仅14所，而要求供应课间加餐奶的小学则占总数的1/2；71所医院、疗养院中，享受供奶的只有15所；对高温、高空、井下作业的22万名职工保健奶无力供应，全市只有10%的人能吃到奶。

即使如此，从总体来看，鲜奶开始从保健性食品向生活必需品转变，主要表现在以下几个方面[2]：

（1）*消费面不断扩大，消费者年龄结构发生变化*　北京市1986年第3季度的抽样调查表明，1983年时，供奶主要是保证婴儿和老人（3岁以下婴儿占69%，老人占20%）。1986年，婴儿消费只占消费面的19%，4～18岁占20%，

[1] 中国奶业发展战略研究课题组.1990.中国奶业发展战略研究.武汉：湖北科学技术出版社：179.

[2] 中国奶业发展战略研究课题组.1990.中国奶业发展战略研究.武汉：湖北科学技术出版社：183.

19～60岁占33%，60岁以上占28%。天津市同期调查的1 000户，消费奶的比例为：2岁以下占6%，2～10岁占18%，11～60岁占55%，60岁以上占20%。西安市的调查也表明，婴儿与老人吃奶的比例为41%。

(2) *消费者的职业结构也发生了变化，不同文化程度和职业的消费者对奶的消费趋向平衡* 从文化程度看，一般地，在业的消费者中文化程度高的脑力劳动者人数较多，消费量较大，而文化程度较低的体力劳动者则相反。20世纪80年代，这一状况有所改变。1986年，北京奶类消费者中文化程度较高的脑力劳动者占17%，文化程度较低的体力劳动者的比重提高至15%。

从职业看，北京市的调查结果显示，从事科技、教育、新闻、体育工作的消费者占8%，干部占9%，工人和商业服务业职工占12%，个体劳动者占2%，在校学生占14%，离退休人员占24%，婴幼儿占31%；天津的调查结果为：工人家庭订奶的占46.2%，干部占38.8%，知识分子占15%。

(3) *消费目的和习惯发生了变化* 消费者从季节性、间断性订奶转身常年订奶。1987年，北京订1年以上的常年订奶户占全部订奶户的86%，市场对奶和奶制品需求的季节性差异正在缩小。

(4) *奶的消费方式趋向多样化* 一方面讲求营养和风味，另一方面，由于生活节奏的加快，旅游业的兴起，方便食用的乳制品消费量大幅度上升。广州市1988年人均消费鲜奶不过2.1千克，而购进国内外奶粉达6 000吨，其中进口奶粉达2 500吨，折合鲜奶人均12.9千克。武汉市1988年酸奶日上市量达到了5万千克，北京市则达到10万千克，冰激凌等含奶冷饮料在各大城市十分畅销。

（二）农区乡村奶类的消费

20世纪80年代以前，中国农村由于经济落后，大多数农民无力购买乳制品。20世纪80年代以后，随着农村经济发展和乡镇企业的兴起，农村居民收入迅速提高，在一些经济较为发达的地区，对奶类需求逐渐增加。例如，广东省揭西县棉湖镇，是一个加工业较发达的约3万人的小镇，人均收入约1 700元，为了健康和加班夜餐需要，吃奶的人日渐增多。该镇除调进奶粉销售外，附近农民还向镇上居民销售鲜水牛奶，每天约1吨左右，每千克水牛奶价格为2.40～3.00元，奶类人均消费支出高于大中城市。多种经营发展较快，经济收入比较高的农村，妇女为了就业方便，用奶粉替代母乳的人也逐渐增多。但从全国来看，大多数农村奶类消费还处于萌芽状态。因为中国农民的食物结构与欧美不同，食物以粮为主，人们获取蛋白质的来源，除肉、蛋、水产品之外，还加工一部分豆制品，如豆腐、豆腐干作为辅助食物，尚不习惯或不喜欢吃奶及乳制品。

（三）牧区奶类的消费

奶一直就是牧民的主要食品之一，牧民历来就有生产和消费奶类的习惯。1987年，西藏自治区奶类产量为18.5万吨，人均消费量为95千克。青海省农牧区总计人均消费量为45千克，但牧区远远高于全省平均数。据1980年的调查，当时牧区牧民人年均消费量为116千克。新疆和内蒙古的牧区牧民奶类消费也很高。1984年，内蒙古统计局农调队对5个旗（县）103户牧民的消费调查显示，牧民人均消费鲜奶为179.41千克，按当地每千克0.24元作价，折合人民币43元，占人均消费支出的8.87%，占人均食物支出的16.7%。

牧民消费奶的品种十分多样，有黄牛奶、牦牛奶、山羊奶、绵羊奶和马奶等，消费方式包括鲜饮，以及自制奶豆腐、奶油、奶疙瘩、酸奶、马奶酒和奶茶食用。

牧区生产的奶，基本上用于自给。由于牧区地域辽阔，居住分散，交通不便，除城镇附近有专门饲养奶牛出售鲜奶外，牧民是需要多少挤多少，很少出售。20世纪80年代中期以后，国家为了支持牧区发展商品生产，满足市场需要，利用牧区草地资源优势，在内蒙古等牧区建立了一批奶源基地，生产和加工各种乳制品。

四、消费品种逐渐丰富

20世纪80年代之前，居民消费的乳制品品种仍比较单一，主要以消毒牛奶和奶粉为主，市场上仅有几个品种的乳制品，另有少量的冰激凌、奶油、酸奶和炼乳。由于鲜牛奶（消毒牛奶）供应量有限，只能作为营养品或奢侈品，凭票供应给刚出生的婴儿、大病住院的病人和部分老年人，普通人群则只能以奶粉或麦乳精当营养品或替代牛奶，能搞到两张鲜牛奶票实属幸事[1]。

北京西郊乳品厂生产的奶粉、麦乳精等产品

[1] 曹明是 .2008–07–23. 上海奶业改革开放三十年——上海奶业发展走过的道路 .

上海市场上的奶粉、麦乳精等产品

到了20世纪80年代中后期，这种状况有所改变。1986年底，接受世界粮食计划署无偿援助的6大城市共计改、扩建乳品加工厂17个，新建乳品厂（车间）20个，日处理生鲜奶能力达到1 090吨，其中巴氏杀菌奶日加工能力为800吨，比1982年增加了1倍。市场上液态奶供应紧张的状况得到缓解。1982年，6大城市巴氏杀菌奶和酸奶的日供应量为15.64万吨，到1986年已增加至39.43万吨（含再制奶29.4%），增加了1.5倍。全年人均消费液态奶的数量1982年为6.9千克，1986年增加至16.2千克，增长了134.8%。6大城市先后放宽或取消了限量供应。

此期，中国自主研发婴儿配方乳粉（母乳化奶粉）取得了重要突破，增加了乳粉品种，满足了群众需求。截至1990年，全国婴儿配方乳粉产量有较大增长，全国约为3.5万吨，其中婴儿配方乳粉Ⅰ号2万吨、婴儿配方乳粉Ⅱ号1.5万吨。

五、温饱问题解决促进奶类消费量提升

1984年，中国粮食产量历史性地突破了4 000亿千克，正是在这一年，中国政府向世界粮农组织宣布，基本解决了温饱问题。温饱问题解决后，居民的膳食结构开始发生变化：其他食物的消费量出现较大幅度的增长，从单一的粮食型食物开始向增加动物性食物等多样化转变，对鲜活产品的需求增加（其中奶类消费出现快速增长）。1987年中国城镇奶类消费量（指直接消费量）比1981年增长52.2%[1]。

[1] 中国中长期食物发展战略研究组.1993.中国中长期食物发展战略.北京：农业出版社：80-87.

六、奶类消费需求对奶业发展的影响

20世纪60年代初至80年代末，牛奶消费对于奶业政策调整，促进奶业发展的作用得到了更加充分的体现。

20世纪60年代末，中国乳品生产有了较快的发展，取得显著的成绩。但随着中国工农业生产建设的发展，城乡购买力的提高，以及国际贸易的需要，乳品生产已远远不能满足国内市场的需要，特别是奶粉从1965年下半年就出现了供不应求的现象。就国内市场看，1968年奶粉生产量仅能满足需要的60%以上，缺口很大。因此，只能采取重点供应的办法来解决矛盾。为了满足市场对乳品的需求，1968年3月19日，第一轻工业局、农垦部、农业部和商业部联合下发了《抓好乳品生产、组织乳源调查及制造乳品发展规划的通知》。该通知指出，各地要认真贯彻“抓革命，促生产，促工作，促战备”和“发展经济，保障供给”的指示，迅速发展乳源，猛促乳品生产，力争在短时间内使乳品生产量有较大的发展，逐步满足国内市场的需要，并指出，这是对乳品工业提出的新的战斗任务。同时，对于发展乳品生产还提出了具体要求，如切实抓好乳品生产。抓好乳源，挖掘潜力，搞好设备检修，落实原辅材料……为国内外市场提供更多、更好的乳制品等。又如要制定乳品发展规划。乳品工业的发展，要有计划按比例地迅速发展，各地农、牧、工、商等有关部门要加强协作，密切配合，在统一思想，统一步调的基础上，首先把乳牛发展、乳品加工以及产品销售等方面的情况摸清吃透，为制定乳品发展规模进行准备；有条件的地区可迅速动手，制定乳品发展规划。四个部门针对乳品工业发展联合发文，可见当时政府对奶业发展和乳品供给的重视，对于促进中国奶业发展也具有重要意义[1]。

从各地的情况来看，也同样如此。下面仅以北京市、西安市、吉林省奶业发展为例[2]。

为缓解供奶不足，北京市积极采取措施，保障供给，迎来了第一次奶业发展高峰。1958年以后，大批妇女走出家庭参加社会生产劳动，导致婴儿代乳品的需求量大大增加，代乳品的生产也随之不断增长。1960年，北京市共生产各种代乳品约290万千克，虽然比1959年增加了近1倍半，但仍不能满足需要。由于代乳品供应量太少，有的婴儿无奶吃哭哭啼啼，对其母亲参加社会生产也产生了一些影响，特别是农村母亲，影响了她们参加田间劳动。因此，增加代乳品生产，增加对农村哺乳儿童代乳品的供应，是一个急待解决的问题。为此，1961年12月2

---

1 抓好乳品生产、组织乳源调查及制造乳品发展规划的通知.

2 除特别注明外，北京市、西安市、吉林省的情况来自如下资料：王怀宝.2000.中国奶业50年.北京：海洋出版社：14-21.

日，北京市副食品商业局召开了由轻工业局酿造食品公司、糖业果品公司、北京市牛奶站负责人参加的关于增加代乳粉生产的会议。会议决定，贯彻北京市委对3～7岁儿童每人每月供应代乳粉0.5千克的决定，同时，对各加工厂的生产计划进行了安排，并要求相关企业增添生产设备，增加代乳粉产量。此举不但有效缓解了北京市代乳粉供给压力，保障婴幼儿的营养与健康，也为全国扩大婴儿食品生产提供了经验[1]。1962年，万里副市长在前门饭店专门召开了由农场领导、养牛工、技术人员参加的养牛专业会议，慰问养牛职工，增加养牛工人口粮标准，解决了奶牛饲料、饲草等实际困难。同时，为了减少牛奶供应环节，解决产销矛盾，有利于农牧场牛奶生产的发展，便利于市民饮用新鲜牛奶，北京市委决定将北京市牛奶站交回农林局经营领导，使牛奶流通环节的管理更加规范[2]。1963—1965年，北京市出现了牛奶过剩现象，每天剩余3万～5万千克，而很多市民，如慢性病人、儿童、老年人和成年人却又订不上奶。据海淀、西城和宣武3个区估算，大约还需要2万多磅[3]才能满足需要[4]。因此，北京市政府决定两次降低牛奶的价格。供应零散订户的鲜奶价格先由每磅0.28元降到0.24元，再降至0.22元，供应机关、团体集体单位的鲜奶，先降至每磅0.22元，后降至0.20元[5,6]。同时还采取了增加订奶户食糖供应、淘汰低产老病牛、提高牛群质量等措施[5]，另外，要求送奶职工为避免牛奶积压变坏，利用业余时间，蹬三轮车走街串巷推销牛奶。“文化大革命”结束后，拨乱反正，大批单位和职工返回北京，新生婴儿进入高峰期，市民对牛奶的需求增加很快，订奶户成倍增长，牛奶的销售量以20%以上的速度递增。这造成牛奶供应的严重不足。1978年，北京出现了第三次居民“吃奶难”。1981年，北京市每天牛奶的需求量为16.3万千克，超过当时牛奶生产能力的1倍多。不仅订奶难，取奶也很难，有些发奶点排长队取奶，甚至发生抢奶现象，有些居民抱着孩子到牛奶公司要求订奶。这种情况刺激了北京市牛奶生产的大发展，也促进了牛奶供应方式的调整。从1979年开始，北京市压缩了营养奶的供应，保证重点和限量供应。具体为：对2周岁以下婴儿每天供奶0.75千克；2周岁以上的每天供奶0.5千克；病人和老人每天供奶0.25千克；新生婴儿凭出生证，病人凭医院证明订奶；停止供应生产冷饮和糕点的牛奶。为了解决取奶排长队的问题，采取定点取奶和部分恢复送奶到户的办法。为此，北京市牛奶公司成立了送奶服务社，各牛奶供应处也成立了送奶服务社（组），同时增设了发奶

---

1 北京市副食品商业局关于增加代乳粉生产安排会议纪要．北京市档案馆．档案号057-001-00011．

2 关于接交北京市牛奶站的通知．北京市档案馆．档案号119-001-00636．

3 1磅等于0.45千克。

4 牛奶公司大量积压，而很多市又订不上奶．北京市档案馆．档案号002-020-01176．

5 关于牛奶产销问题的意见．北京市档案馆．档案号001-104-00849．

6 关于推销牛奶会议纪要．北京市档案馆．档案号002-021-00475．

点，延长了发奶时间；大点变成几个小点，并在有条件的乳品店、商亭开设全天发奶，保证重点对象，缓解取奶排长队的问题。当时订奶户中婴儿用奶占45%，加上老人、病人、外国人用奶，合计占54%，非重点用奶户占45%。针对这种情况，北京市政府办公会决定牛奶供应实行“三保一代”办法，即鲜牛奶订户只能保证供应3周岁以下婴儿、重病人、外宾及特殊用户，如专业运动员、体弱多病老人。一般订户，用强化奶粉代替，并试用部分豆奶代替鲜牛奶。到1984年，北京市奶牛从1978年的16 536头发展到38 854头，产奶量由5 431万千克增加至1.2661亿千克，增加了1.33倍，牛奶满足了供应，解决了长达6年之久的“吃奶难”问题。从1984年第4季度起，北京市牛奶公司简化了订奶手续，扩大了送奶到户业务，敞开供应，自由选购，并开展了中小学生课间加餐供应。1985年，牛奶每天的销量达到29万千克。1989年，全部实行汽车送奶，有送奶汽车213辆，86条送奶通道，发奶点1 100多个，分布在城区、近郊区的大街小巷。这一阶段，北京市奶业出现改革开放后第一次发展高峰。

陕西奶业开始第二次创业。“文化大革命”给陕西奶业造成很大损失，奶业发展缓慢，满足不了人民群众吃奶的需要，“吃奶难”成为广大群众关心的一个问题。在西安，“吃奶难”的问题更加突出，当时鲜奶的缺口很大，供奶的对象主要限于婴儿、危重病人和老人，订奶要凭户口本和医院证明，远远满足不了群众的需求，每个月停奶七八天，甚至10天。“吃奶难”的问题引起群众的不满，也引起了政府的重视。党和政府把这个问题列入议事日程，开始关注奶业生产和市场供应。1982年10月，中共西安市委、西安市人民政府召开了西安市奶业生产工作会议，会议确定了“两三年内使鲜奶上市量翻一番，日上市量达到5万千克”的奋斗目标，提出了“敞开三扇门，迈开两条腿”的发展奶业的方针，即“坚持国营、集体、个体一起上，牛奶、羊奶一起抓，以国营为骨干，积极发展养牛、养羊专业户和重点户”的政策，会后下发了《关于加强奶业生产和改善城市鲜奶供应的通知》的文件。这次会议的意义非常深远，它直接影响了以后西安奶业的发展进程。在这次会议之后，西安市的奶业生产开始进入蓬勃发展的黄金时期，奶牛头数和产奶量增加很快。除个体养牛外，国营农垦奶牛场在政府大力发展奶业方针政策的鼓励下，也开始了第二次创业，掀起了一个以提高奶牛产量，解决鲜奶供应为中心的高潮。有关部门积极投资，对奶牛场和乳品厂开展了重大技术改造、新建、扩建工作，新建了3个存栏500头的标准化奶牛场。奶牛科技成果得到推广与应用，如冷冻精液使用等。1989年时，西安市国有奶牛场全都安装使用了由西安农垦系统自己生产的鱼骨式挤奶台，使挤奶实现了机械化；奶牛场还配备了不锈钢贮奶罐，使贮奶实现了冷藏化；配备了奶罐车，使运奶实现了罐车化。乳品厂也进行了重大的技术改造，基本上实现了自动化和现代化。同时，在陕西各地，从20世纪70年代末到80年代初，一批新的乳品厂应运而生，如富平乳品厂新厂、蓝田乳品厂、定边乳品厂等，其中就有西安银桥乳业集团的前身——西安临潼的相桥乳品厂。到1990年时，陕西省奶牛存栏3.6万头，产奶量11.69万吨（不含羊奶），群众“吃奶难”的问题已经解决，牛奶敞开供应，奶业走上了快速发展的道路。

“文化大革命”期间，吉林省的国营奶牛场和集体奶牛饲养场，受到“左”的错误思潮的影响，生产秩序被打乱，奶牛生产的发展受到影响。1970年，全省奶牛存栏下降到0.9万头，市场鲜奶供应出现紧张，不少市、县、城镇都实行凭婴儿出生证、病人凭住院证订奶的定量供应奶粉，而农村根本不供应。为了促进奶牛生产的发展，1971年，吉林省粮食局在《关于粮食、油料征购具体政策》中确定了黑白花奶牛的饲料留量标准，每头奶牛每年750千克，使奶牛饲料供应基本得到保证。与此同时，通过推广奶牛冷冻精液、人工授精及青贮饲料制作等先进技术，提高奶牛质量和饲养水平。1976年，全省奶牛存栏达到2.6万头，牛奶产量2.03万吨，使鲜奶供应紧张局面得到了缓和。但是1977年和1978年，由于饲料供应不足，奶价偏低，饲养奶牛资金不足等因素的影响，全省奶牛数量又下降到1.8万头，产奶量也随之减少，鲜奶供应又趋于紧张。为了尽快满足人民群众对鲜奶需求的增长，吉林省政府于1979年1月23日批转了畜牧局、第一轻工业局和商业局的《关于发展乳品生产　解决市场供应的调查报告》，要求各级领导要关心人民生活，把发展奶牛和乳品生产纳入日程，切实抓好。各地纷纷采取有力措施，促进奶业生产，保障鲜奶供应。1980年全省奶牛达到2.3万头，生产鲜奶2.5万吨，长春、四平、白城等4个城市实现了全年鲜奶敞开供应。1981年全省奶牛生产获得大发展，年末奶牛存栏达到2.5万头，生产鲜奶2.7万吨。到了1982年，牛奶产量虽然增加幅度不大，但是由于人民生活习惯和食品结构尚未得到改善，以致鲜奶销售不畅。于是，各奶牛场开始淘汰病、老、弱、残等低产奶牛，奶牛质量和牛奶质量都得到了提高。

第三节　产业化市场化，乳品成为大众的普惠食品

20世纪90年代初至21世纪，中国奶牛养殖业和乳品加工业不断发展，市场供给越来越丰富，为城乡居民乳品消费的提升奠定了基础。在这一阶段，国家有关部门加强了对奶业的监管力度，使中国奶业市场更加规范；乳品企业也不断通过各种途径加大对牛奶营养知识的宣传，通过建立更加完善的营销网络，扩大销售市场。这些因素共同作用，使城乡居民奶类消费水平不断提升。这一时期又可以划分为两个比较明显的阶段。

第一个阶段是20世纪90年代初至1999年。这一时期，党中央、国务院以及各有关部门、各级政府相继出台了一系列促进奶业发展的政策，如取消对个人饲养奶牛的限制，政府供给平价饲料等。1990—1999年，奶牛存栏年均增长5.2%，奶类总产量年均增长6.1%，其中牛奶产量年均增长6.3%。

这一时期，中国奶业实现了从卖方市场向买方市场的转变，销售渠道和销售方式开始多样化。奶类销售价格逐渐由国家定价转向价格放开，销售渠道从较为单一向多元化转变，传统的单一市场销售方式与渠道逐渐被打破，牛奶专卖店、小商店、便利店等多元化的销售渠道不断涌现。奶业的发展以及销售渠道和销售方式的多样化，促进了这一时期人均年消费量的增长，消费群体也逐步扩大。1990—1999年，中国奶类人均占有量增长了54.10%，奶类人均年消费量从1990年的4.40千克增加到1999年的6.70千克，增长了52.30%。奶类消费者的年龄结构也发生了较大变化，消费面已经扩大到各个年龄段。

第二个阶段是进入21世纪以后。这一时期，中国奶业快速发展，为城乡居民奶类消费水平和质量的提高奠定了基础。2009年奶类总产量达到了3 734.6万吨，为2000年的4.06倍，年递增率超过了16%。规模以上乳品企业数量快速增长。2009年中国规模以上（国有和年产品销售收入500万元以上非国有企业）乳品企业达到803家，比2000年增加了357家，增长了80%。乳制品产量也不断增加。2009年，全国规模以上乳品加工企业共生产干乳制品293.47万吨，为2000年的3.54倍；液态奶1 935.1万吨，为2000年的9.33倍。同时，酸奶、奶酪以及各种花色奶、高端乳制品逐步走向市场，使乳制品品种日益丰富。2009年，中国乳品加工企业完成销售收入1 623.17亿元，比2000年的271.9亿元增加了4.97倍。乳制品销售进入买方市场，竞争日趋激烈，销售渠道、销售方式、销售手段等都发生了很大的变化。一是销售渠道和销售方式多元化。乳制品销售渠道和方式包括批发、零售和特殊方式。批发分为独立运作一个品牌的批发商和兼营几个品牌的批发商，负责各区域乳制品市场的开发和维护；零售主要以店铺销售为主，并且向多元化转变，除小商店、便利店外，大型连锁超市、企业自建的牛奶屋、奶吧等也日益受到消费者青睐；特殊方式是按社会的不同行业或特殊的人群而界定的特有销售方式，比较有代表性的有学校、部队、医院、餐饮、团购等。与此同时，随着网络的飞速发展和互联网用户的增加，电子商务渠道成为一种新兴的乳制品营销渠道。消费者可以通过乳品企业或经销商建立的网络互动平台，搜集产品的相关信息，也可直接购买各种乳制品。二是销售手段多样化。突出表现在乳品加工企业采取各种手段进行促销，以扩大市场份额。主要的促销手段有：捆绑销售、特价销售、买赠礼品、抽奖销售、返券销售、免费品尝及组合促销等。其中以捆绑销售、特价销售及两种以上方式的组合促销手段最为普遍，约占所有促销手段的80%以上。三是宣传力度不断加大，宣传形式多种多样，广告宣传费用大幅度增加。四是消费市场不断延伸。乳品消费市场一开始集中在一线中心城市，从2003年开始，一线市场环境急剧恶化，于是众多乳品企业开始考虑把销售区域的重点向二线市场（省会城市及部分地级城市）和三线市场（地级城市和消费能力强的县级市场）转移。从2005年开始，乳品企业纷纷加大了在二、三线市场的投入力度，使二、三线市场迅速发展。而二、三线市场的启动，也带来了乳品企业的重新布局，也就是必须实现生产基地和市场一体化。随着竞争的激烈，乳品消费市场进一步深化，至2011年，已经出现四线市场，即部分县城及乡镇市场。五是消费的品种也日渐多样化，除原有的巴氏杀菌奶、超高温灭菌奶、酸奶外，一些新产品开始推向市场，如伊利的金典和舒化奶，蒙牛的特仑苏和奶爵，上海光明的优加、优倍，完达山的元乳配方奶粉，飞鹤乳业的新型奶粉，三元的极致巴氏鲜奶，南京卫岗乳业的淳奶等。同时，奶酪、炼乳等一些新产品也开始在市场上受到青睐。

奶类消费的增加，对调整城乡居民膳食结构，提高生活质量，提升民族素质和全面建设小康社会发挥了重要作用，同时也拉动了奶业的发展。

一、奶类消费的总体水平呈现上升趋势

（一）奶类消费量不断上升

20世纪90年代以后，奶业的发展和居民收入水平的提高，极大地激发了城乡居民奶类消费的热情，奶类消费水平总体呈现逐步上升趋势，城镇居民奶类消费量（折原奶）由1992年的8.90千克上升至2009年的22.15千克，年均增长速度为5.51%；农村居民乳和乳制品消费量由1.16千克上升至2009年的3.60千克，年均增长速度为6.89%。

但是，城镇居民和农村居民奶类消费增长最快的阶段有所不同。1998—2003

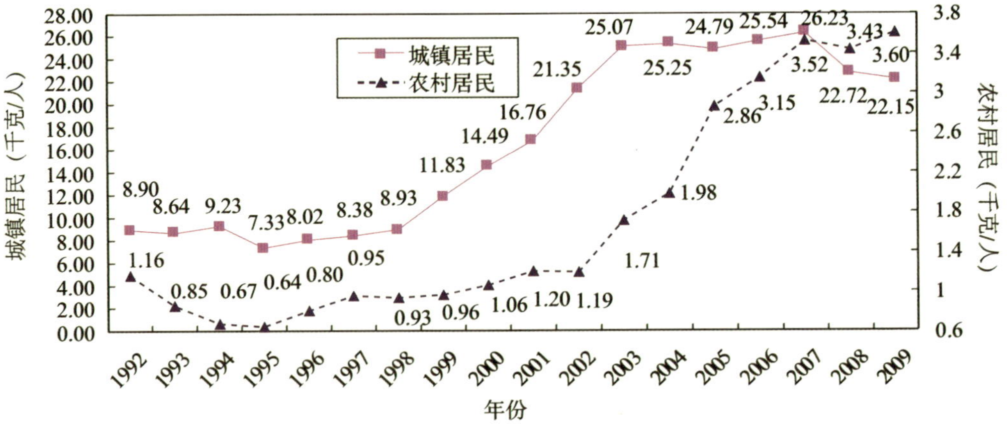

1992—2009年中国城镇居民和农村居民奶类消费量变化趋势
（资料来源：《中国统计年鉴 1993—2010》，《中国奶业年鉴 2002—2010》）

年是城镇居民奶类消费水平增长最快的阶段，由8.93千克提高到25.07千克，年递增率高达22.93%。农村居民奶类消费增长最快的阶段为2002年以后。2002年农村居民乳和乳制品消费量为1.19千克，1992—2002年的10年间，仅增加了0.03千克，而此后即呈现大幅增长态势，到2009年已达到3.60千克，比2002年增加了2.41千克，年递增率达到了17.13%。城镇居民和农村居民奶类消费增长阶段不同，与其步入小康社会的时间不同有密不可分的关系。1984年，中国解决温饱问题之后，中国城乡居民食物消费阶段也开始由温饱向小康过渡，1998年，中国城镇居民生活基本实现了小康。2000年，中国农村居民小康生活实现度达到了92%[1]。由于生活水平实现小康后，城镇居民的可支配收入已达到2 400元/(年·人)，农村居民的纯收入达到1 200元/（年·人)，因此，进入小康生活后，居民更加关注自己的健康，饮食将更加科学，而且也有能力保证自己饮食的科学、合理。牛奶自然成了最佳选择。

（二）相对于其他食品，奶类人均消费增速较快

步入小康社会后，城乡居民的膳食结构再次发生改变：动物性食物的消费量明显增加，奶类消费量增长又明显快于其他动物性食品。据《中国统计年鉴 1996—2009》数据显示，城镇居民肉类消费量增长了22.97%，蛋类增长了8.52%，而同期奶类消费增加了2.02倍；农村居民肉类消费量增长了35.78%，蛋类增长了65.22%，而奶类消费量则增加了4.63倍。

（三）奶类消费支出在人均食品消费支出中的比重逐渐提高

奶类消费支出在食品消费支出中所占的比重也能体现出奶类消费水平的提高。从表6-1可以看出，1995年，全国城镇居民家庭平均每人全年奶类消费支出为31.43元，仅占当年食品支出的1.78%；此后逐年增长，到2009年已经达到196.14元，占食品支出的比重也达到了4.38%。同期，其他畜产品的消费支出在食品总支出中的比重却呈现逐年下降的趋势或基本持平。

表6-1 中国城镇居民奶类消费支出及其在食品消费支出中所占的比重

年份	奶类支出（A）（元）	食品支出（B）（元）	A/B（%）
1995	31.43	1 766.02	1.78
1996	36.59	1 904.71	1.92
1997	41.41	1 942.59	2.13
1998	48.05	1 926.89	2.49
1999	56.15	1 932.10	2.91
2000	68.57	1 958.31	3.50

[1] 人民日报.海外版.2000-12-06.http://www.people.com.cn/GB/paper 39/z124/3388 29.html.

（续）

年份	奶类支出（A）（元）	食品支出（B）（元）	A/B（%）
2001	80.06	2 014.02	3.96
2002	104.76	2 271.84	4.61
2003	124.70	2 416.92	5.16
2004	132.37	2 709.60	4.89
2005	138.62	2 914.39	4.76
2006	150.23	3 111.92	4.83
2007	160.72	3 628.03	4.43
2008	189.84	4 259.79	4.46
2009	196.14	4 478.54	4.38

资料来源：《中国统计年鉴 1996—2009》，《中国奶业年鉴 2010》。

二、奶类逐步成为普惠性食品

20世纪90年代至2010年，对于城镇居民来说，饮奶者的年龄分布、文化程度分布、职业分布趋于平衡，各收入水平的居民均消费奶类。

2004年“阜阳劣质奶粉事件”后，中国奶业协会等委托中国经济景气监测中心，对北京、上海、成都、广州、武汉5个城市的奶类消费情况进行了问卷调查，每个城市选取了300名消费者作为样本，共1 500个样本。这1500名消费者为年龄18 ~ 60岁的城市居民，在家里负责食品饮料购买，而且过去3个月里购买过液态奶和奶粉。调查方式采取访问员入户访问的方式。

调查结果显示：①饮奶者的年龄已覆盖18 ~ 60岁的消费者，其中18 ~ 25岁的占7.4%，26 ~ 35岁的占21.0%，36 ~ 45岁的占32.0%，46 ~ 60岁的占39.6%。②从教育程度看，高中/中专人数最多，占43.2%，但不同文化程度的消费者均占有一定比例，且初中以下文化程度较低的消费者的比重也超过了25%，说明饮奶者的文化程度分布趋于平稳。③从职业分布看，离退休人员和工人所占比重最大，为17.6%，其次为专业人员、服务行业从业人员，然后是企业管理人员、个体户等，而固有观念认为的家庭主妇所占的比重却仅为6.5%，公务员、学生、下岗人员和其他人员也各占有一定比例，说明奶类消费的职业分布趋于平衡。④从家庭人均月收入水平看，不论收入高低，消费者均购买过乳制品，其中以801 ~ 2 000元所占比重最高，占23.3%，300元以下的最低，为2.7%。

对于农村居民来说，1992年后，中国农村居民人均纯收入呈现稳步增长的态势，农村居民人均乳和乳制品的消费量随着人均纯收入的增长而增长。有关研究表明，1992—2006年，农村居民奶类消费的收入需求弹性为0.729 0，是猪牛羊肉、蛋类、禽肉、水产品等动物性食品中最高的，这说明，当农村居民收入增长时，会首先选择增加奶类消费，同时也说明，农村居民已形成饮奶习惯。但是由于各种条件的制约，乳制品还未在农村市场普及，需要大力开发农村市场。

对于牧区居民来说，奶类消费水平仍然较高。以内蒙古为例。1980—2005年，牧户奶类消费量虽然有所下降，但仍明显高于同期农户的奶类消费量（表6-2）。

表6–2 内蒙古牧户与农户人均年消费量

单位：千克

年份	1980	1990	1991	1992	1993	1994	1995	2000	2001	2002	2003	2004	2005
牧户	56.5	77.2	94.9	84.7	90.7	76.0	67.0	57.2	19.6	20.1	30.9	24.6	29.5
农户	—	3.4	1.6	1.3	1.1	0.4	0.5	0.3	0.5	0.6	1.3	1.9	3.2

资料来源：潘建伟.2007.牧户与农户消费行为比较研究［D］.北京：中国农业科学院.

三、消费者饮奶知识增加，消费人群进一步扩大

1999年以后，政府有关部门、行业协会、专家学者、乳品企业等采用不同形式，通过各种媒体，加大了科学饮奶知识的宣传力度，为增加消费者饮奶知识，扩大消费人群起到了积极的推动作用。

首先，人们对牛奶的认识有了较大的改观，有许多人已知道牛奶对人体健康和国民经济发展都会带来很大的促进作用，应该亲近和接受牛奶。牛奶在人们心目中已不再是那么“神秘”和陌生，消费者已经初步形成科学饮奶知识。如有96.2%的消费者认为乳制品重要和非常重要，仅有0.4%的消费者认为不太重要；有95.6%的消费者认为牛奶是提供营养的食品，而非解渴的饮料；有96.8%的消费者认为乳品加工企业应该对奶牛质量进行控制，才能生产出高品质奶，77.8%的消费者认为应该对原料奶进行检测；有85%的消费者认为乳品加工企业应针对不同的消费者生产出不同的乳制品；在选择乳制品时，消费者更为理智，有88.2%的消费者会选择质量，86.2%选择新鲜程度，74.9%选择营养成分，而选择口味和品牌的仅分别为55.1%和43.9%。同时，消费者对新鲜奶、高品质奶及影响乳制品质量的相关因素也有一定的认识。这些都是提高居民奶类消费的基础。

其次，科学饮奶知识的宣传有助于城乡居民形成正确的饮奶习惯，也有利于开拓市场、扩大乳制品的消费人群。其中，国家“学生饮用奶计划”的实施与推广，对改善营养状况、增强饮奶知识和开拓乳制品市场发挥了重要作用[1]。

1999年3月31日，时任国务院副总理李岚清主持召开了关于幼儿教育和青少年营养健康问题的会议，提出了实施奶类行动计划。农业部在给李岚清副总理的

1 学生饮用奶计划部际协调小组办公室.2005.国家学生饮用奶计划文件资料汇编.

报告中，提出了实施“学生饮用奶计划”的建议。国务院秘书局按照李岚清副总理对该报告的指示精神，征求了有关部门的意见。1999年6—12月，先后在北京、天津、上海、沈阳、广州5个城市进行试点，摸索在生产、加工、推广和管理方面的经验。1999年12月22日，国家科技教育领导小组办公室召集有关部门，专门研究实施“学生饮用奶计划”的相关问题，决定由农业部牵头，国家轻工业局配合，会同有关部门制定实施“学生饮用奶计划”的具体方案并付诸实施。2000年8月29日，由农业部、国家计委、教育部、财政部、卫生部、国家质量监督检验检疫总局和国家轻工业局7部委联合布署，推进“学生饮用奶计划”。2000年11月15日，农业部、中宣部、国家发展计划委员会、教育部、卫生部、财政部、国家质量技术监督局、国家轻工业局和食物与营养咨询委员会在人民大会堂联合召开了实施国家‘学生饮用奶计划’新闻发布会，宣布国家“学生饮用奶计划”正式启动。

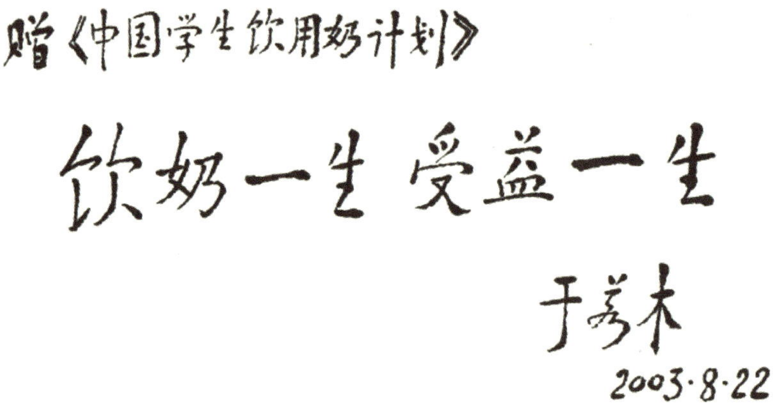

实施国家“学生饮用奶计划”，按照先试点、后推广，以点带面、分步实施的稳健步骤进行。2000年8月，国家“学生饮用奶计划”正式实施以后，主要在省会等在大中城市推广。2006年开始，一些具备条件的中小城市和少数农村的乡镇中小学校也开始推广“学生饮用奶计划”。在实际推广工作中，按照“保证奶品质量，坚持群众自愿，运用市场机制，不强求一律”的原则，采取“政府引导，市场运作，企业、学校和社地各界广泛参与”的运行模式，由定点生产企业向中小学校直接配送学生饮用奶，供学生在课间饮用。

为了保证国家“学生饮用奶计划”有效运行，确保学生饮奶安全，2000年4月，成立了国家学生饮用奶计划部际协调小组，统筹协调推广工作，并将办公室（以下简称国家学生奶办）设在农业部农垦局。协调小组先后制定发布了《国家“学生饮用奶计划”暂行管理办法》、《中国学生饮用奶标志使用暂行管理办法》等规章。同时，不断创新监管方式，完善应急机制，主动接受社会和舆论的监督，把握监管工作主动权。为了进一步保证原料奶的质量和安全，学生饮用奶计划部际协调小组办公室于2003年启动了学生奶奶源升级计划。该计划以培养一批样板牧场，培养一批技术骨干，建立一套技术示范为目标，旨在通过提升奶源质量，保障国家“学生饮用奶计划”健康发展，并为行业发展起到示范作用。尽管推广工作面临困难，但相关人员依旧摸索出了一条独特的道路，并初见成效。截至2011年底，学生奶奶源示范基地已经达到了141个，覆盖了全国21个省（自治区、直辖市），为40多家学生饮用奶定点生产企业提供高品质的原料奶，从源头上保证了学生饮用奶的安全。

十多年来，在国家学生饮用奶计划部际协调小组各成员单位和地方各级政府的大力支持下，在有关部门、学校、定点生产企业及社会各界的积极参与下，国家“学生饮用奶计划”稳步推进。其间，国家“学生饮用奶计划”虽然历经波折，但取得的成绩有目共睹。2010年9月20日，为了总结国家“学生饮用奶计划”十年推广的经验与成绩，学生饮用奶计划部际协调小组办公室在北京人民大会堂隆重举行了“浇灌梦想 托举明天——国家学生饮用奶计划实施十周年”纪念大会。国家学生饮用奶计划部际协调小组成员单位负责人、中国奶业协会有关领导、国家学生饮用奶计划专家委员会专家，以及上海、江苏、内蒙古、天津、广东等省（自治区、直辖市）学生奶办公室负责人和伊利、蒙牛、光明、卫岗、燕塘等学生饮用奶计划定点生产企业负责人100多人参加了活动。农业部副部长高鸿宾充分肯定了国家“学生饮用奶计划”实施十年来所取得的成绩，其中最重要的就是覆盖面逐步扩大，饮奶学生不断增加，对于促进广大中小学生身体素质提高发挥了重要作用。截至2011年底，“学生饮用奶计划”已经在全国29个省、自治区、直辖市283个大中城市和县镇，共计1.5万所中小学校推广实施，日均供应量已达841万份，与2008年的400万份相比，上了一个新的台阶。饮奶学生的营养状况得到了有效改善。沈阳市实施“学生饮用奶计划”后，为了及时准确地反映学生饮奶后的健康情况，全面了解和掌握学生饮奶后对各种营养素的摄取情况及对发育和骨骼发育的影响，沈阳市在全国率先开展了学生饮用奶结果对比监测试验。试验对7岁和9岁2个年龄组的600名小学生饮奶后的健康状况进行了为期6个月的跟踪调查。此项调查从膳食调查、体格营养状况检查及骨钙沉积3个方面，对儿童的钙摄入量、蛋白质增加量、人体增高及骨密度等数据进行检测。试验结果表明，饮奶儿童的数据明显高于不饮奶的儿童。专家得出结论：饮用学生饮用奶所带来的营养状况的改善是明显的。

除此之外，国家“学生饮用奶计划”宣传教育活动效果显著，营造了良好的牛奶消费氛围。国家“学生饮用奶计划”十分重视开展宣传教育工作。通过种种媒体，采取多种措施，开展了一系列宣传活动，普及科学饮奶知识，培养中小学生科学饮奶、平衡膳食的健康饮食习惯。例如，创办了《学生饮奶与健康》专刊，开通了中国学生奶计划信息网，与中国教育信息网进行合作等。

在十多年的探索中，国家“学生饮用奶计划”积累了丰富的经验，形成了具有中国特色的推广机制和模式：注重营养改善和推进奶业发展并重；实行政府引导和市场机制相结合；坚持质量安全第一，稳步扩大推广范围；鼓励多模式并举，如在教育系统内建立市、区、县级学生奶办公室并引导中小学校进行推广的三级架构，按照国家标准和地方标准认定定点生产企业的“双轨制”等。这些是今后国家“学生饮用奶计划”进一步推广的基础。

各级政府和有关部门对该项计划越来越重视，政府支持力度逐步加大。《国务院关于促进奶业健康发展的意见》、《奶业整顿和振兴规划纲要》中都明确提出要继续加大国家“学生饮用奶计划”的推广力度，完善学生饮用奶定点生产企业扶持政策，扩大学生饮用奶覆盖范围。各地方政府也在政策、资金等方面给予了更多的支持。如新疆维吾尔自治区政府从2009年开始，每年出资5 810万元用于推广“学生饮用奶计划”；陕西省启动了蛋奶工程；重庆市政府2010年也下发了《关于推进中小学生营养促进工程的意见》（渝府发〔2010〕71号），要求各区县（自治县）结合实际，稳步推进“学生饮用奶计划”，在学生行课期间每天免费为贫困家庭学生提供一盒优质学生饮用奶，并倡导全体学生每天饮用一盒学生饮用奶，市级财政将按照以奖代补的方式，对开展“学生饮用奶计划”的区县（自治县）给予资金补贴。

四、城乡居民具有不同的奶类消费习惯

（一）城镇居民奶类消费增长趋缓，但仍是中国奶类消费的主体

城镇居民2003年奶类人均消费量达到25千克后，人均消费量增幅开始趋缓，2006年奶类人均消费量为25.54千克，仅比2003年的25.07千克增加了0.47千克，年递增率仅为0.62%。而同期，由于农村居民人均纯收入的增长和市场条件的完善，农村居民乳和乳制品消费量却大幅度提高，2006年达到3.15千克，比2003年增加了1.44千克，年递增率达到了22.59%，比城镇居民高21.97个百分点。但是，即便如此，由于农村居民奶类消费基数低，城镇居民奶类消费总量依然明显高于农村居民，城镇居民仍是中国奶类消费的主体（表6-3）。

表6–3　中国城镇居民奶类消费量与农村居民奶类消费量的关系

年份	城镇居民奶类总消费量（万吨）A	农村居民奶类消费量（万吨）B	B/A（%）
2000	665.18	168.14	25.28
2001	805.55	205.27	25.48

（续）

年份	城镇居民奶类总消费量（万吨） A	农村居民奶类消费量（万吨） B	B/A （%）
2002	1 072.03	219.86	20.51
2003	1 313.07	355.82	27.10
2004	1 370.65	389.12	28.39
2005	1 393.50	645.55	46.33
2006	1 473.81	727.10	49.33
2007	1 557.51	791.98	50.85
2008	1 378.35	749.48	54.38
2009	1 377.42	727.14	52.79

注：城乡居民奶类消费总量中干乳制品按7 ：1换算为原料奶，液态奶按1 ：1计算。
资料来源：《中国统计年鉴 1996—2009》。

（二）城镇居民奶类消费以液态奶为主，农村居民以奶粉为主

尽管随着乳品加工业的发展，中国市场上的乳制品种类越来越丰富，但是中国居民奶类消费仍具有很强的偏好性，仍然以鲜乳品（巴氏杀菌乳、超高温灭菌乳）、酸奶和奶粉为主要品种。但城镇居民和农村居民消费的品种各具特色。

1. 城镇居民迎来鲜乳品消费高峰 进入21世纪后，奶类消费增长势头迅猛，但是从品种来看，增加较快的主要是城镇居民的液态奶消费量，奶粉消费量基本稳定。在液态奶中，鲜乳品消费量明显高于酸奶消费量，但酸奶消费的增长速度最快，1992—2009年，年增长率达到14.83%；而奶粉年递增率只有0.65%（表6-4）。从不同产品所占比重来看，鲜乳品仍是城镇居民消费的主要产品，其所占比重超过了70%，但从下图可以清楚地看出，其在总消费量中所占比重已呈现下降趋势，2004年时最高，为74.57%，2009年比2004年下降了7.26个百分点。酸奶在奶类消费中所占比重呈现逐年上升趋势，由1992年的4.16%上升至2009年的17.52%，上升了13.36个百分点。奶粉消费在城镇居民奶类消费中所占比重呈现明显的下降趋势，2009年奶粉消费量仅占奶类总消费量的15.17%，比1992年下降了18.65个百分点。

从1992—2009年中国城镇居民奶类消费品种的演变的过程可以看出，在这一阶段中，中国城镇居民鲜乳品消费从2000年开始进入一个高峰期，并维持至2004年。这几年间，城镇居民鲜乳品消费不论是绝对数量，还是消费量的增量，以及其在城镇居民奶类消费中所占比重、比重增加值均处于较高水平。在2000年前，鲜乳品消费量和占奶类消费比重不稳定，上下波动，从2005年开始，两者均呈现下降趋势。

表6-4　1992—2009年中国城镇居民家庭平均每人全年分品种奶类消费量

年份	鲜乳品				酸　奶		奶　粉	
	购买量（千克）	增加量（千克）	占总消费量的比重（%）	增加量（百分点）	购买量（千克）	占总消费量的比重（%）	购买量（千克）	占总消费量的比重（%）
1992	5.52	—	62.02	—	0.37	4.16	0.43	33.82
1993	5.38	－0.14	62.27	0.25	0.32	3.70	0.42	34.03
1994	5.25	－0.13	56.88	－5.39	1.04	11.27	0.42	31.85
1995	4.62	－0.63	63.03	6.15	0.26	3.55	0.35	33.42
1996	4.83	0.21	60.22	－2.81	0.32	3.99	0.41	35.79
1997	5.07	0.24	60.50	0.28	0.44	5.25	0.41	34.25
1998	6.18	1.11	69.20	8.70	0.64	7.17	0.43	33.71
1999	7.88	1.70	66.61	－2.59	0.87	7.35	0.44	26.04
2000	9.94	2.06	68.60	1.99	1.12	7.73	0.49	23.67
2001	11.90	1.96	71.00	2.40	1.36	8.11	0.50	20.88
2002	15.68	3.78	73.44	2.44	1.82	8.52	0.55	18.03
2003	18.62	2.94	74.27	0.83	2.53	10.09	0.56	15.64
2004	18.83	0.21	74.57	0.30	2.85	11.29	0.51	14.14
2005	17.92	－0.91	72.29	－2.28	3.23	13.03	0.52	14.68
2006	18.32	0.40	71.73	－0.56	3.72	14.57	0.50	13.70
2007	17.75	－0.57	67.67	－4.06	3.97	15.14	0.45	17.19
2008	15.19	－2.56	66.86	－0.81	3.54	15.58	0.57	17.56
2009	14.91	－0.28	67.31	－0.45	3.88	17.52	0.48	15.17
年均增长率（%）	6.02				14.83		0.65	

注：计算奶粉消费占奶类总消费的比重时，将奶粉消费量按1 ：7折算为原料奶计算所得。
资料来源：《中国统计年鉴 1996—2010》。

2. 农村居民奶粉消费量下降　由于奶粉易于运输、储存，且购买方便，在基础设施及冷链条件还不完善的情况下，农村居民奶类消费以奶粉为主。一方面，2000—2009年，农村居民奶粉消费量年均增长率高达23.06%；另一方面，人均奶粉消费量占奶类总消费量的比重总体呈现增长趋势，2009年为75.49%，比2000年时提高了18.28个百分点（表6-5）。同期，液态奶消费量虽然有所增长，但增幅明显慢于奶粉消费量的增幅，年均增长率仅为12.16%，而且在奶类消费中所占比重总体呈现下降的趋势。但是，不论从奶粉消费量来看，还是从奶粉消费量在奶类消费中所占比重来看，2007年以后都已呈现出下降的趋势。

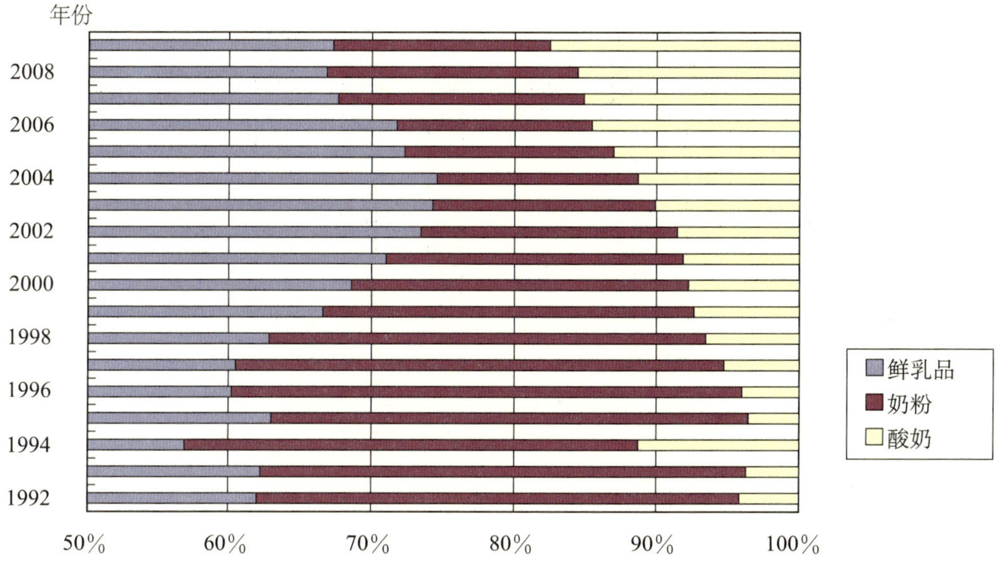

1992—2008年中国城镇居民家庭人均奶类消费结构变迁

注：图中奶粉按1 ：7折成原料奶等值。

（资料来源：《中国统计年鉴 1993—2010》，《中国奶业年鉴 2002—2010》）

表6–5 中国农村居民家庭人均分品种奶类消费情况

	人均奶类消费（千克）	奶粉消费量（千克）	奶粉消费量所占比重（%）	液态奶消费量（千克）
2000	2.08	0.17	57.21	0.89
2001	2.58	0.23	62.40	2.35
2002	2.81	0.27	67.26	0.92
2003	4.63	0.49	74.08	1.22
2004	5.14	0.53	72.18	1.45
2005	8.66	0.97	78.41	1.89
2006	9.86	1.12	79.51	2.03
2007	10.90	1.23	78.99	2.29
2008	10.39	1.16	78.15	2.27
2009	10.20	1.10	75.49	2.50
年增长率	22.27	23.06		12.42

注：人均奶类消费将干乳制品（主要为奶粉）按1 ：7折算为原料奶等值，其余按1 ：1折算。奶粉所占比重为按1 ：7折算后计算所得。

资料来源：《中国统计年鉴 2001—2007》，《中国奶业年鉴 2002—2010》。

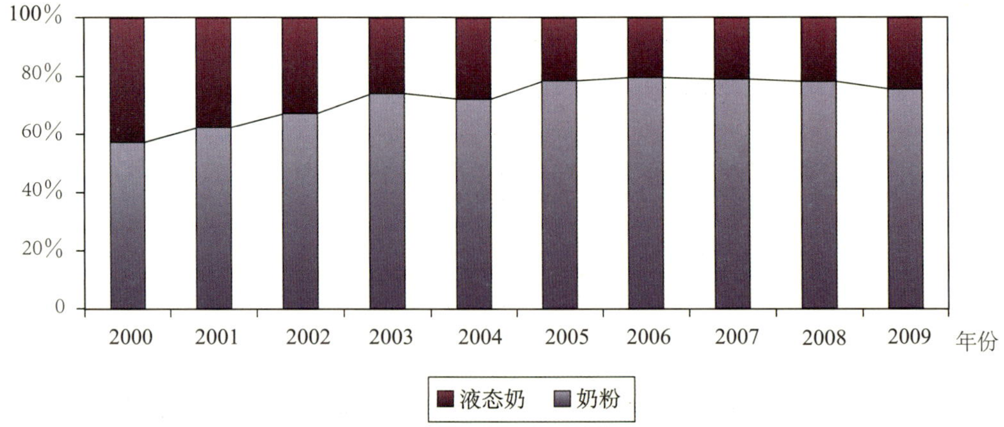

中国农村居民人均奶类消费结构

（资料来源：《中国统计年鉴 2001—2007》，《中国奶业年鉴 2002—2010》）

在奶类消费品种中，值得关注的一个问题是应该消费巴氏杀菌奶，还是超高温灭菌奶？从新中国成立后中国液态奶消费历程来看，2000年前巴氏杀菌奶是市场的“宠儿”，当时巴氏杀菌奶的市场份额占绝对优势，它与超高温灭菌奶的比例是7 ∶ 3。进入21世纪后，国内生产企业开始利用超高温灭菌奶来抢夺市场份额，并使其成为主打产品。加之，超高温灭菌奶自身拥有的不受冷链条件限制，随时方便饮用和风味可调节等特点，以及消费者口感多样化需要等原因，使超高温灭菌奶得到迅速发展。仅仅三五年的时间，巴氏杀菌奶与超高温灭菌奶的市场格局就演变成了3 ∶ 7。但是巴氏杀菌奶具有新鲜、营养、天然、安全、健康、卫生、节能、环保、放心等优点，因此，成为全球乳品消费的主流，并成为一种时尚的消费。它在大部分奶业发达国家中市场份额占有绝对优势。欧洲市场调查机构EURO MONITOR提供的数据表明，巴氏杀菌奶的市场份额在加拿大为99.9%，美国为99.7%，日本为99.3%，英国、荷兰、澳大利亚和新西兰等国的比例亦在95%以上。从国外巴氏杀菌奶的售价来看，比超高温灭菌奶高50%左右。因此，未来中国液态奶消费主流仍是巴氏杀菌奶。

（三）城乡居民奶类消费差距缩小

城镇居民奶类消费增幅趋缓，甚至出现下降，城乡居民奶类消费间的差距逐步缩小。中国城镇居民奶类消费水平明显高于农村居民。表6-6显示，1995—2006年农村居民奶类消费量年递增率为21.29%，高于城镇居民同期水平9.27个百分点，但由于绝对数量偏低，农村居民奶类消费量仍仅为城镇居民的38.61%。但这一比例比1995年的16.10%已经提高了22.51个百分点。统计资料显示，中国城镇居民奶类消费高速增长的拐点在2003—2004年出现，随后以平稳增长为主。20世纪90年代末以后，城镇居民奶类消费快速增加，2002年消费增长幅度达到最高为27.38%，此后增幅有所下降，2003为17.42%，2004年下降为0.72%，2005年出现负增长，下降了1.82%，2006年也仅为3.03%。受“婴幼儿奶粉事件”的影响，2008年和2009年，连续两年奶类消费出现负增长。

表6–6 中国城乡居民人均奶类消费（折原料奶）量增长情况

	1995	2000	2001	2002	2003	2004	2005	2006	2007	2008	2009	年递增率（%）
城镇居民人均奶类消费量（千克）	7.33	14.49	16.76	21.35	25.07	25.25	24.79	25.54	26.23	22.72	22.15	8.22
农村居民人均奶类消费量（千克）	1.18	2.08	2.58	2.81	4.63	5.14	8.66	9.86	10.90	10.39	10.20	16.66
农村居民人均奶类消费量/城镇居民人均奶类消费量（%）	16.10	14.35	15.39	13.16	18.47	20.36	34.93	38.61	41.56	45.73	46.05	

注：城乡居民奶类消费量中奶粉按1 ∶ 7折算成原料奶。
资料来源：《中国统计年鉴 1996—2009》，《中国奶业年鉴 2002—2009》。

从不同地区看，2003—2007年，中国31个省（自治区、直辖市）中有16个省（自治区、直辖市）城镇居民奶类消费出现下降，其中消费量超过30千克的有6个，下降幅度最大的是西藏，为54.25%（表6-7）。消费量出现增长的省份有15个，增幅在10%以下的9个。在15个省份中，奶类消费量超过30千克的仅有4个，即山西（41.66千克）、上海（34.84千克）、陕西（30.16千克）和宁夏（32.77千克）。以上数据说明，城镇居民奶类消费达到30千克以后，即进入了一个缓慢增长阶段，甚至出现下降。奶类消费增幅较大的主要为人均消费量20千克左右的省份，如江西、安徽、河南等中部地区，以及原来消费量较低的省份，如海南、广西等。

表6–7 2003—2007年中国不同地区城镇居民人均奶类消费情况

单位：千克，%

地区	2003年	2004年	2005年	2006年	2007年	2007年比2003年增长
北京	47.82	47.16	46.21	45.35	40.88	– 14.51
天津	28.80	27.4	28.01	27.75	29.42	2.15
河北	32.69	33.12	32.52	33.06	31.67	– 3.12
山西	38.97	40.05	39.09	40.60	41.66	6.09

（续）

地区	2003年	2004年	2005年	2006年	2007年	2007年比2003年增长
内蒙古	29.08	26.28	25.16	26.07	25.62	－11.90
辽宁	31.05	31.32	30.67	31.02	29.78	－4.09
吉林	20.26	22.36	21.89	21.36	20.78	2.57
黑龙江	23.40	22.8	19.5	20.92	22.96	－1.88
上海	33.51	33.22	31.93	32.39	34.84	3.97
江苏	24.96	24.34	24.94	25.86	25.44	1.92
浙江	20.49	20.65	19.42	19.20	18.81	－8.20
安徽	23.25	24.28	25.39	28.44	28.48	22.49
福建	23.08	22.12	21.07	21.50	19.81	－14.17
江西	17.67	18.94	19.49	20.61	24.66	39.56
山东	34.72	34.82	33.56	34.41	34.50	－2.88
河南	21.08	21.96	22.17	22.87	25.65	21.68
湖北	17.16	17.87	18.05	19.19	18.12	5.59
湖南	15.18	15.53	17.64	17.08	12.32	－18.84
广东	13.69	14.38	14.64	15.33	13.76	0.51
广西	12.38	15.16	13.38	12.93	16.12	30.21
海南	8.07	8.74	8.33	15.68	11.28	39.78
重庆	32.41	33.94	28.66	31.27	27.90	－13.92
四川	27.00	26.25	25.59	25.89	26.80	－1.48
贵州	15.33	15.15	16.78	17.56	17.17	12.00
云南	15.11	15.04	13.88	12.71	9.58	－36.60
西藏	45.66	30.86	27.84	31.87	20.89	－54.25
陕西	26.20	26.57	30.51	28.19	30.16	15.11
甘肃	35.70	37.14	38.37	38.81	32.81	－8.10
青海	33.66	32.36	30.83	29.31	34.48	－2.44
宁夏	27.41	29.27	28.1	28.94	32.77	19.55
新疆	32.44	32.05	29.92	31.74	30.92	－4.69

注：奶类消费包括鲜乳品、奶粉和酸奶，其中奶粉按1 ∶ 7折合为原料奶。
资料来源：根据《中国奶业统计资料 2004—2008》计算所得。

随着农村居民人均纯收入的增长，对农村奶类消费市场开发的重视，农村居民奶类消费量的增长存在相当大的潜力与空间。2003年，由中国奶业协会主持的中国奶业发展战略研究课题表明，到2020年中国农村居民奶类人均年消费量将达到城镇居民的50%以上。而2005年，这一比例已达到了34.93%，2009年，中国农村居民奶类年人均消费量已达到城镇居民的46.05%。但要使农村居民奶类消费水平达到城镇居民的水平，仍需较长的时间。

五、进口乳制品消费量增长

尽管国内乳品加工快速发展，产品质量不断提高，品种不断丰富，但是部分消费者对进口乳制品或国外品牌较为热捧。20世纪90年代后，中国乳制品进口数量保持持续增长的态势。特别是加入WTO后，关税水平的降低，使乳制品进口价格下降，更进一步刺激了乳制品的进口。2010年中国共进口乳制品74.53万吨，为1995年7.1万吨的10.50倍，年递增率达到了16.97%。进口数量的增长，使中国一直是一个乳制品净进口国（表6-8），而且进口数量与出口数量之间的差距越来越大，2010年已经达到了71.15万吨。

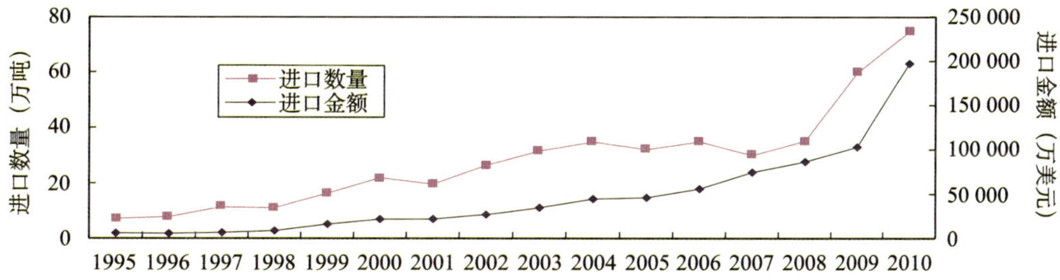

1995—2010年中国乳制品进口数量和进口金额
（资料来源：《中国奶业年鉴 2002—2011》）

表6-8　1995—2010年中国乳制品进出口数量　　单位：万吨

年份	出口数量	进口数量	进口－出口
1995	3.05	7.12	4.07
2000	4.80	21.88	17.08
2001	4.27	19.56	15.29
2002	5.10	26.38	21.28
2003	4.89	31.50	26.61
2004	6.01	34.72	28.71
2005	6.89	32.00	25.11
2006	7.49	34.78	27.29
2007	13.45	29.87	16.42
2008	12.06	35.10	23.04
2009	3.68	59.70	56.02
2010	3.38	74.53	71.15

资料来源：《中国奶业年鉴 2002—2011》。

在进口的各类乳制品中，以干乳制品为主，而液态奶（包括鲜奶、酸奶）所占比重约为10%，如果将干乳制品按1 ：7折算为原料奶，液态奶所占比重更低。在干乳制品中，又以乳清和奶粉为主，以2009年为例，共进口乳清28.88万吨，进口奶粉24.68万吨，二者合计53.56万吨，占全年总进口量的89.72%。进口的乳清也主要用于国内乳品企业和外资企业生产婴幼儿配方奶粉。因此，在进口乳制品中，对国内市场影响较大的是奶粉。

在通过进口进入中国市场的同时，国外乳品企业也开始通过参股、控股等资本运作方式更多地介入中国市场。如，2006年6月18日，新西兰恒天然公司与三鹿集团合资，占有三鹿集团43%的股份；美国摩根斯坦利等3家投资公司参股蒙牛乳业32%股份等。一些国外乳品企业开始在中国投资建厂。瑞士雀巢公司是最早进入中国的外商之一，1984年即在广州设立了办事处，1987年在黑龙江省双城市成立了雀巢第一家合资公司，以后又在内蒙古和山东建立了工厂。英特尔营养乳品有限公司、美国雅培制药有限公司、美赞臣（广州）有限公司、上海惠氏营养品有限公司、澳优乳品（湖南）有限公司、达能集团（中国）公司、荷兰维利奥有限公司等也先后在中国投资建厂。2009年3月，世界500强企业之一的雅培公司耗资约2亿元人民币在中国投资建设的工厂竣工并正式投产。不论是资本运作，还是直接建厂，这些企业的主导产品均为奶粉。由于对国外奶粉品牌和质量的依赖，国内消费者普遍选择国外品牌的奶粉。据AC尼尔森公司2002年做的一项调查（涉及北京、上海、广州3大城市），在不考虑价格因素的情况下，近90%的消费者选择进口奶粉，而选择国产奶粉的仅占10%；加入价格因素后，进口奶粉在实际消费中所占的比例才有所缩减。

消费者的这种消费倾向，使国外产品占据了中国奶粉市场的主要份额，2006年超过了70%。从表6-9可以看出，2006年，市场占有率前10名的奶粉企业中，仅有伊利和三鹿2家国内企业，与2004年时的4家相比，减少了2家，其市场占有率也分别由2004年的6.99%和3.03%下降至2006年的4.40%和2.25%，分别下降了2.59个百分点和0.78个百分点。其余8个国外品牌的市场占有率达到了73.89%。

表6–9　中国15城市奶粉市场占有率前10名品牌企业

排序	2004年		2005年		2006年	
	企业名称	占有率（%）	企业名称	占有率（%）	企业名称	占有率（%）
1	雀巢	19.62	美赞臣	17.66	美赞臣	16.41
2	英特尔	10.27	英特尔	14.36	多美滋	13.99
3	美赞臣	9.33	雀巢	12.63	雅培	13.97
4	伊利	6.99	惠氏	11.81	惠氏	12.78

（续）

排序	2004年		2005年		2006年	
	企业名称	占有率（%）	企业名称	占有率（%）	企业名称	占有率（%）
5	惠氏	4.82	雅培	10.45	雀巢	11.07
6	雅培	4.26	伊利	4.09	伊利	4.40
7	银桥	4.23	新西兰	2.79	安怡	2.38
8	三鹿	3.03	三鹿	2.16	三鹿	2.25
9	新西兰	2.96	荷兰	2.13	澳优	1.76
10	完达山	2.71	安佳	1.88	施恩	1.53

资料来源：《中国奶业年鉴 2005—2007》。

“婴幼儿奶粉事件”后，消费者对国外品牌的依赖程度进一步提高。明略行在线调查数据显示，事件前有34%的消费者认为，从国外直接进口奶粉的国际公司是消费者心中理想的乳制品供应公司，而事件后这一数值提高至47%，提高了13个百分点；雀巢（中国）有限公司和AC尼尔森公司基于18个城市14家超市的调查数据显示，事件发生后的第5周，婴幼儿奶粉品类销量指数恢复至事件前的93%，明显高于成人奶粉的41%，液态奶的64%和冰淇淋的21%；但其中进口品牌所占的比重由事件前的70.6%上升至86.8%，而国产品牌的比重则由29.4%下降至13.2%，下降了16.2个百分点。

2009年下半年，中国奶类消费才开始逐步恢复，其中市场主体部分的液态奶和酸奶销售量基本由负增长转正，酸奶继续保持大幅度提升，但奶粉市场销量回升不理想。而且婴儿奶粉品牌格局受到较大影响，跨国品牌迅速获取了较大份额。从总体看，婴儿奶粉市场中跨国品牌和本土品牌的竞争态势基本稳定，国内品牌虽然依然占据优势地位，但整体已经接近于平分之势。

随着中国奶业融入世界奶业步伐的加快和乳制品关税进一步下降，进口品牌的产品将更多地进入中国市场，在增加乳制品品种和国内消费者选择机会的同时，也会进一步使消费者更多地倾向于选择进口品牌。

六、奶类消费量低于奶业发达国家水平

从消费量来看，中国奶类消费量自2000年后，有了较大幅度的增长，2009年城镇居民人均年消费量达到22.15千克，农村居民乳和乳制品的消费量达到了3.60千克（折合原料奶等值10.20千克），人均年消费量达到了15.77千克。虽然比2000年有了较大幅度的提升，但是与奶业发达国家相比，仍然处于较低的水平。

根据联合国粮农组织的统计数据，至2011年，世界各国人均年消费量约为100千克，发达国家人均年消费量约为300千克，发展中国家人均年消费量约为

50千克，在亚洲，除中国以外的人均年消费量也超过了40千克。中国人均奶类消费水平只及世界平均水平的1/6，发达国家的1/15，亚洲平均水平的1/3。表6-10显示了2005年中国人均主要乳制品的消费量与世界其他国家的比较。从中可以看出，不论是液态奶、奶粉、奶油，还是干酪的消费量，中国均明显低于其他国家，特别是干酪的消费量。以消费习惯与中国相似的日本为参照，中国液态奶、奶油、干酪、奶粉的消费量分别仅为日本的22.86%、4.29%、0.80%和65.65%，其中干酪的消费量不足日本的1%。

表6–10　2005年世界主要国家或地区人均各类乳制品消费量

单位：千克

国家或地区	液态奶[a]	奶粉	奶油	干酪
中国	8.80	0.86	0.03	0.016
欧盟	92.8	2.65	4.2	18.3
美国	83.7	1.33	2.1	15.7
澳大利亚	106.3	6.83	3.7	11.9
新西兰	90.0	20.63	6.3	7.1
日本	38.5[b]	1.31	0.7[c]	2.0[c]
韩国	44.9		0.2	1.4
以色列	75.7[b]		0.8	
南非	26.1[c]	0.27	0.2[c]	0.6[c]

注：[a]资料来源于《中国奶业年鉴 2006》；[b]资料来源于《中国奶业年鉴 2003》；[c]资料来源于《中国奶业年鉴 2004》。其余数据根据《中国奶业年鉴 2006》数据计算。

从增长速度看，2000—2006年，中国城镇居民、农村居民和全国人均奶类年消费量的年均增长率分别为9.91%、29.61%和16.96%，但市场潜力远未达到极限或增长的尽头。韩国1961年人均奶类年消费量仅为0.6千克，起点很低，但增长速度非常快，经过40多年人均奶类年消费量增加了近50倍；泰国在33年间，人均奶类年消费量增加了7倍多；日本人均奶类年消费量也从1961年的18千克增加到2004年的70千克。如果中国经济能够持续增长，那么人均奶类年消费量仍然有很大的增长空间。

七、城乡居民奶类消费量在动物性食物中所占比重偏低

虽然城乡居民动物性食物消费量在逐渐上升，使城乡居民的膳食结构得到了改善，但也存在一个不容忽视的问题，就是肉蛋奶的消费比例不合理。至2011

年，膳食结构较合理的发达国家肉、蛋、奶消费量的比例为0.40 ∶ 0.06 ∶ 1，奶类消费比例最高；而中国城镇居民的比例是1.26 ∶ 0.41 ∶ 1，农村居民为2.08 ∶ 0.51 ∶ 1，虽然中国与国外的饮食传统不尽相同，但显然奶类消费比例太低。因此，在未来的几十年内，提高城乡居民奶类消费水平，将成为城乡居民进一步改善消费结构，提高居民健康水平的一项重大措施。

八、奶类消费仍受诸多因素的影响

（一）城乡居民人均收入是影响奶类消费的主要因素

一般来讲，奶类消费与城乡居民人均收入呈正相关，即随着收入的增长，人均奶类消费量逐步增长。研究显示，1992—2008年，城镇居民和农村居民家庭人均可支配收入水平与奶类消费量之间存在显著的正相关关系，城镇居民的相关系数为0.85，农村居民为0.87。还有研究表明，1992—2006年，城镇居民奶类消费的需求收入弹性系数为0.619 2，农村居民为0.729 0，也就是说，收入每增加1%，城镇居民和农村居民奶类消费量就会分别增长0.62%和0.73%。因此，切实提高城乡居民的人均收入，是提高奶类消费量的基础和前提。

（二）城镇化率也是影响奶类消费的一个重要因素

城镇化对城乡居民奶类消费的影响体现在3个方面：一是城镇化会使城镇人口总量增长，从而增加奶类消费人群；二是城镇化会使新转入城镇的农村居民的饮食习惯和膳食结构发生转变，从而增加奶类的消费；三是城镇基础设施比较完善，有利于奶类销售网络的建设。

（三）饮食习惯和传统

以谷类为基础的饮食习惯在一定程度上制约了中国城乡居民奶类消费的提升。尽管中国居民饮奶历史悠久，但是饮奶人群具有特殊性，如游牧的少数民族、婴儿、病人等。新中国建立之初，牛奶又作为特供专供食品，20世纪60—80年代，随着原料奶供给的增加，饮奶人数和人均饮奶量有所提高，但是城乡差别显著，饮奶人群也主要是婴幼儿、老人和病人，并且需要凭票供应。因此，对于一直以来将谷类作为膳食基础的中国广大城乡居民来说，并未真正形成饮奶习惯。1949—1984年中国城乡居民粮食直接消费量总体呈现上升趋势，并于1984年达到最高值251.3千克就是很好的证明。1985年之后，中国城乡居民的生活开始从温饱向小康过渡，膳食结构也发生了改变，对居民生活改善起关键作用的肉类、蛋类、奶类、水产品等动物性食物的需求增长，而消费也增长很快，特别是奶类，成为动物性食物中增长最快的。但是由于奶类消费量基数小，奶类消费量与肉类消费量之比仍然偏低。一些消费者会在饮奶后出现乳糖不耐现象。但乳糖不耐症可以通过多种途径加以解决，如从小坚持饮奶，少量多次饮奶，饮用酸奶等。

四川省成华小学的学生在课间喝学生饮用奶

（四）乳品消费信任危机

近年来，乳制品质量安全事件时有发生，特别是2008年发生的“婴幼儿奶粉事件”，使消费者对乳制品产生了消费恐惧心理，对乳品生产企业也产生了不信任，从而影响了奶类的消费。

“婴幼儿奶粉事件”后，消费者信心严重受挫，国产各类奶制品消费者停止或减少购买的占四到六成，购买国外品牌奶粉急剧增加，事件5周后，进口品牌市场占有率由70.6%增加到86.8%，国产品牌由29.4%下降到13.2%。民族品牌信誉受到伤害，40多个国家（地区）禁止进口中国的乳制品。

第七章
特色奶业史

第一节 中国羊奶业史

一、古代羊与羊奶

现代考古学及古生物学的发展，为研究羊的起源与驯化提供了证据。无论是1909年在地中海地区发现的巴利阿里群岛洞山羊化石，还是1988年在中国甘肃省出土的和政羊化石[1]，以及中国考古工作者发掘出百余处古代社会文化遗址中大量的羊遗存，都表明远古羊遵循“物竞天择、适者生存”自然法则，历经漫长岁月的繁衍生息和人工选择，逐步进化演变为家养的山羊和绵羊。它们具有相似的生活习性，广阔的地域分布，适应多种生态环境，成为人类生活中的主要畜种之一。

（一）家羊起源和发展

羊奶业的原料奶来自于家养的羊。家羊是由野生祖先驯化而来，属于牛科的绵羊山羊亚科。家羊可分为绵羊和山羊，分别属于绵羊属和山羊属，染色体数目分别为27对和30对，在外形特征和生物学特性上均有差别，其遗传分歧时间为20 000万～30 000万年[2]。奶山羊是山羊种经过人类驯化形成的乳用型或乳肉兼用型品种。

至2011年，世界公认现有山羊的发源地不是一个狭小区域，主要分布在中国的西南部边疆（含西藏）及邻近的中亚细亚地区[3]。家山羊的野生祖先主要有角呈镰刀状的羖（音gú）羊和角呈螺旋状的羖羊两个野生种。至2011年，两种角形的野生羊在中国仍能见到，如青藏高原的镰刀状角野生种，当地称“岩羊”[4]。

考古研究发现，至少在新石器时代，我们的祖先为直接获得必需的生存、生

1 邢立达.2011.古兽真相.北京：华夏出版社：64-65.

2 王建民，岳文斌.2008.黄河下游家绵羊与家山羊遗传关系的微卫星分析.生物多样性，16（1）：53-62.

3 李祥龙.1998.山羊起源与分化研究概述.内蒙古畜牧科学（2）：7.

4 《中国羊品种志》编写组.1989.中国羊品种志.上海：上海科学技术出版社：1-5.

活资料，在创建农耕文化之前，首先开辟了原始畜牧萌芽，有了羊驯化和养羊史。直至后来的商周时期，出现了原始养羊业。

1. 驯化与养羊业雏形　中国内蒙古阿拉善右旗雅布赖山、新疆温泉县与米泉市（今乌鲁木齐米东新区）境内，以及甘肃祁连山[1]、宁夏贺兰山等地[2]，已发现了大量粗糙的古老岩画。其中，有些最早的岩画为旧石器时代晚期作品，距今已几万年。许多岩画中，均有羊的图案，包括岩羊、盘羊、北山羊、黄羊等，反映我们古代原始先民与羊的某种特定联系。

野生动物驯化的开始，即是畜牧业的起源。山羊是驯化时间较早的反刍动物之一[3]。在总结中外学者关于动物何时已被驯化时，张仲葛先生在《〈中国家畜起源论文集〉评价》一文中，提出了家畜动物驯化标准：①在人类控制下能顺利繁殖；②给人类提供某种产品或有用的服务；③它是驯服的；④由于人类的选择，它与野生类型有较大区别。按照此标准判别，一般认为羊是最易于驯养的动物[4]。关于羊的驯化起始年代，史学界有不同观点，主要有两种学说。

伏羲氏之说：羊是中国古代的六畜（马、牛、羊、豕、鸡、犬）之一，从残存历代文献看，野羊等驯化成家畜，大约可追溯到伏羲氏时代。传说伏羲氏[5]“结网罟以教佃渔，养牺牲以供庖厨”[6]，反映中国原始时代开始渔猎畜牧。在距今7 000多年的河南新郑裴李岗遗址中，出土了羊的牙齿、头骨以及陶塑羊头等；甘肃秦安大地湾遗址出土10多个羊头骨；陕西西安半坡遗址也出土了羊残骨等。据统计，全国约有20多处发掘出土了羊的骨骼。另从中国北方存留至今的大量新石器时期猎牧山羊的岩画，同样可以证实。由此看来，伏羲氏驯化羊等家畜的时间，与埃及巴达里文化驯养绵羊[7]时间相当。

古羌人之说：通过对人化石的研究表明，在距今170万年前，古代羌人生活于现在中国青藏高原以及云南、四川、甘肃、陕西和山西等地，中国古代西部、西北部和西南部所有部落，均属于羌族及其分支。有学者认为，我们的祖先开始驯化野羊，源自中国古羌人对古盘羊（羱羊）驯化，驯化最迟应该始于旧石器时代末期，距今约1万年前[8]。这一观点将伏羲氏驯化动物时间，向前至少又推进了

---

[1] 唐延青. 2003-7-29. 祁连山发现多处古代岩画. 中国民族报.

[2] 王毓红. 2008. 贺兰山独体羊岩画分析. 宁夏社会科学（6）：184-187.

[3] 李志农. 1993. 中国养羊学. 北京：农业出版社：2.

[4] 于宗贤. 2004. 科学养羊. 第2版. 北京：中国农业出版社：1.

[5] 中国古神话传说中人类的始祖“伏羲”亦作“虙戲”“庖犧”“伏戲”“宓犧”“伏犧”“炮犧”“包犧”等。

[6] 徐矶，李易方，等. 1991. 当代中国的畜牧业. 北京：当代中国出版社：1.

[7] 贾娟，黎娜. 2007. 世界通史. 哈尔滨：黑龙江科学技术出版社：11.

[8] 薄吾成. 2008. 古羌人对我国养羊业的贡献与影响. 农业考古（4）：276-280.

3 000多年，而且比印度河流域达罗毗荼人驯化山羊和绵羊[1]的时间还早4 000多年。同时，呼应了前面讲到的旧石器时代晚期羊岩画。

河南安阳小屯村发现的商代甲骨文，1899年开始收集鉴定，已认识约1 700字[2]。其中发现了与羊有关的文字，佐证了在三四千年以前，羊与我们祖先已有了非常密切关系。如甲骨文“卜辞”中的“羊”字，写作“[illegible]”（羊），象征首正视形。另有“[illegible]”（敉），代表手持鞭牧羊。“[illegible]”（窐），译意为羊栏[3]，表示羊的圈养，类似今天的“舍饲”。由此可见，羊的饲养管理已经有了很大进步。

据《周礼》记载，商周时期已经设有“羊人”一职，专门负责掌理祭祀用羊的供给[4]。每次祭礼用羊少则数头，多则十几头，甚至一次用羊数百头，如果没有一定水平的畜牧养羊业，是难以保障供给的。记述周穆王西游故事的《穆天子传》记述：“壬申，天子西征，至于赤乌，赤乌之人献酒斛于天子……食羊三千”，说明商周西北游牧民族的养羊活动已颇具规模[5]，养羊已成常态化，形成了原始羊业雏形。

到了秦汉时期，中国羊业已经相当发达，羊已然成为社会经济生活的重要资源。如汉武帝元朔二年（公元前127年），少年时代曾以牧羊为生的西汉大将卫青率军收复被匈奴占据的河南地（今黄河河套地区），一次战役就夺得了100多万只羊[6]。

2. 羊文化　在先人驯化与饲养基础上，羊始终与我们祖先共同发展。始于前秦的敦煌莫高窟彩绘壁画已发现了许多羊图案与造型[7]，后秦麦积山“封姓石”至今传载着伏羲氏首封“羊”姓之说[8, 9]。这些古老遗迹及传说，均反映了与羊有关的历史渊源和文化内涵。

文字是传承文化的重要载体。汉字与古籍中包含众多与羊有关的文化蕴涵，更显悠久演进历程。汉朝许慎《说文解字》（简称《说文》）：“羊，祥也”。《说文·示部》“祥”下说：“福也。从示羊声，一曰善”。清代王国维《观堂集林》：“祥，古文作羊”。从古文“羊”、“祥”通用可以看出，古人心目中，羊是吉祥的象征，以羊为祥。

---

[1] 贾娟，黎娜.2007.世界通史.哈尔滨：黑龙江科学技术出版社：27.

[2] 彭钟麟，冯国超，等.2002.中国通史（彩图版）·第一卷.北京：光明日报出版社：24.

[3] 郭沫若.1983.卜辞通纂.北京：科学出版社.

[4] 《周礼》卷三十，夏官司马，广陵书社，扬州，2007，第39页。

[5] 余孚.1991.中国古代的养羊技术.古今农业（3）：54–55.

[6] 杨冬：[汉] 班固撰《汉书》，汉书卷五五、列传第二五，汉书卷九四、列传第六四，远方出版社，呼和浩特，1998，第657页，第1103页，第1104页。

[7] 樊锦诗.2009.莫高窟史话.南京：江苏美术出版社：14.

[8] 张克强.2008.麦积史话.兰州：甘肃文化出版社：24.

[9] 传说“羊”姓后改“杨”姓。

《说文》羝："牡羊也，从羊，氐声"。羝（音dī），指公羊。另有《诗经·生民》："取羝以軷"；《汉书·苏武传》："使牧羝，羝乳乃得归"；《齐民要术》："养羊大率十口一羝，羝少则不孕，羝多则乱群"。这些均反映出古人对羊的深入研究与文化传播。此外，《说文》牂："牝羊也，从羊，爿声"。牂为"zāng"声，牂羊即指母羊，牝（音pìn）指母畜。还有《墨子·兼爱篇》："晋文公好士之恶衣，故文公之臣皆牂羊之裘"；《韩非子·五蠹》："千仞之山，跛牂易牧者，夷也"；唐代颜师古所校注的《急就篇》："牂，吴羊之牝也"；《说文》美："美，甘也。从羊从大"。"羊"为"美"的化身，具有人格意义，并与善同意，"善"字从羊，表示羊的品格被人类认同，而且融入人的价值观[1]。在古代，中国许多民族都从事畜牧业，生产活动也反映在其族名中，如《说文·羊部》："羌，西戎牧羊人也"[2]。

古代祭祀所养牺牲称"牢"，又因牺牲的搭配不同而有"太牢"、"少牢"之分。太牢是指古代天子祭祀用的三牲（牛、羊、豕），王公大臣只用羊、豕，称"少牢"。例如，北宋欧阳修《伶官传·序》："其后用兵，则遣从事以一少牢告庙，请其矢，盛以锦囊，负而前驱，及凯旋而纳之"；清代蒲松龄《聊斋志异·竹青》："后领荐归，复谒吴王庙，荐以少牢"。

羔羊原意是小羊，一是寓意卿大夫品德高洁，如《诗经·召南·羔羊》序："召南之国化文王之政，在位皆节俭正直，德如羔羊也"。二是喻指用作征召、婚聘、晋谒的礼物，如《后汉书·陈纪传》："父子并著高名，时号三君。每宰府辟召，常同时旌命，羔雁成群"。意思是陈纪父子声名卓著，常被官府同时征聘，因此导致聘礼羔雁成群。

长期以来，羊成为人们最喜爱的家畜之一，也常借助羊而造出各异其趣的典故或成语，如羔羊跪乳、歧路亡羊、如狼牧羊[3]等。随着华夏文明发展，羊逐渐被赋予了吉祥、幸福、美好等意蕴[4]。

（二）古代羊奶

古代先人对羊奶的认知随着历史推进越发丰富。羊奶已由哺育羔羊，逐渐孕育了原始文化，发展到供人类饮用，继而有了初级羊奶产品制作，直至拓展到滋补养生、食疗保健等领域。极大丰富了中国食文化宝库，羊奶及其产品最终成为中华民族宝贵的物质文化遗产。

1. 羊奶认知与利用　纵观古代，我们不难发现，直至北魏前，先人利用羊的

---

1 王保国.2006.羊文化：中国传统文化的新诠释.中州学刊（3）：198.

2 ［汉］许慎：第四上，《说文解字》，九州出版社，2006，第198页。

3 语出《史记·酷吏列传》卷一二二，比喻封建暴吏统治人民。注文源自：李毓芙.1984.成语典故文选（增订本）（上）.济南：山东教育出版社：625.

4 陈烁.2008.《说文解字》"羊"诸字说略.西北民族大学学报（哲学社会科学版）（6）：139.

记载仅限于养殖及羊肉、皮毛或祭祀用，尚未出现利用羊奶的确凿证据。

那么，古人关于羊奶认知与利用，究竟起始何时？截至2011年，答案至少应该是南北朝时期。通过前面所述，凭借先人聪明才智，以及统一的多民族融合发展历史背景和久远的游牧养羊史，不排除在此之前，我们古人对羊奶利用已有更早认知了，否则，怎么会有《魏书》"常饮羊奶，色如处子"、北魏贾思勰《齐民要术》"作酪法"记载，以及民间流传久远的"羊奶育孤"传说呢？贾思勰在描述做酪具体方法时，还特别强调"牛羊乳皆得。别作、和作随人意"[1]，明确指出原料之一为羊奶。

几乎同一时期，还有"王肃酪奴"历史典故。北魏是北方少数民族鲜卑族拓跋部建立的政权，该民族习性喜食羊肉和鲜羊奶加工的酪浆。据《伽蓝记》记载[2]，扬州刺史王肃喜饮茶，也喜欢吃羊奶酪浆。当有人问及"茗饮何如酪浆？"时，他认为茶是不能给酪浆做奴隶的，意思是茶的品位并不在羊酪之下。这里我们姑且不管王肃先生的个人兴趣是何，至少得知那个时代，鲜羊奶及其酪浆已然成为士大夫的上乘美食了，而且可与好茶媲美，似乎还有稀缺珍贵之意，因为"茗饮"也不是庶人经常享受的。这些遗存史料，驳斥了所谓羊奶是隋唐时期外夷"舶来品"之说，同时表明，羊奶的利用与民族生活习俗有关。

换个思考方法。正如前面所讲，先人对羊的驯化，起始于旧石器时代也好或新石器时代也罢，古人目的是什么？回答是羊肉、羊皮，那么当面对羔羊吸吮母羊乳汁情景时，古人是何感想？汩汩乳汁难道没有任何启发？这样遐想推测下去，羊奶为古人所用，恐怕就不只在南北朝了吧！更何况之前的秦汉时代，是中国农业成型的重要历史时期，食物、农业和营养学都得到了空前发展[3]。

考证固然重要，但符合逻辑的推理或更富情趣，有异曲同工之妙。历史需要记载为证据，古代畜牧养羊业大多与各游牧部落有关，而游牧民族自身往往缺乏文字记录，这也就客观妨碍我们跨过南北朝，再向前追溯羊奶利用的具体年代。随着时代进步和技术发展，以及后续考古新发现，这一切亟待我们后人继续考证罢了。

2. 羊奶始见医典 耐人寻味的是，进入隋唐以后，针对羊奶认识利用的记载，已延伸到医学和保健领域，佐证羊奶的临床与保健功效。

现存最早的食疗专著《食疗本草》系统总结了唐朝以前各种食物疗法与经验，其中记叙羊奶为："补肺肾气，和小肠。亦主消渴，治虚劳，益精气。羊乳治卒心痛，可温服之"，并且独树一帜指出"羊酥真者胜牛酥"[4]。

唐代天宝年间的藏医古籍《四部医典》第二卷《论说医典》中记载："山羊

---

1 《齐民要术》卷6《养羊》。

2 杨炫之.1963.洛阳珈蓝记校释.周祖谟，校，译.北京：中华书局出版社：124–127.

3 尤金·N.安德森著.2007.中国食物.马孆，刘东，译.南京：江苏人民出版社：42.

4 《食疗本草》卷中。

之乳常服平哮喘”[1]；当谈及血脉失血之症时，指出外用敷法之一为“青黛地丁闹羊马兜铃，山羊乳酪共调敷之”[2,3]。

在此之后，陆续还有流传下来的医籍载录了对羊奶的认知和描述。如，元代《饮膳正要》：“羊酪，治消渴，補虚乏[4]”。明朝药物学巨著《本草纲目》进一步汇集了历代医典与民间医术之大乘，对羊奶功效记述更为翔实，并诠释强调白羊所产乳为最佳，记有“甘、温，无毒。合脂作羹食，补肾虚，及男女中风。含之，治口疮。主心猝痛，可温服之。治大人干呕及反胃，小儿哕啘及舌肿，并时时温饮之。漆疮作痒：羊乳敷之。面黑令白：白羊乳三斤，羊胰三副，和捣，每夜洗净涂之，旦洗去”等[5]。

由此我们得知，羊奶不仅仅供人们食用与滋补，而且还应用于内科、外科、儿科等领域，充分印证了古人对羊奶的深入探求，极大丰富了古代中医养生文化。

明代西方传教士所著《利玛窦中国札记》中记有“中国人只喝牛奶，而不用山羊奶做奶酪或作为饮料”[6]，显然利玛窦朋友“不识庐山真面目”了[7]。因为时在西南、漠南[8]的中国少数民族食用羊奶习俗早已久远，除食用鲜羊奶外，还制成乳饼、奶豆腐等，被视为上乘佳肴。利玛窦肯定不知道《宋史·职官志》那句“牛羊司乳酪院，供造酥酪”。

虽然五代、两宋及元朝等时期，中国北方的契丹、女真、蒙古等民族，曾以绵羊奶及其制品为主要奶食[9]，但无论考古研究还是史籍记载，似乎都证明中国古代对绵羊奶和山羊奶区分不明显。随着社会发展，羊奶逐步向文化、经济，以及人类饮食、营养需求和食疗保健迈进，伴随我们华夏文明和社会发展，羊成为重要奶畜之一。

---

1 宇妥·元丹贡布宁玛，等.1983. 甘露精要八支秘诀续第二卷：论说医典. 李永年，译. 北京：人民卫生出版社：50.

2 宇妥·元丹贡布宁玛，等.1983. 甘露精要八支秘诀续第三卷：秘诀医典. 李永年，译. 北京：人民卫生出版社：354.

3 地丁，闹羊，马兜铃均为草药名。

4 《饮膳正要》卷第三，兽品。

5 中华传世药典：本草纲目（图文珍藏版）.2010. 北京：线装书局：1625-1626. 据［明］李时珍《本草纲目》整理。

6 利玛窦，金尼阁.1983. 利玛窦中国札记·第一卷. 何高济，王遵仲，李申，译. 北京：中华书局.

7 《利玛窦中国札记》共分五卷及附录，系比利时籍传教士金尼阁于1613年将意大利籍传教士利玛窦的遗留日记整理补充后首译拉丁文刊本，此时，利玛窦已离世三年。从利玛窦28年在明代6个城市（现肇庆、韶州、南昌、澳门、南京、北京）的传教经历而知，利玛窦本人没有到过中国羊业发达的西部、西南和西北等地。金尼阁在《利玛窦中国札记》序——“金尼阁致读者”中，表达了虽发现诸多不甚准确但仍宁愿保留利玛窦原记之敬意。因此，《利玛窦中国札记》前四卷基本保留了利玛窦日记的原意，这才有了关于中国人不食用羊奶的片面记述。

8 漠南，即今蒙古国南部的东戈壁省、南戈壁省、戈壁阿尔泰省以及中国内蒙古自治区锡林郭勒盟二连浩特一带。在清朝《理藩院则例》中，此名一直在官书中使用，与“漠北”相并。

9 尤金·N. 安德森.2007. 中国食物. 马孆，刘东，译. 南京：江苏人民出版社：62.

二、近代羊奶业（1840—1948年）

在世界范围内，山羊和绵羊均有泌乳性能较好的乳用型品种，以致在不同国家和地区形成以绵羊为主或以山羊为主的羊奶业[1]，考证史实表明，中国近代羊奶业主要以奶山羊为奶畜，主要品种或种群是来自欧美的专门化奶山羊品种及其与当地山羊的杂交后代，再经养羊业的发展，形成了中国奶山羊品种体系。

中国养羊历史悠久，认识和利用羊奶较早，但在鸦片战争之前，尚没有本土专门定向选育的奶山羊品种。从近代看，虽然输入的奶山羊数量不多，却开启了中国近代奶山羊饲养历程，出现了羊奶业的萌芽，同时，山羊奶逐渐成为一种商品，开始进入商品流通。

（一）品种输入

自19世纪40年代以后，西方列强侵略矛头直指中国，带有殖民扩张背景的传教士也配合对中国进行奴役。基于殖民者、传教士和侨民商人等饮奶习惯，一些奶山羊品种陆续进入中国。后来，为发展本国畜牧经济，强健国民体质，民主爱国人士也开始主动引进了优良奶山羊品种，以提高羊奶产量，利用羊奶造福民众，使羊奶成为人们营养需求的重要来源。

1. 列强侵入与教堂咩声 在黑龙江，1898年腐败无能的清政府与俄国合办中东铁路[2]，实为沙俄加快掳掠与控制中国东北的伊始，俄国铁路工程人员为供自己饮用鲜奶，在修建铁路时，就同时带进了一些奶山羊[3]。出于同样目的，1902年荷兰、瑞士等国传教士又带进少量萨能奶山羊[4]。1920年黑龙江海伦地区及1931年入侵中国东北的日本人也先后带进萨能羊和少量吐根堡羊[5]。后来，这些羊与当地山羊杂交，形成了黑龙江的奶山羊。

据《胶澳志》记载，在山东沿海地区，1898年德国侵占青岛以后，德国医生和

---

1 张英杰.2010.羊生产学.北京：中国农业大学出版社：81.

2 中东铁路1898年（光绪二十四年）5月全线开工。初称“中国东清铁路”，民国时期更名“中国东省铁路”，简称“中东铁路”。1901年11月中东铁路西线哈尔滨至乌固诺尔段通车，1903年7月全线竣工通车。注文源自：安达市地方志办公室.1992.安达县志.哈尔滨：黑龙江人民出版社：7.

3 关超，谭铎.关于我国奶山羊改良问题的探讨//1983年度奶山羊研究工作汇报（铅印版，未刊）.西北农学院：354.

4 萨能奶山羊原产于瑞士伯尔尼州西南部的萨能地区，是世界上著名奶用山羊品种，一般年产奶600～1 200千克，产羔率160%～220%。对生态环境有良好的适应性，宜进行纯种繁育提高或进行导入杂交，也可为杂交亲本，进行羊肉等商品生产，为宝贵品种资源。注文源自：毛怀志，等.2006.绵山羊品种资源及利用大全.北京：中国农业出版社：163.

5 吐根堡羊原产于瑞士东北部圣加仑州的吐根堡盆地，也是当今世界著名的乳用山羊优良品种，饲养条件要求简单。一般年均产奶量900千克，产羔率平均173%。注文源自：张英杰.2005.养羊手册.第2版.北京：中国农业大学出版社：59.

传教士带来了萨能奶山羊，开始与青岛当地山羊进行杂交。1904年德国人别尔格曼又带进6只萨能母羊和1只萨能公羊（又一说，同年法国人带入[1]），饲养在青岛崂山当时的华德医院（后更名为北九水结核病疗养院）。1934年苏联人巴哈德耶夫带进了萨能羊，在崂山及邻近地区饲养。以后，这些羊分散在民间，通过与当地山羊杂交，形成了近代崂山奶山羊种群。1920年，文登地区也由英国传教士带入了萨能羊。

在中国台湾，1895年被日本侵占后，由日本人开始带进萨能羊饲养，与当地土羊杂交。据1907年《台湾农友会报》报道，自开展牧羊试验后，台湾土羊已经渗入来自日本的萨能羊血统。说明这一时期起，台湾奶山羊已经开始了自然状态下的饲养繁殖。

在中原河南，1919年美国人史艾利从美国运来14只萨能母羊和2只萨能公羊，饲养于开封，20世纪20年代，其他外国人又带入一些奶山羊。河北唐山1922年由美国、英国、德国等教会带入部分萨能奶山羊，1931年后传入民间饲养，兴办“宝山奶坊”，向外国人供应鲜羊奶。在20世纪30—40年代，陕西关中地区和吉林延边地区也由外国传教士及日本侵略者分别带入了萨能羊和少量吐根堡羊。抗日战争前，四川、山西等地也有吐根堡羊输入。1939年，四川[2]等地曾从美国少量引入努比亚奶山羊[3]（又音译“努宾”、“纽宾”等）。

史料显示，19世纪末至20世纪30年代，沿重要铁路线、东北部沿海及部分内陆地区，是近代外国人（主要是传教士）带入奶山羊的主要地区，目的是供外国人自己食用羊奶。一方面说明中国近代奶山羊品种改良已经悄然开始，奶山羊育种已经起步，一方面也印证了一些地区在此之前，专用奶畜的匮乏或无利用的习惯。奶畜数量远不及中国西北部、西部和西南等游牧民族与少数民族地区。从这一时期起，中国本土传统山羊与东部“舶来”奶山羊品种开始交融，初步形成了新中国成立前的民间奶山羊群体与各地脉系。

2. 引进与种群保护 20世纪30年代，日本侵占中国东北，民不聊生，西北连年灾荒，许多有识之士疾呼“兴农兴学”，全国发起抗日救国运动。在著名教育家于右任、邵力子及杨虎城将军等爱国志士倡导支持下，1934年在陕西杨陵（后改杨凌）创立了西北第一所农业学校——国立西北农林专科学校（1938年更名国立西北农学院）。或许谁也没想到，国立西北农林专科学校的成立，竟然为日后的中国奶山羊教学与科研埋下了伏笔，播下了星火。

---

1 王惠生，陈海萍 .2005. 奶山羊科学饲养新技术 . 北京：中国农业出版社：9.

2 1939年抗战期间，宋美龄经香港输入努比亚奶山羊入川，由成都华西协会管理。

3 努比亚奶山羊原产于非洲东北部的努比亚地区及埃及、埃塞俄比亚等国。被毛色杂、性情温顺、耐热性能好，但极不适应寒冷、潮湿。羊奶的乳脂率高、无膻味、风味好，一般年产奶量300～800千克，年产2胎，每胎2～3羔。

时值此期，国人开始首次引进国外奶山羊品种。1932年，近代中国著名平民教育家晏阳初先生从加拿大引进相当数量的纯种萨能奶山羊，饲养于河北定县[1]（今定州市），开展贫民教育运动试点，推行乡村教育计划。此次引进良种奶山羊，属于国人自主引进，赋有“羊奶强民”之爱国夙愿，奠定了中国优良奶山羊品种基础，初步建立了纯种奶山羊基因库，为近代史上中国羊奶业一件大事，对新中国成立后的山羊奶业发展具有重要意义。

1936年，已侵占中国东三省的日本侵略军又兵犯绥远等地，华北局势紧张，全国抗战热情高涨，战事一触即发。担任中华平民教育促进会总会总干事的晏阳初先生被迫将这批萨能羊全部转移到了陕西省武功县饲养。1937年，时任陕西省农牧所技正[2]兼种羊场场长的常英瑜先生[3]，又将饲养于陕西武功县的加拿大萨能羊全部运至陕西杨陵，移交给国立西北农林专科学校繁育场饲养。从这一刻起，注定了该校成为日后中国奶山羊繁殖育种的摇篮。

由于时局动荡，奶山羊科研工作很难得到重视和发展，饲草不足，饲养不当，致使奶山羊种群的品质逐渐变化。1948年，成年母羊体重仅40～50千克，一个泌乳期产奶量仅为417千克，出现品种特性退化迹象[4]。国立西北农学院刘荫武[5]先生和试验场站技术人员，在极端困难条件下，努力维持正常生产，终使奶山羊培育工作没有停顿，将时局影响降到了最低，成功保存了这批萨能奶山羊种群[6]。

（二）蹉跎岁月羊奶香

羊奶具有较高营养价值，中国民间自古就有“羊氏乳母”之说，西北民谚至今流传“要一个娃，养一个羊”。羊奶益人，代代相传。

---

1 渊锡藩，曹斌云，罗军，等.2007.西农萨能奶山羊的历史沿革与生产性能.畜牧兽医杂志，26（2）：47.

2 技正：官名。旧时，中国技术人员的官职。国民党政府的交通、铁道、实业、内政等部（会）及省（市）政府的相应厅（局）大多置此官，以办理技术事务。此官在部（会）中，职位次于“技监”，在厅（局）中为最高官职。其下属有“技士”，“技佐”等。注文源自：赵德议，汪兴明.1999.中国历代官称辞典.北京：团结出版社：182.

3 常英瑜（1910—2006），辽宁铁岭法库人，1932年毕业于东北大学农学院。新中国成立后，任农业部兰州西北毛羊改进处处长，1954年调至农业部畜牧兽医总局任计划、畜牧、兽医等处长和副总畜牧师等职，1993年受到国务院表彰。

4 西北农学院奶山羊研究室.1984.我们是怎样培育和推广西农萨能奶山羊的//1983年度奶山羊研究工作汇报（铅印版，未刊）.西北农学院：2.

5 刘荫武（1916—1990），河南尉氏县人，中国著名畜牧学家，中国民主同盟盟员。1935年留学日本北海道帝国大学，1940年毕业于国立西北农学院畜牧兽医系，长期研究奶山羊的选育并兼授家畜饲料和饲养学课程。历任西北农学院助教、讲师、畜牧教学试验站主任、副教授、教授等职，曾任全国奶山羊生产领导小组成员，第六届、第七届全国人大代表。刘荫武教授奉献毕生精力培育成“西农萨能奶山羊”品种。1992年5月19日，陕西陇县人民在千山深处的跃先村，为刘荫武教授举行了隆重的骨灰安葬仪式。

6 自20世纪70年代起，东北农业大学骆承庠教授与常英瑜、刘荫武等专家学者携手共谋发展中国羊奶业。2012年编纂《羊奶史》以来，承蒙89岁高龄的骆老亲述史实，回忆和再现许多鲜为人知的事件与细节，补充了重要羊奶史料，提出了宝贵修订意见。在此向骆承庠教授表示衷心感谢。

在20世纪初至30年代的动荡时期，羊奶更彰显特色，各地已出现了一些私人或官办奶羊场，如1932年，国民党刘文辉部24军曾在四川广安饲养一批瑞士奶羊[1]。这一时期，无论是国内军阀混战，还是后来的中国人民抗日战争，从战区士兵到城镇市井，从敌占边陲到红色圣地，从达官贵人到普通民众，羊奶以其方便获取、营养育人被认可与食用。

1. 济南“五大牧场” 1932年，山东省立临沂中学教师徐眉生、武芳林、高霁轩、营华三、曹子固一起来到济南，为能给疾弱的国民做点实事，实现“实业救国”壮志，他们自费兴办畜牧场，租赁济南南门外废弃的白衣庵做场址，购买、饲养了40只瑞士奶山羊，开始为当地提供新鲜羊奶，满足各阶层需求。因5人均为大学生，所以场名为“五大牧场”。

由于民众饮奶需要，虽鲜羊奶产量不多，但五大牧场却办得有声有色。之初，产销的羊奶用汽水瓶装，分为整瓶和半瓶两种规格，后来汽水瓶换成从上海购入的玻璃瓶，大瓶容量约283克，小瓶容量约113克。每天能销售羊奶几十斤，一般由店员背搭子每天两次送给购奶户，深受欢迎。在饲养管理、品种改良、疾病防治等方面，也有一套比较合理的制度，煞是专业。同时，牧场还订阅一些国内外有关畜牧业报刊，学习新技术，据悉还加入了美国哥伦比亚养羊学会。

由于受到当时技术条件所限，奶山羊的发情不能人工控制，尚缺乏奶山羊全年均衡产奶技术保证，所以羊奶供应不能满足全年市场需求，加之那个年代动荡不定，人心浮动，1935年奶山羊全部转到了南京饲养，“五大牧场”开始专养奶牛，后经徐眉生、李济苍等先后经营得以延续。这个“五大牧场”就是后来济南佳宝乳业的前身[2]。

“五大牧场”的创办与经营，一方面真实反映了人们对羊奶营养的认识与需求，同时也说明在所有奶畜中，奶山羊的饲养相对容易；另一方面也说明一个产业的兴起和延续，需要实业的尝试，同时更需要必要的先进技术、稳定的社会环境为保证。

2. 上海滩的羊奶业 1935年，位于爱多亚路160号的上海申时电讯社编制的《申时经济情报》，曾以《沪市牛奶业近况调查》为题报道了当时的上海奶业。其中，“牛奶之姊妹业”一段，详细叙述了两个羊奶场的生产经营基本状况，间接反映了新中国成立前，上海地区奶羊饲养与羊奶供应情况。摘录如下。

“牛奶商人为适应环境，近乃利用华人牛奶性热之谬论，而创办羊奶牧场，已有二家，销售价稍贵于牛奶耳。兹分别调查如左，籍作参证。上海羊奶公司：为沪上最先创办之羊奶公司，成立已三年余。在江湾体育会西路一四二八号，经

---

1 李永桂．1992．民国时期四川畜牧业概况．四川畜牧兽医（3）：50．

2 张继平．2008–1–29．1932年徐眉生等创办“五大牧场”．济南时报．

理宋悟生。系华商合股公司，资本四万元。有消毒器设备。场工十四人，储奶间一，羊舍八间，牧场三亩，购自瑞士之羊种计一百零八头，每日可产奶三百磅。爱伦羊奶场：在真如真北路秦家角，成立仅二年，经理万埙。为华商合股公司，资本四万元。亦装有消毒设备。场工十二人，储奶室一间，羊舍二间，牧场一亩。其羊种都运自瑞士，计有奶羊六十五头，公羊五头，小羊十四头；每日羊奶生产量共二百磅之多”[1]。

由此知道，1932年左右，在商贾云集的上海，就已经有了初具规模的羊奶业，与牛奶业齐名，被当局称为“牛奶姊妹业”。而且，还具备了相对完整的奶羊养殖、羊奶初级加工与销售条件，有固定的员工队伍与设施，已构成了羊奶产业链模型。按每人每日饮用1磅羊奶计，已经能够满足至少500人的日常饮奶了。

3. 延安红色牧场 抗日战争时期，为克服日伪对抗日根据地的经济封锁，中共中央和陕甘宁边区政府开展大生产运动，加强边区经济建设，发展畜牧生产。

1939年底，中共中央在延安城南的马家湾村首先筹办了保健农场[2]（1941年更名为光华农场），饲养了一批奶山羊，所产鲜羊奶主要供给中央首长、特殊伤病员和个别缺奶的婴幼儿，以保证基本营养需要。在当时，鲜奶在延安及陕甘宁边区是极其稀缺的[3]。

为给一些老弱病伤同志提供必要的营养补助，1941年9月19日，毛泽东在中央书记处会议上提议，给予林伯渠、吴玉章、刘少奇、周恩来等26位在延安的革命元老和中央领导同志干部保健费。会议通过了这个提议，并强调：“接到中央所发营养物品的同志，不论物品或现款，不得推辞不受，不得作为别用，且须依照中央规定物品单的原则使用，否则即系违犯中央规定”[4]。因此，延安光华农场所产新鲜羊奶作为保健营养品，实施特殊日常供给制。

光华农场除承担供应鲜奶外，还做了许多试验研究和技术推广工作。例如，推广用烟茎水治疗羊疥癣，由政府发给种子，动员群众种植了2 000多亩苜蓿，积极改良品种，举办家畜防疫训练班，以及试验制造高度免疫血清和防治疫病等。

其间，陕甘宁边区采取了一系列畜牧业方针、政策和措施。如，颁布《陕甘宁边区家畜防疫暂行办法（草案）》、《陕甘宁边区农业贷款章程》等，扶持农牧民发展畜牧业，围建草园（即“草库伦”），推广近代技术，开展畜牧教育和试验研究，培养畜牧兽医业务干部，奖励劳动模范，举办展览会[5]，促进了边区畜牧业的发展。1943年边区山羊存栏数比1940年增长17.7%，1944年比1943年又增长

---

1 上海商业储蓄银行有关牛奶、奶粉调查资料 . 上海市档案馆 . Q275－1－2007.

2 姬乃军 . 1992. 延安革命旧址 . 北京：文物出版社：177.

3 朱鸿召 . 2007. 延安日常生活中的历史（1937—1947）. 桂林：广西师范大学出版社：29－31.

4 赵海 . 1993. 毛泽东延安记事 . 西安：陕西人民出版社：119.

5 胡晓梅 . 1997. 延安革命旧址介绍 . 西安：陕西人民出版社：168.

4%。陕甘宁边区发展畜牧业经验，在新中国成立后起到了借鉴作用[1]。

三、新中国羊奶业（1949—1992年）

1949年10月中华人民共和国成立，解脱了半封建、半殖民地桎梏的中国畜牧业，迎来了历史新篇章。党和政府先后制定了许多重大方针和政策，领导广大干部和群众为发展畜牧业生产，推动奶畜养殖和奶制品加工，满足人民生活需求，提高国民健康水平，做出了不懈努力。

新中国羊奶业是在曲折的道路上发展的，经历了国民经济恢复发展期、“大跃进”和调整期、“文化大革命”等计划经济期和改革开放期。这段时期，羊奶业跌宕起伏，发人深省，既开展了探索和研究，丰富了奶源，铸就了辉煌，积累了成功经验，也遇到了挫折和停滞，承载了困惑。

（一）恢复发展 政策推动

20世纪50年代末直至70年代，羊奶业虽然经历了起伏发展，但总体还是呈增长态势。1978年全国奶山羊发展到了150万只，山羊奶产总产量5.1万吨。

这一时期，除了极少量羊奶进行简单加工以及少数民族地区传统羊奶制品外，中国在一个相当长时期内，山羊奶没有被开发利用。值得欣慰的是，此时各地尚存一批适宜中国地理、气候的奶山羊品种，使得发展中国山羊奶业仍具备一定基础。

1.新中国成立初期羊奶业 如前所述，新中国成立初期，各地奶山羊一部分系19世纪末20世纪初外国人带入的一些萨能羊与少量吐根堡羊等品种，这些羊在当地繁殖并与本地羊杂交而形成了后裔。另一部分就是新中国成立前，爱国人士主动引进并得以在西北农学院[2]繁育场保护下来的萨能奶山羊种群。彼时中国尚无奶用绵羊品种，除西藏北部等地的牧民挤一部分绵羊奶自食自用外[3]，其他地方很少挤绵羊奶加以利用[4]。1949年，全国奶山羊总存栏17万只，山羊奶总产量约1.7万吨[5]。

由于一些地区无计划的选种选配，不重视公羊的选留与培育，饲养条件差异较大，奶山羊的外形和生产性能表现不一，逐渐使原种不同程度开始退化，致使有些品种存量渐少。但从体质外貌和遗传学研究结果来看，中国现有奶山羊品种或群体基本属于萨能奶山羊的改良后代，其亲缘关系和遗传距离较近。从地理位

---

1 徐矶，李易方.1991.当代中国的畜牧业.北京：当代中国出版社：14-19.

2 新中国成立后，国立西北农学院更名为西北农学院（今西北农林科技大学）。

3 西藏羊为中国三大粗毛绵羊品种之一，虽以皮毛与肉用为主，但一般每年6月母绵羊产羔后，西藏牧民都挤一部分羊奶自食或制作酸奶和酥油等，习俗沿袭至今。

4 中国农业百科全书总编辑委员会畜牧业卷编辑委员会.1996.中国农业百科全书·畜牧业卷（下）.北京：农业出版社：703.

5 徐定人，殷成文.2004.奶业纵横.北京：经济日报出版社：3，7.

陕西省富平县谢村农家自养的奶山羊
（图片引自邓力群等，《当代中国的畜牧业》，1991）

置分布看，奶山羊主要集中在黄河中下游和东北各省，南方分布较少。奶山羊饲养和经营，除种羊场属国有外，一般均属农家自养。

20世纪50年代，在陕西关中地区曾经尝试用山羊奶加工成炼乳出售，因质次价高，销路不畅。后来，全国除少部分羊奶加工成消毒奶直销外，如河北石家庄地区的幸福乳业生产合作社等[1]，其余各地大部分商品性山羊奶几乎都加工成羊奶粉。由于羊奶蛋白质的热敏性高，当时技术不完善导致成品羊奶粉溶解性差，加之缺乏除膻技术，也影响了市场销售。

这里引出两个问题。一个是先进技术的适时应用，另一个就是饮奶习惯的培养。如果忽略山羊奶的深度利用与技术开发，不注重培育消费习惯，不取向研究市场需求而单方面发展奶山羊，就有很大盲目性，况且发展奶山羊养殖业的自身，还有诸如自然资源与生态环境等因素需考虑与统筹。另外，人们饮食习惯的变化，需要一定过程。这些均反映了如何正确认识山羊奶业，坚持科学引导山羊奶业发展方向的深层次问题。

有学者在研究1954—1965年养殖政策时指出，在农业生产合作社时期、“大跃进”和国民经济调整期，可发现清晰的演变规律，就是当大牲畜和小家畜的饲养权一旦收归高级社和人民公社，就会对中国农村的大牲畜造成重大破坏，小家畜产量就会大大减少，引起副食市场波动，反之，饲养权放归社员或小队，大小畜禽业就会得到促进和发展[2]。单从养殖业政策看，上述分析没有错，这是畜牧业的共性，属于肉、蛋、禽保障范围。但基于羊奶业特殊性，发展奶山羊，除了上述因素，可能还要考虑羊奶的利用、流通和消费问题。

2. 民族羊奶制品　中国以游牧或牧业为生的少数民族，食用羊奶与制作羊奶制品历史悠久，民间许多传统的羊奶制品制作方法流传到今天，成为民族奶食的奇葩。

酸羊奶：青海省海西蒙古族藏族自治州是中国多民族居住地区，有汉、蒙古、藏、回、土、撒拉等29个民族，长期从事游牧畜牧业生产。海西酸羊奶是

---

1 1956年2月，河北省石家庄郊区18家饲养户组建了拥有170多只奶羊等奶畜的集体所有制“幸福乳业生产合作社”。建社初期，主要生产消毒奶供应市场，后更名为石家庄牛奶场。“幸福乳业生产合作社”即石家庄三鹿集团股份有限公司前身。

2 李建中．2009．建国初期我国私人养殖政策的变迁．党史纵横（12）：61．

牧民们经常制作与食用的典型发酵羊奶制品。最原始制作是在布袋、皮袋（或木制、陶制容器）中自然发酵完成的。由于青藏高原特殊地理环境制约与影响，海西牧民多以专用的木桶，经发酵来制备酸山羊奶[1]。

路南乳饼：很久以来，路南乳饼是云南彝族的传统食品。乳饼是选用新鲜羊奶，煮沸加入食用酸，凝固后加压制块状而成，略带黄色，表面有油质，无酸味。民间将乳饼放入罐内密封，可存放半年。乳饼的吃法很多，可煎、蒸、煮、烤，切丝炒肉，还可生吃。营养丰富，味道鲜美，食用方便，可烹制成各种美味菜肴，深受当地民众喜爱。

榆林炸奶链：自古陕西榆林地区世代以牧羊为生，食用羊奶的历史久远。食品中经常采用羊奶为原料。炸奶链是以鲜羊奶为主料[2]，加入鸡蛋清、淀粉和水搅拌均匀，制成奶浆而后加热成糊状，撒淀粉来回翻扣，冷凝后，将其切成条状入锅中油炸，至金黄色，捞出撒上白糖即可食用。奶味浓郁，被视为佳肴。

藏族羊酥油：中国藏语称酥油为“玛”，藏族羊酥油是藏族的奶制品之一。制作工艺是：将鲜羊奶倒入特制桶内，加进少许酸奶，稍经发酵后，用木制活塞上下冲捣数百次，搅得油水分离，黄色的奶油即浮在上面，将这种半凝结状态油脂捏在一起，挤压成团即成。羊酥油为白色，滋润肠胃，和脾温中，滋补御寒，防唇裂，是高寒地区极佳奶制品[3]。

关于民族或地方羊奶制品还有许多，如西安钟楼“小奶糕”等。但是，因属民间手工或作坊式制作与自用，没有实现工业化商品生产，受流通的局限，没有广泛参与社会商品交易，且总量不大，对全国羊奶业起不到真正的拉动作用。“民族羊奶制品”已变成了“民间羊奶制品”，甚至是小吃，受饮食习惯和民俗影响，更具民族或区域地方特色了。

在1970年以前，关于如何发展奶山羊、开发利用羊奶，没有深入研究与制定有关专项政策与措施，相关产业技术尚没有配套。奶山羊业虽有一定发展，除了少数民族地区和民间自留自用外，羊奶已经出现了得不到深加工的趋势，也影响到了羊奶市场开发与消费，有些地区羊奶甚至被废弃、浪费[4]。实际上，发展羊奶业已遇到了瓶颈。

3. 中央关注与决策 党和国家领导人非常关心中国奶业建设，先后对奶业发展做过重要批示，对中国山羊奶事业产生了重要影响。

1972年，陕西省尝试以山羊奶为原料进行小型半机械化羊奶加工，拟生产适

[1] 云月英.2006.青海省海西州传统发酵酸山羊奶的化学与微生物组成分析及乳酸菌的分离鉴定.呼和浩特：内蒙古农业大学.

[2] 河北省商业厅.1990.中国食品工艺配方大全.石家庄：河北科学技术出版社：234.

[3] 谢启晃，等.1993.藏族传统文化辞典.兰州：甘肃人民出版社：718.

[4] 郭明若，骆承庠.1992.山羊奶及其制品工艺学.哈尔滨：黑龙江科学技术出版社：1.

销对路的山羊奶酪及其他制品，引起了国务院领导及有关方面的关注。1973年李先念副总理指示："山羊生产是很重要的事业，现在有下降是不对的，是错误的，群众是不满意的，只有那些不懂得群众心情的同志才不认识。应向他们提出，使之警惕，改正过来"。

1975年，主持中央日常工作的邓小平同志指示说："要关心群众生活，今后工人要喝奶了，农民要喝奶了……工人有小孩没有奶吃，母亲就不安心，就不能安定团结……"同年，国务院副总理王震指示说："我们的奶制品太少了，才四万吨，太不像话了。奶制品要有一个大的发展，没有大的发展可不行"，并亲自指示农业部[1]、轻工业部、商业部在陕西抓奶羊点。1975年底，在全国食品工业会议上，王震明确要求农业部、轻工业部和商业部共同调查研究中国奶山羊资源，积极探求发展奶山羊和山羊奶制品新途径。

调查研究证实，奶山羊的采食量小，转化粗饲料能力强，繁殖率高，在草料和农作物秸秆较多的地方可以迅速发展，不与人争粮，属节粮型家畜。而且奶山羊的投资少、收益大。买一头奶山羊只需要100多元，而买一头奶牛要2 000元。奶山羊的年产奶量为体重的12倍，而奶牛的年产奶量一般只有体重的8倍左右。在中国的广大农村发展奶山羊大有可为，这是从中国国情出发，加速开发中国奶源的重要途径[2]。

1978年3月21日，华国锋主席作了极为重要指示："现在奶粉很缺，解决这个问题，要发展奶牛，也可以建立奶山羊基地[3]。"同年，国务院做出了开发利用中国山羊奶资源的重要决策。

（二）科技攻关　全面发展

20世纪70年代末直至90年代前，党中央及各级政府高度重视中国山羊奶业，开始完善机构，加强领导，促进发展。在调查研究基础上，全国开展山羊奶业技术攻关、技术协作与技术推广，积极探索山羊奶业发展模式和途径，开启了新中国历史上山羊奶业一个鼎盛发展时期。

至1990年，全国奶山羊跃至269万头，山羊奶年总产量迅速增加到54万吨。山羊奶占全国原料奶比重显著提高，缓解了全国商品用奶的紧张局面。开始研制和生产山羊奶制品新品种，探索了山羊奶业发展途径，取得了较好效果和经验。

1.建设奶羊生产基地　1978年12月，在国务院大力支持下，特别是在王震副总理亲切关怀下，农业部、轻工部、商业部联合成立了"奶山羊领导小组办公室"和"全国奶山羊改良和乳品加工科技协作组"，实施统一组织，开展技术专项，抓好奶山羊生产及羊奶加工与产品流通。在全国奶山羊重点产区也相应成立

---

[1] 1970年6月至1979年1月期间，农业部时称农林部。

[2] 《当代中国》丛书编辑委员会.1986.当代中国的轻工业（下）.北京：中国社会科学出版社：115.

[3] 刘荫武，李建文.1979.全国奶山羊科技训练班试用教材——奶山羊饲养管理.西北农学院：6.

了省、自治区、直辖市级“奶山羊领导办公室”，加强组织管理。

1979年5月，农业部、轻工业部、商业部在浙江临海联合召开了第一次全国奶山羊生产基地县会议[1]。会议制定了基地县建设条件和标准，确定1979年第一批在全国6个省建立29个基地县[2]，到1985年发展到53个基地县。提出以发展社员户养为主，由政府有关部门从饲料供应、资金来源、品种改良和饲养技术等方面给予各个基地县和广大农户大力扶持。1980年9月在山东崂山联合召开了全国奶山羊基地县工作汇报会，会议总结交流了各地发展经验，提出通过加强奶山羊生产技术培训、扶持现有乳品加工企业等措施，加快全国奶山羊发展步伐。1984年9月又在河南开封联合召开了第三次全国奶山羊基地县工作会议。两次基地县会议检查了计划执行情况与落实措施，表彰了一批先进基地县、乳品厂、种羊场和先进个人。

1979年6月，西北农学院刘荫武教授与东北农学院[3]骆承庠教授共同负责奶山羊改良和乳品加工科技协作组工作，并在西安市大麦市街的陕西省农场局和北京冰窖口儿胡同的北京市畜牧局常设办公室，统一协调领导全国科技协作事宜。西北农学院、东北农学院、四川农学院分别担负奶山羊和羊奶加工科学研究工作，联合开展产业技术研究，实施自主研发和技术攻关。1981年10月，在陕西省临潼召开了全国奶山羊改良和乳品加工科技协作组第一次会议，1982年8月在黑龙江省海伦召开了第二次会议[4]。

1981—1984年，农业部[5]先后从英国引进三批萨能和吐根堡两个品种奶山羊共253只，萨能奶山羊分配到陕西、甘肃，吐根堡奶山羊拨给了四川、黑龙江，进行纯种繁育，以供奶山羊改良需要。1981年5月，农业部、轻工业部、商业部及黑龙江省畜牧局在黑龙江绥棱县人民体育场联合举办首届奶山羊比赛大会[6]，鼓励高产，奖励先进，交流经验，促进发展。1989年8月，陕西省在富平县举办了赛羊会[7]，按“关中奶山羊部颁标准”评选出种公羊冠军、母羊冠军。

经过努力，全国奶山羊基地建设取得了初步成效，山羊奶有了较快发展。1983年，全国已初步建成64个奶山羊商品生产基地，全国奶山羊饲养总数达到299万头，比1978年增加了1.5倍，其中64个基地县存栏奶山羊132多万头，占

---

1 全国奶山羊改良和乳品加工科技协作组.1983.全国奶山羊资料汇编（第一集）：1-20.

2 1979年全国第一批29个基地县指山西省的洪洞、万荣、平遥、太谷、定襄，河北省的邢台、行唐，河南省的郑州、开封、孟津、灵宝、洛阳、偃师和中牟，陕西省的富平、临潼、蒲城、扶风、大荔、渭南、泾阳、武功和三原，山东省的崂山、文登、即墨、滕县、荣成，浙江省的临海。

3 东北农学院1948年创建于哈尔滨，是中国共产党在解放区创办的第一所普通高等农业院校。知名教育家、哈尔滨市第一任市长刘达（又名刘成栋）为学校首任院长。1994年学校更名为东北农业大学。

4 全国奶山羊改良和乳品加工科技协作组第二次会议纪要.1991.中国乳品工业（4）：9.

5 1982年5月至1988年3月期间，农业部时称农牧渔业部。

6 绥棱县志编审委员会办公室.1988.绥棱县志.哈尔滨：黑龙江人民出版社：27.

7 陕西省畜牧兽医总站.1989.陕西举办奶山羊赛羊会.中国畜牧杂志（6）：11.

全国的44.5%，年产羊奶制品1.7万吨。中国山羊奶源已占总奶源的20%以上[1]。

2. 奶山羊培育与改良　西北农学院奶山羊繁育场始建于1938年。1942 年，刘荫武先生开始致力于萨能奶山羊的纯种选育工作，长期坚持开展严格的选育和纯种繁殖，历尽艰辛，付出了辛勤劳动，获得了可喜成果，培育出了优良奶山羊品种——西农萨能奶山羊。到1957年，西北农学院繁育场全群中就有80多只西农萨能奶山羊，其年产奶量已超过了1 000千克。1958年，基本选育定型了中国奶山羊改良新品种西农萨能奶山羊[2]。为扩大种群并防止近亲繁殖，自20世纪60年代起，西北农学院从山东、天津等地引入崂山等种公羊，并于1978年从德国、1981年从英国先后引进萨能奶山羊[3]，坚持血液更新，引入外血，保持了种群优良特性。1985 年被陕西省正式命名为“西农萨能奶山羊”并在是年全国农业展览会

20世纪80年代，刘荫武教授（右一）在指导奶山羊育种
（图片引自邓力群等，《当代中国的畜牧业》，1991）

展出。经多年培育，“西农萨能奶山羊”改良成果用今天的话说，明显具有自主知识产权，刘荫武教授堪称新中国奶山羊业奠基人。

1950—1982年，西北农学院向陕西省和全国29个省、自治区、直辖市推广西农萨能奶山羊种羊3 950只。在“全国奶山羊领导小组”认可的基地县中，几乎都引进了西农萨能奶山羊，少则三四十只，多则百余只。通过杂交改良，使各地奶山羊产奶水平得到大幅提高，为全国其他地区奶山羊品种改良和培育发挥了重要作用。

新中国成立后，陕西省关中地区实际上一直持续开展奶山羊改良工作，缘于

1 《当代中国》丛书编辑委员会 .1986. 当代中国的轻工业（下）. 北京：中国社会科学出版社：116.
2 徐矶，李易方 .1991. 当代中国的畜牧业 . 北京：当代中国出版社：217.
3 王惠生，陈海萍 .2005. 奶山羊科学饲养新技术 . 北京：中国农业出版社：6.

"近水楼台先得月"，得益于西北农学院萨能奶山羊，加之陕西当地民众养羊习惯，西农萨能羊成为陕西奶山羊改良当家品种。1979年开始，随着奶山羊发展政策力度日益加大，全国其他地区畜牧兽医部门也都开展了奶山羊选育工作，如山东、河南、黑龙江、浙江[1]，以及河北、山西、云南、四川、江苏、福建、甘肃、新疆、北京、上海、天津等地积累了许多经验。据1979年普查鉴定资料显示，此期奶山羊产奶量多和改良效果较好的是陕西富平县、浙江临海县和山东崂山县等地[2]。

1988年，全国奶山羊种羊场发展到10多个，主要有西北农业大学[3]萨能羊种羊场、广州畜牧场萨能羊种羊场、陕西千阳县萨能羊种羊场、山东栖霞红旗牧场奶山羊种羊场、四川成都金牛区吐根堡奶羊种羊场、四川简阳努宾羊种羊场、山东崂山羊种羊场、云南路南种羊场等[4]。

全国奶山羊改良实践证明，有控制的杂交繁育是积极提高产奶量和育成新品种的最佳方法。在纯种选育和杂交改良中，对比"顶交"（即用近交公羊与非近交母羊交配）和"底交"（即用非近交公羊与近交母羊交配）方法时，发现"顶交"效果好，为有效实用措施，而"底交"后代虽也有较好表现，但不宜在实践中推广。在中国白色奶山羊产区，以纯种萨能羊作父本为好。但基于中国幅员辽阔，各地饲草饲料、自然条件差异较大；在一些棕色、花色奶山羊产区（如黑龙江、四川）及长江以南地区，可以用吐根堡或努比亚羊作父本进行级进杂交；在一些少数山区也可用法国阿尔卑斯奶山羊[5]作级进杂交。在同一地区，进入品种不宜过多，而且都应按照育种计划要求，有计划地从外地引入良种。对引入的种羊，要做好纯种选育工作[6]。通过全面实践，结合追踪普查，这一时期已经形成了中国奶山羊有效改良方法和途径，为后来奶山羊育种工作奠定了基础。

3. 开展羊奶深加工 世界上生产山羊奶的许多国家，其大部分山羊奶都用于羊奶干酪制造。如，时在法国，有100多万只奶山羊，年产35万吨山羊奶，其中53%的山羊奶用于生产干酪，10%用于饮用及制造奶粉，其余37%用于饲喂羊羔[7]。20世纪70年代，中国山羊奶的综合加工利用与国外相差很大，除了制造羊奶

---

[1] 在这一时期，山东、河南、黑龙江、浙江4省开展奶山羊改良选育工作所指市县分别为山东的文登、崂山、栖霞，河南的郑州、开封、洛阳、信阳、孟津，黑龙江的海伦、绥棱，浙江的临海。

[2] 邓力群，等.1991.当代中国的畜牧业.北京：当代中国出版社：217-218.

[3] 西北农学院1985年更名西北农业大学（今西北农林科技大学）。

[4] 曹斌云.1988.我国奶羊业展望.中国乳品工业，16（1）：36.

[5] 法国阿尔卑斯奶山羊是用瑞士奶山羊与法国地方山羊杂交育成，饲养量占法国奶山羊总量70%以上，而且已被引入到意大利、美国、摩洛哥、科摩洛群岛及中非国家，对世界山羊的发展起着举足轻重作用。适应山区生态条件和炎热气候，毛色不一，一般年均产奶量800千克左右。注文源自：毛怀志，等.2006.绵山羊品种资源及利用大全.北京：中国农业出版社：167.

[6] 关超，等.1984.关于我国奶山羊改良问题的探讨//1983年度奶山羊研究工作汇报（铅印版，未刊）.西北农学院：362.

[7] 金世琳.1978.山羊乳与山羊乳制品生产技术简介.中国乳品工业（3）：5.

粉外[1]，尚没有羊奶干酪及其他深加工产品。

1980年3月，依据“奶山羊领导小组办公室”总体部署，按照“早日把羊奶干酪试制成功”的要求，东北农学院联合黑龙江省海伦县乳品厂，在国内率先开始了羊奶干酪的生产试制工作。

东北农学院骆承庠教授亲自制定了试制方案与操作方法，对试制作了细致研究和准备。因来不及建设新厂房，海伦县乳品厂书记张玉堂决定，就用工厂浴室改造成试制车间，业内曾一度传颂“浴室里造出羊干酪”的佳话。没有设备设施，就自己动手制作。黑龙江安达县乳品厂有俄式牛奶干酪生产经验，技术厂长孙惠武专门支援了干酪模具等设施，黑龙江阿城乳品厂提供了乳酸菌发酵剂菌种，哈尔滨进出口商品检验局组织代培了化验人员。仅仅1个月完成了全部试制准备[2]。

试制共进行了8批次，先后克服了发酵剂、标准化、蜡皮裂缝、塌陷变型等技术问题。经近4个月研制，羊奶干酪试制获得了成功，1980年8月通过了技术鉴定。次年，羊奶干酪在海伦县乳品厂正式批量生产，定名为“海伦干酪”。这是新中国成立后的第一个自主羊奶制品品牌。20世纪80年代，海伦县乳品厂羊奶干酪年产达到了60多吨，产品供应到了北京饭店。但由于受脱盐技术制约，干酪的副产品乳清不能有效利用（如生产母乳化奶粉等），仅仅少量用于冰棍生产，致使羊奶干酪成本相对较高，羊奶干酪价格居高不下，影响了市场消费。由此看出，乳清制品的综合开发与利用，是持续生产羊奶干酪的重要保证。

自1982年起，骆承庠教授及其弟子又先后赴浙江临海乳品厂[3]、郑州乳品厂、西北农学院等生产和科研单位，帮助研发羊奶干酪、羊奶干酪素、羊奶酸奶、羊奶奶油、羊奶乳清饮料与多肽泡沫饮料等山羊奶制品，同时，对中国西北地区山羊奶的理化特性进行了系统分析和研究，为推动全国山羊奶制品生产加工作出了重要贡献。

1985—1986年，农业部邀请联合国粮农组织（FAO）法籍专家J.C贝洛茵先生和R.费卢瑞先生等，先后在陕西西安红星乳品厂、临潼乳品厂等地，开展了法式羊奶干酪的技术讲座和教学演示，促进交流[4]。后来，利用这些羊奶干酪试制品，在北京举办了品尝会，受到欢迎。北京丽都假日饭店第二天就来电订购，可见当时市场潜力。1987年，中国牧工商联合总公司还曾探讨建设山羊奶干酪合资公司

---

1 1982年由轻工业部上海轻工设计院设计建设的日处理羊奶100吨的成套设备在陕西富平县乳品厂建成投产，主要生产“宝塔牌”全脂羊乳粉。

2 东北农学院，海伦乳品厂.1980.羊奶干酪技术鉴定会文件//羊奶干酪试制工作报告：2-3.

3 1984年浙江临海乳品厂试制成功羊奶干酪。1984年临海乳品厂用羊奶生产酸奶晶和河北行唐乳品厂用羊奶生产酸乳饮料获得成功。

4 梁明，顾念恩.FAO乳品专家法国工程师贝洛茵先生技术咨询材料汇编.

可行性项目，合作对象主要是中东地区，如科威特等国家[1]。

这一时期，山羊奶制品出现了多样化良性态势，产品供应增多，一定程度促进了山羊奶市场消费。基于中国本土之上的羊奶业，开始呈现崛起之势。

4. 科技成果与标准　20世纪80年代至90年代初，有关山羊奶业的技术科研成果层出不穷，产业技术已趋于配套，基本能够满足发展羊奶业需要。期间，刘荫武教授、骆承庠教授等老一辈著名专家和许多学者作出了突出贡献。这一时期许多山羊奶业技术经验和科研成果及其众多著作，至今仍发挥着重要技术支撑作用。

1980年初，农业部批准在西北农学院成立了奶山羊研究室，专门开展奶山羊科研活动。在东北农学院许振英教授、中国农业科学院兰州畜牧研究所杨诗兴研究员、中国农业大学[2]杨胜、戎易教授等著名专家协作与支持下，西北农学院刘荫武教授带领教研人员，总结了国内外奶山羊科研成果与生产技术经验，汇编了大量技术资料，积极实施技术推广，制定奶山羊饲养标准[3]等。受农业部、轻工业部和商业部委托，自1979年起，西北农学院在杨凌举办全国奶山羊科技人员培训班5期，为全国各地培养了几百名奶山羊生产技术骨干。

1980年，王建辰等用奶山羊进行胚胎移植获得成功。1981年出版吕孝吾教授主编的全国统编教材《养羊学》中，于宗贤教授和刘荫武教授联合编写了“山羊”一章，介绍了奶山羊饲养管理技术。1990年出版发行由刘荫武、曹斌云教授等编著的《应用奶山羊生产学》，系统介绍奶山羊生产的科学理论和实践知识，重点突出实际应用，是中国奶山羊教学、科研和生产的第一部专著。

与此同时，在羊奶生产和科研领域取得了一些重要进展。如，1982年，内蒙古轻工业科学研究所与上海前卫机械厂研制成功真空脱气装置，也应用于羊奶制品生产中；尝试脱膻技术[4, 5]，改善制品风味，如1983年山东文登县乳品厂以此法生产婴儿羊奶粉。还有刘荫武主持的“西农萨能奶山羊的纯种选育和推广”项目、刘荫武与骆承庠联合实施的“奶山羊良种繁殖及奶酪加工技术”项目、杨桂楼主持的“崂山奶山羊选育及利用技术研究”项目、张岳主持的“建成中国奶山羊基地和干酪生产的工业性试验”项目、曹斌云主持的“天津奶业开发研究”项目等。

---

1 据中国牧工商总公司韩德群同志1987年10月23日签报给农业部畜牧局《申请购买进口凝乳酶及菌种》外汇请示函及《关于与科威特合资建设经营羊奶酪加工项目的建议书》影印件整理。由此可知，从那时起，生产干酪所用的高效价凝乳酶（指“皱胃酶”）需要依赖进口。

2 1949年9月至1995年8月间，中国农业大学时称北京农业大学。

3 西北农业大学奶山羊研究室.1988.建成我国奶山羊良种繁育基地及奶酪加工技术工业性试验开发性研究饲养标准部分.

4 《当代中国》丛书编辑委员会.1986.当代中国的轻工业（下）.北京：中国社会科学出版社：121.

5 脱膻原理是经蒸汽消毒后，以减压蒸发原理减少挥发性脂肪酸等而实现除膻。

1992年，出版发行了郭明若、骆承庠所著《山羊奶及其制品工艺学》。该书为中国首部山羊奶理论及加工工艺专著，包括山羊奶的营养价值、山羊奶理化特性、山羊奶分析检测等一系列重大研究成果，标志着中国山羊奶理论研究和产品加工技术迈向了历史新高。

（三）羊奶业经济与生态环境

奶山羊适应性强，是以食草及灌木枝叶为主的反刍动物，具有投资小，繁殖快，产奶多、易饲养、好管理等特点，适宜中国广大农村和城镇郊区发展，与中国农村经济关系十分密切，特别是在偏远穷困地区具有很大发展潜力。只要处理好农牧自然关系，深度开发多种羊奶制品，促进商品流通与消费，就会不断发展壮大。

1. 农民生计与增收 奶山羊在中国偏远地区的经济作用不容忽视。不管什么时候，无论何种年代背景，一些地区始终存在奶山羊饲养，是农民生计依托，是许多“牧羊人家”增收法宝。存在就是硬道理，这是这一物种的生活习性与特质所决定的。对一些地区农村产业结构调整和农民增收发挥了重要推动作用[1]。

刘荫武教授早在20世纪70年代就指出，奶山羊养殖可以增加社员收入、巩固集体经济、增加国家积累。一个基地县养4万只成年母羊，年产500吨奶，一年仅奶款收入就280万元，可买35马力的丰收牌拖拉机200台。富平县一只羊为集体和社员全年可收入50～80元，崂山县北宅公社双石屋大队毕序岱养了3只母羊，一年仅奶款收入568元[2]。

中国贫困地区大多集中在丘陵沟壑及山区，相对交通不便，经济落后，但饲草资源丰富，劳动力充足、廉价。国家每年都要花费大量的人力、物力和财力，实施脱贫工作。发展山羊奶业，实施奶山羊养殖扶贫战略，通过中国一些奶山羊产区的实践与推广，证明是可行的。

为解决脱贫，通过长期坚持实践与研究，山东、陕西等许多地方创造了很好经验。如，陕西省采取的办法叫“合同养羊”，明确权责利，具体做法概括为三句话，称为“借羊还羊，增值分成，流动发展”。即政府用扶贫资金购买优质种羊，选择一批责任心强、爱科技的贫困户作为养羊扶贫户，经过必要培训，以合同的形式将羊成批借给这些贫困户，到第二年有新繁殖的那一部分羔羊还给政府。政府再把这些羊调借给其他地区的贫困户，就像“滚雪球”越滚越大，在短短几年内使奶山羊发展到了几十万只，成为当地政府和群众脱贫的支柱产业，有力推动了山羊业的发展。用这些办法在老、少、边、贫困地区发展奶山羊或肉奶兼用奶山羊，进行羊肉、羊皮、羊奶制品及种羊的综合开发与生产，

---

1 罗军，曹斌云，等.2007.2007中国羊业进展.北京：中国农业出版社：47.

2 刘荫武，李建文.1979.全国奶山羊科技训练班试用教材——奶山羊饲养管理.西北农学院.

极具经济意义。

2. 发展模式与经验 截至1991年，在发展山羊奶业实践中，全国各地取得了许多经验，初步总结出了几种发展模式[1]，增强了农村资源综合利用，保障了有序发展，保证了原料奶质量，提高了经济效益，使山羊奶业成为解决中国国民，特别是广大农民蛋白质营养需要的重要途径。

文登模式：山东文登市创立了“集中挤奶，两本账，三定点”模式。每天将奶羊（以自然村为单位）集中到一定地点，在一定时间内，在收奶员监督下现场挤奶验收并冷藏，同时登记两本账，一本收奶员保存，一本养羊户保管，月中或月底乳品厂另派人依两本账结款。1991年，全市山羊奶工业产值达2 323万元，农民获奶款1 444万元，年创利税400万元。

富平模式：陕西富平县研究摸索了“抓配套建设，村村发展，户户养羊”模式。富平地处黄土高原，青粗饲料缺乏。在发展奶山羊的同时，就开始抓良种繁育、饲草饲料、羊奶收购加工、疾病防治等配套体系，组建核心群和培育关中奶山羊新品种。1991年，全县奶山羊15万只，产奶母羊6万只，生产奶制品2 619吨，工业产值1 436万元，年创利税396万元。

雅安模式：四川雅安市创造了“抓圈舍改造，规模经营，科学管理一体化”模式。全市青绿饲料丰富，但多雨潮湿。先从抓圈舍改造入手，建造离地圈舍，进行适度规模的舍饲饲养，并定时遛羊，保证运动量，每户平均饲养10多只产奶羊。几年内全市奶山羊发展到1.6万只，商品奶240万千克，农民交奶收入158.4万元。该模式在中国南方地区具有推广价值。

路南模式：在发展山羊奶产业中，云南路南县实现了“乳饼加工为龙头，规模经营为基础，种草、养羊、加工一体化”产业模式。路南彝族群众有加工和喜食乳饼的习惯，但因羊奶缺乏，长期处于自给自足，没有形成商品流通。1980年起，引进西农萨能羊与当地土种山羊杂交，奶产量大幅提高，乳饼产量增加，推动了奶山羊发展，许多农户收入超过了1万元。

至2011年，中国奶山羊业一直搞单打一的奶粉生产，既浪费能源，经济效益也不高，而且在大力发展奶山羊的同时，甚至一些地区也出现过山羊奶无销路等情况。如，1981年，黑龙江省安达县从陕西富平引进1 089只萨能奶山羊，饲养于四平山、吉星岗等公社，但因羊奶原料无销路而逐渐被淘汰[2]。又如，1993年EEC[3]援助中国20个城市奶类发展项目结束，在总结青岛项目区经验时指出，由于羊奶脱膻及制品开发没有取得关键突破，液体乳产品中因羊奶比例加大而膻味

---

[1] 曹斌云，李建文.1991.我国奶羊业发展模式.中国乳品工业，19（4）：173.

[2] 安达市地方志办公室.1992.安达县志.哈尔滨：黑龙江人民出版社：305.

[3] EEC为欧洲经济共同体的英文缩写，简称“欧共体”。1993年更名为欧洲联盟，即“欧盟”（EU）。

明显，影响了市场销售和山羊奶业发展[1]。

如果及时开发配套适路的羊奶制品，攻克和推广脱膻技术，诸如羊奶干酪及乳清制品、羊奶酸奶等，并有效解决奶山羊集中挤奶问题[2]，同时开展经验交流，吸收和应用新技术，借鉴成功发展模式，将对山羊奶业起到很大推动作用。

3. 羊奶业与农牧和生态环境 进入20世纪90年代后，草原土地局部沙化日趋严重，山羊业因环境惹争议，于是灭羊声四起，包括奶山羊。奶山羊和山羊奶业也受到了一定程度影响。一些地区停滞不前，甚至奶山羊良种开始逐渐减少和殆失。山羊奶业被边缘化，在质疑声中，错过了发展期。

实际上，生态破坏原因是综合性的，如水，全球气候，草原鼠害、虫害等因素，绝非奶山羊。诚然，羊业与草原草场关系密切，但多是牧区其他羊类，将奶山羊与沙化相联系近乎牵强。新中国成立后，从肉用、毛用羊等草畜发展速度和数量看，远远超过奶山羊，因为直到今天，国际市场羊毛价格还是不菲，而且国外生态脆弱国家不愿大量饲养毛用羊。平衡好草场或土地载畜量，是发展草畜业的根本，迄今已得到共识，国家采取了一系列措施，加强管理。

回顾20世纪80年代中国羊业经验，造成养羊业忽起忽落的主要因素，也充分印证了这点。一是农区、牧区、山区养羊业在农牧、林牧关系处理得当时，相互促进，共同发展；处理不当时，便顾此失彼。二是羊毛、羊绒价格、羊肉价格、羊皮价格、羊奶价格合理时养羊业兴，价格偏低时则衰。三是受政策影响，如发展家庭牧场、落实责任制、建立匹配畜产品加工产业等，就促进了养羊业的发展。此外，草场建设好的地方，降低了自然灾害的危害，保障了养羊业的发展，草场破坏严重的地区，养羊业的发展则受到限制[3]。

关于奶山羊饲养方式，刘荫武、李建文等学者在20世纪80年代曾指出，奶山羊不适宜放牧式饲养，而且即便放牧，也不宜过远、更不宜固定在同一片土地，奶山羊应该采取舍饲，配以足够运动场，收储足够过冬草料。也正如骆承庠教授在回忆20世纪80年代中国山羊奶业时说："奶山羊与其他羊不同，基本都是固定舍饲的，草原放牧的情况很少"。

由此可知，奶山羊充当了替罪羊，果真成了梁实秋笔下的"代人受过者"[4]，奶

---

1 李易方，杨稼，徐定人，等.2001.中国奶类项目.天津：天津科学技术出版社：497.

2 20世纪80年代，在开发利用山羊奶资源实践中，为解决农村散户奶山羊挤奶问题，提高挤奶效率、保证羊奶质量，骆承庠教授等曾提议并组织设计了一套利用农用拖拉机改造的移动式"一体化挤奶车"图纸，但最终因无人承接制造工作而未果。由此可知，时值各地快速发展的奶山羊养殖业，严重缺乏高效的机械化挤奶手段影响羊奶及时收集、储运与加工，成为制约羊奶业发展主要因素之一。

3 邓力群，等.1991.当代中国的畜牧业.北京：当代中国出版社：170.

4 近代散文家、翻译家梁实秋先生在《远东英汉大词典》释义山羊英文单词"goat"时，曾指出该词在美俚语中另有"代人受过者"之意。注文源自：梁实秋.1977.远东英汉大词典.台北：远东图书公司：881.

山羊何罪！关键在人不在羊，更不在奶山羊。如何科学发展奶山羊和利用羊奶为民众造福，正确认识和科学处理奶山羊、农牧、林牧之间的生态环境自然关系，才是关键所在。

四、20世纪90年代后羊奶业（1993年以后）

羊奶业是中国奶业不可分割的一部分。纵观中国羊奶业，可谓喜少忧多，与发达国家相比，差距甚大。发展羊奶业，机遇与挑战并存。

一方面，山羊奶业在一些地区已然是当地的经济支柱、农民增收的重要保证。区域性经济特色日益明显，地方专项政策保证与促进了山羊奶业，取得了一批羊奶业科研成果。1993年，奶山羊约340万头，山羊奶产量65万吨[1]。另一方面，散户饲养仍占主导，单产低，实现规模养殖难度大，机械化挤奶局限于示范点，国内羊奶品牌在全国奶制品市场所占份额很小，新产品开发力度仍显不够，产品结构相对单一，消费者认知度低，市场拉动力不足，行业管理亟待加强[2]。

（一）国内发展概况

1.羊奶行业状况 山羊奶在美国和西方国家主要用于饮用品、酸奶、干酪等产品的生产，而且山羊奶产品价格是牛奶相应产品的2倍以上[3]。

联合国粮食及农业组织（FAO）资料显示，截至2010年，全世界存栏奶羊40 395.3万只，占羊总存栏量的20.15%；羊奶总产量2 667.2万吨，山羊奶和绵羊奶分别占62.41%和37.59%。其中，奶山羊存栏19 097.7万只，个体平均产奶量为87.2千克，总产奶量1 664.7万吨。按山羊奶总产量，排在前五位的国家是印度430万吨、孟加拉国250万吨、苏丹160万吨、巴基斯坦74万吨和法国65万吨。中国位列第13位。

农业部2007—2009统计，全国奶山羊存栏量为803.15万只，羊奶总产量为121.79万吨，平均个体产奶量为151.64千克。奶山羊分布于26个省（自治区、直辖市），其中，存栏量超过100万只的省份有3个，即山东201万只、陕西186万只和河南108万只；超过30万只的省（自治区）有4个，即内蒙古62万只、河北50万只、黑龙江38万只和辽宁31万只；存栏在10万只以上的省份有7个，其余存养奶山羊省份尚有12个。

至2011年，国内羊奶产品主要有鲜羊奶（直饮）、纯羊奶粉、牛羊混合奶粉（羊奶占30%左右）、复原奶、婴幼儿配方奶粉，以及少数民族地区的奶皮子等，此外还生产少量的酸羊奶、巴氏灭菌奶。近年来，基于羊奶的蛋白质与脂肪易消

---

[1] 谷继承，殷成文，等.2004.奶业纵横.经济日报出版社：3，7.

[2] 罗军，曹斌云，等.2007.2007中国羊业进展.北京：中国农业出版社：49.

[3] 扬威，刁其玉.2005.2005中国羊业进展//中国畜牧协会第二届羊业发展大会会刊：226.

化吸收等诸多特点，更适宜婴幼儿生长发育，因此国内一些羊奶企业愈来愈重视婴幼儿配方羊奶粉的市场开发，市场认可度日益提高，市场份额逐渐增加，成为婴儿奶粉市场一大热点。同时，由于市场价格较高，与其他液态羊奶制品相比产品附加值大，也吸引了许多羊奶企业积极开发生产，使婴幼儿配方羊奶粉市场供需量呈增长态势。

总体看，至2011年，国内以羊奶生产的原料粉和低端产品占据了羊奶产品的2/3以上，附加值高一点的羊奶产品不足1/3。曾有分析报道称，在近2 000亿元产值的奶制品市场中，羊奶的潜在容量在50亿元左右，而实际产值仅为潜在容量的1/5。

2. 奶羊品种 进入21世纪后，全国现存主要奶山羊品种或种群有10个，其中，除西农萨能奶山羊外，关中奶山羊、崂山奶山羊、雅安奶山羊和文登奶山羊均为国家审定确认的奶山羊品种[1]。2011年，西农萨能奶山羊、崂山奶山羊被农业部列入推广主导品种[2]。

西农萨能奶山羊：产奶量多，繁殖率高，遗传性能稳定，适应中国气候条件，改良各地土种羊或杂种奶山羊效果显著。体质结实高大、头长、颈长、体长、腿长。母羊胸部丰满，背腰平直，后躯发育良好，乳房基部宽广，乳头大小适中，一般年均产奶量800千克。公羊头大额宽，前躯高，外形雄伟。

西农萨能奶山羊（公）

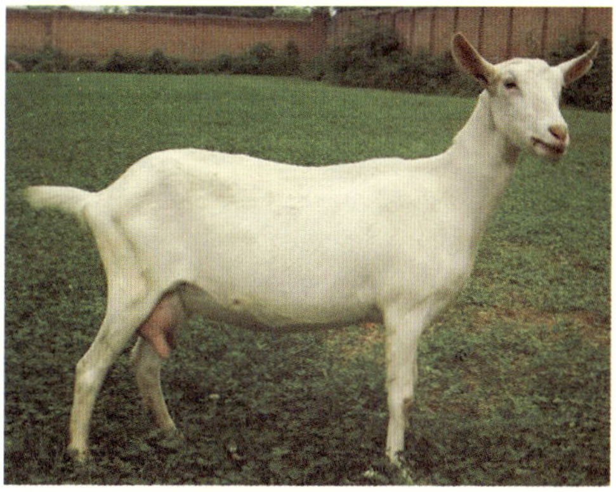

西农萨能奶山羊（母）

崂山奶山羊：体型外貌与萨能羊类似，以“四长”为特点。全身白色，抗病力强，耐粗饲[3]。公母羊大多无角，颈粗雄壮，胸部宽深，背腰平直，四肢健壮。母羊乳房基部发育好，一般年均产奶量610千克。

1 国家畜禽遗传资源委员会.2011. 中国畜禽遗传资源志 · 羊志. 北京：中国农业出版社：417–436.

2 本部分西农萨能奶山羊、崂山奶山羊、关中奶山羊和文登奶山羊照片由西北农林科技大学罗军教授提供。

3 于宗贤.2004. 科学养羊问答. 第2版. 北京：中国农业出版社：264.

崂山奶山羊（公）

崂山奶山羊（母）

关中奶山羊：体质结实，乳用型较明显，头长额宽，眼大耳长。母羊颈长胸宽。乳房多呈方圆型。一般年均产奶量680千克。公羊头大颈粗、胸部宽深。四肢结实、毛短色白、皮肤粉红色。

文登奶山羊：遗传性稳定。乳用特征明显，体格较大。全身被毛白色，皮

关中奶山羊（公）

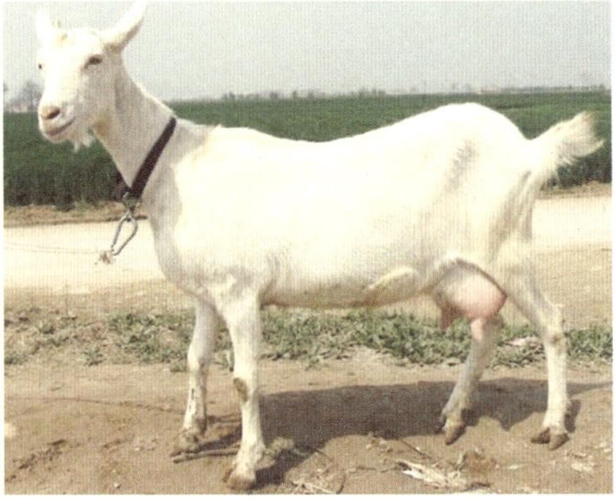
关中奶山羊（母）

肤呈粉红色。母羊也具“四长”特征；多数颈下有肉垂，背腰结合好。乳房呈方圆，乳静脉明显。一般年均产奶量820千克。

此外，还有雅安奶山羊、延边奶山羊、唐山奶山羊、海伦奶山羊（又称“滨北奶山羊”）、成都麻羊等。其中，成都麻羊为乳肉兼用型品种，亦称“四川铜羊”。2002年，内蒙古鄂尔多斯市从澳大利亚引进世界著名的东弗里生奶绵羊[1]145只，并

[1] 东弗里生奶绵羊原产于荷兰和德国西北部，至2011年是世界绵羊中产奶性能最好的品种。属于早熟乳肉兼用型品种，对温带气候条件有良好适应性。一般年均产奶量680千克，平均产羔率215%。

文登奶山羊（公）

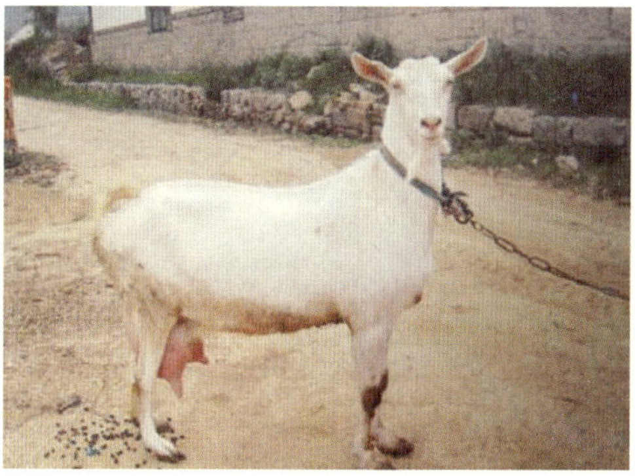

文登奶山羊（母）

于2005年首次成功实现胚胎移植[1]，预示着已具备快速扩繁技术条件。

最新遗传研究表明，由于奶山羊大多是农户饲养，公羊未调配，一个村的母羊有可能用一个公羊配种，再加上没有完整的系谱记录，近亲交配严重。关中奶山羊、文登奶山、崂山奶山羊等已不同程度出现近交征兆，显现近亲繁殖特征[2]，将严重影响今后奶山羊生产性能。实施谱系管理与严格选育措施，制定与实施科学品种改良计划，定期或不定期引入新品种，是保证奶山羊优良品性的有效途径。未来奶山羊改良工作任务艰巨。

3. 奶山羊分布和种羊场 中国的奶山羊主要分布在26个省、自治区、直辖市，且较为集中于陕西、山东、河南、内蒙古以及河北、黑龙江、辽宁等省（自治区）近年来，以云南、四川等省为代表的南方浅山丘陵区的奶山羊饲养量呈上升趋势。

20世纪90年代初，中国台湾省开始大力扶持发展奶山羊业，成立合作社与养羊班，并号召与鼓励专家学者积极加入，共图发展。据2009年6月统计，奶山羊养殖组织（含种羊场）157个，平均每家饲养412头。奶山羊存栏量6.4万头，羊奶年产量1.78万吨[3]。

进入21世纪后，中国各地的奶山羊良种生产基地至少30余个，如西北农林科技大学萨能羊原种场、陕西省千阳县种羊场（陕西省萨能奶山羊良种繁育中心）、富平关中奶山羊原种场及生产基地、淳化萨能奶山羊繁育基地、山东（莱芜）优质奶山羊良种繁育中心、崂山奶山羊原种场及生产基地、文登奶山羊原种场及生产基地、昆明市奶山羊原种场和云南泸西县奶山羊扩繁场等。

---

1 张秀陶，等.2007.东弗里生羊胚胎移植效果初报.甘肃畜牧兽医（1）：29.

2 陈珊珊.2011.中国奶山羊遗传多样性的微卫星分析.泰安：山东农业大学.

3 据美国弗蒙特大学郭明若教授提供的国际山羊协会（IGA）2012年4月6日《2009台湾报告》一文而整理。编撰期间，郭教授还提供了许多重要史材和建议。在此向郭明若教授表示真诚谢意。

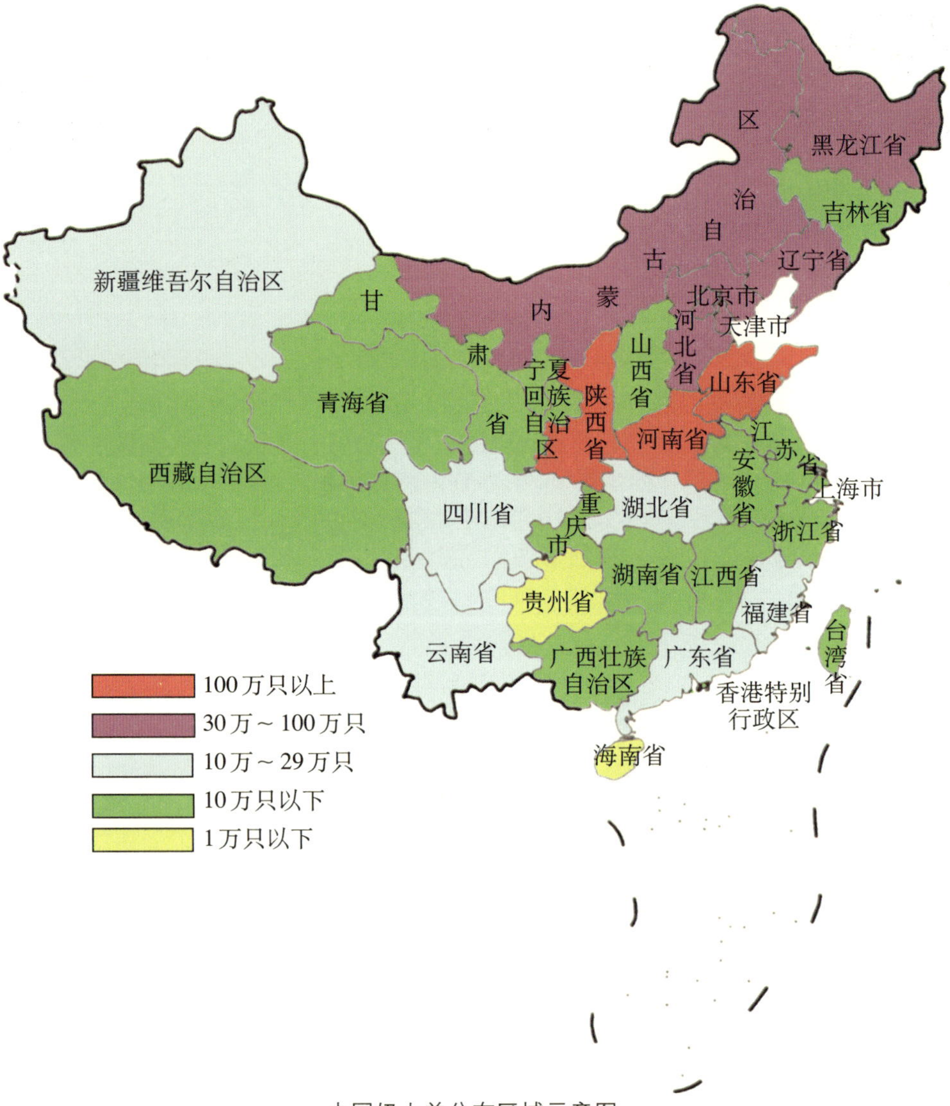

中国奶山羊分布区域示意图

中国地方山羊品种类型多，存栏量大，分布区域广泛，是世界山羊品种资源的重要宝库，同时也为中国奶山羊改良创造了条件。

（二）科技与管理

1. 科技进步 全世界约有一半以上的人食用羊乳[1]，欧美国家视羊奶为珍品。关于山羊奶营养成分与营养价值，现代科学研究已经获得了最新进展。羊奶与牛奶及人奶营养成分如表7-1所示。

---

[1] 郭明若，骆承庠 .2010. 食品科学技术研究进展 . 北京：中国轻工业出版社：55.

表7-1 羊奶与牛奶及人奶主要营养成分[1]

营养成分	羊奶	牛奶	人奶
干物质（%）	12.58	11.6	12.02
蛋白质（%）	3.67	3.0	1.10
脂 肪（%）	4.0	3.85	4.05
矿物质（%）	0.72	0.7	0.3
每100克奶中含钙（毫克）	214	169	60
每100克奶中含铁（毫克）	100	4	5
每100克奶中含磷（毫克）	96	94	40
消化时间（分钟）	20	120	30
吸收时间（小时）	22	32	36

羊奶不仅营养全面，而且更容易消化吸收，可使人体均衡调理，对牛奶蛋白质有过敏反应的人群对山羊奶则轻微或不产生过敏现象，特别是能够有效解决对牛奶过敏儿童的饮奶问题[2]。

20世纪90年代初至今，中国相继取得了许多羊奶业应用成果。如，由李建文主持的“关中奶山羊培育”项目、姚军虎主持的“牛羊高效复合蛋白特种饲料研制”项目、罗军主持的“秦巴山区人工种草与牛羊饲养技术研究”项目、褚建刚和王建民主持的“文登奶山羊新品种选育及配套技术研究”项目等。自1994年起，先后出版发行《羊生产学》、《动物生产学》、《规模化安全养奶山羊综合新技术》及《奶山羊疾病防治技术》等羊奶业著作。

东北农业大学研究结果显示，有效解决羊奶膻味根本途径是对羊奶的稀奶油进行乳酸菌发酵。当发酵产生一定酸度后（50°T以上），所生成的丁二酮达到14毫克/升时，感官评定膻味基本消失，产品呈现浓郁芳香风味，除膻效果比较理想[3]。从技术理论上进一步说明，羊奶干酪及羊奶酸奶等乳酸菌发酵羊奶制品是未来羊奶制品的重要发展方向之一。

2006年，西北农林科技大学奶羊与羊奶研究所采用“非繁殖季节内同期发情、分期配种方法”，有效解决了奶山羊全年均衡产奶问题[4]。同时，羊奶基础研究也取得了进展，如“山羊乳的风味”、“山羊乳的脂类及其特性”、“羊乳乳清理化性质的研究”、“奶山羊和荷斯坦奶牛乳腺组织mRNA差异显示体系研究”、“羊奶膻味脂肪酸

1 张列兵，吕加平.2003.新版乳制品配方.北京：中国轻工业出版社：1.

2 赵兴绪.2008.羊的繁殖调控.北京：中国农业出版社：439.

3 骆志刚，等.1994.羊奶膻味与游离脂肪酸的关系及乳酸菌发酵对膻味影响.东北农业大学学报（6）：51—54.

4 曹斌云，罗军，等.2007.我国奶山羊开发现状及重点.畜牧兽医杂志，26（1）：53.

代谢调控研究”、“崂山奶山羊分子系谱的构建及家系遗传特征分析”、“中国奶山羊品种遗传多样性的微卫星分析”、“不同体细胞数对新鲜羊乳干酪品质的影响”[1]等。

2. 产业定位 原农业部常务副部长、中国奶业协会理事长刘成果先生非常关心中国羊奶事业。2007年，他高屋建瓴地提出“羊奶要发展，科技与生态须并举”总原则。2010年，进一步提出打造“循环经济链条、产加销一体化链条、科技创新链条”的羊奶业发展思路[2]。

中国山羊奶业要进一步增加产品科技投入，扩大山羊奶制品市场份额，保证产品质量，提高产品影响力，瞄准中国名牌发展方向，充分发挥“特”字优势，与科研单位联手抓好高科技含量的羊奶制品研发，并实现工业化生产。积极拓展食品以外的市场领域，如向化妆、保健等领域进军，走功能型发展道路，而且羊奶具有独特优势，科研要先行。发展羊奶加工业的同时，要考虑奶山羊原料奶供应的稳定性，而且必须重视奶山羊养殖对自然草原植被的负面影响，妥善解决好这一客观矛盾，是实现发展奶山羊与羊奶制品事业的关键。科学处理好发展中的生态植被保护问题，是政府、养殖组织、加工企业的共同责任。

此外，奶山羊养殖基地需要科学引导与培育，应系统地进行规划、设计和科学管理。其一，要处理好与奶农的利益关系，要让奶农得到好处，这样才有长期激励作用；其二，妥善处理奶山羊与生态环境关系，探索奶山羊养殖由散养放牧向集中舍饲或半舍饲转变，使规模化圈养和现代化管理成为现实，这里尚有大量实际工作需要研究与探索；其三，与奶牛养殖一样，要搞好奶山羊品种改良及登记工作，提高单产[3]。

3. 管理与地方政策 自2008年以后新颁布的奶业相关条例法规中均含有或适用羊奶的内容。如，2008年10月9日国务院536号令《乳品质量安全监督管理条例》、2008年10月29日农办牧〔2008〕68号《生鲜乳生产技术规程（试行）》、2008年11月7日农业部15号《生鲜乳生产收购管理办法》、2009年3月23日，农牧发〔2009〕4号《生鲜乳收购站标准化管理技术规范》等。2010年实施的食品安全国家标准中，作为原料之一的羊奶（或直接包含或单独标明）被纳入相关标准。但关于羊奶与羊奶制品，中国尚无专门的国家标准，亟待完善。

至2011年，关于山羊奶业的行业标准[4]或地方标准[5]约有28个，涉及奶山羊品

---

1 甄贞，许晓曦，等.2009.不同体细胞对新鲜羊乳干酪品质的影响.东北农业大学学报（3）：90−95.

2 刘成果.2012.奶业之道.北京：中国农业出版社：336.

3 东方早报.2007−1−30.

4 1982年轻工业部曾发布《羊奶、羊奶制品及其检验方法专业标准（草案）》，拟定标准代码为专业标准（ZB）Y1～（ZB）Y9 − 82，包括《生鲜羊奶》、《全脂羊奶粉》、《全脂加糖羊奶粉》、《脱脂羊奶粉》、《羊奶油》、《羊奶甜炼乳》、《羊奶圆形硬质干酪》、《羊奶圆形硬质干酪检验方法》、《消毒羊奶》9个标准，由于种种原因，后未能正式发布。截至2012年，中国尚无关于羊乳及羊乳制品的独立的行业标准。

5 2007年6月陕西省质量技术监督局发布《生鲜羊乳标准》和《全脂羊乳粉（全脂加糖羊乳粉）》地方标准。

种鉴定、饲养管理、繁殖和育种、疾病防治等。为发展山羊奶业，有关部门和地方政府相继出台和实施了专项政策。20世纪90年代初，陕西、山东等奶山羊主产区先后立项实施"西农萨能奶山羊提纯复壮与生物技术育种研究"、"高效高产奶山羊良种选育技术研究与推广"、"奶羊高效生态养殖技术研究与示范"、"奶山羊增产配套饲养技术"、"文登奶山羊良种开发"等专项。

2000—2011年，山东省青岛市财政先后连续拨发400万元专项资金，用于崂山奶山羊的资源保护和扶持发展本地山羊奶业。文登市政府每年都把全市文登奶山羊的改良站点建设及配种任务作为畜牧部门政绩考核指标。2007年，农业部开始实施公益性行业（农业）科研专项"奶山羊良种繁育及产业化技术体系建设"项目，从产业科技入手，支持发展山羊奶业。2010年，陕西省农业产业技术体系专设"奶山羊产业体系"，以支持发展山羊奶业。中国奶山羊产业又迎来了一个新的发展机遇期。

（三）实践与探索

1.特色奶业经济 2000年起，中国奶山羊的区域奶业经济效果显著，区域传统经济带动作用越发明显。新布局已经形成于陕西、山东两大传统奶山羊主产区和辽宁、河北、广东、河南、云南等地。

陕西是中国优良奶山羊起源地之一，也是羊奶出产大省，奶山羊的存栏数、产奶量均居全国前列。2006年陕西省奶山羊存栏180万只，占全国奶山羊存栏总量的30%，山羊奶产量30万吨，占全国山羊奶总产量100万吨的30%，陕西省每年销售奶山羊约20余万只，是中国优良奶山羊的种源基地。山东省奶山羊发展略晚，但增长速度快，资源环境优越，种羊品质优良，奶山羊存栏量一直保持增长趋势[1]。广东、福建等省的山羊奶产区重点发展山羊奶保健功能，促进了山羊奶业发展，市场潜力较大的东南亚地区将为中国华南地区羊奶业发展提供市场商机。

奶山羊为养殖户带来经济收入，成为区域农牧业的支柱产业。同时，奶山羊产业化程度不断进步，对农村产业结构调整和农民增收发挥了重要作用。2005年，山东招远市金岭镇光山村起初引进西农萨能羊35只，经十多年扩群繁殖，存养量超过500只，出售种羊290多只，部分种羊出口到朝鲜等，共收入30多万元，成为当地依靠奶山羊脱贫致富的典型[2]。2008年，"五只奶山羊、农民小银行，家养五只羊、花钱不用愁，三亩草、三十只羊、家家户户奔小康"成了陕西富平的流行语[3]。富平县奶山羊存栏26万只，被誉为"奶山羊之乡"，优质萨能奶山羊5 200只，配种站点800个。羊奶总产量超过5.8万吨，加工奶粉5 800吨、液体乳8 000

[1] 罗军，曹斌云.2007.2007中国羊业进展.北京：中国农业出版社：48.

[2] 李金彦.2006.养殖西农萨能奶山羊致富快.农家科技（9）：36.

[3] 贾玉峰，姚冲林，程琦.2008-8-18.奶山羊产业为富平农民增收"一号工程".陕西日报.

吨。富平县30个村被确定为省级“一村一品”示范村。据统计，奶山羊产业总值已达3.5亿元，占牧业产值的40%，占农林牧渔业总产值的26%，仅此一项，全县就人均增收450元。

至2011年，文登市出台了一系列扶持奶山羊产业发展的鼓励措施，支持按照基地化养殖模式，打造养殖规范、奶质过硬的生产线，以此来引导奶农扩大规模，提高良种利用率；鼓励围绕山羊奶精深加工进行技术改造，开发不同品种、不同功能的羊奶产品，实现转换增值。至2011年，文登已培植起6家加工企业，日处理鲜羊奶500吨。截至2011年底，文登奶山羊存栏量4.9万只，年产奶量4.5万吨，5 000多养殖户走上了致富路，户均纯收入7 000多元[1]。

2. 羊奶产业雏形 20世纪90年代以后，各地一些羊奶企业及相关实业坚持尝试特色产业实体模式，逐步完善自身产业链建设，积极扶持奶山羊养殖业，加大羊奶生产基地投入，普及羊奶营养知识，积极开拓与培育羊奶市场，使中国羊奶业进入新的发展阶段，铸就了中国羊奶业现代雏形。

1994年美可高特（中国）羊乳有限公司引进新西兰羊奶除膻技术，推出新型羊奶制品（主要为婴儿奶粉）并取得多项专利，产品销往包括香港、台湾在内的全国大部分地区，并出口新加坡。2006年又投资富平，建成现代化羊奶加工企业。2007年投资建成了陕西省美可高特萨能羊种羊繁育中心，引进200多只纯种萨能奶山羊，加强羊奶奶源基地建设。2008年公司在美国纳斯达克成功上市后，又完成富平县关中奶山羊原种场投资扩建（富平县觅子乡铁佛农场），促进了当地奶山羊业发展和奶源质量提高。

陕西红星乳业有限公司开发了“美羚”系列羊奶产品，不断开拓羊奶市场，促进羊奶制品消费；2006年着手实施机械挤奶，截至2011年已建成102个机械化挤奶站，形成了奶山羊机械挤奶站群与经营管理的“红星模式”[2]。陕西金牛乳业有限公司采用丹麦生产技术，生产婴幼儿配方乳粉、全脂乳粉、全脂加糖乳粉、特殊配方乳粉等。此外，陕西富平秦源乳业有限公司开发酸羊奶产品，独具特色。

山东阳春（集团）公司联合新西兰、西北农林科技大学及山东农业大学等科研技术单位，采取“公司+基地+合作社+养殖户”形式，实施“统分饲养，集中挤奶”模式，除生产羊奶制品外，还开发提取羊胎素等。2008年，山东泰安意美特机械有限公司在陕西、山东等17个省的30个市、县，累计安装奶山羊固定式并列挤奶机50台套384个杯组，移动式挤奶机310台，标志着中国以机器挤奶为基础的奶山羊规模养殖技术趋于成熟。

---

1 王汝辉，王海政 .2012–5–27. 山东文登市大力发展奶山羊产业　致富有了“领头羊”. 人民日报 .

2 王丽萍 .2012–3–9. 红星乳业——纯真的承诺、美好的享受 . 陕西食品 . 中国食品报 .

3. 羊奶市场营销 市场是产业发展的原动力。经验表明，羊奶制品的市场开发与消费，对山羊奶业的发展至关重要。至2011年，中国羊奶行业营销体制尚不成熟与发达，市场潜力没有被充分开发。大多企业依旧采用的是传统区域代理体制，略大一点的羊奶企业大都是收取代理加盟费用，而小型羊奶企业大都不收取代理加盟费用，代理商和厂家纯属买卖关系，厂家不予任何支持，代理商盈亏自负。实际经营中，许多厂家为减少营销成本，大多是通过一些商务网站进行营销。

羊奶制品无论是在南方还是在部分沿海城市，基本以送货上门和批发渠道为主，而销售量较大的商场超市渠道对羊奶企业来说有些可望而不可即。一方面是由于经营羊奶的企业基本都是小厂家，有一些企业产品质量不过关，无法进入商超渠道，另一方面是进入商超的费用太高，在现代流通时代，如大型连锁超市、大卖场等终端客户均发挥着传递商品的决定性作用，企业“决胜终端”已成共识[1]，以中、小型企业为主的羊奶企业难以承受高昂的渠道费用。

21世纪初，少数企业羊奶制品营销方式也有尝试性开发，如美可高特（中国）羊乳有限公司、陕西红星乳业有限公司、大连九羊食品公司等开始采用设立专营店方式，使企业直接面向消费者，能够迅速接轨市场供求信息，推动终端建设，取得了较好局部经营效果。2008年，“婴幼儿奶粉事件”带来奶业震荡，许多公众重新选择奶制品。尤其是在沿海发达城市，一些中高档消费群体看到欧美市场羊奶是作为特色奶实施专店销售与食疗保健品配售，开始青睐羊奶[2]。羊奶在中国奶品消费市场，似乎开始从导入期走向成长期。

羊奶制品在全国尚无领导性品牌。虽说经历了十几年的发展，但行业中的品牌也是仅限于在行业内有名气，对全国大多数消费者来说，对羊奶品牌比较陌生。

4. 体系建设研究 与欧美相比，中国奶山羊平均单产低，良种数量不足，良种繁育等技术服务体系不健全，规模化不够，组织程度低，羊奶产品种类仍显单一，制约了中国山羊奶业的发展。

2007年，农业部启动了公益性行业（农业）科研专项“奶山羊良种繁育及产业化技术体系建设”。项目由西北农林科技大学主持，协作单位山东农业大学、陕西富平县畜牧局、云南省畜牧兽医科学院、山东省农业科学院畜牧兽医研究所等。项目于2011年通过了验收。

首席专家罗军教授率领科研团队，采用先进奶山羊育种方法，集成奶山羊生产单项技术，开展奶山羊标记辅助选择、高效快速扩繁及新产品研发、乳肉安全

---

[1] 冷志杰.2007.乳品供应链的模式与集成管理，农产品供应链管理.北京：中国农业出版社：234.

[2] 曹斌云.2007.2007中国羊业进展.北京：中国农业出版社：110.

生产规范、规模化饲养管理配套等技术，提高奶山羊的综合效益，取得了显著成效。通过专项研究，初步形成了奶山羊良种繁育综合技术体系模型，使奶山羊示范基地养殖规模达到10万头，核心群规模达到1万头，原种场基础母羊群体平均年产奶量达753.6千克，扩繁场群体产奶量705千克。奶山羊生产基地基础母羊年均产奶量提高110千克，改良低产奶山羊150万头，9月龄青年羊平均体重增加5.6千克，平均产羔率192%，只均收入增加150元以上。开展了奶山羊乳腺脂肪酸代谢分子机理、奶山羊乳房炎发病机理及诊断试剂盒、人工授精和胚胎移植技术和高原湿热条件下奶山羊饲养工艺等应用技术研究[1]。

五年的体系建设与实践，取得了显著成效，积累了宝贵经验，为进一步提高奶山羊品种质量，巩固奶山羊良种繁育基地，扩大试验示范区域，带动区域经济发展，促进农民增收，加快新时期中国羊奶产业发展发挥了示范带动作用。

第二节 中国水牛奶业史

一、中国水牛

考古研究表明，水牛是中国古老畜种。起源地域是中国华南和长江流域，距今至少7 000年。遗存至今的历史文献表明，至少在唐代，中国水牛奶就已被古代先人所认知和利用了。

（一）中国水牛的起源和驯化

水牛在动物分类学上属偶蹄目，反刍亚目，牛科，牛亚科，但在属的分类存在学术分歧。国内通常分为亚洲水牛属和非洲水牛属[2]。亚洲水牛属有3个种，即亚洲水牛种（又称印度野水牛）、菲律宾的塔马腊沃水牛种、印度尼西亚的安诺亚种[2,3]。野生的非洲水牛至今没有被驯化，家养水牛的驯化只发生在亚洲，由亚洲水牛属的水牛驯化而来[2,4]。

考古发掘研究表明[5,6]，中国黑龙江、北京、河北、山西、山东、河南、四川等地已先后发现自更新世中期到更新世晚期后的水牛化石7处之多，分布地域广泛。其中，四川的水牛化石经古生物学家鉴定属印度野水牛，证明300万年到10多万年以前中国从北到南都有水牛分布，可以肯定水牛是中国固有的畜种，而不

---

1 支勇平.2011-1-18.国家奶山羊良种繁育及产业化技术体系建设项目通过验收.http：//news.xinhuanet.com/politics/2011-01/18/c_12994550.htm.

2 章纯熙.2000.中国水牛科学.南宁：广西科学技术出版社.

3 童碧泉.1985.中国水牛资源调查.中国农业科学（5）：63-69.

4 梅森（I.L.Mason）.1984.驯化动物的进化.王铭农，李群，等，译.南京：南京大学出版社：58.

5 韦文雅，等.1980.中国地方良种水牛调查综述.水牛技术资料（9）：1-17.

6 Rao.M.K，Nagarcenkar.1979.水牛的生产潜力.农业科技译丛（1）：10.

是部分外国学者所说“水牛是从印度次大陆传遍全世界的”。

中国水牛的驯化也是在中国境内完成的[1]。根据考古学家对史前新石器时代人类遗址的研究，中国水牛驯化估计在中石器时代末和新石器时代早期即距今8 000 ~ 10 000年开始。在浙江余姚新石器时代河姆渡遗址（距今6 000 ~ 7 000年前）以及新石器时代晚期的良渚文化遗址（距今4 000 ~ 5 000年前）出土文物中，不但有稻谷标本，还有家养水牛骨骼，说明至少在7 000年前，我们祖先在长江流域一带就已开始从事饲养水牛的农业活动了[1,2]。因此，中国水牛是在中国本土完成驯化的，驯化时间稍早于印度或至少与印度同期[3,4]。

（二）中国水牛改良

新中国成立初期，迅速恢复农牧业生产是当时农业首要任务，更是经济发展的客观需要，因此，禁宰耕畜、奖励繁殖是恢复和发展畜牧业的重要措施。20世纪50年代，政务院发布《关于春耕生产的指示》规定，严禁伤残宰杀耕畜。又如，《华东区禁宰耕畜暂行条例》规定：“十五岁以下的水牛，十三岁以下的黄牛，尚有繁殖能力的种公牛……孕育和发育正常的幼畜，除必须扑杀掩埋不准出售的疫畜和因疾病或伤残完全不能使役以外，禁止宰杀……保护牲畜喂养者的利益，奖励繁殖牲畜”，由于各项政策和措施得力，水牛作为役畜得到保护和发展，全国水牛数量稳步发展，数量从1949年的1 018.4万头增加到1955年的1 247.0万头，总增长率22%，为南方农业恢复生产起到重要作用[5]。

20世纪50年代，浙江温州国营百好乳品厂，在瑞安、平阳相继兴建乳品厂，由附近15个县5 000多头挤奶水牛供应原料奶，日产鲜奶10 000千克[6]。虽然一度兴盛，但是，此阶段的总体政策导向是水牛应当作为农业生产资料使用，主要强调保护耕牛，恢复农耕生产。因此，水牛作为重要役畜而增加，普遍用于农耕劳役和恢复农业生产，没有作为奶资源充分加以利用。

1. 外来优良水牛的引进

（1）*引进种源与繁殖*　1956年，时任广西农业科学研究所畜牧兽医系主任韦文雅副教授向广西农业厅林山厅长提交《关于从印度引进摩拉水牛的建议》，提出利用外来良种水牛改良本地水牛以提高役力，并上报农业部。1957年6月，中国在印度购买的55头摩拉水牛运达广州港，农业部分配给广东省20头（公牛

1　钱燕文，等.1979.生物史（第五册）.北京：科学出版社.

2　Rao.M.K，Nagarcenkar.1979.水牛的生产潜力.农业科技译丛（1）：10.

3　韦文雅，等.1980.中国地方良种水牛调查综述.水牛技术资料（9）：1-17.

4　徐旺生.2006.中国家水牛的起源问题研究.四川畜牧兽医（3，4，5）.

5　曹永新，等.2006.中国水牛生产现状及产业化前景//第五届亚洲水牛大会学术论文集.北京：中央编译出版社：22-39.

6　郑禄章，等.1989.温州水牛奶业史料.畜牧与兽医（6）：254-255.

2头，母牛10头，母犊牛8头），广西35头（公牛3头、母牛17头、母犊牛15头）。

摩拉水牛（母牛）

摩拉水牛（公牛）

摩拉水牛引进后，表现为繁殖力强，育成率高，生长发育及泌乳水平与原产地相当，抗病力强，具有早熟、耐粗饲、耐热等优点，适应南方环境，并保持原品种的外貌特征和生产性能。1974年底，广西摩拉水牛已繁殖445头，母牛泌乳期216天，产奶量1 388千克，最高3 265千克，乳脂率6.3%[1]。广西水牛研究所（1957—2006年）摩拉水牛泌乳期282天，产奶量1 781千克，305天产奶量2 067 千克；全乳固体16.4%，脂肪6.3%，蛋白质4.3%[2]。

1973年，周恩来总理出访巴基斯坦，贝布托总统赠送50头尼里—拉菲水牛。该批水牛由巴基斯坦LEs Qadirabad畜牧试验站提供，1974年3月10日运抵上海，农林部分配给湖北5头公牛、20头母牛，广西10头公牛（19 ~ 33月龄）、15头母牛（30 ~ 54月龄）。

1977年，引进的尼里－拉菲水牛在广西已发展到51头。据12头母牛15个泌乳期统计（大部分是第1个泌乳期），平均泌乳期和产奶量为268天、1 868千克，乳脂率6.8%[3]。广西水牛研究所（1974—2006年）尼里—拉菲水牛泌乳期282天，产奶量1 879千克，305天产奶量2 163 千克；全乳固体17.5%，脂肪6.5%，蛋白质4.2%[2]。

当时引进的摩拉水牛主要在广东省惠阳地区种畜场和广西畜牧研究所繁育，尼里—拉菲水牛在湖北省桑梓湖良种场和广西畜牧研究所繁育。

1982年，全国约有摩拉水牛2 300头、尼里—拉菲水牛210头，种牛推广到广西、湖南、广东、四川、湖北、云南、江苏、安徽、河南、江西、贵州、福

[1] 广西畜牧研究所.1975.摩拉水牛饲养观察报告.水牛技术资料：1-12.

[2] 资料来源于广西水牛研究所2008年编著的《摩拉水牛种牛》国家推荐性标准文本及编制说明。

[3] 广西畜牧研究所.1977.巴基斯坦尼里—拉菲水牛引种观察报告.水牛技术资料（5）：35-46.

尼里—拉菲水牛（公牛）

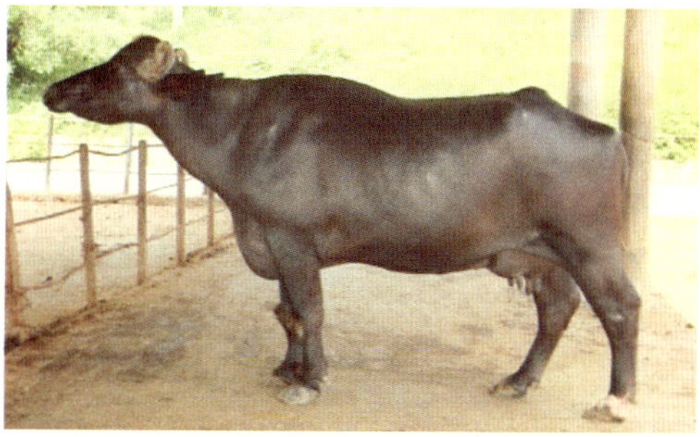

尼里—拉菲水牛（母牛）

建、浙江等地[1]。随着农村经济体制改革的深入和市场需求的变化，特别是全国水牛杂交改良工作的起伏，良种水牛数量呈现下降，1988年全国摩拉水牛和尼里—拉菲水牛仅958头和209头[2]。至20世纪90年代初，广东和湖北纯种繁育全部停止，只有广西坚持至今。至2010年底，广西共繁殖摩拉水牛1 703头，尼里—拉菲水牛1 105头[3]。

（2）**血液更新与提高** 广西的河流型水牛由于引种时间长，群体小，血统少，长期处于闭锁繁育，又未实施血统更新，不可避免地发生近亲繁殖。1995年摩拉水牛近交系数为6.3%，尼里—拉菲水牛为3.4%，有不同程度近交的牛群分别占86.0%和43.7%[4]。

1993年3月，国家科委农村技术开发中心组团赴印度考察，接受了印度国家奶业发展局和印度奶业研究所赠送的摩拉水牛4个血统细管冻精共300支。1995年3月，国家科委组团赴印度考察，印度奶业发展局再次赠送4个血统2 000支摩拉水牛细管冻精。1999年3月，广西科委组团赴巴基斯坦开展水牛科技合作项目，从巴基斯坦国家畜牧生产研究所精液生产中心引进16个血统的尼里—拉菲水牛细管冻精5 214支。2007年，广西水牛研究所通过实施科技部“地中海型水牛种源的引进及其对沼泽型水牛的杂交改良研究与示范”以及农业部“奶水牛关键生物技术的引进及良种水牛扩繁”项目，引进意大利地中海水牛冻精7 000多支，在完成检疫工作后开始应用。

至2007年底，广西水牛研究所已繁殖新血统摩拉水牛433头，其中公牛7个父系，母牛8个父系；后代母牛2000年开始产犊，头胎母牛泌乳天数295天，产奶量1 936千克，比1990—2000年群体产奶量提高9.7%（下同），经产母牛泌乳天数296天，产奶量1 963千克，提高5.2%；乳脂率6.3%。繁殖新血统尼里—拉

1 刘振华.1983.中国水牛及其杂交改良效果.水牛技术资料（12）：1-10.

2 资料来源于广西水牛研究所2008年编著的《尼里—菲拉水牛种牛》国家推荐性标准文本及编制说明。

3 数据来源于广西水牛研究所水牛种畜场历年（1957—2010）繁殖统计资料。

4 章纯熙，等.1996.河流型水牛近交与其生产性状的相关研究//广西畜牧兽医学会学术年会论文集.

菲水牛283头，公、母牛均有16个父系；后代母牛2003年产犊，头胎母牛泌乳天数305天，产奶量1 930千克，比1992—2002年群体产奶量提高19.6%（下同），经产母牛泌乳天数287天，产奶量1 941千克，提高4.3%，乳脂率6.5%[1]。引进的摩拉水牛、尼里—拉菲水牛冻精有效解决了种群的近亲繁殖，种牛质量逐步提高，现存栏种牛均为引进冻精后代，部分父系已显现优秀的产奶性能。2009年7月9日，广西水牛研究所产下国内首例地中海水牛犊，2010年底已繁殖地中海水牛犊32头，正在进行有关生产性能和适应情况测定。

（3）资源开发与推广　2008年6月，国家畜禽遗传资源委员会牛马驼专业委员会在云南省腾冲县对云南省家畜改良工作站、腾冲县畜牧局、腾冲县巴福乐槟榔江水牛良种繁育有限公司申请的槟榔江水牛遗传资源进行现场鉴定。同年，农业部发布公告，槟榔江水牛正式列入中国牛遗传资源[2]。槟榔江水牛是2005年腾冲县开始发掘的河流型水牛新品种，在明代由印度、缅甸通过民间引入腾冲县境内饲养使役，经多年风土驯化和长期闭锁繁育，仍具有较好的泌乳潜力，泌乳期270天，产奶量2 452千克，全乳固形物15.9%，乳脂6.8%，蛋白质4.6%[3]。

2009年6月，广西水牛研究所起草的国家推荐性标准《摩拉水牛种牛》（GB/T 20079804—T—326）和《尼里—拉菲水牛种牛》（GB/T 20020306—T—424）通过全国畜牧业标准化技术委员会组织的专家审定。至此，中国拥有4个河流型水牛品种资源。

截至2010年，中国河流型良种水牛繁育基地主要集中在广西和云南。广西水牛研究所水牛种畜场存栏摩拉水牛301头，尼里—拉菲水牛296头；广西畜禽品种改良站存栏种公牛93头，其中采精公牛69头，年产冻精65万支。云南省内种牛主要集中在云南省冻精站和大理白族自治州家畜繁育站，存栏种牛51头，年产冻精28万支。云南省腾冲县巴富乐槟榔江水牛良种繁育场饲养槟榔江水牛623头。

槟榔江水牛（公牛）

槟榔江水牛（母牛）

1 广西水牛研究所．桂科转0626001-4-2．“摩拉水牛和尼里—拉菲水牛阶段选育”课题技术总结．

2 农业部第1102号公告．

3 章纯熙，等．2012．中国首例本土河流型水牛——槟榔江水牛的种质特征．家畜生态学报（6）．

1996—2010年，广西共推广种牛1 300头，其中广西区内823头，区外477头。见表7-2。

表7-2 1996—2010年广西供应外地种牛统计情况

省份	摩拉水牛		尼里—拉菲水牛	
	公牛	母牛	公牛	母牛
广东	24	48	21	25
湖北	4	0	1	0
贵州	47	3	29	1
云南	128	7	94	9
湖南	7	1	0	1
四川	4	2	0	0
福建	3	0	7	0
安徽	1	3	0	0
江西	3	0	0	0
海南	1	0	3	0
合计	222	64	155	36

资料来源：广西水牛研究所水牛种畜场。

广西也是中国水牛冻精主要生产供应基地，至2010年底，水牛冻精已推广至贵州、云南、海南、湖北、陕西、安徽、福建、湖南、四川、广东、河南、上海、浙江、江苏、江西等15个省、直辖市。见表7-3。

表7-3 广西水牛冻精生产及推广统计情况（1980—2010年）

年度	水牛冻精生产量（支）			水牛冻精推广数（支）		
	合计	摩拉水牛	尼里—拉菲水牛	合计	摩拉水牛	尼里—拉菲水牛
1980	61 297	42 106	19 191			
1981	49 179	35 498	13 681			
1982	63 578	46 332	17 246	22 470	15 493	6 977
1983	35 872	27 052	8 820	30 666	19 228	11 438
1984	39 844	27 312	12 532	30 697	21 697	9 000

（续）

年度	水牛冻精生产量（支）			水牛冻精推广数（支）		
	合计	摩拉水牛	尼里—拉菲水牛	合计	摩拉水牛	尼里—拉菲水牛
1985	24 947	16 455	8 492	1 823		1 823
1986	13 952	8 973	4 979	680		680
1987	21 798	15 761	6 037	13 465	10 398	3 067
1988	29 487	21 899	7 588	6 501	1 925	4 576
1989	33 366	28 579	4 787	300		300
1990	40 977	30 783	10 194	2 354	500	1 854
1991	54 141	32 478	21 663	3 225	668	2 557
1992	45 349	29 358	15 991	3 653	2 200	1 453
1993	53 970	38 752	15 218			
1994	63 021	43 217	19 804	30 605	25 605	5 000
1995	111 768	65 831	45 937	7 385	3 196	4 189
1996	91 168	49 826	41 342	83 744	70 916	12 828
1997	68 168	31 920	36 248	32 249	25 890	6 359
1998	55 868	28 689	27 179	60 494	14 877	45 617
1999	124 877	53 404	71 473	39 532	27 749	11 783
2000	99 497	56 015	43 482	57 945	43 411	14 534
2001	156 975	108 078	48 897	103 983	91 706	12 277
2002	249 476	137 089	112 387	55 672	44 203	11 469
2003	324 658	147 081	177 577	59 601	47 317	12 284
2004	364 679	212 015	152 664	71 855	61 269	10 586
2005	310 756	158 421	152 335	26 120	22 520	3 600
2006	460 351	223 330	237 021	42 469	21 544	20 925
2007	571 912	302 386	269 526	73 929	32 017	41 912
2008	548 864	287 226	261 638	191 547	109 906	81 641
2009	569 323	283 055	286 268	63 270	26 060	37 210
2010	652 028	310 133	341 895	55 893	26 553	29 340
总计	5 391 146	2 899 054	2 492 092	1 172 127	766 848	405 279

资料来源：广西畜禽品种改良站。其中，“水牛冻精推广数”为广西以外地区的推广数。

广西水牛研究所种牛群

广西畜禽品种改良站冻精生产车间

广西畜禽品种改良站种公牛采精

2. 杂交改良

（1）*改良初显成效* 1958年，广西南宁种畜场（1960年改制更名为广西畜牧研究所）利用摩拉公牛与本地母水牛进行杂交试验。截止1963年，共繁殖摩拉杂种水牛710多头；杂种一代周岁体重180 ～ 200千克，18月龄227 ～ 237千克，两岁300 ～ 320千克；成年公、母牛体重分别为755千克和456千克，比广西本地水牛提高25%与34.1%；耕作能力比本地水牛提高47%，挽车载重达1 700千克；泌乳期252天，产奶量1 128千克，最高日产9千克。耐热性优于本地水牛；但神经质较为明显，挤奶有时不易放奶，调教和驾驭比本地水牛难[1]。

广东省1963—1973年共繁殖摩拉杂种水牛3 000多头，广州新洲牧场杂种一代、二代泌乳期390天，产奶量1 985千克,300天产奶量1 659千克，乳脂率8.9%[2]。

杂交水牛犁田

杂交公牛拉车

[1] 农万菊，陈海云.1995.广西畜牧史.南宁：广西人民出版社.

[2] 全国水年改良育种协作组.1985.全国水牛论文摘要汇编.

除广西、广东利用摩拉水牛改良本地水牛外，部分省也开始引进摩拉水牛。福建龙溪地区1964—1983年底共繁殖杂种水牛4 500多头，漳州市杂种水牛泌乳期332天，产奶量1640千克，比本地水牛增加927千克；湖北省1965年开始杂交改良，杂种一代305天产奶量1 500 ～ 1 923千克，平均日产6.3千克，乳脂率8%；河南省1974—1983年改良信阳水牛，繁殖杂种水牛501头；江西1975—1977年开展滨湖水牛（2011年出版的《畜禽遗传资源志·牛志》中改名为鄱阳湖水牛）杂交改良；云南玉溪通海县1977—1983年繁殖杂种水牛310多头；四川省开县1976年引进3头摩拉水牛，至1983年共配种本地水牛2 672头，受胎率56.5%，产犊1 401头。

广西在利用摩拉公牛本交改良的同时，开展了鲜精配种试验。南宁种畜场1958年下半年至1962年底，累计试验输精母牛334头，摩拉母牛受胎率94.1%，本地母牛66.3%。1961年4月，广西农学院家畜人工授精站（现广西大学动物繁殖研究所）在南宁市郊红星奶场二队开展水牛人工授精。1962年，广西畜牧研究所改用水牛奶稀释保存水牛精液，保存时间和受精效果均比黄牛奶好。广西农学院家畜人工授精站通过观察研究，摸清了本地母水牛的发情排卵规律，掌握了准确的输精时间。1963年，水牛人工授精工作在广西推广。1964年，推广直肠固定子宫颈输精法，受胎率提高18%以上，至此水牛人工授精技术逐渐完善。1965年5月，广西壮族自治区党委、人民委员会发出《关于用摩拉等良种牛进行杂交工作的通知》，把杂交工作重点放在19个县，对重点县的人工授精站配备进口摩托车和油电两用电冰箱，实行奖励政策，凡通过人工授精方式获得摩拉杂种水牛，奖玉米25千克或人民币5元；同年成立广西家畜人工授精站。广西畜牧研究所制订《水牛人工授精操作规程》，由广西农业厅颁布给各县家畜人工授精站使用。1966年“文化大革命”开始，杂交改良工作曾一度被迫停顿。1970年后，广西各地重新开展水牛杂交改良工作，至1972年底广西70%的县（市）开展这项工作。特别是1974年农林部分给广西一批巴基斯坦尼里—拉菲良种水牛后，广西水牛改良工作得以推向一个新的阶段，当年广西有60个县10个国营种畜场、研究所利

广西水牛人工授精技术培训

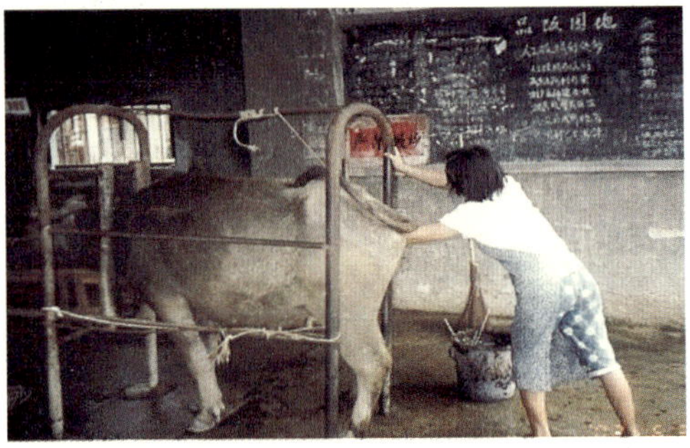

本地水牛人工授精

用摩拉水牛精液配种本地水牛8 200头[1,2]。

(2)*推广冷冻精液* 1973年9月，陕西省汉中畜牧兽医站对摩拉水牛精液冷冻进行探索性试验，1974年广东省农业科学院畜牧研究所开展摩拉水牛细管冷冻精液试验研究之后，陕西、广东、广西、贵州、湖北、四川先后研制成功颗粒冻精和细管冻精，并应用于生产[3]。1976年，广西9个国营农场和30个公社应用摩拉水牛和尼里—拉菲水牛颗粒冻精的输精母牛达5 802头，受胎率56.2%[4]。1974—1976年广东湖光农场利用细管冻精配种113头，情期受胎率48.5%，总受胎率69.4%；广东马鞍围畜牧场1978年尼里—拉菲水牛细管冻精配种21头，情期受胎率45.7%，总受胎率76.2%[5]。

截至1973年[6]，全国已有14个省（自治区、直辖市）开展本地水牛杂交改良，存栏摩拉水牛1 100多头，繁殖杂种水牛14 000多头，摩拉杂种水牛的体型和生产性能比本地水牛有显著提高。

改良杂交牛群

1974年10月，根据农林部指示，广西农业局在南宁市主持召开第一次全国水牛改良育种技术协作座谈会。参加会议的有广西、广东、湖南、湖北、云南、贵州、四川、江西、福建、江苏、浙江、安徽、陕西、上海14个省（自治区、

1 农万菊，陈海云.1995.广西畜牧史.南宁：广西人民出版社.

2 广西壮族自治区地方志编纂委员会编.1995.广西通志·农业志.南宁：广西人民出版社：484-485.

3 全国水年改良育种协作组.1985.全国水牛论文摘要汇编.

4 广西畜牧研究所.1977.水牛精液冷冻技术研究（二报）.水牛技术资料（5）：28-34.

5 广东省水牛精液研究协作组.1985.摩拉水牛精液冷冻技术研究总结//水牛研究论文成果选编（1974—1984）：169-185.

6 全国水牛改良育种协作组秘书组.1975.十四省（自治区、直辖市）水牛改良育种技术协作座谈会情况报告.水牛技术资料（1）：1-2.

直辖市）农业主管部门、生产、科研单位、大专院校代表以及特邀代表共50人，会议决定成立14省（自治区、直辖市）水牛改良育种协作组，通过了《14省（自治区、直辖市）水牛改良育种协作组协作办法（草案）》，推选广西农业局为组长单位，湖北省为副组长单位，在广西畜牧研究所设秘书组。

杂交水牛交易市场

1975年12月，在湖北武汉市召开第二次全国水牛杂交改良育种协作组会议，决定把14省（自治区、直辖市）水牛改良育种协作组改称为全国水牛改良育种协作组（下称“协作组”）。会议重点讨论并通过水牛新品种选育方案，要求在1980年前完成杂交组合试验，1985年形成新品种群体，2000年初步育成乳肉兼用型水牛新品种，积极推进改良，促进水牛发展。会议还进一步交流水牛杂交改良和冷冻精液研究进展，要求各省（自治区、直辖市）加强水牛冷冻精液的技术研究，提高冻精受胎率。

在协作组推动领导下，全国水牛杂交改良工作成绩显著。1976年全国共杂交配种水牛39 129头。据贵州、广东、广西、湖南、湖北、陕西、江西、四川8个省（自治区）不完全统计，冻配母牛12 000多头，受胎率接近鲜精水平。1977年全国有杂种水牛33 560头，比1975年增长98.2%；开展水牛杂交改良的县发展到197个，比1975年增长20%；摩拉水牛、尼里—拉菲水牛发展到1 610头，比1975年增长24%[1]。

（3）繁育技术提高　1977年9月，在广东高州县召开第三次全国水牛改良育种协作会议。会议继续交流各地杂交改良进展和经验，讨论修改全国水牛科研协作规划，制订《摩拉水牛鉴定标准（试行）》和《地方良种水牛调查提纲》，并决定协作组内设杂交改良和育种、繁殖技术研究、地方良种调查和选育等3个专业组。同时，增加成立地方良种水牛调查和选育协作组，组长单位为四川畜牧兽医

[1] 全国水牛改良育种协作组秘书组.1977.第三次全国水牛改良育种协作会议纪要.水牛技术资料（6）：1-6.

研究所，副组长单位为湖南畜牧研究所；增加成立水牛杂交组合试验协作组，组长单位为广西畜牧研究所，副组长单位为湖北畜牧兽医研究所。自此，水牛科学研究开始在全国范围有了系统性协作机制与组织。

广西三元杂种水牛群

1977年，广西、湖北等地一些种畜场开展杂交组合试验，进行乳肉兼用型水牛新品种的培育。广西柳州地区畜牧研究所和南宁地区种畜场繁殖一批三元杂种水牛，公、母牛的体重、体尺都高于杂种一代、杂种二代和二代横交牛；湖北省桑梓湖种畜场三元杂种水牛2岁公、母牛体重分别为585 千克、544 千克[1]。1978年，水牛杂交育种进一步明确了向乳、肉、役选育的方向，确定以三品种杂交（尼里—拉菲 × 摩杂一代）为主攻方向；1979年，全国共繁殖各类杂种水牛7.3万头，并在广西、广东、湖北、福建等省（自治区）开展杂种水牛乳、肉、役的综合利用。1980年，各协作单位共繁殖三元杂种水牛891头，18月龄公、母牛体重467 千克、396 千克，2岁达到576 千克、503 千克；18月龄公牛屠宰率和净肉率为53%、43.2%；第一个泌乳期产奶量1 683 千克，乳脂率8.7%[1]。

1977年，贵州省畜牧兽医科学研究所开始应用国产PGF类似物诱导中国水牛同期发情和定时输精的研究。至1980年，开展试验的有贵州、江西、陕西、广西等9个省（自治区），试验牛3 000多头，发情和排卵率80%以上，情期受胎率30%左右。到1984年，各地进行了大量的研究和应用试验，对药物选择、药物搭配、处理方法、剂量、排卵规律、输精时间及次数等技术已取得大量数据，总结出一套水牛同期发情的操作方法和技术规程，情期总受胎率稳定在40%左右，全国16个省份进入普遍应用阶段[1,2]。

1 全国水年改良育种协作组.1985.全国水牛论文摘要汇编.

2 全国水牛改良育种协作组秘书组.1981.水牛改良育种协作组工作汇报（1977—1980）.水牛技术资料（11）：1-3.

1978年完成颗粒冻精研究后，广东、贵州、湖北和广西继续开展细管冻精的研究，解冻后活力达四级以上，广西孕检449头，情期受胎率64.8%，比颗粒冻精提高5%～10%，水牛细管冻精的研制成功填补了中国水牛科研一项空白。1979年全国冻精配种39 750头，1980年，水牛冷冻精液技术研究和应用协作扩大到15个省（自治区、直辖市），进行稀释液和解冻液的筛选以及制冻工艺流程的制订等一系列研究工作，据8个省（自治区、直辖市）对2 085头孕检，平均受胎率为41.6%，种畜场较高，广西柳州地区畜牧研究所情期受胎率60%，总受胎率92%。1982年，15个省（直辖市）冻精配种61 614头，占人工授精总数的78.7%。广东、广西、湖北、云南、贵州、陕西、四川等省（自治区、直辖市）水牛冻精（颗粒）的生产与应用已形成较完整的体系[1]。

1980年10月，在四川成都市召开第四次全国水牛改良育种协作会议。会议决定成立5个专题组开展学术活动，本品种选育组为湖北省畜牧兽医研究所，杂交改良组为四川省畜牧局，繁殖技术组为陕西省汉中地区畜牧研究所，基础学科组为南京农业大学兽医系，新品种选育组为广西畜牧研究所。会议还讨论决定了水牛新品种的杂交组合主攻方向是三品种杂交，要加快扩大育种种群，推进育种速度；繁殖技术组开展提高农村水牛冷冻精液人工授精受胎率的攻关试验；杂种水牛组开展以挤奶为主的综合利用，要求各地选择一些基础较好试验点进行示范。

（4）全国资源普查　1978年，农业部组织开展中国地方良种水牛资源调查，由广西畜牧研究所和湖北省农科院畜牧兽医研究所承担。在农业部协调下，南方11个省份参与调查，这是新中国成立后第一次规模空前的水牛品种资源普查和考证工作。1981年，普查工作结束，共调查13个地方良种，编制形成了《中国地方良种水牛汇编》[2]。

此次普查，摸清了当时中国水牛数量与分布[3, 4]。1978年中国水牛数量1 772.3万头（含台湾12.8万头），仅次于印度。水牛主要分布在中国17个省（自治区、直辖市），北纬36°以南、东经97°以东的地区，北至山东济南、河南信阳、陕西汉中，南至海南岛，西至云南瑞丽、盈江，东至台湾，面积约250万千米^2，海拔由沿海地区到云贵高原的2 800米，地域包括热带、亚热带、温带等不同气候区域，平均气温12～29℃，降水量800～1 500毫米，地形有平原、丘陵及山区。

通过普查，首次统一了中国水牛品种与类群的划分[3, 4]。中国水牛数量多、分布广、饲养历史悠久，形成不少地方良种，按其体型外貌、生物学特性、染色体

---

1 全国水牛改良育种协作组.1985.水牛研究论文成果选编（1974—1984）.

2 全国水牛改良育种协作组.1980.中国地方良种水牛汇编.水牛技术资料（9）.

3 章纯熙.2000.中国水牛科学.南宁：广西科学技术出版社.

4 童碧泉，等.1985.中国水牛资源调查.中国农业科学（5）：63-69.

等，中国水牛为同一品种，属沼泽型水牛；按体型分为大型、中型和小型3种水牛；按地理分布分为滨海水牛、湖区水牛、高原水牛、华南水牛4种，按地名分为13个地方品种。

1983年后更多的地方水牛品种资源得到挖掘和审定，1997年增加至18个[1]。2000年出版的《中国水牛科学》[2]对18个地方良种水牛的产地、体型外貌、生产性能、适应特性以及发展方向作了详细介绍。《中国畜禽遗传资源状况（2004年）》[3]增加到26个地方品种（包括上海水牛）和2个引进品种。2008年农业部启动《中国畜禽遗传资源志》编纂工作，其中《牛志》收录了26个地方水牛品种（不包括上海水牛和台湾水牛）和2个引进品种[4]，地方品种为海子水牛、盱眙山区水牛、信丰山地水牛、鄱阳湖水牛、峡江水牛、江汉水牛、恩施山地水牛、信阳水牛、陕南水牛、德昌水牛、宜宾水牛、涪陵水牛、贵州水牛、贵州白水牛、兴隆水牛、东流水牛、福安水牛、富钟水牛、西林水牛、盐津水牛、滇东南水牛、德宏水牛、槟榔江水牛、温州水牛、滨湖水牛、江淮水牛等，引进品种为摩拉水牛、尼里—拉菲水牛。

中国沼泽型水牛（公牛）

中国沼泽型水牛（母牛）

二、中国水牛奶业的发展

（一）水牛奶的认知

考证遗存史籍和文献表明，中国利用水牛挤奶的历史悠久。唐初陈藏器著《本草拾遗》、宋代唐慎微（1083）著《证类草本》等古籍中，均有水牛奶制品的叙述，而且主要是把水牛奶当作滋补药品用来治病。据《本草纲目》记载，明万历二十四年（1596）已有"水牛乳作酪，浓厚胜秦牛"，说明先人发现了水牛奶

[1] 冯维祺，等.1997.中国家养动物品种资源浅析.畜牧兽医学报，28（4）：300-303.

[2] 章纯熙.2000.中国水牛科学.南宁：广西科学技术出版社.

[3]《中国畜禽遗传资源状况》编委会.2004.中国畜禽遗传资源状况.北京：中国农业出版社.

[4] 国家畜禽遗传资源委员会.2011.中国畜禽遗传资源志·牛志.北京：中国农业出版社.

的质量比黄牛奶好，证明了古人对水牛奶的不断探知。1776年福建《漳州府志》记载："水牛丰硕而重迟，新孳治其乳以充馔曰牛乳"，记载了当时民间已普遍利用水牛开始挤奶了[1]。

经研究发现，真正意义的利用水牛挤奶而制作水牛奶产品，进而开始商品流通，则是起始于近代。19世纪初，广东、浙江、福建沿海一带群众用当地水牛奶制作奶豆腐、奶饼、奶粒和其他民间小食品，如双皮乳、姜汁乳、脆炸牛乳和炒牛乳等。另外，顺德县金捧村乳饼还销往香港、澳门，属于小规模、作坊式生产。1907年，广东揭西县棉湖镇村民曾广自养殖水牛群并办起炼乳厂，生产"飞雁牌"炼乳。1924年，浙江省瑞安安息会李牧师、陈牧师等人集资兴办宇康炼乳厂，收集农民的水牛奶生产炼乳，但生产规模小，日产炼乳30罐。1926年，温州人吴百亨在瑞安县马屿区办起百亨炼乳厂，收购农民水牛奶加工成"擒雕牌"炼乳，畅销国内和南洋地区，与当时国际市场著名的英国英瑞公司的"鹰牌"炼乳相媲美，并赢得盛誉[2, 3]。

（二）水牛奶业起步与示范

1. 开展水牛挤奶与利用 截至1983年，四川、广西、广东、湖北等地的27个县已开展了杂种水牛挤奶利用。广西挤奶水牛600多头，年产奶70万千克，生产奶油2.5万千克[4]。乳肉兼用型水牛新品种培育取得较大进展，仅广西已繁殖1 886头，广西畜牧研究所（1982）水牛平均产奶量2 500千克。经验表明，在相同饲养条件下，三元杂种水牛生产性能不低于摩拉水牛和尼里—拉菲水牛[4]。

杂交水牛挤奶

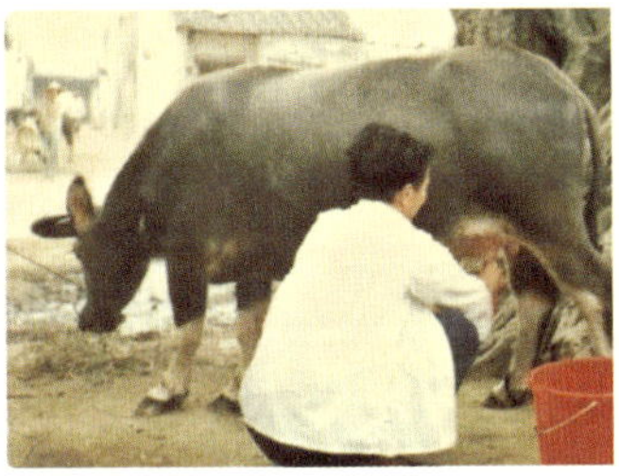
本地水牛挤奶

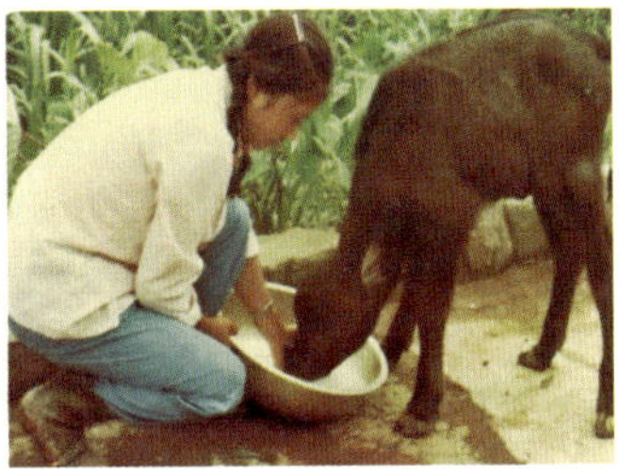
犊牛人工哺乳

本地水牛挤奶的经济效益显著[5]。1983年浙江省瑞安县利用温州水牛挤奶，挤奶母牛82头，年产鲜奶22.5吨，1984年扩大到5个县21个乡共263头母水牛，上

---

1 《中国畜禽遗传资源状况》编委会 .2004. 中国畜禽遗传资源状况 . 北京：中国农业出版社 .

2 章纯熙 .2000. 中国水牛科学 . 南宁：广西科学技术出版社 .

3 郑禄章，等 .1989. 温州水牛奶业史料 . 畜牧与兽医（6）：254—255.

4 全国水牛改良育种协作组秘书组 .1985. 中国水牛改良育种协作工作汇报（1981—1983）. 水牛技术资料（14，15）：1—32.

5 全国水牛改良育种协作组 .1985. 水牛研究论文成果选编（1974—1984）.

半年收购鲜奶45吨，每头牛挤奶、产犊、使役、肥料等年收入1 487.27元，其中挤奶收入434.26元，交通方便的地方出售鲜奶，交通不方便的制作“奶豆腐”，2千克鲜奶可制作1千克“奶豆腐”。1984年末，广东省揭西县甲埔管理区利用19头本地水牛挤奶，每头产奶牛日收入3.82元，除犊牛饮用及供应鲜奶外，还生产醋制或盐制奶饼。浙江、广东，凡开展本地水牛挤奶的地区，本地水牛产奶量均在1 000千克以上。一般低产的水牛，农民自行淘汰更换。有的高产水牛，其年产奶达1 800 ~ 2 000 千克。由此可见，中国水牛泌乳潜力很大，如能长期进行有计划地选育，加强饲养管理，完全可以培育出优良本地乳用水牛。

1983年10月，在江苏南京市召开第五次全国水牛改良育种协作会议，会议讨论并通过《中国乳肉兼用型水牛第二次修订育种方案》，决定1985年在广西召开第六次协作会议，同时举行协作组成立10周年庆祝活动。

1985年全国已有50多个县开展水牛挤奶，挤奶母牛3 000多头，产奶量300多万千克，经济效益十分显著。乳肉兼用水牛新品种选育取得重大进展，育种牛群2 895头，育种核心群母牛平均产奶量2 330千克，最高4 000千克，乳脂率8.1% [1]。

2. 提高综合效益 1988年4月，农业部在四川宜宾县召开全国水牛开发利用工作会议，总结过去经验和教训，分析水牛业面临的形势和出路，决定将工作重点转移到提高水牛综合利用效益上来，在广东、广西、四川三省（自治区）各设立 2 个水牛奶业开发试点县，并成立“全国水牛开发项目领导小组办公室”，办公室设在广西水牛研究所。1991年增加湖北、湖南两省，试点扩大到5省12县(其中广东7县)，其后，又在全国各地推广水牛奶的开发利用。

1988年，全国杂种水牛数量逐步恢复到150 174头，年杂交配种5.7万头，冻配受胎率40.4%，犊牛成活率89.4%。部分省在完善省、市、县三级品种改良站的同时，在乡镇及水牛生产重点村建立输精站（点），由上至下形成一套较完整的繁殖改良体系。如河南省信阳地区，先后从外省引进摩拉水牛、尼里—拉菲水牛种公牛23头，地区设有冻精站，下属县设有8个家畜改良站，开展牛人工授精的乡镇站（点）达156个，占全地区199个乡镇的78.4% [2]。

自1988年起，中国水牛奶开发利用开始起步，广东、广西、四川、海南、浙江、湖南等六省（自治区）水牛挤奶头数4 116头，年产奶464.3万千克。广东发展最突出，共11个县2 590头水牛挤奶，年产奶量282.5万千克，形成2个具有一定规模的水牛奶源基地。广西在南宁市郊扶持31户专业户，成年挤奶牛179头，产奶量一般都达到1 500 千克，高的达2 500 千克，每户每月净收入400 ~ 800元，

1 中国水牛协会（筹）.1986. 第六次全国水牛改良育种协作会议纪要 . 中国水牛杂志（1）：66–69.

2 中国水牛协会（筹）. 全国水牛开发利用领导小组办公室 .1990. 中国水牛协会（筹）工作总结（1986—1989）. 中国水牛通讯（1）：1–10.

年收入1万～2万元的6户。水牛奶、肉加工也有较快发展，广西水牛研究所附属乳品厂利用水牛奶生产消毒奶12万瓶，酸奶2万瓶，奶油1.5万千克，销售收入13万元；广西灵山县投资3万多元建立一个小型牛肉巴加工厂，收购本县周围的杂种水牛进行加工。

3. 试点推动与发展 1989年11月，第七次全国水牛改良育种协作组会在浙江瑞安市召开。会议选出新一届中国水牛协会（筹）理事会，刘振华当选理事长。1989年后，民政部压缩民间社团，中国水牛协会未能通过民政部登记。同时，猪禽饲养集约化、机械化和配合饲料技术的引进，大大加快了以猪禽经济为代表的畜牧业经济，国家对水牛杂交改良和综合利用未能继续加大支持，中国水牛协会（筹）的活动经费也停拨，协会工作基本停止，只有广西水牛研究所等少数单位仍继续坚持开展相关科研和生产工作，全国水牛产业再次跌入低谷。

1991年初，农业部畜牧兽医司在广东汕头市召开水牛开发项目试点省、县汇报工作会议。同年7月，农业部畜牧兽医司下发《关于大力开展水牛综合利用的通知》，要求有水牛的省（自治区）提高认识，把水牛业开发作为一项战略任务来抓。

1991年7月，国家科学技术委员会发布《关于批准国家级星火计划部分重点项目的通知》（〔1991〕国科发农（技）字396号），正式下达国家“八五”星火计划重点项目“华南水牛奶业开发”，开始在广西和广东实施。1995年，项目区水牛奶业有了快速发展，如广东形成粤东、粤西、粤中三大奶源基地，共28个县93个乡（镇）334个自然村1 995户，挤奶水牛9 150头，年产商品奶6 480多吨，获利4 500多万元，取得很好的经济效益；并在南海、揭西、吴川等地兴办多家乳品厂，解决了奶农无处交奶的后顾之忧[1]。

1994年1月，国务委员陈俊生和宋健在国务院主持会议，听取广西壮族自治区“关于广西水牛奶业开发情况”汇报，并指示“同意水牛开发先行试点，积累经验，两年内见成效，做出样子，再逐步推广”。陈俊生、宋健分别题词“发展水牛事业前景广阔”、“发展水牛产业，增加人民营养”，勉励发展水牛业。同年2月，《关于听取水牛奶情况汇报的会议纪要》（国阅〔1994〕35号）作为国务院内参文件传阅。

4. 重大项目示范[2] 1992年3月，在“中国—欧共体过渡期奶类发展项目”基础上，时任外经贸部部长李岚清致函欧共体委员会主席德洛尔（Delors），提出“中国—欧共体奶业和食品加工业技术及商务合作”项目，其中包括水牛的开发，揭开了水牛开发示范项目的序幕。

---

[1] 曹永新，等.2006.中国水牛生产现状及产业化前景//第五届亚洲水牛大会学术论文集.北京：中央编译出版社：22-39.

[2] 除特别注明，本部分资料源自：《中国奶类项目》编委会.2001.中国奶类项目.天津：天津科学技术出版社.

欧盟专家在广西进行现场验收

1992年7月，农业部奶类项目办公室在黑龙江佳木斯召开全国争取外援奶类项目工作会议，广西、广东分别正式申请水牛奶业开发援助项目。后经1995年3月和8月间欧盟专家两次赴云南、广西、广东等地考察与评估，经协商达成一致，在实施“中国—欧盟奶业食品加工业技术及商务合作项目”的同时，在云南、广西、广东三省（自治区）的部分地区单独立项实施“水牛开发项目”。

1996年5月，《中华人民共和国与欧盟关于在中国实施水牛开发项目的援款协议》（下称“援款协议”）在北京签署，确定项目至2002年7月1日结束，执行期6年。1997年6月，农业部奶类项目办公室在广西南宁市召开第一次中国—欧盟水牛开发项目工作会议，宣布项目正式启动。

“中国—欧盟水牛开发项目”宗旨是支持中国南方各省水牛发展，特别是通过育种计划挖掘水牛役力、产肉、产奶的潜力，改善农民特别是少数民族和贫困山区农民的经济状况，提高农民收入，进一步满足项目区以及其他地区对水牛肉和水牛奶的需要。项目实施地区为云南省的省畜牧局、昔玛公牛育种站（1997年更换为水漕河农场）、德宏州、陇川县、潞西县、盈江县；广西的水牛研究所、畜禽品种改良站；广东省的南海市和汕头地区。

2002年12月，云南、广西、广东项目区通过欧盟组织的终期评估验收。项目期间，项目区累计投资达5 604.6万元，其中欧盟资金1 782.5万元，配套资金3 822.1万元。见表7-4。

表7–4　“中国—欧盟水牛开发项目”投资完成统计情况

单位：万元

项目区	累计投资	欧盟资金	中方配套资金
合计	5 604.6	1 782.5	3 822.1
云南项目区	2 906.5	843.5	2 063.0
广西项目区	1 804.5	647.5	1 157.0
广东南海项目区	404.0	117.0	287.0
广东汕头项目区	372.0	75.0	297.0
不可预见费	117.6	99.5	18.1

资料来源：农业部奶类项目办公室。

通过项目实施，项目区各级政府加大了水牛开发的力度，在良种繁育、品种改良、饲养管理、牧草加工、母牛挤奶、水牛奶加工和销售等环节都进行有益的探索和试验，成效显著。

（1）*初步建立中国水牛研发基地和中心* 改善了科研、水牛良种培育、种公牛饲养、冻精生产和供应等基础设施条件，奶水牛遗传与育种工作得以继续开展，特别是广西受益最大，成为中国水牛研发的重要基地。

（2）*种源生产和供应能力大幅提高* 项目期间，广西水牛研究所共繁殖河流型水牛873头，广西畜禽品种改良种累计生产水牛冻精72.8万支，冻精年生产能力由项目前8.9万支提高到25万支，大理冻精站年生产冻精9万多支。初步建立较完善的水牛杂交改良体系。广西的灵山县、合浦县、武鸣县和防城区建立11个人工授精中心，项目期间累计杂交配种93 921头，占广西配种总数的42%，产杂种水牛60 757头；2002年杂交配种母牛27 855头，比1996年增长528%。云南的潞西市、陇川县和盈江县新建3个县级水牛服务站和5个乡（镇）级水牛服务站，为18个乡镇的37个水牛冻精改良点配备人工授精设备，人工授精受胎率从1997年的16%提高到46%，到2002年底共产杂种水牛2 546头。

（3）*通过项目的辐射作用，推动广西水牛杂交改良和水牛奶业工作的开展* 2002年底广西开展杂交改良工作的县达64个，比项目实施前16个增加48个；6年累计杂交配种母水牛22.67万头，产杂种水牛约10万头；2002年挤奶水牛达到1 600头，产奶量2 350吨。云南省项目执行后所产的杂种水牛犊已开始挤奶。

（4）*为中国南方奶水牛开发提供成功经验* 项目吸收国外技术和管理经验，培养一批技术骨干；建立一批开发示范基地，为奶水牛开发提供发展模式、信贷模式、牲畜保险模式；增加农民的就业机会，提高了农民素质和贫困区农民的经济状况。

“中国—欧盟水牛开发项目”之后，水牛开发工作得以持续发展，改变了水牛饲养者思想观念，强化了水牛从原来役用向乳用转化的意识，是新时期中国水牛奶业开发的转折点。

（三）新时期中国水牛奶业

1. 国家关注与决策 2003年12月19日，中国科学院向国务院呈报《中国高速发展奶水牛业的建议》，提出在中国实施“农业绿色革命”成功解决温饱的基础上，应加速制定和实施中国“农业白色革命”计划，报告主要观点[1]：①让水牛奶也强壮中华民族，让卸下犁耙的水牛再肩负起强壮民族的重任；②世界最大的乳品市场形成于极低起点的奶水牛业；③优势：高质量的第二生产力与低成本的第

[1] 中国科学院学部“三农”问题重大咨询专题——中国高速发展奶水牛业的建议。

一生产力资源；④中华奶格局的战略调整，构建热带、亚热带奶水牛区；⑤以奶水牛业驱动中国南亚热带、热带新农业模式与产业链；⑥优越的条件、广阔的前景——不可错过的高速发展机遇；⑦建议：列入规划纲要，纳入农民增收计划、扶贫计划，建立示范基地县，给予政策、资金、技术的重点扶持。

2004年1月31日，国务院回良玉副总理对中国科学院的建议作重要批示："中科院呈报的建议很好。奶牛是饲料回报率高而粮食消耗少的家畜，牛奶是能量转化效率高而蛋白质含量颇丰的产品。目前中国奶业发展滞后，但成长空间广阔，发展奶业包括发展奶水牛业应与时俱进的提出和完善《发展纲要》、规划、措施和政策支持，望予研酌。"

国家发改委在《国家发改委关于发展奶水牛业问题的报告》（发改农经〔2004〕1090号）明确提出："发展奶水牛业是加快发展奶业、增加南方地区农民收入的重要途径"，在加快中国奶水牛业发展的政策建议中指出："建议农业部在总结南方地区近二十年来发展奶水牛业经验的基础上，先在广西、云南等省（自治区）搞些试点，以点带面，循序渐进地推进奶水牛业的稳步发展"。2005年，农业部颁布《全国奶业"十一五"发展规划和2020年远景目标规划》，第一次把水牛奶业发展列入国家发展规划中，明确南方奶业产区要突出发展水牛奶业。

中国奶业协会理事长刘成果先生非常关心中国奶水牛事业，积极帮扶水牛主产区保护优良品种，协助沟通与协调有关方面，营造发展机遇，促进中国水牛奶业发展。2007年，国务院《关于促进奶业持续健康发展的意见》（国发〔2007〕31号）明确提出了要加快南方水牛奶业的发展。

2006年2月，中国奶业协会刘成果理事长考察广西水牛胚胎实验室

中国奶水牛业发展高端战略研讨会

第五届亚洲水牛大会开幕式

2004年，广西水产畜牧兽医局提出广西水牛奶业跨越式发展行动计划。2005年6月，全国畜牧总站主办的中国水牛奶业发展高端战略研讨会在北京召开，农业部副部长尹成杰出席并就奶水牛业发展作重要讲话，来自农业部、中国科学院、中国农业科学院、中国奶业协会、水牛主产省（自治区）的代表、大专院校与科研单位及新闻媒体近100人参加会议。研讨会是落实回良玉副总理在中国科学院向国务院呈报的《高速发展奶水牛业的建议》批示精神召开的，会议围绕奶水牛发展政策措施、奶水牛发展宏观战略、奶水牛繁育与乳品加工战略、奶水牛区域发展战略等议题展开，18位专家和学者作专题发言。

2006年4月，第五届亚洲水牛大会在广西南宁市召开，来自19个国家的600多位代表参加。全国政协常委、农业部副部长张宝文，时任中国奶业协会理事长、原农业部副部长刘成果，广西壮族自治区政府副主席孙瑜，中国农业科学院副院长章力建，国际水牛联合会主席鲁吉·兹卡莱利（Luigi Zicarelli）等出席开幕式并致辞，第五届亚洲水牛协会主席、广西水牛研究所所长杨炳壮在开幕式上作“水牛为农村经济发展作贡献”主旨报告，中国工程院吴常信院士、张子仪院士出席开幕式，并在学术交流中作专题报告。第五届亚洲水牛大会学术论文集《中国水牛研究进程及产业化现状》和*The Social Economic Contribution of Buffalo to Rural Areas*由中央编译出版社同期出版发行。

2006年，中国奶业协会批准成立奶水牛专业委员会。2007年9月，奶水牛专业委员会成立会议暨奶水牛开发利用研讨会在昆明召开，与会委员会共32人。谷继承任主任，刘海良、王艳阳、杨炳壮、陈家贵、许典新、袁跃云、苏荣茂、陈三有等任副主任，刘海良、王艳阳、杨炳壮等兼任秘书。会议对中国奶业发展形势和水牛开发工作取得的主要成绩和存在问题进行了深入探讨，研究部署了委员会工作

中国奶业协会奶水牛专业委员会会议

任务，要求各省应加快制定水牛开发规划，抓好水牛资源的引进和品种培育工作，加大水牛开发的科研力度，积极参与相关标准的制定工作，加强宣传和技术培训与技术交流，积极争取各方面的资金和项目，加大水牛开发工作力度。

2. 南方特色奶业　2008年1月国家批准广西实施《广西北部湾经济区发展规划》，2009年出台《国务院关于进一步促进广西经济社会发展的若干意见》（国发〔2009〕42号），均把水牛奶业作为特色农业列入其中，为广西水牛奶业发展营造了良好的政策环境。2008年4月，广西壮族自治区政府发展研究中心、财政厅、水产畜牧兽医局组织有关专家学者编辑奶业发展专题研究《做大做强广西水牛奶业调研报告》，全面研究分析支撑广西做大做强水牛奶业的发展基础、优势条件、市场前景、科技支撑、政策支持以及存在问题等，提出总体目标、重点建设项目和采取的重大措施。2009年1月，广西水牛奶业发展研讨会在广西南宁市召开，会议由广西壮族自治区人民政府主办，广西发展和改革委员会、财政厅、政府发展研究中心、水产畜牧兽医局联合承办，广西水牛研究所协办，邀请中国科学院张新时院士、中国工程院张子仪院士等区内外专家学者，国家发展和改革委员会、农业部及广西有关部门领导参会，会议代表围绕“如何做大做强广西水牛奶业”这一主题出谋献策。

广西从2000年重新加大水牛品种改良工作力度，“十五”和“十一五”期间共杂交配种110.4万头和189.0万头，产犊29.2万头和81.8万头，建成了标准化养殖企业。2010年底存栏奶水牛5.2万头，其中能繁母牛3.1万头，优势区域和规模养殖不断发展；种源优势明显，每年可生产摩拉、尼里—拉菲良种水牛300头以上，细管冻精65万支，水牛冻精推广到贵州、云南、湖北等15个省；水牛品种改良体系完善，品种改良进程加快，2010年杂交配种母牛28.4万头，产犊14.7万头，人工授精配种受胎率提高到46%；建立了水牛胚胎体外生产和胚胎移植技术体系，性控冻精研制成功并批量生产和推广应用；乳品加工逐步加强，广西皇氏甲天下乳业股份有限公司发展成为国内最大的水牛奶加工企业；产业化开发摸索成功模式，生态、循环经济效益显著，延长了产业链，经济、生态和社会效益极其显著[1]。

云南省把水牛奶业作为特色畜牧业发展的重要内容，纳入全省优势农产品区域布局规划，进一步加大扶持力度，促进水牛奶业持续快速发展。2010年，全省存栏河流型水牛4 510头（能繁母牛3 871头），其中槟榔江水牛4 046头，摩拉水牛252头，尼里—拉菲水牛212头，存栏杂种水牛19.8万头（能繁母牛7.6万头）；全省129个县、市有99个县开展水牛人工授精改良工作，牛冻精改良配种服务站点1 346个。当年配种母牛44万头，“十一五”期间共杂交配种179.6万头，产犊

[1] 全国畜牧总站.2011.各地奶水牛业发展状况报告汇编.

水牛标准化规模养殖场

28.8万头；奶水牛规模养殖场74个，存栏奶水牛1.4万头，其中100 ~ 199头规模场15个1 943头，200 ~ 299头规模场17个4 128头，300头以上规模场10个5 540头；奶水牛专业合作社35个，奶水牛协会18个；水牛奶加工企业9家，日处理能力34吨，实际日处理10吨。

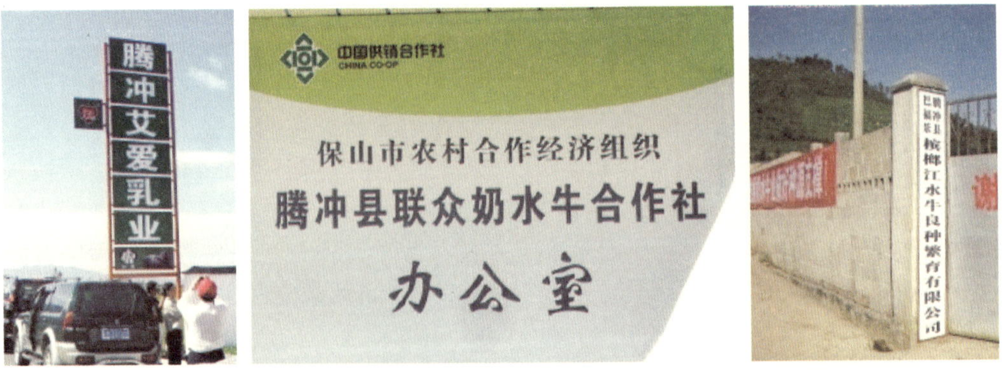

云南省腾冲县水牛奶业

“中国—欧盟水牛开发项目”结束后，广东省的水牛品种改良工作基本停止。2008年开始实施奶牛良种补贴改良项目时，全省配种服务站仅顺德区奶水牛合作社1个、番禺区5个。但从挤奶利用情况看，广东是国内挤奶水牛最多的地区。2010年底挤奶水牛9 619头，其中本地水牛5 071头，杂种水牛4 548头，主要分布于珠江三角洲的广州和佛山市、粤西的湛江市和粤东的揭阳和潮州市，奶水牛养殖共1 897户[1]。

传统利用水牛挤奶地区，如浙江的温州市、福建的漳州市仍延续着手工挤奶方式。温州市挤奶水牛主要分布于瑞安、平阳、苍南、瓯海等地，2010年底存栏水牛1 720头，其中温州水牛1 695头，尼温杂种水牛25头；漳州市存养挤奶杂种水牛4 933头，挤奶本地水牛2 501头，年产水牛鲜奶8 580多吨[1]。

三、科技发展与国际交流

（一）科技发展

1．科研机构 新中国成立后，开展水牛科学研究和技术推广的科研机构主要有广西、广东、湖北、贵州、云南、福建、江西等省（自治区）的畜牧兽医研究所，南京农学院、四川农学院、华中农学院、华南农学院、广西农学院、云南农业大学、江苏农学院、福建农学院等大专院校，以及陕西省汉中地区畜牧兽医中心站、湖北省品种改良站、四川省家畜冷冻精液中心站和一些骨干种畜场、品种改良站、畜牧兽医站。但坚持至今的只有广西水牛研究所和广西畜禽品种改良站，及以教研活动为主的少数大专院校。

（1）广西水牛研究所 1959年中国农业科学院在广西南宁市西乡塘建立水牛研究所。1961年被并入广西畜牧研究所，设成“水牛研究室”，1963—1966年水牛研究室又并入畜牧研究室。1967—1973年按部队编制并入一连，1974年按生产队编制并入第一生产队。1981年重新恢复成立水牛研究室。1986年9月，广西农业委员会批准对外开展业务时恢复使用“广西水牛研究所”名称。1994年7月，农业部批准中国农业科学院在广西水牛研究所挂“中国农业科学院水牛研究所”牌子，开展专项工作。1994年9月，广西机构编制委员会批准正式成立广西水牛研究所至今，为广西畜牧局直属事业单位。

（2）广西畜禽品种改良站 1954年广西农林厅在桂林市临桂县建立广西良丰家畜人工授精站，归省农林厅领导。1958年迁至南宁市五里亭。1965年成立广西家畜人工授精站。1970年7月改名为广西农业厅牲畜人工授精站、广西家畜人工授精站，1970年8月由广西畜牧研究所代管。1976年9月，经广西编委批准，广西家畜冷冻精液中心站正式成立并对外挂牌，归广西畜牧研究所管理，1983年更

---

1 全国畜牧总站.2011.各地奶水牛业发展状况报告汇编.

名为广西畜禽品种改良站。1988年9月正式成立广西畜禽品种改良站至今，为广西畜牧局直属事业单位。

广西水牛研究所

广西畜禽品种改良站

2. 科技进步

（1）*起步发展期* 1957—1973年，国内仅少数种畜场和科教单位开展对水牛的科学研究，主要集中在引进良种扩繁和观察、挤奶、繁殖、杂交改良以及水牛生理特性研究等方面，发表了多篇重要科学论文，奠定了中国水牛乳、肉、役利用的科学依据。

（2）*全国协作期*[1] 1974—1984年，在协作组的统一组织和协调下，形成分工明确、组织有序的科学研究和技术推广队伍，研究内容趋于系统和全面。主要有地方品种资源调查、遗传育种、人工授精、繁殖技术、杂交改良、饲养管理、生理解剖、疾病以及基础研究等方面，共取得48项科技成果项，其中获得省部级奖励和全国科学大会奖5项，有些重大研究如中国水牛资源调查、地方良种水牛选育、遗传育种、杂交改良、人工授精、同期发情、生殖生理、消化生理和生理解剖的研究，填补了当时中国水牛研究的空白，有些成果已接近和达到国际先进水平，人工授精技术已在生产上广泛应用。

（3）*平稳发展期*[2] 1985—2000年，乳肉兼用型水牛新品种培育在广西继续进行，广西畜牧研究所等单位完成的“乳肉兼用型水牛选育及其乳肉加工利用的研究”课题，获1992年广西壮族自治区科技改进二等奖。常规繁殖技术继续提高，20世纪90年代初期开始水牛胚胎生物技术的研究，1993年10月，广西农业大学蒋和生博士首次取得了“中国首例试管水牛”的成功。饲养技术规范不断完善，广西、贵州制定了水牛冷冻精液人工授精操作规程，广西制定了乳用水牛种牛场生产技术规范。水牛基础学科的研究填补了中国水牛研究的一些空白，如田

[1] 全国水牛改良育种协作组.1985.水牛研究论文成果选编（1974—1984）.

[2] 黄海鹏，等.2006.中国水牛科学技术发展回顾与展望//第五届亚洲水牛大会学术论文集.北京：中央编译出版社：40-63.

友庆等完成了中国沼泽型水牛、引进河流型水牛及其杂种水牛的染色体核型的研究，史荣仙等测定了中国12个不同地区、不同海拔高度共1 093头水牛的血液蛋白（酶）的多态性，任家驹等开展了水牛瘤胃消化代谢的研究，陆天水等完成了水牛泌乳生理的多项研究。1988年以后，开始应用放射免疫法和酶免法开展各类水牛繁殖内分泌的研究。水牛的营养研究主要集中在水牛消化代谢，添加非蛋白氮（NPN）、氨基酸、矿物质元素提高瘤胃微生物活力和对粗纤维的消化率等方面。水牛疾病研究主要集中在对水牛危害性大的各种寄生虫病方面，如血液的焦虫病、消化道的肝片吸虫、血吸虫以及寄生在肌肉的住肉孢子虫等方面，这些研究取得丰硕成果，对控制水牛疫病作出了重要贡献。

（4）快速发展期（重大突破期） 2001—2010年，研究重点开始转向水牛生物技术、营养饲养和乳制品开发三个方向，尤其在生物技术上取得多项成果，有的达到世界领先水平。

建立水牛胚胎移植技术体系：2001年8月世界首例试管水牛双犊在广西水牛研究所诞生；2002年8月，首例应用人工授精和胚胎移植技术生产的水牛双犊在广西水牛研究所诞生；2002年12月，广西水牛研究所顺利产下首例冷冻胚胎试管水牛；2004年8月，广西水牛研究所应用“活体采卵—体外受精”技术产下首例沼泽型水牛作为受体母牛生产的纯种摩拉水牛；2008年9月，世界首例“胚胎分割—性别鉴定”试管水牛公犊在广西水牛研究所顺利诞生；至2010年，广西建立了适用于规模化胚胎移植的各项技术体系，累计生产试管水牛近300头，为世界最大的试管水牛群。

广西水牛研究所试管水牛群

水牛细胞克隆技术世界领先：2002年8月，广西大学石德顺博士成功用22岁摩拉公牛体细胞克隆出水牛胎儿，但在7个半月时流产，胎儿已5.4千克重，是当时水牛亚种间克隆（供体2n=50，受体2N=48）所获胎龄最大的克隆胎儿；2004年11月19日，广西大学用3月龄水牛胎儿的成纤细胞通过激活、细胞融合等技术克隆的世界首例体细胞克隆水牛诞生，但出生不到1个小时便夭折；2005年3月，世界首例成年体细胞克隆水牛在广西大学"863计划"良种牛南方繁殖中心诞生，该项技术获得发明专利。2005年10月1日和10月10日，用本地成年母牛的体细胞克隆水牛在广西大学诞生，2头均为母牛。2008年1月，广西水牛研究所产下世界上首例雌性亚种间克隆水牛犊；2008年2月，世界首例冷冻胚胎移植的雌性克隆水牛顺利诞生；2010年12月，广西大学研究成功世界首例显微授精的转基因水牛，同月，研究成功世界首例慢病毒介导的转基因水牛和世界首例转基因克隆水牛。

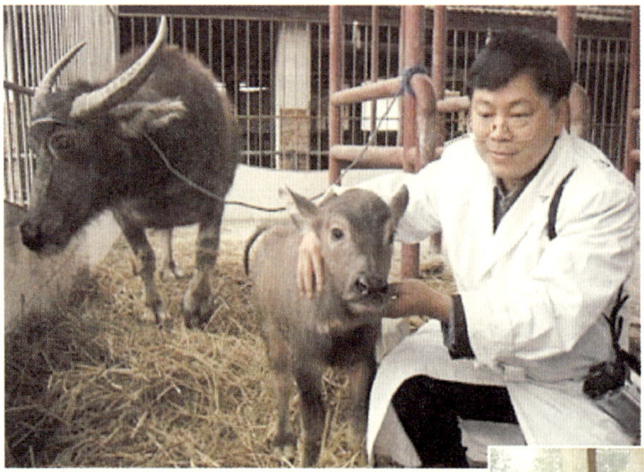

2005年3月17日，世界首例成年体细胞克隆水牛在广西大学诞生

2006年2月13日，世界首例经分离XY精子性别控制雌性水牛双犊在广西水牛所诞生

性控冻精成功研制并批量生产和推广：2001年11月广西大学卢克焕教授正式启动项目工作，2004年1月成功测定出水牛X精子和Y精子的DNA含量差异为

3.6%，2004年12月成功分离出水牛X精子和Y精子，性别准确率达90%，2006年2月成功产下世界首例分离XY精子性别控制试管水牛双犊，至2007年11月共产下33头性控水牛，性别准确率为87.9%；2009年水牛性别控制冻精在广西畜禽品种改良站投入批量生产，至2010年共生产出100 285支；至2011年3月止，广西用X冻精人工授精推广示范，已产下2 006头水牛犊，母犊率89.03%。该项研究共获三项国家发明专利：①一种分离哺乳动物XY精子的方法（ZL200410060793.2）；②一种生产水牛可控性别体外胚胎的方法（ZL200510031159.0）；③公牛分离XY精子的冷冻保存方法（ZL200510097788.3）。

水牛营养和饲养的研究逐步开展：广西水牛研究所开展了水牛营养和饲养技术研究，获得了不同生长阶段奶水牛能量、蛋白质、能量以及钙、磷需要的营养参数，为今后中国水牛营养需要及制定水牛饲养标准奠定了基础。2006年制定了《奶水牛 饲养管理规程》（DB45/T321—2006）、《奶水牛 兽医防疫准则》（DB45/T322—2006）、《奶水牛 生鲜牛乳收集及贮运》（DB45/T323—2006）、《奶水牛 人工授精技术操作规程》（DB45/T324—2006）等地方标准。

水牛乳制品开发初显成效：广西主要开展水牛乳理化性质的研究，制定《生鲜水牛奶质量标准》（DB45/T38—2002）广西地方标准，广西水牛研究所制定的国家标准《生鲜水牛乳》已完成标准送审稿。同时研究开发出系列发酵乳制品，研究和掌握多种不同类型干酪的生产技术，根据开发不同的发酵乳制品和干酪产品的需要，筛选一批专用菌种，建立菌种库，还开展水牛免疫乳、水牛初乳产品的研究开发，已开发出超高温灭菌水牛乳、纯鲜水牛奶等新产品，产品均已批量上市。

1978—2010年中国水牛主要科研成果获奖情况见表7-5。

3. 科学刊物 《中国水牛解剖》，研究协作组著，湖南科学技术出版社1984年出版。该书系华中农业大学主持，组织全国12个高等农业院校共同编写，全书共13章，内容包括水牛骨、关节、肌肉、消化、呼吸、泌尿、生殖、心血管、淋巴、内分泌、神经、感官、皮毛13个器官系统的解剖学内容，填补水牛基础学科方面的一项空白，为中国水牛繁殖、改良育种、疾病防治提供解剖学理论基础，具有很强的适用性。

《实用水牛疾病学》，陈可毅主编，湖南科学技术出版社1994年出版。该书由湖南农学院组织全国13所高等农业院校、兽医研究所的专家共同编著，是一部内容新颖、系统实用、具有国际水平的学术专著，也是中国第一部正式出版的水牛兽医学教材，对推动中国兽医专业发展和提高水牛疾病防治水平发挥积极作用。史荣仙主编的《水牛学》，由中国农业出版社1996年出版。系四川农业大学组织编写的全国高等农业院校教材，该书填补水牛学教材的空白，对培养水牛专业人才起到重要作用。

表7-5　中国水牛主要科研成果获奖情况（1978—2010年）

序号	获奖成果名称	获奖单位	主持人及主要完成人员	获奖时间	获奖情况
1	水牛人工授精技术	广西畜牧研究所	周岐生，吴石坚，梁大绍，等	1978	全国科学大会优秀科技成果奖 广西区科学大会优秀成果奖
2	水牛超低温冷冻精液人工授精技术研究	广西畜牧研究所、陕西汉中地区畜牧中心站	周岐生，梁大绍，夏天，等	1978	全国科学大会优秀科技成果奖
3	水牛杂交改良	广西畜牧研究所	刘振华，等	1978	广西科学大会优秀成果奖
4	水牛精液颗粒冷冻工艺	贵州省畜牧兽医研究所	王鹏，杨时礼，艾方琳，等	1978	贵州省科学大会优秀科技成果奖
5	三品种杂交水牛新品种选育	广西畜牧研究所	刘振华，等	1979	广西科学大会优秀成果一等奖
6	摩拉水牛冷冻精液试验	广东省湛江市耕牛改良工作站	陈润阡，巫廷光，李云峰，等	1979	广东省农业科学大会科技成果奖
7	水牛细管冻精的研究	广西畜牧研究所	冯坚新，等	1980	广西科委优秀科技成果奖
8	水牛用输精管改革	广西畜牧研究所	黄林琪，等	1980	广西科委优秀科技成果奖
9	水牛冷精液研制和新品种选育	广西畜牧研究所	刘振华，章纯熙，梁大绍	1980	广西科委优秀科技成果一等奖
10	水牛冷冻精液人工授精技术推广	广西畜牧研究所、四川省畜牧局	周岐生，阎峻岩，冯坚新，等	1981	农牧渔业部畜牧业重大科技推广奖
11	牛冷冻精液人工授精技术推广总结	贵州省畜牧兽医研究所	杨时礼，艾方琳，王鹏，等	1982	贵州省人民政府科技成果二等奖
12	信阳水牛调查	河南省信阳地区行政公署	贾克勇，何家贤，黄在新，等	1983	河南省人民政府科技成果二等奖
13	中国水牛资源调查	湖北省畜牧兽医研究所、广西畜牧研究所等18个单位	韦文雅，童碧泉，黄海鹏，等	1984	农牧渔业部技术改进一等奖

（续）

序号	获奖成果名称	获奖单位	主持人及主要完成人员	获奖时间	获奖情况
14	福安水牛资源调查研究	福安市农业局、宁德地区农业局、宁德地区农科所	林爱英，郑旭升，程振根，等	1984	农牧渔业部技术改进一等奖
15	培育乳肉兼用型水牛综合技术措施的研究	广西畜牧研究所、南宁地区马潭种畜场、柳州种畜场	刘振华，章纯熙，梁茂槐，等	1986	农业部科技进步二等奖 广西科委科技进步二等奖
16	乳肉兼用型水牛选育及其乳肉加工利用的研究	广西畜牧研究所、广西畜禽品种改良、灵山县畜牧局	章纯熙，黄海鹏，杨熙平，等	1992	广西人民政府科技进步二等奖
17	水牛体外受精技术的研究	广西农业大学动物繁殖研究室	蒋和生，石德顺，蒋如明，等	1996	广西人民政府科技进步二等奖
18	河流型与沼泽型水牛杂交后代染色体多态性的研究	广西水牛研究所	黄右军，杨炳壮，蒋和生，等	2002	广西人民政府科技进步二等奖
19	水牛胚胎体外生产与胚胎移植技术研究	广西水牛研究所	黄右军，杨炳壮，李忠权，等	2003	广西人民政府科技进步二等奖
20	高产奶水牛体外胚胎生产关键技术研究与示范应用	广西水牛研究所	杨炳壮，梁贤威，黄右军，等	2005	广西人民政府科技进步二等奖
21	云南省牛冻精改良	云南省家畜改良工作站、大理白族自治州家畜繁育指导站、云南省家畜冷冻精液站	欧茶海，刘红文，赵开典，等	2005	云南省政府科技进步二等奖
22	水牛和黄牛同期发情技术的研究与推广应用	广西大学动物科学技术学院、广西科技厅、广西畜牧所等	蒋和生，蒋如明，韦英明，等	2007	广西人民政府科技进步二等奖

《中国水牛科学》，章纯熙主编，广西科学技术出版社2000年出版。该书由中国农业科学院水牛研究所、广西水牛研究所主持，组织南方13所高等农业大学、畜牧兽医研究所和科技推广单位共22位专家共同撰写。该书全面系统地概括中国水牛科技工作者的科研、推广、生产等成就，反映当代中国水牛研究的水平，具有很高的学术性和实用性，是新中国成立后中国水牛科学技术成果的总结。

还有刘振华翻译的《水牛》（美国科学研究院，1982年出版），陈耀春等编著的《水牛开发利用问答》，朱炎主编的《奶水牛饲养实用技术问答》，中国—欧盟水牛开发项目培训教材《水牛科学饲养管理技术》，王艳阳主编的《水牛开发实用手册》等。

《水牛技术资料》于1975—1985年出版，全国水牛改良育种技术协作组主办，为不定期内部刊物，由广西畜牧研究所编辑，共出版15期，并在协作组成立十周年期间出版《水牛研究论文成果选编》（1974—1984年）和《全国水牛论文摘要汇编》（1985年）各1册。1985年第六次全国水牛改良育种协作会议暨协作组成立十周年庆祝会议将《水牛技术资料》改名为《中国水牛杂志》。

《中国水牛杂志》于1986—1989年出版，四川农业大学主办，肖永祚任主编，史荣仙任责任编辑，共出版2期，另翻译出版特刊《水牛遗传改良》（印度S.B.BASU博士1985年编著，周荣家、和汉华译，肖永祚、郑维明校）。《全国水牛开发简报》于1988—1989年出版，由全国水牛开发利用项目办公室主办，黄海鹏任主编，共出版5期。1990年《中国水牛杂志》与《全国水牛开发简报》合并，正式改名《中国水牛通讯》，中国水牛协会（筹）和全国水牛开发项目领导小组办公室联合主办，编辑部设在广西水牛研究所，刘振华任主编，《中国水牛通讯》于1990—1991年共出版3期。

（二）国际交流

1. 技术交流与往来 全国水牛改良育种协作组成立后，加强了国际学术交流。1977年接待联合国粮农组织水牛专家考克雷尔博士（W.Ross.Cockll）来中国考察，这是水牛科学研究方面第一次与国际组织建立联系。1978年12月，广西刘振华、王丕健、周岐生受农业部派遣，代表中国首次出席FAO在印度卡纳尔（Canale）召开的国际水牛繁殖与人工授精学术研讨会议。1981年2月，广西畜牧所章纯熙参加农业部中国赴巴基斯坦畜牧兽医考察团。同年泰国卡塞隆大学（Card Theron University）与协作组建立联系。1982年6月泰国朱拉隆弓大学（Chulalongkorn University）教授——玛尼婉女士（MS.Mani Wan）到中国考察，在广西作了《关于水牛繁殖性能研究》的学术报告。1982年，南京农业大学韩正康赴联邦德国进行水牛内分泌、泌乳和行为学的合作研究与学术交流。1982年9月，广西畜牧局刘振华应邀参加在意大利卡塞塔（Caserta）召开的世界水牛学术研讨会，发表论文《三品种杂交乳肉兼用水牛选育》。

1984年，广西刘振华、韦文雅、章纯熙、黄海鹏、王丕建、周岐生、梁中俊等7位水牛专家被国际水牛信息中心编入《世界水牛科学研究者名录》。1985年4月，广西刘振华应邀参加在泰国曼谷召开的世界水牛学术研究讨论会，发表论文《中国水牛及其杂交改良效果》并被收录入国际《水牛杂志》。同年12月，广西大学王丕健、广西畜牧研究所韦文雅、黄海鹏应邀出席在埃及开罗举行的第一届世界水牛会议，王丕健、韦文雅获大会组委会颁发的“国际水牛科学研究先驱奖”。1986—1988年，农业部国际合作司每年均派出2名技术人员参加亚太地区水牛学习班。1988年3月，农业部组团考察了印度水牛奶业，国家科委组团考察了巴基斯坦水牛奶业。

2. 国际合作与影响 在中国奶水牛科研与生产取得重要进步的同时，积极参与国际合作，获得了国际认可与相关荣誉。1988年11月，广西水牛研究所王国利受农业部委托，代表中国参加在印度召开的第二届世界水牛大会，广西水牛研究所获大会授予的“国际水牛科研荣誉奖”。1990年4月，广西章纯熙参加农业部中国赴印度奶业管理研究考察团。通过国际交流，增强了国际水牛界对中国水牛资源与开发的了解。尤其是获得“国际水牛科学研究先驱奖”和“国际水牛科研荣誉奖”后，消除了国外同行对中国水牛生产存在的偏见，提高了中国水牛业在国际上的地位。

广西水牛研究所自1994年恢复成立后，已成为中国水牛国际交流与合作的重要平台。1999年、2004年、2009年国家外国专家局连续三次授予该所“引进国外智力成果推广示范基地”。2001年5月，广西水牛研究所杨炳壮所长、尚江华和广西畜禽品种改良站许典新站长等三人赴委内瑞拉参加第六届世界水牛大会，杨炳壮所长在大会上作《中国水牛业的现状及其发展趋势》专题报告，并当选国际水牛联合会常务理事会理事。2003年2月，杨炳壮所长代表中国出席在印度新德里召开的第四届亚洲水牛大会，作《中国水牛杂交改良进展及奶水牛业发展前景》专题报告，受到与会代表高度评价。

国际水牛科学研究先驱奖

1985年在埃及举行的世界水牛大会上王丕建教授荣获国际水牛科学研究先驱奖

国际水牛科研荣誉奖

“十五”和“十一五”期间，广西水牛研究所实施国家外国专家局引智项目22个，实施科技部、农业部以及广西科技厅等科技合作项目7项，分别从美国、保加利亚、以色列、意大利、日本等国邀请40位专家来华讲学，先后派出30多人次前往水牛主产国，如印度、菲律宾、意大利、保加利亚、美国、澳大利亚等参加学习与培训，与美国、日本、保加利亚、印度、巴基斯坦、菲律宾、泰国、越南、巴西、意大利等10多个国家的水牛工作机构建立了合作关系，在水牛育种、胚胎生物技术、营养和饲养、遗传繁殖、乳制品加工、牧草种植、生态环保、畜群管理等方面进行技术交流，开展合作研究，增强了中国水牛事业的国际影响。

（三）发展基础和方向

1．发展基础 20世纪50年代至90年代前，中国水牛数量发展较快。1986年比1949年翻一番，突破了2 000万头，1995年达到最高峰（表7-6），其后保持平稳并略有下降。各省自治区、直辖市增长不一，广西、云南、贵州增长最快，其次是湖北、安徽、江西，四川及东部省、直辖市如上海、江苏、浙江从1970年水牛数量开始下降。

表7–6　1949—2005年中国水牛存栏数统计[1]

年度	水牛存栏（万头）	年度	水牛存栏（万头）	年度	水牛存栏（万头）	年度	水牛存栏（万头）
1949	1 018.4	1965	1 337.8	1981	1 877.1	1997	2 254.5
1950	1 091.5	1966	—	1982	1 914.4	1998	2 266.5
1951	1 146.9	1967	—	1983	1 914.9	1999	2 258.7
1952	1 164.0	1968	—	1984	1 950.6	2000	2 275.8
1953	1 216.0	1969	—	1985	1 993.4	2001	2 268.4
1954	1 244.7	1970	1 643.1	1986	2 043.7	2002	2 272.4
1955	1 247.0	1971	—	1987	2 089.8	2003	2 228.2
1956	1 260.9	1972	1 664.2	1988	2 106.7	2004	2 236.1
1957	1 312.7	1973	1 715.9	1989	2 139.5	2005	2 216.7
1958	1 290.2	1974	1 736.9	1990	2 169.0		
1959	1 291.3	1975	1 766.9	1991	2 200.5		
1960	1 208.2	1976	1 744.3	1992	2 220.0		
1961	1 141.7	1977	1 722.9	1993	2 254.9		
1962	1 147.1	1978	1 772.3	1994	2 291.3		
1963	1 201.4	1979	1 837.7	1995	2 358.4		
1964	1 259.3	1980	1 852.0	1996	2 167.7		

[1] 农业部畜牧兽医司、农业局、兽医局、全国畜牧兽医总站．中国畜牧业统计（1949—2006）．

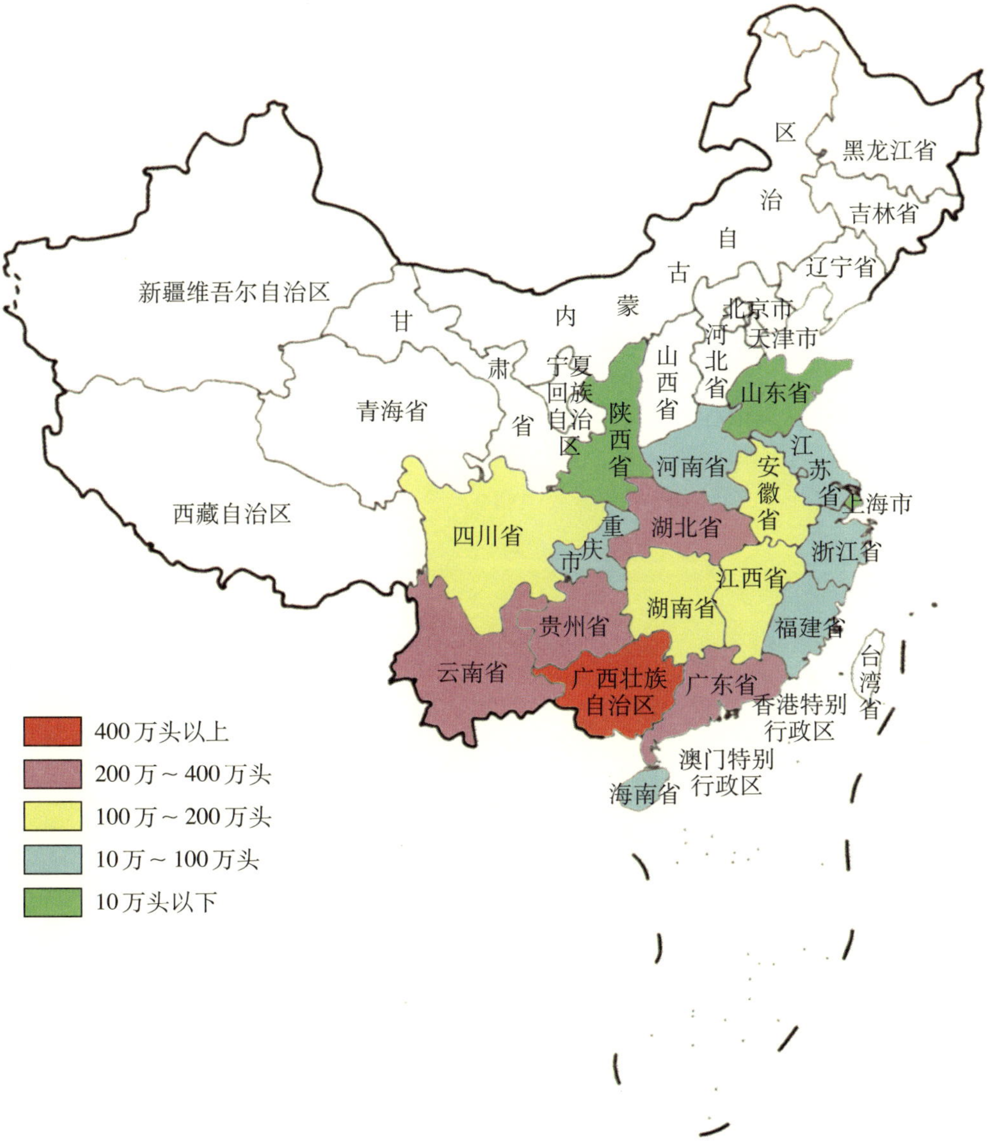

中国水牛分布示意图

2004年，中国水牛存栏2 236.1万头（不含台湾），占全国牛总存栏量的16.2%。2004年底（表7-7），水牛存栏量超过100万头的依次为广西、云南、贵州、四川、湖南、广东、湖北、江西，占全国水牛总头数的84.9%。全国水牛出栏455.7万头，比1999年增加220.3万头。

表7-7　2004年全国水牛生产情况[1]

省（自治区、直辖市）	水牛存栏头数（万头）	水牛出栏数（万头）
总计	2 236.1	455.7
上海	0.1	—
江苏	17.8	8.8
浙江	10.1	2.5
安徽	86.6	27.0
福建	34.4	8.3
江西	126.4	31.4
山东	1.0	1.1
河南	44.7	11.0
湖北	179.2	—
湖南	219.1	62.1
广东	201.3	32.2
广西	413.5	71.2
海南	88.7	18.9
四川	235.3	89.0
贵州	250.3	26.2
云南	274.6	52.2
陕西	1.8	—
重庆	51.4	13.6

随着全国各地工业化和城镇化建设加快，农业机械化水平不断提高和普及，水牛传统役用价值不断降低，各省水牛群体数量出现下降趋势，水牛遗传资源保护现状严峻。如，上海水牛原在上海市郊饲养，已趋于灭迹；部分地方品种呈濒危状态，中心产区存栏量低于10万头的地方水牛共12个，低于5万头9个，低于1万头4个；中部、中东部及沿海地区水牛数量呈逐年下降态势；在广西、云南、贵州以及四川等地，水牛仍是主要的畜力而保持较稳定的数量，部分地区略有上涨，但大多水牛处于自然原始状态的饲养，缺乏水牛遗传资源的保种措施；全国

[1] 农业部畜牧兽医司、农业局、兽医局、全国畜牧兽医总站．中国畜牧业统计（1949—2006）．

仅少数地区开展水牛遗传资源保护，建立活畜保种场，如广西的富钟水牛、四川的涪陵水牛、江苏的海子水牛等。

在广西、云南水牛奶业开发的影响和带动下，南方部分省份的水牛杂交改良开始恢复和发展。2006年国家开始实施奶牛良种补贴项目，广西、云南作为全国首批奶水牛良种补贴项目试点区，共20个县实施奶水牛良种补贴20万头，提供项目冻精的种公牛站3家，供精种公牛79头。2008年后继续扩大实施范围，2010年扩大到广西、云南、安徽、福建、河南、湖北、广东、海南、贵州等9省（自治区），补贴数量达到43万头，全国有资质提供水牛冻精的种公牛站共6家，分别是广西畜禽品种改良站、云南恒翔家畜良种科技有限公司、大理白族自治州家畜繁育指导站、武汉兴牧生物科技有限公司、湖南光大牧业科技有限公司、贵州省家畜冷冻精液站，供精种公牛130头。

随着水牛奶业的快速发展，广西、云南的水牛奶加工业发展迅速。广西主要有广西皇氏甲天下乳业股份有限责任公司、广西灵山百强水牛奶乳业有限公司和广西壮牛水牛乳业有限责任公司。2006年8月广西皇氏甲天下乳业股份有限公司“纯鲜水牛奶”产品通过出口检验开始出口香港。2010年1月广西皇氏甲天下乳业股份有限责任公司在深圳证券交易所正式挂牌上市，成为在国内上市的第4家乳制品加工企业。云南省主要有大理皇氏来思尔乳业公司、昆明雪兰奶牛公司、大理蝶泉乳业公司、德宏祥祥乳业公司、腾冲艾爱摩拉牛乳业公司、永虹乳业公司、盈江兴农乳业公司、梁河弘扬乳业公司、广南谷多乳业公司，开发出巴氏消毒水牛奶、酸奶、乳饼、乳扇及发酵型奶酪等产品。

广西皇氏甲天下乳业股份有限责任公司及主要水牛奶产品

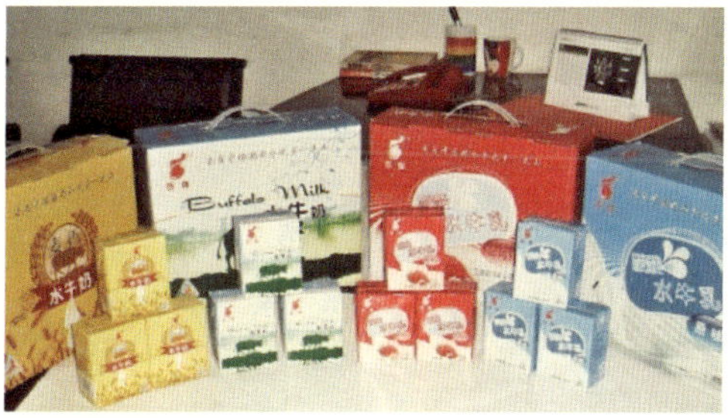

广西灵山百强水牛奶乳业有限公司及主要水牛奶产品

2. 发展方向　广西和云南水牛奶业快速发展，证明了推广南方水牛奶业的可行性与前景，得到社会各界认可。但其他各省发展缓慢，南方水牛奶业协同发展格局尚未形成。主要问题：优质种源不足，良种繁育体系滞后；加工增值能力不足，水牛乳制品价格偏低；挤奶水牛“小、散、低”，不符合标准化规模养殖；企业与农民利益联结机制不成熟，制约农民积极性的发挥；产业技术支撑体系建设薄弱，科技贡献率有待提高。其原因：①思想认识还没有真正到位。决策层对发展水牛奶业没有真正到位，缺乏长远规划指导，缺少长期、稳定的政策支持。②没有真正形成部门合作。仅靠畜牧部门能力有限，必须在国家和地方党委、政府的统一领导下，整合各有关部门，按职能分工，加强协作，形成合力，才能真正有效推动水牛奶业带的发展。③培育资金投入不足。中央和地方虽然在政策和资金上给予一定的扶持，但与培育一个产业的要求相比仍显不足。

水牛作为中国南方的主要大型经济动物之一，由于历史原因以及认识上的局限性，在从传统的役畜转变为乳、肉、役等综合利用的进程中，经历了高潮与停滞。在新时期经济发展和生态保护双重目标中，如何发挥更大的效用，成为现代畜牧业特别是南方奶业发展战略重要问题，构建南方水牛奶业产区，研究与探索水牛奶业发展方向，增加科技含量与新技术应用，不断丰富和增加市场奶制品种类，持续满足消费者营养需求，建设与繁荣社会主义农村经济，是中国水牛奶业发展的历史必然。

第三节　中国牦牛奶业史

一、牦牛起源与发展

牦牛是中国青藏高原高寒牧区的独有畜种，被誉为“高原之舟”，可产肉、产奶，可骑、可驮，可耕、可驾，具有奶、肉、毛、役兼用等多种经济用途。牦牛自古以来就与当地民众的生产、生活、文化、宗教等有着密切关系，具有不可替代的生态和经济地位。

（一）牦牛起源与驯化

牦牛起源于中国，中国驯育饲养牦牛的历史源远流长。至2011年，虽然没有确切的直接证据证明古羌人是如何把捕获到的野牦牛改变成为家牦牛的，但是可以推断，野牦牛的驯化过程与其他家畜的驯化应基本类似。

依史料推断，大约在距今1万～2万年，由于捕捉工具的改进和智慧的提高，古羌人能够捕获到大量的吃不完的野牦牛，并借助他们在驯养绵、山羊中已经积累的经验和方法，开始驯养牦牛，经过距今约5 000 ～ 15 000年的时间，古羌人已将野牦牛驯养成功，逐步形成了原始的牦牛业。

1959 年，在中国青海省都兰诺木洪塔里遗址出土的文物中，发现了牦牛毛织制的毛绳、毛布，牦牛皮制作的革履及牦牛陶器等物品。在西藏厂都地区卡若遗址中，还发现有饲养牲畜的圈栏和大量的牦牛遗骨，说明早在殷周时期以前藏族祖先居住的原始部落，藏族的祖先——古羌人就在青海西部、南部地区驯养了现今尚存于昆仑山、祁连山的野牦牛，并且很早就以牦牛产品为原料制作了许多生活日用品和工艺品。由此判断，古羌人驯养牦牛的时间，应当比这些文物制作的时间还要更早[1]。

古羌人驯养野牦牛成功后，不断改进饲养管理条件，并从养育的牦牛中选出符合他们要求的个体作为种用，繁殖后代。经过多代原始繁育，才逐渐把野牦牛驯化为真正的家牦牛。这一阶段至少用了1 000 ～ 2 000年的时间。在这一过程中，由于饲养牦牛的技能简单，养育牦牛数量少，而且经常发生近交，加之野牦牛不能很快适应改变了的生活环境，所以饲养野牦牛不如野生的高大、强壮。以后，牦牛又经过先人的不断长期选育，终于培育成与野牦牛在毛色、习性等方面有一定差别的现代家牦牛。

（二）古代牦牛与牦牛奶

由于古今自然气候的巨大变化和人为因素的影响，中国古代牦牛的分布区域要比现在的分布区域更广泛。古雍州（陕西地区）的华阴地区，以及川陕、川鄂的大巴山区和荆楚山区等，都曾经是牦牛栖息生活的地方。牦牛分布地区几乎占了大半个中国，但缘于遗存史料奇缺，可查证的有关古代牦牛研究记载很少。随着现代考古研究技术的不断进步，相信不久的将来，会有更多的新发现。

自秦汉以后，关于牦牛的记载陆续出现在了古籍中。《史记·货殖列传西南夷列传》对牦牛繁荣民族地区经济作了具体的描述，记载“巴蜀亦沃野……西近邛窄、莋马、牦牛”，“汉兴……开蜀故徼，蜀民或窃出商贾，取其莋马、僰僮、好牛，以此巴蜀殷富”，这里描述的是当时活动在川西北、川西南一带的羌族人民每年冬季，赶着成批牦牛、犏牛、马等牲畜，经邛崃山脉进入巴蜀境内与汉人进行交易的情况。

明代医药学家李时珍在《本草纲目》中记有“牦牛出西南激外（即关外）……人多畜养之”，足见从汉代至明代，西南民间牦牛交易是经久不衰的，以至医药学家也从中了解到牦牛产地情况。由于藏汉民族的牦牛等牲畜交易极盛一时，经营者获利甚多，地方财税收入很大，以至史家称“巴蜀以此殷富”。另据考证，中国古羌人早在3 000 多年前的殷周时期，就已经知道利用牦牛和黄牛

[1] 《中国牦牛学》编写委员会 .1989. 中国牦牛学 . 成都：四川科学技术出版社 .

种间杂交优势，这种杂交牛产奶、肉多，公犏牛役用力大，很受农牧民欢迎。在14世纪的著名藏族历史著作《西藏王统纪》也有记载，时值藏王贡赞布和布带巩夹时期（约公元前2世纪前后），载有："已开垦农田，修渠引水，制作木犁，用二牛抬杠耕地"，这是藏族历史上用牦牛与黄牛杂交所产生的犏牛耕地的最早文字记载。

其间，有关牦牛产品，如肉、奶等的认知与利用，也开始隐现其中。如《吕氏春秋》称"味之美者牦象之肉也"，可见牦牛早在春秋战国时期就以美味闻名。唐代藏医古籍《四部医典》第一卷《根本医典》就有："牦牛奶酪醇烈酒，更加滚水疾病痊"[1]的记载；在谈及"朗症"治疗方法时，还指出"酥油丸加红盐和荜茇，诃子牦牛酥油治上风"[2,3]的秘方。西南民间至今流传许多牦牛奶的传统利用方法，可见牦牛奶及其制品自古享有盛誉。

宋代唐慎微所著《证类本草》卷十六中记述："酥出外国（指古代的牦牛国，在今甘孜地区），亦从益州来…… 乳成酪，酪成酥，酥成醍醐，醍醐色黄白，作饼甚甘肥，亦时至江南"，"酥有牛酥、羊酥，而牛酥胜羊酥，其牦牛优于家牛也"。明代《本草纲目》记有"酥，牟牛、犛牛乳者上"。清代川西民间流传农学著作《三农纪》也有"牦牛酥油，乃品之上者"等的称誉[4]。由此可见，从古代起，牦牛奶及其制品就已成为中国高原高寒地区的主要民族食品了。

（三）近代牦牛业

牦牛这一古老而原始的牛种，对繁荣与发展中国民族地区经济起到了重要作用。但由于历史原因，自唐宋后，封建帝王与统治阶级出于军事统治需要，从中央到地方，只强调马政，忽视牦牛业的发展。所以，有关牦牛分布、生产等各种经济性状，都言之不详，更无统计资料与史料可供参考。自民国后，由于军阀混战，连年战乱，农牧业生产更是无人过问，直至20世纪30年代起情况才开始改变。

抗日战争爆发后，东部及沿海省区相继沦陷。由于军需民用等客观需要，亟待开发经济资源，支持全国抗战。关于牦牛资源的开发利用引起了国内有识之士和畜牧界的重视。1938年，著名畜牧兽医学者陈之长、许振英等率先进入了中国牦牛生产区，如四川省甘孜的道孚、炉霍、甘孜等地，对牦牛、草原进行了为时3个月的实地考察，撰写了《西康省畜牧兽医考察报告》。

1939—1944年，中央大学畜牧兽医系教授陈之长先生，以及美国畜牧专家蒋

---

1 宇妥·元丹贡布宁玛，等.1983.甘露精要八支秘诀续第一卷：根本医典.李永年，译.北京：人民卫生出版社：11.

2 宇妥·元丹贡布宁玛，等.1983.甘露精要八支秘诀续第一卷：根本医典.李永年，译.北京：人民卫生出版社：90.

3 "朗症"系指中医广义的风类疾病。

4 中国牦牛学编写委员会.1989.中国牦牛学.成都：四川科学技术出版社.

森（Ray.G.Johnson）等人曾先后组织西康畜牧考察团，以康定为起点，经道孚、嵧化、理化、西俄洛、雅江等高寒草地牦牛产区考察，写成了10万字的专题考察报告、审查报告，对康藏牦牛业作了概括介绍。1944年，前中央畜牧实验所根据这些考察和部分实验材料，撰写了《牦牛、犏牛初步调查报告》。

1945年农林部美籍顾问菲立普（Ralph W. Philips）博士在担任美国农业部顾问期间曾到中国讲学和考察，将他们在中国西南地区所获得的有关中国牦牛资料，分别写入《中国之畜牧》和《亚洲的牦牛及其与家牛的杂种》，刊于美国政府《远东丛书》之九和《遗传学杂志》37期，至今仍被国内外学者广为引用。1948年梁达新先生在《中华农学会报》186期上，发表了《西康之牦牛》向人们较全面地介绍了牦牛的基本情况。随后，康藏问题专家任乃强等人对康藏羌塘地区牦牛业及其产品的加工等作了进一步介绍。

据文献资料记载，中国牦牛较早开展改良工作的，是西康省模范乳牛场。该场曾于1941年购进荷兰公牛1头，与20头母牦牛进行种间杂交。由于当地发生牛瘟，仅有两头受配母牦牛产了杂种犊牛，比当地黄牛与牦牛杂交所生的犏牛要大。遗憾的是，由于历史原因，迄今未见到这部分改良牛的奶、肉产量纪录与具体信息，但这是一次引进良种牛改良牦牛的历史性突破与尝试，是牦牛杂交改良迈出的第一步和最早纪录，为日后的牦牛改良奠定了基础。

二、中国牦牛奶业

（一）牦牛养殖业

1.牦牛分布与品种资源 牦牛分布地域的较大变迁，是在历史原因、自然生态变化及人类活动等复杂因素的综合影响下而形成的。至2011年，中国牦牛主要分布在以青藏高原为中心，以阿尔泰山、昆仑山、祁连山、唐古拉山、冈底斯山、喜马拉雅山为骨架的中国西北、西南的高原地带。产区范围基本位于北纬27°～40°，东经74°～105°，产区面积占中国国土总面积的1/4。其中，以藏族为主的地区居民均以牧养牦牛，藏绵、山羊为主，生活风俗习惯及游牧生产方式等也都趋于相同或相近。

中国是世界上饲养牦牛数量最多的国家。据史料记载，新中国成立前，中国共有牦牛500万头。新中国成立后，牦牛数量发展很快，到1981年发展到1 200多万头，至2011年已经发展到1 400多万头，其中，青海500万头、西藏472万头、四川400万头、甘肃125万头、新疆25万头、云南10万头。中国牦牛数量占世界牦牛总数的95%。全世界其余的100多万头牦牛分布于蒙古、前苏联中亚地区、尼泊尔、印度等地，阿富汗、巴基斯坦仅有少量牦牛。

中国牦牛由于主产地的地理生态条件、草地类型、饲牧水平、选育程度、繁育方式、社会经济结构等不同，致使牦牛在体态结构、外貌特征、生产性能、利用方向等方面有所差异，已经形成了12个地方品种[1]和1个培育品种。

帕里牦牛：属兼用型地方品种，产区在海拔2 900 ～ 4 900米的西藏自治区日喀则地区亚东县帕里镇的高寒草甸草场、亚高山（林间）草场、沼泽草甸草场和亚高山、山地灌丛草场等几类草地。2000年列入国家畜禽品种资源保护名录。

帕里牦牛（公牛）

帕里牦牛（母牛）

青海高原牦牛：产于青海南部、北部，包括果洛藏族自治州和玉树藏族自治州2个州的12个县，黄南藏族自治州的泽库县和河南蒙古族自治县，海西蒙古族藏族自治州的天峻县和格尔木市，海北藏族自治州的祁连县和海南藏族自治州的兴海县西部，大多在海拔3 700米，甚至4 000米以上的高寒地区。

青海高原牦牛（公牛）

青海高原牦牛（母牛）

天祝白牦牛：为世界珍贵的稀有牦牛种质资源，享有草原“白珍珠”之美称。天祝白牦牛中心产区为天祝藏族自治县。主要分布于该县的松山、西大滩、华藏寺、石门、抓喜秀龙、打柴沟、天堂、炭山岭、哈溪、祁连、旦马、毛藏、大红沟、东大滩、朵什、赛什斯、安远、赛拉隆、东坪等19个乡（镇）。2000年

[1] 国家畜禽遗传资源委员会.2011.中国畜禽遗传资源志·牛志.北京：中国农业出版社.

被农业部列入国家级畜禽品种资源保护名录，2006年又被农业部确定为全国138个重点保护畜禽品种之一。

天祝白牦牛（公牛）

天祝白牦牛（母牛）

此外，还有原产地为西藏自治区斯布地区的斯布牦牛，中心产区为西藏自治区那曲地区嘉黎县的娘亚牦牛，以及西藏高山牦牛、九龙牦牛、麦洼牦牛、木里牦牛、甘南牦牛、新疆巴州牦牛、中甸牦牛等地方品种。

大通牦牛：是中国自主培育品种。由中国农业科学院兰州畜牧与兽药研究所在青海省大通种牛场，结合青藏高原高寒牧区牦牛生存的自然与社会经济情况，经过25年不懈研究，以野牦牛为父本、当地家牦牛为母本，培育的含1/2野牦牛基因的肉用牦牛新品种，是世界上人工培育的第一个牦牛新品种，因其育成于青海省大通种牛场而得名。2004年通过国家牛品种审定委员审定，2005年获农业部颁发新品种证书。

新品种牦牛具有肉用性能好、抗逆性强，体型外貌一致，遗传性稳定等优良特征，产肉量比家牦牛提高20%，产毛、绒量提高12%，繁殖率提高15%～20%。已成为青藏高原牦牛产区及毗邻地区可广泛推广应用的新品种和新技术。大通牦牛对建立中国牦牛制种与供种体系，改良牦牛品质，提高牦牛生产性能具有重要实用价值。

大通牦牛种（公牛）

大通牦牛的犊牛群

2. 牦牛特性

（1）**生态特性** 牦牛是青藏高原特有的遗传资源，也是当地畜牧业生产的主体畜种。始新世前后印度板块与欧洲板块平和相橦以及第四纪高原整体强烈隆起而形成了“世界屋脊”青藏高原，其平均海拔4 000米以上。

在牦牛产区内还有天山、阿尔泰山、祁连山、昆仑山、唐古拉山、念青唐古拉山、冈底斯山、喜马拉雅山一道道屏障，呈纬向排列，又有横断山脉呈纵向排列在西藏东南部。因地形地貌呈现复杂而多样化，有山地、湖盆、低山丘陵、峡谷、冰川、荒漠等。这些地形呈地带性分布，按地势和地貌可分为峡谷类型、高原类型和河谷山地类型。本区内有大量地表水，如冰川融水、泉水、河水、湖水，青藏高原内水系十分丰富。此外，还有长江、黄河、雅鲁藏布江、怒江、澜沧江、金沙江及其支流水系。不仅给饲牧的牦牛提供丰富的水源，也形成了广袤的天然草场。

由于其高原奇特多样的地形、地貌和空气环流及天气系统影响，也形成牦牛产区复杂多样的以下独特气候条件：①日照多、辐射强。平均日照时数在1 600～3 600小时，全年辐射量588～1 008千焦/厘米^2，比高平原地区多1/3以上。②气温低、温差大。产区枯草期长达7个月左右，年平均气温－7℃左右，海拔3 000米以上地带最高气温20～34℃，极端最低气温－48～－17℃。③空气含氧量少。牦牛生息的地方，氧分压都低于海平面。海拔3 000米地区，空气含氧量比海平面减少1/3，海拔5 000米则减少1/2。通常海拔每上升100米，氧分压下降160帕。而且冬、春季节风大而干燥。

（2）**生物学特性** 在青藏高原严酷的生态地理条件下繁衍的牦牛，经过漫长的自然和人工选择，形成了不同于其他畜种的独有形态特性、生理特性和遗传特性。

①对缺氧低温环境的适应性。牦牛在海拔3 000米以上的高寒草原，利用天然草地牧草繁衍后代，为人们提供肉、乳、毛、奶等畜产品，并能骑乘、驮载。是因牦牛的气管较普通牛短而粗大，断面呈半月形。气管软骨环两端间的距离大，两端间的肌肉长而发达。器官的特征使其能适应频速呼吸，单位时间增加了气体交换量，能获得更多的氧。牦牛的胸腔与普通牛相比大而心肺发育好，心肺指数较普通牛高。肺泡面积大，同样肺组织断面上牦牛占59%，普通牛40%。提高气体的交换机能。牦牛具有呼吸、脉搏快，血液血红细胞和血红蛋白高的生理特点。这些都是牦牛对缺氧环境的适应性表现。再加之牦牛被毛特殊的结构，全身长而密的粗毛、短的绒毛、两型毛组成的混合性被毛。特别是腹部、肢部、尾巴等裙毛，形如连衣裙，可抵御严寒。

②对高山草地矮草和粗放饲牧条件的适应性。牦牛的嘴巴宽大，鼻镜小，嘴唇薄而灵活，每口采食的幅度大。牦牛的门齿齿质坚硬，齿面宽大，着生平坦。

牦牛舌段宽，钝圆，舌面丝状乳头发达、角质化。所以牦牛既可以舌卷食高草，又可像绵羊那样在嘴唇的协助下，用平坦坚硬的门齿啃食短矮牧草。在冬、春高山草地雪封的季节，可用颜面、嘴巴刨开厚雪进行采食。善走高山险路，翻越陡坡，绵羊及马匹不能到达的陡坡峭壁，它能行走自如，扩大了牦牛采食范围。

3. 牦牛改良与疫病防治 新中国成立后，党和政府非常重视藏区畜牧业的发展，使中国的牦牛生产有了较大的发展。广大牧区采取科学养畜，培育草原，从牦牛的本品种选育，利用普通牛种公牛的冷冻精液进行种间杂交，商品率和经济效益明显提高，研究工作取得了丰硕成果，使中国的牦牛生产跨入一个稳定、快速的发展新阶段。

20世纪50年代中期，原西北畜牧兽医学院，西北畜牧兽医研究所，四川农学院、西南民族学院等一批学者对牦牛资源、生产性能、放牧管理、杂交改良进行了研究和试验，提出了一些有价值的牦牛发展技术。1954 年西藏由陕西省西安草滩农场购荷兰公牛3 头，拟同牦牛进行种间杂交，运入拉萨市后因不适应生态环境而先后死亡。1960 年12 月又引入西门塔尔牛8头，以后在林芝地区繁育，用以与牦牛、黄牛进行杂交。青海省大通牛场从1954 年起，引入荷斯坦公牛、西门塔尔公牛、三河公牛同母牦牛杂交，至1959 年产各龄种间杂种100 余头，形成以乳为主的犏牛生产群体。

1955年，任继周先生对牦牛放牧习性进行了观察研究，提出了按草场产草量进行轮牧的技术。原西北畜牧兽医研究所路葆菁、许康祖研究员在青海进行了奶牛和牦牛的杂交试验，首次有计划地在高寒牦牛产区引进荷斯坦奶牛和牦牛杂交，生产高生产性能的犏牛，并总结出实用的杂交组合和杂交技术，同时，路、许二位先生带领年轻的畜牧技术人员深入了解藏族牧民选留种公牛的技术，发现藏族牧民很早以前就知道野牦牛公牛在家牦牛发情期偷配所产的野 × 家F_1代牛有很强的优势表现，更能适应于高海拔地区草场，用这些野 × 家F_1代牛作种公牛，可以明显改善家牦牛群体的体重和放牧性能。当即就提出可利用野牦牛改良复壮家牦牛的建议。为了实现牦牛乳肉性能兼备，许多学者做出了不懈努力。兰州军区山丹军马场1959 年引入科斯特罗姆牛、短角公牛与牦牛杂交；1968 年用黑白花牛与牦牛杂交。

20世纪70年代中期，中国牛冷冻精液试验成功，青海、四川等省先后将牛冷冻精液引入高原与牦牛进行输精杂交试验成功，解决了直接引进良种公牛上高原的困难，在牦牛杂交改良上，取得了历史性的技术突破，加快了牦牛杂交改良速度。

在20世纪60年代初，四川农学院的周寿荣，甘肃农业大学的张容昶等学者测定了牦牛夏季采食量，为确定合理的载畜量提供了依据。在新中国成立后的十多年内，牦牛产区推广效果最显著的应用技术是牦牛烈性传染病的控制，建立强制性的防疫制度，在短时间内消灭了肆虐高寒草原牦牛产区的牛瘟，有效地控制了牛肺疫的流行，牛巴氏杆菌病、炭疽、副结核、副伤寒等传染病都得到了有效的控制。这一切都得益于高寒牧区严格的防疫制度及完善的防疫机构。

“文化大革命”后，牦牛科学技术得以快速发展。1976 年3 月，四川省川西北草原开发利用科研协作会在四川阿坝藏族自治州汉川县召开，牦牛杂交改良列入研究专题，开始采用普通牛种冷冻精液在川西北草原上同牦牛进行种间杂交。截止到1986年，通过中国牦牛科研协作组六省（自治区）七方的通力协作，全国共获得3.2万头杂交改良牛。从上万头的杂交后代的大量科学数据中可以看出，以牦牛种间杂交技术来提高牦牛生产性能的方法是可行的，其经济效益也是十分显著的，取得了宝贵经验。

经历20世纪90年代发展低谷后，在21世纪初期至今，中国牦牛种间杂交技术推广工作又有所加强，如阿坝州牧区各县等地的推广范围逐渐扩大，并取得显著效果。

4. 科技攻关　改革开放后，中国牦牛事业得到了高度重视。1979 年9月，中国牦牛科研协作组在青海省西宁市成立。1979—1985 年，有青海、西藏、甘肃、新疆、云南、四川省的130 个协作单位，畜牧科技人员200 多人，全面开展牦牛科研协作工作。在牦牛产区采用海福特牛、夏洛来牛、安格斯牛、西门塔尔牛、黑白花奶牛的冷冻精液，进行种间杂交，已获得种间杂种牛3.2 万头。提高了杂种后代的乳、肉生产性能，并筛选出最佳组合。发表科技论文300 余篇。

广大畜牧科技人员，从牦牛资源调查、本品种选育、杂交改良、饲养管理、疾病防治、草原建设、生态等多学科领域作了广泛深入研究，撰写了大量的研究报告，在不同的公开发行刊物或内部交流资料上发表，形成了首次牦牛科学研究与技术推广热潮，当时的农垦部组织全国从事牦牛科学技术工作及生产经营管理人员于1979年8月在青海西宁市召开了中国牦牛科研协作组成立大会，并于1980年创办了《中国牦牛》季刊，此后于1981、1983、1985、1991年分别在成都、乌鲁木齐、昆明、西宁召开了4次协作组会议，《中国牦牛》杂志从1980年创刊到1996年停刊，共出60期。

中国农业科学院兰州畜牧研究所科研人员在20世纪80年代初开始捕获、驯化、利用野牦牛为父本进行牦牛新品种的培育，2005年获得世界唯一的人工培育牦牛新品种。随后全国牦牛产区通过各种方法提高牦牛生产性能。利用生化遗传标记、细胞遗传标记系统开始了牦牛的生产性能、蛋白多态性、种质特性、品种类型大量的研究。

自2000年以来，多种DNA分子遗传标记广泛应用于牦牛种质分子特性研究，包括牦牛地方品种的遗传多样性及分类研究，牦牛品种间、品种内个体间、牦牛与其他牛种间的亲缘关系和比较基因组学研究，犏牛雄性不育的机理研究，微卫星多态性等领域科学研究。

近年来，中国牦牛科研工作者对牦牛经济性状的功能基因进行了一系列探讨研究。内容包括牦牛肌肉生长抑制素（MSTN）、生肌调节因子（MYF5）、脂蛋白脂肪酶（LPL）、脂肪酸结合蛋白（FABP）基因、脂肪酸合成酶基因（FAS）、蛋白激酶γ3亚基基因（PRKAG3）基因的多态性，血管内皮生长因子（VEGFA）和缺氧诱导因子-2（EPAS1）基因的特异性单核苷酸多态性（SNP）等，探索基因结构与功能及与肉质性状的关系及牦牛低氧适应性的分子机制等。随着分子生物技术的研究进展和基因改良技术的日趋发展，相信在不久的将来，将通过分子育种技术加快牦牛优良品种的选育，改变牦牛研究和应用的落后现状。

（二）牦牛奶的产业雏形

至2011年，牦牛产区以牦牛乳为原料的乳品加工厂数量不少。其中，以牦牛曲拉为原料生产乳蛋白产品主要的企业集中在甘肃，其中以甘肃华羚酪蛋白股份有限公司规模最大。甘肃华羚酪蛋白股份有限公司位于甘肃省合作市，拥有全资、控股企业2家，至2011年，是国内最大的酪蛋白产品研发、生产和销售的龙头企业，产品远销欧美、中东、中非及东南亚等国家和地区。公司充分发挥区位优势，以青藏高原优质的牦牛奶资源和藏区特有的曲拉为原料，利用先进的生物技术，致力于新型环保、安全绿色的高科技产品的研发、生产、推广和利用。经过多年的不懈努力，在酪蛋白生产行业始终处于领先地位，产品被广泛应用于食品、生物制药和材料加工等行业，是农业部、国家发改委、科技部等部委认定的“农业产业化国家重点龙头企业”、“国家扶贫龙头企业”、“国家高新技术示范企业”、“甘肃省农产品出口创汇重点企业”。并先后通过了ISO9001国际质量管理体系认证、HALA/KOSHER认证、OU-D认证、HACCP认证和国家出口食品生产企业注册资格认证。公司恪守绿色、环保发展理念，立足藏区资源优势，以促进藏区经济发展和社会进步为已任，依靠科技创新引领行业发展，努力打造中国酪蛋白第一品牌，已形成了“公司+牧户+牧区基地”全产业链式的经营模式。通过整合藏区的资源优势，建成了独具特色的酪蛋白产业中心，为公司的可持续发展和实施国际化战略提供了有力保障。

1. 专业化生产 牦牛产奶量按每头泌乳量1/3计[1]，每头年产200千克左右，泌乳母牦牛按总头数36%母牦牛计[2]，年可产奶70万吨左右。但因其分布区域广，产量和季节性生产影响，加之交通不便，原料奶收集困难等原因，以及牦牛主产区的生奶收购、冷藏运输诸多困难，实际商品牦牛奶的加工量微乎其微，不足总产量的1/4。

---

[1] 泌乳量是指挤乳量和犊牛自然哺乳量之和。

[2] 产犊母牛按母牛总数的36%计。

至2011年，牦牛产区以牦牛乳为原料的乳品加工厂数量不少，但规模小，如青海果洛乳品厂、西藏那曲奶粉厂、四川红原、阿坝等地以牦牛乳为原料的小型奶粉厂，日处理鲜乳不足10吨；乳品加工厂规模小，品种单一，生产工艺和设备落后。乳品开发迄今仍处于传统落后的家庭作坊式初级加工阶段，加工层次低，利用率低，花样少，新产品少，这也是造成牦牛奶制品粗制品多，半成品多、低质产品多的主要原因。牧区自食的加工仍延续传统工艺，后建的部分加工企业开始投资建设现代加工设备与工艺技术[1]。

在牦牛产区，形成一些以牦牛奶加工的小型工厂。如四川省红原县的红原乳业有限责任公司前身为红原奶粉厂。1956年建成投产，其产品“红原”牌牦牛奶粉为当时中国国内奶粉市场中最畅销并最受欢迎的产品，由于产量有限，当时甚至出现了由国家政府出面，实行定量供应“红原奶粉”的局面。但随着市场经济的发展，市场需求的变化，其生产能力也在逐渐弱化。

虽然该公司新厂已引进瑞典利乐新型UHT液体乳生产线，全部实现国际先进的生产工艺和设备技术，提高了生产水平与产能。但要凸显其牦牛奶的特色，还需在功能、特色等方面进行深入开发，研制新型牦牛奶制品，以有别于其他奶类产品，避免奶产品市场同质化，彰显牦牛奶自身特色。

2. 产业化经营与统筹发展 西部牦牛产业集团成立于1997年，是经国家工商行政管理总局批准成立的从事牦牛产业化综合开发的多元化民营股份制企业，亦是青藏高原上唯一以全方位产业化方式开发牦牛资源的集团公司。甘南藏族自治州燎原乳业有限责任公司，年生产能力500吨，主要生产燎原牌全脂、婴儿奶粉。甘肃华羚集团有限公司，年生产能力4 000吨，主要生产工业级、食品级干酪素系列产品及酪蛋白酸钠。西藏高原之宝牦牛乳业股份有限公司成立于2000年，公司依托青藏高原珍贵的牦牛资源，致力于牦牛乳制品的综合开发。这些只是个别的牦牛乳产品生产厂家，在牦牛产区还有许多这样的生产加工厂。

在牦牛产区兴建数万吨以上的乳品加工企业务必慎行。首先考虑如何保证长期稳定的原料乳供应。虽然年加工能力10万吨牦牛奶的乳品企业并不算太大，但至少需要36万头产奶牦牛的全部挤奶量予以供奶，而支持这个数量的产奶母牛牛群就应当是上百万头的牦牛群，至少需150万公顷的优良高山草甸草场来牧养，这样大范围内收奶加工的确叫人望而却步[2]。

至于其生产的可持续性如何保证，以及季节性如何应对，能否按计划生产和满足供应，产品如何走向高端市场，产品是否能够保持牦牛乳的特色与功能等，都亟待系统性规划与研究开发，统筹发展。

---

1 阎萍.2004.牦牛乳业的开发与利用.中国乳业（7）.

2 陆仲璘.2009.牦牛乳的开发利用.刍议牛业科学（5）.

牦牛是一个特殊牛种，也是一个原始畜种，更是世界上面积最大的少数民族聚居板块的牧业经济支柱，但是与飞跃发展的邻近学科，如奶牛业相比，尚有很大差距。牦牛奶业发展的当务之急是如何提高牦牛的产奶性能。对这个特定地域的特殊奶畜，还需进行系统全面地科学研究，提出切合实际并与当地生态环境相符的牦牛奶业发展战略。

（三）牦牛奶及其奶制品

1. 牦牛奶特性 牦牛在青藏高原高寒草地全放牧状态下，母牦牛乳房小，产奶量少。泌乳期大多为150天，1头犊牛日哺量占母牦牛日泌乳量1/2 ~ 2/3，这样每头牦牛日产奶量在1.5千克。一般情况下，各地牦牛产奶量差异较大，这与季节、放牧管理、胎次、产犊时期、挤奶次数与技术、草场类型、类群等相关因素有关。总体来看，每年7 ~ 9月份气候温暖，青草丰盛，牦牛的营养良好，则产奶量高，而到了10 ~ 11月份，牧草逐渐枯黄，气温下降，则奶量开始减少甚至停止。由此看出，如何破解季节性产奶影响，也是实现产业化的关键问题之一。

牦牛乳的特点是干物质和脂肪的含量高，无论是初乳，还是常乳，其干物质、乳脂、蛋白质、乳糖等营养成分含量均比奶牛高，牦牛乳脂肪球大（4.39微米），乳脂含量高，是加工奶油系列制品最优原料乳之一。牦牛干物质18%，乳肪脂 7.0%，蛋白质5.2 %，乳糖5.4% 。牦牛乳中钙的含量为1 475毫克/升。除维生素B_5外，维生素A、维生素C、维生素B_1、维生素B_2、维生素B_6和维生素B_{12}、维生素D、尼克酸、类胡萝卜素都高于普通牛乳。牦牛乳中18种氨基酸含量合计为每100克含2 458毫克，各种氨基酸含量较高，且种类齐全。牦牛乳脂中不饱和脂肪酸含量高，脂肪较柔软，其蛋白质的组成中因酪蛋白占84%左右，凝乳性好，乳浓稠，被誉为“天然绿色浓缩奶”。

牦牛与其他舍饲牛完全不同，在海拔3 000米以上高寒草原进行终年放牧，不补饲，因此牦牛奶是纯天然绿色食品。牦牛奶不仅营养成分高于普通牛奶，而且风味独特，特殊功能的奶产品开发，则显得尤为重要。关于牦牛奶的特殊功能，现代科学研究始终没有停顿，随着科学技术的不断发展，亟待新的发现。

2. 传统牦牛奶产品

（1）牦牛酸牛奶　是以牦牛奶为原料，经乳酸菌发酵加工而成的乳制品。牦牛产区多为不加糖的凝固型酸牛奶；他们沿用传统而古老的方法加工酸奶，将鲜奶煮沸，当奶温为50℃左右时，拌进原先剩余的酸奶，加盖保温。夏、秋季节6 ~ 10小时，冬、春季节时间稍长，取出即成酸奶。这种方生产法较好保存了牦牛酸奶特有自然味道，营养价值高、风味独特。

（2）牦牛酥油　是含水分12 % ~ 15 %，乳蛋白质1 %左右，乳脂肪84% ~ 87%的粗制黄油。是一种用途十分广泛的生活资料，是青藏高原牧民重要的奶食之一。除供作食用外，在藏医药中作为食疗剂和敷料软膏等。在土法鞣革中用作鞣和剂和裘衣革面的保护剂。在高寒草地供照明。酥油搽手可保护皮肤。也可塑造山水花卉等酥油艺术品。可制成酥油糌粑、酥油茶、油茶，以及煎炒油炸各种饼类、蔬菜和点心、糖果等。

(3) **牦牛干酪素** 干酪素藏语称“曲拉”，牦牛干酪素是牦牛奶脱脂乳中的酪蛋白遇皱胃酶或遇酸后产生的凝结物，经干燥后制成。干酪素分为两类：盐酸干酪素和皱胃酶干酪素。食用干酪素是用优质脱脂奶制成，供食品工业生产营养食物或医药方面用。其风味独特，营养价值高，是牧民的主要食物之一。工业干酪素用于医药、制革、印刷等。

(4) **牦牛奶豆腐** 奶豆腐又称“奶饼”，制作方法大致与豆腐相同。以前，常在牦牛乳中加入一定的醋，使蛋白质凝固，然后以布过滤，去掉乳清，再将凝块用布压榨，即得到奶豆腐。之后奶豆腐则多用脱脂牦牛乳制作，是将脱脂乳置于容器中，使其自然发酵凝固，然后将乳清排出，将含有相当水分的凝块放入锅内加热搅拌，使部分水分蒸发黏度增加，最后取出摊开或放置于定形的木匣中，冷却后即成奶豆腐。为长期保存，可把制成的奶豆腐晒干。

(5) **牦牛奶皮子** 牦牛奶皮子是将牦牛奶（乳脂率高者为佳）过滤后放入锅内加热，边加热边搅拌，免焦煳，到乳液小沸，同时用勺子不断翻扬搅拌，打起泡当乳液表面产生大量的气泡后，过一段时间停止搅拌，以文火保温。保温一定时间后，停止加热，在室温下自然冷却，在乳的表面就形成一层厚厚的、较硬的皮膜，即为奶皮子，再冷却形成后，自然干燥为成品。

(6) **牦牛奶酒** 中国西藏、青海等地的少数民族所制的奶酒与内地一般的奶酒不同，其所制的奶酒是乳清中加入少量的生乳，然后置于密闭的容器中并放到温度较高的地方进行发酵。经20 ~ 30天的发酵后，酒即大致酿成。取出后用酿白酒的方法进行蒸馏，即可得到含酒精10%以上的奶酒。

长期以来，传统牦牛奶产品极大丰富了高寒地区少数民族奶食品种，成为高原牧民和群众必不可少的日常饮食必需品。在保证传统牦牛奶产品特色前提下，利用现代科技，如何实现工业化生产，同时继续深度开发适销对路的新型牦牛奶产品，是发展中国牦牛奶业的又一重要课题，对拉动与促进牦牛奶业的进一步发展具有重要意义。

3. 牦牛奶的深加工产品

(1) **牦牛乳精制干酪素** 传统的曲拉中的酪蛋白含量高，但是其溶解性、乳化性、发泡性等功能特性非常差，不能满足工业生产的要求。用氢氧化钠溶解曲拉，然后通过酶或酸处理，就得到酪蛋白纯度较高的干酪素产品。干酪素有较高的营养价值和良好的功能特性：①在食品工业中，干酪素及其制品被广泛的用作营养补充剂。干酪素能够在水中形成胶体，具有一定的黏度和良好的持水特性。在冰激凌生产中，添加干酪素制品做稳定剂，具有增强脂肪乳化、保湿和改善黏度等作用。在饮料工业中，干酪素可以作为酸性饮料的稳定剂，酒和啤酒的澄清剂、苹果汁的脱色剂。利用干酪素的乳化特性，可以用来生产含较高脂类的食品。此外，还广泛应用于肉制品、烘焙食品、人造奶油、咖啡伴侣和干酪中。②在化学工业中，干酪素溶于碱可以得到黏性强的胶状液。干酪素黏合剂作为水基胶黏剂的一种，以其自身的黏结力强、固化快、耐水性好、无污染和良好的碱洗涤性等优点弥补了水基胶黏剂的缺点，具有良好的初黏性及高速作业性，是各行业十分理想的绿色胶黏剂基础材料。酪蛋白纤维表现出良好的吸湿性、亲水性和拉丝性，适合作内衣、运动衫、儿童服装、睡衣、床上用品等与皮肤直接接触的织物。

（2）酪蛋白磷酸肽（CPP） 用胰酶或胰蛋白酶水解牦牛乳酪蛋白，经过精制、纯化就能制成：酪蛋白→酶解反应→酶失活→干燥→CPP。成品由上述工艺所得产品CPP含量为12%～20%，若经分离纯化可得到含量更高的产品。高含量的产品（含量达80%左右）主要用于含钙量较高的液态产品，固态产品和一般液态营养、保健食品中则大多使用含量为12%以上的CPP产品。除了工艺较简单，成本较低外，低CPP含量的产品中还含有内啡肽、免疫调节肽、抗高血压肽等多种生物活性肽，除具有促进钙、铁、锌吸收功能外，还能向人体提供其他保健功能，其综合营养保健效果更好。因此，国内外市场上以低含量CPP产品的使用和贸易量最大。CPP主要应用于强化钙、铁、锌的营养保健食品（如补充钙、铁、锌的胶囊、片剂、冲剂类保健食品）、乳饮料及针对中老年人和儿童开发的乳制品、豆制品及烹调素中。

（3）乳清蛋白产品 过去，牦牛乳清只被当作生产牦牛乳干酪或者酸奶的副产物而被废弃。但是由于乳清中的蛋白具有功能性和营养价值，使乳清成为一种可以利用的资源。通过对不同的乳清蛋白进行分离，以及对所得到的乳清蛋白进行改性，就会得到具有凝胶特性、乳化特性、溶解性和发泡性的乳清蛋白。

三、科技进步与国际地位

（一）科研机构

20世纪50—60年代，中国牦牛专门研究机构较少。1954年10月，西北军政委员会畜牧部在兰州开始筹建兰州畜牧兽医科学研究所，1956年开始了牦牛特性及杂交效果的调查研究。1957年10月，中国农业科学院西北畜牧兽医研究所成立，1965—1972年，由中国农业科学院兽医研究所代管。

1978年，中国农业科学院兰州畜牧研究所成立。1996年11月，中国农业科学院党组研究决定，在院属中兽医研究所和兰州畜牧研究所的基础上合并组建中国农业科学院兰州畜牧与兽药研究中心。1997年更名为中国农业科学院兰州畜牧与兽药研究所。

西南民族大学在1978年成立了牦牛研究室，1987年开始招收以牦牛为研究方向的研究生，2003年成立牦牛研究中心。2004年4月，西藏自治区农科院畜牧兽医研究所成立“西藏牦牛研究与发展中心”，下设遗传育种、营养与饲草料加工、生产系统分析、疫病防治和畜产品加工5个研究室。

青海省畜牧兽医科学院始创于1952年，下设畜牧，兽医，草原3个研究所，该院是以畜牧，兽医，草原应用研究和开发为主的畜牧业综合性研究机构，重点研究和解决青藏高原畜牧业生产中亟待解决的全局性关键技术问题。主要开展了牦牛品种培育与改良，疫病防治研究，牦牛饲草料供给与营养平衡，牦牛育肥及畜牧业综合配套技术研究等。

新疆巴音郭勒蒙古族自治州畜牧科学研究所成立于1984年，新疆唯一的牦牛研究中心——巴州牦牛研究中心设于该所，所内各研究室分别承担牦牛科研与开发工作。在牦牛产区，还有一些大学或地方研究所、技术推广单位开展牦牛方面的科学研究与推广。改革开放后，有关牦牛科研力量的不断加强，技术队伍逐步壮大，为今后中国牦牛奶业的进一步发展做好了技术储备。

甘肃农业大学食品科学与工程学院依据地理位置优势，一直致力于青藏高原牦牛乳资源的开发利用研究，并取得一定的研究成果，包括牦牛乳中营养成分、活性成分和酶活力的测定等。该校较早开展了牦牛乳干酪素的相关研究，其中在牦牛乳干酪素的生产工艺、抗氧化剂的使用和凝乳酶的选择等取得了一定研究进展。

中国农业大学功能乳品重点实验室[1]由教育部与北京市共同建设，承担了一系列牦牛奶的科学研究与开发工作，开展了牦牛乳的脂肪酸组成、酪蛋白功能特性及由牦牛乳筛选高酶活的凝乳酶和乳糖酶菌株等工作。

（二）技术协作及管理

1979 年在农垦部的领导和支持下，成立了中国牦牛科研协作组，参加协作的牦牛主产省自治区有青海、西藏、甘肃、新疆、云南、四川和中国农业科学院兰州畜牧研究所等。6省、自治区7方协作商定，应以提高中国牦牛生产性能为主攻方向，按国家农委的要求，在2～3年内开展与完成全国牦牛资源调查工作。

自1979年起，相应6个省、自治区都很快组建了由技术骨干参加的牦牛资源调查队伍，集中力量开展调查工作，于1980—1983 年完成了各自省、自治区的牦牛资源调查，写出了调查报告，编入了各省、自治区畜禽品种志和图谱，并进行了地方牦牛优良类群调查，编写了专题报告，为中国牦牛资源的开发利用，提供了可行性的科学依据。

---

[1] 该实验室依托于中国农业大学，整合畜产品加工与贮藏、食品生物技术、食品微生物领域的研究力量与资源，为中国乳品行业搭建开放性、综合性的产学研一体化研究平台。

1998年国家畜禽资源委员会畜资委批准成立了全国牦牛品种协会（筹）[(1998) 02号文件]。1998 年7 月，由农业部畜牧兽医总站主办、中国农业科学院兰州畜牧与兽药研究所承办的协会成立暨第一次代表大会召开，来自全国牦牛产区西藏，青海，四川，甘肃，新疆的行政、教学、科研、推广和畜牧场（团）的28 名代表参加了会议。会议讨论通过了全国牦牛品种协会（筹）章程、协会机构人员组成，成立遗传育种与繁殖组，营养、草原、疫病防治组，生产、产品开发利用与技术推广组。

2001 年8 月，新世纪中国牦牛业发展研讨会暨第二届牦牛品种协会年会在新疆巴音郭楞州库尔勒市召开，来自全国牦牛产区新疆、青海、甘肃、四川和西藏的60 名代表参加了会议。与会代表就新世纪中国牦牛业的体系建设、新品种选育、改良和推广利用，新技术推广进行了研讨。2003 年8 月，第三次协会会议在甘肃省天祝县召开，来自西藏，青海，四川，甘肃，新疆的科研、教学和生产等单位的140 名代表出席会议。会议就牦牛保种选育、杂交改良、饲养管理、生态保护、产品开发、发展战略等诸方面进行了学术交流。2005 年8 月，第四次协会会议在四川省甘孜州九龙县召开，与会50 名代表就中国优良地方牦牛品种的选育、改良、提高生产性能，尤其是针对四川的九龙牦牛品种选育、保护和资源利用以及持续发展进行了广泛深入的讨论[1]。

2010年，在全国畜牧总站和中国农业科学院兰州畜牧与兽药研究所的积极支持下，在兰州成了全国牦牛育种协作组，并召开了关于全国牦牛遗传资源保护与利用技术培训班暨全国牦牛育种学术研讨会，牦牛产区的青海、西藏、四川、甘肃、新疆、云南代表100余人参加了大会。全国牦牛育种协作工作的逐步推进，奠定了发展中国牦牛奶业的坚实基础。

（三）科技成果与著作

中国牦牛科研领域，利用现代生物新技术，在现代遗传理论指导下，进行了牦牛遗传理论和方法的研究，还包括牦牛解剖学、生理学、组织学、发育学、生物化学等领域的系统研究，使牦牛学科得到进一步充实和完善。在牦牛营养学方面，进行了牦牛能量、瘤胃消化生理、氮代谢及补氮技术的研究，使牦牛学科中比较薄弱的环节得到加强。另外，还进行了牦牛产品开发利用等领域的实用技术研究，取得了许多可喜成果。

最具代表性是中国农业科学院兰州畜牧与兽药研究所和大通牛场培育的“大通牦牛”。2007年大通牦牛新品种及培育技术获国家科技进步二等奖，这是世界牦牛行业第一个培育牦牛品种，是中国第一个牦牛领域的国家奖。2010年由中国农业大学和甘肃农业大学等单位完成“青藏高原牦牛乳深加工技术研究与产品开

1　陆仲璘.2003.中国牦牛科学技术发展回顾与展望.甘肃农业大学学报（10）.

发”获得2010年度国家科技进步二等奖。这是新中国成立后牦牛业取得的两个国家级成果。

此外，各省、自治区的牦牛科技工作者相继取得了省部级科技奖，如中国牦牛科研协作组主持、26个单位参加的“提高中国牦牛生产性能的研究”，1985年获农业部科技进步二等奖。由中国农科院兰州畜牧研究所李孔亮主持的“野牦牛驯化及冻精利用”，1988年获农业部科技进步三等奖。青海牧科院胡令浩主持“生长期牦牛基础代谢和补氮技术”，1996年获青海省科技进步一等奖。“天祝白牦牛种质资源保护与产品开发利用”，2009年获甘肃省科技进步二等奖。

2010年由中国农业大学教育部功能乳品重点实验室任发政教授主持，甘肃农业大学甘伯中教授等人参与完成的“青藏高原牦牛乳深加工技术研究与产品开发”获得2010年度国家科技进步二等奖。该项目通过研究，明确了牦牛泌乳特性及微生物菌相变化规律，探明了曲拉不良色泽与风味的产生机理，攻克了牦牛乳曲拉溶解与改性、护色与干燥等技术难题，实现了牦牛乳加工技术的自主创新与技术突破。项目总体达到国际同类技术领先水平。项目研发了系列牦牛发酵乳和高品质干酪素生产新工艺和新产品，获发明专利5项，建立了国内最大的牦牛发酵乳及干酪素加工基地，获得经济效益18.1亿元，创汇1.5亿美元，拉动藏区20万户牧民毛收入增加21亿元，有效地促进了我区乃至中国牦牛奶业的发展。

20世纪80年代以后，有关牦牛研究与技术发展论著掀起了出版高潮，中国牦牛研究领域从发表的论文数量、质量，以及牦牛学科实用应用技术等都处于世界领先水平。截止2010年，通过省级以上出版社公开出版发行的牦牛科学技术书籍共20余部。其中，最具代表是由中国牦牛学编写委员会编写、1989年四川科学技术出版社出版的《中国牦牛学》，凝结了新中国牦牛科研工作40年实践成果，属于国内外第一部系统全面的牦牛学专著。

1989年，甘肃科技出版社出版了张容昶编著的《中国的牦牛》。这也是中国牦牛迄今比较完整的一部牦牛著作，首次向国内外介绍了天祝白牦牛这一珍贵地方品种，引起了各方面的广泛重视，并得到国家保种支持。还有蔡立的《四川牦牛》，李孔亮、陆仲璘与其课题组编撰的《牦牛科学研究论文集》，刘文道的《中国牦牛寄生虫图鉴》，胡令浩的《牦牛营养研究论文集》，Gerald Wiener、韩建林、龙瑞军编著的*The Yak*，阎萍的《牦牛养殖实用技术问答》等。发表有关牦牛方面的论文2 000余篇。这一时期，层出不穷的科研成果与技术集成，有助于提升中国牦牛奶业的技术创新，为加快促进牦牛奶业科技进步创造了条件。

（四）科研水平

中国牦牛生产与科研工作在国际上享有盛誉，素有“一个首创”和“三个绝大”，即首创了牦牛学科，世界上绝大部分牦牛产区在中国境内，绝大部分牦牛在中国，绝大部分科研成果出自中国。所以，中国牦牛奶业发展水平代表着世界水准，引领国际牦牛奶业发展方向。

牦牛奶业的科研进步与新技术应用，关系到中国牦牛奶业以及世界牦牛奶业的兴衰，对繁荣和发展青藏高原牦牛产区经济，加快边疆经济建设，提高少数民族群众生活质量具有重要作用。因此，加强牦牛和牦牛奶的科学研究与统筹规划，正确处理生产、生态与经济之间的关系，持续健康发展高原草地畜牧业，充分利用牦牛及牦牛奶特色资源造福民众，发展独有的高原特色奶业经济，具有极其重要的社会和经济意义。

1994年，在中国兰州召开了第一届国际牦牛研究学术讨论会，与会代表82人，其中国外代表14人分别代表8个国际组织和国家，会后公开出版了英文版论文集，编发论文74篇，在国内外引起了广泛重视。

1997年8月在中国西宁召开了第二届国际牦牛研究学术讨论会，与会代表90多人，国外代表24人，分别来自14个国际组织和国家，会后出版了论文集收集论文82篇，其中国外论文21篇。2000年9月在拉萨召开了第三届国际牦牛研究学术讨论会，与会代表170多人，其中国外代表74人，分别代表14个国家与国际组织，编发论文122篇，并以《国际牦牛研究信息》第5期刊出了论文摘要。

第一届国际牦牛研究学术讨论会

2004年9月，在四川省召开了规模空前的第四届国际牦牛大会，来自英国、美国、德国、法国、俄罗斯等国家的代表，以及联合国粮农组织、国际家畜研究所、国际山地研究所和德国牦牛骆驼基金会的官员及专家学者，包括中国北京、山东、江苏、新疆、甘肃、西藏、内蒙古、四川等省、自治区、直辖市的研究人员共计180多人参加了大会。会议围绕牦牛生产、牦牛遗传与育种、牦牛营养与饲料、牦牛繁殖与生理、牦牛医学、牦牛产品及加工等专题开展研讨，对牦牛产区的可持续性饲草供给，以及牦牛遗传多样性评估与利用等专题展开学术研究，同时，大会还组织考察了四川省牦牛产区及牦牛产品生产企业，研讨了牦牛资源的保护、开发与合理利用等问题。国际牦牛学术会议在中国的连续举办，进一步确立了中国牦牛产业在世界的主导地位，充分发挥了中国牦牛业在全球的特殊作用，引领与推动了世界牦牛业的进步与发展。

第四节　其他特色奶业史略

一、中国马奶业简史

马是草食家畜，在4 000年前被人类驯服。马在古代曾是农业生产、交通运输和军事等活动的主要动力。随着生产力的发展，科技水平的提高，动力机械的发明和广泛应用，马在现代生活中所起的作用越来越小，其役用价值明显下降。如，田间作业几乎都为机械所取代，装甲等车辆取代了骑兵，汽车与飞机取代了马匹成为快捷的交通工具，马匹主要用于马术运动和生产乳、肉，饲养量大为减少。

（一）马——中华民族的宠儿

纵观古代与近代，无论是考古发现，还是遗存史料，均有大量关于马的记载。从伏羲氏传说的原始部落至夏、商、周及春秋战国，乃至秦汉时代直至明、清和近代，在上下五千年历史长河中，马始终伴随中华民族的发展，可谓历史悠久、源远流长。

1. 马的起源与驯化　马属动物起源于6 000万年前新生代第三纪初期，其最原始祖先为原蹄兽，体长约1.5米，头部和尾巴都很长，四肢短而笨重，行走缓慢，常在森林或热带平原上活动，以植物为食。体格矮小，四肢均有5趾，中趾较发达。生活在5 800万年前第三纪始新世初期的始新马（称始祖马），体高约40厘米。前肢低，有4 趾；后肢高，有3趾。牙齿简单，适于热带森林生活。

进入中新世以后，干燥的草原代替了湿润的灌木林，马属动物的机能和结构随之发生明显变化：体格增大，四肢变长，成为单趾；牙齿变硬且趋复杂。经过渐新马、中新马和上新马等进化阶段的演化，到第四纪更新世才呈现为单蹄的扬首高躯大马。

家马是由野马驯化而来。考证史料表明，中国是最早开始驯化马匹的国家之一，从黄河下游的山东以及江苏等地的大汶口文化及仰韶文化遗址的遗物中，都似乎证明距今约6 000年前，几个野马变种已被先人驯化。

夏朝（约前2033—前1562），原始社会解体，进入奴隶制时代，奴隶被用于养畜、打草，原始畜牧业得以发展。商朝（约前1562—前1066），马为王室、贵族所占有，设“牧正”、“牧师”管理，已有称为“多马”的养马奴隶和被称为“刍”的打草奴隶，此为后世马政制度的萌芽[1]。马的驯化晚于狗和牛，马的家称作“马厩”。

2. 马的作用与用途 马的历史比人类的历史要早5 000多万年。在人类认识并驯化马以前，马的历史是自然演化的，而由于人类的出现，并在4 000年以前开始驯化马后，马的历史便按照人类的需要开始了新的历史进程。中国的养马历史已有4 000余年，新疆、青海、内蒙古、甘肃等地因盛产良马而成为中国名马产地。

养马最初是为了食肉。殷代曾用马作祭品。《穆天子传》记载周穆王西巡时，青海一带部落曾献“食马”。后因马在军事、驿运等方面的重要性，不再用作祭品和殉葬品，而且严禁宰马。据《周礼·夏官》记载，周时马的主要用途可分为供繁殖用的“种马”、供军用的“戎马”、供仪仗及祭典用的“齐马”、供驿运用的“道马”、供狩猎用的“田马”和仅可充杂役的“驽马”6类[2]。按周代制度，仅周王可同时兼养6类，诸侯不许养前两类，大夫只许养后两类。这种约束到春秋时期即被冲破。关于各种马匹用途的起源和演变，据《周易·系辞下》和唐《通典·礼》记载，黄帝、尧、舜时已发明马车。殷墟出土的马车构造已颇完备。殷、周时马车普遍用于车战、狩猎和载运。马耕的起源可追溯到先秦。西汉桓宽《盐铁论·未通》记载“农夫以马耕载”，《盐铁论·散不足》记有：“古者‘马’行则服扼（轭），止则就犁”，当系事实。骑马始自何时，尚难确指。但把它广泛应用于生产和战争，无疑始自北方游牧民族。战国时中原各国为了对付北方骑马民族，纷纷改战车为骑兵，赵武灵王“胡服骑射”即其显例。驿马的地位历来仅次于军马。因古代陆上交通主要靠驿站，而无论驿骑或驿车都离不开马。春秋时已有驿，至汉、唐更为发达。唐代每30里置驿站，每站备马8 ~ 75匹不等。

3. 马的现状 根据联合国粮农组织（FAO）统计，2006年全世界马匹数量为58 542 919匹，从世界马匹分布来看，近大半分布在美洲，而亚洲占24%，欧洲占11%，非洲和大洋洲共占8%左右。中国是最古老的养马古国，也是最早把野马驯养为现代马种的国家之一，马匹在几千年的历史长河中，不论是游牧时代、农耕时代和现代交通运输和军事中都作出了卓越的贡献。

---

[1] 徐矶，李易方.1991.当代中国的畜牧业.北京：中国社会科学出版社：1.

[2] 徐矶，李易方.1991.当代中国的畜牧业.北京：中国社会科学出版社：2.

新中国成立后，为了恢复农业生产和保卫边防等需要，大批引进种马（主要从苏联）改良民马，培育军马，使马数量从1949年487.5万匹增到1977年1 144.7万匹，占世界第一位。进入20世纪80年代以后，随农业机械化，交通现代化(高速公路发展)，军事现代化和文化大革命的影响，中国马业不论从数量、质量、体制均明显衰退，中国马业正进入欧美发达国家工、农、交通现代化带来的马业现代化的转型期。

据农业部统计，2006年中国马匹数量比1977年减少了37.2%，仅有716.46万匹，已低于美国950万匹，居世界第二位。主要产马大省、自治区，如内蒙古、新疆、黑龙江、吉林、辽宁、河北、山东等省的马匹数量下降显著。其中，内蒙古1975年为239万匹，到2003年仅有79.22万匹。2010年，全国马匹存栏约678.5万匹。

（二）谈古论今说马奶

马奶含有蛋白质、脂肪、糖类、磷、钙、钾、钠、维生素A、维生素B_1、维生素B_2、维生素C、尼克酸、肌醇等多种成分。具有补虚强身、润燥美肤、清热止渴的作用。马奶成分与牛奶相似，故功效与牛奶相同。马奶性味甘凉，善清胆、胃之热，能疗咽喉口齿诸疾。《随息居饮食谱》指出，马奶“功同牛乳而性凉而不腻”。常人多食，能强身健体、延缓衰老。马奶的营养价值较高，含丰富的维生素和矿物质，而脂肪含量相对较少，容易被人体消化吸收。

1. 古代马奶的利用与发展　对马奶的利用与蒙古族等游牧民族的游牧生活是分不开的，其起源在国内外文献中有着大量的报道。据报道中国北部地区的蒙古族各游牧部落早在4 000年前把野生马驯化为家养，开始了养马业，中亚蒙古高原的大草原是世界养马业的发源地。由于游牧的蒙古族为了方便牲畜转场、举家迁移的游牧生活，牧民们把装满马奶的皮囊背在身上，这样由于人体体温和骑马颠簸摩擦的作用，使皮囊中的马奶温度升高，加之不断地晃动，最终导致了马奶的发酵，这便形成了人们公认的最早的酸马奶了。渐渐地随着蒙古族传统畜牧业的不断发展和成熟，蒙古族人民掌握了酸马奶发酵技术。

据史学家考证，奶酒起源于春秋时期，早在2 000多年前，中国的汉代就有“马逐水草，人仰湩酪”的文字记载。1980年从吉林省榆树县后岗乡出土的文物和据1985年内蒙古科学技术出版社出版的巴·吉格木德著《蒙医学简史》记载，远在匈奴、东胡、乌桓、鲜卑时期，马奶酒就是北方少数民族牧民的上等饮料。制作马奶酒的最早记载也出现在汉代，《夷俗记》：“马乳初取太甘，不可食；越二三日则太酸，不可食，惟取之以造酒。”《汉书·百官公卿表》记载：“武帝太初元年（即公元104年），更‘家马’，为‘桐马’”；“西汉太仆下设家马令1人，丞5人，尉1人，职掌酿制酸马奶。”说明在至今2 000多年前的西汉皇室已经开始设立官员，管理乳马并酿制酸马奶了。

藏医名著《四部医典》中，在介绍“五械涂治法”治疗体表脓疮时，指出使用马奶等调制成外敷膏，记有“棘豆灰与马驴奶调和，旧脓疮漏转为核疮愈”[1]。又如元代《饮膳正要》：“马乳，性冷，味甘。止渴，治热[2]。”

制作和饮用马湩[3]，是蒙古族的一种饮食风俗。蒙古族从部落联盟开始，就有酿造马奶酒的记载，当时蒙古语称为“额速吉”或“忽迷思”。随着蒙古铁骑横扫欧亚，酸马奶也随之传到世界各地。《蒙古秘史》记载，成吉思汗第十世祖索端查儿时期（约10世纪前半叶），生活在通戈力河畔的蒙古族部落，就酿制酸马奶。至今在中亚、西伯利亚、俄罗斯、蒙古及中国的内蒙古、新疆地区兴盛不衰。在现代，酸马奶流行于东欧和中亚地区、柯尔克孜族以及藏族等游牧民族中，宋代著名旅行家徐霆的《黑鞑事略》记载：“其军粮：羊与泲马。手捻其乳曰泲。马之初乳，日则听其驹之食，夜则聚之以泲，贮以革器，倾洞数宿，味微酸，始可饮，谓之马奶子。”徐霆补注曰：“霆常见日中泲马奶矣。亦尝问之，初无拘于日与夜。泲之法，先令驹子吸，教乳路来，却赶了驹子，人自用手泲下皮桶中，却又倾入皮袋撞之。寻常人只数宿便饮。初到金帐，鞑主饮以马奶，色清而味甜，与寻常色白而浊、味酸而膻者大不同，名曰黑马奶，盖清则似黑。问之，则云：此实撞之七八日，撞多则愈清，清则气不膻。只此一次得饮，他处更不曾见。”

13世纪传教士威廉·鲁不鲁乞（Willian of Rubruck）来元帝国传教，回国后写了一本《鲁不鲁乞东游记》，其中详细地记述了鞑靼人（今蒙古人）酿造忽迷思的方法：“当他们收集了大量的马奶时，就把奶倒入一只大皮囊里，然后用一根特制的棒子开始搅拌，棒的下端像人头那样粗大，并且是挖空了的。当很快地搅拌时，马奶开始发出气泡，像新酿的葡萄酒一样，并且变酸和发酵。他们继续搅拌，直至能提取奶油。这时尝一下马奶的味道，相当辣时，就可以喝它了。……为了供贵族们饮用，他们也用这种方法酿造哈刺忽迷思，即黑忽迷思。……他们酿造黑忽迷思时，搅拌马奶，直至奶中所有的固体部分下沉到底部，像葡萄酒的渣滓那样，而纯净的部分留在上面，像乳清或白色的发酵前的葡萄汁那样”。

明代李时珍在其《本草纲目》中记载：“酪，释名湩。北人多造之。水牛、牛、羊、马、驼之乳，皆可作之。”

蒙古族视马奶酒为圣洁之物。自古以来，每逢隆重的祭祀或盛大的节日，都要饮用马奶酒。《元史.祭祀三》卷七十四记载：“其祖宗祭享之礼，割牲、奠马

[1] 宇妥·元丹贡布宁玛，等.1983.甘露精要八支秘诀续第四卷：后续医典.李永年，译.北京：人民卫生出版社：458.

[2] 《饮膳正要》卷3《兽品》。

[3] 湩（dòng），乳汁也。

湩，以蒙古巫祝致辞，盖国俗也”。“凡大祭祀，尤贵马湩。将有事，敕太仆寺桐马官，奉尚饮者革囊盛送焉。”《蒙古秘史》卷二记载：“帖祯……向日将系腰挂在项上。将帽子挂在手上。椎胸跪了九跪。将马奶子洒奠了……”经历代传承，以至于后来的那达幕盛会开幕式的礼节之一均离不开马奶酒，由此可见，马奶酒在蒙古族心目中是何等崇高[1]。

2. 马奶的现代研究 德国马奶研究中心营养学家康尼尔博士研究显示，马奶的营养价值在乳类中较高，含有丰富的维生素和矿物质，容易被人体消化吸收。而且马奶仅含1.5%的脂肪，比牛奶的脂肪含量少一半。马奶分为生、熟两种，生马奶即鲜马奶，熟马奶即酸马奶。酸马奶由马奶发酵制成，含有丰富的维生素、微量元素和多种氨基酸，具有强身、治疗各种疾病的功效。试验及临床研究证明，酸马奶对高血压、冠心病、肺结核、慢性胃炎、肠炎、糖尿病等疾病的预防和治疗作用非常明显，尤其对伤后休克、胸闷、心前区疼痛疗效显著。

此外，由马奶发酵酿成的马奶酒不但清凉可口，富有营养，还能起到滋脾养胃、除湿、利便、消肿等作用，对治疗肺病效果更佳。因此，欧洲把马奶酒饮疗法作为临床疗法之一。由于马的产奶量远远不如牛大，平均一天只产3升奶，这让很多人对马奶可望而不可即，也是它的价格在欧洲居高不下的原因之一。

德国医学专家曼德林博士表示，马奶中有许多抗体可以帮助人体对抗细菌和病毒。而且从营养成分分析，马奶与人奶较为接近。所以，他经常建议让早产儿喝马奶，以增强其免疫力。马奶含有的营养素能迅速溶解在水中，呈均匀的乳胶状，容易被人体消化吸收。这对婴幼儿和患消化道疾病的患者尤为适合。马奶中所含的蛋白质有300多种，其中有一些能预防奶蛋白过敏。

进入21世纪，欧洲不少企业推出马奶制成的婴幼儿食品，用来改善对牛奶过敏的婴幼儿体质。早在3 000多年前的阿拉伯，马奶就被视为“阿拉所赐的神药”，欧洲贵妇人更有用马奶沐浴以保持皮肤光滑、美丽的传统。今天，马奶疗伤养颜的功能再次被人们所利用。人们发现，用马奶洗面不仅能防止皮肤老化，还有消除皱纹的神奇作用。另有研究证明，用马奶洗身体有助于治疗皮炎和湿疹等皮肤病，多饮用马奶则能延年益寿。

除传统的饮食外，当代马奶研究在医疗保健方面取得重要进展。通过研究，人们认识到马奶具有极高的医学价值。如，马奶发酵后的酸马奶具有驱寒、活血、舒筋、消食、健胃等医疗保健功能。饮用酸马奶有助消化，抑制肠道内有害菌的生长繁殖，清除肠道内有害物质的功效；能预防和治疗各种胃肠道疾病，降低血脂、胆固醇；对于动脉硬化、冠心病、高血压等心血管疾病和结核病以及坏

---

[1] 刘文锁.2011.关于马奶酒的历史考证.人民论坛.

血病、微量元素缺乏症等均有良好的治疗效果。苏联B.A皮特罗夫斯卡娅对酸马奶的医疗保健作用也作过研究，认为酸马奶具有显著的降血脂、延长凝血酶原时间的功效，对心肌劳损、心动过缓有效，对改善心脏功能、提高机体免疫力、抗衰老等都有良好效果。X.C戈列格亮德的研究发现，酸马奶对致病真菌、肠道细菌有良好的抑制和杀灭作用，并对肺结核、肺气肿、慢性胃肠疾病、坏血病、神经衰弱、神经性头痛、便秘、痔疮、脂肪瘤、低血压有一定的治疗作用。扎木苏等人认为，饮用酸马奶后患者的全血黏度、血浆黏度、血细胞压积、红细胞电泳时间、血沉、血浆凝血因子Ⅰ都有不同程度的下降。因此，长期饮用能防治高血压、冠心病、脑血管疾病等。由于酸马奶具有降低血黏度、稀释血液、加速血流、防止血小板在血管壁上的黏附与聚集等作用，从而对预防和治疗心肌梗死或脑血栓有良好的效果[1]。

（三）马奶产品与开发

马奶可生产马奶酒、酸马奶、马奶啤酒、马奶露、马奶粉和制造乳糖等[2]。此外，由于马奶具有高乳糖的特点，比较适宜于生产发酵乳制品。20世纪90年代，中国马奶的新产品的开发正式步入新阶段。

1. 马奶制品

酸马奶：酸马奶是以鲜马奶为原料，经微生物发酵而制成的一种保健饮料，该产品营养丰富、酸甜可口、醇厚浓郁、含有人体所需的各种营养成分，是一些地区牧民家中必备的饮品。其制作方法为：从健康母马中挤取新鲜的马乳（初乳、异常乳不用），用纱布过滤后，经90℃、30分钟或95℃、5分钟杀菌处理，然后冷却到40℃左右接种乳酸菌发酵成熟。常用的乳酸菌有乳酸链球菌、嗜热链球菌、保加利亚乳杆菌等，两种菌种混合使用效果较好，添加量为1%～3%。酵母菌有啤酒酵母、面包酵母或乳糖发酵酵母，添加量为2%左右，通常先进行乳酸发酵，再添加酵母进行酒精发酵。经2～3天后，即可发酵成熟，这时酸度为80～120°T，酒精含量可达1%～2%。

马奶酒：在内蒙古和新疆等地虽都有马奶酒生产的厂家，但规模都不大，新疆伊犁地区许多马奶酒都是在街头和商店里出售的。至2011年，就马奶酒的生产来看，菌种和产品的保鲜、保质是工业化生产需要解决的两大难题。至2011年所用的菌种大都为天然菌种，但也有人工配置的菌种，主要以酵母菌和乳酸菌为主，但风味、口感、质量都不及天然发酵剂，研究酸马奶酒的发酵剂以及酸马奶酒中微生物之间的共生关系，也是今后酸马奶酒发展的一个方向。

工业生产酸马奶酒的工艺流程：

---

1 母智森，白英.2003.酸马奶.内蒙古农业大学学报，24（1）：116-120.

2 杨永平，芒来，布仁巴雅尔，等.2010.内蒙古马产品开发与生产可行性分析.北方经济（6）：30-32.

马奶验收→净乳→调配→均质→杀菌→冷却→接种→分装→杀菌
↑ ↓
（菌种→扩培→母发酵剂）→工作发酵剂 检验
↓
成品

马奶露：是以鲜马奶为主要原料，添加甜味剂、乳化剂、增稠剂、稳定剂和调整液等配料，经微生物发酵而酿造出来的保健饮料，是马乳加工系列的新产品。它营养丰富、酸甜可口、风味芳香、去暑解渴，很适合广大消费者的口味。该产品含有乳糖、蛋白质、乳脂、乳酸、乙醇、钙、磷、锌、铁、铜和芳香类物质等。

马奶粉：鲜马奶经过喷雾干燥，可制成马奶粉。这种奶粉湿度不超过3%，可溶性达99%～99.5%，细菌培养率不高于一级，基本上保持了马奶的营养价值，保存期可长达1年，是婴幼儿理想的乳制品。

马奶啤酒：是一种新型的生物饮料，具有清凉爽口、乳味清香、泡沫丰富的特点，有很高的营养价值和医疗价值。其制作方法为：选用新鲜马奶，勾兑后添加8%左右的蔗糖。经100℃、5分钟消毒处理后，冷却至35～40℃，添加乳酸菌和酵母菌混合发酵剂，搅拌均匀，然后在37℃下发酵1～1.5天，酸度达65～70°T时，再进行室温发酵1～2天，当酸度达70～90°T时，在0～5℃条件下再发酵2～3天，这时酒精含量可达1%～3%。

2. 新品种、新技术 20世纪90年代起，围绕着马奶产品的开发与利用，形成了一系列产品。如，马奶果汁酒、酸马奶霜剂、马奶粉、含益生菌群的脱脂活性酸马奶片、活性酸马奶片、抗疲劳马奶饮料、全脂酸马奶粉等。

此外，开发研制了马奶发酵装置，即对传统马奶发酵生产方法予以改进的全不锈钢（SUS304）装置。主要发酵生产装置包括收奶槽、配料罐、化料罐和贮奶罐4部分构成。收奶槽对马奶进行初过滤，经卫生泵送入配料罐；配料罐对马奶进行原料配加，经卫生泵送入化料罐；化料罐顶端安装有电动搅拌装置，对马奶进行发酵生产（此过程包括菌种的加入），后经卫生泵送入贮奶罐；贮奶罐为3层不锈钢罐，含有温度控制系统，保证马奶产品在2～4℃保存。本过程除入口与出口外，生产过程全部处于封闭状态。新型的发酵装置优点是：①设置保温系统，解决了马奶保存期短的难题；②变横向搅动为纵向搅动，提升了马奶生产工艺水平；③机器生产，实现了马奶产品的机械化生产；④变人工手动搅拌为电力自动搅动，节省了人力、财力；⑤提高了马奶的卫生清洁水平，保证了安全生产和安全饮用；⑥为蒙医蒙药保健产品开发提供了一个新的科学化途径[1]。

---

1 李小莹 .2011. 马奶产业化基地建设 . 中国科技成果：13.

（四）马奶产业化探索与发展

进入21世纪，随着生活水平的提高，人们对饮食结构的要求越来越严格，不仅要考虑营养价值的全面性，而且要注意被机体实际吸收利用的多少。在奶食中，以前只喝鲜奶就行，但人们认识了发酵奶的营养价值和吸收利用率均比鲜奶还高之后，酸奶引起了人们的重视。随着马奶的营养及医学价值被人们发掘，马奶特别是酸马奶将来肯定会更广泛地受到人们的青睐，成为家家户户必备的保健奶食。随着科学技术的进步与系统研究不断深入，筛选出最佳发酵工艺和最佳发酵条件，摸清发酵程度与营养成分的内在联系以及通过现代药理学实验技术证实其诸多药理作用之后，酸马奶必将被更广泛地接受，从而引起社会各界的重视，充分地开发和利用它。由于酸马奶有着特殊的有益微生物群，将来必定成为一种很理想的微生态制剂发挥它应有的作用，而且有可能从酸马奶的微生物群中筛选出对结核分枝杆菌等细菌具有高度颉颃作用的微生物来，生产新型抗生素。为了克服马奶来源紧缺的问题，将来可能会通过杂交培养技术，在不失马奶原有营养价值的基础上，研究出新型奶马品种；或利用转基因技术，将马乳腺细胞基因（如马奶特有蛋白质）经转基因后表达在奶牛和奶山羊乳腺细胞上，从而改造牛奶和羊奶品质，即可收到医补双重效果，其社会效益和经济效益之巨大是难以估量的。

1. 产业化探索 作为最古老的养马国家，马文化是中国民族文化的一个重要部分，继承和发展马文化离不开马产品的开发。开发马奶新产品，对保护马品种，促进马业发展，保护国家草原生态平衡，提高牧民收入意义重大。

研究表明，从营养和医疗保健角度看，马奶要比牛奶好。按化学成分来看，马奶与人乳相似。在20世纪80年代，内蒙古锡林郭勒盟蒙医研究所经过多年努力，成功提出了酸马奶疗法，对几百例高血压、冠心病患者进行了临床观察、治疗，发现酸马奶不仅能降血压、降血脂、促进新陈代谢，还能改善胰腺功能，增强肝脾功能，提高人体免疫力。对肺结核、肺气肿、慢性胃肠炎病症均有较好的治疗作用。中国每年有相当多的人患以上疾病，如果酸马奶制成生物药品或保质期较长的保健品的话，患者可以吃到安全、经济、有效的酸马奶药。这还是推动养马业可持续性发展的一种很有效的途径。从而，能早日完成产业化生产，让祖国传统蒙医蒙药学中的酸马奶疗法能够充分发挥应有的医疗保健作用。

2007年9月23日，在内蒙古自治区锡林浩特市，内蒙古大学与企业合作共同成立了内蒙古蒙古马乳业股份有限公司，马奶科研成果得到产业化。内蒙古蒙古马乳业股份有限公司生产内蒙古大学蒙药研究所博格日勒图教授开发的具有自主知识产权的新型马奶乳制产品——活性酸马奶片和马奶清酒。该产品的生产意味着马奶的科研成果，在产业化方面又迈出了新的一步。

2. 马奶业发展 2006年，中华人民共和国农业部第662号公告确定了138个畜禽品种为国家级畜禽遗传资源保护品种。其中，马的保护品种为6个，分别是蒙古马、百色马、鄂伦春马、晋江马、宁强马、岔口驿马。由农业部、国家发改委、工信部、商务部共同制定的《全国奶业发展规划（2009—2013年）》中指出，西部产区（含新疆）要培育“山羊奶、牦牛奶、马奶、骆驼奶和驴奶等特色奶源基地……鼓励发展具有地方特色的乳制品”。由工信部和国家发改委发布的《乳制品工业产业政策》（2009年修订）中也规定，西北产业区（含新疆）要“鼓励发展具有地方特色的乳制品”（第十条），并且不受准入规模限制（第十六条）。2010年，科技部下达了国际科技合作项目之“走出去”计划项目（项目编号：2009DFA31800）——马奶产业化基地建设项目。项目的建设宗旨是依托内蒙古锡林郭勒盟地区良好的地域优势和马资源优势，通过与蒙古交流合作，将建设一个能够起到引导示范作用的马奶产业化建设基地，以此带动当地养马户的积极性，并引起人们对马业的重视，从而为中国马业发展作出贡献[1]。以上这一系列的政策举措，均从战略高度上把马奶业引向产业化发展道路。

二、中国驴奶业简史

家驴由野驴驯化而来。中国驴起源于亚洲野驴，分布在中国的西部和印度、阿拉伯等亚洲内陆。亚洲野驴有几个地方类型（亚种），其中的西藏野驴、蒙古野驴经驯化而形成家驴。中国已有4 000多年的驯化及饲养驴的历史，是世界主要产驴国之一。中国养驴起始于新疆南部，经甘肃、陕西逐步发展至全国。开始引入的驴多集中在陕西关中地区，后逐步向北、向东扩散[2]。

2005年，全世界有驴4 000多万头，其中47%分布在亚洲。中国是世界上养驴最多的国家之一，2003年存栏量约为800多万头[3]，驴的品种包括关中驴、德州驴、佳米驴、新疆驴、晋南驴、广灵驴、泌阳驴等30多个，主要分布在陕西、山东、河南、新疆、甘肃等地。由于各地的地理生态条件、饲牧水平、选育程度、社会经济结构的不同，致使驴在体态结构、外貌特征、生产性能，以及驴奶的利用程度等方面有所差异[4]。

（一）古今驴奶话春秋

考证古籍表明，我们古人利用驴奶历史悠久。驴奶因其独特的功效，自古以来就已成为中国民间的食疗用品和滋补营养品[5]。从古至今，关于驴奶认识与研究始终没有停止。

1. 古代对驴奶的认知与利用　古代六畜中虽然没有包括驴，但从遗存至今

---

1 李小莹 .2011. 马奶产业化基地建设 . 中国科技成果：13.

2 韩涛，努尔拜合提 .2010. 养驴与驴产业发展 . 新疆畜牧业（1）：14.

3 世界各国2003年大牲畜存栏量统计 . 中国农业年鉴2004.

4 马龙，赵效国，杨浩峰，等 .2005. 驴奶的开发利用及前景展望 . 中国乳业（6）.

5 陆东林，张明，江俊峰 .2011. 发展新疆驴乳产业的探讨 . 中国乳业（6）：15.

的许多古籍文献中均有驴的记载，除了驴肉、驴皮等利用外，还有驴奶也隐现其中。佐证了我们先人对驴奶的认识研究，包括驴奶的食疗滋补以及药用。

在藏医名著《四部医典》中，关于治疗肺病的药方已开始明确记载使用驴奶配制了。当患者出现“蜂巢脓甚或者干涸未效”[1]，尤其是针对痰液呈现“脓血相混”时，指出“沙棘五味秘诀方引，脓血相混胡芦巴剂良”，并翔实注释此胡芦巴剂的配制为“黄牛酥油煎取藏紫草汁加紫草茸和口轻驴奶两普[2]，胡芦巴一捧[3]、丁香、白糖”[4,5]。

唐代医学家孙思邈在《千金要方》中就记载了驴乳的药用价值，称其味甘寒，能治疗消渴、黄疸、风热赤眼、小儿惊痫、蜘蛛咬伤、急性心绞痛等疾病。

中国第一部营养学专著元代《食疗本草》也载录了驴奶之妙用，记有“卒心痛，绞结连腰脐者，取驴乳三升，热服之差”，意思是说，心绞痛、绞痛得甚至牵涉到了腰脐痛，取驴乳汁三升，温热后服用就可治愈[6]。

明代李时珍在《本草纲目》中进一步指出：“驴乳味甘，冷利，主治小儿热急黄。多服使利。疗大热、止消渴。小儿热，急惊邪赤痢。小儿痫疾，客忤天吊风疾。频热饮之，治气邪，解小儿热毒，不生痘疹[7]。”

新疆是中国传统牧区之一，经营畜牧业已有很长的历史。随着历史发展与文化传承，以及多民族融合发展，驴奶被沿袭与继承下来。如，在中国维吾尔族传统医籍中，有用驴乳治疗肺结核、肝硬化和胃溃疡的记载。医疗实践证明，驴乳对许多疾病，如慢性支气管炎、肺结核、口腔和消化道溃疡、习惯性便秘、产后或重病后二次贫血等，都有一定的医疗康复作用[8]。

2. 驴奶的发现与研究 关于驴奶的新认识，现代科学技术研究已经取得了许多进展。驴奶开始受到越来越多人的关注与重视。

---

1 藏医将肺病分为“蜂巢肺病共计有八类”，所以有了下文的“蜂巢”一词。另通览《四部医典》知，古代藏医统称内科为“朗、赤、培根”，肺与肺病为“培根”，既有身体功能意思，也有“痰类病”之意，含义较广。1979年在拉萨召开的《四部医典》汉译审稿会上，与会代表一致同意仍译为“朗、赤、培根”。这里的“蜂巢肺病”属“培根”范畴。

2 此处的“和”为动词，同“混合”。“口轻驴奶”校订者谢佐先生注释为：生驹达1年以上母驴所产奶。注文源自：宇妥·元丹贡布宁玛，等.1983.甘露精要八支秘诀续第三卷：秘诀医典.李永年，译.北京：人民卫生出版社：218.

3 藏族古代容量计量单位：双手合拢，掌心量取为“捧”；单手围拢，掌心量取为“把”。注文源自：宇妥·元丹贡布宁玛，等.1983.甘露精要八支秘诀续第二卷：论说医典.李永年，译.北京：人民卫生出版社：23.

4 宇妥·元丹贡布宁玛，等.1983.甘露精要八支秘诀续第三卷：秘诀医典.李永年，译.北京：人民卫生出版社：217-218.

5 查阅《四部医典》全书时，多处记述驴奶的药用方法，如第49、50、314、337及458页，分别应用于肺病和各类创伤等。

6 钱超尘：[唐] 孟诜、张鼎撰《食疗本草》，卷中，中华书局，北京，2011，第148页，第150页。

7 李时珍《本草纲目》。

8 陆东林，张明，江俊峰.2011.发展新疆驴乳产业的探讨.中国乳业（6）：15.

克驴乳15元计算，养1头母驴1年可为农民（养殖户）增加收入1 500元。

2009年，南疆岳普湖等地政府出台了优惠政策，招商引资，划拨土地，建立驴乳加工厂，并指导农民科学养驴，协调驴乳价格，养殖户踊跃交售驴乳，保证奶源供应。提高了当地农民养驴积极性，2010年奶驴的价格已经由过去的每头2 000～3 000元上升至每头4 000～6 000元，有的养驴大户一家饲养10多头奶驴，一天交售驴乳10～15千克，驴乳已经成为家庭收入的重要来源[1,2]。生驴奶的收购价格已由2005年的5元/千克，跃升至2012年的23元/千克。

2. 尝试驴奶制品生产 21世纪初，新疆的乳品企业和科技工作者针对驴乳的产业开发作了一系列研究和探讨，开启了驴奶业起步阶段。如，素有“中国毛驴之乡”[3]美誉的新疆喀什地区的岳普湖县，将目光瞄向了国内这一特殊奶业。

2005年，西安大鹏石油设备有限责任公司投资1 200万元，成立新疆达瓦昆畜牧科技有限责任公司，在岳普湖县建立了驴奶加工厂，开发出了“疆岳”牌“西域龙奶”、“西域酸龙奶”及系列果汁型驴奶产品，并用小型喷雾干燥设备生产驴乳粉等产品并投放市场。该公司建立了养驴基地，面向岳普湖以及周边各县、市农户收购驴奶，并在各乡镇建立集中收奶站，每千克驴奶收购价为10元[4]。2005年向国内市场推出成品“龙奶”。古有“天上龙肉，地上驴肉”之说。所谓“龙奶”就是驴奶[5]。

2007年，新疆玉昆仑天然食品工程有限公司在岳普湖县建立一座现代化驴乳加工厂，引进先进的超高压灭菌、冷冻干燥设备和工艺，在10万级净化车间内生产全脂驴乳粉、部分脱脂驴乳粉、调味驴乳粉等产品。由于产品较好地保存了驴乳的营养成分和生物活性物质，投放市场后受到消费者青睐。

2011年，玉昆仑乳品厂年产驴乳粉等产品15吨左右。企业已在奶源收购、质量控制、生产工艺、经营管理等方面制定了一系列规章制度，积累了一定经验，为进一步扩大规模、提高产量和效益奠定了基础。

2012年，玉昆仑新安装了两台真空冻干机[6]，生产驴乳粉，日处理驴奶能力又增加了1吨，提高了产能，同时最大限度保护了驴乳的乳清蛋白及功能性成分的生物活性。

（三）探索与发展

开发驴乳关系到农民脱贫致富和“三农”问题，也关系到特色奶业的发展。由于新疆驴主要集中在南疆经济欠发达地区，缺人才、缺资金、缺技术，加之过去对

---

1 盛明明，麦合木提·马木提.2010.畜牧业优势资源转换的成功探索.草食家畜（4）：14-16.

2 巴特尔.2011.发展新疆驴产业培育增收新亮点.新疆畜牧业（1）：6-10.

3 农业部特产之乡暨宣传活动组织委员会2004年7月命名新疆岳普湖县“中国毛驴之乡”。

4 杨青仓，刘丰.2006-11-27.毛驴之乡驴产业发展渐入佳境.喀什日报.

5 刘一兵，张振洪.2005.新疆肉用驴转向驴奶开发.农业知识（19）.

6 每台冻干机的冻干面积为25米^2。

驴的泌乳规律，驴乳的化学成分、物理特性、加工技术、质量检验等都缺乏研究，以及当地农民又没有养驴挤乳的习惯，因此要实现驴奶业进一步发展尚有相当大难度。

为了促进和保护新疆驴产业发展，新疆维吾尔自治区有关部门在充分调研、科学论证的基础上编制完成了《新疆驴产业发展规划（2011—2020）》，对发展驴乳产业具有重要的指导意义。驴乳的开发利用是一个全新的课题，需要进行一系列基础研究工作。首先要仔细研究驴乳的化学成分、功能性组分和变化规律，通过动物试验和人体临床试验确定其营养价值和保健功能，为产品开发和定位提供依据。其次要深入研究驴乳的理化性质和加工特性，选用适合的生产设备，建立不同的技术路线和工艺流程。此外，关于生驴乳的收购、检验、贮存、运输、质量控制，驴乳制品的开发和相关标准的制定等，都需要进行研究和探索。

驴的繁殖周期较长，妊娠期长达345～365天，泌乳期相对较短，只有150天左右，产奶量又低，若仅作乳用，必然造成生产成本过高。因此，当前仍应坚持综合利用的原则，肉、乳、药、役并举，不要因乳废肉，也不要因乳废役，要根据具体情况灵活掌握，充分发挥驴的生产潜力。另外，驴乳产量低是其开发利用的又一瓶颈，据有关资料显示，岳普湖县养驴场饲养的疆岳驴平均日产乳量仅为1.5千克，德州驴日产乳量为4千克，均与国外差距较大[1]。

至2011年，驴多为分散饲养。驴的泌乳期短，长期集中舍饲必然增加饲养成本，降低经济效益。因此，实现产业化一个重要问题是保证奶源供给[2]。总体看，驴乳量少价高，其制品的开发尚处于起步阶段[3]。

三、中国骆驼奶业简史

（一）骆驼与骆驼奶

骆驼在动物分类学上，属于脊椎动物亚门、哺乳纲、胎盘亚纲、偶蹄目、团蹄亚目、骆驼科。骆驼科可分为两个属，骆驼属和美洲驼属，其中骆驼属有2个种，即单峰驼和双峰驼，美洲驼属有4个种，即美洲驼、羊驼、原驼、骆马。

现有化石表明，骆驼最早出现在北美洲4 000万～4 500万年前。与骆驼的亲缘关系最近的物种是牛和猪，且它们在分类学上都是偶蹄目，在进化上与奇蹄目（如马）、食肉目（如犬）也很相近。牛和骆驼的分离时间大约是在（5 750±150）万年前的古新世晚期（距今5 580万～6 550万年前）。骆驼属和美洲驼属大约在

---

[1] 意大利西西里岛的一个泌乳期295天平均产乳量可达490千克。注文源自：周小玲.2010.驴泌乳生理及乳营养成分研究进展.中国奶牛（6）：44-48.

[2] 陆东林，董茂林.2006.一种适合驴奶规模化生产的经营模式——租驴挤奶.新疆畜牧业（4）：32-33.

[3] 陆东林，张明，江俊峰.2011.发展新疆驴乳产业的探讨.中国乳业（6）：17.

1 100万年前分离，分布在欧亚大陆和非洲，大约在300万年前才到达南美洲[1]。约在110万年以前，骆驼科在北美洲灭绝[2]。双峰驼和单峰驼大约在公元前3 000年被驯化，后分布于亚洲和美洲的沙漠和半沙漠化地区[3, 4]。

1. 骆驼的生物学特性 骆驼生活在最干旱的沙漠戈壁，具有与环境相适应的独特的生物特性。

耐饥渴：骆驼可以把能量以脂肪的形式储存在驼峰和腹部，使它们在长时间缺水和缺食物的情况下能存活下来[5]。有牧民证实，骆驼掉进干井里90天后主人才将其救出，骆驼依然活着。骆驼3 ～ 5天不喝水仍然可以照常使役，而且在失水达到体重的30%～ 40%时（人类脱水达体重10%～ 20%就可致死）尚无生命危险，哺乳期的骆驼7天不喝水仍可以维持奶量不变，是世界上母性最强的动物。

耐高血糖：骆驼的血糖水平比其他的反刍动物高2倍多。正常状态下骆驼的血糖水平［(7.1±0.3）毫摩尔/升］高于反刍动物（2.5～3.5毫摩尔/升）和单胃动物(3.5～5.0毫摩尔/升)，并且骆驼血液中胰岛素的含量［(5±1）微单位/毫升］相对于羊［(12±2）微单位/毫升］和马［(7±1）微单位/毫升］都比较低，静脉葡萄糖耐量试验证明骆驼血液中葡萄糖含量下降速度较羊、马慢，说明骆驼对胰岛素不敏感[6]。骆驼血糖浓度高、胰岛素不敏感和胰岛素含量低的这3种情况类似于Ⅱ型糖尿病[7,8]。在下雪的数月或食物量供给很少的情况下，驯鹿也能够正常生活，而且也有类似于骆驼的高血糖情况，骆驼和驯鹿的这种高血糖可能有利于它们在恶劣环境中的生存。

---

1 Janis CM, Scott KM, Jacobs LL. 1998. Evolution of Tertiary Mammals of North America: Terrestrial carnivores, ungulates, and ungulate-like mammals. Cambridge Univ Pr.

2 Kurten B, Anderson E. 1980. Pleistocene mammals of North America. Columbia Univ Pr.

3 Peters J, Driesch A. 1997. The two.humped camel (*Camelus bactrianus*): new light on its distribution, management and medical treatment in the past. Journal of Zoology, 242: 651–679.

4 Mikesell MW. 1955. Notes on the dispersal of the dromedary. Southwestern Journal of Anthropology: 231–245.

5 Emmanuel B, Nahapetian A. 1980. Fatty acid composition of depot fats, and rumen wall of the camel (Camelus dromedarius). Comparative Biochemistry and Physiology Part B: Comparative Biochemistry, 67: 701–704.

6 Elmahdi B, Sallmann HP, Fuhrmann H, et al.1997. Comparative aspects of glucose tolerance in camels, sheep, and ponies. Comparative Biochemistry and Physiology Part A: Physiology, 118: 147–151.

7 Duehlmeier R, Sammet K, Widdel A, et al.2007. Distribution patterns of the glucose transporters GLUT4 and GLUT1 in skeletal muscles of rats (*Rattus norvegicus*), pigs (*Sus scrofa*), cows (*Bos taurus*), adult goats, goat kids (*Capra hircus*), and camels (*Camelus dromedarius*). Comparative Biochemistry and Physiology–Part A: Molecular and Integrative Physiology, 146: 274–282.

8 Kaske M, Elmahdi B, Engelhardt W, et al.2001. Insulin responsiveness of sheep, ponies, miniature pigs and camels: results of hyperinsulinemic clamps using porcine insulin. Journal of Comparative Physiology B: Biochemical, Systemic, and Environmental Physiology, 171: 549–556.

嗅觉灵敏：骆驼的嗅觉相当灵敏，如果顺风的话可嗅到数公里甚至几十公里以外的气味，判断出很远地方的水源[1]。脊椎动物的嗅觉感受器通常位于鼻腔内嗅上皮中，由支持细胞、嗅细胞和基细胞组成。在嗅上皮中，嗅觉细胞的轴突形成嗅神经进入嗅束膨大呈球状的嗅球中，嗅球位于每侧脑半球额叶下面。当外界气味分子接触到嗅感受器时，会引发一系列的酶级联反应，实现神经传导。骆驼的鼻孔狭长，斜而且呈裂缝状，可随意张闭，两鼻孔各有小管通过鼻中沟，鼻孔周围有许多1厘米长的鼻毛，上呼吸道形成弯曲的皱襞，所有这些结构均能起到过滤沙尘和湿润空气的作用。

极强的体温调节能力：在干旱沙漠的高温条件下，骆驼具备了将恒温机制的体温范围适当扩大的能力。在有充足饮水条件下，骆驼的体温在36～38℃，而在缺水条件下，骆驼体温在34～41℃，昼夜波动可达7℃。在漫长的历史进化过程中，由于自然选择，将恒温范围扩大的骆驼更能适应自然环境，所以存活了下来，而不适应者被淘汰[2]。骆驼很少出汗，易于白天储存热量，在晚上通过传导和对流来降低它们的代谢速率[3]。骆驼的体温夜间为34℃，白天高达41℃，只有气温高于这个体温，骆驼才开始出汗。这样骆驼可以每天节省约5升水，并可避免因出汗引起的25%的体重损失。骆驼的肾功能非常强大，尿液是以浓汁状排出的，而粪便干燥到可以作为引火之物。极强的体温调节能力有利于使骆驼在高温缺水的环境中生存下来。

骆驼的解毒能力：与其他反刍动物相比，骆驼具有很高的杂食性。它们喜欢采食其他家畜不愿采食的带有刺、毛、强烈气味和盐碱重的菊科、藜科类植物，也可采食草本植物、灌木、仙人掌和枝条等，有时为了生存必须采食富含纤维素而且蛋白含量很少的植物。骆驼还可以采食一种叫做狼毒草的植物，而其他动物吃这种食物会导致中毒。骆驼嗜盐，所吃的盐类大约是牛和羊的8倍[4]。高盐会引起高血压等疾病，狼毒草等会导致生物体中毒，但骆驼这种特殊的抗病和解毒机制可使其保持正常的生理活动，这种特殊的解毒能力可能与骆驼体液免疫中有特殊的重链抗体参与有关。骆驼科是唯一可以产生重链抗体的哺乳动物，与常规抗体相比缺失了轻链，是IgG 抗体的一种特殊形式，重链抗体比常规抗体小并且具有更好的可溶性，在医学和生物技术方面有特殊的优势[5]。

---

1 吉日木图.2006.双峰家驼与野驼分子进化及驼乳理化特性研究.

2 Schmidt-Nielsen K. 1965. Desert Animals：Physiological problems of heat and water.

3 Yagil R, Sod-Moriah U, Meyerstein N. 1974. Dehydration and camel blood. I. Red blood cell survival in the one-humped camel Camelus dromedarius. American Journal of Physiology-Legacy Content, 226：298-300.

4 Ali T. 1994. A manual for the primary animal health care worker.

5 Hamers-Casterman C, Atarhouch T, Muyldermans S, et al.1993. Naturally occurring antibodies devoid of light chains. Nature, 363：446-448.

考证古籍表明，中国少数民族利用驼奶历史悠久。驼奶因其营养、疗效独特，自古以来就已成为中国少数民族的食疗用品和滋补营养品。驼奶利用历史悠久，从古至今，关于骆驼奶认识与研究始终没有停止。

2. 古代对驼奶的认知与利用　蒙古族是世界上公认的驯化骆驼的民族。蒙古族在驯化饲养骆驼的过程中认识驼奶、利用驼奶。至2011年，仍保留以驼奶治疗一些疾病（如肾病、糖尿病、胃病、结核病等）的方法。骆驼奶等加上银碗等是游牧民传统的医用药物和器具。如，蒙古达延汗幼年身患痞疾，其养母以银碗盛白色骆驼奶治愈之。

蒙古族历史文献《黄金史纲》、《成吉思汗传》和萨囊彻辰《蒙古源流》等均记载了年幼的巴图孟克可汗因其父母离去（指）遂得厢症（指痞症），特穆尔哈达克之妻赛海用9个白色（陶米）骆驼奶喂他，按摩当中磨穿了3只银碗底以治之获痊。这里所说的痞症是由饮食不消化而引起的，在治疗当中饮用白驼奶予以治疗，最终获得痊愈。

骆驼奶在元代被列入“八珍”。元代《饮膳正要》：“驼乳，性温。味甘。補（音bǔ）中益气，壮筋骨，令人不饥[1]。”

明《本草纲目》记载：“驼乳，冷，无毒。补中益气，壮筋骨，令人不饥”，这里是说骆驼奶安全性高，饮用后能补中益气，强壮筋骨，而且使人没有饥饿感。表明了骆驼奶能够很好地调节物质代谢。

清代拉西朋斯格《水晶珠》中也记载了14世纪时治疗巴图孟克汗痞症的情况，大意是：金枝玉叶独生子巴图孟克可汗是由巴海抱养，他得了痞症时特木尔哈达之妻用白色（陶米）骆驼奶进行按摩后，病消得安。

《维吾尔常用药材》记载：“驼乳，性味甘醇、无黏胶感、属微辛，大补益气，补五脏七损，强壮筋骨，填精髓，耐饥饿，止消渴”也表达了骆驼奶的血糖代谢调控与抗衰老的功能。《中医哈萨克医用骆驼奶食疗》记载：驼奶微热，有滋补、安神、养阴、解毒作用，可恢复百病之后虚弱的身体，可解除硫酸铜以外其他毒物造成的中毒。此外，驼奶加入适量马钱子发酵后再饮用，不仅可以强阳壮体，而且对食道炎、手术后恢复及减少化疗副作用都大有裨益[2]。

3. 驼奶的现代研究　关于骆驼奶的新认识，现代科学技术研究已经取得了许多新的进展。骆驼奶开始受到越来越多人的关注与重视，尤其驼奶的降血糖和肾脏保健作用得到广大消费者的认可。

（1）驼乳的营养价值研究　驼乳的粗成分与牛乳近似，因此驼乳应具有与牛乳相似的营养价值。驼乳中维生素A、维生素E、维生素B_1、维生素B_2、叶

1　《饮膳正要》卷3《兽品》。

2　刘永民，沙吾提·伊克木.1986.维吾尔药志.乌鲁木齐：新疆人民出版社：391.

酸、泛酸较牛乳中含量少，这是驼乳组成中不足的一面，但维生素A和维生素D的含量可通过饲料的改变而升高。B族维生素是由反刍动物瘤胃内微生物发酵产生的，维生素B_6、维生素B_{12}与牛乳中的含量相同；烟酸和维生素C的含量高于牛乳，这对于生活在缺乏蔬菜和水果的干旱地区的人们来说是十分重要的。驼乳中脂肪的一个显著特征是长链脂肪酸所占比例较高，高达96.4%，而牛乳中仅为85.3%。与牛乳脂肪相比，驼乳中的短链脂肪酸C4 ：0 ~ C12 ：0含量少，为0.1%~ 1.2%，远低于牛乳，但C14 ：0、C16 ：0、C18 ：0含量相对较高。例如，驼乳脂肪中棕榈酸（软脂酸）占10.4%，而牛乳的仅占3.6%。更为重要的是驼乳中不饱和脂肪酸的比例为43.1%，而牛乳为38.8%，所以驼乳更适合人体代谢。

（2）*驼乳物理和化学性质的研究* 驼乳通常是白色不透明的液体，味甜，少数微咸，气味的变化与饲料和饮水有关，驼乳的pH为6.50 ~ 6.70，相对密度范围为1.025 ~ 1.032。鲜驼乳的乳酸度为0.13%~ 0.16%，稍低于牛乳（0.17%），这可能与饲草有关。驼乳的凝固点为－0.57 ~－0.61℃，低于牛乳的凝固点（－0.51 ~－0.56℃），这一差异可能与驼乳中盐或乳糖含量较高有关。脱脂驼乳最大缓冲能力的pH为4.95，而牛乳最大缓冲能力的pH 为5.65，这表明驼乳与牛乳缓冲物质的组成不同。影响驼乳化学组成的重要因素是水分。当骆驼饮水量充足时乳中水分含量为84%~ 86%，而当饮水受到限制时乳中水分含量为91%，这是骆驼适应自然条件的一个显著特性，保证在饮水缺乏的条件下母驼能为其幼仔提供足够的水分。在同一饲养管理条件下，不同品种的骆驼其乳组成也有差异。在泌乳期内，驼乳成分变化最大的是水分和脂肪。脂肪含量随泌乳时间的延长逐渐下降，乳糖含量变化幅度较小，灰分含量相对较为恒定，蛋白质含量随骆驼品种不同而发生变化。乳中的矿物盐主要是钠、钙、镁的氯化物、磷酸盐和柠檬酸盐，尽管盐的组成小于1%，但却严重影响着乳中蛋白的物理状态和稳定性，特别是酪蛋白，其稳定性与盐系统的组成密切相关，驼常乳中矿物多少以灰分含量表示为0.6%~ 0.8%。2010年对驼乳的全蛋白进行了SDS-聚丙酰胺凝胶电泳（SDS-PAGE）和二维电泳分析，获取了关于驼乳全蛋白的资料[1, 2]。

（3）*驼乳对慢性肾功能衰竭的研究* 通过动物试验发现，驼乳可缓解肾衰大鼠的一般情况，减缓蛋白尿，调节电解质；可降低大鼠血肌酐、尿素氮水平，保护肾功能；可调节大鼠血清总蛋白质、一氧化氮水平，提高过氧化物歧化酶（SOD）水平，加强对体内自由基的清除作用；从病理观察可得，驼乳在一定程度上缓解了肾单位的恶化；从其效果比较，驼乳高剂量组优于低剂量组。上述结

[1] 吉日木图，张和平，赵电波.2005.不同泌乳时间内内蒙古阿拉善双峰驼驼乳化学组成变化分析.食品科学，26（9）：173–179.

[2] 吉日木图，张和平，苏雅拉玛.2007.蒙古国戈壁红双峰驼乳化学组成及其动态变化.食品科学，28（8）：399–403.

果表明驼乳在一定程度上对慢性肾功能衰竭的恶化起到了延缓作用[1, 2]。

（4）驼乳和牛乳混合干酪与研究　对驼乳、牛乳混合干酪成熟过程中的理化性质进行研究，结果表明，随成熟时间的延长，驼乳、牛乳混合干酪的蛋白质、脂肪、乳糖、水分、灰分含量下降；硬度、耐咀嚼性升高，但黏着性和弹性降低；pH4时，12%三氯乙酸氮（TCA-SN）和5%磷钨酸氮（PTA-SN）的含量上升；发酵剂乳酸菌数逐渐降低，非发酵剂活菌数却逐渐增高[3]。

（5）驼乳以65℃加热，保持30分钟，对于驼乳中的溶菌酶、乳铁蛋白并没有明显影响，而IgG活性明显减少。75℃加热30分钟，牛奶的IgG活性完全丧失，而驼乳IgG的活性丧失了68.7 %。85℃加热30分钟，牛奶和驼奶的乳铁蛋白活性将完全丧失，但牛奶的溶菌酶活性丧失了74 %，而驼乳的溶菌酶活性仅丧失了56%，因此，驼乳抗微生物因子的热稳定性比牛奶高。它们的热稳定性依次为溶菌酶最好，乳铁蛋白次之，而IgG最差。在75℃加热30分钟条件下，驼乳抗微生物因子的生物学价值优于牛奶[4, 5, 6]。

（6）骆驼奶中重链抗体与驼奶化妆品的研究　至2011年，国际上所研究报道的VHH单域抗体的动物来源主要为美洲驼（Llama）、羊驼（Alpaca）和单峰驼，还有少量的双峰驼。这些驼体内不仅存在由两条重链和两条轻链组成的IgG1型常规抗体，还存在仅由两条重链组成的IgG2和IgG3型重链抗体（HCAb），约占血清总抗体的一半[7]。该重链抗体缺失轻链和CH1的恒定区，其重链可变区（VHH）直接通过铰链与Fc结构域连接。虽然缺失轻链，HCAb却可正常识别和结合抗原，与抗原结合的亲和力达到纳摩尔（nmol）级，与scFv亲和力相当。这种抗体的体积只是一般抗体的1/10，因此叫做纳米抗体。纳米抗体比正常抗体用途更广，其耐性和稳定性非常好。在恶劣的条件下，正常抗体会失效或分解，而纳米抗体仍然可以正常使用。纳米抗体比常规抗体更容易储藏和运输。人们期望未来的纳米抗体药丸可以治疗胃肠紊乱性疾病，比如肠炎和结肠癌，也可以治疗老年痴呆症，更重要的是能制成诊断癌症、治疗癌症的试剂和药物。

---

[1] 潘蕾，王晶，吉日木图.2010.驼乳对慢性肾功能衰竭大鼠的影响.食品科学（30）：376–380.

[2] 李建美，潘蕾，张敏，等.2011.益生菌发酵驼乳对慢性肾功能衰竭的治疗作用.乳业科学与技术，34（4）：174–179.

[3] 王娟，何俊霞，吉日木图.2010.驼乳和牛乳混合干酪的研制.乳业科学与技术（144）：205–211.

[4] 吉日木图，张和平，赵电波.2006.内蒙古阿拉善双峰驼驼乳IgG的分离纯化及其热稳定性研究.食品科学（27）：188–192.

[5] 范洪波，哈斯苏荣，吉日木图.2006.双峰驼驼初乳IgG的分离纯化及其向幼驼的转移.中国兽医科学（36）：220–224.

[6] 范洪波，哈斯苏荣，吉日木图.2006.驼乳及其抗微生物因子的特性.畜牧与饲料科学（27）：37–40.

[7] Hamers–Casterman C，Atarhouch T，Muyldermans S，et al.1993.Naturally occurring antibodies devoid of light chains.Nature，363（6428）：446–448.

随着人们对化学合成化妆品危害认识的加深，以天然食品或药品为原料的化妆品越来越受到人们的关注。驼乳作为一种无毒无害的天然美容产品原料，尤其其保水蛋白、免疫球蛋白等功能蛋白受到化妆品行业的青睐。

（二）驼奶业的尝试与起步

1. 发展驼奶业初具条件 双峰驼大部分分布在亚洲及周边较为凉爽的地区，主要集中在蒙古的西南部，中国的内蒙古、新疆、甘肃、青海等地。至2011年蒙古有26.5万峰，中国有25万峰，中国的双峰驼总存栏数居世界第二位。历史上骆驼对中国的丝绸之路、茶叶之道作出了莫大的贡献。据可靠的文字记载，清代的归化城（即今呼和浩特旧城）拥有骆驼最多时达1.6万峰，辛亥革命之后曾达到19万多峰。在清代康熙之后的200年间，归化城曾是个万驼之城[1]。

阿拉善盟是中国骆驼的集中产区，骆驼饲养量占全国总数的1/3，占全区总数的60%，素有“驼乡”之称，阿拉善双峰驼现有10万多峰[2]。在鼎盛的1982年发展到25万多峰，以后呈下降趋势，平均每年约减少1万峰左右，至1989年底仅剩15万峰，2007年时最低80 700峰。造成其数目锐减的主要原因是连续干旱，草原沙化、退化严重，同时养驼的经济效益差也是其数目减少的另一个主要原因。近年来，骆驼的数量有所增加，这与当地政府采取的各种措施有关。

2001年，内蒙古农业大学乳品生物技术与工程教育部重点实验室与新疆旺源驼奶实业有限公司开始合作，对骆驼的泌乳特性、驼乳理化性质、营养成分、保健功能以及驼乳的加工方法、生产工艺等系列进行了研究，积累了技术资料和数据，制定了生鲜驼乳、全脂驼奶粉和全脂发酵奶粉等的企业标准和地方标准，为驼奶开发提供了技术支持。内蒙古农业大学乳品生物技术与工程教育部重点实验室、新疆旺源驼奶实业有限公司、上海交通大学、南开大学泰达生物技术学院、中国科学院上海生命科学院、天津生物芯片技术有限责任公司和苏州众信有限责任公司等单位的科技人员和有关企业合作，攻关了骆驼奶功能因子的作用机理，对驼奶发展奠定了基础。

2. 尝试驼奶制品生产 新疆旺源驼奶实业有限公司成立于2007年，位于阿勒泰地区福海县环城东路，厂区占地面积100亩，是由浙江企业家陈钢粮出资创建的国内首家益生菌驼奶深加工和骆驼系列产品加工企业。公司投资达到1亿元人民币，成功研发并生产出益生菌类驼奶产品，主要投产上市的品种有液体乳、全脂驼乳粉、全脂发酵驼乳粉以及驼乳益生活性片。新疆旺源驼奶实业有限公司是国内加工驼奶的龙头企业，日产5吨鲜驼奶及其他产品。驼奶企业的生产能力

[1] 吉日木图，哈斯苏荣，那仁巴图，等.2011.国际双峰驼实地考察报告.内蒙古骆驼保护协会内部资料.

[2] Zhang H, Yao J.2005.Changes in chemical composition of Alxa Bactrian camel milk duringlactation.J. Dairy Sci, 88: 3402-3410.

取决于鲜驼奶的量，而不取决于设备的生产能力。

新疆旺源驼奶实业有限公司日处理驼奶5吨，一年可收购驼奶1 500吨。800吨用于生产驼奶粉，约可生产驼奶粉80吨，按60万元/吨计算，合计4 800万元；700吨生产鲜驼奶，按5万元/吨计算，合计3 500万元，年产值可达8 300万元。生驼奶按20元/千克计算，养殖户一年可收入3 000万元；骆驼养殖大户年均年有四五十万元的收入，骆驼小养殖户也可收入四五万元。

新疆福海县骆驼养殖近万头，其中奶驼已达5 000峰，40峰以上的奶驼养殖大户有42户，已成立奶驼养殖合作社2个，现年产驼奶1 000余吨，拉动农牧民人均增收达150多元。2012年福海县将兴边富民和扶贫项目资金中的1 000万元用于补助购置奶驼和建设奶驼养殖设施，引进优质奶驼1 000峰，促使驼奶加工企业营销额将达4 000万元，拉动农牧民人均增收达260元以上。当今福海县的奶驼养殖越来越受到农牧民的青睐，奶驼产业越做越大。此外，还有新疆金驼乳业股份有限公司，内蒙古神乳驼奶有限公司，新疆三得利驼奶业科技有限公司等驼奶制品企业。

第八章
奶业管理与服务

第一节 管理与服务组织

一、管理组织与历史沿革

奶业作为一个产业，涉及奶的生产和加工两方面主要内容。奶业既从属于动物科学，又从属于食品科学。在不同的国家和地区，存在着认识和理解上的差异。世界上一些国家将奶的生产和加工视为一个整体而称其为“奶业”，从而与肉业、蛋业等其他行业相区分。亚洲地区包括中国则习惯将奶的生产列为家畜养殖业的一种，即奶畜养殖，而将奶的加工与肉、蛋等的加工归并在一起，视为食品工业的一部分，称为“乳品工业”。

新中国成立后，奶业管理由生产管理、质量管理、流通管理等组成。尤其是奶业生产和质量监督，在不同时期，具有不同的行政主管部门，也有不同的职责和范畴。

（一）奶业的生产管理组织

新中国成立后，奶业生产和发展的政府主管部门大体分属于农业和工业，奶畜养殖归于农业，而乳制品加工归于工业。其中，中国农垦系统长期从事奶业生产工作，为中国奶业发展做出了突出贡献。

1. 奶畜养殖与生产管理组织 1949年10月，中央人民政府委员会第三次会议决定设立农业部，所属畜牧兽医司主管全国畜牧、兽医、草原行政管理和技术指导等，其中包括奶畜养殖和生产管理。1954年12月，农业部设立畜牧兽医总局主管全国畜牧兽医事务。1970年5月，国务院决定将农林办公室、农业部、林业部、水产部、农垦部合并，成立农林部，奶业相关管理职能由新设农林部畜牧小组执行。1973年1月，农林部恢复畜牧局建制，1978年7月成立农林部畜牧总局。1982年5月，第五届全国人民代表大会常务委员会决定将农业部、农垦部、国家水产总局合并，成立农牧渔业部，内设畜牧局，作为全国畜牧业生产和发展主管部门。1988年4月，农业部重新成立，内设畜牧兽医司。2004年7月，农业部内部分设畜牧业司和兽医局，其中奶畜养殖与生产管理由畜牧业司负责，疾病防治由兽医局负责。

2. 乳品加工管理组织 1949年11月，中国乳制品生产归属食品工业部管理，1950年12月开始归轻工业部，1956年5月归食品工业部，1958年2月重归轻工业部。1993年5月，轻工业部撤销，成立中国轻工业总会。1998年3月，中国轻工业总会撤销，成立国家轻工业局。2001年2月，国家轻工业局撤销，国家轻工业局所管理的业务范围由国家经济贸易委员会和国家发展与改革委员会负责。

由此可见，在新中国成立后的一个相当长时期内，乳制品加工作为食品工业的一部分，一直由国家轻工部门管理。轻工系统为促进中国乳制品加工业的进步发挥了重要作用，做出了巨大贡献。2008年9月，工业和信息化部正式组建并开始运行，包括乳制品工业在内的食品工业由工业和信息化部管理。

此外，在20世纪90年代以前，全国商业、供销、手工联社等系统也曾在不同时期、不同地区分别发挥了积极作用，促进了乳品加工的生产与发展。

（二）奶业的质量管理组织

1. 卫生部门管理 新中国成立之初，人民政府接管了旧政府承担奶业监督管理的机构“乳肉管理所”，并且最初将其改名为“××市人民政府卫生局乳肉管理所”，履行职责。1950年，第一届全国卫生会议确定“工业卫生的监管”属卫生系统管辖，因而乳制品质量监管由卫生系统所属的乳肉管理所承担。

1981年，卫生部发布《乳与乳制品卫生管理办法》，规定了奶畜的疫病防治及病畜乳汁的处理、挤奶卫生与程序、冷藏温度、杀菌方法、器具消毒杀菌、乳制品包装等内容。1982年，中国颁布《中华人民共和国食品卫生法》，规定食品卫生监管职责属于“县以上的卫生行政管理部门所属的卫生防疫站或者食品卫生监督检验所”，因此“乳肉管理所”更名为“食品卫生监督检验所”，继续依法行使其职责。

1983年，卫生部发布《混合消毒牛乳暂行卫生标准和卫生管理办法》，标准是以部门规章的形式发布，规定了混合消毒牛乳的感官指标、理化指标、细菌指标，以及生产原料脱脂奶粉、无水奶油的卫生标准。卫生管理办法规定，产品的名称只能用“混合消毒牛乳”，不能用“消毒牛乳”，同时规定了生产用水必须符合饮用水卫生标准。

1986年，卫生部颁布《食品营养强化剂卫生管理办法》，1987年和1989年先后公布《食品卫生检验单位管理办法》、《食品生产经营人员食品卫生知识培训管理办法》等，为实施奶业质量管理奠定了监管基础。为加强奶业监督管理，维护消费者利益，一些省（自治区）如黑龙江、内蒙古、山西等地颁布了相关地方管理规定，也相继出台了奶业管理措施。如1987年，黑龙江省人民政府颁发《鲜奶质量管理规定》共6章23条，对原料奶质量管理、收购管理、质量检查和卫生监督及处罚等做了详尽的规定，并于1987年10月17日起在黑龙江省执行。

1995年修订后的《中华人民共和国食品卫生法》规定，食品卫生的执法主体卫生防疫站为卫生行政部门。“食品卫生监督检验所”更名为“食品卫生监督所”。新增主要内容之一是将执法检验和行政执法主体明确分离为两个，一个是事业单位（如卫生疾控中心），另一个是政府机构（如卫生部食品卫生监督局）。

2. 多部门管理 1998年，国务院实施机构改革，组建国家药品食品管理局。包括奶业在内的食品安全行政管理主体分别由农业部、国家技术监督局、国家工商总局、卫生部和国家药品食品管理局等组成，共同参与实施“多部门监管”模式。执法依据也分别采用《中华人民共和国农产品质量安全管理法》、《中华人民共和国产品质量法》、《中华人民共和国食品卫生法》等。其中，虽然技术监督局承担食品加工的监管[1]，也核发行政许可，但对象是按照产品类别划分，行政许可范围不包括原料。此期，按照分工职能，各主管部门分别制定相应标准。

2009年，中国颁布《中华人民共和国食品安全法》后，开始明确各部门具体分工和监管职能。其中，奶畜养殖与生鲜乳生产及质量归属农业部，乳制品产品质量监管归属质检总局，工商部门负责乳品流通环节的监管，食品药品监管部门负责对餐饮消费环节综合监督及重大事故查处，卫生部门主要负责拟定奶类食品安全标准，组织制定有关乳品卫生安全法律、法规，承担食品安全综合协调，负责重大食品安全事故查处与食品安全风险评估、预警工作，统一发布重大食品安全信息等。

承担奶业发展相关管理职能的政府部门还有国家发展和改革委员会，其负责奶业战略规划的编制、价格指导和宏观调控等；工业和信息化部负责制定并组织实施乳品行业规划、计划和产业政策，管理乳品企业等职能；商务部协调整顿和规范市场经济秩序，监测分析市场运行和市场调控，开展对乳制品市场的监管等职能。

二、技术服务与研究组织

（一）技术服务组织

长期以来，畜牧兽医机构等技术服务和推广组织根据中国奶业发展的需要，广泛开展了饲养、配种、防病治病等技术支持和服务。全国畜牧兽医总站及下属的各级畜牧兽医工作站组织开展了奶畜养殖技术服务工作，中国兽医药品监察所承担兽药的评审和监察工作，中国动物卫生与流行病学中心承担了全国重大动物疫病的调查、诊断和监测工作，给奶业发展提供了有力的支持。

1. 奶畜养殖技术服务组织 奶畜养殖技术服务工作主要由各级畜牧兽医工

[1] 2001年4月，由国家质量技术监督局、国家出入境检验检疫局和国家标准委等合并成立国家质量监督检验检疫总局，其奶业管理的职能主要包括乳制品的质量监督与生产许可、进出口检验检疫、乳业标准制定等。

作站承担。1956年，中共中央发布了《全国农业发展纲要》，提出了建立各级畜牧兽医工作站的要求，农业部也发出了《关于建立畜牧兽医工作站的通知》，要求建立县（区）级畜牧兽医工作站，各级畜牧兽医工作站开始广泛建立。到1957年，中国共建立县级畜牧兽医工作站3 700多个，拥有畜牧兽医技术干部2万多人。1967年7月，中国共有县级畜牧兽医工作站3 006个，公社畜牧兽医工作站39 180个，公社站所属的专业兽医20.23万人[1]。

1982年4月23日，经国务院批准，农业部设立了全国畜牧兽医总站，负责指导全国各级畜牧兽医站、配种站、改良站、冻精站、防疫站、草原站的业务和经营管理。全国畜牧兽医总站成立以后，为了适应畜牧业的快速发展，管理职责逐渐扩展到协助农业部畜牧兽医机构开展动物疫病防治、畜产品质量标准和检测检验、技术服务与推广、信息宣传等方面。2002年年底，中国共建立县级畜牧兽医站2 665个，从业人员42 102人；县级家畜繁育改良站1 170个，从业人员10 563人[2]。

2006年，根据《农业部关于调整部属畜牧兽医单位机构编制的决定》，在全国畜牧兽医总站的基础上，农业部设立了全国畜牧总站和中国动物疾病预防控制中心，分别为农业部畜牧业司和兽医局的工作提供辅助和技术支持[3]。

2006年，全国畜牧总站在全国畜牧兽医总站基础上设立，主要承担畜牧技术推广，畜禽、牧草品种资源保护与利用管理，畜牧业质量管理与认证等技术服务工作，归畜牧业司管理。其主要职能是协助畜牧行政主管部门，受委托承担全国畜牧业管理的具体工作，指导全国畜牧业技术推广体系建设及推广机构、饲料工业协会的业务工作，组织实施奶畜相关品种的审定、登记、引进、繁育、推广工作，开展畜牧业产品质量安全管理和认证及相关标准和技术规范的拟订，开展养殖环境监测与监督管理工作，开展畜牧业市场体系建设和畜产品加工业务指导工作。

2006年，中国动物疫病预防控制中心在全国畜牧兽医总站基础上设立，中国动物疫病预防控制中心继承了原全国畜牧兽医总站疾病预防控制方面的主要职责，主要提供奶畜疾病预防控制服务，归农业部兽医局管理。其主要职责是协助兽医行政主管部门拟定有关法律、法规和政策建议，协助开展重大动物卫生违法案件的调查，研究提出重大动物疫病预防控制规划、扑灭计划和应急预案建议，指导、监督重大动物疫病预防、控制和扑灭工作；负责全国动物疫情收集、汇总、分析及重大动物疫情预报预警工作，研究提出动物疫病防治技术规范建议，指导全国动物疫情监测体系建设；承担全国动物卫生监督的业务指导工作，组织

[1] 徐矾，李易方 .1991. 当代中国的畜牧业 . 北京：当代中国出版社 .

[2] 刘成果 .2003. 中国奶业年鉴 . 北京：中国农业出版社 .

[3] 农业部关于调整部属畜牧兽医单位机构编制的决定 . 农人发〔2006〕3号 .

实施动物及动物产品检疫等。2007年年底，中国省（自治区）、市、县三级动物卫生监督机构总计3 953个，其中省（自治区）级36个、市级567个、县级3 350个、县级派出（乡镇）机构20 719个，省（自治区）、市、县三级动物卫生监督机构所属人员153 538人[1]。

2. 兽药的评审和监察服务组织 中国兽医药品监察所是中国负责兽药监察的机构，其前身是建立于1952年的中央人民政府农业部兽医生物药品监察所。2006年，中国兽医药品监察所加挂农业部兽药评审中心的牌子，为农业部直属事业单位，承担兽药评审，兽药、兽医器械质量监督检验和兽药残留监控，兽用菌（毒、虫）种保藏，兽药国家标准的制（修）订，标准物质制备与定值等工作的国家级兽药评审检验监督机构。

3. 动物卫生与流行病研究与服务组织 中国动物卫生与流行病学中心是中国动物卫生行业管理的技术依托单位，其前身是成立于1979年农业部动物检疫所。2005年，根据《国务院关于加快推进兽医体制改革若干意见》，农业部对部属畜牧兽医单位的机构编制进行了调整，农业部动物检疫所更名为中国动物卫生与流行病学中心，同时在中国农业科学院北京畜牧兽医研究所、哈尔滨兽医研究所、兰州兽医研究所和上海兽医研究所，分别加挂中国动物卫生与流行病学中心北京分中心、哈尔滨分中心、兰州分中心和上海分中心的牌子。中国动物卫生与流行病学中心为承担重大动物疫病流行病学调查、诊断、监测，动物和动物产品兽医卫生评估，动物卫生法规标准和重大外来动物疫病防控技术措施研究等工作的国家级动物卫生机构。

（二）技术研究组织

新中国成立后，为了更好地促进奶业发展，奶业科研机构从无到有、从小到大、从弱到强。经过60年的发展，中国奶业科研工作涉及奶业产业发展的各个环节，科研力量得到空前壮大。

1. 20世纪50—70年代中国奶业科研机构的创立与发展 从新中国成立至20世纪70年代末，中国奶业科研主要以奶牛饲养、疾病防治研究为主，在乳制品加工与质量控制方面也有所发展，科研机构主要以国营奶牛场、科研院所为主，高校也通过整合成立了相关院系。

奶牛饲养科研主体是各地的奶牛场和奶牛研究所。1949—1958年相继成立了哈尔滨市松花江奶牛场、西安市奶牛育种站、江西省畜牧良种奶牛场、新疆维吾尔自治区呼图壁种牛场、中国农业科学院北京畜牧兽医研究所等机构；广西水牛研究所于1958年成立，主要从事水牛饲养方面研究，当时隶属中国农业科学院管理，1960年因机构改革下放地方；1973年成立北京种公牛站，这是国内第一个种

---

[1] 刘成果．2008．中国奶业年鉴．北京：中国农业出版社．

公牛性能测定中心，并首批被农业部命名为“国家级重点种公牛站”；1976年与1980年分别成立北京市奶牛研究所、上海市奶牛研究所。经过30年左右的发展，各奶牛科研机构在“黑白花奶牛选育”、“冷冻精液技术”等方面取得了突破性的进展，极大地推动了优秀奶牛品种培育工作。

哈尔滨市松花江奶牛场

奶牛疾病防治等方面的研究都是由综合畜牧兽医研究机构承担，其中以中国农业科学院哈尔滨兽医研究所最具代表性。该所始建于1948年6月，1949年改名为东北人民政府农业部兽医研究所，1957年划归中国农业科学院领导，定名为中国农业科学院兽医研究所，1965年更为现所名。该所在奶牛疾病防治、疫苗研发等方面有突出成就，为20世纪50年代全国范围内彻底消灭牛瘟做出了巨大贡献。

科研机构以国营奶牛场和研究院所为主，高校也通过整合成立了相关院系。高校科研机构不断整合，成立奶业科研领域的院系，主要研究方向也是以畜牧兽医为主，如西北农林科技大学（西北农学院）、东北农业大学（东北农学院）、北京农业大学、南京农业大学等都是成立较早的从事奶业技术研发的高校科研机构。

乳制品加工与质量控制方面的研究主体以地方性科研机构为主。各地从本地区乳制品加工业发展的实际需要出发，设立了体现区域奶业产业特色的科研机构，以满足地区对奶业发展的技术需求。如呼和浩特市在1956年成立了“内蒙古自治区轻工研究所乳品研究室”，这是中国较早的牛奶科研单位之一；1966年，黑龙江省乳品工业研究所在黑龙江省安达县成立。这些科研机构自建立后积极开展工作，对中国乳制品工业的初期发展提供了必要的技术支持。

2. 20世纪80—90年代中国奶业科研机构的改革与发展 在1978年3月中央

召开全国科学大会后，中国奶业科研机构顺应国家科研机构改革趋势，深化改革，完善体系。国家级大型科研院所逐步成立或得到强化，地方科研机构迅速增多，除在奶畜饲养方面研究力量得到加强外，乳制品研发、质量检测方面更加得到重视。

在奶畜饲养方面，大型国家级重点奶牛育种场——北京奶牛中心良种场在1991年成立，主要任务是培育优秀种公牛、种母牛，生产优质组合胚胎，加速中国奶牛群体的遗传改良，后期在应用先进环保技术建立生态化奶牛良种场等方面也有侧重。另外，作为中国唯一专门对水牛进行专门研究的单位，广西水牛研究所1994年重新恢复成立后，在水牛繁殖，尤其试管繁殖等方面的研究工作走在了世界前列。

该时期中国乳制品技术研发机构迅速增多，尤其是地方乳制品研发单位纷纷成立。1982年，北京市牛奶公司组建乳品研究所；1984年，天津市乳品监测中心成立，后在1990年被农业部命名为“农业部乳品质量监督检验测试中心”，现名为天津市乳品食品监测中心；1984年，国家科学技术委员会批准成立黑龙江省乳品工业技术开发中心，后在1996年以此为依托组建了国家乳品工程技术研究中心，这是当时中国乳品行业唯一的国家级工程技术研究中心；1985年，内蒙古轻工业科学研究所建立了全国乳酸菌发酵剂研究中心，该中心利用从比利时引进的先进技术，生产冻干乳酸菌发酵剂。

这一时期随着政府和人民对乳品质量关注的不断增加，对检验检测技术需求更加迫切，一些国家级质量检测、质量标准控制方面的科研机构应运而生。1983年，中国乳品行业唯一的乳品标准化中心——全国乳品标准化中心成立，主要负责承担乳制品国家标准和行业标准的制（修）订及标准化相关工作。国家乳制品质量监督检验中心也于1991年成立，它是国家质量监督检验检疫总局授权的、经中国实验室国家认可委员会认证认可的国家级质量监督检验机构，是具有第三方公正地位的国家乳制品质量监督检验机构。

相关高校的技术研究机构也得到了蓬勃的发展，纷纷整合科研力量，成立动物科学技术学院或食品和营养技术学院，研究方向主要还是以畜牧兽医为主，对乳品质量安全领域也有涉及，如北京农业大学、东北农业大学、西北农林科技大学和新疆农业大学等。

3. 21世纪中国奶业科研机构的创新与发展 进入21世纪后，随着中国乳品业不断发展、壮大，奶业企业不断提高自身科研水平，并创新形式，加强与奶业科研机构的合作。奶牛饲养的科研得到进一步的强化重视，国家、部委级奶牛科研单位相继成立。同时，高校在强化研究的基础上，根据社会需求设立新专业，为奶业行业输送新型技术人才。

进入21世纪后，中国奶业企业开展科研主要有3种方式。

(1) 企业和科研单位联合建立科研中心　如2000年7月上海真元乳业与上海生物工程科研单位合作组建了奶牛胚胎生物工程中心，2005年6月伊利实业集团联手内蒙古自治区科技厅合作发起成立了“内蒙古乳业研究院”，2006年5月蒙牛集团与中国农业大学联手建立“功能乳品实验室”，2010年2月西北农林科技大学和陕西华秦农牧科技有限公司联合组建“陕西省饲料工程技术研究中心”等。

(2) 企业直接接受国家科研计划任务　如2003年在“十五”奶业重大科技专项中，北京三元集团有限责任公司就承担了“乳品加工高新技术研究与功能性产品开发”和“北方大城市郊区奶业现代化生产技术集成与产业化示范”两个课题。

(3) 企业建立自己的研究机构　如2006年5月蒙牛集团投资2亿元建立了蒙牛高科技乳品研究院，通过技术交流基础上的自主研发，研制出了第一批实验室规模的原制干酪，与世界干酪生产的尖端技术成功接轨。企业参与的奶业科技研发工作更加切合社会、市场需求，为满足新时期居民奶制品消费的飞速增长做出了重要贡献。

国家、部委级奶牛科研单位以国家奶牛胚胎工程技术研究中心最具代表性。2005年1月，科技部批准组建国家奶牛胚胎工程技术研究中心，该中心在良种奶牛胚胎生产、冷冻、分割、鉴定、性别控制、活体采卵和体外受精、干细胞克隆、分子标记和遗传标记辅助选择、繁育体系建设等科研领域居国内领先水平，部分技术达国际先进水平。

该时期高校科研机构也在乳品科学领域不断强化，选择了多学科高度交叉与融合的乳品科学研究方向。如2004年2月27日，以原东北农业大学乳品科学重点实验室为基础上建立的“乳品科学教育部重点实验室”，是中国建立的第一个乳品科学重点实验室。实验室通过食品科学、化学和生物科学、微生物、畜牧、生物技术、医学等多学科的高度交叉和融合重组，重点开展泌乳生物学及乳腺微生物功能调控、乳成分功能特性、奶业生物技术与乳品微生物、乳品工艺及新产品开发、乳品安全质量控制与快速检测技术等方面的研究。在“阜阳劣质奶粉事件”发生以后，随着社会对乳制品质量问题的关注，高校加强了对乳制品质量专业人才的培养。在东北农业大学、南京工业大学、河南科技大学等高校相继成立了乳品工程专业，主要培养从事乳品加工、品质控制检测、产品开发、科学研究、工程设计和管理的高级工程技术人才。

三、协会组织

奶业协会组织主要是指与奶牛养殖、乳制品加工、销售等有关的行业协会组织。根据资料，在20世纪20年代，上海先后成立奶牛业同业公会与上海牛乳业同业公会，1949年新中国成立后，两个协会改组成立上海乳品业同业公会，这是新中国最早的乳制品行业协会组织[1]。之后，随着中国计划经济体制确立，同业公会的功能失去了价值，上海乳品业同业公会也随之消失[2]。60年代以后，为适应奶业的发展需求，中国先后成立了相关奶业协会组织，经过不断的整合与沿革，全国性奶业协会组织以中国奶业协会、中国乳制品工业协会最具代表性，地方性组织主要是地方奶业协会。进入21世纪后，以奶业专业合作社为代表的奶业合作经济组织发展迅速，为促进奶业发展发挥了重要作用。

（一）全国奶业协会组织

1. 中国奶业协会 中国奶业协会（DAC）是全国奶牛养殖和乳制品加工以及为其服务的相关企业、事业单位和个体经营者自愿组成的非盈利性的行业组织，是具有独立法人地位的民间社会团体。其前身是1982年成立的中国奶牛协会，在1999年将中国乳业协会注销后与中国奶牛协会合并，更名为中国奶业协会。

（1）*改革开放初期，中国奶业协会的前身——中国奶牛协会成立* 在中国计划经济时代，乳制品尤其鲜奶供给紧张问题突出。为改善市场供给短缺状况，由原农垦部牵头，于20世纪70年代前后成立中国黑白花奶牛育种科研协作组北方组和南方组[3]，重点在奶牛育种方面展开联合攻关。后来为更好地解决当时中国奶牛饲养发展过程中出现的良种、饲料、防疫、加工、储运、销售等许多问题，在王震同志的关怀下，于1982年12月10日在北京召开大会，以南北协作组为基础，成立跨地区跨部门的经济技术协作组织——中国奶牛协会。

中国奶牛协会组成包括秘书处和育种技术、饲料饲养、繁殖技术、经营管理、疾病防治、养牛机械化以及乳品加工、技术咨询交流服务、宣传出版等8个专业组，制定有《中国奶牛协会章程》，会刊为《中国奶牛》杂志。中国奶牛协会理事会每4年改选1次，选举理事长1人，理事会每2年召开1次例会。协会成立初期，重点在中国奶牛选育方案、奶牛饲养等方面做了大量工作，特别是在中国黑白花奶牛的培育方面做出了突出贡献，该成果获得1988年国家科技进步奖一等奖。

1986年3月农业部长何康、副部长张林池在中国奶牛协会第二届会员代表大会上讲话

1 吴瑞龙.2007.上海农业行业协会发展的推进研究.上海：上海交通大学.
2 闻娟，王金菊.2007.近代上海工商同业公会及其社会功能.消费导刊（11）：205.
3 臧成耀.1983.中国黑白花奶牛育种科研协作组工作总结.中国奶牛（1）：10-15.

(2) 20世纪90年代初，中国乳业协会成立，与中国奶牛协会并存发展　1990年5月，为解决中国大中城市奶产品供需不均衡现象，在全国大中城市重点垦区奶业经济技术发展研讨会上，成立了“全国大中城市乳业协会”，并于1992年4月3日正式更名为“中国乳业协会”。中国乳业协会成立后，先后召开“中国乳业发展战略研讨会”、“食品无菌包装及保鲜包装国际技术交流会”等大会，促进了中国乳制品加工业发展。同一时期，中国奶牛协会除继续在奶牛后裔测定、良种登记、性能测定等奶牛培育与奶牛疾病防疫、国际合作方面外，积极在奶牛合理布局、资源合理配置、奶价监测等方面开展工作。

20世纪90年代是中国奶牛协会与乳业协会并存发展阶段，两个协会除在各自奶业发展环节分别开展工作外，多次展开合作，优势互补。如1996年4月的“中国奶业发展研讨会”就由两个协会联合主办，该会还向中央有关部门报送了《关于持续协调健康发展中国奶业的若干政策性建议》的研究报告。

作为中国奶业协会的前身，中国奶牛协会积极利用协会这一平台，努力突破政府部门在组织、调配资源方面的局限，直接参与到行业内的科研、生产、行政等各类资源的整合中。而中国乳业协会在促进中国乳制品加工工艺水平提高及乳制品供需区域均衡方面也做出了积极贡献。两个协会共同促进了中国奶业健康发展与奶业现代化水平的提高，并积极加强自身建设，为中国奶业协会的成立打下了坚实基础。

(3) 20世纪90年代末，中国奶牛协会与中国乳业协会合并，组建成立中国奶业协会　20世纪中、后期，随着行业快速发展及奶类产品消费的日益增加，亟须成立一个贯穿生产、加工、消费、贸易整个奶业产业链的协会组织。因此，在1999年社团清理整顿中，农业部根据中国奶业产业化发展需要，将中国奶牛协会与中国乳业协会合并，成立中国奶业协会。协会成立初期，下设育种工作委员会、繁殖专业委员会、动物卫生保健专业委员会、饲养与饲料专业委员会(2003年更名为“饲料饲养与环境专业委员会”)、乳品工业专业委员会、奶水牛专业委员会、信息与新闻宣传委员会共7个委员会，2008年新增养殖工程与机械专业委员会。会员代表每4年举行换届会1次，理事会每年至少召开一次会议。协会成立伊始就明确了“一个中心、二个重点、三项服务、四项职能，争创一流行业协会”的工作思路，不断加强自身机构建设，充分发挥协会在协调、服务和管理方面的作用，并积极开展国际交流工作，于2004年3月1日加入世界荷斯坦联盟。

中国奶业协会先后在2006年、2008年召开以“推进奶牛养殖的集约化经营，转变增长方式，提高奶牛业的质量和效益”为主题的第二届中国奶牛发展大会和以“贯彻落实国发〔2007〕31号文件、奶牛饲养标准化与现代奶业”为主题的第三届中国奶牛发展大会，积极推进奶业增长方式的转变与奶业认证工作。2009年面对“婴幼儿奶粉事件”、国际金融危机和进口奶粉剧增等给中国奶业造成的冲击，协会在杭州举行以“树立消费信心，振兴民族奶业”为主题的年会，并向回良玉副总理呈送了“关于做好‘婴幼儿奶粉事件’处理工作的建议”，为国务院开展“婴幼儿奶粉事件”处理工作提供决策参考。至2010年，登记注册的团体会员达到560多家，办有《中国奶牛》、《中国乳业》和《中国奶业年鉴》3个刊物。

2009年5月，在浙江杭州召开中国奶业协会2009年会

中国奶业协会在加快奶业增长方式转变、危机事件处理等方面显示了重要作用，尤其是2006年以后，中国奶业发展面临养殖成本上升、乳制品生产与流通监管失衡、市场竞争无序等问题，并发生了“婴幼儿奶粉事件”这一重大安全事故，中国奶业协会围绕现代奶业建设，为支持行业应对挑战、振兴民族乳业开展多方面实际工作。

2006年9月1日，在北京召开中国奶业协会第五届会员代表大会

农业部副部长尹成杰、张宝文到中国奶业协会指导工作

2. 中国乳制品工业协会 中国乳制品工业协会是经原轻工业部批准，在乳品工业技术协作组的基础上，于1995年6月6日正式成立的行业性社会团体，业务上接受国家发展和改革委员会、中国轻工业联合会的指导。协会以推动中国乳制品工业发展为宗旨，在政府与企业之间发挥桥梁纽带作用，接受政府委托做好行业管理工作。协会每年召开一次年会和不定期的专业会议。为企业提供新技术、新产品、信息交流机会。

（1）20世纪60年代，组建乳品工业技术协作组 新中国成立以后，中国奶业及乳制品加工业得到国家的高度重视。1949年成立食品工业部，奶品工业是其重点管理行业。

在20世纪60年代初，为进一步促进行业技术进步和企业间技术合作，轻工业部组建了中国乳制品工业协会前身——全国乳品工业技术协作组，该协作组由乳制品生产企业以及科研、教育、机械制造、工程设计等单位参加，通过技术合作、技术交流促进行业技术进步，加强政府部门与企业间的联系。协作组每4年召开一次协作大会，不定期组织技术活动，为中国乳品工业的发展做出了积极贡献，但该组织属松散型组织，不具备法人资格。

（2）20世纪90年代，成立中国乳制品工业协会 1988年，轻工业部按照国务院要求，提出行业管理新模式，组建若干行业协会的要求。乳品行业提出了在全国乳品工业技术协作组基础上组建中国乳制品工业协会的方案，并于1992年成立中国乳制品工业协会筹备组，筹备组先后起草了《中国乳制品工业协会章程》等各种文件[1]，积极为成立中国乳制品工业协会做准备。

1993年轻工业部同意成立中国乳制品工业协会，同年向政府提出申请报告，

[1] 宋昆冈．1995．中国乳制品工业协会筹备工作报告．中国乳品工业，23（4）：151-153．

于1994年获准。1995年6月6日，中国乳制品工业协会在北京正式宣告成立，26个省、自治区、直辖市的147个大中型乳制品企事业单位成为首批会员[1]。

作为跨地区、跨部门、不含经济性质的全国性行业组织，中国乳制品工业协会成立后积极开展工作，重点放在组织行业内新技术、新工艺、新设备、新产品的推广和应用，开展工程技术咨询服务，组织国内外乳品行业经济、技术、管理等方面的交流、培训等，并注意及时了解国际奶业最新动态，开展国际合作。

《中国乳品工业》

1995年，中国乳制品工业协会代表中国加入国际乳品联合会（IDF），成为该组织的正式成员。协会还与澳大利亚、新西兰、丹麦、荷兰、芬兰、德国、法国、瑞典、美国、日本等十几个乳品发达国家的有关组织保持密切的合作关系。

至2011年，中国乳制品工业协会已拥有600多个会员，基本包括了中国所有大中型乳制品加工企业，办有《中国乳品工业》、《中国乳制品工业通讯》（内刊）等多种期刊，定期向会员单位提供国内外奶业发展的有关政策和信息。

协会编制的年度公报和《乳制品企业经济技术指标汇编》是行业内重要的参考资料。协会举办的年会、乳品技术精品展示会和多个专业会议已成为中国乳制品行业内影响显著的行业活动。协会在自身发展的同时，为中国乳制品工业的健康、快速发展起到了积极的推动作用。

（二）地方奶业协会组织

为了更好地促进地方奶业发展，中国各级地方政府结合本地区奶畜饲养和乳制品加工的具体状况，组建了省、自治区、直辖市级乃至地级市级的奶业协会，是当前最具代表性的地方性奶业协会组织。

地方奶业协会的成立主要包括3种类型。第一种类型是由地方奶牛协会发展而来。即首先成立奶牛协会，之后更名为奶业协会的组织，多数地方奶业协会属于此类型。在1982年中国奶牛协会成立以后，各地方奶牛协会相继成立，北京奶牛协会、上海奶牛协会于1982年成立，河北奶牛协会、江苏奶牛协会在1983年成立，至1984年年底，天津、宁夏、青海、山西、黑龙江、内蒙古、四川等地奶

1 中国乳制品工业协会会议纪要.1995.中国乳品工业，23（4）：169.

牛协会也先后成立。在1999年中国奶牛协会更名为中国奶业协会后，考虑到上下体系一致性，部分地方奶牛协会也改为奶业协会，如北京奶牛协会于1999年更名为北京奶业协会，内蒙古奶牛协会于2000年8月与原内蒙古乳制品工业协会合并，组建了内蒙古奶业协会，其他地区也先后更名。第二种类型是直接成立奶业协会。广东省、新疆维吾尔自治区分别在1987年、1999年成立了广东省奶业协会、新疆维吾尔自治区奶业协会，陕西、甘肃、湖南于2004—2008年先后成立省级奶业协会。第三种类型是挂靠在相关协会下的二级协会，部分在名称上有所差异。如广西壮族自治区奶业协会挂靠广西水产畜牧协会，云南、福建两省则挂靠畜牧兽医医学会，辽宁省称为乳品协会，吉林省则为奶牛业协会。

至2010年年底，北京、上海、天津、重庆、山西、河北、辽宁、黑龙江、江苏、安徽、福建、江西、山东、河南、湖北、湖南、四川、贵州、陕西、甘肃、宁夏等地成立了省、自治区、直辖市奶业协会，绝大多数省会城市或计划单列市，如太原、呼和浩特、青岛、武汉、广州、昆明、乌鲁木齐、兰州等地，和部分地级市，如黑龙江省的齐齐哈尔、大庆和双鸭山市以及浙江金华、四川乐山等地奶业协会也都纷纷建立。地方各级奶业协会是对中国奶业协会的重要补充，与中国奶业协会一起在国内外市场中维护会员和行业的合法权益，积极促进中国奶业产业的健康发展。

（三）奶业合作经济组织

20世纪80年代中期以后，中国部分国营农牧场牛群解体转为农民散养[1]。这种农户散养模式，一方面极大地利用了农村富余劳动力和饲草料资源，为农户增收带来了新的途径和可能；另一方面，也存在生产效率低下、经济效益不高、原奶品质不能保证等问题。

之后，为适应中国奶业发展的新要求，小区养殖模式逐步发展起来，采取统一防疫、统一配种、统一供料、统一挤奶、分户饲喂等方式，为推广应用新技术、加快品种改良、牛群疫病防控奠定了基础，从而极大地提高了养殖水平，保障了原料奶质量，提高了经济效益。小区养殖模式也存在着诸如小区场址选择、布局不合理，环境污染日益严重等问题。

至20世纪90年代，雀巢、伊利、长富等乳品加工企业立足地方，开始了通过与农户签订订单的方式建立合作，“公司+农户”的生产模式逐渐形成。至此，中国奶业产业化发展的态势初步显现。“公司+农户”模式由于存在公司和农户之间信息和管理的不对称、制度体系不健全、食品安全凸显等问题，给奶业发展带来了新的讨论话题，也为中国奶业合作社的构建与发展提供了可能与机会。20世纪末，中国奶业合作社进入快速发展的新阶段，合作社数量逐渐增多，服务内容

---

[1] 陈庆泽.2008.中国乳业新变局之“奶农合作社”.乳品与人类（6）：44–47.

逐渐丰富，辐射带动逐渐增强。特别是2008年“婴幼儿奶粉事件”以后，奶业合作社发展步伐明显加快，为提升奶业产量、保证奶品质量、增加奶农收入和稳定奶源市场起到了积极的促进作用。

经过10余年的发展，各地奶农、乳品企业、政府逐渐意识到提高奶业组织化程度、组建奶业合作社的必要性，并进行了有益探索实践。内蒙古、黑龙江、山东、北京等地奶业合作社数量逐步增加，奶牛存栏、牛奶产量都有较大提高，对当地奶业发展、提高奶农的收益发挥了重要作用，同时也积累了丰富的奶业合作社管理经验。

自2006年起，内蒙古各级政府通过与伊利集团联手，在当地全面推广奶牛合作社生产模式[1]。通过政府的政策引导，企业的智力与财力支持，小区经营人的积极牵头，以“入社自愿、退社自由、民主管理、自主经营、利益共享、风险共担”为合作社基本原则，吸纳了大量奶农入社，通过实施统一管理、统一饲养、统一收奶、统一交售、统一防疫、统一改良、统一验质等措施，同时对社员提供相关的技术咨询、资金协调、科学普及、疫病防治等多项服务，逐步引导社员科学管理和规范饲养，提升了奶业发展水平。

北京市在发展奶牛养殖小区的基础上，由养殖户本着自愿的原则，大力发展奶牛合作社。奶牛合作社对内为社员提供饲养、机械化挤奶、防疫、配种以及技术培训等一系列服务，对外代表全体社员与乳品加工企业通过合同、契约的方式建立定向乳品购销关系。北京市对奶牛合作社的发展给予了一定的政策扶持[2]，2001—2002年采取政府统一采购、实物扶持等方式，为全市发展规模大、推广带动强的奶牛合作社统一配套了机械化挤奶器械和运输设备，有效地改变了传统落后的手工挤奶和手推车式挤奶的生产状况，逐步强化了奶牛合作社的服务功能，减少了挤奶、贮存等生产环节和运输环节的浪费与污染，降低了细菌指数，乳品质量得到明显改善，提高了牛奶等级，增加了奶农收入。同时，因鲜奶质量的提高，为乳品加工企业提供了合格的原料奶，降低了加工成本，缩小了产销矛盾，有力地推进了全市奶业产业化的顺利发展。

至2011年，与国外奶业发达国家相比，中国奶牛合作社发展的时间不长，与其他农民专业经济合作组织一样，受农民文化素养低下、合作意识缺失以及管理体制不完善等因素的制约，加之奶农入社需要一定的资金投入，且短期内奶农难以因加入合作社获得明显的、直接的经济效益，因而奶业合作社的组建受到了一定的制约。但随着奶业产业化的逐步深入，奶农意识的不断增强，奶业合作社将会显现出更大的发展空间与机会。

---

[1] 肖少琼 .2006. 对中国发展奶牛合作社的思考 // 中国奶业协会第五届会员代表大会论文集：73-75.

[2] 北京市农委养殖业管理处 .2002. 北京奶牛合作社推进奶业产业化 . 农村工作通讯（10）：25.

第二节 奶业管理政策

一、改革开放前的奶业管理政策（1949—1978年）

（一）生产政策

新中国成立初期，畜牧业生产方针以恢复为主，政府对奶牛等畜牧业生产主要实施“保护现有，奖励繁殖”的政策。1949年新中国成立时，奶业生产力水平极其低下，奶牛仅有12.0万头，奶类总产量21.7万吨[1]。1949年12月，农业部在北京召开了第一次全国农业生产会议，会议根据《中国人民政治协商会议共同纲领》和中央人民政府恢复工农业生产的总方针，确定1950年的农业生产方针：以恢复为主，对奶牛等畜牧业经济实现保护现有，奖励繁殖的政策。各地人民政府通过发放巨额的畜牧贷款和救济款，对保护和奖励繁殖牲畜起了极大推动作用。1951年，绥远牧区发放保畜救济款130亿元（约合第二套新人民币130万元）[2]，解除了贫苦牧民因缺乏草料而大量出售或屠宰牲畜的困境。

20世纪50年代初期，为了加快生产恢复，政府对奶牛养殖主体实行“支持并引导私营养殖发展，同时鼓励建立国营养殖场”的政策。该时期，各大城市的私营奶牛场和个体养牛户不断增加。天津市1953年有私营奶牛场和个体养牛户240个，饲养奶牛1 530头，比1949年增加近1倍；北京市1955年有私营奶牛场和个体养牛户655家，饲养奶牛2 957头，年产牛奶600万千克，奶牛头数、牛奶产量都比1949年增长2倍多[3]，这段时期被个体养殖户称为养牛业的“黄金时代”。与此同时，各地区的国营农场奶牛养殖也同步发展。1949年9月，“国营上海农场”成立；1950年，西安牧场建立；1954年，天津杨柳青农场诞生；1955年，新疆呼图壁种牛场成立。整个奶业随着国民经济的恢复而重新发展，呈现百废待兴的良好势头。

1956年，由于农产品实行统购统销制度，国家对奶牛业实行“公私合营”的政策。在私营奶牛场和个体养牛户逐步扩大发展的同时，私营养牛遇到了许多难以克服的困难，大部分私营奶牛养殖，牛舍狭小，条件差，病牛多，牛奶不消毒就出售，牛奶质量差，价格昂贵，市民反映强烈。为了挽救私营奶牛业的发展，国家对私营奶业进行公私合营。私营奶牛加入国营农场后，集中饲养，科学管理。同时，国家为扶持奶牛生产发展，保证市场鲜奶和奶制品的计划供应，对城镇、郊区饲养奶牛所需的饲料粮、糠麸、豆粕等纳入计划供应，并组织发挥国营

[1] 王怀宝.2002.中国乳业指南.北京：中国农业出版社：150−151.

[2] 1955年3月1日，中国人民银行开始发行新人民币（第二套人民币），新旧人民币折合比率为1∶10 000。

[3] 王怀宝.2000.中国奶业50年.北京：海洋出版社：14−20.

奶牛场的优势，指导社、队奶牛场采用优良种公牛配种，提高奶牛质量，使社、队集体奶牛的饲养条件得到完善，全国奶牛数量不断壮大，1957年中国奶牛存栏量发展到15.98万头。

20世纪50年代中后期开始，“发展城市郊区畜牧业，解决大中城市肉、奶等副食品需要”列入中央部委议事日程。1955年12月，全国农业工作会议上指出“城市郊区的农业生产应该以蔬菜、奶、肉、鸡、鸭、蛋等副食品生产为主”。1957年5月，农业部召开城市、工矿区副食品生产供应座谈会，刘瑞龙副部长作了《关于城市副食品生产问题》的报告，对城市肉、奶、禽、蛋的生产供应做了具体安排。1959年11月，国务院副总理李先念在第二次全国大、中城市副食品生产会议上，对大、中城市的副食品生产做了具体部署，指出大、中城市的副食品生产应当继续贯彻执行“自力更生为主，力争外援为辅”的方针。1975年，邓小平副总理主持国务院工作时，要求在大、中城市和工矿区建设一批机械化养猪场、养鸡场和养牛场。这些决议和指示，促进了城市郊区畜牧业的兴起，一批城郊国营养牛场应运而生。

从1958年“总路线”、“大跃进”和“人民公社化”运动席卷中国时期到1978年改革开放的20年间，国家在奶牛饲养上制定了“以国营为主，限制私营发展”，严重影响了中国奶业的发展。这一时期，政府不仅限制私人养牛，也不允许私人投资奶牛业，奶牛生产者只限于国营或集体奶牛场。20世纪60年代初，在黑龙江等奶业主产大省，甚至出现了对个体户交售的牛奶采取累进税制，即个体奶户交售的牛奶越多税率越高，严重抑制了个体户养奶牛的积极性。1966年“文化大革命”开始，多数地区对家庭饲养业采取了禁养限养的政策，个体户养奶牛被当作“资本主义尾巴”横加批判。由于长期受“左”的指导思想干扰和十年“文化大革命”，这一阶段中国的奶牛饲养数量增长缓慢，年均增速仅为4.86%，到1978年全国奶牛存栏量仅为47.50万头。

（二）消费政策

1949年至20世纪50年代中期，牛奶消费基本不受政府干预。新中国成立初期，中国居民乳品消费区域性差异明显，除边疆牧区和一些少数民族地区具有食用鲜奶及乳制品的历史和习惯外，多数地区的居民基本没有消费乳品的习惯，相当一部分中国人尤其是农村人从来没有喝过牛奶，人均乳品消费量非常低。1949年，中国人均年奶类占有量仅0.40千克，其中牛奶占有量0.37千克[1]。奶品消费群体也相对单一，主要是老人、婴幼儿、病人等。

1958年后，中国普遍出现乳粉脱销，毛泽东主席要求增加奶品供应。“总路线”、“大跃进”和“人民公社化”运动席卷中国时期，越来越多的妇女参加社会主义生产

[1] 奶类占有量、牛奶占有量均是作者根据奶类产量、牛奶产量除以人口数量计算得出。

建设和农业劳作，中国乳品工业发展速度远不及急骤增长的社会需求，特别是婴儿食品的需要，这种情况导致在中国普遍发生了乳粉严重脱销的情况。1958年秋，毛泽东主席收到20多封人民来信，反应“吃奶难”问题，毛泽东主席把信转批给当时的农垦部部长王震，要求国营农场重视发展奶牛生产，增加奶品供应。

1960年开始直至1978年改革开放，中国对牛奶实行“凭票限量供应”。1958年接到毛泽东主席转批人民来信后，王震部长抓紧牛奶生产工作，成效显著。但是由于国营农场受土地少、投资大、资金不足、饲草饲料紧张、管理费用高等因素制约，加之鲜奶价格低，经营鲜奶无利可图，奶和奶制品的供应仍十分不足。1959年中国乳品人均消费量1.8千克，人均奶类占有量仅0.44千克，供需矛盾突出。1960年开始，全国除奶农自食外，商品奶几乎全部采用票证供应方式供给。最初，一般消费者持奶票到居委会领取，一些特殊人群由牛奶公司送奶上户。随着城市和奶业的发展，牛奶公司逐步建立供奶点，由居民凭奶票（奶证）到供奶点取奶。在北京，有奶证的婴儿，每日2瓶牛奶，每瓶0.23千克；满周岁的，供应1瓶，再搀兑“代乳粉”[1]；代乳粉票和婴儿糖票，每月各发1张，凭票到指定商店可代购乳粉500克和黄砂糖100克。

（三）价格政策

从新中国成立到20世纪50年代中期，奶业经济是市场经济，牛奶的购销价格“完全由市场决定”。新中国成立初期，粮食市场上多种经济成分并存，实行自由贸易，私营粮食流通组织占绝大多数，这为奶业私有经济提供了生存条件。当时的中国奶业经济是以私营奶牛场、个体养殖户及乳品加工作坊为主的市场经济，国家当时无力顾及奶业这个对社会经济生活影响不大的领域，对牛奶的购销价格和流通渠道政府没有控制，通过市场形成的自由市场价格成为奶价的主要表现形式。

20世纪50年代后期，国家对牛奶的购销价格实行“单一行政定价”。1953年起，中国实施“第一个五年计划”，开始了大规模的经济建设，对商品粮需求日益增长，国家在全国范围内对粮食等主要农产品实行统购统销。由于奶业生产滞后，且居民收入水平不高，奶在当时是作为特殊营养保健食品，对鲜奶的消费需求相当有限，牛奶不在第一批统购统销农产品之列。20世纪50年代后期，为了促进消费，国家从宏观经济考虑，对奶价实行了严格控制，统一由各级政府物价部门制定价格，并长期以固定价格形式冻结。

政府对奶价实行统一管理之后的一段时期内，为了照顾消费者利益，不少城市实行了“购销奶价低价政策”。由于当时城郊奶牛场绝大多数为国营，盈亏统

---

[1] 代乳粉是解放初期中国最早的婴儿配方食品，从营养成分分析到动物实验都证明是当时最好的婴儿母乳代用品。

一报账，且政府采取了供应饲料、给予基建投资拨款、免征税收等一系列政策以维持再生产，20世纪50年代初至60年代末的近20年里，北京、天津、西安、武汉等不少城市为了照顾消费者利益，适应婴儿和特殊供应的需要，先后多次调低原料奶收购价格和鲜奶销售价格。1950年北京市原料奶收购价格为0.57元/千克，1951—1963年为0.48元/千克，1964—1966年为0.40元/千克，1967—1969年降至最低点0.35元/千克[1]。

20世纪70年代，政府对奶价的管理延续了50年代后期至60年代末的低价政策。70年代中期，随着人们生活水平的提高，牛奶消费需求逐渐增加，但国家对奶价在较长时间内没有作相应调整，仍然实行较低的原料奶收购价格和鲜奶销售价格。低奶价制度的长期实施，虽然很大程度上维护了当时消费者的利益，减少了消费者支出，但奶牛场盈利少，效益低，不仅给国家财政造成了巨大负担，也导致了该时期的中国奶业发展缓慢。

二、改革开放后的奶业管理政策（1979—1999年）

（一）生产政策

中国共产党十一届三中全会后，中国政府对奶业生产提出了“以国营为依托，国营、集体、个体一齐上”的发展方针。1978年实行的改革开放政策带动了奶业发展，取消了禁止私营养牛的禁令，实行以国营农场为基础，集体和个体牛场共同发展，并实行免税政策，极大地调动了农户养牛的积极性，奶牛个体饲养户迅速增加，在许多大中城市和农牧区占据重要份额。1978年以前，国营农场饲养的奶牛占全国奶牛总数的77.1%，集体牛场饲养的占16.7%，个体牛场饲养的只占6.2%；20世纪80年代末，国营农场饲养奶牛仅占1/3，其余2/3的奶牛在集体和个体牛场[2]。为了鼓励个体奶牛饲养，一些地方还出台了购买奶牛的优惠贷款政策，并为集体和个体牛场提供牛源和技术服务。

与“国营、集体、个体一齐上”的宏观政策配套，1979年10月1日起，中国实行“以奶换料”的奶牛生产微观发展政策，进一步刺激了养牛的积极性。为了鼓励奶牛饲养，在北京、上海、天津、武汉、广州等大多数城市，对国营、集体奶牛场和个体奶牛户，一视同仁实施“平价料、平价奶”，即以平价（国家计划价格）向国营乳品厂交售鲜奶，并按2.5～3∶1（或更高）的比例从国家粮食部门购买平价饲料。在西安、成都、福州等城市，实施“议价料、平价奶”，即个体养殖户和集体奶牛场以议价购买精料，但生产鲜奶全部或大部分都以平价交售给国营乳品厂。当时奶类援助项目的城市中，进入这两种奶价体系的鲜奶约占上

---

1 中国奶业发展战略研究课题组.1990.中国奶业发展战略研究.武汉：湖北科学技术出版社：227-229.

2 刘江.1990.我国奶业发展的战略问题.中国奶牛（3）：7-11.

市鲜奶量的80%～85%[1]。

20世纪80年代，“平价料、平价奶”和“议价料、平价奶”这两种保护性的补贴政策一直在全国范围内推广实施。1988年，20个奶业项目城市饲料平议价补贴款达到14 932万元，天津、北京、杭州、武汉、南京等5个城市价外补贴款12 065万元[2]。同期，奶业加工利润返还、减免税收、低息或无息贷款等一系列奶业生产相关政策不断发展。在这些政策的激励下，这一时期奶业生产快速发展，1990年，中国奶牛存栏269.10万头，是1980年的4.20倍。

进入20世纪90年代，各项生产优惠政策取消，农业部要求促进奶业产业结构调整。1993年，随着饲料价格的放开，原来养奶牛享受的饲料价格补贴、以奶换平价饲料的优惠政策取消，而奶价仍受监控，导致养奶牛严重亏损，奶牛生产出现小幅滑坡。辽宁、江苏、安徽、广东、宁夏、新疆等省（自治区）的奶牛存栏明显下降，1996年辽宁省奶牛存栏减至3万头，比1992年减少50%，随着奶牛头数的锐减，牛奶产量也明显下降。同时，由于一些奶农购牛优惠贷款措施不存在，建牛舍给予贷款或建筑材料上的优惠、农户养奶牛划给饲料地等优惠政策的逐渐取消，1997—1999年全国奶牛生产出现停滞徘徊，1998年奶牛存栏426.50万头，比1996年减少了20.50万头。1999年，农业部印发《关于加快调整畜牧业生产结构的意见》，明确将加快奶业发展作为畜牧业结构调整的重要内容，并组织实施了一系列促进牛、羊等草食家畜发展的项目，这些项目的实施有力地促进了奶业产业结构的优化。

（二）消费政策

20世纪70年代末至80年代初，奶的供应再次趋于紧张，中国部分城市恢复“凭票供应”。随着人们生活水平不断提高，加之这一时期新生婴儿进入高峰期，鲜奶需求量成倍增长，而中国人均占有奶量仅1.5千克，供给和需求矛盾突出，市场上再次出现了“吃奶难”的局面。面对这种情况，大、中城市不得不又采取严格的定时、定量、定人的供应办法，优先满足婴幼儿、病人、儿童、老人、特种劳动者的需求。

1979年开始，北京、上海等地对牛奶销售采取“保证重点和限量供应”政策。北京市对2周岁以下婴儿每日供奶750克；2周岁以上的每日供奶500克；病人和老人每日供奶250克。新生婴儿凭出生证、病人凭医院证明订奶；停止供应生产冷饮和糕点的牛奶；为了解决“排长队”，采取定点取奶和部分恢复送奶到户的办法。根据当时订奶户的实际情况，1980年北京市政府办公会决定牛奶供应实行“三保一代”办法，即鲜牛奶订户只保证3周岁以下婴儿、重病人、外宾及

[1] 中国奶业发展战略研究课题组.1990.中国奶业发展战略研究.武汉：湖北科学技术出版社：237–238.

[2] 中国奶业发展战略研究课题组.1990.中国奶业发展战略研究.武汉：湖北科学技术出版社：231.

特殊用户，一般订户用强化奶粉代替，并试用部分豆奶代替鲜奶[1]。

1987年和1988年，中国城市肉、蛋、奶供应趋于紧张，为缓解供需矛盾，1988年农业部向国务院提出《关于发展副食品生产保障城市供应（简称“菜篮子工程”）的建议》。建议总目标之一是到1992年奶类产量增加240万吨，人均奶占有量由1987年的3千克增加到1992年的4.9千克；大、中城市70%的牛奶实现自给，建立东北、河北东部、江苏北部等10片奶牛基地。该工程的实施极大地促进了中国奶业发展，1992年中国奶类总产量达到563.9万吨，基本保证了奶的城乡供应。

进入20世纪90年代，中国快速提升居民奶类消费水平的政策相继出台。随着乳品供应逐渐充足，凭证供应鲜奶的限量消费政策成为历史，奶业基本实现了由卖方市场向买方市场的转变，政府开始把更多的注意力放在如何提高居民消费水平，改善居民营养膳食结构等方面。为了促进中国在20世纪末实现小康目标的基本要求，1993年2月，国务院第220次总理办公会议审议通过了《九十年代中国食物结构改革与发展纲要》，纲要提出要加快发展耗粮少、转化率高的畜禽和蛋奶生产，加快发展肉牛、奶牛和羊等草食性动物生产，并提出到2000年奶类产量达到910万吨，人均消费奶类6千克的目标。1997年12月，国务院批准在全国实施《中国营养改善行动计划》，提出进一步加强奶的生产和加工，完善国家对奶业价格的宏观调控，稳定市场，保证低收入人群的基本供给。这些文件的出台，一定程度上促进了中国乳品消费的增长。

（三）价格政策

中国奶价政策在20世纪80年代初发生了新变化，商品奶购销价格突破了过去近30年的固定价格形式，政府定价、市场自由价格及两种价格并存的情况同时存在。北京、上海、天津等大城市，奶的价格仍由地方政府统一定价，政府以多种形式实行价格补贴，从而保证生产者、消费者的利益；一些中、小城市，奶农小量生产，自由上市，根据市场情况，实行浮动价格；成都、西安、福州等由国家提供平价饲料或以奶换料的城市，奶价按国家统一价格，饲料由市场购买，鲜奶直接卖给消费者，实行自由价格。就全国范围而言，奶的价格基本实行以国家控制价格为主，国家控制价格与市场价格相结合的价格体系。

1980年以后，中国实行“逐渐上调奶价政策”。随着经济的发展和经济结构的调整，20世纪80年代中后期，各地方政府逐渐上调原料奶收购价格和鲜奶销售价格。1988年，中国原料奶平均收购价格0.702元/千克，消毒奶平均销售价格1.081元/千克，与1980年相比分别增长了51.0%和81.1%[2]。由于工业发展速度

1　周俊玲.2001.中国奶类市场及其发展趋势研究.北京：中国农业大学：98—99.

2　中国奶业发展战略研究课题组.1990.中国奶业发展战略研究.武汉：湖北科学技术出版社：228—229.

过快、通货膨胀，以及粮食生产徘徊、饲料供应紧张，市场价格变化加剧，奶的价格调控变得更为复杂。各地政府对奶价加强宏观调控，继续适度提高奶的购销价格。价格的适度调整对奶业发展起到了积极的促进作用，1980—1987年中国奶类总产量从136.7万吨增加到378.8万吨，增长了177.10%。1989年中国奶类总产量达到了435.8万吨。

1990年后，中国实行了“以市场调节为主，国家指导价为辅”的奶价政策，奶的价格与市场供求关系日益紧密。1993年，国家取消了鲜奶收购价格补贴，对奶粉、酸奶、超高温灭菌奶、冰激凌等乳制品价格完全交给市场进行调节，但对北京、天津等一些大、中城市的原料奶收购价格和消毒鲜奶销售价格政府还是进行严格监控。国有奶业企业执行当地政府规定的原料奶收购价格和消毒鲜奶零售价格，而其他所有制企业则按市场价收购和销售原料奶及消毒鲜奶，即所谓的“放一头，管一头”。1998年北京市政府规定的国有奶牛场的原料奶收购价格为每千克2.1元，而个体奶农生产的原料奶销售价格只有每千克1.8元。随着鲜奶市场供应形势的好转，这种监控逐渐松散，乳品加工企业可以根据市场供求形势决定鲜奶的购销价格。

三、新时期的奶业管理政策（2000—2012年）

进入21世纪以后，中国奶业持续健康发展，饲养规模不断扩大，加工能力明显增强，奶类产品持续增长，是中国奶业发展最快的时期。尽管经历了2008年9月发生的“婴幼儿奶粉事件”，但是经过政府、协会和企业的各方努力，2010年中国奶业已基本恢复到事件之前的水平。在这10年之间，中国奶业管理政策逐步走向成熟，主要表现为：一是围绕奶类发展的综合管理政策不断强化，奶类生产、加工、流通、消费等各环节的管理措施更加具体；二是奶业发展扶持力度不断加大；三是经历“阜阳劣质奶粉事件”和“婴幼儿奶粉事件”之后，乳品质量安全监管越来越受到重视，有关乳品质量安全管理的政策相继颁布。

新时期奶业管理政策，从不同的角度可以进行不同的分类。从政策规范的主要内容上划分为三类。

（一）以奶牛养殖为主要内容的管理政策

以奶牛养殖为主要内容的管理政策，主要是指农业部出台的有关政策，包括《优势农产品区域布局规划（2003—2007年）》、《全国优势农产品区域布局规划（2008—2015年）》、《优势农产品质量安全推进计划》、《全国奶业“十一五”发展规划和2020年远景目标规划》、《奶牛优势区域发展规划（2003—2007年）》、《奶牛优势区域布局规划（2008—2015年）》等。

1. 优势农产品区域布局规划　2003年1月，农业部印发了《优势农产品区域布局规划（2003—2007年）》（农计发〔2003〕1号）。牛奶是《优势农产品区域布局规划（2003—2007年）》确定的“优先发展的11种优势农产品及其优势区域布局”之一。奶牛的优势区域是：重点发展东北、华北及北京、天津、上海3个牛奶优势产区。东北优势产区主要布局在黑龙江、内蒙古等2个省（自治区）的12个地市（盟）37个县市（旗）。华北优势产区主要布局在河北、山西等2个省的10地市29个县区。京、津、沪优势产区主要布局在13个郊区县和25个农场。到2007年，《优势农产品区域布局规划（2003—2007年）》确定的发展目标基本实现。养殖业优势区域加快发展，奶牛优势区域涉及的内蒙古、黑龙江、河北、山西、北京、天津、上海等7省（自治区、直辖市）奶牛存栏量占全国比重达到50%。优势区域牛奶产量达到2 140万吨，占全国的比重达到60.7%。

2008年9月3日，农业部发布了《全国优势农产品区域布局规划（2008—2015年）》（农计发〔2008〕20号）。奶牛区域是该规划确定的16个优势产品与优势区域之一。奶牛的区域布局是：着力建设京、津、沪郊区，东北、内蒙古，中原，西北4个奶牛优势区。其中，京、津、沪郊区奶牛优势区包括北京、上海、天津3市的17个郊县，着力提高奶业现代化水平，加快产加销一体化进程，保障市场供给；东北、内蒙古奶牛优势区包括黑龙江、辽宁和内蒙古3省（自治区）的117个县，着力发展规模化、标准化奶牛养殖；中原奶牛优势区包括河北、山西、河南、山东4省的111个县，着力发展专业化养殖场和规模化小区，大力提高奶牛单产；西北奶牛优势区包括新疆、陕西、宁夏3省（自治区）的68个县，着力发展舍饲、半舍饲规模化养殖，大力提高饲养管理水平。

2. 优势农产品质量安全推进计划 2003年4月1日，农业部印发了《优势农产品质量安全推进计划》（农市发〔2003〕4号）。其中，牛奶质量安全推进措施主要包括：一是加快标准的制（修）定，完善标准体系建设，修订《巴氏杀菌乳》（GB5408.1—1999）和《灭菌乳》（GB5408.2—1999），制定《生鲜牛乳质量管理规范》、《奶牛配合饲料质量标准》、《调味奶标准》、《无公害食品巴氏杀菌乳》、《无公害食品灭菌乳》、《无公害食品调味乳》。二是创建牛奶标准化生产示范区（基地），在东北牛奶优势产区的黑龙江、内蒙古2省（自治区）12个地市（盟）32个县市（旗），华北优势产区的河北、山西2省10个地市27个县区及京、津、沪13个郊区县22个农场，建立牛奶标准化生产示范区（基地），同时要建立GMP、ISO及HACCP质量管理体系。三是建立和完善检验检测体系，2005年牛奶加工企业必须全部建立品质控制中心，在3个牛奶优势区的黑龙江、内蒙古、山西、河北、北京、天津、上海建立和完善9个牛奶监测中心，于2007年推广到中国各省、自治区，建立31个牛奶监测中心，在81个牛奶标准化生产示范区（基地）的收奶站建立实验室。四是建立质量监控和防疫治病监控制度。五是大幅度提高认证企业和认证产品比例。六是大力推广先进质量监控技术和集体饲养。

3. 全国奶业“十一五”发展规划和2020年远景目标规划 2005年，农业部发布了《全国奶业“十一五”发展规划和2020年远景目标规划》。《全国奶业“十一五”发展规划和2020年远景目标规划》包括奶业发展现状，“十五”发展成就、主要经验、主要问题，“十一五”至2020年中国奶业发展的有利条件和不利因素，奶业发展的指导思想、原则和目标，奶业发展的主攻方向，奶业发展的区域布局和重大项目，奶业发展的保障措施等主要内容。

该规划制定了奶业发展的区域布局和重大项目。奶源生产基地区域布局是：大城市郊区奶业产区，包括北京、上海、天津大城市郊区；东北内蒙古奶业产区，包括黑龙江、辽宁、吉林和内蒙古4省（自治区）；中原奶业产区，包括河北、山西、河南、山东4省；西部奶业产区，包括新疆、陕西、宁夏、甘肃、青海和西藏6省（自治区）；南方奶水牛产区，包括福建、广东、广西、浙江、云南、四川、江苏等7省（自治区）。

乳品加工企业布局为：大城市郊区重点发展以液体乳、冰激凌为主的乳品加工企业；东北内蒙古及中原产区培育以奶粉、液体乳、奶酪、冰激凌为重点，多种产品并举的乳品加工企业，突出开发适合农村消费的奶制品；西部产区培育以奶粉、奶酪和特色奶制品为重点，兼顾发展山羊奶制品的乳品加工企业；南方地区重点发展满足区内液体乳，特别是水牛奶市场需求的企业，同时培育专业加工水牛奶制品的企业。

奶业发展的重大项目是：奶畜良种工程，包括种公牛站、高产奶牛育种基地、改良配种站点、奶牛胚胎移植、生产性能测定等项目；奶源基地建设，包括高产奶牛园区、奶牛专业户、机械挤奶站、环保设施、技术培训等项目；饲草料生产基地，包括配合饲料加工、饲料基地、青贮设施等项目；牛奶质量改良中心建设；奶业乳酸菌种保存与利用中心建设；疫病防治，包括奶牛疫病预测预报网络、基层畜牧兽医站配套建设等项目；乳品质量安全监控，包括标准化体系、第三方质量监测中心等项目；奶业信息化建设；龙头企业技术改造。

4. 奶牛优势区域布局规划 2003年，农业部组织制定并实施了《奶牛优势区域发展规划（2003—2007年）》。2009年1月24日，在第一轮《奶牛优势区域发展规划》的基础上，农业部印发《奶牛优势区域布局规划（2008—2015年）》（农牧发〔2009〕2号）。《奶牛优势区域布局规划（2008—2015年）》包括优势区域发展成效、主要制约因素和发展前景、发展思路、区域布局、建设重点和主推技术及保障措施等主要内容。

《奶牛优势区域布局规划（2008—2015年）》选择的奶牛生产优势区域是：13个省（自治区、直辖市）的313个奶牛养殖基地县（团场），京、津、沪奶牛优势区，包括北京、上海、天津3市的17个县（场）；东北内蒙古奶牛优势区，包括黑龙江、辽宁和内蒙古3省（自治区）的117个县（场）；华北奶牛优势区，包括河北、山西、河南、山东等4省的111个县（场）；西北奶牛优势区，包括新疆、陕西、宁夏3省（自治区）的68个县（团场）。

《奶牛优势区域布局规划（2008—2015年）》确立了优势区域发展的建设重点、主推技术、保障措施。建设重点是奶牛良种繁育、奶源基地建设、生鲜乳质量标准和检测、奶业预警信息体系建设。主推技术是奶牛群体改良技术、奶牛高效繁殖技术、标准化规模饲养技术、青贮和优质牧草生产加工技术、奶牛疫病防治技术、生鲜乳质量控制技术、奶牛小区（场）经营管理技术。保障措施是强化政策措施，构建奶业稳定发展的长效机制；健全社会化服务体系，提高组织化程度；加强奶牛疫病防控，增强抵御风险能力；大力开拓奶类消费市场，满足多样化的消费需求；加强宏观调控，提高行业管理水平；强化质量安全监管，消除发展隐患。

（二）以乳品消费为主要内容的管理政策

以乳品消费为主要内容的管理政策，主要是指有关部门为促进乳品消费而出台的有关政策，包括国家“学生饮用奶计划”、《中国食物与营养发展纲要》、《全国食品工业“十五”发展规划》等。

1. 中国“学生饮用奶计划” 为改善中国中小学生的营养状况，保证青少年的健康成长，经国务院领导批准，决定在全国分步实施“学生饮用奶计划”。采取政府引导、政策扶持的方式，通过专项计划向在校中小学生提供由定点企业按国家标准生产的学生饮用奶。国家“学生饮用奶计划”于2000年8月29日由农业部、国家发展计划委员会、教育部、财政部、卫生部、国家质量监督检验检疫总局、国家轻工业局等七部委局共同倡议开始实施。七部委局对“学生饮用奶计划”提出了具体要求，并制定了国家“学生饮用奶计划”实施方案。

乳品企业开展校园赠奶活动

2003年1月2日，胡锦涛总书记在内蒙古视察时强调："牛奶是温饱之后小康来临时的健康食品，不仅小孩喝，老人喝，最重要的是中小学生都要喝上牛奶，提升整个中华民族的身体素质。实施"学生饮用奶计划"，是世界上许多国家为改善学生营养和健康状况，而采取的一项通用有效的措施。"2006年4月23日，温家宝总理在重庆视察时留言："我有一个梦，让每一个中国人，首先是孩子，每天都能喝上一斤奶，希望你们能让我梦想成真。"2011年，《国家学生饮用奶计划运行模式与扶植政策调研总报告》显示，国家"学生饮用奶计划"自2000年启动来，已在中国170多个城市和地区、1万多所中小学及幼儿园中展开，受惠学生达500多万人[1]。

国家"学生饮用奶计划"实施十周年

2. 中国食物与营养发展纲要 2001年11月3日，国务院办公厅印发了《中国食物与营养发展纲要（2001—2010年）》（国办发〔2001〕86号）。根据该纲要，2001—2010年是中国居民食物结构迅速变化和营养水平不断提高的重要时期。加快食物发展，改善食物结构，提高全民营养水平，增进人民身体健康，是国民整体素质提高的迫切需要，也是中国社会主义现代化建设的重大任务。

该纲要制定了2010年食物与营养发展总体目标：保障合理的食物摄入量，其中人均每年奶类摄入量为16千克；保障充足的食物供给，其中全国奶类生产总量的安全保障目标为2 600万吨。2010年，城市、农村居民人均每年奶类摄入量目标分别是32千克、7千克。

---

[1] 为保证"学生饮用奶计划"实施，确保原料奶的质量安全，2003年9月国家启动"学生饮用奶奶源升级计划"，组织著名专家团队，开始连续创建一批高水平的学生饮用奶奶源示范基地。至2011年，全国共有136家奶牛牧场获得"学生饮用奶奶源升级计划奶源示范基地"荣誉称号。

该纲要颁布以后，中国农产品综合生产能力稳步提高，食物总量供需实现了基本平衡，全民营养健康状况得到了改善。据统计，到2009年，中国奶类产量达到3 732.6万吨，全国居民家庭人均消费奶类19.3千克，实现了该纲要所确定的目标。

3. 中国食品工业“十五”发展规划　2002年3月15日，国家计划委员会、国家经济贸易委员会、农业部联合颁布实施《全国食品工业“十五”发展规划》(2001—2005年)。该规划第四部分“食品工业发展的重点及主要方向”中的“食品工业发展的重点”，第四条为“乳品加工业”。

乳品加工业“十五”期间的重点是调整企业结构，优化产品结构，提高产品质量，从总体上降低奶粉生产比例，增加液体奶产量。城市型的乳品企业要着重发展巴氏杀菌奶、酸奶、花色奶等液体奶的生产；基地型乳品企业仍以奶粉生产为主，适当调整产品结构，重点发展配方奶粉、功能性奶粉，以及作为食品工业配料的全脂奶粉、脱脂奶粉等，适当发展灭菌奶、干酪、奶油等。要切实抓好奶源基地的建设，扩大饲养规模，推广机械挤奶，提高原料奶质量，推广“分散饲养、集中挤奶”和“集中饲养、统一管理”的“奶牛合作社”模式。“十五”期间要重点抓好东北、华北、西北乳品加工业的发展。到“十五”末，机械化挤奶率力争达到50%，全面提高原料奶质量；乳制品产量年递增速度争取在10%左右，达到130万吨；液体奶产量力争递增速度在20%左右，达到450万吨。

（三）综合性的管理政策

综合性的管理政策，主要是指国务院及办公厅、综合部门或部门联合印发的覆盖奶类生产、加工、消费、流通全部产业链的有关政策，包括《国务院关于促进奶业持续健康发展的意见》、《乳制品工业产业政策》、《奶业整顿和振兴规划纲要》、《全国奶业发展规划》等。

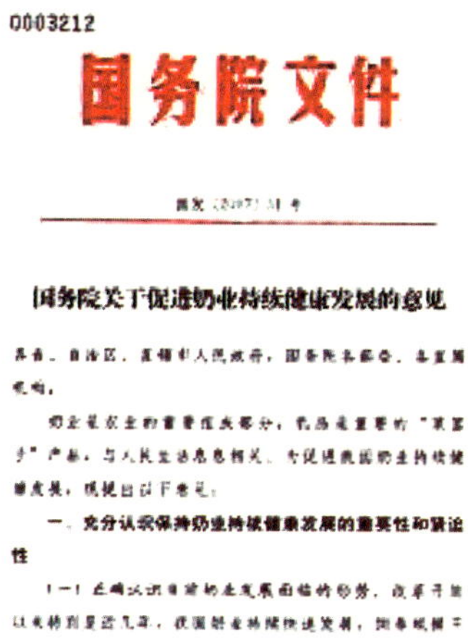
0003212

国务院文件

国务院关于促进奶业持续健康发展的意见

2007年9月27日，国发〔2007〕31号文件影印本

1. 国务院关于促进奶业持续健康发展的意见　2007年9月27日，国务院发布《国务院关于促进奶业持续健康发展的意见》(国发〔2007〕31号)。

2007年5月12日，中共中央办公厅秘书局《互联网信息摘报》(第2185期) 摘录了新浪网5月11日的消息“成本上涨奶价不涨，山西山阴县农民挥泪杀奶牛”。5月16日，回良玉副总理就此批示时任农业部部长的孙政才同志：“请政才同志阅。望关注这一情况。”6月7日，孙政才部长向温家宝总理、回良玉副总理报送了《关于当前中国奶业情况的报告》，文中反映中国奶业发展面临重大挑战，奶牛养殖效益不断下降，农民奶牛养殖积极性受挫，一些地方把奶牛当肉牛卖、奶牛被宰杀等问题，如不及时采取有力调控措施，奶业发展有可能发生大幅度波动。6月9日，回良玉副总理对此批示：在奶业快速发展进程中所出现的问题，必须高度重视和认真解决，切实防止奶业发展出现大的波动。6月10日，温家宝总理批示："请发改委会同农业部、财政部、商务部研究提出扶持中国奶业发展的政策措施，报国务院讨论。"国家发展和改革委员会迅速行动，开展了出台综合性政策措施的调研工作。

2007年6月21日，新华社在一份刊物上刊登题为"内蒙古大量奶牛散养户陷入困境"报道，反映从2006年开始，受饲料价格上涨、鲜奶收购价格持续低位徘徊、奶牛行情快速回落等因素影响，大量奶农陷入困境。北方省区不同程度地发生了集中宰杀奶牛现象，一些享受国家补贴优质冻精繁殖的改良奶牛后代，不分公母地被宰杀，奶牛养殖业比较效益下降，整个行业处于净亏损状态。当日，胡锦涛总书记批示："家宝、良玉同志，要重视奶牛养殖比较效益下降的动向，吸取猪肉问题上的教训，及早研究采取措施，以避免奶牛养殖业大起大落。"6月22日，温家宝总理再次做出批示："此事我在六月十日已作出部署，请有关部门按照锦涛同志批示抓紧落实。"同日，回良玉副总理批示："请发改委牵头会同有关部门，按照锦涛、家宝同志批示要求，尽快拿出政策意见，以促进奶业健康发展。在提交国务院常务会议讨论之前，我召开会议研究一次。"至此，国家发展和改革委员会的相关工作进度进一步加快。8月24日，回良玉副总理主持召开会议，听取国家发展和改革委员会关于当前奶业形势的汇报。9月19日，温家宝总理主持召开国务院第192次常务会议，讨论通过了国家发展和改革委员会上报的《关于促进奶业持续健康发展的意见》，回良玉副总理对文件也给予高度评价："此文件为新中国成立以来最完整的奶业文件"。9月27日，国务院发布《国务院关于促进奶业持续健康发展的意见》（国发〔2007〕31号，亦简称"31号文"）。

该意见的主要内容包括5个方面。一是充分认识保持奶业持续健康发展的重要性和紧迫性。二是促进奶业持续健康发展的指导思想和基本原则。三是促进奶业持续健康发展的主要任务和重点工作。即加强良种繁育和推广，提高奶牛生产水平；推进养殖方式转变，提高原料奶质量；积极发展产业化经营，形成合理的原料奶定价机制；优化奶业布局，提高企业素质；健全质量标准体系和标识制度，规范市场秩序；引导乳品消费，开拓奶业市场。四是加大奶业发展的政策扶持。加大奶牛养殖补贴力度；建立奶牛政策性保险制度；支持建设标准化奶牛养殖小区；加强对奶牛养殖农户信贷支持；完善产业政策。五是加强组织领导，落实政策措施。切实加强对奶业的领导；加强对奶业的指导和支持。

该意见的主要扶持政策包括八项。一是加大奶牛良种补贴力度。为加快扩大优质奶牛种群步伐，继续执行中央财政奶牛良种补贴政策，补贴范围由北方地区奶牛头数1万头以上、南方地区奶牛头数5 000头以上的181个重点县，扩大到全国，将全部能繁母牛纳入补贴范围，并对经过后裔测定并注册的优良种公牛冻精液加大补贴力度。二是实施后备母牛补贴政策。为保护奶牛后备资源，对享受奶牛良种补贴改良后的优质后备母牛每头一次性补贴500元，中央财政对中西部地区给予补助，东部地区补贴由地方财政负担。三是将牧业机械和挤奶机械购置纳入财政农机具购置补贴范围，国家对奶牛养殖农户购置牧业机械和挤奶机械给予补贴。四是完善奶牛重大疫病防治和扑杀政策。为降低农户奶牛养殖疫病风险，将患布鲁氏菌病、结核病而强制扑杀的奶牛，列入畜禽疫病扑杀补贴范围，具体办法比照口蹄疫扑杀补助办法执行。五是建立奶牛政策保险制度。为增强奶农抗御风险能力，有效保障奶牛养殖安全，国家建立奶牛政策性保险制度，政府对参保奶农给予一定的保费补贴。中央财政对中西部地区给予补助，东部地区补贴由地方财政负担。六是支持建设标准化奶牛养殖小区。国家对养殖小区水、电、路及粪污处理、防疫、挤奶设施和饲草料基地建设等给予适当投资补助。七是加强对奶牛养殖农户的信贷支持。金融机构要对奶牛养殖农户、奶农合作社等提供信贷支持，开发适应奶业的金融产品，搞好金融服务；地方人民政府要给予适当贴息补助。八是完善奶业产业政策。

该意见的落实情况。2007年中央财政资金安排了奶牛冻精补贴1亿元。2008年奶牛冻精补贴覆盖全部荷斯坦奶牛，补贴金额增至2.4亿元，此后，维持在每年2.4亿～2.6亿元的水平。2008年，31号文件提出的各项扶持政策均得到落实。一是国家实施奶牛保险保费补贴政策，补贴比例为60%，中央、地方各补贴30%，当年中央财政补贴11.7亿元。二是中央启动奶牛规模化养殖小区建设项目，当年安排中央投资2亿元。具体补助标准是：以养殖小区奶牛年存栏量划分为200～499头、500～999头和1 000头以上3个规模，分别给予中央补助50万、100万和150万元。自2009年起，中央投资规模提高至每年5亿元。2011年，根据中国奶业发展形势，为进一步提高原料奶质量和奶牛标准化规模饲养水平，转变奶牛饲养方式，促进奶业持续健康发展，国家进一步提高奶牛规模化养殖小区建设中央补助标准，将补助规模划分为年存栏奶牛300～499头、500～999头和1 000头以上3个规模，分别给予中央补助80万、130万和170万元，比原补助标准提高了20万～30万元。至2012年，共安排中央补助资金22亿元，扶持奶牛规模化养殖小区（场）2 999个，其中年存栏规模在1 000头以上的158个。2012年，中国年存栏200头以上的奶牛养殖小区（场）的奶牛饲养数量已达到全国奶牛存栏量的26%以上。三是由农业部牵头，会同有关部门编制《全国奶业发展规划（2009—2013年）》，并于2010年6月8日由农业部、国家发展和改革委员会、工业与信息化部、商务部联合印发。

2. 乳制品工业产业政策 2008年5月29日，国家发展和改革委员会发布《乳制品工业产业政策》。这是新中国成立后中国发布的第一部系统的乳制品工业产业政策。该政策是针对中国乳制品工业在快速发展中出现的一些新情况、新问题而制定的，如重复建设严重、产业布局不合理、加工能力严重过剩，市场竞争失序；企业与奶农关系不协调，行业整体效益下降，亏损面增加等，影响了乳制品工业的健康发展。同时，也是为贯彻《国务院关于促进奶业持续健康发展的意见》，促进乳制品工业合理布局、有序发展，建设有中国特色的现代乳制品工业，保障国家食物安全而制定的。

2008年3月18日，国家发展和改革委员会发布2008年第26号公告，《乳制品加工行业准入条件》自2008年4月1日起实施。

2009年6月26日，工业和信息化部、国家发展和改革委员会发布工联产业〔2009〕第48号公告。对原《乳制品工业产业政策》、《乳制品加工行业准入条件》进行整合修订，并发布《乳制品工业产业政策（2009年修订）》。这是自2008年“三聚氰胺事件”发生后，中国首次就奶业的发展规范等问题做出重大调整。

《乳制品工业产业政策（2009年修订）》在产业布局方面，将全国分为五大产业区，力求形成以市场为导向、特色鲜明、布局合理、协调发展的乳制品工业新格局。五大产业区分别是东北内蒙古产业区，包括黑龙江、吉林、辽宁、内蒙古4省（自治区）；华北产业区，包括河北、山西、山东、河南4省；西北产业区，包括西藏、陕西、甘肃、青海、宁夏、新疆6省（自治区）；南方产业区，包括江苏、浙江、安徽、福建、江西、湖北、湖南、广东、广西、海南、四川、贵州、云南13省（自治区）；大城市周边产业区，包括北京、天津、上海和重庆4个直辖市。在准入门槛方面，严格控制乳制品加工项目的盲目投资和重复建设，提高乳制品加工能力利用率。在产业发展方面，鼓励重组融资以提升水平。在质量安全方面，乳制品生产加工企业须具备先进的生产设备及完善的检测手段和检测设备，对乳制品生产实施从原料进厂到成品出厂全过程的标准化管理和质量控制。乳制品生产企业应当符合良好生产规范要求。

3. 奶业整顿和振兴规划纲要 2008年11月19日，国务院办公厅转发国家发展和改革委员会、农业部、工业和信息化部、商务部、卫生部、国家质量监督检验检疫总局、国家工商行政管理总局、财政部、人民银行、中国银行业监督管理委员会（银监会）、中国保险监督管理委员会（保监会）、中共中央宣传部、监察部等部门制定的《奶业整顿和振兴规划纲要》（国办发〔2008〕122号）。

《奶业整顿和振兴规划纲要》是针对“婴幼儿奶粉事件”所造成的负面影响而出台的。这起事件的发生，暴露了中国乳品质量管理和监管方面存在的突出问题，深入分析，则是中国奶业发展中长期积累的矛盾和问题的集中反映。一是在

0003503

国务院办公厅文件

国务院办公厅关于转发发展改革委等部门
奶业整顿和振兴规划纲要的通知

2008年11月19日，国办发〔2008〕122号文件影印本

奶业快速发展过程中，存在只求数量、忽视质量的倾向；二是对乳品质量监管存在严重缺失，标准体系不完善，监测和管理制度不健全，对生产全过程的质量控制存在漏洞；三是乳制品生产企业盲目发展，产能过剩，争抢奶源，无序竞争，缺乏社会责任感；四是对奶站的监管缺失，对掺杂使假、压级压价等行为打击不力，致使奶站运营管理混乱；五是奶牛养殖方式落后，规模化、标准化水平低，奶农与乳制品生产企业的利益关系不合理；六是法制建设滞后，行业指导不适应形势发展需要。

该纲要制定了3个阶段的工作目标。一是到2008年年底前，对乳品生产、收购、加工、销售等各环节进行全面整改，加大扶持力度，使各环节基本恢复到正常状态。二是到2009年10月底前，健全相关法律法规，完善乳品质量标准，推广生鲜乳生产技术规程，加强奶站规范化建设和管理，推进乳制品生产企业建立良好生产规范，使奶业发展在制度化、规范化建设上迈出重要步伐。三是到2011年10月底前，在推进养殖规模化、产销一体化，加工布局优化、全行业标准化，以及规范市场竞争、完善质量标准体系等方面取得实质进展。力争奶牛良种覆盖率提高到60%，奶牛平均年单产水平接近5.5吨，100头以上规模化养殖场（小区）奶牛比重达到30%左右；乳制品生产企业完成良好生产规范改造，基地自产生鲜乳与加工能力的比例达到70%以上；乳制品加工行业的集中度进一步提高。奶业的质量标准体系、检测监管体系、质量管理体系基本建立，乳制品质量安全水平显著提升，奶业的整体素质和效益达到新水平，现代奶业基础格局初步形成。

该纲要制定了具体扶持政策。一是对乳制品生产企业的金融和财政支持政策。对诚信守法经营的乳制品生产企业符合信贷条件的贷款要求，金融机构要给予足额贷款支持；对因受“婴幼儿奶粉事件”影响、资金暂时周转困难的企业，金融机构要按规定给予流动资金贷款支持，对经金融机构同意延期的逾期贷款，免收罚息。中央财政对企业生鲜乳收购贷款，按照半年期银行贷款基准利率的一半，给予3个月贴息，地方财政也可给予贴息支持。拓宽奶业直接融资渠道，对符合条件的企业发行债券和通过股票市场融资给予积极支持。二是国家对重点地区特别困难奶农实施临时救助政策。重点扶持内蒙古、河北、山东、山西、辽宁、河南6个省（自治区）特别困难的奶农，中央财政补贴资金采取切块一次性下达，由地方根据实际情况，结合地方财政补贴资金统筹安排使用。地方政府也要安排资金，加强对困难奶农的扶持。

该纲要对部门监管职责进行了分工。农业部要加强对奶畜饲养以及生鲜乳生产环节、收购环节的监督管理；质检总局要加强对乳制品生产环节和乳制品进出口环节的监管；工商行政部门负责乳制品销售环节的监管；卫生部负责乳制品质量安全监管的综合协调，统一发布乳品质量安全重大事故信息；工业和信息化部要加强行业整顿和规范工作，会同有关部门协调促进奶业发展的各项支持政策；人民银行、银监会要及时做好奶业贷款发放情况的监测、分析和指导工作；保监会要监督保险公司开展奶牛保险业务。监察部要按照有关法律法规和问责制的要求，加强对各部门落实职责情况的协调、监督和检查，对由于责任不到位、渎职、失职等原因造成严重后果的，要依法依纪追究相关人员的责任。

4. 全国奶业发展规划 2010年6月8日，为贯彻落实《乳品质量安全监督管理条例》和《奶业整顿和规划纲要》精神，促进奶业恢复和振兴，推进现代奶业建设，农业部、国家发展和改革委员会、工业和信息化部、商务部共同研究制定并印发了《全国奶业发展规划（2009—2013年）》。

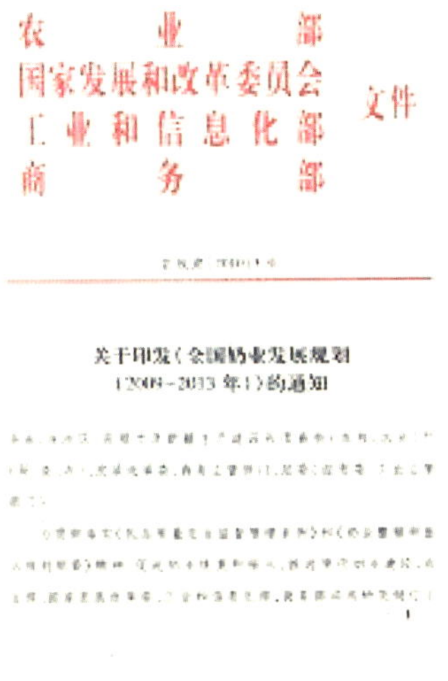
农业部
国家发展和改革委员会
工业和信息化部
商务部
文件

关于印发《全国奶业发展规划（2009－2013年）》的通知

2010年6月8日，农业部、国家发展和改革委员会、工业和信息化部、商务部印发《全国奶业发展规划（2009—2013年）》

该规划的主要内容包括五个方面：中国奶业发展现状及面临的形势，保障奶业持续健康发展的指导思想和基本目标，保障奶业持续健康发展的指导思想、主要任务和基本目标建设重点，保障奶业持续健康发展的主要政策和措施，环境保护。

该规划确定了2013年中国奶业发展的基本目标。一是生鲜乳生产能力稳定增长。全国奶牛存栏达到1 500万头，奶类产量达到4 800万吨，成母牛平均年单产水平提高到5.7吨；100头以上奶牛规模养殖比例达到35%。二是乳品质量安全水平显著提高。三是生鲜乳收购站100%实现持证收购和标准化管理，偏远牧区、山区的牛奶和山羊奶收购点100%纳入监管范围。四是乳制品企业稳定可控奶源达到70%以上，初步建立生鲜乳质量第三方检测体系。五是生产经营低温产品的乳制品企业拥有完善冷链体系比例达90%以上，配送网络覆盖全部中小城市和90%以上乡村。六是乳品消费群体不断壮大。

该规划制定了保障奶业持续健康发展的主要任务和建设重点。一是优化奶业区域布局，重点发展五大奶业产区。二是加强良种繁育及推广。构建高产奶牛核心群，提升种公牛站生产经营能力，健全生产性能测定体系，完善优质冻精推广体系。三是发展奶源生产基地。增强奶牛养殖大县综合生产能力，发展奶牛标准化规模养殖场（小区），建立优质饲草料生产基地，发展奶农专业合作社。四是完善乳品质量安全监管体系。建设标准化生鲜乳收购站，完善生鲜乳质量监测体系，提高乳制品企业质量安全管理水平，完善乳制品质量安全监管制度。五是提升乳制品加工与流通能力。有序发展乳制品工业，提升技术与装备水平，优化乳制品产品结构，改善乳制品冷链流通条件。

保障奶业持续健康发展的主要政策和措施包括：加大对奶业发展的投入，加快奶业科技研发与推广应用，切实加强奶牛疫病防控，强化奶业监管能力，做好奶业发展的调控和引导服务，提高消费信心、扩大乳品消费等方面。

第三节　奶业法制化管理、标准化管理及信息服务

新中国成立后，中国奶业法制化、标准化管理和奶业发展水平相适应，经历了从无到有、不断完善的过程。到2011年，基本形成了从奶牛养殖、乳品加工到产品消费全过程的比较完善的法律体系，国家标准、行业标准、地方标准、企业标准相互配套的比较健全的标准体系。

一、奶业法制化管理

新中国的奶业法制化管理，可以追溯到1949年9月29日中国人民政治协商会议第一届全体会议通过的《中国人民政治协商会议共同纲领》。该纲领第三十四条规定“恢复和发展畜力”，“保护和发展畜牧业，防止兽疫”。

新中国成立后，特别是改革开放以后，中国畜牧养殖业快速发展，奶牛等各种畜禽存出栏数量不断增加，肉、蛋、奶等畜产品产量大幅增加。随着中国法制化建设的不断推进，为规范和调整奶牛养殖行为，中国自20世纪80年代开始，逐步制定并不断完善了《国务院关于加强食品等产品安全监督管理的特别规定》、《乳品质量安全监督管理条例》、《中华人民共和国畜牧法》、《中华人民共和国动物防疫法》、《乳品质量安全监督管理条例》等相关法律法规及其相应的实施细则，使中国奶牛养殖、奶牛防疫、奶业加工走向了法制化管理的轨道。

（一）乳品质量监管法规

为保障中国食物安全，特别是奶业方面乳制品质量安全，自2007年起，中国出台了《国务院关于加强食品等产品安全监督管理的特别规定》、《乳品质量安全

监督管理条例》等法律。其后，各有关部门出台了相关实施细则，如《生鲜乳生产收购管理办法》。

1. 食品监管特别规定 2007年7月25日，国务院第186次常务会议通过《国务院关于加强食品等产品安全监督管理的特别规定》，2007年7月26日起施行（中华人民共和国国务院令第503号）。该规定是为了加强食品等产品安全监督管理，进一步明确生产经营者、监督管理部门和地方人民政府的责任，加强各监督管理部门的协调、配合，保障人体健康和生命安全而制定的。该规定的第二条指出：本规定所称产品除食品外，还包括食用农产品、药品等与人体健康和生命安全有关的产品。对产品安全监督管理，法律有规定的，适用法律规定；法律没有规定或者规定不明确的，适用本规定。由此，乳及乳制品的监督管理适用本规定。

2. 乳品质量安全监管 为保证乳品质量安全，更好地保障公众身体健康和生命安全，国务院颁布了《乳品质量安全监督管理条例》。

2008年10月6日，《乳品质量安全监督管理条例》经国务院第28次常务会议通过。2008年10月9日予以公布，自公布之日起施行（中华人民共和国国务院令第536号）。该条例主要内容：明确责任，协调管理；严格限制开办主体；强化许可制度；规范生产、收购行为；强化监督管理手段；扶持奶业健康发展。

《乳品质量安全监督管理条例》明确了各部门监管职责，规定县级以上人民政府畜牧兽医部门负责奶畜饲养以及生鲜乳生产环节、收购环节的监管，县级以上人民政府质检部门负责乳制品生产环节和乳制品进出口环节的监管，县级以上工商行政部门负责乳制品销售环节的监管，县级以上食品药品监督部门负责乳制品餐饮服务环节的监管，监督检查部门之间，监督检查部门与其他有关部门之间，应当及时通报乳品质量安全监督管理信息。同时，还将发挥社会监督、舆论监督、群众监督的作用，从而实现对奶业全过程、全方位的监督管理。这将有利于中国奶业走上健康持续发展之路。

2008年10月18日，国家质量监督检验检疫总局发布《乳品质量安全监督管理条例》的意见，指出要建立并完善乳品质量安全保障体系、建立奶畜养殖以及生鲜乳生产和收购环节的质量安全制度、进一步强化乳制品生产环节的质量安全制度体系、规定乳制品进出口环节的质量安全监管规范、进一步加强乳制品销售环节的监督管理、突出婴幼儿奶粉的质量安全监管制度、完善并强化乳品质量安全法律责任制度。

2008年10月24日，国家工商总局颁布《乳品质量安全监督管理条例》实施意见，其特别指出要做好乳品市场主体准入工作、加强乳制品销售环节的监督管理、充分发挥职能，整顿和规范乳制品市场秩序。

2008年11月3日，卫生部发布《乳品质量安全监督管理条例》实施意见，指出要积极做好乳品质量安全国家标准的制（修）订工作，突出重点，切实抓好乳品质量安全综合协调和食品安全重大事故的组织查处工作；加强疾病监测，切实保护好人民群众健康权益。

2008年11月4日，《生鲜乳生产收购管理办法》经农业部第8次常务会议审议通过，2008年11月7日颁布，自公布之日起施行（中华人民共和国农业部令第15号）。《生鲜乳生产收购管理办法》主要明确了以下要点，一是明确了何为生鲜乳。生鲜乳是指未经加工的奶畜原料奶。二是明确了责任主体。奶畜养殖者、生鲜乳收购者、生鲜乳运输者对其生产、收购、运输和销售的生鲜乳质量安全负责，是生鲜乳质量安全的第一责任者。县级以上人民政府畜牧兽医主管部门负责奶畜饲养以及生鲜乳生产环节、收购环节的监督管理。三是对生鲜乳生产环节进行了规范。奶畜养殖场、养殖小区，应当符合法律、行政法规规定的条件，并向县级人民政府畜牧兽医主管部门或者其委托的畜牧技术推广机构备案，获得奶畜养殖代码。奶畜养殖场应当按照《乳品质量安全监督管理条例》第十三条规定建立养殖档案，准确填写有关信息，做好档案保存工作。奶畜养殖小区应当逐步建立养殖档案。禁止出售下列生鲜乳：经检测不符合健康标准或者未经检疫合格的奶畜产的；奶畜产犊7日内的初乳，但以初乳为原料从事乳制品生产的除外；在规定用药期和休药期内的奶畜产的；添加其他物质和其他不符合乳品质量安全国家标准的。四是对生鲜乳收购环节进行了规范。生鲜乳收购站的建设数量和规模须报省级人民政府畜牧兽医主管部门批准。取得工商登记的乳制品生产企业、奶畜养殖场、奶农专业生产合作社开办生鲜乳收购站须取得许可。生鲜乳收购站应当建立生鲜乳收购、销售和检测记录，并保存2年。五是对生鲜乳运输环节进行了规范。运输生鲜乳的车辆应当取得所在地县级人民政府畜牧兽医主管部门核发的生鲜乳准运证明。无生鲜乳准运证明的车辆，不得从事生鲜乳运输。生鲜乳运输车辆应当随车携带生鲜乳交接单。生鲜乳交接单一式两份，分别由生鲜乳收购站和乳品生产者保存，保存时间2年。

3. 相关法律法规 自20世纪90年代开始，中国乳及乳制品工业飞速发展，为了保障食品安全，中国先后颁布了《中华人民共和国产品质量法》、《食品添加剂卫生管理办法》、《中华人民共和国食品卫生法》和《中华人民共和国农产品质量安全法》等相关法律法规。

1993年2月22日，中国第七届全国人民代表大会常务委员会第三十次会议通过《中华人民共和国产品质量法》，自1993年9月1日起施行。2000年7月8日，第九届全国人民代表大会常务委员会第十六次会议，通过了《关于修改〈中华人民共和国产品质量法〉的决定》。

1993年3月15日，卫生部发布实施《食品添加剂卫生管理办法》。2001年12月11日，卫生部常务会通过《食品添加剂卫生管理办法》的修订案，自2002年7

月1日起施行。

1995年10月30日，第八届全国人民代表大会常务委员会第十六次会议通过《中华人民共和国食品卫生法》，自1995年10月30日起施行。随着《中华人民共和国食品安全法》的施行，《中华人民共和国食品卫生法》自动废止。2009年2月28日，中国第十一届全国人民代表大会常务委员会第七次会议通过《中华人民共和国食品安全法》，自2009年6月1日起施行。《食品安全法》第四条规定“国务院设立食品安全委员会”，以加强对食品安全和乳制品安全的监管。该法第101条规定，乳品、转基因食品、生猪屠宰、酒类和食盐的食品安全管理，适用本法。这条规定反映了乳品在中国食品安全中的重要地位。

2002年4月29日，中华人民共和国农业部、中华人民共和国国家质量监督检验检疫总局令第12号，发布了《无公害农产品管理办法》，自发布之日起施行。该办法2002年1月30日国家认证认可监督管理委员会第七次主任办公会议审议通过，2002年4月3日农业部第五次常务会议、2002年4月11日国家质量监督检验检疫总局第二十七次局长办公会议审议通过。

2006年4月29日，中国第十届全国人民代表大会常务委员会第二十一次会议通过《中华人民共和国农产品质量安全法》，自2006年11月1日起施行（中华人民共和国主席令第49号）。该法的立法宗旨是“为保障农产品质量安全，维护公众健康，促进农业和农村经济发展，制定本法”。“本法所称农产品，是指来源于农业的初级产品，即在农业活动中获得的植物、动物、微生物及其产品”，这说明“奶”在农产品质量安全中占据重要地位。

（二）奶牛养殖法规

奶牛养殖方面的法律法规主要包括《中华人民共和国畜牧法》、《饲料和饲料添加剂管理条例》和《兽药管理条例》等。

1. 奶牛饲养管理法规 对包括奶牛在内的畜禽饲养业，从最初的《种畜禽管理条例》，发展到现在的《中华人民共和国畜牧法》，法律的规定越来越具体，可操作性越来越强。

（1）*《种畜禽管理条例》的规范与调整* 1994年4月15日，李鹏总理签署中华人民共和国国务院令第153号，发布《种畜禽管理条例》，自1994年7月1日起施行。第二条规定，本条例所称种畜禽，是指种用的家畜家禽，包括家养的猪、牛、羊、马、驴、驼、兔、犬、鸡、鸭、鹅、鸽、鹌鹑等及其卵、精液、胚胎等遗传材料。这是第一次对“牛”作为种畜禽从法律层面上予以规范。

1998年1月5日，农业部令第32号发布实施《种畜禽管理条例实施细则》；该细则又于2004年7月1日农业部令38号修订。第二十四条规定，原种（纯系）场、曾祖代场、种公牛站、国家重点种畜禽场和生产经营胚胎或其他遗传材料的单位的许可证，由申请人提出申请，经省级畜牧行政主管部门审核后，报国务院畜牧行政主管部门审批发证。

1998年11月3日，中华人民共和国农业部令第4号，发布实施《〈种畜禽生产经营许可证〉管理办法》。第六条“群体规模”规定，奶牛种牛场一级基础母牛达800头以上。第八条“技术资料”规定，要有完整系统的原始记录和统计分析资料，种牛场要有母牛配种、产犊、犊牛培育、母牛泌乳、体重体尺、外貌鉴定、公牛采精及精液品质、兽医防疫、种牛卡片（肉用牛有各期体重、日增重、饲料报酬）等记录与分析资料。第十四条技术管理制度和质量体系中规定，种公牛有三代系谱，乳用公牛有相应的生产性能资料。

（2）**《中华人民共和国畜牧法》的规范与调整**　《种畜禽管理条例》对培育的畜禽新品种实行推广前二级审定制度，对种畜禽生产经营实行许可制度。到2004年，畜牧业发展环境发生了深刻变化，生产经营中出现了许多新的情况和问题。

鉴于此，中国第十届全国人民代表大会常务委员会第十九次会议于2005年12月29日通过《中华人民共和国畜牧法》，自2006年7月1日起施行。该法对包括奶牛在内的畜禽遗传资源保护、种畜禽品种选育与生产经营、畜禽养殖、畜禽交易与运输、质量安全保障等做出了明确规定。

2006年5月30日，农业部第十三次常务会议审议通过《优良种畜登记规则》，自2006年7月1日起施行（中华人民共和国农业部令第66号）。《优良种畜登记规则》是为了培育优良种畜，提高种畜遗传质量，向社会推荐优良种畜，根据《中华人民共和国畜牧法》的有关规定而制定的。该规则第四条规定，饲养《中国畜禽遗传资源目录》中牛、羊、猪、马、驴、骆驼、鹿、兔、犬等家畜的单位和个人，可以自愿申请优良种畜登记，任何机构不得强制。

2006年6月16日，农业部第十四次常务会议审议通过《畜禽标识和养殖档案管理办法》，自2006年7月1日起施行（中华人民共和国农业部令第67号）。2002年5月24日农业部发布的《动物免疫标识管理办法》（中华人民共和国农业部令第13号）同时废止。《畜禽标识和养殖档案管理办法》第十一条规定，畜禽养殖者应当向当地县级动物疫病预防控制机构申领畜禽标识，并按照下列规定对畜禽加施畜禽标识。一是新出生畜禽，在出生后30天内加施畜禽标识；30天内离开饲养地的，在离开饲养地前加施畜禽标识；从国外引进畜禽，在畜禽到达目的地10日内加施畜禽标识。二是猪、牛、羊在左耳中部加施畜禽标识，需要再次加施畜禽标识的，在右耳中部加施。第二十二条规定，养殖档案和防疫档案保存时间：商品猪、禽为2年，牛为20年，羊为10年，种畜禽长期保存。

2. 奶牛饲料管理法规　1999年5月18日，中华人民共和国国务院令第266号，国务院第十七次常务会议通过《饲料和饲料添加剂管理条例》，自1999年5月29日实施。2001年11月29日，中华人民共和国国务院令第327号，公布《国务院关于修改〈饲料和饲料添加剂管理条例〉的决定》，自公布之日起施行。《饲料和饲料添加剂管理条例》为加强对奶牛饲料、饲料添加剂的管理，提高奶牛饲料、饲料添加剂的质量，促进奶牛饲料工业和养殖业的发展，维护人民身体健康做出了重要贡献。

2002年12月28日，中国第九届全国人民代表大会常务委员会第三十一次会议通过《中华人民共和国草原法》，自2003年3月1日起施行。《中华人民共和国草原法》的颁布实施，不仅有利于保护、建设和合理利用草原，而且有力地促进了奶牛养殖业的发展。

和奶牛饲料管理联系比较密切的法律还有《中华人民共和国农业法》等。1993年7月2日，中国第八届全国人民代表大会常务委员会第二次会议通过《中华人民共和国农业法》；2002年12月28日，中国第九届全国人民代表大会常务委员会第三十一次会议修订，自2003年3月1日期施行。

3. 奶牛兽药管理法规 1980年8月26日，国务院批转农业部《兽药管理暂行条例》的通知。《兽药管理暂行条例》是中国兽药的第一部法规，其目的是为了加强对兽药的管理，保证兽药质量和防治畜禽疫病的需要，以适应畜牧业的发展。《兽药管理暂行条例》为规范奶畜疫病防治奠定了基础、提供了保障。

1987年5月21日，国务院发布《兽药管理条例》，自1988年1月1日起施行。国务院1980年8月26日批转的《兽药管理暂行条例》同时废止。2001年11月29日，中华人民共和国国务院令第325号，公布《国务院关于修改〈兽药管理条例〉的决定》，自公布之日起施行。2004年3月24日，《兽药管理条例》经国务院第四十五次常务会议通过，2004年4月9日予以公布，自2004年11月1日起施行（中华人民共和国国务院令第404号）。《兽药管理条例》的颁布施行以及不断完善，有力地加强了奶牛兽药管理，保证了奶牛兽药质量，为有效防治奶牛疾病、促进奶牛养殖的发展、维护人体健康做出了贡献。

和奶牛兽药管理联系比较密切的法律还有《农药管理条例》。1997年5月8日，中华人民共和国国务院令第216号，发布《农药管理条例》，自1997年5月8日起施行；2001年11月29日，中华人民共和国国务院令第326号，公布《国务院关于修改〈农药管理条例〉的决定》，自2001年11月29日起施行。

（三）奶牛防疫法规

1985年2月14日，国务院颁布《家畜家禽防疫条例》，自1985年7月1日起施行。该条例的颁布实施，拉开了动物防疫法制化建设的序幕。该条例是为了预防和消灭畜禽传染病，保护畜牧业生产和人民身体健康而制定的。第二条规定，本条例所称家畜为猪、牛、羊、马、驴、骡、骆驼、鹿、兔、犬，所称畜禽产品为未经加工熟制的肉、油、脂、脏器、皮张、血液、毛、骨、蹄、角、清液、种蛋。这是中国第一次从法律层面上，对牛、羊防疫工作进行规范和加强。但是，受到当时条件限制，畜禽产品中没有涉及奶或乳。

1985年8月7日，农牧渔业部发布《家畜家禽防疫条例实施细则》，该细则是根据《家畜家禽防疫条例》第二十三条的规定而制定的。该细则第十六条规定，县级以上农牧部门要根据当地畜禽传染病流行情况，定期或临时组织所辖区域内畜禽的疫病检疫。对奶牛、奶山羊等要进行临床检查和实验室检验，检验要求分别同种牛、种羊。饲养奶畜的单位和个人，要根据要求进行检疫，或由当地畜禽防疫、检疫机构进行检疫。这是中国第一次在部门规章中提出了奶牛、奶山羊、奶畜等专业名词。

1991年10月30日，中国第七届全国人民代表大会常务委员会第二十二次会议通过《中华人民共和国进出境动植物检疫法》，自1992年4月1日起施行。同时，废止国务院在1982年6月4日发布的《中华人民共和国进出口动植物检疫条例》。该法第四十六条规定，"动物产品"是指来源于动物未经加工或者虽经加工但仍有可能传播疫病的产品，如生皮张、毛类、肉类、脏器、油脂、动物水产品、奶制品、蛋类、血液、精液、胚胎、骨、蹄、角等，对奶制品在进出口检验检疫中提出了具体要求。

1992年4月8日，遵照国务院〔1989〕国发34号文关于修订完善《家畜家禽防疫条例实施细则》的要求，农业部对原《家畜家禽防疫条例实施细则》进行了修订完善，经农业部1992年第六次常务会议审议通过，予以发布施行（中华人民共和国农业部第10号令）。1985年8月7日，农牧渔业部颁发的《家畜家禽防疫条例实施细则》即行废止。该实施细则对乳用动物做了许多具体规定。第十七条规定，县级以上地方农牧主管部门应当根据当地畜禽传染病流行情况，定期或临时组织对所辖区域内的畜禽进行疫病检验和监测。对下列畜禽进行临床检查和实验室检验：一是种用畜禽，种牛要检口蹄疫、结核病、布鲁氏菌病、蓝舌病、牛地方性白血病、副结核病、牛肺疫、牛传染性鼻气管炎、黏膜病；二是奶牛、奶山羊、役用马、骡、驴的检验要求，分别同种牛、种羊、种马、种驴。第十八规定，种用、乳用、役用家畜和种禽，以及运出县境的家畜，其出售前的检疫，须在启运前由当地县级以上农牧主管部门畜禽防疫检疫机构或其委托单位实施检疫。

1997年7月3日，《中华人民共和国动物防疫法》经中国第八届全国人民代表大会常务委员会第二十六次会议通过，自1998 年1月1日起施行（中华人民共和国主席令第87号）。随着《中华人民共和国动物防疫法》的施行，《家畜家禽防疫条例》同时废止。

2002年5月24日，农业部发布《动物免疫标识管理办法》（中华人民共和国农业部令第13号）、《动物检疫管理办法》（中华人民共和国农业部令第14号）、《动物防疫条件审核管理办法》（中华人民共和国农业部令第15号）。

2005年11月16日，国务院第113次常务会议通过《重大动物疫情应急条例》，自2005年11月18日起实施。本条例是为了迅速控制、扑灭重大动物疫情，保障养殖业生产安全，保护公众身体健康与生命安全，维护正常的社会秩序，根据《中华人民共和国动物防疫法》而制定的。

1998年实施的《中华人民共和国动物防疫法》及相关的配套法规，对于加强动物防疫工作，预防、控制和扑灭动物疾病，促进畜牧业发展，保护人民群众身体健康，发挥了重要的作用。但是，随着中国养殖业的快速发展，动物疫病的防控难度越来越大。《中华人民共和国动物防疫法》由于存在动物疫病防控制度不完善、可操作性不强等问题，难以适应新形势下防控动物疫病的要求。为适应动物防疫新形势的需要，提高全社会依法防疫意识，适应加入世界动物卫生组织（OIE）后与国际接轨的要求，需要尽快修订《中华人民共和国动物防疫法》。

2007年8月30日，《中华人民共和国动物防疫法》经中国第十届全国人民代表大会常务委员会第二十九次会议修订，自2008年1月1日起施行。第三条规定，本法所称动物产品，是指动物的肉、生皮、原毛、绒、脏器、脂、血液、精液、卵、胚胎、骨、蹄、头、角、筋以及可能传播动物疫病的奶、蛋等。这是第一次将“奶”写入动物防疫法规。第十八条规定，种用、乳用动物和宠物应当符合国务院兽医主管部门规定的健康标准。种用、乳用动物应当接受动物疫病预防控制机构的定期检测；检测不合格的，应当按照国务院兽医主管部门的规定予以处理。第四十六条规定，跨省、自治区、直辖市引进乳用动物、种用动物及其精液、胚胎、种蛋的，应当向输入地省、自治区、直辖市动物卫生监督机构申请办理审批手续，并依照本法第四十二条的规定取得检疫证明。跨省、自治区、直辖市引进的乳用动物、种用动物到达输入地后，货主应当按照国务院兽医主管部门的规定对引进的乳用动物、种用动物进行隔离观察。第七十三条规定，违反本法规定，有下列行为之一的，由动物卫生监督机构责令改正，给予警告；拒不改正的，由动物卫生监督机构代作处理，所需处理费用由违法行为人承担，可以处1 000元以下罚款：种用、乳用动物未经检测或者经检测不合格而不按照规定处理。第七十七条规定，违反本法规定，有下列行为之一的，由动物卫生监督机构责令改正，处1 000元以上1万元以下罚款；情节严重的，处1万元以上10万元以下罚款：未办理审批手续，跨省、自治区、直辖市引进乳用动物、种用动物及其精液、胚胎、种蛋。

2010年1月4日，《动物检疫管理办法》经农业部第一次常务会议审议通过，2010年1月21日公布，自2010年3月1日起施行（中华人民共和国农业部令第6号）。2002年5月24日农业部发布的《动物检疫管理办法》（中华人民共和国农业部令第14号）同时废止。第八条规定，下列动物、动物产品在离开产地前，货主应当按规定时限向所在地动物卫生监督机构申报检疫：出售、运输动物产品和供屠宰、继续饲养的动物，应当提前3天申报检疫；出售、运输乳用动物、种用动物及其精液、卵、胚胎、种蛋，以及参加展览、演出和比赛的动物，应当提前15

天申报检疫；向无规定动物疫病区输入相关易感动物、易感动物产品的，货主除按规定向输出地动物卫生监督机构申报检疫外，还应当在起运3天前向输入地省级动物卫生监督机构申报检疫。第十一条规定，申报检疫的，应当提交检疫申报单；跨省、自治区、直辖市调运乳用动物、种用动物及其精液、胚胎、种蛋的，还应当同时提交输入地省、自治区、直辖市动物卫生监督机构批准的《跨省引进乳用种用动物检疫审批表》。第四十六条规定，封锁区内的商品蛋、生鲜奶的运输监管按照《重大动物疫情应急条例》实施。该办法对奶牛检疫做出了明确规定。

2010年1月4日，《动物防疫条件审查办法》经农业部第一次常务会议审议通过，2010年1月21日公布，自2010年3月1日起施行（中华人民共和国农业部令第7号）。2002年5月24日农业部发布的《动物防疫条件审核管理办法》（中华人民共和国农业部令第15号）同时废止。本办法是为了规范动物防疫条件审查，有效预防控制动物疫病，维护公共卫生安全，根据《中华人民共和国动物防疫法》而制定的。

（四）地方性法规

1.与《乳制品质量安全监督管理条例》配套的地方法规 河北省、陕西省、山西省、四川省人民政府分别公布了关于贯彻落实国务院《乳品质量安全监督管理条例》的意见。

2.地方奶业发展条例 新疆维吾尔自治区、黑龙江省、宁夏回族自治区、河北省分别经人民代表大会常务委员会会议通过了《新疆维吾尔自治区奶业条例》、《黑龙江省奶业条例》、《宁夏回族自治区奶产业发展条例》、《河北省奶业条例》。

3.与《中华人民共和国动物防疫法》配套的地方法规 自《中华人民共和国动物防疫法》颁布后，许多省（自治区、直辖市）陆续出台了相应的条例和实施办法。如《北京市家畜家禽检疫条例》、《黑龙江省动物防疫条例》、《广西壮族自治区动物防疫条例》、《广东省动物防疫条例》、《山东省动物防疫条例》、《天津市动物防疫条例》、《江苏省动物防疫条例》、《内蒙古自治区动物防疫条例》、《河北省动物防疫条例》、《辽宁省动物防疫条例》、《宁夏回族自治区动物防疫条例》、《江西省动物防疫条例》、《云南省动物防疫条例》、《新疆维吾尔自治区动物防疫条例》、《贵州省动物防疫条例》、《上海市动物防疫条例》、《浙江省动物防疫条例》、《湖北省动物防疫条例》。

4.与《中华人民共和国畜牧法》配套的地方法规 黑龙江省、新疆维吾尔自治区、内蒙古自治区、河北省、天津市分别经人民代表大会常务委员会会议通过了《黑龙江省种畜禽管理条例》、《新疆维吾尔自治区种畜禽管理条例》、《内蒙古自治区种畜禽管理条例》、《河北省种畜禽管理条例》、《河南省畜牧业条例》、《天津市畜牧条例》。

5. 与《饲料和饲料添加剂管理条例》配套的地方法规 广西壮族自治区、四川省、浙江省、河北省、新疆维吾尔自治区、海南省、安徽省、湖北省、内蒙古自治区人民政府分别发布了《广西壮族自治区饲料和饲料添加剂管理办法》、《四川省饲料和饲料添加剂管理条例实施办法》、《浙江省饲料和饲料添加剂管理办法》、《河北省实施〈饲料和饲料添加剂管理条例〉办法》、《新疆维吾尔自治区实施〈饲料和饲料添加剂管理条例〉办法》、《海南省饲料和饲料添加剂管理办法》、《安徽省饲料和饲料添加剂管理条例实施办法》、《湖北省饲料和饲料添加剂管理办法》、《内蒙古自治区饲料和饲料添加剂管理办法》。

6. 与《食品安全法》配套的地方法规 北京市、广东省分别经人民代表大会常务委员会会议通过了《北京市食品安全条例》、《广东省食品安全条例》。

7. 与《农产品质量安全法》配套的地方法规 贵州省、安徽省、山东省、江苏省分别经人民代表大会常务委员会会议通过了《贵州省农产品质量安全条例》、《安徽省农产品质量安全条例》、《山东省农产品质量安全条例》、《江苏省农产品质量安全条例》。

二、奶业标准化管理

新中国成立后，奶业标准化管理经历了三个阶段：探索起步阶段、快速发展阶段和完善提高阶段。

（一）探索起步阶段（1949—1990年）

中国乳制品标准的制定起步较早，轻工业部早在1955年9月就在上海主办了第一届乳品检验培训班，并在1956年颁布了中国第一部包括鲜奶、全脂乳粉、淡炼乳、甜炼乳、奶油等产品的标准及检验方法的乳制品标准。轻工业部于1958年1月在北京召开了全国第一次乳制品（包括代乳品）技术经验交流会，颁布了代乳粉与乳儿糕两项轻工业部部颁标准（试行），并将代乳品列为轻工业部部管产品，轻工业部食品工业局8月颁布《乳、乳制品质量标准及检验方法》。

改革开放后，中国奶业标准化工作取得了较快发展。1978年5月，国家标准计量局发布的《食品卫生标准》中包括消毒牛乳及乳制品的卫生管理办法。1982年，中国制定颁布了《中国黑白花奶牛》（GB 3157—1982），这是中国奶牛业的第一个标准，开启了中国奶牛养殖标准化的新纪元。1985年，农业部颁布了乳制品及其检验方法的国家标准20个，全国乳品业标准化中心发布实施中国乳制品行业标准，其中包括消毒牛奶、酸奶、全脂奶粉、脱脂乳粉、全脂加糖乳粉、全脂无糖炼乳、全脂加糖炼乳、奶油和硬质干酪等9个乳与乳制品标准。

1986年，中国制定了奶牛饲养标准。从20世纪80年代全国科研协作攻关"奶牛饲养标准"开始，中国科研工作者参照国外先进经验和资料，结合中国奶牛饲养实际，制定了《奶牛饲养标准》（NY/T 34—1986）。奶牛饲养标准的颁布实施，一是提高了奶牛单产水平，据20个省（自治区、直辖市）对3 036头产奶的中国黑白花母牛的验证，按饲养标准饲喂的母牛产奶量可提高5%～30%；二是结束了中国奶牛养殖业没有符合自己国情的饲养标准、长期参照国外饲养标准的局面。

（二）逐步完善阶段（1991—2007年）

奶业相关标准数量从上一阶段的30个左右，迅速扩展到170个左右。奶业标准的数量快速增加，质量明显提高。随着奶牛饲养规模的扩大、“无公害农产品”计划的实施、乳制品加工工艺的改进、乳制品品种的增多、卫生质量要求的提高，各类标准的从应用范围到指标设计都更加明确和具体，催生了奶业标准的大发展。

奶牛饲养标准，既有数量增加也有标准升级。从只有《中国黑白花奶牛》（GB 3157—1982）、《三河牛》（GB 5946—1986）、《高产奶牛饲养管理规范》（NY/T 14—1985）等少数几个标准，扩展到包括《奶牛场卫生及检疫规范》（GB 16568—1996）、《良好农业规范》（GB/T 20014.8—2005）、《无公害食品　奶牛饲养兽药使用准则》（NY 5046—2001）、《标准化奶牛场建设规范》（NY/T 1567—2007）、《畜禽养殖场质量管理体系建设通则》（NY/T 1569—2007）、《牛胚胎移植技术规程》（NY/T 1572—2007）、《奶牛营养需要和饲养标准》（NY/T 34—2004）等众多标准，形成了奶牛饲养的标准体系。其中，为了更好地推广应用《奶牛饲养标准》（NY/T 34—1986），1989年农业部颁布了《奶牛饲养标准和典型日粮配方》；2000年组织有关专家对《奶牛饲养标准》（NY/T 34—1986）进行了修订，并更名为《奶牛营养需要和饲养标准》；2004年再次修订该标准，即为《奶牛营养需要和饲养标准》（NY/T 34—2004）。

生鲜牛奶质量标准，主要是标准升级。探索起步阶段只有《生鲜牛乳收购标准》（GB 6914—1986 ），逐步完善阶段制定了《无公害食品　生鲜牛乳》（NY 5045—2001），有力地推进了中国无公害农产品行动计划。

乳品厂标准。制定了《无公害食品　牛奶加工技术规范》（NY/T 5050—2001）、《无公害食品　乳粉加工技术规范》（NY/T 5298—2004）、《乳制品加工HACCP准则》（NY/T 1570—2007）等无公害标准、行业标准，修订《乳制品企业良好生产规范》（GB 12693—1990）为《乳制品企业良好生产规范》（GB 12693—2003）。

乳制品通用标准。随着乳制品品种的增多，标准数量增多、质量升级。关于酸牛乳、巴氏杀菌乳、奶油、全脂无糖炼乳和全脂加糖炼乳、调味奶、AD钙奶、冰激凌、脱盐乳清粉等乳制品的国家标准、农业部标准、轻工标准等不断增多。全国乳品标准化中心1998年对1985年发布实施包括消毒牛奶、酸牛奶、全脂乳粉等9个乳与乳制品行业标准进行了重新修订。

乳制品卫生标准，卫生要求更加严格，制（修）订速度明显加快。修订了部分标准，《含乳饮料卫生标准》（GB 11673—2003）代替《含乳饮料卫生标准》（GB 11673—1989）、《鲜乳卫生标准》（GB 19301—2003）代替《鲜乳卫生标准》（GBn 33—1977）等；制定了人造奶油、乳酸菌饮料、冷冻饮品、食品工业用甜炼乳、酸乳等的国家标准。

乳制品分析方法标准，数量明显增加，分析方法更加科学规范。从探索起步阶段的《牛乳的检验方法》（GB 5409—1985）、《奶油检验方法》（GB 5416—1985）、《粗制乳糖检验方法》（GB 5423—1985）标准，发展到《牛奶中碘－131的分析方法》（GB/T 14674—1993）、《乳酸菌饮料中乳酸菌的微生物学检验》（GB/T 16347—1996）、《进出口牛乳中锑的测定方法》（SN/T 0870—2000）、婴幼儿配方食品和乳粉中一系列物质的测定标准，加快提升了乳制品质量。

奶业机械标准，覆盖范围进一步扩大。原来只有关于挤奶设备、牛奶分离器、乳品设备安全卫生等方面的国家标准，这个阶段相继制定了关于贮奶罐、软冰激凌机等的国家标准，以及《鲜奶速检器》（JB/T 5172—1991）、《乳品机械产品型号编制规则》（JB/T 6946—1993）、《乳品机械型号编制方法》（QB 1823—1993）、《冰淇淋生产线》（QB/T 1171—1996）等行业标准。

（三）健全提高阶段（2008年至今）

2008 年12 月，按照《乳品质量安全监督管理条例》、《奶业整顿和振兴规划纲要》要求，由卫生部牵头，会同农业部、国家标准化管理委员会、工业和信息化部、工商总局、国家质量监督检验检疫总局、食品药品监督管理局等部门和中国疾病预防控制中心、轻工业联合会、中国乳制品工业协会、中国奶业协会等单位成立了乳品安全国家标准工作协调小组，负责对乳品安全国家标准进行整合完善。同时，成立了由协调小组各部门推荐的近70 名专家组成的专家组，分别来自管理部门、专业技术机构、大专院校、行业协会以及乳品企业，具有广泛的代表性。协调小组先后召开3 次全体会议。专家组和起草工作组先后召开工作会议20 余次，充分听取专家、学者、企业和行业协会代表等各界意见。在执行现行国家标准制定程序的基础上，乳品安全国家标准草案首次在卫生部网站上全文公布，公开征求意见60天，同时向世界贸易组织（WTO）通报。期间，共收到国内外反馈意见2 000余条。专家组和起草工作组集中对反馈意见逐条进行研究处理，对标准草案进行完善。

2010 年2月，第一届食品安全国家标准审评委员会召开各分委员会会议，审查乳品安全国家标准草案，经主任会议审议通过了66 项乳品安全国家标准。新的乳品安全国家标准于3 月26 日由卫生部批准公布。新的乳品安全国家标准包括乳品产品标准15项、生产规范2项、检验方法标准49项，形成了统一的乳品安全国家标准体系。新的乳品安全国家标准以食品安全风险监测和评估数据为依据，确保标准的科学性，充分考虑中国乳品行业实际情况，确保标准的实用性。在减少标准数量的同时，提高了食品安全国家标准的通用性和覆盖面，避免标准间的重复和交叉。

和奶业相关的现行标准已到达216个。这些标准可以分为七大类：奶牛饲养标准（29个）、生鲜牛奶质量标准（2个）、乳品厂标准（6个）、乳制品通用标准（42个）、乳制品卫生标准（14个）、乳制品分析方法标准（84个）、奶业机械标准（39个）。

三、信息服务

为及时传播奶业政策、推广奶业先进技术、提供奶业最新资讯，促进奶业快速、持续、健康发展，中国各级政府、奶业（乳品）协会和生产企业，开展了多种形式的奶业信息传播服务。随着信息技术的不断进步，传播媒介由传统的报纸、杂志、广播发展到现代的电话、电视和网络，形成了平面媒体、立体媒体两位一体相互配合、相互补充的信息服务新格局。

（一）期刊

报纸杂志一直是中国奶业信息传播的主要途径。1973年，黑龙江省乳品工业技术开发中心主办的《乳品科技情报》创刊；1976年，中国奶牛协会主办的《中国奶牛科技与信息》在天津创刊；1983年，中国奶牛协会主办的《中国奶牛》创刊；2002年，《中国乳业》在《农牧产品开发》的基础上创刊；2003年《中国奶业年鉴》首卷发行。

1.《中国乳品工业》 《中国乳品工业》杂志是由中国乳制品工业协会、黑龙江省乳品工业技术开发中心主办、中华人民共和国新闻出版总署正式批准公开发行的期刊，曾用名《乳品科技情报》，创刊于1973年，是新中国成立后创办最早的全国性乳品专业杂志。

《中国乳品工业》杂志主要栏目有特别报道、研究报告、专题论述、测定方法、生产与管理、网络点击综述、资料、简讯等。《中国乳品工业》现为中文核心期刊、中国期刊网数据库全文收录期刊。曾获得百种重点期刊、中科双效期刊、Caj-cd规范获奖期刊等荣誉称号，被业内公认为最具影响力的杂志之一。

2.《中国奶牛科技与信息》 《中国奶牛科技与信息》1976年在天津创刊，这是由北方地区黑白花奶牛育种办公组主办的最早的奶牛业报纸。1989年1月起，中国奶牛协会和农业部奶类项目办公室合办此报纸，并将其改名为《中国奶业信息》（半月刊）。后来随着中国奶业的进一步发展，1993年1月1日起，《中国奶业信息》又改名为《中国乳业信息》，出版社由天津迁到北京，变成了一份由中国乳业协会、中国奶牛协会、农业部奶类发展项目办公室联合主办的全国奶业综合科技刊物。

3.《中国奶牛》《中国奶牛》是由中国农业部主管，中国奶业协会主办，面向国内外奶牛养殖、乳品加工和乳品消费等全产业链的，国内外公开发行的国家级综合性科技核心期刊。

《中国奶牛》创刊于1983年，创刊地湖南长沙，1983—1988年为季刊；为增强期刊服务水平，1989年，《中国奶牛》编辑部从湖南长沙迁到北京当时中国奶牛协会总部，并由季刊改为双月刊。进入21世纪，伴随中国奶业迅猛发展，2006年，《中国奶牛》再次扩版，由双月刊调整为月刊。2010年7月，由月刊再度调整为半月刊。

《中国奶牛》办刊秉承“树品牌形象，创一流期刊，竭诚为奶业服务”的信念，践行办刊六项基本宗旨：宣传贯彻国家发展奶业的方针、政策和法律、法规、标准；宣传报道国内外奶业研究的新进展、新成果；普及、推广奶业生产技术，推动奶业技术创新和提升；开展发展战略、发展模式研讨，推进现代奶业建设；搭建政府、科研院校、企业、生产者、消费者信息交流平台；跟踪国际奶业，推动国内外技术、科研和商贸交流。

至2011年年底，《中国奶牛》已编辑出版216期。据中国知网统计，2007—2010年，《中国奶牛》共载文1 553篇，总被引用2 120次，总被下载86 195次。因期刊质量好、水平高、权威性强、影响力大，获评“中国科技核心期刊（统计源期刊）”，被新华社国际部编入《世界新闻出版大典》。多次荣获“中国畜牧兽医精品技术期刊”、“全国牛业优秀期刊”、“奶农最喜爱科技书刊”、“国家奶牛产业技术体系优秀书刊”。

1983年第1期《中国奶牛》杂志出版

4.《中国乳业》《中国乳业》杂志是由农业部主管，中国农业科学院农业信息研究所和中国奶业协会共同主办，于2002年1月经国家新闻出版总署批准正式创刊，其前身是20世纪90年代创办的《农牧产品开发》。创刊以来，《中国乳业》

2010年出版的《中国乳业》杂志第100期

便以求真务实，科学发展的态度，始终如一地坚持以市场为导向，以全心全意为行业服务为宗旨，心系奶农，心系加工企业，心系消费者，密切关注整个行业的发展和变化，深入分析并及时报道国内外奶业的热点、焦点问题，致力于全面提高杂志的可读性、专业性和实用性。最具代表性的是：2008年9月，三鹿牌“婴幼儿奶粉事件”爆发后，《中国乳业》杂志先后发表了《中国奶业，凤凰涅槃》、《大乱之后，必有大治》、《攘外必先安内——内忧外患下的中国奶业将向何处去》等系列文章，对整个事件进行了及时、全面、深入的报道。同时，杂志不断改进版式、风格和印刷。

此外，杂志社还多次组织和完成了在行业内产生广泛影响的市场调研、学术交流，以及牛奶营养知识的宣传与推广等活动。在农业部专项资金的支持下，开展了“全国奶类生产信息采集与分析”、“全国重点乳品企业生产和销售情况跟踪监测”，为制定奶价提供依据；出版《学生饮奶与健康》专刊，为青少年健康成长助力；与大众媒体联合，组织策划《圆梦在行为》和《现代奶业》电视专题片的拍摄，为宣传中国奶业服务；开展乳品市场促销行为调研，为规范奶业市场提供基础数据；开展规模奶牛场生产管理状况调查，为奶业发展提供信息；组织召开中国乳业发展论坛与规模奶牛场生产管理经验交流会等，为提升中国奶业整体水平服务。

《中国乳业》创刊以来，多次荣获中国畜牧兽医期刊优秀期刊一等奖、综合类精品期刊奖、行业贡献奖、广告创新奖等。

5.《中国奶业年鉴》《中国奶业年鉴》是经农业部批准，由中国奶业协会编撰的一部综合性年刊，是农业部年鉴系列中的一部重要的产业年鉴。2003年出版首卷。其主要记载中国奶业的发展成就、发展政策、特点及其相关数据资料信息。全书设有特载、专文、奶业发展综述、奶业产业政策、奶业产业化发展、各地奶业发展概况、国家“学生饮用奶计划”、饲草与饲料等。

《中国奶业年鉴》

《中国奶业年鉴》自出版发行后，客观记述了中国奶业的发展历程，反映了奶业生产的实际情况，为行业管理部门制定规划、政策和实施决策提供了依据，为奶业生产经营者提供了技术和数据支持，为广大消费者提供了市场和信息引导，是中国奶业发展的编年史册，也是奶业行业发展的公报，为推进中国奶业的产业化、一体化、标准化和现代化做出了积极的贡献。

（二）广播电视

在广播传播方面，新中国成立初至20世纪70年代末期，电视、电话没有普及，农民文化素质有限，通过广播传播奶业信息，成为了信息服务的主要形式。20世纪80年代和90年代，由于奶业主体对奶业信息的需求越来越大，同时随着收音机普及和信息化基础设施的不断完善，广播成为奶业信息传播的重要力量，农村受众亲切地称广播是“顺风耳”、“传声筒”。2003年，陕西人民广播电台开办了农村广播节目，成为中国第一家对农专业广播，填补了中国广播史上的一项空白，在奶业信息传播方面发挥了重要作用，给生产者、加工者、流通者提供了最新的行业资讯。随后安徽、山西、山东、辽宁、河南、河北、湖南等多省市都开通了农村广播，同陕西农村广播一样，这类电台多在致富类节目中做了关于奶业专项报道，为奶农提供充分的技术和市场信息。

在电视节目方面，中央电视台、陕西电视台、河北电视台等开通了专门的农业频道。以中央电视台为例，农业频道开通了《金土地》、《乡约》、《致富经》、《科技苑》、《每日农经》、《生活567》、《聚焦三农》、《乡村大世界》、《法制编辑部》、《农广天地》、《基层瞭望》、《搜寻天下》等节目，其中《致富经》栏目多次报道养奶牛致富事例，如2011年8月25日，《致富经》报道了“林乐宣养奶牛致富经验”。广告宣传一直伴随着奶业发展，最早的乳制品广告可以追溯至1920年，“勒吐精”牌奶粉出现在橱窗。广播电视成为了拉动奶业消费、促进市场发展的重要媒介。

（三）网站及服务热线

随着现代网络技术的发展，电脑的普及，越来越多的人开始通过电话或网络获取所需的信息。在这个大的时代背景下，中国开始创办了一些奶业相关网站和农业服务热线。

1. 奶业相关网站 中国奶业协会、中国乳制品工业协会以及奶业生产、加工、销售企业都建立了自己的网站，奶业有关主管部门在其官方网站中也设立了专栏，网络逐步成为奶业信息传播的主要媒介。

（1）中国奶业协会信息网 中国奶业协会信息网是由中国奶业协会主办的，反映国内外奶业发展动态、提供综合性信息服务的专业化行业网站，是一座搭建于政府机构、协会组织、科研院校、生产企业、营销公司及消费者之间的沟通平台。及时更新的国内外奶业新闻、企业动态、科技交流等信息，成为业内人士全面掌握国内外奶业动态的重要参考数据；权威的奶业市场信息、进出口统计、调查分析报告等各种统计资料协助业内人士有效把握奶业市场发展趋势；3 000多家奶业相关企业名录，定期核实，是企业交流、业务开展、市场开拓必不可少的办公宝典；乳制产品、包装材料、生产设备、检测设备、食品配料等相关产品展示尽在“产品资讯”大展台。

中国奶业协会信息网主页

（2）中国乳业信息网　中国乳业信息网是由全国乳品工业信息中心和中国乳制品工业协会共同主办，由全国乳品工业信息中心负责维护的国内大型乳制品专业网站。至2011年，中国乳业信息网已建设成为包括“乳业名录”数据库、直销广场、乳业论坛等在内的十几个栏目，包括中英文两个版本，内容涉及政策法规、科技动态、营养知识、国际乳业等一系列与乳及乳制品有关的信息、查询和广告宣传等项目的综合性乳品专业网站。

许多大型奶畜饲养、乳制品企业也设有其独立的网站，介绍本公司的发展历程、企业文化、采购信息、产品信息，为生产者和消费者提供双向的信息交流。

2. 农业服务热线　随着中国电话“村村通”工程的推进，有关部门开通了“12396”服务热线、“12316”服务热线等，成为奶业信息服务的重要组成部分。

（1）“12396”服务热线　“星火科技12396”是科技部与工业和信息化部在全国统一开通的农村科技信息服务公益热线。2008年7月23日，“星火科技12396”信息服务试点工作正式启动。首批试点包括北京、河北、内蒙古、安徽、福建、山东、湖北、广东、海南、陕西、甘肃、宁夏等12个省（自治区、直辖市），推动实现农村科技“零距离服务”，带动农村信息化的整体发展，最终形成全国农村科技信息服务体系。以北京新农村科技“12396”服务热线为例，设有养牛常用消毒法（语音编码10030）、规模养牛主要模式（语音编码

10139）、阶段养牛产奶多（语音编码11828）、春季养牛须防3种病（语音编码21337）等栏目。

（2）“12316”服务热线 “12316”服务热线是全国农业系统公益服务统一专用号码。其目的是维护农民合法权益，方便广大农民群众投诉举报，以及更便捷地面向社会公众提供“三农”信息服务。开通了种植业、植保、水产、畜牧、林业、农机、行政执法等7个专家座席，细致全面专业地为农民提供所需的信息服务。至2008年6月，全国已有295个地级市，1 732个县开通“12316”服务热线。“12316”服务热线在奶业信息服务方面发挥了重要作用，以吉林“12316”服务热线为例，2009年11月帮助长白山、通化农民很好地解决了饲养过程中遇到的技术难题，受到了当地饲养户的高度评价。

第四节 重大安全事件及其行业管理影响

进入21世纪后，中国奶业快速发展。同时，奶业质量安全事件也频繁发生，其中“阜阳劣质奶粉事件”和“婴幼儿奶粉事件”影响大、范围广、损害大、后果严重。以此为鉴，中国通过采取各种有效措施，进一步强化了奶业质量安全监管力度，加快了奶业发展。

一、阜阳劣质奶粉事件

“阜阳劣质奶粉事件”是2003—2004年，发生在中国的制造、销售劣质奶粉和一系列因为食用“劣质奶粉”导致婴幼儿致病、致死相关事件的总称。2003年1月至2004年4月，阜阳农村229名婴儿因食用劣质婴儿奶粉患营养不良病，12人死亡，随后各地检查发现劣质婴儿奶粉在全国其他城乡市场存在。安徽阜阳是劣质奶粉的重灾区和产生严重后果的爆发区，因而该事件通称为“阜阳劣质奶粉事件”。

劣质奶粉危害对象为以哺食奶粉为主的新生婴幼儿，主要危害是由于蛋白质摄入不足，导致营养不足，症状表现“头大、嘴小、浮肿、低烧”，还有的表现为脸肿大、腿很细、屁股红肿、皮肤溃烂和其他的幼儿严重发育不良特征；由于症状最明显的特征表现为婴儿“头大”，因此又称为“大头娃”。

阜阳劣质奶粉坑害婴儿事件经过媒体曝光后，引起国务院领导的重视，要求国家食品药品监督管理局对这一事件进行调查。2004年4月19日由国家食品监督管理局、国家质量监督检验检疫总局、国家工商行政管理总局、卫生部组成专项调查组。2004年4月22日晚，国务院调查组会同安徽省政府有关负责人召开调查组全体会议，对调查工作做出具体安排。同时，全国各地也都紧急行动查处劣质奶粉。全国工商系统已查处各类劣质奶粉127.38吨，捣毁了一批制售伪劣奶粉的窝点，封存了一批存在质量问题的奶粉。2004年5月9日，刘标等24名涉嫌犯罪人员被检察机关批准逮捕。

"阜阳劣质奶粉事件"暴露了行业存在的突出问题。一是食品安全监管部门部分人员责任心不强，监管不严。由于监管不力，质量低劣的非法产品堂而皇之地进入市场，并通过市场流通环节进入到消费环节。二是企业为了利益铤而走险，违法生产经营。受超额利润驱使，生产厂、批发商、零售商形成劣质婴儿奶粉"产供销一条龙"，肆意践踏法律和道德的红线。三是食品安全监管信息不畅，婴儿营养不良病监测与预警机制失灵。工商、卫生督监、质量监督等基层机构均有各自的手工或计算机信息系统，但基本上封闭在各自管辖范围内，缺乏部门内纵向和部门外横向的沟通。四是食品安全监管法律法规存在漏洞，法制体制不健全。

"阜阳劣质奶粉事件"造成了严重的后果，提示中国食品安全形势十分严峻。同时，该事件引起了国家行业监管与产业实体的反思，提高了对食品安全问题的重视程度。

1. 国家加强了对于食品安全的重视 2004年9月1日，国务院《关于进一步加强食品安全工作的决定》发布，明确指出食品安全"按照一个监管环节由一个部门监管的原则，采取分段监管为主、品种监管为辅的方式"。同时，还要求"按照责权一致的原则，建立食品安全监管责任制和责任追究制"。"阜阳劣质奶粉事件"后，中国进一步规范婴幼儿配方奶粉标签，要求必须标注"母乳最理想"等内容。

2. 加快了农产品质量相关法律的颁布 2006年11月1日，中国第十届全国人民代表大会常务委员会第十二次会议通过《中华人民共和国农产品质量安全法》。该法主要确立了各级政府及其农业部门以及其他相关职能部门配和的管理体制、农产品质量安全信息发布制度、农产品生产记录制度、农产品包装与标识制度、农产品质量安全市场注入制度、农产品质量安全监测监督制度、农产品质量安全事故报告制度和农产品质量安全责任追究制度等监管制度。为了全面、及时、准确地掌握和了解农产品质量安全状况，《农产品质量安全法》明确建立农产品质量监测制度。

3. 促进了《婴幼儿配方粉及婴幼儿补充骨粉通用技术条件》等3项强制性国家标准的落实 2004年7月2日，国家质量监督检验检疫总局、国家标准化管理委员会指导落实《婴幼儿配方粉及婴幼儿补充骨粉通用技术条件》(GB10767—1997)、《婴儿配方乳粉Ⅰ》(GB10765—1997) 和《婴儿配方乳粉Ⅱ、Ⅲ》(GB10766—1997) 三项强制性国家标准，要求各生产企业严格执行强制性标准，进一步规范婴幼儿配方产品标签的标示内容；对触犯刑法的人员予以法律制裁，对违反纪律和工作且造成严重后果的党政工作人员予以党纪和行政处分。

4. 推动了绿色畜产品准则的出台 2004年7月19日，中国首批绿色畜产品认证准则——《绿色食品　动物卫生准则》、《绿色食品　兽药使用准则》和《绿色食品　饲料及饲料添加剂准则》由农业部颁布执行。政府以此为契机在全国范围内进行提高食品安全性，严厉打击危害食品安全的不法分子的宣传教育，在全国各地进行提纲式奶粉抽查，摸清情况，将不合格奶粉坚决清除出市场。

5. 使得行业主体加强了对企业行为的规范　2004年5月21日，由中国奶业协会主办、雀巢中国有限公司协办的“承诺乳品质量安全，规范奶业行为”新闻发布会在国务院新闻中心举行。中国奶业协会7家会员单位——三鹿、伊利、蒙牛、光明、完达山、三元和雀巢联名发出“规范奶业行业行为，让广大消费者吃上放心奶”的倡议。

总体而言，“阜阳劣质奶粉事件”使得国家与企业加强了对乳制品质量的重视，各行为主体吸取教训，更深刻地认识到乳制品质量安全的重要性，尤其加强了对乳品各个环节质量的监管。但该事件引起行业的重视还不够，从而给后来发生的“婴幼儿奶粉事件”的发生埋下了隐患。

二、婴幼儿奶粉事件

（一）“婴幼儿奶粉事件”始末

2008年3月初，三鹿集团接到消费者投诉，投诉中称“婴儿服用问题奶粉后尿液发红，有结晶现象”。3月中旬，南京出现全国首例肾结石婴儿病例。南京大学医学院接到南京儿童医院送来的10例泌尿系统结石样本，经检验发现，结石混合成分在中国此前从未发现过，发病者均为尚在哺乳期的婴儿。6月28日，甘肃出现首例患儿；7月，广东出现疑因食用三鹿奶粉引发肾结石的病例；7月16日，甘肃卫生厅接到多起患病报告；9月1日，河南、江西、湖北等多省发现类似病例；9月，甘肃等地报告多例婴幼儿泌尿系统结石病例，调查发现患儿多曾食用三鹿牌婴幼儿配方奶粉；9月8日，甘肃14名患结石的婴儿住院。三鹿问题奶粉浮出水面。

2008年9月9日，国家质量监督检验检疫总局派出调查组赶赴三鹿集团。9月11日，卫生部指出，经相关部门调查，高度怀疑石家庄三鹿集团股份有限公司生产的三鹿牌婴幼儿配方奶粉受到三聚氰胺污染。9月11日，石家庄三鹿集团公司发出声明，经自检发现部分批次三鹿婴幼儿奶粉受三聚氰胺污染，公司决定立即对2008年8月6日以前生产的三鹿婴幼儿奶粉全部召回，市场上大约有700吨。9月13日，国务院新闻办就婴幼儿奶粉安全事故情况举行新闻发布会，决定启动国家食品安全重大事故一级响应，成立由卫生部等6部委和河北省人民政府成立的应急处置领导小组，加强食品安全监管。9月16日，国家质量监督检验检疫总局在其官方网站上公布了全国婴幼儿配方奶粉三聚氰胺专项检查结果，109家在产企业的491批次产品中，有22家企业69批次产品检出了三聚氰胺，涉及三鹿、伊利、圣元、古城、雅士利、南山倍慧、蒙牛等著名品牌。

2008年9月16日，河北省委常委扩大会议同意石家庄市委的决定，责成中国共产党石家庄新华区委免去田文华担任的三鹿集团股份有限公司党委书记的职务；9月17日，公安机关根据刑法第144、150条和刑事诉讼法的有关规定，决定对三鹿集团原董事长、总经理田文华刑事拘留。9月18日，国家工商行政管理总局发出紧急通知，要求各地工商部门对市场上含三聚氰胺的液态奶，立即责令停止销售、下架退市。9月19日，国务院办公厅发出通知，要求各地区、各部门认真贯彻落实党中央、国务院的决策部署，以对人民群众高度负责的精神，进一步做好“婴幼儿奶粉事件”处置工作。2009年2月12日，石家庄市中级人民法院召集三鹿集团债权人举行第一次债权人会议，法院合议庭当场宣读了三鹿集团破产的有关法律文书，发出三鹿集团破产民事裁定书，三鹿集团被依法宣布破产。

至2008年12月底，据卫生部通报，全国累计报告因食用三鹿牌奶粉和其他个别问题奶粉导致泌尿系统出现异常的患儿共29.6万人。2011年6月9日，中国乳制品工业协会联合中国人寿保险公司通报了“婴幼儿奶粉事件”医疗赔偿基金的管理及支付情况。总额为11.1亿元的赔偿金由“毒奶粉”相关责任企业共出资筹集。至2010年年底，已经有逾27万名患儿家长领取一次性赔偿。其中，9亿元用于对29.4万名确诊患儿给予一次性现金赔偿，标准为：患儿死亡的约20万元、重症3万元、一般治疗2 000元。约2亿元用作医疗基金，对患儿急性疾病治疗终结后到18周岁以前可能发生的相关疾病，给予免费治疗。

（二）“婴幼儿奶粉事件”的负面影响

《国务院办公厅文件关于进一步做好婴幼儿奶粉事件处置工作的通知》（国办发明电〔2008〕36号）把“婴幼儿奶粉事件”确定为国家重大食品安全事件。该事件不但危害了婴幼儿健康和生命安全，而且对中国奶业造成了重大伤害，使之陷入危机，影响非常恶劣。主要表现在以下几个方面。

1. 严重挫伤了消费信心，损害了行业和国家的形象 “婴幼儿奶粉事件”最直接的负面效应就是中国乳品消费市场的萎缩，消费者对乳制品的消费热情受挫，乳制品销售量已降到了最低点。受该事件的影响，乳制品市场销售量急剧下滑。在北京市场的调查显示，不少原本一直购买国产奶粉的家长都选择了高档进口奶粉。据有关机构调查，“婴幼儿奶粉事件”曝光之后，消费者信心严重受挫，国产各类奶制品消费者停止或减少购买的占四到六成，购买国外品牌奶粉急剧增加，事件5周后，进口品牌市场占有率由70.6%增加到86.8%，国产品牌由29.4%下降到13.2%；成人奶粉、液态奶、冰激凌等乳制品事件后5周，销量分别恢复到事件前销量的41%、64%和21%。民族品牌信誉受到伤害，40多个国家（地区）禁止进口中国乳制品。据搜狐网做的有关消费者“是否继续消费牛奶”的调查，参加调查者6 807人，71.36%的被调查者表示能不喝就不喝，17.23%的被调查者表示减少喝奶，只有11.4%的被调查者表示照喝不误。

2. 乳品企业产品积压，资金周转困难 市场的低迷，使中国乳品企业产品出现大量积压，乳制品行业的形势十分严峻。第一，企业开工不足，产销率低水平徘徊。事件发生2个多月后，据对全国631家乳品企业的统计，企业停产面仍达18%。到2008年11月20日，全国奶粉平均产销率为75%，伊利、蒙牛、圣元等受影响较大的企业产销率一直徘徊在30%～50%，开工率仅为60%。第二，企业亏损严重，资金十分紧张。由于销售大幅下滑，加之大量资金用于退货和赔偿，部分企业出现严重资金困难。2008年9月和10月，伊利、蒙牛、雅仕利、山西古城分别亏损9.5亿元、6.5亿元、2.4亿元和0.5亿元；至2008年11月，伊利、蒙牛压库产品占用资金分别为50亿元和40亿元。第三，进口奶粉急剧增加，对国内市场冲击日益加剧。据中国海关统计，2008年10月中国奶粉进口量比8月猛增了60%以上。2009年一季度全国共进口奶粉6.6万吨，进口金额1.8亿美元，平均单价2 675美元/吨，进口数量同比和环比分别增长83%和60%，而国产奶粉出现大量积压，国产奶粉企业库存达30万吨（正常库存约8万吨）。

3. 奶牛主产区普遍出现倒奶现象，养牛效益下降 由于乳制品市场萎缩，加工企业困难，奶农卖奶难，出现了新中国成立以来最严重的倒奶现象。2008年9月11日至21日，"婴幼儿奶粉事件"发生的10天内，全国共倒掉原料奶8万吨，相当于倒掉中国1天的原料奶产量。9月14日至16日，河北省全省损失原料奶5 936吨，除少量以每吨200元贱卖外，绝大多数都被奶农忍痛无奈地倒掉。内蒙古呼和浩特市2009年4月初时每天仍然倒奶100吨左右；2009年1月至3月，土左旗共倒奶2 000吨。新疆乌鲁木齐市2009年2月上旬连续多日每天倒奶60吨左右。

由于卖奶难，原料奶收购价格下降，奶牛效益下滑。据行业监测，至2009年3月11日，散养户的原料奶收购价格为0.80～1.20元/千克，已经大大低于养殖成本，绝大部分散养户亏损，处于无力经营、即将退出奶牛养殖领域的境地。如河北、新疆、宁夏、内蒙古等地区，由于散养户较多，从业人员退出比率为15%～20%。养殖小区原料奶的平均收购价格为2.40元/千克，扣除管理费，养殖小区的奶农拿到的价格为2.10元/千克，与饲养成本持平或略低于成本，基本上是保本经营或微亏，如果牛群结构不合理或产量低，则会处于亏损状态，而且经常被拒收。

由于养牛利润下降，养牛不挣钱，中国许多地方养殖场（户）出现了卖牛杀牛的现象，特别是散养户，奶牛存栏数迅速下降。2008年9月，河北丰润地区奶牛存栏约7万头，事件发生后仅剩5万多头。减少的奶牛主要来自散养户，约占散养奶牛总存栏的50%（以泌乳牛为主），其中80%被卖给屠宰厂，余下的20%被外地牧场买走。内蒙古每天屠宰非正常淘汰奶牛200多头。中国最大的奶牛养殖县黑龙江省双城县奶牛数量下滑严重，已杀牛或卖牛5 000多头。新疆伊犁河谷2009年平均每天屠宰非正常淘汰奶牛约40头。

（三）“婴幼儿奶粉事件”原因分析

“婴幼儿奶粉事件”对奶业带来的危机值得我们深刻反思，引以为戒。中国奶业是一个新兴的产业，虽然发展很快，但是长效机制未建立起来，在快速发展过程中积累了一些深层次的问题没有解决。

1. 乳品质量安全意识不强，难以适应奶业健康发展的要求 乳品质量安全是中国奶业发展的生命线，但有的单位和个人对乳品质量安全的重要意义认识不足，不能把保证乳品质量安全作为自己的天职；有的单位和个人对乳品质量安全必须进行生产全过程控制认识不足，缺乏奶业产加销一体化经营的理念；还有的单位和个人对乳品质量安全工作的艰巨性和长期性认识不足，缺乏持之以恒。在奶业快速发展过程中，存在只求数量，忽视质量的倾向，这是诱发乳制品质量安全事件的思想根源。

2. 对生鲜乳及乳制品质量监管存在严重缺失 一是法规和标准体系不健全。奶业是一个惠及13亿人口的重要产业，但是事件之前，没有一部专门的奶业法规，依法管理滞后，不利于规范从业人员的行为和严格执法。奶业标准体系不完善，有的标准不全，有的标准漏项、指标落后，甚至错误，有的强制性标准不落实。生鲜牛乳收购标准是国家强制性标准，上连奶牛养殖，下连乳品加工，突出了原料奶的质量，是一个核心标准，因为指标落后，长期得不到及时修改，影响了对原料奶质量的监管。二是奶站监管缺失。中国奶业按环节管理，政出多门，缺乏统一协调管理，环节之间分段管理，其中的过渡环节容易产生“真空”，奶站是牛奶生产和乳品加工之间的过渡环节，上连奶农，下连乳品企业，没有部门分管，经营奶站没有准入条件，处于“无政府”状态。有的奶站成为造假的窝点，出现奶站监管缺失。三是监管制度不健全。在原料奶市场，对原料奶收购旺季时降低标准收购原料奶，淡季时压级压价限收原料奶监管不力，造成原料奶市场混乱；对乳品加工厂有些产品实行免检，使之逃脱了质量监管；对乳品终端市场的无序竞争、恶性竞争监管不力，造成乳品市场混乱，使乳和乳制品全过程的质量控制存在漏洞，使贪图利益的不法分子有机可乘。

3. 奶牛养殖方式落后 中国奶牛养殖规模小且分散，以农户分散饲养为主，70%以上的奶牛饲养规模不足20头，至2011年，“小、散、低”的局面没有得到根本扭转。农户饲养管理粗放，人畜混杂，优质饲草饲料供给不足，饲喂方式落后，不少地方还采取手工挤奶方式，对奶牛用药混乱；对奶农培训不足，生产水平低，营养和卫生指标难以达到标准，留下了酿成食品安全事件的隐患。

4. 乳品企业发展过快 近年来，中国乳品企业数量急剧增长，全国乳品企业已达1 600多家，年加工能力达到近6 000万吨，大大超过奶类产量，加工能力严重过剩，企业开工率只有60%左右。乳制品生产过于集中，2008年前10位乳品企业的销售收入占总销售收入的40.04%。乳品企业多分布在北方，一地多厂、重复建设的情况比较严重，布局不合理，争抢奶源，乳制品结构不合理，产品趋同。忽视发展自己的原料奶基地，原料奶质量难以保证，成为酿成食品安全事件的重要原因。

5.利益联结不紧密 中国大部分奶牛由奶农饲养，奶农与乳品企业之间没有共同的利益联结，致使牛奶生产和乳品加工形成“两层皮”，奶农和乳品企业之间缺乏信任，造成奶业发展不协调、不稳定，原料奶质量得不到保证。乳品企业降低标准收购原料奶时奶农掺杂使假，使原料奶和乳品质量得不到保证，不仅损害了乳品加工企业的利益，也损害了奶农自身和消费者的利益。乳品企业为了争夺市场，大打价格战、广告战，过度促销，缺乏卖良心奶、卖信誉奶、卖责任奶的诚信经营理念。市场上乳制品质量良莠不齐，消费者盲目“崇洋”，轻信广告，乐于买赠，忽视了对乳制品质量的监督。整个行业多个环节不协调，利益不联结，链条断裂，均是这次事件的深刻教训。

6.行业自律机制不完善 乳品是食品，奶业是良心产业，是道德产业，当前，道德已成为奶业健康发展的瓶颈。道德的核心是诚信，诚信的落脚点是自律。长期以来，行业自律意识差，自律机制不完善，自律手段不过硬，不能自觉地规范行业行为，恪守市场竞争规则。对奶业中出现的质量安全问题，行业内部应负有重要责任。

（四）“婴幼儿奶粉事件”的处置和应对

1.国家有关部门积极应对“婴幼儿奶粉事件” “婴幼儿奶粉事件”爆发后，中国各级政府部门积极行动，采取有力措施应对，为将“婴幼儿奶粉事件”的危害降到最小做了大量工作。

2008年9月25日，国务院派出督查组赴重点省（自治区）开展督促检查，重点围绕地方政府处置“婴幼儿奶粉事件”的部署和工作安排，督促检查救治患病婴幼儿、医院诊疗规范以及免费医疗政策落实的情况，对奶制品进行全面检查，确保奶制品质量安全有关措施的落实，对奶制品行业开展全面整顿，保证合格奶制品生产、市场供应和价格稳定，保护奶农正常经营。

农业部于2008年9月14日发出紧急通知，要求进一步加强中国生鲜牛奶生产和质量安全管理，重点做好6个方面的工作。并会同工业和信息化部、公安部、卫生部、国家工商总局、国家质量监督检验检疫总局组成联合督导组，赴北京、天津、河北、山西、内蒙古、辽宁、黑龙江、上海、江苏、山东、河南、湖南、广东、宁夏、新疆、陕西等16个奶牛和饲料生产主产省（自治区、直辖市）和部分非主产省（自治区、直辖市），督导奶站和饲料清理整顿工作 。9月18日，国家工商行政管理总局发出紧急通知，要求各地工商部门对市场上含三聚氰胺的液体乳，立即责令停止销售、下架退市。9月19日，国家质量监督检验检疫总局发出通知，要求质检系统在全国奶制品质量安全专项整顿中进一步加强监督、严明纪律，确保新产奶制品安全放心，对于涉及质检人员失职渎职等问题的，依法依纪严肃处理。9月20日，卫生部发出紧急通知，要求没有开通“婴幼儿奶粉事件”健康咨询热线“12320”的省份，应在最短时间内开通，并及时告知公众，解答公众咨询，引导群众正确就医。9月21日，工业和信息化部在全国范围内调查三聚氰胺生产企业的详细情况，彻底查清产品销售去向，并要求企业必须在产品上明确标识“严禁用于食品加工业和饲料加工业”。9月26日，财政部发出通知，制订《原料奶收购贷款中央财政贴息管理办法》，决定从2008年10月1日至12月31日，中央财政对企业的原料奶收购贷款给予利息补贴，贴息率为半年期银行贷款基准利率的50%（即3.105%）。贴息期限为3个月，实际贷款期限不足3个月的，按实际贷款期限贴息。10月7日，国家质检总局、国家标准化管理委员会批准发布国家标准《原料乳与乳制品中三聚氰胺检测方法》，标准自发布之日起实施。同时，卫生部、工业和信息化部、农业部、工商总局、国家质量监督检验检疫总局等部门联合发布公告，公布了乳制品及含乳食品中三聚氰胺临时管理限量值：婴幼儿配方乳粉中三聚氰胺的限量值为1毫克/千克；液体乳（包括原料乳）、奶粉、其他配方乳粉中三聚氰胺的限量值为2.5毫克/千克；含乳15%以上的其他食品中三聚氰胺的限量值为2.5毫克/千克。这一公告分别得到了世界卫生组织和联合国粮食及农业组织的认可。

2. 变危机为机遇，迎接奶业新发展 “婴幼儿奶粉事件”发生后，国家有关部门一方面采取紧急措施进行应对，同时为吸取教训，建立了中国奶业发展的长效机制。各部门在认真总结的基础上，采取措施加强了对奶业的监管，出台了一系列法规、标准、政策，成立了相关机构，为加快奶业的整顿和恢复，推进中国奶业的持续健康发展起到了积极的促进作用。

（1）加强了对行业重点环节的监管和梳理 “婴幼儿奶粉事件”后，农业部依法开展了奶站清理整顿工作，推进生鲜乳收购站标准化管理。通过全面清查奶站底数，加强奶站许可管理，推进奶站标准化建设，坚决取缔不合格奶站，规范生鲜乳生产经营秩序。至2009年4月20日，中国奶站清理整顿全面完成，成效明显，13 503个奶站全部纳入监管，比清理整顿前减少6 890个，减幅达34%。所有奶站由乳制品生产企业、奶畜养殖场和奶农合作社三类合法主体开办，全部持证收购。2009年9月，国家质量监督检验检疫总局等三部委启动了乳品行业项目（企业）审查清理及生产许可证重新审核工作。按照《企业生产乳制品许可条件审查细则》（2010版）和《企业生产婴幼儿配方乳粉许可条件审查细则》（2010版），对全国乳制品及婴幼儿配方乳粉企业生产许可进行重新审核。至2010年3月31日，通过审查和清理，全国1 176家乳制品企业中（婴幼儿配方乳粉企业145家），有643家企业（婴幼儿配方乳粉企业114家）通过了生产许可重新审核，

107家企业停产整改，426家企业未通过审核。通过此次审查清理，中国乳制品加工行业进入门槛得到提升，对推动奶业发展具有积极作用。

（2）出台了法规、标准和纲要，规范了奶业的管理　第一，国务院颁布奶业条例。国务院2008年10月9日发布了《乳品质量安全监督管理条例》，这是中国关于乳品质量安全的第一部法规。《乳品质量安全监督管理条例》的颁布与推行，进一步完善了中国的乳制品安全法律制度，对于全面加强和改进乳制品安全工作，依法规范乳制品生产经营活动，切实增强乳制品安全监管工作的规范性、科学性、有效性，保障人民群众身体健康与生命安全具有重大意义。第二，发布《奶业整顿和振兴规划纲要》。2008年11月19日，国务院办公厅以国办发〔2008〕122号文转发了国家发展和改革委员会、农业部、工业和信息化部、商务部、卫生部、国家质量监督检验检疫总局、工商总局、财政部、人民银行、银监会、保监会、中央宣传部、监察部等13个部门制定的《奶业整顿和振兴规划纲要》。《奶业整顿和振兴规划纲要》针对中国奶业当前面临的困难和深层次问题，从8个方面提出了奶业整顿和振兴的主要任务。第三，修订《乳制品加工行业准入条件》。为引导乳品工业健康发展，规范企业行为，在2008年原两版《乳制品加工行业准入条件》的基础上，2009年7月，国家发展和改革委员会修订形成《乳制品工业产业政策（2009年修订）》，从政策目标、产业布局、行业准入等13个方面引导奶牛养殖、乳制品企业合理布局，促进乳制品加工与生鲜乳生产协调发展。第四，出台有66项新乳品安全国家标准。卫生部公布了《生乳》（GB19301—2010）等66项新乳品安全国家标准。农业部配合卫生部制定发布了《生乳》国家标准，标准涉及99项指标，基本涵盖了可能出现的全部安全风险。新乳品安全国家标准完善了中国乳制品质量标准体系，基本解决了现行乳品标准的矛盾、重复、交叉和指标设置不科学等问题，提高了乳品安全国家标准的科学性，形成了统一的乳品安全国家标准体系。新标准是在中国奶业处于振兴的关键时期出台的，为全行业实现科学监管、规范经营提供了重要技术措施，对于提高乳制品质量安全水平，促进中国奶业健康发展具有里程碑意义。

（3）成立奶业有关管理机构　为加强对奶业的管理，特别是养殖环节的监管力度，农业部于2009年成立了农业部奶业管理办公室。2010年2月10日，国务院决定设立国务院食品安全委员会。国务院食品安全委员会作为国务院食品安全工作的高层次议事协调机构，有15个部门参加，主要职责是：分析食品安全形势，研究部署、统筹指导食品安全工作；提出食品安全监管的重大政策措施；督促落实食品安全监管责任。同时，设立国务院食品安全委员会办公室，具体承担委员会的日常工作。

“婴幼儿奶粉事件”的发生，使中国奶业发展中长期积累的深层矛盾和问题充分暴露出来，诸如在奶业快速发展过程中，存在只求数量，忽视质量的倾向；

对生鲜乳及乳制品质量监管存在严重缺失，标准体系不完善，监测和管理制度不健全，对生产过程的质量控制存在漏洞；奶农与乳品加工企业的利益关系不合理；法制建设滞后，等等。这些都是“婴幼儿奶粉事件”的总病根，这些深层矛盾和问题的充分暴露，有助于国家、部门和行业加深认识，有助于加快解决、消除这些病根。可以看出，通过对“婴幼儿奶粉事件”的处理和反思，中国奶业转危为机，在整顿中振兴，特别是在三年的整顿后，中国奶业整体素质迈上一个新台阶，走上理性化发展的道路。这为今后中国奶业的持续健康发展，现代奶业建设，奠定了坚实的基础。

第九章
国际交流与合作

第一节　遗传种质资源引进

一、奶畜良种的引进

（一）新中国成立至改革开放前时期（1949—1978年）

奶牛良种的引进可以追溯到新中国成立之前。当时中国仅在北京、天津、上海、重庆和部分沿海城市郊区、东北中东铁路沿线的草原地区有少量规模很小的奶牛场或饲养户，奶业尚未形成规模产业，奶牛引进需求非常小。

新中国成立后，中央政府和地方政府都十分重视奶牛优良品种的引进。

1951—1956年，新疆从苏联引进阿拉托乌牛和科斯特罗姆牛，进行纯种繁殖和开展杂交改良工作。

1955年，中国从印度进口55头摩拉水牛，其中公牛3头，母牛27头，其余是犊牛。引进的摩拉水牛分配到广西壮族自治区35头，广东省20头，在华南地区开展水牛的杂交改良。

1956、1960和1965年，先后从巴基斯坦分3批引进辛地红牛，饲养在雷州半岛和海南岛，并引入至广西、贵州、云南、江西等省（自治区）进行纯种繁殖和改良当地黄牛。中国曾于1940年前后由巴基斯坦经中国香港引进辛地红牛，饲养在广东、海南（2头公牛、2头母牛）。

1960年，中国从苏联引进西门塔尔牛，当时共进口百余头，饲养在内蒙古自治区锡林郭勒盟正镶白旗额里图牧场。1965—1980年，又陆续从联邦德国、瑞士、奥地利引进89头，其中公牛61头，母牛28头，分配给额里图牧场、锡林郭勒盟冷冻精液站等地，进行纯种繁殖和开展杂交改良工作。

1974年，巴基斯坦（由夸德拉巴迪畜牧实验场提供）赠予中国50头尼里—拉菲水牛，其中公牛15头，母牛35头。进口时，公牛为19～33月龄，母牛30～54月龄。进口后，分配给广西畜牧研究所10头公牛，15头母牛。

1977年和1980年，新疆先后分3批从联邦德国、奥地利引进瑞士褐牛，进一步稳定了新疆褐牛的优良遗传品质。

（二）改革开放至新世纪时期（1978—2000年）

根据国内发展奶业的需要，遵照王震副总理的批示，1984年中国先后派团赴美国、加拿大、日本、澳大利亚和联邦德国等国家进行奶牛业考察，并组织国内专家对引进品种进行论证，研究拟定技术指标，作为选购种牛的依据。

1984—1986年，奶牛进口出现了第一次高峰，中国较集中地、有一定规模地引进奶牛。1984年中国引进良种奶牛1 496头，1985年引进5 248头，1986年引进1 684头，3年共计8 248头，为1980—1991年引进奶牛总头数的79.3%。引入有荷斯坦牛、西门塔尔牛、短角牛、摩拉水牛和尼里—拉菲水牛等10多个品种。这些优良品种的引进，对提高中国奶牛单产和牛奶质量起到了很大的作用。

1986年之后，每年都有少量奶牛进口，但绝大多数都是种公牛。

除了国家集中引进良种奶牛外，中国各地方都积极引进与当地气候环境、饲养条件相适应的良种奶牛。

广东省在1980—1985年，先后从新西兰、美国、丹麦、加拿大、澳大利亚、联邦德国等国引进黑白花奶牛3 000多头。为了加速奶牛品种改良工作，1984年年底又从美国威斯康星州和华盛顿州引进5头良种公牛，在广州市奶牛研究所进行饲养采精，使用冷冻精液进行人工授精。1997年，中国引进8头娟姗牛，饲养在广州市奶牛研究所，观察其适应性、产奶量和经济效益情况。

宁夏回族自治区畜牧局于1984年从丹麦进口25头黑白花妊娠母牛，集中饲养在宁夏回族自治区家畜改良站。1985年，宁夏又从丹麦进口101头黑白花青年母牛，分配给银川、青桐、吴忠、盐池、固原、彭阳等市、县的家畜改良站及农科院等单位，这对改良牛群质量起了一定作用。

四川省绵阳市于1986年从新西兰引进良种黑白花妊娠母牛176头（泌乳305天，单产5 000千克以上），饲养在市种畜场、农业科学研究所、冷冻精液站。1986年，内蒙古锡林浩特市乳品工业公司接收引进的丹麦黑白花奶牛151头，全系青年怀胎母牛。

奶牛良种的引进，与中国政府鼓励引进良种的政策密不可分。中央和地方财政设立引种专项经费，引进种牛不缴纳关税。

（三）新世纪时期（2001—2010年）

1. 新中国成立以来，奶牛进口的第二次高峰 2001年，农业部《关于加快畜牧业发展的意见》发布后，我国出现了新中国成立以来奶牛进口的第二次高峰。2001—2005年，这个高峰持续了5年左右的时间。2001年和2002年分别进口了2 775头和11 432头，两年共进口奶牛14 207头，比改革开放前20年进口奶牛的总和还要多；2003年，奶牛进口量又比2002年增加了3倍多，达到了50 007头，主要进口来源国及其比例为美国8%，新西兰13%、澳大利亚79%；2004年则达到了历史最高峰，进口奶牛132 438头；2005年为49 586头，与2003年基本持平。2005年，国家实施奶牛良种补贴项目，奶牛良种繁育体系建设得到加强。

经历了奶牛进口高峰后，奶牛进口量逐年快速下降。2007年，中国进口改良种用牛共计14 744头，同比下降2.17%。2006—2008年，每年进口量均维持在1.5万头左右。同时，单纯进口奶牛的局面有所改变，各地还从澳大利亚和新西兰进口乳肉兼用种公牛，由于种公牛价值较高，进口总额同比不降反升，上涨19.25%。

2. 奶牛进口的第三次高峰 2008年“婴幼儿奶粉事件”爆发后，国家出台了一系列政策鼓励和支持优质奶源基地建设，国内奶业生产快速恢复，大型乳品企业和相关养殖企业高度重视规模化、标准化奶牛养殖场的建设和投入，对良种奶牛的需求急剧增加。因此，从2009年开始，我国奶牛进口数量出现了第三次高峰。2010年奶牛进口审批11.8万头，实际进口到岸的8.8万头，同比增长1.35倍（表9-1）。其中种公牛52头（2010年1～10月数据）。从进口国家看，主要集中在3个国家，澳大利亚占73%，新西兰占17.6%，乌拉圭占9.4%。从进口价格看，2010年荷斯坦母牛平均价格2 194美元，比2009年上涨185美元；荷斯坦验证公牛1.8万美元，比2009年上涨1 000美元左右。

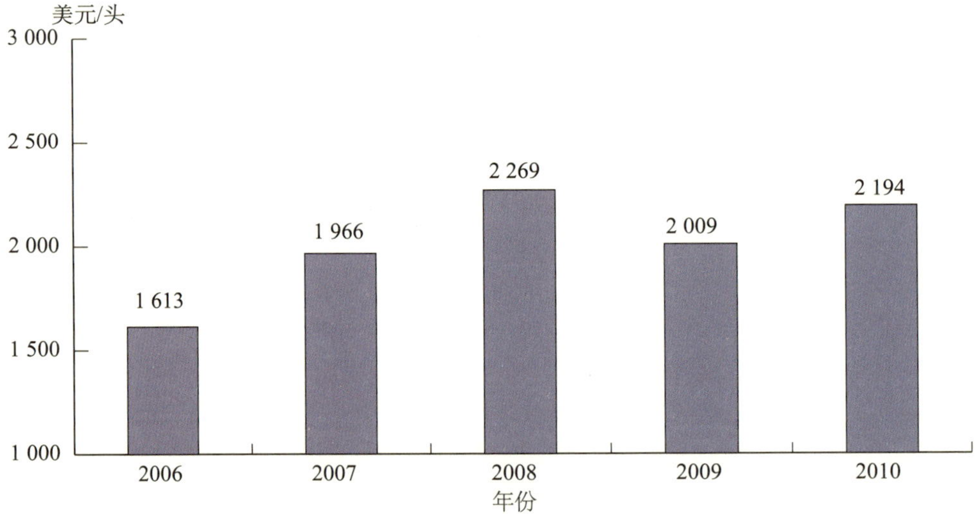

荷斯坦母牛平均进口价格

表9-1　2006—2010年中国荷斯坦奶牛进口情况

	2006		2007		2008		2009		2010	
	数量（头）	比重（%）	数量（头）	比重（%）	数量（头）	比重（%）	数量（头）	比重（%）	数量（头）	比重（%）
总计	15 067	—	14 744	—	15 067	—	37 445	—	87 990	—
澳大利亚	12 265	81.4	11 344	76.9	12 416	82.4	23 476	62.7	64 221	73.0
新西兰	2 802	18.6	3 400	23.1	2 651	17.6	9 999	26.7	15 521	17.6
乌拉圭	—	—	—	—	—	—	3 970	10.6	8 248	9.4

奶牛进口增长的主要原因是国内奶业对良种奶牛需求增加，奶牛养殖效益回升，奶农积极性增强，促进了奶业生产发展。“婴幼儿奶粉事件”后，大型乳品企业加强奶源基地建设，这些举措带动了进口奶牛数量增加。

3. 奶牛进口国的变化 为了防止动物疫病的传播，世界动物卫生组织及各国政府都对动物进出口国际贸易提出了严格的要求，并制定了相关规定和条例。

按照相关规定，在市场供需关系的作用下，20世纪80年代以前，我国进口的奶牛来自德国、法国、丹麦、美国、加拿大、澳大利亚、新西兰等多个国家。

20世纪80年代中期，英国首次发现牛海绵状脑病（俗称疯牛病），该病来势凶猛，具有强烈的传染性，对人和动物均可造成严重危害。受疯牛病的限制及其他因素的影响，我国可引进奶牛的国家不断减少。

2004年以后，我国奶牛进口基本都来自澳大利亚和新西兰。另外，经过中国与乌拉圭两国政府之间的多次谈判和协商，于2005年2月签署了关于中国从乌拉圭输入活牛、牛精液、牛胚胎检疫和卫生要求的三项议定书。2009年4月，飞鹤乳业集团引进，北京亩格林进出口有限公司代理的第一批良种奶牛（3995头）到达中国口岸。至此，我国又增加乌拉圭为新的奶牛进口国。

二、冻精与胚胎的引进

（一）冻精引进

中国首次进口奶牛冻精是1964年英国赠予中国，用干冰保存的黑白花奶牛和短角牛的安瓿冷冻精液。冻精的大量进口则是在1971年后，中国相继从加拿大、英国、德国、日本、荷兰、丹麦、美国、阿根廷、澳大利亚及新西兰等国家引进了细管和安瓿冷冻精液，剂量约6 000份，品种多达十余种（包括乳用、肉用）。

随着中国奶牛活体进口数量的下降，冻精进口有了大幅增长。2005年以前，中国牛冷冻精液进口量一直低于400千克/年。2006年开始，中国冻精的进口量急剧上升，进口量达到1 857千克。2009年中国冻精进口量已达2 106千克，进口额为445.23万美元。

中国进口的牛冷冻精液主要来源于加拿大，德国和美国也是主要的进口来源国。其次是法国、意大利、荷兰和新西兰。2007年，中国进口牛精液的主要地区是北京和山东，占全国进口额的95%左右，其他地区如内蒙古、上海、新疆、云南和黑龙江也都有少量进口。

（二）胚胎引进

由于胚胎移植技术的要求较高，所以中国从1997年才开始进口胚胎。此后，胚胎进口保持持续的增长并出现过两次高峰。第一次高峰出现在1999年，进口量由1998年的24千克增加到215千克，增长将近8倍。第二次高峰是在国务院办公厅转发农业部《关于加快畜牧业发展的意见》后，2001年和2002年胚胎的进口量都有了大幅增长，2003年进口量为4 046千克，相比2002年的630千克，增长多达5倍。主要进口来源国是美国、新西兰、加拿大、德国、澳大利亚和俄罗斯。

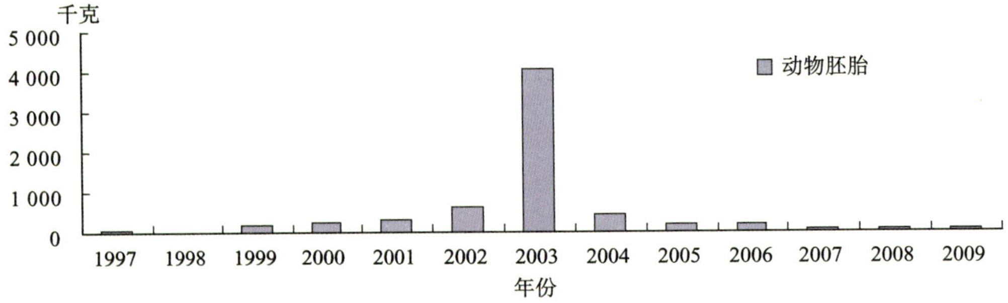

1997—2009年中国动物胚胎进口量

总体来说，1997—2003年，中国胚胎进口量基本保持着增长的趋势，2003年的进口量达到历史最高值。从2004年开始，中国胚胎进口量就呈现下降的态势。2007—2009年，胚胎进口量保持在70～100千克。

进口胚胎需求量大的地区有北京、河北、山东、黑龙江，这些省、直辖市通过进口胚胎来增加奶牛头数，以促进奶业的快速发展。

第二节　技术与设备引进

多年来，中国一直坚持走独立自主、自力更生的发展道路，并不断地引进和吸收世界先进技术。改革开放后，中国引进了许多先进技术和设备，其中不仅有巴氏杀菌奶、超高温灭菌（UHT，Ultra high temperature treated）奶、酸奶、冰激凌、奶油等生产技术和设备，也有单元配套生产设备，如细粉回收、颗粒附聚和二次干燥设备等，还有日处理鲜奶40～60吨的甜炼乳生产设备等。

一、加工技术、机械设备及包装材料

（一）无菌加工及包装技术的引进

无菌加工和包装技术使产品在常温状态下具有较长的保质期，有助运输至较远的地方，同时保障了安全、方便。无菌技术的出现改变了中国人的牛奶消费习惯，由此带动了中国乳制品行业较大的产品结构变化。

19世纪中期，巴斯德发明了巴氏灭菌消毒法，一直被视为食品科学的一项重要突破。随着无菌加工技术和包装在20世纪40年代的出现，为食品加工领域带

来了很大变化。中国地处北半球，北纬45°左右（如内蒙古、黑龙江等）是最佳奶源带，奶业主产区也集中在北方，而乳制品主要消费区域却分布在东南沿海以及经济比较发达的大城市，要扩大乳制品的销售半径，客观需要可以克服冷链限制、适合长途运输的技术。UHT技术在中国的引进，促进了当时乳制品的广泛流通。

中国的无菌包装起步于20世纪70年代末。1977年，广州牛奶公司引进了中国第一台超高温灭菌纸塑铝箔盒无菌灌装机[1]。1979年由广东罐头厂以补偿贸易的方式，在全国率先引进一套瑞典利乐包装有限公司的复合纸砖形无菌包装设备，用来包装甘蔗汁、果汁、豆奶、菊花茶等液体饮料。产品投放市场后，引起了广大消费者和食品行业、包装行业以及从事包装材料研究的学者的兴趣和关注。随后，有经济能力又获国家批准的企业相继引进无菌包装设备，深圳光明华侨畜牧场奶制品加工厂于1981年引进2套，上海锦江食品联合公司引进2套。这些厂家的产品供不应求。

随着改革开放的深入，政策的放宽，审批权的下放和人们消费水平的提高，无菌保鲜包装市场日益趋旺。自1984年起，全国部分大中城市有实力的牛奶企业陆续引进瑞典利乐公司、美国国际纸业公司、德国PKL公司等无菌包装生产设备。

随着无菌包装机械的增加，耗用包装材料也越来越多，仅靠进口已不适应生产需要，于是，北京市造纸工业公司投资5 400万元从瑞典利乐包装有限公司引进复合纸生产线全套技术设备，使用进口原料，在国内建成年产6亿个纸盒材料的生产车间，于1987年初投产。

20世纪90年代中期，随着市场需求的增大和乳品企业发展需要，中国开始大范围地使用超高温灭菌技术，生产超高温灭菌奶（UHT奶）。中国的无菌包装设备市场已吸引了利乐、SIG康美包、国际纸业等包装材料公司进入。如1995年，国内引进利乐包装机就达200多台套，美国国际纸业、德国PKL等品牌约有20多台套。

（二）乳酸菌种的引进

英国的Lister、俄国的Kern和法国的Tissler分别于1857、1882和1899年先后发现了乳酸链球菌、乳杆菌和双歧杆菌。上海可的牛奶公司（上海乳品二厂前身）是中国较早引进菌种的乳品企业。现代临床医学研究证明乳酸菌尤其是双歧杆菌、嗜酸乳杆菌等肠道有益菌的许多重要生理功能，如调节肠道菌群、促进消化吸收、提高免疫力、降血脂、抗菌抗癌、改善肝功能、防止便秘及缓解乳糖不耐症等，各种乳酸菌发酵乳制品由此风靡世界，被誉为“21世纪的食品”。随着中国居民乳品消费需求的提升，以及受到乳糖不耐症的影响，酸奶逐渐成为乳制

---

[1] 张保锋.2005.中外乳品工业发展概览.哈尔滨：哈尔滨地图出版社：14.

品发展的一个重要方向。自20世纪60年代起，国内就已经开始掌握了乳酸菌保存技术以及继代扩培技术[1]。一些乳制品生产企业开始使用进口的乳酸菌菌种，采取继代扩培来生产酸奶发酵剂。继代扩培式酸奶发酵剂具有质量稳定、产酸及凝结力较强、风味口感极佳的特性，逐渐被大多数乳品加工企业所采用。直到90年代末，继代扩培式酸奶发酵剂才逐渐被商品性的“直投式”酸奶发酵剂所取代。

自20世纪80年代起，国内开始研究酵母与乳酸菌的复合体——开菲粒，用来生产发酵乳制品，如乳清酒等，积累了一定试验数据。2002年，中国又从韩国引进了优质的开菲粒。目前，产品已向多样化发展，比如添加各种果汁或果肉粒一起发酵，不但具有开菲风味，还有水果的鲜美芳香，风味独特，颇受欢迎。

国内大型乳品企业从国外引进多种菌种。发酵剂生产公司在现代营养学、预防医学和临床医学的合作支持下，选育了一系列具有更佳保健效果和医疗作用的益生菌酸奶发酵剂和菌株，如丹尼斯克公司的含有嗜热链球菌、双歧杆菌和保加利亚乳杆菌的MYB102发酵剂，含有嗜热链球菌、双歧杆菌、嗜酸乳杆菌和保加利亚乳杆菌的MYB104发酵剂，双歧杆菌BL-07、BL-04、BL-01菌株、嗜酸乳杆菌LA-14/NCFM菌株、干酪乳杆菌rhamnosus LC-10菌株等。又如汉森公司的含有双歧杆菌和嗜酸乳杆菌的AB酸奶发酵剂，含有嗜酸乳杆菌、双歧杆菌和嗜热链球菌的ABT酸奶发酵剂，含有嗜酸乳杆菌、双歧杆菌、嗜热链球菌和德氏乳杆菌保加利亚亚种的ABY酸奶发酵剂，还有双歧杆菌Bb-12菌株、双歧杆菌Bb-46菌株、双歧杆菌和嗜酸乳杆菌La-5菌株、干酪乳杆菌01菌株等。

（三）乳制品加工设备的引进

1982年，北京从丹麦引进一套日产15吨酸奶的设备，使酸奶生产基本实现了自动化、机械化。

1985年，中国从法国引进了软包装牛奶灌装机，各乳品厂继而建立起软包装灌装代替瓶装生产线；引进了冰激凌雪糕生产线51条，其中相当一批是同类产品的重复引进。同年，经北京市政府决定，投资1.65亿元，兴建北京华冠乳品公司，该公司拥有的7种乳制品生产线，主要设备全部从荷兰、德国等国引进，日处理鲜奶150吨。1986年，轻工业部从瑞士、意大利、联邦德国引进6条断奶食品生产线，1988年、1989年相继投产，总投资1亿多元人民币[2]。

---

[1] 酸奶是全国民众喜爱的一种乳制品，特别是夏、秋季节，更是畅销。新中国成立后的酸奶工业化生产，起步于20世纪60年代的北京、天津等地区，后来逐渐发展到了上海、广州、西安、武汉、郑州等城市。80年代初起，一些小城市也开始生产酸奶。早在1959年，内蒙古轻工研究所已成功采用冷冻升华干燥技术保藏乳酸菌菌种，1985年轻工业部在该所建立了全国乳酸菌发酵剂研究中心，开始批量生产干粉状酸奶发酵剂。1982年，北京东直门外乳品厂设立北京市乳品研究所，开展酸奶菌种提纯、扩培等技术研究与生产开发。这些均为我国开展工厂化酸奶生产创造了良好条件。

[2] 张保锋.2005.中外乳品工业发展概览.哈尔滨：哈尔滨地图出版社：7.

1987年，北京市东直门外乳品厂从芬兰引进了一条依达姆（Edam）半硬质干酪生产线，日产干酪500千克。同年，新疆乌鲁木齐市农垦局引进芬兰伊莱克斯德公司的UHT软包装生产线，由于产品价位较高，群众一时无法接受，经短时间试产后就被迫停机，重新引进瓶装消毒奶生产线进行生产。

1989年5月5日，天津市奶品公司在乳品二厂引进法国索迪玛公司的酸奶自动生产线项目竣工投产。该生产线设备精良，技术先进，可生产凝固搅拌型、饮料型多风味的塑料盒装酸奶。

1993年，宁夏夏进乳品饮料有限公司整套引进了荷兰施托克公司的二次超高温灭菌奶生产线和工艺技术。

1998年，天津奶业集团引进了美国国际纸业有限公司生产的屋顶型包装设备，生产新鲜屋牛奶，同时又引进芬兰伊莱克斯德公司生产的超高温灭菌设备。同年，中国引进瑞典阿法拉伐公司利乐TBA/9砖型纸塑软包装生产线。

1999年，引进美国奔腾公司现代化乳品检测设备，可对乳制品进行从原料到产品的理化、微生物各项指标的全面检测和快速检测。

二、养殖技术与牧场设备

（一）机械化挤奶设备

千百年来，中国劳动人民都采用手工的方式给奶牛挤奶，随着生产技术的提高和饲养规模的扩大，20世纪50年代，机械化挤奶开始在中国崭露头角。机械化挤奶提高了劳动效率，改善了挤奶员的工作环境，降低了工作强度，也改善了牛奶的理化指标和卫生指标。可以说，机械化挤奶技术和设备的引进，是奶牛养殖业发展的重要里程碑。

1954年，上海乳品厂开始逐渐引进苏联等国的挤奶机。

1979年，正值中国改革开放之初，深圳的奶牛养殖业开始了新的发展。由于当时实行易货贸易政策，深圳市光明新区晨光乳业的华侨畜牧场用牛奶从瑞典利拉伐公司换来了中国的第一台真空鱼骨式挤奶设备，挤奶机为24位[1]。这套挤奶机一直在华侨畜牧场下属的凤凰奶牛场使用。

此后，中国各地陆续引进多套鱼骨式挤奶机。1981年，上海牛奶公司第一牧场引进一套德国2×6鱼骨式挤奶机。1983年，广东省深圳光明华侨畜牧场从瑞典引进了2台鱼骨式挤奶机。1987年，东风奶牛一场引进德国2×5鱼骨式挤奶机。

2001年，中国农业机械进口为2.2亿美元，而挤奶机就达到了2 268万美元，约占10%。

2005年，蒙牛集团与澳大利亚、印度尼西亚的企业合资建成了蒙牛澳亚国际

---

[1] 当代中国丛书编辑部.1991.当代中国的畜牧业.北京：中国社会科学出版社：537.

我国20世纪70年代末至80年初引进的鱼骨式挤奶机

牧场，引进了我国第一台机器人挤奶机和可供60头奶牛同时挤奶的“转盘式”挤奶机，还第一次引进了“动物福利”思想——奶牛睡暖床、听音乐，还可以自己调节挤奶时间。

机器人挤奶机

（二）全混合日粮（TMR）饲喂技术及设备

北京市奶牛良种场是较早使用饲料搅拌设备的奶牛场，主要设备是从瑞典引进容量18米^{3}的4轴搅笼，牵引式饲料电子计算搅拌车，另配一台88 260瓦拖拉机和一台1.4米^{3}生产车（用于生产青贮）。2001年2月北京三元绿荷奶牛养殖中心从意大利司达特公司引进欧洲品牌全混合日粮（TMR）搅拌车，并加紧进行与之相配套的基础设施改造和技术培训，以金星奶牛场、中以示范牛场、金银岛牧场、永乐店新牛场为试点的15个牛场在全国率先实现了TMR饲养工艺，并陆续向全国推广，收到良好效果。

2002年，甘肃兰州牧工商总公司对其下属兰州乳品厂、兰州奶牛繁殖场等9个企业进行整合，成立兰州乳业集团，并投资1.71亿元，从瑞典和意大利引进了智能型挤奶机和全自动饲喂车。

全混合日粮饲喂技术在中国大、中型牧场得到了推广应用。截至2010年，估计全国已有1 500个牧场应用了全混合日粮饲喂技术，在全群500头以上的牧场普及率达到了近40%。

相比传统饲喂法，奶牛全混合日粮饲喂技术是现代奶牛场普遍采用的一项先进技术，可增加干物质采食量、提高产奶量和牛奶质量、减少疾病发生、提高繁殖率、节省饲料成本、节约劳动力和时间，是中国奶牛养殖业走向集约化、规模化、科学化、现代化的必由之路。

（三）奶牛繁殖育种技术及设备

1981年，中国利用联合国开发计划署资助的援款，由北京市种公牛站从法国凯苏IMV兽药机械公司引进了细管冻精的全套设备。

2006年5月9日，中国农业大学、中国奶业协会与加拿大奶业网（CDN）在北京签署了奶牛测定日模型遗传评估系统的引进协议。奶牛测定日模型遗传评估系统是1993年加拿大圭尔夫大学著名教授Larry Schaeffer首次提出的，其原理是利用奶牛泌乳测定日直接估计奶牛泌乳测定日育种值，进而得到泌乳期育种值。测定日模型遗传评估系统的引进对中国奶业的发展意义重大，它解决了中国长期没有统一的奶牛遗传评估系统问题，为各级政府的行业行政主管部门制定决策和广大奶农进行选种选配提供了科学的依据。2007年，中国奶业协会应用此系统对部分有后裔测定成绩的种公牛进行了个体遗传评估，这标志中国奶牛遗传评估系统有了新的突破。

2006年10月，辽宁省畜牧业经济管理站从法国卡苏公司引进了ACCUCELL新型种公牛精子密度仪和iS4型细管灌封机。

（四）奶牛场设计及环保设备

20世纪80年代，中国从国外引进了清粪机械中的粪污分离设备，如斜板筛、转动筛、挤出式分离机和带式压滤机等。2003年，通过与荷兰、美国和德国畜牧技术设备公司的长期合作，中国进行了清粪机械的相关研发，把科技和智能与清粪机械有机结合，生产出了多种类清粪机械。

2003年，散栏式饲养模式引入中国；其后在国际上仅出现几年的LPCV（恒温牛舍）技术引入中国。中国在不断地吸取新的奶牛场设计理念。

第三节　牧草种子与草产品贸易

一、牧草种子进口

奶业的快速发展带动了牧草业的发展。与发达国家相比，中国奶牛养殖缺乏优质的粗饲料。随着奶牛养殖业的快速发展，中国对优质牧草的需求缺口越来越明显，进口量逐步增大。

（一）进口量和货值

中国进口牧草种子的品种主要有紫花苜蓿、三叶草、羊茅子、草地早熟禾、黑麦草和梯牧草等。从1995—2009年，中国进口的牧草种子品种的比重发生了很大的变化。总体来看，可以划分为4个阶段。

第一阶段，1995—2000年，羊茅子种子、草地早熟禾种子、黑麦草种子和三叶草种子进口数量逐年攀升，到2000年它们的进口量分别为424.53吨、2 146.13吨、1 620.81吨和1 202.49吨，金额为95.903万美元、344.394万美元、442.786万美元和168.084万美元。其中羊茅子种子进口量占的比重最大，最高比重达到37.87%，草地早熟禾和黑麦草种子的进口比例也都在18%以上。这个阶段，紫花苜蓿种子的进口量非常少。

第二阶段，2001—2002年，紫花苜蓿种子的进口量激增，2001年的增长率高达147.02%，进口比重最高达到44.73%，进口量达到6 635.07吨，进口金额891.079万美元，成为最主要的牧草种子进口品种。此阶段，羊茅子种子、草地早熟禾种子、黑麦草种子和三叶草种子进口量较为平稳。

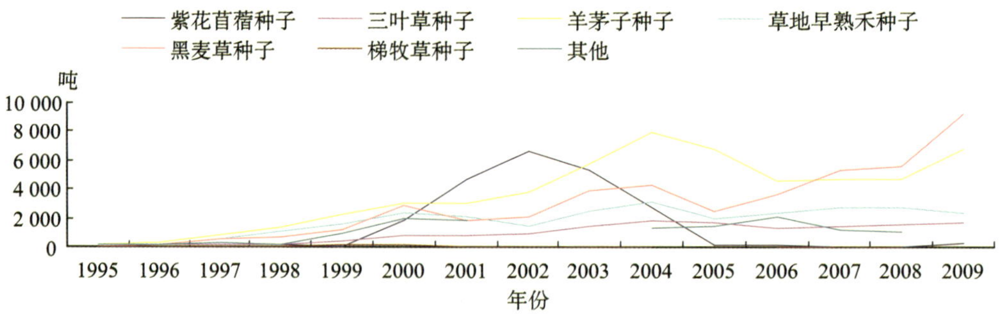

分品种牧草种子进口量趋势图（1995—2009）
（数据来源：《中国奶业年鉴 2002—2010》）

第三阶段，2003—2006年，紫花苜蓿种子的进口量逐年下降，2005年紫花苜蓿种子的进口比重已经下降到1%以下。由于国内大力发展紫花苜蓿产业，有几家较大规模的紫花苜蓿育种公司，能够提供价格较低的国产紫花苜蓿种子，产量足够供应国内为数不多的牧草生产企业，并能出口周边国家。因此，中国对紫花苜蓿种子的进口需求量逐年下降。这个阶段，羊茅子种子的进口量呈稳步上升的趋势，是牧草种子进口的主要品种。

第四阶段，2007年以后，黑麦草种子进口量急剧上升，所占比重从25.90%上升至45.8%，2009年黑麦草种子的进口量达到9 224.95吨，进口金额为798.55万美元，增长率为66.44%。此阶段，三叶草种子进口量比重基本在8%～10%，羊茅子比重在30%附近波动，草地早熟禾种子比重维持在10%～20%。

总体来说，三叶草、羊茅子、草地早熟禾和黑麦草种子的进口量在波动中呈增长的态势。紫花苜蓿种子的进口量起伏较大，这主要与国家的相关政策出台、国内生产量有密切的关系。

（二）进口来源

从出口国来看，中国牧草种子主要从美国、加拿大、丹麦、荷兰、澳大利亚等国进口。

其中，美国是中国进口羊茅子种子、草地早熟禾种子、黑麦草种子和梯牧草种子的最主要来源国，分别平均占其进口量的83.45%、84.91%、70.12%和57.79%。

澳大利亚是三叶草种子进口的最大来源国，2002年以来从澳大利亚进口的比重都在36%以上，最高达到72.64%。

加拿大是中国紫花苜蓿种子进口的最大、最主要来源国，从2000年以来，每年超过72%的进口量来自于加拿大。

二、草产品

随着中国奶业的快速发展，尤其是大、中型规模奶牛场对优质牧草的需求量越来越大，中国开始进口草产品。进口的草产品以苜蓿产品为主。

2000年，上海、广州、深圳等地已从国外进口苜蓿产品，由于苜蓿高密度草捆和草颗粒便于贮运，在南方沿海城市有很大的销售市场。从进口数量看，2000—2007年进口数量较少，累计进口1.2万吨，但从2008年开始，进口数量大幅增加，达到1.96万吨，是前8年进口总和的1.6倍；2009年为7.7万吨，是2008年的3.9倍；2010年为22.7万吨，是2009年的2.9倍。

从进口价格看（表9-2），随着中国、日本、韩国和中东地区苜蓿需求的增长，苜蓿的价格波动上涨。2010年，中国苜蓿平均进口价格为271美元/吨，比2007年上涨了50.56%。到奶牛场价格约为2 800元/吨，高于国产苜蓿1 500元左右的售价。

表9–2　2000—2010年苜蓿进出口量及价格情况

年份	进　口		出　口	
	进口量（吨）	单价（美元/吨）	出口量（吨）	单价（美元/吨）
2000	1 046	235	102 571	131
2001	2 445	188	33 213	149
2002	4 720	90	40 011	129
2003	1 031	115	64 925	138
2004	483	43	45 806	152
2005	51	273	30 757	150
2006	327	363	27 457	138
2007	2 088	180	41 163	156
2008	19 600	289	26 904	181
2009	76 616	267	11 106	140
2010	227 175	271	8 817	171

尽管进口苜蓿到场价格在2 350 ~ 2 600元/吨，价格较高，但由于国产苜蓿的质量较差，加之供货不稳定等问题，进口苜蓿数量仍不断增加。

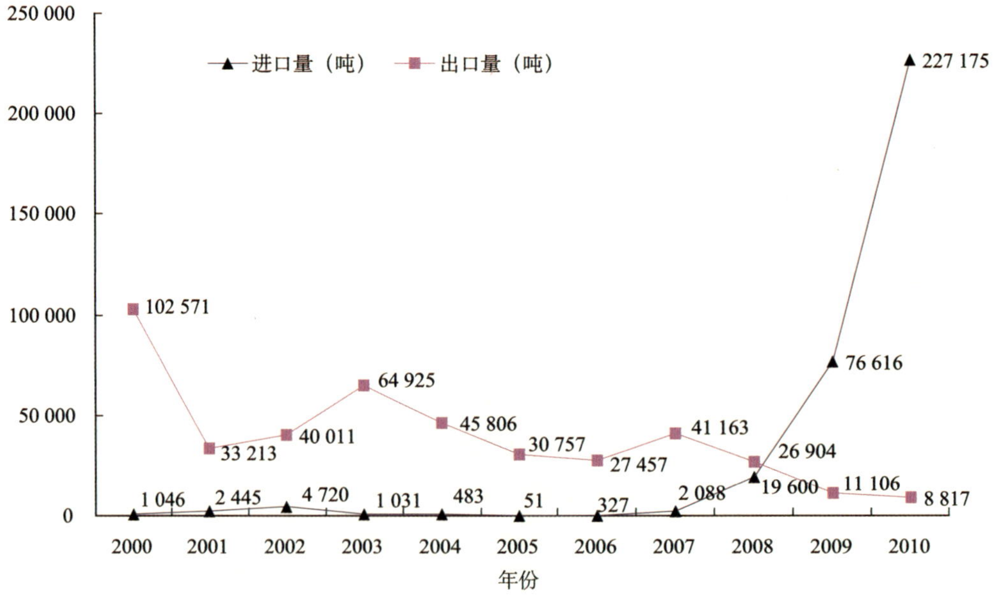

2000—2010年中国苜蓿产品国际贸易情况
（数据来源：《中国奶业年鉴》）

2009年苜蓿总进口量达到76 616吨，同比增加了290.90％，进口额为2 043.43万美元，同比增加了261.05％。2009年1～12月平均进口价格为266.71美元/吨，比2008年反而有明显的下降。2009年，中国苜蓿进口量逐月增加，其中主要受3个因素影响：一是“婴幼儿奶粉事件”让中国的奶牛养殖者认识到要产出优质的牛奶必须饲喂优质的牧草；二是中国苜蓿质量较差，营养价值明显低于进口苜蓿；三是受国际金融危机的影响，国外市场苜蓿供过于求，而国内奶业恢复较快，苜蓿需求量增大。

第四节　乳及乳制品进出口贸易

一、乳及乳制品进出口

20世纪90年代以前，中国乳制品进口量不多。之后，乳制品进口量呈现了快速增长。海关统计数据显示，1991—1995年中国进口乳制品总计29.9万吨，共6 370.8万美元，其中1994年、1995年中国乳制品进口量分别为8.4万吨和7.1万吨，货值为7 685.5万美元和6 818.7万美元；平均年进口量与1979—1986年相比，增加了近50%。

20世纪90年代中期，中国成为乳制品净进口国，之后虽然进口数量有所波动，但整体仍呈现明显的上升趋势。

1994年，中国从荷兰进口乳制品10 382吨，其次是法国、新西兰及美国。从进口的乳制品品种看，需求量最大的是奶粉和乳清粉，约占进口总量的80%以上，奶油和干酪所占比例则较小。

1996年，中国乳制品进口量为7.75万吨。在中国进口的各类大宗畜产品中，乳制品进口所用的外汇额仅次于皮革和羊毛。进口的乳制品主要来自欧洲、大洋洲及北美洲等发达国家，其中进口量最大的是荷兰。

1999年和2000年，乳制品进口出现增长高峰。1999年中国乳制品进口量为16.3万吨，比1998年增长47％；2000年达到21.9万吨，比1999年增长34％。2003年，中国乳制品进口量为31.5万吨，比2002年增长了19.4%。

2007年中国共进口乳制品29.9万吨，为1995年7.1万吨的4.2倍，年递增率达到了12.7％；乳制品进口金额74 463万美元，占畜产品进口金额的11.5%，比1995年的3.9%提高了7.6个百分点。进口的品种主要为乳清粉、乳粉、炼乳、奶油、奶酪、液体乳。

2008年发生的“婴幼儿奶粉事件”，严重打击了中国消费者的信心。2008—2010年，中国乳制品的进口量和进口金额都急剧增加。2009年中国乳制品进口量为59.7万吨，比2008年增长了70.23％；2010年74.53万吨，创中国乳制品进口量的最高纪录。在中国乳制品进口金额方面，2009年为102 799万美元，同比增长了19.30%；2010年为196 952万美元，同比增长达到了91.59%。中国乳制品进口全面增长，主要原因有两方面：一是“婴幼儿奶粉事件”后，基于对国产乳制品的不信任，国内消费者对国外乳制品需求增加；二是国际乳制品价格下跌，与国内产品相比，成本、质量上都占优势。

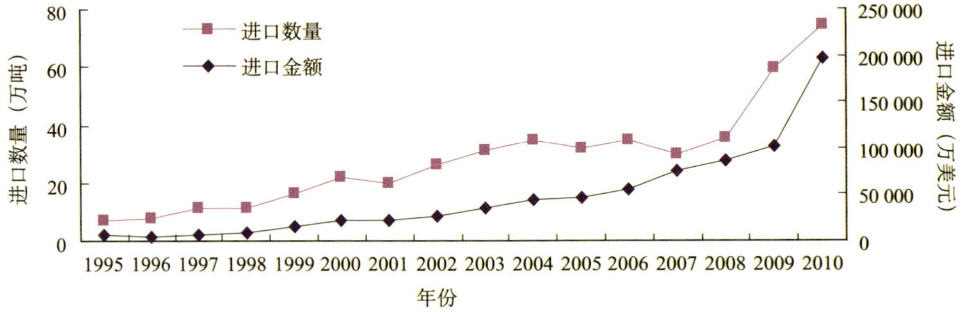

1995—2010年中国乳制品进口数量和金额变化情况
（数据来源：《中国奶业年鉴 2002—2010》，《中国奶业统计摘要 2011》）

由于传统的贸易关系，中国每年都向周边国家出口少量的乳制品。中国的乳品出口一直徘徊不前，均未超过10万吨，只有在2007年出现全球性奶源紧缺的情况下，出口量才首次跃过10万吨大关，达到13.46万吨（表9-3）。从这一点可以看出，中国乳制品的品种尚需丰富，质量尚需提高。“婴幼儿奶粉事件”严重打击了中国乳制品的出口，各品种出口全面滑落，2009年和2010年出口数量分别为3.68万和3.37万吨，回落到1995年的水平。进口的大幅增加，出口的大幅下降导致年中国乳制品的贸易逆差继续加大。截至2010年，中国乳制品贸易逆差达到71.16万吨。

表9–3　1995—2010年中国乳制品进出口数量

单位：万吨

	1995	2000	2001	2002	2003	2004	2005	2006	2007	2008	2009	2010
出口数量	3.05	4.80	4.27	5.10	4.89	6.01	6.89	7.49	13.46	12.06	3.68	3.37
进口数量	7.12	21.88	19.56	26.38	31.50	34.72	32.00	34.78	29.87	35.07	59.7	74.53
净进口量	4.07	17.08	15.29	21.28	26.61	28.71	25.11	27.29	16.41	23.01	56.02	71.16

数据来源：《中国奶业年鉴 2002—2010》，《中国奶业统计摘要 2011》。

2001年11月11日中国终于叩开世贸组织大门，成为WTO第143个成员。加入WTO，无疑会加快中国乳业市场经济建设，加速中国乳业经济国际化步伐，有利于扩大利用外资和促进行业结构调整和优化，同时使中国乳品贸易主体多元化。加入WTO进一步开放了乳品市场，降低关税，中国乳制品（特别是进口乳制品）的价格将会有所降低，对消费者无疑是有利的。

然而，加入WTO对中国乳业的发展既有机遇也有挑战，主要体现在以下4个方面：①大幅度削减乳品关税，造成乳品进口量的进一步增加，加剧中国乳品市场的竞争，影响其发展速度和规模。②根据《协议》中国加入WTO以后就不对农产品出口进行补贴，停止增加并减少扭曲贸易的国内支持。③与发达国家在国内支持方面的不平衡，将限制政府对乳业的支持力度。④《协议》规定对中国出口农产品使用“非市场经济国家”倾销标准和“特殊”的特定产品保障措施。

总的来说，中国加入WTO，为中国奶业发展带来了机遇和挑战，加快了乳业经济增长方式的转变和结构的调整。

二、主要进口乳及乳制品情况

（一）奶粉

奶粉是中国乳制品进口的主要种类，由于进口奶粉速溶性、冲调性、滋气味、微量元素含量高等具有优势，同时进口奶粉的产品细分和品牌宣传做得较好，国内对进口奶粉需求持续增加。

中国奶粉进口量从1995年的2.47万吨持续增加到2010年的41.4万吨，增长近16倍。2001年之前，中国奶粉进口量都在10万吨以下。2002—2008年，中国奶粉进口量一直在10万～15万吨变动。2009年，中国奶粉进口量急剧增加突破了20万吨，达到24.68万吨，涨幅高达144.6%。2010年中国奶粉进口形势发生变化，进口奶粉量达到41.4万吨，占乳制品进口总量的55%。

主要进口来源国为新西兰、澳大利亚和美国。新西兰是中国最重要的奶粉进口来源国，自2000年以后，从新西兰进口的奶粉比重均超过50%，2006年的进口比重最大，达到77.17%。2008—2010年，从美国进口的奶粉量逐年增多，2008年进口量为1.65万吨，进口额5 827.659万美元。2009年中国从新西兰进口的乳制品占进口总量的比重上升到41.4%，2010年又上升到52.1%。特别是奶粉进口量增长较快，2010年中国81.3%的进口奶粉来自新西兰。

中国主要进口奶粉的地区为广东、上海、天津、北京，这些地区的乳制品加工业发达，当地产量不能满足消费需求。进口奶粉主要用于生产配方奶粉、酸奶、乳饮料、功能性食品，部分用于生产还原奶。

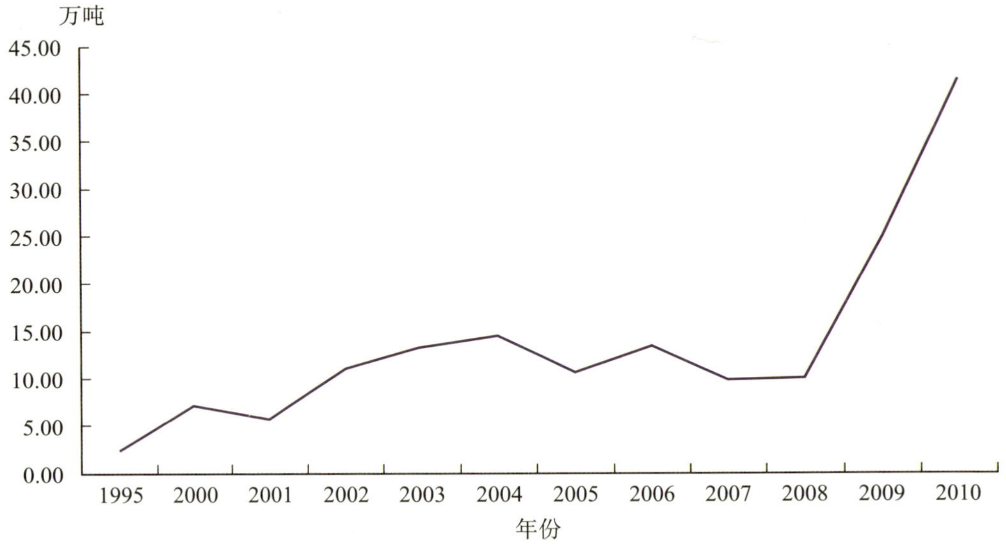

中国奶粉进口量趋势图（1995—2010年）
（数据来源：《中国奶业年鉴》）

（二）乳清粉

这里所说的乳清粉指脱盐乳清粉。乳清粉为中国进口数量最大的乳制品种类，用途广泛，而且国内基本没有规模化生产。国产乳清粉制品供给长期不足。

总体来说，中国乳清粉进口量在波动中增长。2000—2003年，乳清粉进口量的增长率不断加快，2003年进口量为16.12万吨，进口额9 955.29万美元，增长率达到16.85%。2004—2007年，乳清粉进口量增长率持续走低，2006和2007

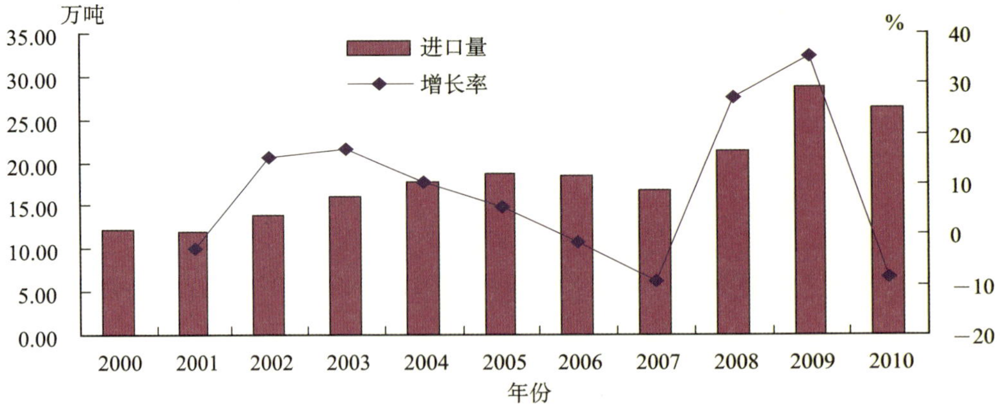

2000—2010年中国乳清粉进口量及其增长率
（数据来源：《中国奶业年鉴》）

年是负增长，中国乳清粉进口量有所下降，主要原因是国际乳清粉价格的上涨。2008—2009年，乳清粉进口量迅猛增长，进口量突破20万吨，涨幅超过25%，2009年进口量达到历史最高，为28.88万吨，同比增长35.48%。2010年进口量保持稳定，为26.45万吨。

中国乳清制品的主要进口来源为美国、法国、澳大利亚、荷兰。2000年，中国从美国和法国进口乳清粉的数量相当，均在3.6万吨左右，澳大利亚的进口量较小，仅0.9万吨。随后，美国进口的数量基本保持着增长的态势，从法国和澳大利亚进口的数量增长速度较低。2004年，中国开始从荷兰进口乳清粉，从荷兰进口的数量逐渐超过了澳大利亚。到2010年，从美国进口乳清粉达到14.15万吨，占进口总量的53.49%，法国、荷兰和澳大利亚的比重分别为13.47%、4.46%和2.42%。

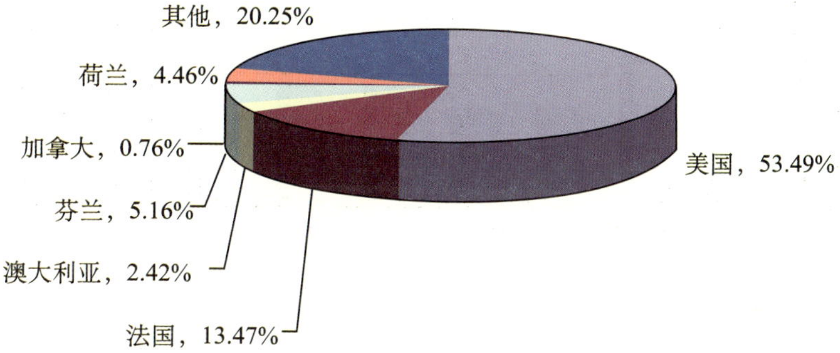

2010年中国乳清粉分国别进口比重
（数据来源：《中国奶业年鉴》）

（三）奶油

在2002年以前，中国奶油进口量一直在6 000吨以下。2003年，中国进口量突破了1万吨。直到2008年，奶油进口量维持在1.1万～1.4万吨，小幅度波动。

奶油的主要进口来源国为新西兰、澳大利亚和美国。在1995年，中国进口奶油基本由美国、澳大利亚和新西兰三分天下。21世纪初，从美国和澳大利亚进口的奶油急剧下降，从新西兰进口的奶油量快速上升，2000—2003年，新西兰进口奶油占到中国奶油总进口量的82%以上。2010年，新西兰是中国最大的奶油进口来源国，进口了1.95万吨，占总进口量的83.16%，澳大利亚和美国的进口量仅为7.59%和0.86%。

中国奶油主要进口地区为广东、北京、上海。

（四）生乳

由于生乳具有不耐贮存和运输的特点，因此其进口量不大。据统计资料显示，除了2000、2009、2010年中国生乳进口量超过1万吨，其他年份的进口量都在1万吨以下。从2000—2004年，中国生乳进口量一直在下滑，2004年进口量为3 006.04

吨，仅为2000年的20.16%。2005—2008年，生乳进口量逐步回升，2008年涨幅较大，增长率为80.13%，当年进口量为7 435吨，进口额为1 252.80万美元。2009—2010年中国生乳进口量持续增长，2010年达到历史最高值，为15 889吨。

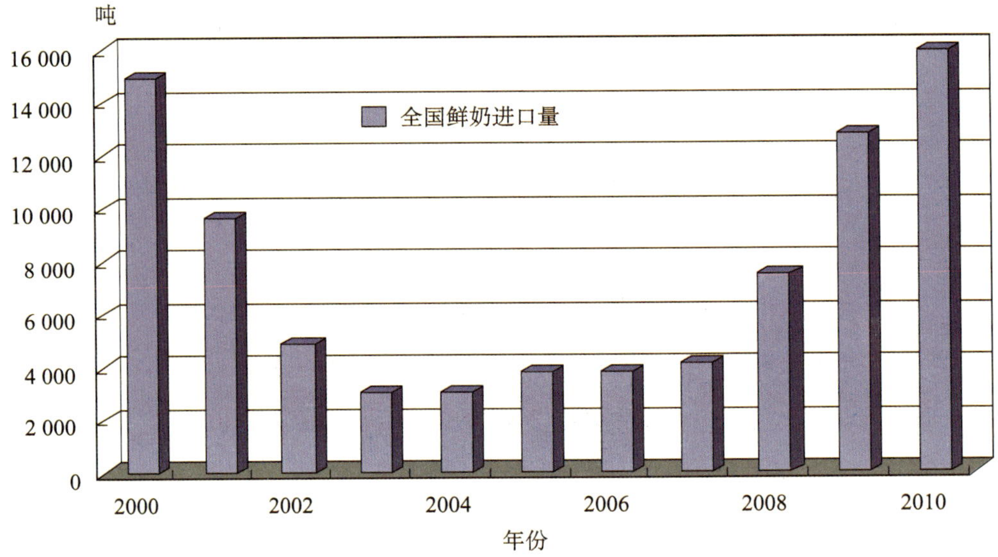

2000—2010年中国生乳进口量
（数据来源：《中国奶业年鉴》）

生乳的主要进口国是澳大利亚和新西兰。2004年以前，澳大利亚是中国最主要的进口来源国，最高比重近80%。2005年开始，从新西兰进口的生乳量超过了从澳大利亚进口的数量，新西兰成为中国进口生乳的最大来源国。

中国进口生乳的地区主要是沿海的广东、福建、上海等地区。

三、主要出口乳及乳制品情况

中国乳及乳制品出口以奶粉和生乳为主，总出口量很少。

（一）奶粉出口在波动中增长

2000—2004年，中国奶粉出口量一直在0.4万～1万吨波动。2005—2008年，中国奶粉出口量开始快速增加。2007年的涨幅最大，达到了201.5%，当年出口量为6.2万吨，17 391.2万美元。受“婴幼儿奶粉事件”影响，2008年后，中国乳制品中奶粉出口下降比例最高，2009年降幅达到84.73%，2010年降幅为69.50%。2010年，中国奶粉出口总量为2 969.7吨。

中国奶粉出口的主要地区可以分为两种：一种是奶粉生产成本较低的地区，如黑龙江、山东等；另一种是和国外接壤的地区，如云南。奶粉主要出口目的地为缅甸、委内瑞拉和尼日利亚。

从2004年开始，中国大陆奶粉销往中国台湾地区。2007年销往台湾的数量为15 496.48吨，占总出口量的25%。从2009年开始，销往中国香港地区和台湾地区的奶粉量急剧下降，2010年分别为36.9吨和55.46吨。

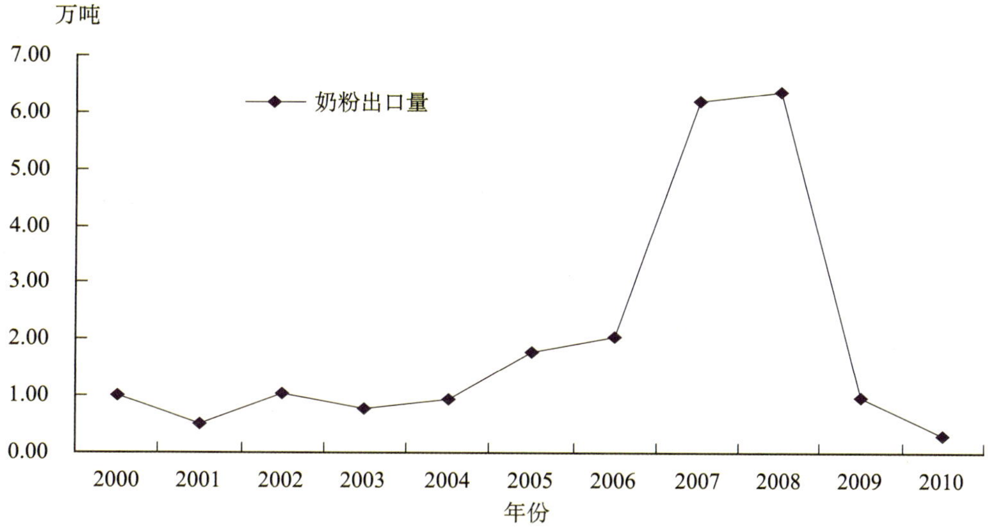

2000—2010年中国奶粉出口量
（数据来源：《中国奶业年鉴》）

（二）生乳出口以港澳地区为主

中国生乳出口的主要地区可以分为2种情况：一种是有港口的地区，如山东、广东、天津；另一种是与国外接壤的地区，如内蒙古。

中国香港、中国澳门、菲律宾、新加坡和蒙古都是中国生乳的出口目的地，但主要集中在中国香港，占出口总量的90%以上。

“婴幼儿奶粉事件”后，中国生乳出口量降幅较大，下降了47.88%，出口量为2万吨，不及最高年份2007年的一半。同时，由于总体均价下跌，出口金额降幅更大，为54.09%，只有1 334.25万美元。

第五节 外资企业与国际资本利用

一、乳品加工及相关企业

（一）外资企业在中国

中国乳品市场是全球发展最快的地区之一。由于人口众多，中国每年的牛奶消费量超过250亿升，但人均消费量相比欧美等发达国家仍然偏低。中国市场的巨大潜力，吸引了不少外资企业到中国投资建厂。随着改革开放和市场经济体制的逐步完善，外商独资企业和合资企业在中国得到了迅猛的发展。

世界上最大的食品公司——瑞士雀巢公司（Nestle）是最早进入中国的外商之一，1908年在上海开设了中国的第一家销售办事处。1987年，在黑龙江省双城市成立奶业第一家合资公司——双城雀巢有限公司。1992年，雀巢牛奶香港有限公司成立。

随后，美国雅培制药有限公司、美赞臣（广州）有限公司、澳优乳品有限公司等也先后在中国投资建厂。1993年7月，美国美赞臣公司（Mead Johnson）成立美赞臣（广州）有限公司，生产安婴系列奶粉。2001年，美国雅培制药有限公司在上海外高桥保税区成立雅培贸易（上海）有限公司。外资企业给中国奶业的发展带来了先进的技术和管理理念，带动了区域奶业经济的发展。

（二）中国乳品企业利用国际资本

随着经济全球化的推进和奶业市场的蓬勃发展，中国乳业不仅能够“请进来”，也实现了“走出去”，有数家企业实现在境外上市，充分利用国际资本实现自身的飞速发展（表9-4）。

表9-4　境外上市的部分乳品企业

公司名称	上市时间	上市地点	2008年销售额（亿元）
西安银桥乳业集团	2003年	新加坡	12.71
黑龙江飞鹤乳业有限公司	2003年5月13日	美国	13.14
中国蒙牛乳业有限公司	2004年6月10日	中国香港	238.65
青岛圣元乳业有限公司	2005年	美国	23.67
广东雅士利集团有限公司	2010年11月1日	中国香港	38.00

资料来源：《中国奶业年鉴 2009》。

2003年5月13日，黑龙江飞鹤乳业在美国场外柜台交易系统（Over the Counter Bulletin Board，OTCBB）挂牌交易。而不久之后，飞鹤乳业就在美国纳斯达克成功上市。2005年在美国资本市场上，中国的民营企业齐头并进，在美国一共诞生了17家中国概念股的主板企业，其中10家是首次公开募股（Initial Public Offering，IPO），7家是从二板市场买壳上市后再晋升到主板市场的。这些企业在国外上市，不仅利用全球实现资源的高效配置，同时还开启了外界了解中国奶业的一个窗口，这些企业在股市的表现，一定程度上影响着国外投资者的行为，也为国内其他企业起到了示范作用，促使更多的中国奶业企业壮大发展，实现上市融资。

除了引进国外的资金，中国乳品企业还迈出了海外并购的步伐。2010年7月

18日，光明乳业以增资形式认购新西兰Synlait Milk公司新增普通股2600多万股，并获得后者51%的股权。至此，光明乳业完成了国内奶业企业首笔海外并购。

二、机械设备与包装材料企业

利乐（Tetra Pak）于1979年开始涉足中国市场。1985年，利乐公司在香港设立利乐中国有限公司。2008年12月，投资6亿多元人民币的利乐呼和浩特工厂投入试运营。与此同时，利乐开展了推动奶源基地建设，支持国家“学生饮用奶计划”，促进消费后的利乐包装回收再利用等活动。截至2009年，利乐在中国的总投资已达27亿元人民币，在中国拥有4家包材厂，分处北京、呼和浩特、昆山、佛山，总体生产能力达到每年400亿包，可以灵活、高效地为全国各地乳品和饮料客户提供包材。

三、奶牛养殖及相关企业

中国巨大的市场潜力，吸引国外奶牛养殖企业在中国投资建场，包括建奶牛养殖场、种公牛站等。

2007年12月，新西兰恒天然集团在河北省唐山市汉沽管理区兴建恒天然唐山奶牛场，牛场占地35公顷，有近3 000头新西兰进口荷斯坦牛。2010年10月，恒天然集团在河北省玉田县投资建设第2家奶牛场。

2008年3月，亚达—艾格威（中国）育种公司成立。此后，陆续又有加拿大先马士、艾德等国外企业在中国建立种公牛站，提供优良奶牛遗传物质。

第六节 技术交流与合作

一、考察与互访

新中国成立后，奶业方面的国际科学技术交流活动日趋活跃。尤其是在改革开放后，通过出国考察、学习和信息交流，促进了奶牛品种改良、乳品加工等先进技术的引进，对外资利用也起到了积极推动作用。

1972年，农林部畜牧局派出陈凌风副局长为团长的中国畜牧代表团参加第75届国际农牧业博览会，并考察奶牛等畜禽的工厂化饲养、人工授精、饲料加工等。

1978年，农林部派出以吉林省革命委员会副主任色音巴雅尔为团长、畜牧局副局长李易方为副团长的中国畜牧业代表团到澳大利亚进行草原畜牧业考察。

1980年7月，农业部派出奶牛饲养考察团访问加拿大。

1984年6月17日，应荷兰农业部和鹿特丹市政府的邀请，中国派出以上海市农场局局长王相道为团长的奶牛考察团，对荷兰奶牛育种、牛奶收集、贮藏和奶制品加工进行考察。同时，参观访问荷兰皇家奶牛联合会、荷兰奶牛企业联合会、种公牛站和奶制品研究中心和加工厂等。

1984年8月，芬兰伊莱克斯特德公司派员来华介绍生产鲜奶用电加热超高温灭菌设备。1985年4月，该公司3位专家到兰州、上海、南京、北京进行项目考察。同年7月，农牧渔业部派出以蒋士林为团长的奶业代表团到芬兰进行考察。1986年1月，芬兰外交部国际开发署派奥斯姆·胡莫宁等来中国对奶类项目进行评估。1986年派出以杨稼为团长的中国奶业考察组赴芬兰考察；从芬兰购买的奶酪生产设备在北京市东直门乳品厂投产。同年9月，芬兰外交部国家开发署委托瓦柳公司为中国举办了15人的奶业培训班。1988年4月，芬兰外交部国际开发署派2名专家对天津中芬奶业培训开发中心进行评估。5月，芬兰动物育种协会和伊莱克斯德公司派专家在北京、哈尔滨、内蒙古等地讲学。1989年5月在北京，芬兰外交部国际开发署与中国对外经济贸易部国际司就芬兰援助天津奶业培训开发中心项目签订协议。

1985年12月29日到1986年1月18日，农牧渔业部派出李易方为团长的中国奶类发展项目考察团一行9人，对印度的奶业进行考察。借鉴印度利用国际援助，通过一体化经营和合作社组织，大量开展水牛和改良黄牛挤奶，发展现代化奶业的经验。

1986年12月，国际奶业联合会主席和秘书长来华参观访问。

1988年7月，美国、瑞士褐牛协会主席到大泽参观访问。同年9月10—11日，联邦德国胚胎移植专家参观访问了河北奶牛胚胎移植技术研究中心，并进行了技术交流。

1989年9月8—23日，农业部组织欧洲共同体专家和中方专家考察黑龙江省奶业生产。1989年9月，欧共体派遣经济、乳品、畜牧、牧草等方面的专家，在农业部中方专家的陪同下，对冀中奶业基地进行了考察。

1991年6月17日至7月15日，欧共体经济、乳品、畜牧、牧草专家在农业部有关领导和专家陪同下，对东北三江平原进行联合实地考察。1991年10月14—18日，欧共体乳业专家在河北省石家庄市考察。

2003年1月17日，中国国家学生奶代表团访问印度，并参加印度国家奶业研讨会。2003年3月8—18日，应新西兰乳品原料公司国内总部的邀请，国内著名奶业企业高层管理人员一行13人赴新西兰北帕默斯顿的恒天然奶品研究中心，学习奶与奶制品实施HACCP培训课程。2003年9月21日，新西兰外交贸易部亚洲开发援助司司长约翰埃盖到达贵州省考察新西兰援助贵州牛奶卫生项目进展情况，并就贵州与新西兰在草地畜牧业方面进一步加强合作等内容交换意见。2003年12月1日，以中国奶业协会副理事长兼秘书长魏克佳为团长的中国代表团一行4人访问加拿大，参加圭尔夫大学举办的学生饮用奶食品安全质量HACCP认证标准培训班，代表团同时还访问了中加项目办公室、SEMEX育种联合体、加拿大乳业网络等机构，并拜访了世界荷斯坦联盟协会主席弗莱曼先生。

2004年4月11日，中国奶业协会常务副理事长兼秘书长魏克佳率领中国奶业协会专家代表团一行5人，对德国、荷兰和瑞典进行了考察访问。代表团主要任务是就中国奶业协会建立“中国奶牛数据处理中心”项目，考察这些国家在奶牛品种和良种登记、生产性能测定和遗传评定等方面的育种信息管理系统软件的使用情况，以及引进中国的适用性问题。通过考察和比较，中国奶业协会与荷兰NRSBV公司达成了引进IRIS奶牛信息管理系统软件的协议。同时代表团还访问了瑞典的DELAVAL公司总部，以及德国和瑞典的奶业协会组织。同年4月24日至5月6日，中国奶业协会理事长刘成果率中国奶业代表团访问日本、韩国。在日本期间，与日本乳业协会、日本酪农协会、日本酪农大学等机构负责人进行了经验交流，参观了日本明治、雪印乳品公司以及町村、小岩奶牛场；在韩国期间，与韩国乳业协会、韩国奶牛改良协会进行了经验交流，参观了今日乳业公司等企业。10月15—27日，中国奶业协会理事长刘成果率团赴英国、西班牙、丹麦和瑞典访问，以家庭奶牛场的环境保护为重点，进行了现场考察。11月19日，中国农业部副部长牛盾率团在澳大利亚堪培拉参加双边农业合作会谈，就奶业合作特别是改善奶牛进口管理等问题进行了磋商。12月18—30日，学生饮用奶部际协调小组办公室、中宣部、教育部、国家质检总局以及昆明市学生奶办公室有关部门负责人组成学生饮用奶考察团，对日本和韩国的学生饮用奶推广情况进行了考察。考察期间，拜访了日、韩两国的学生饮用奶相关政府部门，参观了奶牛场、乳品企业、行业协会、研究机构等，并与有关负责人和技术人员进行了座谈，学习和借鉴日、韩两国在学生饮用奶工作方面的经验。

2005年4月4日，由新西兰政府组织的奶业代表团访问北京。5月6—10日，新西兰农业部部长萨顿先生（Jim Sutton）率领新西兰奶业代表团访问中国，并在北京举办了中新奶业研讨会。8月2—4日，荷兰农业部工贸司、商务部、世贸小组官员，以及荷兰奶业生产、加工、机械以及兽药、饲料等企业负责人一行27人到河南省进行友好访问，考察河南省的奶业发展情况，举办“中荷（河南）奶业论坛及企业洽谈对接会”。10月11—31日，应美国旧金山美中友好交流协会的邀请，农业部乳制品管理及产品开发培训小组一行16人考察美国，就奶业管理及产品开发、销售等进行了培训学习。

2007年1月9日，在中国访问的以色列总理奥尔默特前往位于北京郊区的三元集团中以示范牛场参观。奥尔默特为“中国—以色列现代奶业技术合作中心”揭牌，并参观了中以示范牛场的挤奶厅和奶牛场。3月，在莫斯科举办的中国国家展上，农业展区展示了国内口种多样的乳制品。12月10—19日，中国奶业协会代表团应邀赴以色列和奥地利考察。

2007年3月，莫斯科中国国家展上的农业展区乳制品展台

二、参加国际会议

在20世纪80年代，中国多次参加奶业或涉及奶业的国际性的学术会议，主要有1982年在西班牙召开的第二届遗传学应用与畜牧生产会；1983年在罗马召开的家畜遗传资源保存会；1985年、1986年、1988年和1989年的国际奶业联合会均有中国代表参加；1987年在芬兰召开的世界畜牧大会。

1990年11月，应国际奶业联合会（IDF）和加拿大农业部邀请，中国黑龙江省派代表团参加在蒙特利尔举行的第23届国际奶业大会。

1995年9月，中国参加国际奶业联合会（IDF）第79届年会，正式加入IDF，成为该组织的第38个成员国。

2003年11月23日，由联合国粮农组织主办，乌拉圭教育部组织、利乐公司赞助的第二届美洲地区学生饮用奶国际大会在乌拉圭首都蒙得维地亚举行，来自世界各国的200多名官员、专家及企业代表就学生饮用奶的发展及推广进行交流讨论，中国代表团出席大会并就中国的“学生饮用奶计划”做了相关发言。

2002年5月20—22日，农业部副部长张宝文率团参加在墨西哥举行的国际学生饮用奶会议。

2002年5月20—22日，农业部副部长张宝文率团参加在墨西哥举行的国际学生饮用奶会议

2004年2月27日，4年一届的世界荷斯坦联盟大会在巴黎召开，经农业部批准，中国奶业协会积极组织力量申报材料，并派专人参加会议，在3月1日世界荷斯坦联盟全体成员会议上，来自20多个国家和地区的代表一致同意中国奶业协会的申请，正式接受中国为世界荷斯坦联盟成员。同年11月15—17日，第二届澳中奶业大会暨展览会在澳大利亚悉尼召开，来自中国、澳大利亚、日本、德国等国的100多名代表参会。

2006年10月，第27届IDF世界奶业大会在上海召开

2006年10月20日，首次在中国举办的第27届IDF世界奶业大会在上海开幕，来自80多个国家的3 000多名奶业精英以及联合国粮农组织（FAO）、世界卫生组织（WHO）等重要国际组织相关人士齐聚黄浦江，对全球奶业发展的重要问题进行讨论与交流。这一盛会在中国的召开，再次将全世界的目光聚焦到了飞速发展的中国奶业。

三、学术交流

新中国建立后，中国奶业工作者注重学习和借鉴世界奶业发达国家的先进技术，与同仁进行学术交流。特别是改革开放后，学术交流活动频繁、形式多样。

1952年10月，苏联专家来上海参观第一牧场并作了压榨法挤奶操作示范。

1959年，东北农学院为培养全国高等农业院校的乳品加工人才，特邀苏联科学院院士、蛋白质研究专家加钦科教授，到中国授课9个月。

1979年12月29日至1980年1月5日，应美国农业服务基金会主席M.E.恩斯明格博士的邀请，农业部畜牧总局派彭洪泽教授和陈慈麟教授到美国进行针刺麻醉表演，内容包括对奶牛进行针刺麻醉并作剖腹探查手术，表演全程动物安静、清醒地耐受手术，博得临场观看的各国专家们的好评。

1982年4月4日，中国乳品专家金世琳先生应日本学术振兴会邀请，出国作乳品工业讲学及学术交流，他是中国奶业首位出国讲学的人。

1983年11月，根据中国、瑞典王国政府工业、科学和技术合作协议与农业合作会谈纪要精神，瑞典政府无偿提供奶牛场乳品加工设备和师资，在北京建立奶业培训和生产发展中心。“中、瑞（典）北京奶业培训中心”项目期限4年，设在北京北郊。这个“培训中心”有约300头奶牛的牛场和生产能力为每班8小时处理3 000升牛奶的乳品加工厂，生产巴氏杀菌牛奶、奶油、酸奶、冰激凌、超高温消毒牛奶、农家奶酪等产品。瑞方提供全套乳品加工设备、包装设备、挤奶管道及过渡、冷却、储存、运输等设备，总投资1 501万瑞典克朗。中国提供场地、房屋建筑和牛群等，总投入512万元人民币。1985年10月30日落成后，举办了7期有86人参加的培训班；还举办了11期专题讲座，参加者百余人。该中心基本具备了奶业培训和产品开发中心的条件。双方同意将本项目延长4年，于1987年12月1日在瑞典乌普萨拉签订协议，第二期合作的头两年（1988—1989年）瑞典提供286.5万瑞典克朗，中国提供100万元人民币。中国派出3人赴瑞典学习，取得硕士学位回国；瑞典派来一位乳品加工常驻专家，指导生产，培训人员。

1984年，中国派出专家到斯里兰卡举办兽医针灸针麻培训班，建立兽医针灸治疗室，受到斯里兰卡政府和专家的高度评价。

1985年6月，美国荷斯坦奶牛协会江杰夫，应中国奶牛协会邀请来华传播奶牛体型线性鉴定技术。

1988年11月，农业部委托南京农业大学奶牛生产技术培训中心举办“奶牛线性外貌鉴定培训班”，学习美国专家理查德·豪先生亲自传授和推行的美国荷斯坦奶牛线性外貌评定技术。

1993年4月21日至5月10日，根据中国政府与欧洲经济共同体关于对中国20城市奶类发展项目资助的实施议定的技术援助条款规定，欧共体与农业部奶类项目办公室在北京的中国—瑞典北京奶业培训中心举办了“牛奶质量控制培训班”。

1996年5月13—16日，农业部国际合作司与中国奶牛协会联合，在上海奶牛育种中心举办全国奶牛体型鉴定培训班，并邀请加拿大专家来华授课。

1999年，中国农业部与荷兰农业、自然及食品质量部合作，在河南省郑州市建立中荷奶业示范培训中心（SIDDAIR）。

2003年1月16日，首届中韩国际乳业信息交流会在北京召开，会议由《中国乳业》杂志社主办，中、韩代表80余人参会，中国奶业协会理事长刘成果到会并致辞。

2005年3月1—3日，第一届中美奶业研讨会暨中美奶业研究中心成立大会在北京召开。这次会议主要是由中国农业大学中美奶业研究中心、美国威斯康星大学Babcock奶牛发展国际研究所、中国农业大学动物科技学院、中国畜牧兽医协会养牛学分会主办。会议中，美国威斯康星大学奶牛系主任Lou Armentano教授、著名奶牛繁殖学专家Harry Moment博士和牛奶质量控制专家Pamela Ruegg博士就奶牛营养与健康、优质原料奶的生产与质量控制、奶牛繁殖等技术问题做了专题报告，著名反刍动物营养学家、中国农业大学冯仰康教授，北京奶牛中心张胜利博士、肖定汉研究员，分别就高产奶牛饲养应注意的问题、奶牛的选种选配技术、中国奶牛常见疾病的预防和治疗做了专题报告。研讨会上各位专家与参会人员针对奶牛繁育、优质高产核心奶牛的培育、奶源基地建设、奶牛营养与健康、疾病防治、优质安全饲料开发、牛奶加工与质量安全控制体系建设等奶业发展的一系列关键问题进行了交流与讨论。同时，与会专家和参会人员参观了北京秦丰雄特奶牛场和北京市小王庄奶牛场。在北京秦丰雄特奶牛场，Harry Moment博士和Pamela Ruegg博士主要针对奶牛的挤奶工艺、超声波诊断技术做了现场讲解和演示。此外，15家与奶业有关的美国、法国、意大利、中国公司企业参观了产品和企业资料的展示，并举办了企业交流互动论坛。

自2004年12月在墨尔本开展了中国干酪奖学金项目后，澳大利亚乳业局受中国乳制品工业协会（CDLA）的邀请，于2005年3月30—31日在北京共同召开干酪研讨会，中国乳品行业约80家单位积极参与，其中包括乳品和食品大型生产商及乳品贸易公司。澳大利亚乳业局、墨尔本大学、双江MG公司、瓦伦堡干酪奶油公司等澳大利亚与会代表，在研讨会上就多项课题发言，其中包括干酪生产和干酪种类简介、干酪营养、澳大利亚干酪研发、澳大利亚干酪市场和澳大利亚乳业局的营养营销工作、日本干酪市场的增长推动因素及其对中国的意义、澳大利亚乳业和世界干酪市场的最新动态等。研讨会上还举办了一场澳大利亚干酪品尝会，共有18种干酪接受与会代表的品尝和评价。干酪样品包括奶油干酪、莫泽雷勒干酪、羊奶干酪、高达干酪、卡门贝干酪、温和切达干酪、美味切达干酪、浓味切达干酪、巴马干酪、蓝纹干酪、加工干酪和干酪粉。所有与会代表都对澳大利亚乳业做出的努力表现出浓厚的兴趣和由衷的赞赏。研讨会上，内蒙古伊利实业集团股份有限公司、三元食品股份有限公司和光明乳业股份有限公司等中国乳业代表也就中国干酪市场的现状和巨大潜力发言。

2005年9月16—18日，第二届中美奶业研讨会在北京召开，会议由中国农业大学中美奶业研究中心、美国威斯康星大学Babcock奶牛发展国际研究所主办。各国专家分别就奶牛场设计与奶牛福利、奶牛场职工培训及奶牛挤奶性能评估、防治牛奶停流及牛场数据记录、后备牛培育、牛场常见问题及解决方案、阴离子盐在奶牛饲养中的应用、奶牛场的DHI及奶牛育种等问题进行了报告。同时，10家与奶业有关的美国、意大利、瑞典、马来西亚、中国企业进行了产品和企业资料的展示，并于9月17日晚举办交流互动论坛。

2009年8月，“中国—瑞典北京奶业培训产品开发中心”启动新一期工作计划，着眼于奶源建设、提升原奶品质。通过开展更专业的牧场管理人才培训，引进世界先进的奶牛饲养管理技术，促进国内原奶生产水平的提升，从而进一步支持中国奶业的可持续发展。中瑞奶业中心二期培训计划在2010年正式启动，计划在3年内培养一批专业牧场管理人员，从而进一步支持中国奶业的可持续发展。

从2006—2010年，中国奶业协会先后4次组织育种工作委员会主要成员，赴美国、加拿大、德国、荷兰、丹麦、意大利、西班牙等奶业发达国家，进行考察和技术交流，重点考察国外奶牛良种繁育体系建设、公牛后裔测定技术体系和组织体系等。同时，育种工作委员会2006年、2008年分别邀请加拿大专家在北京召开中、加奶牛育种研讨会和全国奶牛群体改良（DHI）高级培训班；先后主办了两次中国、德国奶牛育种专场研讨会；邀请美国、加拿大、德国和荷兰等国际奶业知名育种专家来华讲学；并派出技术骨干到加拿大进行奶牛遗传评定专项技术培训；通过考察与交流，为建立和完善我国奶牛群良繁体系起到重要作用。

第七节　国际合作项目

20世纪70年代末到80年代初，中国处于改革开放的起步阶段，市场商品的供应短缺，特别是奶类食品的短缺问题尤为突出。1982年全国奶牛达到81.7万头，奶山羊达到226.9万头，牛、羊奶总生产量达到154.3万吨，分别相当于1949年的6.8倍、13.3倍和7.1倍。但是全国人均占有奶量仅1.5千克，远远不能满足日益增长的消费需求。特别是在大中城市，供需矛盾突出，不得不采取限量供应办法。例如，在北京、上海、天津等大、中城市，婴儿要凭出生证明、病人要凭医院证明，才能订购每人每天250 ～ 750克的巴氏杀菌牛奶，而且每月也只能供应20 ～ 25天。奶粉的供应也是凭票证定量供应。面对供奶紧张的局面，中央和地方各级政府均十分焦虑，但多年积下的问题要想迅速找到解决办法绝非易事。

然而，当时的国际市场上，特别是西方发达国家的奶粉、黄油过剩，政府每年要拿出补贴，给过剩的奶粉、黄油寻找出路，直接或间接通过国际组织向一些发展中国家提供奶粉和黄油的无偿援助。从20世纪60年代起，印度先后3期利用国际组织的多边和双边无偿援助，使印度的奶业获得空前发展，国家受益、民众受惠。在这种情况下，中国作为联合国的成员，也开始考虑利用国际资金，发展中国奶业。

1982—2003年，先后实施的无偿援助中国的奶类项目有世界粮食计划署（WFP）援助的6大城市及其郊区奶类发展项目、欧洲经济共同体（EEC）援助的中国20个城市奶类发展项目、中国—欧盟（EU）过渡期奶类发展项目、中国—欧盟奶业和食品加工业技术及商务合作项目和中国—欧盟水牛开发项目等。

一、世界粮食计划署援助的中国6大城市及其郊区奶类发展项目

为了迅速发展奶牛业和其他奶畜生产，尽快提高奶的生产量，大幅度增加大中城市鲜奶及奶制品的供应，缓解市场供需矛盾，1981年中国农业部着手准备向联合国粮食及农业组织（FAO）和世界粮食计划署（WFP）寻求支持，帮助中国特别是大中城市及其郊区缓解市场供应的紧张状况，并发展当地奶业，增加就业。经过研究、论证，最终决定首先在中国的北京、上海、天津、武汉、南京、西安这6大城市及其郊区，执行联合国WFP奶业发展项目，并由农业部于1982年1月在意大利的罗马向WFP提交了项目申请书。FAO和WFP先后派出先遣组和评估团及再制奶生产车间设计小组等，到6大城市进行考察评估。考察评估小组对此项目各个方面均给予了肯定，在1983年5月于罗马召开的第15次粮食援助政策及计划会议上（CFA），批准了该项目。同年8月11日，由农牧渔业部外事司相重扬司长和WFP驻华代表处夏龙代表，分别代表中国政府和WFP在北京的国际俱乐部签署了项目的《执行计划》，项目编号为“中国2647”。

根据《执行计划》，WFP在1984—1988年这5年期间（后延至1990年6月），向6大城市无偿提供脱脂奶粉45 000吨和无水黄油13 330吨，总价值为6 473.33万美元。这些援助食品将加工成再制奶，并与当地生产的鲜奶混合后供应市场。此举一方面缓和了受援城市液态奶供应的紧张状态，另一方面将获得的再制奶部分销售收入25 239.4万元，加上各市的项目配套50 618.2万元，共计75 857.6万元，作为发展6大城市奶业的投资。项目的执行期为5年，实际为6年（1984年5月至1990年6月）。各受援城市的受援比例为北京38%，上海19%，天津13%，武汉、南京、西安各10%。1983年12月，农牧渔业部畜牧局长、奶类项目主任李易方签发了给WFP的项目就绪函。1984年4月，第一批援助物资运抵中国的天津新港和上海港，项目正式开始执行。1985年和1986年，农牧渔业部外事司朱丕荣司长和WFP驻华代表处孔雷萨分别代表双方两次签署了《执行计划》的补充条款。

2647项目是WFP援助中国的第一个奶类项目，也是中国政府与该署合作的最大的开发性项目。在中国实行改革开放的优越环境里，执行2647项目，为6大城市奶业的发展雪中送炭，使6大城市奶业的发展步入了一个崭新的阶段。据统计，1989年与1982年（项目基础年）相比，6个城市奶牛总头数由原来的90 032头增长到了183 803头，超过项目规划指标23.5%，年平均递增速度达10.73%。在此期间，农户个体饲养的奶牛在全部奶牛中所占的比例由3.24%上升到了20.73%。1989年，6个城市牛奶生产总量达559 713.4吨，超过项目规划指标

12.4%，是1982年（255 390.1吨）的2.19倍，年平均增长11.86%。在牛奶总产量中，奶农个体饲养奶牛的产奶量增长了22.4倍，在总产量中的份额由1982年的1.78%，提高到了1989年的19.02%。6个城市人均乳制品占有量为18.4千克；其中，北京市的人均乳制品占有量为31.9千克，人均商品奶类占有量为30千克，人均消费的液态奶量为24千克。从1985年下半年起，各市逐渐放宽了订购液态奶的限制，到1989年，北京、天津、武汉、南京、西安市已基本上取消了对订奶的限制。在巴氏杀菌奶的供需矛盾得到缓解或基本解决的条件下，6个城市陆续开发出丰富而口味多样的几十种乳制品，各种酸奶、可可牛奶、咖啡牛奶、果汁牛奶、牛奶汽水、乳酸饮料、冰激凌等均受到了广大消费者的欢迎。1982年，6个城市酸奶生产量总计为1 710吨，1989年则为47 605吨，增长了27.8倍。

2647项目的实施，使6大城市获得了奶业起飞的启动资金：截至1990年3月，全部受援物资实际转化资金共计25 239.4万元，各市政府投资、企业和个人自筹资金共计50 618.2万元，两项合计75 857.6万元。在项目总投资中，发展奶畜生产的投资42 356万元，其中，使用受援物资转化资金（简称WFP资金）发放奶牛、奶羊无息贷款共计8 364万元，占WFP资金的34.4%。用这些贷款购买奶牛37 685头，占项目执行期间增加奶牛总头数的37%。6年的时间内，随着个体和集体奶牛场的迅速发展，奶牛养殖范围逐步扩大。

另外，2647项目的另一重要任务是，利用比较先进的物质技术装备奶业。据统计，截至1989年年底，共计改扩建乳品加工厂14座，新建乳品厂（车间）20个；日处理鲜奶能力达到2 319吨，比1982年增长2.15倍。改扩建的乳品厂，特别是新建的乳品厂，大部分采用了国内的先进设备和工艺，并从国外引进了酸奶、超高温灭菌奶、冰激凌、奶酪、软包装奶等关键设备138多台（套）。大部分乳品厂还安装了就地自动清洗设备，极大改善了卫生条件。为了方便奶牛场、奶农就近交售鲜奶，保证鲜奶的质量，6个城市新建了收奶站113个，新添置奶罐车131辆，运奶车334辆。分发销售服务网点增多，新增乳品门市部117个，中心发奶站238个，销售点2 788个。

总之，6大城市成功地实施了2 647项目，缓解了奶及奶制品市场供应的紧张状况，初步解决了市民“订奶难”的问题，使广大市民普遍感到满意。同时，项目的实施还为城乡剩余劳动力创造了就业机会，对解决城乡就业问题作出了贡献。据统计，1982年在奶业系统就业的人数是34 882人，1989年就业人数增加到71 673人，净增加36 791人。

二、欧洲经济共同体援助的中国20个城市奶类发展项目

EEC援助的中国20个城市奶类发展项目是联合国世界粮食计划署援助中国“6大城市奶类项目”（中国“2647”项目）的继续和扩大。

WFP援助的6大城市奶类发展项目的顺利实施，加速了项目地区奶业的发展，确实起到了雪中送炭的作用。但全国奶业的生产、供应水平还很低，1985年奶类人均占有量仅为2.8千克，仅相当于世界人均占有量的2.8%，即使在受援的6大城市，也只是市区中心供奶情况较好，城市边缘、郊区的人得不到鲜奶的足够供应。因此，许多城市纷纷要求扩大项目的成果和范围。即建立第二期奶类发展项目。为此，农牧渔业部于1984年7月向WFP正式递交了项目申请，提出将项目地区由原来的6大城市扩大到20个大中城市及其郊区（含原来6大城市）。后因WFP资源有限，将其转给EEC。中国政府于1986年10月向EEC提出了中国20个城市奶类发展项目的申请。

1987年2月，EEC派出以蒲隆克先生（Mr.Pronk）为团长、由7人组成的项目预评估团，对6大城市的部分城市进行了预评估考察。1987年5月，该团全体人员又对14个拟上项目城市进行了正式评估。该评估团两次对项目地区考察的结论是充分肯定的。1987年11月，中欧双方达成初步协议。1988年3月1日，对外经济贸易部郑拓彬部长代表中国政府与EEC在布鲁塞尔签署了“EEC援助中国20个城市奶类发展项目”的议定书，并开始执行。该项目是世界粮食计划署援助中国6大城市奶类发展项目的继续和扩大。

根据中欧双方签署的项目“议定书”，EEC向项目城市无偿提供45 000吨脱脂奶粉和15 000吨无水黄油，另赠无水黄油1 700吨，用于WFP援助的6大城市配套加工再制奶，上述脱脂奶粉和无水黄油总价值7 500万欧洲单位货币（ECU，现改为欧元），约折合9 149万美元。EEC还提供450万欧元（约折合549万美元）的财政技术援助，用于聘请外国专家进行技术服务，资助中方人员出国培训，购买分析化验仪器等。以上两项总计7 950万欧元，折合9 698万美元。在实施项目期间，由于欧洲脱脂奶粉和无水黄油价格上涨，EEC实际支付了1.01亿ECU贷款。

项目的执行期为5年（1988—1992年），实际执行期为原6城市1990—1992年，新上14个城市1993年底结束。援助物资销售收入为人民币4亿元，中方配套资金8亿元，总计12亿元。受援城市及分配比例为甲组（原6大城市）：北京8%，上海8%，天津6%，武汉、南京、西安各3%；乙组（新增城市）：广州、沈阳、重庆、成都各8%，青岛、福州、杭州、合肥、长沙各5%，南昌4%，大连、桂林、苏州、无锡各2%。

这是一个食品援助的开发性项目，宗旨是为了增加受援城市鲜奶供应，提高奶业的生产力，不得将受援奶粉、黄油直接出售。加工成再制奶后所得的销售收入，只能用于奶业的发展，重点帮助郊区集体和个体农民发展奶牛饲养业。该项目的执行，主要是利用援助物资加工成再制奶，以缓解鲜奶市场供应的紧张状况，将所获得的销售收入和国内配套资金用于发展奶牛养殖，扩大奶的加工能力，改进加工技术，增加饲料加工能力，改善奶的收集分发和综合技术服务系统；并设立奶业发展专项基金，以支持全国奶业的发展。该项目由外经贸部代表中国政府就项目的政策性事宜负责与EEC保持联络，农业部负责项目的实施；农业部国际合作司负责项目的涉外事宜、农业部奶类项目办公室负责项目的执行、管理与监测及奶业基金的管理工作。

执行EEC奶类发展项目后，6大城市的奶牛存栏达到了234 889头，比1987年增长了40.4%；牛、羊奶总产量达到507 752吨，比1987年增长了65.5%。20个城市均完成或超额完成了项目规划目标。随着用援助物资加工成的再制奶与当地鲜奶混合后投放市场，以及当地牛奶的增加，缓和了项目城市鲜奶供应的紧张状况。1993年，20个城市的奶类人均占有量超过20千克，比1987年增长22%。婴、幼、老、弱、残等人群的牛奶供应有了保证，大部分城市取消了乳制品限量供应，北京、上海、杭州等部分项目城市已从市区发展到市郊重点工业区和郊县城镇。

项目城市用项目资金新建34个，改、扩建42个乳品厂；新建和扩建19个饲料厂。这些厂基本上采用了当时国内外的先进设备和工艺，产品质量得到改进，花色品种增加。20个城市总加工能力达到日处理鲜奶（双班）5 017吨，比1987年增加33.8%，液态加工能力为日处理鲜奶3 633吨，比1987年增加358%。项目城市新建了一批奶牛技术服务站、培训中心和检测中心，并对原有的技术服务设施进行了更新改造，逐步完善市、县、乡三级技术服务网络，负责奶牛的配种、防疫和饲料分发，奶农提供技术咨询服务。按照项目实施“议定书”的规定，在项目期内EEC提供450万ECU的财政技术援助。计划的EEC专家援助165人/月（原计划135人/月，后调整到165人/月），全部完成。另外，技术援助中还安排了中方人员赴欧洲培训、考察等项目。

1989年，中国奶业专家组与EEC技术援助专家组咨询专家共同进行了中国奶业发展战略研究工作，他们对历史的、现实的国内外发展奶业的资料进行收集、整理和分析，深入到农村、牧区、城郊做了大量的调查研究，以翔实的资料和客观的分析，写成了中国奶业发展战略研究报告，设计了若干个奶源基地和保证奶业持续发展的政策性建议。1990年，专家组又对河北省冀中奶牛带、黑龙江省三江平原奶牛带进行了奶业发展项目可行性研究，提出了可行性研究报告。中国奶业发展战略研究工作对中国畜牧业发展，尤其是对奶业具有积极性的指导意义，受到了国内有关部门及农业部的充分肯定。

三、中国—欧盟过渡期奶类发展项目

过渡期奶类项目是中国—欧盟20城市奶类发展项目和中国—欧盟奶业和食品加工业技术及商务合作项目之间的欧盟援助项目。目的在于保持目前的管理机构和人员，同时通过培训新、老人员和改善奶牛的生产能力全面提高牛奶质量，使项目的成果得到巩固。

在中国—欧洲经济共同体（欧盟前身）“20城市奶类发展项目”获得初步成功的基础上，1992年初，外经贸部代表中国政府向欧盟（EU）提出了延续和扩大“20城市奶类发展项目”的申请。由于EU将改变过去的食品援助方式，又由于准备这一项目所需的时间长、工作量大。因此，双方同意在准备下一期奶类项目期间，合作上一个过渡期的奶类项目，以便在资金援助的条件下，为下一期奶类项目摸索经验。该项目于1995年1月在北京签字并开始执行，1996年7月结束。根据中欧双方达成一致的援助款“附加条款”的规定，EU在项目执行期间向项目地区提供610万欧元（约合人民币6 100万元）的财政援助，另外提供88万欧元（PVD – ALA预算）的技术援助，总计698万欧元。中方提供折合630万欧元的人民币为配套资金，共同用于该项目。项目的总资金为1 240万欧元，EU的投入为610万欧元，而中方的投入约等于630万欧元。项目地区为北京、上海、天津、武汉、南京、西安、广州、成都、重庆、青岛、福州、杭州、合肥、长沙、南昌、大连、桂林、苏州、无锡20个城市和新疆的乌鲁木齐、呼图壁、石河子3个地区；贵州的贵阳市、安顺市、毕节市3个地区；甘肃的兰州市、庆阳市、张掖市3个地区；黑龙江农垦局和畜牧局系统在三江平原地区的一些农场和县、市。

EU在过渡期内奶类项目执行过程中采取了全新的援助形式——现金报账制。项目期间共进行了6次报账。24个项目地区共使用项目资金15 737万元，其中EU资金6 820万元，国内配套资金8 917万元。这些资金投资于发展奶畜、乳品加工、牛奶收集、销售和技术服务等培训领域，取得了显著的经济效益和社会效益。在1996年年末，24个项目地区的黑白花牛存栏数达到451 558头，奶产量达到1 467 605吨，分别比执行项目前的1994年增长了1.54%和3.55%。其中黑龙江、新疆、贵州、甘肃等4省（自治区）的项目区奶牛存栏和奶产量分别为76 391头和183 183吨，分别比1994年增长4.26%和8.91%；20城市1996年奶牛存栏和奶产量分别达到375 167头和1 284 422吨，分别比1994年年底增长1%和2.8%。项目期间，24个项目地区中有20个地区奶牛头数实现增长，奶总产量有22个城市和地区实现增长。

过渡期项目的重要任务之一就是用比较先进的物资技术装备来改善项目地区的奶业，经过几年的建设，截至1996年年底，项目地区共有乳品厂160家，收奶站629个，分发中心436个，发奶点和门市部14 003个，运奶车965辆，奶罐车353辆，县、乡综合服务站716个，饲料加工厂127个，育种中心61个。项目期间，举办了各种培训班1 200期。基础设施的建设和完善，为奶业的持续发展打下了良好的基础。

过渡期奶类项目的另一个重要组成部分就是技术援助，项目期间EU向中国项目地区共派出畜牧、乳品加工及其他各类奶业专家达22人/月。

1995年5月，欧洲经济共同体技术援助专家组在苏州考察牛场

四、中国—欧盟奶业和食品加工业技术及商务合作项目（中欧第2期奶类项目）

1992年3月2日，外经贸部李岚清部长致函EEC委员会主席德洛尔先生，提出了中国—欧盟奶业和食品加工业技术及商务合作项目的申请。同年7月，农业部奶类项目办公室在黑龙江省佳木斯市召开了争取外援奶类项目的座谈会，除“中国—欧洲经济共同体20个城市奶类项目”地区之外，还有黑龙江、甘肃、河北、河南、山东等省的代表参加了会议。会议就争取外援奶类项目的有关准备工作进行了讨论和部署。1992年10月和1993年5月，EEC 2次派出评估团，分别对正在执行项目的地区和拟上项目的地区进行了评估考察，并提交了肯定性的考察报告。1994年和1995年，又经过双方多次商讨谈判，1996年5月，中欧在北京签署了项目的“援款协议”。1997年又进行了启动评估，1998年正式进入了实施阶段。通过两次修改“协议”，项目的结束期改为2003年年底。项目地区为四川成都市、江西南昌市、山东济南市和青岛市、辽宁大连市、河南郑州市、河北石家庄市、新疆乌鲁木齐市、贵州（贵阳、安顺、遵义）、黑龙江三江平原（农垦系统和畜牧系统）。根据中欧双方签署的“援款协议”的规定，EU在项目执行期间，将向项目地区提供3 000万欧元的财政、技术援助。中方提供折合3 000万欧元的人民币，共同用于该项目。项目支持的重点是促进国有奶业企业经济体制改革，帮助个体奶农建立技术服务组织；加强中欧奶业间的技术交流与商务合作。

1998年，欧洲经济共同体奶类项目评估团在华考察期间与苏州市领导座谈

项目的宗旨包括奶农合作组织及服务，经济改革研究，支持个体农民，环境保护和加工设备，商务合作，经济改革研究，工业培训、海外培训和考察，地方培训和技术援助等。项目由农业部奶类项目办公室负责执行，地方奶类项目办公室负责每个项目的具体实施。在地方一级建立由各业务部门负责人参加的奶类项目领导小组，对各地项目的实施进行协调。

项目取得了良好的进展：1998年开始对6个乳品厂进行改、扩建，新建和改建了16个收奶站、9个乡镇综合服务站、9个发奶站，同时进行了4批设备招标采购工作。组织成立基层奶农协会，项目地区先后成立或正在筹备成立的奶农协会共36个。开展了国际、国内的培训工作，项目开始实施后，共组织了58人次国际培训，国内组织了25期全国性和区域性的培训班，培训了420多名学员。技术援助工作进行顺利，1998年EU专家在华人员总计达到107.5人/月，专家们深入基层进行与各自专业内容相关的技术咨询及培训活动，牛奶质量控制专家开展了以建立和推广按质论价体系为中心，强化鲜奶质量管理的工作，取得了成果；奶农合作组织专家对建立基层的奶农技术协会给予了具体的指导与帮助。

1997年10月，农业部奶类项目管理干部赴欧洲进行项目管理系统培训

五、中国—欧盟水牛开发项目

1992年3月，中国政府向欧盟提出的“奶类项目申请”中包括了水牛的开发，考虑到项目的规模和水牛开发的特点，1995年7月，欧盟派出了评估团，对拟上水牛开发项目的地区进行了评估。双方最终协商达成一致，在实施中国—欧盟奶业食品加工业技术及商务合作的同时，单独立项实施一个“水牛开发项目”，在云南省畜牧局、水漕河农场、德宏州、陇川县、潞西县、盈江县；广西的水牛研究所种公牛站、畜禽品种改良站、水牛研究所技术培训中心；广东的南海市和汕头市实施。该项目于1996年5月在北京签字，2003年12月31日结束。根据中欧双方签署的援款协议的规定，欧盟在项目执行期间，将向项目地区提供278.7万欧元的财政技术援助。中方投入相当于232.5万欧元的人民币，共计511.2万欧元，用于资助欧盟技术专家、培训和采购各种仪器设备，中方的配套资金大部分用于基本建设项目。中国—欧盟水牛开发项目的重点是为开发中国水牛摸索经验，并增加当地农民的收入。

项目的实施进展情况是：①牛群改良与种畜交流方面，云南省项目区在1998年共进行了人工授精249头，加上1997年的91头，累计为340头。广西壮族自治区的水牛研究所水牛存栏量为363头，繁殖犊牛123头，育成110头。广东省共引进种畜95头水牛，分别投放在良种繁育场和农户中饲养。②设备采购方面，到1998年90%以上的设备采购已经完成，包括育种设备、加工设备、分析化验设备、运输车辆等。③培训工作方面，云南省共举办94期培训班，培训5 581人次，包括业务管理人员、技术人员和养牛农民；广西共举办4期培训班，对102名专业技术人员进行了培训；广东共举办2期培训班，培训专业人员150人次。④土建工作方面，云南水漕河牧场完成了3幢牛舍和料房的建设，共计1 304米^2，还建设运动场2 400米^2，畜粪处理池1个及草场和场区公路、围场等，完成了德宏州兽医站实验室的修缮改造及供水供电系统建设，新建了12个水牛冻改点。广西的水牛研究所建成培训楼和学员宿舍楼，修建了牛场的办公室，饲料青贮窖、饲料仓库，安装了草地喷淋灌溉设施；广东南海项目区建成牛舍523米^2，汕头项目区建成200米^2。⑤草场改良与牧草种植方面，云南项目区至1998年共改良草场40 356亩，其中大面积除杂39 000亩，种植牧草1 356亩；广西水牛研究所至1998年改良草地545亩，牧草地比1997年增加了14亩。

六、中国—芬兰奶业合作项目

中国—芬兰奶业合作项目，是芬兰政府向天津市无偿援助乳制品加工设备和转让加工技术的合作项目。1986年，天津奶类发展项目办公室在实施联合国援助项目时，天津市政府决定争取芬兰政府的无偿援助，组建天津市中芬乳品研究培训中心，利用欧洲先进的乳品加工技术，带动天津市奶业发展，提高天津乳制品行业的总体水平。经过3年的谈判，芬兰政府同意提供价值1 030万元芬兰马克的成套乳制品加工设备。外经贸部代表中国政府，芬兰驻华使馆代表芬兰政府于1989年5月18日在北京市正式签约。

签约后，芬兰方面按照协议，为我方提供年产1 200吨全套超高温灭菌奶设备、90吨干酪设备和45吨冰激凌、30吨黄油、酸奶的中式设备一套，总价值1 200万元人民币，及负责26名技术人员在国外培训的全部费用。在设备安装和调试期间，中方派出的技术人员和农业部选派的乳品专家一同前往芬兰接受培训。天津市政府也投资860万元人民币，在津南区占地3.33公顷，新建试验厂1 550米^2，用于成套设备的安装、供电、供水、制冷等配套；建专家楼200米^2，内有客房、会客室等生活设施，附属用房900米^2。

在中芬两国的共同努力下，天津中芬乳品研究培训中心于1992年12月2日正式落成使用，为天津乃至对其他地区的乳品工业发展做出了诸多贡献。项目实施多年来，按照项目建设要求和农业部及欧盟专家的总体安排，培训中心面向全国举办的各种培训班有乳品理论、奶牛饲养、乳品加工、质量检测、奶业项目研讨会等，为全国培训各种层次的技术人员千余名。项目的引进为天津乳品行业带来了冲击力和竞争力，打破了天津乳品企业几十年独家垄断的格局，促进了行业间的交流与发展，为天津的乳品市场带来了巨大活力。中芬奶类项目的合作，不仅仅为天津奶业带来了发展，也为中国乳业的发展起到了推动作用，已成为中国接受外援、吸收其他国家先进技术的经典之作。

七、中国天津奶业技术发展项目

中国天津奶业技术发展项目，是日本国际协力事业团（JICA）向中国天津转让有关提高奶牛生产性能的技术合作项目。该项目于1990年1月24日由中、日两国政府代表签署《会谈纪要》和《暂行实施方案》，于1990年3月1日开始实施，于2002年3月结束。根据项目的进展情况和实际需要，项目分为合作期5年，后续项目期2年，自我运行期3年和完善项目期2年，前后共12年。项目运行期间，中日双方共投入资金约4 860万元人民币，其中日本政府无偿提供5.3亿日元的设备和器材，其中包括体细胞仪、牛奶成分全项分析仪、细管冷冻精液制造、胚胎移植、饲料分析、血型分析、TMR饲料预混等精密仪器和设备，同时还为项目装备了交通、办公等设备，接受中国研修生37人（次），派遣长期专家17人，短期专家38人（次）。中国政府投入资金1 500万元人民币，均为天津市政府投入。在中日两国政府和技术人员的共同努力下，有效地实施了奶牛细管冷冻精液制造技术、奶牛改良方法的改善技术（包括奶牛血型分析技术）、奶牛饲养管理技术、奶牛胚胎移植技术、黄庄农场奶牛饲养管理技术及作物生产技术改善等技术的转让。

中日奶业发展技术合作项目实施的十多年，正值中国奶业经历较大变化的时期，项目的实施为天津奶业发展作出了贡献：其中奶牛血型鉴定技术的转让填补了中国奶业在这一领域里的空白，为奶牛育种中的亲子判定提供了技术支持。奶牛生产性能测定的开展，有效提高了奶牛的产奶性能。此项技术推广到天津8 000多头成母牛。奶牛场（小区）的很多技术人员参加了项目的技术培训。

八、中国—加拿大奶牛综合育种项目

中国—加拿大奶牛育种综合项目由加拿大国际开发署赞助，其指导和管理委员机构包括加拿大国际开发署、加拿大先马氏联合体，中国农业部、外经贸部和在中国各项目点的合作单位。项目于1993年开始启动。该项目是通过中国奶业协会，并与各项全国性的奶业改进计划一起实施的。最初的3个项目点设在杭州、上海和西安，由于项目活动的扩大，在北京设了第4个主要项目点，并在呼和浩特、济南、昆明、南昌、常州、吴中、沈阳、天津、武汉、徐州、哈尔滨和南京等地设了12个分项目点。

中加奶牛综合育种项目在许多方面均取得了良好的效果，基本实现了预定的目标。1993—1995年，共向中国的杭州、上海和西安3个项目点援送了12 000份荷斯坦牛精液、400个荷斯坦牛胚胎、210头未配加拿大荷斯坦青年牛。1997—2004年，共生产销售了1 400万份冻精，其中仅2003年就生产销售了59.5万份冻精。

2000—2004年，项目组在云南省昆明市和黑龙江省哈尔滨市成立了奶牛生产性能测定服务中心。在全国性奶群改良项目方面，已完成3种奶牛的改良工作。

从2001年开始，就第三方检测牛奶及奶制品成分质量和安全的方式方法展开了讨论，并于2003—2004年在天津建立了一个试点实验室。

2006年9月30日，国务院副总理回良玉为朗尼博士颁发友谊奖

2004年4月，中加奶牛综合育种项目（IDCBP）总结会中国奶业协会理事长刘成果与项目负责人朗尼博士

项目实行期间，共有28个省（自治区、直辖市）总计66 707人次的管理人员和技术人员参加奶牛场管理和牛奶质量等方面的培训，技术成果有255篇技术论文和简报，7份VCD及CD，10种实用手册等，均为中文版本。这些项目的实施对于中国奶业的长期发展、进步和可持续性来说是至关重要的。

九、联合国开发计划署的UNDP奶业扶贫能力建设项目

联合国开发计划署的UNDP奶业扶贫能力建设项目全称为“中国贫困地区农民参与奶业生产扶贫能力建设项目”。项目区选在黑龙江省肇源县的4个村庄。项目实施期3年，从2004年10月至2007年10月。项目以提高贫困地区农民参与奶业生产，获取信息、资金和技术，以及承受市场变化的自我调节能力为宗旨，以奶业生产技术培训为基础，全面提高贫困农民从事奶业的生产技能，从而达到增加经济收入，摆脱贫困，走上富裕之路的目的。项目旨在中国奶业向规模化发展而农村劳动力密集的背景下，为肇源县项目区（头台镇团结村、古恰乡兴发村、和平乡原野村和二站镇利民村）4个示范村的贫困农民寻求一个可以共同参与奶业生产的机遇。项目主要内容有：①建立奶农协会，帮助奶农获得信息和技术支持，保护奶农利益，有效规避市场风险；②建立农村合同订单养殖模式；③制定具体的经济和法规以保证奶牛业可持续发展，逐渐减少对环境的破坏；④构建奶业技术培训平台，开展不同层次的技术培训，向奶农提供有关奶牛繁育、饲养管理、饲料生产、疾病防治等相关服务。

通过项目的实施，保护奶农的利益，解决了诸如鲜奶收购环节克扣、抽检透明度不高等侵害奶户利益的问题，以及饲料成本上涨、养牛收入下降等问题。成立了奶牛协会，从而提高农民的组织化程度和规避市场风险的能力。提高妇女参与奶业的能力，提升了其在社会和家庭中所处的地位。建立农村合同订单式奶牛养殖模式，从而有效地促进农民参与小规模奶牛生产及获取信息、资金、技术及进入市场的能力。同时，通过成立牛奶定价三方联盟决策机构来确保奶农参与牛奶定价的能力。组织各种培训，通过集中授课和现场答疑的形式为奶农在奶牛生产实际遇到的各种问题进行详细的讲解，通过面对面的交流、探讨，提高奶农养殖水平，降低成本。

十、世界银行贷款奶业发展项目

世界银行分别于2003年和2006年在中国实施了2个与奶业有关的贷款项目，一个是在甘肃实施的畜牧业发展项目，一个是在黑龙江省实施的奶源基地建设项目。

2003年11月，世界银行董事会批准在甘肃、新疆两省（自治区）实施畜牧业发展项目，其中在甘肃实施的项目内容之一为奶源基地建设和液态奶加工。项目旨在通过采取加强草地改良和建设等综合治理措施，恢复草原植被，保护和改

善生态环境，提高项目区奶牛品种质量，改进产品质量，并在注重养畜和环境保护协调关系的基础上保持良好的可持续发展。项目建设期为2004年1月至2009年12月。甘肃畜牧业发展项目的总贷款额度为3 827万美元，全部为硬贷款。结合世界银行贷款项目，全球环境基金（GEF）向甘肃提供了525万美元的捐赠。2004—2005年，项目投资967万元，在定西、临眺、临夏、肃州和中川建成了5个100头规模的奶牛场，完成5个奶业项目区的乡镇畜牧兽医站的扩建和维修以及完善冻精配种设备，建成5个奶牛人工授精站（点）；对拥有2～3头奶牛的农户，提供3万元的贷款支持扩大规模；投资200万元，在好为尔奶牛养殖基地，建设6个集中挤奶站；投资600万元，改扩建酒泉好牛乳业公司的液态奶加工生产线。

2006年1月，世界银行执行董事会批准向中国提供1亿美元贷款，用于提高黑龙江省部分地区奶农的生活水平，进行减少奶牛场温室气体排放技术试点。项目区覆盖黑龙江省8个市20多个县（市），近万个农户得到了资助，这也是中国畜牧业单项利用世界银行贷款最大的项目。此外，意大利中国环境信托基金也为该项目提供550万美元捐赠，用于减少奶牛场温室气体排放、增加碳结存试验的创新技术。国际复兴开发银行提供1亿美元贷款，还款期为20年，宽限期5年。该项目为期6年，通过以奶农和牛奶生产基地为基础的生产规划，帮助扩大黑龙江省的牛奶生产规模和效率，提升奶牛群的质量；帮助奶农提高收入，增加收入保障。尤其是对于没有奶牛和家庭生活水平较低的贫困户；进一步促进发展农民专业协会；改进农业技术推广服务。这些工作为黑龙江省政府发展奶业和农村经济提供了支持。

后 记

2005年，王福兆教授向时任中国奶业协会理事长的刘成果建议由中国奶业协会组织编撰中国奶业史书。尔后，陆续又有秦志锐、骆承庠、魏荣禄、顾佳升等专家学者提出相同建议。经征询业内一些老同志、专家学者的意见，并与农业部有关部门沟通，刘成果理事长遂决定由中国奶业协会牵头，组织专家学者撰写中国奶业发展史，开中国奶业编修史之先，补中国奶业无史书之憾，以述往知来而鉴古察今。

2007年，《中国奶业史》编撰工作启动。刘成果理事长提出了四条编撰原则——客观真实、全面系统、学术价值和可读可鉴。坚持客观真实，即广泛收集史料，包括典籍文献、走访当事人等，要原始、实地、可靠；坚持全面系统，即覆盖奶业各领域且互通，反映历程各阶段且贯通，整体水乳交融，要横通、纵通、会通；坚持学术价值，即研究变化规律，有史有论，论从史出，要有分析、有观点、有结论；坚持可读可鉴，即有理有据、通俗易懂、图文并茂，读后要有启发、有收获、有益处。

在刘成果理事长的主持下，先后有来自17个单位的85人参加了《中国奶业史》的编撰工作。在众多的编写人员中，既有农业经济史学家、国家奶业重大科技专项和奶牛产业技术体系专家等著名教授学者，也有曾经长期从事奶业管理工作的知名领导；既有白发苍苍、业已退休或退而不休的资深奶业工作者，也有风华正茂、活跃在奶业工作岗位的中青年工作者。另外，还有50多人热情地提供文献资料或提供历史情况。可以说，《中国奶业史》是集体智慧的结晶。

《中国奶业史》从决定编撰到书稿写就历时5年多，大致可分为撰前、撰写和统稿三个阶段。

第一阶段，撰前阶段。主要工作包括申请立项课题、制定编撰要求、走访资深人士、查找收集史料等。

2007年4月10日，中国奶业协会向行业有关单位和专家学者发出邀请函，邀请参加《中国奶业发展史》（暂定名）的编撰工作，标志着中国奶业发展历史研究与编写工作正式启动。同时，成立了编辑委员会，刘成果理事长担任编辑委员会主任兼主编。下设编辑部，具体负责组织联络和日常工作。编辑部先设在中国奶业协会乳品工业委员会秘书处，后改设在中国奶业协会秘书处。尔后，依托中国奶业协会专业委员会确定参加编撰人员组成课题组，刘成果理事长担任课题组组长，魏克佳、徐定人、许世卫担任副组长；进行专题分工，明确各子课题负责人，拟定研究内容和编撰提纲。

2008年9月，中国奶业协会向农业部提交了开展中国奶业发展历史研究与编撰发展史的课题立项申请报告。课题立项申请被批准列入农业部软科学研究项目计划。同时，农业部农垦局、财务司也给予经费资助。12月26日，中国奶业协会在北京召开《中国奶业发展史》（暂定名）课题启动会，刘成果主编主持了会议，明确了编撰相关要求。会议讨论确定了编撰指南。会后，编撰人员即开始了访谈资深人士、查找收集史料等撰前工作。

第二阶段，撰写阶段。主要工作包括研讨撰写内容、细化结构提纲、分析考证史料、落笔撰写书稿和交流篇章样稿等。

2009年，中国奶业发展历史研究与编写工作全面展开。中国奶业协会先后主持召开5次专题会议，研究讨论相关问题，推动研究编撰进展。

2月15日，在广州市燕岭大厦召开第一次专题会议，对撰前史料收集等工作进行了交流，重点讨论调整了《中国奶业发展史》（暂定名）编撰框架结构，修改了编撰提纲，确定了历史人物入选原则和相关要求，部署了研究和撰写工作进程安排，要求各子课题细化编写各章节提纲。

4月23日，在中国农业科学院研究生院会议室召开第二次专题会议，讨论了大事记入选标准和编写工作的考核办法，确定不再单独设历史人物附录，要求各课题组试写样稿。刘成果主编强调写好《中国奶业发展史》（暂定名）是奶业人的责任，进一步阐述撰写《中国奶业发展史》（暂定名）的时代背景、重要意义、标准和要求及结构设计等。

6月10日，在北京召开第三次专题会议，讨论了各子课题组撰写的样稿，进一步统一和规范一些行业用语的提法，提出要选择有代表性事件的图片，明确撰写技术是写其社会要素，而不是技术本身的介绍。会议还特别讨论了我国香港、澳门和台湾奶业有关篇章的撰写事宜。

11月7—8日，在北京香山三元商务会馆召开第四次专题会议。会议听取了各课题组进度汇报，讨论在撰写过程中遇到的一些具体问题。会议进一步重申了撰写的指导原则，要求各课题组执笔人员准确把握编撰原则。会议还提出有关图片、大事记和史料的具体要求。

除了专题会议外，各子课题组也相继多次召开讨论会，邀请业内有关专家建言献策，分析考证和研究取舍史料，商讨具体写法，不断补充、修改内容。

2010年12月8日，在厦门召开第五次专题会议。会议听取各子课题组的工作进展汇报，交流了已完成的书稿内容，讨论问题，提出修改建议，安排了下一步工作进度计划。

2011年7月，各篇章的初稿基本撰写完成，送刘成果主编和其他负责人审阅。之后，以各子课题组为单元召集书稿讨论会，听取各组负责人及主要执笔人汇报。刘成果主编提出了修改意见，要求进一步补充、核实有关史料，把握重点，规范用语，修正有关提法。有些章节修改较大甚至是结构性修改。

第三阶段，统稿阶段。主要工作包括分章阅读书稿、讨论修改意见、核实补充史料、统一体例格式、修正数据、调整重复内容、规范文字表述、完善照片图表、通篇审阅书稿等。

2011年12月2日，刘成果主编在中国奶业协会会议室主持召开会议，启动统稿工作。刘成果主编强调，要按照防错误、防遗漏、防重复的原则进行统稿，贯彻编撰原则。在史料、史论方面较欠缺的篇章要充实加工。各部分都要注意对奶业文化的梳理和提炼。书名正式确定为《中国奶业史》。刘成果主编对统稿要求、统稿进度和人员分工作出具体安排。《中国奶业史》的编撰工作正式进入统稿阶段。

2012年2—4月，中国奶业协会组织人员前往北京、上海、哈尔滨、天津、西安、济南、重庆、广州、南京、武汉等地的档案馆，查阅了大量原始档案，收集了各地有价值的奶业历史资料，以进一步充实近现代奶业史章节内容。

4月10日，刘成果主编在中国奶业协会会议室主持召开《中国奶业史》统稿工作会议，通报了分章统稿进展情况，分章提出修改要求，并成立以魏克佳为组长、刘琳为副组长的统稿组进行通篇统稿。

4—12月，统稿组对书稿进行了分章审阅，并召集了8次集中讨论会，与编写人员沟通，交换修改意见。9月，将《中国奶业史》（通史卷）中的“现代篇”书稿送魏荣禄、王福兆、庹国柱三位先生审阅。

10月23日，在北京圆山大酒店召开《中国奶业史》编撰总结会，魏克佳常务副主编对几年来《中国奶业史》编撰工作作了全面总结，刘成果主编对参加编撰的全体人员给予高度肯定，并对最后阶段的工作提出明确要求，确定由各子课题组负责人进行通篇终稿审阅，并送农业部畜牧业司、农垦局审阅。

12月，为了加快出版进度，将书稿交付中国农业出版社。中国农业出版社本着对书稿高度负责的态度，邀请农史专家徐旺生、李群和穆祥桐先生对《中国奶业史》（通史卷）进行审阅。统稿组与三位先生进行了座谈，听取他们意见。后徐旺生、李群先生不辞辛苦，搁置手头工作，挤出时间，重点对“古代篇”和“近代篇”进行了补充和修改以及史料的核实。

2013年1月，统稿组召开集中讨论会，逐一讨论各位专家通篇终审书稿后所提的意见，与编写人员再沟通，对书稿又进行了补充修改。至此，《中国奶业史》脱稿。

《中国奶业史》分为通史卷和专史卷两卷，全书总计大约156万字，其中通史卷约79万字，专史卷约77万字。两卷主体采用编年体体裁，以时间为经，以史事为纬，按照历史时期记述奶业历史事件。但在部分篇章中也采用了纪事本末体体裁，以事件为中心集中叙述。两卷的写作视野和风格迥异。通史卷主要记叙了中国奶业从原始萌芽到形成现代产业的近万年的历史，通过记叙史实体现奶业历史发展脉络，分析、研究奶业历史现象，探索奶业历史发展的客观规律。叙事时间从新石器时代起至2010年，个别事情写到2012年，大事记则到2011年底；专史卷按照奶牛育种史等专题，记叙该领域所发生的重大历史变迁和技术进步，涵盖了原料奶生产、乳制品加工、市场消费等整个产业链，大部分章节叙事时间从1949年至2010年或2011年，个别章节根据内容时间跨度向前延伸。

本卷为专史卷，包括奶牛育种史、奶牛繁殖、奶牛疾病防治、奶牛饲养、乳制品加工、乳品消费、特色奶业史、奶业管理与服务、国际交流与合作9个专题。

“奶牛育种史”主要记述了中国荷斯坦牛的品种培育历程和群体遗传改良技术进展，同时简要记述了三河牛、新疆褐牛、中国草原红牛、中国西门塔尔牛等乳肉兼用牛品种的培育过程。该部分由张沅负责，王雅春、张胜利和陈绍祜参加编写。于德洪、王光文、田雨泽、陈幼春、周光瑞、黄锡霞、张国梁、刘爱荣、吴宏军等提供了部分资料。

“奶牛繁殖”主要记述了人工授精和胚胎生物技术的应用与研究历程，繁殖障碍的防治演变，繁殖管理的规范化发展历程。该部分由杨利国负责，杨武才、宋亚攀、肖遥、熊家军、滑国华、韩丽、付树斌、甄艳红参加编写并完成初稿。之后由于德洪执笔改写并完成终稿。桑润滋提供了部分资料。

“奶牛疾病防治”记述了对严重危害奶牛的主要疾病的扑灭和控制、奶牛疾病防治技术发展、奶牛保健和疾病综合防治的法制化建立历程。该部分始由杨劲松负责，后改由冯忠泽负责。冯忠泽、杨劲松、毛开荣、顾进华、巩忠福、陈小云、李俊平、吴涛、姚文生、范学政、李宁、蒋颖、彭小兵、杜昕波、李伟杰、李虹、李建参加编写。刘琳补充了部分内容并对文稿作了修改。王在时、郑明、周明霞、杨永嘉提供了部分资料。

“奶牛饲养”主要记述了奶牛饲草饲料资源的开发利用、奶牛饲养体制的演变与饲养方式的转变、饲养技术的进步和环境保护的发展等历程。该部分由王加启负责，周振峰、张养东、赵海燕参加编写。冯仰廉、徐定人、李栋提供了部分资料。

“乳制品加工”主要记述了乳制品科技教育、乳制品加工技术、乳制品设备、乳制品种类、质量卫生与行业管理等发展历程。该部分始由冯艳秋负责，汤承超执笔形成初稿。在做出结构性修改决定后，由张书义执笔重写，顾佳升、许晓曦参加编写，完成了终稿。宋昆冈、孙岩、任发政、郭本恒、陈历俊、吕加平、骆志刚、张和平、汪家琦、刘鹏、李彦贤、韩光毅、陈巴特尔、邹燕、侯翔宇、吉晶、徐晨等提供了部分资料。

“乳品消费”主要记述了乳制品专供阶段、凭票供应阶段、市场化供应阶段的乳品市场消费发展历程。该部分由许世卫、冯艳秋负责，聂迎利执笔。门海韬提供了部分资料。

“特色奶业史”记述了羊奶业史、水牛奶业史、牦牛奶业史以及马、驴、骆驼奶业史。该部分由谷继承、刘海良负责。其中，“羊奶业史”由罗军、渊锡藩、曹斌云等完成初稿，后由张书义执笔改写，骆承庠、王建民、郭明若（美籍）、顾佳升、乔玉锋、王中华、尚振法等提供部分资料；“水牛奶业史”由黄锋执笔，杨炳壮、章纯熙、李大林、梅俊、陈玉明参加编写，黄海鹏、覃静、许典新、孙飞舟、陈三有、施德宁、赖清金、张以宏、戴万源、黄海强提供了部分资料；“牦牛奶业史”由阎萍、梁春年、潘和平参加编写，梁玉林、冯宇诚、傅昌秀提供了部分资料；马、驴、骆驼奶业史分别由芒来、陆东林、吉日木图执笔，李景芳、刘强为驴奶业史提供了部分资料。张书义对后三部分作了文字修改。

“奶业管理与服务”主要记述了奶业管理与服务组织、管理政策、规范化管理历程、重大安全事件及其对行业管理的影响等。该部分由许世卫负责，孔繁涛、张永恩、吴建寨、董晓霞、任育锋、于海鹏、陈天霞、李志强、李哲敏参加编写。顾佳升、徐定人提供了部分资料。

“国际交流与合作”主要记述了奶牛遗传种质资源引进、奶业技术与装备引进、奶业国际贸易、技术交流与合作、国际合作项目等内容。该部分由冯艳秋负责，杨俐、陈天霞、韦璐参加编写。刘琳、张书义对文稿作了修改。

《中国奶业史》洋洋洒洒百万多字，凝聚了辛辛苦苦百多人的心血。参加编撰人员在本职工作繁忙之余承担编写任务，放弃节假日休息而昼夜伏案，殚精竭虑、数易其稿，成稿后又虚心接受意见反复修改。统稿组除了做好统稿审阅工作外，还承担了观点审议、史料核实、文字规范、数据核对、图片整理、部分内容改写或重写等工作，同样放弃休息加班加点。中国农业出版社的颜景辰、刘伟编辑从统稿伊始便介入工作，提出出版要求，提高了统稿效率。在后期编校书稿中编辑们认真负责，指出存在的纰漏，使书稿文字更加规范。最后要特别提出的，就是曹幸穗先生为本书所做出的贡献，他在承担了《中国奶业史》（通史卷）的“古代篇、近代篇”撰写任务后，又承担了“现代篇”的重写任务，尤其是在身体作了手术尚未痊愈期间就投入工作。另外，曹幸穗先生还对参加《中国奶业史》（专史卷）编撰的同志进行史学写作技巧的指导，帮助大家把握写史的正确方法。

《中国奶业史》（专史卷）的编撰工作得到了农业部办公厅、畜牧业司及奶业管理办公室、兽医局的大力支持，得到了农业部农垦局、产业政策与法规司和财务司的经费资助，得到了本卷编写人员所在单位全国畜牧总站、中国农业科学院农业信息研究所、北京畜牧兽医研究所、兰州畜牧与兽药研究所、水牛研究所，中国农业大学、华中农业大学、中国兽医药品监察所、西北农林科技大学、内蒙古农业大学、新疆农业大学、东北农业大学的鼎力相助，得到了中国乳制品工业协会、中国农业出版社、《中国奶牛》编辑部、《中国乳品工业》编辑部、中国农垦经济发展中心、农业部农业机械试验鉴定总站、国家农业图书馆、广西壮族自治区畜禽品种改良站、广西壮族自治区畜牧总站、广西大学、云南省家畜改良工作站、云南省冻精站、福建省畜牧总站、湖北省畜牧兽医局、广东省畜牧技术推广总站等单位，以及中国奶业协会各专业委员会的真诚帮助，在此一并表示衷心感谢！对前面所提及的热心提供珍贵史料的众多人士，对曾为本卷编撰做过工作的韩光烈、南庆贤、李胜利、杨秀文、张朔望、曹正、关智萍、门建清、肖建国、乔丽娥、刘隆基、崔殿斌、蔡婕、皮介郑、朱遐、卢艳红、马瑜、豆明，在此一并致以诚挚谢意！

《中国奶业史》是中国奶业协会奉献给中国奶业的一份历史记录，希望能够对业内人士和关注奶业的人士有所裨益。因其为拓荒补白之作，既无可借鉴的范本参考，又多为技术人员执笔而缺乏史学家的功力，加之时间跨度长、内容涉及广，史料收集、考证难度大，众手成书，其中的疏漏乃至错误之处在所难免，好在此乃一家之言，恳请读者不吝斧正。

《中国奶业史》编辑委员会

2013年5月2日于北京

中国奶业史

ZHONGGUO NAIYE SHI

通史卷

刘成果 主编

中国农业出版社

图书在版编目（CIP）数据

中国奶业史．通史卷／刘成果主编．—北京：中国农业出版社，2013.5
ISBN 978-7-109-13740-0

Ⅰ．①中…　Ⅱ．①刘…　Ⅲ．①乳品工业-工业史-中国　Ⅳ．①F426.82

中国版本图书馆CIP数据核字（2013）第089578号

中国农业出版社出版
（北京市朝阳区农展馆北路2号）
（邮政编码　100125）
责任编辑　颜景辰　刘　伟　肖　邦　王森鹤

中国农业出版社印刷厂印刷　　新华书店北京发行所发行
2013年11月第1版　　2013年11月北京第1次印刷

开本：787mm×1092mm　1/16　　总印张：76.75
总字数：1 560千字
总定价：800.00元（共二卷）

《中国奶业史》编辑委员会

编写组

通史卷

古代篇 曹幸穗 张 苏 柏 芸

近代篇 曹幸穗 顾佳升 张 苏 苏天旺

现代篇 曹幸穗 徐定人 李 栋 王林昌 赵 伟 周振峰 王树贵 晋 萍 陈小凤 毕鉴琨

大事记 刘 琳 曹幸穗 李 栋 王林昌 周振峰 赵 伟 汤承超 许世卫 冯艳秋 林少华 陈晓明 毕鉴琨 张 苏 晋 萍

专史卷

奶牛育种史 张 沅 王雅春 张胜利 陈绍祜

奶牛繁殖 杨利国 于德洪 杨武才 宋亚攀 肖 遥 熊家军 滑国华 韩 丽 付树斌 甄艳红

奶牛疾病防治 冯忠泽 杨劲松 毛开荣 顾进华 巩忠福 陈小云 李俊平 吴 涛 姚文生 范学政 李 宁 蒋 颖 彭小兵 杜昕波 李伟杰 李 虹 李 建

奶牛饲养 王加启 周振峰 张养东 赵海燕

乳制品加工 张书义 顾佳升 许晓曦 汤承超 冯艳秋

乳品消费 聂迎利 许世卫 冯艳秋

特色奶业史

中国羊奶业史 张书义 罗 军 渊锡藩 曹斌云 王建民

中国水牛奶业史 黄 锋 杨炳壮 章纯熙 李大林 梅 俊 陈玉明

中国牦牛奶业史 阎 萍 梁春年 潘和平

其他特色奶业史略 芒 来 陆东林 吉日木图 张书义

奶业管理与服务 许世卫 孔繁涛 张永恩 吴建寨 董晓霞 任育锋 于海鹏 陈天霞 李志强 李哲敏

国际交流与合作 冯艳秋 杨 俐 陈天霞 韦 璐

统稿组

组 长 魏克佳

副组长 刘 琳

成 员 李 栋 周振峰 赵 伟 毕鉴琨

审 稿

徐旺生 李 群 魏荣禄 王福兆 庹国柱

通汇古今　开创未来

劉成果

“欲知大道，必先为史。”这是因为，历史是民族的记忆，不仅可以从其发展进程中找到现在甚至以后多种现象的胚胎和萌芽，而其真正价值在通汇古今，洞观当代，开创未来。

中国是四大文明古国之一，也是历史悠久的农业大国。勤劳、勇敢、智慧的中华民族创造了辉煌的文明和灿烂的文化。其中，以家畜养殖为起源的奶业历史久远，是中国饮食文化中不可或缺的重要组成部分。中国关于奶的记载已有近2 500年的历史，近代奶业上百年，新中国奶业也已走过60多年的岁月，目前中国已经步入建设现代奶业的新阶段。然而，迄今为止仍没有一部记述中国奶业发展历程的史书。因此，编撰《中国奶业史》就成为我们这代奶业人的历史责任。

在农业部有关司局和单位的鼎力支持下，经过中国奶业协会和业界同仁五年的辛勤努力，中国奶业第一部史书——《中国奶业史》即将问世，借此机会我写下几段文字，忝列为序。

历史——源远流长

人类饮奶的历史悠久，饮食畜奶是人类文明的产物。自从生物进化链条上出现哺乳动物以来，它的雌性母体就会分泌出一种“天化神造”的白色乳汁，用以哺育幼崽的成长。处于进化链条高端的人类，也是依靠这种方式繁衍生息，绵延以至无穷。在以往的悠远记忆中，人类从何时开始饮用畜奶一直是个谜。但可以想象，人类“拘兽为畜”开创畜牧业之后，自然会伴生挤奶、饮奶活动。随着近年科技考古昌明，土耳其出土的陶品碎片发现了动物奶的痕迹，以科学测定结果向世人昭示，人类的祖先至少在9 000年前就已开始饮用畜奶。

长期以来，一直存在一种观点，认为欧洲人更耐乳糖。因此，认定饮奶习俗源自欧洲，包括中国在内的东亚等地区，饮奶是“西风东渐”的结果。然而，当本书结稿之后，这种观点将被订正和改写。中国古籍文献中的“饮奶记忆”证实，中华民族不仅是古代奶业文明的创造者之一，而且同时也是奶业技术的发明者之一。中国有“羊奶育孤”的远古传说，有“郯子鹿乳奉亲”的孝子故事。大约在春秋战国时期成书的《黄帝内经·素问》中就提出了“五谷为养、五果为助、五畜为益、五菜为充”的膳食配伍原则。其中“五畜为益”，是指“人食畜肉，饮其汁”大有益处，这里的“汁”就是畜奶。也在此时，中国就有了“醴酪”的乳品记载。公元前，西汉的医书《十问》，已有“饮走兽泉英，可以却老复壮”的描述，甚至出现了“养羊酤酪以供伏腊之费”的“奶业专业户”。在公元6世纪中叶成书的《齐民要术》中，有了世界上最早最完整的传统乳品加工技术的记载。公元10世纪《魏书》里又有“常饮牛乳，色如处子”的记述。公元11世纪中叶，发源于拉萨周边的藏族宗教节日——雪顿节，就是吃酸奶的节日（藏语“雪”就是酸奶，“顿”就是吃的意思），可见当时利用高原之宝——牦牛奶酿制酸奶的技术已普遍成熟。到了唐宋时代，宫廷御膳师们利用冰窖制作出的冷饮乳制品“酥山”就是冰激凌的雏形。元代蒙古人利用牛、马、羊和骆驼奶煮沸，去掉奶油烘晒干后，捣碎装入瓶中，骑马远征时，加水混合饮用，这实际上就是奶粉的前身。到了明代，李时珍医学巨著《本草纲目》中详记了《服乳歌》：“仙家酒，仙家酒，两个葫芦盛一斗。五行酿出真醍醐，不离人间处处有。丹田若是干涸时，咽下重楼润枯朽。清晨能饮一升余，返老还童天地久。”清朝，牛奶更是皇亲国戚享用的上品。近年复原制作的“清宫全乳宴”，其豪华丰盛的“色香味形”依然倾倒多少中外宾客，让许多乳品专家也叹为观止。

19世纪中期以来，随着专用奶畜品种、养殖技术和经营方法通过信息交流及人员往来等多种渠道直接或间接地引入中国，特别是城市工商业和食品科技装备的发展，逐步形成了中国近代奶产业胚芽。从那时起，人们喝到的牛奶，才真正开始从神圣的祭品、皇家的贡品、贵族的礼品、待客的上品、珍稀的药品乃至特殊人群的补品等逐步变成一种融入了当代科学技术、营养知识及商业广告等多种元素而共同打造出来的商品，变成了受社会普通消费者关注和饮用的大众食品。至此，乳制品才开始撩开它那贵族奢侈品的神秘面纱，由“旧时王谢堂前燕”，逐渐“飞入寻常百姓家”了。

现实——方兴未艾

新中国成立60多年来，特别是改革开放以来，在经济社会快速发展，人民生活水平不断提高，对乳品消费需求激增的拉动下，中国奶业发展迅速，成效显著。一是奶牛存栏量由1949年的12万头发展到2011年的1 440万头，增长了119倍，年均增长8.0%。二是奶类总产量由1949年的21.7万吨，增长到2011年的3 810.7万吨，增长了174.6倍，年均增长8.7%。三是乳制品产量由1952年的624吨，增长到2011年的2 388万吨，增长了38 268.2倍，年均增长19.6%。四是乳品消费量持续上升，成为畜产品消费量中增长最快的产品。奶类人均占有量由1949年的0.45千克提高到2011年的27.9千克，增长了61倍，年均增长6.9%。五是奶业相关法律法规不断完善。2007年9月27日，国务院印发《关于促进奶业持续健康发展的意见》。2008年以后，国家先后出台了奶业的第一部法规——《乳品质量安全监督管理条例》和66项新乳品安全国家标准，还发布了《奶业整顿和振兴规划纲要》等一系列政策性文件。

正确的评估是，中国奶业作为一个产业已经初步形成，但乳制品仍然存在巨大的需求潜力和广阔的发展空间。这主要是取决于奶类的营养价值和保健功能。奶类是大自然赐予人类“最接近完美的食物”，不仅富含人体所需要的蛋白质、脂肪，钙、磷等多种矿物质，维生素A和维生素B_2等多种维生素，各种氨基酸，以及诸多活性免疫因子等营养物质，而且含量丰富，比例合理，消化吸收率高，胆固醇含量较低，具有很好地促进成长发育、保健、美容、养生等功效。奶类能够哺育生命，奶类可以强壮民族。因此，西方把奶牛尊称为人类的保姆，《圣经》中把“圣地”称为流淌奶和蜜的地方。国际社会积极推动奶类消费，世界卫生组织已经把人均奶类消费水平列为衡量一个国家人民生活水平的主要指标之一。2006年6月2日中共中央总书记、国家主席胡锦涛同志就审时度势，因势利导地精辟指出：“牛奶本身就是温饱之后小康来临时的健康食品，不仅小孩要喝，老人要喝，最重要的是中小学生都要喝上牛奶，提升整个中华民族的整体素质。”之所以说这段话精辟，就是文字不多，层次清晰，重点明确。一是指出温饱之后小康来临时是奶类消费增长的新阶段；二是明确了重点消费人群；三是指出奶是健康食品，饮奶的目的是提升整个中华民族的整体素质。在这一思想指导下，卫生部组织制定并发布的《中国居民膳食指南（2007）》，对乳制品消费提出指导意见：“每天吃奶类，大豆或其制品”，同时在新版《中国居民平衡膳食宝塔》中，奶类和豆类食物合居第4层，内容是强调每天每人应吃相当于300克鲜奶的奶类及其制品。按此要求，目前中国居民人均奶类占有还不足其1/4。经教育部审定的义务教育课本《体育与健康》（一至二年级）中明确提出：“儿童处于生长发育的重要阶段，每天喝一杯牛奶能够促进身体长得又高又壮。”最近开始实施的“全国农村义务教育学生营养改善计划”，对不同地区、季节、学龄阶段的推荐食谱中都明确提出了饮奶的要求。可以预见，随着上述这些要求的逐步落实，乳制品一定会受到越来越多人群的青睐，作为奶业发展原动力的消费需求势必不断释放出来。

此外，西方盛传一个说法：上帝给人类两大恩赐，一是豆科植物，二是反刍动物。前者生产丰富的蛋白质，它的根瘤是天然氮肥发生器；后者的瘤胃是天然发酵罐，它将人类不能直接食用的植物纤维转化为动物蛋白。文学巨匠鲁迅先生的名言：“牛，吃的是草，挤出的是奶”，形象地揭示了西方上述说法蕴含的科学道理。正因为如此，奶业是世界上公认的节粮、经济、高效型的产业。奶牛是消耗粮食最少、饲料报酬最高的家畜，它能将饲料中能量的20%、蛋白质的35%转化到奶中。用同样饲料喂奶牛获得的动物蛋白质至少高出养猪的2倍。而且，种草养牛，本身就是循环农业经济体系上不可或缺的重要环节，还是有机生态农业持续发展的必要条件。

鉴于上述情况，我们可以坚定地说：目前中国奶业形势可谓是方兴未艾，作为新兴的健康产业，今后趋势必将是持续发展。

未来——任重道远

中国奶产业虽然已经初步形成，但尚处在成长期，远未达到成熟的程度。表现在奶牛饲养环节上，良种覆盖率低，养殖方式落后，单产水平不高；在乳品加工环节上，原料奶收购价格形成机制不健全，与奶源基地没有形成稳定合理的利益关系，乳制品质量安全事故较多，企业之间竞争不规范；在消费环节上，消费群体培育滞后，消费信心不足与盲目消费并存；在监管环节上，标准缺位、监管不到位同时存在；包括个别媒体不负责任的舆论炒作，也往往产生误导；从全行业上看，行业自律缺乏，核心价值观没有完全树立，文化导向不自觉，社会责任缺失。这些问题和不足，是奶业在成长阶段必须经历和面对的，也是在今后转型过程中需要认真关注和重点解决的。所谓转型，就是转变奶业发展方式，即由速度型转向效益型，由数量型转向质量型，由传统型转向现代型。在此过程中，传统的弊端在减少，现代的因素在增加，最终使中国的民族奶业逐步走向成熟。刚刚胜利闭幕的中国共产党第十八次全国代表大会明确提出：到中国共产党成立一百年时全面建成小康社会，并实现国内生产总值和城乡居民人均收入比2010年翻一番；在新中国成立一百年时建成富强民主文明和谐的社会主义现代化国家。为了这两个百年宏伟目标的实现，必须全面加强现代奶业建设，具体应该做到迈上“两个”台阶，坚持“四化”道路，实现“六型”愿景。

迈上“两个”台阶：第一个台阶是到中国共产党成立一百年或再长一点时间，奶类人均占有量比2010年争取翻一番，接近2012年亚洲平均水平；第二个台阶是到新中国成立一百年时，奶类人均占有量争取再翻一番，达到2012年世界平均水平。

坚持“四化”道路：就是生产方式规模化，增长方式集约化，管理方式标准化，经营方式一体化。生产方式规模化是基础，但规模化要适度。所谓适度，就是要保证三个能力：即青粗饲料的供给能力，粪污的消纳能力，疫病的防控能力。规模化的实现形式多种多样，可以是规模化的牧场，可以是股份合作社，可以是奶牛公寓、托牛所等，不管什么形式，但绝不能是人、畜混居的集中散养，必须做到奶牛繁育、饲料饲养、疫病防控、机械挤奶、粪污处理等统一的专业化养殖。集约化是核心，其本质是技术集成，走技术密集型的路线，通过提高科技含量，提高产量，增加效益。标准化是关键，是实现集约化的抓手，只有实现标准化，各项技术和管理措施才能到位，才能达到集约化的目的。一体化的本质是产业链条各个环节，特别是乳品加工企业和奶源基地之间利益关系的一体化，这是现代奶业健康发展的重要保障机制。一体化的实现形式，无非是乳品加工企业自建奶源基地，奶牛养殖者利用股份合作方式组织起来自建加工企业，再就是加工企业和奶源基地利用规范的合同建立契约关系，严格按合同文本办事，形成紧密和谐的利益共同体。

实现“六型”愿景：即循环经济型，质量效益型，增长集约型，自主创新型，产业一体型，文化导向型。一是循环经济型。首先，农牧结合。中国奶业的发展，牧区今后仍有一定的发展空间和潜力，但更多的新增长点主要在农区。在农区发展奶业，必须坚持农牧结合的道路，做到为养而种，把粮经二元种植结构转变为粮经饲三元结构。其次，资源节约。除了利用良种良法提高饲料报酬率外，能够充分利用农作物的剩余物，如秸秆、藤叶、籽壳和糟渣等宝贵资源，转化为奶。再次，环境友好。做到人、畜分离，将粪污进行无害化处理，资源化利用。同时要考虑资源的承载能力，确定合理的饲养规模。二是质量效益型。质量是生命线，效益是生产力。质量的核心是营养安全和卫生安全，其关键是提高原料奶的质量。从营养指标上，原料奶要通过科学的饲养管理提高干物质含量；从卫生指标上，要把体细胞数、细菌总数和药物残留量降下来。提高效益主要通过三个途径：增产增效、节本增效和提质增效。从战略方向考虑，引进并培育优质乳肉兼用品种牛是提高综合效益和竞争力的一举多得的必然选择。三是增长集约型。要改变增长方式，把奶业的增长点转到依靠科技进步和从业人员素质提高的轨道上来，以规模化为载体，达到标准化，实现集约化。四是自主创新型。目前，中国奶业科技对外依赖度较高，必须加大自主创新力度。要通过增加科技投入，培养科技人才，以企业为主体，走产、学、研结合的路子。加大研发力度，进行技术攻关，实现原始创新、集成创新、引进消化吸收再创新，增加拥有自主知识产权的优良品种、核心技术和关键设备。五是产业一体型。要创新体制和机制，通过科学合理的方式整合协调产、加、销各个环节，扭转目前相互割裂的局面，提高整个产业的组织化程度，形成利益共同体，实现产业化经营。六是文化导向型。文化是灵魂，是基因，是软实力。建设现代奶业，必须发挥先进文化的引领作用，要自觉地打造文化链条。在奶牛饲养环节，以“养健康牛，产优质奶”为基点；在乳品加工环节，以“安全、营养、适口性强”为基点；在消费环节，以“理性消费，科学饮奶”为基点。在全行业提倡“奉献营养，服务健康”这一核心价值观，弘扬以“勤”、“智”、“诚”为载体所蕴含的奋斗精神、科学精神、奉献精神。所有业内及相关企业，特别是乳品加工企业，要加强企业文化这一精神家园的建设，要让企业家的血脉里流淌着道德之血液，严格自律，自觉当好企业公民，履行社会责任。

如果说迈上“两个”台阶是数量目标，而“六型”愿景则是质量要求，尽管实现这样的目标要求，任重而道远，需几代奶业人不懈奋斗，但现代奶业的梦想，从来没有像现在这样如此接近我们。只要坚定信心，坚持先进文化导向，坚持科学发展，坚持创新奶业经营体系，就一定能够在实现中华民族伟大复兴的征途上，续写现代奶业健康发展的新篇章。

目录

古代篇

近代篇

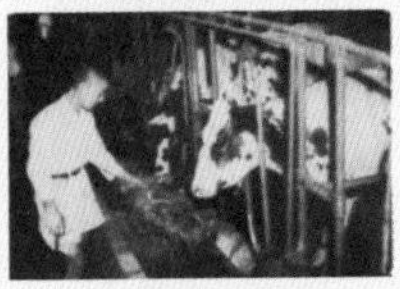

现代篇

古代篇

GUDAI PIAN

第一章
新石器时代至汉代的畜牧业与奶制品

中国是世界上历史悠久的农业古国之一，在拥有发达种植技术的基础上，同时开启了饲养家畜、食用奶制品的历史，为中华民族的生存与发展提供了谷物以外的优质食品，同时也丰富了中国古代人们利用各种食物的历史。

约在新石器时代早期，中国大地即产生了原始畜牧业，开始了养殖家畜的历史，这为中国古代的人们食用畜奶制品准备了条件。人类的第一口食物就是母乳，那么饮食家养动物的乳汁并不难，特别是在哺育婴儿时母乳不足的情况下，由此开始了人类利用草食动物乳汁的历史。随着早期农业生产的进步，生活在北方草原地区的早期从事农耕与畜牧的民族，一部分人放弃农耕，开始单一的游牧生涯，以放牧为主，逐水草而居，食物以草食家畜的肉类、奶及其制品为主，开启了草原地区经常性地食奶的历史，将早期利用奶制品的饮食文化在草原上发扬光大。能够普遍利用家畜奶汁主要是那些生活在北方草原的游牧民族。而中原地区的农耕民族，则由于生产结构方面的原因，食物主要由种植业提供，很少有机会喝奶。

但是由于游牧民族的生活舞台是流动和迁徙的，游牧民族与农耕民族的生活方式会相互影响。由于气候及扩展生存空间等原因，历史上，游牧民族在军事上不断向中原的农耕地区扩张，将农牧的分界线向南推进，客观上形成了游牧与农耕民族的大融合，游牧民族的生活方式必然会影响到农耕社会，游牧民族的食奶的习俗必然会扩散到中原农耕地区。

第一节　奶畜驯化与饲养的兴起

一、考古出土的奶畜遗存

中国古代的奶畜主要有黄牛、水牛、羊、马、驴、驼、牦牛等，这些家畜可能都是中国本地原产[1]，而且驯化的历史都很早。

1　关于中国的家养动物的起源地点，学者们对本地家猪和家狗起源于中国目前没有异议，而对草食家畜的起源地还存在争议，有学者指出，家马可能不是中国的原产。

（一）黄牛的驯化

关于家牛的野生祖先，国内存在着两种说法：一是一元说，即认为家牛的祖先是原始牛，原始牛曾遍布于欧亚大陆，而且其化石已在上新世和更新世的地层中被发掘到了。中国的华北和东北等地更新世的地层中也有发现，因此，认为中国和东南亚地区的现代牛种都起源于原始牛[1]。二是谢成侠提出的多元起源说，他对安徽涡阳、宿县等地的更新世晚期地层中发掘的原始牛头骨化石与华北各省发现的原始牛化石（如北京西郊发现的化石）进行比较，发现在同一地层中出现了不同种的原始牛化石，说明在相同的时代里曾经生活着多种或几种野牛，现今的驯化牛很有可能是几种野牛的杂交种[2]。爱泼斯坦（Epstein）认为黄牛的祖先是原牛，而原牛又分为亚洲原牛、欧洲原牛和非洲原牛[3]。亚洲原牛分布范围广，这也说明家牛的起源应该是多中心的。中国出土的家养黄牛骨骼的遗址有河北武安磁山遗址、河南新郑裴李岗文化及河南贾湖遗址，其中河北武安磁山遗址中出土了可能是家养的小型黄牛，时代在距今7 000年前，因而黄牛的驯化应不会迟于距今约7 000年。

（二）水牛的驯化

关于水牛起源问题，国外有的研究者推测，大约在公元前2 500年，水牛最早出现在美索不达米亚的阿加德王朝或印度河流域的哈拉巴（Harappa）和穆罕乔，达逻（Mohenjo）期间。同时一些国外学者也认可中国可能是一个重要的水牛驯化地。如爱泼斯坦（Epstein）曾经认为，驯化水牛从商朝前就开始了，系中国从东南亚地区引入，进行驯化。同时他又指出：可能是在史前时期，阿尼水牛的栖息地扩大，北到印度，西到美索不达米亚，东到中国南部和中部，并且这些地区发生了驯化当地的野生阿尼水牛。由于两种看法都无法确认，因此，还需要进一步的探讨[4]。国内学者的观点有两种：一种看法来自从事畜牧业的学者，认为中国的驯化水牛来自东南亚；另一种看法来自从事畜牧史研究的学者，认为中国的水牛是由本地驯化而来的[5,6]。考古发现水牛骨骼的范围多在南方。可认为家养水牛的骨骼最早见于距今7 000年的浙江余姚河姆渡遗址中[7]。在随后的长江中下游的大溪文化、屈家岭文化、马家浜文化、崧泽文化、良渚文化中，常见的动物就包括水牛。而北方地区水牛骨骼的出土较早的有山东泰安大汶口

---

1 邹介正，等.1994.中国古代畜牧兽医史.北京：中国农业科技出版社：99-100.

2 谢成侠.1985.中国养牛羊史.北京：农业出版社：8-9.

3 I.L.Mason，等.1991.驯养动物的进化.王铭农，李群等，译.南京：南京大学出版社：8-9.

4 I.L.Mason，等.1984.驯化动物的进化.王铭农，李群等，译.南京：南京大学出版社：62.

5 谢成侠.1985.中国养牛羊史.北京：农业出版社：9-17.

6 邹介正，等.1994.中国古代畜牧兽医史.北京：中国农业科技出版社：101.

7 浙江省博物馆自然组.1978.河姆渡遗址动植物遗存的鉴定研究.考古学报（1）：99-111.

遗址和兖州王因遗址。有学者指出，分析家水牛的起源，不仅从种质的角度，还应该看到野生水牛起源后，其生活范围就不限于起源地。将野生水牛驯化成为家水牛的地方，可以是其野生起源地，也可以是其后来迁徙的地区。水牛在种质上可能起源于东南亚地区，但是起源后的分布就不可能仅限于此地。水牛驯化的时间比种质起源时间要晚很多，即现在的中国华南及东南亚地区都可能是未驯化的水牛的生活地。而从畜牧起源的角度和从中国各地的水牛的化石和骨骼的发现情况来看，中国驯化水牛完全有可能是在中国本土产生的，时间可能在距今7 000年左右。从农耕起源的角度来看，中国南方比东南亚地区更加具备早期驯化开始的条件[1,2]，但中国大陆主要是沼泽型水牛，现今的印度、东南亚一带主要是江河型水牛，更是不排除中国大陆驯化了沼泽型水牛。这也可能意味着在新石器时代初期，各地各自独立驯化了当地的野生水牛。即沼泽型水牛的驯化在中国南方地区完成，而江河型水牛的驯化在印度及东南亚一带完成。

（三）羊的驯化

羊分可分为山羊和绵羊两种，家养的山羊和绵羊都起源于其野生种，不过早期的骨骼遗存很难判断出是山羊还是绵羊。目前，认为世界上驯化最早的地区可能是西亚，在公元前9 000年的伊拉克扎维·舍米·萨尼达遗址中，发现了被认为是驯养的绵羊的遗骸，其判断凭据是较年轻的羊的比例较高[3]。最早的山羊驯化也被认为在今天的伊朗和伊拉克交界的地方扎格罗斯山脉的坡地，不过难以辨别是山羊还是绵羊，最后统称为绵山羊[4]。

中国家羊的驯化时间，迄今仍无定论。不过西安半坡博物馆编写的《西安半坡》一书认为西安半坡遗址中出土的动物骨骼，近似于后世的“殷羊”，可以认为是已被驯化的。陕西南郑龙岗寺遗址出土的61块羊骨，鉴定者判断为家养的。这样，中国羊的驯化时间大致是距今5 000年[5]以前。

（四）马的驯化

国外学者认为，马的驯化可能在中亚和西亚的干旱草原上，后来扩散到世界各地。他们认为世界上最早的驯化马出土于乌克兰的青铜时代的遗址中，时间距今约3 500年[6]。中国学者认为，马的驯化在中国大地上的时间可能很早，但是考古发现的关于家马的遗存则比较晚。甘肃永靖大河庄出土了马的下臼

---

1 谢成侠 .1985. 中国养牛羊史 . 北京：农业出版社：9-17.
2 周肇基，等 .2000. 农业历史论集 . 南昌：江西人民出版社：349-357.
3 I.L.Mason，等 .1991. 驯养动物的进化 . 南京：南京大学出版社：73.
4 I.L.Mason，等 .1991. 驯养动物的进化 . 南京：南京大学出版社：99.
5 陕西省考古研究所 .1990. 龙岗寺－新石器时代遗址发掘报告 . 北京：文物出版社 .
6 I.L.Mason，等 .1991. 驯养动物的进化 . 南京：南京大学出版社：185.

齿，经鉴定发现与现代的马没有区别，可以确认为是家养马，因此，可以认为马的驯化历史有近5 000年了[1]。南京农业大学的畜牧史专家谢成侠先生也认为在距今四、五千年前的黄河流域或者附近的草原，已经开始了马的驯化工作[2]。

（五）驴的驯化

家驴是由野生的驴驯化而来的。野驴主要的生活年代是在更新世，中国北部地区较为广泛地分布有世界上两大驴种中的一种，即亚洲野驴（又名骞驴）。中国北部的甘肃庆阳、河北阳原、河南新蔡、辽宁建平、山西许家窑、北京山顶洞及内蒙古与宁夏交界的河套地区等，都发现了距今10万年至2万年左右的晚更新世骞驴[3]。国外学者相信，所有家驴的驯养发生在非洲的北部。对驯养群贡献最大的是一种努比亚驴，这是来自埃及的一种石板色、长耳、有特殊肩纹和无条纹腿的驴。另外的种质来源是一种索马里驴，也就是条纹野驴提供了家驴的腿纹[4]。国内的学者也有认为家驴来自于西方，以后在经过中国的西部地区传入。也有人认为，中国的骞驴分布如此之广，数量又多，历史又相当悠久，家驴可能起源于中国。显然，现在要对中国的驴是起源于何时的问题下一结论为时尚早，也缺乏必要的证据。也有报道认为，驴的驯化可能早至距今约4 000多年的齐家文化时期的甘肃永靖秦魏家遗址，该遗址出土的驴的骨骼已经被鉴定为家养动物[5]。

（六）牦牛的驯化

牦牛主要生活在青藏高原，其驯化的历史可能与黄牛一样早。关于牦牛的驯化，爱泼斯坦（Epstein）认为是西藏地区的猎手通过猎杀野母牛，把牛犊引入家牛群体中的结果。而帕里梅尔（Palmieri）认为除了捕获幼兽外，用盐引诱牦牛可能起了重要的作用，因为在西藏高原无自然盐的存在，牦牛喜盐，通过喂盐就建立了牦牛与人的依赖关系，促成了牦牛的驯化[6]。秦汉以后，牦牛出现于汉代文献记载之中。《史记·货殖民列传西南夷列传》记载："巴蜀亦沃野，地饶卮、姜、丹砂、石、铜、铁、竹、木之器。南御滇僰，僰僮。西近邛笮，笮马、旄（牦牛）牛。"显然，这里说的是四川一带临近青藏高原的牦牛分布区，从而也说明牦牛驯化至少在汉代已经完成。

---

1 李根蟠.1987.中国原始社会经济研究.北京：中国社会科学出版社：104.

2 谢成侠.1991.中国养马史.北京：农业出版社：16–17.

3 邹介正，等.1994.中国古代畜牧兽医史.北京：中国农业科技出版社：87.

4 I.L.Mason，等.1991.驯养动物的进化.南京：南京大学出版社：196.

5 中国科学院考古所甘肃考古工作队.1975.甘肃永靖秦魏家齐家文化墓墓地.考古学报（2）：184–195.

6 I.L.Mason，等.1991.驯养动物的进化.南京：南京大学出版社：47.

二、远古时代饮食畜奶的起源

远古时代驯化饲养的大家畜，除了用作肉食和役用驾乘之外，是否也开始作为奶畜提供乳汁呢？答案应该是肯定的。由于人类饮食牲畜奶汁的历史远远早于文字出现之前，迄今世界上存世的古籍文献中都没有确凿的记载。但是推测人类利用畜奶的时间应该很早，可能与驯养动物的时代同步。我们知道，人本身就是哺乳动物，婴儿的第一口食物就是母亲的乳汁，利用动物的奶，并发明利用乳制品并不是什么难事。当婴儿出生后，由于某种原因造成母乳不足时，利用动物奶汁，当然主要是驯养家畜的奶汁来提供给婴儿食用很符合逻辑。这样就开启了人类利用畜奶的历史。养殖业发展起来后，为利用家畜的奶汁提供了物质基础。春秋战国时期家庭养畜业有很大发展。正如先秦文献《墨子·天志篇》所指出：“四海之内，粒食人民，莫不牲牛羊”；《荀子·荣辱篇》记载：“今人之生也，方畜鸡狗猪彘，又畜牛羊。”反映了作为六畜之一的牛和羊已在民间广泛饲养。但是，在农耕地区的人们，受生产限制，主要食物为农产品，食用奶制品并不多，利用奶的机会并不多。随着生产的进步，一些原来从事定居生活，兼营种植与养殖的人们，由于生存技术的进步，放弃了定居，开始了单一的游牧生活，可以不再依靠种植，单纯地以游牧的方式生存，以畜牧业为主要生活来源，开始了经常性地饮食动物奶汁的历史，并且逐渐地日久成俗，成了这个民族或者这个地区的饮食文化，成了饮食文明发展的一个主要组成部分。

三、畜牧业的兴起为饮奶习俗提供物质基础

在新石器时代，伴随农耕技术的进步和村落定居生活的实现，历经数千年的饲养驯化，到夏商西周春秋时期，中国的传统畜牧业已经相当完备，出现了马、牛、羊、鸡、犬、猪六畜。

当时牛、马、羊等草食家畜饲养业有一定的规模。《穆天子传》记载：“赤乌之人献酒千斛于天子，食马九百，牛羊三千。”商代帝王祭祀时的用牲量很大，常常多达几百头上千头。这也从侧面反映了当时的畜牧业已有相当的发展，能够提供众多牲畜用于祭祀和殉葬。不过，从商代开始，马、牛等大牲畜主要作为交通运输的动力使用，但是不排除在这个过程中，同时作为生活用肉畜和奶畜来饲养，特别是为社会上层提供奶类食品。

四、西周设立主管畜牧与兽医的官职

夏、商、周时期都是以农业为主、农牧兼营的农耕社会，畜牧业在社会经济中占有相当比重，其中又以大牲畜饲养更受重视。为了保证供应，政府还设立专

门的机构来经营管理畜牧业生产。

甲骨卜辞中已有“牛臣”、“刍正”等，这表明政府已设置了家畜饲养的官员[1]。这种由政府直接经营的畜牧业到了西周时期有了更大的发展。在《周礼》中就详细记载了一整套管理畜牧的职官和相关制度，其中有“牧人”、“校人”、“牧师”、“圉师”、“瘐人”、“趣马”、“巫马”、“牛人”及“羊人”等。

随着畜牧业的发展，对牲畜的疾病防治也日益受到重视，加上当时人医技术已有较高的水平，间接地促进了兽医技术的产生。这里的“巫马”就是医治马匹疾病的兽医官，负责“掌养疾马而乘之，相医而药攻马疾”（《周礼·夏官》）。《周礼·天官》还记载当时设有“兽医”一职，“掌疗兽病，疗兽疡”，前者即为今天的兽医内科，后者为今天的兽医外科，说明当时兽医还存在内、外科的分工。

这一系列与畜牧业有关的官员，分工明确、职责专一，反映出当时畜牧业发达的程度[2]。同时这也促进了畜牧技术的进步提高，为后世饲养奶畜、饮食奶制品提供了基础。战国以后，随着犁的发明，牛耕的使用，养牛得到政府的特别重视，以前牛主要用于祭祀的时代开始改变，牛在农业生产中的作用显现，养牛的意义重大。

五、秦代颁布畜牧法律，发展牛、马养殖业

秦国自商鞅变法后，奉行以耕战为本的国策，牛、马在国家的经济生活中占有重要的地位，因为农业、战争和运输需要大量的牛、马，当时已有保护畜牧业养殖的法律出台，其中主要是针对牛、马养殖的。1975年考古学家在湖北云梦县睡虎地发掘的竹简中发现了秦律，其中有《田律》、《厩苑律》等。《厩苑律》大多涉及牛事，马事次之，或者牛马并提。《厩苑律》规定：“盗马者死，盗牛者加（枷）。”关于马的饲养，《厩苑律》中有：“将牧公牛马，马（牛）死者，亟谒死所县，县亟诊二人之，其人之，其弗亟而令败者，令以其未败直（值）赏（偿）之。”意思是如果放牧的马、牛死亡，率领牧群者应该迅速向所在县呈报，由县验尸上缴，如果不及时呈报而致尸体腐败，则按活畜的价值赔偿[3]。《厩苑律》还规定了对官牛饲养的考课。律曰：“以四月、七月、十月、正月肤田牛。卒岁，以正月大课之，最，赐田啬夫壶酉（酒）束脯，为旱（皂）者除一更，赐牛长日三旬；殿者，谇田啬夫，罚冗皂者二月。其以牛田，牛减，笞主者寸十。有（又）里课之，最者，赐田典日旬；殿，笞卅。”这是对牧养牲

---

1 袁庭栋.1983.殷墟卜辞研究——科学技术篇.成都：四川省社会科学院出版社：239.

2 唐嘉弘.1984.论畜牧和渔猎在西周社会经济中的地位//密歇根大学人文杂志编辑部.西周史研究（第2集）：321–328.

3 谢成侠.1991.中国养马史.北京：农业出版社：79.

畜的督责以法律形式作了明确的规定，奖优罚劣 异常严格。到了汉代，汉代军屯中还在沿用《厩苑律》的许多规定[1]。秦律《效律》中有："马牛误职（识）耳，及物之不能相相易者，赀官啬夫一盾。"这是针对不能正确认识马、牛标识的处罚措施。

虽然这些法律主要是针对保护牛耕地和马作军事用途的目的的，但是客观上有利于对兼用型家畜的乳汁的利用。

六、游牧民族的形成，促进了对畜奶的利用

自秦汉以来，中原地区畜牧业的比重相对较小，而草原牧区的畜牧业占主导地位，其利用奶的历史悠久并且内涵丰富。而中国奶文化的主体，即是由游牧民族来创造的。即便有农耕民族用奶的记载，也多是受游牧民族的影响有关。

我们所熟知的草原游牧民族是一个迁徙无定的民族，逐水草而居，很难留下可供我们考古发现的遗物，这种非定居的生活方式妨碍了我们通过实物考古来追寻其生活脉络。但甘肃、青海及内蒙古地区的考古发现，在远古时期，特别是游牧民族形成以前，甘肃、青海、内蒙古地区是一块农耕文化相当发达的土地，这也印证了农耕文化是游牧文化的源头的结论[2]，同时也印证了《史记·匈奴列传》："匈奴，其先祖夏后氏之苗裔也，曰淳維。"即游牧民族是早期农耕民族的后代的论点。游牧民族是农耕民族发展到一定程度以后，开始脱离定居，驱赶着牛羊，远走他乡而成。

游牧民族的生活是艰辛的，需要不断地寻找家畜生存所需要的草料。《史记·匈奴列传》记载："匈奴之俗，人食畜肉，饮其汁，衣其皮；畜食草饮水，随时转移。"这是司马迁所记载的游牧民族的生活方式，其生活居无定所，需要随时转移。其中，提到的"饮其汁"的汁，显然不会是动物的血，而是草食动物的奶汁，由此开启了广泛利用畜奶的历史。

第二节　新石器时代至秦汉时期奶文化的形成与传播

最初的奶制品并不一定是游牧民族所为，而是游牧民族出现之前的农耕民族的杰作。只是农耕民族并没有像草原游牧民族那样，将喝奶变成生活中的常态。然而，不可否认，成型的奶制品起源于中国古代北方的游牧民族，当地居民将

[1] 曹旅宁.2003.秦律《厩苑律》考.中国经济史研究（3）：148–152.

[2] 游修龄.2008.中国农业通史·原始社会卷.北京：中国农业出版社：241–244.

食奶演变成为饮食习俗。后来由于民族交融和饮食习惯的传播，游牧民族饮食奶制品的某些习俗逐渐传入中原。由此，起源于少数民族的奶文化逐渐融入中华民族大家庭的主流文化。然而，还需要指出的是，古代奶文化的形成过程并非只是草原地区的游牧民族，而是整个中华民族的共同文化结晶，中原地区的农耕民族也在其中起了重要作用。例如，汉代张骞开始从西域引进了一些中原地区没有的与草食家畜品种饲养有关的物种——苜蓿等，丰富了中原地区的物产，为草食家畜的饲养提供了帮助，也为后世民族大融合时期的奶业发展做了贡献。苜蓿原是西域大宛国喂马的饲料，汉武帝元朔三年（公元前126年）由张骞自大宛国输入。随同传入的还有大宛马、葡萄等。苜蓿的传入，对当时中国农牧业的发展产生了有很大的贡献。《汉书·大宛传》记载："马耆苜蓿。……汉使采……苜蓿种归，……天子以天马多，又外国使来众，益种……苜蓿离馆旁，极望焉。"西汉的京都在陕西长安，苜蓿种在"离宫别馆旁"，同时为皇帝厩马和外国使者马匹提供青苜蓿。汉代苜蓿为皇帝所重视，而且是供应外国使者的一项物资，因此，接近京都的关中群众，自然就学会了种植苜蓿的技术，大量推广也是必然的事。据颜师古注云："今北道诸州旧安定、北地之境，往往有苜蓿者，皆汉朝时种也。"苜蓿引种后可在农田中培养地力，提高单位面积产量，对于农牧业的增产起着很重要的作用，同时也为草食家畜的饲养提供了优质蛋白质饲料，势必有利于草食家畜多产奶，有利于中原奶业的发展。

一、醴酪起源的考辨

在《礼记·礼运》[1]中，有"以炮以燔（fán），以亨（烹）以炙，以为醴（lǐ）酪"的记载。这里的"醴酪"是什么意思呢？如果我们结合《礼记·礼运》原文的上下文关系来观察，就会惊喜地发现，这段历史文献的叙述，对于我们探索中国奶文化的起源，有着莫大的帮助。

"昔者先王未有宫室，冬则居营窟，夏则居橧巢。未有火化，食草木之实、鸟兽之肉，饮其血，茹其毛。未有麻丝，衣其羽皮。"

"后圣有作，然后修火之利，范金，合土以为台榭、宫室、牖（yǒu）户，以炮，以燔，以亨（烹），以炙，以为醴酪，治其麻丝，以为布帛，以养生送死，以事鬼神上帝，皆从其朔。"

"故玄酒在室，醴醆[2]在户，粢醍[3]在堂，澄酒在下。陈其牺牲，备其鼎

---

1 《礼记》又名《小戴礼记》，是一部孔子弟子、门人及此后学者论述儒家礼制的论文集，共四十九篇。作者并非一人，写作年代前后不一，由汉代戴圣编纂成书［约在西汉宣帝甘露三年（公元前51年）至汉成帝阳朔四年（公元前21年）］。据当代学者考证，礼运篇大约写作于战国晚期。

2 醴醆（zhǎn），指甜酒和白酒。

3 粢（zī）醍，指浅红色的清酒。

俎（zǔ），列其琴瑟管磬钟鼓，修其祝嘏（gǔ），以降上神与其先祖，以正君臣，以笃父子，以睦兄弟，以齐上下，夫妇有所，是谓承天之祜（hù）。”

以上抄录的是《礼记·礼运》中出现“醴酪”一词的前后三段文字。前一段是讲述原始社会蒙昧蛮荒时代的情况，那时候还没有房舍，不会用火，居窟巢，衣羽皮，饮血茹毛。中间一段描述了神农时代“后圣有作”，学会了用火，学会了制陶冶金，修建了宫室，发明了炮燔亨（烹）炙等烧烤食物的方法，学会了制作醴和奶酪[1]，有了布帛衣裳。后面一段讲述进入文明时代以后，在不同的礼仪场合要使用不同等级的酒，以及敬天祭祖的场景陈设等。

由此我们看到，《礼记·礼运》提到“醴酪”出现的时代，正好就是农业和畜牧业起源的时代。考古学证明这个时代大约相当于距今7 000～10 000年的新石器时代早期。也就是说，中国的奶文化的出现与畜牧业的兴起大约处于相近的时代。中国奶文化的起源也不是出自后起的游牧民族，而是出自此前混合经济时代的农耕民族所为，但游牧民族在从农耕民族分化出来之后，营单一的畜牧生活，充分利用畜产品的全部，在草原地区将奶文化发扬光大。

二、鲜蠵甘鸡，和楚酪只

在屈原的《楚辞·大招》中说：“鲜蠵（xī）甘鸡，和楚酪只。”这句简短诗文说的是，烹煮鲜蠵（一种水生大鳖）和甘鸡时，可以用“楚酪”一起烧煮。虽然我们无法确认这里指的是一道菜（楚酪鲜蠵甘鸡），还是两道菜（分别是楚酪鲜蠵和楚酪甘鸡），但是这并不影响我们窥见其中所包含的许多重要的历史信息。

第一，这句诗文中的“楚酪”指的是什么？这对我们正确理解诗中含义极为重要。《楚辞章句》的作者王逸（东汉著名文学家）注释“鲜蠵甘鸡，和楚酪只”时说：“言取鲜洁大龟烹之作羹，调以飴[2]蜜，復用肥鸡之肉，和以酢（zuò）酪，其味清烈也。”注文中出现了“酢酪”，这又是什么？酢，即后世所说的醋，这没问题。这里它被用作定语修饰“酪”，因此，“楚酪”就不是调味醋，而是带酸味的酪。因同属东汉人的许慎释“酪”为“乳浆”，所以我们认为，《楚辞·大招》中的“楚酪”应当是酸奶。我们依据上文的叙述进行推测，中国的奶文化可能起源于新石器时代早期的北方畜牧业地区，经过民族饮食文化习俗的交流传播，到

[1] 关于“醴酪”的释义，学术界有不同的理解。如，“醴”释为甜酒；“酪”释为“酢”即“醋”，泛指酸化物，并非直指奶酪。笔者认为，在远古时代，以动物乳汁制作酸奶（酸化物之一）最为简便易得，因此，东汉《说文解字》释“酪”为“乳浆也”，当属可信。

[2] 飴，音yí，同饴。饴糖，用麦芽制成的糖。

春秋时代已经越过了黄河流域而到达长江流域。也就是说，中国古代的广大地区都曾经有饮食奶制品的习俗了。

第二，诗文中特别强调了“楚酪”，说明这时候南方地区有了奶制品生产，形成了区域性的特产乳品。这种南方的“酪”不是从北方贩运过来的，而是当地自己生产的，因此，特别将之称为“楚酪”。这就进一步向我们暗示，当地有了奶畜饲养。

第三，酸奶入菜谱，说明了当时饮食乳制品的习俗比较盛行了。因为从常识上考察，南方自产奶酪，不可能仅仅是为了配菜专用，毕竟作为菜谱中配料的奶酪，用量很少，自然也不可能有“楚酪”这样的称谓。只有在比较普遍食用乳制品的情况下，有人偶尔将之入菜，大家觉得味道不错，于是相沿成习，最终才成为屈原笔下的著名菜谱。

由此可见，《楚辞·大招》的一句“和楚酪只”，实际上已经告诉我们，起源于北方的饮食乳制品的习俗在春秋时代传到了南方。

三、秦汉时期文献中的奶制品

在秦汉时期的文献中，已经有了许多有关奶及其制品的记载，常见的有如下几种。

1. 酪　东汉许慎《说文解字》解释“酪”为“乳浆也”，在这个词义上，有时也直接称为“酪浆”。如《文选·汉李少卿（陵）答苏武书》说：“膻肉酪浆，以充饥渴。”可见，在古代，“酪”原指奶汁。后来“酪”的概念常常用于泛指各种奶制品。在特定的语境场合，“酪”系指用奶发酵而成的一种半流质的饮品，人们习惯上也称之为“奶酪”或“乳酪”。在提到北方少数民族的饮食习惯时，常常用“食肉饮酪”、“以肉酪为粮”来形容，可见饮食奶酪在当时是十分普遍的。汉代《乌孙公主歌》中有“肉为食兮酪为浆”之句。《后汉书·乌桓传》记载，居住于北方的乌桓人具有发达的畜牧业，逐水草而居，过着游牧生活。日常以肉为食、以酪为饮，以毛皮为衣、以穹庐为房舍[1]。

不过，需要注意的是，汉代文献中的“酪”有时不是专指奶酪，而被引伸用于近似于酪状的其他食品。史书记载，东汉时出现大饥荒，王莽命令三公将军开仓济民，赈贷穷乏，同时命令地方官员教民用草木制“酪”。结果这种用草木浆汁制成的酪不可食，只是劳民伤财而已[2]。

用果品制成的半流质饮料称为果酪[3]，其中以杏酪最为有名，“仲夏荐杏酪[4]”。

---

[1] 《后汉书·乌桓传》：“随水草放牧，居无常处，以穹庐为舍，东开向日，食肉饮酪，以毛毳为衣。”

[2] 《汉书》卷99《王莽传》及卷24《食货志》。

[3] 这种用法一直沿用至今，如“红果酪”、“核桃酪”等。

[4] 《太平御览》卷858《饮食部》16引《范汪祠制》。

杏酪味酸，可以解暑热。唐末五代人韩鄂改进了杏酪的制作方法，特别在杏酪中加配蜂蜜、苏叶、苏子、薏苡汁等共煎成药酪，可治“一切风及百病，咳嗽上气、金疮、肺气、惊悸、心中烦热、风头痛[1]”。

2. 醍醐 在汉代的奶制品中，奶经发酵而制成者称为酪，酪之上者为酥，酥之精者为醍（tí）醐（hú）。可见，醍醐是最高级的奶油制品，是酥酪上凝聚的油。东汉《说文解字》在解释“醐”字时就特别提到：“醍醐，酪之精者也[2]。”说明至迟在东汉时，已经出现了醍醐。

3. 湩 汉代许慎《说文解字》释“湩”为湩（tóng）水[2]。但在秦汉时期的文献中，“湩”亦指奶汁。《史记·匈奴列传》记载：中行说建议匈奴单于冒顿“得汉食物皆去之，以示不如湩酪之便美也。”有时“湩”亦作“重”或“湩”。例如，《汉书·匈奴传上》也转述了相同的记载，只是将“湩酪”写为“重酪[3]”。唐代颜师古注曰：“重，乳众也。重音竹用反，字本作湩，其音则同。”《后汉书·独行传·李善传》：“善深伤李氏而力不能制，乃潜负续逃去，隐山阳瑕丘界中，亲自哺养，乳为生湩（湩，乳汁也。音竹用反）。”另外，裴骃《史记集解》、司马贞《史记索引》、颜师古《后汉书注》等文献都释“湩”为奶汁。

需要指出的是，“湩”有时专指马酪，它是一种用马奶发酵而成的酒。如东汉的应劭称：“今梁州亦名马酪为马酒[4]。”唐代的颜师古称：“马酪味如酒，而饮之亦可醉，故呼马酒也[5]。”

4. 马奶酒 西汉汉武帝时，全国设官马场36处，牧养战马36万匹。由于当时政府大力提倡养马，朝野上下的养马业都很兴盛，马乳产量大增，为大量生产马奶酒提供了条件。宫廷曾设有专门官职负责管理乳马并制造马奶酒[6]。许慎《说文解字》“挏”、“攡”互释：“汉有挏马官，作马酒[7]。”《汉书·百官公卿表上》云：“武帝太初元年，更‘家马’为‘桐马’。”注引应劭曰：“主乳马，取其汁，桐治之，味酢可饮，因以名官也。”如淳曰：“主乳马，以韦革为夹兜，受数斗，盛马乳，桐取其上肥，因名为桐马。”《礼乐志》：“丞相孔光奏省乐官七十二人给大官桐马酒。”

---

1 《四时纂要》夏令卷之三。
2 （汉）许慎．说文解字．中华书局影印本．1963.
3 《史记》卷110《匈奴列传》及《汉书》卷94上《匈奴传上》。
4 《汉书》卷19上《百官公卿表上》注。
5 《汉书》卷22《礼乐志》注。
6 《汉书》卷194《百官公卿表上》。
7 （汉）许慎《说文解字》卷12。

这里特别需要注意的是，史书中的马酒是专指用马奶制成的酒，因此，也称马奶酒或马乳酒。但是“牛酒”却不是牛乳酒，而是牛与酒的合称。例如，《史记·孝文本纪》和《汉书·文帝纪》说：“大赦天下，赐民爵一级，女子百户牛酒，酺五日。”《史记》索引释“牛酒”云：“封禅书云‘百户牛一头，酒十石’。”颜师古《汉书》注云：“率百户共得牛若干头，酒若干石，无定数也。”从诏令“酺五日”（大吃大喝五天）来看，赏赐的牛显然不是用来耕地的，而是宰杀来吃肉喝酒的。这层意思在《旧唐书·太宗本纪》中说得最明白。贞观十七年十一月，凉州得瑞石，唐太宗非常高兴，下诏“赐天下酺三日”（赏天下百姓大吃大喝三天），但是不准赐牛酒。诏令特别指出：“自汉魏以来，或赐牛酒。牛之为用，耕稼所资，多有宰杀，深乖恻隐[1]。”

四、汉代“养羊酤酪”的专业户

来自牲畜的奶汁本是中国北方少数民族的主要食品之一。北方草原地区的土壤气候条件多不适于农作物生长与结实，但适宜于牧草生长并发展畜牧业。因而这些民族的饮食便依赖养殖，充分开发畜体身上的可利用资源是当时人们的重要课题，肉、奶成为最直接的可利用资源，食肉饮酪便成为他们的基本饮食习俗。司马迁在史记中说到的“匈奴之俗，人食畜肉，饮其汁，衣其皮”，正是这一记载的写照[2]。匈奴族兴起于秦汉时期，以大漠南北为其活动中心，最盛时东尽辽河，西达葱岭，南界长城，北下贝加尔湖，主要营游牧式的生活。其后活跃于这一地区的乌桓、鲜卑、柔然、突厥等族，也都过着“食肉饮酪”的游牧生活[3]。由此可见，以乳为食的习俗主要产生于中国古代游牧民族地区[4]。

《史记·匈奴列传》说：“得汉食物，皆去之，以示不如湩酪之便美也。”裴骃注：“湩，乳汁也。”《汉书·晁错传》：“胡人食肉饮酪”。西汉时，“酪”成为乳制品的专称，中原地区也开始制作奶酪了。羊奶制品也已出现。西汉杨恽曾“养羊酤酪，以供伏腊之费”。即在汉宣帝时，司马迁的外孙、平通侯杨恽因事被贬为庶民，为了解决家庭生计，他只好回到家乡饲养羊群，以便挤羊奶制作羊酪，拿到市场上贩卖，以此补贴家用[5]。从这里看到，养羊取奶在当时是相当普遍的事情。

---

1 《全唐文》卷7《赐酺三日诏》。

2 《史记·匈奴传》。

3 《三国志·魏志·乌丸鲜卑传》注引《魏书》。

4 黎虎.1997.汉唐饮食文化史.北京：北京师范大学出版社：141–142.

5 《太平御览》卷31引《汉官仪》：（杨恽）“养羊酤酪，以供伏腊之费。”

那时候，中原地区的农耕民族也认识到，经常食酪可以保持身体健康，使人皮肤润泽，具有美容功效[1]。服虔《通俗文》说："煴羊乳曰酪，酥曰酰餬。"这些都是关于奶酥的最早记载。在汉代，游牧民族已经形成，推测中原地区制作奶酪奶酥可能是受到了游牧民族的影响实在不为过。当然，也可能相反，即中原地区居民此前已经发明了奶制品。

到西汉时期，至少一部分的中原居民也开始食用乳酪了。生奶及乳酪已经成为市场上可见的市售商品。长沙马王堆汉墓出土的医书《十问》中记载："饮走兽泉英，可以却老复壮。"这句话里的"走兽"指牛、羊等家畜，"泉英"则是牛奶或羊奶，"却老复壮"就是返老还童的意思。可见早在汉代，当时的人们已经认识饮食畜奶对于健康长寿的益处，并且被编写进了当时的医书中。

第三节　北方民族饮奶习俗的形成

一、"羊奶育孤"的传说

"羊奶育孤"是中国民间流传很广的古老故事，说的是在远古的蛮荒时代，一个年老的奶奶在草蓬搭成的家里照看小孩。孩子的母亲必须每天出去采集野果或捕捞鱼虾来供家人食用。尽管这时候人们已经学会了种植谷物和喂养家畜，但是生活的主要来源还得依靠采集和狩猎。在人迹稀少的蛮荒时代，生活环境中到处野兽出没，险象环生。可想而知，采集和狩猎的生活不仅劳累奔波，而且充满危险。终于有一天，外出的妈妈再也没有回来。在家里的奶奶知道发生了什么，而她最急着要做的是用什么来哺喂怀里啼哭不止的婴儿。在那个时代，家里不会有任何可供喂养婴儿的食品，通常的结果是孩子只能"饥渴待毙"。唯独这一次发生了奇迹。这个老奶奶情急生智，她想起草蓬外拴着一头正在育羔的母羊。这之前，她每天都带着小孙子看羔羊跪乳，自得其乐。这时她拿着一个粗陶碗来到母羊身边，摸摸索索地挤下半碗羊奶，急急忙忙地回来喂给已经饿得有气无力的婴儿。这下好了，婴儿喝下羊奶，甜甜地睡着了。于是，老奶奶每天都挤些羊奶来喂这个婴儿。婴儿一天天长大，终于能吃浆果了，能吃鱼虾了。他幸运地活了下来。这就是"羊奶育孤"的故事。

在这个充满亲情的远古传说中，为什么选择"母羊"来充当"育孤"的奶妈呢？今天看似偶然的故事，实际却蕴含着必然的文明选择。在人类最早驯化的家畜中，以羊最为温顺亲善。它个头不大，容易与人接近，不像牛、马、骆驼那样

[1] 《释名·释饮食》：（刘熙）"酪，泽也，乳汁所作使人肥泽也。"

庞然大物，彪悍不易驾驭。因此，人类第一碗畜奶，推测很可能来自羊。由此推测，我们的祖先饮用畜奶，是从羊开始的，经过漫长的岁月，然后才逐渐进化到饮用黄牛奶、马奶、水牛奶、骆驼奶、牦牛奶，等等。“羊奶育孤”的传说成为民间千古传颂的动人故事，折射出远古利用畜奶的起源方式。

二、郯子“鹿乳奉亲”与古代乳疗文化的起源

“鹿乳奉亲”是中国古代《二十四孝》中的第6则故事。相传郯子是春秋时郯国的第一任君主。《左传·昭公十七年》中有一段记载：郯子很博学，有一次孔子求见郯子，向他求教古时氏族图腾的学问。至今还流传着“孔子师郯子”的故事。

在《二十四孝》中，讲的是作为孝子的郯子怎样冒着生命危险，想方设法得到鹿乳来医治父母眼病的故事。

郯子的父母亲年纪大了，而且患了眼疾。有一天，他们对郯子讲，听说吃鹿乳可以治眼病，所以也很想试试能不能见效。郯子听后，就开始盘算如何才能弄到鹿乳来为父母治病。郯子决定披上鹿皮，乔装扮成一只小鹿，混入深山老林的鹿群之中。终于，他小心翼翼取到了鹿乳。正在这时，山里来了几个猎人，他们误将身穿鹿皮衣的郯子为猎物，正举箭要射，郯子赶忙站直身子，喊道：“别射我，我不是鹿。”猎人很惊讶，上前问道：“你怎么一个人在这里？还扮成这个样子。”郯子解释：“家中父母，双眼失明，听说鹿乳可以救治，我特意来这里找些回去。”猎人听后，都为郯子的孝行所感动。

这则故事的本意虽然旨在宣扬孝道，但是我们从奶文化的角度，却能读出许多历史的信息来。第一，古时郯国人们不仅饮食乳品，而且有了以畜乳入药的习俗。第二，故事中特别以当时尚未驯养的野鹿乳入药，这恰好说明牛乳、羊乳、马乳已经是习见易得的平常之物，似乎不足以表达侍亲至孝的虔诚之心。第三，故事中以饮食鹿乳治疗眼病，说明在远古时代人们普遍相信畜乳有益健康。尽管从今天的科学角度看，畜乳或特指的鹿乳不一定真能治疗眼病，但是作为一种大众普遍遵循的民俗，对于奶文化的普及和扩展，具有重要推动与促进作用。

三、草原地区食肉饮奶习俗形成

为什么最早饮食畜奶的民族多数出现在草原地区呢？为什么远离湖海的内陆地区畜牧业比较发达呢？这种现象看似是偶然的，实际也蕴含着内在的必然联系，即人的生活方式的选择与当地的环境及人本身的食物需求密切相关，应该是一种靠山吃山、靠水吃水的原则在其中起作用。在生产力不发达的时代，充分利用当地的自然环境与小环境是一种必然现象。例如，在中国北部黄土高

原地区，远在原始农业起源的时代，人们把野生的粟黍选育成栽培作物的同时，常常伴随驯化猪、牛和羊为家养牲畜。由此形成“黍粟谷物—猪牛羊肉”的膳食结构，这是一个很容易理解的现象。而在北方草原地区，由于作物种植不易开展，人们逐水草而居，放牧家畜，以家畜的肉、奶作为食物。游牧生活主要依赖草地，所以迁徙是常态，而猪是不容易迁徙的动物，人们主要以草食家畜为养殖对象，放弃了养猪，牛、马、羊成为游牧民族生活的依靠，自然会最大限度地利用这些草食家畜的产品，肉和奶就是这种游牧生产方式的主要产品，吃肉喝奶就是草原游牧民族的必然选择，肉和奶本身是一种高档的蛋白质食物，更有利用的理由。

当奶成为人们的主要饮食来源之一时，人身体就会产生一种内在消化系统的应对措施，体内逐渐出现乳糖酶以分解畜奶。传统上长期食用奶及其制品的群体，其成人型乳糖酶缺乏的发生率较低，反之则很高。时至今日，内蒙古、西藏、东北地区人群的“乳糖不耐症”发生率如同“北欧地区”一样低，远低于地球上的其他人群[1]。由此可以证明，中国古代特别是少数民族地区的人民食用奶和奶制品的习俗是自然生态的必然选择，是传承了数千年的异彩纷呈的中华饮食文化的组成部分。在许多民俗文献中，我们可以窥见远古时代“食肉饮酪”的古俗遗风。

四、蒙古族的“奶茶”溯源

据蒙古族学者波·少布先生介绍，蒙古族喝“奶茶”历史悠久。远古时期，蒙古族人民喝的奶茶是用柞树叶、榛子树叶、文冠树叶、地榆叶、梨树果叶、山丁果叶、欧李果叶、黄芪、山藤、覆盆子、木香花、莎蓬、燕麦、稷子等许多种植物的叶、茎、根、花、果来烧煮或浸泡的。后来，南方产茶地区出现了饮茶的习俗，汉族聚居地区制作的“砖茶”通过茶马互易方式进入蒙古族聚居地区。由于这种砖茶更适合煮奶茶，而且营养价值很高，别有风味，这才逐渐演变成以砖茶煮奶茶的习俗。常见的有4种方法：其一，把砖茶（俗称大茶、粗茶、大叶茶，有青砖茶与黑砖茶之分，蒙古族多用青砖茶）劈碎，放入凉水中煮沸，熬出茶色（俗称熬茶），放适量食盐，最后加入生牛奶。500克水可兑150克或500克生奶，煮沸后即可饮用。其二，把砖茶煮沸出色待用，锅内放入黄油把糜米或小米炒熟，再把茶水（去茶渣）倒入锅内炝锅，茶滚后，放适量食盐，最后加入生奶煮沸后即可食用。其三，把砖茶煮沸出色，放入适量食盐，再倒入骆驼奶，煮沸后即可食用。此种奶茶颜色发青，味道特别。其四，把砖茶煮沸出色，放入适量食盐，再把奶粉用热水调成糊状，倒入壶（锅）内煮沸

---

1 顾佳升，夏静 .2003乳糖及其代谢障碍 . 乳业科学和技术（1）：17–23.

即可食用。此种奶茶的味道不及生奶茶甜、香、鲜。熬奶茶时应注意，牛奶入锅煮沸后即可饮用，不必长时间熬煮，否则，牛奶因老化而营养成分破坏，失去甜味与鲜味。同时，奶茶宜现煮现饮，长时间搁放（尤其过夜）后味道欠佳[1]。

五、蒙古草原上的奶文化

“天苍苍，野茫茫，风吹草低见牛羊”，这首千古传唱的草原民歌，曾经让多少人对美丽大草原产生神往之情。这里自古以来就是中华民族饮奶文化的起源地之一。蒙古族很早就利用饲养的家畜如黄牛、马、骆驼和山羊挤奶。在蒙古族的习俗中，我们依然可以看到远古祖先奶文化遗存，依然可以闻到流淌了悠久岁月的奶香。

1. 苏布苏（淡奶酒） 除了上面已经介绍的蒙古奶茶，奶酒是蒙古草原的主要饮品之一苏布苏（淡奶酒）的制作方法是：先将用牛奶制作的酸奶子放入锅中慢火加热，在锅的上面装一个两三米高的圆锥形的木制蒸屉，屉上口吊一口小型生铁醉酒锅，锅下边蒸屉上口置一个陶瓷或其他原料的盛酒的容器。再用布或毡把蒸屉与吊锅的连接处堵上，以防漏气。在酿酒吊锅里盛上凉水，下面盛酸奶子的大锅继续加热，锅内的酸奶子遇热变成气体蒸发，当蒸汽遇到装凉水的酿酒锅锅底后，就会变成水珠，落入挂在蒸屉里面的容器中，即成奶酒。初酿造的酒称苏布苏（淡奶酒）。将淡酒再酿一次，叫回锅酒。有时将回锅酒再酿，称为三酿酒。依次多至有“六酿酒”的。回锅再酿的次数越多，酒的质量就越好。

2. 额策格（马奶酒） 蒙语中“策格”实际上就是指酸奶子。古时汉语文献音译为“忽迷思”。配制方法是，先将马奶装入皮瓮或特制的容器里（专门装马奶酒用的），再兑入用牛奶做成的发酵的陈奶酒曲或酒曲作引子，使马奶发酵。将奶和酒曲装入容器后，每天用木杵搅拌，经常尝尝，等微酸后，乳脂会分离，酒浆就会出来。这样酿造出来的酒，饮后易兴奋，但不易醉。马奶酒味酸甘涩，是一种很好的饮品。这里我们看到，当地牧民今天仍然使用皮瓮装马奶，这种用品最具古时遗韵。

3. 艾日格（酸奶子） 将生奶装入奶桶或奶缸中，在常温下奶子就会发酵变酸。用木制杵杆不断地搅拌，奶脂就会分离出来，酸奶子就成了。也有将已经发酵的少许酸奶汁作为“引子”倒入奶桶中，然后加奶，使其发酵，成为酸奶子。这种酸奶子既是蒙古民族一种很好的日常饮品，也是制造“奶酒”的原料。

---

[1] 赛音塔娜.2004.中国民俗大系·内蒙古民俗.兰州：甘肃人民出版社：139–142.

4. 塔日格（粥状酸奶） 先把酸奶汁加热放入瓮中，再加入生奶或熟奶，用木杵搅拌均匀，盖好瓮盖，使其保持一定的温度，半日即成。其味甘甜，微酸，糊状，有解暑生津的功效。

5. 水乌他（甜奶冻） 这是用生奶汁加食糖，经冰冻凝结而成的。成品呈梅花形状，但稍遇热就化成一碗奶糖水。食用时只能整块吞食。水乌他保留了生奶的甘香和食糖的清甜，冰凉可口，老少皆宜。

6. 奶乌他（黄油奶糕） 做法与水乌他相似，是用黄油与食糖、生奶经反复搅稠，然后模压成块。

上面这些用畜奶制作的传统奶制品，可谓品种繁多，琳琅满目。我们已经无从考证它们何时诞生，如何传承。但是有一点可以肯定，它们伴随蒙古族同胞一道繁衍生息，一道经风沐雨。它们作为中华奶文化的奇葩，与大草原一样地久天长。

六、天山南北的醇香奶茶

千百年来，新疆各地民间都流传着"宁可一日无食，不可一日无茶"的俗语。南疆是传统的农业区，人们喜欢喝茯茶；北疆是传统的游牧区，人们喜欢喝奶茶。各少数民族在长期的饮食生活中形成了独具特色的饮奶茶习俗。

生活在新疆的哈萨克、蒙古、维吾尔、乌孜别克、塔塔尔、柯尔克孜等民族都酷爱喝奶茶。奶茶的原料是茶叶和牛奶或羊奶。民族不同，地区不同，所选用的茶叶亦不同，饮茶的用具及奶茶的制作方法也各有差异。哈萨克族喜欢喝米心茶，蒙古族喜欢青砖茶（又称黑砖茶），而维吾尔、锡伯、塔塔尔等民族则喜欢喝茯砖茶。无论什么茶，都需用奶汁精心搭配烧制。

奶茶的一般做法是：先将砖茶掰碎，放入铜壶或铝锅中煮。待茶烧开后加入生奶，滚沸时不断用勺扬茶，直到茶和奶充分交融后，除去茶叶，有时加些食盐，制成浓奶茶。喝茶或待客时，再用开水将浓茶冲淡，调制成香醇可口的奶茶。

为什么新疆各民族都喜爱饮奶茶呢？这与他们的生活环境、饮食条件有着密切的关系。第一，生活在牧区及高寒农区的人们，平时的食物构成中以肉食为主，蔬菜很少，需要奶茶来帮助消化。第二，冬季严寒，夏季酷暑，冬季饮一杯热奶茶可以驱除寒冷，夏季则可以消暑解渴。第三，牧区人口稀少，各个居民点之间距离较远，每天外出放牧前在家里喝足奶茶，中午再吃些干粮，即可免除一天的饥饿。奶茶里既有茶又有奶，有时还在奶茶里添加一些马油，成为美味可口而又富有营养的饮料。牧民早出晚归，外出放牧时常常随身带上简单的炊具，在野外烧煮奶茶代饭。当地牧民喝奶茶，讲究喝足、喝透，直到喝出汗为止，而且一天中要喝好多次。在喝奶茶时，多以炒米、奶油、奶皮子、奶疙瘩、馕或肉等食品作为助饮点心。在家招待客人时，也是先烧奶茶，附带吃一些奶制品和面制品，作为餐前小吃。然后再煮肉做饭，正式宴请宾客。当然，最关键的是牧民有奶源，家畜的乳汁是奶茶的主要来源。

热情好客的新疆各民族，款待来客从来不用剩奶茶或凉奶茶，一定是现烧现喝。用奶茶待客时，哈萨克族、蒙古族常用大瓷碗，不仅茶盛得多，而且奶皮子和生奶也放得多。维吾尔族则在给客人端来大碗奶茶之后，往往还把馕饼掰成小块放入碗中，以示热情。这些淳朴风俗一直在各民族中传承，深深扎根于新疆的沃土之中。

七、雪域高原的传统奶制品

西藏牛、羊多，特别是牦牛，因此，盛产丰富多彩的传统奶制品。

酸奶是藏族同胞最常用也最喜欢的食品之一。酸奶分“达雪”和“俄雪”两种，前者是用提炼过酥油后的酪浆制成，后者则是用没有提炼过酥油的奶制成。酸奶营养丰富，易于消化，老少皆宜。食用时若放些白糖，味道更佳。雪域高原的酸奶制作与饮食历史悠久，甚至到了后来的11世纪中叶，俗家百姓们开始用酸奶慰问那些闭门静炼（称“雅勒”）的喇嘛们，于是有了藏族著名节日——雪顿节（亦称酸奶节），酸奶在藏族宗教节日里扮演着重要角色[1,2]。

奶渣是西藏人的重要食品。用提炼过酥油的“达拉水”制作而成，有甜、酸两种，分白、青两色。在边远地区，奶渣是儿童的日常零食。逢年过节时，大人们常以甜奶渣款待走亲串友的小孩，是孩子们最喜爱的节日礼物。今天，西藏浪卡子县的奶渣最负盛名，有的像酱豆腐块，多用羊毛线串起来；有的像曲奇饼，多用盛放在布袋里。奶渣的表层都有一层天然白霜，看上去新鲜洁净，吃起来味美可口。至今仍是宾客争购之名特优民俗食品。

酥油是藏族的日常食品，是从牛、羊奶中提炼出来的。酥油传统的做法是：将奶汁倒入特制木桶或陶罐里，用力上下搅拌几百次甚至上千次，搅拌得油水分离，表面便浮出一层淡黄色的脂肪，将其用手聚到一起，捞起挤掉里面的水分，放到水里冷却后便成酥油。酥油的吃法很多，主要是打酥油茶，逢年过节油炸食品也用酥油。

酥油茶是藏族、门巴族、珞巴族日常生活中不可缺少的饮品。打酥油茶之

---

1 刘成果，谷继承.2012.亲身感受雪顿节.中国乳业（9）：2–5.

2 雪顿节起源于11世纪中叶，起初雪顿节是一种纯宗教活动。民间相传，佛教的戒律有三百多条，最忌讳的是杀生害命。由于夏季天气变暖，草木滋长，万物复苏，其间僧人外出活动难免踩踏生命，有违“不杀生”之戒律。因此，藏传佛教格鲁派的戒律中规定了藏历四月至六月期间，喇嘛们只能在寺院里活动，静静地修炼，并把这称为“雅勒”，意思就是“夏日安居”，直到六月底方可开禁。待到开禁之日，僧人们便纷纷出寺下山，俗家百姓念其长期关在寺院内安居修炼，十分清苦，为了犒劳他们，就家家利用高原之宝牦牛的奶汁酿造酸奶，为他们举行郊游野宴，这就是雪顿节的发端。后来又增加了隆重的晒佛仪式、歌舞表演，甚至赛牦牛、比马术等丰富多彩的形式和内容。

前，先将砖茶或沱茶熬成汁，滤出茶叶，将茶汁倒入专用陶罐内，随用随取。打酥油茶时，先从存放茶汁的陶罐内取出茶汁，加上适量的开水和食盐，然后倒入酥油茶桶内，放上酥油，上下抽动酥油茶桶内的搅杆几十下，使酥油与茶水充分交融，倒出来便是香喷喷的酥油茶。藏族人把打好的酥油茶盛在陶质酥油茶壶内，将壶放在陶质羊粪炉上保温，现饮现倒，茶汁始终都是热乎乎的。打好的酥油茶要保持恒温，既不能烧开，也不能冷凉。若再烧开，茶就变味；若放凉了，则茶里的酥油凝结就不好喝。羊粪火炉里的羊粪火是暗火，能使壶里的茶既不开也不凉，很适合藏族人的生活需求。

西藏的奶茶很有特色，分咸、甜两种。咸奶茶是将茶水烧开后，加入牛奶和适量食盐的奶茶，藏语叫做“俄甲”。用红茶熬汁，再添加白糖的奶茶，俗称甜茶，藏语叫做“俄玛”。甜茶香甜可口，营养丰富，很受欢迎。至今，拉萨街头还有许多这样的甜茶馆，光顾的大多是年轻人。他们一边喝茶一边玩一种“克朗球”，输者付茶资，以助茶兴。

还有一种叫做“强木都”茶，藏族人通常在吃早点时饮用这种茶。其制作方法是，先在碗里盛些糌粑、奶渣和酥油，再倒上茶水浸泡，用调羹搅着吃。

八、河西走廊千古飘奶香

甘肃境内的哈萨克族居住于河西走廊西端的阿克塞哈萨克族自治县，以牧业为主。哈萨克人善于用奶和肉制作各种食品。哈萨克人的奶制品的花样很多，有酥油茶、奶疙瘩、奶皮子、奶酪、马奶酒等。几千年来，哈萨克族在放牧牛、马、羊和骆驼的牧业生产活动中，掌握了各种制奶技术。流传至今的传统奶制品主要有以下三种：

1. 酥油茶 哈萨克人每日都离不开酥油茶。它的制作工序是，先在酸奶（发酵后的生奶）中加入少量甜奶，煮沸，然后将其放凉再灌进特制的皮囊内，用捣奶杆上下搅动，使奶与脂肪分离，去掉在表层的脂肪，然后将茶（以砖茶为主）煮开，加入奶子及少量酥油和盐，即为酥油茶。

2. 奶疙瘩 将酸奶煮沸，倒进滤袋内挤去黄水，晒干成块，在两三年内不变质、变味。在少奶的冬季，它就成为哈萨克人最好的食品。

3. 奶皮子 把生奶煮沸再凉一个时辰，积于表层的奶叫“奶皮子”。

另外，还有奶酪，又叫“乳饼”，是将酸奶与甜奶混合，煮沸，奶子结成小块，挤去黄水，晒干食用。自从哈萨克人懂得了发酵方法，便开始酿马奶酒。酿酒时先缝制一个很好的皮囊，经消毒后，把马奶倒进皮囊，放进一些陈马奶酒，每天搅动，数天后酒味自出。

哈萨克人一日三餐，除每天食用面食品、肉食品外，大量饮食的便是奶制品。在家待客，外出放牧都少不了这些奶食品[1]。

九、裕固族饮食奶制品的习俗

现今生活在甘肃境内的裕固族饮食种类繁多，文化内涵极其丰富。田自成、多红斌在《裕固族风情》中有详细的介绍和研究，涉及特色饮食22种，兹摘录数种较有特色的饮食如下。

1.酥油炒面茶 顾名思义就是加入酥油炒面的茶点。裕固族的祖先回纥（hé）自唐代以来就有嗜茶习俗，形成了一日喝三次茶、吃一顿饭的习惯。平时，牧民们起床比较早，主妇起床后，先将净水或刚开锅的茶水舀一勺洒在帐篷周围，表示消灾避邪。茶水的做法是：先把茶（以砖茶为主）放臼窝内捣碎，倒入盛凉水的锅内，生火熬煎。根据生活条件，可在锅里加入草果、姜片等。待茶熬酽，再调入食盐和生奶，奶茶即成。之后，主妇用勺子反复搅动上下泼扬。在碗里放上青稞炒面、油、曲拉、奶皮，浇上熬好的奶茶，一碗碗递给在座的所有人。碗里茶喝浅了，主妇又添满并再放些炒面，直到把炒面全部吃完。添茶时，客人不得动勺子，动则视为对主人不礼貌。

2.酥油 酥油是裕固族一年四季喝茶时不可缺少的食品。酥油的制作方法是：将新挤的生奶过滤，做好一盆酸奶，把两盆凉温的熟奶和一盆酸奶同时倒入奶桶。奶桶一般用白松木箍成，桶上有子母扣的密封盖。盖中间开一圆孔，孔口插一圆形木杆，杆的下端安一十字形木架。奶子倒好后，盖严桶盖，主妇就开始打酥油，两只手紧握木杆旋转着提起来又压下，上下捣动，一直不停地打一个多小时。如果奶子太凉，打一阵可停一会，让奶桶在太阳光下晒一阵然后再打，要打得油全漂浮在奶子上面。这时揭开桶盖，用手把油捧出放一净盆内，然后用清净凉水漂洗，用双手攒、拍，一直要洗得油中无奶水，清水不发白方可。洗好的酥油，如果是牛奶酥油呈黄色，如果是羊奶酥油呈黄白色。裕固族长期保存酥油的方法是把酥油装入羊肚中。平时宰羊，要把羊肚洗净吹上气挂起晾干，用黄柏刺树枝或空心红柳枝点着，趁冒烟时，把树棍伸入干羊肚内熏，等到羊肚熏黄，放水内泡软，把有肚子面翻到里面，将酥油填实装满，缝住开口即可[2]。

---

1 武文.2004.中国民俗大系·甘肃民俗.兰州：甘肃人民出版社：102–104.

2 田自成，多红斌.1994.裕固族风情.兰州：甘肃文化出版社：54–69.

第二章
魏晋南北朝时期的奶业与奶类食品

2世纪末，东汉统治衰落，中国历史由此进入长达几百年的战乱分裂时期。最初是魏、蜀、吴三国鼎立（220—265年），后由西晋统一而结束。但是西晋只维持了很短的时间（265—316年），分裂就又重新开始。西晋皇族在江南建立了东晋（317—420年），北方则陷入民族混战，出现了许多政权，概称五胡十六国。

魏晋南北朝时期是中国历史上一个大动荡、大变革、大融合的时代。游牧民族不断地向中原地区扩张，入主中原，随着民族关系的不断冲突、融合与发展，为多民族统一国家的形成和发展起到了积极作用。游牧民族将草原生活方式带入农耕地区，特别是食用奶制品的习俗带入中原地区，促进了游牧民族与农耕民族之间的饮食文化交流。从《齐民要术》的记载中可知，这一时期是中国古代消费奶类食品发展、传统奶制品加工技术日臻成熟的时期。

北魏的畜牧管理机构是太仆寺，职掌与汉魏以来无异，掌诸车辇、马、牛、畜产之属。统骅骝（掌御马及诸鞍乘）、左右龙、左右牝（掌驼马）、驼牛（掌饲驼骡驴牛）、司羊（掌诸羊）、乘黄（掌诸辇辂）、车府（掌诸杂车）等署令、丞。骅骝署，又有奉承直长二人。左龙署，有左龙局。右龙署，有右龙局。左牝署，有左牝局。右牝署，有右牝局。驼牛署，有典驼、特牛、牸牛三局。司羊署，有特羊、牸羊局。诸局并有都尉。北齐太仆寺下所统署令繁多，但从其职掌来看，与汉魏无大的区别。这些机构主管家畜养殖事务。

第一节　民族融合与奶畜饲养的发展

魏晋南北朝时期，生活在中国南、北方的汉族，因地理环境、气候、物产等原因，形成各自不同的饮食风俗。而与汉族生活方式截然不同的草原游牧民族，如汉代匈奴人食畜肉，饮“湩酪”，过着“逐水草迁徙”的游牧生活。不同地区的人们，其饮食生活具有鲜明的地方性和民族性。这一时期，游牧民族不断向中原扩张，少数民族政权的频繁更替，各民族之间和各地域之间的各阶层人民的广泛迁徙往来，更为民族之间、地域之间的饮食文化的相互交流与融合提供了便利。北方游牧民族的甜乳、酸乳、漉酪和酥等奶类食品及其加工制作技术相继传入中原，构成了这一时期饮食文化变迁的重要因素[1]。

一、奶畜业的发展

中国古代还没有形成专业的奶畜饲养业，游牧民族如此，农耕民族更是如此，奶源主要来源于肉乳兼用或役乳兼用的食草牲畜——牛、马和羊。自东汉末期开始，社会陷入旷日持久的战争动乱之中。原先生活于北方草原的游牧民族大量涌入中原，形成了历史上最为广泛和深刻的民族大融合。这次历史大变革为魏晋南北朝时期数百年的畜牧经济发展提供了特殊的机遇，也为饮奶习俗得以广泛传播提供了机遇，促进了奶畜的发展。

第一，长期战乱造成人口剧减，经济萧条，农田荒废。原先人满为患的中原地区，突然变得遍地蒿莱，地旷人稀。这在客观上给奶畜业发展提供了充裕的草场。

第二，由于战争造成的大量人口远距离异地迁徙，使得中原地区来自北方甚至南方的外来人口显著增加，那些来自北方的习惯于“食肉饮酪”的新居民对畜产品的需求量也相应增加，为奶畜业的发展提供了社会需求方面的推动力。

第三，长达几百年的社会战乱，对包括农牧业在内的社会经济造成空前破坏，人民生活于水深火热之中。统治阶级为了缓解社会矛盾，增加物资补给，客观上也需要采取积极措施来推进农牧业生产。尤其是在战争影响较小的地区及战争间歇的时期，农牧业都得到较快恢复和发展。

二、黄河流域的农牧交错格局

魏晋南北朝时期，此前一度北移至长城以北的畜牧业，又在黄河中下游地区得到某种程度的恢复，重新形成“农牧交错”的局面，农牧经济的布局和比重由此发生了重大变化[2]。

魏晋南北朝时期北方农牧经济布局的变化，主要表现为黄河中游畜牧区域的扩展，这一扩展过程以十六国及北朝前期为最盛期。

这一时期的畜牧区包括了一向以农耕经济著称的黄河中游的黄土高原地区，中原腹地乃至黄淮、江淮之间的广大地区。例如，曹魏时期曾在号称为农田沃野的“三魏近甸”设立“典牧”，大片土地被圈占为养牛牧场，至西晋初年，有种牛四万五千余头[3]；西晋的京畿之地——司州（辖今山西南部、河南北部、东接河北南部及山东西境），在两汉时期乃为人口最密、农桑最盛之区，而在西晋初年，

1 黎虎．1997．汉唐饮食文化史．北京：北京师范大学出版社：325．

2 王利华．2000．中古华北饮食文化的变迁．北京：中国社会科学出版社．

3 《晋书》卷26《食货志》引《杜预上疏》。

却是广阔的牧苑，“猪羊马牧，布其境内[1]”。与司州相邻的冀州平原，十六国时期亦有马牧苑的设置。羯人石勒起兵时，即利用了当时牧苑的马匹[2]。北魏迁洛之后，更辟“石济以西、河内以东，拒黄河南北千里为牧地”，设立河阳牧场，“恒置戎马十万匹[3]”。在华北平原地区，内迁游牧民族聚居之地，往往都曾有过大片农田被强占为牧场的情况，少数民族贵族、官僚往往霸占大片土地，役使大量“牧子”为之放牧。在一段时期里，不仅黄土高原地带曾一度以牧为主，而且中下游平原地带也在一定程度上复归于战国以前的“夷夏杂处”、“农牧交错”的局面。这在战国以后的中国农业历史上，乃是绝无仅有的[4]。

三、公私牧场增加，奶源增多

北魏是中国历史上官办畜牧业最为繁盛的一个朝代。拓跋魏氏兴起于北方，擅长于畜牧，对于官牧经营十分重视，曾先后设立了4处大型官牧场。早在道武帝天兴二年（399年），即在平城附近地区开鹿苑牧场，至明元帝泰常六年（421年），又“发京师六千人筑苑，起自旧苑，东包白登，周回三十余里”，对旧牧场进行扩建。若干年后，太武帝拓跋焘又在鄂尔多斯以南地区大兴官牧。《魏书》称：“世祖之平统万，定秦陇，以河西[5]水草善，乃以为牧地。畜产滋息，马至二百余万匹，橐（tuó）驼将半之，牛羊则无数”。其后复于漠南建立牧场[6]。自孝文帝迁都洛阳以后，复有宇文福主持兴建河阳牧场：“时仍迁洛，敕（宇文）福检行牧马之所。福规石济以西、河内以东，拒黄河南北千里为牧地。事寻施行，今之马场是也。及从代移杂畜于牧所，福善于将养，并无损耗[7]”。这个牧场“恒置戎马十万匹，以拟京师军警之备。每岁自河西徙牧于并州，以渐南转，欲其习水土而无死伤也[8]”。

这些大型牧场，不仅为国家提供了以军马为主的役畜，而且提供了大量肉、奶和毛皮产品，是当时社会经济的重要组成部分。从历史文献的记载来看，几大官办牧场对北魏政府物资供应，特别是军马、肉类和奶类食品供应发挥了很大作用，对国家财政经济具有重要影响。北魏晚期，由于官办牧场相继丧失，“而关西丧失尤甚，帑藏益以空竭”，于是不得不将内外百官及诸蕃客的

1 《晋书》卷51《束皙传》。
2 《晋书》卷104《石勒载记》上。
3 《魏书》卷44《宇文福传》，卷110《食货志》。
4 王利华.2000.中古华北饮食文化的变迁.北京：中国社会科学出版社.
5 按：此“河西”指自今山西渡黄河而西的鄂尔多斯东南地区，非指河西走廊。
6 《魏书》卷110《食货志》。
7 《魏书》卷44《宇文福传》。
8 《魏书》卷110《食货志》。

廪食和肉奶食料减少一半，可见畜牧业在当时的国民经济中所占的重要地位[1]。

与官办牧场并驾齐驱的还有许多大型私营畜牧场。即使是农耕地区的农户，饲养家畜规模也有所扩大。当时，不少庄园地主、士绅官僚常以牧养为致富谋利之途。比如，西晋富豪石崇，在其河南金谷庄园中“有田十顷，羊二百口，鸡猪鹅鸭之属，莫不毕备[2]”。

高车[3]是一个住穹庐、乘高车、放牧牛羊、逐水草而生的游牧民族，其畜牧业非常发达。前燕于光寿元年（357年）征高车，“获马13万匹，牛羊亿余万[4]”；北魏天兴二年（399年），拓跋珪征高车，“俘众7万余口，马三十余万匹，牛羊百四十余万[5]”；429年，拓跋焘讨高车“获马、牛、羊亦百余万[6]”。战争中俘获的马匹牲畜的数量如此庞大，反映出当时北方的畜牧业达到了相当的水平。《魏书·高车传》载：“其迁徙随水草，衣皮食肉乳，牛羊畜产尽与蠕蠕同。”

由上述的史料可以看出，魏晋南北朝时期的畜牧业快速发展，为乳品制作提供了丰富的原料。

四、奶畜饲养技术的进步

魏晋南北朝时期的养殖技术，主要体现在《齐民要术》中：“服牛乘馬，量其力能；寒溫飲飼，適其天性；如不肥充繁息者，未之有也。”

1.牛、马、羊品种选育 对牛的外貌鉴定有一套方法。《齐民要术》提出：牛的体形要求“身欲得促，形欲得如卷”；“插颈欲得高。一曰体欲得紧。”……“大膁疏肋难饲……口方易饲。”对牛的各个部位的观察判断，头部要求“头不用多肉”，“角欲得细”，“眼欲得大”；躯干要求“膺庭（即胸）欲得广”，“肋欲得密，肋骨欲得大而张”，“臀欲方。”即要求胸部发达，后躯臀部成方形；四肢则要求肌肉发达，关节坚实，筋腱显明，即所谓“兰株欲得大，豪筋欲得成就，丰岳欲得大，蹄欲得竖，垂星欲得有怒肉，力柱欲得大而成”。如此等等，都相当细致具体，观察入微。对马的选育则认为：头为王，欲得方；目为丞相，欲得光；脊为将军，欲得强；腹胁为城郭，欲得张；四下为令，欲得长。凡相马之

---

1 《魏书》卷110《食货志》载：“而关西丧失尤甚，帑藏益以空竭。有司又奏内外百官及诸蕃客禀食及肉悉二分减一，计终岁省肉百五十九万九千八百五十六斤，米五万三千九百三十二石。”说明北魏时期政府肉料供应主要仰赖于官牧。

2 《太平御览》卷91《羽族部》六引石崇《金谷诗序》。

3 “高车”是北朝人对漠北一部分游牧部落的俗称，因其“车轮高大，辐数至多”而得名。魏晋南北朝时期高车部落主要活跃于今天的中国北部。

4 《晋书》卷110《慕容儁载记》。

5 《魏书》卷2《太祖道武帝纪》。

6 《魏书》卷103《高车传》。

法，先除“三羸”、“五驽”，乃相其余。大头小颈，一羸；弱脊大腹，二羸；小胫大蹄，三羸。大头缓耳，一驽；长颈不折，二驽；短上长下，三驽；大髂枯价切短胁，四驽；浅髋薄髀，五驽。相马五藏法：肝欲得小；耳小则肝小，肝小则识人意。肺欲得大；鼻大则肺大，肺大则能奔。心欲得大；目大则心大，心大则猛利不惊，目四满则朝暮健。肾欲得小。肠欲得厚且长，肠厚则腹下广方而平。脾欲得小；腹小则脾小，脾小则易养。这些都是通过外型来判断身体素质的方法。

2. 牛、羊的饲养 《齐民要术》中强调羊的选种应注重怀孕家畜的生活环境，充分考虑当地气候和饲料等对孕畜和幼畜的影响，再来决定合适的留种期。书中记载：“常留腊月、正月生羔为种者上，十一月、二月生者次之。”不是这几个月生的，毛不润泽、不顺直，骨架也小。为什么？因为八、九、十月生的，母羊虽然在“秋肥”中，但进入冬季，“母乳已竭，春草未生，是故不佳”。三、四月生的，虽然有比较好的青草，但羊羔太小，还不能吃，而“常饮热乳，所以亦恶”。五、六、七月生的，因天气热，母乳也热，所以不好。可见，当时人们已很了解生活环境条件对繁育优良羊种的作用。产羔以冬末早春为最合适的季节，这一原则至今仍在生产中应用。合理地掌握产羔期，除必须控制配种期以外，在配偶比例上也有看法。书中记载当时的人们认为，十只羊中，以二只公羊、八只母羊为最好的公母数量，即二比八的比例较为合适。如果公羊太少，母羊则难以怀孕；公羊太多，羊群则显得不安宁。因为公母的关系导致母羊不怀孕，就会消瘦，过冬时容易死亡。对于准备淘汰作肉用的羊，一般都要先进行阉割，这样有利于改进肉质和提高出肉率。书中以“剩”表示羊的去势，“剩”的方法是将生下来十多天的羊羔，用布将它的睾丸包起来，然后用牙齿咬断精索（脉）。这在当时没有消毒的条件下，却是一种防止因体表伤口感染而发生死亡的有效保护措施[1]。

《齐民要术》中指出在羊的饲养管理上必须掌握其生活规律：“羊性缓，喜相聚分，在放牧时间上，要寒暖有别，一般春夏早放，秋天晚出，因为春夏气暖，所以宜早；秋冬霜露，所以宜晚。”羊食霜露草，则易生病。适宜的时间是：“春夏早起，与鸡俱兴”（鸡鸣即出动）；“秋冬宴起，必待日光”（等到太阳出来）。更需注意：“夏日盛暑，须得阴凉，若日中不避热，则尘汗相渐（尘汗相互沾染），秋冬之间，必致癣疥。七月以后，霜露气降，必须日出霜露晞解（消散），然后放之，不尔则逢毒气，令羊口疮、腹胀也。……既至冬寒，多饶风霜，或春雨初落，青草未生时则须饲，不宜出牧。”在放牧方法上，要注意“缓驱行，勿停息”，因为“息则不食，食不饱则瘦”，但也不宜赶快，急则跑青，羊也吃不

[1] 余孚 . 1991. 中国古代的养羊技术 . 古今农业（3）：58–63.

饱，而且使尘土飞扬，又容易互相撞伤额头，发生事故。因此，牧羊要慢走慢游，以使其增加采食量。对牧羊人的要求是："必须大老子，心性宛顺者，起居以时，调其宜适。"性情温和的老年人，可以使羊作息定时，护理上适应羊的特性。"若使急性人及小儿者"，他们控制不了羊群，羊就"必有打伤之灾"，或受"狼犬之害"；或因懒惰不赶着羊群走动，羊吃不到足够的草，就长不肥壮。或该休息而不休息，羔羊也有可能累死。关于羊羔护理。冬季产羔时，"须燃火于其边"，要将初生羔放在暖屋中，因为"夜不燃火，易冻死也"，并且"凡初产者，宜煮谷豆饲之"，这样有利于母羊恢复体力，增加泌乳量。关于羊圈的建造。书中指出："圈不厌近，必须与人居相连，开窗向圈。"为什么住房要对着羊圈开窗呢？因为"羊性怯弱，不能御物"，一旦有野兽进圈，便有可能全群覆灭，故选建羊圈的位置很重要。再者要保持圈舍清洁，"圈中作台，开窦，无令停水。二日一除，勿使粪秽"。羊喜干燥、清洁的环境，故要将圈内地面用土垫高，开好排水沟，勿使地面积水，隔一天清除一次，勿使粪尿堆积。因为污秽，羊毛易脏，有积水，羊易生"挟蹄"病。俗话说："水马旱羊"，如让羊长期睡在湿处，就容易肚胀生病。同时还要在圈内靠墙围竖柴棚，这样羊就不擦墙土，"毛常自净"，并且"竖栅头出墙者，虎狼不敢逾也"。关于养羊喂盐的问题，魏晋时期人们已经认识到了。《齐民要术》引汉代《家政法》说："养羊法，当以瓦器盛一升盐，悬羊栏中，羊喜盐，自数还淡之，不劳人收"。现代研究证明，经常给羊喂盐，可增加其适口性，满足其对氯化钠的需要，对促进其消化及体液流通等生理机能有积极作用[1]。

3.牛、羊饲料 北魏农学家贾思勰经营的庄园曾养羊二百口，由于有一年没有备足越冬饲料，结果羊在当年冬天饥死过半[2]。这则记载告诉我们，北魏时期，农村中的地主或者庄园主的养羊规模一般都较大。《齐民要术》中谈及养羊经营时，常常以"千口（头）"为言，被视为农家牧羊的常数。可以想见，当时农村中一个庄园主饲养的羊数可能以千计，羊群越冬饲料是一个关键。为此，《齐民要术·养羊篇》有一个解决养羊饲料的方案。如果一家养羊1 000头，则每年春天要种植100亩[3]大豆，间种粟稷等"杂谷"，而且田间的杂草也要留下来，"不须锄治"，到夏末秋初时节，将田间作物连同杂草植株一起收割，"刈作青茭[4]"。由此看来，北魏时期中国农村已经有了家畜越冬饲草料了，而且规模应该很大。从当时的牲畜市场和畜产品贸易相当活跃的情况推测，牲

---

1 余孚.1991.中国古代的养羊技术.古今农业（3）：58–63.

2 《齐民要术》卷6《养羊第五十七》。

3 1亩等于1/15公顷。

4 《齐民要术·养羊》卷6《养羊第五十七》："羊一千口者，三四月中，种大豆一顷杂谷，并草留之，不须锄治，八九月中，刈作青茭"。刈，音yì，割除。茭，音jiāo，喂牲畜的干草。

畜饲料市场也应当发展起来了。这种越冬饲草料除了家庭自用，也会在市场上互通有无，贸易交换。

五、奶畜的贸易

魏晋时期的经济经汉末衰乱之后得以复苏，洛阳东石桥南“有魏时牛马市[1]”。西晋时洛阳有“羊市[2]”。可见洛阳的牲畜市场在魏晋时期一直存在。农村的牲畜交换也一直在进行。颜斐为京兆太守时，“课民无牛者，令畜猪狗，卖以买牛[3]。”魏晋南北朝时期，人们以奶山羊为主要的奶畜，这是这一时期很鲜明的特点。因此，贾思勰在编著《齐民要术》时把酪加工的技术放在《养羊篇》中来叙述。但是，该书还提到用牛奶、马奶和驴奶来加工酪的方法，还有一种将马奶和驴奶混合制作酪的方法。当时的奶畜，以羊为主，兼有牛、驴、马、骆驼等。

鲜卑族原本就是游牧民族，建立北魏王朝后，对于畜牧业自然格外重视，平城宫中，即有“埠使千余人，织绩锦贩卖，沽酒，养猪、羊，牧牛、马，种菜逐利[4]”。

有关当时的农村牲畜贸易的发展，可从《齐民要术》关于牲畜经营的论述中窥视其情形。书中特意介绍了“驴、马、牛、羊收犊子、驹、羔法”，其方法是：“常于市上伺候，见含垂重欲生者，辄买取”，意即要着意购买怀孕之牲口，这种牲口买回来后很快就可以生产驹犊。再以其中良者留作种，“恶者还卖”，这样则“不失本价，坐赢驹犊”。意即不仅将本钱捞回，还可白白得到一批幼畜。然后，“还更买怀孕者。一岁之中，牛马驴得两番，羊得四倍。羊羔腊月、正月生者，留以作种，余月生者，剩而卖之。用二万钱为羊本，必岁收千口”。按照上述方法，一年之间牛、马、驴可以翻两番，羊得四倍。从中悟出了一个道理：“人家八月收获之始，多无庸暇，宜卖羊雇人，所费既少。所存者大。”从养羊篇中贾思勰所总结的这一套奶畜经营策略可以判断，当时畜牧业贸易是相当繁荣。不仅北方地区如此，南方的畜牧业也有不同程度的发展。南朝的建康城（今南京）中的秦淮河边，设有牲畜交易市场，周边农村饲养的牛、马等家畜，都在这里“列肆稗贩”[5]。

---

1 《洛阳伽蓝记·崇真寺》。

2 汪兆精：《 稿本晋会要》卷54。

3 《三国志· 魏志·仓慈传》注引《礴魏略》。

4 《南齐书·魏虏传》。

5 《景定建康志·疆域》“市镇”。

第二节　奶类食品的生产与加工技术的进步

魏晋南北朝时期，由于北方游牧民族的大量涌入中原，“饮酪”风气在中国社会逐渐流行起来。《齐民要术》以相当多的篇幅记载了当时的奶酪和酪酥的加工方法，其中包括“作酪法”、“作干酪法”、“作漉酪法”、“作马酪酵法”和“抨酥法”等[1]。如此详细具体地记载奶类食品的加工方法，至少在现存的古书中不但是首次，而且也十分罕见。

一、奶畜取奶

在取奶之前，母畜的饲养管理很重要，取奶要充分考虑幼畜的生长发育，以便可持续利用。《齐民要术》记载：“三月末，四月初，牛羊饱草，便可作酪，以收其利，至八月末止。从九月一日后，止可小小供食，不得多作；天寒草枯，牛羊渐瘦故也[1]。”这里指出取奶的时间为三月至八月。

牛、羊取奶方法大体相同而略有区别。对初次产乳的牛、羊，要捋破其乳核，如不破核，则“乳脉细微，摄身则闭；核破脉开，捋乳易得”。破核的具体方法是：“牛产三日，以绳绞牛项、颈，令遍身脉胀，倒地即缚，以手痛捋乳核令破，以脚二七遍蹴乳房，然后解放。羊产三日，直以手捋核令破，不以脚蹴。”取奶的时间不宜太早，亦不可太晚。对取奶量大小也有规定，充分兼顾奶产量和幼畜发育需要。大体上讲，“牛产五日外，羊十日外，羔、犊得乳力强健，能噉水草，然后取乳。捋乳之时，须人斟酌：三分之中，当留一分，以与羔、犊。若取乳太早，及不留一分乳者，羔、犊瘦死。”为了提高母畜奶产量，以便大量取奶作酪，在不影响幼畜发育生长的前提下，将“母子别群”，以控制羔犊吃奶时间[1]。

二、奶酪制作

奶酪是魏晋南北朝时期主要的奶制品。据《齐民要术》的记载可知，在魏晋北朝时期，牛奶和羊奶均可加工做成酪。书中记载：“作酪法：牛、羊乳皆得。”并且，“别作、和作随人意”，即两种畜奶既可单独作酪，亦可混合加工成酪；但从该书将作酪法安排在《养羊篇》来推测，当时用以作酪的应主要是羊奶。除牛奶、羊奶之外，该书还记载有一种将马奶混合驴奶作马酪酵的方法。

---

[1] 《齐民要术》卷6《养羊第57》。

《齐民要术》的记载表明，当时人们所采用的酪加工方法有若干种，做成的酪，以滋味分，有甜酪、酢酪两种，前一种为普通的奶酪，后一种则为发酵变酸的奶酪；根据成酪干湿程度的不同，则有干酪和漉酪之别，等等。做酪时，先将原料奶加热杀菌，冷却，揭去浮皮（留以作酥），过滤之后装入瓶中，添加旧酪或酸浆水饭之类作为发酵剂（俗称“酵头”），尔后罨盖瓶口以便保温发酵，最后成酪。按照现行的国际标准，实际上它是非凝乳酶沉淀的脱脂发酵奶凝块。为了便于贮存和携带，当时常将普通奶酪复经加工制成干酪和漉酪。干酪即硬酪，一般在七、八月做之，系将成酪经日晒除去水分并随时掠去浮皮（乳脂），然后于铛中炒少许时，复置于盆中日曝，做成团后复加曝晒，经过如此加工，酪蛋白逐渐凝固成团，乳脂亦被分离除去，形成脱脂干奶酪。这种酪“得经数年不坏，以供远行”。漉酪亦即软酪，“八月中作”，系将上好的纯酪以生布袋装盛悬挂，沥去水分，然后在铛中稍稍炒之，日中曝晒后作成酪团。漉酪与干酪的区别有两点：一是其含水量较后者为大，实际上是一种湿酪；二是它采用纯酪做成，加工过程中不将乳脂分离脱除，是一种不脱脂的奶酪，故其食用“味胜前者（即脱去乳脂的干酪）”。漉酪“亦数年不坏”，也是一种可以长久贮存的奶制品。当然，不论是干酪还是漉酪，长久贮存后皆会产生异味，“不如年别新作，岁管用尽”。

从上述的记载中，可以总结出魏晋南北朝时期传统的制作奶酪的方法，大致可分为以下5个步骤。

1. 煎煮奶汁 依据《齐民要术》的方法：“捋讫，于铛釜中缓火煎之——火急则着底焦。常以正月、二月预收干牛羊矢煎乳，第一好：草既灰汁，柴又喜焦；干粪火软，无此二患。常以杓扬乳，勿令溢出；时复彻底纵横直勾，慎勿圆搅，圆搅喜断。亦勿口吹，吹则解。四五沸便止[1]。”鲜奶煮沸实为做酪前的消毒环节[2]。为避免出现焦锅现象，煎煮奶汁时要用小火慢煎，同时要用勺子频繁地纵横刮挖锅底（不能用勺子圆搅奶汁）。用文火煮乳，用1个月前准备好的牛羊干粪作燃料，烧草容易将灰落入乳中，烧柴则火太旺，容易使乳焦底。为防止奶汁溢出，还要经常用勺子扬奶止沸。奶汁大沸时，加入少许水稀释止沸，如此四五次。

2. 捞取浮皮 奶汁煮好后，倒入盆中让其自然冷却一下，这期间不要用勺子扬奶。奶汁要冷却到犹如人体体温的程度（若是冬天做酪，奶汁要高于体温）。若温度过高，以后制成的奶酪就会发酸；若温度过低，奶酪就难以做成。在奶汁冷却过程中，会有奶皮出现。捞取奶皮，放入其他器皿中用来制酥。

1 《齐民要术》卷6《养羊第57》。

2 谢成侠.1985.中国养牛羊史.北京：农业出版社：97.

3. 过滤奶汁 用生绢袋子制成的过滤器，将取出奶皮后的熟奶过滤，倒入瓦瓶等器皿中。若上次制酪时，瓦瓶已用过，就要用火烤一下，使瓦瓶彻底干燥，待瓦瓶冷却后就可盛装过滤后的熟奶了。若用的是新瓶，就不需要用火烤，可直接盛装过滤后的熟奶。

4. 加入发酵剂 制作奶酪，一般是用已成的奶酪为发酵剂进行发酵。双方的比例是，一升熟奶用半匙奶酪。先把发酵剂倾入杓中，用匙细细搅开，倒入熟乳中，用杓搅动熟奶，使熟奶和作为发酵剂的奶酪混合均匀。若作为发酵剂的奶酪是甜酪，那么最后制成的奶酪也是甜酪；若作为发酵剂的奶酪是酸酪，那么最后制成的奶酪也是酸酪。若甜酪加得过多，最后制成的奶酪也会是酸酪。如果没有现成的酪作为发酵剂，也可以用急榆醋代替。

5. 保温发酵 用毡絮之类把盛有熟奶的瓦瓶覆盖起来以保温，促使其发酵。经过相当一段时间后，可以揭去毡絮，只用单布盖上。揭毡后再经过一天一夜的发酵，第二天一早奶酪就发酵成功了。若是夏季六、七月制作奶酪，就可以直接把瓦瓶放在冷地上，不用毡絮来保温了。若是冬天霜降过后制作奶酪，就要注意用毡絮来保温了。

从《齐民要术》卷6所述制作乳酪的方法，我们可以清楚地看到魏晋南北朝时期的乳酪在形态上犹如今天的“酸奶”制品，在一般情况下呈半流质状，必须用器皿装盛。魏晋南北朝时期也有极少数质量上佳的乳酪，因含脂量大，凝固性好，甚至可以不依赖器皿的装盛。如《太平御览》卷858、《艺文类聚》卷72引《西河旧事》、《古今图书集成》卷297引《凉州记》等文献均记载：祁连山张掖至酒泉一带的气候冬温夏凉，非常适宜放牧牛、羊，所产的乳酪可以不用器皿盛装而不流失。比如，可以将乳酪倒在割下来的草上，它也不会解体流散。

除了呈半流质状的酪外，魏晋南北朝时期还有呈固态且十分干硬的“干酪”和“漉酪”。

当时的人们制作“干酪”时充分利用了夏天的太阳能，一般是在农历的七、八月制作。《齐民要术》卷6所述制作“干酪”的方法是这样的：在正午的阳光下，先取奶酪晾晒，由于水分蒸发得很快，奶酪表面很快就会生成酪皮，捞取酪皮，继续晾晒，待生成酪皮后继续捞取，如此多次，直到再无酪皮生成。把捞取的酪皮先放在锅中炒一下，随即取出，放在盘子中曝晒，晒到半干半湿时，把酪皮加工成像梨那么大的圆团，继续放在太阳底下曝晒，直到彻底干透。这样制作出来的干酪可以保存多年不坏。干酪主要是为了出门在外使用。在熬粥、煮制饮料时，可以细削一些干酪粉加入其中，这样煮出来的粥、饮料便有奶酪的味道。若省去炒的工序，那么粥和饮料的味道会更好一些，但这样的干酪易于生虫，往往不能过夏。

“漉酪”的制作方法和用途与干酪完全相同，只不过所用的原料不同而已。

制作“漉酪”要用上好的奶酪，先将奶酪盛放在生布袋中，挂在高处，在重力作用下，奶酪中的清液就会渗出滴下。“漉酪”就是用这些滴下来的清液（即乳清）加工而成的。

三、乳酥制作

关于酥的制作方法，《齐民要术》记载的制作程序是：聚集浮皮，煎去乳清，加热水研磨，加冷水，收集，最后煎炼成酥。收集浮皮主要采用专门的“抨酥法”，从奶酪里抨取上浮凝结的浮皮。但也可以收集在做奶酪过程中自然出现的乳脂皮膜做酥：一是在做酪初煮奶时出现的一层乳皮膜，可掠取“著别器中，以为酥”；二是熟奶冷却时凝结出的一层乳皮，可以掠取供做酥用；三是成酪表面所出现的一层黄皮，亦可揭取做酥。这些自然出现的乳皮，可以掠取作团、与采用抨酥法所获得的大段酥一起煎炼，加工做成富集、浓缩的酥油。这些做法，与现代游牧民族传统的黄油加工方法基本相同[1]。根据《齐民要术》的记载，当时牛奶、羊奶和马奶均可用于作酪、酥，但从酪、酥加工方法置于《养羊篇》来看，当时用于做酪的应主要是羊奶。

魏晋南北朝时期有两种加工酥的方法：一是用熟乳浮皮加工酥。将熟乳浮皮放在锅内用缓火煎熬，除去渣，剩下的油即为酥。二是用乳加工酥。将乳倾入桶中，用装有柄的木板捣乳半天，使其出现浮泡，撇出浮沫，放在锅中缓火煎熬，除去其中的焦皮，剩下的即为酥。“马思哥油”和“酥油”，二者都是直接用乳加工而成的，方法同明代朱权所著《臞仙神隐》中所记。其中，“马思哥油”（又名白酥油），系乳中的浮沫静放而成，未经煎熬，为生酥；而“酥油”，系煎熬浮沫而成，为熟酥。

从上述文献关于酥的加工的记载，我们可以看出，酪、熟乳浮皮、乳都可以制酥。元代以前，人们多用酪和熟乳浮皮制酥，故有“从牛出乳，从乳出酪，从酪出酥，从生酥出熟酥”之说，而元代蒙古族多用乳制酥。生酥主要靠“抨”（又称“打”）加工而成，经过缓火煎熬，生酥即变为熟酥。

四、醍醐制作

魏晋佛家认为，由熟酥出醍醐，醍醐是奶制品中精品的精品。佛经中醍醐又写作（饣氏）（饣胡）、（饣弟）（饣胡）、（酉帝）醐、（酉氏）醐等。

醍醐由熟酥加工而成。加工方法为：把酥稍稍煎熬，酥上就会渗出油状物，这就是醍醐。相对于酥而言，加工出来的醍醐的量极少，但醍醐味道很好，非常甜美。

佛经和“本草”类书中有醍醐医用的记载，如《涅槃经》卷14云：“醍醐最

---

[1] 缪启愉.1998.齐民要术校释.北京：农业出版社：438–439.

上，若有服者，众病皆除，所有诸药，悉入其中。”《大乘理趣六波罗蜜多经》卷1云：“醍醐之味，乳、酪、酥中微妙第一，能除诸病，令诸有情，自心安乐。”醍醐作为化妆品使用的例子有《魏书·西域传·悦般传》：“俗剪发齐眉，以醍醐涂之，昱昱然光泽。”在魏晋南北朝时期，作为药品医用或作为化妆品使用，似乎是醍醐的主要用途。

第三节 奶类食品饮食习俗的传播

《魏书·崔浩传》记载：北魏神瑞二年（415年）秋，平城发生饥荒，当局一度打算迁都于邺。崔浩上言：“至春草生，乳酪将出，兼有菜果，足接来秋；若得中熟，是则济矣。”明元帝从之，遂未迁都。此事说明，奶酪在北方饮食中占据着重要地位。

一、乳酪成为馈赠珍品

“食肉饮酪”历来被认为是北方游牧民族的一种特殊饮食习俗，以农耕为主要生业的中原人民鲜有食奶酪者。不过，魏晋南北朝时期，由于北方游牧民族的大量涌入，“饮酪”已在中原地区的社会上层较为流行，一时成为风气时尚。“乳酪”一类的奶制品是名贵食品，皇亲国戚、达官贵人每以乳酪互赠，视为上礼。

北朝十六国时的前燕国，与南方的东晋交好，双方常有人员、物品的往来。有一次，前燕国王慕容皝以5千克醍醐作为国礼赠送给东晋大臣顾和[1]。以雄领华北和东北大片疆土的国君，作为外交国礼却只送5千克醍醐，这说明醍醐在当时十分珍贵。由于醍醐珍稀量少，很少见到古代中国人饮用醍醐的记载，醍醐也很少作为添加原料来加工食品或饮品。

西晋时，尚书令荀勖长期体弱多病，宫廷御医极尽疗法，均不见效。晋武帝就命内府把乳酪送给荀勖食用。史书记载：“赐乳酪，太官随日给之[2]。”虽然没有记载荀勖食用乳酪一段时间以后，身体好转，但是可以推测，食用乳酪对人身体有益，在西晋皇帝把乳酪作为高级营养品赏赐给大臣的故事里，还有一个细节值得注意，那个遵命执行的“太官”，是每天把一些乳酪送到荀勖府上的，有点定量供应的意思。如此高规格的待遇，当然除了荀勖是皇帝的亲信大臣之外，还说明乳酪确实是珍贵之物，既然“皇恩浩荡”，那就“随日给之”。

---

1 《太平御览》卷858引《与顾和书》。顾和是东晋司空（掌管水土及营建工程）。时人称顾和为顾司空，相传他少年时很聪明机警，今天成语“顾和机警”说的就是他。

2 《太平御览》卷858《饮食部》16引《晋太康起居注》。

二、曹操父子以酪饷客

1. 魏武饷酪 有一个故事说，有人把一盒稣酪赠送给曹操。曹操就用这盒稣酪考验下属的机灵反应。他在盛着稣酪的盒子上竖着写了“一盒稣”三字，然后就依次传给在座的诸位下属。下属们不明其意，等到盒子传到杨修手上时，杨修立即打开盒子，爽快地将盒中的稣酪分给大家，在场的同仁都惊然不知所措。杨修解释：“魏王的意思是，一人一口。”（竖排的“一盒”看上去就是“一人一口”。）史书记载这则故事的本意是称赞杨修机灵聪明，能够很快领悟上司的意旨。因此，《世说新语》将故事的篇名叫“捷悟[1]”。

2. 甘酪赐钟繇 钟繇（151—230年）是汉末魏初“功高德茂”的大书法家，字元常，颍川长社（今河南长葛）人，官至太傅，世称钟太傅。有一次，魏文帝曹丕特意把甘酪赐予钟繇，以示关怀[2]。

为什么曹操父子都用乳酪来赠送下属呢？说明三国时，饮奶食酪的风俗已经在上层社会传播，所以才会“以酪为礼”，才有“魏武饷酪”的故事。另外，由于乳酪在中原地区还是稀罕之物，平时很难见到，才会有这样的典故，如“魏武饷酪”、“甘酪赐钟繇”。

三、吴人食酪

魏晋南北朝时期，生活于北方草原的游牧民族陆续大举内迁，形成了一次长达数百年的民族大融合。以食肉饮酪为习俗的传统也相随进入中原，逐渐融入了农耕民族的饮食文化之中，成为一个时髦的饮食新时尚。此外，东晋渡江立朝，偏安江左以后，大批皇室官吏、北方群众也随之迁往南方定居。他们带来了北方民族的生产生活习俗，其中包括了繁殖饲养、饮食奶制品的习俗。南渡的北籍官员，仍然保留了在北方食肉饮酪的习俗，并且常以此来招待南方的士族宾客，有时还常闹出一些笑话趣闻来。

东晋丞相王导，祖籍琅琊（今山东诸城），是东晋的开国功臣。南渡以后，为了调和东晋官僚集团内部的北籍士族与南方本地士族之间的矛盾，经常要在南、北方世家大族间斡旋。《世说新语》中有一段记载：有一次，出身吴郡（今苏州）世家的东晋太尉陆玩到丞相王导家造访，王导就用北方人经常食用的乳酪宴请陆玩。陆玩吃了乳酪后，回到家里就感到不舒服，好像病了一场。第二天，陆玩给王导写信说：昨晚吃了你招待的乳酪，回家后“通夜委顿”（整宿疲乏，狼狈不堪）。

---

1 《世说新语》卷中之下《捷悟》第11载：“人饷魏武一杯酪，魏武啖少许，盖头上题合字，以示众，众莫能解。次至杨修，修便啖，曰：‘公教人啖一口也，复何疑’！”

2 《太平御览》卷858《饮食部》16引《魏文帝集·钟繇书》。

我陆玩是南地吴人，却差一点做了“伧鬼”（“伧”是当时南方人对北方人的鄙称）[1]。《世说新语》中还记有一个类似的故事，说的是东晋时有一个吴人来到京师建康（今南京），有人招待他奶酪。吴人不知是何种食物，勉强吃了一回。可他一回家就吐，浑身疲乏。于是就对他的儿子说，我吃了奶酪，要是与那些北方佬一同死去，当也无恨无憾，可是你以后一定得小心呵[2]。说得有点像立遗嘱似的。

这两则故事告诉我们两点重要信息：第一，东晋的南渡官员仍然保留了北方生活中的食酪习俗，不仅自己食用，还常常用来招待宾客。但是当时南、北军事对峙，物流断绝，因此，王导等大批北籍士民日常食用的奶制品当是在江南本地生产的。第二，南方人对于乳酪这类食品仍然不适应，有点“奶反应”，这也就是我们现在所说的乳糖不耐症。

不过，随着时间的推移，南北饮食文化交流与融合，许多南方人也逐渐适应饮食奶制品。据《洛阳伽蓝记》记载：北魏时，南方士人王肃北逃到洛阳投奔北魏朝廷，皇帝很器重他，不仅让他入仕为官，而且还专门为他开设南食小灶，特供南方食用的餐饮食物。王肃在北方居住时间长了，也尝试食用乳酪，数年之后，也喜欢上了饮用酪浆[3]。可见，南方人经过一段时间的饮食适应期，也能吃奶制品。

四、南人受北酥

南朝文人沈约是吴兴武康人，他接受司徒所赠“北酥”，并写了一封《谢司徒赐北酥启》，称赞酥这种食品“旷阻阴山之外，眇绝蒲海之东，自非神力所引，莫或轻至”。这说明奶制品作为一种高级营养食品，已为南方士人所接受。但必须指出的是，迄至南朝灭亡，酪仅仅作为一种高级食品而在南方上层社会流行，普通百姓还是无此口福的[4]。

另一则故事说，西晋时，“文章冠世”的吴越人陆机和弟弟陆云来到洛阳，特地登门拜访“勇力绝人”的武将王武子。王武子很自豪地指着“羊酪”问道：“你们吴地有什么食物能和这种羊酪媲美？”陆机回答说：“千里太湖所产的莼羹，不用盐豉调料，味道都很鲜美呢[5]。”南人饮茶，北人食酪，本是南北饮食上的习俗差别，自无优劣高下之分。可是当时的鲜卑贵族对“饮酪”似乎特别情有独钟，颇引以为豪。由此可见，虽然南北交流渐多，但是饮食习惯依然根深蒂

---

1 《世说新语·排调第二十五》：“陆太尉诣王丞相，王公食以酪，陆还遂病。明日与王笺云：‘昨食酪小过，通夜委顿，民虽吴人，几为伧鬼。”

2 《太平御览》卷858《饮食部》引《笑林》：“吴人至京师，为设食者有酪酥，未知是何物也。强而食之，归吐，遂至困，顾谓其子曰：‘与伧人同死，亦无所恨，汝故宜慎之’。”

3 《洛阳伽蓝记》卷3《城南》。

4 黎虎.1997.汉唐饮食文化史.北京：北京师范大学出版社：143.

5 《晋书·陆机传》。

固，需要经过长期的适应才能逐渐转变。

五、上层社会的饮食乳品

乳不仅是一种营养价值很高的饮料，而且可以制成许多半凝固的食品，如酪、酥等，还可以作为主副食品的添加物而丰富食物的品种，提高食物的质量，增添食品的色香味。

（一）饮食奶

上文叙述的都是关于古代食用奶制品，如酪、酥、醍醐之类的高级奶制品的情况。然而，关于鲜奶饮用的记载却很少，目前仅找到一条史料。《魏书》记载：高平（今山西高平）人王琚官至豫州刺史，因为“常饮牛乳，色如处子”，活到了90岁高龄，如此健康高寿应与其常饮牛奶有关[1]。

官至豫州刺史的王琚饮食鲜奶是目前仅见的历史记载，那么是否可以说，古时社会上层的人们很少饮食鲜奶呢？当然不是。之所以食用鲜奶的史料很少，可能是由于如下几方面的原因：一是鲜奶对于上层的人们来说是比较普通和廉价的奶食品，留下的史料自然很少；二是在古代的技术装备条件下，鲜奶既不可能进行商业性长途贩运，也不可能在常温常态下保鲜贮藏，不存在加工技术的发明与改进，因此，农学家们也不会收录于他们编撰的农书之中；三是由于对于部分社会上层来说，饮食鲜奶自古有之，早已司空见惯，不以为奇，没有必要在史书和农书中加以记载叙述。凡此种种，史料中很少有饮用鲜奶的记载，就应当是可以理解的。

但是，从上面所见的这条有关饮食鲜奶的记载，我们也可以从中悟出一些结论来。第一，北魏人王琚一生常饮牛乳，活到90岁高龄。他之所以能够几十年如一日地坚持饮食牛奶，作为前提条件，就是他一生所到之处都有奶农或者有鲜奶市场为他提供牛奶，这就说明当时存在一个至少是针对社会精英阶层的较常见的、随时可得牛奶的奶源环境。第二，我们还可以更进一步推测，既然存在一个普遍的奶源环境，就肯定不只是专为王琚而设，而是存在某一群体的人在普遍喝奶，这个市场才可能存在下去。第三，汉代以来，人们饲养供奶家畜很普遍，规模很大，特别是牛和羊，其中一部分家畜挤出鲜奶后，除了部分提供制作奶制品外，奶农及牧场周边地区的某些人们自然会就近即时饮用。由此可知，魏晋南北朝时期至少在社会上层有饮奶习俗。南朝（梁）陶弘景在《名医别录》中也说：“牛羊乳实为补润，故北人食之多分肥健。”说明医学家也认识到了牛乳、羊乳的价值，而从“北人食之”这句话中，看来绝非某人某时的个人行为，应该至少有部分人在饮食乳品。

（二）饮食奶酒

经过“五胡十六国”的北方民族大举内迁到西晋统一中国，完成了一次大规

[1] 《魏书》卷94《列传阉官》第82《王琚传》。

模的民族融合，各民族的饮食习俗得以相互借鉴和交流，形成了饮食多样化的格局。起源于北方草原的食肉饮酪习俗在中原地区广泛传播。内迁民族过去经常饮用的马奶酒是一种即做即饮的奶制饮料，马奶易得，制作简便，因此，这种习俗在中原农耕地区上层社会中广泛传播，当然也不排除在更广大地区的下层民众间传承，普通百姓偶尔也会享受一下。至于蒙古族的苏布苏（淡奶酒）、额策格（马奶酒），自古就是牧民日常饮用的奶酒。对于这类奶制饮料，史书较少记载，也在情理之中。

此外，诸如牧民日常食用的奶茶、奶皮子、奶疙瘩等民间奶制食品，自然也会随着民族迁徙而传遍南北大地，流入市井。

值得特别指出的是，隋唐以前的文献所提到的酪浆和酪粥，多是羊乳酪。《晋书·陆机传》所记载的发生在陆机与王武子之间的故事中所称的酪即是羊酪；《洛阳伽蓝记》中将“羊肉酪浆”连称，似乎亦暗示酪浆是羊乳酪浆；唐人包佶《顾著作宅赋诗》所提到的也是“羊酪”。这表明当时的奶酪加工的原料主要是羊乳，这一情况，与现代畜乳生产以牛乳为主、羊乳较少有很大的差别。事实上，单从食物生产的角度而言，汉唐时期北方地区养羊业的地位要高于其他家畜养殖业，羊乳的生产与消费量较大也是可以理解的[1]。

比如作饼，《齐民要术》卷9《饼法》第82云：用牛乳、羊乳调水溲面，“令饼美脆”；作“截饼”，“纯用乳溲者，入口即碎，脆如凌雪”。此外，同卷又提到：作粉饼、豚皮饼等食用时，添加乳酪作汤料，滋味甚美[2]。

农耕民族的人民在制作面食品时，也会加入牛乳和羊乳，与面粉糅合在一起加工，如拨饼要用酪浆来调和，粉饼要加到酪浆里才吃。以畜乳及奶制品为配料烹饪和加工菜肴，魏晋南北朝时期的文献也屡有记载，如《齐民要术》记载的“苦笋紫菜菹法”，其中加有盐、酢、乳等配料[3]。

六、奶类食品市场

《晋书》卷55《潘岳传》载潘岳《闲居赋》称：“牧羊酤酪，俟伏腊之费[4]”，这条文字表明，奶制品在当时曾投放市场进行交换；《齐民要术》的记载也暗示了市场上有奶制品买卖[5]。市场上出现奶制品交换的事实说明，在当时，即使是农耕地带，由于畜牧业特别是养羊业曾一度取得发展，奶类食品的生产、加工和消费也相应地具有一定的经济地位。

---

1 王利华.2001.中古时期北方地区畜牧业的变动.历史研究（4）：33-47.

2 《齐民要术》卷9《饼法》第82云：粉饼“若著酪中及胡麻饮中者，真类玉色，稹稹著牙，与好面不殊”，且“著酪中者，直用白汤溲之，不须肉汁”。

3 《齐民要术》卷9《作菹藏生菜法》第88。

4 《晋书》卷55《潘岳传》。

5 《齐民要术》卷6《养羊》第57云：“若去城中远，无熟酪作酵者，急揄醋飧，研熟以为酵……”，说明当时城市之中有乳酪出售。

第三章 隋唐五代宋辽金元时期的奶业与奶类食品

魏晋南北朝时期，国家处于分裂割据的动荡时期，政权变动大、变化快，严重影响包括畜牧业在内的社会经济的稳定和发展。进入隋唐宋元时期，虽然也出现过短暂藩镇割据的分裂局面，但是国家总体上是以统一为主。北方存在的辽、金、西夏等几个少数民族政权，它们的统治范围大，存续时间长，与南北朝时期的地方小政权频繁变动有很大区别。因此，这一时期，官办畜牧业呈现出几个鲜明的历史特点：一是畜牧管理机构和相关政策措施进一步完善，二是官办畜牧业从北方扩展到南方，三是牛、马、羊等重要奶畜饲养量大幅增加。这一切都为隋唐宋元时期的奶业发展和饮食奶制品提供了前所未有的社会条件。

第一节 隋唐五代宋辽金元时期的畜牧业

一、隋唐五代宋辽金元时期的畜牧管理机构与畜牧政策

（一）隋唐五代时期的管理机构与畜牧政策

隋朝立国短暂。唐承隋制，隋朝的许多典章制度在唐朝都得到了继承并发展起来。

唐朝立国之初，就设置了畜牧业管理机构——太仆寺、驾部和尚乘局。其中，太仆寺乃朝廷的畜牧管理机构之一；驾部直属于尚书省兵部下面的一个司；尚乘局则隶属于殿中省下六部之一。太仆寺总领者为太仆卿，下设监牧，代表朝廷直接管辖分布于各地的“牧监”。牧监的长官称为牧监使。牧监按官办牧场饲养畜群多少分为三级，饲养5 000头以上者为“上牧监”，4 000头为“中牧监”，3 000头以下者为“下牧监”。各级畜牧机构的官阶品级及各层级的吏员职数都有明确规定[1]。牧监以下为“群”。群是官办牧场的最小饲养放牧单位，群的大小依畜群种类而不同。《大唐六典》记载，马、牛以120头为一群，驼、骡、驴以70头

[1] 《新唐书·百官三》说：“凡马五千为上监。上牧监：监各一人，从五品下；副监二人，正六品下；丞各二人，正八品上；主簿各一人，正九品下。凡马三千为中监。中牧监：监，正六品下；副监，从六品下；丞，从八品上；主簿，从九品上。马不足三千为下监。下牧监：监，从六品下；副监，正七品下；丞，正九品上；主簿，从九品下。中牧监副监、丞、减上牧监一员。”

为一群，羊以620头为一群[1]。群之下有牧长、牧尉等，这是品级最低的职官，他们负责管理和安排“牧子”日常的放牧工作。牧子是实际喂养和放牧牲畜的工人。依据《唐律疏议》及《新唐书·兵志》等史料可知：一个牧监下辖5名牧尉，一个牧尉掌管15名牧长即“群头”。如此算来，唐朝时一个牧监管理的牛、马等大家畜的头数为9 000（120×15×5）头；或者管理羊群的头数为46 500（620×15×5）头。在传统的牧养条件下，这样的畜群规模应当说是相当可观了。这里需要特别指出的是，以上提到的畜群规模只是法定的概数，有时会有增减。如吐鲁番出土的《唐张从牒为计开元十年（722年）蒲昌群长行马事》中，西州蒲昌群的“长行马”就曾有140匹之多，超过了120匹的规定数量[2]。

唐朝的监牧系统为：都监牧使→坊监牧使→牧监→牧尉→牧长（群头）→牧子。

除一般牧监外，唐代还专门在同州（今陕西大荔）设置了一个“沙苑监”，作为向京师朝廷特供肉、奶的专用牧场，有时也作为牲畜调拨转运的中转牧场。《大唐六典》记载：“沙苑监，掌牧养陇右诸牧牛羊，以供其宴会祭祀及尚食所用。”这个牧场的位置正好处于唐代西京（长安）和东京（洛阳）之间，在这里专设牧场，以备西北地区输送入京的牛羊贮运饲养，为宫廷百官和京师居民提供肉奶[3]。唐代京城是当时世界上最繁华的都市之一，每天消耗的肉、奶产品数量巨大，因此，颇受唐朝历代帝王重视。中唐以后，陇右、河曲诸牧监先后荒废，沙苑监也就更多地担起了牧监的重任[4]。

官办牧场是各级都城官衙和皇室的奶源供应者，也是官方采办“稣酷”等奶制品的主要来源。因此，官办畜牧业的发达，监牧机构的完善，对于推动畜牧业的发展提供了可靠保证，是唐代“饮奶食酪”风俗传播的重要社会条件和物质基础。

唐五代的统治者们始终推行对耕牛的特殊保护政策，发布严格的保护法令，严惩盗杀耕牛者。这虽然并非言明是为了奶业的发展，但是毕竟有牛就有奶，对奶业发展不无补益。《唐律》规定：“诸盗官私马牛而杀者，徒二年半[5]。”宣宗朝所下制文也说：“爱念农耕，是资牛力，绝其屠宰，须峻科条。天下诸州屠牛，访闻近日都不遵守。自今以后，切宜禁断。委所在州府长官并录事参军等严加捉搦。如有牛主自杀牛并盗窃杀者，宜准乾元元年二月五日敕，先决六十，然后准法科罪，其本界官吏不铃辖，即委所在长吏，节级重加科责，庶令止

[1] 《大唐六典》：“凡马、牛之群以百二十；驼、骡、驴之群以七十；羊之群以六百二十。”

[2] 陈国灿.1997.斯坦因所获吐鲁番文书研究.武汉：武汉大学出版社：210.

[3] 马俊民，王世平.1996.唐代马政.西安：西北大学出版社：38.

[4] 《唐国史补》卷2，古典文学出版社，1958年。

[5] 乜小红.2004.唐五代畜牧经济研究.厦门：厦门大学：7.

绝。”不论是牛主自杀牛或是盗杀牛者，都要严加惩处，表明了唐朝对保护耕牛的决心[1]。

关于家畜的饲料，官牧也有相应的法令。《唐六典》卷17《典厩令》记载：“凡象日给槁六围，马、驼、牛各一围，羊十一共一围（每围以三尺为限），蜀马与驴各八分其围，骡四分其围，乳驹、乳犊五共一围，青刍倍之。”这是关于所养的牛、马、羊、驼家畜的饲料标准。如果官畜饲养不得法，致有瘦损的，相关人员则要受到惩罚。《厩库律》：“诸供大祀牺牲，养饲不如法，致有瘦损者，一杖六十，一加一等，罪止杖一百，以故致死者，加一等[2]。”关于官牧家畜的分群饲养，也有规定。《唐律疏议》卷15《厩库律》：“诸牧畜产”条引《厩牧令》：“凡牧马、牛，皆百二十为群，驼、骡、驴各以七十头为群，羊六百二十口为群。群别置牡长一人，率十五长，置尉一人。”

有关官牧游牝与课驹的规定，《唐六典》卷17《诸牧监》记载：“凡马牛以季春游扎（《月令》：‘季春乃合累牛腾马，游牝于牧。’）。其驹、犊在牡，三岁别群。若与本群同牡，不别给牧人。马牧牝马四游五课，驼四游六课；牛驴三游四课，羊三游四课。四、五者，皆言其岁而游牝也，羊则当年而课之。其课各有率，谓：牛马驴之牝百，而岁课驹、犊各以六十，马二十岁则不课。三岁游牝而生驹者，仍别薄申。骡驹半之。若马从外蕃而至者，初年课以四十，二年五十，三年全课。牝驼百，三年之课七十；羔羊之白者，七十；羖者，八十”。此处的课主要是指产驹。当时的官牧，推行的适产前的分牧制度，即公母不同牧，到了可以交配的年龄，才公母同牧，利于产小畜。合理的交配、怀孕，是家畜分泌乳汁的前提，也为奶品生产提供了依靠。唐代与畜牧相关的其他法令还有很多，如《官畜孳生奖励规定》、《杂畜死耗的规定》、《官畜在牧亡失的规定》、《官马因公死失的规定》等[3]，这些畜牧法令的执行，客观上促进了当时畜牧业的发展，也促进了奶制品的生产与消费。

（二）宋辽金元的管理机构与畜牧政策

辽代朝廷设有专门机构——群牧使司，下辖若干个群牧司，构成朝廷的畜牧管理体系，掌管各地的官办牧场。这些牧场通常都设于水草肥美的草原，各种牲畜单独成群，实行群牧。官营的畜牧业是西夏朝廷财政收入的重要来源。牲畜以马、羊为主，还有驼、牛等。马主要用于交通和征战，羊则提供皮毛、肉和奶，是牧区衣食的主要来源。辽代朝廷也实行“官有民养制”，即采取化整为零的方式，将官办牧场的牲畜分包给牧区百姓放养。每年四月至八月出放，八月底收回

[1] 乜小红.2004.唐五代畜牧经济研究.厦门：厦门大学：7.
[2] 乜小红.2004.唐五代畜牧经济研究.北京：中华书局：83.
[3] 乜小红.2006.唐五代畜牧经济研究.北京：中华书局：86–91.

官办牧场驻地，以集中保护牲畜过冬[1]。

宋代时牲畜主要是马、牛、驴、骆驼、羊。对各类家畜，官方都有相应机构负责饲养，尤以马为多。官营养马业分朝廷、军队和地方三个系统。朝廷专有群牧司和太仆寺等机构负责养马，下设左右骥骥院、左右天驰监和各地牧监，负责管理畜牧业。如朝廷的车营务："驾车给内外之役"，有监役卒多达4 400余人。军队与部分地方也有相应的管理机构[2]。宋代朝廷还在皇宫内设有"牛羊司"，专营皇家的畜牧事务。其下属一个"乳酪院"，专管奶油、奶酪生产。

元朝曾先后设立了太仆寺、尚乘寺、群牧都转运司等官方机构，管理国家畜牧业。太仆寺专管阿塔思马匹（蒙语，意为骟马），属宣徽院，后改隶中书省，正三品，所领全国14处国家牧场。中统四年（1263年），忽必烈开设群牧所，隶太府监，掌管牧马及尚方鞍勒。至元十六年（1279年）改为尚牧监，后又先后改为太仆院、卫尉院。至元二十四年（1287年）立太仆寺。武宗至大四年（1311年）复立群牧监，秩正二品（相当正部级），所管范围有所扩大，兼管孳畜（相当良种繁育）等项。

群牧都转运司专管喂牲畜粮草等事。世祖至元二十二年（1285年）曾在上都设此机构，后撤销。顺帝至元元年（1335年）改由徽政院专管群牧，包括了群牧都转运司的职责。

另外，元朝制订了"和买马"制度，即按规定价格由官方买马。如中统元年（1260年）五月，忽必烈下令"诸路市马万匹，送开平府"。英宗、顺帝时期也有买马、牛、羊的大量记载。虽然这种购买是官方征用，带有一定的强制性，但亦是一种商品交换，对促进牧民的生产积极性有一定作用。

元朝政府制订了禁止私杀马牛和处罚盗窃马牛等专门法律。如《元史·刑法志》记载："自十二月至来岁正月，杀母羊者，禁之，诸宴会，虽达官，杀马为礼者，禁之。其老病不任鞍勒者，亦必与众验而后杀之。诸私宰牛马者，杖一百，征钞二十五两，付告人充赏。"其他处罚条例也定得非常详细。对偷盗牲畜者，则严加刑罚。"诸盗驼马牛驴骡，一赔九。盗骆驼者，初犯为首九十七，徒二年半，为从八十七，徒二年，再犯加等；盗马者初犯为首八十七，徒二年，为从七十七，徒一年半，再犯加等[3]。"这些条例对保护牧民利益是有好处的。

---

1 《辽史》卷60《食货志下》。

2 程民生.1990.宋代畜牧业略述.河北学刊（4）：90–95.

3 《元史·刑法志》。

二、畜牧区域向全国各地扩展

唐朝时内迁到西北地区的西夏党项族，受当地和邻近汉人的影响，社会经济有了长足发展。畜牧业是党项人的重要产业和衣食之源。西夏畜牧业主要分布在银州（今陕西米脂）、夏州（今陕西靖边）、盐州（今宁夏盐池北）等地。此外，凉州（今甘肃武威）、瓜州（今甘肃安西）、沙州（今甘肃敦煌）等地的畜牧业也很兴盛。据《金史·西夏传》记载，河西走廊的凉州畜牧甲天下，而瓜州和沙州等地“素鲜耕稼”，专以畜牧为生。牲畜品种以羊、马、牛、驼为主，还有驴、骡、猪等。

在上一章中提到，东晋迁都金陵（南京），大量北方官绅庶民越江居住，把北方的畜牧饲养和饮食乳酪的习俗也带到了江南。但是这只是局部性的小范围饲养，而且地域上也只局限于沿江的繁华都市周围。到了唐代，这种局部饲养的情况有了较大改变。除了民间饲养牲畜的情况更加普遍之外，许多官办的大型畜牧场都在大江南北陆续兴办起来，有的更向浙江、福建等东南传统农耕区发展。

例如，唐贞元二十年（804年），曾在福建的泉州开办过官营牧场“万安监”，次年即废。唐元和十四年（819年），又在淮南海陵（今江苏泰州）设置了“临海监”，至文宗太和二年（828年）废止。元和十四年在襄州（今湖北襄樊）的开设“临汉监”，于太和七年（833年）停废[1]。由于在南方农耕区开办大型官办畜牧场，需要圈占大量农田，对当地的农业生产造成严重影响，史书记载“监牧广占农田，侵农扰民[2]”，因此，这些牧场开办不久也就先后停废了。由此可见，在传统农业社会，大型畜牧业与种植业是一对存在消长关系的矛盾，此兴彼废。

唐代还出现了一些著名的养羊基地，并培育出了著名的羊品种，如苦泉羊。据《元和郡县图志》记载：“苦泉，在县西北三十里许原下，其水咸苦，羊饮之，肥而美。今于泉侧置羊牧，故俗谚云：苦泉羊，洛水浆。”同州朝邑一带牧草丰茂，水质优良，历来畜牧业发达，唐朝设有大规模的皇室牧场，即“沙苑监”，西域进贡的马、羊等良种都在此处牧养繁育，成为著名的种畜繁育基地。在此经过长期驯化和人工选育而成的苦泉羊，后来演变成为同羊，至今仍是中国优良的绵羊品种之一[3]。

唐代后期，由于周边各族不断侵扰，境内藩镇割据，中原地区动荡不安，官办的畜牧业遭受严重破坏。在这样的社会背景下，国家为了解决肉、奶的供应，不得不将监牧再度向东南各地移徙。一些地方藩镇的畜牧业，相应地兴盛起来。

---

1 《册府元龟》卷621《卿监部·监牧》第8册，中华书局影印版。

2 乜小红.2005.唐代官营畜牧业中的监牧制度.中国经济史研究（4）：120–129.

3 余孚.1991.中国古代的养羊技术.古今农业（3）：54–59.

如“归义军羊司”，是唐五代敦煌归义军政权在畜牧业管理机构中设置的一个专管牧羊业的特殊职能部门。这一机构的设立，原因主要有二：一是，沙州为半农半牧区，畜牧业发达，饲养羊的数量多，涉及羊皮、毛等副产品的征收、管理等事宜，需要设置一个专门机构予以管理。二是，沙州戈壁、绿洲、山丘、草场相间，交通不便，颇难兼管。加之，一般农户也兼养羊，需要设置一个专管牧羊业的机构，来进行全境的协调、调度和管理。“归义军羊司”主要管理官府羊群的籍账、算会、放牧、牧子的雇佣及管理，并向寺院和私羊主税羊，以及征纳羊肉、羊皮、羊毛等[1]。

元朝在全国设立了14个官马道，凡是水草丰美的地方均可放牧马群。另外，江南和辽东诸处也散满了牧场，打破了“国马牧于北方，往年无饲于南者”的界限。如《元史·兵志》中说：“自上都、大都以及玉你伯牙、折连怯朵儿，周回万里，无非牧地。”元朝牧场广阔，西抵流沙，北际沙漠，东及辽海。当时大漠南北及西南地区的优良牧场，见于史料记载的有甘肃、吐蕃、云南、芦州、河西、亦奚卜薛、火里秃麻（巴儿忽境内）、和林、斡难、怯绿连、阿剌忽马乞、哈剌木连、亦乞烈思、成海，以及上都、金山以南、亦乞不薛（属云南行省）、吉利吉思等处。这些地方“庐帐而居，随水草畜牧”。

三、牛、马、羊等奶畜数量增加

唐朝是中国历史上经济、文化发展的繁荣时代，国家的支柱产业之一的畜牧业同样快速发展。据史料记载，唐朝初期，全国只有5 000多匹马。大约40年后，就增加到70.6万匹。其他的家畜数量也有了大幅度的增加。畜牧业为什么能在这么短的时间内快速繁荣起来呢？这里有多方面的原因：其一，唐朝在与周边部族的战争中俘获大量牲畜。如贞观四年（630年）对突厥颉利的战争中，“获杂畜数十万”（杂畜指马匹以外的大家畜）[2]；贞观九年（635年）吐谷浑伏允战役中，“获杂畜二十余万[3]”；贞观十五年（641年）在反击薛延陀的战役中，“获马万五千匹”；在破突厥思结的战争中，“获羊马称是[4]”。此外，周边部族为了与唐朝结好，有时会以大量家畜作为贡品。如贞观十七年（643年），盘踞西北的薛延陀“献马五万匹、牛驼一万、羊十万以请婚[4]”。这些俘获或纳贡的牛羊杂畜，最终都被调往各地的官办牧场去饲养繁殖，因此，唐朝能在短期内快速发展畜牧业。其二，唐朝建立之初，建立了一整套严密的监牧管理制度、严格的畜牧从业人员

---

1 乜小红.2005.唐代官营畜牧业中的监牧制度.中国经济史研究（4）：120–129.

2 《资治通鉴》卷193。

3 《资治通鉴》卷194。

4 《旧唐书》卷3《太宗本纪》。

奖惩制度、牲畜的藉账档案制度和对牲畜草料因时制宜地供给制度等[1]。其三，建立了庞大的饲料生产基地。《新唐书·兵志》记载："八坊之田，千二百三十顷，募民耕之，以给刍秣[2]。"《陇右监牧颂德碑》注载：(在陇右牧区)"莳苘麦、苜蓿一千九百顷，以茭蓄御冬[3]。"说明从汉代开始从西域引进的优质蛋白质饲料苜蓿在此时发挥了很大的作用。其四，重视牲畜品种的引进与改良。例如，武德年间，西域康居国献良马4 000匹。《唐会要》记载："康国马，康居国也，是大宛马种，形容极大。武德中，康国献四千匹，今时官马，犹是其种[4]。"又如，"贞观二十一年八月十七日，骨利于遣使朝贡，献良马百匹，其中十匹尤骏，太宗奇之，各为制名[5]。"这些域外良种马的引进，给唐朝官办的牧马业不断地注入了新的血液，保证了牲畜品种的优势，也带来了牧马业的兴旺。综上所述，四大因素促成了与奶业相关的养殖业的繁荣，牛、羊等家畜数量大增[6]。

到宋元时期，畜牧业同样得到国家的重视而继续发展。宋朝是中国古代社会经济的高度发展时期之一，相应地，其畜牧业为总体发展做出了贡献。宋朝畜牧业与前朝及周边少数民族政权相比有不足的一面，但在许多领域仍在继续发展，主要表现在牲畜的数量上。另外，饲养管理技术方面也有明显的进步。宋朝政府重视畜牧业，从中央到地方设置了较为完备的管理机构，还颁布了一系列律令措施，约束和规范牧养管理人员的行为。在朝廷的重视下，宋朝官营畜牧业有了较大发展，养马数量曾一度达到20多万，牛、羊等牲畜的饲养也得到了空前发展。另外，私营畜牧业也是相当兴盛，作为农村副业而存在，成为百姓经济的重要来源之一[7]。例如，宋朝的养羊，如宋陆佃《碑雅》中说，"羊每成群，则要以一雄羊为主，举群听之，今俗谓之压群者是也，北人谓之羊头。"这段文字意味着宋朝已经了解到了羊群存在头羊现象，即羊群的社会组织。同时也从侧面反映出当时养羊多存在成群放牧现象，意味着养羊的规模不小。《宋会要辑稿》还记载："大中祥符三年（1010年）四月诏：牛羊司每年栈羊三万三千口，委监官拣少嫩者栈圈。"这种经过肥育的羊是专供皇室贵族用的，也说明羊群群体规模很大。养羊规模决定了羊奶业的相应存在。

宋代有了专门的牛羊饲料供应市场。史书记载，宋初一束牧草的价钱为8文，后涨到20～30文，南宋时涨到50文，甚至100文以上。

---

1 郑学檬等，《中国经济通史》第4卷。

2 《新唐书》卷50《兵志》。

3 《全唐文》卷226。

4 《唐会要》卷72《诸蕃马印》。

5 《唐会要》卷72《马》。

6 乜小红.2005.唐代官营畜牧业中的监牧制度.中国经济史研究（4）：120-129.

7 张显运.2007.宋代畜牧业研究.郑州：河南大学.

元朝随着统治疆域的扩大，不断将畜牧业延展到全国各地。北方大漠、草原出现了牛马羊群动辄数百、数千的景象[1]，《马可波罗游记》也记载，当时各地的驿站“备马逾三十万匹”。马羊杂畜十万、数十万的记载也充斥史籍，可见元代饲养的牲畜之盛。这些草食家畜肉、奶兼用，自然能够提供大量的鲜奶供人们制作奶制品食用。

四、牛、马、羊等奶畜饲养技术的进步与兽医专著出现

1.牛、马、羊等奶畜饲养技术的进步 《陈旉农书》中针对牛的饲养问题：在初春尚寒，新草未生之初，要“取洁净真草细判之，和以麦扶、谷糠或豆，使之微湿，槽盛而饱词之，豆仍破之可也”。在深冬时，“天气凝凛，即处之澳暖之地，煮糜粥以唤之即壮盛矣。天寒即以米滋和到草、糠鼓以词之”。宋朝对耕牛的卫生防疫问题也十分注意。如宋朝江浙地区冬季多将牛关入牛舍饲养，当时有些地方“牛栏亦名牛宫”，足见对牛舍卫生管理的重视。《陈旉农书》中指出：“于春之初，必尽去牢栏中积滞薄粪。亦不必春也，但旬日一除，免秽气蒸郁，以成疫疠；且浸渍蹄甲，易以生病。”冬季对牛舍地面要铺垫垫草保暖[2]。当时的人们还针对牛睡眠时间短，夜间采食与反刍的特点，在夜间给料饲养，夜里喂牛的方法是给每头牛“各带一铃，草尽，牛不食，则铃无声，即拌之[3]”。饲养员在铃响时可以休息，铃响一停就要去添草拌料，使牛充分吃饱夜草。这种夜里饲养的办法，在农忙季节甚为重要。

关于羊的饲养，元·鲁明善的《农桑衣食撮要》中说：“春夏早放，早收，若收晚，遇巳午时热心汗出，有尘土入毛内，即生疮疥。秋冬晚放，若放早，吃露水草，口内生疮，又鼻生脓[4]。”此外，元朝蒙古族还使用了一种指导羊适宜时间配种的历法。据肖爱民研究指出，元朝蒙古族民间历法中月份的蒙古语称谓，表明了蒙古族有一种用人工方法控制羊的生育期来繁殖羊的技术——牝牡分牧，即公羊和母羊分群放牧，在固定的时间合群交配。如九月叫作“忽察答里必撒剌”，意为“放种羊到羊群的月份”。晚夏初秋，蒙古人则将种羊和母羊分开放牧。目的是避免冬天和早春寒冷无青草的季节接生羔羊，九月则放种羊归群。蒙古人为保证羊羔产于春季，实行牡牝分牧技术，到阴历十一月、十二月时，才将牡羊放入牝羊群中交配[5]。另外，据明·萧大亨《夷俗记》记载，明朝蒙古人所饲养的牲

---

1 如《元史》记载：“元起朔方，俗善骑射……盖其沙漠万里，牧养蕃息，太仆之马，殆不可以数计，亦一代之盛哉。”

2 王潮生.1980.浅谈古代饲养耕牛的经验.中国农史（1）：116–122.

3 （元）大司农司编《农桑辑要》。

4 余孚.1991.中国古代的养羊技术.古今农业（3）：54–59.

5 肖爱民.2007.中国古代北方游牧民族调控羊繁殖的技术初探.自然科学史研究（2）：192–201.

畜，“大抵马之驹、牛之犊、羊之羔每年一产。产于春月者为佳。羊有一年再产者，然秋羔多有倒损之患，故牧羊者每于春夏时以毡片裹羝羊之腹，防其与牝羊交接也[1]。”这说明为保证羊羔产于春季，蒙古人还有一种推迟母羊怀孕时间的方法，即“于春夏时以毡片裹羝羊之腹，防其与牝羊交接”，以达到对羊的繁殖期实行人为控制[2]。

2. 兽医专著出现 在饲养技术进步的同时，兽医专著也在这一时期出现，著名的首推唐·李石[3]的《司牧安骥集》。该书是李石在838年前后任行军司马时，收集当时医治马病的重要文献汇编而成。卷1收录有相良马图、相良马论、相良马宝金篇、伯乐针经、王良百一歌和伯乐画烙图歌诀等文献。卷2有马师皇五脏论、马师皇八邪论、起卧入手论、造文八十一难经和看马五脏变动形相七十二大病等篇。卷3收录天主置三十六黄病源歌、岐伯疮肿病源论、三十六起卧图歌。卷4选录了治骡马通用的经验效方25类，药方143个。该书是中国现存最古老的中兽医专著，对后世的兽医学，特别是马病治疗技术的发展产生了重要影响。

元·卞宝的《痊骥通玄论》是中国现存唯一的成书于元朝的兽医学专著，在中兽医学术研究方面曾起过承前启后的作用。该书在明朝屡经刊刻，长期被用于兽医学教学，在中兽医学发展史上占有一定的地位。有人将《痊骥通玄论》与唐·李石的《司牧安骥集》，明·喻仁与喻杰的《元亨疗马集》并称为中兽医学三大著作。

此外，这一时期还有一些综合性农书，如《陈旉农书》，有关于牛的养殖技术方面的内容。

第二节　奶类食品饮食习俗的传承与发展

武则天死后，唐中宗复位。尚书韦巨源进献“烧尾宴”。唐时大臣初拜官，需献食皇帝，名曰“烧尾”。据说，韦巨源进的“烧尾宴”，含乳酥的食谱有：“单笼金乳酥”、“玉露团”（雕酥）、“贵妃红”（加味红酥）、“巨胜奴”（酥蜜寒具）、“仙人脔”（乳沦鸡）等[4]。在8世纪初，唐朝大臣献给皇帝的丰盛宴席中，就有奶酥糕点。唐时宫廷视奶类食品为珍稀，必然对乳文化普及扩散形成一

---

[1] （明）萧大亨.2006.夷俗记//薄音湖，王雄.明代蒙古汉籍史料汇编.第2辑.呼和浩特，内蒙古大学出版社：247.

[2] 肖爱民.2007.中国古代北方游牧民族调控羊繁殖的技术初探.自然科学史研究（2）：192-201.

[3] 李石，818年进士及第，官至尚书右仆射、宰相等职。

[4] 《清异录》。

种社会示范效应。由于奶类食品的传播与使用日趋广泛，在当时的诗文作品中也时有出现。包佶《顾著作宅赋诗》："已觉不嫌羊酪，谁能长守兔罝[1]。"唐德宗喜以酥椒入茶，大臣李泌作诗曰："旋沫翻成碧玉池，添酥散作琉璃眼[2]。"韩愈《早春呈水部张十八员外几首》之一："天街小雨润如酥，草色遥看近却无[3]。"这里用"酥"来形容小草的柔腻松软。诗人薛能的《影灯夜》："十万军城百万灯，酥油香暖夜如蒸[4]。"有时也以酥酪并称，泛指富含奶脂肪的食品。如唐代杜牧《和裴杰秀才新樱桃》："忍用烹酥酪，从将玩玉盘[5]。"有时也用乳品来比喻称赞人，据《新唐书·穆宁传》记载，穆宁有四个儿子，长得都很好，而且兄弟和睦，品格超群，于是人们便以不同的乳品来赞誉他们，说长子穆赞"少俗，然有格，为酪"；次子穆质"美而多入，为酥"；三子穆员"为醍醐"；四子穆赏"为乳腐"。一方面这是当时人们把乳品视为珍贵的食物，用以比喻心目中美好的人和事；另一方面也说明当时奶制品在饮食生活中已比较普遍而为人们所熟知[6]。

堪称咏颂乳酪之绝唱者，当数唐人王泠然的《苏合山赋》："英髦俊彦兮揽辔结辙，华堂洞开兮绮馔齐列。虽珍膳芳鲜，而酥山奇绝。味兼金房之蜜，势尽美人之情。素手淋沥而象起，玄冬涸沍而体成。足同夫霜结露凝，不异乎水积冰生。盘根趾于一器，拟崖蕚于四明。或峻或危，其势参差，隐映陆离，疑雪岫之座窥；乍辉乍焕，其色璀璨，灼烁皓旰，与玉台兮相乱。岂若兹山俎豆之间，装彩树而形绮，杂红花而色班。吮其味则峰峦入口，玩其象则琼瑶在颜。随玉箸而必进，非固非絺；触皓齿而便消，是津是润。倘君子之留赏，其捐躯而自殉？"

"酥山"是唐宋时期盛行于宫廷中的一种高级冷饮奶类食品。《苏合山赋》写的就是宴请宾客时所制作的酥山及其精美的造型。在唐宋时期，宫廷里建有大型冰窖，在春、夏季节也能制作酥山。

一、文献记载的奶类食品种类增加

（一）酥山

"酥山"是中国唐宋时期盛行于宫廷中的一种高级冷饮奶制品。晚唐诗人和凝在《花间集》中云："暖金盘里点酥山，拟望君王仔细看。更向眉中分晓黛，

---

1 兔罝[jū]，捕捉兔子的网，也泛指捕鸟兽的网。

2 （唐）李繁《邺侯家传》。

3 《韩昌黎集》卷10。

4 《全唐诗》卷561。

5 《全唐诗》卷524。

6 黎虎.1997.汉唐饮食文化史.北京：北京师范大学出版社：145.

岩边染出碧琅玕。"诗中刻画一位宫女用奶油"酥"为皇帝精心制作颇具造型的糕点。前述唐人王泠然的《苏合山赋》[1]，详细地介绍了"酥山"的制作工艺。由此知道，酥山一般都是由女性制作，先是把酥加热使之柔软，然后捧握在手中，向盘子中"淋"、"沥"、"滴"、"点"，做出精巧的崔巍山峦、冰峰雪嶂的造型，故称之为"酥山"。酥山一般都要在冬天制作，用酥塑成的造型才能凝冻，不变形，不变质。《东京梦华录》记载，北宋汴京（今开封）夜市卖的"滴酥"，就是酥山的一种。不过，在唐宋时期，宫廷里建有大型冰窖，在春、夏季节也能制作酥山。如宋人王安中《蝶恋花》："未帖宜春双彩胜，手点酥山，玉箸人争莹。"这是写在立春的节日吃酥山。和凝在《宫词》中说："斑簟[2]如霞可殿铺，更开新进瑞莲图。谁人筑损珊瑚架，子细看时认沥苏（酥）。"写的是皇宫里消夏宴会的场景，这时用于解暑的是一座"珊瑚架"造型的酥山。人们通常都认为今天的冰激凌是西方人发明的，是我们引进的舶来品，其实我们的唐宋时期就有奶油制作的冰激凌，而且能够在夏天炎热时用于消夏解暑了。

（二）乳腐

"乳腐"最早见于隋朝人谢讽的《食经》一书中，其中有"加乳腐"的记载。"乳腐"与后世的"腐乳"是两种完全不同的食品。现在的"腐乳"是用豆类蛋白发酵而成的调味食品。从古籍中对乳腐的形态描述和食用特点等方面分析，认为乳腐在加工方法和食用方式、营养功能上均与酪酥等奶制品不同。鲜乳中含有大量蛋白质，这一点与豆浆很相似。因此，可以像加工豆腐一样，将生奶加热点卤，加压去除水分，即可成豆腐状的"奶豆腐"。这种"奶豆腐"即是"乳腐"。古籍中"乳腐"亦称"乳饼"。唐人孟诜所著的《食疗本草》描述，乳腐在性状上亦颇似豆腐，可用刀细切小粒以面拌。乳腐常与酪、酥、醍醐等奶制品并提[3]。因此，我们认为，乳腐是奶制品的名物厘释更为近理。

乳腐的制作，元代佚名《居家必用事类全集》翔实描述了其制法，即用牛奶一斗[4]，用绢过滤后倾入锅中，先煮沸，再用水稀释，随后往里面加入少许醋，乳中蛋白质遇醋便渐渐凝结。这时把凝结的蛋白质过漉出来，用绢布之类裹起来，最后用石块压住成形。该书所介绍的加工方法，直到今天人们仍在应用，大致每5千克鲜乳可以加工1千克的乳腐。尽管各家对乳腐的阐释不同，但他们均认为"乳腐是奶制品的一种"，这是没有异议的。

---

1 "苏合"是一种香料，唐时称"酥"，因制作点心的酥中需添加甜料、香料、染色剂之故。

2 簟，音diàn，指竹席或竹名。

3 《旧唐书》卷155《穆宁传附子员、赏传》记载："穆宁有四子，取名赞、质、员、赏。赞俗而有格为酪，质美而多入为酥，员为醍醐，赏为乳腐。"

4 在古代，十升为一斗。

（三）祁连酪

甘肃祁连山一带自古就是皇家牧场。史志典籍多有记载。秦以前，甘肃祁连山是月氏族的游牧地；西汉汉文帝三年（公元前177年），月氏被匈奴击败西迁，改属匈奴浑邪王地；西汉元狩二年（公元前121年），霍去病为骠骑将军，在汉阳大草滩（今祁连山大马营草原）屯兵养马；魏晋至隋唐，大马营草滩一直是重要的官办牧场。据《甘肃通志稿》记载，包括大马营草原在内的祁连大草滩，在唐朝养马业鼎盛时期养马7万匹以上。民间饲养的牛羊更是万千无数。大约在唐朝祁连山皇家牧场鼎盛时期，这里就出产有名的“祁连酪”，得益于这里出产的牛羊生奶的蛋白质和脂肪含量高，因此，加工出来的酪酥凝固性好，夏天都不用器皿盛装，放在草地上不会流散，成为当时远近闻名的地方名产。据《西河旧事》记载：“祁连山宜牧牛羊，羊肥乳酪好，不用器物，刈草着其上，不解散。斛酪升余酥[1]。”《凉州记》也有类似记载：“祁连山张掖、酒泉二界之上，东西二百里，南北百余里，山中冬温夏凉，宜牧牛，乳酪浓好，夏酪不用器物，刈草着其上，不散。酥特好。酪一斛得升余酥[2]。”

（四）胡饼

在魏晋时期，添加奶酪制作的“胡饼”即已传入中原地区。隋朝谢讽《食经》中就有许多添加“乳”或“酥”面食的记载，如添加“乳腐”的“帖乳花面英”、“添酥冷白寒具”等[3]。到唐朝，胡饼的花色品种繁多。市井乡间，饼肆盛行。长安城中就有不少胡饼肆。史书上说，唐朝诗人贺知章住在长安的宣平坊，邻居有一老人有道法。有一次，贺知章持一明珠至老人处，“求说道法，老人即以明珠付童子，令市饼来。童子以珠易得三十余胡饼[4]”。可知在长安城里随时都可以买到胡饼。另据《原化记》记载，有位举人住在长安城，其“邻居有驽饼胡[5]”。沈既济《任氏》记载，有位姓郑之人，有一天很早出门，但是城门未开，“门旁有胡人青饼之舍，方张火炽炉。”于是姓郑之人便“憩其帘下，坐以候鼓[6]”，等待晨鼓响、城门开启才能出去。值得注意的是这两条材料中的胡人饼肆都是在居住小区或城中要道处开设的，可见当时食用胡饼已经相当大众化。长安城之外也有许多胡商经营的饼肆。《广异记》记载，东平（今属山东）县尉李廌得官后，从洛阳赴任，“夜投故城，店中有胡人卖胡饼为业，其妻姓郑有美色，李目而悦之，

---

1 《太平御览》卷858引《西河旧事》。
2 《古今图书集成》卷297 引《凉州记》。
3 《清异录》引《食经》。
4 《原化记》，《太平广记》卷42。
5 《太平广记》卷402。
6 《太平广记》卷452。

因宿其舍，流连数日，乃以十五千转索胡妇[1]。”

南方的许多地方也有胡饼店铺[2]。据《稽神录》记载，广陵法云寺僧人珉楚，与位中山商人章某很熟识。有一次两人在市中相逢，泯楚尚未吃饭，章某于是“即延入食店，为置胡饼[3]。”这说明扬州有胡饼店肆。由此可知，食用添加奶酪的胡饼较为普及。

（五）干燥奶粉

意大利旅行家马可波罗（1254—1324年）在他的《马可波罗游记》中，有一段常常被历史学家们忽略的记载。《马可波罗游记》记述道，大将慧元从太阳晒干牛奶的启示中发明了奶粉，从而巧妙地把牛马羊奶烘焙成干粉、牛羊肉烘干成肉松，源源不断地供应前线，使军队士兵每人在马背上带上几十千克奶粉和干牛肉，在行军路上用水与这种干燥奶制品混合后饮用，能在无人荒漠之地生存几个月之久。由于可见，中国早在13世纪的元代，即发明了“干燥乳粉”。

（六）乳酪菜肴

以畜乳及奶制品为配料烹饪和加工菜肴，古代文献屡有记载，北魏时期贾思勰的《齐民要术》记载的“苦笋紫菜菹法”，其中加有盐、酢、乳等配料[4]；到了隋唐时期，谢讽《食经》中的“加乳腐”、唐末韩鄂《四时纂要》引《方山厨录》中的山药烹饪，将山药切块杂乳腐为腌炙[5]；五代陶谷的《清异录》中所载的唐内宫“清风饭”等。

此外，奶制品经常用于作饼食和菜肴的配料。比如作饼，此前北魏时期的贾思勰的《齐民要术》卷9《饼法》第82即曾提到：用牛羊奶调水溲面，“令饼美脆”；作“截饼”，“纯用乳溲者，入口即碎，脆如凌雪”。同卷又提到：作粉饼、豚皮饼等食品时，添加乳酪作汤料，滋味甚美[6]。至隋唐时期，方法得到继承，仍有不少饼食以乳及奶制品为配料做成。如隋朝谢讽《食经》中的“恬乳花面英”、“添酥冷白寒具”。唐朝韦巨源《烧尾食账》中的“单笼金乳酥”、“巨胜奴（酥蜜寒具）”等。“单笼金乳酥”，这是一种用酥油作配料的蒸饼。所谓“金乳”，大概指的就是黄色酥油。“巨胜奴”，指的是一种用酥油、蜜水来和面，外黏黑芝麻的油炸食品。“金铃炙（酥搅印脂）”，是一种原料中加酥油，色形逼真如金铃的烤制品。“乳酿鱼（完进）”，是用乳汁酿制的金鱼。“仙人脔（乳瀹鸡）”，则

[1] 《太平广记》卷451。

[2] 《太平广记》卷384。

[3] 《太平广记》卷355。

[4] 《齐民要术》卷9《作菹藏生菜法》第88。

[5] 《四时纂要》之《春令卷之二·2月》。

[6] 《齐民要术》卷9《饼法》第82云：粉饼“若著酪中及胡麻饮中者，真类玉色，稹稹著牙，与好面不殊”，且“著酪中者，直用白汤溲之，不须肉汁”。

是用乳汁喂炖的鸡块[1]。这道菜大概与我们前文说到“和楚酪”的烧鸡相类似。由此可见，在隋唐时期，传入中原的乳和乳类制品，除用作面食胡饼的添加配料之外，还作为菜肴配料在名菜名点中使用。只是在使用范围上的扩大和发展。

二、敦煌文书中的奶制品

有关敦煌人食用奶酪的记载在文书中就更多了。如敦煌文书P.2567V、S.4470IV、P.3353、S.6829V、S.6233、S.6064、S.1366卷等，都记载有“酥”。文书记载，寺院的牧人每隔一段时间，要向寺院交纳一定数量的奶制品。如P.2049Va卷文书记载，在后唐同光二年（924年），净土寺曾经数次派人到牧业点取乳酪，用于特殊用途。其中一次是用于“官窟”修好后的庆祝活动，一次是一个僧官去世时的丧葬活动。P.2049Vb卷文书记载，后唐长兴元年（930年）净土寺曾经两次支出粟面，与牧羊人换取“乳饼”。除此之外，在敦煌还有经营乳品的商店。文书记载，寺院有时要用粟麦去交换酥油，制作较高级的食物，如䭔飳、乳饼等。敦煌人当时除了饮用奶外，奶制品以酥油为主。酥油是戒肉食的僧人最好的食物。

酥油也是寺院的收入之一，几乎每年都列在账籍上。根据出土文书，净土寺、乾元寺等每年都有收入酥油的记载。如乾元寺在某一年就有五斗酥油的进项（S.4191Vb卷），这是一个不小的数字。在寺院的账籍上，还有不少酥油是信徒的施舍。吐蕃统治时期，酥油的食用在一些上层僧人中更是普遍。一件文书记载，一名僧人去世后所留的财产中，就有酥油若干（P.3730卷）。奶制品在敦煌人的饮食结构中占有重要地位。敦煌人喜好“食肉饮酪”，既与它的生产方式和经济结构相关，也与周边游牧民族的影响有关，特别是敦煌曾由吐蕃统治半个多世纪，吐蕃人的饮食习惯对敦煌人的影响不可忽视。

唐朝敦煌发达的畜牧业和周围不少从事牧业或游牧的少数民族的存在，以及与归义军政权的交往，使敦煌一地的畜牧业产品供应相对来说比较丰富，市面上有供应充足的酥油，在文书中也屡次出现“沽酥”的字样。如S.6233卷：“四日，出麦六斗沽酥，都头用；同日，□□*一石七斗五升沽酥。”说明敦煌出售酥油的摊贩或店铺较多。

三、辽金元时期的乳酪食俗

元人贡师泰《寄颜经略羊酥》曰：“三山五月尚清寒，新滴羊酥冻玉盘。何物风流何可称，兔毫花沦小龙团。”这首诗中赞美的是羊酥，同时也反映了乳酪

1 《清异录》。

* 原文无法辨认。

食品成为渗入元人生活的各个方面。

1. 羊奶饲鼠 这就如同刘绩《霏雪录》所说的“黄鼠”一样，“怪为玉食之献，置官守其处，人不得擅取也”。其实，北方的大漠广野，是宜于黄鼠这类穴居动物繁衍生息的。黄鼠“畜豆谷于其地以为食用”，形类大鼠，肉极肥厢，味道像小猪仔，但又比小猪仔肉脆。王辟之《渑水燕谈录》记载，辽金民俗中，有一种以生奶喂养黄鼠使之肥硕的习俗。通常是将野生的黄鼠捕捉到以后，“常以羊奶饲之”，然后再宰杀食用。这种经过羊奶喂养的黄鼠，成为名贵的食物，常常被用来馈赠贵宾。史料记载，辽国王室曾将它作为国家国礼“珍味”向宋朝进贡。

2. 乳粥待客 朱或《萍州可谈》说，辽宋通好时期，辽人对宋朝来使待为上宾，每天都供给一碗乳粥。可见，乳粥在辽国是非常珍贵的食品，甚至辽国皇后生小孩时还要让她“服调酥杏油半盏”。“解渴不须调乳酪，冰瓯刚进小团茶”，这是清人陆长春对辽金饮茶生活的吟咏。辽金人在婚姻节庆时，通常都摆上“茶食”为正规。而所谓“茶食”，即佐茶点心，类似于汉族常食用的“寒具”，即炸麻花之类。不过这种“寒具”是添加了酪酥的，称为大软脂或小软脂，是招待贵宾的食物。普通百姓只能喝乳酪。此外，还有一种用乳、蜜和面搅拌成面糊后，用油煎而成，称作“西施舌”的茶点，这种乳制茶点香酥松脆，也是招待宾客的名品。

3. 车载乳酪宴诸侯 公元10世纪前后，辽国已陆续建筑起了上、东、南、西、中五大京都，苏颂入中京时，就看见道路旁店舍颇多，人物亦众，而且食邸门前挂着木刻朱旗，这使苏颂欣喜地吟咏出了“朱极刻旗村肆食”、“物俗依稀亦慕华”的句子。这些都说明辽金民族已经进入相当文明繁荣的阶段，但是作为一种千百年来相沿成习的风俗，“人仰湩乳”、“渔猎给生”的传统并没有改变。《新唐书·回鹘传》记载：“其法日晏食，饮水茹荤，屏湩酪，可汗常与共国者也”；“北极于海，虽畜马而不乘，资湩酪以食[1]。”《辽史》记载：“契丹旧俗……马逐水草，人仰湩酪[2]。”苏颂《辽人牧》诗曰：“毡裘冬猎千皮富，湩酪朝中百品珍。”1123年，辽国的丰州城（今呼和浩特市东郊）内有一街道称为“酪巷”，是专门制作和经营奶制品的“奶食一条街”。《元史·太祖纪》记载：“帝会诸族薛彻、大丑（及薛彻别吉）等，各以旄车载潼酪，宴于斡难河上[3]。”这是说，元太祖有一次在斡难河滩大宴部族诸侯，竟用旄车来拉乳酪，可见食用之多。元朝武宗登位时，在忽里台聚会，宴请四方诸侯贵族，宴乐七日，每日食用马四十，羊

---

1 《新唐书》卷217《回鹘传》。

2 《辽史》卷59《食货志上》。

3 《元史》卷1《太祖纪》。

四千，挏（dòng）乳洒地，使斡尔朵附近“积乳之广，有如银汉[1]”。话虽夸张，但足以说明当时耗费马奶之多。

四、饮酪之风入宋城

1. 东京的“乳酪张家” 乳酪这一辽金的特色食品，也进入了北宋的都城。当时的东京城里，有一家叫“乳酪张家”的著名食肆，“烹乳酪之珍馐”，风味独特，备受宾客欢迎。由于“乳酪张家”经营乳酪食品而得盛名，在清明时节，上坟祭祖的人们纷纷向该店购买各种乳酪制品点心，一时成了清明节的专用“节日食品”。

2. 临安的“贺四酪面” 宋朝南渡以后，在南宋都城临安，乳酪又成了少部分市民经常食用的食品之一。正是由于人们非常喜欢乳酪，饮食商贩便开动脑筋，将乳酪独有的风味加以改变，做成“酪面”，像临安著名的市食“落面”便是（“落面”即酪面，南人取其同音字）。在临安卖“酪面”的，只有后市街贺四一家，价钱自然不便宜，“每个五百贯”。但由于是“此北食也”，临安市民竞相争买。食法是用两个油饼夹着吃。由于这是从东京“流化而来”的食品，因此，连皇上宋高宗也经常品尝，并念贺家是东京来的市民，予以厚赏，于是名声大振，助长了食用乳酪的风气。这种习俗在南方各地被推而广之，如“北食店”、“羊饭店”等。这些饮食店推出的食品有快餐的“速饱”食品及慢慢品尝的“欲迟”食品之分。分量重的有大骨饭、软羊等，快餐轻便食品有托胎、奶房等。无名氏的《居家必用事类全集》专辟“女真食品”一栏，记录了“厮刺葵菜冷羹”、“蒸羊眉突”、“塔不剌鸭子”、“野鸡撒孙”、“柿糕”、“高丽栗糕”等，虽谈不上洋洋大观，但既有冷盘，又有热蒸，烹调技法，样样俱全。

五、元朝的“阿日里”

奶酒，蒙古族语叫“阿日里”，是各种奶酒的总称，而马奶酒称“车格”。“阿日里”的特点是澄澈醇香，沁人心脾，酒性柔软，口感酸甜。奶酒，可用马奶、牛奶制作，关键是要有好的曲子，通常好的奶酒曲子是嗜酸奶汁或者酸马奶，被蒙古族家庭视为传家宝，但邻里间并不保密，可随时调剂使用[2]。

元顺帝二年（1334年），元代中书丞许有壬在《上京十咏并序·马酒》中赞誉马奶酒“味似融甘露，香凝酿醴泉。新醅撞重白，绝品挹清玄……”，诗文中还描述了当时人们争抢马奶来制作马奶酒，致使小马驹挨饿，而那些豪饮马奶酒

---

[1] 《瓦萨甫史》，转引自多桑：《蒙古史》，冯承钧译本第6章。

[2] 胡杨.2002.召河风情.呼和浩特：内蒙古人民出版社：211.

的将军们则一个个醉躺在蒙古包内的地毯上[1]，由此可见，马奶酒盛行之极。据记载，元朝户部尚书贡师泰喜好喝奶酒，也曾写诗歌描写一个饮马奶酒的人，用帽子盛着奶酪、在草地上边吃边喝马奶酒的情景，诗曰："野阔天垂风露多，白翎飞处草如波。髯奴醉起倾挥脱，马冻[2]香甜奈乐何[3]。"

在元朝，马奶酒的地位在国酒之列，皇帝祭拜天地时，离不开马奶酒。例如，元世祖忽必烈中统二年（1261年）在桓州西北祭天时，依礼洒马奶酒，这一礼俗一直流传。元代诗人萨都剌在《上京即事》中写道"祭天马酒洒平野，沙际风来草亦香，白马如云向西北，紫驼银瓮赐诸王。"

1. 黑马潼（tóng） 由前面已经知道，汉朝时就发明了马乳酒，但是如何饮食并不见于记载。元代时，马乳酒流行起来。当时人们称马乳酒称为马潼、潼酒、马酒等。早在成吉思汗时代，蒙古族政权就设有"挏马官"，负责管理宫廷马乳酒的制造。按照饮用对象及加工时间长短不一，马乳酒分为两种：一种是宫廷制造的马乳酒，称为"黑马潼"或"细乳"，主要供皇室用，这种马乳酒色清而味甜，加工时间较长，一般要7～8天；另一种就是下层贵族或普通牧民饮用的"马乳酒"，酒色泛白而浊，味道略酸而膻，加工时间则较短，一般两三天即成。

2. 挏马酒加工方法 汉代文献中没有留下马乳酒的制作方法。直到13世纪中期，欧洲传教士鲁不鲁乞在元朝传教，著有《出使蒙古记》一书。书中详细记载了马乳酒的制作方法："当他们收集了大量的马奶时（马奶在新鲜时同牛奶一样的甜），就把奶倒入一只大皮囊里，然后用一根特制的棒开始搅拌，这种棒的下端像人头那样粗大，并且是挖空了的。当他们很快地搅拌时，马奶开始发出气泡，像新酿的葡萄酒一样，并且变酸和发酵。他们继续搅拌，直至他们能提取奶酒。这时他们尝一下马奶的味道，当它相当辣时，他们就可以喝它了[4]。"由此看来，这种棒搅拌而成的酒的被称为"挏马酒"。

第三节　奶类食品的地域扩展与利用

唐朝时期，国家统一，国力强盛，经济繁荣，开创了空前盛世。唐朝统治者推行开明、兼容的文化政策，国内各民族交往密切，在文化上互相交流、融合；与外国的交往频繁，大量域外人士前来经商、求学，甚至出任职官。唐朝

---

[1] 胡杨.2002.召河风情.呼和浩特：内蒙古人民出版社：210.

[2] 马冻，即马奶酒。

[3] 胡杨.2002.召河风情.呼和浩特：内蒙古人民出版社：213.

[4] 鲁不鲁乞.1983.出使蒙古记.吕浦，译.北京：中国社会科学出版社：116-117.

国都长安城内设有专门供外国人居住的“色目街”，类似于今天世界各地的“唐人街”一样。当时这种宽松的对外政策，使得唐朝发展成为当时世界上最强大的国家。

两宋辽金元时期，由于大量北方民族迁居中原和江南，进一步促进了奶文化的传播和扩展，呈现出了一幅绚丽多彩的图景。文化昌盛，交通发达，陆路和海上丝绸之路畅通无阻，推动了起源于北方民族的饮食乳酪的习俗得以广泛传播。多民族的饮食文化交流与融合，奠定了中华民族传统饮食生活的基础，在中华民族饮食文化史上占有十分重要的地位。

一、奶文化的传播路径

由于历史上南北方各民族饮食文化的相互学习借鉴，于是形成了一条清晰的贯穿于古代历史的奶文化传播路线。春秋时期，开始在北方农牧交错地区的汉民族农业区传播。在地域上大致相当于今天的长城内外的周边地区。作为一种特例，偶尔也传到了长江以南地区，因为我们在屈原生长的楚国曾看到“楚酪烧鸡”这样的著名菜肴。战国秦汉时期，这种具有明显地域特征的奶文化逐渐越过长城，向中原地区的农耕聚居地传播。魏晋南北朝时期，饮食奶制品的习俗主要还是集中于黄淮流域。当时以羊奶最为流行，以至于《齐民要术》将奶制品加工技术的内容列在“养羊篇”里加以阐述。隋唐以后传播到了长江以南地区。由于唐朝上层社会对奶类制品的需要不断增加，以及奶类制品质量不断提高，唐朝皇室已经将许多高级奶类制品列为每年的贡品。据《新唐书·地理志》记载，庐江郡贡酥，其地在今安徽合肥、六安一带，所贡酥为牛羊奶制成，即酥油。朔方郡土贡酥，其地在今陕西靖边县，所贡酥，为乳浆。顺化郡土贡牛酥，其地在今甘肃庆阳，所贡牛酥，为牛奶浆。通化郡土贡干酪，其地在今吉林省通化县[1]。这则史料特别值得我们注意的是，能够列为贡品的必然是全国闻名的名特优产品，而能够名入青史的更是名冠天下了。在《新唐书》中提到土贡酥时，将南方长江流域的庐江郡（今合肥、六安）与顺化郡、朔方郡、通化郡等地相提并论，可见当时庐江郡的牛羊酥名气之大了。这就说明，唐朝长江中下游地区已经成为产奶制品的著名地区之一。除了庐江郡产牛羊酥之外，江南的苏州、湖州等地农民也养奶牛，挤乳作酪，并制成乳饼及酥油市售。

二、生奶流动供应方式的出现

隋唐宋五代辽金元时期，不仅加工生产奶制品，日常生活中也饮用鲜奶，但是文献中记载较少。由于当时技术条件的限制，生奶不便保鲜贩售，市售时受到

1 黎虎.1997.汉唐饮食文化史.北京：北京师范大学出版社：144.

生产地与交易市场距离及消费时间的限制，通常市场辐射半径不能超过半天时间的步行距离。据文献记载，隋唐以后，中国南北各地的有些城市时有鲜牛奶供应，采取的是赶黄牛上门挤奶出售的方法。饲养奶牛的农民，每天清晨，牵着哺乳期的黄牛，走街串巷，沿街叫卖。奶农通常在牛项上挂一个小铜铃，随着牛只走动，铜铃会发出叮当响声，需要生奶的市民，听到这个熟悉的铃声，便会走出家门，就地让奶农挤出一小碗牛奶，现货成交。这种生奶交易方式，对于家中有婴幼小孩及病弱老人的家庭，已经演变成雪中送炭的人情交往，因此，市民对于送奶上门的奶农，不仅价钱公道，而且常常心怀感激。这种由牛奶建立起来的城乡关系，称得上是古代社会一道靓丽的风俗画卷。

与农耕区充满温情的牵牛送奶的场景相对比的是，那些草原民族在血腥厮杀的战场上，也进行着鲜奶供应。元朝立国，被称为马背上国家，其骑兵骁勇无敌，一度横扫亚欧大片疆域。研究发现，元朝时，服役的战马数远远多于兵员人数，也就是说，一名兵士可能役使多匹战马。有的学者在解释这种现象时认为，这是由于战争中战马体力消耗大，兵士需要临时换骑作战，需要有备乘战马。这只是一方面的情况。另一种情况是，那些青壮期的雄马被征发往前线作战的同时，会有孕育期的雌马随军而行，除了负责驭运箭弩粮草等军需物品之外，还有一个特殊的任务，就是提供生奶，供应从战场上归来的将领和伤病兵士，这就是古代战地生奶流动供应方式。

三、《挤奶图》背后的故事

今天的我们从文献中了解到了隋唐宋元时期奶业发展后，还发现了“源于生活高于生活”的艺术创造，即在艺术创造中可以看到那个时代的奶业之实况，在敦煌莫高窟壁画和寺庙壁画里能够看到当时的挤奶场面。这些留存下来的极为珍贵的历史壁画，为我们形象而真实地描绘了当时的畜奶生产、加工场景[1]。

莫高窟第321窟制酥图。第321窟始建于唐朝初期，其艺术风格最能体现唐朝初期的国家开放、政治开明、国力强大、经济繁荣、文化昌盛的时代精神。该洞窟最有名的是西壁佛龛两侧的两身双飞天，姿态优美，裙带飘逸，表现出一种潇洒轻盈的飞行之美。洞窟壁画上有一幅制酥图，图中两个妇女一蹲一立，衣着艳丽，长裙拖地，正在一个类似瓮的细颈鼓腹容器上方用力搅动，生动地再现了唐朝制作酥酪的劳动场景。

---

1 莫高窟，俗称千佛洞，坐落在河西走廊西端的敦煌，以精美的壁画和塑像闻名于世。它始建于十六国的前秦时期，后来经十六国、北朝、隋、唐、五代、西夏、元等陆续兴建。现有洞窟735个，壁画4.5万米^2、泥质彩塑2415尊，是世界上现存规模最大、内容最丰富的佛教艺术圣地。近代又发现了藏经洞，内有5万多件古代文物。但莫高窟在近代受到许多人为的损伤，文物大量流失。1961年，莫高窟被国务院公布为第一批全国重点文物保护单位之一。1987年，莫高窟被列为世界文化遗产。

莫高窟第23窟制酥图。第23窟建于盛唐时期，壁画题材以《法华经》中的大量神话和譬喻故事为主。北壁西侧绘《药草喻品》中的雨中耕作图，画面充满生活气息：乌云密布、大雨滂沱，农妇送茶饭于田间地头，几名孩童在雨中嬉戏，体现了浓郁的生活情调。该窟中有一幅制酥图，其中两人在过滤奶子，旁边另一人在一个容器中搅动，以使水和奶酪分离，后世将此称作“打酥油”。一旁放着做好的酥油。

唐朝初期莫高窟第321窟制酥图

莫高窟第9窟挤奶图。第9窟是晚唐（848—906年）的代表窟之一。主室北壁通壁绘维摩诘经变、南壁绘大型劳度叉斗圣变，均为这一时期的代表作。在莫高窟同一题材壁画中，情节较全，绘工也较精细。其中，第7图是维摩诘经变上的挤奶图。画面中一个妇女站在牛旁，另一妇女蹲着挤奶。

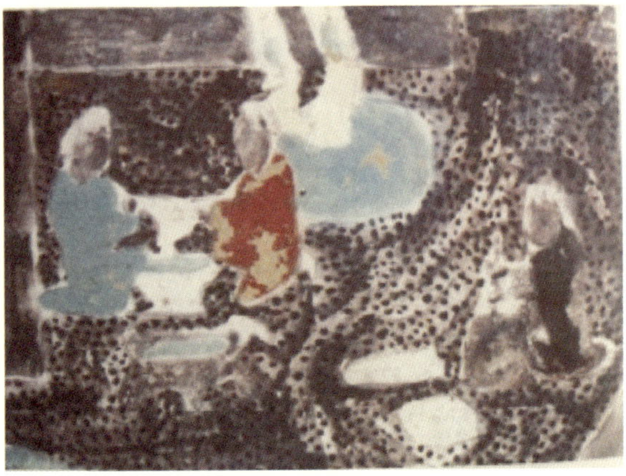

盛唐时期莫高窟第23窟制酥图

莫高窟第146窟挤奶图。形成于五代时期（907—960年）。窟内西壁的《劳度叉斗圣变》故事情节紧张激烈、跌宕起伏，画面描绘的诙谐幽默、生动活泼、引人入胜。窟内四壁下部以屏风画形式描绘的《贤愚经变》品数众多，内容生动，其中以《檀腻椅品》最为曲折离奇和富于戏剧性。第6图是东壁挤奶图。图中一妇女在挤奶，旁边的牛犊在寻找母牛的奶头。

金代的饮食市场更加宏丽，宋话本《杨思温燕山逢故人》描写的燕山市内的“秦楼”，其广大，“便似东京的樊楼一般，楼上有六十个阁儿，下面散铺七八十副桌凳”。这等规模的酒楼，足以表明金代燕山饮食市场消费能量之大，它至少可以和北宋最负盛名的东京樊楼相媲美了。山西五台山北繁峙县金代壁画挤奶图

晚唐时期莫高窟第9窟挤奶图

五代时期莫高窟第146窟挤奶图

是金代正隆三年（1158年）所绘的壁画，还可以使我们知道：金元的食肆酒楼是非常发达的，楼阁的宏伟，各式食贩的忙碌，歌姬舞女表演的繁忙，丝毫不逊色于繁荣的中原（挤奶图）。

岩山寺始建北宋，寺内金代壁画十分精细，内容是释迦牟尼出生到成佛的故事。具体画面以金碧辉煌的宫殿为背景，用错落有致的楼台亭门阁，山水流云连接起来，使宫殿和人物浑然一体。有酒楼市井图，太子射鼓图，牧妇挤奶图。这些画面，以极高的艺术形式反映了当时社会各阶层人物的社会生活，是现存古代壁画中稀有的精品，具有极高的艺术价值和观赏价值。

金代岩山寺壁画——牧妇挤奶图

四、隋至元朝奶类食品与药疗

（一）奶类食品的药用

唐朝医圣孙思邈（581—682年）在其《备急千金要方》中说到，乳酪酥等常食之，令人有筋力，胆干，肌体润泽[1]。还指出："酥，牸牛，犛牛乳者为上，白羊者次之。"唐陈藏器（约687—757年）的《本草拾遗》和宋代唐慎微的《证类本草》均把水牛乳当作滋补药品来治病。唐朝孟诜（612—713年）等人所著的《食疗本草》认为，牛、羊乳及其乳酪、酥、醍醐和乳腐均可用于治疗多种疾病。例如，羊乳"补肺肾气，和小肠；亦主消渴，治虚劳，益精气，合脂作羹食，补肾虚"；并可以治卒心痛、男女中风、蚰蜒入耳、小儿口中烂疮等诸种疾患[2]；酪"主热毒，止渴，除胃中热"；乌牛乳酪"性寒，主热毒，止渴，除胸中热"；酥"除胸中热，补五藏，利肠胃，羊酥真者胜于牛酥"；醍醐"主风邪，通润骨髓，性冷利，乃酥之本精液也"，等等[3]。《食疗本草》还提到，将干柿合酥、蜜等煎，"每日空腹服三五枚，疗男子女人脾虚、腹肚薄、食不消化、面上黑点，久服甚良"。将梨或去核或去皮或捣汁，加酥、蜜等物，可以治疗咳嗽等症。将芜荑和马酪食用，治干癣；和沙牛酪食用，疗一切疮[4,5]。唐朝昝殷撰于大中年间（847—859年）的《食医心鉴》记载：羊奶"益肾气，强阳道，对体虚之人，无论何种病症皆宜，即使健康之人，服之亦可增加体质[6]"。唐朝白行简所著的《李娃传》记载有一段食用"酥乳"而致病体康复的感人情节：男主人公是富家子弟，进京科考时，被艺妓李娃设陷加害，沦为乞儿。一日，李娃偶遇"枯瘠疥疠，殆非人状"的旧情郎，突然良心发现，收留了他。她让眼前这位因她而落难的公子先喝些汤粥"通其肠"，然后又以"酥乳润其脏"，经过一番调理，不出半载，公子体壮如初了。可见唐人对酥乳的滋补功效之深信不疑。唐朝诗人白居易（772—846年）的《春寒》曰："酥暖薤白酒，乳和地黄粥，岂惟厌馋口，亦可调病腹[7]。"北宋慎微《证类备急本草》引《唐本草》注曰："犊牛乳性平，生饮令人痢，热饮令人口干，微以温也。"宋代王怀隐《太平圣惠方》还介绍牛奶可以治糖尿[8]。至元代，

---

1 《备急千金要方》卷26《食治》。

2 《食疗本草》卷中。

3 《食疗本草》卷中。

4 《食疗本草》卷上。

5 《食疗本草》卷中。

6 《食医心鉴》为唐·昝殷撰的食疗著作，约成书于9世纪中期。书中用食物药方治疗各种疾病。原书宋代后失传。今本系从《医方类聚》中辑出。共1卷，内容有治疗中风、诸气、心腹冷痛等16类，计211方，其中也包括了以药物煮粥、制茶、作酒饮用的药方。现有1924年东方学会排印本。

7 《全唐诗》卷453。

8 谢成侠.1985.中国养牛羊史.北京：农业出版社：93.

忽思慧所著的《饮膳正要》："羊奶粥温补肾阳，主治体虚或病后阳痿"。

（二）奶类食品的正确药用

关于如何使用奶类食品入药，当时医书中也记载了不少关于食用畜乳及奶类食品的禁忌与正确方法，例如，孙思邈《千金方》中主张要经常食用乳酪酥，但同时指出不能过量，要适可而止，认为："卒多食之，亦令胪胀泄利，渐渐自已"。又引用《黄帝内经》，如果食甜酪过多，会发生"血瘕及尿血[1]。"孟诜的《食疗本草》也称：患冷气人不宜食牛乳，患冷人勿食羊乳酪，牛乳和酪不能与越瓜同食，等等[2]。

[1] 《备急千金要方》卷26《食治》。

[2] 《食疗本草》卷中和卷下。

第四章 明清时期的奶业与奶制品及药疗

明清时期是中国饮奶习俗的衰落时期。宋元时期上层相对普遍的日常奶类食品和下层社会存在的偶尔享用的奶品，到了这一时期，因为各种原因，渐渐难以为继，有限的奶多转变为药疗滋补品。

造成饮奶习俗消失的原因，一方面是原来农耕地区食奶习俗的退化，因为明清以后，是由于这一时期中国人口大增，从宋朝时不足1亿人快速增加到超过3亿人。在传统农业社会，解决粮食供应的最现实的途径是扩大耕种面积，因此，大量开垦可耕荒地成为必然。而农耕区域的扩展必然迫使畜牧业衰退，粮畜争地的矛盾愈演愈烈。在这种社会条件下，不仅没有牧场草地可供牧养奶畜，在人口稠密地区甚至连少量的役用耕畜都养不起了，部分地区的农业生产从牛马役畜的犁耕退回到人力锄耕方式。农耕民族的饮食主要以谷物，特别是美洲高产作物为主，肉食也多以猪肉为主，少量的食用牛羊奶只是富裕家庭的偶尔行为。另一方面，游牧民族的生活舞台退至漠北，原来胡汉杂居的局面发生改观，饮食奶制品的习俗也随之因为生产的原因而发生改变。文献中关于食用奶制品的记载也自然变得稀少。游牧民族的饮食习俗并没有因此而改变，但其饮食习俗少见于文献。关于乳制品的文献记载变得稀少，给人们一种错觉，似乎从此中国各民族不再食乳制品了。但是，乳制品的食用习俗还在继续，只是范围限制于比较小的局部地区而已。

第一节 明清时期的奶业与奶畜养殖技术

明清时期，中国畜牧业发生了重大变化，宋元以前遍布各地的大型官营牧场逐渐被开垦为农田，除了边疆地区保留了少数用于饲养军马的牧场外，其他地区基本上不再开设官营牧场。由于人口众多，人均占有的土地日益减少，解决粮食问题在此时显得特别重要，以便养活更多的人口，养殖业在整个产业中的地位越来越小，民间饲养牛马羊等草食家畜的数量也大为减少。人们更多地食用粮食作物而不是高品质的动物蛋白，特别是奶制品。不仅马的养殖受到限制，就连与大田作物关系密切的牛的养殖也受到限制。随着稻麦（荞麦）、稻菜、稻豆等轮作制和稻稻连作的实施，“禁牛畜践踏”，革除“八月抛牛放野”之俗的呼声越来越高。为此，官方和民间都曾采取过一些措施，如民间的“筑墙以御牛牲”、“冬至后均禁使牛”；官方的设厂圈牧养；放牧之时有专人看守；以田亩相连者五户或十户为单位，设立团簿，各户相互监督，有纵放践食者，应照公议赔偿，等等[1]。当然其他家畜更是受到影响，因此，原来生存于其间的奶业也大受影响。显然，明清时期的奶业发展与前期相比，存在着衰退与主要限制于北方游牧民族地区的特点。不过，在农耕地区，有限的奶业发展依然零星存在，可能是因为牛既是耕牛，同时又是奶牛的缘故。

一、明清时期的畜牧管理机构与政策

1. 明朝畜牧管理机构 明朝涉及畜牧管理的机构较多，在中央主要有车驾清吏司、太仆寺、御马监、上林苑监、光禄寺所辖司牲局与司牧司及屯田清吏司，地方的专理机构则有行太仆寺、苑马寺、茶马司等[2]。

2. 清朝畜牧机构 清朝的畜牧管理机构，从形式上大体可分为皇宫内畜牧管理机构、中央国家机关内及各地的畜牧管理机构三部分。

属于清皇宫内的畜牧管理机构主要有上驷院、庆丰司及其他附带管理部分畜牧事务的机构，如都虞司、会计司等，这些机构大都隶属于为皇帝及其家族服务的内务府。其中，庆丰司所属牛羊圈，在皇城内及南苑、丰台有牛圈4个，羊圈6 个，在张家口外设牛群牧厂3个，羊群牧厂4个，计有牛群80（300头牛为1 群），羊群310（1 100 只羊为1 群）。另外，在盛京、打牲乌拉等处养牛2 400余头，养羊10 000余只[3]。在张家口外为镶黄、正黄、正白三旗牧放牛群、羊群的1 620名牧丁，每年必须向皇族进贡乳酥油1.012 2万斤[4]，乳油4 927斤，大小乳饼1 158斤[5]。

清朝中央国家机关中的畜牧管理机构是清朝畜牧管理机构的主要部分，下设兵部车驾司和太仆寺，后来又陆续成立其他机构。各地无专门的机构管理畜牧业，但是一些牧区，则多以军政合一的形式管理少数民族游牧民。

二、明清时期的奶业

明清时期奶业衰落，并不意味着宫廷不食用奶制品。据明朝杨时乔的《马政

---

1 曾雄生.1999.跛足农业的形成：从牛的放牧方式看中国农区畜牧业的萎缩.中国农史（4）:35-44.

2 杨琦.2010.明代畜牧业研究.北京：北京农业大学.

3 李群.1998.清代畜牧管理机构考.中国农史（3）：89-93.

4 1斤等于500克。

5 《大清会典事例》卷1210《内务府》。转见李三谋，清代北部边疆的官牧场，中国边疆史地研究，1999年1期。

纪》记载，当时民间起解马时，需要在普通马的基础上，外加挤乳马，表4-1是明朝正统年间的各府州县每轮解俵备用马每岁数额与挤奶马数量。显然，这些挤乳马是为宫廷提供乳制品而征用的。

表4–1　明正统十四年（1449年）各府州县每轮解俵备用马每岁数额与挤奶马数量

地名	数额（匹）
直隶大名府	2176（外加挤乳马7匹）
保定府	1589（外加挤乳马8匹）
顺德府	743（外加挤乳马5匹）
广平府	754（外加挤乳马5匹）
真定府	3527（外加挤乳马5匹）
河间府	1702（外加挤乳马5匹）
永平府	934（外加挤乳马10匹）

在民间，明清时期的奶业主要应该体现在西北地区游牧民族的生活地区。但是，在农耕地区，也偶尔能够见到养畜取奶。据《苏州府志》卷12《物产》记载：牛乳“出光福诸山，田家畜乳牛，取其乳，如菽乳法点之，名乳饼，别其精者为酥”。又如《湖州府志》卷32《物产》引《谈志》道：谈志：“乌成乳酪最佳，乡间畜牛之家例能为酥及乳。”并引《湖录》：“牛羊马乳皆可作酪作腐，乡土唯以牛乳作之，乳腐即乳饼，见《长兴顾志》。”说明在我们今天认为人口密度最大的浙江地区，也有人养殖牛供乳用，只是后来没有将这种牛培育成为乳用品种牛[1]。清朝农耕地区也有养水牛以获得牛乳的记载，据乾隆四十一年（1776年）福建《漳州府志》记载：“水牛丰硕而重迟，新孳治其乳以充馔，曰牛乳。”说明明清两朝，不光草原地区奶业继续发展，农耕地区也间或有养殖牛羊，以利用牛羊乳汁。

三、明清时期的奶畜养殖技术

从《湖州府志》、《苏州府志》的记载来看，明清时期的农耕地区依然存在着对牛奶的利用，在奶用家畜的饲养技术如牛与羊的饲养方面，处于发展进步的过程之中。

1　谢成侠.1985.中国养牛羊史.北京：农业出版社：95.

（一）关于羊的养殖技术

1. 羊的饲养措施 人们对羊的生理规律和生活习性有了更深入的了解，从而相应地采取饲养管理措施，如《沈氏农书》中说："羊性抢食，持强者为胜，不顾其子。"还说："小羊十余斤以上，已离乳者，另棚饲之。"这就是说，在饲养断奶羔羊时，必须将羔羊和母羊隔开，分别饲喂，这样才能阻止母羊抢食，使羔羊获得充足的饲料，保证它健康成长。杨双山在《豳风广义》中说，由于羊性喜盐，所以要"在春月羊食青草时，将盐碾末，薄撒于砖石上，令羊出入少食"。这样羊"易肥而少病"。又如在放牧方面，强调从防病出发，严格按季节不同，确定放牧时间。《农政全书》也说，"露草上有绿色小蜘蛛，羊食之即死，故不宜早牧。"在放牧方法方面，强调用公羊压群，设羊头以保证放牧的顺利进行。

2. 推广羊的肥育法 养羊方法虽然因地而异，但除牧区养羊随时屠宰以外，一般都是经过肥育后才屠宰。明朝对商品羊的肥育法称之为"栈羊"。关于栈羊的方法，明代邝璠《便民图纂》有详细的介绍，"自九月初，买半膘羯羊（经过去势的有膘羊只），多则成百，少则不过数十控。初来时，与细切干草，少着糟水拌；经五、七日后，渐次加磨破黑豆，稠槽水拌之，每羊少饲，不可多与，多则不食，可惜草料，又兼不得肥。慎勿与水（因干草已用槽水浸拌过，故不必另喂水），吃水则退膘，溺多。可一日六、七次上草，不可太饱，太饱则有伤；少则不饱，不饱则退膘。栏圈常要洗净，一年之中，勿喂青草，喂之则减膘，破腹（腹泻或腹胀气），则不肯食枯草矣。"用这种方法可以达到催肥的目的。

（二）关于牛的饲养技术

关于牛的饲养措施，《农言著实》继承和发扬了《齐民要术》"食有三刍，饮有三时"的经验，将饲料按品质及适口性分为粗、中、精三等，"一曰恶刍，二曰中刍，三曰善刍。饥时与恶刍，饱时与善刍，引之令食"。按牲畜的饥饿程度，喂以不同的饲料。饥饿时，先喂粗科，吃饱时再喂精料，以引诱多吃，而"食常饱，则无不肥"。《农言著实》说：喂牲口时，"宁多添草，少拌鼓子，头次如此，第二次渐少，第三、四次又少，然后再拌些献子，侯具吃毕，饮之以水，晚间亦如之"。《农桑经》说：喂牛"下料时，先以料水拌拈草与之，再拌，少那料，将饱，始加纯料，槽中无剩渣，方好"。如果喂不饱，牛就没有力气。牛需要的睡眠时间很短，牛往往要有充分的时间采食和反刍，因此，"夜饲"很重要[1]。《农言着实》指出："夜草多添，第二天早晨槽内有余草方好。"俗话说："牲口吃得好，夜草要塞饱。"

---

[1] 王潮生 .1986. 浅谈我国古代饲养耕牛的经验 . 中国农史（1）：116–122.

关于牛的饲养管理，明清时期的农书多有涉及。不过，主要是针对耕牛来讲的。如清代《三农纪》中提出的饲养管理准则是："慎寒暑、体劳逸、度饥渴、节作启、安暖凉。"书中认为："能若此，则牛之精神爽快，筋骨舒畅，皮毛润泽，至老不衰，可以延年。"杨双山的《知本提纲》中将古代养牛的经验精辟地总结为"身测寒热，腹量饥饱，时食节力，期孕护胎"十六个字。为什么呢？书中解释说："凡畜养诸物……若不深加体恤，物类何以蕃息？故必按时投食则体有养；用力有节则气不竭，应期孕字，多方护胎，则种类自广，而利益乃能无穷。"这种宁劳于人、慎勿伤畜的精神是值得提倡的，措施也是合乎科学。清代蒲松龄的《农桑经》中针对牛舍卫生问题提出："宜秋日多镑草根，堆积栏外，每以尺许垫牛立处，受其作踏，承其漫佛；既透，则掘垫栏中，又铺新者。"这样："一冬一春，得好粪无穷；又使牛常卧干处，岂非两得！"包世臣的《郡县农政》中也说，冬季"常以草覆粪，勿令粪贴牛身，入春即出之，则不蒸褥"。这是要求在积肥的同时，要保持牛舍环境卫生，便于牛健康生长。

（三）明清时期有关畜牧兽医专著大量出现

明清时期，由于科技发展，兽医技术的进步，关于治疗家畜疾病，特别是马牛疾病的兽医专著大量出现，为牛、马等家畜的健康成长提供医学保证。

其一是《马书》。它是明朝万历二十二年由身为太仆寺卿的杨时乔负责主编的一部关于马的著作，全书共14卷。该书以丰富的内容系统地介绍历史上至明朝以来的有关马病方面的主要成就，是一部相当完整的马学专著。另外，该书还用一定的篇幅介绍了马政，具有很高的学术价值，是中国传统兽医学上非常重要的参考资料和宝贵的文化遗产。

其二是《元亨疗马集》。明朝万历三十六年由喻本元、喻本亨兄弟写成。《元亨疗马集》分为春、夏、秋、冬四卷。其中，蓄养本草喂养须知，是关于马和牛等家畜食疗本草学的内容。另有四篇，分别为五经治疗药性须知、陈反畏忌禁药须知、引经泻火疗病须知及君臣佐使用药须知，都属于药剂兽医学的范畴，是对兽医方剂临床应用经验的概括总结，标志着中国古代兽医方剂学已经发展到一个全新的高度。经验良方在书中共分为14类，药方176个，并按病的部位、病性和五经脏部分为三类。所收录方剂具有代表性。《元亨疗马集》是一部集理、法、方、药、针为一体的传统兽医学的经典著作。喻氏兄弟在《元亨疗马集》中既系统总结了前朝兽医学成果，又在继承的基础上提出了新的见解，并形成较为完整的学术体系，为中国经验兽医学的进一步发展和提高奠定了基础。

其三是《活兽慈舟》。该书于清朝乾隆三十至四十三年间（1765—1778年）由李南晖写成，内容以水牛篇幅最多，其次是黄牛、马等家畜。论述家畜外形相法、饲养管理要点和病证论治。

其四是《养耕集》。该书于清朝嘉庆五年（1800年）由傅述凤撰写的医牛专著刊行，列牛体针灸穴位图和针灸穴40个以及20余种特殊对症针法，记述甚详。

其五是《抱犊集》。该书系清代著作，具体作者与成书年代不详细，记述牛病临证诊断要点、针法、药性配方和牛病征候等。

除上述兽医专书外，还有其他兽医著作，均极大地促进了家畜养殖业的发展。

第二节　明清时期的奶类食品种类

由于畜奶来源减少，使得一般民众很难获得廉价的奶制品，因此，饮奶习俗日渐式微。但是，源远流长的中国乳文化并没有消失。如《清史稿·刘锦棠传》："比至，各城阿奇木伯克、阿浑玉子巴什各携湩酪，持牛羊来犒师[1]。"其中就提到了奶制品湩酪。清朝康熙年间的谢济世在《西北域记》中将乳品作了总结性概括："考酪之属，质与精气粗存曰酪，酪之精曰酥，酥之精曰醍醐灌，精去而气和质犹存，熟而略之曰酥，生而存之曰醯"。

明清时期，奶制品在三个特定的社会阶层中依然得到传承和发展，形成了这一时期的宫廷奶文化、都市奶文化和少数民族奶文化。

一、宫廷奶类食品

北京是明清王朝的政治、经济、文化活动中心，因此，一些精美的奶制品，如奶油饽饽、奶油大奶头、奶酪、奶豆腐、奶戳子、奶油栗子粉等很早就成为达官贵人所享用的宫廷奶点。《红楼梦》中描述贾妃赠给宝玉的"糖蒸酥酪"即是宫廷奶点之一。与传统液态牛奶不同的是，宫廷奶点多为固态的点心，包括奶油类、蛋白类、宫廷乳点类、乳制冷饮类、陪衬类共几十个品类。宫廷奶点在清末发展到高峰，慈禧太后设的西厨房共有5个局，其中有个局叫饽饽局，是专门制作宫廷奶制品的机构，慈禧太后还将她喜欢品尝的奶饽饽称为"奶油萨其马"。

为了确保奶源供应，清朝顺治初年（1644年），皇室在紫禁城西华门外建了3个牛圈，通称"内三圈"（也叫"内牛圈"），为专供宫廷所需牛奶。其饲养奶牛头数有定例，但依宫廷牛奶所需量可随时增减。为补充宫廷对乳饼、乳酪等奶制品的需求，康熙二十三年（1684年）在京城又组建了庄园牛圈，饲养奶牛80头，骟牛6头。档案记载，每年七月，庆丰司委官前往张家口口外牧场取牛，将选定

---

[1] 《清史稿》卷454《刘锦棠传》。

之牛烙印后送往京城牛圈。同时，将不适合蓄养的奶牛送回口外放牧。比如，雍正元年（1723年）规定，京城各牛圈每年从张家口游牧群取用的牛定为500头，送回口外牧放的牛不得超过200头。从以下统计数字可以看到清代宫廷牛奶及奶制品的需求量之大。就鲜牛奶而言，仅御茶膳房的每日消费量就高达250千克左右。另外，还提供乳饼圈等各种乳制品。由于“内三圈”鲜奶供不应求，京城其他牛圈也要向御茶膳房交送牛乳[1]。

由于清朝皇室痴迷于牛奶及奶制品，朝廷按照每个人的身份和地位配给专属的京城牛圈及饲养的奶牛头数。康熙年间的奶牛分配法为：皇帝、皇后共用奶牛100头，太皇太后、皇太后各24头，皇贵妃7头，贵妃6头，妃5头，嫔4头，贵人2头，皇子福晋10头，皇子侧福晋5头。除皇室家族成员的食用之外，宫廷各种宴会也需要大量的牛奶及奶制品。清代宫廷宴请名目繁多，规模宏大，大型御宴人数有时达数千人。每次宴会都会消费大量的奶饽饽、奶酪、乳汁、乳油、乳饼、乳酒等[2]。

1. 米酒乳 也叫扣碗酪，是宫廷奶类食品的代表作品。由鲜牛乳和江米酒按一定比例混合，通过米酒中的凝乳酶使牛乳凝固而成的。米酒乳兼具牛乳和米酒的香味，口感细腻爽滑。这是清代宫廷的特色奶类食品小吃，故又名“宫廷奶酪”。宫廷奶酪起源于中国的一种传统手工发酵奶类食品，既保持了鲜乳独有的乳香，又具有其他奶类食品所没有的酒香，二者交融，风味别具一格。

2. 盆皮大奶卷 盆皮大奶卷是宫中的传统风味小吃，具有奶皮乳黄、酸甜可口、软嫩细腻、奶香浓郁的特点。其制作方法是，将鲜牛奶3升煴火炼至浓稠，把炼好的牛奶舀入盆中，用布蒙上盆口盖严，约1小时后，揭去盆盖和盖布，晾凉，凝结成一层约2厘米厚的奶皮；将藤箅沿着盆边慢慢地下入盆中，把奶皮完整托起，翻扣在油纸上，再在其上覆盖一层油纸，并盖上潮湿的净布，吸去奶皮上的水分；糖桂花内放一点牛奶搅匀，澄清后，把桂花汁与白糖、芝麻粉末拌成芝麻糖馅；金糕压成泥成为金糕馅，将晾好的奶皮切成正方形的大片，把芝麻糖馅和金糕馅各占一半横摊在奶皮上，卷成奶卷，切成小块即成。

3. 蜜饯奶皮 清朝崇彝的《道咸以来朝野杂记》记载，同治年间，京城贵族的宴会，餐间主菜交错，其间都配以奶点心。点心主要是奶皮，分别盛在小碗里，每位与宴者面前放一碗，名曰“各吃”。各人按照自己的口味，舀取喜欢的蜜饯果酱浇到奶皮上，拌匀卷筒而食。至于用以给奶点心佐味的果饯，多是炒红果、炒海棠、温朴等，形成了大致固定的宴食程序。这种别具风味的宫廷小吃，至今被视为京城传统名点的代表。

[1] 宝音朝克图.2007.草原乳文化与清代皇室.北京档案（4）：52.

[2] 宝音朝克图.2007.草原乳文化与清代皇室.北京档案（4）：51.

4. 奶油饽饽 据说清朝自从东北进关，奠都北京，岁时郊天祭祖，一仍旧贯按照满族习俗，做一种奶油饽饽上供，尤其是春夏宗社大祭，一份饽饽桌子，就有几百上千块奶油饽饽，祭祀完了之后，要送神散福，祭品里的饽饽，就散福给掖廷上下人等。做饽饽的原料，面是飞箩细粉，油是塞上醇膏，纯脂细面，味道鲜美。

5. 奶豆腐 蒙古语称“胡乳达”，原是蒙古族牧民家中常见的奶食品，后来传入宫中，成为皇亲国戚喜欢享用的宫廷奶制点心。奶豆腐通常都用牛奶、羊奶、马奶做原料，经发酵、凝固而成，因其形状类似普通豆腐而得名。味道有的微酸，有的微甜，乳香浓郁，常泡在奶茶中食用。还可以做成拔丝奶豆腐，其软韧牵丝为断，是宫廷宴席上的一道风味名点。在牧区，牧民们通常还将奶豆腐和奶茶、炒米、熟牛羊肉一起泡着吃，由于奶豆腐营养丰富，经饿耐饥，牧民远途游牧或出门远行时常用以充作干粮。

6. 奶油栗子粉 宫廷中奶油栗子粉的做法有许多讲究。栗子洗净蒸熟去皮，放入锅中加入白糖和少许牛奶，混合均匀，用微火加热至水分收干，然后离火搅拌成粉状，过粗箩后入盆。将奶油中加入白糖，于盆内用搅拌器打起泡，令膨胀。将捣碎的栗子粉放入小盘内，上边挤些打好的奶油花即可食用。

7. 全乳席 全乳席[1]制作工艺繁杂，一般都是手工操作，选料精细、口味独特、造型精美。在清朝皇室，全乳席与“满汉全席”一样，是皇室庆典或宴请大臣要员的盛宴。

二、都市传统奶类食品

1. 兰雪乳酪 上文提到，明末文人张岱曾写过一篇《乳酪》的文章，介绍他自己制作兰雪乳酪的方法。文中说：他自家养有一头牛，每天挤出鲜奶，入夜时放置在大盆中，静置一宿之后，液面上会堆簇着厚厚的“乳花”，也就是牛奶自然凝成的精华。将“乳花”入锅中熬煮，同时，按500克乳配4杯茶汁的比例，加入兰雪茶的清汁。煴火百沸使稠，乳茶变成了“玉液珠胶，雪腴霜腻，吹气胜兰，沁入肺腑，自是天供”。

2. 蒸酥酪 张岱有时会在自制的牛乳酪中加入“鹤觞（shāng）花”，蒸馏

---

[1] 近年，北京的奶类食品企业开发了当年的宫廷全乳席，用以招待来访的政要宾客，深受各界人士喜爱，被誉为具有民族文化传统的“高雅宴席”。过去，国外的客人很少知道中国的奶文化，以为中华民族与奶文化没有联系，他们享用复原的清朝皇室全乳席之后，惊叹不已。据报道，欧盟的官员品尝全乳席后大为吃惊地说：“中国人做出如此高档乳席，是我们西方人想不到的。”德国客人称赞道：“中国这种独特的奶类食品，不仅是高档的食品，而且是精美的工艺品。”全乳席还曾两次东渡日本参加“博览会”，日本著名奶类食品学教授松木修司在品尝全乳席后，深有感触地说：“在日本有关奶业的教科书里，从未提到过中国，现在我看到中国制作的奶类食品，亲口品尝到它的甜香美味是再好不过了。”

而成的天然花露，上火笼蒸，制成“蒸酥酪”，席间趁热即饮[1]。张岱在其《蟹会》一文中提到，在当时的豪门贵族的“螃蟹宴”上，也在主菜之间，“从以肥腊鸭、牛乳酪”，同样是以奶制品作为宴席的佐餐点心。

3. 奶茶 清代京城满族人喜饮奶茶。奶茶的具体做法是在牛奶中加适量奶油和黄茶、青盐，置于火上煎熬而成。在清宫中，奶茶还是一种主要饮料，皇帝用膳毕，茶房都要适时备供。在老北京，奶茶铺比比皆是，一般经营奶酪、奶卷等奶制品。门面一般不大，一两间铺面，一做客座，一做作坊，店铺自养奶牛，自行挤奶操作。奶茶铺一律白木方桌、条凳。靠墙有一只使用天然冰块的木制冰箱，奶品分层分类放在冰箱里。冰箱内盖块毛蓝粗布，冰箱外也用毛蓝布做箱围，看上去还较为清洁，屋内荡漾着轻微的奶香。清人志锐在其《奶茶》一诗中写道：“砖茶春碎煮成糜，牛乳交融最适宜。不受姜辛受盐咸，想他渴饮涤肠时”，即当水烧开后，放入捣碎的砖茶，熬成粥状，再把新鲜牛奶放入，待煮沸水乳交融后，加盐后就能饮用，既能解渴充饥，又可帮助消化，为饮品中的佳品[2]。清朝军机大臣宝鋆曾写过一首赞美奶茶的诙谐诗，颂曰“沁齿胜云浆，豪情喜朔方。椎牛思李牧，饮乳笑张苍，……[3]”。

4. 奶酪 奶酪是奶茶铺的主要售卖品种，季节一般在春秋时节上市。每到灯节前后，店童常站门外哆气大声吆喝：“喝酪啊！”奶酪是牛奶加工凝冻而成的酪浆，质白玉洁，至清至纯，凝而不散，入口即溶，有浓烈的奶香。奶酪以碗定型，碗口朝下，酪不散碎。售时按碗计费。还有一种果子酪，酪的表面放上瓜子、桃仁、山楂、青梅一类杂果。

5. 奶卷 又称“奶皮卷”，也是奶茶铺的主打产品。奶卷的做法是：将纯奶蒸出水分，打成纯奶油，再用器皿定型，制成奶皮，用以包制成奶卷。奶皮又分“盆皮”和“文旦皮”两种。盆皮较为普遍，表面莹澈如玉；文旦皮表面有“蜂窝”，似文旦（柚子）。这是因为水分蒸发多，奶质浓，因而颜色也非全白，略带浅黄，奶味更浓，价格也比盆皮高。奶卷就用此皮擀成饺子皮大小，馅用白糖芝麻屑和山楂蜜糕，取其红白双色，相对卷成，长约三寸，刀切处红白相间。奶卷价格较贵，按清末市价，一盒奶卷能顶100个烧饼，因此，普通市井百姓无力消

---

[1] 《陶庵梦忆》卷4《乳酪》：“乳酪自驵（zǎng）侩为之，气味已失，再无佳理。余自豢（huàn）一牛，夜取乳置盆盎，比晓，乳花簇起尺许，用铜铛煮之，瀹（yuè）兰雪汁，乳斤和汁四瓯，百沸之。玉液珠胶，雪腴霜腻，吹气胜兰，沁入肺腑，自是天供。或用鹤觞（shāng）花露入甑（zèng）蒸之，以热妙；或用豆粉掺和，漉之成腐，以冷妙；或煎酥，或作皮，或缚饼，或酒凝，或盐腌，或醋捉，无不佳妙。而苏州过小拙和以蔗浆霜，熬之、滤之、钻之、掇之、印之，为带骨鲍螺，天下称至味。其制法秘甚，锁密房，以纸封固，虽父子不轻传之。”如今，北京还有这种“蒸酥酪”的名点，但是人们大多不会下火之后趁热饮用，而是先静置使凉，置冰箱冷冻凝固，当作冷饮点心。

[2] 胡杨．2002．召河风情．呼和浩特：内蒙古人民出版社：198．

[3] 胡杨．2002．召河风情．呼和浩特：内蒙古人民出版社：199．

受，多数是上流社会才有福享用。另外，《明宫史》也有关于食用奶制点心的记载："凡遇雪，则暖室赏梅，吃乳皮、乳窝卷"，指的就是奶卷。

6. 酪干 这也是奶茶铺制品，用温火收干牛奶里的水分，即成微黄色的块状物，称"酪干"。这是明清时都市里最为大众的奶类食品。此外，还有奶饼（或称"乳饼"），牛奶煮沸，点醋，结块后用石榨压使脱水，入盐即成。其实与酪干相类似。

7. 奶油烘饼 京城掌故记载，清末，阜内大街路西有一家极小的奶茶铺，店名"德顺轩"。一间旧瓦房，墙外牛圈里养着一头奶牛，这头牛产的奶就是店里所卖奶品的原料。平时光顾的客人都是附近的街坊。遇上雨雪天气，街坊不便出门，当天的奶品就销不出去，隔夜容易变质。店主无奈之下，遂将奶、奶油搅和面粉，加糖，用火焙烤，制成一种白糖奶油烘饼，又甜又香又耐嚼。于是，奶油烘饼的名声传开，顿时生意兴隆。

三、民族地区的传统奶类食品

中国少数民族饮食畜奶及奶制品的历史悠久，传统的奶制品的品种丰富多彩，各地先后开发了许多具有民族特色的奶类食品，如白族的乳饼、乳扇，蒙古族的奶皮子、奶豆腐、奶干子、奶酒、奶油，藏族的酥油、奶茶，维吾尔族的酸奶和酸奶疙瘩等。传统奶类食品的分类方式也是多种的，以往中国传统奶类食品的分类都是根据产品所产的地域或民族进行分类的。因此，传统奶类食品通常划分为：宫廷奶类食品、西部和北部奶类食品、云南地区奶类食品和广东地区奶类食品。民族地区的奶食品，是各民族智慧和劳动的结晶，堪称中华饮食文化的瑰宝。

内蒙古、西藏、新疆等地少数民族，乳和奶类食品成为了他们的主餐食品之一。制造方法因地制宜，简单易学，世代传承，别具风格，受到当地人民的喜爱。在一些民族地区，常常形成具有某个民族特色的奶类食品，如藏族的酥油，蒙古族的奶皮子、奶豆腐等。那些多民族混居的地区，则会形成被当地各民族普遍食用的奶类食品，形成共同的奶文化，如蒙古族和新疆地区的少数民族都会制作并食用酸马乳。

北方和西南民族地区，多数利用黄牛挤奶。历史上也培育出了泌乳性能较好的黄牛品种，如邓川牛、蒙古牛、滨州牛都是中国黄牛品种中产奶量较高的（当然与近代引进的西方纯乳用品种就无法比了）。据清朝嘉庆元年（1769年）的《邓川州志》记载："凡家喂四牛，可作乳扇四百张，八口之家，足资府邸矣。"说的是，一家养4头邓川牛，所产牛奶可作成400张乳扇出售，就足够一家8口的开销了。

蒙古族地区的乳食品，蒙古语称为"查干伊德"，汉语的意译就是"洁白的食品"，有纯洁、吉祥的含义。乳食品用马、牛、羊和骆驼的天然纯乳制成。乳食品是蒙古族食品中的上品，无论居家宴宾、婚礼庆典，还是敬奉祖先、祭祀神灵，都是不可或缺的珍品。阴山北麓草原上的蒙古族同胞所吟唱的《乳香飘》，世代赞誉自己的传统奶类食品，歌词唱道"带着雾的轻柔，带着梦的缥缈，在这清新的晨风里乳香飘飘……"。在欢乐的蒙古族婚礼上，祝贺新郎新娘的祝酒词唱道："喜庆的宴会让我来祝福，纯洁的奶酒甘如泉，品尝一口滋润心田……"在祝词完毕后，"额吉"（岳母）还要用银碗盛炒米加奶汁，搅拌后送给新女婿吃，这叫"吉祥之食[1]"。由此可知，以畜牧业为主的蒙古族人民，自古对乳品情有独钟，他们在饮用各种乳品中成长，在食用各种乳制品中生活，一时一刻也离不开乳品[2]。

这里以蒙古族的民间奶类食品为例，简述如下：

1. 奶子茶 又名蒙古茶，有"嘎仁萨面茶"和通宣理肺的"希仁宝日玛茶"等不同种类，而"玉盘茶"、"金字茶"、"西番茶"则是蒙古族的佳茗。奶茶可助消化、解疲劳、增食欲，是草原牧民每天必不可少的饮品[3]。

蒙古族饮用产自南方的茶叶时，结合了当地饮奶的习俗，将茶汁与奶汁混合而成奶茶，别具一番风味。奶茶的制法是，先将来自南方的砖茶（历史上曾有茶马贸易），用小刀切下少许，加水煮沸，再加入牛奶或其他鲜奶，加少许食盐，这样就配成了香味浓郁别具特色的奶茶。

2. 酸奶子 为蒙古族日常饮用的食物之一。酸奶子的制法是，用一个大的铜壶，或盛水的皮袋，悬挂在帐幕内，将新榨取的鲜乳汁置于铜壶或皮袋内，常温下放置数日。每天还可将新榨的乳汁，陆续添加于壶中。这样，在壶内的乳酸菌就会自然繁殖，使乳汁发酵变酸，乳汁中的蛋白质因酸化而略为凝固，变成软结起来的凝乳，有点像民间的豆腐脑。食用时去除乳清水分，即可食用。因其味酸爽，故名酸奶子。有时依人所好，加入少许蔗糖。

3. 奶豆腐 奶豆腐实际上是一种干酪，因其易于保质防腐，常于夏季奶畜产乳丰富时制作。制作方法是，将新榨的乳汁，贮于壶中，任其自然发酵，使蛋白质凝固变成凝乳，沥去乳清浮液，然后将凝乳放锅内加热煸炒，使水分蒸发，黏结成稠糊状，再置入长约1尺[4]、宽6寸[5]、深1寸的木箱内，冷却至柔软结块，即可切成长条或方块，放在阳光下晒干，即成干奶豆腐。此后可收藏于室内或用绳串挂于屋内再使风干，经年不腐。通常蒙古族外出旅行或打猎远行时，常携带干制奶豆腐作为随身干粮。

---

[1] 胡杨.2002.召河风情.呼和浩特：内蒙古人民出版社：231-232.

[2] 胡杨.2002.召河风情.呼和浩特：内蒙古人民出版社：214.

[3] 胡杨.2002.召河风情.呼和浩特：内蒙古人民出版社：197.

[4] 1尺约等于0.3米。

[5] 1寸约等于0.03米。

4. 奶皮子 奶皮子类似奶油。制作方法是，将榨取的鲜乳汁静置于广口盆中，不久乳脂上浮结成奶皮，用匙杓轻轻撇取奶皮，然后再静置之，再撇取之，如此反复三五次，所余之残汁以无脂肪为止。将所得的奶皮放入锅内焙干，使其水分蒸发，然后取出倒在一容器内，使冷却凝固成薄块状。食用时，用小刀切成细丝直接食用，也可拌以炒米、荞麦、稞麦之类，加入热水，拌和而食。奶皮子终年均可制造，唯以夏季为多。奶皮子实为一种粗制的奶油，除脂肪成分外，尚有较多蛋白质，营养丰富，易于贮藏。

5. 黄油 蒙古族视黄油为高档奶类食品。在制造时，先取鲜乳汁制成奶皮子，放入锅中以煎沸，使奶皮子中的乳脂溶化上浮，水分、蛋白质等相对密度大的物质则沉于锅底。将溶化之乳脂撇出，冷却凝固，即成黄油。另一种做法是，将奶皮子放入一木桶中，用木杵搅拌，或放入皮袋中，摇击，均可制成黄油。黄油较奶皮子的乳脂含量更高，但仍残留有少量蛋白质，与精制的乳酪仍有差别。蒙古族人多将黄油混合炒米以供食用，亦有供喇嘛庙中作点灯用油者。

6. 奶子酒 奶子酒用各种畜奶均可酿制，但蒙古族以用牛奶为多，间或也有用马乳者。制作时，大多应用鲜乳。将制造奶豆腐所得的乳清（即除去凝乳后的液体），再加入少许生乳汁，密闭贮存于壶中，约经1个月的发酵作用，奶子酒便酿成了。奶子酒为无色透明液体，味略苦，并带乳香，酒精量10%左右。多饮易醉难醒。蒙古族人大多嗜之，但平日饮用较少，有庆典或宴贵客时才启樽饮用。

7. 奶皮干 一种分布范围不广的特殊奶类食品，内蒙古的锡林郭勒盟所属的乌珠穆旗人多制作这种奶皮干。制作方法是，每年夏季，将羊乳奶皮和牛乳奶皮，按3：2的比例混合，贮于布袋中，使其自然发酵，经2～3周后，转贮于反转之羊胃皮囊中，待其干燥至硬，即可供食用。当地人多作冬季食物。奶皮干别具一种浓厚的干酪臭味，好恶因人而异。

8. 奶果子 蒙古族用于节庆馈赠的即食类奶类食品。制法是，用尚未干硬去水的奶豆腐，加入蔗糖、荞麦粉等拌和，蒸熟，放入饼模中，压制成一定形状，即为奶果子。这种奶类食品食用方便，口味优良，老少咸宜，是蒙古族人民互相馈赠的佳品[1]。

9. 马奶酒 传统的马奶酒是以马乳为原料，添加少许原有的酸马奶酒作为发酵剂，进行自然发酵即成[2]。

四、青藏高原的牦牛奶制品

在少数民族的奶制品中，我们还要特别提到青藏高原的牦牛奶。中国驯育

---

1 中国奶业发展战略研究课题组.1990.中国奶业发展战略研究.武汉：湖北科学技术出版社.

2 目前已有采用纯菌种进行酸马奶酒生产的现代化加工工艺。由于马产乳量较低，以及马的饲养量逐年减少，因此，传统酸马奶酒的生产量日益减少。

饲养牦牛的历史源远流长。牦牛这一古老而原始的牛种，它的驯养时间至少在5 000年前，与水牛驯养时间相近，比黄牛驯养时间约晚2 000年。

古雍州（陕西地区）的华阴地区一带到川陕、川鄂交界的大巴山区和荆楚山区，都曾经是牦牛栖息生活的地方。《史记·货殖列传·西南夷列传》有一段关于牦牛的生动描述："巴蜀亦沃野……西近邛笮、笮马、牦牛"，"汉兴……开蜀故徼，蜀民或窃出商贾，取其笮马、僰僮、犛牛，以此巴蜀殷富"。这里描述的是当时活动在川西北、川西南一带的羌族人民每年冬季，赶着成批牦牛、犏牛、马等牲畜，经邛崃山脉进入巴蜀境内与汉人进行交易的情况。明代医药学家李时珍在《本草纲目》中也说，"牦牛出西南徼外（即关外）……人多畜养之"，足见从汉代至明代，西南牦牛交易经久不衰，以至医药学家也从中了解到牦牛产地情况。由于藏汉民族的牦牛等牲畜交易盛极一时，"巴蜀以此殷富"。

牦牛奶类食品自古就享有盛名。《证类本草》卷16中记述："酥出外国（指古代的牦牛国，在今甘孜地区），亦从益州来。…… 乳成酪，酪成酥，酥成醍醐，醍醐色黄白，作饼甚甘肥，亦时至江南。……酥有牛酥、羊酥，而牛酥胜羊酥，其牦牛优于家牛也。"《本草纲目》也有："酥，犉牛、犛牛乳者上。"《三农纪》有"牦牛酥油，乃品之上者"等的称誉。在古时候，牦牛奶就被视为奶中上品，不仅是高原人民的日常食品，而且还远销中原地区的名贵奶类食品。

五、南方的传统水牛奶制品

中国利用水牛奶的历史也很悠久。尤其明清以来，南方一些地区的水牛奶逐渐发展起来。其中最具声名的是广东顺德著名小吃"金榜牛乳"至今已有几百年的历史。

相传明朝初年，广东顺德的金榜村以种植水稻为生，因而大多农家都养水牛以耕田耙地。但是村里的耕地很少，仅靠种田不足维持生计。当地村民就利用南方丘陵地区四季牧草繁茂的环境优势，大量养殖水牛。但是靠养水牛出卖牛肉，生产周期长，且市场风险大，难以维持生计。一些金榜先人便尝试以挤卖水牛奶为生。但是，水牛只有在哺乳期才产牛奶，哺乳期需要奶汁喂养小水牛，所余牛奶不多。村民一般是小水牛稍大就出售或宰杀，留下母水牛挤奶售奶。开始时，村民都在集市上出售鲜水牛奶。但有时鲜奶卖不掉，又无法保存，聪明的金榜人就用醋和食盐将牛奶制成晶莹透明的牛乳片来出售，这种用醋和盐制成的水牛奶片，不仅可以常温保存，而且风味独特，一时声名四起，这就是"金榜牛乳"的来由。后来经过一代代人的改良完善，"金榜牛乳"以其地道甘香、清热下火、老少咸宜而成为顺德特产，百年中华名小吃。直到今天，金榜村所在的顺德大良镇内尚有数十家店铺制作经营"金榜牛乳"，新加坡、马来西亚等华侨商户，亦以"金榜牛乳"标名以广招徕。

“金榜牛乳”的原料及制作用具：新鲜水牛奶一煲，微温；白醋一煲，微热；一个茶杯；一个小勺；一块模具；一盘盐水。制作方法：在茶杯里倒1/3杯白醋，用勺舀一勺牛奶放入杯中，牛奶马上凝固成团状，将凝成团的牛奶倒入模中，抹平，用手掌用力压平，然后轻轻掀出放入盐水盘中。这样金榜牛乳就制成了。

不仅在广东饲养水牛挤奶并制作成耐贮藏的“金榜牛乳”成风，在相邻的福建省也有类似的水牛奶生产。据清朝乾隆四十一年（1776年）福建《漳州府志》记载：“水牛丰硕而重迟，新孳治其乳以充馔，曰牛乳”，说明当时民间已有利用水牛挤奶的习俗，并且用“以充馔”，成为当地日常食品的一种。

中国传统水牛奶类食品主要有：酸凝型乳酪，如广东的乳饼和乳豆腐，福建的乳粒（或乳丸），云南的大乳饼等。奶类食品名菜（含风味小吃），如广东省珠江三角洲一带盛行的姜汁奶（或称姜撞乳）、双皮乳、脆牛乳和炒牛乳等奶类食品名菜。

第三节　本草药书和食谱中的奶类药疗

明清时期，由于人口增加，牧地多被垦为农田，奶畜饲养逐渐减少，奶源供应紧张。这一时期，除了宫廷和通都大邑尚保留一些饮食奶制品（作为辅食）的习俗外，总体而言，奶制品已经远离普通百姓的日常餐桌。但是，源远流长的奶品，逐渐从食品转变成药疗滋补品，成为珍稀的药用原料。

一、药疗奶类食品涉及的奶畜

明清时期刊刻出版的各类本草药书和食谱古籍中，常常提到使用动物奶汁入药，其中涉及的畜奶种类很多，归纳起来，共有10种可供入药治病和滋补强身的畜奶。而作为药源的奶畜，除了平时用于提供奶源的牛、羊、马等大型牲畜之外，如果算上特指的品种，涉及的奶畜有15种之多。

1. 羊　在药用价值方面，羊奶被提到最多。明代的《本草纲目》等书籍均对羊奶的医疗保健功能进行了阐述。用于治疗时，有时对羊的品种有专指。如《本草纲目》：“白羊酥，味甘微寒，无毒，去胸中客气，利大小肠，治口疮。”

2. 牛　古时称牛奶者，多是专指黄牛奶，是普通常见的食品。明清药书将牛奶列为药物，可见当时市场上牛奶供应已经减少，人们只能作为药物来使用。有关牛奶入药的记载很多，除了泛指的牛奶之外，有时还有特指的品种。如《本草纲目》里“沙牛”、“乌牛”、“秦牛”等地方品种。

3. 水牛　早在唐初陈藏器的《本草拾遗》及宋代唐慎微的《证类本草》的著作中，已经提到了水牛奶食品。明代的《本草纲目》一书，有“水牛乳作酪，浓厚胜秦牛”的记载。

4. 马 《本草纲目》记载："马乳汁，味辛温无毒，止渴"；还记载："马牛羊酪，味甘酸微寒，无毒，补肺藏，利大肠。"可见当时也把马奶用于入药。

5. 驴 《本草纲目》："驴乳味酸寒，一云大寒，无毒，主大热、黄疸，止渴。"

6. 牦牛 《本草纲目》："牦牛酥，味甘平，无毒，去诸风湿痹，除热。"

7. 驼 《本草纲目》记载："驼乳，冷，无毒。补中益气，壮筋骨，令人不饥。"

8. 犬 在《本草纲目》中，犬乳与其他药物配合使用，兼有治疗和美容的效果。如皮肤增白祛斑，头发防秃变黑等。此外，用白犬初生乳汁点眼，可治青盲。

9. 猪 《本草纲目》多处提到以猪乳治疗小儿疾病。猪乳气味甘咸而寒，能治小儿惊痫。此外，还特别提到猪乳的挤取方法："须驯猪，待儿饮乳时提后脚，急以手捋而承之。非此法不得也。"

10. 鹿 《二十四孝》中有郯子鹿乳奉母的故事，其中提到郯子入深山取鹿乳为父母治疗眼病，可见古代也以鹿乳入药，相传成习。

二、药疗奶类食品的配伍与禁忌

在使用乳及奶类食品治疗滋补时，有时是直接饮用鲜乳汁或单味奶类食品即可达到治疗作用，有时是需与其他中草药配合服用才能达到治疗效果，有时还需要经过特别的炮制加工才能服用。此外，药书还强调了奶类食品入药时的一些禁忌。总之，作为中国古代乳文化的一个重要方面，奶类食品药疗的疾病多达20余种，用法也有许多考究，在此仅简述如下。

单独使用的药疗奶类食品。在多数情况下，奶及奶类食品是直接饮用来治病的。如直接饮食鲜乳汁治病。《本草纲目》记载："马乳汁，味辛温，无毒，止渴；牛乳汁，味甘微寒，无毒，补虚羸，止渴；入生姜葱白，止小儿吐乳，补劳；羊乳汁，味甘微温，无毒，补寒冷虚乏，少血色，令人热中；驴乳，味酸寒，一云大寒，无毒，主大热、黄疸，止渴"，等等。有时候则是用奶类食品治病的。如《本草纲目》记载："马牛羊酪，味甘酸微寒，无毒，补肺藏，利大肠；沙牛及白羊酥，味甘微寒，无毒，去胸中客气，利大小肠，治口疮；牦牛酥，味甘平，无毒，去诸风湿痹，除热，利大便，去宿食；醍醐，味甘平，无毒，补虚，去诸风痹，百练乃佳，甚去月蚀疮"，等等[1]。

三、与其他药物配合使用的奶类食品

在许多药书中，还记载了将畜奶及奶类食品配合其他药食，可治疗病症。如《本草纲目》记载："婴儿口噤，不能吮乳，用蜘蛛一枚，去足，炙焦，研为末，加猪乳一合，和匀，分三次慢慢灌服。极效。"这里就是用猪乳与药物配伍制成

[1] 《备急千金要方》卷26《食治》。

复方后才能治疗“婴儿口噤，不能吮乳”的疾病，而且特别强调能够达到“极效”的治疗效果。此类用乳及奶类食品配药的药方甚多，不再一一列举。

有些奶类食品需要经过特别的炮制加工才能服用。例如，《本草纲目》称，乳饼“气味甘，微寒，无毒，主治润五藏，利大小便，益十二经脉，微动气，治赤白痢，切如豆大，面拌，酸浆水煮二十沸，顿服。小儿服之弥良”。这里就特别提到，把“乳腐”切成豆子大小的小块，用面拌过，放在醋浆水中煮上二十几沸，食用它可以治赤白痢，而且“小儿服之弥良”。

四、奶类食品的滋补功能

明朝还重视奶类食品的滋补食疗价值。著名医学家李时珍的《本草纲目》已经有“水牛乳作酪，浓厚胜秦牛”的记载，说明在滋补功能方面，古人认为水牛乳的质量比黄牛乳更好。此外，牛乳汁“补虚羸”、“补寒冷虚乏”；醍醐“添髓、补中、填骨，久服增年[1]”。

李时珍歌颂醍醐的“仙家酒”最为流行：“仙家酒，仙家酒，两个葫芦盛一斗。五行酿出真醍醐，不离人间处处有。丹田若是干枯时，咽下重楼润枯朽。清晨能饮一升余，返老还童天地久。”

五、奶类食品的美容功能

牛奶不但营养价值高，而且具有养颜、护肤、抗衰老的医学保健功能，是帝王君臣养身之圣品。《魏书》记载：“常饮牛奶，色如处子[2]。”

《本草纲目》介绍了一种护肤去斑的乳制面膏：“三柰子、鹰粪、密陀僧、蓖麻子等分，研匀，以乳汁调之，夜涂旦洗去，可治脸上雀斑[3]。”另有一方是用犬乳制作的，是皮肤增白面膏：天门冬、冬瓜、白杨、土蜂、牡蛎、珂、鹅、鸡卵白、狗乳等，同研如膏，每夜涂之，利皮肤、润头发，等等。

综上所述，到了明清时期，畜牧业发生了重大变化。宋元以前遍布各地的大型官营牧场逐渐被开垦为农田，除了边疆地区保留了少数用于饲养军马的牧场外，其他地区基本上不再开设国营牧场。民间饲养牛马羊等草食家畜的数量也大为减少。由于畜奶来源减少，使得一般民众很难获得廉价的奶制品，因此饮奶习俗日渐式微。但是，源远流长的中国奶文化并没有在中国消失，乳食品逐渐转变成药疗滋补品，成为珍稀的药用原料。

---

1 《千金方》。

2 《魏书》卷94《列传阉官》第82《王琚传》。

3 《本草纲目》第14卷草部（三）。

近代篇

JINDAI PIAN

第五章 晚清西方奶业科技的传入（1840—1911年）

鸦片战争后，中国进入半殖民地半封建社会，西方列强凭借“坚船利炮”的强大武力，大肆瓜分中国，来华定居的西方侨民日渐增多。这些侨民都有偏爱饮食乳制品的习俗，中国本土的奶源不敷供应而且乳品也不合其口味。因此，侨居的外国人开始将境外的奶牛带入中国饲养，由此推进了中国近代奶业的发展。

但是，在积弱积贫的国势下产生的奶业，尤其是城市奶业，只能是殖民地侵略者的奶业。因为从奶牛的传入、饲养和管理，直至奶和乳制品的质量标准和监管，都由殖民当局说了算。城市奶业乳品消费的主体也是西方的侨民及为他们服务的封建社会权贵阶层。

在晚清时期，最初由侨民传入的奶牛，大多数情况下都是封闭饲养，一般不与中国本土牛群发生种群杂交。因此，西方奶牛种质资源的传入并未给中国奶牛品种改良带来好处。后来，由于侨民人数日增，市售牛奶供不应求，一些由西方侨民经营的牧场便与当地农民合作饲养，以扩大规模。于是，传入的良种公牛便有机会与当地的黄牛交配，由此产生了品种繁杂的杂交奶牛后代，成为新中国奶牛育种的遗传物质基础，中国传统奶业开始了新的演变历程。

在本书的叙述中，我们将殖民地当局及外国侨民把奶牛带进中国称为“奶牛传入”；将中国的企业及人士从国外购买得到的奶牛称为“奶牛引进”，以区别不同的奶牛传播主体。

第一节　西方奶牛和奶山羊的传入

一、传统奶牛业的余绪

在宋代以前，中国的奶业就有一定发展，形成了自己的奶文化，发明了奶粉、乳制冰激凌、马奶酒等。但到了明清时期，中国人口快速增长，大量的牧场草地被开垦为农田，牛群饲养减少。因此，近500多年来，除了边疆少数民族地区外，中国其他地区饮乳食酪较少。但是，传统奶和乳制品仍然在贵族阶层和药用滋补领域存在，延续着传统奶文化的余绪。如顺治初年，清朝便按满族的习俗，在北京西华门外等地设繁牧所3处，配有专人管理，饲养本地黄牛，孕育滋孳，以挤奶供奉朝廷御膳。直到鸦片战争后的咸丰十年（1860年），北京还有一个金氏牛奶场，饲养蒙古牛，所产牛奶用于制作如酪干、奶卷、水乌塔等传统乳制品，专供皇族食用或祭祀用[1]。

自中国向外开埠通商后，西方侨民饮食牛奶及其制品的习俗形成了一个强大的乳品市场需求。当时中国还没有专门用于产奶的奶牛，人们只能用本土黄牛甚至水牛代之。例如，1865年前后，上海的租界区内即已出现乡民以租借方式集中饲养产犊水牛，在其泌乳期进行挤奶，经稀释过滤煮沸后，挑担在租界洋人集中区兜售[2]。

起初，可能是一些农民利用产犊母牛挤奶出售，后来又有原先是专营贩牛、宰牛卖肉的牛肉铺老板，看中养牛挤奶的生意好，纷纷加入养奶牛行列，将贩来的产犊母牛留养，挤奶以供销售。奶农们通常会直接将牛奶送到预先订购的西方侨民府第上，或者摇着舢板小船售予外轮水手。这种情景与南宋时苏州街巷里的牵着奶牛上门售奶很相似。

受西方侨民的饮食习惯影响，中国的洋务官僚、洋行职员、留学归国人员及富商贤达，也渐渐养成饮用牛奶的习惯。社会对奶及其制品的需求日甚，从而进一步刺激了本土牛场的扩展，奶牛饲养成为了一个依附于通都大邑和通商口岸的新兴产业。中国近代的奶业由此逐渐形成和发展起来。由于初创时期养牛场所的设施简陋，牛场就被称为“牛奶棚”。

近代上海由中国人创办的具有传统乳业特点的奶牛场中，最为成功且延续时间最长的是1879年在上海静安寺路（现南京西路陕西北路口）开设的源生牧场。这家由中国人李源生开设的奶牛场，从饲养本土水牛挤奶起家，后来逐渐饲养引进的西方奶牛。源生牧场经营有方，历经几十年战乱风雨的洗礼，到1935年，该场“资本五万元，有场工十四人，储奶室一间，牛舍六间，牧场半亩，杂种奶牛三十头，水牛六头。每日产奶量四百磅”。当时列为“华商B字级牛奶棚”管理级别。1949年春，该牧场举行了建场70周年纪念庆祝活动。此可视为中国最早的牛奶商业经营记录。源生牧场后来迁至愚园路457号营业。新中国成立后，产业继承人李伯龙、李紫云，一直经营至1956年公私合营[3]。

近代早期，通商口岸城市的奶业发展路径，大致与上述的上海情形相似。在广州、厦门、天津，乃至台北、香港，最初都是由本地人首先饲养本土黄牛或水牛挤奶供应西方侨民饮食，后来逐渐形成产业。随着来华定居的西方侨民人数渐多，本土奶牛所产牛奶不敷供应，于是西方侨民中的一些商人、传教人员便购入

---

1 中国畜牧兽医学会.1992.中国近代畜牧兽医史料集.北京：农业出版社：75-76.

2 中国畜牧兽医学会.1992.中国近代畜牧兽医史料集.北京：农业出版社：79.

3 王毓峰，沈延成.1984.上海乳业发展史.上海畜牧兽医通讯（6）.

奶牛运到中国住地饲养，由此开启西方奶牛传入中国的历史。

1898年，清朝光绪皇帝下诏，“兼采中西各法”振兴农学[1]。1906年，农工商部农事试验场设于京师西直门外，共设树艺、蚕桑、畜牧等科。其中，畜牧科负责中外食牛、役牛和乳牛的饲养管理试验，饲料购入事项，以及牧草种植试验等。此后，各地纷纷成立农事试验场，开展相关试验[2]。

二、沿海通商口岸西方奶牛、奶山羊的传入

1842年《南京条约》签订后，清朝被迫割让香港为英国殖民地，并相继开放广州、厦门、福州、宁波、上海为通商口岸，外国官员、商人等纷纷带着家眷涌入口岸城市居住。

广东、福建比邻香港，受英国殖民地的影响最深，奶牛的传入也最早。1842年后，就有外国传教士和西方外交、商贸人员带来荷斯坦牛，在厦门、泉州、福州一带饲养。光绪十四年（1888年），美籍医生连尼和荷兰人太兴引进荷兰荷斯坦牛及爱尔夏牛约30头在厦门饲养。后来这些传入的西方奶牛与福建本地黄牛杂交，杂交后代供挤奶用。因此，福建是中国传入荷斯坦牛的发端[3]。

1843年上海正式对外宣布开埠。1845年英驻沪领事与上海道台签订《上海土地章程》，划界设外国人居留地，即“英租界”。接着，法国、美国也在上海强占租界。1854年修订《上海土地章程》，成立工部局，作为外侨居留地的管理机构。1870年6月13日，原“英美租界”改为“上海公共租界”。西洋各国侨民大量涌进上海，造成了对牛奶的大量需求，于是由西侨主导的带有殖民地性质的中国近代奶牛业逐渐在上海发展起来。

自1861年开始，外侨将欧洲专门乳用品种奶牛通过海运引入上海养殖和挤奶。起初供外籍传教士、官员、商人、海员、军警等自饮。随着奶牛繁殖数量及产奶量逐渐增多，就将牛奶当作商品出售。

1869年11月苏伊士运河的通航，为欧洲奶牛引种到亚洲创造了条件。清同治九年（1870年），英国的爱尔夏牛被侨民引入到上海。1874年，法国驻军把原产法国东南部的西门塔尔牛引入到上海。此为西门塔尔牛进入中国的最早记录。由于引种的目的主要为法军提供自用牛奶，饲养牧场由法国侨民封闭管理，种牛流入民间很少，且后来逐渐被荷斯坦牛代替，因此，这次法国西门塔尔牛的传入，对中国后来的西门塔尔牛杂种牛的育成还没有产生种质资源上的影响。

1879年，外侨神父苏某在浦东开设牛奶棚，经营奶牛40头。同年，外侨肖

---

[1] 朱寿明编.1909.光绪朝东华录·光绪二十四年五月.上海：上海图书集成公司.

[2] 农工商部农事试验场.1909.农工商部农事试验场第一期报告.

[3] 徐旺生.1996.近代畜牧科学技术//中国农业博物馆.中国近代农业科技史稿.北京：中国农业科学技术出版社：250-252.

氏（传说也是传教的神父）率先在上海开设了经过租界当局注册批准的牛奶棚。1880年，原先经营牛肉、牛奶、鸡蛋与蔬菜的英商爱文氏，也改行加入了养牛行列，且凭借其雄厚的资金实力，投入巨资从西洋购进良种奶牛，在上海开设“爱文氏牛奶棚”。1901年前后，徐家汇天主教修女院开始饲养荷兰荷斯坦牛（共6头，其中1头公牛），由于其奶产量比先前引进的黄白花西门塔尔牛高，引起附近地区牛奶棚主的爱慕而竞相引种饲养。

这些由外侨经营管理的以饲养西方奶牛为主的牛奶棚已经具有牛奶公司的雏形，它们不再采取与中国本土牛群相隔绝的封闭式饲养，所产牛奶也向市场销售。由此确立了上海近代奶业的基础。到1900年，上海存栏奶牛已经有800余头[1]。

在广州，早在1865年，就有外侨商人引入西洋奶牛，成立了广东第一家专业牛奶公司。1907年，广东省揭西县棉湖镇的村民曾广全自养本地奶水牛，自办乳品厂，生产“长雁牌”炼乳，在香港和东南亚市场十分畅销。

山东也是中国近代奶牛传入最早地区之一。在列强瓜分中国时，山东属于德国势力范围。1897年，德国人瓦格纳在青岛李村农事试验场用荷兰荷斯坦牛与山东土种黄牛进行杂交改良[2]。

在西方奶牛传入后不久，外国的奶山羊也相继传入中国。据光绪年间《胶州志》记载，“山羊现有莎纳种（萨能）牝牡各一，如产乳用，山羊乳之功不亚于牛，而饲养较易也。”这表明中国的青岛当时已有西方奶山羊传入。

三、边疆地区西方奶牛的传入

近代列强入侵中国时，俄国的势力范围是中国的长城以北及新疆地区。沙俄帝国于1898年获得在中国东北修筑中长铁路的特权。为解决俄国筑路员工的饮奶需要，俄国人大批引入西伯利亚牛、西门塔尔牛、阿拉托乌牛、科斯特罗姆牛、雅罗斯拉夫牛、霍尔莫哥尔牛、后贝加尔牛等品种到中国东北和内蒙古地区。鼎盛时期奶牛总数曾达到3万头之多。哈尔滨市成为牛奶产销的中心，并且牙克石和海拉尔等地设有乳品厂。

1905年日俄战争后，日本从俄国手中夺取了中国东北地区的东清铁路南满洲支线长春以南路权。1906年6月7日，日本人设立了“南满洲铁道株式会社”（简称“满铁”），满铁除了经营长春至旅顺的铁路运营业务外，还在铁路沿线开设了大量的工矿农林企业，其中包括满铁中央农事试验场畜产奶牛研究课，以及分布于铁路沿线农村的奶牛良种繁殖试验场。1910年前后，多次从日本国内引入经过

1 王毓峰，沈延成.1984.上海乳业发展史.上海畜牧兽医通讯（6）：3–16.

2 庄维民，吕景琳.1992.近代山东畜牧业技术的研究与改良.古今农业（2）：62–67.

日本选育的荷兰荷斯坦牛（称北海道荷兰牛）及其他品种。将在东北选育的奶牛分发给当地农民饲养，逐渐形成具有日本特点的“酪农”产业[1]。

地处中国西南的云南和广西，近代属法国势力范围。法国殖民主义者通过越南等地把奶牛传入西南各地。

法国于1903—1910年修建了从中国昆明至越南海防的滇越铁路，促进了云南的河口、蒙自、昆明三个通商口岸及沿途市镇的物资往来，法国殖民主义者从越南经铁路把奶牛传入西南，形成西南独具特色的奶牛饲养地。这些分布于铁路沿线的奶牛场，不仅为居住当地的外国人提供牛奶，而且还将部分剩余的乳制品出口到越南。在中国云南河口的海关档案中，记录了从滇越铁路出口的乳制品种类及数量。

近代广西的奶牛传入与云南相似。法国殖民主义者为了解决在广西各地传教、经商及从事外交活动的西方人士饮食牛奶的需要，从与越南接壤的广西镇南关（今凭祥市）、防城东兴镇和崇左等处，把奶牛传入广西，并逐渐进入到远离边境的南宁、柳州和桂林等中心城市饲养。这些传入的奶牛与广西本地黄牛杂交繁育，形成了不少杂交奶牛种群，奶牛饲养量也随之增加。抗日战争爆发后，全国各地的机关单位和逃难民众南迁广西桂林、柳州等地，使广西成为抗战后方重要的牛奶供应地之一。

四、内地城市西方奶牛的传入

南京是清末东南地区一座重要城市，其西方奶牛传入时间亦较早。1883年，加拿大籍美国传教士马林开始将西洋奶牛带到南京饲养，此为南京有西洋奶牛的最早记载。不久后的1886年，驻南京的英国领事馆又将奶牛带入饲养。他们带进来的奶牛很少，而且是专为侨居南京的西洋人士“挤乳自用”，并未与当地的黄牛杂交，而且所产牛奶也没有进入市场，因此，在南京市民中几乎没有影响。

据记载，1870年西南重镇成都已出现专门养牛挤奶出售的奶牛饲养专业户，他们饲养的奶牛主要是黄牛及少量犏牛。19世纪末，已有奶牛养殖户80～90户，并出现了由奶牛户牵牛上街挤奶出售的经营方式。不过，目前还未见当时饲养西方奶牛的记载[1]。

五、晚清时期西方奶牛传入中国的特点

晚清时期，西方奶牛被大量引入中国，其特点主要有：

一是传入的奶牛品种繁多。据不完全统计，鸦片战争后，传入中国的奶牛

[1] 徐旺生.1996.近代畜牧科学技术//中国农业博物馆.中国近代农业科技史稿.北京：中国农业科学技术出版社：250–252.

有：荷斯坦牛、爱尔夏牛、娟姗牛、瑞士褐牛、短角牛、无角红牛、西门塔尔牛、红白花荷斯坦牛、更赛牛、丹麦红牛、后贝加尔牛、塔吉尔牛、北海道荷兰牛、西伯利亚牛、阿拉托乌牛、科斯特罗姆牛、雅罗斯拉夫牛、霍尔莫哥尔牛等20余个品种。近代传入中国的奶牛几乎涵盖了当时世界上主要的奶牛品种，由此形成中国非常繁杂的奶牛种质资源，血缘系统十分复杂。可以说，近代中国几乎成了"世界奶牛博览园"，世界上没有一个国家同时饲养过如此众多的奶牛品种。这成为中国近代奶牛饲养的最大特点。

二是传入饲养的地区非常广泛。从沿海通商口岸、中心都市，直到边远的东北、西北、西南地区城镇和牧区，都有奶牛传入的踪迹。由此形成了许多奶牛繁育核心区域。在上海、广州、厦门、宁波、天津等通商口岸，出现了都市型的具有近代牛奶公司性质的奶牛场。在东北的中东铁路及西南的滇越铁路沿线，出现了以铁路当局专营为主的奶牛场。在内蒙古、新疆等地牧区，则出现了以传入的奶牛与本地黄牛杂交的草原型肉乳兼用的牛群。

三是奶牛传入的主体多样。近代早期，中国很少出现由公民或机构主动引进奶牛繁育饲养的情况，基本上都是侨居中国的外籍侨民传入的。传入的主体非常复杂。有商人、传教士、外交官员、海员、军警及铁路机构等。他们为了不同的需要和目的，将奶牛传入中国。奶牛的传出地则有荷兰、法国、英国、德国、俄国、丹麦、加拿大、澳大利亚、新西兰、美国及日本等。

四是传入的延续时间长。近代奶牛传入中国并不是短时期内完成的，而是断断续续延续于整个晚清时期及民国时期，前后历时达一个多世纪。

第二节　奶牛的繁育饲养与乳品市场监管

一、晚清奶牛的杂交繁育

近代随着大量西方纯品种奶牛的传入，其中的一些奶用种公牛与本地黄牛母牛杂交，逐渐繁育出品类繁多、血缘各异的杂交奶牛后代。但是，这一时期，西方传入的奶牛品种与当地黄牛杂交，具有很大的随意性，既无明确的育种目标，也无严格的选育标准，更缺少科学的指导，因此，这些民间自发的奶牛品种杂交，多数不能延续下来，处于自繁自养的自然状态。

1870年，爱尔夏奶牛被侨民引至上海。当时传入的爱尔夏奶牛，饲养于租界内的奶牛场内，一般不与本土的黄牛交配繁育。后来，奶牛场场主为扩大牛群数量，减少从外国购入的投资成本，逐渐将引入的种用公牛与本地黄牛杂交，选育出产奶量高于本地黄牛的杂交奶牛。

1878年，江苏省川沙县奶农选用传入的英国西门塔尔公牛与当地黄牛"塘脚牛”进行交配，杂交后代表现出优良的超亲性状，既保留了英国西门塔尔牛产奶量高的优点，又保留了本地黄牛的体强力壮、耐粗饲、适应性强的优点，成为当时全国著名的役乳兼用的“川沙牛”品种。

1886年，西方侨民所传入的西门塔尔牛有一部分被转售给中国人，于是这批奶牛转到当地人手中，成为中国人开办的牛奶棚里的洋牛品种，也是当地用于品种杂交的种质资源。1893年，上海安福牛奶棚使用杂交方法改良当地黄牛获得成功，为上海奶业开辟了一条肉乳兼用的发展方向。

1897年以后，上海川沙地区成了西门塔尔牛种质资源的供应地。外侨传入的奶牛逐渐流入当地人办的牛奶棚和郊县农民手中，开始与当地土种黄牛杂交。川沙地区在“级进杂交”过程中，曾出现过杂交后代与土种黄牛回交的现象，导致品种退化。后来经畜牧科技人员指导，对牛群实行分群管理，避免本地黄牛与级进杂交牛自然接触，避免牛群自然交配，防止品种退化。之后，又将荷斯坦牛参与杂交改良，成果卓然。于是，“川沙牛”更加声名大振，大批向江浙各地出售。这是中国农民首次饲养“级进杂交奶牛”。

1901年上海徐家汇天主堂修女院引入荷斯坦牛。其公牛与当地母牛配种，首次将荷斯坦牛血液导入中国牛群。由于荷兰荷斯坦牛比西门塔尔牛产奶量高，引发人们饲养荷兰荷斯坦牛的兴趣。当时法国驻军经营的牛奶棚曾引进了荷兰荷斯坦牛，不允许荷斯坦牛品种外流，企图实行垄断。但是中国人很快通过多种途径引进了荷斯坦牛，不久上海荷斯坦牛数量大增，形成西门塔尔牛和荷斯坦牛并存的局面[1]。

山东地区牛种改良始于德国人占领胶州之时。1897年，德国人瓦格纳在青岛李村农事试验场用荷兰荷斯坦牛与山东土种黄牛进行杂交改良。结果表明，一代杂种牛比山东土种牛体型大，第二、三代则逐级退化。因此，他认为改良山东土种黄牛以1/2血为最佳。日本人占领青岛期间，青岛屠宰场曾于1916年用荷兰牛与山东牛进行杂交试验，其后继续进行此项试验。结果表明，山地牛种的山东牛与低地牛种的荷兰牛交配产生的杂种牛，具有两者的优点，杂种牛以1/2血的质量最佳[2]。1924年，中国政府管辖的青岛农林事务所接收了原属日本的李村农事试验场的种牛，在原试验的基础上进行饲育试验，一直进行到山东牛与荷兰荷斯坦牛杂交繁殖至第四代。结果是，第一代杂种牛体高4尺1寸，日产奶量约4.156千克；第二代高4尺2寸，日产奶量约5.938千克；第三代高4尺2寸，日产奶量约8.531千克；第四代已接近荷兰荷斯坦牛的身高和产量[3]。

---

1 王毓峰，沈延成.1984.上海乳业发展史.上海畜牧兽医通讯（6）：3-16.

2 吉田新七郎.1916.山东牛及山东畜产物：80-83.转引自庄维民，近代山东畜牧技术的研究与改良，古今农业，1992年第2期。

3 赵琪修、袁荣叟（1928）纂《胶澳志》卷5，青岛华昌印刷局铅印出版。转引自庄维民，近代山东畜牧业技术的研究与改良，古今农业，1992年第2期，62-69页。

二、晚清时期的奶牛场管理

鸦片战争后的奶牛传入和奶业市场的兴起，是在帝国主义列强凭借武力瓜分中国的格局下出现的。因此，当时的奶牛传入与饲养，受到入侵各地的帝国主义列强的影响很深，无论是奶牛品种、饲养规程、乳品标准、市场管理，基本都是各国奶业标准在华“翻版”。甚至牧草品种、饲料标准及牧场聘用的畜牧兽医技术人员，都随奶牛一道进入中国。

在黑龙江、内蒙古和新疆地区，主要是沙俄帝国的势力领地，因此，传入的奶牛主要是沙俄帝国在其远东地区饲养的品种。这些品种与当地的黄牛杂交，繁育后代达3万多头。可以想象，如此规模的奶牛饲养，必然需要相应的畜牧专家和兽医专家参与管理。当时沙俄帝国从其本国聘用了一批专家随奶牛一道进入中国，参与了日常的饲养管理和防疫工作。这些专家在1940年前后，为逃避日本侵华的战乱，陆续逃往上海和香港。

1905年后，日本人在南满铁路沿线建立了农事试验场，从北海道传入了经过日本改良的荷兰荷斯坦牛。其奶牛专家也是从日本国内聘用。满铁中央农事试验场的奶牛管理，完全袭用日本的标准，在奶牛试验场、繁育站、兽疫所工作的也都是日本专家。

广西、云南属于法国势力范围，其传入的奶牛，也是法国传统饲养的品种，其中有一部分是法国殖民地当局从其在越南选育的杂交奶牛中，专门选择适合广西、云南风土气候的奶牛改良品种。法国在滇越铁路沿线设置的奶牛场，多数封闭饲养，不与当地牛群交杂。为奶牛场提供技术服务的畜牧兽医专家及乳品专家，均从西方各国选聘。牛场所产牛奶，主要供应铁路机构的外籍员工以及在滇的西方商人和宗教人士。

近代，山东半岛属于德国势力范围时，德国殖民当局在青岛李村建立的农事试验场，亦由德国专家主事，采用德国的畜牧技术进行奶牛改良。

在传入奶牛数量少的通商口岸和内地城市，奶牛基本上处于散养状态，谈不上科学管理。例如，在晚清的北京，奶牛饲养采用中国的传统办法，乳品制作也采用传统方法，乳产品主要供应皇族权贵和侨居的西洋人士。北京的奶牛管理近代化，在1912年中华民国成立以后才逐渐发展起来。其他内地城市，也大致如此。

晚清奶业管理比较规范的城市是上海市。鸦片战争后，上海曾经出现过法租界、英租界、美租界，后来英美租界合并成公共租界。当时在租界内的牛奶棚和乳品公司，无论是外侨经营还是中国人经营，在公共租界均受工部局的管理，在法租界受公董局的管理。工部局和公董局不仅掌管租界内的警务、税收、道路码头等事务，还设有菜场与屠宰场管理股，由卫生稽查员和菜场稽查员负责牛奶棚及乳品卫生的检查监督[1]。

三、上海租界对牛瘟的处置

1868年，上海暴发了“牛瘟”。这次突如其来的疫情，使刚刚起步的租界奶牛业遭受沉重打击，也给租界当局出了一道前所未遇的难题。上海当时几乎找不到西方人认可的兽医。那时候中国还没有大学，还没有科班出身的兽医专业人员。为了解决这个燃眉之急，公共租界工部局紧急从英国聘来兽医师，在租界内开展牛瘟防治服务。可是这种临时抱佛脚的做法并没有收到预期的效果。上海这次牛瘟并未能根除。1873年上海《申报》的“奶牛疫情”栏目报道，牛瘟至少夺去了本地161头奶牛的生命，这个数目是当时全上海大约500头奶牛的1/3。到1878年，上海租界只有奶牛349头，还没有恢复到发生前的水平。

这样惨重的损失让租界当局不得不着手对牛奶棚加强监管，从1868年开始即开展兽医有关事务，将牛奶棚置于疫情监视之下。1880年，上海公共租界工部局制订关于华人牛奶棚存栏牲畜双周简报和卫生稽查员的年度报告制度[2]。

1882年上海再次出现牛瘟。由于许多奶牛场集中于租界相对狭小的地区内，租界内无法建立达到防疫标准的病牛隔离区，牛群相互传染，兽医力量和防治药物都不足，因此，这次牛瘟再次给租界奶牛业造成重大损失。工部局卫生处开始实行对牛奶棚每两周检查一次疫情的制度，以便及时发现和控制疫情。1890年后，卫生处添加了兽医官人数，服务力量增强，实行对牛群健康状况每周检查2～3次的制度。1896年12月20日，会审公署发布公告，禁止在租界内无证搬运染病奶牛。1897年，上海公共租界工部局总办处颁发了《关于对奶牛场、牛奶供应问题》的专门文件，进一步规范租界奶牛场和乳制品管理[3]。与此同时，法租界公董局也于1897年成立卫生兽医处，开展兽医防疫工作。

四、上海租界对牛奶棚和乳品市场的监管

19世纪末由于上海租界内的牛奶棚越建越多，许多问题逐渐暴露出来。奶牛场附近的环境卫生越来越差，污水横流，臭气熏天，粪尿成堆，蚊蝇成群。有的还是人畜混居，挤奶房与畜舍不分，生奶易受污染。为此，1897年，租界当局颁发了《卫生营业执照》，对牛奶棚的建设标准加以规范，要求牛奶棚必须将员工宿舍、畜栏畜舍、挤奶房相分离，牛奶棚要有供水、排水管道。1898年根据《卫生营业执照》规定，决定对租界内的牛奶棚进行全面检查，对符合卫生条件者颁

---

1 史梅定.2001.上海租界志.上海：上海市社会科学院出版社.

2 上海档案馆.卷宗编号U1–2–1105.

3 上海档案馆.卷宗编号U1–2–209.

发牛奶棚营业执照，对不符合卫生条件者则加以取缔。当年，租界当局作出“无证牛乳制品不得进入租界”的严厉规定[1]。

1899年，租界当局进一步颁布《牛奶棚规则》，增加了定期畜舍消毒的规定，对畜舍地面和墙壁的定期洗刷、奶牛饲喂管理的日常操作规程、工作人员及生奶卫生等方面制定了严格的标准，确保奶牛场卫生和乳品质量。

经过整治，租界内牛奶棚的经营秩序得到了改善，牲畜疫病减少，奶牛存栏数逐步恢复增长。

1899年租界当局开始检查和核发牛奶棚营业执照，当年仅有28户牛奶棚获得营业执照，饲养奶牛共821头。因属第一年实施营业执照管理，有的牛奶棚尚未达到卫生标准而需整改缓发，有的奶农因不了解租界当局的管理规定而未到办理处登记办理，因此，漏发未发者当属不少。据估计，1899年上海经营牛奶棚共计64户，饲养奶牛总数1 200余头[2]。

进入20世纪以后，上海已经发展成为东亚大都市，人口大幅增长，租界已经人满为患。原来设在租界内的牛奶棚逐渐迁移到上海周边农村，牛奶棚的经营主体也逐渐从外侨经营为主转变为当地中国人经营为主。但是，牛奶棚的日常监管，乳品质量的监测，仍然归租界当局管理，殖民地奶业的性质并未改变。

20世纪初，由中国人经营的且有一定规模的上海牛奶棚（牛奶公司）有：大场张记、潘泰和、蔡鸿记、王福、蔡福记、云中、金记、远东等。开设地点遍布八仙桥、徐家汇、大木桥、枫林桥、虹口、闸北、大场、川沙、江湾、南翔、罗店等地区。许多外商也纷纷来沪开办奶牛场及牛奶公司，此期建立的如英商的乔治、模范、杏味，美商的红印，法商的瑞和，俄商的华德，西班牙人开办的帕克，丹麦人开办的“上海牧场”及日商的爱光牧场等。

1904年，设在法租界内的专为法国驻军供奶的牛奶棚转改为商业经营，取名“可的牛奶棚”（Culty Dairy）。1911年该产业被英商收购。这就是上海市牛奶公司及后转归于光明乳业上海乳品二厂的前身。

1900年上海租界工部局的兽医用结核菌素对全市牛群进行结核病检疫，发现牛奶棚每5头牛中有一头患结核病。从此工部局每月对牛奶棚的牛进行结核病检查。同年，某些牛奶棚牛舍被强制进行改造。1903年12月工部局卫生处承担已申领执照牛奶棚的奶牛卫生监督工作。1906年，工部局对263个牛奶样品进行质量检验，质量指标包括乳脂率及非脂乳固体等，有195个属优良质量，11个属低等质量，57个掺假。

---

1 上海档案馆．卷宗编号U1-2-624．

2 王毓峰，沈延成．1984．上海市牛乳业发展史．上海畜牧兽医通讯（6）：3-16．

1906年上海租界当局规定，生鲜牛奶不准上市销售，上市的只能是消毒牛奶。过后又多次发布通令，禁售未消毒牛奶，并且规定，A级奶仅指巴氏杀菌奶[1]。

第三节　西学东渐与晚清对西方奶业的认识

随着晚清时期西方侨民不断把境外的奶牛传入中国各地饲养，国内饮食牛奶的风气日渐扩散，人们对奶牛和牛奶的认识渐多，于是开始关注奶牛饲养的问题。特别是知识分子，由于接触西方文化较多，与西方人士交流的机会也较多，成为最早接受西方饮食文化的中国人，也是近代饮食牛奶的提倡者和引领者。他们通过不同的渠道，呼吁引进奶牛。一时间，鼓吹养殖奶牛好处的文章时常见诸报端。

一、近代奶业科技的启蒙

1897年，中国第一份农业刊物《农学报》在上海创刊。其创办人罗振玉，首先倡议引进国外奶牛良种。他说："农业移植改良，日本之成效固昭昭矣，我国急宜加意于此，而期农业之进步。欧洲各奶酪之利最饶。饲中国之牛以取乳，其利啬甚；而荷兰奶牛之良者，则日可得乳二斗，是宜移植荷兰瑞士之佳种兴酪业[2]。"

《农学报》先后发表了《紫云英栽培法》、《苜蓿说》、《谈栽培苜蓿之有利》、《间作豆科绿肥之利益》、《论种苜蓿之利》等文章，率先提倡种植牧草，阐述栽培牧草的意义。《农学报》创办人罗振玉更是亲自撰文，呼吁引进优良牧草，他认为应"讲求牧草，移植欧美良品牧草"。由此，国外优良牧草陆续被有识之士引入中国。

二、中国最早介绍荷兰奶牛的译文《荷兰牧牛篇》

1897年，署名为"鸳湖渔隐"的译者在《农学报》发表《荷兰牧牛篇》的译文，介绍西方奶牛业，指出饲养奶牛之利，对当时上海奶牛业的发展及后来引种改良工作起了很大的促进作用。

《荷兰牧牛篇》是中国最早用文言文翻译西方奶牛饲养的文章，原文出自荷兰的佛里寺省牧牛公司。从译文的结尾处对"荷兰的佛里寺省牧牛公司"的介绍

---

1 上海奶业简史（内部刊物）.

2 罗振玉.1899.论农事移植改良（下）.农学报，95.

中知道，这家创建于1879年的奶牛公司，当时饲养奶牛达12 000多头，称得上是世界级的大型奶牛公司了。

《荷兰牧牛篇》正文分为10节。

“原种第一”，介绍荷兰奶牛（即荷斯坦牛）的种质渊源。认为“荷兰牛种最古，传至今日，已历一千余年。”为了保持荷兰奶牛的血统纯正，两千年来，荷兰人坚持“牧养诸法，既遵古制，外邦之牛，绝少贩入，以免别种混杂，故历来荷牛种最清真。两千年来，一切水土、饲料、牧养未尝稍替，以故所产之牛所出之乳，素称极美也”。

“大小第二”，介绍荷兰奶牛的形体大小。“荷兰之牛，以身躯之大小，分为三等，曰大种，曰中等之种，曰小种。”大种牛产于草地之较干者；中等之种产于草场之最低洼者；小种则产于胶土者。“沙礫地之最肥者，暨草场之低洼而不甚膏腴者，所产之牛即为中等之种，荷国诸省大都皆仅此种地土也。”由此可知，荷兰本土的奶牛多属体形中等之种。

“毛色第三”，介绍荷兰奶牛的毛色。在古代，荷兰奶牛的毛色以“白搭佛红牛最著名。凡送官体等，无论公母，皆以白者为贵”。但是红毛色和白毛色的奶牛今已不存，“今世尤以斑黑为诸色之冠，惟黑白二色之多寡、地位各有不同，或黑白分明、多寡维均，或黑多白少而额有白点”。这就是我们常说荷兰黑白花奶牛。

“验角第四”，介绍荷兰奶牛的牛角形状和长短，并根据牛角来鉴别奶牛品种的优劣，这有点像中国古代的“相牛术”。荷牛之多乳者，其角必短，毛色极杂，斑黑尤为大宗。“荷兰之牛，无论产于何省，饲于何地，以此验之，历历不爽也。”

“迁种第五”，介绍荷兰奶牛迁往世界各地饲养的情况。认为荷兰奶牛“在本国，固极著名，易于牧养，即运赴外邦，亦无不合土宜之患”，适应性非常强。“传入法、德、俄、美等国者，莫不争胜土著，故现各该国已悉有其毛色形体矣。”

“乳汁第六”，介绍荷兰奶牛的产乳性能。“牛之乳汁多寡互异，荷牛实居其首。”荷国南方所产大种及次大种，每年产乳中数，可扯三千五百利脱尔，丰年可多至五六千利脱尔（每利脱尔合中国一升三合五勺有奇）。

“乳质第七”，介绍荷兰奶牛所产牛奶的乳质。乳有多寡之别，即乳精有厚薄之分。由于牛之体质、壮老、产育之时日、饲喂之制度、时令之早晚不同所致。原文作者在使用一组分析数据证明荷兰奶牛乳质优良之后说：“荷牛之乳精，纵有时略薄，而制成之乳油则甚厚；然则荷牛之乳，不又可争胜于别国哉？”

“肥壮第八”，介绍荷兰牛的育肥及肉肌花纹。奶牛初生，依然留心饲养，自然博硕肥大。“凡牛于壮盛之年，固极肥满，仍如故之肥满者。肉有花纹，纹内俱含肥脂。”译文中提到，当时荷兰各公司每年都举行肥牛大赛，以最肥大者为胜。“今世务农各公司，每年必有肥大之牛数头，或老或壮，或牝或牡，夸示与人，其肥重不亚于畴昔也。”

“奶牛第九”，介绍初生小牛的饲养方法。“荷牛之尤有取者，不独乳富，所产奶牛，尤极雄壮。初生之日，即依法饲养，茁壮甚易。奶牛初生，有乳牙六或八，寻常之产于膏土者，尤以八牙为多。牧之之法，悉依古制，后尝略陈，此荷牛之所以争胜于别种也。”

“佛里寺牛种第十”，介绍公司奶牛的饲养放牧方法。佛里寺为荷兰直省，在国之西北。据1896年统计，佛里寺省居民户口328 910人，豢养奶牛223 846头。牧养方法是，每年5月12日 至11月12日的6个月内，“诸牛皆放入牧场，虽在黑夜，亦不归栏”。牧场草地内开有壕沟，段段间隔。场内青草，一半取以饲牛，其余一边，将草翻干，备作冬季饲料。自11月12日至次年的5月12日，牛皆归栏。牛栏及饲草，皆直连于牧者居处。牛系栏间，互相间隔，勿使彼此争触。牛尾用细绳挽起，免致稍沾污秽。饲养之所，固十分清洁，而牛身及尾，亦必时常刷洗焉。外邦之来游佛里寺、北荷兰以及各省之乡村者，莫不深许其位置得宜，收拾清洁，为他国所不及也。冬季饲料，除干草外，每佐以苎麻之根及麦面粉刍豆等物。由这段译文可知，100多年前，荷兰的奶牛业已经相当发达，人均养牛达0.7头。牧场草地充沛。牛栏建筑讲究，牛只清洁卫生。

最为难能可贵之处是，“凡牛之美恶，历年必经官医验过，方准出售，即乳质亦必随时呈验。豢牛多者，恐外人一时无从鉴别，特将牛之名称、年岁、给乳若干，编成号数，登诸册簿，一便检阅。”奶牛公司出售的种牛，必须经过官方兽医师检验，所产乳汁也必须随时送验。所出售的牛只，每头牛都有编号，在销售“册簿”中细列其名称（品种）、畜龄、产乳量等参数，以便客户查验鉴别。

三、《农学丛书》第二集收入的《牛乳新书》

1906年，上海务农会（也称上海农务会）编辑出版了一套六集的《农学丛书》，其中第二集收入了一部《牛乳新书》。这部奶牛专著原文系日本的畜牧专家河相大三所著，由浙江桐乡留日学生沈纮译为中文。

该书分为上下两卷。上卷为牛篇，分为11章。各章篇名提要分别是：

“种类第一”，讲述日本饲养的五大类奶牛品种的生长特性及产乳性能，配有图示和大量实验数据表格，内容甚详。

“选择第二”，讲述选择良种奶牛的标准，包括年龄（以牙齿形状鉴别）和乳镜（乳镜者，牛腿之旋毛也，是乳房发达程度的标志特征之一）。除此二者，尚需选择前肢短于后肢、腰广而沉、皮毛细软、乳房乳管大、额面长、颈项瘦、性情温驯等。

“饲料第三”，当时日本的奶牛饲养大致是，夏天半年放牧，冬季半年舍饲，喂干草料，辅以蔬谷，调以盐。该章详细介绍了24种牧草的种植方法及其营养分析。

“饲育第四”，奶牛饲料投喂量，“区以种类，复随体之大小，齿之壮稚，时之寒燠而殊”。每日的饲料组合分别有：青草、大麦及干草、麦芽及干草、大麦糖蜜及干草、大麦亚麻仁及干草、蚕豆及干草等。该章列示了每日投喂的饲料组合不同与产乳量多少的关系。

“饲料与乳汁关系第五”，列出了投喂饲料组合不同与乳质成分差异的数据，强调善饲者，求刍既精，合料尤审，文中已特别提出饲料中的富含蛋白质、脂肪、碳水物、氮素物的饲料种类及其搭配。

“游牝及产育第六”，牝牛满两岁，始许牡偶。一般在5～7月使牝牛交配，这样怀胎9个月，则牛犊于次年春夏间风暖草生时出生，殊为便益。接着介绍母牛接生、牛犊护理、产后母牛饲喂等知识。

“养犊第七”，讲述初生牛犊的饲喂管理方法。

“榨乳第八”，讲述挤奶方法及所用器具，挤奶时特别强调鲜乳的清洁卫生。

“乳汁总说第九”，指出乳汁由水分、糖分、灰分、脂肪、蛋白质、酥质等组成，并分析了不同乳质的检测结果。

“乳味第十”，指出乳汁的味道，常由所喂之饲料而来。因此，要使乳汁杂味去除，当从饲料选配做起。

“验乳第十一”，为了防止售乳者添加清水、泔水，或售前抽取乳油，需要有验乳方法。介绍了乳汁验密度、验脂肪、验杂物的方法等。

下卷为乳篇，分为3章，依次介绍炼乳、奶粉及乳油的加工方法。

“炼乳第一”，介绍了简易炼乳制作法、美国炼乳制作法等。

“粉乳第二”，特别强调了“粉乳去粕得精，轻而耐久，宜储积，便取携而广牛乳之用者”。介绍日本民间简易制作奶粉的方法及西方工业制作奶粉的方法。

“乳油第三”，下篇以大量篇幅介绍制作乳油的方法及其所用器具等。其法甚繁，不作详述。

该书是中国翻译的第一次系统阐述奶牛饲养及乳品加工的科学著作，也是中国认识乳业科学的入门著作。该书出版后，立即成为中国当时刚刚兴办的大学畜牧兽医系科的教科书。

四、《农学丛书》第二集收入的《牧草图说》

1906年，《农学丛书》第二集与《牛乳新书》同时刊行的还有一部《牧草图说》。该书原文系日本农商务省农务局编，湖南宁乡留日学生周家树译。这是中国第一次翻译刻印的系统阐述牧草知识的专著。

编者在“绪言”中说：“本局取本邦野草，采集试植，其中富于滋养分，且适于牛马嗜好者，选择鉴别，取其最良者20种，写状附说，以资畜牧家参考焉”。由此可知，该书由日本农务局从日本各地生长的适合饲喂牛马的野草中，经过试种试验，选择出20种，分别写状绘图，附说图解，适合一般读者阅读，是一部牧草科普读物。

该书所述牧草的生长季节，概以日本东京附近的植物生长季节为准，各地冷暖盈缩，差别略有迟速。收录的20种牧草，基本上都是禾本科和豆科的牧草，本书所录牧草，以牧草的生长期分类，大致有三类：一是一年生牧草，即通常春季发芽成长，开花结实，至秋即枯死者。二是越冬牧草，也称越年牧草，即前年秋天发芽，越冬期至翌年开花结实，然后枯死者。三是宿根牧草，即每年春季生发新芽，开花结实。来年宿根复长新芽，其根永年不死者。

每种牧草均注明日文汉字、日文假名和拉丁文学名，检索非常方便。正如书名《牧草图说》一样，牧草均先绘制植株全图，包括根、茎、叶、花、果等。对花、蕊、果、核等细小或内部之部位，另绘放大图示，以便读者鉴别。

对每种牧草的叙述分析，主要包括：一是适宜生长地环境及土性；二是干草率，以收割时节的鲜草样本测定；三是成分，包括灰分、磷酸、热量、脂油（脂肪）、蛋白质、可溶碳水物、纤维等测定指标。样本提取以牧草开花之时或发育成熟期之植株为准。另外，图解还附注牧草的生长特性，即该牧草在耕种收获及饲喂使用等方面最需加以注意的特殊性质等。

晚清时期，伴随奶牛的传入，奶业知识也先后传入中国。虽然这些来自外邦异域的奶业科技及其设备仪器不一定适合中国当时的国情，但是，它们作为人类文明成果的结晶和精华，成为了中国当时的农科大学的教科书，成为培养中国第一代畜牧兽医人才的启蒙教材。先人们学习借鉴这些外来文明，从中得到启迪和借鉴。经过中国奶业工作者对传入的奶业文化进行改造和升华，开辟了中国后来民族奶业科技、文化发展的崭新道路。

第六章 民国初至抗日战争前奶牛引进与奶业发展（1912—1936年）

在上一章，我们看到，西方列强武力侵占中国，通过不同途径把奶畜传入中国各地，形成了具有殖民地性质的近代奶业。这种状况在中华民国成立后逐渐有所改变。在西学东渐过程中，中国建立了包括农科大学在内的高等教育机构，培养了中国第一代畜牧专家和兽医专家，建立了专门的畜牧兽医研究机构，具备了开展中国自主奶业科技和乳品生产经营的社会条件。民国初期的北洋政府时期，在与半殖民地奶业并存的艰难时局中，中国开始了从奶牛传入向良种奶牛引进的跨越，并且有了自己的乳品生产业，迎来了中华民族近代奶业本土化的曙光。1927年北伐战争胜利后，国民政府迁都南京，社会政治相对平稳，各项建设事业得到发展，史称“民国十年黄金期”。在此阶段，中国的奶畜饲养也获得较快发展。国民政府颁布了涉及奶业的法律，加强了奶业的市场管理。

第一节　良种奶畜的进一步引进与繁育

1911年，孙中山领导的辛亥革命，结束了中国长达两千多年的封建统治，成立了中华民国。民国初期，历经袁世凯称帝、张勋复辟，国家政权被北洋军阀窃据的北洋政府时期。这一阶段，是中国近代奶牛发展史上的重要转折时期。鸦片战争后形成的由外侨传入奶牛饲养为主的奶业局面，逐渐出现由中国人主动引进外国良种奶牛，独立自主地开展乳业经营的局面。这是中国近代奶业自主化和本土化的开端，是西方奶牛从“传入中国”到“引进中国”的历史性转变。另外，在晚清时期，传入中国的奶牛品种受到殖民地国家养殖传统的影响，奶牛品种繁杂，几乎世界主要的奶牛品种都传入中国了。这些品种并不是最适合中国社会经济和自然生态的品种。民国元年以后，中国主动引进的奶牛，主要是荷斯坦牛，此时荷斯坦牛及其杂交后代产奶量高的遗传特性逐渐被养殖者认识。各地的开放口岸城市及周围农村出现了奶牛养殖、自办乳品厂的民族乳品产业，乳用牛群数量逐渐扩大。

一、北京的奶牛引进与养殖

北京是明清两朝及民国前期的首都，是中国传统奶业传承延续的首善之地。在近代中国开埠通商、建立领事外交以后，外交官员和外国侨民聚居北京，传统奶业得到一定发展，到1910年，在北京经营的牛奶场已发展到18家，每家饲养几头到10余头奶牛。但是这些奶牛场里饲养的奶牛不是从外国引进的良种奶牛。晚清北京的奶牛场一般都是从内蒙古购入怀孕母牛，产犊后挤奶，牛奶挤干后，约在农历六月以前连同所生犊牛一起卖给屠户，次年再从内蒙古购入孕牛，如此往复。可见民国前的北京奶业，依然传承着中国奶业的古老传统[1]。

1915年，第二种畜试验场在北京西山来远斋创立。该场占地13余公顷，分开饲养澳洲购来的美诺羊200只，种牛10头。工作注重牛羊的改良及种畜的交配、牛乳制造、疾病预防与诊治等[2]。

1920年，俄国传教士在北京东直门外开办了“北馆奶牛场”和“仿欧奶牛场”，每场饲养40～50头本土黄牛或俄国荷斯坦牛。这是北京饲养洋奶牛的开端。虽然这批奶牛还不是中国主动引进的，但是这两家奶牛场里的“俄国荷斯坦牛”，见证了北京养殖西方奶牛的历史。

北京西方奶牛的引进，与一位出生于浙江慈溪的畜牧兽医专家虞振镛（1890—1962）先生有关。虞振镛于1911年获清华学堂（清华大学前身）留美奖学金的资助，先后入美国伊利诺伊大学畜牧系和康奈尔大学研究生院攻读畜牧学。1915年毕业，获硕士学位，同年回国，受聘到清华大学农学院任教。1920年以访问学者身份，赴美入德克萨斯州农工学院进修奶牛学。1921年进修期满归国前，虞振镛用清华大学农场的专项集资款选购了良种荷兰牛、娟姗牛和爱尔夏牛共13头，运送回北京，在清华大学农学院附属农场附近，创建了“北京模范奶牛场”（当时也叫清华奶牛场）。这是由中国人出资引入良种奶牛并建立奶牛场的最早记载，是名副其实的“引进奶牛”。1930年，北京模范奶牛场再度从美国引入爱尔夏牛和荷斯坦牛，至此，该场已发展到纯种奶牛和杂交改良奶牛共200余头产奶母牛的规模[3]。

北洋政府时期，北京的奶牛饲养业进入一个快速发展阶段。受到畜牧兽医专家虞振镛引进良种奶牛获得巨大成功的影响和带动，一时间，引进奶牛在北京奶牛业开始盛行。例如，左连友、左连奎兄弟创办的双德顺、老德顺奶牛场，原先

---

1 李群.2004.中国近代畜牧业发展研究.北京：中国农业科技出版社：32–33.

2 《东方杂志》民国四年十月“中国大事记”。

3 谢成侠.1985.中国养牛羊史.北京：农业出版社：101.

以饲养蒙古杂种奶牛为主，后来他们从山东兖州教会购入10头黑白花公牛，用以与蒙古黄牛杂交，改良的杂交后代产奶量增加，效益提升，遂逐渐以饲养杂交奶牛为主，牛场规模扩大，成为北京的主要奶牛场之一。此外，还有安文玉创办的位于崇文门外的福生安记奶牛场，也具相当规模，鼎盛时达到100多头。此外，杨路平等人的通州奶牛场引进西门塔尔牛，当时也颇具声势。

这一时期，北京的奶牛业还是传统的个体奶农经营为主，除了上面提到的几家规模较大而且具有牛奶公司性质的奶牛场之外，多数是饲养几头至十余头的传统小型奶牛场，一般都以鲜奶直供为主，很少经营加工制品销售。而且，奶牛的品种也很繁杂，有引进的荷兰荷斯坦牛、娟姗牛、爱尔夏牛、黄白花良种奶牛，也有传统的蒙古黄牛，以及少量的俄国荷斯坦牛等。到1930年，北京经营奶牛业已发展到78家。1937年“七七”事变前，奶牛场达110家，全北京市约有1 000头奶牛[1]。

二、南京的奶牛引进与养殖

1918年南京高等师范学校（1921年更名为东南大学）农科实验牧场，从国外引进20多头荷斯坦牛。7年后，由汪启愚教授发起，在南京创办了鼓楼奶牛场。该场是教学实习型牧场，是中国最早的农科大学奶牛教学基地之一，兼有推广普及奶牛知识、提倡乳品消费的职能，因此，在市民中产生了积极影响[2]。

随着南京的西方侨民日渐增多，对牛奶的需求量大增。在东南大学奶牛场的影响和带动下，南京兴起了一股办奶牛场热，不少民族资本家和民间人士投资兴建奶牛场，引进西洋良种奶牛进行饲养。短短几年时间，就有了20多家私营牧场。当时，徐复兴、张福兴、邵鸿飞等人创办的奶牛场均初具规模，对后来的南京奶牛业产生一定影响。

1927年北伐战争结束后，国民党政府迁都南京。不久，国民政府在南京创办国民革命军遗族学校，

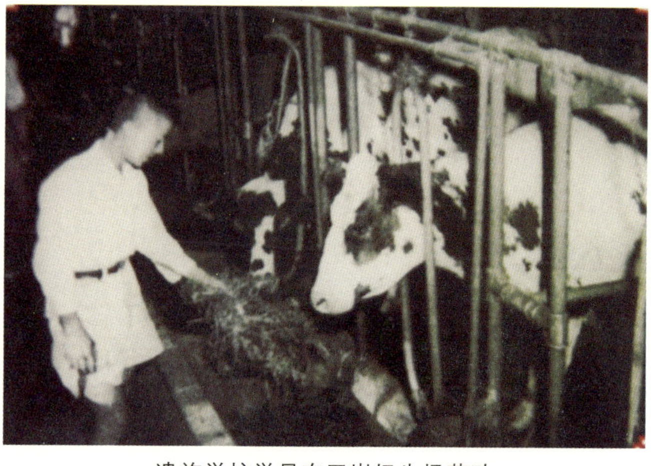

遗族学校学员在卫岗奶牛场劳动

[1] 李群.2004.中国近代畜牧业发展研究.北京：中国农业科学技术出版社：32-33.

[2] 崔宝山.2005.卫岗牛奶——金陵百年老字号.苏果人（5）：34-35.

遗族学校引进的良种奶牛

专门招收战争遗孤子弟入学。为了给这些孩子们提供鲜奶，1928年宋美龄在南京卫岗建立奶牛场，从上海购买了30多头良种荷斯坦牛，在中山陵附近的四方城官地建牧场，饲养奶牛。这就是后来的南京卫岗乳制品厂前身[1]。

1931年，南京国民政府实业部派员到中央广播电台作了一次关于《我国畜种改良之方针及具体办法》的报告，认为要改良中国的畜牧业，最为简捷的方法就是引用良种，提出用荷兰奶牛改良中国黄牛以求得乳用品种[2]。随着国民政府的宣传提倡，以及高等学校的教学推广，1927—1937年的10年间，南京的奶牛业获得快速发展。抗战爆发前的1936年，南京有官办、校办、教会办及私营个体牧场38家。其中有7家私营牧场联合发起，成立了南京市首家“牛奶公司”[3]。1937年南京沦陷前，国民革命军遗族学校实验牧场、中央大学农学院实验牧场等，将牛群西迁成都、重庆；私营牧场的牛群从南京分散到郊县和苏北一带饲养。汪伪时期，南京仅存3家私营牧场，养奶牛55头。

三、上海奶牛业的发展

1919年“五四”运动后，国民的思想更加活跃开放，与海外的交往进一步扩大。一些民族资本家投资农业生产，经营牛奶者也日益增多。

牛奶的商业运营之风于20世纪20年代最盛。1920年，民族资本家尤怀皋从美国学习奶牛养殖技术，学成回国后，直接从美国引进纯种公、母奶牛，在上海创办“自由牧场”，以现代企业的方式，经营奶牛生产与牛奶供应。因此，自由牧场成为上海商业资本经营奶业的先者。民族资本家投资经营牧场，其经营策略与生产方式不同于农民的个体经营。他们有雄厚的资本，先进的技术与畅通的信息。当时从日本、英国、美国、丹麦、加拿大等国成批购入良种奶牛。品种包括荷斯坦牛、娟姗牛、爱尔夏牛和丹麦红牛等，提高了奶牛饲喂营养水平，

---

1 崔宝山 .2005. 卫岗牛奶——金陵百年老字号 . 苏果人（5）：34–35.

2 郭文韬，曹隆恭 .1989. 中国近代农业科技史 . 北京：中国农业科学技术出版社：466–468.

3 崔宝山 .2005. 卫岗牛奶——金陵百年老字号 . 苏果人（5）：34–35.

改进了牛舍设备，推行牛奶营销活动，如宣传牛奶的营养价值，开展广告促销活动等。牛奶的销售数量也日见上升。在上海，一般经济中、上等的殷实家庭，皆以饮用牛奶为时髦，竞相订购牛奶。市场旺销无疑对发展上海奶业起着巨大的推动作用[1]。

1928年前后，上海奶牛业日臻完善，一些实力较强的牛奶棚开始从国外批量引进奶牛。显著的特点是，奶牛引入行为的主体不再是早期的如传教士、租界里的西侨商人和政要人士，而是中国的民族资本家。他们顺应市场的原则，在现代畜牧科技指导下引进良种奶牛，规模化饲养，商业化经营，科学化管理，成为中国最早涉足乳业生产的民族资本家。

20世纪二三十年代是上海奶牛业蓬勃发展的阶段。一些民族资本进入奶牛饲养业，如先施公司创办人投资的畜殖牛奶公司，金城银行投资的元元牛奶公司，中国信托公司与华侨共同投资创办的丽园牧场，三友实业社投资的生生牧场等，都是民国时期上海配有乳品加工机械设备的著名奶牛场。

由于奶牛饲养量的增加，牛舍的环境卫生、奶牛的防疫及乳品质量卫生等等，成为社会普遍关注的问题。1931年，上海市政府卫生局颁布《牛奶棚管理规则》（修正稿），加强了对牛奶棚的规范化管理，使之在严格的法律法规的监督下发展。

1933年，据上海市政府社会局对上海奶牛业进行的一次普查，可以窥知当时上海奶牛业的基本状况。一是受交通运输条件的限制，牛奶棚大多都建在市管辖地，以便于在不影响质量的时间内将生奶或鲜奶运送到市区加工厂或直接送达消费者府宅。二是持有政府颁发的经营（饲养）执照的奶牛场通常都向无照牛奶棚收购牛奶以调剂其产销平衡，这表明当时有许多牛奶棚没有申领执照或者达不到领照标准，市售牛奶质量参差不齐。三是上海牛奶棚经营形式分为三类：农民兼养奶牛、牛奶棚、奶牛场。

当时共调查奶牛户77户，饲养成牛1 367头，以荷斯坦牛及其杂交种为多，西门塔尔牛及其杂种为次，其他为更赛牛1头、用以挤奶的水牛52头、黄牛113头；牛群来源：自己育成的占28.6%，购入者占44.9%，收回“分养牛”占26.5%；奶牛饲料以青草、干草、稻草、棉籽壳、棉籽饼、麸皮等为主，米糠、豆腐渣、大麦、甘薯等为辅；产量水平：以产后1个月内每天挤奶3次，日产奶量在6千克左右。以上调查尚不包括在租界登记持照的27户，这27户饲养奶牛约1 993头，另尚有乡农退租牛（即乡农饲养的奶牛）196头，因此，1933年，上海有奶牛场共90多家，饲养奶牛不少于2 947头[2]。

---

[1] 上海奶业简史（内部刊物）.

[2] 中国畜牧兽医学会.1992.中国近代畜牧兽医史料集.北京：农业出版社：80.

从以上调查资料可以看出，民国时期的上海奶牛业仍然分为市辖奶牛场和租界奶牛场两部分，市辖奶牛场规模很小，平均每户饲养量不足18头，而租界奶牛场平均每户饲养量达70多头。另外，奶牛的品种除了良种奶牛及其杂种后代外，还有少量的本地黄牛和奶水牛。调查统计中出现的“分养牛”多达26.5%，说明当时的正规奶牛场通常都把初生的小牛犊分给当地农民饲养，待其成长为泌乳成牛后再收回牧场饲养，以减轻奶牛场负担，降低饲养成本。根据民国《川沙县志》记载：“牛旧时只黄牛、水牛两种，近来多畜奶牛，俗称外国牛，毛色黄，亦有黄白相杂者，无肩峰，不能驾轭耕田，以乳多为贵。其优者，三四百元以上[1]。”说明上海周边农村饲养奶牛比较普遍，与调查资料中提到的“乡农兼养奶牛”的情况相符。

至抗战前的1936年底，上海存栏奶牛2 887头，日总产奶量19 220千克[2]，年产奶约7 015吨。

四、其他地区的奶牛引进与繁育

中国东南沿海是开埠通商最早的地区，早在20世纪40年代便有传教士传入西洋奶牛。民国以后，福建的福州、厦门、泉州，广东的广州，以及浙江的杭州、温州、宁波等地的民族资本逐渐进入奶牛饲养业，开始主动引进奶牛，兴起了民族自主的奶牛饲养业。

1918年，在福州传教的外侨连尼回国，遂将他此前传入的几头奶牛转卖给福州“积善堂”药店主人高泽。高泽接办奶牛场后，用其种公牛与本地黄牛杂交，奶牛数量逐渐增加，由此形成了一定规模的奶牛场。1924年，高泽把这批奶牛分别转售给附近农民，带动了福州郊区的奶牛饲养业。

广州毗邻香港，受西方文化和饮食习惯影响较大，是近代首开风气的地区，也是晚清时期奶牛传入的主要地区之一。民国以后，广州创办了由教会主持的岭南大学，聘用了许多外籍教师。其中有一位来自美国的农科教授高鲁甫（Gruff），他于1912年，利用回美探亲之际，协助岭南大学从美国购入良种奶牛20头，兴办岭南大学农科奶牛场，开展奶牛繁育工作。奶牛场所产牛奶，主要供应在岭南大学工作的外籍教授。

1926年，广州市怡乐村成立广东的第二家专业牛奶公司。这家公司引进了西方的良种奶牛，采用现代企业的经营管理方式进行饲养，规模逐渐扩大，成为广州市奶业的开创先驱之一。

需要特别提到的是，1924年，浙江瑞安安息会牧师李氏、陈氏集股开办宁康

---

1 方鸿铠，陆炳麟修；黄炎培纂 .1991. 民国川沙县志 . 上海：上海书店 .

2 按当时西洋人的统计惯例，存栏奶牛数指成年泌乳母牛数。总产奶量包括部分“下奶户”（个体奶农）交来的牛奶。

炼乳厂，收集附近乡民的水牛奶制造炼乳[1]，每天生产30罐。这是中国最早自办的炼乳厂。1931年，浙江海宁人萧家斡等人集资创办“西湖炼乳公司”，引进爱尔夏牛、短角牛和荷斯坦牛等纯种牛400余头，建成民国时期规模最大的奶牛场，所产牛奶主要用于生产炼乳[2]。

在四川成都，1919年有外侨传教士丁氏运来荷兰牛6头（其中公牛1头），所产牛奶量少，仅供华西大学教师和传教士饮用。不久，四川大学农学院的狮子山农场引进了几头荷斯坦牛母牛及1头公牛，主要用于教学实习，所产牛奶亦只供校内人士消费，在当时并未产生大的影响。后来，在华西大学饲养的种公牛开始对外配种，遂使杂种奶牛散布于民间，但规模较小。

在重庆，20世纪20年代初亦由传教士传入奶牛饲养，只供自饮。私营的重庆奶牛场，始于1931年从上海购入荷斯坦牛5头，1933年又购入5头，与当地的黄牛杂交，由此杂种奶牛逐渐增加。截至1936年，成都、重庆两地共有奶牛400余头[3]。

另据各地县志和档案馆的分散记载，民国前期，各地的一些地方豪族和富商，也有自办奶牛场以供家族饮用的情况。因资料分散，记载简略，这些奶牛场的引进、饲养情况不知其详。

总之，北伐战争后，中国进入一个相对稳定的时期，社会经济得到一定程度的恢复和发展。1928年前后，在中国历史上形成了以商业经营为目的的引进奶牛种质和建设奶牛场高潮期。不仅上海、北京[4]、南京、天津、广州、福州等开放口岸城市及周围农村出现了自养奶牛、自办乳品厂的情况，东北地区以及昆明、开封、西安、武汉等地的奶牛业也有大的发展。据不完全统计，到1934年，全国共有奶牛10 000余头[5]。另据《中国年鉴》记载，1936年中国有奶牛9 490头，其中荷斯坦牛2 607头，爱尔夏牛171头，更赛牛138头，娟姗牛102头。需要说明的是，上述统计数据，均不含东北三省的伪“满洲国”和上海租界外侨饲养的奶牛数量。另外，受统计技术和地方割据势力的影响，民国时期的经济统计通常都不够准确，因此，这些数据只能作为参考数据。大略估计，抗日战争前，中国境内

---

1 据记载，1858年，美国人G. 博登研制出采用减压蒸馏方法工业化生产炼乳技术，在美国建起了世界上第一座炼乳工厂。1884年，美国人贝吉于发明了新的牛奶浓缩方法，并在炼乳装罐后再加高温设备进行灭菌处理，生产出了可长期保存的无糖炼乳。不久，这种耐贮存的炼乳进入上海市场。1900年上海的中英药房即有进口炼乳出售。

2 中国畜牧兽医学会 .1992. 中国近代畜牧兽医史料集 . 北京：农业出版社：87-88.

3 徐旺生 .1996. 近代畜牧科学技术 // 中国农业博物馆 . 中国近代农业科技史稿 . 北京：中国农业科技出版社：251.

4 1927年北伐战争结束后，国民政府将北京改称北平，后又改为北京。本书除特定年份考证资料用北平外，一律沿用北京称谓。

5 吴信法 .1932. 牛乳及其制品 . 上海：中正书局：16.

的奶牛数量当在20 000头左右，年产牛奶6 000万磅[1]左右。

五、西方奶山羊的引进与繁育

前文已述，清末已有西方奶山羊传入中国。1919年，由传教士从德国带来萨能奶山羊开始与本地山羊杂交。20世纪20年代，山东济南、青岛的农事试验场也引进萨能奶山羊，进行饲养繁殖[2]，在长期与当地一种体格较小、毛色较杂、繁殖性能较高的母羊杂交后，后经继续选育，于50年代育成了“崂山奶山羊”[3]。

此外，1932年，晏阳初从加拿大大量引进萨能奶山羊，初期饲养于河北定县，后因抗日战争爆发，损失较大，存活的山羊转运至西安，后由西北农学院购入，饲养在陕西武功杨陵牧场。新中国成立后，这批奶山羊又经过与当地山羊杂交选育，育成“关中奶山羊”[4]。

与此同时，上海、南京等地也分别引进了萨能奶山羊。

第二节　奶牛饲养与乳业生产

民国前期，中国在引进奶牛的同时，也引进了先进国家的奶业装备设施，开展乳品加工。总体而言，中国的近代奶业起步晚，技术装备条件相对落后。上海是中国近代奶业装备水平较好的地区之一，是引领国内奶业发展的标志。

伴随着奶牛存栏数、牛奶产量和消费量增长，这一时期中国在奶牛养殖，牛奶加工、乳制品品种与包装、奶业与相关行业的科学技术，以及商贸与服务等领域也有许多发明创造，呈现明显进步。

一、奶牛饲养设施

鸦片战争之后的一个时期内，中国奶牛饲养基本上是沿袭传统的牛只散养放牧方式，除了添加一些豆粕、棉籽饼之类的精饲料外，奶牛喂养均以牧草、农作物秸秆为主。牛舍则是简陋的草棚围圈，卫生条件很差。随着社会与科技的进步，上海奶牛群的饲养环境和饲喂技术也逐渐有所改进或革新。

在奶牛舍方面，一些经济实力较强、饲养规模较大的牛奶棚，逐渐将原先的简陋竹木草棚牛圈改建成砖木结构的牛舍，有的甚至使用钢筋水泥等材料建造成

---

1 1磅等于0.45千克。

2 庄维民，吕景琳.1992.近代山东畜牧业技术的研究与改良.古今农业（2）：62-67.

3 郑丕留.1988.中国羊品种志.上海：上海科技出版社：123.

4 徐旺生.1996.近代畜牧科学技术//中国农业博物馆.中国近代农业科技史稿.北京：中国农业科学技术出版社：258.

有供水、排水设施的现代牛舍。这类牛舍具有清洗地面、集中处理牲畜粪尿的专门设施，环境卫生大为改善。

在牛舍管理方面，1928年，上海的牛舍已出现铁制自动饮水碗。牛舍中安装电灯、电风扇。盛奶木桶被金属器皿替代，并用不锈钢材料制造出专门的带半边翻盖的挤奶桶等。绳拴木栏被金属制造的新式牛栏、颈枷所替代；肩扛手抬物品被手推车搬运所替代；饮水木桶被水管供水替代，奶牛饲料使用电动机械粉碎、切割或混合等。

1925年，姜维良在上海市西摩路（今陕西南路）开设大中（商贸）行，行销美国麦干利尔厂和健牲厂等生产的多种奶业相关产品，包括盛商品奶的瓶、桶，带半边盖的挤奶桶；多种养牛的工具、器械；牛用医疗注射器械；牛奶成分测试器械，以及牛奶消毒设备、小型奶油分离器等。该企业后来又自设车间，制造一些牛奶加工设备，并逐渐演变为后来的“上海饮料机械厂”。

二、奶牛饲料生产

奶牛的饲料，通常都是取自农村的田野杂草及利用荒闲地的自然牧地牧草。由于近代奶牛业兴起于城市近郊，没有大片的土地作为牧场，而且每个奶农或者牛奶公司饲养的奶牛头数都不多，所需饲料基本上可以就近解决，因此，近代基本上没有形成奶牛饲料产业。在上海，奶牛的粗饲料包括各种田野杂草、水生植物、农作物秸秆、湿糟渣及米糠等，多由农户、牧场自行采集或雇人收割，奶牛饲料的市场化、商品化程度很低。奶牛的精饲料则多数从市场购入，品种有禾谷、豆类、豆饼、棉仁饼、菜籽饼及麸皮等。因此，所谓奶牛饲料业，当时主要指的是精饲料。

据记载，1919年前麸皮价格为每包2～2.6两白银。改用纸币后，每包价格约3.3元，在奶牛饲养成本中所占的比重并不大。1934年上海红印牧场、三叶草（CLOVER）牧场开始建造青贮饲料塔，制作青贮玉米。1935年上海可的牛奶公司开始通过海运从国外进口苜蓿干草捆等。

1925年前后，为了解决奶牛饲料缺乏问题，卢润孚还进行棉籽饼饲喂奶牛试验。因为中国为产棉大国，每年生产出相当多的棉籽饼，这些棉籽饼当时通常用作肥料或部分用来饲喂耕牛。但棉籽饼能否用来饲养奶牛？用量多少才不致出现毒性反应呢？这一问题，一直没有解决。当时卢润孚用3头奶牛，给以不同量的棉籽饼进行对比试验，试验结果表明：以每头每日添加2.27千克棉籽饼效益最好，试验期内没有牛因使用棉籽饼而出现毒性反应。这项研究，对于发展奶牛业及有效利用棉籽饼、降低奶牛饲养成本具有实用价值[1]。

---

[1] 卢润孚.1925.奶牛对于棉籽饼给量之研究.农学杂志（2）：5.

三、优良牧草的引进与栽培研究

早在1907年前后，奉天农事试验场已试种从国外引进牧草37种之多。1914年，“满铁”公主岭农事试验站引入苜蓿，后来在铁岭、辽阳、郑家屯等地进行栽培试验。1922—1923年，东北地区引进的主要牧草种有：红车轴草（红三叶）、白甜车轴草（白甜三叶）、杂三叶草、白车轴草（白三叶）、长叶草、燕麦草、牛选草、禾萱草等，分别在铁岭、公主岭、辽阳、大连、爱河等地做引种观察试验。1927—1928年，又在上述地区进行猫尾草、小麦草栽培试验[1,2]。

20世纪30年代，中央农业实验所、中央林业实验所，从美国引进100多份豆科、禾本科牧草种子，主要有紫花苜蓿、红车轴草、杂车轴草、绛车轴草、百脉根、胡枝子、各种野豌豆、多花黑麦草、多年生黑麦草和苏丹草等，在南京进行引种试验。1933—1939年，新疆从苏联引进猫尾草、红车轴草、紫花苜蓿等，分别在乌鲁木齐南山种羊场、伊犁、塔城及布尔津阿留滩地区试种[3]。

四、兽医服务

奶牛集中圈养，最重要的事情就是防疫。历史上，牛瘟的流行给奶牛饲养业造成了沉重的打击。这种情况在上海、香港早期的奶牛业都曾遭遇过。因此，与奶牛业相伴而生的相关产业中，兽医服务业是至关重要的。

民国前期，中国还没有培养出足够的掌握相当兽医科技的专门人才。开始时，各地租界内兴办的大型牛奶公司都从西方各国招聘兽医师，为奶牛场提供兽医防疫服务。对于社会上进行散养的个体奶农或规模不大的牛奶棚，通常都是政府聘用的卫生官或兽医官，为牛奶棚进行例行的疫病检查、隔离、消毒，疫病流行时进行疫畜扑杀处理等。

奶牛防疫所用器械、兽药、牛奶化验试剂、仪器等都是从国外进口。直到1932年，当时的中央农业实验所与上海商品检验局合办上海兽疫防治所，自行生产牛瘟疫苗、牛瘟血清等。此后，中国奶牛场牛瘟预防工作逐渐普及。兽医官逐渐出诊治病、预防免疫和隔离等兽医服务。

五、乳品加工

伴随着牛奶加工工艺及产品的多样化、复杂化，与乳品加工相关的包装材料、包装形式及相应的机械设备不断被发明和改进。乳品加工厂水、电、汽、制

---

1 吴青年.1950.新引进两种牧草介绍.农业技术通讯（5）.

2 吴青年.1950.东北优良牧草介绍.农业技术通讯（7-9）.

3 富象干.1982.中国饲用植物研究史.内蒙古农牧学院学报（1）：22-34.

冷、压缩空气等改进设备不断涌现；牛奶输送、储放、消毒、灌装、成品贮运及器皿清洗、消毒等工艺不断有所创新；相应的机械制造业等持续发展。例如，1925年乳品加工厂开始采用不锈钢制造设备；1927年不锈钢奶槽汽车投入运行。

在牛奶冷冻保鲜技术引进方面，上海的起步应当说是比较早的。1916年上海可的牛奶公司开始建造制冰厂，使用机制人造冰来冷冻保鲜牛奶。运输牛奶和短暂贮存时，牛奶桶周围盛放一些大冰块，使之降温保鲜。在炎热季节，冰镇牛奶的作用尤其明显。

早在1857年，法国的著名生物和化学家L.巴斯德发明加温杀菌法[1]，即巴氏消毒法，至19世纪末被广泛用于乳品杀菌处理。1921年，上海民族资本家尤怀皋创办的自由牧场率先引进安装美国制造的全套巴氏杀菌设备与冷却设备，在上海市场供应2磅、1磅和半磅瓶装的“消毒牛奶”[2]。1924年开始上海牛乳业同业公会从国外陆续引进符合当时国际标准的广口玻璃奶瓶，容量分为1磅和半磅。这种包装于1927年完全替代了难以清洗的啤酒瓶盛奶。1927年统计，租界内领得执照的33家牛奶棚中，有31家安装了蒸汽锅炉设备。蒸汽连接于奶瓶与容器清洗设备及牛奶消毒设备。

有了消毒牛奶的机器设备，以牛奶为原料的加工食品和冷饮食品的品种花色逐渐增多，市场上与牛奶有关的食品饮料深受市民欢迎，扩大了牛奶食品的消费群体。1923年上海可的牛奶公司在国内率先生产销售搅拌型发泡稀奶油（上海俗称为“掼奶油”）。

1928年上海路阶牛奶公司[3]在大西路（今延安西路）销售国内最早工厂化生产的酸牛奶产品。20世纪30年代上海市场上还陆续出现了炼乳、奶粉、黄油及冰激凌等乳制品。1934年上海九福公司用奶粉、饴糖、可可粉等配制成一种乳制品——“乐口福”投放市场，一直生产至1950年。

1931年，浙江海宁萧家幹等人集资创办了“西湖炼乳公司”，自养奶牛400余头，所产牛奶用来加工生产炼乳。1936年上海街头出现了海宁洋行销售的该公司生产的机制“美女牌”纸杯冰激凌。这是国内民族资本投资兴建的最大的现代化炼乳厂，产品在东南沿海都市中占有很大市场份额。

民国前期，除了上海等少数城市有了少量的乳品加工产品外，多数城市的牛奶基本上只用于饮用。消毒加工设备引进推广后，市场开始销售“消毒牛奶”，但是普及率并不高，许多地方仍然销售未经消毒处理的生奶。

---

1 巴氏消毒指将食品加温至不低于62.8℃也不高于65.5℃，且加温时间不少于30分钟，然后立即降温至12.8℃以下的食品灭菌消毒方法。

2 在这方面，上海的消毒牛奶加工和监管比香港落后很多。香港地区于20世纪初就建立了牛奶及其延伸乳制品的巴氏消毒工厂，市售鲜奶非经巴氏消毒处理一律不准上市销售，并且通过立法严格执行。

3 上海路阶牛奶公司创办人为宝隆医院的德籍医师柏德。

到抗战爆发前夕，除了上海的乳品加工生产相对较多、较集中外，各地已有了若干家牛奶炼乳企业。例如，广州的广州炼乳公司，浙江温州的柏和炼乳公司，杭州的西湖炼乳公司及茂森炼乳厂等。当时，一位从事乳业研究的学者曾在文章中对中国的乳品加工寄予厚望，他深情地写道："炼乳事业虽属草创，但其前程确不可限量，愿国人一致扶掖之[1]！"

六、乳品贸易与销售

前文提到，浙江西湖炼乳公司是当时国内的主要国产炼乳供应商，但其所占市场份额并不大。据1935年《申报》发表的《沪市牛奶业近况调查》称："上海为吾国最大都市，牛奶业较内地为盛；然仅有鲜乳之制产，至于罐头炼乳及乳粉，则除一小部采用浙江西湖炼乳公司之出品外，余皆仰给于洋货。"1938年上海《新闻报》刊虞廉甫撰《牛奶业在上海》一文称，中国"自营牛奶业历史不过20多年"，"区域有平、津、沪、穗、汉、渝等地；当然以上海最发达。"他指出，"当地生牛奶的主要出路是加工鲜奶。其他品种如白脱（Butter，即黄油）、忌士（Cheese）、炼乳（Condensed milk）或奶粉（Milk powder）等皆赖进口，且价格更为便宜。"

民国前期，国内乳品仍是鲜奶为主，消费群体集中于外籍侨民和上层社会人士，普通民众没有日常食用乳制品的经济能力。作为婴幼儿需要的奶粉，市场需求量较大，当时国内没有生产奶粉的工厂，因此，全部依赖进口。市民日常消费的主要是以牛奶为原料的夏季消暑饮料冰激凌和雪糕之类。

第三节　上海租界及东北殖民地的奶业

前文提到，中国在民国前期开始主动引进国外的良种奶牛及乳品工业设施装备，逐渐形成了中国近代奶业的雏形。但是，当时中国的自主奶业还处于萌芽阶段，不仅规模小，技术水平低，而且受到占主体和主导地位的殖民地奶业的制约。乳品市场从奶牛饲养、乳品生产、兽医防疫服务，直到乳品市场准入标准等，都是控制在分布于中国大城市中的外国租界之中。租界制订的牛奶标准成为中国市场通行的标准，甚至中国民族资本投资成立的奶牛公司都需要向租界的法定机构申领营业执照，中国公司所饲养的奶牛要定期接受租界卫生处的检查，因为民国政府初期还没有自己的兽医防疫机构。因此，回顾民国前期中国奶业发展的状况，就必须同时研究当时中国土地上的殖民地奶业和租界奶业，它们构成了

[1] 吴信法.1932.牛乳及其制品.上海：中正书局：16.

中国近代奶业的重要组成部分，有的甚至成为新中国成立后所继承的奶业资产和技术装备基础。

一、上海租界的奶牛养殖

20世纪前期，上海的牛奶生产与加工企业大致有如下三种类型：

1.租界里的外资奶牛企业 上海的奶业起源于租界内。一些规模较大的牛奶棚多由外资控制，典型的如可的、华德、红印牧场等[1]。他们的资本实力雄厚，有能力对牛舍、加工车间厂房及设备进行更新、改扩建；对牛群的生产操作等比较规范且领先；卫生条件及牛奶质量较佳。当局常将他们列为甲级（A级）牧场；其产品被评为特级或甲级牛奶，售价亦高。

2.民族资本或官僚资本投资兴建的牛奶公司 1919年“五四”运动后，中国曾出现一股“抵制洋货，实业救国”的热潮，一些民族资本家投资于上海奶牛业。1925年华商经营的牧场，经租界工部局确认颁发工商执照的有20余家。其中，存栏奶牛百头以上的牧场也有十余家。租界当局于1935年公布“甲级牧场必须拥有消毒牛奶设备”等条款。因此，大多数华商牧场被列为“乙级”。但也有一些华商努力改善生产条件，领到“甲级牛奶棚”执照，如华人经营的自由牧场，先于洋商，于1921年在上海市场率先推出巴氏杀菌消毒牛奶。华商丽园牧场领得编码为第一号的特级牛奶执照。这两家华商曾以此大做广告，扩大产品销售，与洋商竞争。

3.小型牧场和奶农散户 这些奶牛饲养者大多资金微薄，仅有简陋牛棚，或将住宅简屋改为牛舍，饲养三五头或稍多些奶牛，即“奶农散户”或“小规模家庭式牧场”。这些奶牛场主要靠家庭劳动力经营，少数业主雇用一两个帮工或季节性零工。这类奶农散户，常常是没有经过租界当局批准的无执照的小牧场主，因此，他们的处境非常艰难。他们所产的牛奶是不能合法上市销售的无证牛奶。有时他们将牛奶暗地销售给有证的奶场，有时则趁夜间或凌晨将牛奶偷偷运进租界销售。倘若被当局发现，则遭处罚，甚至判罪坐牢。

自上海奶业萌芽时期起，有些农民就将奶牛养殖由家庭兼营副业逐渐演变为专门的谋生手段，即变为养殖奶牛的专业户，也称为“奶农”。在19世纪40年代到20世纪50年代的百余年间，奶农在上海奶牛业中始终占有相当的地位。他们户数众多，散布于四周市郊。每户饲养的奶牛数量不多，生产及技术水平较低，但他们在利用农村剩余劳力和利用分散的、多种粗精饲料资源，以及便于牛粪尿处理、降低养牛成本等方面显示出优势，因此，全市奶农饲养的奶牛总头数，在不同的时期占全市存栏奶牛数的65%～75%。年总产奶量也占有相当的比例，奶

---

[1] 上海方言中，习惯将奶牛牧场或牛奶公司统称为“牛奶棚”，实际上有许多牛奶棚是大型现代化的牛奶公司。

农生产的原料奶质量相对较次。随着奶业的发展及当局对牛奶质量监管力度的加大，奶农在全市奶牛业中的比重，有逐渐下降的趋势。

奶牛饲养于上海市区的租界内，成本相对较高，加之某些牧场牛舍及场地紧缺，因此，就有人经中介介绍，将断奶犊牛迁至农村代养，待犊牛长大后再由原畜主折价回收。这种方式在业内称为“分养”。在抗日战争期间，上海奶牛业中的“分养”现象尤盛[1]。

20世纪30年代初，上海租界当局对辖地内的牛奶棚进行一次严格的重新登记并颁发新的执照[2]。笔者从上海档案馆检索到，仅在上海法租界的注册牛奶棚（公司）就有35家。这些奶牛公司的性质和规模很庞杂，既有大型的奶牛公司，也有家庭作坊式的小公司；既有外资外商投资的公司，也有中国民族资本兴建的大公司。

表6–1　20世纪30年代上海法租界登记的牛奶棚（公司）

序号	上海档案馆检索号	上海法租界登记的牛奶棚	登记年份
1	U38-5-848	金记牛奶棚	1930
2	U38-5-848	远东牛奶棚	1930
3	U38-5-846	三兴牛奶棚	1930
4	U38-5-846	康悌牛奶棚	1930
5	U38-5-847	公记牛奶棚	1931
6	U38-5-888	“买勃洛卡”牛奶棚	1931
7	U38-5-882	虹口牛奶棚	1931
8	U38-5-876	中南牛奶棚	1931
9	U38-5-877	施恒记牛奶棚	1931
10	U38-5-871	汇利合记牛奶棚	1931
11	U38-5-872	石林牛奶棚	1931
12	U38-5-874	大上海牛奶棚	1931
13	U38-5-833	中山牛奶棚	1932
14	U38-5-858	强生牛奶棚	1933
15	U38-5-875	法兰西牛奶棚	1933
16	U38-5-867	顺记牛奶棚	1934
17	U38-5-834	东方牛奶棚	1934
18	U38-5-857	周坤来牛奶棚	1935
19	U38-5-85	华华牛奶棚	1935

1 上海奶业简史（内部刊物）.

2 各牛奶棚执照事.上海档案馆.检索号U38–5–829.

（续）

序号	上海档案馆检索号	上海法租界登记的牛奶棚	登记年份
20	U38-5-859	霞飞牛奶棚	1935
21	U38-5-887	祥记牛奶棚	1936
22	U38-5-884	金城牛奶棚	1936
23	U38-5-879	益利牛奶棚	1936
24	U38-5-880	康林牛奶棚	1936
25	U38-5-873	顺兴牛奶棚	1935
26	U38-5-855	吴记牛奶棚	1936
27	U38-5-828	华商牛奶棚	1936
28	U38-5-825	红印牛奶棚	1936
29	U38-5-862	汇来牛奶棚	1936
30	U38-5-864	合兴牛奶棚	1936
31	U38-5-865	东方牛奶棚	1936
32	U38-5-863	徐汇牛奶棚	1937
33	U38-5-881	大生牛奶棚	1937
34	U38-5-883	鸿记牛奶棚	1937
35	U38-5-886	卫生牛奶棚	1937

除了上述的法租界对牛奶棚进行注册登记外，当时圈地范围更大的上海公共租界工部局卫生处也开展了牛奶棚的重新登记及分等级注册。但是笔者没有查到在公共租界注册的牛奶棚的完整资料，仅查到当时的许多大型奶牛公司在公共租界工部局登记注册的档案。由此推断，似乎那时的牛奶棚并非完全实行“属地管理”，而是由公司或业主自行选择注册登记的机构，可以是法租界或公共租界。而公共租界的管理服务或市场形象似乎更好，因此，大的牛奶棚会选择到公共租界注册。这一点笔者从上海档案馆现存的公共租界牛奶棚的资料中可以明显看出来。1922年12月公共租界内领执照的牛奶棚23家，成年泌奶牛664头；租界以外地区已领执照的牛奶棚16家，成年泌奶牛510头。1924年有42家牛奶棚领到营业执照。公共租界工部局卫生处留存有1922—1941年的牛奶化验报告[1]。

20世纪30年代在公共租界申领执照的牛奶棚只有9家，但是都属于规模较大且在行业中具有较大名气的公司。有意思的是，笔者从档案中看到，原来本属法国军警投资创办的“可的牛奶棚”（后改称可的牛奶公司）不在法租界注册登记，却选择到以英美帝国为主体的公共租界登记[2]。

1 上海档案馆．检索号U1-16-1724.

2 上海档案馆．检索号U1-16-1816.

表6–2　20世纪30年代上海公共租界登记的牛奶棚[1]

序号	上海档案馆检索号	上海公共租界登记的牛奶棚	登记年份
1	U1-16-1806	源生牧场	1936
2	U1-16-1807	鸿记牛奶公司	1936
3	U1-16-1801	三星牧场	1936
4	U1-16-1796	华德公司牛奶	1937
5	U1-16-1815	协兴牧场	1937
6	U1-16-1817	最高牧场	1937
7	U1-16-1816	可的牛奶公司	1938
8	U1-16-1818	南洲牧场	1939
9	U1-16-1820	可乐牧场	1939

二、上海租界的奶业管理机构

20世纪初，上海租界分为公共租界和法租界。民国政府不得进入租界行使权力。

在公共租界，牛奶棚及牛奶的管理机构组织分为三个层次。

一是上海公共租界工部局，它代表租界当局制定奶业的相关规章，行使对牛奶棚和牛奶质量的管理监督职责。1923年，公共租界工部局正式成立食品、牛乳场和市场科（简称“牛奶科”）。

二是隶属工部局的卫生处和总办处。卫生处负责牛奶棚的环境卫生督查和牛奶质量卫生的检测监督。总办处负责协调涉及奶牛和牛奶的相关部门的机构关系。总办处下辖有1923年成立的公共租界牛奶委员会，牛奶委员会成员由行政机关、奶牛公司、牛奶棚（牧场）及兽医卫生机构等组成，并制定了《牛奶委员会的组织章程》[2]。1924年，总办处复设“纯净牛奶供应委员会”，负责向租界内的政要机构及要员特供高质量的纯净牛奶。这个纯净牛奶供应委员会类似于特供食品

---

[1] 根据顾佳升先生提供的史料，现存上海市档案馆的1935年10月24日《沪市牛奶业近况调查》称，当时在上海市卫生局注册的牛奶棚共64家，另有数家正在申请之中。此外，还有多项统计数据，以及对各单位的经营概况等可供参考。因为历史记载渠道不同，所以有关近代上海的奶牛养殖数量多有出入。——作者注

[2] 牛奶委员会．上海档案馆．检索号U1–16–1766．

处，它定点选择质量信誉好的牛奶棚，将其牛奶产品统一收购后供应租界内的特定消费用户[1]。

三是牛奶棚业主组成的自律性行业协会"上海奶牛者协会"及"上海市牛乳业同业公会"。从1923年起，租界当局基于殖民施政方针，采纳了外侨业主在"牛奶年会"上对牛奶业的评论，同意对牛奶棚采取更严格的管理要求，并指派成立一个咨询机构，负责起草管理办法，具体提出三项建议：①牛奶棚卫生营业执照按卫生条件分等级区别；②牛奶棚建筑应有标准要求；③委派公职兽医对牛奶棚进行定期巡查，确保食品卫生。于1923年成立"上海市牛乳业同业公会"。1924年，为维护业主的共同利益，上海奶农仿外侨成立"上海奶牛者协会"，并开始实施牛乳场改造计划，将牛奶棚改造成奶牛场。

在法租界，牛奶棚的业务和牛奶卫生质量由上海法租界公董局负责管理监督。1928年，法租界公董局颁布了《上海法租界公董局牛奶棚章程》[2]，这是另一部与《上海公共租界牛奶棚章程》并行的规章。依据《上海法租界公董局牛奶棚章程》的规定，公董局在法租界内行使牛奶棚管理、牛奶棚卫生检查及牛奶棚的注册登记和颁发营业执照等[3]。

三、上海租界的牛奶棚管理制度

（一）公共租界

当时公共租界工部局牛奶棚管理规则如下：

（1）奶牛必须打上标记，以便识别（在稽查员提出要求时）。奶牛必须安置在专为奶牛使用的牛棚内，不得过分拥挤。

（2）牛棚必须光线充足，通风良好，地面坚实，排水良好，离开粪坑至少6码[4]。粪坑每天至少清扫一次。

（3）牛奶棚内全部用水，其汲取及贮藏办法必须经工部局兽医批准。

（4）凡产下牛犊10天之内的奶牛、病牛、乳房及乳头患有疾病或阴道出水的奶牛，其所产牛奶不得向客户供应。牛奶中不准掺水或掺假。

（5）在挤牛奶之前，挤奶人双手、奶牛乳头及乳房必须用干净温水彻底冲洗。

（6）所有装牛奶的器皿必须用开水浇过，煮开水的锅必须远离并且不能用来煮人吃的或牛吃的食物。

（7）牛奶贮存、装瓶以及制奶油必须在专用房间内进行。房间以及其中各种设施必须保持彻底清洁。房间的地面应该用石头或水泥铺砌。

---

1 上海档案馆．检索号U1–6–176，U1–3–1352．

2 上海档案馆．检索号U38–1–2020．

3 上海档案馆．检索号U38–5–829，U38–5–832．

4 1码等于0.9144米。

（8）挤奶人在挤奶时，其他人员在处理牛奶时，必须系一条干净围裙，围裙从颈部往下，一直到膝盖下面。当手臂不赤裸时，应戴上干净袖套。

（9）牛奶瓶上必须盖上印戳，标明生产牛奶的牛奶棚名称。把牛奶运往租界内的车子、篮子以及其他工具必须标明牛奶棚名称。

（10）当稽查员索取时，牛奶棚主应提供客户名单。

（11）奶牛生病、死亡或更换，挤奶人双手有病，其他处理牛奶人员生病，奶牛产牛犊等事必须立即通知工部局兽医。

（12）领取执照的牛奶棚不得顶替未领执照牛奶棚代送其所产牛奶[1]。

凡遵守工部局管理规则的牛奶棚，工部局免费发给在公共租界内销售牛奶的执照，在报纸上公布此类牛奶棚名单。凡未遵守或拒绝遵守工部局管理规则的牛奶棚，工部局也在报纸上公布其名单，并没收此类牛奶棚所产牛奶[2]。

1925年，工部局董事会批准了新制订的牛奶棚执照条件，于3月5日公布。新的执照条件在1925年第二季度首次列入发给领执照人的执照之中。同时新制订的《牛奶棚建筑条例》也自10月1日起开始实施，适用于A级牛奶棚以及自10月1日起开始建造的一切新建牛奶棚。1927年，在工部局领取执照的每一家牛奶棚都普遍使用了现代化奶瓶。已领执照的33家牛奶棚中，有31家安装了与奶瓶、容器清洗设备及消毒设备相连接的蒸汽锅炉[3]。

（二）法租界

1914年，上海法租界公董局稽查员每月检查牛奶棚，并发给检查记录卡，卡上注明检查日期及负责检查的兽医和稽查员意见，由他们核发牛奶棚执照。

《上海法租界牛奶棚章程》经多次修改，于1930年10月公布，内容如下：

（1）凡在法租界出售、运送牛奶的牛奶棚应领取牛奶棚经营执照，把牛奶和乳制品送至订户的送奶人须有送奶证，法租界内牛奶棚还应领有分类营业执照。上述三种证件均为年度有效，不得转让。

（2）牛奶棚四周应保持清洁状态。

（3）牛奶棚应有一个牛栏及加工场所，其建筑物的营建应从卫生观点出发且经过批准，内部不能与住所相连。牛棚地面应铺水泥使水不能渗入，以便冲洗；墙壁应至1.5米高；场外应设有烧水的锅炉，用水是租界供水。

（4）每年4月和10月，用石灰粉刷经营房屋的墙和天花板。

（5）牛奶棚四周不得再作其他用途，禁止在场内食宿。

（6）每天用水冲洗桌、搁板及地面。

---

1 上海档案馆．检索号U38–5–19．

2 上海奶业简史（内部刊物）．

3 上海档案馆．检索号U1–16–1769．

（7）营业场所内职工应穿着清洁，挤乳前应洗手，操作乳品时应穿工作服或围上围裙。

（8）职工及其家属应作过防疫注射或接受过其他必要的保健措施，职工及其家属或牲口有病应立即向公共卫生救济处申报。禁止出售患病牲口的乳品或让有病职工送奶，感染结核杆菌的牲口应立即送局办宰牲场屠宰，牛奶棚业主可要求公共卫生救济处免费检查其牲口的结核菌素。

（9）装牛乳、黄油和奶酪的瓶、罐等容器均应密封并标上牛奶棚名称。

（10）禁止把母水牛、绵羊、山羊、牝马或雌骡的乳充作牛乳或牛奶酪出售，禁止在牛乳和牛奶酪中掺杂上述牲口的乳出售。禁止将变质、受污染、脱脂、杂有非基本物质的牛乳及乳制品出售。

（11）领有执照的牛奶棚不得接受未领执照牛奶棚的产品。

（12）必要时牛奶棚业主应向公共卫生救济处提供客户名单。

（13）公共卫生救济处雇员任何候都可进入牛奶棚，对产品抽样化验。

（14）违反该章程者，将受公共卫生救济处处罚，直至吊销营业执照[1]。

四、上海租界牧场分级与市场准入

1930年，上海公共租界工部局卫生处颁发《牧场牛奶的检验、出售及执照事宜》的文件，将牛奶按质量分为A级和B级，又根据牧场的生产条件、卫生状况及所产牛奶的化验结果，颁发执照时将牧场分为甲级（A级）牧场、乙级（B级）和丙级（C级）牧场[2]。并规定卫生处对牛奶场进行定期例行查检或不定期抽检，其查验的结果作为评定甲级与乙级牧场升降或处罚的依据。例如，1936年卫生处曾批评模范牛奶棚清洁状况差，屡批未改，终于1941年10月31日决定将该牧场从“甲级”降为“乙级”[3]。又如1942年3月4日工部局卫生处将砂川牛奶棚予以降级（鉴于其不法行为）[4]。

甲级牧场都为实力雄厚的大型奶业企业。调查资料显示，当时开办一家甲级牧场，除需购置场地和牛群，建造房舍外，还需购买蒸汽锅炉、消毒器、洗瓶机、烘瓶机、冷藏设备、冷藏室、冷藏车等，加上周转流动金等，投资金额至少需“伪币”[5] 20亿元。甲级牧场通常自己拥有奶牛饲养场、牛奶加工车间及牛奶销售渠道（如由送奶工用三轮车、自行车将消毒牛奶送到订户家中；或送货到咖啡店、西餐店、专卖店等），实施“牧工商贸”一条龙的生产经营模式。有的

---

1 上海法租界公董局牛奶棚章程修正案.上海档案馆.检索号U38–1–2101.

2 上海档案馆.检索号U1–16–1809.

3 工部局卫生处关于牛奶场行政管理及卫生监督等文件.上海档案馆.检索号U1–16–1719.

4 砂川牧场执照及牛奶质量.上海档案馆.检索号U1–16–1823.

5 日本占领沦陷区时期的汪精卫政府发行的货币称为“伪币”。

企业还能对牛奶进行深加工，制造与销售稀奶油、黄油、调味奶或工厂化生产酸奶等。

20世纪30年代的一次调查揭示，上海雇工10人以上的甲级牧场24家，共有产奶母牛2 270头，其中，甲级牧场自家饲养奶牛976头（占43%），下奶户代养的母牛有1 294头（占57%）。1935年10月沪市牛奶业近况调查称，全市登记的牛奶棚有60余家，日产牛奶近4万磅。

公共租界工部局卫生处对牛奶的市场准入条件有着详细明确的规定，并在日常的市场监督巡查时严格执行。1926年，上海公共租界工部局卫生处颁发了《关于街道牛奶摊贩执照及管理事宜》的文件[1]。档案资料显示，1928—1944年，公共租界工部局卫生处就有多起管理或查处出售无执照牛奶的事项。

在公共租界，工部局卫生处对一些牛奶消费量大、消费对象相对固定的机构单位，如幼儿园、中小学校、医院、慈善机构等，也要进行检查和管理，以防因牛奶质量问题发生群发性食物事件[2]。

法租界公董局也在辖地范围内对牛奶和牧场进行严格监管。1931年，法租界公董局颁布通知，自1931年1月起，法租界辖地内只准出售消毒牛奶。凡在法租界内发现有出售无证牛奶或未经消毒处理的生鲜牛奶者，除罚没所售牛奶外，还将根据情节轻重处以罚金或拘役[3]。

法租界公董局自1936年开始聘请兽医对各牛奶棚进行奶牛疫病检查和牧场卫生环境检查。1933—1939年曾多次发布禁售未消毒牛奶的通令；对牛奶消毒、设备运输、牛奶的价格、牛奶公司员工体检及奶牛的体检，尤其是肺结核病的检查等作出许多规定[4]。

在当时的上海奶业产业链中，存在两种类型的市场竞争。

一类是进口奶粉加工"复原奶"与本土的奶牛养殖企业的生奶竞争。对于"复原奶"的竞争，上海租界的卫生管理部门依照法律进行严格的管理，以确保消费者的利益。有一则历史案例记载，1935年，中国标准牛奶豆乳股份有限公司（New Milks Ltd.）利用从新西兰进口的奶粉生产"复原奶"在上海市场出售。可是该公司在报纸媒体上刊登的中文广告却吹嘘为"最新鲜牛奶"，而其英文广告的主题词竟是"Perfect Pasture Bring Perfect Milk（完美的草原带来完美的牛奶）"。为此，1935年4月15日，上海公共租界工部局卫生处处长以极严厉的措辞致函这家乳品公司总经理：我不得不警告你，贵公司4月14日在《中国北方日报》和4月9日在《新闻报》上的广告，无论是图形还是文字全没有标注"复原"字样。

---

1 上海档案馆．检索号U1–16–1656.

2 上海档案馆．检索号U1–16–817.

3 上海档案馆．检索号U38–5–824.

4 上海法租界公董局关于各牛奶棚卫生检查事．上海档案馆．检索号U38–5–832.

你们不能以A级的名称来销售你们的牛奶和稀奶油；必须标明“复原奶”和“复原稀奶油”[1]。由于“复原奶”经历了从生牛奶到奶粉再从奶粉复原成液体乳的两个过程，经历了两次巴氏消毒，而“过度的巴氏杀菌”（over- pasteurization）导致牛奶的滋味、气味都发生了变化。因此，用奶粉加工的液体乳必须标注“复原奶”。从这则案例中可以看到，当年上海的乳品市场管理是相当严格的。

另一类是当地的奶牛集中养殖与分散养殖的竞争。当时在上海的奶牛场中，奶牛可集中饲养，也可由农民分散饲养。养殖奶牛不仅操劳辛苦，技术复杂，而且风险较大。因此，有许多牧场只是依靠经营牛奶加工销售来谋利，其原料奶并不全靠自家生产，而是从“下奶户”收购。这样做，可以节省大笔的买牛和养牛的成本投入（有时可节省50%的投资）。而那些因领不到执照的奶牛养殖场户，为求生存，就与有营业执照的牧场合作，将挤出的生奶缴售给有执照者加工销售。1925年，上海的大部分牧场设在租界内，共有各类奶牛1 000头左右；租界外乡间，“下奶户”饲养奶牛也有700多头，当时全市存栏奶牛1 716头。

上海的牛奶产量与消费量受季节的影响而波动很大，二者的数量波峰并不一致。通常，每年夏季的牛奶生产量少，而市场的牛奶消费需求大，奶源供不应求，甲级或乙级牧场需要向同业收购原料奶，这种行为在业内称为“拆奶”。某些大型牛奶企业将中小业主所产之奶悉数收购，这种方式称谓“统购包销”。乙级牧场主要生产生鲜原料奶。每年冬季，生鲜牛奶消费不旺，一些销售渠道不畅的中小奶牛场或乙级牧场就需要把他们生产的生奶交售给甲级牧场，或者交售给奶粉厂、炼乳厂或其他乳品加工厂等，以加工成耐贮存的乳制品供市场销售或外运到其他城乡销售。

五、上海租界的牛奶质量标准和市场管理

上海公共租界工部局参照当时英国国内的牛奶标准，于1906年发布了《上海公共租界工部局牛奶质量标准》，这是中国境内最早出现的牛奶标准文本。在这个牛奶标准中，对牛舍要求、牧场操作与卫生、牛奶的含脂率、非脂固体等均作出了规定。1906年暂定牛奶含脂率4.5%，非脂乳固体为8.25%；1928年修订标准，改为乳脂率3.0%以上，非脂总固体8.8%以上。1921年提出，水牛奶与黄牛奶同样检测。1923年提出对结核病检验合格的牛及牛奶发给执照。1928年规定了牛奶中细菌数的标准。1930年又增加了对结核病的检查。1931年对盛装商品饮用乳的奶瓶作出统一规定；采用16盎司[2]（1磅或1品脱[3]）的美制玻璃奶瓶。

---

[1] 上海奶业简史（内部刊物）.

[2] 1盎司约等于28.35克。

[3] 1品脱约等于0.57升。

法租界公董局卫生处于1917年对乳品抽查140次，合格133次，不合格7次。1922年，公董局卫生处检查乳品样品356份，质量好的334份，质量低劣的22份。6家牛奶棚因产品质量不佳被罚款27次，总额567元，5家被法院起诉罚款300元。1928年卫生处对牛奶棚抽样600次，检验合格579次，判明伪劣21起[1]。

1924年，42家领取执照的牛奶棚中，很多牛奶棚进行了扩建和改建。1924年工部局从已领取执照的牛奶棚抽取了牛奶样品1 211个，其中26个样品是伪劣品，伪劣样品中的13个样品掺水4.5%～32%，有20多个样品被定为低质量牛奶。当时脱脂牛奶也被列入伪劣范围。1928年，工部局一共收到81份证明书，对于兽医对牛奶棚牛群进行的4 853次检查给予了证明。其中有212头牛被证明患有疾病，若干母牛被怀疑患有结核病者，都进行了结核病试验，凡呈阳性反应者全部加以屠宰。

六、东北地区的奶畜科研活动

（一）民国初年东北地区的奶畜饲养

在东北地区，奶牛的传入与饲养主要集中于中东铁路沿线。1920年，仅大连附近的关东州就有奶牛56 162头[2]。1923年，中东铁路附属地沿线“酪农村”共有奶牛20 722头。东北地区的奶牛品种以俄国的改良种最多，占总头数的52.29%；其次是蒙古种，占18.93%；再次为西伯利亚种，占17.87%；后贝加尔种占7.09%，其他品种占3.82%。

据1923年日本研究人员的调查资料记载，东北地区本地奶牛（蒙古牛）的饲养主要集中于内蒙古东部，约有适龄奶牛40余万头，其中实际产奶者有25万余头，每头牛一年可产奶1.56石[3]，牛奶产量有39万余石[4]。中东铁路沿线有奶牛1.8万头左右[5]。

内蒙古呼伦贝尔的三河地方也盛产奶牛，1924年有奶牛7 458头，1926年增至10 000头。牛奶大部分直接售卖饮食，也有部分加工成乳酪。1930年，中东铁路经营的安达制酪工厂共加工牛奶2 365.2吨，香坊制酪工厂加工牛奶2 580.6吨。扎兰屯制酪工厂从1926年至1930年亦加工牛奶704.6吨[6]。

---

1 上海奶业简史（内部刊物）.

2 南滿洲鐵道株式会社哈爾濱事務所調查課編：1926.東支鐵道沿線に於ける畜産．大連：南滿洲鐵道株式会社哈爾濱事務所調查課：4.

3 1石等于100升。

4 满铁社长室调查课．1923．滿蒙全書．

5 黄越川．1930．东三省畜产志．上海：开明书店．

6 南満州鉄道株式会社調査部編．1938．北満の乳業．大連：南満州鉄道株式会社調査部：5-16.

（二）奶畜的改良繁育

自日本在东北建立南满洲铁道株式会社（简称“满铁”）以后，在东北各地开展了家畜的改良、繁殖和防治传染病工作。

满铁于1913年创建了公主岭农事试验场，设置了畜产科，进行了家畜改良试验，主要对绵羊、猪进行改良[1]。因为牛、马等大家畜需要广阔的牧场，所以1927年才在大郑线白市附近着手马改良试验，1929年在奈曼旗大仓组农场开始蒙古牛的改良试验。其后1934年在押木营子附近开设了放牧场，暂称札萨克图牛马试验地，进行牛、马改良试验。之后，在1936年再改称为农事试验场押木营子分场。满铁还在各地设立了种畜场、种羊场、种猪场等，都是为了鼓励优良家畜品种的普及和生产与配给等[2]。

1931年伪“满洲国”成立后，伪满政府接管了满铁农业科研机关的各项设施，调整了新的畜产关系，从1937年起实施开发畜业的五年计划等，着意于奶畜业的大力发展[3]。

（三）疫病防治

民国初期，东北地区炭疽、牛疫、鼻疽、猪霍乱，以及牛肺疫、口蹄疫、羊痘、狂犬病、牛结核病、家禽霍乱等主要牲畜疫病流行严重。满铁为了对这些家畜传染病及病疫进行研究调查，于1925年在奉天建立了兽疫研究所，进行各种兽疫血清、预防液及诊断液等的制造、销售。对满洲的家畜防疫做出了一定贡献。

这在黄越川《东三省畜产志》的“兽疫研究所”一节有专门论述：“东三省畜牧业虽为全中国最发达之区，而向来卫生施设，付诸缺如。推测每年损害当在一千万元，岂非使人一惊乎。满铁有鉴于斯，大正十四年（民国十四年）十月。特与辽宁投资约二十五万元，创设一兽疫研究所，内分研究及事业二科。凡家畜之传染病及各疾病，为之调查研究，又制造血清预防液十种，与疯犬预防液。自大正十五年（民国十五年）五月始。从事分给。自今而后，向来所蒙之损害，当逐渐减少耳。事业科所管理之事物：一为制造血清类及分给；二为检定血清类；三为指导血清类之应用。研究科所管理之事务：一为研究家畜疾病及调查。二为预防家畜疾病及治疗，并研究消毒法；三为对于家畜疾病讲习及演说云[4]。”这个研究所，当初有研究及事业两科。1926年在研究科新设两科一系。1935年废除了过去的事业科、研究科，设置了新病理科、病毒科、细菌科三科一系。

1937年，伪满政府在新京成立了以研究马疫（特别是鼻疽）病原检索及预防治疗为目标的马疫研究所。更在同年为了流动检疫家畜，在林西、赤峰、图们开

---

1 黄越川 .1930. 东三省畜产志 . 上海：开明书店 :147.

2 黄越川 .1930. 东三省畜产志 . 上海：开明书店：147–165.

3 産業部大臣官房資料科編 . 1940. 滿洲國産業概觀 . 新京（長春）：滿州事情案内所 :507.

4 黄越川 .1930. 东三省畜产志 . 上海：开明书店：156.

设了家畜检疫所，在畜产开发五年计划之中，分别制定了家畜防疫计划，配置防疫机构，研究机构与血清类制造机构，配备兽医、医药器材等，实施了防病技术员的培养，在家畜传染病经常流行地区进行定期的预防免疫并在与外蒙古接壤地区设立免疫地带等具体措施[1]。

（四）乳品加工

日本占领东北，成立伪“满洲国”后，在东北地区建立了一批乳品加工厂。根据史料所见，仅哈尔滨地区就有大小20余家。

表6–3　1920—1936年哈尔滨地区乳品工厂简况[2]

工厂名	建厂年份	资本金（元）	年集奶量（瓶）
合计		40 900	368 100
卡斯托罗姆厂	1920	1 000	120 000
沃伦瓦奥夫厂	1920	10 000	180 000
雷贝奇厂	1923	2 500	200 000
梅里兹科夫厂	1924	3 000	120 000
斯士雷科夫厂	1925	2 000	216 000
西华露斯科夫厂	1925	2 000	150 000
托鲁宾厂	1928	1 000	90 000
麒麟厂	1928	2 000	120 000
布拉铁英科夫厂	1930	2 000	180 000
耶夫伊克拉厂	1930	500	60 000
布夏士科夫厂	1930	2 000	200 000
巴伊卡路厂	1930	1 500	150 000
斯库奥罗兹奥夫厂	1930	1 200	350 000
伊万诺夫厂	1930	1 500	340 000
布罗兹库士厂	1931	1 000	60 000
苏科鲁厂	1931	3 000	300 000
马卡罗夫工厂	1932	1 000	100 000
工乌兴里厂	1932	500	100 000
牟伊科科夫厂	1933	1 000	120 000
马利耶夫厂	1933	1 000	90 000
尤金厂	1934	500	100 000
奥利霍夫厂	1935	500	120 000
拉巴诺厂	1935	500	200 000
德巴丘库厂	1936	500	80 000
斯地丹科夫厂	1936	200	35 000

1 産業部大臣官房資料科編．1940．滿洲國産業概觀．新京（長春）：滿洲事情案内所：507．

2 黑龙江省轻工业厅史志办公室．1990．黑龙江乳品工业志稿．中国乳品工业，18（6）：255–286．

第四节　民国时期的奶业科技著作

中国在晚清时期已翻译出版了一些外国奶业著作，其中有最早介绍荷兰奶牛的《荷兰牧牛篇》，有论述奶牛饲养和乳品加工的《牛乳新书》及《牧草图说》等。民国前期，中国的高等农业大学和农业科研机构次第建立，国内开始有了奶牛学和乳品学的专题研究，陆续出版了一些相关的著作、论文和教科书，对于奶牛科技知识的传播和普及、奶业人才的培养，起到了积极的推动作用。此外，中国自己培养的畜牧专家和兽医专家，开展了针对中国国情的奶牛养殖的课题研究，其研究成果被应用于奶牛饲养和乳品生产中，成为指导奶业进步的科技源泉。其中影响较大的有如下几部奶业专著。

一、顾学裘：《牛乳研究》

顾学裘系民国时期专门从事食品分析化学研究的工作者，他对于牛乳的化学研究，探究尤深。他的《牛乳研究》一书收集了当时国内外学者的研究报告，并以亲自试验的结果，汇集编撰而成。书中对于牛乳的检测化验，记述详备，是牛乳检测工作者必备的化验工作手册。这里试举一例：

牛乳细菌含量检测：检验时备一10毫升刻度的厚试管，试管经严格消毒后，用吸管将10毫升待检牛乳移注入试管中，并标妥贴。另以1毫升吸管吸取次甲蓝液1毫升注入试管乳液内。加蓝色液时，必须将吸管伸至试管底部，使颜色由试管底部徐徐挤出，此时乳汁应呈淡蓝色。操作完毕，即移置保温37℃的水锅中，或恒温孵箱中。每隔相当时间即检视一次，直至完全褪色为止。检视次数要依乳汁品级而定。乳汁褪色经常因样品而异，有能迅速全部褪色者，亦有液面或液底坚不褪色者。普通判断以振荡后颜色消失即为终点。兹以其褪色时间分等次如下：

良乳：在5.5小时内不褪色，每毫升平底皿含菌群150万以下。

常乳：在5.5小时以内褪色，每毫升平底皿含菌群150万～400万。

低乳：在2小时以内褪色，每毫升平底皿含菌群400万～2 000万。

劣乳：在20分钟以内褪色，每毫升平底皿含菌群2 000万以上[1]。

以上就是民国时期中国乳品检测机构查验牛乳细菌含量的检测方法。

1　顾学裘 .1930. 牛乳研究 . 上海：上海中华书局：98.

二、吴信法：《牛乳及其制品》

吴信法的《牛乳及其制品》通俗易懂，是一部关于牛奶及其制品的大众科普类图书。有趣的是，作者在绪论中提到："中国人饮用牛奶，究竟有多少年历史，虽然没有明确记载，但是也可以推想到，这是很悠久的事实。如今吾国东北及西北各省，仍留着古代游牧民族生活的人民，他们逐水草而居，过着衣皮饮乳的生活。大概本部各省，因为生活上的变化，由游牧转向农耕，便渐渐趋向于采取植物的食品。"作者推断，人类饮食牛奶，至少在6 000年以上，这与今天的考古研究大致相近，说明作者对古代乳品饮食的研究，还是相当"超前"的。

此外，作者还考察了当时中国的奶业发展状况。作者提出，20世纪30年代初期，中国饲养的奶牛大致是10 000头左右，主要集中分布于东南沿海的大城市周边（注：实际中国在20世纪30年代饲养的奶牛已经远不止10 000头，即使不算东北地区及北方少数民族地区饲养的奶牛数量，其他各省的奶牛已经有20 000头以上。吴信法先生当时的估算，可能只包含他在书中提到的上海、南京、杭州及其他大城市）。

《牛乳及其制品》一书对分析中国奶业的趋势颇具独到见解："牛乳及其制品，将来亦必为国人日常普遍的食品，此乃必然趋势。可是我国到现在还没有专门奶牛育种场，奶牛的来源，多仰给于外国（如美国、澳大利亚、加拿大、日本、新西兰等），这当然不是永久的办法。所以要发展今后中国的奶牛事业先要输入多量的纯种奶牛，在国内设立奶牛育种场，而后将奶牛大量繁殖，推广到民间，务使每一农家，至少有一头奶牛，待奶牛事业一发达，牛乳工业亦必继之而兴，则将来中国不但可以不必向外国输入乳粉及炼乳，并且每年还可以有大量的牛酪及干酪，像现在的鸡蛋一样地向外国输出。"作者为中国乳品工业的发展寄予了殷切希望。

三、金嗣说：《牛乳及其制品之研究》

金嗣说曾供职于青岛市政府农林事务所，该所系国民政府卫生部指定的牛乳检测机关之一。因此，他实际上是执行牛乳市场监管职责的政府卫生技术官员。该书序言中称，书中内容多数出自日本泽村真《牛乳论》、津野庆太郎《乳肉卫生》及《牛乳检测法》诸书，并以作者"迭经增订"，以期完善。该书内容宏富，包罗甚广。以章次论，分别有乳之生成、乳之成分、牛乳之性质组成及产额、初乳、牛乳之微生物及其变异、牛乳检查法、生乳、牛酪、人造牛酪、干酪、炼乳、乳粉、乳糖、乳酸、乳酒、乳腐以及附录人乳、羊乳、山羊乳、其他动物之乳等共20章。

该书基本上汇集当时国际先进的乳品检测方法及仪器试剂等，是一部实用型的乳品检测工具书，也是大学畜牧兽医的专业教材。比如，在第六章“牛乳检查法”中，作者开章就提到：“市中所贩售之牛乳，掺水以增容量者有之；混入药以防腐败者有之；更或取去乳皮（cream）以脱脂乳充纯乳而贩卖之者有之，饮用者蒙经济上之不利，与夫卫生上之危险，良非浅鲜。故检查牛乳之纯粹与否，实为重要之事项。”

由上可知，当时牛乳检测的主要功能首先就是为了防范不法商贩作假掺杂，大致古今一律。该书详述了牛乳比重检测法、乳脂量检测法、乳皮检定法、加水鉴识法、新鲜乳鉴识法、牛乳煮沸与否之鉴识法、防腐剂之检出法等，每种检测方法都列举当时国际上已经通行的各种方法、所用器具仪表、所用试剂及数据标准，以及每种检测方法的适用范围、存在缺点等等，读者举一卷而知天下。

又如，在讨论牛乳中的细菌一节中，作者详述了牛乳中的细菌来源：①母牛体。健康母牛乳腺分泌的乳汁原无细菌，但乳孔与外界通气，一旦初次挤乳之后，必有少数乳汁附着于乳头外壁上，此为细菌滋生之温床。一般挤乳细菌含量为每毫升3 000～8 000个细菌。如果牛体不清洁、挤乳环境不卫生，在挤乳环节乳汁中的细菌就可多达每毫升10万个。②榨乳器具。榨乳器械是牛乳细菌增多的重要途径之一。例如，盛放牛乳的容器中如有残存之乳汁，则此类乳汁中每毫升的细菌数多达3亿个。因此，盛具、容器的彻底清洗消毒至关重要。③空气。在野外榨乳，因空气洁净，掺入的细菌较少，若在厩舍内榨乳，则无论如何清洁扫除，皆因牛身运动、风尘吹动等，其细菌每随尘埃扬起，使乳汁细菌含量大增。④榨乳人。榨乳人之手亦会传播细菌。据试验，榨乳人之手涂以油而后榨乳，每毫升牛奶中只增加200个细菌，若不涂以油而榨乳者，每毫升牛奶中细菌增加到25 000之多。

该书中此类内容很多，可知当时中国的奶业科技知识与国际先进水平相差并不大，所用器具仪表也已经一应俱全。这为后来新中国的奶业发展奠定了学术和技术的基础。

四、《牛乳营业取缔规则》

民国前期，中国的奶业有了初步发展，奶业市场被提到了政府监管的日程。除了前文提到的上海等大城市的租界奶业由租界当局管理之外，国民政府辖地内的奶业市场由国民政府管理。南京国民政府卫生部于1928年10月20日颁布了中国第一部关于奶业的《牛乳营业取缔规则》。这是抗日战争前，国民政府公布的唯一奶业管理条例，而且只在南京、汉口、青岛和广州四个特别市施行。以下是《牛乳营业取缔规则》及国民政府卫生部的《施行命令》[1]：

1 顾学裘.1930.牛乳研究.上海：上海中华书局：99–101.

《牛乳营业取缔规则》民国十七年十月二十日部令公布

第一条　本规则所称之牛乳，系指供贩卖用之全乳及脱脂乳而言；所称之乳制品，系指贩卖用之炼乳及乳粉而言；所称之牛乳营业者，系指以牛乳制品之榨取制造贩卖为业者而言。

第二条　牛乳之比重：全乳应于摄氏15度之温度为1.028至1.034。脱脂乳应于摄氏15度之温度为1.032至1.038。全乳之脂肪量百分中应为3.0以上。脱脂乳之干燥物质百分中应为8.5以上。

第三条　炼乳之脂肪量百分中应为8.0以上，和在炼乳或脱脂炼乳中之蔗糖与乳糖量，合计百分中应为55.0以下。

第四条　以榨取牛乳及制造乳制品为营业者，应受该管官署之认可，该管官署于认可时应派卫生技术员检查其场所之设备及构造。

第五条　营业者不得由下列之牛榨取牛乳：

一、疫病：炭疽、传染性胸腹膜炎、流行性鹅口疮、狂犬病、痘疮、黄疸、结核、气肿疽、赤痢、乳腺病、脓毒症、尿毒症、败血症、中毒、腐败性子宫炎、罹热性病之牛、放线性状菌病等。二、现服毒药、剧药而其可传入牛乳中之牛。三、分娩七天以内之牛。

第六条　营业者处理牛乳及乳品不得使用铜器、锌器、含铅搪瓷器及涂有害性釉药之陶器。

第七条　下列牛乳营业者不得贩卖之，或以贩卖之目的运输收藏：

一、已腐败者；二、有他物混合者；三、黏稠或变色及带苦味者；四、由第五条之牛榨取者；五、不适于第二条之规定者。

第八条　前条第一款至第四款之牛乳营业者，不得用作乳制品之原料。

第九条　下列乳制品营业者不得贩卖之，或以贩卖之目的陈列收藏：

一、已腐败者；二、有他物混合者；三、用第六条之容器者；四、以第七条第一款至第四款之牛乳为原料者；五、不适合第三条所规定之炼乳及脱脂炼乳。

第十条　营业者应于牛乳之容器上分别记明其为全乳、脱脂乳、炼乳、脱脂炼乳，不得彼此混淆冒充。

第十一条　营业者应将牛乳制品之容器及其处理场所保持清洁。

第十二条　营业者不得聘任患痢病、梅毒病人处理牛乳制品及其容器量器或进入于其处理之场所。

第十三条　营业者对于罹传性病之牛应严行隔离。

第十四条　该管官署应派卫生技术员检视牛乳营业者之牛，如系病牛得于其角上烙记号码或符号，或以耳环记载之，系于牛耳。

第十五条　该管官署对于第五条之牛，第六条容器内之牛乳、乳制品，第七条各款之牛乳，第九条各款之乳制品，得依饮食物及其用品取缔条例第一条之规定处分之，违反本规则之营业者亦同。

第十六条　该管官署执行本规则时得依饮食物及其用品取缔条例第二条第二项之规定行使其职责。

第十七条　违反第十四条第二项者处百元以下之罚款。

第十八条　有下列情事之一者，处百元以下之罚款。

一、未受第四条之认可而营业者；二、违反第五条至第九条者。

第十九条　违反第十条至第十三条者，处五十元以下罚款。

第二十条　牛乳营业者系未成年或禁治产者时，本规则所规定之罚则，适用于其法定代理人，但虽未成年而关于其营业与成年者有同等之能力时不在此限。

第二十一条　本规则施行日期及地方以卫生部部令定之。

卫生部令第一七二号民国十八年八月三十日

兹依《饮食物及其用品取缔条例》第六条、《饮食物用器取缔规则》第十三条、《清凉饮料水营业者取缔规则》第十三条、《饮食物防腐剂取缔规则》第八条、《牛乳营业取缔规则》第二十一条之规定，所有各条例及规则指定南京特别市、汉口特别市、青岛特别市及广州特别市于九月一日起施行之，此令！

第七章
抗日战争与解放战争时期奶业的曲折发展（1937—1949年）

1937年“七七”事变后，日本帝国主义发动全面侵华战争，在不到一年的时间里，先后攻占了北京、天津、广州、上海以及当时的首都南京。日军的铁蹄踏碎了中国东南的大片美丽富饶的国土，国民政府被迫于1937年11月20日发表迁都重庆公告。党政机构、高等院校、厂矿企业、社会团体以及避难民众等大举西迁。自此，西部各省成为抗战大后方，以陪都重庆为中心的西部城市，如成都、昆明、贵阳、西安以及桂林等，在短时间内云集了许多机构团体，进入了大量外来人口，对包括乳制品在内的食品需求大幅增加，刺激了西部地区的奶牛饲养。但是，由于战前中国的近代奶牛业主要集中在东部经济发达地区，日本的入侵对中国刚刚起步的近代奶业造成了严重破坏。在西迁过程中，有大量的人员和物资需要安排长途转运，汽车、火车的运力有限，运输交通工具非常紧张，只有少量用于教学科研和特需供应的奶牛能够转移到西部，绝大多数奶牛均留在了沦陷区内。

抗日战争期间，国民政府统治的抗战大后方各省的奶业生产得到一定发展，中国共产党领导的抗日根据地的奶牛饲养也逐渐兴起。但是，由于西部地区的中心城市原来的奶牛饲养少，短时间内很难有大的发展。因此，总体上说，抗日战争时期中国的奶业仍然集中于被日本占领的东部大都市和东北沦陷区内。

1945年日本投降后，西迁的机构单位光复回迁。国民党接着发动内战，中国又陷于战火之中。奶牛饲养没有得到恢复。直到1949年新中国成立后，中国的奶业才真正迎来大发展的时代。

第一节　国民党统治区的奶业生产与科研

抗战期间，重庆、成都、昆明等西部地区城市涌入了大批国民政府要员、大学教师、银行家、商人以及各路军人，还有跟随西迁的老百姓以及援华的外国专家。大量人口短期内集中汇聚，使这些城市出现了畸形的繁荣景象。市场上对乳品需求大增。但是，战争环境中，几乎完全阻断了中国西部与外界的联系，不可能通过进口途径获得奶牛的补充，甚至原先在沿海城市饲养的奶牛都落入了敌人之手。因此，抗战时期，除了重庆、成都政要大员集中的地区可以通过权力安排、补充了一些奶牛之外，其他地区和城市的奶牛业发展很缓慢。

一、西南地区的奶业生产

1937年10月29日，蒋介石在最高国防会议上作《国民政府迁都重庆与抗战前途》的报告，提出国民政府将迁都重庆。11月20日，国民政府发表迁都重庆公告。

南京的中央大学也跟随国民政府迁入重庆。整个迁徙过程中，最为感人的是农学院牧场大批良种牲畜的搬迁。离开南京前，中央大学校长罗家伦指示，若日军逼近南京，这些牲畜能迁则迁，迁不出便就地放弃。但是，中央大学农学院师生想方设法，决心将学校多年来从国外引进的良种奶牛、奶山羊等运出南京。负责长江水运的民生公司破例通融，临时打通舱位，放置奶牛等大牲畜。

但是，能够通过轮船运输的奶牛毕竟只是少数，大量的奶牛还是靠师生们徒步牵牛行走。这其中留下了许多感人的故事。根据原中央大学校友、甘肃农业大学老教授廖延雄先生的回忆，中央大学农学院西迁时，学校奶牛场的一批纯种奶牛从南京出发时就由人赶着走，一天走10多里[1]。路上要给牛喂草、喂料、喂水、挤奶。挤出的牛奶就地廉价卖掉。路上，有的孕牛生产，要断脐带、护理刚出生的小牛，慢慢地让小牛跟着母牛走。这样爬山涉水，一路艰辛，竟然全部无损地将牛群赶到了武汉。在武汉，学校与船运公司交涉，获得货船舱位，得以上船运到重庆。到达重庆后，罗家伦校长感叹说，“真不容易啊。”但是即便这样，也只能运出纯种奶牛，大量杂交奶牛在南京未能运来，能顾上纯种就很不容易了。这些纯种奶牛在成都沙坪坝，借用巴县中学的学田五亩地，建简易牛舍安顿下来。奶牛主要用于师生的科研教学和杂交良种繁育。所产牛奶供中央大学教授们、病号、婴儿缺乳户购用，非一般人可购得[2]。

除了中央大学部分奶牛外，南京遗族学校卫岗奶牛场也运来近30头奶牛，在四川省农业改进所饲养繁育。这些奶牛成为抗战期间西南奶牛育种的宝贵资源。大学的畜牧专家在科研条件极其简陋艰苦的条件下，全力以赴地开展奶牛育种和繁育推广工作，以便在最短的时间内，为当时十分短缺的牛奶市场增加供应。

抗战期间，成都、重庆两地奶牛育种改良工作主要采用级进杂交方式，利用良种公牛与本地黄牛杂交，选育出了大量的杂种奶牛群体。有了新培育出来的

---

1 1里等于500米。

2 廖延雄.2011.回忆中央大学畜牧兽医系.甘肃农业大学校史资料.

这些杂交奶牛，加上当地在民国初年陆续引进繁育的奶牛，共同组建了重庆牛奶场。重庆牛奶场用纯种荷斯坦牛与当地黄牛杂交，其结果如表7-1。

表7-1　重庆土种黄牛与杂种牛产乳情况[1]

牛 种	数量（头）	年产乳期（天）	年产乳量（千克）	含脂量（%）
本地黄牛	10	27	119.3	5.92
1/2荷兰牛	54	180	2 339.4	4.74
3/4荷兰牛	20	259	2 981.6	3.90
纯种荷兰牛	9	276	4 175.3	3.63

注：原表内将荷斯坦牛称为“荷兰牛”。——作者注

由于有了畜牧专家的科学指导，重庆地区的奶牛育种取得了较好的效果。由表7-1可知，用荷斯坦牛与中国黄牛杂交，其杂种后代的产乳量增加了20多倍。这些育种成果，不仅增加奶牛饲养量、提高了奶牛的产奶量，而且对中国后来的奶牛品种改良与发展，产生了很大的影响。

中央大学医学院和农学院、金陵大学、金陵女子文理学院、齐鲁大学和燕京大学先后迁入成都华西坝，借用华西大学校舍和实验室等开展教学科研活动。中央大学农学院畜牧兽医系与四川省农业改进所合作共建。抗战八年，在艰苦的环境中完成各项教学任务，坚持包括奶牛育种在内的农业科研教学，为国家培养了大量农业专门人才。金陵大学农学院有农学馆一座，奶牛房一所和冷藏室等。

入川的大学和研究机构先后在成都成立了几家奶牛场。影响较大的有1938年成立的成都奶牛场，1941年建立的望江、大华等7个奶牛场，以及1943年从重庆转迁而来的南京遗族学校奶牛场等。

四川大学农学院对成都的奶牛改良也作出了卓有成效的贡献。抗战期间，该校受到战争影响较小，基础较好，战前开展的奶业研究课题得以延续。农艺系畜牧兽医研究室在抗战期间断续开展了“杂种奶牛之研究”、“杂种奶羊之研究”、“成都荷兰级进种奶牛生殖生理之研究”、“成都奶牛结核病检查”等科研课题。这些研究工作奠定了成都奶牛良种繁育的基础[2]。

1928年设立的“西康农事试验场”（1940年改称“西康省农业改进所”）也在康定县成立了康定奶牛场。1942年，这家奶牛场与驷马桥农场合并，下设技术、推广、总务、会计四股。这家奶牛场获得政府的资金支持，购置了炼乳制酪等乳品加工器具，生产、出售炼制的乳制品。

---

1 郭文韬，曹隆恭.1989.中国近代农业科技史.北京：中国农业科学技术出版社：484.

2 四川农业大学校史编委会.1985.四川农业大学校史稿：29.

到1945年抗战胜利时，成都、重庆地区的奶牛存栏量发展到2 000头左右，每头奶牛的年平均产奶量由1 000千克提高到3 000千克[1]。

在昆明，1938年随西南联合大学西迁入滇的原清华大学农学院农业研究所拥有国内一流的畜牧专家。他们利用原属滇越铁路成立的奶牛场和品种资源，开展奶牛良种繁育和饲养改进研究，使昆明地区及滇越铁路沿线的奶牛养殖技术获得了很大的改进，形成了新的奶牛饲养中心。

贵州省会贵阳市和广西省会桂林市，都是西南地区的中心城市，军政机构和各类人员大量涌入，对乳品的需求大增。当时由于帝国主义的海上封锁，西南地区只能通过滇越铁路、滇缅公路和桂越公路与外界联系，成为西南地区的国际交往和商贸货物大通道。广西和贵州可以从桂越公路通过越南海防进口奶牛。在抗战期间，仍然得以延续。这使得抗战初期湘桂大转移前，这些城市的奶业也因之有了较快发展。

此外，1939年，宋美龄由香港引入优良奴宾羊数只，交成都华西大学管理，供配种之用。由于杂种山羊不仅个体较大，产奶量超过土种山羊很多，且能适应当地生活环境，受到饲养人员的普遍欢迎[2]。

二、西北地区的奶业生产

1937年“七七”事变后，西北与西南一起成为抗日的大后方，也成为长期战争的战略支撑点。尤其是日本封锁中国沿海港口，并迫使法国、英国封锁了滇越铁路、越桂公路和滇缅公路，以及1941年12月太平洋战争爆发，香港沦陷、缅甸被占之后，中国的西南国际援华陆路交通完全断绝。此时，西北地区与苏联之间的陆空运输仍畅行无阻，新疆、甘肃、陕西成为国际援华的主要通道。于是西北的战略地位变得更加重要。

机关学校大批西迁，进入西北地区。最先迁到西北的是国立北平大学、国立北平师范大学、国立北洋工学院，于1937年9月在西安联合组成西安临时大学，后改迁汉中城固，更名为“西北联合大学”。西北联合大学农学院与西北农林专科学校合并为西北农学院。西北农林专科学校在战前就是中国畜牧业的科研教学基地，拥有一批畜牧兽医专家。这些专家利用随学校迁入的奶牛和当地原有的少数奶牛，着手开展奶牛饲养及繁育的研究。

西北农学院于1938年成立畜牧场，场址原设扶风法禧寺，全场分三部分：①武功总场，业务为改良土种奶牛及推广优良奶牛。②西安分场，业务为从事鲜

1 徐旺生.1996.近代畜牧科学技术//中国农业博物馆.中国近代农业科技史稿.北京：中国农业科学技术出版社：251.

2 菲立普.1944.中国畜牧改良计划.汤逸人，译.中央畜牧兽医汇报,2（1）.

奶示范与推广，并辅导西安市之奶牛场经营科学化。③法禧寺场，主要研究和栽培各种饲料作物，供全场家畜食用。畜牧场曾购入繁殖杂交荷斯坦牛和瑞士奶山羊，取得优良之成绩。奶牛场从事试验研究与示范之外，还设有良种推广处，将繁育试验的成果推广至农村。

抗战初期，国民政府全国经济委员会拨款40万元，在甘肃、青海交界处设立西北改良畜牧总场，作为改良西北畜牧业的指导中心，并在各省设立繁殖牧场，对西北畜牧养殖业的发展产生了积极的影响。经过政府和入迁高等学校的积极推动，陕西省存栏奶牛达260余头，主要集中在西安市。当时，全西安市有大、小奶牛场28个，奶牛存栏220头。

1938年秋，甘肃成立了农业改进所，专门负责改进农村畜牧生产技术的工作。农业改进所内设农政、农艺、植物病虫害、森林、畜牧、兽医等部门。畜牧部门在岷县设有奶牛场，进口了一批小型奶油分离机。在拉卜楞寺建立夏河奶品制造厂，就地收购藏民生产的鲜奶，制造酪素及白塔油。

此外，国民政府于甘南藏区设立了畜牧兽医机构，利用近代科技进行畜种改良、畜疫防治和畜产品加工等。1942年4月，陇南畜牧场成立，夏河奶品制造厂、岷县奶牛场归属陇南畜牧场经营，资金积累达到500万元。成立之初，夏河奶品制造厂每日收购鲜奶最多时达1 250千克，到1944年每日收鲜奶高达4 000余千克，许多藏区牧民自动增养奶牛，供应牛奶。牛奶厂的举办促进了畜牧业开发进程，带动了藏区畜牧业经济的大力发展[1]。

新疆褐牛是中国优良乳肉兼用品种之一，是伊犁、塔城地区以本地黄牛为母本，引用瑞士褐牛、阿拉托乌牛和少量的科斯特罗姆牛与之杂交改良，经过长期选育而成。新疆褐牛的来源较复杂，其引进和杂交的基础工作早在20世纪初的清末时期就已开始。1917年俄国革命前后，大批沙俄侨民迁入新疆伊犁、塔城等地，带来了一些瑞士褐牛及其杂种牛。1937年，新疆农矿厅（后改为建设厅）从苏联购进瑞士褐牛种牛19头。1940年又从苏联购进25头，在伊犁、塔城等地进行杂交改良。但由于种牛数量少，主要是用于繁育交配，杂交母牛数量有限。1943年统计，改良牛共存栏2 665头。1949年新疆和平解放时，存栏改良牛1 200头。

三、奶牛科研与教学

1941年7月，重庆国民政府农林部决定成立中央畜牧实验所，蔡无忌为首任所长。中央畜牧实验所是国民政府在抗战时期建立的一所重要畜牧兽医研究和推广机构，对中国畜牧兽医事业的发展起过重要作用。

---

1 毛光远 .2009. 抗战时期甘南藏区畜牧业开发刍议 . 西藏研究，5.

与此同时，中央大学畜牧兽医系、华西大学农业研究所育种试验场、西北农学院、中央农业实验所、中央林业实验所等单位亦从多方面从事奶牛科学研究，其主要研究工作如下：

（一）人工授精技术的应用研究

人工授精这一先进技术，1917年前后就被中国畜牧界介绍到国内，引起当时畜牧工作者的兴趣和关注。人工授精技术能够提高、利用国内外优良家畜品种的遗传潜能。但是限于当时国内的科研试验条件，一直没有得到实际应用。只是到了20世纪30年代才开始在家畜育种中进行人工授精试验。1943年前后，吕高辉等人在成都华西大学农业研究所育种试验场进行家畜人工授精技术试验，由于抗战期间物质条件困难，他就以本国原料制造采精液及输精器具进行奶羊和奶牛的试验，受胎母羊先后共达200余只、母牛50余头，受胎率达80%以上[1]。

（二）代乳粉饲养小牛试验

一般情况下，母牛生产小牛后，初生牛犊要吸吮母乳汁，自然消耗一部分牛奶。为了增加牛奶销售，1943年至1944年3月，濮成德进行了用代乳粉饲养小牛的试验，目的是为初生犊牛寻找代乳品，既不影响牛犊生长，又能增加牛奶出售。试验用代乳粉的成分为细麸皮、细米粉、细米糠、骨粉、血粉等，试验期6个月，所用产奶牛为纯种荷斯坦牛和杂种荷斯坦牛各两头，所产4头小公牛的初生体重比一般小牛体重轻，其平均体重约为正常体重的81.5%，平均体高为正常体高的93.1%。试验结果为：4头小公牛的6月增重为正常发育平均体重的83.9%，结果比较令人满意。因此，在奶业生产中，完全可以用代乳粉饲喂牛犊，以求得到较大的经济效益[2, 3]。

（三）青贮玉米对奶牛产奶性能的影响研究

每年冬季青草缺乏，奶牛因为无多汁青绿饲料可食，往往产奶量大幅下降，而此时正是牛奶销售旺季。在欧美各国，此时大多利用青贮塔贮藏青饲料以供冬季使用。1943年，刚回国不久的王栋教授开始在西北农学院从事青贮玉米的研究，此研究从1943—1946年在陕西武功县共进行了4次。方法是选择地势高燥处，挖掘土窖，深、宽各1.8米，长约6米。如地下水位过高，则稍减深度。所用材料为苜蓿和玉米的青绿多汁植株，其比例为苜蓿1份，玉米植株3份。窖底先铺一层麦秸，厚2.5 ~ 5.1厘米，然后两层玉米间铺一层苜蓿，铺完后，再在上面盖5.1厘米麦秆，并封厚约0.3米的细土，踏实密封，贮放3个月后开封，除接触土壁部分稍有霉烂外，其他大部分呈棕黄色，味芳香而略带酸味，用以饲喂奶牛及其他

---

1 吕高辉.1943.家畜机械输精.畜牧兽医月刊，2.

2 徐旺生.1996.近代畜牧科学技术//中国农业博物馆.中国近代农业科技史稿.北京：中国农业科学技术出版社：270–272.

3 濮成德.1944.用代乳粉饲养小牛试验报告.畜牧兽医月刊：4.

家畜，都喜采食。这一试验的成功，在西北地区具有广阔的推广前景，其法制作简单，乡民皆可仿效。1947年，王栋又在南京中央畜牧实验所进行青贮研究，这是在南方气候及地理条件下进行的研究，也获得成功[1]。

（四）牧草育种研究

近代牧草的选育工作未能全面展开，仅甘肃天水水土保持站的叶培忠从事此项研究，并选育出新的品种类型，在杂交育种中，育成叶氏狼尾草，并培育出二年生白花草木樨。

野生植物在自然界常常与相近的植物杂交产生一些新的品种，这就是自然界的远缘杂交现象。但是，这种自然杂交由于缺乏必要的人工干预，产生的新品种类型多无较强的生存能力而遭自然淘汰。在天水水土保持站工作的叶培忠从1944年开始，通过选择当地的戾草、狼尾草及徽县狼尾草进行杂交，戾草、狼尾草、徽县狼尾草三种植物的生长发育期大致同步，而戾草开花时，雌蕊先放，雄蕊吐粉较迟，叶培忠将戾草雄蕊剪掉，以狼尾草及徽县狼尾草的花粉涂于戾草草柱头上，结实情形良好。于第二年（1945年）采得种子，是为杂交一代种子，播种后获得一代杂交幼苗三株，此三株与母本相比，大致相似而稍异，生长健壮，并都开花结实。这是中国近代史上通过人工远缘杂交方式育成的唯一牧草品种——叶氏狼尾草[2]。

1942—1949年，叶培忠在甘肃天水水土保持站进行牧草杂交育种的同时，还从事牧草的选育工作，曾选育出天水二年生白花草木樨，十分适合于西北地区种植，与农作物轮作，既可肥田，亦可保持水土，又可作为饲草，更可作为农家炊用柴草，民众十分欢迎，被广泛推广，不仅甘肃种植，还推广至周围省份，种植面积一度达100万亩，直至20世纪80年代还长种不衰，被当地居民称作“宝贝草”[3]。

（五）干制牧草研究

干制牧草中国自古就有，但用科学方法进行研究还从未有过。为此王栋在1943年夏、秋之间从事干草调制试验，目的是确定水分蒸发的速度与温度、湿度、风速、草质老嫩、草层厚薄的关系，以供调制干草时参考。因为牧草干制的关键是使牧草水分降至20%，这时的牧草既能保持大部分营养物质，又能长时期存放，不会霉烂。干制牧草时如果水分蒸发太快，则细胞易死亡，牧草香味保存较少；如果蒸发太慢，则暴露时间太长，养分损失太多。王栋的试验用苜蓿作材料，结果表明，在调制干草时，需薄铺草层，多行翻转，如逢天气晴热干燥，则

---

1 王栋.1948.玉蜀黍青贮料对奶牛产乳影响之测定.畜牧兽医月刊，7：8–9.

2 徐旺生.1996.近代畜牧科学技术//中国农业博物馆.中国近代农业科技史稿.北京：中国农业科学技术出版社：276–278.

3 金陵大学南京校友会.1988.金陵大学建校百周年纪念册.南京：南京大学出版社：70.

上午刈割，当日即可调制成功；若逢阴雨，则须数日方可蒸发至适宜程度。这一试验，对于畜牧生产具有指导价值[1]。

（六）牦牛品种资源调查与牦牛奶研究

牦牛是世界上生活在海拔最高处的牛类，在中国主要分布在青藏高原地区，过去从未对它进行研究。1938年，国民政府组织了西康科学考察团，从康定经乾宁、道孚、炉霍至甘孜，历时3个多月，对沿途的牧场、草原进行了考察，对牦牛的饲养管理有一定研究。1943年夏，畜牧专家陈之长、吕高辉和美国农业部官员蒋森博士，以及西康农业改进所梁达新、赵海泉陪同美国农业部顾问、家畜遗传学博士菲立普再次去西康、西藏考察牦牛。通过这些科学考察活动，掌握了中国牦牛在西藏、西康（今西昌一带）、青海等地的分布情况以及生产泌乳性能等方面的科学数据。考察结果发现，中国藏族地区的成年母牦牛，每年泌乳期为4～5个月，泌乳期可挤奶150～300千克。赵海泉对西康省模范奶牛场的4头母牦牛、14头母犏牛作了泌乳性能测定，牦牛年产奶平均663.9千克；牦牛与黄牛杂交后代犏牛的产奶期比牦牛长，年产奶量为721.5千克，比牦牛的产奶量高8.7%；乳脂率牦牛为12.5%，犏牛为5.94%。这些考察活动，为研究牦牛资源的分布特点、类型划分、选育改良积累了基础资料。其中菲立普于1945年发表的《中国之畜牧》和蒋森于1946年发表在《遗传学杂志》上的《亚洲牦牛及其家牛的杂种》两篇论文，对中国牦牛资源、外貌特征、生活习性、体尺体重、生产性能、产品性能进行描述，是近代较为完整的第一批有关牦牛的数据资料，至今仍被国内外广泛引用[2]。

四、奶业书刊及科普读物

为了促进奶业科学技术进步，中国畜牧兽医专家除了指导奶牛饲养的生产实践和进行科学实验之外，还编写了不少奶牛和乳制品的专著和科普读物，培养奶业专门人才，推广、普及奶业知识。

在科研和生活环境十分艰苦的条件下，中国学者仍然坚持著述，出版了奶业的著作多种。其中影响较大的有吴信法《乳牛学》，四川省农业改进所编写的科普读物《奶牛浅说》也是当时的奶业界的主要参考工具书。

此外，西迁各大学的畜牧兽医系教授们编写的教材和教学参考书，对当时的奶牛科技和奶业生产也起到了积极作用。如罗清生教授编的《家畜传染病学》、陈之长编译的《马氏家畜诊断学》、盛彤笙教授编译的《兽医细菌学》和《兽医细菌学实验指导》，都是当时奶业教学上最受欢迎的教材。还有杂志的发行如《畜牧兽医季刊》、《畜牧兽医月刊》及相关会讯期刊等。

---

1 王栋.1945.牧草栽培及保藏之初步研究.畜牧兽医月刊：5.

2 中国畜牧兽医学会.1992.中国近代畜牧兽医史料集.北京：农业出版社：141-142.

第二节　陕甘宁边区奶牛饲养

一、延安奶牛养殖的开端

延安原是陕北的一个小城，社会经济基础薄弱。当地群众历来有饲养牛、羊的习俗，因此有时也会挤些本地黄牛奶或山羊奶来喂养缺奶的婴孩，或滋补体弱的老人、病人。平时，人们很少以牛羊奶为饮食，在红军到达延安前，这里还没有西方良种奶牛的饲养，也没有鲜奶供应。

经历了二万五千里长征之后，中央机关和红军部队在延安安顿下来。由于长期战争和迁徙转移，机关和军队中有不少伤病员，亟需药品和滋补品的补给。开始时，边区政府想方设法通过各种贸易渠道，从区外购入一些乳制品，以缓解乳品奇缺的燃眉之急。此外，边区留守部队也借助一些秘密渠道获得药品、乳品等物资。史料记载，“部队（三五九旅）时刻与敌人作战，伤病一千多，西药、营养品等采买不易，合作社遂与各方面商人建立了友好关系，经过他们从天津、北京、保定等处收买西药、牛奶、藕粉等物，保证了伤病的需用[1]。”除此之外，国内外友好人士为边区军民多次馈赠了药品、营养品等，其中就有婴儿奶粉等乳制品。

边区政府成立之初，主要是以区外购入的方式获得少量乳制品。但是这种方式毕竟不是长久之计。而且，由于国民党政府的封锁围困，边区外贸受阻，不能保障乳制品的正常采购。因此，就地开办奶牛场、自己养牛，成为解决边区乳品供应的根本之策。于是，各个机关单位和部队，各显神通从不同渠道陆续购入或接收了一些奶牛，开创延安饲养“洋奶牛”的历史。

（一）杨家岭中央管理处

最早将荷斯坦牛带进延安的是“杨家岭中央管理处”。杨家岭位于延安城北3千米处。1938年11月至1947年3月，中共中央机关和毛泽东等中央领导在此居住。为了给中央领导和机关里的年长老人、病人配给牛奶，边区政府通过党组织关系，从西安运来几头奶牛，交由杨家岭中央管理处饲养。管理处就在机关食堂附近的空地上搭建了简易牛棚，担负起每天养牛挤奶的责任，并将牛奶随食堂配餐送到首长和病人餐桌前。

1944年，中共中央书记处和部分中央机关由杨家岭迁驻位于延安城西北8千米处的枣园村。同时成立了“枣园中央管理处”。这时的中央机关人数增加了，

1　陕甘宁边区财政经济史料编写组.1981.抗日战争时期陕甘宁边区财政经济史料摘编.第4编.西安：陕西人民出版社.

每天的牛奶需求也增加了。于是，管理处从光华农场奶牛场调拨了10多头奶牛，加上从杨家岭转来的几头，办起了一个小型的“枣园奶牛场”。

（二）八路军留守兵团野战医院

红军长征到达延安后，与西北红军进行整编，共有野战部队4.2万人。1938年8月编为八路军三个师。八路军留守兵团野战医院设在延安城东8千米的刘万家沟，医院属留守兵团军医处管理。野战医院是当时延安地区的著名医院，共有80余张床位，主要为解决部队伤、病员治疗的需要，同时也是设在延安的中国医科大学学员的临床实习基地。

为了给住院伤病员提供牛奶，留守兵团野战医院专门建了一个小型奶牛场，饲养有20多头奶牛，由医院后勤处的勤务兵负责牛场日常喂养管理，医院食堂负责挤奶，并配送住院伤病员营养餐。直到1943年春，留守兵团野战医院撤销，并入中国医科大学附属医院为止，先后有1 000余名伤病员享受过野战医院奶牛场的牛奶配给[1]。

（三）延安中央医院

1937年1月，红军长征到达延安后，立即组建延安中央苏维埃医院。不久，中央苏维埃医院改称陕甘宁边区医院。1939年春，中央指示在边区医院原有的医护队伍基础上择址筹建扩建为延安中央医院。1939年11月7日，延安中央医院在李家坬山坡上正式成立。

中央医院也有自己的奶牛养殖场，在边区经济困难时期，医院提供的牛奶、羊奶，起到了营养伤、病员的重要作用。那时候，在中央医院住院的伤、病员享受到的优待，就是在住院期间能够得到牛奶或羊奶的补给滋养。即使在延安军民大撤退之际，中央医院后勤处也要赶上几头奶牛，随时为伤病员提供牛奶。1941年边区伤寒流行，许多公务人员、战士、学生、工人患病入院治疗。中央医院以牛、羊奶作为流食给病人补充营养[2]。

（四）白求恩国际和平医院

白求恩国际和平医院于1937年11月在河北阜平建立，原名“晋察冀军区后方医院”，1938年加美援华医疗队队长白求恩从延安来到晋察冀军区后方医院，帮助创建八路军“模范医院”和“特种外科医院”。1939年11月12日，白求恩不幸以身殉职，为纪念这位伟大的国际共产主义战士，1940年1月晋察冀军区后方医院更名为“白求恩国际和平医院”。

作为一家肩负一个大军区医疗重任的战地医院，白求恩国际和平医院平时的住院伤、病员很多，而且由于医院地处偏远小城，很难得到医药和滋补乳品的供

---

[1] 武衡.1984.抗日战争时期解放区科学技术发展史资料·第3辑.北京：中国学术出版社：297.

[2] 本书编委会.1995.白衣战士的光辉篇章.西安：陕西人民出版社：175.

应。因此，医院同样养有一些奶牛，自产牛奶以为伤、病员配给营养补品。开始时医院只有几头奶牛，后来逐渐增多，1944年医院有奶牛25头，办成了一个医院小牛场[1]。直到1946年医院迁往河北邢台，这些奶牛还随医院一同迁入新址。

二、光华农场的奶牛和奶山羊

光华农场位于延安近郊杜甫川，内设农艺、园艺、畜牧兽医三个科研组，除生产牛奶、羊奶及乳制品，解决物资供应问题外，还进行一些研究工作。

1940年3月，农场通过陕西武功的西北农学院和洛阳等处的进步人士，得到3头荷斯坦牛和5只萨能种奶山羊，4月又派人前往晋西北，从接收的反动军阀的牧场中挑选了荷斯坦牛40余头[2]，这就是光华农场奶畜养殖及试验的最初家业。

光华农场引进荷斯坦牛后，立即进行纯种繁育，优化种群。1945年美国畜牧专家阳早夫妇的到来，为农场的育种工作带来新的技术，开始使用冷冻精液进行人工授精，充分发挥良种公牛的配种能力，从而使得大范围种群优化[3]。

光华农场的科研人员还开展了奶羊育种工作。1944年有第一代级进种奶羊19只，第二代级进种奶羊10只，第一代奶羊产奶量平均1.5斤，第二代更高[4]。

1947年3月，胡宗南进犯延安，农场工作人员赶着60多头奶牛，历尽艰辛，与敌人辗转回旋于周边地区。1948年4月延安光复后，将大部分奶牛迁回安边县，成立了光华牧场（现为三边牧场）。1949年又把光华牧场大部分奶牛迁移到西安北郊，逐渐发展成今天的西安草滩农场。农场繁育的荷斯坦牛的后代分布在陕西、内蒙古、新疆等省（自治区），为陕西、山西等地奶牛业的发展作出了贡献[5]。

三、光华农场的鲜奶配给

光华农场饲养的奶牛有50～60头，平常约有一半奶畜处于产奶期。1942年，日均产奶量为80千克，到1944年，日均产奶量增加到136千克。另外，光华农场

---

1 延安市农业科学研究所.2009.继承光华传统，再创科技辉煌（1939—2009）：2.

2 西北五省区编纂领导小组，中央档案馆.1990.陕甘宁边区抗日民主根据地.回忆录卷.北京：中央党史资料出版社：222.

3 武衡.1988.延安时代科技史.北京：中国学术出版社：163.

4 陕甘宁边区财政经济室，陕西省档案馆.1981.抗日战争时期陕甘宁边区财政经济史料摘编.西安：陕西人民出版社：750.

5 姜恒明，孙晋一.1984.光华农场艰难的奶牛转移//抗日战争时期解放区科学技术发展史资料.第5辑.北京：中国学术出版社：211.

有奶羊25只，日均产奶量为45千克。这样算来，农场奶牛、奶羊每天供奶可达180千克。

光华农场生产的鲜奶采取配给制供应。鲜奶主要供伤、病员，婴幼儿，边区来宾及中央领导饮用。从1940年起，供应中央领导每人每天一份（半磅）牛奶或羊奶。后来，由于中央机关迁到枣园，农场与领导人住地相隔较远，步行送奶不仅耗时费力，而且延误时间，不能保证奶质新鲜。于是，光华农场直接拨给枣园中央管理处5头奶牛，这样就可就近供奶。不在延安工作的领导干部，在治病、疗伤或休养期间的一般干部，均可得到牛、羊奶配给的待遇[1]。除此之外，许多公务人员、战士、学生、工人因病休养期间，也常常能喝到牛奶、羊奶[2]。

延安边区托儿所是一个大型托儿所，该所前后共收养婴幼儿达3 000多人[3]。在托儿所，婴幼儿每天有代乳粉和牛、羊奶的配给。例如，在中央托儿所入托的名叫家林的小朋友是一个从小没奶吃的孩子，从小患有营养不良症和软骨病。自从入托中央托儿所后，在每天的饮食中增加了牛奶，他的身体就逐渐强壮起来[4]。据《回眸中央托儿所》记载，“每日政府从光华农场供应中央托儿所5公斤[5]牛奶[6]”，专供婴幼儿饮用。不仅如此，对于在中央医院住院的产妇，“如乏乳，（边区政府）则供给（婴儿）牛乳[7]。”这些牛奶都是光华农场奶牛场所产。

四、奶畜饲养与管理

荷斯坦牛的饲养条件要求较高，所用粗饲料起初只有糜谷的秸秆，精饲料只喂些调制的黑豆和玉米。后来光华农场办起了酒精厂、豆腐豆浆作坊，利用酒糟、豆渣作精饲料，同时将青玉米秸秆和青草制成青贮草，为奶牛提供枯草季所需的青饲料。青饲料的用量是，“从头年10月喂到次年4 ～ 5月，每头牛平均每天喂10斤[8]”。为了满足奶牛的营养需要，饲料中配入糖、麸、渣、玉米以及少量食盐等。

光华农场对奶牛进行舍饲和放牧相结合的饲养管理，早、中、晚进行舍饲，上、下午进行两次放牧。为了保证挤出牛奶的清洁、卫生，工作人员定期为奶牛擦洗，挤奶前进行设备、器械消毒，挤奶时穿白大褂、戴口罩。

---

1 本书编委会 .1995. 白衣战士的光辉篇章 . 西安：陕西人民出版社：12，38.

2 陕甘宁边区财政经济室，陕西省档案馆 .1981. 抗日战争时期陕甘宁边区财政经济史料摘编 . 第9编 . 西安：陕西人民出版社：172.

3 雷云峰 .1993. 陕甘宁边区史 . 抗日战争 . 西安：西安地图出版社：287.

4 王颖 .1998. 红摇篮 . 沈阳：辽宁人民出版社：170.

5 1公斤等于1千克。

6 翟明战 .2008. 回眸中央托儿所 . 北京：中国文史出版社：266.

7 四川大学马列教研室 .1984. 国民参政会资料 . 成都：四川人民出版社：482.

8 1斤等于500克。

奶羊的饲料以草、树叶、燕麦、糜谷的秸秆、豆类的梗蔓为主。春、秋两季给奶羊喂黑豆和胡麻油渣，其他时间则以放牧散养为主。奶羊产羔时，饲料中配入糖、麸、渣、玉米以及少量食盐。

妊娠的奶羊备受保护。如奶羊难产，就进行人工助产。羊羔生下后，身体立即被擦干，如不会吃奶，嘴里放点盐既可。羊羔生下10天后可以喂草（每天喂10次以上，每晚给点料），3个月后就可放牧。

奶羊放牧按季节选择草地，冬季在阳坡，夏季在阴坡。放羊时训练带头羊，有了带头羊，奶羊群就好放牧了。放羊时带上狗，保护羊群不受狼的袭击。奶羊吃草，讲究“三饱”，吃好“回头草”。放羊一般在早饭后，放牧之前需“凉场”。夏、秋季节下午放羊回来，让羊在院内停留一会儿，冬、春季则不宜让羊在圈外停留太久。山坡放羊隔半个月饮一次盐水，否则奶羊会啃碱土。

边区的奶牛科研主要集中于光华农场，主要开展奶畜饲料的推广。首先是扩大奶畜饲料来源，选育优良饲草。当时农场已选育并推广苜蓿，让群众以“踩种法”在路边大量种植，且与黑豆间种。与此同时，农场选育与推广金皇后玉米，为边区奶牛提供了质优、多量的秸秆饲料。另外是扩大饲草料来源。农场倡导群众在夏、秋之末种植燕麦，以便秋天割存。青燕麦喂奶羊最好，既可做草，又可做料。三是推广青贮饲料制作方法。为了增加冬季饲料的适口性和营养性，农场推广青贮饲料的制作方法，取得了良好的经济效益[1]。

牛瘟是边区牲畜饲养的隐患。为了防治牛瘟，光华农场的专家致力于因陋就简地研制牛瘟血清及疫苗。因国民党封锁，农场买不到科研器械。为此，延安的兵工厂专门制出铜注射器和铁针头，边区政府也支援一架绞肉机，这才最终制成牛瘟脏器疫苗和抗牛瘟血清。1941年，边区发生了牛瘟，奶牛死亡率很高，对发展奶业影响极大。农场“土法”上马，成功试制了牛瘟脏器疫苗和抗牛瘟血清。1943年利用土法制出大批牛瘟脏器疫苗和抗牛瘟血清，迅速扑灭了边区呈蔓延趋势的牛瘟[2]。

五、生奶储藏与加工

在延安，由于条件的限制，不仅奶畜饲养有困难，甚至生奶挤出后也很难保鲜供应。通常，都是将牛奶或羊奶挤出后，及时进行过滤，然后用陶瓷瓶按0.22千克和0.45千克两种份量装瓶，放在铁锅里蒸煮消毒，最后封口保存。

从外埠购入的乳制品和本地生产的牛奶、羊奶，往往需要进行调配与加工：

---

1 武衡.1988.延安时代科技史.北京：中国学术出版社：303.

2 陈凌风，达时.1990.回忆陕甘宁边区光华农场//西北五省区编纂领导小组，中央档案馆.陕甘宁边区抗日民主根据地·回忆录卷.北京：中央党史资料出版社：227.

①全奶：煮奶时每千克炼乳加水100 ～ 200毫升，煮熟后便可达到全奶含量。②去脂奶：煮好冷却后，去其奶皮，去一次或多次，用于脂肪消化不良的婴儿。③酸乳饮料：煮好冷却后加适量乳酸或柠檬酸以及醋酸的水溶液，用滴管边加酸边搅拌，便可制成酸乳饮料[1]。由此看到，当年延安所采用的乳制品“原料”不仅有生奶还有炼乳等，得到的产品有复原的全脂牛奶、脱脂牛奶和调制酸牛奶。

在送往野战医院前，工作人员学着用牧民土法对鲜奶加温发酵，使奶中的脂肪形成奶皮，然后用铁勺子把奶皮撇出来，放在小缸里，再用下面钉有十字架小木块的棍子上下捣动，打出奶油的大颗粒，取出来加盐压榨成形，制成了一块块奶油，脱脂奶可制成奶酪[2]。

炎热夏季，农场工作人员因地制宜，利用延安窑洞冬暖夏凉的特点，巧妙地实现牛、羊奶的保鲜。其法是：挖一数丈[3]深弯曲的土窑洞，洞口挂棉布门帘，称作“土冷库”。这样保存牛奶，可在几天内保持牛奶新鲜，以调节鲜奶供需时间，保证特需人员的配给[4]。

六、延安的牛奶故事

有关延安的故事很多，其中有一些与牛奶有关。可见，虽然延安时期的牛奶供应非常有限，延安人对于牛奶的记忆，常常与特供、滋补、招待这些特殊的词汇相连。但是，这并不影响人们对于延安牛奶故事的记述和传播。

在延安，毛泽东在饮食上唯一的“特殊”待遇就是每天有一份半磅的牛奶供应。但在不久之后，他还是把自己的那份牛奶让给了黎侠母子[5]。“大后方”民主人士或前方将领不时也会捎些牛奶、羊奶制作的乳制品过来送给毛泽东，他却总是让警卫员转送给医院的婴儿和重病号。

经过长征的康克清身体也不太好，但她把每天仅有的半磅羊奶让给了丑子冈的女儿小亮亮[6]。其他抗日根据地的干部、将领有时来延安开会述职，偶尔也会带一些地方土产——牛奶、羊奶以及奶粉、奶糖之类，送给枣园中央管理处，但是中央领导同志总是舍不得自己吃，要么将这些营养品转给医院伤病员，要么与中央托儿所的孩子们一起分享[7]。

---

1 本书编委会.1995.白衣战士的光辉篇章.西安：陕西人民出版社：173.

2 姜恒明，孙晋一.1984.光华农场艰难的奶牛转移//武衡.抗日战争时期解放区科学技术发展史资料.第5辑.北京：中国学术出版社：204.

3 1丈等于3.33米。

4 陈凌风，达时.1990.回忆陕甘宁边区光华农场//西北五省区编纂领导小组，中央档案馆.陕甘宁边区抗日民主根据地·回忆录卷.北京：中央党史资料出版社：227.

5 谭克绳.1999.共和国的摇篮——中国革命根据地全景实录.武汉：武汉出版社：490.

6 翟明战.2008.回眸中央托儿所.北京：中国文史出版社：172.

7 翟明战.2008.回眸中央托儿所.北京：中国文史出版社：258.

在边区，牛奶还被人们作为探病访疾的礼品而互相馈赠。陈学昭在《延安访问记》中记述了她拿朋友馈赠的牛奶去探视另一位生病朋友的故事[1]。

为了达到“内结统一战线、外塑边区形象”的外交目的，边区政府对来访的中外宾客总是礼遇有加，供给牛奶（或乳制品）[2]。著名民主人士黄炎培1945年赴延安考察，他在7月2日的日记中这样写道，“早餐，鸡蛋、牛奶、小米粥、馒头，大碗盛着的白塔油（即“黄油”——编者注）等[3]。”当时一位从北京取道解放区经大后方回国的比利时友人，在延安喝到了新鲜的牛奶，认为是奇迹，说北京已经很久没有见到牛奶了[4]。

在延安，一方面牛奶供应非常紧张，另一方面，伤、病员甚至领导同志又常常不愿接受配给他们的牛奶营养餐。许多奔赴延安的知识分子和革命青年，偶尔也能喝到牛奶，竟苦中作乐，开了饮奶习俗之端绪。他们领饮奶风气之先，潜移默化地影响了人们饮食乳品的观念。据说，当年毛岸英从莫斯科回到延安，一时吃不惯南瓜小米、青菜捞饭，后经毛泽东的教导，主动努力去适应边区的艰苦生活，但始终未改吃面包、喝牛奶的饮食嗜好[5]。

1944年延安举办的卫生展览会上，去过苏联的徐特立老先生就曾大力宣传饮牛奶、羊奶的好处[6]。营养研究所的工作人员也宣传饮奶的神奇疗效。在这样的影响之下，各机关和部队的托儿所孩子也开始饮食羊奶，南泥湾的战士开始饮食牛奶等[7]。

第三节　敌占区及抗战后期的奶业生产

抗日战争期间，中国东北及东南大部分国土均被日本帝国主义侵占，这些地区曾是中国奶业生产的主要地区。

抗战胜利后，原先迁往西部的一些奶牛，基本上都留在当地，成为西部奶牛业的种源基础。国民政府接管了日占区的日资奶业资产，形成了战后庞大的“公有”乳品产业。民间奶业在战后也有一定的发展。

---

1 陈学昭.2001.延安访问记.广州：广东人民出版社：158.
2 雷云峰.1994.陕甘宁边区史.西安：西安地图出版社：129-130.
3 黄炎培《延安五日记》(1945年)，载于国民参政会资料，四川人民出版社，1984年，第479页。
4 西北五省区编纂领导小组，中央档案馆.1990.陕甘宁边区抗日民主根据地·回忆录卷.北京：中央党史资料出版社：223.
5 史全伟.2004.毛泽东与艰苦奋斗.北京：中央文献出版社：110.
6 中国革命博物馆.1988.解放区展览会资料.北京：文物出版社：150.
7 任勇著.1999.南泥湾.西安：陕西人民出版社：23.

一、日本占领时期东北地区的奶业生产

伪满时期，日本人组建“酪农株式会社”，从俄国侨民手中接办乳品厂，并引进日本荷斯坦牛从事杂交改良。到1949年，东北地区尤其是中东铁路沿线留有大量经过改良的杂种奶牛[1]。

（一）日本占领时期的东北奶畜业

日伪占领时期，为了控制和掠夺东北的物产资源，日伪当局先后颁布了一系列控制牲畜及其产品流通的政策法规。如1932年颁布《农民牲畜买卖取缔办法》，1935年制定《家畜产品交易法》和《家畜交易市场法施行细则》等。1937年和1941年又先后两次制定畜产开发五年计划，实行畜种改良和畜疫防治，强化对畜牧业的管理，并实行畜产“统制”。伪满主要通过设立官办畜产公司来控制东北畜产业。1937年8月成立“满洲畜产株式会社”，资本500万元。翌年，伪满当局将该会社定为“特殊会社”，由伪满政府与“满洲拓殖公社”共同出资1 500万元，全面垄断东北家畜配给、畜产收买、加工运输、贸易以及资金融通业务。该会社在哈尔滨、天津设支店，在海拉尔、通辽、林西、赤峰等地设有办事处。各省畜产商则组成“统制组合”，由该会社控制[2]。此外，伪满还设有垄断奶牛及牛奶生产、加工、销售的“新京酪农株式会社”。这些会社都隶属于伪满州国兴农部畜产司，是日伪控制东北畜产业的得力工具[3]。

在日伪施行的“畜产统制”和“畜产出荷”的殖民掠夺政策下，东北农牧民生产积极性大大降低，使畜牧业生产出现衰退的趋势。从东北家畜头数来看，伪满时期较“九一八”事变前大大降低。以奶牛为例，“九一八”事变前，东北地区有奶牛87 000头（不含中东铁路所属的奶牛），而到1943年，奶牛头数仅有49 000头[4]。

日本占领时期东北地区饲养的奶牛分别有满洲牛、蒙古牛、朝鲜牛等。大多数蒙古牛产于兴安西省巴林、阿科尔沁、扎鲁特各旗及察哈尔省的乌珠穆沁等地，饲养在吉林、滨江、黑龙江各省与外蒙古接壤地带，中部平原地区很少。蒙古地区较多饲养是因为蒙古人习惯于饮奶。

（二）奶牛品种改良

日本占领时期，曾用短角牛对东北地区的蒙古牛进行改良，其改良结果如表7-2和表7-3[5]。

---

1 谢成侠.1985.中国养牛羊史.北京：农业出版社：130.

2 《满洲帝国经济全集》10，农政前篇，237页。

3 日满农政研究会新京事务局.1940.满洲农业要览.长春：日满农政研究会新京事务局：1140.

4 东北物资调节委员会.1948.东北经济小丛书.东北物资调节委员会：3.

5 郭文韬，曹隆恭.1989.中国近代农业科技史.北京：中国农业科学技术出版社：498.

表7–2　短角牛与蒙古牛杂交情况

种　别	数量（头）	受胎（%）	数量（头）	分娩率（%）	一岁育成率（%）	犊牛初生重（千克）	
						公	母
蒙古牛	255	77.3	197	89.8	83.6	17.9	16.9
一代杂种	581	79.0	459	79.1	85.4	20.3	22.5
一代回交杂种	255	78.4	200	86.5	73.9	27.0	26.9
二代杂种	58	86.2	50	92.0	60.0	22.7	22.3
二代回交杂种	2	100.0	2	100.0	50.0	20.5	28.0

表7–3　蒙古牛与杂种牛产奶情况

种　别	泌乳期（天）	产奶量（千克）	乳脂率（%）
蒙古牛	127.5	331.5	4.6
一代杂种	230.2	767.5	4.6
一代回交杂种	367.3	1 606.4	4.3

从表7-2和表7-3可以看出，杂交牛在受胎率、分娩率、犊牛初生重及产奶量上都优于蒙古牛。

东北地区的牛种引进与改良虽说所做工作不少，但由于当时没有周密计划，杂交工作也仅仅是利用杂种优势服务生产，故未能育成一个标准品种，只是留下一大批杂种乳用牛。不过，这为新中国成立后在黑龙江地区育成“滨州牛”，在内蒙古海拉尔育成“三河牛”打下了基础[1]。

（三）东北地区的乳制品

东北地区在日本入侵前，主要有蒙古族的民间传统乳制品，如奶茶、奶酒、奶果等乳制品。1931年“九一八”事变以后，日本全面入侵东北，东北各地特别是中东铁路沿线出现了一批酪农公司和酪农村，奶牛饲养量大幅增长。20世纪30年代后期，奶牛（不含当地饲养的蒙古种奶牛）饲养最多时曾达到近9万头。1937年日本发动“七七”事变、全面入侵中国后，东北地区的奶牛有一部分被转运到关内的占领区内，东北地区的奶牛数量一度减少了近60%。1940年后又逐渐恢复增长。到1944年，东北地区的奶牛恢复到5万头的规模。

奶牛饲养量的增加促进了乳制品的加工生产。特别是大连附近的关东州以及满铁附属地内日资乳品加工企业大量收购生乳，进行规模化现代乳制品加工出口。此外，东北长春以北的中东省铁路仍属苏联人管辖，以哈尔滨为中心的中东

1 李群 .2004. 中国近代畜牧业发展研究 . 北京：中国农业科学技术出版社：69.

铁路沿线也有许多苏联人投资兴建的乳品加工厂。

（四）长春以南的满铁附属地及关东州的奶牛饲养量

据1937年调查统计，日本占领地的关东州及满铁公司属地的奶牛公司共有31家，其中关东州13家，满铁附属地18家。平均每家饲养奶牛23.4头。酪农主要分布在旅顺、大连、沙河口、鞍山、辽阳、抚顺、公主岭和长春等铁路沿线城市（表7-4）。

表7–4 关东州及满铁附属地的酪农

（1937年）

地区	城市	酪农家数	奶牛数量（头）	榨乳量（石）	全乳数量（石）	乳制品（石）
关东州	旅顺	2	91	92 135	32 602	165
	大连	4	235	277 442	247 028	42 146
	沙河口	4	84	58 888	41 575	—
	金州	1	—	962	1 632	—
	普兰店	1	16	9 426	6 512	—
	貔子窝	1	4	2 403	1 634	—
合 计		**13**	**430**	**441 256**	**330 983**	**42 311**
满铁附属地	瓦房店	1	7	3 280	3 034	—
	大石桥	1	3	1 351	1 253	—
	营口	1	10	5 702	5 642	—
	鞍山	2	33	25 646	18 519	—
	辽阳	2	22	14 250	8 010	—
	辽宁	1	72	53 950	31 005	—
	安东	1	36	30 059	20 384	—
	抚顺	2	20	6 062	25 261	—
	铁岭	1	8	6 062	4 555	—
	开原	1	6	3 831	3 065	—
	四平街	1	11	3 621	3 621	—
	公主岭	2	3	936	3 046	—
	长春	2	45	54 578	33 261	—
合 计		**18**	**276**	**209 328**	**160 656**	**—**

注：表中所载石数为日本量制。一石约等于174.21千克。

（五）长春以北中东铁路沿线的奶牛饲养量

长春以北地区的中东铁路沿线的奶牛，主要集中于西部线一带，占该地区奶牛总数的一半左右，其次是哈尔滨及其周边农村，南部线及东部线饲养奶牛较少。表7-5是饲养者数量与每家平均饲养数量情况[1]。

表7–5　长春以北的中东铁路沿线的奶牛饲养概况

（1937年）

地　方	饲养数（户）	奶牛数（头）	户均头数
中东铁路西部线	1 921	10 180	5.3
哈尔滨地方	1 980	6 849	3.5
中东铁路东部线	1 125	3 102	2.8
中东铁路南部线	190	591	3.1
总　计	**5 216**	**20 722**	**4.0**

二、日本占领时期上海和北京的奶牛饲养

1937年“七七”事变后，中国大部分国土相继落入日本帝国主义的铁蹄之下。战争初期，国民政府机关以及各地的大学、研究机构先后迁移到西南和西北地区。一些奶牛场和奶牛研究所力所能及将部分种牛随迁新址。但是，由于战争环境下的运输调度能力不足，加之日寇入侵急迫，许多单位都是仓促逃离，无力将全部奶牛运出敌手。因此，中国近代一步步建立起来的奶业基础，几乎在一夜间倾覆无存。本书仅以战时上海和北京为例，详述内地沦陷区的奶业概况。

（一）日本占领时期的上海奶牛饲养

抗日战争爆发后，上海奶牛业经历了一段困难时期，不仅奶牛有一定散失，奶产量大幅下降。为应付当时复杂的局势，1939年，原先代表甲级奶牛场利益的外侨“奶牛者协会”与“牛乳业同业公会”合并改组成“牛乳业联谊会”，当时有单位会员19个，包括全部甲级牧场，理事7名，李伯龙为理事长。1943年，上海又出现另外一个“上海牛乳商业同业公会”，参加者主要是下奶户（个体奶农，上海称为下奶户）、乙级奶场及大量的牛奶棚，以团结起来维护中、小奶户的利益。

战乱初期，因社会秩序动乱，物价飞涨，奶牛饲料短缺，因而造成部分奶牛散失或被宰杀，奶牛数量减少。例如，趁乱发战争横财的上海“红头阿三”（印侨警员）滥用职权，公然将规模较大的奶牛场，如大场的红印牧场、宝山的畜植牧场、真如的洁园牧场的泌奶牛，三三两两地肆意牵走，分散饲养于闸

[1] 日满农政研究会新京事务局 .1940. 满洲农业要览 . 长春：日满农政研究会新京事务局：1140.

北、虹口一带，私自挤奶谋利。三星、丽园、鸿记、汇利等其他牧场也称有奶牛损失。

此外，战争期间的饲粮、燃煤、水电等供给紧张，奶牛的饲料更难有着落。物资匮乏之际，一些投机商在饲料麸皮中掺沙粒，在棉籽饼中掺蓖麻籽饼等，致使许多牧场的牛群因误食蓖麻籽饼发生中毒而毙亡。战时上海市的水、电、煤供应异常紧张，不少牧场只得挖土井来解决牛群饮水问题，并用井水来冷却牛奶。有时缺乏燃煤，锅炉无法产生蒸汽来消毒生奶，许多牛场只好在奶瓶纸罩上加贴封条，注明“请煮沸后饮用”。

日本占领时期的上海特别市，为了维持牛奶生产，也采取了一些应急措施。1938年、1941年、1942年曾多次出台《牛奶棚管理规则（修改稿）》，严格对牧场分级与牛奶质量进行监管。1938年、1939年当局先后从日本引来荷斯坦牛85头和70头。1941年太平洋战争爆发后，日军进驻上海租界，一些洋商被驱或被关，日商掌控了英美等国商人的牧场。不久，成立上海乳业株式会社和战时饲料牛奶生产委员会。当时将日商所属的“大中农场”改为第一牧场，“明治牧场”改为第二牧场，并吞并“南州牧场”改为第三牧场，将华商“康乐牧场”改为第四牧场。1942年日本当局从香港万利牛奶公司运来良种奶牛182头，其中英国、澳大利亚血统的荷斯坦牛95头（含公牛10头）、爱尔夏牛50头、娟姗牛37头（含公牛2头）。这批牛饲养于原红印牧场内，所产牛奶专供日本驻沪军政人员饮用。

抗日战争初期，江浙一带的富商巨贾纷纷逃入上海租界避难，租界内订饮牛奶的人数骤然增多。1937—1944年，上海的奶牛存栏数由2 000余头增至约3 000头。牛奶产量和消费量也见增长。上海乳业株式会社大量收购散户、小户牛奶，使小型牧场和奶农数有所增多。

1940年，张雄风、徐仲英等在上海虹桥路创办“上海乳制品厂”，生产“安琪儿”牌及“金狮”牌奶粉。1941年徐仲英、肖家驹等在上海创办“福婴奶粉厂”，生产“福婴”牌奶粉。1942年张雄飞、肖家隽等在上海创办“联合乳品厂”，生产“骆驼”牌甜炼乳。

1944年日本当局掌控的上海乳业株式会社遭遇资金困难等，为推卸累赘，美其名曰将企业移交给华人，组织了“中国农牧公司”，专门经营几家原洋商牧场，如可的牧场、最高牧场、上海牧场、模范牧场等。

日占之初，日伪上海特别市政府所属第一区公署、市警察局卫生科等机构负责监管牛奶业。1941年后，则改由日伪上海特别市卫生局等机构执法管理。1941年，日方、英方及上海奶牛界的代表曾组成饲料、牛奶生产委员会，由委员会向日本军方申请饲料、粮食、煤、石碱等配给物资，但日军控制很严，使奶牛业步履维艰[1]。

[1] 上海奶业简史（内部刊物）.

（二）日本占领时期的北京奶牛饲养

战前，北京的奶牛业已经有了较大发展，至20世纪40年代中期，北京奶牛场已发展到300家，少者仅2～3头，多者至70头。当时个别奶牛场已进口全套消毒设备，送奶方法先由人背驴驮，后改为自行车运送。

部分奶牛场直接从美国引进爱尔夏牛和荷斯坦牛，进一步促进北京奶牛业的发展。规模最大的是李贻赞开的“福康畜殖有限公司”（50～180头），并多次从日本引进荷斯坦牛种公牛10多头。到40年代中期，模范牛奶场、丙子牛奶场等共从日本小岩井购进荷斯坦牛母牛约200头（表7-6）。

表7–6　日本占领时期北京的主要奶牛公司一览表[1]

时间	公司名称	地址	创办人	奶牛数量（头）	奶牛品种
30年代末	福生安记	崇文门外花市	安文玉	60多	俄国黑白花
1942年	福康	鼓楼西大街	李贻赞	50～180	黄白花
	二合义	缸瓦市	杨代海	30多	黄白花
	福生韩记	东四南	韩林庆	30多	杂种牛
	敬新	北京站东	朱重海	30多	杂种牛
	德太永	苏州胡同	崔文林	20多	杂种牛
	协和	新街口	张其则	20多	杂种牛
	福生杨记	北京站东	杨林瑞	20多	杂种牛
40年代末	丰源	东绦胡同	尹明怀	60～120	黑白花
	太和一石金	西直门内	王怀远，石金	60～130	黄白花、黑白花
	丙子	鼓楼西大街	傅永慈	30多	黑白花

注：黑白花即荷斯坦牛。

三、联合国善后救济总署援华奶牛项目

1946年联合国善后救济总署在上海江湾跑马厅内设“饲养站”，接收各国捐赠的奶牛，计有荷斯坦牛、爱尔夏牛、娟姗牛、更赛牛、瑞士褐牛、无角红牛、短角牛、安格斯等八大品种3 352头，并向全国各地分配。此外，善后救济总署的援华奶牛项目，在同年还由秦皇岛港进口奶牛800头，分配给北京、天津、河北、黑龙江、吉林、辽宁等地。这是中国首次大规模输入北美的奶牛种质，主要分配给各省农业院校附属的奶牛场和基础好的大型私人牛场。这次荷斯坦牛引入中国后，一方面在小范围内进行纯种繁育，另一方面为了扩大奶牛的数量，使用纯种荷斯坦公牛与中国本地黄牛进行级进杂交改良，这些纯繁

[1] 中国畜牧兽医学会.1992.中国近代畜牧兽医史料集.北京：农业出版社：75–78.

及杂交群体是后来新中国育成“中国荷斯坦牛”的主要群体基础。

在联合国善后救济总署捐赠的奶牛中，上海分得130头，后来结存未分的227头也由上海所购得。因此，上海实际分到357头。1945年第二次世界大战结束，接着是连续数年的内战。国内政局动荡、经济萧条、通货膨胀、物价飞涨、纸币贬值，使得惯例为“先订饮牛奶，后付奶款”的上海牛奶业更增困难。1946年始，美国的剩余物资大量倾销中国，美制的克宁、金山、菊花牌奶粉和炼乳等充斥着上海市场，牛奶销路受到影响，许多牧场过着“杀部分牛，养剩留牛”的生活。加之当时曾有牛瘟、牛传染性胸膜肺炎及炭疽等疫病流行，造成部分牛死亡。

解放战争后期，上海的奶牛数有一定增长。1947年5月，上海从澳大利亚、新西兰引进荷斯坦牛35头、爱尔夏牛44头、娟姗牛38头、其他品种公、母牛各1头。1948年8月从美国引进荷斯坦牛205头（含公牛7头）。1949年5月上海从加拿大引进荷斯坦牛35头。

1949年上海解放时，共有中、外资经营的牛奶公司（牧场）64家，饲养大、小奶牛4 128头；另有郊区奶农饲养的奶牛752头，合计4 880头。日平均产量17 645千克，年总产奶量约6 050吨[1]。

北京的高等院校农学院、原华北农业研究所、通县中专等单位获得善后救济总署捐赠的奶牛175头，主要是美国荷斯坦牛、爱尔夏牛和娟姗牛3个品种的奶牛。新中国成立初期，北京市存栏各品种奶牛1 500头左右，品种较杂，每头奶牛年产奶量1 500千克左右。

南京接受善后救济总署捐赠的奶牛440头，其中分配给遗族学校试验牧场45头，中央大学农学院试验牧场23头，其余分配给中央农林部农业推广委员会、首都（南京）农业示范站、中央畜牧试验所、励志社奶牛场和金陵神学院奶牛场等。这批来自荷兰、英国的优良品种奶牛在南京东郊保存了下来，后来成为新中国初期的种用奶牛推广中心。

福州接受善后救济总署捐赠的奶牛80多头，主要有荷斯坦牛、短角牛、娟姗牛、爱尔夏牛等品种，对福州的奶牛杂交起到很大推动作用。新中国成立后，福州又相继从南京引进荷斯坦牛公牛与本地黄牛进行杂交，杂交奶牛的数量和生产性能都有很大提高，较纯种荷斯坦牛更具适应本地自然条件的特点。毛色有黑白花、红白花之分。1952年全市饲养量达1 100头。

四川、重庆接受善后救济总署捐赠给遗族学校的45头奶牛，有一部分就留在重庆原址。但是新中国成立前夕，遗族学校从四川迁回江苏，因此重庆奶牛发展很慢，1949年，重庆市饲养奶牛1 000头左右。四川解放时，全省的奶牛还不到3 000头。

---

1 王毓峰，沈延成．1984．上海市牛乳业发展史．上海畜牧兽医通讯．

第四节　中国近代奶业遗产和奶文化形成

一、中国近代的奶业遗产

1842年，从第一头西洋奶牛由西方传教士带进福州开始，到1949年新中国成立，中国奶业正好经历了1个世纪。这是一个不平凡的世纪，是一段中华民族历经劫难的历史，也是中华民族奋起抗争的历史。近代的奶业蜕故孳新，正是伴随着“战争与火”的煎熬逐渐发展起来。虽然很曲折、很艰难，但是，我们用一百年打下了奶业发展的基础。回首溯望，我们可以看到，近代奶业为新中国留下了一笔丰厚的遗产[1]。

1. 奶牛品种从“传入”到“引进”　鸦片战争后，先后进入中国的奶牛品种有荷斯坦牛、爱尔夏牛、娟姗牛、瑞士褐牛、短角牛、无角红牛、西门塔尔牛、红白花荷斯坦牛、更赛牛、丹麦红牛、安格斯牛、后贝加尔牛、塔吉尔牛、北海道荷斯坦牛、西伯利亚牛、阿拉托乌牛、科斯特罗姆牛、雅罗斯拉夫牛、霍尔莫哥尔牛等20余个品种，几乎涵盖了当时世界上主要的奶牛品种，由此形成中国非常繁杂的奶牛种质资源，血缘系统十分复杂。新中国成立时，中国有乳用型纯种牛2万余头，这是新中国奶牛育种的宝贵资源。特别是新中国成立初期，帝国主义对中国实行经济封锁，这些种用奶牛发挥了重要作用。

2. 奶牛饲养从沿海到内地　中国自古就有饮食乳酪的习俗，但是中国没有选育出专用的奶牛品种。近代引进外国良种奶牛之后，逐渐从通商口岸、中心都市向内地及西北、西南地区城镇发展。到新中国成立时，除了西藏地区没有西洋奶牛饲养记录外，全国其他地区都有引进奶牛的踪迹。这种奶牛分布格局的形成，为新中国的奶业布局打下了良好的基础。

3. 奶业科技从引进到创新　1897年，一个署名为“鸳湖渔隐”的译者在上海《农学报》上发表《荷兰牧牛篇》的译文，第一次向中国读者介绍西方奶牛业。此后学者们又相继翻译了一批世界上有代表性的奶牛和奶业的著作。他山之石，可以攻玉。在虚心学习各国先进的奶业科技之后，中国第一代畜牧专家和兽医专家，结合中国国情，开始自主研究中国奶牛繁育、兽医防疫、乳品加工等科学技术课题，编写了一系列奶业的专著论文。这些专著和论文，紧随当时世界科技的先进水平。此后代代薪火相传，夯实了今天庞大的、实力雄厚的中国奶业科技创新基础。

---

1 徐旺生.1996.近代畜牧科学技术//中国农业博物馆.中国近代农业科技史稿.北京：中国农业科学技术出版社：250–252.

4. 奶业人才从无到有、大批成长 1868年时，上海公共租界暴发牛瘟，可是当时整个上海却找不到一位执业兽医，因为那时中国还没有科班出身的兽医人才。可是到1949年，中国已有一大批造诣深厚的奶业专家，有较多的奶业科技工作者和奶牛饲养专业户。

二、中国近代奶文化的形成

自鸦片战争后，西方的奶牛先后陆续传入或引进中国，奠定了中国近代奶业的基础，由此也逐渐形成了中国的近代奶文化。探讨近代奶文化的形成过程，我们可以看出，它主要有三个方面的标志：

1. 牛奶从滋补特供品向大众食品转变 我们在古代篇中可以看出，明清以前，牛奶除北方少数民族饮食较多外，在内地仍只是宫廷和通都大邑富贵人家滋补品和病人的药疗品。明清时期的本草药书和食谱典籍中，有10种畜奶可供入药治病和滋补强身，而用奶类药疗的疾病多达20余种。

鸦片战争后，偏爱饮食乳制品的西方侨民日渐增多。这些侨民长期在华定居，于是开始将境外的奶牛带入中国饲养，由此开启了中国近代奶业的滥觞。但是，在积弱积贫的国势下产生的奶业，只能是殖民地侵略者的奶业。从奶牛的传入、饲养和管理，直至奶和乳制品的质量标准和监管，都由殖民当局说了算。乳品消费的主体也是西方的侨民以及为他们服务的买办权贵阶层。

后来，随着奶业的发展，受社会上层人士的饮奶习惯的示范性影响，市民中的家境宽裕者，开始在市场上购买鲜奶用以哺育幼儿，有时也兼而作为佐餐饮品。虽然这时的乳制品依然昂贵，还不是一般市民所能日常享用，但是他们已经在饮用观念上认可了牛奶的好处，在条件许可时他们会选择饮食牛奶，从而使牛奶从权贵滋补品向大众食品转变[1]。

2. 牛奶生产从饮用生鲜奶向工厂标准化生产转变 牛奶对于近代中国的影响，不仅限于饮食文化的改变，而且也深刻地影响了中国人对于食品标准、食品卫生、食品监管等观念的改变，还改变了食品加工、食品流通的方式。

牛、羊鲜奶是一种不易在常温下保鲜的食品。因此，在近代的低温保鲜技术和巴氏消毒技术出现之前，牛奶的保鲜始终是制约其成为广泛流通的大众商品的主要因素。在传统社会，牛奶的销售半径只限于人畜徒步三五小时之内。于是就有牵着奶牛走街串巷贩卖牛奶的情景，这种贩卖当然只能是在个别的、局部的范围，与现代的大规模生产完全不可同日而语。

近代工业的产生和发展，为牛奶的工厂化生产和现代化保鲜、运输、销售提

---

1 王书今．2011．哺育中国的乳牛消费——二十世纪二三十年代上海为中心的考察．中国饮食文化，7（1）：207-239．

供了必要的条件。由于最初的牛奶消费群体多集中于社会上层，对食品质量的要求非同一般，又由于鲜乳制品的易腐性，客观上要求牛奶生产的相关场（厂）商必须采取先进的技术措施和生产装备，以确保作为商品的乳制品的质量。于是，以牛奶生产为先驱的食品加工标准被首先制订出来，并且由此向其他食品行业延伸和扩散。牛奶强化了食品卫生观念的形成，牛奶促进了政府对食品质量、安全的监管。

因此，从奶业发展史观察，我们可以清楚地看到，近代奶业的形成和发展，不仅仅是在经济上增加了一个新兴的产业，不仅仅是在日常餐桌上多了一道食品或饮品，实际上奶业影响远远超出了一般意义上的产业，因为它改变了民众对于食品的卫生、质量、标准、监管的观念，进而改变了社会和生活。

3. 奶文化观念从“西化”向本土化转变 为促进中国近代奶业的发展，科技工作者、官员、商人等在报刊媒体上大力宣传饮奶强身健体作用，并逐渐被社会各阶层所认识、所接受，一种新式的独特的文化——“奶文化”悄然在都市的大街小巷中生长，在润物细无声中走进寻常百姓家[1]。

近代奶文化的本土化普及例证很多，而最能表明奶文化影响的莫过于抗日时期的延安。尽管抗日战争时期延安的生活条件极为艰苦，但是在枣园的中央管理处、负责供应延安地区副食品的光华农场，以及各个军政医院，通常都建有一个小型奶牛场，为军政干部和伤、病员提供牛奶，可见其功用已经深入人心。

饮奶风气潜移默化地影响了延安当地百姓的奶品消费观念，把奶文化的影响带到了革命圣地，并且也影响了新中国奶业的建设和发展。

---

[1] 李忠萍.2010.从近代牛乳广告看中国的现代化——以1927—1937年《申报》为中心的考察.安徽大学学报（哲学社会科学版）(3)：106-113.

第八章
台湾的近代奶业

1860年《天津条约》签订后，台湾北部的淡水（沪尾）、基隆（旧称鸡笼）成为通商贸易港。台北、基隆、淡水等地的农民开始饲养本土黄牛，挤奶卖给来台西洋人饮用。1895年，日本殖民当局聘请从事家畜养殖的日本专家来台开展奶牛养殖试验，成立了专门的畜牧科研机构，陆续引进西洋奶牛，用引进的奶牛与本地黄牛进行杂交选育。后来成立了奶牛公司，进行具有近代畜牧场性质的奶牛规模化饲养，台湾的乳品加工业也随之发展起来。

第一节　台湾奶业的肇始

一、台湾开埠后的奶牛饲养

1860年台湾开埠通商之前，本地居民（包括原住民及从其他省份来的移民）基本没有饮食乳制品的习俗。查阅鸦片战争前有关台湾的历史文献资料，没有看到有关饲养奶牛、饮食奶酪制品的记载。

1860年《天津条约》签订后，台湾北部的淡水、基隆成为通商贸易港。英国人在淡水“红毛城”设立领事馆，各国洋行也纷至沓来。西方的许多传教士及商人通过淡水、基隆，进入台湾各地。

这些西洋人士带来了西方的饮食习俗。为了解决当地乳制品供应的问题，人们开始在台北、基隆、淡水等地通过饲养本土黄牛来挤奶，提供给来台西洋人饮用。这就是台湾乳业的肇始。

开始时，当地一些农民作为种植业以外的副业，自发饲养少量哺乳黄牛，每天挤出生奶后直接送往洋人居住地出售。后来鲜乳需求日多，城郊饲养奶牛的农户也日渐增多。在大城市近郊还出现了以饲养本地奶黄牛为主要收入来源的饲养专业户。例如，台北郊区的郭廷俊、吴文秀等人，他们在日本治台前就是当地的奶牛专业户，并以此发家致富。后来他们与来台的日本奶牛牧场主一道发起成立专门饲养奶牛的“台湾畜产株式会社”，是该社最早的中国人股东[1]。

[1] 台湾畜产株式会社.1929.台湾畜产株式会社十周年志.

台湾开埠通商后不久，居台西洋人开始尝试着引进西方良种奶牛，在台湾地区饲养[1]。根据查阅到的资料记载，台湾地区最早引进西方奶牛的时间是1887年。当年居住淡水的英国人从苏格兰输入爱尔夏奶牛[2]。

总之，从1860年开港到1894年甲午战争的30多年间，来台居住的西洋人逐渐增多，对乳品的需求也与日俱增，台湾各城市郊区的本土奶牛饲养业逐渐兴盛起来。在台北、高雄等地，已经出现一些奶牛饲养专业户，向市场出售新鲜牛奶。期间还引进了西洋良种奶牛在台湾饲养。

二、日本占领台湾初期的奶牛输入

1895年，来台从事家畜养殖的日本人，从日本引进经过饲养培育的荷斯坦牛，部分畜种是适合日本南部地区饲养的杂交种，开始在台湾进行具有近代畜牧场性质的奶牛规模化饲养。但是，由于台湾气候高温多湿，西洋奶牛一般都水土不服，最初引进的奶牛多数罹病而死。由于市场对乳品的需要日益增加，为了发展奶牛饲养，日本占领台湾时台湾推行了“畜牛改良计划”，奖励奶牛养殖。

1897年，为了推进杂交奶牛繁育，先后引进了南德温牛、短角牛、荷斯坦牛、爱尔夏牛、瑞士褐牛等。由于这些引进奶牛品种不适宜作为挽车牵犁之用，除了作肉乳用牛之外，没有其他用途[3]。

1902年，台湾从澳大利亚输入奶牛；1910年，又从印度输入种奶牛。此后又多次从日本各地输入繁殖改良用的纯种奶牛等。

上面提到的早期引进和饲养西方奶牛，都是台湾民间自发的最早尝试。由于此时尚缺乏科学的饲养指导，多数并不成功。引进之后，或因产乳量不多，或因难于饲养，并未得到很好推广。

第二节　台湾的奶畜科研与繁育

一、设立相关科研机构

为促进农业、林业、牧业等的发展，1909年4月，台湾设立了“中央研究所”，并随后陆续设立各类试验场，以便开展相关技术的调查、研究和推广。这

---

1 由于史料的缺乏，我们还很难确定台湾最早引进西方奶牛的时间。很多史料都说是1895年日本人治台后引进的。但是笔者最新查阅到的资料表明，在日本人来台前的1887年已有居住淡水的外国人从苏格兰引进爱夏奶牛在台湾饲养。

2 台湾省乳业发展小组 .1985. 台湾酪农经营之经济分析 . 台湾省政府农林厅（12）：28.

3 台湾总督府 .1941. 台湾事情 . 台北：成文出版社：8.

些农事场包括：农事试验场、糖业试验场、茶树栽培试验场、园艺试验场、种畜试验场、林业试验场等。试验场设立之初，与“中央研究所”比肩并立，后全部归属“中央研究所”。

“中央研究所”肩负有两个重要的职责：一是关于农业、林业、工业等产业，以及有关卫生的研究、调查、试验、分析、鉴定、讲习与演讲；二是利用实验结果来制造及贩卖种苗、种畜、细菌学的预防治疗品。“中央研究所”内部又置“农业部”、“林业部”、“工业部”、“卫生部”及庶务课。“农业部”又分种艺科、农艺化学科、植物病理科、应用动物科、畜产科。与畜牧有关的外设附属科研机构有：恒春种畜场、嘉义种畜场、大埔种畜场等。正是这些畜牧研究机构的设立，对台湾的奶牛饲养业和乳制品业的发展，提供了良好的科学技术支持。此外，为了防治家畜疫情，在嘉义、恒春、大埔等地设立种畜场，并设立兽疫血清制造所研制疫苗，各地也聘有防疫兽医以专其职。到1920年以后，台湾已经基本扑灭牛瘟疫情[1]。

在台湾的奶牛科研机构中，位于台湾南端的屏东县恒春种畜场（1909年设立）影响最大，成果最多。重点工作有：奶牛良种的引进驯化、杂交育种、科学饲养、良种推广等[2]。

二、实施“奶牛纯良种增殖计划”

20世纪初，台湾制订了“奶牛纯良种增殖计划”，有效推动了奶牛品种的选育和繁育推广。恒春种畜场在实施“奶牛纯良种增殖计划”过程中，重点研究并实践了三种奶牛良种选育方法。一是杂交改良。例如，用台湾本地黄牛与印度肩峰牛杂交；用耐热性强的塞德种与产乳量大的荷斯坦种杂交，还有用同一系统的种公牛与杂种后代进行多代重复交配，得到累进式改良的后代，等等。二是纯种繁殖。供繁殖用的种公牛和母牛属于同一血统，其相互交配可得到纯种的奶牛品种。例如，用荷斯坦种进行自交，可得到纯种荷斯坦种奶牛。三是近亲繁殖。例如，具有近亲血缘的亲子、兄妹叔侄种畜间进行交配，这是自古以来的被认为有害的方法。但是，如果供繁殖用的种牛没有遗传疾病缺陷，那么，由于牡牝种牛具有相同的遗传基因，就会获得品质优良的后代。

在实施“奶牛纯良种增殖计划”过程中，台湾引入了南德温牛（Devon）、康克莱牛（Kankrei）、塞德牛（Sind）、荷斯坦牛（Holstein Friesian fries种）、吉尔牛（Gir）等优良奶牛品种。利用这些引入品种，与台湾地方进行杂交，培育了适合台湾饲养的优良品种。

---

1 吴明勇.2008.日治时期台湾总督府民政部殖产局附属试验场之建立——以人事结构及研究事业为中心.台湾学研究，6，27-52.

2 台湾总督府殖产局.1917.大正六年恒春种畜场事业报告.

台湾本地黄牛：台湾原有黄牛多为役用，兼作肉用。适合山地使役。台湾开埠后，曾在一段时期内被城郊饲养户在产犊期挤奶供给居台的外国人饮用。后来引进外国良种奶牛，多与台湾本地黄牛杂交，培育适合本地饲养的役、肉、乳兼用的杂交牛品种。

康克莱牛（Kankrei）：康克莱牛原产印度孟买省，恒春种畜场首次引进。康克莱牛与台湾本地黄牛杂交选育而成的杂交品种，是一种适合热带养殖的役乳兼用型杂交牛。康克莱牛与瑞士褐牛杂交的品种，体型极大，特别适合肉乳兼用。康克莱牛与南德温牛杂交的品种，产乳量很高，肉质鲜美，适合用于乳肉兼用型养殖使用。

塞德牛（Sind）：塞德牛原产印度孟买省，尤以产于卡拉奇市附近的品种为最优。恒春种畜场引进。塞德牛分为乳用型和肉用型两类 。利用乳用塞德牛与欧洲奶牛进行杂交选育，可得到产乳量更高且乳质优良的杂种后代。在实施“奶牛纯良种增殖计划”过程中，利用塞德牛作为育种的基础平台，通过杂交方式导入欧洲奶牛的遗传基因，育成适合热带养殖的优良奶牛品种。

荷斯坦牛（Holstein Friesian fries）：此品种是著名的乳用牛。原产于荷兰，但是这个品种不适合热带地区饲养。用荷斯坦种公牛与塞德种母牛杂交，可育成优良杂交种。荷斯坦牛因产奶量较大，在台北地区受到奶牛养殖户喜爱。最早从日本引进这个品种是在1897年。

瘤牛类乳用品种——吉尔牛（Gir）：原产印度孟买吉尔地方的乳用品种，产乳量高，而且没有塞德牛易患乳房炎的缺点。恒春种畜场于1912年引进1头吉尔牛公牛和2头母牛。在台湾，只有恒春种畜场饲养，头数很少[1]。

此外，台湾农事试验场于1904年引进饲养爱尔夏牛（Ayrshire）公牛2头、母牛6头，一代杂种母牛5头，公牛1头，二代杂种公牛1头；南德温种公牛7头，母牛15头。这些种牛均用于与当地种牛杂交，育成适合台湾当地饲养的优质奶牛[2]。

第三节　近代台湾的奶牛饲养与管理

近代台湾奶牛的饲养与管理技术是逐步得到提高的，主要表现在如下几个方面。

一、奶牛饲料

近代台湾的种畜试验场对奶牛饲料的研究比较深入，提供了许多符合科学依

1 台湾总督府中央研究所农业部.1941.台湾农家便览.台湾农友会出版：640–653.

2 台湾农事试验场.1905.台湾农事试验场一览.

据的饲料标准，一般的奶牛场通常都能按照这些饲料标准进行饲喂。当时把奶牛饲料分为两大类，即粗饲料和精饲料。粗饲料又分为三类：低蛋白质及低营养价值粗料、中蛋白质及中营养价值粗料和高蛋白质及高营养价值粗料。精饲料也分为三类：低蛋白质精料、中等蛋白质精料和高蛋白质精料[1]。

奶牛的饲料标准，对养殖经营至关重要。一般而言，不同营养水平的饲料常包含以下原料：低蛋白质及低营养价值粗料，如小麦秸、大麦秸、燕麦秸、玉米茎等；中蛋白质及中营养价值粗料，如青贮饲料、青刈玉米秆、梯牧草干草、红穗苔草干草等；高蛋白质及高营养价值粗料，如紫花苜蓿干草、三叶草干草、青刈大豆秆、青刈燕麦干草等。精饲料中低蛋白质精料，如玉米、小麦、燕麦、大麦、黑麦、干燥甜菜渣等；中蛋白质精料，如麸皮、椰子粕、饴粕等；高蛋白质精料，如棉籽粕、亚麻仁油粕、大豆、大豆粕等。我们看到，当时的奶牛精料中，还没有添加动物蛋白饲料（表8-1）。

表8–1 奶牛饲料标准[1]（以每天1 000千克活体重量计算）

单位：千克

时期	全饲料中的干物质	可消化养分	
		纯蛋白质	淀粉含量
成长中的幼龄牛 2～3月龄（单体重63千克）	23	3.4	18.5
3～6月龄（单体重136千克）	24	2.8	14.7
6～12月龄（单体重227千克）	26	2.3	12.5
12～18月龄（单体重318千克）	26	1.8	10.5
成年奶牛			
休乳期奶牛	20	0.7	6.0
泌乳期牛（日泌乳量4.5千克者）	22～27	1.0～1.3	7.8～8.3
泌乳期牛（日泌乳量9千克者）	25～29	1.6～1.9	9.2～11.2
泌乳期牛（日泌乳量14千克者）	27～34	2.2～2.5	11.8～13.9
泌乳期牛（日泌乳量18千克者）	27～34	2.8～3.2	13.9～16.6

二、畜舍设施

台湾地区地狭人稠，奶牛场周围多有农田，因此饲养场通常都采用舍饲方式。单间畜舍面积通常约165米^2，可容喂养20头奶牛。奶牛场建有饲料仓库，可容饲草5万多千克，精料数千袋。

1 工藤重佐.1925.奶牛饲养法.奶牛タイムス社：43.

1926年，牧场畜舍开始安装电动消暑送风机和电动抽水泵供给饲喂水和畜舍清洗。日常管理中，特别强调畜舍清洁、空气流通、排水通畅。饲用水清洁，水温适宜。管理人员每天用毛刷擦拭牛身，放出舍外运动场让牛只有一定时间的自由运动。同时十分注意牛的疾病预防，牛场聘请执业兽医师进行疫病防治。

三、奶牛繁殖与推广

台湾重视对良种奶牛的繁殖和推广。从1909年开始推行奖励方针，取得良好效果。1915年，“中央研究所”购入印度种牛进行纯种饲养和杂交繁殖，培育出乳、肉兼用的黄牛品种。台中州畜产会购入荷斯坦牛，贷付给“农乳组合”的奶牛农户饲养，1918年，购入种公牛2头，支出1 300元；母牛5头，支出2 500元。如果奶牛饲养户自行购入良种牛，则畜产会奖励补助每头100元。此外，“农乳组合”也设立补助奖励金，设立良种公牛购入奖、本地公牛阉割奖（为了防止本地公牛交配）、杂种牛犊饲养奖、牧草改良奖、牛舍改良奖等[1]。

台湾总督府各种畜场对所繁育的良种奶牛都建立科学严密的繁育档案。包括每头牛的父母亲本血统、出生年月和牛只编号或名号（类似于工业品的产品型号）、购入人的姓氏、购入日期、所属会社（“农乳组合”）、联系地址等相关信息，以便日后进行饲养指导和跟踪服务。在恒春种畜场的科研档案中，我们至今仍可查阅到该场历年所繁育的良种奶牛的试验选育情况和去向[2]。

第四节　台湾畜产公司的奶业经营

一、企业年志档案的奶业经营记载

台湾畜产株式会社（以下简称“台畜”）是日本占领台湾地区的奶牛饲养与牛奶供应的主要企业，其生产量约占台湾的1/4。考察台湾畜产株式会社的生产及发展情况，大致可以了解近代台湾奶牛饲养及乳品加工销售的概况。

根据台湾近代奶业史料，一份关于台湾畜产公司的企业年志（1919—1939年）连续记录了该企业20年间的奶牛饲养与牛奶生产销售情况。这时期正是台湾奶牛饲养的发展时期，在这份年志中记录的许多技术设备的进步和更新，都代表了当时台湾地区奶牛饲养和乳品制售的水平（表8-2）。

1　台湾总督府.1941.台湾事情.台北：成文出版社：79-80.

2　恒春种畜场.1917.大正六年恒春种畜场事业报告.台湾总督府殖产局：11-14.

表8-2 台湾畜产株式会社奶牛饲养概况[1]

(1919—1939年)

年 份	奶牛饲养量（头）	奶产量(石)
1919年9月至1920年2月	303	150
1920年3月至1920年8月	303	500
1923年9月至1924年2月	328	470
1924年3月至1924年8月	317	540
1924年9月至1925年2月	292	460
1925年3月至1926年2月	228	440
1926年3月至1926年8月	242	510
1926年9月至1927年2月	202	450
1927年3月至1927年8月	230	525
1928年3月至1928年8月	206	520
1928年9月至1929年2月	211	440
1929年3月至1929年8月	195	600
1929年9月至1930年2月	179	500
1930年3月至1930年8月	191	570
1930年9月至1931年2月	187	500
1931年3月至1931年8月	202	630
1931年9月至1932年2月	197	500
1932年3月至1932年8月	191	600
1932年9月至1933年8月	190	1 100
1933年9月至1934年8月	183	1 500
1934年9月至1935年8月	200	1 100
1935年9月至1936年8月	185	1 280
1936年9月至1937年8月	191	1 350
1937年9月至1938年8月	198	1 400
1938年9月至1939年8月		

注：1石约等于174.26千克。

从表8-2可以看出，台湾地区近代奶牛饲养与乳品销售的发展历程：

（1）台湾地区的奶牛选育受日本国内的育种技术影响很深。例如，台畜公司在20年里，曾经有14年从日本的岩手、兵库、鹿儿岛、千叶、东京等地的奶牛饲养场购入种牛213头。

（2）台畜公司奶牛饲养场于1920年购入送奶汽车，装备日本大阪生产的新式牛奶蒸汽消毒机和瓶装灌奶机。1923年建成专用的牛乳消毒所。1925年安装机械洗瓶机。1932年购入均质机生产均质牛奶。

（3）台湾近代乳品的销售，主要是瓶装消毒鲜奶。1930年夏天开始制售乳酸饮料。1933年开始利用卖剩余鲜乳生产冰激凌，开创收入新途径。1934年购入自动化专用设备，批量生产冰激凌。1936年，从京都岛津制作所购入大型孵化器，每日生产乳酸奶500瓶。由于酸奶销量不断增加，以至后来出现原乳供应不足的现象。

1 台湾畜产株式会社 . 1939. 台湾畜产株式会社二十周年志 .

(4) 台畜公司奶牛饲养场于1930年开始向分布于台北、基隆、嘉义地区的7个饲养场所在地的7所小学6年级学生供应学生营养奶，每天以市场半价供应学生奶1 000瓶。此外，台畜公司于1932年为台北当地小学六年级学生免费提供学生营养奶，成绩良好，期间共计35 000瓶，币值3 500元。1935年学生奶扩大供应至当地小学5年级学生，每日1 400～1 500瓶，仍以市场半价供应。

(5) 在台畜20年的发展过程中，奶牛的饲养质量不断提高，日均产奶量也随之提高。由于公司存留的档案中，每年的存栏牛只统计中没有注明泌乳牛和童牛（未泌乳牛）的实际数量，因此不能从中计算出泌乳牛的年均产乳量。但是，该公司在1925年的年报中特别提到，"饲养水平提高，奶牛减少三成，生奶增产五成。"

以上是台湾畜产株式会社20年间的生产销售情况，这也大致可以看作是台湾近代奶业的发展缩影。

二、日本占领时期的台湾奶业发展规模

日本占领初期，奶牛饲养多数集中于城市或近郊，总体而言，规模很小。台湾地狭人稠，奶农缺乏足够的土地种植牧草，饲料不能自给，大部分未需要购买饲料，导致奶牛饲养成本高昂，抑制了奶业的快速发展。此外，台湾地处高温高湿地区，引进的西洋奶牛多数不能适应当地气候环境，嗣后因需要渐多，原有奶牛数量不敷，再陆续从日本引进奶牛繁殖，因此奶牛场之设立亦随之增多。

关于日本占领时期的台湾奶牛饲养数量，根据台湾省乳业发展小组所做《台湾酪农经营之经济分析》的研究报告，1943年为台湾的奶牛饲养高峰，当年存栏奶牛1 706头。全省奶牛饲养户有75户[1]。而在台湾省政府新闻处的报告中，1943年的奶牛数量为1 777头，年产牛奶2 300吨。1944年后，因战争及饲料缺乏，且部分奶牛被日军强征充作军饷，奶牛数量降到873头，年产奶量仅992吨。乳业极为萎缩。1945年日本投降时，台湾奶牛只有600余头，奶牛饲养农户53户[2]。还有一份研究报告提到，1940年，台湾奶业发展到顶峰时，饲养户70余户，饲养奶牛3 000头，年产奶7 500吨[3]。后者与前两份报告在奶牛饲养数量和产奶数量上相差较大。

从抗日战争结束后，1946年的台湾奶牛只有600余头的数据看，第二次世界大战期间台湾的奶牛饲养量高峰期为1 700余头，年产奶2 300吨，应当是比较可信的[2, 4]。

---

1 台湾省乳业发展小组.1985.台湾酪农经营之经济分析.台湾省政府农林厅：28.

2 台湾省政府新闻处.1971.台湾的建设（10）：39.

3 台湾酪农乳品运销合作社.1987.酪农手册.

4 作者于2009年4月15日至5月14日在台湾查阅资料期间，得到中央研究院章英华、陈国栋、刘石吉、张彬村、陈秋坤、陈慈玉、何汉威等诸位专家的帮助和指导。博士生杨宗霖、李其霖和助理研究员何书亚帮助查阅、复印、摘抄、翻译部分资料。台湾图书馆、中央研究院综合图书馆、人社中心图书馆、台湾史研究所图书馆、台湾大学图书馆、成功大学图书馆提供了热情周到的服务。在此一并表示感谢。

第九章
香港的近代奶业

1840年之前，香港属广东新安县，因盛产檀香和香烛而得名。开埠之前，香港原住民约有2 000人，世代以渔、农为业[1]。1841年参与占领香港的英国官员庄士敦（A. R. Johnston）曾经写道，“（港岛）居民从事农耕、商业及腌晒咸鱼，约有农田百余亩……常有350多艘大、小船艇在此锚泊[2]。”

香港原住民没有饮食牛奶的习俗，而且这种不饮奶习俗在开埠以后很多年都没有改变，以至岛上居住的西方人士很不能理解[3]。自从西方列强到来，养牛饮奶的生活习惯才随之在这个边僻海岛逐渐发展起来。

第一节　香港奶业的肇始

一、迁港西方人士的“庭院奶牛”

西方人士来港之初，本地尚没有奶牛饲养，但是习惯于喝早餐奶的西洋人显然不能忍受没有牛奶的生活。于是，从英国等地迁来香港定居的达官富商，陆续把西洋奶牛经海路运来，在自家的后院饲养，所产牛奶，也只供自家人享用。这种奶牛饲养方式，成了当时香港富人区里的独特风景，以至富人们兴造别墅新居时，都得在自家花园的一角把“奶牛房”列入其中。这种由富人自养奶牛自供鲜奶的情况，恐怕只有香港开埠初期才会发生，这在世界奶业史上都可能是绝无仅有的案例。

英格兰医生帕特里克·曼逊（Dr.Patrick Manson，1844—1922）的传记里，有一段记载香港开埠初期“庭院奶牛”的故事。传记中说，曼逊曾于1866年从英国到台湾行医，致力于疟疾等相关研究，在台湾被称为“热带医学之父”。1883年他从台湾转到香港，参与创办香港西医学堂，是当时香港颇有声名的医生。曼逊给人诊疗治病，常会叮嘱病人要多喝牛奶增加营养，病人总是摇头说“没处

1　新安县志 .1819.

2　鲁言 .1978. 香港掌故 . 香港：香港广角镜出版社：73.

3　牛奶之路 . 香港历史档案馆 .RF000139.

买”，曼逊医生有时就会把自家奶牛挤出的鲜奶送给病人喝。不过家里只有1头奶牛，终归挤不出多少奶，所以曼逊医生就再买来两三头奶牛养在自家院子里[1]。

二、本地农民的“水牛奶”

然而，像曼逊这样的少数富裕人家的“庭院奶牛”毕竟承担不起为香港居民供奶的重任。随着迁港定居的西洋人士渐多，对奶制品的需求也随之日增。巨大的市场吸引力，使当地的商人或者是商人告诉农民，养牛卖奶会发大财。历史上，与香港邻近的广东珠江三角洲地区，就有人养水牛挤奶加工出售。在顺德一带，还形成了一个以水牛奶为原料加工制作而成的地方名产“金榜牛奶”。这种适合挤奶用的水牛品种和挤奶技术，很快就传入香港。为了给习惯饮食奶品的居民提供鲜奶，当地农民即利用育犊哺乳期母水牛挤出牛奶出售，慢慢就形成了一个小小的水牛奶产业。

因此，殖民地初期的“庭院自用奶”与“市售水牛奶”便成了奶业市场上的“两只奶桶子”：前者主要供应富人阶层，后者则供应市民阶层。这个分工明确的奶业格局从19世纪50年代一直延续到80年代。尽管役、乳兼用的母水牛一般都产奶少，产奶期短，品质口感也不太好，不过市场价格总是遵循“物以稀为贵”的法则，水牛奶的售价一直都很高，是当时香港日常食品中的高档稀有品。据史料记载，英国殖民初期，一杯水牛奶售价竟达0.24元（港元，下同），而同期普通工人月薪为3元，店铺堂差月薪仅2元，可见水牛奶的售价之昂贵[2]。

市场对乳品的强大需求，刺激了殖民地早期的水牛奶生产，产生了第一代作坊式经营的牛奶商人。此外，西洋人带来的良种奶牛繁殖的后代，有一些转为当地农民所饲养。这样就逐渐形成了个体农民饲养的奶牛业。有一则1860年的档案记载，东方屠宰厂老板原是以经销牛奶起家的商人，致富后，以每月250元租金向殖民政府租赁一块土地兴建了屠宰厂。可见在现代奶业公司出现之前，香港已经有了“牛奶商人”（milk dealer）这个职业，而且在不长的时间里，牛奶商人们已经积累了数值不小的个人财富。正如前文所说，当时一个普通工人的月薪只有3元，而这个牛奶商人支付的月租金就达250元[3]。

---

1 帕特里克·曼逊（Patrick Manson，台湾省译为万巴德）于1866年来到台湾，参与台湾第一所西医院“旗后医馆”的筹建。1883年从台湾转到香港，创办香港西医学堂。孙中山在香港学医时，曼逊当过他的医学教师。其晚年专心经营牛奶公司。

2 香港历史档案馆．案卷RID No：RF000139：24.

3 香港历史档案馆．案卷HKRS 149-2-242.29，06，1860.

三、牛奶公司诞生

1886年，曼逊邀集几位同道，发起成立了香港历史上第一家具有股份性质的牛奶公司——Dairy Farm Company[1]。曼逊创办牛奶公司的初衷，是为了让病人能买到价格便宜的牛奶以滋补身体，因此牛奶公司多少带有一些公益慈善的性质。按照殖民政府的租地政策，牛奶公司与政府签订合同，廉价供给公立医院病员鲜奶，免费获得了兴建牛场和奶厂的土地[2]。这样一来，曼逊的牛奶公司减少了一大笔租地的投资。曼逊成为在香港开办牛奶公司的第一人，从而成为香港乃至东亚历史上最早的奶业公司之一。

当年曼逊的牛奶公司（Dairy Farm Company）相片

牛奶公司从一开始就十分注意借鉴西方资本主义企业的经营经验，由5位香港商人共同发起，是一家严格意义上股份有限公司。在管理上，公司根据英国当时的奶牛饲养和乳制品生产标准，从英国聘请了拥有政府核准从业资格的专职畜牧师和兽医师，确保企业生产符合当时先进的技术规程和质量标准。在奶牛场选址上，充分考虑到香港地区夏季多台风的特点，要求牛场避风向阳、水源便利、高亢干燥、牧草繁茂，最终选择位于香港西南面的薄扶林（Pokfulam）为场址。香港历史档案馆保留了该公司当年用玻璃底片拍摄的牛舍照片。可以看出，一个多世纪前设计的奶牛舍，已经包括了饲养房、挤奶房、工作配料房、奶牛运动场、饲草青贮池、畜粪化便池等设施，甚至还有了病畜隔离房、兽医诊疗房等。

白手起家创建牛奶公司，一切都需要周密准备。在建筑牛舍的同时，置地种植奶牛专用牧草的工作也在着手开展。公司创办人曼逊先生非常清楚，牧草品种的选择和种植，将是事关公司成败的关键事项之一。因此，一开始他就十分重视选择既适合香港地区种植又富有营养的优良牧草。最后根据畜牧师的意见，决定在牧场种植一种叫Guinea Grass（今译王草[3]）的牧草，曼逊认为，这种王草可与欧洲普遍种植的奶牛牧草Elephant Grass（今译象草[4]）相媲美。

---

1 牛奶之路．香港历史档案馆．RF000139．

2 祝春亭．1996．香港商战风云录——激荡的百年史·牛奶与制冰．广州：广州出版社．

3 王草又名皇草、皇竹草，为禾本科狼尾草属多年生高秆牧草，属高生物量和高营养价值的良种牧草。

4 象草为禾本科狼尾草属的多年生草本植物，原产于非洲热带地区，适合热带、亚热带地区引种栽培。象草分为大茎种和小茎种两类。

以上的各项准备工作就绪之后，1886年秋天，曼逊的香港牛奶公司投入25 000元[1]从苏格兰一次购进80头荷斯坦牛[2]，宣告香港历史上第一家现代奶牛场诞生了[3]。

牛奶公司为了让雇用的中国饲养员能够尽快掌握饲喂、清洁、挤奶、运送、保鲜等日常工作规程，公司特别将英国的相关标准和规定译成中文，让中国雇员熟读成诵，做好饲养管理工作。尤其生奶保洁运送工作，每个作业环节都有很严格的规定，确保牛奶新鲜清洁。

公司的畜牧师经过观察和实验，专门为这批初来的奶牛调配了饲喂草料。其配合比例是：50份自栽的王草、40份收购的稻秸、10份甘薯或番薯。如此喂养，这些奶牛很快适应了东方环境，没有发生“水土不服”的症状，并为公司回报了预期的鲜奶。曼逊牛奶公司生产的鲜奶价格合理，加上当时香港市场的鲜奶处于严重供不应求状态，因此十分俏销，常有主顾自带容器站在奶牛旁，等着取奶。

牛奶公司顺利地度过开头几年之后，开始获利并扩展养殖规模至200多头（表9-1）。

表9-1　香港牛奶公司1887—1895年经营概况　　单位：港元

年份	资本	销售收入	毛利	资产减值	股息	结转
1887	3 000	28 717.75	—	11 629.67	—	13 186.91
1888	3 000	29 133.30	7 208.01	3 623.64	—	—
1889	10 000	30 197.83	7 581.82	3 207.93	—	—
1890	10 000	34 405.28	10 672.12	5 109.89	—	—
1891	10 000	34 263.75	11 463.67	8 044.27	3%	—
1892	10 000	33 593.55	10 879.20	11 339.29	—	653.11
1893	10 000	30 795.49	11 392.57	6 076.06	5%	—
1894	10 000	29 286.52	8 697.06	6 005.60	—	—
1895	10 000	37 787.33	18 392.80	7 368.54	10%	—

在奶业初兴之时，殖民政府在许多方面给予了政策扶持和优惠。商人们看到办奶牛场有利可图，先后投资创办了几家规模不等的牛奶公司，而且也仿照曼逊牛奶公司的做法，与政府签订合同，以低于市场的价格为公立医院的病员提供鲜奶，政府免费为牛奶公司拨出官地建设奶牛场和乳品厂。1886年港府《租地法律

1　港元，本章后文不另注。

2　档案中没有注明第一次引进的80头奶牛中有几头公牛，但是留存有公牛和母牛的照片。按动物繁殖的牝牡比例推测，其中当有2～3头公牛。

3　牛奶之路．香港历史档案馆．RF000139．

草案》规定，牛奶公司每年向公立医院病人廉价供奶，折价总值不少于500元，即可免费获得建牛场的土地。这项政策从香港第一家大型牛奶公司兴办的1886年开始施行，直到1915年拨出最后一块免费奶牛场用地，30年间共有此类免费官地18处，地点涉及港岛的铜锣湾、薄扶林、太平山以及九龙的钻石山、牛角山、观塘、彩云等处[1]。那些不给医院提供低价鲜奶的牛奶公司，则以每年每英亩[2]20元左右的租金向政府租地兴建牛场和奶厂。这个土地租金仍然比其他商业用地的租金低得多。此外，政府还为牧场提供修路、供水、免疫、乳品检测等服务。这些举措，对促进殖民地早期的奶业发展起到了一定的促进和扶持作用。到19世纪末，香港本地奶牛已超过300头，年产鲜奶1 300吨。奶牛饲养业和乳制品业逐渐兴盛起来[3]。

牛奶公司的成立，是香港奶业发展的标志性事件。它从此结束了富人区里的“庭院奶牛”的历史，人们每天早晨都会喝到牛奶公司送上门来的鲜奶。

四、1896年的香港牛瘟

奶牛规模化饲养的最大风险在于传染病流行侵害。如果处置不当，严重时甚至会使奶牛场毁灭于一旦。这种情况，在殖民地奶业发展的初期就曾经发生过。

1894年6月18日，香港发生了一次突如其来的奶牛传染病。当地原有的兽医师不足以给牛群治病，临时聘请熟悉亚洲奶牛诊疗的日本专业兽医师来香港进行防治。此外，殖民政府卫生署兽医官紧急发函渔农处，提出如果牛病不能控制，则要求将所有感染的奶牛群进行扑杀清除。渔农处缜密考量，经过十多年的发展，到牛病暴发时，香港地区已经有300多头奶牛。如果扑杀全部奶牛，则损失非常惨重。因此渔农处回复卫生署，建议先行采取“温和处理”的措施，积极防治。

首先是建立病牛医院，隔离病牛。当时怀疑是太平山上的老鼠引发牛病，因此决定对太平山的牛群进行全体封闭隔离，甚至在太平山牧场工作的员工和农民也被要求进行相应的隔离，不能走出役区，还拆除了多处染病的牛舍和民房。不久，这次流行牛病得到控制，被确诊为奶牛胸膜肺炎（pleuropneumonia）[4]。事后证

---

1 香港历史档案馆.案卷 HKRS149-2-1238；HKRS149-2-1319；HKRS149-2-1369；HKRS149-2-1587 ；HKRS149-2-1620；HKRS149-2-1681；HKRS149-2-1703；HKRS149-2-1743；HKRS149-2-1810；HKRS149-2-1968；HKRS149-2-2456；HKRS149-2-2567；HKRS149-2-2689；HKRS149-2-2778；HKRS149-2-2850；HKRS149-2-2979；HKRS149-2-3093；HKRS149-2-3168.

2 1英亩等于4 046.9米^2。

3 1900年时，香港人口约为28万，在亚洲城市中人均奶消费量是最高的。

4 牛奶之路.香港历史档案馆.RF000139.

明，原先渔农处的“温和处理”意见是正确的，及时采取了隔离诊治的措施，没有造成病死损失。

但是两年后，另一场惨烈的牛病悄然而至，几乎是香港奶牛饲养历史上的一场“灭顶之灾”。1896年3月12日，《香港日报》（*Hongkong Daily*）报道，本港牛瘟暴发，曼逊等人的牛奶公司有50头奶牛发病，另外有150头疑似染病。当天，殖民政府兽医官立即对疑似病牛进行隔离，防止疫情扩散。牛病流行的病原，被怀疑是新近从新西兰引进的20头荷斯坦良种奶牛携带的牛瘟病毒（rinderpest），因为在发病开始时，这批20头奶牛中的14头首先病死了。

3月14日，牛奶公司对发病的50头奶牛分别捆绑上巨石，沉入4英里外的深海中。3月16日，又有90头发病，当局立即就地挖坑3米深埋。最后，剩下的60头奶牛也未能幸免，全部因感病而被扑杀。值得庆幸的是，在传染病暴发前，由于牛奶公司的奶牛增长过快，牛舍不足，就让一个当地雇员把30头奶牛带到他家乡的牛场喂养，因而躲过了这场劫难，为公司保存了30头健康奶牛，其余的200头都被扑杀清除了。

曼逊得知自家牛场发生奶牛瘟疫这一消息时，首先想到的是派人通知其他奶牛场的场主，立刻采取隔离措施。前文说过，那时候，人们总是上门买鲜奶，在奶牛旁等待，有时甚至帮忙挤奶。这就很容易传播牛病。作为医生，曼逊知道传染病的危害，因此他告诫所有牛场都禁止外人进出，禁止配种；饲养人员进入牛场，都要换衣更鞋消毒，以免交叉感染。结果，得到曼逊提示的牛场均安然无恙。曼逊自家的公司却因引进了新西兰病牛而成为这场牛瘟的源头，遭到了毁灭性打击，几近破产。后来，有一位得到帮助的牛场主问曼逊，当初为什么要把牛瘟的事告诉我们？曼逊说：“我不能看到香港人喝不上鲜奶。”许多牛场主为了感谢“救牛之恩”，自愿一家捐一头奶牛送给曼逊重整旗鼓。曼逊谢绝了同行的好意，并按当时殖民政府《公司法》的规定，与股东们一道重建了牛奶公司[1]。

在牛瘟中损失惨重的曼逊牛奶公司在灾害过后实现东山再起。1898年，公司从中国台湾购入奶牛60头，从美国购入70头，加上牛瘟前留下的30头，一年间恢复到了160头的规模。此间还增聘来自南非的奶牛兽医师加盟，增强公司的兽医防疫力量。后来接着又从美国、澳大利亚、苏格兰等地多次购入良种奶牛，开办薄扶林第二奶牛场，新建4个牛舍，养殖规模迅速扩大[2]。公司还再次在薄扶林一带购买大片土地，垦荒办农场。农场除种植奶牛青饲料外，还种植蔬菜、瓜果、花卉、热带珍奇植物等。

---

1 祝春亭.1996.香港商战风云录——激荡的百年史·牛奶公司.广州：广州出版社.

2 牛奶之路.香港历史档案馆.RF000139.

1900年，曼逊牛奶公司成为香港牛奶业的巨擘，获利甚丰。作为香港奶业发展的主要推动者和经营者，帕特里克·曼逊不仅在商业上获得了巨大成功，在社会公益上也作出了重要贡献。曼逊晚年，主动辞去公司领导职务，专心在薄扶林养牛种草。因其对香港奶业的卓越贡献，获得了英国国王授予的荣誉勋章[1]。

五、牛瘟灾害的善后措施

1896年暴发的牛瘟，使刚刚发展起来的香港奶牛业遭受了一场始料未及的重创。不过，这次牛瘟病主要发生在当时香港最大的曼逊牛奶公司，其余的小公司基本上还是完好无损的。在充分竞争的市场环境下，因曼逊牛奶公司减产而空缺出来的鲜奶市场份额，一方面由本地规模较小的奶牛公司所填补，另一面则由其他国家实力强大奶业巨头的炼乳进口所代替。这些变化都在客观上完善了香港奶业市场的资源配置和乳品种类的多样化供给。

1.奶牛场区域配置的改善　在当时交通运输和牛奶保鲜技术装备尚很落后的情况下，要保证市民在每天早上喝上早餐奶，牛奶场与市区居民住处就不能距离太远。但是在牛瘟暴发前，香港的鲜奶市场几乎由“龙头老大”的曼逊牛奶公司占据半壁江山，而这家曼逊牛奶公司的生产基地当时只在市区近郊的薄扶林和铜锣湾等处居民集中的闹市区[2]，鲜奶的市场半径非常有限。经过19世纪末的牛病后，香港的奶牛场分布得到了一次意外的调整机会。从档案中可知，在牛瘟清除后的几年间，殖民政府批给兴建奶牛场、牧地以及鲜奶分装厂的土地明显增多了，而且牛场的分布区域也从铜锣湾、薄扶林和太平山一带扩展到九龙半岛上的钻石山、观塘、牛头角、彩云等处。就当时的城市布局而言，奶牛场的空间布局渐趋合理[3]。

2.乳品种类的增多和投资渠道的拓展　原先的鲜乳市场集中于香港岛上，而且是以曼逊牛奶公司为主，资金渠道比较单一，而且投入不大。在奶牛场大拓展的同时，社会资本投入奶牛养殖和乳品加工的热情空前高涨。由于当时已经发明了较长时间储存牛奶的炼乳技术。世界各国的著名奶业公司都先后进入了香港市场。例如，盎格鲁·撒克逊炼乳公司（1893年）、挪威炼乳有限公司（1894年）、英瑞炼乳公司（1896年）、博登炼乳公司（1904年）、伯尔尼·阿尔卑斯牛

1　祝春亭.1996.香港商战风云录——激荡的百年史·牛奶公司.广州：广州出版社.

2　如今铜锣湾和薄扶林已是高厦穿云的闹市区，十九世纪末这些地方多是荒芜弃地，故香港政府免费批给牛奶公司辟为草地牧场。

3　香港历史档案馆.案卷HKRS58-1-8-63；HKRS58-1-11-26；HKRS58-1-17-105；HKRS58-1-11-38；HKRS58-1-12-51；HKRS58-1-13-18；HKRS58-1-16-60；HKRS58-1-17-105；HKRS58-1-17-108；HKRS58-1-20-47；H KRS58-1-26-51；HKRS58-1-30-33；HKRS58-1-41-15；HKRS58-1-47-30；HKRS58-1-67-6；HKRS58-1-69-27.

奶有限公司（1907年）[1]，都在香港注册设立了分公司，为迎接20世纪奶业发展打下了基础。

3. 对奶业发展的反省 经历了这次重大牛病事件，香港社会从卫生署、渔农处、奶牛公司以至知识阶层都开始对这个新兴产业进行探索和思考。人们从不同角度和层面寻找对策，以防止将来发生类似的损失。比如，①第一次明确提出要进一步加强本港的兽医力量，增加兽医从业人员，此次牛病暴发而无力抗衡，被认为与缺少兽医师有关。②提出了要加强动物检测检疫的制度和管理，防止带病牛只进入本港。这次牛病的起因就是从新西兰引进了20头携带牛瘟病毒的奶牛。③要改善牛舍环境卫生条件，改进牛舍供水清洁设施。④要建立动物疫情报告制度和隔离、扑杀、消毒、清除和补偿制度[2]。

第二节　殖民地早期的奶业法律体系

尽管19世纪末的香港牛病造成的损失非常惨重，但是由此而起的奶业法律制度建设却是这笔昂贵学费的超值回报。为了防止奶牛饲养的大起大落，确保牛奶供应的正常秩序，殖民地政府有针对性地相继颁布了一系列与奶牛饲养、疫病防治、市场监管相关的法律法规。1877年公布《牛瘟治疗方法》，1885年立法会对牛病防治立法，1886年颁布《奶牛市场管理条例》，1887年颁布《牲畜疾病与屠宰场条例》，1889年颁布《牛舍卫生登记细则》，1902年颁布《牛棚建设标准细则》，1904年建立牛病报告制度等[3]。

一、关于养牛场所的规定

据1887年关于牛舍建筑的法令规定，任何人饲养奶牛，均须向政府卫生署申领相应执照，经审核批准后方可建设牛舍。

法令规定，用于圈养奶牛的房屋与其他居住房屋的间距不能小于1.83米，并且除了经卫生署的特别批准外，所建牛舍不得与任何公私下水道相连。牛舍必须达到卫生署对照明和通风的要求。

每头奶牛应拥有不少于2.23米^{2}的站立空间和10.19米^{3}的呼吸空间，牛舍的建筑高度在任何情况下都不得低于3.66米。除非获得卫生署书面批文或紧急情

---

1 香港大学图书馆.检索号GA 1893 No.166；GA 1894 No.477；GA 1896 No.476；GA 1902 No.16；GA 1907 No.758；GA 1904 No.850.

2 牛奶之路.香港历史档案馆.RF000139.

3 香港大学图书馆.检索号GA 1877No.106；GA 1885 No.445；GA 1886 No.427；GA 1887 No.98；GA 1889 No. 482；GA 1902 No.151；GA 1904 No.660.

况，不得在牛舍中饲养超出核定数量的牛只。同时规定，一岁以下的两头小牛可以算作一头成年奶牛占据牛舍空间（即每头小牛的饲养面积不得小于1.11米^2）。牛舍除了用于饲料的储藏外不得再用于其他任何用途，并且储藏饲料所占的空间不能占用每头牛的2.23米^{2}的站立空间和10.19米^{3}的呼吸空间[1]。

二、关于牛舍卫生的规定

牛舍承租人应按照卫生署指定的方式和时间每日彻底清洁牛场两次，时刻保持牛场及与其相连的员工居住区的清洁。承租人应将牛的粪便和其他排泄物放置于专设的容器内，由卫生承包商每日定时从牛场清运。从牛栏里收集的粪便皆属政府财产，牛舍任何时候都应保持干净。

牛舍地面须铺设大理石板或其他防渗漏的材质，并铺设不漏水的管道将尿液及有毒液体物质排入设有防水盖的污水坑或其他卫生署同意的地方。污水坑的建造需满足卫生署的标准，并且应做到每日清空[1]。牛舍粪便的清运必须由政府批准的卫生承包商来完成。各类卫生承包商的雇员在执行清运作业时，必须佩戴卫生署颁发的易于辨识的徽章。

粪便垃圾的清运应在夏季凌晨2：00点至7：00点，冬季凌晨2：30至7：30完成。不得从公共道路或街道运送牛舍排泄物。牛舍排泄物必须使用坚固且密封的容器运送。除了从午夜至早上9：00点，不得从公共道路或街道运送泔水或其他有毒或有刺激性气味的液体。垃圾桶或垃圾船应符合卫生署的规定[1]。

牛舍的墙壁至少每半年应清擦干净并用石灰水擦洗一次。凡经批准用于饲养奶牛的建筑物，应随时接受卫生署官员或卫生署指定的其他人员的巡查[2]。从1890年起，香港政府开始对符合规定的奶牛场颁发卫生许可证[3]。只有依法取得卫生许可证的奶牛场生产的牛奶方能进入市场销售。

三、关于奶牛入境的规定

1896年5月，香港立法会对1887年制定的《牛疾病、屠宰场及市场法令》第二节进行修订，并由总督会同行政局依法执行。1887年相关条款同时废止，但是该废止不会影响已经生效的法律行为，或之前法律行为要求的任何权利责任。

修订的内容是关于进口奶牛入境的规定：所有由水路进口至香港的奶牛须从坚尼地城码头（Kennedy Town）及九龙油蔴地警察局码头（Yaumati）上岸。若不从坚尼地城奶牛码头和油蔴地警察局码头上岸（如香港码头、广州澳门蒸汽

---

1 香港大学图书馆．检索号GA1889 No.482.

2 香港大学图书馆．检索号GA1888 No.543.

3 香港历史档案馆．案卷HKRS149-2-1968；HKRS58-1-8-21.

船公司码头、中国轮船海运公司码头、九龙码头和Godown公司在海傍道西码头等)，在任何情况下，应至少提前24小时向卫生署秘书处递交上岸报告。该报告必须写明上岸的奶牛数量、时间以及准备上岸的地点。经卫生署书面文件批准并通知用于该用途的码头管理当局。所有上岸的奶牛必须在上午6：00点至11：00点，下午2：00点至6：00点搬运完成[1]。

四、关于牛病报告的规定

1890年颁布的法律规定，当发现牛病或任何动物疾病时，每一个持有养牛执照的牧场主人，如果他本人离开牧场时，则由牧场负责动物管理人，必须以最快速度向距离最近的警察局警员报告。在任何一起动物死亡事件中，动物尸体在未经政府指派的家畜巡查员或他所授权的执行人现场检验并出具书面批文之前，不得私自运走或掩埋。如果牧场主人违反本款规定自行处理病畜尸体，在地方治安官判决其违法之前，卫生署有权先行吊销牧场持照人的执照。

该法律同时规定，牧场承租人有权以最快速度向家畜巡查员和集市举报任何与奶牛进口相关的违法情况，以防止察觉到的奶牛疾病的扩散[2]。当牛病发生时，经卫生署兽医官判定需要采取扑杀或掩埋措施时，政府应为牧场因此造成的损失作出经济补偿。补偿任何一头必须扑杀的染病动物的费用总和在任何情况下不得超过200元[3]。

五、关于牛奶质量管理的规定

1897年，香港殖民政府立法会通过一项关于因牛奶引发的传染性疾病的法案，称为《牛奶污染法案》。该法案首先对如下的相关术语作了解释和界定：

乳品店：指任何出售乳制品的商店或供应牛奶以作销售的牧场、牛舍的处所。

奶农：指奶牛饲养者、牛奶运送者、奶场占有者。如奶场为公司所有，则指该公司的实际管理者或所有人。

传染性疾病：包括天花、腺鼠疫、霍乱以及由霍乱引起的腹泻、白喉、猩红热、麻疹、百日咳等。

卫生官：包括任何暂时被委派担任卫生官或被指定为卫生官助手者。

兽医官：包括任何暂时被委派担任兽医官者。

该法案规定，卫生官发现有传染性疾病因牛奶引发或潜在可能引发时，有权调查可疑的相关奶场处所，有权检查任何易感或疑似感染人员。在有兽医官陪同

---

[1] 香港大学图书馆．检索号GA1896 No.165.

[2] 香港历史档案馆．案卷 HKRS149-2-1968；HKRS58-1-8-21.

[3] 香港大学图书馆．检索号GA1890 No.282.

的场合，有权检查奶牛场饲养的奶牛。卫生官应向当地政府提出报告，并于24小时内向奶牛场主出示禁止销售疑似污染牛奶的书面通告，说明禁售牛奶的原因。如果奶牛场主不能提供合理解释，则该命令将送达奶牛场主执行，并刊布于政府公报上。如果卫生官向政府报告该问题已经解除，则禁售令撤销。在禁售令被执行的场合，奶牛场主此前与相关各方所签定的经济合同所发生的合同违约，不得追究其违约的法律责任。

在禁售令有效期内，如果相关公司或个人不按规定执行，违反一次者罚款500元以下；多次违反者，则按日处罚，每日罚款50元以下。

如果相关公司或个人在知道所售牛奶存在污染或疑似污染的情况下，没有及时采取有效措施而造成疾病扩散，在地方法院裁决前，罚款100元以内。根据英国1890年的《感染牛奶法》规定，在此场合，应当给予相关受罚各方辩解的机会。

此项法令旨在授予卫生官权力，使其行使更为有效的监管香港殖民地的牛奶供应，并促使奶场工作人员对牛奶污染更为敏感和警觉[1]。

在香港历史档案馆的档案中，有一份执行上述《牛奶污染法案》的处罚文件。该文件称，九龙沙宝乳业公司所产牛奶不符合卫生要求，于1899年9月9日被判决禁止上市销售该公司所产牛奶。公司老板黄胜不服，提出上诉，香港殖民政府行政局复查后，于同年9月11日再次作出决定，“根据《1897年第17号法令》第3条规定，由于九龙沙宝乳业公司黄胜不能提供否定原裁决结果的合理解释，特此命令并要求他不可从上述牛奶场供应任何牛奶，直至此枢密令撤销为止[2]。”从这桩发生于100多年前的与牛奶销售有关的官司可以看出，早在19世纪末，香港不仅有了关于牛奶质量的专门法律规定，而且在市场管理中被严格执行。

由于有了这一系列的法律制度，在此后的100多年里，香港奶牛业曾经多次出现牛病，但再也没发生过类似1896年的牛病大流行。例如，港府卫生署档案记载，1902年发现牛瘟病案例没有造成疫病暴发流行[3]。

第三节　20世纪初至第二次世界大战结束的香港奶业

进入20世纪，香港已经发展成为国际化都市。香港的奶牛业经历了半个世纪的历程，具备了较好的发展基础，已经从新世纪到来之前的那场牛瘟大流行中恢

---

1 香港大学图书馆．检索号GA1897 No.368.

2 香港大学图书馆．检索号GA 1899 No.505.

3 香港历史档案馆．案卷HKRS202-1-3-11；HKRS202-1-6-7.

复过来。薄扶林一带的奶牛场养殖的良种奶牛已达300余头，年产鲜奶1 300吨[1]。凭借东亚大都市的区位优势，奶业公司的国际资讯灵通、资本规模雄厚、商业投资活跃、乳品消费群体扩大，加上港府的政策扶持，奶牛饲养业快速恢复和发展。在灾后的几年时间里，各奶业公司从世界各地购入良种奶牛数百头，很快填补了灾害造成的市场空缺。

20世纪初期，香港政府对奶牛场进行了一次空间布局上的调整。除了继续维持位于铜锣湾、薄扶林一带的早期开发的奶牛牧场外，逐步将香港岛对面的九龙、钻石山、牛头角、清水湾、彩云、观塘一带的荒地开发为新的奶牛场，形成全港南北并举的奶牛养殖格局。这对平衡供奶资源起到良好的作用。到30～40年代，城市扩张，铜锣湾、薄扶林、九龙等地成为闹市区，钻石山至观塘一带则成为工业开发区。养牛场逐渐向新界农村迁移。

这一阶段是香港奶业市场发展最快的时期。乳品的工业化生产快速发展，商业乳制品成为乳品消费的主体。随着市民饮奶习俗的形成，消费群体从富人阶层扩展到普通的本地市民阶层，市场规模迅速扩大。此外，除了本地产鲜奶之外，进口的奶粉、奶油和炼乳等商业乳制品也快速增加。与之相伴而来的，是政府对奶业市场的监管更加严格，进一步完善了奶业市场的法律体系。

一、扶持新建奶牛场

在奶业初兴之时，香港殖民政府为扶持牧场发展，采取了对部分承担公益功能的奶牛场免费提供牧场土地的政策。到20世纪初，鉴于奶业企业已经能够赢利，市场的乳制品供应也已经能够满足市场的消费需求，取消了免费提供官地建设牧场和奶厂的政策。

但是，因动物疫病等灾害严重，奶牛养殖和乳品生产一直被市场视为风险很大的微利行业。因此，政府对牧场建设仍然执行低土地租金和提供相关配套基础设施的政策。例如，1924年6月，九龙牛奶公司向政府当局提出申请，在钻石山兴建牧场，计划租用土地2.8公顷。政府审核后批复称，钻石山牧场用地租金为每年每公顷50元，牧场上兴建其他建筑物，则每年每公顷租金为500元。牧场用地的租金仅为其他建筑租金的十分之一[2]。

这一时期，香港的奶牛场分布已经逐渐从原先的铜锣湾、薄扶林、太平山一带向九龙地区转移，而且用地规模很大。1923年香港牛奶公司在九龙地区建设的牧场面积达88公顷[3]。香港土地资源紧缺，素来都是寸土寸金，而政府一次就批准

1 香港历史档案馆.案卷RID No：RF000139：75.
2 香港历史档案馆.案卷HKRS58-1-126：19.
3 香港历史档案馆.案卷HKRS58-1-69：28.

一家牛奶公司88公顷土地。另外，该公司还申请九龙牛头角的一处地块作为牧场。此地块原属军事用地，经渔农处向港府布政司致函陈述，最后同意其租赁用于牧场种植牧草，足见政府对发展奶牛养殖业的重视和扶持[1]。

此外，政府负责为牧场提供基础设施服务。新九龙奶牛场在钻石山租用8.9公顷土地用作奶牛场和种植牧草。渔农处首席兽医官致函布政司，要求政府尽快修通从沙田到钻石山的公路，以便运输卡车通行，以缩短每天的牛奶运送时间，确保牛奶质量；并要求为牧场建设供水设施，以及为牧场预留将来修建牛棚的用地规划[2]。

港英政府一方面对奶业提供政策扶持，另一方面是加强对牧场建设的严格监管、检查，以使新建的牧场符合法律的规定。

1. 迁入新址的奶牛的疫病检查 凡是迁入新牧场养殖的奶牛都要求经过政府当局的检疫，必须由政府指定的兽医官监管。1924年的一份档案显示，九龙牛奶公司在钻石山兴建牧场，从澳大利亚购入一批奶牛，除了登岸入境时须依法检疫之外，在进入牧场之前，先在政府指定的临时隔离牧场饲养观察，由卫生署指定渔农处进行健康检疫复查，由首席兽医官出具检疫文件，符合规定后才能进入牧场[1]。

2. 牧场上的建筑设施须依法取得多个政府部门批准方能开工建设 根据1903年的法令，牧场如需要建筑房舍，需经公共工程部批准。地上建筑必须符合卫生署、警察署的要求。

3. 牧场牛舍须符合环境保护的规定 牛舍建筑要符合供水标准和排水标准，要防止污染河流。如果建筑时要砍伐地上树林，须报农林署批准[2]。

随着香港人口的增加，以及新一代受西方饮食文化影响的年轻人的成长，市民中饮食乳制品人群增多，市场对乳品需求量快速增长，刺激了奶牛养殖的发展。到抗日战争爆发前，香港本地的各类奶牛公司共有41家。除了少数几家公司饲养的奶牛超过100头之外，大多数公司的奶牛只有二三十头，有的只有十余头，基本上属于小规模养殖类型。

这些大小不等的牛奶公司，大致可分为三类：①产供销一体的大型牛奶公司，这类公司既有设备先进的乳品加工厂，也有自己的奶牛场，同时也有乳品供销网络甚至乳品连锁商店。它们除了加工销售自产的鲜奶外，还收购其他小型公司生产的生奶。②只生产牛奶的奶牛养殖场，工商注册时通常也被称为牛奶公司，但法律规定它们不能直接向市场销售牛奶。它们生产的生奶须由法定的乳品加工厂收购、加工和销售。③经过批准的奶牛养殖牧场，按规定，它们

---

1 香港历史档案馆 . 案卷HKRS58–1–126：19.

2 香港历史档案馆 . 案卷HKRS58–1–116：16.

不能饲养泌乳奶牛，因其环境卫生和交通设施条件达不到饲养泌乳奶牛场的要求，因此这类奶牛场只能饲养种用公牛以及从奶牛场送来的育成奶牛（当地称“女牛”）。这些寄养的育成奶牛长大成熟后，就出售给牛奶公司的奶牛养殖场。

香港的牛奶公司的建立和发展始终得到殖民政府的政策扶持，例如减免奶牛牧场土地租金、提供基础设施建设、无偿提供动物疫病防治服务以及相关的奶牛饲养经营的技术服务等。牛奶公司的成立，从一开始就具有某些公益性质，承担有一定的社会责任。绝大多数的牛奶公司在生产经营中，都能时刻履行公益公司的职责，生产合格的乳制品供应市场。同时，当遇到重大社会变化、突发灾害事件以及市场发生不可抗拒的事件时，奶业公司为稳定市场乳品供应而努力增加生产，不跟风涨价、不囤积居奇。

一个令当时的香港媒体视为新闻的牛奶公司履行社会职责的历史事件是，1938年，香港遭遇特大台风，农牧场受灾非常严重。不仅是一些奶牛场因台风而造成奶牛伤残、死亡而发生损失，而且台风过后，奶牛饲料短缺，一个时期内奶牛饲料涨价达50%，牛奶公司支出大幅增加，利润减少达2/3。但是，为稳定物价、稳定社会，各牛奶公司的牛奶都没有因灾涨价。

二、第二次世界大战对香港奶业的影响

在第二次世界大战期间，香港市场的乳制品供应紧张，政府对大多数乳品实行价格管制，规定了乳品销售的最高限价。在生产成本大幅上升，而销售价格由政府规定的条件下，牛奶公司的销售利润必然减少甚至出现亏本经营，但是，在二次世界大战期间，香港的牛奶供应没有发生严重短缺的情况，这说明当时的牛奶公司一方面执行了政府的乳品限价令，另一方面是在利润减少的情况下坚持了正常的乳品生产，体现了香港乳品企业的社会责任[1]。

1941年12月8日早上8时，即珍珠港事件后仅数小时，日本军队从深圳向香港发起进攻。12月25日，香港总督杨慕琦率驻港英军投降，香港沦陷。

在日本入侵前，香港有奶牛近3 000头。其中规模最大的香港奶业公司有奶牛1 900头。1942年间，日本从香港劫掠奶牛1 600余头，运往中国内地的日本占领区饲养，专为日本军队供奶。日本侵略军对香港奶牛业的公然洗劫，使当地奶牛数量瞬间减少了60%，乳品市场遭受了空前劫难，战后许多年才逐渐得以恢复[2]。

日本侵略香港时，生活物资极度匮乏。1943年，由于粮食缺乏，甚至连皇后广场、香港大学校园、各处花园、山顶空地、高尔夫球场以及部分竞马场等，凡

---

[1] 香港历史档案馆．案卷RID No：RF000139：123.

[2] 香港历史档案馆．案卷RID No：RF000139：149.

是有些空地能够种植作物的地方，都被开垦出来种上甘薯、玉米等杂粮庄稼，甚至开成水田插秧植稻。牧场的草地自然也被转为耕地种植粮食作物。由于牧场、养殖场减少，加上战时社会动乱，对外贸易不畅，香港市场上的肉类、牛奶、鸡蛋极为稀少（表9-2）[1]。

表9-2　第二次世界大战期间香港的乳品限价

乳品种类或品牌	包装规格	单位	最高限价（港元）	档案出处
标准牛奶	36 OZ/ tins	Per tin	5.9	GA 1940 No.530
长寿牌甜炼乳	2.75 OZ/ tins	Per tin	12	GA 1940 No.551
奶油 炼乳[2]	11.5 OZ/ tins 11.5 OZ/ tins	Per tin Per tin	90 37	GA 1940 No.639
标准淡奶	14.5 OZ/ tins	Per tin	36	GA 1940 No.770
标准奶粉	2 Ibs/ tins	Per tin	5.0	GA 1940 No.901
鹰牌甜炼乳	4 OZ/ tins	Per tin	23	GA 1941 No.45
复原奶	Pint	Per Pint	44	GA 1941No.789
还原奶油	Pint	Per 0.25 Pint	90	GA 1941No.789
无糖淡奶	14.5 OZ/ tins	Per tin	33	GA 1941 No.726
甜炼乳	48tins/14 OZ/cases 14 OZ/ tins	Per cases Per tin	23.02 50	GA 1941 No.726
蓝十字甜炼乳	14 OZ/ tins	Per tin	55	GA 1941 No.763
康乃馨牌淡奶	14.5 OZ/ tins	Per tin	40	GA 1941 No.842
阳光牌全脂奶粉	12 OZ/ tins	Per tin	1.40	GA 1941 No.874

注：资料出自香港历史档案管。

三、香港近代牧场装备和乳品工业

香港是一个高度开放的国际化都市。它的奶业生产技术基本上都能做到与国际先进技术同步。从技术、设备、原料、生产、资讯、管理直到市场营销乃至客户服务等，都达到国际先进水平。乳品工业的新技术装备，只要在国际上已经发明应用，就会在很短的时间内在香港市场出现。

[1] 郑宝鸿.2006.冷月香江：香港的日治时代.香港：香港大学出版社：129.

[2] 炼乳分为甜炼乳和淡炼乳两大类。

（一）电力与汽车的应用

1900年，香港开始为奶牛牧场的牛棚通电，牧场迎来了现代化的曙光。有了动力电源，牛舍清洗用上了电动抽水泵和高压水枪。牛棚采用排风扇进行通风降温。此外，电灯照明以及各种电动机械作业都次第进入了牛棚、牧场[1]。

1906年，香港的牛奶公司开始购入汽车运送牛奶。这种密封隔热的厢式运奶车，在炎热季节，车厢内放置一些人造冰块［美国商人丢杜（Tuidu）于1845年在香港建成制冰公司，当地称“雪厂”］，可起到降温防腐的作用，有利于鲜奶运送保鲜。汽车的应用，既提高了奶场的生产效率，减轻工人的作业强度，又缩短了运送牛奶的时间，扩大鲜奶供应的市场半径，成为奶业公司现代化建设的标志性进步之一[2]。

（二）巴氏消毒技术与装备

香港地区于20世纪初就建立了牛奶及乳制品的巴氏消毒工厂，对牛奶进行杀菌消毒，并制定相关的食品卫生法，规定未经巴氏消毒的饮用乳制品不得进入市场销售；同时规定，巴氏消毒的仪器必须配备有自动记录温度计，以严格精准地显示和记录巴氏消毒作业的温度和时间，所有的生产记录应至少保存两个月，随时接受卫生和食品官员的检查。巴氏消毒法常常与牛奶均质法、乳化法、冷却法、冷藏法、瓶装法等配合使用，成为牛奶生产、加工、销售、贮藏的主要技术之一。

（三）炼乳工业化生产

炼乳技术据说是法国人于1827年首先发明。1858年，美国人G.博登研制出采用减压蒸馏方法工业化生产炼乳的技术，1866年，瑞士的Anglo-Swiss公司开设甜炼乳工厂，它成为“雀巢”公司前身之一。美国人贝吉于1884年发明了新的牛奶浓缩方法，并在炼乳装罐后再加高温进行灭菌处理，生产出了可长期保存的无糖炼乳。

贝吉的发明很快传入香港。20世纪初，香港的奶牛养殖快速发展，市场的鲜奶供应充足，一些牛奶公司便将部分鲜奶用于炼乳加工。由于本地产炼乳和进口炼乳大批进入市场，才使香港市民通过食用炼乳及其延伸产品如冰激凌、糖果、糕点等，最终成为饮食牛奶的消费者。

（四）冷饮奶制品

1845年，殖民政府免费批给美商丢杜公司（Tuidu）一块土地建制冰厂，不久丢杜公司制冰厂被竞争对手英商怡和集团（旧称渣甸洋行，Jardine Matheson）兼并。当初丢杜公司与政府签订的土地租期为75年，到1919年期满。租地期满

[1] 香港历史档案馆.案卷RID No：RF000139：71.

[2] 香港历史档案馆.案卷RID No：RF000139：76.

的前一年，殖民政府鉴于制冰已成为盈利行业，要求业主渣甸洋行缴纳12 500元续租金。渣甸老板（香港人称“大班”）认为租金太高，于1919年把制冰公司转让给了香港牛奶公司。后者新组建了牛奶冰厂有限公司（香港人称“牛奶雪厂”）。此后，牛奶雪厂利用渣甸洋行留下的制冰厂房和设备，大量生产牛奶雪条（冰棍）、牛奶雪糕、牛奶蛋糕、冻奶、冷冻酸奶等冷饮奶制品。这种平民化的大众奶制品深受香港市民欢迎，生意异常兴旺。牛奶雪厂不断扩大产量，相继增建了多家制冰厂。从此，冷饮奶制品成为香港主要的奶品消费方式之一。

（五）复原奶和还原奶油

由于香港市民饮奶需求不断增加，促进了乳品工业的快速发展。本地生产的牛奶已经不能满足市场的需要，大量进口的奶粉、奶油、炼乳、无水奶油涌入香港，既丰富了乳品消费的种类，也提供了乳品工业的原料。从20世纪20年代以后，香港利用进口奶粉和乳脂，加工复原奶和还原奶油，成为一个新兴的乳品加工产业。由于复原奶和还原奶油价格低廉，饮用方便，市场销售旺盛，以至于生产厂商众多，品质鱼龙混杂。1935年，殖民政府为此专门制定了相关法律，严格监管复原奶和还原奶油的生产和销售。

四、奶场及奶制品的质量监管

20世纪前期，香港奶业市场快速扩张，商业奶制品品种和数量都有长足增长。为了加强市场监管、维持市场秩序、保护消费者权益，尤其是新兴乳品工业的发展，殖民政府一方面及时修订和完善此前制定的相关法律，另一方面针对新的市场情况，制定了新的涉奶法律，规范奶业的生产、加工、流通、贮藏等行业行为，统一乳产品的技术规程和技术标准。

（一）《乳制品细则》

1900年，卫生署根据1887年第24号法令制定《乳制品细则》。

（1）对1887年第24号法令中“奶场”的概念内涵进行补充　此前的法律中，“奶场”仅指奶牛饲养场所和加工生产场所。修订后的“奶场”增加了“凡出售前用于贮藏牛奶或牛奶销售之场所均被视为奶场”的条款，即将牛奶的贮藏场所和销售场所均视为“奶场”。

（2）对奶场实行年度审批注册制度　规定“任何奶场都需要每年1月间前往卫生署办公室进行年检注册”。同时增加了“获得批准后但未用作奶场者，正式启用时要重新审定并达到卫生署的细则标准”的附加条款。

（3）自获准登记之日起3日内，奶场地板要铺0.15米厚石灰混凝土，上铺光滑的沥青用于防水。或0.08米厚普通水泥或表面光滑的水泥混凝土，并达到卫生署要求。如果过去3个月未用作奶场，则在用于奶场之前需要重新铺地（要求如前）且达到卫生署要求。

(4) 奶场不得作为居室或其他用途，奶场不得饲养其他动物。

(5) 奶场要达到卫生法令及其细则的要求，排水通畅；厕所不得建在奶场内或与奶场直接相通。

(6) 奶场要时刻保持干净卫生，每年1月和7月要用石灰水擦洗墙壁和天花板。

(7) 凡违反本细则者处以不高于50元罚款，或交不出罚款者处以3个月以下监禁。奶场主雇用患有传染病的员工者，处以100元以下罚款。

该细则于1901年1月1日生效。所有乳制品企业及其乳产品要时刻准备接受卫生官员或卫生官员授权人员的检查[1]。

(二)《牛奶标准》

《牛奶标准》根据1896年第8号法令第28项条款修订。由总督会同行政局根据食品与药品销售法进行修订。

(1) 当牛奶样品（指非经脱脂、分离和压缩的原牛奶）包含小于3%的乳脂，将被判定为不纯，其被抽取了乳脂或被掺了水，除非物主能够举证并被证实相反。

(2) 当牛奶样品（指非经脱脂、分离和压缩的原牛奶）包含小于8.5%的非脂固体，将被判定为该牛奶被抽取了非脂固体或掺了水。

(3) 当脱脂或分离的牛奶样品（未被浓缩）包含小于9%的牛奶固体，将被判定为不纯，其被抽取了乳脂或被掺了水，除非物主能够举证并被证实相反[2]。

(三) 复原奶及还原奶油管理

由市政局根据1935年颁布的《公共卫生法令》第5节和第6节（食物）制定《复原奶及还原奶油细则》，并将其加入到第5节和第6节（食物）已有的《复原奶和还原奶油细则》中。本法令由立法会于1935年4月13日通过，市政局于1935年4月29日制定细则。

(1) 复原奶和还原奶油系指由乳脂、从牛奶中提取的非脂固体（不包括其他物质）和水制成的产品。

(2) 除了经政府批准的专门生产该类产品的食品厂，任何人不得制造用于销售、或作为其他食品原料的复原奶和还原奶油；生产复原奶和还原奶油所用的牛奶均质法、乳化法、巴氏消毒法、高温消毒法、冷却法、冷藏法、瓶装法以及其他所用仪器，均须为政府批准的类型；每一个巴氏消毒工厂或仪器需配备一个自动记录温度计，以严格精确显示并记录巴氏消毒作业时的温度和时间长度。所有记录应至少保存两个月，并可随时接受卫生官员和食品官员的检查。

---

1 香港历史档案馆．案卷RID GA 1900 No.525.

2 香港历史档案馆．案卷RID GA 1911 No.245.

（3）除了政府批准的来源外，复原奶及还原奶油不得使用其他任何来源的黄油和脱脂奶粉。

（4）除了政府批准的来源，不得使用其他来源的水。

（5）不许添加任何防腐剂。

（6）除了政府批准的食用色素，不得添加其他色素。

（7）不许出售未经巴氏消毒的复原奶。

（8）复原奶如果不是散装出售，则必须盛放于政府指定的容器中，容器包括连接在容器上的盖子；罐装复原奶必须在有执照的食品加工厂进行；复原奶生产要由政府批准的机器或方式来完成；每个用于盛装复原奶和还原奶油的瓶子应由无色透明的玻璃制成，由扁平的圆片严丝合缝地封口，外加可覆盖瓶口的牢固的外瓶盖。外瓶盖为透明时，里面的圆片上必须有醒目的标签；如瓶盖不透明，则在瓶身上粘贴标签。

标签务必写明：英文的生产厂商；“复原”及“还原”的字体，大小应与“牛奶”和“奶油”一样，并且醒目易于辨识；中文字“复原奶”和“还原忌廉（忌廉是英文“奶油”的粤语音译）”的字体要与英文字体一样醒目，并且除了政府批准者外，不得写上其他文字；印有“巴氏消毒”字样。

（9）除了在政府批准的奶场以及政府批准的奶厂之外，任何人不得加工销售或提供复原奶和还原奶油。

（10）在做商业广告或出售宣传时，不能只说“牛奶”或“奶油”，必须同时与“再造”和“还原”连说，而且要同样醒目或清楚，避免给消费者造成误解[1]。

（四）《紧急情况条例》中的《进口奶粉细则》

本细则是根据1922年立法会通过的《紧急情况条例》制定的《进口奶粉细则》。

（1）未经政府批准，任何人不得将奶粉进口到香港。

（2）未经法律授权，任何人不得违反第一款规定贮藏进口奶粉。

（3）若有地方官员向王室提供违反上述规定的奶粉，则予以没收。

（4）本细则中所称之“奶”，包括奶油、水牛奶、山羊奶，但不包括罐装的、防腐的或干燥过的奶制品[2]。

（五）《国防调控法》保护奶业公司

香港政府对市场的乳品生产销售有着极严格的法律规定，同时乳品企业也

---

1 香港历史档案馆，案卷RID GA 1938 No.295。笔者在香港档案馆没有查阅到该法令在港实施的案例，但是在上海市档案馆查阅到1935年4月15日至1936年2月8日的上海公共租界工部局的档案，其中详细记录了按此规定查处“复原奶标鲜”公案的完整卷宗。见上海市档案馆：U1-16-1793。

2 香港历史档案馆．案卷RID GA 1938 No.655．

得到良好的社会服务和保障。一个典型的例子是，抗日战争期间，香港受到战争的影响很大。1940年香港政府颁布的《国防调控法》规定，在香港注册的牛奶公司在战争期间，依法被列为受保护的地方处所[1]。当时涉及牛奶公司的处所包括记利佐治街维他奶工厂、铜锣湾避风塘（Causeway Bay Typhoon Refugge）、糖街（Sugar Street）、铜锣湾怡和街（Yee Wo Street）、彭宁顿码头（Pennington Terminal ）以及第43号永久码头（Permanent PierNo.43）等。由于战时牛奶公司得到政府的特别保护，避免了遭受战争和社会动乱的破坏，使乳品生产能够安全生产[2]。

1 香港历史档案馆．案卷RID GA 1940 No.764.

2 作者赴港查阅档案资料期间，承蒙香港科技大学人文社会学院龚启圣教授和上海交通大学历史系曹树基教授的帮助和指导。香港历史档案馆、香港中央图书馆和香港大学图书馆为作者查阅资料提供了热情周到的服务。在此一并表示衷心感谢。

现代篇

XIANDAI PIAN

第十章 新中国成立初期奶业的恢复与发展（1949—1957年）

从新中国成立到1952年底是国民经济的恢复时期。国家采取了一系列方针、政策和措施，恢复被战争严重破坏的国民经济。面对长期战乱后满目疮痍、百业待兴的局面，新中国成立初期的奶牛饲养和乳品供应除了延续新中国成立前的私营（个体）体系外，还沿用了延安时期由政府机关和部队医院自行管理奶牛场的办法，并将之推行到全国各地。

在1953—1957年的第一个五年计划期间，中国推行一系列经济制度方面的社会主义改造，对中国奶业的发展产生了深远影响。在农业合作化运动和对资本主义工商业进行社会主义改造运动中，基本上消灭了奶业的私营和个体养殖方式，完成了全行业的社会主义改造。改造的形式包括四种类型：公私合营、合私合营[1]、奶牛生产合作社、农业合作社奶牛养殖户（队）。合作化以后，奶业获得了长足发展。

在对奶业进行社会主义改造的同时，国家大力发展社会主义国营奶业经济，确立国营奶业的领导地位。新中国成立初期的私营（个体）奶业企业，经过合作化、公私合营等途径逐步向国营经济转变，最终形成了计划经济时期的“国营奶业为主、集体奶业为辅”的社会主义奶业经营管理体系。

第一节　新中国国营奶业的奠基（1949—1952年）

一、新中国成立初期的奶牛养殖业

（一）新中国的奶牛养殖基础

新中国的奶业基础，是在接收国民党政权废墟上的近代奶业遗产建立起来

1　合私合营牧场，是我们唯一在天津的档案中见到的提法。它与公私合营的区别是，投资方没有国营“公家”的资产投入；它与奶牛生产合作社的区别是，合作社的入资入股人直接参与合作社的管理经营或生产劳动，而合私合营企业的出资人并不一定参加企业的管理和经营，只是投资入股而已，这有点像今天的股份制公司，但当时可能避讳股份制的提法，而造出“合私合营”这样的提法来。——作者注

的。这笔奶业遗产，包括大约12万头奶牛及一些奶山羊，散布各地的设施简陋的乳品加工厂，以及为数不多的奶业专家和畜牧兽医技术人员。这就是新中国成立时中国奶业的全部家当。新中国的奶业起步晚、基础差、底子薄，确实是实事求是的客观写照。

国民政府溃败后留下的区区12万头奶牛中，纯种荷斯坦牛仅2万多头，再加上一些杂交改良的奶牛。这些奶牛主要分布在沿海和铁路沿线的大、中城市。其余多数是血统复杂的杂种奶牛，主要分布在东北、内蒙古、新疆、青海等地的牧区。当时奶类生产几乎都是分散弱小的私人经济，奶牛养殖、牛奶加工的水平低下，牛群品种混杂，生产条件简陋、管理落后。

1949年上海的存栏奶牛有4 880头，其中成年奶牛3 026头，年总产奶量6 050吨。全市共有饲养奶牛单位64家。

1949年，北京市只有私人开办的养牛场和个体奶牛养殖户60多家，仅有大、小奶牛1 500头，年产奶2 000吨，年人均占有牛奶不到1千克。

重庆市解放前夕，全市有大、小奶牛场102个，奶牛共1 599头。其中公营及机关牛场19个，奶牛360头；私营牛场83个，奶牛1 239头。规模较大的有重庆奶牛场、南岸奶牛场和心心奶牛场等，这三家奶牛场有奶牛100 ～ 395头，均为私营。

新中国成立初期，天津市有奶牛养殖场90个，奶牛811头。1948年济南市解放时，全市共有奶牛255头，日产牛奶720千克[1]。西安市解放时，全市只有奶牛220头[2]。其他如南京拥有531头、武汉525头、大连335头、昆明834头等。

今天，我们已经习惯于用“万头”来统计奶牛的数量，然而在新中国成立初期，许多城市的奶牛却只能用“多少头”来计算。可见我们今天的奶业是在何等艰难的条件和基础上起步，然后逐渐发展壮大的。

（二）东北老解放区的奶牛养殖业

1946年，东北作为最早的解放区，首先担当起发展奶牛事业的重任。这里具有较好的奶业基础，适合建立大型奶牛饲养场和乳品加工基地。中共东北局经济委员会和东北行政委员会农林部等党政机关，采取了一系列保护和促进奶牛业发展的政策措施。如在奶牛集中产区内建立乳制品厂，解决牛奶及乳制品的销路问题；根据市场物价变动情况及时调整奶价，保证了饲养户的正常收入；引进大量良种公牛，改良和提高奶牛性能；加强兽医防治工作，减少奶牛的疫病，防止烈性传染病的流行和扩展等。这些正确而有力的措施促进了奶牛业的

---

1 济南畜牧公司的发展简史.济南市档案馆.169-1-59.

2 西安市奶牛业调查研究报告.西安市档案馆.164-64-3.

发展。到1952年，东北各地的奶牛饲养量已超过敌伪时期的最高水平。例如，黑龙江省的奶牛达到了12 000多头[1]。而新中国成立前该省饲养量最高的1943年只有不足6 000头，增加了1倍多。新中国成立初期，黑龙江省的奶牛主要分布在滨绥沿线和滨州沿线，以及一些较大的城市和集镇。如哈尔滨、安达、肇东、杜尔伯特、肇源、齐齐哈尔、富裕、讷河、瑷珲、双城、阿城、尚志、牡丹江、鸡西、佳木斯等15个县市[2]。1952年，哈尔滨市有奶牛3 104头，1957年达到6 173头，再次增加了近1倍[3]。

此外，作为全国最先解放的地区，黑龙江率先建立了大型国营畜牧场。1947年，主持中共东北局经济委员会工作的陈云和李富春指示从延安来的青年干部陈重创办畜牧场。陈重到佳木斯接收了一个敌伪时期遗留的农事试验场，带领该场员工，利用场内的试验设施和良种牲畜资源，把它重建成以畜牧业为重点，集繁育、试验和生产于一体的国营畜牧试验场。当佳木斯试验场的工作踏上正轨后，日常事务交由同是延安来的青年干部陈凌风夫妇主持，积极开展农业试验工作。陈重又接受东北行政委员会农林部的委派，前往安达县建立萨尔图种畜场。该场后来成为黑龙江垦区的第一个国营畜牧场。

（三）发展奶牛养殖的主要措施

新中国成立初期，虽然各地出现了少数的国营奶牛场和牛奶公司，但是总体上还是以个体经营的小型奶牛场为主。在这种情况下，政府主管部门重点抓好两件事，一是加快良种奶牛的选育和扩繁，二是抓好奶牛的疫病防治。概括起来就是：多养牛，养好牛。总之，当时的指导方针就是尽最大可能扩大奶牛养殖，提高牛奶产量，扭转市场乳品紧缺的状况。

1.繁育扩群 东北地区的奶牛场，引进一批良种公牛，改良和提高奶牛品质。除满足当地的奶牛需要外，还服从国家调拨，大力支援其他省市的奶牛场建设，为新中国成立初期中国奶牛事业的发展作出了重要贡献。

北京中国福康畜殖股份有限公司是新中国成立初期北京最大的牛奶公司。公司有奶牛98头，并有比较先进的牛奶消毒、运销的设备、车辆等。1951年，公司向中国人民银行北京分行申请贷款7亿元（时币），前往东北哈尔滨、海拉尔、齐齐哈尔等地购买奶牛60头，扩大生产[4]。

山东省政府为了办好奶牛场，于1951年由省工业厅投资15万元，其中8万元用于购买东北的奶牛97头，另7万元用于建设新牛舍[5]。

---

1 黑龙江省人委会关于加强奶牛生产和奶粉管理工作的通知.哈尔滨市档案馆.XD208-2-327.

2 奶牛生产情况.黑龙江省档案馆.101-01-167.

3 历年牲畜存栏情况统计表.哈尔滨市档案馆.XD208-2-294.

4 中国福康畜殖股份有限公司调查报告.北京市档案馆.048-001-00031.

5 济南畜牧公司的发展简史.济南市档案馆.169-1-59.

新中国成立后，西安市先后由政府投资从东北、济南、青岛、重庆、陕北等地购入或拨入奶牛100余头，建立了几个国营和公私合营奶牛场[1]。

西南行政委员会农林水利局在重庆市奶牛品种选育工作中，为解决当时最为突出的良种公牛缺乏问题，政府投资建立国营奶牛配种站，从外省市调集或购买优良种公畜，推行人工授精，以扩大种公畜的利用效果[2]。

经过几年的努力，中国奶业取得了显著效果。例如，上海市1951年全市只有奶牛5 300头，1956年增加到9 600头。天津市1949年共有牧场90户，牛811头，至1953年发展到240户，奶牛1 530头。1955年统计，天津市内有奶牛1 730头，郊区656头，国营农场720头。

新中国成立初期中国奶业的大发展，一方面得益于各级政府的大力扶持和大量投入，另一方面也得益于社会对牛奶和乳制品的迫切需求。特别是新中国成立后很多妇女参加了社会活动，托儿所保育院相应增多了。另外，医院、疗养院的营养需要增加了。另外，抗美援朝开始，军需乳制品需求量加大，刺激了乳制品行业的发展。

2. 防疫保护 新中国成立前，中国兽医防疫机构不健全，兽医防疫技术水平落后，致使疫病蔓延，牛群健康状况极差。

新中国成立初期，政府为了迅速扭转旧中国遗留下来的畜禽疫病蔓延的局面，发展农牧业生产，恢复国民经济，提出“保护和发展畜牧业，防止兽疫”的方针，把畜禽疫病的防治作为促进畜牧业发展的一项重要工作。先后接管或设立了家畜保育所、兽医防疫工作队、家畜检疫站、家畜配种站、兽医院等。还通过贷款、贷药等形式，把民间兽医组织起来，成立了乡级兽医诊所和县级畜牧兽医学会，广泛开展畜禽疫病防治工作。

1951年，农业部召开防治牛瘟座谈会，讨论部署防疫和检疫工作。会后在青海、四川、甘肃三省的牧区开展了大规模防治牛瘟工作，最终消灭了牛瘟。1952年8月，农业部在北京召开全国畜牧兽医工作会议，总结了国民经济恢复时期的畜牧工作，号召“组织起来，开展爱国增畜运动”。据统计，1952年，全国的兽医防治机构有350多个，防疫人员2 600人。1952年，农业部聘请苏联专家筹建中国兽医药品监察所，当时定名为中央人民政府农业部兽医生物药品监察所（简称中监所），制定了《兽医生物药品制造与检验规程》，主要任务是负责对全国兽医生物药品生产和质量进行监察，研究改进兽医生物制品的制造工艺、检验方法，研究新制品、新工艺、新技术，为全国培训生物药品生产、检验和动物防疫技术人员，并负责新兽医生物制品的审核。

---

[1] 西安市奶牛业调查研究报告.西安市档案馆.164-64-3.

[2] 奶牛管理(部分).重庆市档案馆.1122-002-00184.

在新中国成立初期的奶业档案中，我们看到最多的是关于奶牛疫病防治的档案记录。从东北的黑龙江到南方的海南，从西北的兰州到东南的广州，全国各地都响应政府的号召和部署，广泛开展了奶牛疫病防治的群众运动，取得了显著效果。

1950年4月，华北农业科学研究所（中国农业科学院前身）兽医系的专家带领兽医专修科学生共41人，以及各村干部约50人，在北京市的郊区16个区县进行大牲畜的集中疫病检查和防治，共防疫役畜6 989头，对奶牛941头进行了炭疽、牛瘟疫苗预防注射[1]。此外，1950年春季，北京市人民政府郊区工作委员会组织兽医专家对郊区大家畜普遍进行防疫工作，共为5 453头大家畜注射疫苗[2]。

新中国成立前济南市奶牛结核病、焦虫病、流感等传染病很严重。1953年，全市进行了奶牛大检疫，制定了预防和治疗检疫制度、杜绝传染病，效果很好[3]。

1954年，哈尔滨市有奶牛4 516头，其中国营农场764头，市区奶牛场或个体饲养户共有3 752头。进行结核病、肺疫等检疫3 000头，炭疽疫苗预防注射2 000头，肺疫疫苗预防注射1 000头。各区检疫注射任务按时完成[4]。

奶牛疫病防治工作的开展大大降低了奶牛发病率，既增加了牛奶产量，也提高了乳品质量，对于后来的奶业健康发展提供了保证。此外，通过新中国成立初期的大规模奶牛疾病防治的工作实践，培养了大批的兽医、兽药专家和技术人员，为后来的专业队伍建设和相关政策法规的制定积累了经验。

二、乳制品生产及市场管理

（一）乳制品生产

新中国成立以前中国乳品工业不但规模小，而且生产能力低下、技术落后。乳制品的生产主要是私人作坊式生产，工艺落后、工具简陋，发展极其缓慢。产品只有奶粉、炼乳及少量干酪。奶粉生产基本采取的是平锅法，产品溶解性差，杂质度高，风味不好。新中国成立时，中国东部城市的少数乳品厂，如南京卫岗牛奶场、温州百好乳品厂等有少量乳品机械设备，一般小乳品厂多使用简易的土设备。国产乳制品产量很低，1952年全国乳制品仅624吨。

1950年，上海市将原美商海宁乳品厂和英商怡和乳品厂合并改建成“上海益民食品三厂”。合并时，同时改建了“益民厂”的两个分厂，它们都有当时先进

1 华北农业科学研究所北京市役畜及奶牛防疫总结.北京市档案馆.009-002-00022.

2 汇报郊区大家畜春季防疫工作，北京市郊区工委.北京市档案馆.009-001-00125.

3 济南畜牧公司的发展简史.济南市档案馆.169-1-59.

4 奶牛结核、流产、肺疫检疫注射计划.哈尔滨市档案馆.XD208-1-38.

的压力喷雾干燥设备。其中一个是三厂，约700人，主营乳制品，有一个较小的喷雾设备；另一个是一厂，约3 000人，主营谷物制品，有一个较大的喷雾设备，在国内率先用喷雾法生产光明牌全脂奶粉（该厂后改为上海乳品厂）；上海康尔素乳品厂用滚筒法生产康宁牌奶粉（1951年康尔素乳品厂也改为喷雾法生产）。康尔素乳品厂于1955年迁移至青海省西宁市[1]。

1950年6月，上海牛乳场联合会资料称，包括全部甲级牧场在内的25家会员单位共存栏奶牛2 048头，日产奶12 258.3千克；日销牛奶11 528.1千克。共有职员210人，工人694人，合计904名。会员单位拥有蒸汽锅炉20台，电动机90台（共185千瓦）、消毒机23台（容量10 591.4千克）、冷气机18台、装瓶机17台、洗瓶机15台、其他机器40台（包括奶油分离机、过冷排机、白塔机、结冻机、制粉机、扎罐机、筛粉机、抽空机、储奶器等）。

据1952年度上海乳品业年报，全市131家牛奶生产企业，日产牛奶24 985.2千克（不包括国营牧场）。共有锅炉28台，电动机158台（共401千瓦）、消毒机27台（容量16 433.7千克）、冷气机28台、装瓶机20台，其他机器68台，据上海益民食品厂等16家企业填报，年产奶粉合计47 624千克[2]。

此外，新中国成立前，北京、天津、广州、重庆、哈尔滨、济南等城市也有使用机电设备的现代企业式的乳品厂。

1950年，内蒙古自治区海拉尔牛乳化工厂开始生产奶油和干酪素。

1951年，广州市大来炼乳厂成立（后改为广州市乳制品厂），用平锅法生产炼乳。1952年，大行乳品厂和风行乳品厂成立。1954年下半年大行厂歇业，只剩两家乳品厂。当年生产炼乳54 227千克。主要销往省内各地及邻近的湖南、广西等地[3]。

新中国成立初期，尽管国家经济发展困难多，各级人民政府还是竭尽全力组织乳品生产，定向凭证供应，确保市场上不多的乳品供应给最急需的消费者。

需要指出的是，近年“新中国成立前只有4家较有规模的乳品厂”的说法被广为传抄转录，其实这个结论是不准确的[4]。虽然新中国成立前的乳品加工业基础确实很差，但接收过来的乳品加工厂肯定不止4家。1951年初，北京市商业局对该市销售的乳品进行调查，列出的国产乳品品牌有光明、康尔素、金狮、安健儿、兰羊、百鸽、童牛、益民、乐口福、麦乳精、金牛、维他、婴儿、鹿头、牛门、人人天乳等16种之多[5]，并且详细记录了每个品牌的存货量和1950年的销售量。当时新中国成立才一年多，可以认为，生产这些乳品的乳品厂基本上是新中

---

1 牛奶产销情况.上海市档案馆.B98-1-368.

2 上海奶业简史（内部刊物）.

3 广州的食品工业炼乳业.广州市档案馆.202-22.

4 王中，等.1986.当代中国的轻工业•下.北京：中国社会科学院出版社.

5 所列的16种乳品中，乐口福、麦乳精可能是乳品的种类，不是厂商品牌，此处保留原档案文字以存史。——作者注

国成立前延续下来的，其中有些可能是后来变更了名称。

（二）乳品市场管理

新中国成立前夕，西方各国大肆向中国廉价倾销各类乳制品，国产乳制品受到挤压，日渐萧条。1949年新中国成立后，西方对中国实行经济封锁，乳制品的进出口基本中断，但国内的乳品市场上还有部分新中国成立前进口的乳制品。根据中央贸易部于1951年初对全国奶粉产销情况的调查，当时国内乳品市场销售的乳制品中，相当一部分是外国产品。这里以1951年的北京市乳品市场为例，见表10-1。

表10–1　1951年北京市奶粉市场存货调查情况[1]

外国奶粉现存量（千克）		国产奶粉现存量（千克）	
牌号	存量	牌号	存量
多年	72.6	光明	77.6
金钟	16.3	康尔素	1603.0
母子	0.5	金狮	1275.0
金山	266.7	安健儿	271.2
雀巢	29.9	兰羊	218.2
大力果	26.8	百鸽	293.0
黄油碗	31.3	童牛	165.6
勒吐精	85.3	益民	2.7
克宁	38.6	乐口福	0.9
牛欧	13.2	麦乳精	2.7
兰美人	11.3	金牛	9.5
美女	21.3	维他	59.9
银锁链	1.4	婴儿	9.5
美人国	14.5	鹿头	83.9
好力克	36.7	牛门	1009.7
克拉夫	109.8	人人天乳	39.9
金牛	67.1		
兰十字	27.7		
白牌	10.9		
红牌	3.2		
合计	885.0	合计	5122.4

1　中央贸易部调查奶粉产销情况（北京市复函）.北京市档案馆.004-010-00424.

新中国成立后相当长的一段时期内，奶粉属于“特需品”，全国各大、中城市牛奶的供应普遍紧张，只能实行专营。奶类消费主要集中在经济发达的北京、上海、重庆、天津、广州、南京等大、中城市，消费者是为数不多的优裕家庭和某些特殊人群。

婴、幼儿和病人是政府的特殊照顾对象。在牛奶短缺时，首先要保证婴儿和病人能喝上牛奶。例如，北京1956年牛奶缺口达1 800多千克，为了保证婴、幼儿和病人能喝上奶，只得把市民的供奶指标减少或停止了。

1954年，重庆市政府为了加强牛奶市场管理，建立统一购销办法，解决供应问题（表10-2），颁布了《关于私营牛奶场管理意见》，其中关于乳品市场及奶牛的管理规定有：各场生产之牛奶，统一由市联社收购推销，首先满足供应鲜奶，有余时方能制造奶粉。成年母牛必须在产后第二次发情时尽可能选择优良的公牛配种，彻底消除空怀现象。加强犊牛饲养管理，提高成活率；公牛要经主管机关鉴定合格才能配种。对于患传染病的牛只要隔离饲养，牛舍要定期消毒[1]。

表10–2 重庆市私营奶牛场分布及产销情况

分布地区	牛场数量（个）	牛只数量（头）	日产奶量（千克）
李子坝	11	63	274
张家花园	1	7	35
江北	8	37	114
大坪	10	59	189
化龙桥	11	53	158
土湾	1	424	2078
新桥	5	35	196
沙磁区	10	129	460
杨家坪	3	19	80
玄坛庙	17	167	623
黄桷垭	9	207	104
黄桷渡	11	147	567
合计	**97**	**1 347**	**5 885**

注：重庆尚有少数农民饲养奶牛，但是建设局无法统计，因为只有工商登记户的奶牛场才能出售牛奶。如重庆山区有农民饲养10余头奶牛，牛奶销售上很困难，只好把奶牛全部租给私商[2]。

北京市商业部门也着手对牛奶行业的经营情况进行了调查研究。指出了当时

[1] 重庆市建设局关于私营牛奶场管理意见（征求意见稿）.重庆市档案馆.1091-002-00307.

[2] 对于重庆市牛奶加强管理建立统一购销办法的初步意见.重庆市档案馆.1122-002-00184.

存在的问题：①私营牛场为了追求高额利润，采取资本主义的经营方式，只求多出奶，不顾奶牛的体质和寿命。②均未良好饲喂。③牛场散布各处，卫生防疫极差，对城市居民健康威胁很大。④很多私营牛奶场在出售奶牛时掺水和豆浆，而且很不卫生。⑤非法投机取巧，高抬价格，倒卖牛只[1]。

天津市则采取了组建“国营天津市牛奶公司”的办法，统一管理全市的牛奶销售。市政府指定，由天津市农林水利局的国管科、财务科、人事科及公私合营牧场总店、郊区合作社牧场各抽调一部分力量，共同组成“天津市牛奶公司”筹备处，办理接交工作，处理市场牛奶加工、销售、配给等问题，并对全市牛奶行业将来的发展作出初步的规划[2]。

三、供给制对奶牛养殖业的推动

中央政府刚成立时，社会秩序尚待建立，物资用品极为匮乏，只能采取严格的物资供给制。它要求各野战部队、各地建立的党政军机关以及由财政负担的教科文卫机构在物资供应不足时，可以实行“一部分发给经费，一部分供给实物，其中不足的部分由各机关部队学校生产自给”。这里所说的“生产自给”的内容，主要是指蔬菜和肉、奶、蛋等生鲜副食品。这个由部队和机关“自牧自食”的奶业政策，改变了新中国成立初期奶牛饲养的空间布局：解放军的后勤医院设到哪里，哪里就会有奶牛养殖；军政高级机关和指挥部设到哪里，哪里就有牛奶配给[3]。这就是新中国成立初期的奶牛饲养跟随部队和机关一起走向全国的政策来源。

（一）解放军后勤部门及部队医院办的奶牛场

解放战争和清匪反霸时期，解放军人数大幅增加，军需物资供应的压力很大。毛泽东在新中国成立初期曾经回忆说，“我们的党是连续打了二十多年仗的党，长期实行供给制。实行供给制的人员，第二次国内战争多的时候有几十万人，少的时候只有几万人，抗战时期一百多万，解放战争时增加到几百万，一直到新中国成立初期，大体是过着平均主义的生活[4]。”

面对军政机关大量增加，财政负担的军政人员数量庞大，特别是部队医院里的伤、病员需要牛奶营养，加快身体康复。在这种情况下行之有效的办法，就是让部队后勤机关和野战医院自行饲养奶牛，随军供应牛奶。

军队后勤“养牛挤奶以自给”的做法，在客观上可行。首先，奶牛可在军队后

[1] 北京公私合营东郊畜牧场概况.北京市档案馆.092-001-00076.

[2] 成立天津市牛奶公司初步方案.天津市档案馆.X0165-Y-357.

[3] 陕西省档案馆.1958.1942年度边区财政实行统筹统支办法.供给制文件汇集(1937-1949)：5-6.

[4] 毛泽东.读斯大林《苏联社会主义经济问题》谈话记录：474-475.

勤转战搬迁中徒步随行，不必用车辆搬运，这一点在部队后勤缺乏交通车辆时尤其重要；其次，奶牛主要以草料为食，有条件时才配以少量精料，可以随时随地取得草料投喂，这一点在物资供应极度匮乏的战争环境中尤其重要；第三，成年孕产期奶牛可以持续产奶，就地取用，这对于部队医院供应伤病员营养尤其重要；第四，解放战争从东北的辽沈战役开始，自北向南，挥师南下，直到解放海南。新中国成立前的奶牛饲养，也主要集中于北方地区，仅关外的东北地区就有7万多头，占了全国接收奶牛数量的3/4。解放军部队有条件把最早的东北解放区的部分奶牛随军迁移到全国各地。这就在客观上促进了奶牛饲养的地域分布和乳品生产的分配。

由于部队饲养奶牛的历史档案不便查阅，我们只能使用从公共档案馆里查阅到的一些相关史料来对此进行考察。这些资料多数是由于部队管理的奶牛场与社会的奶牛场发生经济交往时才被公共档案馆收录保存的。例如，1952年，中国人民解放军第一坦克学校的物质保证部[1]，曾将该校饲养的5头奶牛（其中有1头公牛、4头母牛）及该校服务社一并移交给北京市合作总社。当时为了保障军队学校的供奶，移交时约定，奶牛仍在该校驻地喂养，然后由学校以市价向合作总社购买鲜奶。1953年，该校以“物行字084号”文向北京市合作总社申请要回这5头奶牛。由此可见，新中国成立初期的部队机关是自行饲养奶牛以自供牛奶的[2]。

同样的例子也见于西南的重庆市。新中国成立初期，中国人民解放军总后勤部重庆办事处给养科也曾办有牛奶场。成立该牛奶场的目的只是为了给当地驻军提供鲜奶。后来随着奶牛场的扩大，所产牛奶除了供应部队需要外，还有部分剩余向社会出售。而出售牛奶的收入涉及纳税的问题。为此，重庆市税务部门致函该奶牛场的上级主管机关中国人民解放军总后勤部。1956年8月29日，中国人民解放军总后勤部总财务部以“总后发财字1828 － 247号”文件致函国家财政部税务总局，同意总后勤部重庆办事处给养科奶牛场照规定纳税。1956年9月15日，财政部税务总局通知重庆市税务局向该牛场出售牛奶依法征税[3]。当时重庆地区办有奶牛场的部队机关还有西南军政大学、西南军区一级医院、重庆102厂、405厂等，都是如此[4]。

在新中国成立前的解放区档案中，也可以见到部队机关饲养奶牛的资料。例如，哈尔滨市1950年就有16个国营性质的奶牛场，主要是机关单位和部队办的农牧场[5]。又如，1950年“济南牲畜公司”成立时，将济南军区所属的奶牛场和政

1　档案原件上的机关名称为“物质保证部”，现在通行叫“物资保障部”。——作者注

2　本社将接收的奶牛退还战校.北京市档案馆.088-001-00430.

3　关于中国人民解放军总后勤部重庆办事处给养科牛奶场出售牛奶交纳营业税问题的通知.重庆市档案馆.1077-002-01090.

4　重庆市奶牛情况调查报告.重庆市档案馆.1122-002-00184.

5　奶牛生产情况（稿本回忆档案）.黑龙江省档案馆.101-01-167.

府机关的奶牛场作为政府投资入股，共同组建成立国营济南畜牧公司，设有乳品加工厂、食品厂、奶牛场等[1]。

延安时期形成的部队“生产自给”的奶牛饲养方式，对于新中国成立初期的奶牛养殖起到了重要的促进作用。

（二）政府机关为了落实供给制而办奶牛场

虽然毛泽东说，“一直到解放后初期，大体是过着平均主义的生活”，但是供给制并不是一种绝对平均主义的分配制度。

新中国成立初期享受特供的人员，简单说就是高级干部、高级知识分子以及抗战前参加革命的干部。为了满足越来越庞大的特供群体的需要，当时各地不论机关大小，都必须设立一支专门的后勤队伍，从事生产、采购、运输和分配工作。特供的物资中就包括了日常的鲜奶供应，这是从延安时期就形成的特供规定。

由于这些人数众多的特供对象一般都居住在大、中城市，供奶地点相对固定（不像军队那样征战流动），供应人数也相对稳定，因此各地的大、中城市都根据需要建立奶牛场，奶牛场通常都由出资兴建的机关单位所有，其中一部分后来转为地方国营奶牛场或牛奶公司。1949年初，中国共产党领导的军政机关和部队开始陆续占领和进驻各地的大、中城市。有的城市在民国时期就已有奶牛饲养，通常就由军管机关征收后转给后勤机关管理饲养（出于对特供食品极为严格的卫生安全要求，必须由机关指定专人饲养和供奶）。对于那些还没有奶牛饲养的城市，就会通过各种行政渠道进行区域间采购或调拨。新中国成立初期的行政效率的高效性和时效性，使得许多原来没有奶牛养殖城市的郊区很快出现了奶牛场，成为最有效的奶牛推广普及举措之一。

例如，位于北京西郊的国营石景山钢铁厂于1953年向北京市财经委提出请示，希望准予该厂福利科收购北京骡马市大街42号的私营“新建奶牛场”的全部奶牛及牛舍设施，牛场的经理及全体职工也同时转到钢铁厂服务，原“新建奶牛场”呈报歇业。石景山钢铁厂是首都钢铁厂前身，是当时的大型国营企业。该厂福利科出面收购北京的私营奶牛场，显然是为了提供厂内牛奶服务[2]。

新中国成立初期，北京市建立的国营奶牛场，通常都具有向首都特供群体提供鲜奶的服务功能。如1947年建立的国营北京南郊农场、1949年建立的国营北京双桥农场、1950年建立的国营北京巨山农场、1954年建立的北京市福利农场、1954年建立的国营北京东郊农场以及1955年建立的北京市公安局所属的团河农场等。

1 济南畜牧公司的发展简史.济南市档案馆.169-1-59.

2 关于石景山钢铁厂收购新建奶牛场.北京市档案馆.004-016-00209.

1949年间，上海市人民政府（军事管制委员会）没收敌产牛奶棚，组建成“国营上海农场”。1950年，国营上海农场接管“生生牧场”，改组更名为“国营上海奶牛场”。1955年6月28日，英商可的牛奶公司所属各牛奶公司共1 200头奶牛，连同牛奶消毒加工设备，一并转让给上海地方农业局，组建“国营上海牛乳场”。

1950年“济南牲畜公司”成立时，济南政府机关的奶牛场作为政府投资入股，并入该公司，共同组建成国营济南畜牧公司[1]。

新中国成立初期，天津市的许多机关和国营企业单位分别办起了福利牧场，如天津铁路局、纺织工业管理局、总工会、干部疗养院、天津钢厂等十多个单位共有牛259头[2]。

如上所见，新中国成立初期，全国各地大、中城市都先后建立了许多国营性质的奶牛场，为供给制的公务员和援华国际友人提供乳制品。同时也促进了奶牛养殖业的扩大和推广。此外，铁路系统办奶牛场，因有着得天独厚的交通运输和择地建场的优势，可以很快在铁路系统沿线发展奶牛牧场，对新中国成立初期的奶牛推广养殖有着重要作用。

（三）广大妇女参加工作对奶牛养殖的推动

在传统社会，中国的妇女很少外出工作，社会上通常都是“男主外，女主内”。新中国成立后，政府积极倡导、支持和推动妇女实现就业，并在新中国成立初期就较好地解决了妇女就业权益保护的三个重要问题。1951年2月，政务院颁布的《中华人民共和国劳动保险条例》规定：①妇女的劳动报酬，明确规定“男女劳动要同工同酬”。②女工的生育待遇，规定女工在生产前后休假56天，工资由任职单位照发。③女工享有退休养老的权益。

由于政府的提倡和妇女解放思想的深入，新中国成立初期大批妇女参加了革命工作。有资料统计，1949年全民所有制女职工为60万人，到1957年增长为328.6万人，增长了4倍多。

由于哺乳期的妇女在上班时间不能给婴幼儿哺乳，社会就需要提供足够的婴幼儿代乳品，而牛奶自然是最营养、最廉价的育儿乳品。在供给制的文件中，有一项叫“妇女特别费”，包含妇女生育费、妇女卫生费、婴孩奶费等，并且规定“婴孩奶费”发至5岁[3]。

与前面所说的给军队伤、病员供奶和向特供群体供奶不同，妇女参加工作后所需要的婴幼儿乳品，有着明显的特殊性。①这种需要具有供给上的刚性，不

1 济南畜牧公司的发展简史.济南市档案馆.169-1-59.

2 天津鲜奶经营方案.天津市档案馆.X0238-C-345.

3 1942年度边区财政实行统筹统支办法.供给制文件汇集：7-9.

能缺货断供。②特供乳品是带有政府行为的政治任务，有专门的机构保障，而婴幼儿乳品却是市场行为，由社会自行调剂供求余缺。③婴幼儿乳品涉及的面广量大，牵涉千家万户，解决起来比较困难。一旦出现短缺，容易酿成社会问题。

总之，新中国成立初期，由于上述三大需求的推动，中国的奶牛养殖业很快得到恢复和发展，并且在短时期内调整了全国的分布，为进一步快速发展打下了基础。

第二节　奶业合作化与公私合营（1953—1957年）

1953年，在中华人民共和国经济发展史上是一个重要的年份。因为在这一年里，经济领域里相继出现了两件影响深远的大事：一是中央颁布了《第一个国民经济发展五年计划》，二是公布了《关于发展农业生产合作社的决议》。

新中国发展国民经济的第一个五年计划是在1953—1957年实施的，它是根据党在过渡时期的总路线和总任务，以实现社会主义工业化为中心而制定的。基本任务是集中主要力量进行以苏联帮助中国设计的156个建设单位为中心，建立中国社会主义工业化的初步基础；发展部分集体所有制的农业生产合作社，发展手工业生产合作社，建立对农业和手工业的社会主义改造的初步基础；基本上把资本主义工商业分别纳入各种形式的国家资本主义轨道，建立对私营工商业的社会主义改造的基础。

1953年开始在全国推行的农业合作化，是在中国共产党领导下，通过各种互助合作的形式，把以生产资料私有制为基础的个体农业经济，改造为以生产资料公有制为基础的农业合作经济的过程。这一社会变革过程，亦称农业集体化。

上述的两件大事都与奶业发展直接相关，下边对中国奶业合作化和公私合营情况进行分别讲述。

一、奶业改造前的基本情况

对于刚刚从长期战乱的摧残中恢复过来的新中国奶业而言，无论是在执行第一个五年计划过程中，还是在落实农业合作化过程中，都会面临一个相同的问题：处于起步阶段的中国奶业，现实状况非常复杂，呈现出多样化的特点。

1. 奶牛场布局情况复杂　比如，就奶牛场的地址地点来说，设在城郊结合部或城中村的，就不容易认定是属于城市还是农村。近代中国饲养奶牛的商业目的是针对城市居民销售牛奶，因此奶牛场的选址，通常都在近郊农村或城郊结合部。例如，南京仙林农牧场奶牛场、重庆心心奶牛场、北京西红门奶牛场等都在城郊结合部。有的在近郊农村，如北京香山奶牛场、八大处奶牛场，上海浦东奶牛公司等。也有的直接就建在城里，是典型的城中村。如分散在北京市宣武、崇文、前门、西单、花市大街、小市口等城区的奶牛场，南京鼓楼奶牛场，上海徐家汇牛奶棚等。

2. 从事奶牛养殖的农户情况复杂 农业合作化是针对农村中的农民进行的，但是兼业奶农就很难区分是农民还是牧民，是市民还是农民。一类是从传统农户兼业而来的，新中国成立初期，城郊农民见到养奶牛有利可图，就跟着买来一两头、三五头在家中饲养，平时还兼营农业种植，养牛只是家庭收入的一部分，是农村中典型的兼业奶牛户；另一类是专业奶牛户，他们的饲养规模较大，一般有七八头至十余头，家中的土地全部用于种植牧草饲料，家庭没有奶牛养殖之外的收入来源；还有一类是新中国成立初期从其他行业或其他地区转来的奶牛户，如北京市城区的多数奶牛户是新中国建立后几年内由屠宰、橡胶、珠宝、汽车零件等行业转业而来，约有50%的城区奶牛户是由东北迁居来京的[1]。

3. 奶业企业经营情况复杂 有的奶牛场规模比较大，雇佣很多工人，而且牛奶都自产自加、自售自销，是产供销一体的现代式企业，而有的只是饲养一两头或三五头奶牛的个体养殖户。另一类是饲养部分奶牛，同时也收购附近的下奶户或小奶牛场的生奶，集中加工消毒成鲜奶出售，属于以鲜奶加工为主的经营型牛奶公司。还有一类是专业的牛奶加工企业，自己不养奶牛，专门收购附近奶农牧场生产的生奶加工炼乳、奶粉、黄油等乳制品。

二、奶业合作化的具体做法

针对中国奶业当时的实际情况，无法采用单一模式和政策来进行社会主义改造，为此，采取了有针对性的改造方案。

1. 各地政府根据奶牛场（牛奶公司）的具体位置和经营情况，分别对其作出社会主义改造的具体方式 例如，北京市规定，无论奶牛场设在何处，如果饲养规模超过20头奶牛，或者雇佣工人超过10人，一律按私营企业进行公私合营改造；小于上述规模的奶牛场，则区别两种情况进行合作化。一类是本地农民在本村饲养奶牛的，按照农业合作化规定进入本村农业社，成为农业社的奶牛养殖户（这类奶牛养殖户后来经过人民公社化，将多个生产大队的奶牛场集中起来，成为集体所有制的大型奶牛场）；另一类是在城中村或者外地迁来在城郊村庄租地饲养奶牛的个体养殖户，则按照地点靠近的原则联合起来组建牛奶生产合作社（这类牛奶生产合作社后来进一步经过公私合营转为国营牛奶公司）。

天津市奶牛养殖业的社会主义改造，参照北京市对奶牛养殖业改造的经验，

[1] 奶牛工作情况.北京市档案馆.036-002-00066.

采取的改造办法是：由农林水利局负责对市内及郊区的奶牛场大户进行改造，实行清资核产、定股定息，与天津市的国营农场、合作社建立公私合营牧场；市内及郊区饲养奶牛的家庭和奶牛不多、雇工较少的中、小户，均一律参加农业合作社，其所养奶牛及生产资料全部作价入社，作为业主或资方的入社股份基金，不行息不偿还。退社时可以带走[1]。

2. 对于不同类型的农户，采取不同的合作化方式 对于兼业的奶牛户，就地加入农业合作社。从其他行业或地区转来的专业奶牛户，则动员其组织起来成立牛奶生产合作社或加入其他牛奶生产合作社；对于本乡本土的专业奶牛养殖户，则以自愿为原则，可加入牛奶生产合作社，也可加入本地的农业合作社。对于饲养规模较大的专业奶牛养殖户，则动员其加入公私合营的牛奶公司。

1956年5月，西安市奶牛业进行社会主义改造的原则是：私人奶牛场中规模大、资金多，有劳资关系的属于工商业社会主义改造对象，其他的牛奶公司或奶牛场则分别参加公私合营或奶业生产合作社。当时西安市共有公私合营奶牛场11个，由奶牛户建立的奶业生产合作社12个，进行有组织、有计划、有分工的奶业生产。

重庆市的小牛场在自愿原则下可合并经营，组成奶牛生产合作社。合作化前，重庆市共有牛奶场105个，其中大型场4个，资方25人、劳方244人；中小型8个，资方17人、劳方22人；个体93个，工人50人。中、小奶牛户中大多数走合作化道路，组织奶牛生产合作社[2]。

上海市对480户奶牛养殖户的改造办法分为两类：一类是有300余户纯属农民养牛性质，每户仅持有奶牛1～3头，随着农村合作化的开展，逐步动员原来的农民牵牛回乡参加农业生产合作社。所产牛奶可由国家收购。另外一类组织奶牛生产合作社。根据中央对雇工不满10人的私营企业可组织生产合作社作为过渡形式的意见，根据该市小型牧场多的特点，10头奶牛以下的小型牧场和下奶户可以组织牛乳业生产合作社作为过渡形式，属于此种类型的奶牛场有131个，奶牛840头。如以70～80头奶牛组成一个牛乳业生产合作社，则全市可组织10多个此类的合作社，牛乳生产合作社的性质是：牛只入股，集体经营，按劳动力和牛只取成分红，视经营情况规定公积金的比例，合作社接受政府行政和技术的领导，产品由国家统一包销，新生的牛犊不再计股，为集体所有，数年后逐渐做到牛只不分红，完全按劳动力分酬，整个企业生产资料转归集体所有[3]。

---

1 对我市奶牛业改造意见的请示.天津市档案馆.X0238-C-144.

2 重庆市建设局关于私营牛奶场管理意见·征求意见稿.重庆市档案馆.1091-002-00307.

3 关于本市私营奶牛业实行社会主义改造方针的请示报告.上海市档案馆.B46-1-14.

3. 针对不同经营模式，采取不同的合作化方式 属于第一类的私营奶牛公司很多。例如，北京的中国福康畜殖股份有限公司系新中国成立初期北京市内最大的牛奶公司，公司有奶牛98头，并有比较先进、完备的牛奶消毒运销的设备、车辆等[1]。又如，重庆商人陈叔敬于1931年5月1日投资创办重庆奶牛公司，从上海购入奶牛，在重庆郊外办起了重庆第一家奶牛场。这家奶牛场在新中国成立时达到近400头奶牛的规模[2]。这两家奶牛场都属于自产自销类型的大型奶牛公司，新中国成立后成为公私合营的牵头企业，吸引了当地的许多牛奶公司加入，发展成大型的牛奶公司。

又如，济南的五大牧场是新中国成立前山东省的私营大牧场，有奶牛200多头。1948年4月，牧场经理等人迁居台湾。济南解放后，由人民政府接管运营。1950年初，牧场改为公营。1956年正式转为国营企业[3]。

第二类是自养奶牛兼收奶加工的公司，如新中国成立初期的上海英商可的牛奶公司，是规模最大、设备较为完善的牧场，有良种奶牛1 159头，设有3个分场，资产除英商的股份外，尚有敌伪及部分中国人的股份，自英国人贝德生回国后，该公司的实际出资人即由中国股东柯模范代理。公司内有党支部的组织，党员20余人，基层工会组织较健全，对其财产和设备采取征用，变为国家所有的方式改造，对上海市奶牛业的改造和发展起到了积极的作用。

第三类以加工乳制品为主的奶业公司，如广州市于新中国成立初相继有大行乳品厂、大来乳品厂和风行乳品厂成立，三家均为现代乳制品企业，1956年全部实行公私合营[4]。

三、奶业合作化的发展阶段

虽然中国农村的合作化运动是从1953年才大规模实施的，但是带有集体化性质的生产互助组则是从延安抗日根据地和解放区时期就开始了，新中国成立初期中央也曾下发过相关文件，提倡在农村建立生产互助组。因此，总体而言，中国的奶业合作化大体经历了三个发展阶段。

（一）新中国成立初期以办互助组为主的合作化阶段（1953年以前）

1951年9月，中共中央召开了全国第一次互助合作会议，通过了《关于农业生产互助合作的决议（草案）》。此后，各地党委加强了领导，使农业互助合作运动很快开展起来。经过一年多的试行，中共中央于1953年2月15日将决议草案通过为正式决议。中国的奶牛养殖业也开始出现了多种形式的互助合作组织。

---

1 中国福康畜殖股份有限公司调查报告.北京市档案馆.048-001-00031.

2 重庆牛奶场经营回顾.重庆市档案馆.1040-001-001668.

3 济南市对资改造工作委员会关于对本市牛乳业的调查报告.济南市档案馆.169-1-27.

4 广州的食品工业炼乳业.广州市档案馆.202-22.

例如，根据广州市1949—1953年农业生产统计资料，1953年广州全市饲养奶牛1 696头，郊区农牧业有常年互助组100个，季节性互助组152个[1]。又如，重庆市的小牛场采取在自愿原则下可合并经营，组织互助合作生产小组，或进一步组织生产合作社（当时也称初级社）[2]。

就全国的情况而言，新中国成立初期中国的奶牛养殖业基本上还是私营或个体饲养为主，只是个别城市进行了互助合作式的集体化尝试。

（二）农业合作化运动快速发展阶段（1954—1955年上半年）

1954年10月，中共中央农村工作部召开全国第四次互助合作会议，决定到1955年春耕以前，将农业生产合作社发展到60万个。中共中央批准了中央农村工作部关于这次会议的报告。到1955年4月，合作社发展到65万个。这个超额完成发展合作社计划的情况使毛泽东大为兴奋。因此，在1955年5月17日召开的中南区和河北、天津、北京等15个省、直辖市党委书记会议上，毛泽东进一步提出到1956年发展100万个农业生产合作社的意见。

1955年上半年，全国响应毛泽东的号召，掀起了合作化运动高潮。北京市对部分设在城内或近郊的私营奶牛场组织参加了奶牛生产合作社或农业生产合作社。当时著名的奶业合作社有红星集体农庄、来广营社、鲁谷社、张郭庄社、西山社等[3]。

山东省济南市由“对资改造工作委员会”负责奶业的社会主义改造。1955年，济南市需要进行改造的私营牧场共有323户，其中已公私合营的有96户，单干的有102户（完全养牛），其余的125户是家庭副业。全市私营奶牛共831头。济南市的改造办法是：①对规模较大的奶牛户、奶牛场等全部实行公私合营。合营后，进行适当合并建场，改进饲养条件，所产牛奶全部由国营牛奶公司收购。②部分奶牛、奶山羊饲养户并入郊区农村合作社[4]。

（三）基本实现农业社会主义改造阶段（1955年下半年至1956年底）

这是农业合作化运动迅猛发展时期。1955年7月31日，中共中央召开省、自治区、直辖市党委书记会议。毛泽东在会议上作了《关于农业合作化问题》的报告，对党的农业合作化的理论和政策作了系统阐述，并对合作化的速度提出新的要求。10月4～11日，中共中央在北京召开七届六中全会，通过了《关于农业合作化问题的决议》。会后，农业合作化运动疾速发展，仅3个月左右的时间就在全国基本实现了农业合作化，完成了由农民个体所有制到社会主义集体所有制的转变。

1956年，北京市参加合作社的私营牛奶场1 081家、奶牛4 098头、从业人员

[1] 1949-1953年农业生产统计资料.广州市档案馆.202-47.

[2] 重庆市建设局关于私营牛奶场管理意见(征求意见稿).重庆市档案馆.1091-002-00307.

[3] 关于对私营牛乳业进行社会主义改造的规划(草案).北京市档案馆.001-014-00311.

[4] 济南市对资改造工作委员会关于对本市牛乳业的调查报告.济南市档案馆.169-1-27.

2 548人。其中，家庭户913家，养牛2 638头；雇工1人的96家，牛440头；雇工2～4人的43家，牛386头；雇工4人以上的16家，牛234头；雇工10人以上的13家，牛400头。全市只有未改造的奶牛户35家（指未公私合营也不入合作社者）[1]。可以说，在半年多时间内，北京市就实现了奶牛生产的集体化改造。

1955年冬和1956年春，黑龙江省的农业合作化运动高涨，许多奶牛户都积极要求组织奶牛业合作社，当时全省先后组织了44个奶牛社。此外，在城市的私营奶牛场也实行了公私合营。从这个时期起，黑龙江省的奶牛所有制的性质发生了很大的变化。当时全省共有28 505头奶牛，其中国营农牧场有6 036头，占21.2%；农业社集体所有8 060头，占28.3%；其他有14 409头，占50.5%，主要是机关单位和部队办的国营福利型农牧场，如哈尔滨市就有16个这类奶牛场。此外是极少数的个体奶牛户[2]。

1955年底，西安市共有私营牛、羊奶业经营者360户，其中专营牛奶的85户，奶牛504头；专营羊奶的161户，奶羊2 994只；牛羊兼营的94户。分布零散，大街小巷和郊区都有，以个体家庭经营者多。因此，西安市奶畜业的改造采取了“统筹兼顾、全面安排、分别改造”的办法。具体是：①对于规模较大，资金较多，有劳资关系的14个奶牛场实行公私合营。②对离城较远，靠近郊区的奶畜场分别组织参加到农业社。此后经过发展巩固，对3头牛以上的、资金较多、够合营条件的，动员其参加公私合营，共22户。③对于家场不分、资金较少、家属多为辅助劳动的，组织了14个奶业合作社[3]。

1956年，上海郊区农村的全部奶农都加入了合作社，悉数转为集体奶牛场。全国的情况大致与上海的情况一致。按照中央的要求和部署，到1956年底，全国的奶业私营户、单干户实现了全行业的合作化。

四、奶业合作化的基本形式

在确定了奶业合作化改造的对象之后，还要制定相应的合作化具体办法，这样才能将分散的私营和个体奶牛养殖户组织起来，成为集体生产组织中的一个成员。如上所述，奶牛养殖户的合作化有两种形式，一是加入农村的农业生产合作社，二是自行组织牛奶生产合作社。

（一）奶牛养殖户加入农业社的规定

1956年，北京市委根据私营奶牛业进行社会主义改造的精神，对就地加入农业生产合作社的奶牛户的生产资料、工薪待遇和奶牛场经营方法，作出了明确的

---

1 关于北京市牛奶业社会主义改造情况的调查报告.北京市档案馆.033-001-00072.

2 奶牛生产情况（稿本回忆档案）.黑龙江省档案馆.101-01-167.

3 西安市奶畜业是怎样改造的？西安市档案馆.65-84.

规定：

1. 奶牛户生产资料的处理办法 私营奶牛户的全部生产资料折价入社，从折价款中缴纳与农民社员相等的一份股份基金（饲养奶牛的工人可以不缴纳），取得社员资格后，其多余部分由社实行定股定息。

2. 入社奶牛户工薪待遇的解决办法 奶牛户入社后，实行定股定息和按劳取酬（每月可以按其所得的劳动日，参照原工资标准进行预分，年终结算）以保证原来的工薪水平。此外，对奶牛户中的孤寡老弱户和生活困难户实行“五保”，保证其基本生活。

3. 奶牛场的经营形式 奶牛场作为合作社集体经济的组成部分，由社统一经营管理，单独核算，奶牛场实行按月预分，年终由社将奶牛场的收入与全社其他部门的收入合并，统一按劳分配。

（二）私营牧场组织奶牛生产合作社的办法

在合作化过程中，各地相继建立了奶牛生产合作社、乳品生产联营社、联合牧场等集体组织。对于这类专业化的奶业合作组织，当时也有明确的政策规定。

档案中见到一份北京市1954年成立“民生乳品联营社”的章程。该社是由当时的益民牧场、利民牧场、健民牧场、裕民牧场、福民牧场、大民牧场、瑞民牧场、程和奶场、史殿凯牧场等9家私营奶牛牧场联合发起组建的，后来陆续还有其他的奶牛户加入。1954年《民生乳品联营社章程》条文如下：

第一条　为响应政府号召，发展生产以增进群众健康，逐渐走向集体生活起见，特发起组织联营社。

第二条　本社定名为民生乳品联营社。

第三条　本社地址暂定在本市西单区西安门外大街乙62号。

第四条　各场户如欲参加本社，经社员介绍填具志愿申请书后，一经审查合格即得为本社社员。

第五条　本联营社采取分养全销制度，各户每天产量全部集中本社推销，不得自行出售。

第六条　本社开办费由各场户分担之。

第七条　联营社除正当开支外，其盈余按各户供给奶量分配之。

第八条　遇有发展业务前途及有关卫生设施，须作经济准备时，得按总收入额提存千分之五十。

第九条　本社及各场户对于牛奶要保质保量，以服务群众健康而维商誉，其具体规定如后。

牛乳质量：温度15度，比重30度，脂肪3.5为标准；本社设有验收专人经常考验之；本社有权随时组织检查组分赴各场检查测验，以求保证适合规定；其名额以本社方2人、场户3人混合组成之；本社为了维持对外信用，避免质量偏差，必要时得请由卫生机关予以检查。

第十条　本社为了推进业务，规定每月召开例会一次，出席人员由各场户经理亲自参加之。

第十一条　本联营社一切业务由各场户监督之，其方式须通过会议后执行之，在会议闭幕后经常由各场户公推一人为社员代表，负责沟通场户意见，督促业务发展（第九条第三项担任检查组场户3人名额中至多可以有一人得兼任社员代表）。

第十二条　社员如有违反本章程或于本社有任何不利行为时，由各场户研究处理之。

第十三条　本社设经理、会计及事务人员，负责召集会议并处理日常事务。

第十四条　本社对于推销零售各户送奶人采取雇佣制度，详细办法另有规定。

第十五条　各场户于挤奶完毕后，应即送社，以便处理，不得迟延，计早6时、午12时、晚6时。

第十六条　各场户一经入社，不得路途退出，如有特殊原因，情愿放弃，其开办设备等费用所有权，申请退社时通过会议后执行之。

第十七条　本章程如有未尽事宜得通过会议增删之[1]。

我们通过以上这份很详尽的奶业合作社章程，已经可以清楚地了解新中国成立初期奶业合作化的具体办法和规章制度。实际上，这个章程是政府认可的一个格式化范本，因为各地的奶业合作社的规定都与此大同小异。

五、进行奶业公私合营

1954年9月2日，政务院第223次政务会议通过了《公私合营工业企业暂行条例》，对民族资本主义工商业实行社会主义改造。公私合营大体上经过个别企业的公私合营和全行业公私合营两个阶段。

从上海市于1955年初制订的《实现本市私营奶牛业社会主义改造的步伐》的文件看，这场改造运动在开始时是相当理性稳健的。文件中记载，"为使本市奶牛业的改造任务能够实现，在步骤上必须是重点试办，逐步展开，先大后小，以大带小的办法，要求在1957年年底以前基本上完成全市牛乳业的改造任务，因此在改造速度上需做如下的安排：1955年重点举办公私合营牧场，以创造经验，并进一步熟悉行业的内部情况。1956年计划基本上完成公私合营的改造任务，并重点试办奶牛业生产合作社，动员农民养牛性质的下奶户回乡参加集体饲养。1957年完成全部公私合营及基本上完成举办牛乳业生产合作社的任务。"

[1] 利民等牧场组成联营社.北京市档案馆.022-012-01688.

（一）1955年前的奶业公私合营

公私合营并不是新事物，历史上早已有之。但是1949年后所实行的公私合营却有着特定的含义和目的。它不仅是一种经济组织方式，更重要的是通过它实现经济组织和经营方式的国营化。这种国营化被理解为经典社会主义的实现形式。因此，这时候的公私合营只是一个渠道、一条桥梁，是通向社会主义国营经济的必经之路。只有从这个角度来认识奶业的公私合营，才能洞察新中国成立初期的私营奶业是如何一步一步地实现国营奶业为主体的社会主义改造的过程。

早在新中国成立之初，公私合营的奶业组织就已出现。例如，济南牲畜公司是1950年成立的。这时战争创伤尚未恢复，婴儿、病人以及市民对牛奶需求很迫切。为此，人民政府决定投资发展奶牛业。济南市人民委员会即以原来经营奶牛业的私营“济南实业公司”为基础，将济南军区所属的奶牛场和政府各机关的多家奶牛场作为政府投资入股，并入实业公司，共同组建成公私合营的济南牧畜公司。公司旗下设有乳品加工厂、食品厂、奶牛场。初建时职工40余人。政府并拨给南郊五里坊的公地8.2公顷作为建场用地和部分牧草地。山东省政府为了办好这家大型的公私合营奶牛场，在公司成立次年的1951年，由山东省工业厅追加投资15万元，其中8万元用于前往东北哈尔滨邱林牧场等购买97头奶牛，另7万元用于建设新牛舍。1952年，政府决定将公司的食品厂和食品经销部转交给济南市合作社管理经营，同时原乳品厂的制冰车间因机器老旧而报废停产。此后，该公司只有饲养奶牛和加工消毒牛奶出售这两项业务，成为单一的公私合营牛奶公司[1]。

在奶业史上，被称为新中国成立后最早成立的公私合营牛奶公司中，还有广州市的几家乳品工厂。1950年，公私合营的广州南中炼乳厂成立，汇合了民营的风行炼乳厂、南中炼乳厂，个体的周信记、卢永记、健儿康等几家业户，成立了公私合营南中炼乳厂，确立了“风行”炼乳品牌。

重庆牛奶场股份有限公司是西南军事委员会接收旧政权建立的国营奶牛公司。1951年11月3日，国营重庆牛奶场与私营冠生园股份有限公司重庆分公司联合致函重庆市人民政府企业局，请求核准两公司公私合营。市政府批复：所请合营一节，我局原则同意，已经财委批准[2]。

1954年，重庆对1926年建立的乳品厂“百好乳品厂”实行公私合营，成为社会主义性质的企业。

由上可见，早在1954年政务院颁布《公私合营工业企业暂行条例》之前，奶业界已经开始了公私合营的社会主义改造，并且经过多年运营实践，为后来的大规模实行公私合营改造积累了经验。

---

[1] 济南畜牧公司的发展简史.济南市档案馆.169-1-59.

[2] 重庆牛奶场与冠生园重庆分公司申请合营由.重庆市档案馆.1106-001-00423.

（二）1955年的奶业公私合营

1955年，是全国各地掀起轰轰烈烈“全行业公私合营”的一年。北京是首都，因此，这里公私合营的动向很自然就成为全国的楷模。1955年元旦刚过，就以1954年成立的北京市最大的奶牛场“公私合营北京东郊畜牧场”为核心，吸收了市内其他大、中型的养牛户入场，成为北京奶业进行社会主义改造的模范企业。到1956年底，该场有大小奶牛2 240头。有乳品冷藏设备、自动饮水机、饲料加工粉碎机、拖拉机3台、割草机1台、青贮捆草机4台和兽医治疗器械等。另有汽车3辆、大车39辆、役畜78头。职工517人（干部68人，工人449人）。全年生产牛奶2 250吨，其中商品奶1 930吨[1]。

1955年，西安市对14户奶牛养殖公司和私营奶牛大户进行了公私合营。它们是伟民、西京、益群、动力、复兴、兄弟、西北、大运、恒义、光丰、豫和、新中、新康、协康等奶场。同年底，成立国营西安市奶畜公司，统一管理公私合营后的市属奶企，将上述14户奶场合并组建、成立第一、二、三及健民、兄弟等奶牛牧场[2]。

1955年，重庆市政府相关部门开始组建公私合营“重庆市乳品公司”。根据《公私合营工业企业暂行条例》的精神，成立了董事会（董事9人，其中公股董事4人，私股董事5人）。公司章程规定，在公方领导下，由公私双方代表共同参加经营管理，有关企业的重大问题经双方协商后，呈报主管业务机关批准后施行；公司采取适当形式，实行建立工人代表参加管理的制度等[3]。

上海的改造路径更为便捷。1955年下半年，上海地方工业局将上海牛乳场转交给上海市农业局管辖。接着，上海市农业局开始对全市私营奶业企业进行生产资料所有制改造。其做法是，撤销上海牛乳场，成立地方国营上海市牛奶公司，统领全市的国营奶业和公私合营奶业，以最快的速度、最短的时间，“跑步”完成奶业的社会主义改造。

（三）1956年完成奶业公私合营

进入1956年以后，全国奶业系统尚未完成公私合营的私营奶企已经不多。在当时的政治气氛下，各地党委政府紧跟中央部署，力争在新年的第1个月里，实现奶业的全行业的社会主义改造任务。

上海乳品业同业公会请求公私合营的函件写道，“最近，北京市全部完成私营工商业公私合营的消息，带给了我业同业无比的兴奋与鼓舞，同业们认为立即完成本业公私合营的条件已完全具备，而且认为只有飞快地完成本业的公私合营，大家

1 北京公私合营东郊畜牧场概况.北京市档案馆.092-001-00076.

2 西安市奶畜业是怎样改造的？西安市档案馆.65-84.

3 重庆市乳品公司公私合营工作的请示函.重庆市档案馆.1106-003-00242.

才能定心。特请向有关领导转请，迅予批准[1]。”上海市政府相关部门很快批准了上海乳品同业公会的请示，在1956年1月间，完成了全行业的社会主义改造。

天津市的私营奶牛场，也都“积极申请，要求合营改造”。与上海的做法完全一样，这种请求立即得到市委批示：市内部分由天津市第三商业局负责改造；郊区部分由郊区供销社负责改造。1月下旬及2月上旬，市内及郊区私营奶牛场挂牌合营。

天津市委农村工作部在稍后提交的奶业社会主义改造经验中说，奶牛业入合作社或与国营农场合营，其好处是：①奶牛业全部从业人员均得到妥善安置；②今后奶牛场由市内迁往郊区并于农业社，便可着手进行合场和迁到郊区的工作，这对城市的卫生防疫和改变市区面貌都有很大好处。③奶牛业归农后，农业社和农场就可以解决奶牛业的饲料和放牧问题[2]。表10-3是天津社会主义改造完成后，1956年全市牛奶行业的所有制构成及奶牛数量、牛奶产量的统计表。

表10–3　1956年天津市牛奶行业基本情况[3]

生产单位	奶牛数量（头）		产奶量（吨）
	合计	其中产奶牛	
总　计	**3 586**	**2 177**	**6 157.4**
国营芦台农场	610	298	610
农林局所属农场	221	104	367.5
公私合营牛奶总站	2 193	1 320	4 100
郊区社所属牧场	562	455	1 079.9

注：根据北京市牛奶站1956年11月24日的报告，当年天津市及芦台每天支援北京市生奶715.3千克[4]。

相对说来，山东济南在1956年上半年的公私合营改造运动中的表现，要显得冷静许多。从济南对资改造工作委员会“关于对本市牛乳业的调查报告”中可以了解到，济南在1956年之前尚未进行过公私合营或者奶业合作社的社会主义改造。因为报告中提到，“济南市的畜牧场计有国营山东奶牛场、市畜牧公司、铁路局和农学院附设之牧场，以及私营牧场。私营牧场共有323户，其中已公私合营的有96户，单干的有102户（完全养牛），其余的124户是家庭副业。全市私营

1　上海乳品业同业公会请求公私合营的请求.上海市档案馆.S118-4-52.

2　对我市奶牛业改造意见的请示.天津市档案馆.X0238-C-144.

3　关于解决牛乳制品及牛奶产销问题的意见.天津市档案馆.X0238-C-345.

4　关于目前牛奶供销上的存在问题和解决意见.北京市档案馆.002-008-00077.

奶牛共831头（不包括铁路局、农学院，下同）。其中山东奶牛场100头，济南市畜牧公司300头，公私合营和单干户431头，每日产奶12 000余斤。”接着，济南市对资改造工作委员会才提出1956年的改造任务：①将国营牧场及铁路与农学院牧场合并，归市轻工业局领导，以便统一安排市场、统一调整机构、统一改进技术，提高乳品质量。②对私商，除单干的副业饲养户仍留其单干外，其余全部实行公私合营。合营后可适当并场，改进饲养条件，所产牛奶全部由国营牛奶公司收购。抽调部分奶牛、奶山羊支援本省中、小城镇和农村合作社[1]。这个任务书里面留下了“除单干的副业饲养户仍留其单干外”的内容。

1956年，南京最大规模的私营牧场三家邵氏牧场公私合营后改为“南京市仙林农牧场奶牛场”和“南京市国营卫岗牛奶厂”，即现在的南京卫岗奶业集团的前身。

六、奶业改造完成后的奶牛场管理

1956年1月，周恩来总理签发了《国务院关于加强民间兽医工作的指示》。同年6月，农业部发出了《关于建立畜牧兽医工作站的通知》，大部分省、自治区、直辖市将原县级畜牧兽医协会改为畜牧兽医站。有些地方根据需要还设立了家畜配种站、人工授精站、草原改良站等。同年9月，农业部召开了第一次全国民间兽医工作座谈会。

1956年12月12日，北京市农林水利局《关于本市牛、羊乳业管理的规定》的内容是：

（1）凡在本市经营牛、羊乳者，必须向所在区人民委员会进行登记，领取牛、羊饲养证。牛、羊的增减，须及时申报。出售牛、羊时，必须报所在区人民委员会转北京市农林水利局核准。

（2）饲养牛、羊，须按照北京市卫生部门的规定认真执行，保证牛羊的清洁。

（3）国营北京市奶站得根据本市牛、羊乳的供应情况，经报北京市人民委员会批准后进行统一收购。在统一收购前，须将用奶户报北京市奶站登记，并保证按时送乳，不准无故停送。

（4）销售牛、羊乳，必须服从国家价格管理，不准私自抬价，兑水掺假。

（5）违反本规定时，视情节轻重，分别予以处理[2]。

在档案中，我们看到一份手抄的《北京鹿圈乡晨光农业合作社奶牛饲养观察报告》。档案标注，报告文本的作者是北京市畜牧兽医干部赵必、杨潞萍和郭实

[1] 济南市对资改造工作委员会关于对本市牛乳业的调查报告.济南市档案馆.169-1-27.

[2] 关于本市牛羊乳业管理的几项规定.北京市档案馆.002—008—00077.

一。可以认为，这份报告出自畜牧兽医专家的实地调查。兹将报告部分内容摘录如下。

饲养管理方面：该社把产50磅奶的母牛，精料按每牛干豆饼10斤、玉米皮10斤、糖糟和豆渣10斤、麸皮6斤等的日粮投喂。蛋白质饲料已远超过此产量的母牛所需，但干草的配合仅有谷草和白薯秧，日饲20 ～ 22斤。饲喂方法：也是很古老的，把精饲料加粗草混合一起，饲喂次数也是按挤奶次数决定，挤4次就喂4次，每次上槽时间仅1 ～ 1.5小时，除每天平均喂盐2两外，没有矿物质饲料。

犊牛哺乳：根据当地畜牧主任黄宝才介绍，只喂2个多月，以后喂给麸皮、玉米皮等。

全群大、小牛只上槽拴于舍内，下槽后拴至院里木桩上，天气转热，牛只既得不到运动，又终日晒在阳光下，饮水也是不足的。牛只多消化道疾病。

管理方面：挤奶喂牛等工作，没有实行专责制，挤奶经常换人，造成发生事故无法追查，而且由于人员不固定，也有个别牛只性格变坏。

由于挤奶工人都是从私人奶场转来，挤奶方法多是手指挤奶，所以挤前必须在乳头上涂以油剂，这样既影响牛只乳头的发育，又会致使乳品变质。

劳动组织方面：由于冗员较多，每人平均只管理两头牛。

兽医方面：兽医人员没有发挥更大的力量，工作被动。虽有兽医1人助手2人，但作用不大。

另外在操作规程和饲料配合、领发以及保管、乳品运送等方面，没有建立起健全的制度。

根据以上情况，我们对该社提出一些改善饲养管理以及其他方面的建议。如畜牧场建设要有长远的规划，建立饲料的加工、保管、领发的必要制度。总体而言，晨光社的牛只还是比较好的[1]。

这份语言平实、内容具体、颇具专业知识的奶牛饲养调查报告，留给我们许多思考。新中国成立初期农业合作化后，政府在对奶业生产的具体指导方面，确实做了许多推广、普及、指导的工作，对于当时的奶业生产发展和饲养技术的普及起到了积极的作用，这也正是在集体化以后，农牧业获得快速发展的原因之一。

国家对奶业实现全行业的社会主义改造之后，开始按“一五计划”中奶业的发展计划作出积极推进。其中效果最为显著的是于1957年进行的全国性奶牛良种公牛的计划性调拨。对于当时的奶牛良种繁育、奶牛场的调整布局，都具有重要的推动作用。表10-4是档案中留存商业部1956年下发的《1957年良种公牛调拨计划表》。

1 鹿圈乡晨光农业合作社奶牛饲养观察报告．北京市档案馆．036–002–00066．

表10–4 1957年优良种公牛调拨计划[1]

调给的单位	调拨的种公牛					备考
	品种	头数	月龄	场订单价（元）	调出单位	
江苏省农业厅	荷兰	5	4 ~ 12	306 ~ 656	本省自产自调	本省共产128头，除自留9头外，其他都调给他省，其中杂种公牛57头介绍给他省按需要洽购，有剩余时本省自行处理
	爱尔夏	1	4 ~ 12	306 ~ 656	本省自产自调	
	更赛	1	4 ~ 12	306 ~ 656	本省自产自调	
	娟姗	1	4 ~ 12	306 ~ 656	本省自产自调	
	短角	1	4 ~ 12	306 ~ 656	本省自产自调	
内蒙古自治区畜牧厅	滨州	370	12 ~ 24	200 ~ 400	本区自产自调	本区共产滨州奶公牛1 198头，自留370头，尚余828头，除调给他省152头外，所余676头希在本区内自行推广
	短角	8	—	—	本区自产自调	—
	荷兰	4	—	—	本区自产自调	
	荷兰短角杂种	3	—	—	本区自产自调	
	荷兰或雅斯拉夫	55	6 ~ 9	460 ~ 640	上海市农业局	
北京市农林水利局	荷兰	10	—	—	本市自产自调	本市共产100头，除自留10头外，荷兰牛调出30头。荷兰杂种60头介绍他省按需要洽购，剩余时自行处理
山西省农业厅	杂种	39	—	—	本省自产自调	
山东省农业厅	杂种	20	—	—	本省自产自调	
	荷兰	6	—	—	本省自产自调	
	娟姗	4	4 ~ 12	306 ~ 656	江苏省农业厅	

[1] 1957年优良种公牛调拨计划.上海市档案馆.A119-02-0331.

（续）

调给的单位	调拨的种公牛					备考
	品种	头数	月龄	场订单价（元）	调出单位	
山东省农业厅	荷兰	3	4 ~ 12	306 ~ 656	江苏省农业厅	
辽宁省农业厅	荷兰	40	—	—	本省自产自调	本省共产荷兰牛60头，除自留40头外，据农垦部意见调给盘锦农场20头
	杂种	229	—	—	本省自产自调	
	短角	5	16 ~ 18	1 000 ~ 3 500	察北牧场	
河南省农业厅	荷兰	2	6 ~ 9	460 ~ 640	上海市农业局	
甘肃省畜牧厅	滨州	20	12 ~ 24	200 ~ 400	内蒙古畜牧厅	选购时希注意检查牛肺疫
	荷兰或科斯特罗门	20	6 ~ 9	460 ~ 640	上海市农业局	
青海省畜牧厅	荷兰或科斯特罗门	10	6 ~ 9	460 ~ 640	上海市农业局	
陕西省农业厅	杂种	8	—	—	本省自产自调	选购时希注意检查牛肺疫
	滨州	2	12 ~ 24	200 ~ 400	内蒙古畜牧厅	
	科斯特罗门	2	6 ~ 9	460 ~ 640	上海市农业局	
河北省农业厅	短角	5	16 ~ 18	1 000 ~ 3 500	察北牧场	如不足可向察北牧场洽购短角杂种牛
四川省农业厅	荷兰	10	6 ~ 9	460 ~ 640	上海市农业局	
江西省农业厅	荷兰	10	6 ~ 9	460 ~ 640	上海市农业局	如不足需要可向江苏省洽购高产杂种公牛
	荷兰	4	4 ~ 12	306 ~ 656	江苏省农业厅	
	爱尔夏	7	4 ~ 12	306 ~ 656	江苏省农业厅	
	更赛	5	4 ~ 12	306 ~ 656	江苏省农业厅	
广东省农业厅	荷兰与爱尔夏	20	6 ~ 9	460 ~ 640	上海市农业局	
广西省农业厅	荷兰与爱夏	15	6 ~ 9	460 ~ 640	上海市农业局	
安徽省农业厅	荷兰与爱尔夏	20	6 ~ 9	460 ~ 640	上海市农业局	选购时希注意检查牛肺疫
	滨州	130	12 ~ 24	200 ~ 400	内蒙古畜牧厅	

（续）

调给的单位	调拨的种公牛					备考
	品种	头数	月龄	场订单价（元）	调出单位	
福建省农业厅	荷兰	10	4 ~ 12	306 ~ 656	江苏省农业厅	如不足需要可向江苏省洽购高产杂种公牛
贵州省农业厅	荷兰	6	6 ~ 9	460 ~ 640	上海市农业局	如不足可向湖南省购纯种之间杂种公牛
云南省农业厅	短角	4	4 ~ 12	306 ~ 656	江苏省农业厅	如不足需要可向江苏省洽购高产杂种公牛
	荷兰	15	4 ~ 12	306 ~ 656	江苏省农业厅	
芦台农场	荷兰	2	—	—	北京市农林水利局	
辽宁省盘锦地区农垦局	荷兰	10	—	—	辽宁省农业厅	
甘肃黄羊河农场	荷兰	1	16 ~ 18	500 ~ 3 000	察北牧场	
甘肃灵武农场	荷兰	1	16 ~ 18	500 ~ 3 000	察北牧场	
甘肃前进机械化第一农场	荷兰	1	16 ~ 18	500 ~ 3 000	察北牧场	
西藏昌都地区解放委员会	短角	2	16 ~ 18	1 000 ~ 3 500	察北牧场	
西藏筹委会畜牧处	滨州	2	—	—	黑龙江省国营农场管理厅	希由红色草原牧场调出
共 计		**1159**				

附注：除以上分配的种公牛外，尚有以下一些种牛，各省可根据需要自行洽购：①江苏省农业厅所属场产杂种公牛57头，4 ~ 12个月，场订单价306 ~ 656元。②湖南省农业厅所属场产爱尔夏牛、荷兰牛、更赛牛等纯种间的杂种公牛9头，场订单价154 ~ 728元。③察北牧场产短角牛与蒙古牛二代杂种55头，16 ~ 18个月，500 ~ 800元。④北京市农林水利局所属场产荷兰牛高产杂种公牛60头，另外还有荷兰牛杂种及东北产的杂种公牛共573头（其中大部不宜种用，可作役用）。⑤另外有62头（其中上海市农业局10头荷兰牛或雅鲁斯拉夫牛，江苏省农业厅10头荷兰牛，察北牧场短角牛10头、荷兰牛4头，北京市农业局28头荷兰牛）由农垦部分配给黑龙江省铁道兵农垦局。

从表1-4的资料数据可以看到，奶业公私合营完成之后，曾经通过政府计划调拨的方式，对全国的奶牛良种资源进行了大规模的调拨分配，既改善了良种奶业的空间布局，也加速了良种奶牛的推广，也是体现社会主义优越性的奶业国营化特点。良种奶牛调动的方式，基本上采取以省内（自治区、直辖市）调动为主，区域调动为辅，有偿价拨为主、无偿支援为辅的办法。

第三节　国营奶业企业的产生

早在新中国诞生前夕，中国人民政治协商会议第一届全体会议通过的《共同纲领》明确指出，“中华人民共和国必须取消帝国主义国家在中国的一切特权”，“凡属有关国家经济命脉和足以操纵国民生计的事业，均应由国家统一经管”。根据这一方针，随着各大城市的陆续解放，人民政府废除了帝国主义过去强迫签订的包括经济条款在内的一切不平等条约，取消了帝国主义利用进、出口的不等价交换和特惠的关税条件攫取高额利润的特权。人民政府在基本完成对封建土地制度的改革，在解放农村生产力的基础上，大力发展社会主义国营经济，确立国营经济对资本主义经济和个体经济的领导地位，为有计划地进行经济建设创造了条件。

中国的国营奶业正是在这样的时代背景中产生和发展起来的。从国营奶业企业的形成过程分析，主要有四个方面的来源。

一、革命根据地的奶牛场转为国营奶牛场

在中华人民共和国成立之前，革命根据地的奶牛养殖就已经逐渐形成，我们将之称为“公营奶业”。这些奶牛场在新中国成立初期被改建或合并成为中国最早的国营奶业企业。

例如，著名的延安光华农场奶牛场于1950年并入西安畜牧场。1952年，西安畜牧场与西北企业公司奶牛场合并成西安奶牛场。美国友人阳早、寒春从陕北来到西安奶牛场工作。1955年7月，西安奶牛场并入草滩农场，成为陕西省最大的国营奶牛场。

1950年，济南人民政府决定将济南军区所属的奶牛场和政府机关的奶牛场并入实业公司，共同组建成公私合营的济南畜牧公司，后来转为国营济南奶牛场。

国营北京市南郊农场的前身是晋察冀军区于1947年建立的奶牛场，于1950年转制为国营北京南郊农场，归属北京市农林局领导，接收移交时该场有种公牛19头、成奶牛685头、育成牛371头（其中公12头，母359头）、犊牛211头（其中公78头，母133头）。

重庆市解放之初，有的部队单位和政府机关设有奶牛场，如西南军大、西南军区一级医院、重庆405厂、重庆生产教养院等。这些奶牛场大多是新中国成立前成立的公有财产，新中国成立后由重庆市建设局负责将这些分散的公有奶牛场合并重组成国营重庆牛奶场[1]。

---

[1] 重庆市奶牛情况调查报告.重庆市档案馆.1122-002-00184.

在东北老解放区，新中国建立前成立的公有奶牛场更多。仅哈尔滨市1950年就有16个国营奶牛场，主要是机关单位和部队办的农牧场成建制转来的。这些国营农牧场有奶牛6 036头，占到哈尔滨市1950年奶牛总量的21.2%。可见当时的部队机关饲养奶牛之多。

总之，新中国成立前的革命根据地和解放区形成的奶牛场及与之相关资产转制成为中国最早的国营奶业。虽然总体上它们的数量不大，但是在新中国成立初期它们发挥了星星之火的作用，后来的奶业系统公私合营，许多都是以这些早期的国营奶业为基础、核心组建起来的。

二、接管国民政府留下的公有奶业企业

人民政府没收官僚资本主义企业的工作，是紧接着解放战争的节节胜利而陆续进行的。到1949年底，先后没收了75万多个官僚资本企业。这其中就包括了许多与牛奶和奶牛有关的民国时期的企业和单位。

在接收的国民政府公有奶业资产中，包括国民政府各部门系统留下的各类畜牧研究机构、农牧高等学校以及少数官僚资本建立的奶牛场等。例如，南京卫岗奶牛场与中央大学鼓楼奶牛场、金陵大学太平门奶牛场合并组织国营南京卫岗乳品厂；北平大学农学院奶牛场、清华大学农学院奶牛场等合并成新中国成立后的北京农学院奶牛场；西北农学院奶牛场调拨并入国营西安奶牛场等。还有国民政府经济部所属的各级畜牧研究机构、良种场的奶牛资产也以“属地转制”的原则分别就地并入当地的国营奶业单位。如武功国民政府经济部所属的西北畜牧研究所奶牛试验场的资产并入西安奶牛场，南京的中央农业实验所的奶牛资产并入华东人民政府农业部华东农业科学研究所（江苏省农业科学院前身）等。

国民党励志社在北京的副食品基地的奶牛资产，1949年4月就地转交北京市政府，成立北京市双桥农场。随后，将美国救济总署给清华大学、北京大学和中央农业部赠送的奶牛、天津渤海区调来的奶牛、华北农业科学院研究所的奶牛等近百头一并转给该场。

济南牲畜公司是1950年以私营济南实业公司为基础，将济南军区所属的奶牛场和政府机关的奶牛场作为政府投资入股，共同组建成公私合营的，有乳品加工厂、食品厂、奶牛场。1955年再将济南五大牧场并入。1956年，更名为济南牧工商公司，正式转为国营企业[1]。

1949年6月成立的国营上海牛乳场[2]的前身为国民政府农林部上海试验经济农场及中央信托局所属之生生牧场。上海试验经济农场又系接收日本侵华时在上海

[1] 济南市对资改造工作委员会关于对本市牛乳业的调查报告.济南市档案馆.169-1-27.

[2] 地方国营上海牛乳场基本情况调查小册.上海市档案馆.B163-1-74-17.

建的乳业株式会社第一、二牧场，青叶、中支、阿部市、黑金、大场等农场和日之出、兴花园、新辛加工厂等数十家单位合并而成。以后又相继接收上海第一、二、三牧场，江湾市中心的两个农场，农产加工场及上海第一、二两个牛奶营业所。上海解放前夕，又接收了滁县种牛场的部分牛只。经过一番复杂的接收、合并、重组、接管等过程以后，地方国营上海牛乳场成为国内规模最大的国营奶牛场。

此外，1955年6月，上海地方工业局管辖的“国营上海奶牛场”将英商可的牛奶公司所属的四个牧场和江宁路的最高牛奶公司（后改建为上海乳品一厂）共1 200头奶牛连同牛奶消毒加工设备一并收入麾下。1955年下半年，上海地方工业局将上海牛乳场转交给上海市农业局管辖。接着，上海市农业局对全市私营奶业企业进行生产资料所有制改造，撤销上海牛乳场，成立地方国营上海市牛奶公司。

三、通过公私合营将私营奶业企业转为国营企业

这是国营奶业企业的主要来源之一。各地的国营大型奶业企业中，许多都是通过公私合营这条渠道转化而来，或者至少与公私合营和某些资产有关系。最典型的是各大城市都设有的国营牛奶公司，就是以公私合营奶业为基础建立起来的。上海市牛奶公司就是最具代表性的例子。在国家对农业、手工业和资本主义工商业进行社会主义改造的过程中，于1956年1月23日成立了上海市牛奶公司。公司成立时，共管辖6个国营奶牛场、3个牛乳加工厂、1个营业所以及7个公私合营牧场，共存栏奶牛7 805头（约占全市奶牛总数的76.5%），年产牛奶16 878.4吨。

国营上海牛奶公司先对国营奶企和公私合营奶企进行统一领导，然后通过“强干弱枝”的办法，逐步增大国营的成分，弱化私营的成分，用不长的时间，全部转化为完全的国营企业。

天津市的做法与上海市几乎完全一样。1956年，天津市政府提出组建国营天津市牛奶公司，由天津市农林水利局的国管科、财务科、人事科及公私合营牧场总店、郊区合作社牧场各抽调一部分力量，共同组成天津市牛奶公司筹备处。其管辖的单位有：

1. 国营牧场 除农林水利局所属双林、杨柳青两农场设有畜牧队，并自行成立售奶站供应市民鲜奶外，尚有铁路局、钢厂、总工会疗养院、纺织工业管理局等牧场，均属福利性质，供本单位职工饮用，因属福利性质，可不并入牛奶公司。

2. 公私合营牧场 原市内各区私营牧场，除有20余户属于牛、羊肉行业及尚未合营外，余均由食品公司领导的公私合营牧场乳品总站管理，因合营时间较短，仍是分散经营，大部分由各户负责产销。

3. 合私合营牧场 原郊区各私营牧场，由天津市供销社领导成立合私合营牧场，在产销上集中于东、西、北三个郊区。

通过国营天津市牛奶公司这个旗号，把天津市的几乎所有不同所有制的奶业企业都统一起来，然后再逐步分批改制、转制成国营公司。

济南市的做法也完全一样。市政府以加强畜牧业管理的名义，将两家国营牧场（济南奶牛场和铁路牧场）以及三家私营合作牧场同时并入刚建立的国营济南市牛奶公司，实行统一领导和统一经营。进一步将公司原来的第一、二、三牧场和新并入的国营牧场、私营牧场等整合改编为四个牧场及一个乳品加工厂。此时，牛奶公司共有奶牛1 183头[1]。

此外，还有比较特殊的情况，就是将农村集体化奶牛场（包括合作社和早期人民公社）通过建制转化成国营奶牛场。例如，北京市在完成农村集体化改造以后，曾将朝阳、丰台、海淀、门头沟、昌平、大兴等6个区的26个公社和周口店的良乡公社（包括原国营长辛店农场），全部过渡为全民所有制的人民公社。转为全民所有制后，同时挂人民公社和国营农场两个牌子，按原来的区划建立区联社和总农场[2]。

北京郊区绝大部分的市属国营农场就是在1958年采用这种方式建立起来的。采取以场代村的形式，发展迅速。后来，一部分集体经济逐渐转化为全民所有制经济，给郊区人民公社由集体所有制向全民所有制过渡创造了范例[1]。但是这种情况只在个别城市而且是短时间内发生。因为中国从1958年开始实行城镇、农村户籍管理制度，通过户籍制度划分形成了城乡二元体制，此后农村户口的奶业队不再可能转制为国营企业。

四、新中国投资兴建的奶业企业

国营奶业企业绝大部分是新中国成立后建设起来的。这是计划经济时期的国营奶业发展的主体。从国营奶业创建和发展的情况观察，中国国营奶业建立大致经历几个阶段：① 1953年各地建立的少数规模不大的国营奶牛场，主要是为了满足供给制的特供需要建立的；② 1953—1958年建立的国营奶业企业，主要是为满足日益增多的妇女就业而出现的婴、幼儿乳品需要而建立的；③ 1958年以后加快建立的国营奶业，这才是大众食品的奶业。此时，私营奶业经济已经完全消灭，公私合营奶业正在快速转化为国营奶业。国家的奶业体系已经完全实现了“以国营奶业为主、集体化奶业为辅”的社会主义奶业经济格局，也就是“两条腿走路”的奶业结构。这里仅以北京市的国营奶业为例（表10-5）。

1952年以后，国家在北京相继拨款建立了五里店、城府、西苑、德茂等几家国营奶牛场。1953年，在苏联专家帮助下，设计并建立了400头规模的双桥奶牛场，归属北京市农垦局管理。

---

[1] 济南畜牧公司的发展简史.济南市档案馆.169-1-59.

[2] 国营和地方国营农林牧渔场情况调查说明.北京市档案馆.005-006-00477.

表10–5 北京市1956年以前建立的饲养奶牛的国营农场统计情况[1]

农场名	建场年份	建场目的	直属上级
国营北京市南郊农场	1947	生产	市农林局
国营北京市双桥农场	1949	生产	市农林局
中国农业科学院试验农场	1949	试验	中国农业科学院
大兴县永合庄农畜试验场	1949	试验	大兴县农林局
国营北京市巨山农场	1950	生产	市农林局
北京农业机械化学院试验站	1953	试验	农业机械化学院
北京市福利农场	1954	生产	市副商局
国营北京市东郊农场	1954	生产	市农林局
北京市团河农场	1955	劳改生产	市公安局五处
北京农业大学试验站	1956	试验	北京农业大学
国营北京市东北旺农场	1956	生产	市农林局
国营北京市北郊农场	1956	生产	市农林局

到1955年底，北京新建的几个国营农场已养奶牛2 010头，年产牛奶3 000吨，加上私人养牛，全市奶牛总计4 967头，年产奶9 000吨。1957年1月，市委确定了“以粮为纲，农牧结合，多种经营，大力发展副食品生产，逐步建设成为首都的副食品基地”的发展方针，各农场都把奶牛发展作为首要任务，相继建立规模奶牛场，进行牛群整顿和提高，北京国营奶业得到迅速发展。

1956年3月1日，经北京市政府批准，以国营牛场所属奶站为基础的国营北京市牛奶站正式成立（后改名为牛奶公司），负责鲜奶加工、销售。

从以上对国营奶业产生发展的状况和类型的分析中可以看出，新中国成立后的计划经济时期形成的国营奶业，其最初的来源和成分非常复杂，但正是我们奶业发展道路的起点。以上提到的四类国营奶业的来源类型中，前两类属于新中国成立前的奶业遗产的存量转制的问题，它体现的是国营奶业的“产生”。后两类是国营奶业形成的主体，体现的是“发展”。当公私合营的奶业转化完成后，实际上就只剩下各级政府投资创建的国营奶业这一种类型了。它一直延续到今天。

1957年，全国奶牛存栏发展到15.98万头，奶类总产量28.71万吨，其中牛奶25.34万吨。分别比1949年增长33.17%、32.3%和26.7%，年均递增分别为3.65%、3.56%和3%。乳制品加工技术水平和加工能力也得到提高。1957年，全国有大、小乳品企业70余家，其中采用喷雾干燥设备的12家、滚筒干燥设备的14家、平锅干燥设备的44家。乳制品产量1.3万吨，是1952年的20.8倍。乳制品年平均增长率为83.5%。

---

[1] 国营和地方国营农林牧渔场情况调查说明．北京市档案馆．005-006-00477．

第十一章
计划经济体制下的奶业发展
（1958—1977年）

我们关于计划经济体制下的奶业发展的论述，是从毛泽东案头上的一叠关于乳品短缺的人民来信开始的。新中国长达20年的社会主义计划经济的建设实践，为奶业发展夯实了基础。这一时期，中国社会经历了接二连三的政治运动，经济建设大起大落。这对奶业同样造成了一定程度的冲击和损害。

不过在当时，牛奶及其制品的消费者主要是城市社会上层人士及婴、幼儿，此外还与政府的物资特供、援外等制度有关。在三年困难时期以及“文化大革命”来临时，奶业得到了“政策倾斜”的庇护和物资分配的照顾，减少了在灾害中的损失。每次灾后也都得到较快的恢复和发展。

对于奶业过高比例的国营计划管理，在实践中常常会遇到许多政府不易调控的难题。历史的发展轨迹证明，多少年以后，我们不得不把发展奶业的重任还给社会和市场。

第一节 “毛主席批示”推动奶业发展（1958年）

专设一节来叙述1958年的中国奶业，这已经说明了这一年在中国奶业发展史上的地位非同寻常。因为此后很长时期的奶业发展道路，以及后来这条“奶业之路”上所发生的曲折坎坷，都与这一年的经济政策密切相关，影响至为深远。

一、农垦部王震部长受命发展奶业

新中国成立后，乳业由小到大。但是由于原来的基础差、底子薄，虽然比新中国成立前有了大的发展，还是远远不能满足人民日益增长的需要。尤其是1958年人民公社化以后，农村儿童入了托儿所，妇女参加了劳动，城市就业人口也大量增加，迫切需要解决儿童乳品问题，因为有的地方乳品供应不足、小孩体质弱，母亲不能安心工作。据卫生部门调查，北京郊区因缺奶，许多儿童患软骨病，三岁小孩还不会走路，四岁小孩囟门未闭。由于当时缺奶的情况比较严重，一些群众写信给毛主席反映，希望能解决孩子吃奶难的问题。毛主席对这件事情十分重视，1958年，毛主席和周总理将数十封反映牛奶供应紧张的人民来信批转给时任农垦部部长的王震将军。王震将军接到批示后表示，“我受毛主席和周总理的委托来抓奶牛生产，牛奶供应紧张，我非常着急，内心十分不安，希望大家都能积极主动地支持养牛业的发展”。他几乎是逢人便讲毛主席说，“要使我国人民健康，娃娃们长高一寸，只吃大米和苞谷是不行的，就要多喝牛奶，我国要大力发展奶牛。”

1958年，中国的国营奶牛场已经有了一长串的名单，除了我们在上一节中介绍过的北京、上海、天津、重庆等直辖市和部分城市的国营奶牛场之外，还有辽宁沈阳辉山畜牧场、塔山畜牧场、铁岭种畜场、锦州畜牧场、大连奶牛场，吉林长春市畜牧场、吉林农业大学奶牛场，黑龙江红色草原牧场、哈尔滨松花江奶牛场、香坊农场，河北芦台农场、保定畜牧场，山西太原农牧场、大同奶牛场、山阴农场，陕西西安草滩农场、奶畜公司第一奶牛场，内蒙古呼和浩特大黑河奶牛场、包头黄河奶牛场，宁夏平吉堡奶牛场，甘肃兰州段家滩奶牛场，青海西宁奶牛场，新疆呼图壁种牛场、五一农场，山东济南乳品公司奶牛二厂、青岛畜牧公司李村奶牛场，安徽合肥保健奶牛场，浙江杭州牛奶公司奶牛场，广东广州畜牧场，云南昆明农垦奶牛场等。还有部分集体奶牛场，如规模较大的河北省石家庄市奶牛场、辽宁省大连市奶牛场、山西省太原市小店奶牛场等。

1957年底至1958年初，中国有奶牛15.98万头，牛奶产量25.34万吨，以新中国成立时的1949年底有奶牛12万头和年产牛奶19.2万吨为基数，8年间分别增长了33%和32%。但是，与日益增长的乳品需求相比，仍远远不能满足人民的需要。年人均鲜奶只有2.5千克。而当年苏联的人均鲜奶为245千克，新西兰为205千克，瑞士为200千克，美国为136千克，英国为147千克[1]。

我们已经理清了王震将军接过奶业军令状时的全国奶业情况，可以归结为一句话：1958年初，全国共有奶牛不足16万头，年产牛奶仅25万吨。

二、动员全国力量发展乳品生产

奶业是社会生产与动物生产相互作用的产业，同时受到社会规律、经济规律和自然规律的制约。仅是奶牛的繁殖生长就需要满足奶牛生长发育的生产条件和时间条件，不以人的主观意志为转移。牛生犊，犊成牛，牛产奶，这个过程需要时间，大规模的发展更需要很多的社会经济条件。而毛泽东在1958年的批示并没

---

[1] 轻工业部食品局局长朱康在全国利用耕牛挤奶现场会上的发言提纲.山东省档案馆.A119-02-1084.

有留给奶业领域的主事者们那么多等待的时间。显然，等待15.98万头奶牛的自然繁殖增长，无论如何也完不成毛主席交待的“政治任务”了。于是，人们想起了老祖宗的做法，用各地大量的孕育期的耕牛来挤奶。这是一个“近水解近渴”的应急良策。

于是，1958年初，由国家农业部，轻工业部，第一、第二商业部联合在浙江瑞安县召开了“全国耕牛综合利用现场促进会”。在这次会议上，农业部畜牧兽医局韩一均副局长有一份《在全国利用耕牛挤奶现场会上的讲话稿》留在了历史档案里，使我们能够知道会议的内容和解决的问题。韩一均说：“这次会议是农业部，轻工业部，第一、二商业部联合召开的。这是全国第一次耕牛综合利用现场促进会。会议的主要目的是，参观学习浙江省瑞安县黄牛、水牛役用、挤奶综合利用，促进耕牛繁殖的经验和农、工、商三个部门互相协作，促进畜牧生产大跃进的经验。”

韩一均最后还讲到：“农业部提出了第二个五年计划发展畜牧业的意见。全国牛乳年产仅25.34万吨，人均只有2.5千克。随着工业城市不断发展，农业生产合作化后广大妇女参加劳动，城乡各地对乳品的要求愈来愈多，大力解决牛奶问题就成为今后的重要任务之一。目前各地区已注意发展奶牛，提出黄牛向乳、役兼用型改良。水牛进行本品种改良，采取综合利用，增加乳产品，改良人民生活。根据瑞安的经验，养一头本地母牛，实行役、乳兼用，一般一头牛可挤奶1 000斤，一年即可增加收入140 ～ 170元。江苏川沙顾东农业社，1957年养56头役、乳兼用的黄牛，除繁殖小牛收入不计外，单是售奶收入就占农业收入的30%，一般每头牛可产奶2 700 ～ 3 600斤[1]。”从这位来自农业部畜牧局官员的讲话中可知，政府已经动员全国农村和农民的力量来发展奶业，而不仅仅局限在那些国营奶牛场里。

接着讲话的是轻工业部食品局局长朱康。他以更加鼓舞人心的数字说明“耕牛挤奶”的可行性、经济性以及潜在的巨大奶源。他说：“目前，我国有奶牛15.98万头。但是，如果利用我国现有的役用母牛中的50%来挤奶，每头年产平均500公斤，一年就可产鲜乳525万吨。而目前我国的牛奶产量仅25.34万吨。因此，推广耕牛挤奶是一个非常重要的关键问题[2]。”

这次会议之后，各省以“政治任务”的方式开始抓紧落实“耕牛挤奶”的精神，以实际行动发展本地的乳品生产。例如，广东省在会后立即召开了“全省第一次乳品生产会议”。在这次会议的主旨报告上，广东省针对当前乳制品工业存在的

---

1 农业部畜牧兽医局韩一均副局长在瑞安县召开的全国利用耕牛挤奶现场会上的讲话提纲.山东省档案馆.A119-02-1084.

2 轻工业部食品局局长朱康在全国利用耕牛挤奶现场会上的发言提纲.山东省档案馆.A119-02-1084.

问题和任务，提出了解决乳源供应的措施：主要是通过搞役、乳、繁综合利用。全省有各种牛433万头，其中母牛174万头，可拿出40万头综合利用，以30%出奶计，就有12万头常年产乳，每头以每天产1.5千克计算，一天就有180吨，全年应有64 800吨，用以生产炼乳，可产26 000吨，比全国1958年生产任务21 000吨还要多出5 000吨；用来产奶粉，可产8 100吨，比1958年广东省计划的1 885吨多3.3倍。同时还可增加公社收入，工农两利，一定会得到公社的支持[1]。

从浙江、广东的经验看，当时采取的利用部分孕育期耕牛挤奶的办法，是可以缓解乳品供应紧张局面的。可令人遗憾的是，1958年国内的经济局势完全改变了经济运行的正常航向，在偏离了的航道上高速前行。结果跑得越快，偏离目标越远。上面这套“耕牛挤奶”办法不仅不能推行，连国营奶牛场的正常生产都不能维持下来。

三、奶牛饲养纳入国家计划管理

奶业系统完成社会主义改造以后，特别是1958年“二五”计划开始以后，具备了国家对全国奶业进行计划管理的基础和条件。在“一五”期间，奶业还是私营为主，国家无法对其进行“计划”管理。在这个意义上说，1958年，才是中国社会主义奶业计划管理的“元年”。

为了实行对奶业的计划管理，需要一套管理的办法和制度，这就是平时所说的“建章立制”，有规矩才能成方圆。档案中看到，从1956年开始，各地政府就相继制定了内容大同小异的奶业管理制度和办法。其中最完整、系统的是北京奶牛管理制度，其中包括畜牧场奶牛饲养管理制度、奶牛场防疫制度与兽医工作制度、配种工作制度、配种操作制度以及种公牛的饲养管理规则、成年奶牛的饲养管理规则、产牛的饲养管理规则、犊牛的饲养管理规则等。这些非常具体的针对性很强的制度和规则，完全是以国营奶业公司为对象而制定的。这对于奶业的技术进步、技术推广无疑具有积极意义。只是1958年以后进入三年困难时期，国家经济生活进入非常状态，奶业的管理也无法按照常规化的制度安排进行。

当然，也有一些在当时即发生效用的管理措施。例如，1958年山东省农业主管机关直接向省属的国营奶业单位发出指令：青岛畜牧场、济南畜牧公司、济南奶牛场、山东农学院、泰安畜牧兽医学校、烟台农林科研所为了实现山东省提出的农业发展规划，必须积极培育纯种公牛：①各场出生的凡有培育前途的乳用公牛，一律留场饲养，4～5月龄后按政府调拨计划，分别调出。②各场须将计划出场的乳用公牛的数量、品种、售价（按成本）等详细列表上报，以便适时计划调拨。③凡按时报送计划而不能调出者，造成的积压损失由政府处理，不按时报

1 广东省第一届乳品专业会议上的报告.广东省档案馆.0285-1-29-122.

计划者损失自负。④为提高种公牛的质量，各场必须认真加强牛犊的饲养管理工作，保证全生、全活、全出场[1]。

1956年6月18日出台《上海市牛奶公司1956—1967年上海市奶牛事业生产发展规划（草案）》。其后的数年内，由国家投资扩建了第三、第六牧场，设计新建第七、第八、第九牧场。经两年多施工筹备，占地375亩、养奶牛2000余头、号称远东规模第一的第七牧场于1958年建成投产；位于长江岸边的第九牧场于1960年投产。以后，公私合营牧场通过"赎买政策"，逐渐被转化为全民所有制的国营牧场。20世纪60年代，形成了由上海市牛奶公司统一管辖的10个饲养规模千头左右的奶牛场。

上海市牛奶公司成立后不久，就开始积极推行一系列技术革新措施：①大力推广奶牛人工授精技术。②建立牛籍卡档案制度，开展牛群整顿、品种与生产性能调查、奶牛良种登记和育种工作。③制定、颁布多部技术操作规程，公司在淮海中路建立饲料加工车间，统一生产奶牛混合精料，供应给各牧场。④学习、采用苏联奶牛饲养标准，提出1959年《上海市牛奶公司奶牛饲养标准》（以后又派生出《日粮定额》、《产奶与生长发育需求》以及《上海市常用饲料营养成分表》等规章）。⑤1955年，公司前身引进苏联制72型三节拍桶式挤奶机，在第二牧场使用；1957年起逐步在其他牧场使用。为了尽快实现奶业机械化，1958年公司成立了上海市牛奶公司乳品机械修配厂。1958年9月经上海市农业、牧业委员会批准，上海市牛奶公司组织下属单位的科技力量，成立上海市奶牛科学研究所。

以上就是奶业国营化以后的管理规章和措施。由此可以看出，计划经济时期国家对奶业的管理制度是完备的和可操作的。

第二节　三年困难时期的奶业（1959—1961年）

奶业在灾荒中遭受的损害，要比国民经济其他行业轻许多。这让我们感到庆幸和意外。

一、困难时期中国奶业的变化趋势

我们在上一节中已经看到，1958年，就奶业的整体而言，其发展态势还处在正常的范围之内。也就是说，奶业受到大跃进和浮夸风直接冲击较小。1959年，

[1] 关于培育纯种公牛的通知(58)农畜字78号.山东省档案馆.A119-02-1084.

国家的经济运行进入“困难”前期。到1959年年底，不少农牧业的经济指标出现了衰退甚至大幅衰退。但是相对于农牧业中的其他行业来说，奶业衰退减产的程度要小得多。探究其原因在于：

（1）在当时，牛奶及其制品的消费者主要是以城市社会上层及婴、幼儿为主，此外，它还与政府的物资特供制度有关。可以说，牛奶是一种具有“特殊性”的食品，这种特殊性赋予它不同于一般食品的社会消费属性。因此，哪怕在国家最困难的时候，也会采取例外措施来保住奶业。

（2）经过合作化、公私合营以及国营公有的连续改造和变革，到三年困难时期，中国奶业已经基本实现了国营为主的所有制格局。因此，在困难或者说灾难来临时，国营奶业可以得到某些“政策倾斜”和物资分配方面的庇护，减少了在灾害中的损失。

（3）奶业在经济产业链条中处于下游末端，当上游的生产要素（比如与之密切相关的粮食、精饲料、牧地数量等）发生变化时，它会有一个传导滞后期。从我们对三年困难时期的奶业变化观察，这个滞后期大约是一年时间左右。三年困难时期发生在1959—1961年，而牛奶及其制品的供应短缺则主要出现在1960—1962年。而在1961年下半年，中央提出全党全国大办农业，压缩工业战线、压缩城市人口的号召，采取积极措施纠正决策上的某些错误，经济航船已经开始向正确航道靠拢。进入1962年，农业领域的经济指标得到一定程度的修复。所以，1962年奶业出现的惯性式减产与1961年受到的灾难煎熬完全不可同日而语。可以说，对奶业而言，只有两年的灾荒期。

（4）奶牛是草食动物，仅仅食用牧草甚至普通青草秸秆也可以维持生存，渡过灾害期。因此，我们看到，三年困难期间，中国奶牛的数量减少并不多，有的地区甚至还有所增加，但是牛奶的产量减少幅度较大。这是因为投喂的以粮食加工而成的精饲料减少了，管理水平降低了，产奶量也随之减少了。但是，由于奶牛数量变化不大。只要灾后的饲喂条件改善，牛奶产量就会较快恢复。

通过以上四点分析，我们就不难理解，为什么在如此严重的灾害中，奶牛数量减少不多，而生猪、鸡等肉用畜禽几乎遭到了灭顶之灾。同时也可以理解，为什么在灾后很短时间内，中国的牛奶产量快速增加。

二、困难时期国营奶业享受的政策支持

1959年，王震、罗瑞卿、陆定一等领导同志到广东农垦湖光农场进行考察，王震同志要求农场多种经营、大力发展奶牛等畜牧业，同时，从上海将7头三河牛和辛地红种牛调到湖光农场。

1959年元旦刚过，北京市农村工作部就向市委市政府提出《关于将国营农场组成的人民公社及近郊区人民公社过渡为全民所有制的请示报告》。报告中称，

为了尽快地在首都郊区建立起现代化的副食品生产基地，迅速大量地发展商品性副食品生产，以充裕的菜、肉、鱼、蛋、奶类、果品等多种副食品保证首都的供应，从根本上改变副食品供应的紧张情况，拟进一步将国营农场组成的人民公社及近郊的人民公社过渡到全民所有制，并争取在较短的时间内，实现生产过程的机械化、电气化，迅速提高劳动生产率。为此计划：

（1）将朝阳、丰台、海淀、门头沟、昌平、大兴等6个区的26个公社和周口店的良乡公社（包括原国营长辛店农场）全部过渡为全民所有制的人民公社。转为全民所有制后，同时挂人民公社和国营农场两个牌子，按原来的区划建立区联社和总农场。

（2）转为全民所有制的人民公社，在生产上实行企业经营，执行国家下达的生产任务。并保证按计划向国家上缴利润和出售农产品。

（3）关于原国营农场职工的工资待遇和公社农民的工资制度问题，国营农场职工平均月工资44元，上述6区农民的平均月收入30 ～ 35元。转为全民所有制后，工资的制度、水平暂不宜统一，以便农场职工的工资不降低，农民的收入也不突然增加很多。原来农民的收入，以适当高于过去而稍低于农场职工为宜。一两年内逐渐做到同工同酬。

（4）为了统一领导全民所有制的人民公社（国营农场）的生产工作，需要成立北京市农垦局，受市人委和农垦部双重领导。王震同志建议由该部畜牧局长张省三同志兼任市农垦局长。同时为了将门头沟区斋堂公社（灵山农林牧场）建成供应城市活牲畜仓库，农垦部计划从新疆、青海等地调入一部分牛、羊，并建议该场改为由市和农垦部双重领导。

（5）要实现上述计划，需要国家在资金上给予必要安排[1]。

报告中还附上1959年北京市国营农场职工人数及奶牛饲养情况表（表11-1）。

表11-1 1959年北京市国营农场职工人数及奶牛饲养情况[2]

场 名	人 数（人）	奶牛数量（头）
南 郊	2 291	2 531
西 郊	870	1 172
东 郊	1 200	2 268
北 郊	1 044	2 447
双 桥	812	438
东北旺	1 547	739
长辛店	320	745

1 北京市农村工作部关于将国营农场组成的人民公社及近郊区人民公社过渡为全民所有制，建立副食品生产基地的请示报告.北京市档案馆.002-001-00105.

2 北京市国营农场奶牛饲养情况及1959年生产计划表.北京市档案馆.001-014-00515.

（续）

场　名	人　数（人）	奶牛数量（头）
芦沟桥	334	250
农展馆	244	66
南　口	203	81
香　山	310	174
灵　山	55	8

以上便是在灾害中奶业受到特别关照的例子。我们看到，不仅要把一批京郊农村公社转制为国营农场，使这些转制的农场“在生产上实行企业经营，执行国家下达的生产任务”，而且还要为它们“争取在较短的时间内，实现生产过程的机械化、电气化，迅速提高劳动生产率。”此时，北京市成立农垦局，统一领导国营农场。

档案资料显示，在灾害最重的1960年10月，上海共有奶牛23 999头，其中市牛奶公司所属各牧场共11 138头，所产牛奶以供鲜奶为主。郊区奶牛12 238头，所产牛奶以加工奶粉为主。

另外，上海市牛奶公司在1961年的工作总结中提到：大跃进以后，公司的经营指导思想逐渐贪多求大，对养奶牛的积极性不大。奶牛生产受到影响。牧场出现奶牛增多，奶产量下降的情况。公司所属牧场，1961年共有奶牛11 470头，比1960年增加332头。但是产奶量反而减少了39.23%[1]。这一点印证了我们的研究结论：三年困难时期中国奶牛业受创不很重。为什么包括上海在内的许多城市能够做到这一点呢？有两份历史档案能够回答这个问题。

首先是将奶牛下放到牧场饲养。北京如此，上海也如此。1960年，上海市牛奶公司将饲养于市区的3 500头奶牛分别下放到位于嘉定的第四牧场、宝山的第九牧场、青浦的第十牧场及浦东的第十一牧场；另将560头奶牛迁往崇明县的农场。公司又组织400余名员工，分赴长兴岛及苏州太湖地区割运水生茭白草和野青草用来喂牛[2]。

第二是从受灾较轻的省区调运奶牛来支援城市，以保证城市维持基本的乳品供应。黑龙江省是受天灾影响较轻的地区。1959年底，黑龙江全省奶牛总数达到50 000多头，1961年10月增加到59 500头。从1960年开始，国家先后下达指令，要求黑龙江全省支援外调奶牛4 166头，其中小公牛3 866头，成年母牛300头。另外，还有所谓“计划外购买”近500头。当时所称的“计划外”，实际上也常常被理解为“政治需要”而必须执行。计划外的500头，分别批给农业部100

1 上海市1961年牛奶生产总结.上海市档案馆.B45-3-33-10.

2 关于当前民用奶粉产销情况的调查报告.上海市档案馆.B398-1-784.

头、农垦部支援越南100头、财政部30头、地质部20头；其余的调给国家技术委员会、中国人民解放军防化学兵工部及部分省市[1]。

综上所述，三年困难时期的奶业由于受到国家政策的特别关照，得到全国各地特别是广大农村的支持，使得在灾害中能够比较平稳地渡过难关。

三、粮食短缺情况下饲料粮的解决措施

在三年困难时期，中国的奶业体制基本上实现了以国营为主、集体为辅的社会主义改造目标。在粮食供应极度匮乏的非常时期，奶牛的饲料粮已经成为奶业发展的一道棘手的难题。各级地方政府、管理部门因地制宜地采取了一系列相应的解决措施。例如，当时黑龙江省为了解决上述问题，出台了一些规定：

（1）凡城镇交售鲜奶的国营农牧场和集体所有制的奶牛场，每1.5千克奶供应0.5千克精料。

（2）机关、企业、学校等饲养的奶牛，原则上自行解决精料；医院、疗养院、托儿所、幼儿园以及其他特供单位饲养的奶牛，按第一条对待。

（3）城镇个体饲养的奶牛所需精料，一律实行以奶换料，每2千克奶换0.5千克精料。

（4）农村人民公社、生产队的奶牛原则上自给。因灾减产不能自给的，按第一条交售1.5千克奶换0.5千克精料[2]。

广东省大体也采取同样的办法扶持奶业。广州市1961年关于收购乳制品实行补助粮食的紧急通知规定：

（1）补助标准：用于制造乳制品的鲜奶0.5千克补助粮食0.1千克，或者0.5千克纯奶粉补助0.8千克，加糖奶粉补助0.65千克，奶油每0.5千克补助2.5千克，炼乳补助0.25千克。

（2）补助范围：只用于收购加工乳制品的鲜奶及收购炼乳、奶油、奶粉等乳制品补助，饮用的鲜奶不予补助。

（3）补助办法：各地商业部门向乳制品厂收购乳制品的补助粮，可发给奶厂转发给供应鲜奶的单位或个人，也可由商业部门直接发给提供鲜奶的农、牧民（表11-2）。

表11–2 1961年第四季度广州市收购乳制品补助粮分配情况[3]

单 位	1961年第四季度补助粮（千克）	折合季度鲜奶数(吨)	折合全年鲜奶数(吨)
市轻工局大来奶厂	18 500	92.5	370

1 关于黑龙江奶牛外调情况.黑龙江省档案馆.101-01-638.

2 黑龙江省关于加强奶牛生产和奶粉生产管理工作的通知.哈尔滨市档案馆.XD028-2-327.

3 广州二商局关于收购乳制品实行补助粮的紧急通知.广州市档案馆.202-05.

（续）

单 位	1961年第四季度补助粮（千克）	折合季度鲜奶数(吨)	折合全年鲜奶数(吨)
广州畜牧场乳品厂	41 800	209	836
从化商业局	3 500	17.5	70
花县商业局	1 500	7.5	30
佛岗商业局	5 000	25	100
合 计	70 300	351.5	1 406

注：根据表中的数据，广州市1961年第四季度牛奶补助粮为70.3吨，折合全年为281.2吨。

四、三年困难时期中国奶业生产受影响的滞后性

在整个三年困难时期，相对于农牧业中的其他行业来说，奶业衰退减产的程度要小得多。这主要是由于奶业是一个特殊的行业，困难时期得到了国家多方面的支持照顾。此外，在农业各行业中，奶业的国营化程度最高、比例最大，在困难时期能够通过行政的力量调配公共资源，解决奶牛饲养与乳品分配等生产消费环节遇到的问题，使之在罕见的灾害中得以渡过各种难关。

正如上文已经所提到的那样，奶业在经济灾害来临时表现出明显的“滞后性”，即受灾当年奶牛的饲养量并未出现明显减少，而在灾情缓和、经济恢复到来时，奶牛的饲养量却还在惯性减少。我们将这一现象称为“奶业的灾情滞后性”。

1. 奶牛饲养数量的变化 表11-3列出了我们收集到的几个代表性城市在1959—1963年的奶牛饲养数量的变化数据。从表11-3中可以看到，三个城市中，除了上海市的奶牛饲养数量从1960年开始逐年减少之外，其余两个城市都是1961年才开始下降的。饲养量的低谷出现在1962年，而这一年中国的农业经济指标已经获得了恢复。直到1963年，奶牛饲养总量还没有恢复到1959年的水平。

表11-3 1959—1963年奶牛数量变化 单位：头

年 度	哈尔滨市[1]	西安市[2]	上海市[3]	合 计
1959	9 175	2 088	19 300	30 563
1960	10 566	2 211	18 850	31 627
1961	10 798	2 036	18 400	31 234
1962	8 312	1 887	16 800	26 999
1963	8 177	2 197	16 600	26 974

[1] 关于哈尔滨市奶牛生产和牛奶产销的情况.哈尔滨市档案馆.XD028-2-294.

[2] 西安市奶牛业调查研究报告.西安市档案馆.164-64-3.

[3] 关于当前民用奶粉产销情况的调查报告.上海市档案馆.B398-1-784.

2. 牛奶产量的变化 我们以西安市1962年《关于鲜奶产销情况的报告》中的数据为例。1962年，西安市生产牛奶5.5吨，当年全市按计划需要供奶8吨，缺口达2.5吨，相当于短缺了约30%的鲜奶供应量。而该市奶牛饲养量比1959年实际减少不足10%。可见，在三年困难时期，牛奶减产的幅度远远大于奶牛减少的幅度。之所以出现这种情况，是困难时期奶牛饲料供应和饲养水平下降所致。由于牛奶大幅减产，西安市牛奶站紧急出台了新的牛奶供应办法。1962年，西安市农业局颁发了农畜字第398号文件，重新核定享受牛奶供应的对象：本着保证重点、照顾一般、合理调剂的精神，优先供应一岁以下婴儿、空勤人员、腐蚀性化工生产职工、重伤病员、外宾、高干等。以每人每天250克奶计算，当年生产的牛奶只能供应22 000人[1]。

上海的情况似乎更加严重。1959年全市产奶还有25 440吨，到1960年减少到21 220吨，减产了17%。到产量最低的1961年，更减产至15 460吨，比1959年减产39%。直到1962年牛奶产量止跌回升，但是产量仍然只相当于1959年的70%左右。

北京市的牛奶产量也许是三年困难时期的一个特例。该市的牛奶产量一直是上升的，即使是全国奶产量最低谷的1961年，北京市的产量还比上一年上升近10%。我们有一份北京市1958—1963年的牛奶产量统计数据。从这份档案中看到，1958年北京市牛奶产量仅10 890吨，到1959年国家进入经济困难的开头一年时，北京市的牛奶却比上一年增产了50%多。1960年又比上一年增产3%。之后几年尽管国家经济困难的局面仍未解除，但是北京市的牛奶一直保持逐年增产的态势，到1963年，牛奶产量达到33 665吨，比1959年翻了一番（表11-4）。

表11-4 1958—1963年牛奶产量 单位：吨

年份	北京[2]	上海[3]	合计
1958	10 890		
1959	16 520	25 440	41 960
1960	17 040	21 220	38 260
1961	18 605	15 460	34 065
1962	23 880	17 450	41 330
1963	33 665		

1 关于鲜奶产销情况和奶牛控制头数的报告.西安市档案馆.65-249.

2 历年主要农产品产销情况.北京市档案馆.133-006-00485.

3 上海奶业简史（内部刊物）.

北京市的情况是困难时期的特例。作为首都，需要保证包括牛奶在内的副食品正常供应，国家采取了强有力的措施来稳定和发展北京市的奶牛饲养和乳品供应。但是从全国的情况看，虽然牛奶的减产也与奶牛饲养一样呈现“灾情滞后性”，但是它减产的幅度远大于奶牛减少的幅度。因此，在三年困难时期，中国各地都出现了牛奶供应紧张的局面。各地政府相继出台了调整牛奶供应的政策，严格执行凭票定量、定点供应，使有限的牛奶资源能够供应给最需要的人群，使我们的民族能够渡过这场空前的劫难。

五、三年困难时期的乳制品供应

虽然灾害对奶牛的饲养数量冲击不大，但是对牛奶产量的影响是显而易见的。根据档案记录，1959年全国乳制品实际产量为18 360吨。计划管理部门考虑到当年农牧业经济指标下滑的实际情况，在制定1960年全国奶粉生产计划时，已经提前降低了计划指标，1960年全国奶粉计划产量定为14 175吨，比1959年减少了近25%。但是，1960年全国的奶业生产实际要比这个降低了的计划还要低得多。根据国家商业部的统计，1960年国家计划收购奶粉9 276吨，月均773吨。而当年的1—5月只收购到奶粉1 166吨。与5个月应当收购3 865吨的计划相差2 699吨，实际只完成计划收购量的30%。

这样的短缺情况严重影响了乳制品的计划供应。也就是说，原先发出的许多“计划内”奶票将会无法实现购买兑现。于是，各城市的乳品供应部门不得不采取更为严格的计划供应，包括严格供应对象、供应数量以及供应的品种。

北京市有关牛奶的票证集合

由于牛奶的特殊性，当供应短缺时，必然会从保护婴幼儿、老弱病人等特定人群开始。自1960年年初开始，各地大、中城市牛奶的供应实行严格的配给制，一律凭票供应。后来，这种政策一直延续到20世纪80年代中期，由此形成了一套完整的供奶办法。

以北京市为例。1956年，北京市奶牛业基本完成公私合营的社会主义改造以后，为了加强牛奶市场的计划和管理，北京市牛奶站应运而生。此后几年，基本上采取市场加照顾的办法，供应制度视牛奶产量情况时松时紧。到了1960年，牛奶严重减产，市场供应空前紧张，于是政府采取了严格的牛奶凭票供应制度。

根据供应对象的审核结果，并结合当时牛奶站的鲜奶收购数量，1960年北京全市共有66 400个订奶用户、292个订奶托儿所、64个订奶医院，每天的鲜奶总需求量约3万千克。尽管供应紧张，但是牛奶站的送奶服务却堪称一流。如今半个世纪过去，当年得到送奶服务的人们依然心存感激。

北京市牛奶站为搞好对订户的牛奶供应，依照行政区划设立了10个分站。开始时送奶工骑自行车驮运奶桶，每次可送奶约91千克。后来改为人力三轮车，每次送奶量提高到约226.8千克。对于居住于城郊的供奶对象，为了能够及时保质供奶，牛奶站还配备了少量送奶汽车和三轮摩托车。

北京市委重视改进牛奶供应的服务质量，提出了“三少两好一方便”送奶要求。牛奶站结合实际制定了送奶员“六不准”守则：不晚送、不漏送、不和用户闹意见耍态度、不动用奶款、不违反交通规则、不弄虚作假。同时，调整送奶时间和收奶款时间，以方便用户。

此外，还改进了送奶方式。主要是根据订户的居住情况，或全部送奶到户，或三五家订户集中一起，在选定的街区、胡同外墙处放置叫“鸽子窝”的奶瓶格子，订户每天定时前来自行取奶，以空瓶换奶瓶。

上海市的牛奶供应自1957年起就逐渐出现供不应求的情况。其中的原因除了人民生活水平提高、劳动就业扩大、乳制品的需要增加之外，牛奶产量的减少也是重要因素。特别是1960年后，奶粉供应量更是逐月下降。大部分地区不得不以代乳粉代替奶粉供应。

牛奶产量锐减势必影响市场供应。上海市也从1960年年初开始对牛奶实行严格的凭票供应制度。由于市场的主产品——瓶装消毒牛奶出现严重供不应求的情况，市牛奶公司只能采取一种“不全满足”的牛奶分配办法。即原本应该每日供奶的订户，改为隔日甚至隔两日供奶。据1961年统计，当时的订户月均供奶仅12.4天。1962年有25.6万个订饮户，月均供奶15.5天。基本上实行“隔日供奶”[1]。

具体的送奶服务，也与北京市大同小异。上海市牛奶公司在全市各街道和里弄居民委员会建立了500余个服务部，形成了一个巨大的牛奶供应网络系统。送奶方式由“送奶上门、上门收款”改为饮户到站取奶付款。服务站日代发牛奶4.4万千克，占总销量6.9万千克的64%，此外还设有3 000多只奶箱，由送奶员送至饮户单位或家中，计2.5万千克。1962年，根据上海市人民代表大会提案和上海市委、市人委有关领导部门指示，从社会上吸收近千名送奶服务员，于年底前在全市恢复“上门送奶，上门收款”的业务。

---

[1] 关于当前民用奶粉产销情况的调查报告.上海市档案馆.B398-1-784.

第三节　调整恢复时期的奶业（1962—1965年）

1962年，三年困难时期终于过去。灾后的中国犹如一个久病初愈的人，需要进行全面的康复性建设。为了尽快恢复灾后经济，中央提出“调整、巩固、充实、提高”的八字方针，在农村推行包产到户的政策。

包产到户政策的推行，大大调动了广大农民的积极性，农业经济率先得到恢复，灾难的创伤逐渐得到医治和抚慰。奶业置身于起伏跌宕的经济大局中，自然不会是一帆风顺。但是随着国民经济的恢复，国家政治经济进入了一个短暂的平衡发展的阶段，为奶业发展创造了较好的社会秩序和经济环境。这一阶段成为“文化大革命”前中国奶业建设成绩最好的时期。

一、调整恢复奶业生产的措施

（一）增加饲料基地

在计划经济时代，中国奶业被分成国营与集体两部分，其中国营奶业占据了90%左右的生产量。但是在中国耕地中，国家和农村集体的占有比例正好倒过来，农村集体占有了全国耕地的90%左右。对于奶业来说，这是一个两难的问题，国营奶业要发展、奶牛饲养量要增加，首先就需要足够的种植饲草的牧地，而国营牧场常常被困囿于一个相对狭小的牧地范围内，很难满足奶牛饲养的需要。为了解决奶业发展遇到的这个瓶颈，各地政府采取了许多变通的办法。

例如，北京市在灾后恢复奶业生产时，制定了一份《全市奶牛发展规划》。规划中提到，需要饲料地0.67万公顷，现有0.53万公顷，需要增加0.13万公顷。此外，还需要解决奶牛的精饲料、干草、糟粕料的供应问题。1962年，北京市农林局致函市委领导，反映牛奶生产中存在的奶牛场布局和管理体制的问题：①牛群自然增殖很快，饲料基地不足；②全市的奶牛场定点布局问题，体制方面是否保持公社制或恢复国营农场制，涉及政策问题，要研究解决[1]。

最终，北京市的办法是，将部分已经饲养奶牛的郊区人民公社改制为国营农场，共有10个全民所有制的人民公社，按照国营企业进行计划管理，将公社原先的集体耕地建成0.67万公顷的饲料基地。此外，在青贮、青饲、块根饲料等供应上也基本做到自给。逐渐扩大豆科饲料作物的种植面积，增加了饲草饲料种类，

1　市农林局李贻赞等给市委李秘书长的函.北京市档案馆.002-021-00475.

注意了加工调配[1]。

上海解决奶牛牧草基地的办法与北京市的做法正好相反。北京市是将郊区人民公社转变为国营奶牛场，然后在原属集体性质的土地建设国营饲草基地。而上海则是将市区内的国营奶牛场在迁郊改建时“就地下放”，其中一部分奶牛场转为人民公社集体性质，由公社自行解决奶牛饲养管理问题；另一部分则迁入耕地较多的郊区农场，由郊区国营农场管理。档案记载，上海市委于1960年4月23日发文，将市内牧场有计划有步骤地分批迁郊。将原设在市区的牛场，全部迁往郊区有关县。小牛迁往奉贤、崇明等国营农场；现属牛奶公司经营的奶牛，除第二、第六、第七等三个牧场仍旧归牛奶公司经营和领导外，其余（即全部牛群的3/4）部分将就地下放和迁建。具体安排：第一、第二牧场下放宝山，浦东牧场下放浦东县，哈密路的三星牧场下放上海县，计1 300头。奶牛分别迁建嘉定、青浦、松江和奉贤[2]。

除了采取“迁建下放”的办法解决奶牛饲料基地建设问题外，对于上海牛奶公司所属的大型国营奶牛场的饲料基地，上海市人民政府专项落实了783.8公顷亩常年奶牛饲草地。这些措施为灾后上海市的奶业发展提供了有力的保障。经过这一番调整，上海的奶业所有制结构发生了一个大的变化，即国营奶牛场的比例下降了，农村集体所有制的奶牛场增多了。到1972年，上海市牛奶公司饲养奶牛10 500头，国营农场饲养990头，郊县社队集体饲养8 100头[3]。郊县社队集体的奶牛比例占到41%，这在当时城市奶牛业中的比例是很高的。

天津则用另外的一种方式。1962年，天津市针对国营农场的具体情况，考虑到全市的奶牛全部饲养在国营农场的实际情况（分别饲养在工农联盟、青光、杨柳青、东郊、军粮城等6个农场），加上奶牛生产恢复快慢，关乎全市的牛奶供应，而奶牛体质的好坏是关键。因此，在国营农场贯彻以奶牛生产为主的方针，突出抓好奶牛养殖，抓好饲料基地建设[4]。

（二）积极推进奶牛饲养的科技进步

以上海市为例。1962年，上海奶业在国家“调整经济”方针的指引下，采取了一系列发展生产与推动技术进步的举措。具体的措施有：①上海市饲料公司对奶牛业每年供应16 250吨精料，上海市人民政府落实了783.8公顷常年奶牛饲草地。②制定并落实《产奶牛饲养标准》等技术措施。③于1963年5月成立上海市农垦局，将市属的16个国营畜牧场和上海市牛奶公司划归农垦局管辖。

[1] 北京黑白花奶牛性能初步研究.北京市档案馆.092-001-00207.

[2] 关于迁建市区牧场请予核建投资的函.上海市档案馆.A72-2-542.

[3] 关于发展奶牛，增加奶粉供应的请示报告.上海市档案馆.B98-5-613-54.

[4] 关于我市国营农场的几个问题及解决意见.天津市档案馆.X0053-Y-1175.

④改进奶牛的人工授精技术，对初生牛犊采取“选优酌留”的选育办法，牛群的整体素质有所提高。⑤成立上海市畜牧兽医站，建立市、县、乡三级畜牧兽医防疫体系。上海市牛奶公司加强畜牧兽医工作，成立了奶牛检疫站。

（三）建立奶业科研育种机构

1962年灾后恢复时期，奶牛品种改良工作得到了格外重视。北京市农林局成立了国营农场奶牛育种小组，制定了选种配种计划，并下文要求各国营奶牛场和相关农场指定专人负责奶牛育种工作。北京黑白花奶牛是几十年来，由国外的荷兰牛与滨州牛以及蒙古黄牛杂交而逐渐形成的牛群。由于长期在北京地区饲养繁殖，已能较好地适应本地区的环境条件，在体型、生产性能等方面都具有一定的特点，北京黑白花奶牛是一个较好的乳用牛群，并且是很有发展前途的牛群。在饲喂条件较好的情况下，第一胎的300天产奶量即可达4 000千克，从第三胎起可达5 000千克[1]。

1962年初，北京市农林局还向市委请示，要求拨出专项外汇，购入日本优良荷兰种公牛5头[2]。北京郊区国营农场有48个牛场，共养大、小奶牛18 025头。根据中央提出的“调整、巩固、充实、提高”的方针，采取处理低产牛及病牛，饲养健康高产牛的办法，制定五年规划。1962年底，饲养奶牛18 640头，出售小公牛3 858头，处理小母牛1 310头及低产母牛2 056头。存栏奶牛中北京黑白花牛17 000头左右，占全部牛群的90%以上。其余为荷兰荷斯坦牛、苏联荷斯坦牛以及几个种间杂种牛。这些奶牛主要分布在11个农场的44个牛场[3]。

二、农垦国营奶牛场的快速恢复与发展

1958年奶业在完成了社会主义改造之后，国营奶业企业获得长足发展。特别是在全国各大中城市的奶业企业中，国营奶业占据重要的地位。平均而言，全国已经形成了国营为主，集体为辅，基本没有私人奶业的基本格局。经过三年困难时期之后，国营奶业得到快速巩固和提高。

北京市国营农场《第二个五年计划总结》对该市在“二五”期间（1958—1962年）的奶业进行了全面总结和回顾，为我们认识这一时期全国的国营奶业发展提供了一份翔实的案例。

到1963年底，北京市共有20个全民所有制的农业企业（其中称人民公社的有10个，带有农村生产队和不带队的各5个）。共有耕地39 000公顷，总人口24

---

1 北京黑白花奶牛性能初步研究.北京市档案馆.092-001-00207.

2 市农林局李贻赞等给市委李秘书长的函.北京市档案馆.002-021-00475.

3 北京黑白花奶牛性能初步研究.北京市档案馆.092-001-00207.

万人，劳动力11万个。这些农场分布在首都四郊。位于平原地区的有红星、中越、和平、上庄、双桥、东北旺等9处，分布在山区、丘陵、高山盆地的有十三陵、南口、龙泉寺、延庆等5处，在低洼盐碱地的有永乐店、长阳2处以及红星、天堂河大部分地区，位于沙荒地河滩的有芦沟桥及天堂河农场部分地区。各场由于地势、土壤、气候条件不同，装备条件不同，生产效率差异很大。

"二五"后，北京国营农场贯彻以粮为纲、农牧结合、多种经营、大力发展副食品生产的经营方针，初步建设成为首都的副食品生产基地。同时，在京郊的一部分瘠薄和低洼地区重点扩建农场，进行了改造自然的工作。1960年以后，根据中央大办农业、大办粮食的指示和农村工作十二条、六十条的规定，总结了前几年办场的经验教训、加强了调查研究、调整了管理体系、克服了工作中的缺点和问题，使农场得到了迅速的巩固和发展。

六年内，北京国营农场共生产牛奶18吨，产牛犊3.9万头。1957年通过对私营奶业的社会主义改造接收过来的奶牛，来源复杂、品质不齐、血统不清、疫病严重，经过几年的整顿，完成了建立谱系、加强饲养管理、培养健康牛群、开展育种等一系列工作。"二五"末，实现了黑白花奶牛占牛群90%的目标。奶牛的体质和产奶量都比过去有所提高，奶牛数量从1957年的6 768头，发展到1963年底的20 633头，增加了2倍。总产奶量由11 430吨增加到39 620吨，增长了2.5倍。每头成年母牛年均产奶4 500千克以上，已经稳定在先进水平。奶牛繁殖成活率已达90%以上，比1957年提高 20%左右，健康牛群的比例也由1957年的44%增长到1963年的85%，提高了41个百分点。危害牛群最严重的传染病如牛瘟、炭疽、牛肺疫、焦虫病已经得到控制或被消灭，流产和结核病也逐渐减少，在贯彻养好、养精、提高单产、提高质量的方针上，为后来的饲养高产健康奶牛打下了基础。商品牛奶每天供应量已达到113吨以上，从根本上扭转了牛奶供应不足的局面。同时，6年间向全国各地推广输送大、小奶牛1万多头[1]。

1963年8月，农业部、农垦部、公安部、国家统计局等9个单位联合布置，对全国国营和地方国营农林牧渔场情况进行普查统计。据北京市1963年11月上报的统计资料档案，当时共有符合统计要求的国营农牧场114家，其中有奶牛饲养的27家，奶牛总数为19 364头，占北京全市奶牛饲养量21 303头的90.9%，当年产牛奶3 118万千克。饲养奶牛超过1 000头的农场有6家，即南郊农场、北郊农场、东郊农场、长阳农场、西郊农场和双桥农场。其中以南郊农场奶牛规模最大，达4 908头（表11-5）。

[1] 北京市国营农场第二个五年计划期间工作总结.北京市档案馆.133-002-00595.

表11-5 北京市1963年国营农场奶牛饲养数量[1]

农场名	建场年份	建场目的	直属上级	奶牛数（头）	备注
中国农业科学院试验农场	1949	试验	中国农业科学院	10	
北京农业大学试验站	1956	试验	北京农业大学	94	
北京农业机械化学院试验站	1953	试验	农业机械化学院	8	
国营北京市东郊农场	1954	生产	市农林局	2 462	
国营北京市双桥农场	1949	生产	市农林局	1 056	
国营北京市种畜场	1958	繁殖	市农林局	432	
国营北京市芦沟桥农场	1957	生产	市农林局	285	
国营北京市巨山农场	1950	生产	市农林局	97	
国营北京市东北旺农场	1956	生产	市农林局	932	
国营北京市西郊农场	1957	生产	市农林局	1 656	
国营北京市灵山农林牧场	1958	生产	市农林局	11	
国营北京市北郊农场	1956	生产	市农林局	3 975	
国营北京市南口农场	1958	生产	市农林局	193	
国营北京市十三陵农场	1959	生产	市农林局	392	
国营北京市张喜庄农场	1961	生产	市农林局	133	
国营北京市永乐店农场	1961	繁殖	市农林局	39	
国营北京市南郊农场	1947	生产	市农林局	4 908	
国营北京市天堂河农场	1961	生产	市农林局	129	
国营北京市长阳农场	1958	生产	市农林局	1 663	
国营北京市延庆农场	1961	生产	市农林局	36	
北京市北苑农场	1959	劳改生产	市公安局五处	11	
北京市团河农场	1955	劳改生产	市公安局五处	372	
北京市福利农场	1954	生产	市副商局	276	
北京市平房农场	1963	生产	市民政局	10	
通县良种繁殖场	1950	繁殖	通县农林局	123	
大兴县永合庄农畜试验场	1949	试验	大兴县农林局	4	

[1] 国营和地方国营农林牧渔场情况调查说明.北京市档案馆.005-006-00477.

此外，北京市公安局所属的清河、兴凯湖、团河及洮河等四个劳改农场也有部分奶牛饲养。1963年有奶牛2 122头，到1967年达到3 294头。具体饲养情况见表11-6。

表11-6 1963—1967年北京市劳改农场奶牛饲养数量[1] 单位：头

农场名称	1963年	1967年
清河农场	935	900
兴凯湖农场	644	894
团河农场	250	500
洮河农场	293	1 000
合 计	**2 122**	**3 294**

为了加快首都奶业发展的步伐，在灾后奶业获得较快恢复发展的基础上，北京市农林局制定了《国营农场1964—1970年七年发展规划》。七年奶牛规划目标是：1963年实际存栏奶牛为20 633头，其中成年奶牛9 132头。到1970年，全市奶牛总头数达到25 676头，其中成年奶牛17 370头，占牛群的68%，每头日产奶15千克，年产奶达870吨。每天上市牛奶180吨，每年出售小牛1万头[2]。

东北农垦总局和黑龙江省是中国乳品生产基地，担负着为全国供应工业化生产的各种乳制品的重任。1963年，东北农垦总局和黑龙江省农业厅遵照王震部长的部署和指示，在八五一一农场建立了以奶牛为主的试验基地，并建立了农垦部试验场。总局委派生产处长张源培兼任场长，主持试验工作。该场建立以后，立即从北京、上海选购奶牛，加强奶牛良种的选育推广工作。

在张源培领导和主持下，1963年，八五一一农场向农垦部提交了《关于在黑龙江省东部地区南麓建立杨岗食品厂》的报告。后经农垦部组织专家充分论证决定，将报告中提到的“杨岗食品厂”改称为“完达山食品厂”，建立“以厂带场”的乳制品工业基地。东北农垦局以完达山食品厂为中心，以八五一一农场和农垦部试验农场为骨干，拉开了农场奶牛大规模发展的历史序幕。目标是建成一个饲养万头奶牛的乳品生产基地，成为全国最大的奶牛场之一。

三、鼓励支持农村集体和社员个人参与奶牛饲养

在大跃进的“左倾”时期，中国奶业的国营化进程超乎寻常地提速。到1961年底，中国奶业已经形成国营占90%、集体占10%的格局。基本上把农民群众排

1 北京市劳改农场生产情况及今后规划汇报.北京市档案馆.005-002-00595.

2 北京市国营农场1964—1970年七年发展规划.北京市档案馆.005-001-00874.

挤在奶业之外。

奶业的基本前提是养奶牛，而奶业国营化以后，不让农民养奶牛了，农民与奶牛渐离渐远了，只靠国营奶牛公司的一点小天地，是很难生产出满足几亿人需求的乳制品来的。尤其在灾后恢复发展的紧迫性上，更要动员和支持农民群众投入到养牛挤奶的事业中来。因此，1962年11月20日，中共中央、国务院发出《关于发展大牲畜的几项规定》，大牲畜是当时中国农业生产的主要动力和肥料来源。按照党在农业问题上的根本路线，在农业集体化的基础上实现农业机械化以后，大牲畜也是不可缺少的辅助动力和肥料来源。尽快地发展大牲畜，是发展农业生产、进一步巩固和壮大人民公社集体经济的一项根本措施。为此，作如下的规定：

1.坚决把大牲畜（包括散畜）全部下放给生产队所有，并且长期稳定下来，30年不变。少数情况特殊的社队，大牲畜仍归生产大队所有的，个别归公社所有的，也必须把使用和经营管理权固定给生产队，并且按畜作价、保本保值，今后繁殖的幼畜归生产队所有。

2.生产队必须认真做好保护和繁殖大牲畜的工作，这是巩固集体经济的重要环节之一。要积极改进饲养管理，加强配种繁殖工作，民主评选有经验的饲养、使役人员，培养专业的配种人员，并且加强对他们的政治思想工作，提高他们的社会地位。要切实建立饲养、使役、繁殖的责任制度和奖励制度，奖励一定要保证兑现。对饲养母畜、种畜和繁殖幼畜的人员，奖励要优厚一些。

可以根据各地的条件和经验，采取不同的饲养方式：有的可以队有户养，有的可以分栏饲养、养用合一，有的也可以合槽饲养。

3.在认真保护和发展集体所有的大牲畜的同时，应该允许和支持社员家庭或者几户伙养一两头大牲畜。无论什么地方，只要社员愿意养、有条件养的，生产队可以把多余的和老、弱、残的大牲畜卖给社员饲养，或者与社员伙养，收益分成，社员也可以到市场上买回大牲畜来饲养。社员私养的大牲畜，除自己使用外，如果生产队需要，可以给队出工，生产队应该根据等价交换的原则，付给合理报酬。社员私养的大牲畜，可以自由出卖。

社员私养大牲畜，必须向生产队交售一定数量的粪肥，由生产队付给合理代价。粪肥交售的比例，应该根据具体情况，由生产队和社员商定。

4.有计划、有领导地开放牲畜交易市场，恢复历史上传统的交流关系和流转规律。打开省、专、县、社的界限，互通有无、调剂余缺，价格由买卖双方自行议定。

5.在大牲畜产区和大牲畜多余的社队，出卖大牲畜是增加社员收入的生产项目之一，出卖大牲畜的收入，应该纳入当年分配。

6.在一般农业地区，大牲畜应该以自繁、自养、自用为主。牛、马、驴、骡都要发展，应该根据各地的习惯和条件，因地制宜，适于发展什么牲畜，就发展什么牲畜。还要积极改良品种，提高牲畜质量。特别注意养好母畜、种畜和幼畜。

7.认真保护和选育种畜，整顿和充实配种站。生产队也可以把集体所有的种畜固定给有配种经验的社员饲养，专业配种。在配种方法上，应该以本交为主，人工授精可以在有条件的社队继续实行。

8.全面安排牲畜的饲草、饲料。生产队在安排作物的播种面积时，要把大牲畜的饲草安排进去，还要像分配粮食一样分配好农作物秸秆。在打草季节要组织社员打草贮草。

国家征购和社队分配粮食的时候，一定要安排好大牲畜的精饲料，要像保证人的最起码的口粮一样，保证牲畜最起码的精饲料。种公畜的留料数量应该高一些。某些地方，确实需要又有条件专划饲料地的，可以根据饲养大牲畜的需要和土地的情况，为集体所有的大牲畜划出适当数量的饲料地。专划了饲料地，就不再安排精饲料。

9.加强牲畜疫病的防治工作。整顿和充实畜牧兽医工作站。认真做好对民间兽医人员的团结、使用和培养教育工作，合理解决他们的劳动报酬，调动他们的积极性。增加兽医药械的生产和供应。加强兽医科学研究工作。

10.积极利用山区、草原区和牧区丰富的天然草场发展牲畜，建立牲畜的繁殖基地。这些地区，要定出提供商品牲畜、支援外地的规划，有关部门要加强对这些基地的物资、财政和技术支援。要注意保护草原，加强管理，禁止破坏。

以上各项规定，适用于农业区。内蒙古、西北和西藏等牧区情况不同，可以由自治区（省）党委、人委，根据当地的需要和情况另作规定。

在上述政策的推动下，各地迅速制定了相关的鼓励政策。例如，内蒙古自治区规定，农村社员和牧区牧民，家庭的自留畜可占集体牲畜总数的5%～7%；青海省更具体规定农民每人可养2只羊，2人1头奶牛，每户1匹马。

在鼓励和调动社会各方面的力量参与奶牛饲养方面，中国的奶牛养殖大省黑龙江及其省会哈尔滨的步子迈得更大。哈尔滨市政府提出，还没养奶牛的郊区人民公社一律要开始养牛，做到平均每18垧[1]地养一头奶牛。此外，各工厂、企业、学校也要养奶牛，争取做到鲜奶自给。1963年，哈尔滨全市共有奶牛8 177头。其中，国营企业1 317头，集体2 145头，机关办场饲养2 956头，个体饲养1 759头[2]（表11-7）。

---

1 “垧”是我国部分地区计算土地面积的单位，东北地区1垧约合1公顷(15亩)。

2 关于哈尔滨市奶牛生产和牛奶产销的情况.哈尔滨市档案馆.XD028-2-294.

表11-7 哈尔滨市1957—1963年奶牛饲养数量[1] 单位：头

年度	奶牛总数	国营企业饲养	集体（含机关）饲养	个体饲养
1957	6 173	1 051	3 626	1 496
1958	7 494	1 749	5 622	123
1959	9 175	2 695	6 394	86
1960	10 566	2 451	7 699	416
1961	10 798	1 542	8 964	292
1962	8 312	1 118	6 443	751
1963	8 177	1 317	5 101	1 759

鼓励支持农村集体和社员个人参与奶牛饲养成绩最为突出的例子是地处南方的广东、浙江、福建等省。在人们的观念中，南方地区不是传统意义上的奶牛集中饲养地区，那里没有广阔的草原，没有丰盛的牧草，不适合大规模饲养奶牛，所需乳品主要靠北方调配供应。实际的情况却并非如此。档案资料显示，1960年，中国年产超过千吨乳制品的6个省区依次是内蒙古、黑龙江、广东、福建、浙江、辽宁。南方的广东、福建、浙江3省分别排第三、四、五位。

南方省区是如何成为乳制品生产大省的呢？秘诀就是动员和鼓励农村社队和广大农民参与奶牛饲养事业。以广东省为例。1959年广东全省乳品产量为2 575吨，占全国总产量18 360吨的14.03%。广东是中国6个千吨乳品产区之一，年产量仅次于内蒙古、黑龙江两省，高于福建、浙江、辽宁等省，成为全国第三。令人惊奇的是，今天的海南省（当时是广东省海南专区）当年曾经是年产千吨乳品的著名专区。而且，当年广东还曾有两个乳品品牌获得全国评比第一，即广州炼乳厂获得简易喷雾型奶粉组第一，大来乳品厂获甜炼乳组第一[2]。

广东的经验是，各乳品厂通过自建原料基地、自办示范牧场，大力支援农村人民公社办牧业，使乳源供应得到保障和增长。在扩大原料基地以及与人民公社合作方面，许多乳品厂采取积极措施。如星岩厂1959年协助人民公社大办奶牛场，搞好工农关系，前后建了奶牛场40多个，产奶牛只达到500多头。每天收奶由几十斤增加到1 300斤以上[3]。

南方省区在三年困难时期以及灾后恢复发展时期发动农村社队和农民群众大办奶牛场，扩大奶源供应，增加乳品产量的做法，不仅解决了灾后乳品供应的困难，还为后来进行的改革开放和农村联产承包责任制的推行积累了经验。

1 关于哈尔滨市奶牛生产和牛奶产销的情况.哈尔滨市档案馆.XD028-2-294.

2 中国人民共和国轻工业部，商业部：关于增产代乳品的报告.广东省档案馆.0285-1-37-114.

3 （广东）全省第二届乳品代乳品专业会议的报告.广东省档案馆.0285-1-37-117.

四、牛奶市场从短缺到“体制性过剩”

在计划经济时代，政府统管一切生产资料和生活消费产品。由于资源配置效率低下而且常常出现错位，造成社会生产和分配混乱。灾后恢复时期，中国的牛奶生产和供应就曾出现过这种“体制性”问题：从牛奶十分紧缺的1961年，到牛奶供应出现滞销的1963年底，时间只有两年半！

牛奶积压并不是市民的牛奶需求已经满足。而是因为此前规定，除了特供人员外，拥有北京市户籍的2岁以下儿童和有医院证明的病人才能订奶。而一旦奶产量超过核定的订奶人群数量，人们也只能望奶兴叹，因为手上没有奶票。一方面，相当多的儿童、老人、慢性病人以及成年市民没有订奶权，另一方面牛奶公司和奶牛场又因为牛奶产量增加而销售不出去，造成大量积压。而政府很难在短时间内重新核定配置新增奶源以及时增加订奶对象。有时候，仅仅因为牛奶站缺少送奶工就可以造成全市的供奶混乱。这就是计划经济时代特有的经济现象在乳品供应上的表现[1]。

为此，商业部于1964年初下发（64）商糖字第884号文件，作出《关于调整奶粉销售价格的通知》：在农牧业生产发展的大好形势下，当年鲜奶和奶粉产量进一步增加，比去年同期增1.15倍，超过历史上最高的1957年的水平1.37倍。由于销售价格偏高，与当前的购买力不相适应。中国糖业烟酒公司与商业部物价局召集有关地区进行了座谈，认为可将现行价格适当调低，以利于扩大销量、促进生产发展、满足消费者需要[2]。

与此同时，中国粮油进出口公司也下发了（64）粮字063-7839号文件，向全国颁布了《关于乳制品意见》：随着国民经济好转，各地乳制品生产增加很快，各地都要求扩大出口。但过去两三年乳制品出口基本中断，中国对国际市场乳制品情况了解很少，并且各地生产出口乳制品在技术、品质和包装方面还存在一些问题。提出如下几点意见：①乳制品系中央统购商品，由各地商业部门统一收购。②各地收购的乳制品必须保证符合轻工部的特级品标准，并须合乎出口要求。③为了统一经营和出口口岸间协作，暂定炼乳和奶油由上海食品进出口公司主管，天津、大连配合；奶粉由辽宁公司主管，天津、上海配合。④请五丰公司行抓紧调查港星婆市场乳制品产、销、存、贸易和价格情况，并提出经营意见，报总公司，抄送有关口岸。⑤上海、龙江、辽宁公司应抓紧安排对越南、马里等出口炼乳、奶粉，解决生产和包装的问题。⑥根据国外的要货情况，明年重点扩

---

1 如何解决牛奶大量积压问题.北京市档案馆.002-020-01176.

2 关于调整奶粉销售价格的通知.上海市档案馆.B98-1-1465-65.

大炼乳的生产和出口，请有关口岸早做准备[1]。

经历长达几年的自然灾害和政策失误造成的生产下滑之后，1963年北京市的牛奶生产得到恢复，牛奶产量比1962年增加了近41%。可是，在市场需求尚未得到满足的情况下，北京市却出现卖奶难的怪现象。据档案记载，1963年3月，全市牛奶日供应量达到980吨，而每天实际销售的仅84吨。每天剩余近14吨。部分被加工成乳制品，而乳制品也销路不畅，出现大量积压现象。

牛奶滞销的情况，到1964年变得更为严重。以至于北京市委常委会为此专门在1964年5月11日召开了“关于牛奶问题的会议”。根据市财经办当年留下的传达这次会议精神的纪要，要点如下：①牛奶站积压的工业用奶粉100吨，黄油80吨，分别按每千克2.4元和2.0元的价格一次性处理给有关食品加工厂，用于加工食品，提高食品质量。②市糖业烟酒公司要把推销本市奶粉作为一项重要任务，派出得力人员赴外地推销，市副食品商业局、服务局要积极宣传推销奶粉工作，郊区供销社要组织奶粉下乡。③扩大冰激凌生产，积极推销冰棍。适当放宽摊位商贩的批货限额。④从会议结束日起，对直接订鲜奶户，每磅牛奶每月加配食糖四两改为一斤，下调牛奶零售价格，每磅零售价为0.22元[2]。

由于牛奶产供失衡，滞销严重，以至于北京市的牛奶公司和国营农场出现经营亏损。市财政局以紧急报件的方式向市人民委员会报送了《关于市牛奶站计划外亏损情况及弥补亏损意见的报告》。报告称，1963年，全市牛奶站计划实现125万元的利润，可是到当年10月底即亏损了41.6万元。财政局建议对于奶站给予补贴，以使正常运营[3]。

天津的情况也是如此。按规定，天津市的牛、羊奶全部由市乳品公司销售。1963年3月份以前，鲜奶仍然是求过于供。但是，随着市场副食品情况好转，再加上产奶量逐渐提高，从4月份开始转为供过于求。而且产销差距越拉越大。至1963年中，出现了牛奶销售不畅的问题。当时天津市奶牛主管部门提出的解决办法是：①适当压缩畜群，减少奶牛数量。②降低生产和销售成本。③千方百计打开销路。④增加乳品厂的加工能力。⑤加工多种乳产品，扩大加工品种[4]。

上海市于1963年底出现牛奶过剩问题。当年全市牛奶总产量25 582吨，稍微超过了1959年的产量。但由于消毒牛奶的售价等问题，1963年年底比年初减少订户1.8万个，牛奶出现供过于求的表面现象。1964年，上海市农垦局以（64）垦财字第82号文件向市人民委员会提出《关于调低牛奶售价的请示报告》：三年困难时期过后，农业生产得到快速恢复发展。到1964年，各地开始出现牛奶销

---

1 关于乳制品意见，中国粮油进出口公司(64)粮食三王字063-7839号.山东省档案馆.A157-02-342.

2 北京市人委财贸办物价委工业委等关于推销牛奶会议纪要.北京市档案馆.002-021-00475.

3 关于市牛奶站计划外亏损情况及弥补亏损意见的报告.北京市档案馆.002-021-00475.

4 我市牛羊奶产销情况及今后意见.天津市档案馆.X0053-Y-1175.

售过剩的现象。上海农垦局分析其中的原因有：①随着国民经济全面好转，市场副食品供应增多，过去以牛奶补充营养品不足的订户大大减少；②人民的健康水平提高，生病率下降，给病人订奶和给婴儿照顾牛奶的亦减少了；③牛奶售价偏高。因以上原因，形成鲜奶过剩及乳品积压，而鲜奶不能久藏，奶粉加工设备及仓库均不适应，矛盾突出。因此，提出牛奶降价的请示[1]。

我们在上一节讨论三年困难时期的乳品供应时，还在阐述各地乳品供应紧张的情况，许多地方不得不严格审查、核定享受乳品鲜奶供应的对象，严格凭票供应牛奶。困难局面才刚过去，转眼间又出现了“牛奶滞销”的难题，以至全国上下都乱了阵脚。不仅商业部、粮油进出口公司紧急发文协调解决，各地方政府部门也紧急行动起来，寻求“牛奶的出路”。

通过中国牛奶市场从短缺到过剩的现象，折射出奶业国营化的体制性弊端，这是后来的经济改革需要解决的难题。

第四节 “文化大革命”时期的奶业（1966—1977年）

“文化大革命”是新中国历史上一段影响深远的非常时期。时间跨度长达10年，范围波及整个中国。1966年，新中国的经济经过17年的发展，逐渐形成了一个完整的国民经济体系。民族资产阶级已经完全退出了历史舞台，国营企业已成为国民经济的主导，个体经济几乎完全消失，人民公社是农村主要的政社合一组织。但是，“文化大革命”把中央集权的高度计划经济推向极致，完全忽视市场的调节因素，社会资源得不到优化配置，整个社会的经济发展缓慢。

一、“文化大革命”初期对奶业的冲击和影响

由于能看到的“文化大革命”初期的奶业资料十分有限，因此很难全面描述这一阶段的奶业状况。不过，从一些散见的零星材料观察，仍然可以窥知“文化大革命”初期对于奶业造成的破坏。

“文化大革命”对于奶业的影响不同于三年困难时期。三年困难时期，国家行政管理运行正常，运行效率甚至还有所强化，能够有效配置资源扶持奶业。而“文化大革命”初期，各级政府机构被削弱甚至被剥夺了行政权力，国家处于半瘫痪状态，国营奶业受到了自上而下的直接破坏。

---

1 关于调低牛奶售价的请示报告.上海市档案馆.B30-2-57.

例如，1966年“文化大革命”开始时，天津市的奶业即受到了影响。首先是天津市农垦局被撤销，各农场被分割给财贸、文教和郊区管委会等不同系统和部门。市乳品公司脱离农口归并到财贸口的糖酒公司，牛奶生产、收购、加工、销售等被分割成几大块，奶业失去了综合协调平衡机制，使整个奶业系统陷入困境，生产秩序混乱。这种情况从1966年下半年就显露出来，局势迅速失控，农场经营业务全面瘫痪。“文化大革命”爆发前的1965年，天津市有奶牛5 321头，到1967年就下降到3 200头，1968年3 010头，1969年只有2 850头，连续3年数量减少，比1965年末减少2 471头，下降46.4%。可见“文化大革命”对奶业的破坏之重。

北京奶业受到很大的冲击。从奶牛饲养数量看，1965年北京市奶牛存栏数为22 000头。“文化大革命”开始后逐年减少，到1970年奶牛存栏仅有14 000头，比1965年减少了8 000头。另外，因科技人员下放，技术专家“靠边站”，领导干部被当作“走资本主义道路当权派”停职批斗，国营农场生产秩序大乱，奶牛的生产水平不断下降。文化大革命前的1965年，北京市成年奶牛平均产奶量4 964千克，到1969年下降了17.6%；1965年总商品奶产量44 865吨，1966年“文化大革命”一爆发，奶产量就开始下降，到1968年下降到低谷的26 335吨，与1965年相比，减产了41%。这是新中国成立后，北京市奶业第一次出现大幅度减产。三年困难时期，虽然全国大部分地区的奶业出现减产现象，但是北京市还是在增长的。这一次，北京市奶业没能逃脱“文化大革命”的严重影响，奶产量减产影响了北京市的鲜奶供应，首都居民又一次经历“喝奶难”的困扰。

表11-8　1965—1972年北京市国营农场及牛奶公司的奶产量[1]

年 份	奶产量（吨）
1965	44 865
1966	38 270
1967	35 095
1968	26 335
1969	39 820
1970	42 245
1971	46 265
1972	48 030

注：1. 1972年奶牛12 500头，成年牛8 600头。
2. 数据包括全市14个国营农场及一个牛奶公司，共15个单位。

1　历年主要农产品产销情况.北京市档案馆.133-006-00485.

二、“文化大革命”中期奶业缓慢恢复和发展

“文化大革命”中期，在中央“抓革命促生产”的号召下，国家的政治生活逐渐趋于平稳。期间虽然仍然受到“以阶级斗争为纲”左倾路线的影响，但是农业生产已经得到一定程度的恢复和发展。这期间，在奶业发展措施方面，表现最突出的首推奶牛育种。

（一）奶牛育种

1972年，农林部召开了有关奶牛育种和推广冷冻精液技术的座谈会，对中国奶牛良种选育事业起到了积极的推动作用。这次会议之后，各地相关部门响应中央号召，采取措施开展奶业育种工作。其中，先后有8个省份建立了奶牛育种组织，开展了群众性的育种活动。有的省份还专门建立了种公牛站，减少了饲养公牛的数量，一方面降低奶牛饲养成本，另一方面又提高了采精效率。这次会议之后，中国掀起了以政府主导，主管部门组织，奶业场、社参与的群众性的奶业育种高潮。

例如，1973年，北京市成立了中国第一个种公牛站——北京市种公牛站，开始进行奶牛冻精的批量生产[1]。

当年12月，农林部科教局在天津召开北方地区黑白花奶牛育种协作组会议。参加会议共79人，其中有北方12省（自治区、直辖市）的业内专家领导，并邀请了南方5省（自治区、直辖市）的专家代表。这次会议确定了国家奶业发展的基本方向，取得三大影响深远的成果：①确定城乡并举、工农结合的奶业发展道路。会议指出，奶牛主要分布在大城市，今后要发展到广大农村。②奶牛养殖和挤奶作业要逐步实现机械化，要制定措施、增加投入、加强科研，迅速提高奶业的现代化水平，提高奶业生产的效率和效益。③随着农业生产机械化的推广和普及，农村役用耕牛的需要量将逐渐减少，要因地制宜地将役用牛培育为乳、肉兼用牛。会议提出，上海、北京等中心城市要在农村发展奶牛方面积极探索，积累经验，引导全国奶牛育种和品种改良的发展。

会议之后，农林部进一步布置了奶牛冷冻精液推广工作。1974年，农林部委托北京市牛奶公司举办了“家畜冷冻精液培训班”。资料显示，1974年，全国已有14个省份开展牛冷冻精液的试制和推广工作，建立输精点139处。

1974年11月，第三次北方地区黑白花奶牛育种协作座谈会在西安市召开，会议选出北京市农林局为组长单位，天津、黑龙江、陕西省（市）农林局为副组

---

1 奶牛人工授精的精液剂型经历了液态新鲜精液、颗粒冷冻精液、细管冷冻精液三个阶段。1962年以前，我国基本使用新鲜精液配种。20世纪50年代末至60年代初，国内研制成功冷冻精液，曾应用于部分牧区改良当地黄牛。1963年研制成功颗粒冻精。1965年农垦部从荷兰引进液氮发生器，开始以液氮（−195.8℃）为冷源生产超低温冷冻精液，取得了满意效果。

长。北京牛奶公司设立秘书组，负责联系、落实、检查各地的协作组成员单位的任务完成情况和处理有关事宜。以这次会议为标志，全国奶牛育种工作纳入了区域性协作和科学化管理的新阶段[1]。

北京市作为区域协作的组长单位，市牛奶公司具体负责秘书组的日常事务，负有领导和推进全国黑白花奶牛良种选育工作的重任。为此，北京科技局于1975年拨出专款4万元，用于奶牛冷冻精液人工授精技术科研费用和北方奶牛育种协作组办公费用。北京市农林局分配给市属各国营农场新建奶牛固定青贮窖投资拨款共66万元，共分配给东郊等14家国营农场[2]。

总之，从20世纪70年代初开始，在农林部科教局的组织协调下，1972年“北方奶牛育种协作组”、1973年“北方4省（自治区）草原红牛育种协作组”、1974年“南方奶牛育种协作组”相继成立，实现跨省（自治区）育种。北京、上海等乳业大城市于1973和1974年建立种公牛站，大力推广使用冷冻精液人工授精技术，使中国奶牛群体遗传水平第二次大幅度提高。

（二）奶牛养殖

在加强奶牛良种选育的同时，各地也加强了奶牛养殖工作，使奶牛数量、养殖质量、生产效率、产奶水平等方面都有一定发展和提高，成为“文化大革命”中奶业建设可圈可点的阶段。

根据国家的有关政策，全国各地结合自身的实际情况制定了扶持奶牛养殖业的政策，除按计划给予资金支持外，还规定了奶牛饲料地和饲料粮的标准，每头成年母牛配给的饲料地南方地区少点，北方地区多一点。如北京市1972年8月《市革委142号文件》规定，“每头成年母牛安排4.5亩专用饲料地，由粮食部门核减统购粮指标”。黑龙江每头奶牛划给1～2亩饲料地，对养奶牛专业户还适当增加，饲料地不计征购粮，不拿统筹金。有草原的地方，划给养奶牛户一定的草场和放牧地，统一管理和建设。国营奶牛场饲料粮按照成年母牛和后备牛分别定量供给，提高了奶牛的饲料质量。

1974年，北京市农林局、农机局提出关于建立机械化奶牛场试点的报告。市委根据万里同志关于加速奶牛业生产机械化的指示，把奶牛场全部改建为机械化生产的先进牛场，计划在红星公社先行试点，再全面推开。并请农林部、中国农业科学院出国考察过的同志以及有奶牛业生产经验的人员进行了座谈，听取了他们的意见。确定了①场址：红星公社畜牧分场；②规模：成奶牛400头；③机械化自动化程度：饲喂饮水机械化、挤奶机械化、粪便处理机械化、粪便综合利用机械化；④时间要求：1975年国庆节前投入使用生产；⑤投资：

---

1 北方地区黑白花奶牛育种协作座谈会的精神和今后我市奶牛发展的意见.西安市档案馆.164-195.

2 奶牛冷冻精液人工授精技术科研和新建奶牛固定青贮窖费.北京市档案馆.092-003-00338.

全部预算50万元，其中土建20万元、设备14万元、粪便处理设备8万元、饲养设备8万元[1]。

1973年，北京市委发出指示：为了确保首都牛奶供应，除将现有的14 400头奶牛养好，力争高产稳产外，1974年还要增加1 600头，年底达到16 000头。为了实现这一目标，市委向农林局、市牛奶公司和市属各国营农场，提出四点具体要求：①提高交售牛奶的补助饲料粮标准，鼓励奶牛饲养单位扩大养殖规模、提高牛奶生产水平。奶牛饲料粮的供应办法是，按每交售2.65斤商品奶供应1斤饲料粮（此前是每交售4斤商品奶补助1斤饲料粮）。②新增成年奶牛的饲料供应标准，以1973年市粮食局通知中的成年奶牛每增加1头，供应饲料粮4200斤，平均每个饲养日5斤。③支援外省的小牛计划1 000头，每出售1头雌性小奶牛供应饲料粮300斤。④市种公牛站饲养的种公牛按实有数量，每日每头供应8斤[2]。

1974年，北京市委指示，各农场必须保证每头成年奶牛有4 ～ 5亩饲料地。各场奶牛饲料地应先安排国营土地，固定地块、专地专用，不足部分由农村生产队代种，但必须落实地块，并应在牛场附近。保证青饲、青贮和部分块根供给，逐步达到全部青饲、青贮、块根自给自足，并能适当解决部分干草[3]。

上海市牛奶公司也于1972年向上海市革命委员会提交了《关于发展奶牛增加奶粉供应的请示报告》：发挥上海市奶牛饲养的优势，提高科学饲养水平，扩大良种奶牛种群；发挥郊区社队的奶牛饲养积极性，落实“两条腿走路”的奶业发展方针，扶持郊区社队集体奶牛业的发展[4]。

上海市在“文化大革命”中的奶业发展措施取得了良好效果。到1972年底，上海市牛奶公司饲养奶牛10 500头，国营农场饲养990头，郊县社队集体8 100头。社队奶牛饲养量占全市奶牛总数的41%，这在当时的全国大中城市中是比例最大的，真正实现了奶业“两腿并行，城乡并举”的发展目标。上海的经验不仅在“文化大革命”中起到了积极的示范作用，而且也为后来的改革开放提供了成功的经验借鉴。

但是，在发挥农村社队集体奶牛养殖方面，西安市却没有取得预期的效果。我们在档案中看到，1975年1月30日，西安市农事企业管理局召集了市计委、财办、农办、二商局、财政局、粮食局、银行、农林局等单位负责同志，专门研究讨论了西安市发展集体奶牛的问题。与会人员首先学习了王震副总理的电话批示和外地集体奶牛的经验，结合西安市的实际情况，提出了发展社队集体奶牛的七点具体方案。①制订发展计划，到5年后的1980年，该市奶牛总头数为10 000

---

1 北京市农林局、农机局关于建立机械化奶牛场试点的报告.北京市档案馆.092-003-00267.

2 北京市农林局关于下达1974年商品奶和用粮计划的通知.北京市档案馆.092-003-00267.

3 北京市粮食局、农林局关于奶牛饲料地有关规定的通知.北京市档案馆.092-003-00267.

4 关于发展奶牛，增加奶粉供应的请示报告.上海市档案馆.B98-5-613-54.

头，其中国营5 000头，集体5 000头（1975年为1 200头）；②社队集体奶牛的发展布局，郊区3 000头，长安县2 000头；③发展集体奶牛所需资金原则上由社队自筹为主，国家资助为辅；④社队自行安排奶牛饲料，确有困难的，国家给予补助；⑤社队集体牛场的奶牛由国营农场调拨，以育成牛为主，适当配给一些泌乳牛；⑥建议为市红旗及红星两家乳品厂各增加两辆运奶车，专门在社队牛场设生奶收购点；⑦加强领导，社队奶牛纳入国家计划等。会议之后，形成了陕西省西安市农事企业管理局（75）第015号文《关于发展社队集体奶牛意见的请示》[1]，报送市主管局审批。

可是，到了1975年底，同样是农事企业管理局却向西安市农林局报告说：年初批转了9个单位联合下发的《关于发展社队集体奶牛意见》，期间还两次召集县（区）负责同志作了研究，但收效不大。截至1975年底，全市集体奶牛场不但没有发展，反而还有下降。牛群数也在不断减少，奶牛场由原来的31个减少到27个，奶牛数由1973年的1 248头下降到1 140头，减少了108头。集体所有制的27个奶牛场，其中公社办的7个，大队办的16个，生产队办的4个，存在的问题是：规模小、牛群少、技术水平低、产奶量少、养奶牛不赚钱。此外，还有饲料问题、牛舍建材问题、区县领导贯彻不力，行动迟缓等[2]。总之，发展农村社队集体养奶牛，需要政府在资金、物资方面资助，社会多方扶持支援，才能取得预期成功，并非一纸文件即可奏效的。

（三）乳品生产分配

“文化大革命”期间，国家对乳品生产质量的把关极严，常常提高到“政治意义”来要求。这一时期虽然乳品供应紧张，但是基本上杜绝了乳品生产掺杂造假的现象。

广东省1973年各地饲养奶牛1万多头，年产鲜奶约10 000吨，广州和各地区都建立了乳制品厂，每年生产食用炼乳2 000吨，奶粉20多吨。该省在《加快发展乳品生产的联合通知》中特别强调：奶粉和炼乳是直接食用的营养品，产品质量关系到广大军民和婴儿、病人的身体健康，关系到国家和消费者的关系，关系到国家的信誉。因此，要努力提高产品质量，采取有效措施，把好质量关，奶粉和炼乳都要按国家规定的质量标准进行生产，不得超过标准加糖，更不准掺杂造假，以保证产品质量。凡是达不到国家规定的食用质量标准的，一律不准当食用品出售，以免影响人民身体健康，影响国家声誉[3]。

为了保证生鲜乳的质量，各牛奶生产单位注意从挤奶、送奶、贮奶等每个作业环节抓起。1974年，北京市农林局《关于解决国营农场挤奶机械化问题的报告》

---

1 关于发展社队集体奶牛意见的请示.西安市档案馆.164-247.

2 关于发展社队集体奶牛的工作情况和存在几个主要问题的请示报告.西安市档案馆.164-247.

3 广东省农业局，轻工局，商业局关于加快发展乳品生产的联合通知.广东省档案馆.0296-A2.1-22-24.

指出，全市共有奶牛约1.5万头，年产牛奶50 000多吨，实现了“万头牛，亿斤奶”，奶牛生产形势很好。但是，奶牛场仍处于手工挤奶的落后状态，劳动强度大、工作效率低、不卫生。尤其是5个对外友好公社外宾经常参观，与当前首都的政治地位很不相适应。1958—1965年，北京市的奶牛场曾使用过机器挤奶，但是，这些机器系苏联进口或从外省加工定货，零件损坏无法更换，本市又没有加工生产单位，因此逐步减少使用以至废弃。市委对奶牛生产机械化很重视，曾多次指示要尽快解决这个问题。北京有关部门拨出研制经费，委托南郊的红星公社研制成功电子脉冲挤奶器，经过奶牛场试用效果很好。于是市计委落实安排批量生产100台，将国营农场的手工挤奶改为机器挤奶[1]。

解决挤奶机械化以后，北京市又着手解决运送生奶机械化问题。1974年全市共有奶牛约1.5万头，分别饲养在8个区县53个牛场，每天产奶130多吨。这些牛奶基本都需要送到市内的牛奶公司各加工厂进行消毒分装，然后送到用户。牛奶运输用具一直是个很大的问题。每年各牛场路耗损失生奶达250吨以上。特别是中朝、中越等5个友好公社，外宾来往多，用落后工具拉运牛奶，既不能保证生奶质量，政治影响也不好。为此，北京市委安排有关工厂制造了8辆奶罐汽车，做到机动专车运送牛奶[2]。

1974年，北京市农林局向市政府呈送了《关于购进日本纸包装鲜牛奶机器的请示》，第一次提出使用国外先进牛奶包装机械。请示文件指出，日本产的牛奶包装机轻便小巧，厂房面积小，便于空气消毒，全部自动化，经济效益高。减少洗瓶、洗盖、装瓶等劳动作业，运输量也减少一半以上。首都外宾日益增多，特需也多。购进先进的牛奶包装机器，可以提高牛奶包装效率和质量，逐步实现牛奶包装现代化[3]。

“文化大革命”中，商业部、轻工业部、农林部等部门于1972年联合发出《关于推广阿巴嘎旗发展奶粉生产经验的通知》，要求各地学习借鉴内蒙古阿巴嘎旗发展奶粉生产经验，因地制宜发展乳品生产。该通知指出，新中国成立后，奶粉生产发展很快，1971年的产量比1952年增加了5倍以上。但仍不能适应国内军需、民用和援外的需要。在奶粉生产上存在一个突出的矛盾，城市现有的奶粉厂由于奶源不足，加工能力有余，而广大牧区由于缺乏加工能力，丰富的、分散的奶源又得不到充分利用。内蒙古自治区阿巴嘎旗自力更生、就地取材，兴办起半机械化的乳品厂，充分利用当地旺季的奶源发展奶粉生产，比较好地解决了这个问题。

---

1 北京市农林局关于解决国营农场挤奶机械化问题的报告.北京市档案馆.092-003-00267.

2 北京市农林局关于解决奶罐车的请示.北京市档案馆.092-003-00267.

3 北京市农林局关于购进纸包装鲜奶机的请示.北京市档案馆.092-003-00267.

阿巴嘎旗是个牧区，在产奶旺季，除满足当地人畜需要外，还适当利用分散奶源加工奶粉。1958年他们曾用平锅箩筛的土办法生产了奶粉。1970年后，利用多余奶源生产奶粉，奶粉厂一般是6月开工，9月结束，生产期3个月。1971年，该旗办起了4个社办奶粉厂，生产奶粉42吨，特级品和一级品达到83%。除全旗自给外，调出21吨，支援了兄弟地区。

从牧区现有条件出发，因陋就简、土洋结合，仅用29天，就在查干尔公社建成日处理生奶3吨的直火加热、平锅浓缩、喷雾干燥的半机械化奶粉厂。这个经验迅速在全盟推广，不到1年时间，各旗相继建成13座奶粉厂。收购分散生奶2 000多吨，生产奶粉260吨。

为此，商业部等三部委向全国奶业系统和广大牧区公社提出了五点意见：①要吸取过去脱离奶源基地建大厂，造成奶源缺乏，开工不足的教训；②牧区发展奶粉生产，要贯彻以牧为主的方针，利用分散奶源，要妥善安排幼畜用奶和牧民生活用奶；③现有奶粉厂、奶源不足的地区要努力增加奶源，提高奶牛饲养管理水平，加强品种改良，加强疫病防疫，促进奶牛不断发展；④要努力提高产品质量，奶粉是直接食用和食品加工的原料，质量不好，影响人民健康，影响国家信誉，要加强检验工作，把好质量关，不符合质量标准的，不准当食用粉出厂和销售；⑤缺奶的地区都要因地制宜地发展奶牛、奶羊，增加市场鲜奶供应[1]。

从以上的档案资料可以看到，“文化大革命”时期，国家在奶业生产方面采取了各种政策措施，促进了奶业的生产和供应。此外，有关部门还充分运用社会主义计划经济调配资源的行政优势，对国内的乳品进行区域间和行业间的调配。

1973年，商业部（73）商食字第35号文称，为安排好援外特供、保健及婴儿用奶粉的需要，现将1973年度奶粉调运计划随文下达，希联系调运（表11-9）。由于人民生活水平的不断提高和援外、出口的增加，奶粉货源仍然很紧，希各地积极发展乳品生产，把分散的奶源充分利用起来。有条件的地区还可多搞些代乳品，以供当地需要[2]。

表11-9　1973年全国奶粉调拨分配情况[2]　　单位：吨

地区	调入	调出							
		甘肃	青海	江苏	浙江	天津	内蒙古	吉林	黑龙江
全国总计	1 105	50	60	70	300	50	50	50	475
四川	40		40						

1　关于推广阿巴嘎旗发展奶粉生产经验的通知(72)商食联字第87号.广东省档案馆.296-A1-3-19-207.

2　商业部文件：关于分配一九七三年奶粉的通知.广东省档案馆.0296-A2.1-31-24.

（续）

地区	调入	调出							
		甘肃	青海	江苏	浙江	天津	内蒙古	吉林	黑龙江
贵州	45				45				
云南	20		20						
西藏	135								135
陕西	50	30				20			
宁夏	20	20							
河南	50								50
湖北	40								40
湖南	35								35
广西	30								30
广东	80								80
上海	250			70	180				
安徽	35				15				20
福建	40				40				
江西	20				20				
山东	55								55
河北	60					30			30
山西	50						50		
辽宁	50							50	

由表11-9看到，1973年，甘肃、青海、江苏、浙江、天津、内蒙古、吉林、黑龙江等8个省（自治区、直辖市）调出奶粉1 105吨，调出奶粉最多的是黑龙江省，共调出475吨，占当年全国调运奶粉的43%。获得奶粉调入的有四川、贵州、云南、西藏、陕西、宁夏、河南、湖北、湖南、广西、广东、上海、安徽、福建、江西、山东、河北、山西、辽宁等19个省（自治区、直辖市），调入最多的是上海市，调进250吨，占全国调运奶粉的23%。调拨计划中未提到的省（自治区、直辖市），可以理解为产销自给，如新疆和北京。

1974年下半年，全国奶粉调拨计划为调出725吨，其中黑龙江调出665吨，青海调出40吨，吉林调出20吨，当时全国的奶粉基本上都产自黑龙江。而调入的省（自治区、直辖市）共18个，调入数量最低的河北省20吨，最多的广东省80吨[1]。

三、“文化大革命”后期奶业再次徘徊不前

（一）唐山大地震对北京奶业的影响

1976年7月28日，唐山发生大地震，波及北京，但是北京市各农场牛场职工

1 关于分配1974年下半年奶粉调拨计划的通知.广东省档案馆.296-A1-2-32-137.

仍然坚持生产，每天仍送奶20多万斤。市牛奶公司各鲜奶加工厂职工坚守岗位，坚持生产，按时送奶。朝阳酸奶加工厂28日停电，直到29日下午才恢复供电。在停电期间，坚持手工操作，每天制酸奶1 000多斤，确保国际友人供应。

地震对牛奶这类生鲜食品的运输和供应产生了直接的影响。①截至1976年7月30日，因交通等原因，共损失奶7万斤。②免费给医院、机关学校供2万斤，减价处理（每斤3分）1万斤，共10万斤。每日鲜奶销量从16万斤减少至9万斤，冰棍加工厂两个车间停产，减少原料奶1.4万斤。③居民在街道两侧搭建临时住所，影响交通，奶车进不去[1]。

地震发生后，城区的许多牛奶订户搬进了防震棚，到发奶点取奶的用户越来越少。当时，很多订户特别是病人、婴儿吃不上牛奶。北京市牛奶公司党委号召开展义务卖奶活动，特别是广大送奶员，每天早去发奶点，走街串巷，让用户取上奶。之后又蹬上三轮车，走街巷，串防震棚，吆喝着去卖奶、发奶，保证了牛奶的供应。

据1976年北京市奶牛场年报，全市有奶牛1.6万头，产牛奶51 098吨。受唐山地震影响，奶牛及牛奶均比上年减少。

（二）奶牛养殖

“文化大革命”的最后两年对奶业的正常生产运营产生了较大影响，奶牛养殖进入一个短暂的低潮期。

由于各地档案中缺少这两年的具体数据，我们只能依据所见的两份奶业统计数据作出简略的分析。

一份是北京市1976年牛奶生产计划。从这份计划报告中知道，北京市1974年有奶牛1.5万头，1975年增加到1.6万头，比上年增加7%，产牛奶51 498吨。1976年计划奶牛存栏数为16 156头，计划产奶53 460吨。奶牛比上年增加3%，牛奶比上年增产4%。增产幅度明显降低，反映了当时的政治氛围和经济政策的变动对奶业产生的负面影响。计划报告还特别提到，1976年北京市计划支援外省良种犊牛1 500头。但是该报告的附表（表11-10）只列出了576头犊牛分配的省、自治区[2]。

表11−10　1976年支援各省、自治区黑白花小母牛分配情况

场　别	小母牛数（头）	分配各省、自治区数量（头）
东郊农场	69	陕西10，宁夏9，湖北50
双桥农场	57	河南30，云南25，江西2
朝阳农场	15	河北15

[1] 北京市农林局地震后牛奶生产情况汇报.北京市档案馆.092-003-00421.

[2] 北京市农林局1976年牛奶生产计划.北京市档案馆.092-003-00421.

（续）

场　别	小母牛数（头）	分配各省、自治区数量（头）
西郊农场	79	内蒙古79
东北旺农场	20	内蒙古20
芦沟桥农场	15	河北15
南郊农场	200	河北200
北郊农场	100	福建50，广东20，内蒙古30
长阳农场	30	内蒙古30
合　计	**576**	

另一份统计资料是关于中国1974—1978年良种及改良种奶牛年末存栏数的数据。这是一份甚为详尽的全国各地奶牛饲养的珍贵资料。通过这份数据，可以进行“文化大革命”后期奶牛养殖的相关分析。

就全国整体情况而言，1975—1977年奶牛数量分别是40.6万头、42.5万头和44.7万头，年度递升分别是4.7%和5.2%，属于缓慢增长。

就奶牛养殖的区域分布而言，以“文化大革命”结束的1977年计算，当时全国奶牛44.7万头，其中华北区7.1万头、东北区15.6万头、华东区6.1万头、中南区4.0万头、西南区3.2万头（缺西藏数据）、西北区8.7万头。东北三省的奶牛饲养量占据全国总数的34.9%，是全国的乳制品工业基地。饲养量超过2万头的省（自治区、直辖市）依次是吉林7.4万头、黑龙江6.1万头、新疆5.9万头、内蒙古2.5万头、辽宁2.1万头、上海2.1万头。仅黑龙江就占全国总量的13.6%，新疆占13.2%，两省、自治区合计占全国奶牛总数的26.8%。

需要说明的是，表11-11的数据是特指全国的“良种及改良种奶牛”，因此，表中数据可能与上文出现的各地奶牛统计数据有所出入，出现这种情况的原因比较复杂，其中主要是对于“良种奶牛”的界定上。

表11-11　良种及改良种奶牛年末存栏数　　单位：万头

地 区	1957	1973	1974	1975	1976	1977	1978
全国总计	**15.98**	**36.8**	**36.3**	**40.6**	**42.5**	**44.7**	**47.5**
华北区	5.23	4.5	4.9	5.6	5.6	7.1	6.1
北　京	0.85	1.4	1.5	1.6	1.6	1.6	1.7
天　津	0.32	0.4	0.5	0.5	0.5	0.6	0.8
河　北	0.4	0.8	0.9	1.1	1.1	1.6	1.4
山　西	0.50	0.4	0.5	0.8	0.6	0.8	0.8
内蒙古	3.16	1.5	1.5	1.6	1.8	2.5	1.4

（续）

地区	1957	1973	1974	1975	1976	1977	1978
东北区	4.24	14	12	13.9	15.9	15.6	17
辽　宁	1.01	1.1	1.3	1.6	2.2	2.1	2.1
吉　林	0.46	7.7	5.5	6.7	6.8	7.4	6.4
黑龙江	2.77	5.2	5.2	5.6	6.9	6.1	8.9
华东区	3.15	5.5	6.3	5.7	5.5	6.1	6.2
上　海	1.04	2	2.1	2.1	2.1	2.1	2.2
江　苏	0.57	0.5	0.5	0.7	0.8	0.8	1
浙　江	0.24	1.8	1.8	1.6	1.1	1.1	1.2
安　徽	0.07	0.2	0.2	0.2	0.2	0.3	0.3
福　建	0.66	0.2	0.9	0.5	0.2	0.3	0.3
江　西	0.29	0.4	0.5	0.4	0.4	0.4	0.4
山　东	0.28	0.4	0.4	0.2	0.4	0.4	0.6
中南区	1.28	3	0.4	3.8	3.8	4	4.3
河　南	0.09	0.3	0.4	0.5	0.6	0.5	0.5
湖　北	0.36	0.7	0.8	0.9	0.9	0.9	1
湖　南	0.2	0.4	0.4	0.6	0.4	0.5	0.6
广　东	0.62	1.2	1.4	1.4	1.6	1.7	1.8
广　西	0.01	0.1	0.4	0.4	0.3	0.4	0.4
西南区	1.26	3	2.8	3	3.2	3.2	3.3
四　川	0.82	1.9	1.8	2	1.9	2	2
贵　州	0.07	0.3	0.3	0.3	0.4	0.4	0.4
云　南	0.37	0.8	0.7	0.7	0.9	0.8	0.9
西　藏							
西北区	0.82	6.8	6.9	8.6	8.5	8.7	10.6
陕　西	0.16	0.7	0.7	0.6	0.7	0.7	0.8
甘　肃	0.27	1	1.5	1.5	1.2	1.6	1.7
青　海		0.3	0.3	0.3	0.3	0.3	0.4
宁　夏	0.01	0.2	0.2	0.2	0.3	0.2	0.2
新　疆	0.38	4.2	4.6	6	6	5.9	7.5

（三）乳品生产与分配

在“文化大革命”的最后两年里，中国的牛奶和乳制品供应十分紧缺，国家有关部门为此采取了多项措施支持发展奶业生产和乳品加工，以期增加市场供应，缓解乳品短缺的局面。1977年，轻工业部等相关部委在江苏省无锡市召开了“全国乳品会议”，紧急部署全国的乳制品生产和计划调配工作。

会议之后，各地开始贯彻落实会议精神，采取积极措施，加快发展奶牛饲养，促进乳品生产。这里以江苏省的落实措施为例。①为高速发展乳品工业，对小母牛一律不准屠杀，对尚有繁殖能力的奶牛应缓期淘汰，以利加速繁殖；奶牛饲料仍按现行规定执行。②牛源要在省内市县之间调剂余缺，具体分工是：徐州支援宿迁、新沂，苏州支援沙洲，无锡市支援无锡县，常州支援盐城，镇江支援连云港新浦农场，南京卫岗牛奶厂和红旗农牧场支援南通地区。③为充分合理利用奶源，利于提高乳品质量，采取划片定点，分别挂钩的办法，各乳品厂要成立原料基地科（组），抓好奶源基地建设。④加强管理，及时报送生产进度和业务报表[1]。

1977年，天津市也采取了相应措施，促进奶牛饲养和乳品生产。对牛奶管理事业进行了新的分工，决定由市农林局负责奶牛生产，统管该局所属的国营农场和郊区社队的饲养；由市二商局负责牛奶经营，全市生产的牛奶统一由二商局所属的市糖业烟酒公司乳品厂收购、加工、供应和乳制品生产。资料显示，1977年天津市共有奶牛5 625头，成母牛3 056头。国营专业奶牛队11个，养奶牛5 222头，其中成母牛2 859头。市郊区社队集体奶牛队8个，养奶牛403头，成母牛197头。1977年收购生奶13 250吨，销售消毒鲜奶8 500吨[2]。

由于当时市场鲜奶供应紧张，供需矛盾十分突出，各地不得不再次采取严格的限量供应、保证重点的办法。以上海市为例。1977年，上海市农场管理局《关于改变鲜牛奶供应办法的请示报告》显示，1976年后，上海市牛奶公司的鲜奶供需情况发生了尖锐矛盾：一是由于饲料不足的原因，市牛奶公司的牛奶产量比上年同期减少437吨，郊县减少了180吨。二是自1976年10月后，由于猪肉的供应办法改变，鲜奶的销售量大幅增加。1977年上海市的牛奶供应情况大致是，外轮、外侨、四大饭店、医院、工厂职工保健约占15%，新生儿至18月龄幼儿占10%，一般消费者占75%。根据"保证重点，照顾一般"的原则，拟从1977年7月1日起，实施下述办法：①对外轮、外侨人员及四大饭店作为特供，保证供应；②医院、工厂职工保健，仍为每日供应；③婴幼儿照顾到18月龄，每日供应；④一般老饮户采取两个办法；一是根据奶产量情况，酌量减少供应天数的1/3，二是欢迎淡季停饮；⑤因特殊原因需要特别照顾的新饮户，照顾3～6个月，办法同老饮户[3]。

1977年底，也许那些在街巷里弄的供奶站"排队取奶"的上海市民们并不知

---

1 江苏省关于发展乳工业有关问题的通知.西安市档案馆.档案号194-3331.

2 关于乳品工业发展规划意见.天津市档案馆.档案号X0308-C-820.

3 关于改变鲜牛奶供应办法的请示报告.上海档案馆.档案号B30-250-2-1113.

道，中国牛奶供应紧张的局面很快就要结束了。当这一年的最后一页日历翻过去之后，我们的国家从社会主义计划经济时代进入社会主义市场经济时代。发展奶业的重任重新交给了社会和市场。供奶站“凭票排队取奶”的镜头将作为历史的一幕留存在档案馆的记忆里。我们的后人看到它们时，也许会在心里发笑：买牛奶也值得排这么长的队！然而，这是真实的历史。我们的奶业和我们民族一道由此走过来，走向明天。

第十二章 改革开放后的奶业发展（1978—2000年）

1978年12月中共十一届三中全会以后，国家实行“改革开放”政策，把工作重心转移到以经济建设为中心的正确轨道上来。中国的奶业改革从此拉开帷幕。1979年，允许私人养奶畜的政策出台后，奶业领域的单一公有制被打破，从此，奶业开始了新中国成立后的辉煌时代。这个时期的突出特征是调动一切积极因素，最大限度地解放生产力、发展生产力。改革开放和科技进步，为乳业插上飞跃的翅膀，投资多元化，经营专业化、产业化，生产机械化和自动化，奶业、乳品加工业、乳品机械制造业及乳品科教事业全方位推进，产出总量高速增长。这个时期实际上由两个发展阶段构成：第一阶段是从1978年到1992年，是高速发展时期，这阶段的主要特征是市场需求快速增长，奶类生产受到重视，单一的奶业生产、加工、经销国营制被打破，实行了“国营、集体、个体一起上”的方针，形成投资主体多元化格局，国家对奶业的扶持政策加强，奶类生产出现高速增长，14年间奶类总产量的年递增率达到13.4%。第二阶段是从1993年到2000年，是奶业高速发展后的结构调整期，这阶段的主要特征是放开奶类购销价格，实行市场竞争；放开乳品加工，实行投资主体多元化；实行产业化经营，组建奶业集团，放开乳品市场，调整乳品结构；奶类生产得到稳步增长，8年来奶类总产量的年递增率为6.3%。

第一节　奶业的改革探索

改革初期，中国通过多种所有制、多种经营主体、多种经济成分共同参与的方式，加快奶业的发展，增加市场的乳品供应，解决乳品供应紧张的问题。

经过最初几年改革开放的实践，社会经济状况迅速得到恢复和改善。邓小平在1982年9月召开的“十二大”报告中指出：“今后一个长时期，至少是到本世纪末的近二十年内，要抓紧进行经济体制改革和机构改革，要坚定不移地实行对外开放政策”，提出了“计划经济为主，市场调节为辅”的原则，为中国奶业领域的改革开放，坚持国有经济主导，多种经济形式协调发展，以及按照平等互利原则扩大对外经济技术交流，指明了方向。同时，也为奶业改革进程中正确把握和划分“指令性计划、指导性计划和市场性调节”等问题设定了范围和界限。

一、改革开放初期的政策环境与奶业状况

新中国成立后，奶业经历了两次重大的体制性变动。一次是1953年至1958年的“奶业社会主义改造”，目标是把私营奶业改造成国营为主、集体为辅的公有制奶业；第二次是1978年至1984年的“奶业经营管理体制的转变”。这两次奶业变革是在不同的历史背景和不同的变革目标下实现的，它们都深刻地影响和推动了奶业发展。

首先，中国奶业改革的起步，是从发展私营的个体奶牛养殖户开始的。具有“承包经营”性质的个体奶农是从农村人民公社的集体养牛场转变过来的。他们与1949年以前的城郊农村的私人养牛户在生产资料占有上有着本质的不同。改革后出现的农村奶农，他们只有养殖奶牛的“承包经营权”，奶牛场用地和牧场饲料地都属于农村集体所有，奶农拥有的只是土地经营使用权。其次，改革后出现的个体奶农是在“计划经济为主，市场调节为辅”的原则下进行奶业生产经营，是社会主义经济的补充。在当时，奶农们需要严格执行国家的奶价政策和原奶收购政策，也需要在国家的配给或奖励政策下获得奶牛的精饲料以及牛舍的建筑材料等，这与新中国成立前的奶农也是完全不同的。第三，更为重要的是，改革后的奶农不是真正意义上的“个体”奶农，他们是在社会主义奶业的“国家网络”中开展经营活动的，在经营中得到来自政府和社会组织的许多业务支持甚至资金援助。比如，他们无偿得到政府主导的奶牛育种、疫病防控、技术培训、原奶配送加工等服务，“个体奶农”只是奶业生产环节中的“一个节点”，在整个奶业生产链条中，仍然是国营奶业为主体，这与新中国成立以前的私营奶业也是不可同日而语的。认识这一点，对于我们理解改革开放后的奶业发展，以及后来的政策演变，具有重要意义。

1978年10月，正是十一届三中全会即将开幕的前夕，中国为了促进社队大力发展奶牛生产，为乳品工业提供更多的原料奶，尽快解决奶粉短缺的问题，由国家农林部、轻工业部、中国人民银行联合发出了《关于支持社队发展奶牛生产的通知》。这项通知发至全国二十二个省、自治区、直辖市的农林、农牧或畜牧、轻工业局、人民银行分行。

这项通知指出，各地经验证明，积极支持社队发展奶牛生产，是贯彻“以粮为纲，全面发展”和“农业和畜牧业互相依存，互相促进，同时并举”的方针，是坚持两条腿走路，发展乳品业，扩大乳品供应，增加社队收入的一个重要途径。

这项通知要求，各地农林、轻工和金融部门要把支持社队发展奶牛生产列入

支农工作日程。同时，要根据地方党委的部署和要求，结合部门工作，做出相应安排，切实抓紧抓好如下三项工作：一是积极协助畜牧部门，切实做好发展社队奶牛生产的各项工作，首先要搞好社队奶牛生产规划，第二要落实党在农村的经济政策，正确处理国家、集体和个人三者之间的关系，妥善解决奶牛饲料和鲜奶价格的问题，第三要加强社队奶牛场的领导，总结交流奶牛生产的经验，建立健全发展奶牛生产的规章制度，充分挖掘社队奶牛生产潜力；二是大力扶持帮助社队发展奶牛生产，坚持为促进农业增产，发展乳品工业，壮大集体经济服务，发扬自力更生、艰苦奋斗、勤俭办事的革命精神，因陋就简、土法上马、由小到大，逐步发展；三是要按照信贷政策，从资金上积极支持社队发展奶牛生产，社队因购买奶牛、新建牛场、培育牛犊、繁殖良种、增添农牧业机械等所需生产资金不足部分，金融部门应适当贷款支持[1]。

这份通知发出后，各地政府积极响应和全力推行，如1979年初，山东省革命委员会农业局等四部门联合颁发了《关于扶持社队发展奶牛生产的通知》。

山东省《关于扶持社队通知》特别强调，根据农业部、轻工业部、人民银行联合发出的《关于扶持社队发展奶牛的通知》的要求，结合山东省情况，计划到1980年发展8 500头，1985年发展到20 000头，总产奶量达到5万吨。《发展奶牛生产的通知》提出了实现山东省奶业发展目标的五项具体措施：一是建议城市郊区、工矿区及附近县镇农牧场，凡适合饲养奶牛者，应有计划地发展奶牛；二是加强奶牛生产的领导，商业、粮食、一轻[2]、人民银行等单位要密切配合，统一规划，协调建设；三是解决好奶牛的饲料及其他物资的供应问题，乳品由国家统一安排销售；四是解决资金和设备问题；五是认真抓好奶牛牛源问题，禁止宰杀小母牛[3]。

此外，1978年，为满足中国大中城市居民不断增长的饮奶需求，国家实施了大中城市副食品基地建设，加强了政策、资金等扶持，推动了大中城市郊区国营奶牛业的发展。据统计，1978年，中国奶牛存栏47.5万头，是1957年近3倍，增长了197.2%；牛奶产量88.3万吨，是1957年近3.5倍，增长了248.5%。在中国奶牛存栏中，国营奶牛场饲养36.6万头，占总存栏数的77.05%，集体饲养7.9万头，占总存栏数的16.63%，个体饲养3万头，仅占6.32%。

这就是改革开放初期中国奶业的政策环境和奶业基础。我们注意到，1978年个体饲养的奶牛已经达到3万头，虽然只占全国奶牛存栏数的6.32%，但它是从“资本主义尾巴”的思想禁锢中迈出的奶业改革的第一步，预示着一个新的奶业

---

1 韩光.1979.社队发展奶牛的喜讯.中国乳品工业（2）.

2 “一轻”是文件中对“第一轻工业局”的简称。

3 关于扶持社队发展奶牛生产的报告，山东省革命委员会农业局等四部门联合文件（79）鲁农牧字第5号.山东省档案馆.档案号A068-06-057.

发展高潮的开始。

二、个体奶牛养殖的兴起

十一届三中全会重新确立了“实践是检验真理的唯一标准”的思想路线，中国许多地方开始放手让农民去实践、去选择、去试验，只要有利于促进生产发展的就支持。由于奶牛“分户包养”的生产方式适应当时的农村生产力发展水平，符合中国广大农民的意愿，所以在短短几年时间里，迅速在饲养奶牛的社队推广。

（一）农村奶牛专业户、专业村的发展

20世纪50年代末，中国完成了社会主义奶业改造之后，农村已基本没有个体奶农，即使在北方牧区中有“自留畜”政策，其中自养奶牛的牧民也很少。十一届三中全会以后，农村中开始出现农民自养奶牛的生产方式。我们首先需要知道的是，改革之初，在全国奶牛是清一色的国营和集体所有制的情况下，农民如何得到奶牛呢？也就是说，各地农村养殖户的奶牛“牛源”从何而来？为了解决和促进农民个体养牛业的发展，各地政府在政策允许的范围内，采取了各种办法。

例如，浙江省从实际出发，对农村集体奶牛场的管理采取多种办法。奶牛场把奶牛承包给专业户饲养，规定上交利润，其余收入全归承包户自己，生产费用自理。采取“三定一奖”的责任制，即以牛定产，以产定收，以人定牛，超奖减赔。1979年，浙江省金华市有17个农村社队建有集体奶牛场，当年除了有两个集体奶牛场采取“包干到组”之外，其余15个集体奶牛场都实行“包干到户”。实践证明，“包干到户”的多数奶牛场的经济指标增长明显，集体、个人都增加了收入。金华市让长公社天姆山大队奶牛场，将9头奶牛包给3户社员饲养，6个月的产奶量就超过承包前的全年产奶量，极大地调动了承包者的积极性[1]。

黑龙江省是中国的奶牛养殖大省。改革开放后，黑龙江省委和省政府推行“放宽经济政策，加快发展奶源”的奶业发展政策，明确提出加强乳品生产的经济优势，制定和调整了发展奶源的四项政策。即允许个体户饲养奶牛，饲养头数不受限制；提高鲜奶收购价格，每千克提价25%；取消售奶交纳累进税的规定；实行以奶换料。这四项政策经过宣传和落实以后，极大地调动了广大农民饲养奶牛的积极性，饲养奶牛遍布省内城乡，奶牛头数急剧增加，全省饲养奶牛达17.2万头，其中个体户养牛9.5万头，占55%[2]。

---

1 吴祖龙.1985.发展我省奶牛生产提高乳品供应水平.浙江畜牧兽医（1）：28-30.

2 李维成.1983.建设奶牛之乡，发展乳品工业.中国乳品工业（4）.

浙江温州是中国南方的奶业发源地之一，中国最早的炼乳制品厂即是温州人于1926年开办的。但是，温州奶牛饲养一直发展缓慢。1978年以后，温州的私营奶牛养殖业首先产生于农村，以农户个体经营为主。1984年，全市共有奶牛9 800余头，90%以上是个体户饲养，出现了许多养牛专业户[1]。

中国的北海市是广西最早的对外开放的沿海城市。改革开放后，个体奶牛养殖成为该市的主要奶源供应方式。从事奶牛业的专业户有25户，共养奶牛74头，年产奶200吨，分别占全市奶牛数和牛奶产量的17.5%和26.6%。1984年，该市奶牛专业户发展到56户。在奶牛专业户中，家住北海市西塘乡的奶牛饲养能手陈衍志，在当地政府的扶助下，陈家4个劳动力，养奶牛15头。此外还承包鱼塘，用牛粪养鱼。1984年，陈衍志一家鲜奶和养鱼收入3万元，成为北海市最早的“奶牛万元户”[2]。

河北省唐山市开平区的夏庄，是一个以回族群众为主的回汉联合村。这个村的回族群众历来就有养殖奶牛的习惯。1980年开始，他们在国家政策指引下，重点发展奶牛饲养业，取得了好成绩。回族群众在致富路上，还积极帮助本村汉族群众养牛。全村807户，奶牛养殖专业户达550户，到1984年，全村累计养奶牛6 400头，向北京、天津、辽宁等省、直辖市输出3 500头。1985年，全村又输出1 500头，向城市提供鲜奶820吨，两项收入129万元，人均收入达1 000元以上。全村收入万元以上的有80户，5 000元以上的有150多户。该村还办起了大牲畜集市，成立奶牛贸易公司，奶牛咨询服务站等，为奶牛专业户发展商品生产提供了便利的条件[3]。

（二）国家对个体奶农的扶持

个体奶牛饲养起源于农村基层，因而基层政府的扶持起到关键的作用。改革之初，农民在还没有资金、技术和奶业的社会服务体制尚未健全的情况下，县、乡政府的相关政策成为农村奶业发展的“助推器”。

在改革开放前沿的浙江省的许多市县，首先在政策上鼓励农民私人饲养奶牛，多方疏通渠道，积极扶持专业户、重点户，使奶牛生产迅速而稳健地发展，出现了沿海开放地区最早的一批“奶牛乡”和“奶牛专业村”。改革开放后的5年间，浙江省就基本上缓和了牛奶供应紧张状况。全省存栏奶牛近4万头，比改革开放初期的1.23万头，增加了2.3倍。

例如，浙江省金华市，从1978年开始有一些公社和大队办起了奶牛场，全市共有奶牛283头。从1979年开始，集体奶牛场开展“农户承包”的饲养方式

[1] 倪关钧.1984.发展个体饲养奶牛的几个有关问题.浙江畜牧兽医（3）.

[2] ——.1985.广西北海市奶牛专业户.广西畜牧兽医（2）.

[3] 沙凤祥.1985.奶牛专业村.中国民族（2）：15.

以后，奶牛的饲养量和鲜奶产量开始大幅度增长，当年的奶牛饲养量541头，鲜奶产量548吨，养奶牛农户88户。1983年奶牛发展到4 364头，鲜奶产量上升到6 574.42吨，养奶牛农户2 257户。到1984年3月底，奶牛发展到5 731头，养奶牛农户4 330户，农户养牛5 304头，全市约92.5%的奶牛是农户饲养。随着奶牛生产的发展，鲜奶产量的上升，牛奶敞开供应，基本满足了城乡人民对鲜奶和乳制品的需要，解决了“喝奶难”的问题。经过几年来的实践，农村发展奶牛饲养已显示出它的好处和较高的经济效益[1]。

在杭州市远郊的临安县三口乡，随着农村经济改革政策的落实，1980年底开始养奶牛。1984年底，全乡饲养奶牛达到650头，其中农户个体养奶牛437头，集体313头。全年产奶1 400吨，总产值达60万元。1984年，当地农民利用牛粪种蘑菇6 000多米^2，产值12万元。明显的经济效益极大地调动了农户养奶牛的积极性，全乡许多农户都养起了奶牛，奶牛养殖快速发展起来，是由于得到了省市县等各级政府的大力支持。乡党委根据本地区优势，提出了发展奶牛生产的计划。这一设想得到了省委领导的支持，鉴批“省财办研究办理”，杭州市委、临安县委对此也很重视，市政府下达文件将三口乡列为杭州市奶源基地，并实行以奶换料供应精饲料的办法[2]。这些举措使这个过去从没有饲养过奶牛的农村成为一个闻名的“奶牛之乡”。这是中国改革开放后，奶牛业迅速向农村扩展的生动缩影。

在江苏省无锡县东北塘乡，十一届三中全会以后短短的几年中，就掀起了以家庭承包为主的奶牛饲养业，一跃成为江苏省第一个千头奶牛乡。据1984年底统计，该乡已饲养奶牛1 682头，其中农户饲养1 205头，集体饲养477头，年产鲜奶总量5 650吨，产值达320万元，占全乡农业总产值的1/3。这些成绩的取得，乡政府大力支持奶业发展的政策起到重要的作用。一是千方百计帮助组织牛源，从公社的集体牧场调出奶牛83头，并从上海等地选购112头，由社员承包饲养，积极支持户养。二是积极帮助办理信用贷款。乡信用社为农户买牛提供贷款，解决农户买牛等资金不足的问题。农户贷款购买奶牛1 000余头，户均贷款1 500元。西北塘村的奶牛养殖大户钱云泉，投资3万元一次性从上海购买10头奶牛，其中银行贷款1.7万元。三是地方政府大力帮助社员购买奶牛饲料以及解决修建牛舍的水泥、砖瓦、石灰等物资的配额指标[3]。

在东北的传统奶业基地，各级政府也大力促进奶牛饲养。地处哈尔滨市与安达市之间的肇东县，位于滨洲铁路沿线。十一届三中全会以后，肇东县贯彻“国

1 浙江省金华市农业局.1985.农村发展奶牛生产大有作为.中国奶牛（1）：5-8.

2 马雄武.1985.山乡发展奶牛初见成效.中国奶牛（3）：68.

3 朱闻军.1985.无锡县东北塘乡发展牛奶生产的调查报告.中国奶牛（2）：63-66.

营、集体、个体一起上”的方针，放宽了经济政策，落实了家庭承包责任制，奶牛生产快速发展。在1978年奶牛存栏5 210头的基础上，到1985年已达7 000多头，养牛农户由3 700户增加到14 022户。奶牛事业的发展，改变了农村的经济结构，成为农民增收的致富路。1985年，全县鲜奶生产收入为1 000万元；犊牛5 800头，育成牛10 000头，共增收1 500万元，两项合计2 500万元，使养牛农户平均收入达到1 783元[1]。

由上述农村奶牛业发展的案例可以看出，中国个体奶牛饲养业的发展，是在国家的政策扶持和资金援助下实现的，个体饲养并不是“个体经济”。这种与农村推行的“家庭联产承包经营责任制”相一致的奶牛养殖方式，成为迄今中国奶牛饲养的主要方式。

（三）个体奶牛养殖的成效与经验

改革开放初期，中国各地贯彻了“公养私养并举，以私养为主”的奶牛饲养方针，强调保护私人养牛的合法权益，不断纠正“左”的错误思想影响，积极支持农民私人养牛。户养奶牛符合国情，符合中国农村生产力水平的实际条件，个体养牛能够充分利用当地饲料资源和农副产品资源，调动各方面的积极性。

落实了社员养牛的经济政策，实行以奶换粮的政策，将原来奶牛饲料定量供应办法，改为“以奶换粮”的办法。有的地方还对犊牛、育成牛和母牛干奶期，也给予精饲料供应的政策安排，使个体养牛业保持持续快速发展的良好势头。有的市、县还对养牛户进行三帮：一帮社员解决“牛源难”，把国营、集体的低产牛处理给农民饲养，并资助社员到外地选购小母牛；二帮社员解决“放牧难”，协助组织安排放牧场地；三帮社员解决“卖奶难”，组织运输与收购，保证农户奶牛增产增收。

实现多样化管理，建立健全生产责任制。各地从实际出发，对奶牛的管理采取多种办法。一是“大包干”责任制，把奶牛场一揽子承包给专业户饲养管理，生产费用自理，规定上交利润，牛场的盈余收入全部归承包户所有；二是“三定一奖”责任制，即以牛定产，以产定收，以人定牛，超奖减赔；三是“三定加分成”责任制，即定投资、定支出、定收入，超收则由奶牛场与承包户按一定比例分成。

加强良种繁育推广，解决牛源不足、品种不良的困难。在奶牛繁育上推广冷冻精液技术，优秀公牛得到充分利用，牛群迅速更新。以浙江省为例，1978年后先后建立了18个良种推广站和育种站，发展了635个集体配种站和2 755个专业配种户（输精员），5年来共输、配良种奶牛和改良黄牛12.58万头。

注重扩大乳品加工能力，增设收购点，疏通产购销渠道。这些措施既保障

1 肇东县奶牛生产服务公司.1986.农村发展奶牛前景非常广阔.中国奶牛（2）：53-54.

了原料奶的质量，又保护了奶农的利益，消除了奶牛饲养户“卖奶难”的后顾之忧。真正做到了牛奶有销路、工厂有奶源[1]。

三、国营奶业改革的初步尝试

在农村集体奶牛场进行“分户包养”的同时，中国国营奶牛场的改革也逐步开展。1978年至1984年是国营奶业改革的第一阶段。改革的出发点是打破高度集中的旧体制，建立充满生机和活力的新体制。国营奶牛场和牛奶公司的经济体制改革，实际上主要涉及两个层次：一个是国家层面的改革顶层设计，推行对国营奶业企业的经济体制、经济政策的改革；另一个层面是奶业企业内部经营管理的改革。在这两方面的改革中，国家对奶业企业的经济体制改革是前提、是基础。奶业改革进程的实践表明，只有处理好国家与奶业企业的经济关系，奶业企业内部的改革才能顺利有序地推进。

国营奶业既与农村改革所涉及的农牧业生产有关，也与国营工商企业的改革有关；既具有国营企业的普遍特点，也具有国营农场、农垦农场的特点。1979年7月13日，国务院颁布的《关于扩大国营企业经营管理自主权的若干规定》，成为国营奶业改革启动肇始的政策依据。其后，1980年9月2日，国务院批转国家经济贸易委员会《关于扩大企业自主权试点工作情况和今后意见的报告》，1984年5月10日，国务院发出《关于进一步扩大国营工业企业自主权的暂行规定》等文件，进一步扩展了奶业改革的深度和广度，加快了国营奶业改革的步伐。

1982年12月王震、林乎加、张林池等出席中国奶牛协会成立大会

（一）推行多种形式的经济责任制

中国国营奶业单位的改革是从“落实责任制，打破大锅饭”开始的。1979年2月，国务院批转财政部、国家农垦总局《关于农垦企业实行财务包干的暂行规定》，首次提出“农垦企业实行财务包干”和“农垦企业实行独立核算、自负盈亏、亏损不补、有利润自己发展生产”的要求。1979年11月，农垦部发出《农垦企业经营管理若干问题的规定（试行草案）》，提出了国营农场要实行“三定一奖”，即“定产量、定商品率、定利润、超产奖励”，为国营农场改革指明了方

[1] 吴祖龙.1985.发展我省奶牛生产提高乳品供应水平.浙江畜牧兽医（1）.

向。于是，各地的农场根据奶牛场的特殊性，相继出现了“招标承包制”、“任期目标制”、“租赁制”、“目标责任制”等多种承包经营责任制。但是，人们对于改革的认识还持有不同看法，各地的国营奶牛场和牛奶公司根据不同的情况，学习农村的“联产承包责任制”办法，逐渐开展一些试探性改革。

北京东郊畜牧场、长阳农场等单位的“职工奶牛承包饲养责任制”的承包合同（协议）制订得非常详细具体，内容包括：①生产指标，包括总产奶量、牛群头数、头年产奶量等；②技术指标，包括总妊娠率、情期受胎率、胎间距、空怀率；③疫病防治指标，包括疾病防治、检疫指标；④牛群繁育指标，包括犊牛成活率、成牛死亡率等。

奶牛承包饲养责任制的承包规定有：①职工承包（包括部分待业青年），每人包养1～3头奶牛，由各承包户直接将所产原奶交售给乳品厂或交由农场奶站集中交售，售奶收入归奶农自己，饲草、饲料、修建棚圈等各项费用和工资（包括基本工资、地区津贴、副食补助和取暖费）同时也一律由承包人自理，但承包经营的农场职工仍享受公费医疗和粮油配给待遇，工龄连续计算；②承包人每年按规定标准向农场包干上缴管理费、折旧费、共同生产费、福利费与利润，根据奶牛等级按年或按月份等上交，每头奶牛每年交50～120元；③饲养管理事故按情节严重程度和损失大小赔偿，如损伤一个乳头赔偿牛价25%，失去生产能力赔50%，事故死亡和丢失全赔，奶牛感染传染病但已及时报告者免赔；④繁殖成活率按85%或80%要求(一年一犊则可得犊牛价值的15%～20%奖励)，犊牛按初生重划分等级，12月龄归农场所有，每年五、六月份按膘情、体重验收，高于原等级的有奖，低于原等级的罚款，逾期未收者按月付给犊牛饲养费(夏季每月5元，冬季每月10元)；⑤配种费及医药费自负或免收，由于精心饲养，职工不选择预交医药费，通常按病情实际支付；⑥个别情况可按包养奶牛头数，每头分给2 000米^{2}饲料地，以作饲料的补充[1]。

1982年，随着农村家庭联产承包责任制的深入发展，进一步促进了国营农场责任制的改革。改革带来了奶牛生产的新变化。饲料供应进一步稳定，技术措施得到落实，改善了管理，饲养奶牛的产量和利润都有较大幅度的增长[2]。

（二）兴办职工家庭奶牛农场

1983年，全国农垦会议提出“在国营农场内试办职工家庭农场”和试行“大农场套小农场”的经营体制改革意见。农牧渔业部制定《国营农场职工家庭农场章程（试行草案）》，提出职工家庭农场是大农场统一领导下的小农场，实行“自主经营，单独核算，定额上交，自负盈亏”的经营原则。实行财务包干制度。

1　郭士毅，万兆玲.1982.关于内蒙古海拉尔垦区发展奶牛专业户的调查.中国农垦经济（31）：2-10.

2　马长群.1986.奶牛经营管理体制的改革.中国奶牛（1）：60-62.

中国各地国营农场的奶牛场，在此前的“职工奶牛承包饲养责任制”的基础上，进一步落实国家对国营农场改革的部署，举办职工家庭奶牛农场。其中有的“家庭农场”在市场经济的环境中快速发展壮大，成为民营奶业的先驱者，成为奶业龙头企业的姣姣者。

新疆建设兵团农七师一二九团场积极扶持职工家庭饲养奶牛，既为奶粉厂提供了奶源，又为职工劳动致富开创了新门路。该团场和天津市乳制品公司联合经营，建起了一座奶粉厂，投产后，靠团场办的奶牛场供奶，奶源不能适应生产的需要，只能供一个班次生产所用。为了充实奶粉厂的原料，该团场在大力发展奶牛场的同时，号召职工家庭饲养奶牛，积极扶持专业养牛户。团场畜牧公司负责技术指导和保证供应配合饲料，牛奶由奶粉厂全部收购。这一措施实行后，该团场已有61户职工家庭饲养了荷斯坦牛，每头奶牛日产奶一般达20～30千克，不仅提供了奶粉厂的原料，增加了奶粉产量，养牛户一年也可获净利润千元以上。这一措施，于国于民都很有利，深受群众欢迎[1]。

海拉尔农牧场管理局有21个国营农牧场，分布在7个市（旗），有草原7 999多千米^2，养畜205 000头、匹、只（包括自养畜65 000头、匹、只），折合大畜86 000头，每头大畜占有草场93 324米^2，牲畜发展的潜力很大。该区域是呼伦贝尔草原的重要组成部分，面积辽阔，草质优美，适合奶牛业的发展，是草原奶牛业的重要基地。三中全会以后，该局推行产量工资、纯收益分配、浮动工资等形式的生产责任制，取得了不同程度的效果，对三河牛养殖的发展起了重要作用。但是，有些国营奶牛场队生产条件差，生产水平低，劳动力多，企业亏损，职工收入低。针对这种情况，1981年初，三河马场开始改行职工专业承包、分户饲养的责任制，实为奶牛包干到户的家庭农场和专业户。到1982年10月，共承包960头母牛，占该局总母牛数的10%。开启了国营奶牛场套“家庭奶牛场”的改革试点。

另外，在河北省国营大曹庄农场，1983年共有奶牛921头，其中成年母牛451头，分为三个奶牛队，奶牛年均单产鲜奶4 500千克。从1984年开始，该场对奶牛经营管理体制进行了改革，主要内容就是打破“铁饭碗”，取消工资制，在全场范围内执行大包干责任制，在一分场奶牛队试办了家庭牛场，改变了吃大锅饭的现象。后来这种家庭牛场的承包方式逐步推广，成为当地国营奶牛场改革的成功范例。

（三）工资分配制度改革

改革初期，国营奶牛场的另一个重要改革就是工资分配制度的改革。各地的具体办法很多，如超额超产奖励制度、差额计件工资制、利润分成制度和全员抵

---

[1] 问英杰.1983.一二九团场积极扶持职工家庭饲养奶牛.新疆农垦科技（2）：69.

押制度等。

超额超产奖励制度的具体方法是，将场内的各项工作和生产任务分解成具体的指标和质量要求。职工完成任务并符合质量要求者即可获得基础工资之外的奖励。这种奖励要随超指标的增多而递增。例如，1981年，北京长阳农场奶牛场规定，以牛定产，奶牛每头年产奶基数是6 600千克。6 600千克以上，每千克超奖0.02元；6 700千克以上，每千克超奖0.025元。以此类推，每增加100千克，每千克奖金再增加0.005元。这一制度促进了一线工人的积极性，收到了一定的效果。

差额计件工资制是除综合管理岗位职工领取全场工人平均工资外，其他能够按计件工种管理的岗位均以计件任务完成情况核发职工的工资收入。例如，开封南郊奶牛场规定挤奶员在完成年任务4 200千克的基础上，每超0.5千克奶，工资加0.018 8元，每超过800千克，每0.5千克加0.000 2元，直到0.02元。犊牛3月龄断奶，成活1头奖28元；哺乳期死亡1头扣工资28元；3月龄至1岁体重每增加1千克奖0.22元；育成牛每增重1千克奖0.24元；怀孕牛4个月转群到成牛舍，转群时称体重，以增重计酬。

利润分成是国营农场彻底打破“铁饭碗”，不计职工原来的工资级别，实行班组（舍）或个人单独核算。即工资、草料、医药、配种（冷冻颗粒精液费除外）、杂支等各项直接费用均计入班组（舍）或个人的经营成本，年终的经营利润按比例分成。农场与职工的分成比例各场情况略有不同。职工工资分月预借，半年预分，年终决算。

全员抵押制即全场所有人员每月只发80%的工资，其余20%作为抵押，全场完成任务，20%工资照发。超额完成任务再发奖金，完不成任务按比例从20%工资中扣除。这样全场职工都有压力，有利于调动职工的积极性，发挥互相监督作用。

在以上的工资分配改革中，有的农场还制订了“畜牧兽医技术人员特别奖励办法”。奶牛场的业务技术骨干，既是脑力劳动者，又要参加一定的体力劳动，他们的工作不仅关系到当年全局性生产的好坏，也关系到农场的长远发展。所以，表现突出的业务人员给予高于职工平均水平的奖励，作出重大贡献的给予重奖[1]。

（四）实行农工商综合经营

国营农场的产业结构，随着经济发展的需要和市场变化不断调整。1979年7月，国务院转发了《关于尽快把国营农场办成农工商联合企业的座谈会纪要》。国营农场实行农工商综合经营，打破地域、行业界限，积极发展横向经济联合，加速了发展步伐。实行“一业为主，多种经营，因地制宜，适当集中”的方针。调整经营方针，把农场办成企业。

[1] 刘天宝.1989.奶牛场改革的探讨.郑州畜牧高等专科学校学报（2）：59-63.

四、奶业改革初见成效

（一）奶牛饲养量进入百万头时代

改革开放的最直接、最直观的成果就是奶牛头数快速增长。从奶业的统计数据可以看出，1978年，中国奶牛存栏数47.5万头，1979年达到55.7万头。到1984年，中国奶牛饲养量第一次突破100万头，5年时间增加了1倍。

改革开放初期，中国主要采取了两项符合国情的奶业政策：一项是允许农村社队将集体奶牛场的奶牛由社员“承包饲养”；另一项是允许国营农场（奶牛场和牛奶公司）实行多种形式的经济承包责任制，有的农场允许职工兴办“家庭牧场”。当时的改革出发点在于全面建立和推行家庭承包饲养责任制，重构中国奶牛饲养的微观基础。中国奶业改革最先是从农村集体经济和国营全民所有制的基本经营制度方面取得突破的。以“承包户养”为核心的经济责任制改变了农村社队和国营农场长期存在的吃“大锅饭”现象，极大地调动了社员和职工的生产积极性。1984年10月，中共十二届三中全会比较系统地提出和阐明了经济体制改革中的一系列重大理论和实践问题，确认社会主义经济是公有制基础上的有计划的商品经济，为全面进行经济体制改革指明了方向。

改革开放初期，中国奶畜存栏数量见表12-1。

表12-1　改革开放初期中国奶畜存栏数量统计

（1978—1984年）　　单位：万头

年份	奶牛及改良种奶牛	奶山羊	水牛	黄牛	牦牛
1978	47.5	150.0	1 772.3	4 355.1	917
1979	55.7	150.0	1 837.7	4 296.2	945
1980	64.1	200.0	1 852.0	4 277.5	974
1981	69.8	210.0	1 877.0	4 348.3	1 035
1982	81.7	226.9	1 914.4	4 551.2	1 060
1983	95.1	243.8	1 914.9	4 698.4	1 100
1984	133.6	244.3	1 950.6	4 938.6	1 190

（二）“牛下乡，奶进城”的行业布局初步形成

由于受到城市交通设施和牛奶贮运条件的限制，新中国成立前中国的奶牛场多数分布于城市近郊，甚至直接在城市里设场饲养。新中国成立后，在奶业合作化和公私合营过程中，通过集体和国家的力量，逐渐采取措施，将近郊和城内的奶牛迁移到远郊农村建场饲养，成功实现了历史上第一次“离城迁郊”。但是，第一次奶牛搬迁，依然是围绕城市进行，总体格局没有根本改变。

改革开放后，中国的社会经济条件有了重大改变和进步，为奶业推进“牛下乡，奶进城”的行业合理布局创造了良好条件。一是由于推行“家庭饲养”和

“家庭农场”的奶牛饲养方式，各地农民和农场职工的养牛积极性空前高涨，释放出巨大的能量，使养奶牛成为改变农村产业结构、增加农民收入的途径之一，自发形成“牛下乡”的传播扩展。二是由于交通运输条件的改善，为远离中心城市的农村运送生鲜乳提供了条件。牛奶是一种对储运保鲜要求极严的特殊产品，如果不能做到在保鲜时限内将生乳运送到指定的加工地点，则“牛下乡”的空间距离就非常有限。因此，改革开放早期，“牛下乡”总是沿着交通干线的农村发展。三是由于改革开放后城乡居民的生活水平提高，牛奶逐渐成为城乡居民的“普通营养食品”，不再是“特供品”和“特需品”。因此，中国各地普遍开展了奶牛饲养，客观上促进了形成“牛下乡”的局面。四是中国在乳品加工生产的科学规划布局方面做到全国统一平衡，在各地中心城市兴建了一批乳品加工企业，为合理利用全国的奶业资源创造了条件，也为农民就近“奶进城”提供了便利。

经过这次遵循奶业发展规律的有计划的奶业布局调整，中国逐渐形成了三个特色鲜明的奶业产区：一是城郊奶业发展优势区，以北京、天津、上海等大城市的郊区农村和国营农场为代表；二是东北牛奶优势区，包括黑龙江、内蒙古等传统牧区，是农牧结合以牧为主的奶业发展类型；三是华北牛奶优势区，包括山东、河北、山西等传统农区，是农牧结合以农为主的奶业发展类型[1]。此外，长江以南地区的奶业在改革开放后也获得了长足发展。

正是有了如上的客观条件，在奶牛养殖大发展的时候，顺应了行业发展的要求，实现了奶牛饲养的第二次“奶牛大搬迁”，做到了“牛下乡，奶进城”，为后来的奶业发展奠定了良好的行业空间布局。

（三）国营奶业企业结构调整取得重大进展

国营奶业通过改组、联合、兼并、租赁、承包经营和股份合作、出售等多种形式，焕发了生机和活力，进一步开放搞活。中国各地国营大中型奶业企业围绕主业做大做强。

改革开放的最初五年间，不少国营奶业巨头组建了产业集团，吸收了相关科研高校加盟，实现“产学研、科工贸、科供销”结合，提高了企业的技术创新能力。一些优势企业强强联合，形成了具有较强综合竞争力的大型企业集团。一些产业链相关的企业合并重组，促进了国营奶业“业务链”整合，发挥了协同互补效应。

第二节　奶业改革的“放开”与“开放”

经过1978年至1984年的改革开放实践，社会经济开创了一个全新的局面。

[1] 张利庠，孔祥智.2009.中国奶业发展报告2008.北京：中国经济出版社：31.

首先，改革越过了“摸着石头过河”的探索试验阶段，改革的政策已经被实践证明符合中国国情，并且得到全国人民拥护。其次，国家在改革探索中逐渐地制定和完善了改革开放的后续政策，将改革开放事业稳步向前推进。第三，1984年10月召开的中共十二届三中全会作出了《关于经济体制改革的决定》，明确提出“社会主义经济是公有制基础上的有计划的商品经济”。这不仅是理论认识上的质的飞跃，而且也是指导第二阶段改革实践的政策指南。

对于奶业发展而言，在完善前一阶段所推行的国营和集体奶牛场的奶牛饲养承包责任制的基础上，进一步推行国营奶业的所有权与经营权适当分离，确立国营奶业企业的市场主体地位。促使国营奶业企业实现自主经营、自负盈亏，具有自我积累、自我改造、自我发展的能力，成为市场主体和法人实体，着力推进乳产品流通体制改革。从此，“国营奶业”改称为“国有奶业”，因为政府不再直接“经营”奶业企业。1988年4月13日，全国人大七届一次会议通过《全民所有制工业企业法》，确立了国有企业的法律地位，明确规定企业实行厂长（经理）负责制[1]。中国奶业改革开放进入一个快速发展的新阶段。

1986年3月王震、林乎加、张林池、刘江等出席中国奶牛协会第二次会员代表大会

这一阶段中国奶业改革的特点可以简单概括为“放开”和“开放”，是特指关于奶业的两项重大经济政策的改革取向。

“放开”是对内的改革，主要是针对计划经济时期约束奶业市场经营的政策调整，如放开奶业市场的民营和私营的门槛，放开乳品市场价格，放开饲料供应市场，取消乳品价格“双轨制”，等等。

“开放”是对外的改革，包括开放奶业的国际合作，开放乳品进出口经营，开放奶业技术装备市场，开放良种奶牛的科研合作，开放奶业的外资外企的经营权，等等。

一、奶业的“放开”

1978年开始的经济体制改革，首先打破了中国奶业领域的单一公有制局面，取消了不准“私人”或“个体”饲养奶牛和经营奶业的禁令。中央和地方政府陆续出台了一系列鼓励奶业发展的政策，形成了奶业投资主体多元化的格局。奶业

[1] 于吉.2008.国企改革回顾与展望.企业管理（10）：7-12.

要素投入高速扩张，乳品产出总量快速增长。奶业改革得益于实行“国营、集体、个体一起上”的发展方针，取得的突出成果是，中国奶业基本完成了从卖方市场向买方市场转变的历史性跨越。进入20世纪80年代中期，中国奶业经济的所有制格局发生了很大的变化，在国营、集体、个体等多种经济成分并存的局面中，奶牛个体户的发展速度远远高于国营和集体，使其在许多大中城市占据了重要份额，这是改革开放后中国奶业最为显著的特点。

（一）放开乳品价格

价格是国民经济运行的调节器，也是国民经济的综合反映。奶业价格改革包括两方面内容：一是理顺价格关系，改变价格结构畸形状态；二是改革奶类价格管理体制，从行政定价体制转变为市场定价体制。只有转变价格形成机制，实现从行政定价到市场定价转变，才能逐步理顺奶类产业链各个生产要素之间错综复杂的价格关系。

1984年，中共十二届三中全会《中共中央关于经济体制改革的决定》中明确指出：“价格体系的改革是整个经济体制改革成败的关键”。1984年5月10日，国务院发出了《关于进一步扩大国营工业企业自主权的暂行规定》（国发〔1984〕67号），其中规定，在完成指令性计划以后，超产部分允许企业在不高于计划价格20%的范围内浮动。1985年1月，国务院发出《关于进一步活跃农村经济的十项政策》，将20%的限制取消：超产部分的价格由供需双方自由议定，国家不加干涉。这样，同一种产品就同时具有了两种价格，计划内的那部分是计划价格，超产部分是市场价格。在物资长期供不应求的情况下，市场价格远远高于计划价格。

中国奶业改革的重点就是转换乳品价格的形成机制，调放结合，以放为主。这一阶段放开了大部分饲料价格和部分乳品价格，出现了一种乳品、两种价格的情况，这就是物价改革过渡时期的“双轨价格”。放开的那一部分乳品实行市场价格，打破了指令性计划一统天下的僵死局面，使奶业生产出现了旺盛生机。

在部分奶牛精饲料及部分乳制品实行价格放开，部分保留计划内定价的“双轨制”并行运营时，由于奶业经营主体的“所有制身份”不同，以及“双轨”产品投放市场的比例不同，因而在同一个乳品市场上，出现了经济发展史上绝无仅有的乳品价格现象，演化出四种奶价体系：一是“平价料，平价奶”，不论是何种体制，只要向国有乳品厂交售国家规定的平价奶，即可按一定比例（通常是3 ∶ 1）获得国家供应的平价饲料；二是“议价料，平价奶”，当时一些城市如西安、成都、福州等，并不向个体养牛户以及乡镇集体奶牛场提供平价精料，但要求以低于市场价格的“平价”将所生产的原奶全部或大部分交售给国有乳品加工厂；三是“平价料，议价奶”，有些享受平价精饲料供应的国有、集体奶牛场，自行将交售任务指标之外的剩余鲜奶，以市场价格零售，或高价出售给私营乳品厂；四是“议价料，议价奶”，有些城市近郊或工矿集中区的奶牛场或奶牛户，所产原奶并不向国有乳品厂交售以换取平价饲料，而是自行购买市价饲料饲养奶牛，所产牛奶也以市场价格全部向用户零售或出售给私营乳品厂。

（二）放开乳制品供应

20世纪80年代之前，中国居民消费的乳制品种类很少，主要是以传统的大众化的消毒牛奶和奶粉为主。由于鲜牛奶（消毒牛奶）产量有限，各地依然沿袭计划经济时期的做法，在满足特供、军需和援外等任务指标之外，只能凭票供应社会特需阶层如婴幼儿、老弱病人、特定人群等。

20世纪80年代中期开始，随着奶牛养殖业和乳品加工业的发展，中国牛奶供应紧张的状况开始大大缓解。与其他食品消费票证一样，奶票也渐渐退出历史舞台，完成了它特有的历史使命。从1984年开始，北京、天津、上海等大城市陆续取消牛奶凭票证供应。到了20世纪80年代中后期，乳制品市场全面放开。尤其是1986年启动世界粮食计划署奶业援助计划以后，受援的北京等六大城市改扩建乳品加工厂17个，新建乳品厂（车间）20个，向市场投放的巴氏杀菌奶比1982年增加了1倍。市场上液体乳供应紧张的状况得到缓解，社会具备了“放开”乳品供应的条件。

（三）放开饲料价格

1985年1月，随着中共中央、国务院发出《关于进一步活跃农村经济的十项政策》，取消多数畜产品的统一定价，实行自由上市，自由交易，随行就市，按质论价。畜产品价格的放开，使畜牧业在农口各业中较早地引入市场机制，走向市场化，饲料价格随之放开。

在此期间，由于农村的大量农民离乡进城务工，加上农产品特别是粮食价格偏低，降低了广大农民的种粮积极性，出现了连续多年谷物产量徘徊不前的局面。受此影响，中国饲料市场价格连年大幅上涨，其中也波及了“指标内”的平价饲料价格。当时的牛奶价格尚未完全放开，大部分国有乳品厂的原料奶价格仍由各级物价部门监管。

据原农牧渔业部畜牧局奶类发展项目办公室对北京、上海、天津、武汉、南京、西安等六大城市奶业调查报告，以南京为例，主要饲料平均价格情况见表12-2。

表12–2　1979年与1986年南京市饲料价格对比　单位：元／千克

年 份	麸皮	豆饼	青草	干青草	稻草	青贮玉米秸秆	块根饲料
1979	0.088	0.166	0.01	0.0 366	0.0 428	0.031	0.066
1986	0.15	0.2 878	0.022	0.06	0.06	0.05	0.104
增长率（%）	70.5	73.4	120	63.9	40.2	61.3	57.6

资料来源：北京、南京等大城市奶业调查报告（1987年）。

从1979年到1986年，中国各种饲料价格上升幅度多数在70%左右，同期牛奶收购价格仅上升20%。此外，奶价与其他食品相比，上升幅度最小。改革开放前，1千克牛奶可换10个鸡蛋，到1986年，1千克牛奶只换4.5个鸡蛋，1瓶牛奶不值1瓶汽水的价钱。由于“牛粮”与“牛奶”的价格不能同步放开，致使牛奶生产成本急剧提高，养牛效益开始下降，农民对奶牛业的投资热情骤减，奶牛养殖业经受了改革开放后第一次冲击。

二、奶业价格调整的措施

实行“市价料、低奶价”的政策，使政府背上沉重包袱。中国改革开放初期，政府不仅对原料奶生产和消毒奶加工行业实行免税待遇，而且还对奶牛饲料供应、生奶收购以至鲜奶销售等生产销售环节给以多种补贴。实际上，当时的牛奶消费带有“福利性质”。

1985年1月，中共中央、国务院发出《关于进一步活跃农村经济的十项政策》以后，国家接连多次提高谷物收购价，向农民收购的谷物价格与向养殖户提供的“以奶换料”的平价饲料价格之间的差价日渐加大。政府为奶牛养殖户供应平价饲料的财政补贴也随之增加，而且随着全国奶牛存栏数的增加，补贴数额也相应增大。政府不仅要向饲养奶牛的企业补贴供应平价饲料的平议差价，而且还要负担诸如牛奶收购价格补贴、工厂利润返还、各种带价格补贴性质的奖励、贷款贴息等名目繁多的补贴项目。统计数据显示，当时天津市每销售1千克鲜奶，政府就需补贴0.56元。南京、武汉等城市为了防止饲料补贴成为填不满的“无底洞”，一度曾出台了限定平价饲料的奶牛头数，超过限定规模的奶牛便饲喂议价饲料的办法。实际上是限制奶牛饲养头数。显然这种办法行不通，因为社会对乳品供应的强烈需求已经不可逆转。最终只能以财政和加工企业分别出资向养殖企业和养殖户补贴。西安市从一开始就不供给个体奶牛户平价饲料，却要奶农以国家规定的平价交售生奶。这些办法都是解决特定时期出现的奶价问题的权宜之计，不可能从根本上解决奶业市场的问题。改革中出现的问题只能通过加快改革来解决。

首先，加强对奶价的计划调节，掌握乳品价格改革的力度和步骤。中国奶业经济比较脆弱，经不起市场调节产生的大起大落带来的冲击。乳品业在中国一直是一个带有特殊性的行业：一是奶牛饲养业的投资大、周期长；二是乳制品消费带有专供性和特供性，需求刚性强、弹性小。因此，在乳品短缺的时期，国家仍然需要对奶价和供应采取计划管理与市场调节相结合的办法，而不是完全放开奶价，完全把奶业交给市场去调节。

其次，促进奶价的合理调整。在一个成熟的市场环境中，影响奶价的因素是多方面的，利益主体也是多方面的。因此，奶价的调整必须兼顾生产者、加工者和消费者各方的利益。一方面，充分考虑牛奶的生产成本、加工成本、机会成本和消费需求状况的变化，多方努力，平衡生产者、加工者的利益格局，使奶业首先是奶牛业得以持续稳定发展。另一方面，适当考虑消费者的经济和心理承受能力，有计划地引导和调节居民对鲜奶及其制品的消费需求。

为了防止改革进程中出现奶业的大起大落，充分考虑乳品价格变动的社会敏感性，中国各地因地制宜地推进了乳品价格的改革。

（一）适当提高牛奶购销价格

适当提高牛奶购销价格既可以刺激生产，增加供给，又可以适当抑制增长过猛的消费势头。中国各地从实际情况出发，对奶价调整采取“走小步，勤调整”或“跨大步，少调整”的不同方法。实践表明，不少地方采取的“走小步，勤调整”的方法对社会造成的震荡较小，对奶业利益链的冲击也较小，为后续改革政策的出台铺平了道路。

（二）平稳微调平价饲料政策

改革开放最初10年间，中国奶牛业大发展的“法宝”，就是“以奶换料”，政府为饲养奶牛的企业和农户提供平价精饲料。当然，对政府而言，这种补贴无疑是“奶牛负担”，是“牛奶包袱”。开始时，有的城市通过向订奶居民收取少量粮票的办法，迂回地将政府的部分或全部的“包袱”转嫁给消费者。当时的粮票实际上是“有价”票券。向城市订奶户收取剩余的粮票，比提高牛奶价格更容易被消费者接受。

（三）实行“产、加、销”一体化

在有条件的地方，鼓励养牛户或包括养牛户在内的各方集资入股，兴办联合或合作乳品加工厂，并自行为用户提供销售服务。这样，牛奶生产者也能得到一部分加工和销售利润，提高养牛的积极性。这在一定范围和一定程度上有助于在牧、工、商之间取得利益平衡。同时，生产者、加工者、销售者三方利益挂钩，对提高牛奶质量，减少和防止掺杂弄假也有好处。

（四）推进奶牛业的科学规划布局

奶业改革的任务之一是“牛下乡，奶进城”，有计划地改变奶牛业的空间布局。一般来说，在远郊或乡镇饲养奶牛的机会成本和环境成本较低，饲料饲草也容易解决，因而成本奶价也相对较低。政府只要将综合服务网规划好，提高奶业的社会化服务水平，就会发展成为遍布乡村的绿色优质的奶源基地。

（五）引导奶农发展适度规模经营

改革开放初期，中国大部分个体奶牛户的经营规模很小。一些受援项目城市的调查研究表明，在一定经济技术水平下，适当扩大奶牛的经营规模，可以取得费省效宏之经营效果。各市有必要在调查研究的基础上找出本地奶牛户适度经营的规模，并积极创造条件引导奶农发展适度规模经营。

三、奶业的“开放”

1979年7月，中共中央、国务院决定，对广东、福建两省的对外经济活动实行特殊政策和优惠措施，将深圳、珠海、汕头、厦门设为“经济特区”，作为吸收外资、学习国外先进技术和经营管理方法的视窗。1984年4月，中国又进一步开放大连、秦皇岛、天津、烟台、青岛、连云港、南通、上海、宁波、温州、福州、广州、湛江、北海这14个港口城市。1985年2月，中国把长江三角洲、珠江三角洲、闽南三角区列为“经济开放区”。

在推进中国奶业改革开放过程中，奶业系统通过开展国际合作，借助外资、外援和引进先进技术，提升了中国奶业的整体素质，改善了城乡鲜奶供应状况。国外的资金、资源、技术、人才进入奶业系统，开通了奶业现代化建设的国际通道，第一次以全方位开放的姿态，引领中国奶业与国际先进科技接轨，使世界奶业的先进文明成果能够为开放的社会主义中国利用。最早向中国提供的奶业援助项目有世界粮食计划署（WFP）以及欧洲联盟（EU，简称欧盟，前身为欧洲经济共同体）的“奶类援助项目”等。

（一）开放奶业国际合作

中国改革开放后第一次开放国际合作的项目是从世界粮食计划署的奶类发展项目开始的，当时简称“2647”项目。该项目一期实施后，效果显著，接着中国政府又向粮食署申请二期项目，因粮食署当时能够运用的援助资源有限，因而将项目申请转给当时的欧洲经济共同体，由欧洲经济共同体继续奶类项目，并在原来的一期援助内容的基础上增加受援城市，增加援助内容，扩大援助项目。

1. 世界粮食计划署援助中国六大城市的奶类发展项目（代号“2647”） 改革开放初期，中国的乳品供应短缺很严重。由于长期远离国际同行，中国奶业系统对世界先进的技术、装备和管理都缺乏了解，对国际奶业状况趋势也知之甚少。为了迅速发展奶业，提高奶产量，大幅度增加大中城市鲜奶及乳制品的供应，缓解市场供需矛盾，农业部于1982年1月向世界粮食计划署提出申请，拟在中国北京、上海、天津、武汉、南京、西安等6城市合作实施奶类发展项目。该项目在1983年5月第15次粮食援助政策及计划会议上通过，并于同年8月在北京签署了项目《执行计划》，项目正式实施[1]。

世界粮食计划署的第一期奶类发展项目实际上属于“乳品无偿援助项目”。具体援助内容是，世界粮食计划署分年度向中国的六大城市提供45 000吨脱脂奶粉和13 330吨无水黄油，折合总价值为6 473.3万美元。按照项目执行计划的约定，受援城市及分配比例分别为：北京市38%，上海市19%，天津市13%，武汉、南京、西安市各10%。被分配到各个受援城市的乳制品就地加工成再制奶，然后再与当地所产鲜奶按不超过1 ：3的比例进行混合后，供应市场。销售这些混合奶所获得的收入全部用于发展奶畜以及原奶的收集、分发、加工和技术服务体系的建设。

项目的执行期为5年，实际为6年（1984年5月至1990年6月）。世界粮食

[1] 王怀宝.2000.中国奶业50年.北京：海洋出版社：189.

计划署援助物资销售收入为人民币25 239.4万元，中方的项目配套资金为人民币50 618.2万元，共计75 857.6万元，作为发展六大城市奶业的投资。

该项目是中国最早接受国际组织和机构的奶类援助项目。为确保项目按计划实施，经国务院同意，由农业部执行该项目，并在农业部畜牧局内设六大城市奶类项目管理办公室，负责整个项目的组织、管理和监测工作。此外，由有关部门和项目城市代表组成的项目协调小组，审议项目计划并对项目执行中的问题进行协调和监督。各市人民政府均建立了奶类项目领导小组，由一名市政府领导和有关部门的负责人组成，下设奶类项目办公室，具体负责本市奶类项目的管理和实施。项目的审计由国家审计署承担。

2. 欧洲经济共同体（EEC，简称欧共体）援助中国20个城市奶类发展项目 该项目是世界粮食计划署援助的“2647”项目的延续和扩大。1984年7月，在“2647”项目顺利启动运转的基础上，农牧渔业部再次向世界粮食计划署递交了把项目区扩大到20个城市的第二期援助申请，后因世界粮食计划署能够动用的援助资源有限，遂将中国的申请转给当时的欧共体。于是，中国政府于1986年10月正式向欧共体提出“中国20个城市奶类发展项目”的申请。期间，双方经过多轮洽淡、评估和实地考察，至1987年11月达成初步协议，1988年3月1日，中国政府与欧洲经济共同体在布鲁塞尔签署了《EEC援助中国20城市奶类发展项目协议书》，并开始执行。

欧共体从世界粮食计划署接手奶类援助项目后，继续此前的乳品无偿援助内容，提供45 000吨脱脂奶粉及15 000吨无水黄油，另赠无水黄油1 700吨用于北京、上海等城市加工再制奶，总值7 500万欧洲货币单位（ECU），约折合9149万美元。此外，还提供450万ECU（约折合549万美元）的财政技术援助，用于聘请外国专家进行技术服务，资助中方人员出国培训，赠送乳品化验仪器等。以上两项总计7 950万欧洲货币单位，折合9 698万美元。

受援城市分为甲、乙两组，各城市的分配比例如下。

甲组（原六大城市）：北京（8%）、上海（8%）、天津（6%）、武汉（3%）、南京（3%）、西安（3%）。

乙组（新增14个城市）：广州（8%）、沈阳（8%）、成都（8%）、重庆（8%）、青岛（5%）、福州（5%）、杭州（5%）、合肥（5%）、长沙（5%）、南昌（4%）、大连（2%）、桂林（2%）、苏州（2%）、无锡（2%）。

该项目约定执行期为5年（1988—1992年），实际执行为：原6城市1990—1992年，新增14个城市至1993年年底结束。援助物资销售收入为人民币4亿元，中方配套资金8亿元，总计人民币12亿元。

根据项目协议，设立“中国国家奶业发展基金”，在项目执行的前两年，从受援总额中提取10%，加上追加的1 700吨无水黄油的全部销售收入，总计约人民币4 500万元用于面向全国的奶业发展项目。这笔资金由农业部奶类项目办公室管理，并成立资金理事会对资金的使用进行监督。该理事会由农业部代表出任主席，经贸部、商业部、轻工部、中国农业银行等派代表参加。

这个食品援助开发项目的宗旨是为了增加受援城市鲜奶供应，提高奶业的生产力，不得将受援奶粉、黄油直接出售。加工成再制奶后所得的销售收入只能用于奶业的发展，重点帮助郊区集体和个体农民发展奶牛饲养业。

本项目的执行，主要是利用援助物资加工成再制奶，以缓解中国鲜奶市场供应的紧张状况，将所获得的销售收入和国内配套资金用于发展奶牛饲养以及提升乳品加工能力，改进加工技术，改进饲料加工工艺，改善奶的收集分发和综合技术服务系统，并设立奶业发展资金，以支持全国奶业的发展[1]。

（二）开放奶业技术装备市场

改革开放后，中国乳品企业在扩大规模的同时，高度重视自身的技术改造和产业升级，把技术改造作为企业发展的关键，许多加工企业相继引进了国外的设备技术，缩小了同国外乳品企业的差距。如日处理鲜奶100 ～ 200吨的奶粉生产设备，包括细粉回收、颗粒复聚和二次干燥；日处理鲜奶40 ～ 60吨的甜炼乳生产设备；巴氏杀菌奶、超高温灭菌奶、酸奶、冰激凌、奶片、奶油等各个品种的技术设备。

早在1977年，广州牛奶公司即开始引进超高温瞬时处理（UHT）灭菌机纸塑铝箔盒无菌灌装机，到1987年陆续引进多台，开创了中国乳品加工业引进先进设备的先河。20世纪80年代初，深圳光明畜牧场从瑞典利乐公司引进了UHT生产线。1982年，北京从丹麦引进一套日产154吨酸奶设备，使酸奶生产实现自动化、机械化。1983年，广东省深圳光明华侨畜牧场从瑞典引进2台鱼骨式挤奶机。1985年，北京市牛奶公司从法国引进软包装牛奶灌装机，继而用软包装灌装代替瓶装生产线。1985年，建华冠乳品公司的7条生产线，均是全套引进荷兰、德国等国的先进设备，微机自控生产，日处理牛奶150吨；北京西郊乳品厂奶粉车间喷粉塔改造，添置2台麦乳精烤箱；北京市牛奶公司与延庆畜牧水产局联营八达岭乳品厂，与房山县畜牧局联营北京燕山乳品厂后，于1987年从芬兰引进一条依达姆半硬质干酪生产线，日产干酪500千克。1985年，中国引进了冰激凌雪糕生产线51条。

从1986年起，农业部按照农牧业商品基地规划，每年安排1 500万元“拨改贷”专项资金，用于北京、天津、上海、长沙、大连、厦门、昆明、哈尔滨、西安等地奶牛场的基础设施建设和良种繁育中心建设，同时还在北京的奶牛场进行了计算机管理和机械化挤奶的示范。

挤奶机是奶业机械中使用最普遍，也是最为基础的奶业机械，在一定程度上

---

[1] 王怀宝.2000.中国奶业50年.北京：海洋出版社：188-205.

能反映奶业的发展水平。从挤奶机进出口的贸易情况来看，中国的挤奶机出口的整体规模仍然远低于美国和欧盟等工业发达国家，而且始终处于净进口的状态，贸易差额有扩大的趋势。而挤奶机产业国际竞争力最强的是德国，达到中国出口额的10倍左右。美国的净出口总量也比较大，但呈下降趋势。新西兰、荷兰、法国的挤奶机产业优势也比较明显，而且有不断增长的趋势。

四、实施奶类项目的效果

改革开放后，中国政府实行接受国际机构发展奶业的无偿援助以及开展国际合作的政策。20世纪的最后10年间，中国相继执行了“欧洲经济共同体（EEC）援助中国24个城市和地区的过渡期奶类发展项目”（项目编号：ALA/CHN/87/11）、“欧洲联盟（EU）援助中国11个地区的奶业及食品加工业的技术与商务合作项目”（项目编号ALA/CHN/95/17），以及“欧洲联盟（EU）援助中国3省、自治区的水牛开发项目”（项目编号ALA/CHN/95/22），等等。

中国第一次开放并接受国际机构发展奶业的无偿援助，超额完成了预定的目标，取得圆满成功，赢得了国际信誉和赞赏。项目实施后，极大地促进了中国的奶业发展。如世界粮食计划署的“2647”项目期间，受援的北京等六大城市的奶牛存栏数增长了104.2%。执行欧共体奶类发展项目期间，六大城市的奶牛存栏数达到23.5万头，比1987年增长了40.4%；牛奶、羊奶总产量达到50.8万吨，比1987年增长65.5%。20个城市均完成或超额完成了项目规划目标。

（一）加强奶源的收集分发系统建设

项目期间，受援城市大力抓收奶站建设、发奶设施建设以及提高服务质量等工作。在奶牛饲养比较集中的地区建立收奶站，并配备冷藏设备和运奶车辆及用于常规检验的仪器；在居民稠密地区和新建居民小区建立发奶站、点；完善现有发奶站、点，规模较大的发奶站、点配备冰柜等冷藏设备；开展向远郊城镇、工矿区供奶。到项目结束时，项目城市新建牛奶收集站220处，发奶站、点和乳品门市部2 616个。共购奶罐车195辆，运奶车495辆。

（二）兴建和改扩建一批乳品加工厂

受援城市用项目资金新建34个和改扩建42个乳品厂，新建和扩建19个饲料厂。由于得到援助项目在资金、技术上的支持，乳品厂采用了当时国内外先进设备和工艺，牛奶质量得到改进，乳品种类增加。20个城市的总加工能力达到日处理（双班）鲜奶5 017吨，比1987年增长33.8%，日处理鲜奶3 633吨，比1987年增长358%。

新建了一批奶牛技术服务站、培训中心和监测中心，逐步完善市、县、乡三级技术服务网络，负责奶牛的配种、防疫和饲料分发，为奶农提供技术咨询服务。

（三）奶类技术援助

按照项目实施《协议书》的规定，技术援助计划的内容包括：欧共体奶业专家来中国工作165个月（原计划135个月）。欧共体奶业专家组在北京、上海、西安就挤奶机的国产化问题进行了考察，协助试制成功挤奶机的专用真空泵，并帮助改进了挤奶机其他零部件的生产工艺，为挤奶机的国产化做了大量的工作。分别举办了牛场管理培训班、奶牛营养培训班、奶牛修蹄培训班、市场经济体制下奶价监测研讨班以及牛奶质量控制、兽医保健、乳品加工等方面的培训班。项目区和奶源基地地区共有400多名学员受到培训。

（四）协助成立“全国奶业发展基金”

根据援助协议规定，从援助物资的销售收入中提取10%共4 500多万元作为中国奶业发展基金。基金成立后，先后收到全国28个省、自治区、直辖市奶类项目申请160余个，经过全国奶业发展基金理事会批准通过，并报欧共体驻华使团奶类项目协调小组备案的项目96个。

基金资助项目涉及奶业发展战略研究中规划的奶源基地建设，如黑龙江省三江平原奶牛带、河北冀中奶牛带、广东省水牛奶源基地等；部分具有全国意义的基础性奶业科研项目研究，如提高奶牛冷冻精液受精率研究，奶牛乳房炎综合防治研究等；在中短期内对全国有推动作用的奶业技术推广工作，如利用生产酒精的下脚料生产干燥蛋白饲料项目，奶牛修蹄工具制造推广项目；奶牛饲料开发项目，如河北衡水地区苜蓿草业开发项目，江西鄱阳湖草业开发项目等；负担有全国性项目的培训中心、监测中心和奶牛育种中心建设等，以及奶类项目城市为奶农更换奶桶、为乳品厂安装就地清洗设备、为小学生供应课间加餐奶和克服自然灾害的影响等，有力地促进了中国奶业的发展。

总之，作为改革开放后第一批国际合作项目，中国接受世界粮食计划署和欧盟的无偿援助。这样大规模的资金投入在中国奶业史上是前所未有的，它为项目地区奶业的发展奠定了物质基础和技术及管理基础。这也是中国农业领域内援助规模最大、地区最广泛、时间最长的开发性项目。通过项目地区各级人民政府的共同努力和中外双方密切配合，项目取得了成功，为项目地区以及全国奶业的发展做出了应有的贡献[1]。

第三节　奶业出现“负增长”

经过前一阶段的“放开”和“开放”的推进，中国奶业改革取得了三大进

1　王怀宝.2000.中国奶业50年.北京：海洋出版社：188-205.

步：一是巩固了奶业的市场经济前进方向，二是推进了适应市场化运营的国有奶业改造，三是通过国际合作全面提升了奶业各领域的科技、装备和现代化管理水平。总之，改革前10年，中国奶业实现了跨越式发展，奶牛存栏数从1978年的47.5万头增加到1988年年底的222.2万头，第一次突破了200万头大关。但是，在近20年的飞速发展中，也出现了两次不容忽视的负增长。首次是1992年奶牛存栏数减少4 000头，1993年原料奶产量比上年减少4.5万吨。第二次负增长是1997年奶牛存栏数和奶类总产量分别比上年减少5万头和54.8万吨。

一、奶业出现“负增长”的原因

1988年5月，中央确定了价格改革的总方向：保留少数重要商品和劳务价格由国家管理，绝大多数商品价格放开，由市场调节。提出用5年左右时间，初步理顺价格关系。1988年8月中旬，中共中央政治局会议通过了价格、工资改革方案。当时，中国的物价指数已出现通胀态势，在上一年消费价格指数上涨7.3%的基础上，1988年又连续上涨，7月份达到19.3%。这样的物价指数涨幅无疑是很严重的。1988年，中国消费价格指数上涨了18.8%，1989年又继续上涨了18%。在当时，饲料价格已经放开，而乳品属于需要保留价格管制的“少数重要商品”，因而其价格没有完全放开。结果是饲料价格上升，而牛奶销售价格由于受国家管制而基本原地不动，这种情况给奶农和奶业造成了沉重打击。

奶业的价格改革采取先调后放，调放结合的方针，在奶类的生产、流通、加工等环节上都出现了“计划内、外双轨制”。这种渐进式改革的优点是社会震荡影响小，缺点是改革的阵痛期长，价格扭曲的调节难度大。从经济的角度看，中国在80年代末至90年代初出现的奶业负增长，究其根源就是来自奶业产业链上各个环节的价格改革不能同步协调的结果。饲料和涉奶物资的价格都放开，只管制牛奶的价格，这就必然出现业界所说的“一头活一头死”的情况。

1988年的奶牛饲料价格比1987年上涨了50%以上。其中，以鲜奶换精料的所谓“平价饲料”也上涨了34.78%，而用量最大的玉米则上涨了89.3%。但是，牛奶价格只上涨了不到20%（表12-3）。

表12—3　1987年和1988年中国饲养奶牛消耗的物资价格与牛奶价格对比

物资品种		1987年	1988年	增长率
饲料	鲜奶换饲料（元/千克）	0.23	0.31	34.78%
	议价玉米（元/千克）	0.38	0.58	52.6%
	葵花油渣（元/千克）	0.28	0.53	89.3%
	苜蓿草（元/千克）	0.14	0.20	40%
	青贮玉米（元/千克）	0.06	0.08	33.3%
	甜菜（元/千克）	0.07	0.15	114.3%

（续）

物资品种		1987年	1988年	增长率
兽药及相关兽医用品	青霉素(钠盐)（元/瓶）	0.31	0.388	25.2%
	链霉素（元/瓶）	0.21	0.27	28.6%
	95%酒精（元/千克）	1.78	2.81	57.9%
	凡士林（元/千克）	20.3	3.11	35.2%
	氯霉素（元/瓶）	48	69.8	45.4%
	土霉素粉（元/千克）	75.15	104	38.4%
	10%氯化钙（元/盒）	0.78	1.2	53.8%
	催产素（元/盒）	1.4	3.6	157.1%
	四环素针剂（元/盒）	1.4	2.5	78.6%
	生理盐水（元/瓶）	0.97	1.36	40.2%
	纱布（元/千克）	9.16	18.64	103.5%
	每头奶牛医药费（元/年）	13.85	20.79	50.1%
其他物资	原煤（元/吨）	23	27.5	19.6%
	汽油（元/千克）	0.95	1.25	31.6%
	铁皮水桶（元/只）	7.6	18.41	142.2%
	毛巾（元/条）	0.9	1.56	73.3%
	1号电池（元/对）	0.56	1.08	92.9%
牛奶	牛奶收购价（元/千克）	0.586	0.70（生产成本0.77元）	19.5%
	牛奶销售价（元/千克）	0.74	0.8	18.9%

资料来源：根据陆东林《改革牛奶产销体制势在必行》，新疆畜牧业，1990，(04)整理。

1988年后，面临饲料价格猛涨，奶牛饲养成本上升，鲜奶价格不能同步调整，导致生产单位无利可图和亏损，影响了奶牛业的稳步发展。

据杭州市四季青乡光明奶牛场1987年年底的调查，以鲜奶回供的平价配合饲料，每500克由0.129元提高到0.153元，供应的糖糟每500克由0.05元提高到0.06元，议价糖糟每500克由0.08元提高到0.10元，议价玉米每500克由0.24 元提高到0.30元，棉籽饼每500克由0.09元提高到0.20元，青干草每500克由0.04元提高到0.10元，大头菜每500克由0.036元提高到0. 045元。而且，国家回供的平价配合料只能解决养殖户70%的饲料量，其余30%的饲料和10%的辅助饲料，都要以议价购入。平、议价饲料的提价幅度，最少20%，最多达80%以上。据该场核算，每500克鲜奶成本，1988年要比上年增加0.040 9元。1988年，该场议价购入5 000千克棉籽饼和稻谷，7 500千克玉米糟，250 000千克青干草，由于价格上涨，增加支出2.2万元，而该场1987年全年利润不足1万元，1988年面临亏损。

在兽药、防疫费和用品如毛巾、扫帚、奶桶等大幅提价的同时，国家对奶牛的防疫提出了更高的要求。为了加强奶牛检疫，每年奶牛结核病、副结核病、布鲁氏菌病、白血病、焦虫病、锥虫病等检疫费，每头合计6元以上。

国家计划分配给奶牛场和加工厂的平价汽油、煤、电、水，不能满足需要，相当一部分靠议价。1987年第一季度，计划分配汽油585升，而实际耗用6吨，平价每吨汽油890元，议价每吨为1 350元；计划分配煤150吨，实际耗用250吨，平价每吨煤33.6元，议价每吨为101.6元；计划供应用电6.45万千瓦时，实际耗用15.4万千瓦时，平价每千瓦时0.09元，议价每千瓦时为0.27元。1987年9月，每瓶消毒牛奶成本为0.198 3元，销售价是每瓶0.20元，每生产1瓶消毒牛奶只有0.001 7元利润。1988年，每0.227千克消毒牛奶虽提价0.25元，但仍无法维持生产[1]。

这种情况在山西省太原市也同样出现。由于连年出现的通货膨胀以及饲料价格的上涨，引起奶牛业投入产出情况发生变化。而牛奶的收购价格相对稳定，当时太原市每500克鲜奶为0.36元，而玉米、豆饼、棉籽饼等精饲料价格却大幅度上涨，其中玉米涨到每500克0.34元，豆饼0.58元，棉籽饼0.28元。此外，还有粗饲料、饲料添加剂和食盐，以及奶牛的防疫、医疗和生产设备等价格都有不同程度的上涨。因此，每头奶牛1年纯收入仅为1 000元左右，养奶牛人均收入670元左右，虽略高于农民人均年收入655元的水平，但是这里均未计入劳动力价值。由于养奶牛的劳动量大大超过种地，因而农民觉得养牛不如种地，养奶牛积极性不高[2]。

1987年，上海市的牛奶收购价格调整幅度低于成本上升的幅度，出现了“奶贱伤牧”，严重挫伤了养牛者的积极性。1987年6月，当地每瓶鲜奶价格从0.20元提到0.26元。鲜奶提价后，价格仍属偏低，还不能完全调动养牛者的积极性，发展奶业的困境仍未摆脱。1瓶鲜奶的价格与1 瓶鲜橘水、一枚茶叶蛋价格几乎相当，这种比价仍是很不合理。若按饲料的市场价格计算，每瓶鲜奶售价应为0.3元左右，才能使鲜奶的价格与价值大体持平。当然，价格提得过高也会“一株动百株摇”，导致整个乳制品价格和市场的波动。也就是说，价格一时难以完全理顺。所以，在确定牛奶生产发展目标时，应该尊重需求的“热点”和供应的“冷点”矛盾的客观现实，才能使目标既有远见又符合实际[3]。

二、奶业“负增长”的状况

奶牛生产出现的问题，主要是由于价格改革尚未配套，鲜牛奶与其他产品的比价不合理。如果1瓶市售牛奶的价格还不及1瓶汽水、1枚鸡蛋，这种“负增长”的状况就无法消除。1987年至1988年，奶牛业界一直呼吁必须尽快解决这一问题。因为奶牛生产投资大，周期长，如果生产有反复，一旦效益不断下滑，三五年难以翻身，后果很严重。

---

1 张鹤洲.1988.鲜牛奶价格急待理顺.浙江畜牧兽医（01）：46-47.

2 胡朝晖.1990.太原市牛奶生产的滑坡及其对策研究.山西财经学院学报（5）：73-74.

3 杨金花.1987.对发展上海鲜牛奶生产问题的探讨.财经研究（10）：39-44.

在杭州，1988年各养牛场普遍提出减少饲养头数，有的甚至打算转行。如四季青乳品厂原计划自办30头奶牛车间，只能等待鲜奶价格理顺以后再实施。已有28年办场历史的觅桥镇青锋奶牛场，打算拍卖牛群。四季青乡常青奶牛场，1987年扩建牛舍，添置生产设备，投资近30万元，后因奶价低，难以继续经办。各牛场的许多饲养员因收入少，养牛辛苦，不能安心工作，要求调离[1]。

吉林省养奶牛也出现低潮，奶牛业由热变冷。部分养牛户厌养情绪加重，把养奶牛当成了“包袱”。据长春地区的眺南、前郭、镇责县部分乡、村、委调查，有30%～50%的养牛户出现了卖牛、杀牛现象，共卖出、屠宰奶牛2 477头，直接经济损失740多万元。更为严重的是，由于经济效益低，奶农不愿养犊牛、后备牛。过去1头犊牛可卖1 200元，现在3头犊牛也卖不上1 000元，势必造成空档、断条、后继无牛的严重后果[2]。

1989年3月底，石家庄市全市奶牛存栏数比上年年底下降16.1%，以养奶牛多的正定县下降最多，为25%。奶牛饲养量急剧下降[3]。

奶牛业是太原市郊区自1980年发展起来的新兴产业。1988年前后，奶牛业发展到达高峰，成为农民致富的重要门路，甚至成为有些村农户收入的主要来源。可是，1988年以后，奶牛存栏数猛然下降，牛奶生产量也迅速减少。如太谷县1989年奶牛存栏数比1988年减少25.5%，牛奶产量也相应减少20.1%。尤其是一些奶牛业占经济收入比重较大的乡村，奶牛减少更为严重。有一个有70多农户的村庄，1984年全村奶牛业收入达2.36万元，占总收入的46.4%，到1987年全村奶牛的存栏数发展到平均每户4头，有成为奶牛专业村的态势。然而，1988年市场形势的变化，出现饲养奶牛盈利不高或亏损现象，致使农民纷纷卖出奶牛，使每头奶牛的价格由1987年的4 000元，猛跌到1988年的1 000元。更为严重的是，因卖牛难，宰杀奶牛时有发生，严重破坏了牛奶生产[4]。

广东省奶牛协会甚至为了防止奶业生产出现“负增长”而专门召开奶牛场场长、经理会议进行对策研讨。广州地区奶牛场生产的牛奶除满足当地市场外，还出口香港，牛奶销售潜力大，是发展奶牛生产的有利条件。为防止广州地区奶牛业生产进一步下降，会议提出要挖潜力、求生存、谋发展，大力加强饲料的采购工作，努力降低饲料成本；有条件的奶牛场要坚持一业为主，多种经营，增强自身发展后劲。会议建议广州市统筹安排，做出规划，以稳定奶牛生产[5]。

---

1 张鹤洲.1988.鲜牛奶价格急待理顺.浙江畜牧兽医（1）：46-47.

2 赵玉环，刘万革.1990.吉林省牛奶生产的价格问题及非价格因素剖析.中国奶牛（4）：16-17.

3 刘亚男.1989.奶牛“滑坡”的原因及对策.河北农业科技（10）：24.

4 胡朝晖.1990.太原市牛奶生产的滑坡及其对策研究.山西财经学院学报（5）：73-74.

5 谭俭才.1993.广东省奶牛协会召开奶牛场场长研讨会讨论研究防止奶牛业生产滑坡的对策.中国奶牛（6）：6.

黑龙江省是中国的奶业大省，黑白花奶牛占全国总量的1/2。1988年冬季，该省的泰康种畜场、安达市种畜场、安达先锋牧场、齐齐哈尔市新中畜收场、哈尔滨市松花江畜收场、松花江奶牛场及其附近的一些奶牛户，都出现了卖、杀奶牛现象。全省非正常淘汰宰杀奶牛约7万头，其中成母牛占60%。奶牛饲料实行"平转议"，与相应提高奶价的政策没有同步落实，以及乳品加工厂拖欠奶资由过去的2～3个月延长到7个月以上，成为奶农宰杀奶牛的主要原因。齐齐哈尔市多年来奶牛生产取得了很大的成绩，1988年奶牛存栏达到13万头，比1978年增加11.5倍，年均递增32.4%；1988年鲜奶总产量达2.6万吨，比1978年增加20.9倍。但是，1988年冬季后，该市奶牛增长速度减慢，1989年第一季度，奶牛存栏数比上年年末减少了4 952头[1]。

过去乳品厂也有拖欠奶资的情况，原因诸如新建厂、偿还贷款和扩大经营规模等，有的是由于当地主管部门占用资金。这已经在一定程度上影响了奶牛的发展和科学经营。再有1988年的全国性"三角债"和贷款利率提高等原因，使奶牛业发展受到严重影响。养牛场(户)卖奶拿不到钱，饲料价格上涨，银行贷款到期还要罚款，使得养牛场(户)不得不将奶牛屠宰或低价卖出[2]。

1988年，西安市奶牛存栏数发展到2.1万头，年产牛奶52 527吨。但随后就被饲料、饲草涨价的因素所冲击，结果牛奶生产成本不断上升，生产经营利润减少，甚至亏损。到1989年，全市奶牛存栏数减少到1.78万头，一些经营多年的奶牛基地存在着消亡的危险。

第四节　奶业的世纪答卷

20世纪最后10年，中国改革开放事业经历了初始、探索、试验等阶段，经济体制已基本转轨，市场对资源配置发挥了基础性作用。但是，仍然存在很多问题，有待于通过深化改革去解决。改革走到了十字路口，经济发展"姓资姓社"的问题又被提了出来。在这个关键时刻，邓小平于1992年1月18日至2月21日巡视南方时，发表了关于市场经济问题的重要谈话。他说："计划多一点还是市场多一点，不是社会主义与资本主义的本质区别。计划经济不等于社会主义，资本主义也有计划；市场经济不等于资本主义，社会主义也有市场。计划和市场都是经济手段。社会主义的本质，是解放生产力，发展生产力，消灭剥削，消除两极

1 程明祥.1989.奶牛生产滑坡的原因与对策.黑龙江畜牧兽医（12）：46

2 王庆镐.1990.我省奶牛饲料放开后奶牛业发展形势的调查研究.黑龙江社会科学（3）：74-77.

分化，最终达到共同富裕。”这段话为中国坚持正确道路，排除干扰，胜利跨入21世纪指明了方向。

一、国有奶业企业改革进入新阶段

20世纪最后10年，中国实行更加开放的政策，鼓励和吸引外资到中国以独资或合资方式经营乳业，奶业市场完全放开。国家相继取消了对原料奶和消毒牛奶的价格管制，也取消了其他优惠政策。同时，新的加工企业继续增加，国外有实力的乳品大企业纷纷进军中国市场，市场竞争加剧。这标志着中国奶业开始全面走向市场化。

这一时期，国有奶业企业改革的任务，主要是以建立现代企业制度为重点，实行规范的公司制改革，转化企业经营机制，探索公有制的多种有效实现形式。在中国奶业界，第一次提出国有奶业改革的方向是建立现代企业制度，建立产权清晰、权责明确、政企分开、管理科学的现代奶业。从此，中国国有奶业改革进入制度创新阶段。尤其是1993年12月29日第八届全国人大常委会第五次会议通过的《中华人民共和国公司法》以后，确定了国有奶业公司的企业法人地位，有独立的法人财产，享有法人财产权。

根据国务院国有资产管理局1991年颁布的《关于国营农场向家庭农场转让国有资产的若干暂行规定》精神，为保障国有奶业资产的保值与增值，各地相继完善了国有农场和奶牛场的内部体制改革，将国有农场涉奶资产向职工家庭农场转让。在条件具备的地方，还可采取拍卖的方式转让。

当时的政策规定，国有农场向家庭农场转让国有资产可采取一次或分次收回价款的办法。对于确有付款能力的，可在资产转让时一次性收取价款；对于一次性付款确有困难的，可采取分次偿还办法，但偿还期限最长不得超过5年。国有资产转让收入可全部留给农场作为更新改造资金，专款用于企业技术改造和设备更新。国有农场将部分国有资产转让给家庭农场经营管理后，应继续加强技术培训、机械设备的维修保养等有关业务技术的指导工作。对于过去已经转让的大中型机械设备，农场可根据生产需要，实行统一调度、指挥，以充分发挥现有机具设备的作用，提高工作效率，促进生产发展。

经过这次大规模的国有奶业企业的转让、重组、兼并、转产等一系列变革之后，此前的涉奶国有企业逐步转型成为具有独立法人资格的企业法人，出现了一批在行业内具有强大市场竞争力的大型国有奶业企业，原有的国有奶业企业的数量大为减少。此前的许多中小型国有奶业企业退出了工商企业名录。它们在历史进程的变革大潮中融入新的国有资产体系，在新的市场土壤中扎根生长。

这里以隶属黑龙江省农垦总局齐齐哈尔分局的克山农场为例，深入剖析国有奶企深化改革的进程和变化。该场场区地处小兴安岭西麓，克山、讷河两县

（市）之间的漫岗地带，1992年年底全场总人口2.5万。场部所在地聚居人口达1.1万。该场自20世纪70年代后期开始发展奶牛饲养业。从1991年开始，在人、财、物方面加大投入，促进奶牛业的发展。全场奶牛存栏数由1985年的223头，发展到1995年年底的3 200头，增加13.35倍。

克山农场按照国有农场改革的部署，将涉奶资产向职工家庭农场转让后，仍然为农场职工家庭奶牛饲养户提供形式多样的奶业服务，在新的形势下促进奶业的健康快速发展。一是建立健全三级服务网络。该场根据农场实际情况，建成了以总场畜牧兽医站为中心的技术服务网络，设有奶牛管理站、繁育站、兽医站、动检站，负责全场奶牛的词养管理，饲料种植、加工及贮藏，制定全场奶牛的选种选配计划，防病治病和技术人员的培训等业务。二是养牛服务“六不出队，五到户”。改革后，农场对养牛户的服务做到了“六不出队”，即交奶、配种、防疫、治疗、保险、奶资结算等服务均不出生产队；并实现了“五到户”，对养牛户所需的精料、干草、青贮供应和技术咨询、粪便清理做到上门服务，极大地节省了劳动力和经费开支，有效地降低了生产成本。三是完善配套的政策措施。如总场与生产队签订奶牛生产责任状，主要考核指标是存栏头数和商品奶上交量；总场投资20万元建成国内比较先进的饲料厂1座，年产混合料3万吨，为奶牛饲养提供饲料保证；农场每亩耕地每年提取4 元作为奶牛发展基金，主要用于购买玉米青贮机械、建设奶牛服务站及有关奖励等。

克山农场通过强化奶牛饲养服务体系建设和功能，采取了一系列有效的扶持优惠政策，使奶牛业获得了长足发展，奶牛存栏数和单产均有大幅度的提高，取得了较好的经济效益，使奶牛业成为了农场的支柱产业[1]。

克山农场的事例说明，国有奶业企业经历这一轮改革后，逐渐将处于奶业生产链终端的奶牛饲养这个生产环节承包给本场职工，后来进一步转让给附近的农民以及投资奶业的社会资本，而将计划经济时期逐渐积累起来的国有奶业资本，以及与之相关的人才队伍、现代化装备等优势资源投向奶业高端加工业、综合服务业和物流储运业，发展成为产业分工链中的行业领军者。这就是新中国成立初期通过推行奶业公私合营、奶业国有化改造所形成的庞大国有奶业的最终出路和辉煌前程。

二、奶牛养殖的特点与变革

中国在改革开放以前，奶牛基本上是由国有奶牛场和集体奶牛场进行养殖和生产。1978年，改革开放首先从农村兴起，集体奶牛饲养量迅速上升。1990年以后，由于国有奶牛场将奶牛饲养这个生产环节转让给职工家庭农场和各种所有制的社会

---

1 车维清.1997.强化国营农场服务体系促进奶牛发展.中国奶牛（1）：16.

资本，于是出现了个体饲养规模迅速膨胀的现象。以北京为例，1989年共有42家国有、集体、个体奶牛场，存栏奶牛分别为33 122头、21 788头、6 064头。可以看出，此时的奶牛所有制比例中，国有奶牛仍是私营奶牛的5倍多。可是10年后的1998年，国有、集体、个体奶牛存栏分别为29 338头、14 152头、17 054头，其中国有和集体牛场分别减少了3 784头和7 636头，降低11.4%和35%，但个体养殖户养殖奶牛头数增加了10 990头，增长了181%。年均增长速度为12.18%。

就全国而言，国有、集体、个体奶牛存栏数量的比例，要比北京市的数据悬殊更大。调查资料显示，1996年，中国农户个体饲养奶牛数量占全国奶牛饲养总量的76.8%，平均每户饲养7.4头。这个时期中国奶牛饲养的特点是：饲养农户增加，户均饲养量逐渐减少。1998年，河北省相关机构曾对省内的39个市（县）、1 000多个村镇、2万多农户、5万多农民进行过实地调查，该省抽查的2万多农户所饲养的奶牛共有6万余头，户均饲养3头左右。可见，在改革开放进入市场化以后，中国奶牛饲养业一度出现饲养规模小型化的趋势，这对于奶业科技进步、奶牛品种改良、原奶质量管理、奶农经营效益等方面，都形成了严峻挑战。造成中国养殖规模过小的原因有两个：一是农户的投资能力有限，按2001年的奶牛价格，平均每头达7 000多元计，购买3头即要支付2.1万多元，农户饲养10头以上是很困难的；二是家庭饲养场地限制，一般农户饲养主要利用庭院，按各省政府规定，庭院面积为0.22亩/户（146米^2/户），扣除生活居住面积，可用于养牛的空间很小。

对于中国当时的奶牛饲养和原奶生产的状况，显然不是中国奶牛业改革的初衷，自然也不是改革的出路。这是“改革中”出现的问题，只能通过进一步深化改革来改善。因此，从20世纪90年代开始，许多地方因地制宜地着手进行了试点。山东、河北等地有组织地建设了很多养殖小区，企业和银行共同支持农户养牛业的发展，加上养殖户自身的积累，一定程度上打破了资金和空间的限制，农户的饲养规模有所提高。如河北省奶业管理办公室在石家庄市周边地区扶持建设了58个养殖小区，有465户农户进入小区饲养，总量达到7 011头，户均养殖规模达到了15.1头。

20世纪90年代中期，由于中国奶业市场情况好转，各地政府的主管部门就大力宣传倡导，掀起了一股养奶牛的风潮，忽视了其中可能发生的经营风险。调查资料表明，当时的奶牛养殖出现了一些误区，给奶牛发展及养殖户造成了重大损失。

一是有的地方奶牛养殖速度过快，已经超过了奶牛本身增长可以承受的水平。时任中国奶业协会秘书长的方有生认为：奶业发展应有一个尊重客观规律的问题。从全国来看，如果年均增长速度在10%～12%，是比较正常的。虽然说中国的奶业存在巨大的发展空间，但在短期内迅速增加奶牛数量几乎不可能，这是由奶牛的繁殖能力决定的。

二是不少地方在发展奶牛养殖时，对人们的乳品消费增长缺乏客观的分析。从发达国家，以及与中国饮食结构相似的东亚国家的经验看，随着居民收入水平的提高，乳品消费在居民消费支出中所占比重呈上升的态势。但这种上升态势只能维持一个短暂的时期，随后即归于平衡。中国当时经过奶业的快速增长阶段之后，不少地方已经出现了区域性、结构性的牛奶过剩，牛奶卖不出去，奶价开始下跌。

三是在宣传中不切实际地高估了奶牛养殖的收入。当时报刊中经常出现“养一头奶牛一年可挣五六千元”的宣传，显然这是不符合实际的。特别是在个体饲养占主体的情况下，饲养管理水平低下，不可能按照西方先进的规模化饲养、高水平管理的每头年产六七吨鲜奶的标准来宣传。在误导性宣传的影响下，部分奶农盲目大量购入奶牛饲养，很快就出现卖奶难和亏本；于是又一窝蜂退去，奶源出现结构性短缺。乳品市场剧烈地上下波动，归根结底都是由于个体散养比重过大所致[1]。

由于上述原因，20世纪90年代以后，中国乳制品市场曾几度大幅波动。如1993年牛奶总产量下降为498.6万吨，首次出现负增长；经过调整，1994年开始，牛奶总产量又开始了新的增长，但到1997年又下降为601.1万吨。

在饲料价格市场化放开而乳品消费价格实行限价管理的体制下，存在“一头活一头死”的不合理现象，奶农饲养成本升高而原奶销售收入低，被迫出售或宰杀奶牛以减少饲养量。而这一阶段出现的负增长，则是在奶业市场完全放开的情况下发生的，是市场充分竞争的结果。应当看到，在一个市场化的经济体中，这种波动都被视为市场的常态。这就要求进入市场的奶牛饲养者必须具备驾驭和适应市场的能力。

三、乳制品进出口完全放开后的市场变化

20世纪90年代以前，由于政策上对乳品工业的保护，中国乳制品的进口量不大，而且增长缓慢。随着政策的放宽，乳制品进口量增长很快。据海关统计，1991—1995年中国共进口乳制品29.9万吨，平均每年6万吨，金额为6 370.8万美元。其中，1994年和1995年分别进口8.4万吨和7.1万吨，金额分别为7 585.5万美元和6 818.7万美元。与1979—1986年相比，平均年进口量增长了近50%。1996年，中国乳制品进口量为7.75万吨。进口乳制品主要来自欧洲、大洋洲及北美洲等发达国家。其中，来自荷兰的乳制品数量最大。1994年，中国进口荷兰乳制品10 382吨，其次是法国、新西兰及美国。从进口的乳制品品种看，数量最大的是奶粉和乳清粉，占总进口量的80%以上，奶油和干酪等所占比例较小。1999年，中国出现了

[1] ——.2002. 当前我国奶牛养殖业中存在的三大误区. 计算机与农业（11）：52.

乳制品的进口高峰，进口乳制品达到16.3万吨，比1998年增长了47%。

20世纪90年代后，国外乳制品的大量进口，对于中国乳业发展是一把双刃剑。它一方面丰富了中国乳品市场，满足不同消费者的需求，带动乳品加工业技术水平、管理水平的提高以及新产品的开发。另一方面却冲击了中国乳制品尤其是奶粉的销售，造成国产奶粉滞销，库存增加。由于部分乳制品（如全脂奶粉）的进口价低于国内售价，加上关税的降低，使得大量外国奶粉进入中国市场，1996年全国农垦系统乳品企业共积压奶粉2 000吨。

随着中外合资及外商独资乳品企业迅速发展，世界上实力雄厚的奶业大公司纷纷落户中国。据20世纪90年代中期对北京、天津、上海等7个城市及广东、黑龙江两省的不完全统计，合资、独资乳制品企业42家，其中，独资企业6家。另据1994年对北京大商场的抽样调查，在其所经销的100种乳制品中，国产的有42种，进口的达40种，中外合资或外商独资品牌大约有18种，国产与进口乳制品几乎平分秋色。

1995年，对中国主要城市居民消费品调查显示，奶粉名优品牌购买率约50%。进口奶粉有生产成本、关税等因素的影响，产品价格较高，平均每千克售价为65 ~ 187.5元；合资企业生产的奶粉平均每千克售价为28.5 ~ 111.1元；国产奶粉平均每千克为21.5 ~ 51.2元。当时，只有三鹿、完达山、光明等七八个国产品牌可与“洋品牌”竞争（表12-4）。

表12–4　1998年10月中国奶粉市场占有率排行

排名	品 牌	市场占有率（%）
1	雀 巢	13.9
2	三 鹿	9.8
3	多美滋	8.3
4	伊 利	6.3
5	完达山	6.2
6	力多精	5.4
7	味 全	5.2
8	荷兰奶牛	5.1
9	扬子江	4.1
10	龙 丹	3.8
11	其 他	31.9

由表12 － 4可见，在世界经济一体化以及国内原奶产量波动的作用下，国产

乳制品也随之发生共振式波动。1996年和1998年，乳制品生产出现负增长，其中1996年年产量下降了4.2%，1998年下降了2.8%。这种情况导致部分国产乳制品出现积压，一些企业因产品滞销而处于停产或半停产状态。

在乳制品进出口完全放开的20世纪90年代初，中国的奶业政策也发生了重大变化。一是彻底放开牛奶购销价格，二取消牛奶政策性补贴，三是原料奶价格基本上由乳品加工企业确定。放开奶价后，各地奶牛业下滑形势得到一定程度的控制，奶业生产逐步走出低谷。

从国家整体利益和长远经济发展的角度来说，开放乳制品进出口，能够在经济全球化中实现奶业资源共享，并从中获得利益。但是这种“利益”是潜在的，未来的，就近期甚至中期而言，奶业国际竞争的风险远远大于所获得的利益。也就是说，开放市场必然面临与之而来的种种市场风险。

首先是制度风险。在计划经济向市场经济转变的社会转型期，中国各种奶业制度法规尚在初创阶段。在这个特定的历史时期，奶业的制度创新具有探索性，奶业的经营组织具有过渡性。原来潜伏的乳品生产不稳定、乳品质量不安全等因素，在外部市场冲击下凸显出来，有的甚至被放大或者被扭曲，酿成严重社会问题。

其次是市场风险。作为世界上最大的发展中国家，中国的乳品科技和市场体系与国际先进水平存在着较大差距，乳制品进出口完全放开，国内乳业受到冲击是不可避免的。这种冲击来自乳品的国内外价格差别和进口乳品的关税高低及配额多少。此外，市场风险还表现在奶农的市场信息不完全而且滞后。由于中国奶业市场基础设备不完善，市场供求信息迟钝，奶农的经营风险不能通过市场机制来规避，所以会不断发生奶业的动荡。

第三是技术风险。奶业是资金、技术、劳力等生产要素集约程度很高的产业。奶农为了适应市场的需求，必须不断地把高新技术应用于奶业生产，需要投入更多的资金和时间来了解、接受、学习和掌握奶业的新设备、新技术、新品种的相关知识和技能。在缺乏高效的全覆盖的奶业技术社会服务体系的情况下，整个奶业技术风险都会加大。

第四是资产风险。随着奶业市场化程度的提高，奶农的饲养规模扩大，乳品加工企业乃至普通奶农的生产投入也相应加大。而乳业投资具有很强的“锁定性”，比如投资经营一个奶牛牧场，由于成本的回收周期长，市场化程度越高，技术创新难度越大，投资的风险也越大。

四、奠定新世纪奶业发展基础

1978年后，中国政府实行改革开放政策，重视人民生活的改善，提倡农业经营的多样化。首先允许和积极支持私人饲养奶牛，因而个体饲养奶牛的数量快速增长。奶业生产实行“国有、集体、个体一起上”的发展方针，有力地激活了劳动要素，解放了生产力。20世纪80年代末，个体奶牛养殖的比例超过了95%，同时，国家降低了外资进入奶业市场的门槛，国外乳品企业纷纷进入中国乳制品行业，促进了奶业快速发展。20世纪80年代中后期，饲料价格放开，取消了“以奶换料”的平价饲料供应政策，但牛奶销售价格改革却不同步，仍由物价局监督，出现了“一头活一头死”的现象，致使牛奶生产成本提高，养牛效益开始下降，奶类总产量第一次出现负增长。20世纪90年代初，奶业进行了市场化改革，放开了牛奶购销价格，取消牛奶补贴，实行市场竞争，开放乳制品市场。国外乳制品纷纷进入中国市场，组建奶业集团，扩大企业生产规模取得了成效，奶业生产逐步走出低谷。同时，乳品企业积极调整产品结构，提高中国乳制品的竞争力。截至2000年，全国奶牛存栏数达到489万头，比1978年增加了9.3倍，年均递增12.4%；奶类产量为918.9万吨，比1978年增加了8.4倍，年均递增10.7%。

20世纪90年代末，中国主要农产品实现总量基本平衡、丰年有余的历史性转变后，农业进入新的发展阶段，奶业发展在农业与农村产业结构调整中的作用日益突出，已成为新时期农村产业结构调整的突破口。为了促进奶业快速增长，国家对奶业实施了一系列优惠政策。20世纪80年代中后期，国务院批准实行的《当前国家重点鼓励支持发展的产业、产品和技术目录》和实施的“菜篮子”工程，奶业被列入其中；20世纪90年代末，国务院批准发布的《中国食物与营养发展纲要(2001—2010年)》将奶业列为未来10年中国食物与营养优先发展的重点发展领域之一。这些都为中国奶业进入21世纪后的高速发展奠定了坚实的基础。

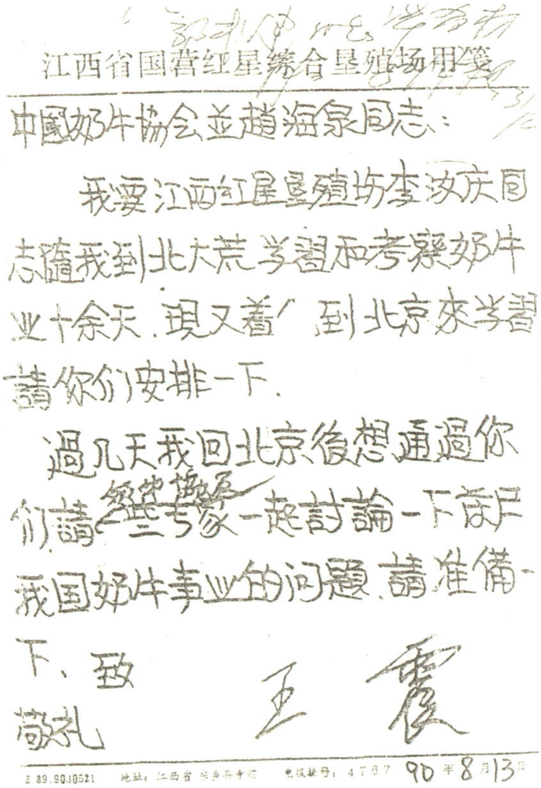
江西省国营红星综合垦殖场用笺

中國奶牛协会並趙海泉同志：

我要江西红星垦殖场李汝庆同志隨我到北大荒学習和考察奶牛业十余天，現又着⼴到北京來学習請你们安排一下。

過几天我回北京後想通過你们請一些专家一起討論一下發展我国奶牛事业的问题，請准備一下。致

敬礼

王震

90年8月13日

第十三章 21世纪的奶业发展（2001—2010年）

2001—2010年，中国奶牛存栏数、奶类产量不断提高，产业结构和生产力水平得到大幅提升，奶牛养殖业的快速发展，带动了农业和农村经济结构战略性调整，增加了农民收入，成为农业和农村经济发展新的增长点。奶牛养殖成为畜牧业中发展最快的产业。特别是2001年，中国加入了世界贸易组织（WTO）以后，世界著名的乳品公司纷纷进入中国，乳品市场的竞争日益激烈。为了应对世界同行强手的竞争，国内奶业企业适应时势，通过兼并重组，造就了一批大型奶业龙头企业，涌现出一批知名的企业和品牌。

第一节　21世纪初中国奶业面临的挑战和机遇

经过改革开放20多年的快速发展，进入21世纪时，中国各地相继建立了一批规模不等的乳品企业，出现了奶业的区域集中度不高，重复建设的情况，其中相当一部分乳品企业的经营业绩差甚至亏损。布局分散，奶源分散，品牌分散，成为21世纪初的奶业特点之一。

一、21世纪的奶业状况与基础

改革开放后，中国奶牛养殖业以农户散养为主，奶源供应的地缘化、分散化现象严重。各地乳品企业为了抢夺本地市场，几乎每个省（自治区、直辖市）都有自己主导的企业品牌。例如，内蒙古的伊利和蒙牛，河北的三鹿，上海的光明、晨冠和英特儿，北京的三元，黑龙江的雀巢、完达山和龙丹，天津的海河，江苏的卫岗、维维和绿健，浙江的娃哈哈，陕西的银桥，山东的佳宝，辽宁的三寰和辉山，湖北的友芝友，湖南的太子奶，广东的美赞臣、益力多和乐百氏，重庆的天友，四川的菊乐和新希望，云南的蝶泉，新疆的金牛，等等。除了这些主导品牌之外，其他奶业品牌数量总和达到数百个，存在非常明显的品牌分散化现象[1]。

总之，21世纪的中国奶业，逐渐从幼稚走向成熟，但与奶业发达国家相比，

[1] 张利庠，孔祥智.2009.中国奶业发展报告2008.北京：中国经济出版社：114.

仍处于发展的初级阶段。主要表现为产品、加工和销售的不协调。首先，奶业空间布局和行业内部分工不平衡，加工企业重复建设现象严重。一些地方政府对奶业增长趋势的判断过于乐观，不顾客观条件，提出大搞“白色经济”，纷纷争创大省、大市、大企。其次，对奶源发展重视不够。很长一段时期，中国乳品加工能力与奶源的增长速度不相适应。乳品加工能力每年以30%以上的速度增长，而奶源的增长速度最高也只有15%，呈现出产、加、销链条上的两头低、中间高的失调状态。第三，中国奶业已进入微利时代。资料显示，21世纪之初，中国拥有近1 500家乳品加工企业，其中30%左右的企业处于盈亏平衡，另有30%的企业陷入亏损。而且，在这种情形下，更为令人不安的是，奶业企业亏损，奶农也没有赢利。饲料价格的飞涨，饲养成本居高不下，奶农期盼乳品加工企业提高收奶价格，但作为奶业产业链最底端的奶农，在价格上缺少话语权[1]。

然而，正当中国奶业行业艰难前行之时，中国加入了世界贸易组织。不论此时的中国奶业是否已经做好了“开门迎客”的准备，它都必须面对并适应这个现实。

中国加入WTO之前，全球多家奶业巨头已开始进入中国市场。加入WTO以后，随着关税壁垒消除，更多的外国奶业进入中国市场，年轻的中国奶业卷入了空前的国际化竞争局面，面临着严峻考验。当然，世界各地在奶业领域里的先进工艺、技术、设备、工具、仪器、产品、经营管理方式乃至管理理念等，必然会同时传播到中国来，加速中国奶业的产业升级和管理现代化。因此，对于尚处于发展初级阶段的中国奶业，加入WTO，既是挑战，也是机遇。

二、加入世界贸易组织（WTO）带来的挑战

世界贸易组织的“农业协定”双边或多边谈判的核心内容是农产品贸易自由化。包括奶业在内的农业历来是受贸易保护最重、贸易壁垒最为森严的领域。在乌拉圭回合全球贸易谈判中，农产品第一次被纳入谈判内容并达成《乌拉圭回合农业协定》。《乌拉圭回合农业协定》主要有以下四个方面的内容：一是扩大市场准入，将非关税贸易壁垒转化为关税，并在此基础上逐步削减关税；二是减少国内补贴，主要是针对欧盟、日本等发达国家；三是限制出口补贴，减低出口补贴的幅度与关税减让的程度大体相同；四是统一卫生检疫标准，规定本国的动物和食品卫生检疫标准不能成为阻碍农产品自由国际贸易的壁垒。

2001年12月11日，中国正式获准加入世界贸易组织，这标志着中国经济与世界经济体系正式接轨，中国汇入了经济全球化的发展洪流中。加入WTO对中

---

[1] 张利庠，张良.2009.我国原奶价格形成与调控机制模式初探.奶牛杂志（11）：23-28.

国奶业的影响是显而易见的。在奶业生产与世界对接的过渡期间，处理好开放与保护的关系。在承诺开放国内市场、削减关税、减少保护的约束条件下积极发展自主奶业；在增长方式转换期间，加速奶业科技进步，使科学技术对奶业进步做出贡献，促进奶业现代化和可持续发展。在适应WTO规则下进行奶业体制转轨期间，根据市场供求关系，调整奶业的生产结构和居民的消费结构。

加入WTO之前，中国在奶业生产和贸易领域，基本上不存在政府补贴保护和国家垄断贸易。此外，中国是奶制品贸易的净进口国，不存在出口补贴，因而“入世”对奶业的影响集中体现在乳制品进口关税降低这一点上。2008年10月1日，《中国—新西兰自由贸易协定》开始生效。中国—新西兰自由贸易区是中国与发达国家建成的第一个自由贸易区（以下简称自贸区）。该自贸区谈判于2004年11月启动，历时3年，经过15轮谈判，双方最终签署了协定。其中，乳制品的降税安排及特殊保障机制是协定的重要内容之一。该协定的签署对中国农业主要是乳制品市场开放和奶业未来发展产生了重大影响。新西兰是世界上乳制品第一出口大国，其奶业生产规模大、增产潜力大、国际竞争优势明显，通过自贸区建设扩大了对中国的乳制品出口，中国已是新西兰乳制品第一大出口市场。中国和新西兰乳制品贸易通过自贸区的建立实现了零关税，使新西兰乳制品对中国出口成本平均降低13.4%，这进一步促使新西兰扩大出口，加剧了对中国乳制品市场供需平衡的影响。

从事奶业生产所需要的资源、资金、技术和人才等生产要素在各国和地区间的分配是不均衡的。这种不均衡导致了各国乳品生产的资源禀赋不同，竞争优势差异很大，从而使得乳制品国际贸易成为可能。同大多数农产品生产一样，奶类生产在较大程度上受自然资源制约，比如土地、饲料、气候等。与粮食作物等初级产品相比，奶业属于资金和技术密集型产业。但从世界范围来看，无论是原奶生产还是乳品加工，其技术、工艺、设备的开发和生产都已相当成熟，并集中于少数几家大型乳品设备生产集团，各国在加工技术和成本上差异不大。

21世纪之初，中国乳品行业尚属于幼稚型行业，其规模、技术和产品质量同发达国家相比差距甚远。加入WTO后，首先面临的是乳品进口关税减让。随着关税的降低，国内乳制品的价格优势不复存在。根据中国同新西兰、美国、欧盟达成的WTO双边及多边协议，所有乳制品类关税自2001年开始逐年递减，5年内降到15%～10%，这对中国乳品行业形成强大冲击。而加入WTO以前中国乳制品进口关税情况是：液体乳、奶粉类25%，乳清粉类6%，奶油、干酪类50%。中国奶业加入WTO的第一道冲击波来自关税锐减。

显然，首当其冲的是奶粉类产品。为什么奶粉产品受到的冲击最严重呢？因为奶粉是中国历年进口比例最大的乳制品。在加入WTO前，中国的国产奶粉价格与国际市场价格存在一个较大的价差，具有较强的价格优势。如1999年，中国奶粉产品与国际市场的同类产品价格相比，每吨平均有3 000元人民币左右差价。加入WTO后奶粉进口关税降低到10%，国产奶粉产品在价格上的优势就不复存在。

虽然其他乳制品如奶油、干酪以及鲜奶、酸奶等也会受到冲击，但其力度相对于奶粉要小得多。因为中国国内历来很少生产干酪、奶油，特别是干酪，国内仅有一两家厂商从事少量生产，年产量仅有几百吨，而且国内居民食用干酪、奶油的习惯并不普遍，产品主要是供应在华外国侨民。而要求新鲜、货架期短的杀菌牛奶、酸奶类产品价格将不会受到冲击。总的来说，中国奶业在加入WTO后受到的最大冲击不是某类乳制品，而是来自外资乳品企业对本土企业的综合竞争压力。第一，加入WTO后，中国市场开放程度加大，国外金融等服务业的进入，使他们更容易得到来自国际金融、物流等方面的支持，从而形成更完整的现代产业体系和竞争价值链。第二，随着三资乳业度过了“水土不服”的困难时期，他们逐渐开始推进“驻在地本土化”的进程，大量雇用中国本地员工，人力成本逐渐下降，更加适应了中国本土以及企业所在地区的人文环境。第三，随着国际零售巨头不断进入中国，市场乳品流通逐渐向外企擅长的连锁商场超市、大卖场等方面过渡，不少人将更习惯于一次性从市场购回整箱的牛奶，对本土企业以送奶到户网络垄断液体乳市场形成了营销方式的挑战。第四，本土乳品企业更习惯于靠价格、口味和广告来抢夺市场份额，而随着市场的逐步规范和消费者的不断成熟，三资乳品的品牌和质量优势日益凸显[1]。

可见，加入WTO带来的挑战不是对于一个局部的、单一品种的冲击，而是对中国整个奶业生产和乳品行业的挑战。处于弱势地位的中国奶业，在加入世界贸易组织的大潮滚滚来袭之时，经受住了历史的考验，度过了险峻的难关，逐渐进入平稳快速发展的新阶段。

三、加入世界贸易组织（WTO）对奶业发展的促进

加入WTO后，随着关税的逐步降低，中国乳制品市场竞争进一步加剧。进口乳制品增加幅度较大，主要来自澳大利亚、新西兰等生奶生产成本相对较低的国家；利润空间较大的成品乳制品进口的增长幅度也较大。因此，竞争的焦点是知名品牌效应，以品牌优势占领市场。受运输成本的制约，原料奶进口没有大幅增加。

奶业的国际贸易竞争，本质上就是原料奶生产成本的竞争。原料奶生产边际利润率较高的国家往往占有优势。中国开展奶牛饲养的资源条件并不占优势，这也就是为什么在中国劳动力成本很低的情况下，牛奶的生产成本却大大高于主要

1 杨红杰.2001.加入世界贸易组织对中国奶业的影响.中国奶牛（3）：6-8.

的牛奶生产国的原因。

随着发达国家（主要是欧盟）对本国奶业生产保护和出口补贴受到限制，无形中提高了这些国家的生产成本，因而他们会选择直接在中国投资设厂的方式，进行本土化乳品生产。其结果就是，中国乳品市场的国际化、全球化趋势更加明显。

加入WTO以后，中国奶业系统因势利导，因地制宜，采取了积极的应对措施，促进了奶业的平稳过渡和持续发展。加入WTO虽然对中国奶业造成了一定的冲击，但也有其有利的一面。如促进乳品行业的技术、装备、质量、生产效率的提高；加快行业改造，促进大企业集团和知名品牌的形成；关税减让，减少了乳品走私，规范了进口乳制品市场；增加了出口机会等等。在世界经济一体化的格局下，中国奶业采取了一系列措施来应对加入WTO带来的挑战。

（一）奶源基地建设得到加强

逐步淘汰了分散饲养、手工挤奶、奶站收奶的传统管理模式，从根本上提高了奶源质量。奶牛饲养向规模经济型发展，降低饲养成本，提高单产，扭转了部分地区奶价过高的情况。

（二）液体乳生产快速发展

液体乳在中国乳制品中发展最为迅速，与国际乳品相比，它是最具竞争力的品种。由于液体乳（特别是巴氏杀菌奶）要求新鲜、货架期短，本土品牌更具优势。扬长避短，成为了入世后国内乳品开发的方向。增加了全脂奶粉生产，为食品加工业提供了优质原料，同时增加了功能性奶粉、配方奶粉生产。

（三）大型企业集团加快发展

乳制品企业向大型化推进，自动化水平、劳动生产率得到提高，为了与国际乳品生产巨头竞争，乳品生产的集团化无疑是中国乳业发展趋势。入世后，中国通过企业之间并购重组，冲破地域限制，扩大规模，建立广泛的生产营销网络，减少物流费用，降低成本，取得了显著成效。

（四）提高了乳产品质量

随着中国加入WTO，中国奶业在自己的家门口就直接参与了国际竞争，竞争的取胜法则永远是可靠的质量和良好的服务。乳品企业在竞争中逐渐适应了以国际标准严格要求自己。

由于中国各级政府加强了防范加入WTO所带来的冲击的制度建设，奶业系统各相关环节积极应对，扬长避短，使加入WTO对奶业的负面影响降到最少，对奶业的积极作用发挥到最大。实践证明，中国加入世界贸易组织对奶业的发展，确实利大于弊。

四、两种资源两个市场格局下的奶业变革

加入WTO之后，中国可以同时利用国内奶业资源与国际奶业资源以及国内乳品市场和国际乳品市场，实现两种资源和两个市场的优势互补，资源共享，信息互通。在这个意义上说，加入WTO给中国乳品市场带来了巨大变化，其利将远大于弊。

由于乳制品进口关税大幅度下降，中国国产奶粉的增产势头受到制约。与此同时，由于进口奶粉、奶油和干酪类奶制品具有价格优势，此类产品的进口逐年增多。国内的一些大型奶品企业批量进口奶粉、奶油和干酪类奶制品，加以改装后进入市场。针对鲜奶、酸奶等保质期短、品质要求高的保鲜类乳品，其市场需求量在中国加入WTO后也有增大，同时对质量提出更高的要求。这种情况对于新西兰、澳大利亚等奶业发达国家来说，是一个千载难逢的良机。这些国家此前已经在香港、新加坡，吉隆坡、曼谷、雅加达等地积累了乳制品参入他国市场竞争的经验。其首攻的市场目标是中国那些具有高居住密度、拥有高收入和上层消费者的城镇区域。

中国加入WTO以后，国际乳品界普遍看好中国的投资环境和市场潜力。因为世界贸易组织的规则约束使中国的金融、法律、财务以及整个市场条件都有了显著的提高和改善。同样，国内的乳品企业也从中国的入世中得到发展。国内的乳品企业中，大约有60%的是国有性质的。这些企业通过股份制改造，投资多元化，逐步地转化为上市公司或股份制公司，实现企业的转制、转轨，增强适应市场的能力，增加市场运营的灵活性。

在国内乳品企业通过收购、兼并之后，市场更规范，消费更理性，市场集中度进一步提高。并购是世界产业发展史的一种规律性现象，是当今的国际潮流，也是跨国公司所擅长的发展模式。国外乳品巨头的进驻，促使中国奶业在两种资源两个市场格局下实现重大变革。

一是促使中国政府加强乳品行业的法规、政策、标准的制定和完善。乳品行业的迅速发展，使得原有的乳品行业标准、政策有的已经落后于奶业发展的现实需要，有的与WTO的规则不相符，因而必须做出相应的调整和完善，以适应乳品行业本身健康快速的发展。

二是由于在短期内中国国产奶粉市场受到了冲击，部分以供应原料奶为主的奶农，特别是北方地区的乳品加工基地的奶农受到了更大、更直接的影响。政府为此出台了保护养牛农户利益的相关政策，包括建立奶业风险基金等，并帮助奶农养殖户提高饲养技术和管理水平。随着国外乳品巨头的进入，奶源的争夺将日益激烈，国内的一些大型乳品企业调整了与奶农的联合方式，组成相对紧密的利益共同体，既能保证企业的奶源供应，也能保护奶农的利益，同时也催生了各地

的奶农合作组织。

三是促进了中国乳品消费市场的扩大。国外乳制品业直接进入市场，采用了多种方式宣传产品和食用乳品有益健康的概念，原先并未饮用乳制品的潜在消费者接触了更多的关于乳品的信息，更加直接、更加深入地接触到了琳琅满目的乳制品，激发了强烈的消费欲望，促进了乳品市场有效需求的继续迅速扩大。

四是丰富了中国乳品消费市场的品种。加入WTO前，中国乳品企业争夺的焦点集中于液体乳。由于整个乳品行业的细分不够，市场的深度和广度未能拓展，加入WTO后，逐步拓展了中国乳品行业的深度和广度，各种形态的乳制品应有尽有，满足了不同消费层次、不同消费习惯、不同饮食文化背景以及不同地理生态环境的市场需要。

五是促进了中国乳品行业的整体技术水平、管理水平和产品质量的全面提高，激烈的竞争逐渐将一批中小型乳品企业淘汰出局，迫使国内的乳品企业迅速提升自己的技术水平、管理水平和产品质量。优胜劣汰的自然法则，迫使中国乳品行业的全面提升。

总之，中国加入世界贸易组织，签订了WTO农业协定，使中国的国际农产品贸易方式发生重大变化，在WTO协议下的乳制品贸易也发生了深刻变化，各协议签订国之间要实现乳制品自由贸易，大幅消减或完全取消关税，开放市场。中国加入WTO，吸引了更多的国际资本进入中国奶业，使中国乳制品贸易主体多元化，有利于促进乳制品贸易体制改革，加快乳制品市场经济的发展，加速中国乳品经济国际化步伐。同时，有利于加强乳业技术的合作和科学交流，促进中国乳业技术改造和管理水平的提高，消费者可以获得价格便宜、品种更多的乳制品，从而促进乳制品消费市场的扩大。虽然加入WTO后大幅削减关税，对加剧中国乳品市场竞争，对民族乳制品造成一定冲击，但总体来看，对繁荣中国奶业经济和奶业市场，促进整个奶业产业结构的优化和推动奶业产业进步具有重要作用。

第二节　现代奶业格局的形成

一、发展现代奶业的内外部条件

进入21世纪后，中国奶业作为一个产业已经基本形成，建设现代奶业的条件已经基本具备，已经进入转型期，即由传统奶业向现代奶业过渡。在此期间，传统奶业的弊端在减少，现代奶业的因素在增加。

从20世纪90年代初开始，中国奶业经过20多年的快速发展，专业齐全、合理配套的中国奶业产业体系已经形成，其速度之快、规模之大堪称世界奇迹。中国奶业不但促进了中国畜牧业的快速发展，对农业产业升级、增加农民收入、丰富城乡市场都做出了重要贡献，而且中国奶业的生产和消费也促进了全球奶业的发展。

加入WTO以后，中国奶业正式进入了国际市场。经历了一番严峻的考验，中国奶业开始走向成熟，正在由传统的奶牛养殖模式，向规模化、集约化、标准化的现代养殖模式转变。

在奶牛养殖方面，通过引进奶牛良种和品种改良，2005年荷斯坦牛的覆盖面已经达到中国奶牛总存栏数（1 216万头）的1/3；饲养规模在20头以上的奶牛养殖户（场、小区）奶牛存栏数占全国总存栏数的27.7%，特别是在一些大中城市，这个比例更高；部分规模牛场和奶牛养殖小区的硬件和软件装备已经达到国际水平。

从原料奶生产上看，截至2007年年底，中国奶类总产量达到3 633.4万吨，稳居世界第三（印度第一，美国第二），全国奶牛存栏1 218.9万头，饲养奶牛的农户约为210万户，奶牛业的产值达到835.7亿元，奶业已初步成为优势产业。

从牛奶加工上看，中国乳制品产量为1 787万吨（其中液体乳产量1 441万吨、干乳制品300多万吨），规模以上加工企业有700多家，乳制品工业总产值1 348.81亿元，形成了蒙牛、伊利、光明、三元、完达山等一批重点龙头企业。

从流通环节上看，中国原料奶的70%左右要依靠奶站收购和流通，全国乳制品的80%以上要依靠经销商和超市运输和销售，流通环节的经营者数量更加难以统计，产值也难以估量。

从行业管理服务方面看，中国出台了一系列的有关奶业的法律、法规和条列，中国奶业协会和中国乳制品工业协会发挥了行业协会的领导协调作用，《中国奶牛》、《中国乳业》、《中国乳品工业》等众多的奶业杂志、媒体和咨询机构也一起形成了行业监管和产业服务体系。

从科研和人才培养上看，以农业大学和农业科研机构及奶业企业研发中心为代表，为中国奶业提供了技术支撑，培养了大批技术人才，形成了较为完整的奶业产业技术体系。

从消费环节上看，2007年中国城镇居民平均乳制品（鲜乳、奶粉、酸奶）消费量为18千克，农村居民为3千克，庞大的中国人口基数形成了世界上牛奶消费的巨大市场，而且消费理念和消费习惯日渐成熟。

经济社会的稳定发展，全面小康社会建设不断深入，新农村建设扎实推进，为建设中国现代奶业提供难得的机遇，奶业的转型为建设现代奶业奠定了良好的基础。十六届五中全会提出了推进现代农业建设的任务，十届全国人大四次会议通过的《中华人民共和国国民经济和社会发展第十一个五年规划纲要》中，明确提出了发展现代农业的要求；《国家中长期科学和技术发展规划纲要（2006—2020年）》，把现代奶业作为重点支持的产业；全国农业“十一五”规划也提出大力发展奶业；《全国奶业“十一五”发展规划和2020年远景目标规划》提出加速发展奶业，推进现代农业建设。

进入21世纪后，作为一个新兴的食品行业，中国奶业稳定快速发展的内外部条件已经具备，为现代奶业的形成提供了可靠保证，奠定了坚实基础。

二、奶牛养殖规模化程度提高

2002年，中国饲养1～4头奶牛的农户，其奶牛存栏数占全国总存栏数的44.8%，而饲养达100头以上的农户，奶牛存栏数仅占总存栏数的11.9%。也就是说，在21世纪初，中国存栏奶牛中的近一半，是由饲养量4头以下的个体奶农饲养的。由于受到饲养分散、管理水平低的困扰，2002年中国成母牛平均单产仅3 438.27千克，而且牛奶质量参差不齐，微生物指标往往超标，与奶业发达国家差距较大。同期美国等发达国家饲养的1头奶牛就相当于中国的2头奶牛的产奶量。这就是差距，这也是中国增产、增收的空间。它一方面说明中国的奶业还处于较低的发展阶段，另一方面也预示着中国奶业的发展目标，需要从奶牛数量扩张型向奶牛良种品质型转变，走科学管理、内涵提高的道路。国内外的实践证明，实现规模化经营，是高产、优质、高效发展奶牛饲养业的必由之路，符合市场经济的规律。

黑龙江农垦规模化牛场一瞥

2008年11月，中国《奶业整顿和振兴规划纲要》发布，要求推进规模化、标准化养殖：“中央在现有奶牛规模化养殖建设投资规模的基础上，进一步加大中央预算内投资支持力度，支持奶牛主产区加快现有养殖场(小区)标准化改造和新建标准化规模养殖场(小区)。”《奶业整顿和振兴规划纲要》明确要求：“到2011年10月底前，推进养殖规模化、100头以上规模化养殖场(小区)奶牛比重由目前的不足20%提高到30%左右，”2009年7月，国家发展和改革委员会（简称国家发改委）与工业和信息化部联合发布《乳制品工业产业政策》以及相关的政策，明确支持乳制品加工企业加强自有奶源基地建设，鼓励自建、参股建设规模化奶牛场、奶牛养殖小区。此外，各地普遍对规模化养殖实行税收优惠，并针对牧场用地及建设提供政府补贴。各地政府出台行业政策大力推动规模化牧场建设：内蒙古要求2012年建设300个规模牧场，优质高产奶牛数量达到200万头；陕西政府提出建设50个千头奶牛示范场，30个奶牛标准小区。

上海牛奶集团奶牛舍

为了改变奶牛养殖小、散、低的现状，中国各地都进行了有益的尝试，主要通过两个途径推进奶牛规模化养殖：一是发展规模奶牛场，包括奶牛大户、国有奶牛场、股份制奶牛场等；二是发展奶牛养殖小区。奶牛养殖小区这种模式在短短的几年中得到了快速发展，“小区”数量猛增。仅对北京、上海、天津、河北、山西、内蒙古、黑龙江等7省（自治区、直辖市）奶业优势产区的不完全统计，共建有“小区”1 600多个，奶牛存栏70多万头，占7省（自治区、直辖市）总存栏数（335万头）的比例达20%以上。

2009年，中国奶牛存栏100头以上规模的奶牛场达到26.8%。河北省奶牛规模化养殖程度达到91%，上海规模化程度100%，北京规模化程度100%，天津市规模化程度为95%。同时，在各地涌现出一批现代化奶牛养殖场，取得了较好的经济效益。如北京三元绿荷奶牛养殖中心，建

大型规模化奶牛场圆盘式挤奶机

成国内单产最高的核心牛群，拥有28个牧场，共37 000头奶牛，平均每头年单产10 000千克，乳脂率3.8%左右，乳蛋白3.1%。江苏卫岗淳化牧场，集约化程度很高，至2009年，拥有5万余头优良的荷斯坦牛，全面实现机械化挤奶、电脑自动控制，全混合日粮（TMR）电脑控制饲喂，牛奶品质达到欧盟标准。上海光明荷斯坦金山种奶牛场，存栏奶牛5 000头，至2009年，成为规模最大、效率最高的种奶牛场，采用牧场管理信息系统，实行了科学化管理、智能化生产。内蒙古现代牧业奥亚牧场，建成为中国规模最大的单体牧场，投资修建了全球最大的沼气发电系统，每天处理牛粪500吨，日产沼气1.2万米^3，日发电3万千瓦时，为推进奶业循环经济做出了表率。

三、奶业科研和技术推广取得重大突破

进入21世纪，中国奶业主要是数量的发展，质量和科技发展还远远落后于奶业发达国家。因此，发展奶业科技被国家科技部列为重大科技攻关专项之一，在奶业基础研究、高技术研究开发、全混合日粮（TMR）和奶牛生产性能测定（DHI）技术应用推广，产业化开发与示范等方面取得了重大突破。通过政策引导，技术开发与示范，大幅度提升了中国奶业发展技术水平，加快了中国现代奶业技术体系的建立，实现了中国奶业的跨越式发展。

（一）全混合日粮（TMR）技术快速推广

TMR饲喂技术推广应用作为国家“十五”重大科技专项的重要内容在中国广泛推广。TMR饲料制备机从最初的单纯搅拌功能，发展到具有切碎和揉搓的功能，再发展到自动取料和自动称重的功能。对混合机理、混合部件的研究方面也不断深入，TMR饲料制备机的关键部件的结构参数不断改进和完善，具有智能配方操作及远程控制等多种先进功能，达到世界先进水平。

全混合日粮（TMR）饲喂奶牛

随着规模养殖的发展，TMR饲养工艺被广大牧场主及奶农所接受。不仅中国大多数省份的规模奶牛场已经采用了该饲养技术，而且一些大型乳品企业在其自建的牧场中也推广使用TMR设备，由此带动了周边地区的大型牧场及养殖小区纷纷采用TMR工艺。2008年，TMR设备生产企业入选国家农机补贴目录，得到了国家政策的大力支持，奶牛场在应用TMR饲养工艺后，牛奶质量和奶牛单产得到了提升，奶牛养殖业的整体水平进入了一个全新的阶段。

（二）奶牛生产性能测定（DHI）范围不断扩大

奶牛生产性能测定是对奶牛泌乳性能及乳成分的测定。首先需要收集奶牛系谱、胎次、产犊日期、干奶日期、淘汰日期等牛群饲养管理基础数据，其次是每月采集一次泌乳牛的奶样，通过测定中心的检测，获得牛奶的乳成分、体细胞数等数据，然后将这些数据统一整理分析，形成生产性能测定报告。测定报告反映了牛只及牛群配种繁殖、生产性能、饲养管理、乳房保健及疾病防治等方面的相关信息。牛场管理人员利用生产性能测定报告，能够科学有效地对牛群有针对性的饲养管理，发挥牛群的生产潜力，进而提高经济效益。同时，政府主管部门利用收集的大量测定数据，组织开展全国奶牛良种登记、种公牛后裔测定、遗传评定及奶牛的选种选配等工作，达到提高奶牛整体种质遗传水平、提高奶牛牛奶产量、增加农牧民养殖经济效益的目的。

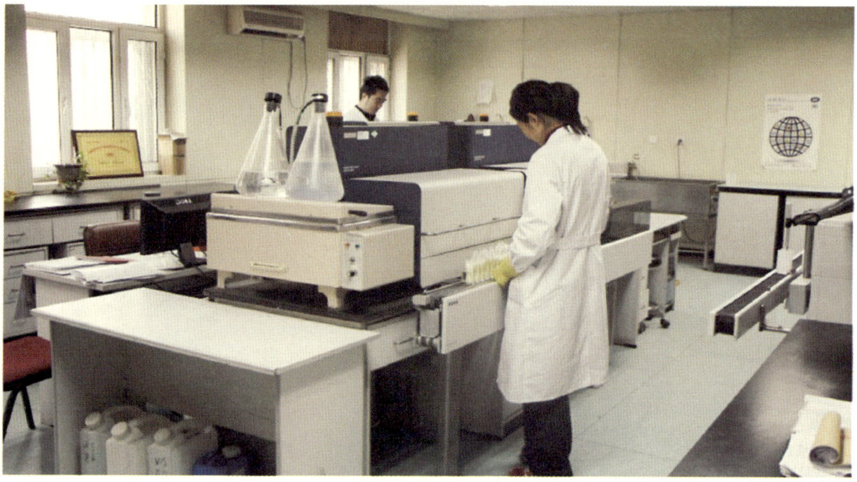

奶牛生产性能测定（DHI）实验室

奶牛生产性能测定在中国起步较晚，1992年在“中日奶业技术合作项目”的扶持下，天津启动了奶牛生产性能测定工作；1995年随着中国—加拿大奶牛综合育种项目的实施，先后在上海、北京、西安、杭州等地逐步开展奶牛生产性能测定；截至2010年年底，中国参加生产性能测定的奶牛超过35.84万头，项目全面覆盖中国奶牛养殖优势区域，包括北京、天津、河北、山西、内蒙古、辽宁、黑龙江、上海、江苏、山东、河南、湖北、湖南、广东、云南、陕西、宁夏和新疆18个省（自治区、直辖市）以及黑龙江农垦总局和新疆生产建设兵团20个地区，项目区域奶牛存栏量占全国奶牛存栏总量的95%以上，取得了良好的经济效益和社会效益。

（三）奶业生产技术集成与产业化示范带动明显增强

饲养管理先进技术和设备集成应用的前提是奶牛养殖规模化的发展。21世纪初，针对制约中国奶业发展的重大技术问题，在奶牛良种快速繁育、营养调控与饲养管理、优质饲草生产与专用饲料开发、疫病防治、乳品加工与质量控制等方面取得了重大突破。同时，中国在产业政策上将奶业作为重点扶持的产业，把奶牛良种纳入补贴范围。农业部启动了“万枚高产奶牛胚胎移植富民工程”。科技部在“十五”期间组织实施了国家重大科技专项——“奶业重大关键技术与产业化技术集成示范奶业”项目等。项目根据中国奶业发展布局，重点在东北、华北、西北牛奶优势产区开展了奶业现代化生产技术集成与产业化示范，全面推进了中国奶业的健康快速发展。参与示范的牛群138万头，辐射牛群超过400万头。示范区成母牛平均年单产6 500千克，其中上海和北京示范区成母牛平均年单产8 700千克，达到世界先进水平。

规模奶牛场智能化管理系统进入示范使用阶段，在北京和上海两大示范区建成了多个奶牛智能化管理示范牧场，为推动中国奶业向现代化迈进起到了良好的示范带动作用。特别是中国和以色列政府于2000年创立的中以示范牛场，成为两国奶业科技合作的示范中心，该牛场采用以色列的奶牛高产饲养管理技术，经过9年的实践，中以示范牛场单产一直居全国牛场的前列，2009年创造出每头奶牛年均产奶11.5吨的国内新纪录。

北京中以示范牛场

为加强奶业技术示范与推广，农业部于2005年3月启动了农业科技入户示范工程。到2009年，奶牛示范户先进技术入户率达100%、良种精液使用率100%、青贮使用率65%，奶牛年单产水平超过6 000千克，平均每头成母牛年养殖效益在3 000元以上。科技入户通过推广“良种补贴”、“青贮饲料种植和制作补贴”，让养殖户尝到实实在在的甜头，增强了广大奶农使用良种和青贮饲料的意识，有效提升了奶牛生产水平和效率，为奶业恢复与振兴做出了积极贡献。

青贮饲料收割

（四）奶业科技基础性研究工作不断推进

为提升牛奶质量安全水平，加强牛奶品质等基础性研究，2010年12月，中国重点基础研究发展计划（“973”计划）——“牛奶重要营养品质形成与调控机理研究”项目在北京启动。“牛奶重要营养品质形成与调控机理研究”项目是2010年科技部批准立项的113个“973”项目之一，该项目由中国农业科学院畜牧所王加启研究员任首席科学家。项目运用现代营养学、营养基因组学和整合生理学等理论与方法，揭示乳成分前体物的生成、利用及其调节机制，阐明乳脂肪和乳蛋白合成的分子基础与代谢调控网络，建立调控乳脂肪、乳蛋白含量与组成的理论和方法，旨在通过解决中国牛奶营养品质低下等重大关键科学问题，建立适合国情的饲料资源利用理论体系和技术途径，为改善中国牛奶品质提供理论依据，进而推动中国奶业转型升级。

（五）建立国家奶牛产业技术体系

国家奶牛产业技术体系是2007年10月经农业部和财政部批准成立最早的10个体系之一。国家奶牛产业技术体系依托单位为中国农业大学，下设首席科学家办公室（中国农业大学李胜利教授为第一任首席科学家），6个功能研究室（包括繁殖与育种研究室、营养与饲料研究室、疾病控制研究室、环境控制与乳品安全研究室、乳品加工研究室、产业经济研究室），26名岗位科学家（112名团队成员）、23个综合试验站（86名团队成员），涵盖115个示范县、247个示范辐射牛场。建设目标是整合国家和地方大专院校、科研单位，奶牛养殖者、协会和农民合作组织的各种优势资源，以产业为主线、产品为单元，紧紧围绕制约中国奶业发展的重大技术瓶颈，以奶业生产急需的技术为突破口，提升中国奶业科技创新能力，加快奶业技术示范与推广，为中国奶业的可持续稳定发展提供技术支撑。研究重点是解决奶牛生产安全、提高奶牛单产和养殖业效益的技术问题，主要完成以下四大项任务：重点完成奶牛主要疾病预警及控制技术、奶牛饲养管理配套技术、环境控制与乳品安全相关技术、奶牛生产性能测定（DHI）、良种登记和优良种牛快速扩繁技术的研发与试验示范；建立奶牛产业发展的基础性、公益性技术平台，由不同功能研究室与综合试验站协作，共同研制和建立奶牛营养成分表、完善并不断更新奶牛饲料营养数据库、建立国内外奶业科研和推广项目数据库等基础性工作；针对中国畜牧业面临的“人畜争粮”、饲料资源尤其是蛋白质资源紧缺对饲料供应带来的空前压力以及全球农业环境持续恶化等问题，开展奶牛产业发展的储备性、跟踪性和前沿性的前瞻性研究；调研奶牛产业动态信息和突发性生产问题，完成上级主管部门交办的临时性应急任务。国家奶牛产业技术体系按照“十一五”、“十二五”整体规划，紧紧围绕重点任务积极开展工作，以点带面，取得了一些重要进展，共获得鉴定成果15项、省部级奖21项、发表论文600余篇（其中SCI收录90余篇）、培训技术人员30 000余人次。

四、大型乳品加工企业崛起

21世纪的最初10年，中国乳品加工业进入了快速发展的轨道。乳品加工规模不断扩大，集中度日益提高。一批集产前、产中、产后为一体的新型乳品企业在发展中壮大，培育形成了中国本土的知名乳业品牌，如内蒙古伊利和蒙牛、上海光明、石家庄三鹿、北京三元、黑龙江完达山等。与国际知名品牌如雀巢、帕玛拉特、达能等跨国公司在乳品业市场展开了激烈竞争。这种激烈的竞争促进了中国乳品业的发展和技术进步。同时，在竞争中，一批中小型企业开始分化，纷纷加盟大的乳业集团。经过整合，一批经营效益好的奶业大型企业集团实现了扩张式发展。同时，新希望、银桥、飞鹤、佳宝、得益、沈阳乳业、卫岗、燕塘等企业集团，凭借雄厚的资金和灵活的机制介入乳品业，加速了整合过程，促进中国乳品业的发展逐步走向成熟。

为了适应产业发展要求，加强与国外企业的竞争，一些乳品企业通过大范围、大规模的资产重组，转向集团化运营，企业规模不断扩大。2003年中国有乳品企业584家，日处理鲜奶能力200吨以上的企业为71家，日处理鲜奶100 ～ 200吨的企业为87家，日处理100吨以下的企业426家。2008年，中国乳制品企业增加到815家，日处理能力1 000吨以上的乳品企业7家，500吨以上的13家，300吨以上的18家，日处理能力200吨以上的46家，100 ～ 200吨的企业70家，企业生鲜乳加工能力大幅提升，行业集中度不断提高，形成了一批产量大、市场占有率高的大型骨干企业和知名品牌。2007年，蒙牛、伊利、光明、三鹿、三元等6家企业产量约占全行业的70%。

快速发展的乳品加工业和具有巨大潜力的消费市场，吸引了众多资本投向中国的乳品加工业，使得中国乳品企业的资本结构趋向多元化。2008年，中国国有乳品企业23家，集体企业11家，分别是2001年的22.32%和24.44%，而私营和三资企业的数量不断增加，分别由2001年的71家和51家增长到348家和112家，分别增加了3.9倍和1.2倍，在规模乳品企业中的比重也由2001年的16.36%和11.75%分别增长到42.70%和14.36%。在市场经济的大背景下，外资企业和民营企业显示出强大的生命力和发展速度。

2001年和2008年中国不同经济类型乳品企业基本情况见表13-1。

表13–1　2001年和2008年中国不同经济类型乳品企业基本情况

经营性质	属　性	2001年	2008年
全行业	企业数（个）	434	815
	资产总额（亿元）	245.11	942.46
	利税总额（亿元）	31.97	103.74
国有企业	企业数（个）	112	23
	资产总额（亿元）	49.06	22.51
	利税总额（亿元）	3.09	0．94
集体企业	企业数（个）	45	11
	资产总额（亿元）	15.62	4.45
	利税总额（亿元）	1.27	0.68
股份制企业	企业数（个）	155	61
	资产总额（亿元）	85.75	152.69
	利税总额（亿元）	13.04	9.3
私营企业	企业数（个）	71	348
	资产总额（亿元）	14.77	148
	利税总额（亿元）	1.54	19.61
三资企业	企业数（个）	51	112
	资产总额（亿元）	79.91	406.18
	利税总额（亿元）	13.03	53.82

中国乳品企业装备工艺水平和自主创新能力逐步提高。在扩大规模的同时，乳品企业高度重视自身的技术改造和产业升级，把技术改造作为企业发展的关键，加大资金投入，不断从国内外引进关键技术，使行业的整体装备和技术水平大幅提升，缩小了同国外乳品企业的差距，特别是一些大中型乳品企业的装备工艺已经接近或达到了国际先进水平，产品研发能力不断增强。

北京三元食品股份有限公司乳品加工生产线

五、乳制品品种和消费渠道多样化

进入21世纪后，随着中国大型乳品企业的崛起，释放了市场消费潜力，同时随着经济的发展，全面建设小康社会的推进，乳制品消费进入快速增长轨道，乳制品产量和品种不断增加。2001年，中国规模以上乳品加工企业共生产乳制品320.4万吨，2008年乳制品产量增加到1 810.6万吨，是2001年的5.65倍，年均递增率为28.07%。2001年，中国乳品企业生产干乳制品74.3万吨，2008年增加至285.3万吨，比2001年增加了2.84倍，年均递增率为21.19%。2001年中国液体乳产量为246.1万吨，2008年液体乳产量达到1 525.2万吨，是2001年的6.2倍，年均递增率为29.77%[1]。

中国奶业快速发展的同时，市场随着消费品更新换代，节奏也在加快，乳品的消费观念、消费能力和消费形态呈现出个性化和层次化的特征。中国乳品企业在增加乳制品产量的同时，加强了自主创新能力，不断开发新产品，丰富产品品种，优化产品结构。除了巴氏杀菌乳、超高温灭菌乳、酸奶和奶粉等传统品种外，干酪、奶油等也逐渐走上了大城市居民的餐桌。同时，一些高端乳品开始推向市场，如伊利的金典和舒化奶、蒙牛的特仑苏和奶爵，上海光明的优加、优倍，完达山的元乳配方奶粉、飞鹤乳业的高端奶粉、三元的极致巴氏鲜奶和南京卫岗乳业的淳奶等，受到了消费者的青睐。释放了奶业消费潜力，推动了奶业的发展。

1 据2001年《中国食品工业年鉴》以及农业部奶业管理办公室、中国奶业协会《2011年中国奶业统计摘要》整理。

随着中国奶业的发展和居民收入水平的提高，奶类消费水平总体呈现逐步上升趋势，城镇居民奶类消费量（折合为原奶）由2001年的16.76千克上升到2008年的22.72千克，增长了35.56%，年均增长率为4.44%，农村居民乳和乳制品消费量由2001年的1.2千克上升到2008年的3.43千克，增加了1.86倍，年均增长率为16.19%。

农业部副部长高鸿宾、原副部长刘成果亲临中国国际奶业展览会现场

在品种结构上，中国增加较快的主要是城镇居民的液体乳消费量，奶粉消费量基本稳定。液体乳中，鲜乳品消费量明显高于酸奶消费量，但酸奶消费的增长速度最快，1992—2006年，液体乳消费量年均增长率达到17.92%；而奶粉则基本稳定在0.50千克左右。从不同产品所占比重来看，鲜乳品仍是城镇居民消费的主要产品，其所占比重超过了70%，但其在总消费量中所占比重已呈现下降趋势，2004年时最高，为74.57%，2006年比2004年下降了2.84%。酸奶在奶类消费中所占比重呈现逐年上升趋势，由1992年的4.16%上升至2006年的14.57%，上升了10.41个百分点。奶粉消费在城镇居民奶类消费中所占比重呈现明显的下降趋势，2006年奶粉消费量仅占奶类总消费量的13.70%，比1992年下降了20%。

经过近几年的发展，中国的奶业市场逐步扩大，消费者饮奶知识有所增强，人们对牛奶的认识有了较大的改观，有许多人已知道牛奶对人体健康和国民经济发展都会带来很大的促进作用。同时，随着乳制品贸易的不断加强，进口乳制品受到越来越多消费者的青睐，特别是中国加入WTO后，关税水平的降低，使进口价格下降，更进一步刺激了乳制品的进口。2008年，中国共进口乳制品35.11

万吨，是2001年19.56万吨的1.79倍，年均增长8.72%。

随着中国奶业融入世界奶业步伐的加快和乳制品关税进一步下降，国外品牌的产品将更多地进入中国市场，在乳制品品种和国内消费者选择机会增加的同时，进口乳制品在中国乳制品消费市场上将占据越来越大的市场份额。

奶类消费支出在食品消费支出中所占的比重也能体现出奶类消费水平的提高。从1995年，中国城镇居民家庭平均每人全年奶类消费支出为31.43元，仅占当年食品支出的1.78%；此后逐年增长，到2006年已经达到150.23元，占食品支出的比重也达到了4.83%；同一时期，其他畜产品的消费支出在食品总支出中的比重却呈现逐年下降的趋势或基本持平。

随着奶业的发展，乳制品结构不断变化和丰富的同时，中国奶业实现了从卖方市场向买方市场的转变，销售渠道和销售方式开始多样化。一是销售渠道和销售方式多元化。乳制品销售渠道和方式包括批发、零售和特殊方式。批发分为独立运作一个品牌的批发商和兼营几个品牌的批发商，负责各区域乳制品市场的开发和维护；零售主要以店铺销售为主，按经营格局的变化分为传统销售和现代销售；特殊方式是按社会的不同行业或特殊的人群而界定的特有销售方式，比较有代表性的有学校、医院、餐饮、团购等。二是销售手段多样化。突出表现在乳品加工企业采取各种手段进行促销，以扩大市场份额。当前，主要促销手段有：捆绑销售、特价销售、买赠礼品、免费品尝、抽奖销售等。三是宣传力度不断加大，宣传形式多种多样，广告宣传费用大幅度增加。乳品加工业的发展和销售方式的多样化，以及这个阶段城乡居民生活水平的大幅度提高，极大地刺激了城乡居民奶类消费。

2006年9月至12月　中国奶业协会和中国农业电影电视中心联合举办大型特别节目《圆梦在行动》

六、实施国家“学生饮用奶计划”

为提高广大中小学学生营养健康水平，拉动奶业发展，中国于2000年正式开展实施了国家“学生饮用奶计划”。实施十多年来，在中共中央、国务院正确领导下，在部际协调小组各成员单位和地方各级政府大力支持下，在有关部门、学校、定点生产企业以及社会各界积极参与下，“学生饮用奶计划”稳步推进，覆盖面逐步扩大，饮用牛奶的学生不断增加。截至2011年年底，在中国29个省（自治区、直辖市）283个城市和县镇，共15 000多所中小学推广实施了“学生饮用奶计划”，全国日平均供奶量达到841万份，比2010年的556万份增加了285万份，增长了51%。“学生饮用奶计划”的实施，为改善学生营养、提高青少年身体素质、推进中国奶业健康发展发挥了重要促进作用。

（一）实施背景

1999年3月31日，李岚清主持召开了“关于幼儿教育和青少年营养健康问题的会议”，提出了“实施奶类行动计划”。农业部在给李岚清副总理的报告中，提出了实施“学生饮用奶计划”的建议。国办秘书局按照李岚清副总理对该报告的批示精神，征求了有关部门的意见。1999年12月22日，国家科技教育领导小组办公室召集有关部门，专门研究实施“学生饮用奶计划”相关问题，决定由农业部牵头、国家轻工业局配合，会同有关部门制定实施“学生饮用奶计划”的具体方案，并付诸实施。2000年8月29日，由农业部、国家计委（现为国家发改委）、教育部、财政部、卫生部、国家质量监督检验检疫总局（简称国家质检总局）和原国家轻工业局等7部委联合发文，正式启动了中国的“学生饮用奶计划”。

（二）实施情况

实施“学生饮用奶计划”，按照“统一部署、规范管理、严格把关、确保质量”的工作方针，采取“政府主导，市场运作，企业、学校和社会各界广泛参与”运行模式，坚持“保证奶品质量，坚持群众自愿，运用市场机制，不强求一律”（温家宝总理2003年6月15日批示）的原则，由省级相关部门认定的定点企业向中小学校直接配送按国家标准生产的学生饮用奶。计划实施12年来，没有发生过由学生饮用奶产品质量问题引发的食品安全事件。

1. 建立协调和工作机构 实施“学生饮用奶计划”，涉及面广，责任重大。为了工作顺利开展，确保学生饮奶安全，成立了由农业部、中国共产党中央委员会宣传部（简称中宣部）、国家计委、教育部、财政部、卫生部、国家质量技术监督局、国家轻工业局、国家食物与营养咨询委员会等组成的国家“学生饮用奶计划”部际协调小组，农业部分管副部长担任协调小组的组长，协调小组办公室设在农垦局，负责日常管理工作；开展“学生饮用奶计划”的省，设立或指定由政府有关部门组成的相应机构，负责组织全省“学生饮用奶计划”的实施。有28个省成立了协调组织和工作机构，开展了“学生饮用奶计划”的推广工作。同时，成立了国家“学生饮用奶计划”专家委员会，对“学生饮用奶计划”工作提供技术支持和政策咨询。

2. 制定有关管理办法　为规范管理，由农业部等有关部门先后制定发布了《关于实施国家“学生饮用奶计划”的通知》及实施方案、《国家“学生饮用奶计划”暂行管理办法》、《学生饮用奶定点生产企业申报认定暂行办法》、《中国学生饮用奶标志使用暂行管理办法》等基本文件法规，使实施“学生饮用奶计划”有法可依、有章可循；各省也结合本地实际制定了地方的“学生饮用奶计划”实施方案或管理办法。

3. 在试点基础上分步实施　实施“学生饮用奶计划”按照先试点、后推广，以点带面、分步实施的稳健步骤进行。1999年6月至12月，农业部先后在北京、天津、上海、沈阳、广州5个城市进行试点，摸索在生产、加工、推广和管理方面的经验。2000年8月，“学生饮用奶计划”正式实施以后，主要在省会等大城市推广。2006年开始，一些具备条件的中小城市和少数农村的乡镇中小学校也开始推广学生饮用奶。

4. 开展宣传教育活动　“学生饮用奶计划”十分重视开展宣传教育工作。通过各种媒体，采取多种措施，开展了一系列宣传活动，普及科学饮奶知识，培养中小学生科学饮奶、平衡膳食的健康饮食习惯。创办了《学生饮奶与健康》专刊，开通了中国学生奶计划信息网站，在中央和地方报纸、广播以及电视节目中开辟学生饮用奶宣传专栏、制作播出学生饮奶公益广告，组织开展中小学生绘画作文大赛，充分利用“六一”儿童节、国际牛奶日、学生营养日等节日和纪念日，开展形式多样的宣传教育活动，进一步扩大了“学生饮用奶计划”的影响，促进了学生饮用奶的推广工作，树立了“学生饮用奶”的良好品牌。

5. 加强质量监督管理　对生产学生饮用奶的企业实行资格认定管理制度。在“学生饮用奶计划”实施之初，定点企业的认定工作由农业部、教育部和国家质检总局联合进行。2004年国务院办公厅下发了《国务院办公厅关于保留部分非行政许可审批项目的通知》（国办发〔2004〕62号）以后，变更为由“省级以下人民政府农业、教育、质量监督行政主管部门”负责。为了加强管理，保证质量，在落实文件精神时，具体确定为由省级负责认定。截至2011年年底，有38家省级认定的定点生产企业在国家“学生饮用奶计划”办公室进行了备案。同时，在工作中加大了对学生饮用奶生产、加工、贮藏、配送、消费各环节的监督检查力度，对发现的问题，及时采取有效措施，确保了奶品质量。不断创新监管方式、完善应急管理，主动接受社会和舆论的监督，把握监管工作主动权，确保了“学生饮用奶计划”有序稳步地推进。

6. 提高奶源基地水平 为了提高学生饮用奶奶源基地水平，保证学生饮用奶质量安全，2003年农业部实施了“学生饮用奶奶源升级计划”。通过该项计划的实施，建立了一套与国际接轨、符合国情的奶源管理体系和生产规范，有力地提高了奶源基地水平、人员素质和原料奶质量。截至2011年，全国已创建了141家“学生奶奶源升级计划奶源示范基地”，对推进奶源基地规模化标准化起到了示范带动作用，对提升学生奶原料奶质量起到了促进作用。

7. 创新推广途径和模式 积极探索适合中国国情的推广模式，运用行政推动与市场调节相结合的“双轮驱动”运行模式；建立双层三级协调组织，在教育系统内建立了市学生奶办公室—区县学生奶办公室—中小学校的三级架构，充分发挥教育部门作用的运行模式；从实际出发，坚持按照国家标准和地方标准认定定点生产企业的“双轨制”模式；由生产企业主导、联合有关力量，向中小城市(镇)和农村贫困地区推广学生奶的运行模式等。同时，积极探索引入社会保险机制，建立健全安全预警和应急机制，加强对生产企业、流通环节等方面的监管检测力度，这些做法对推进“学生饮用奶计划”稳步实施产生了较好的效果。

8. 各级政府日益重视 《国务院关于促进奶业持续健康发展的意见》、《奶业整顿和振兴规划纲要》中都明确提出了要继续加大国家“学生饮用奶计划”的推广力度，各级地方政府也在政策、资金等方面给予了更多的支持。例如，新疆维吾尔自治区政府2007年专门下发文件，决定每年安排专项资金，用于支持推广“学生饮用奶计划”工作。2009年，新疆各级财政安排资金1.5亿元，对全区义务教育阶段在校中小学生饮用学生奶进行补贴。重庆市加快实施中小学生营养促进工程，2010年 在12个区推广学生饮用奶，各级财政投入经费已经超过1.1亿元，惠及70多万学生。这些政策的实施都为“学生饮用奶计划”的加快推广，提供了良好的外部环境和有力支持。

2000年11月15日 实施“学生饮用奶计划”新闻发布会召开

中国“学生饮用奶计划”代表团李伟国、方言、马雪冰、王林昌等赴英国、瑞典进行学生饮用奶国际交流

国家“学生饮用奶计划”实施十周年纪念

七、奶业合作组织和行业自律的发展

中共十七大将“坚持把发展现代农业、繁荣农村经济作为首要任务”，国家将继续加大支农惠农政策力度，加入奶牛合作社是今后畜牧养殖业发展的新趋势。2003年后，大批奶牛合作社的成立，对区域养牛业规模化、标准化、良种化、集约化及延伸奶业产业链起到了积极的推动作用。开办的奶牛合作社一般下设奶牛养殖机构、牧草机构、育种机构、防疫机构和市场交易部等一系列机构。合作社遵循“民管、民办、民受益”的原则，运作的资金除企业资助外，由会员共同集资建立互帮互助基金。这一经济联合体的成立，一改过去养殖户散养粗放式饲养和管理模式，有效地增强了养殖户共同抵御市场风险的能力。

大部分合作社通过与企业衔接，对农户实施全程技术保障服务，对奶牛统一建立了“系谱”档案；统一实施良种补贴政策；统一进行品种改良和疫病防治。为确保牛奶质量，有些合作社以食品安全为标准，按照无公害养牛技术要求进行整改，以无公害鲜奶收购标准提供优质的产品，赢得市场信誉。

合作社运作基本靠集体自筹资金或者乳业企业提供的运作费，因为不具有牛奶产品的终端控制权，这一养殖共同体仍然面临较大的市场风险。可见，要做大做强合作社，在引导养殖户适度扩大规模的同时，提供统一优惠的优质配方饲料和降低饲养成本尤为必要，与企业形成稳定的“契约利益”或进一步延伸产业链，最终建立自己的乳品深加工企业，才是合作社的根本出路。

此外还有“奶农协会+农户”的组织经营模式，这种模式在政府的倡导下，以农户为主、自愿参与的前提下进行生产，便于充分调动农户的积极性。奶农协会主要开展以下几方面的工作：传达政府的信息；推广国内外先进的饲养技术；提供乳品企业市场需求信息，签订牛奶产销合同；帮助奶农引进良种奶牛，供应牧草饲料，疾病防治等。奶农协会是一个以社会化服务为宗旨，自我管理、自我服务、自我保护的新型经济合作组织，从国外的经验来看，未来这种模式在中国肯定会有很好的发展[1]。

---

[1] 张利庠，孔祥智.2009.中国奶业发展报告2008.北京：中国经济出版社：188.

在中国乳品加工业快速发展，消费不断增加的同时，也暴露出一些问题，如布局不合理，加工能力区域性过剩；产品结构不合理，产品同质化现象严重等。突出的表现为“两乱”和“两低”。一是原料奶收购市场秩序混乱，奶农养殖效益低。由于奶农组织化程度低，未与乳品企业建立稳固的利益联结机制，在原料奶收购环节存在着抢夺奶源、限量收购、压级压价、拖欠奶资等现象，降低了奶牛养殖的效益，挫伤了奶农养牛的积极性。二是终端产品销售市场秩序混乱，有的乳品企业采取特价销售、捆绑销售等手段进行低水平的恶性竞争，使整个乳品企业的赢利空间缩小，乳品行业的利润水平整体下滑。由于乳品企业利润率低，制约了原料奶收购价格的调整，而饲养成本显著提高，直接影响了奶农的养殖效益，有些地方出现杀牛、奶牛当肉牛卖的现象，严重威胁奶源基地建设和奶业发展后劲。特别是终端销售市场秩序混乱，直接威胁全行业的效益，影响奶业的健康和谐发展；同时，也误导了消费者，影响了消费者对乳制品的消费信心。针对这种情况，在中国奶业协会2007年年会上，中国奶业协会刘成果理事长提出了企业应树立社会责任感，加强自律，对企业社会责任的内涵和与道德的关系作了阐述。企业履行社会责任，特别是履行市场责任的基础是道德，道德的核心是诚信，诚信的落脚点就是自律，最重要的是自觉恪守市场竞争规则。

树立乳品企业社会责任感。履行社会责任对企业实现可持续发展具有重要作用，它有利于提高企业的公信力，赢得消费者和市场，有利于提高企业自主创新能力，有利于推动企业文化建设，树立良好的企业形象。在中国奶业协会2007年年会上，全国奶业行业十几家大型乳品企业共同签署并发布《乳品企业自律南京宣言》。企业承诺开展公平竞争，推行合同收奶，谋求共同发展，接受社会监督。《南京宣言》的发布，对规范市场行为，营造公平竞争环境，践行社会责任，构建和谐行业，推进现代奶业发展，产生了积极的作用。

第三节 国务院出台奶业发展的里程碑式文件

一、国务院31号文件形成过程[1]

（一）“31号文件”出台背景

改革开放后，特别是近几年，中国奶业持续健康发展。2000年是奶牛养殖业的一个拐点。2000年以前，奶牛存栏数和奶类产量平稳增长，但2000年以后更是

[1] 该部分内容由国家发展和改革委员会农村经济司方言副司长整理提供。

呈直线上升趋势。

2006年，中国奶业开始出现一些新的情况，如北方省（自治区）不同程度地发生了集中宰杀奶牛的现象。由于2006年的奶牛养殖效益下降，奶农加快了淘汰步伐，黑龙江、河北、山东等省的奶牛淘汰率在10%～15%，这种情况属于正常淘汰；另外一种情况是内蒙古中部、山西朔州等地区集中出现宰杀奶牛、甚至宰杀母牛犊的现象，这就会威胁到中国奶业发展的基础。新华社2007年6月《国内动态清样》（2162期）中反映，呼和浩特市碾格图村和舍必崖村原有奶牛6 160头，仅2006年就宰杀了900多头。之后，媒体对类似的事情进行了连续报道，累计有20多篇。2007年，国家发改委在呼和浩特市调研时发现，1个血清站（全县所产的小牛犊都到此站抽取血清）在1个月内宰杀的牛犊中，母牛犊占1/5，值得高度警觉。

（二）“31号文件”出台过程

2007年5月11日，网上出现了一条和奶业有关的信息：“成本上涨奶价不涨，山阴县农民挥泪杀奶牛”。这条报道奶业负面消息的文章被摘录并编入5月12日的《互联网信息摘报》上。我们顺着这份编号为第2185期的《互联网信息摘报》的呈报、批转、落实来追溯“31号文件”出台的全过程。

5月16日，回良玉副总理就“农民挥泪杀奶牛”的信息摘报批转时任农业部部长的孙政才：“请政才同志阅。望关注这一情况。”孙政才部长立即组织展开全面深入的调研。20天后的6月7日，孙政才部长向温家宝总理、回良玉副总理呈送了《关于当前我国奶业情况的报告》，如实反映中国奶业发展面临重大挑战，奶牛养殖效益不断下降，农民奶牛养殖积极性受挫，一些地方把奶牛当肉牛卖、杀牛等问题。提出要及时采取有力调控措施，防止奶业发展发生大幅度波动的政策建议。

6月9日，回良玉副总理在《关于当前我国奶业情况的报告》上批示：“在奶业快速发展进程中所出现的问题，必须高度重视和认真解决，切实防止奶业发展出现大的波动。农业部所提建议请国办转请有关部门研究并拿出意见。”

时隔仅1天，6月10日，温家宝总理批示：“请发改委会同农业部、财政部、商务部研究提出扶持我国奶业发展的政策措施，报国务院讨论。”

6月12日，时任国家发展和改革委员会主任的马凯批示：“请杜鹰同志阅示，请按领导要求，从饲料、良种、生产、流通、进口、质量监管等研究综合措施，远近结合，对近期可能出现大的波动要有足够重视，防患于未然。”

6月14日，杜鹰批示：“请农经司牵头，会同经贸司等委内有关司局、农业部等有关部门及单位组成工作小组，认真领会领导同志批示精神，迅即开展工作。要准确把握我国奶业发展的现状、趋势，目前一致面临的问题，深入分析问题的成因，重在当前，着眼长远，拿出综合性政策措施。”农村经济司（简称农经司）随即布置有关部门及行业协会提供相关基本情况。

6月21日，新华社的一份刊物刊登了题为“内蒙古大量奶牛散养户陷入困境”的信息，反映饲料价格上涨、鲜奶收购价格持续低位徘徊、奶牛行情快速回落、大量奶农陷入困境等问题。当日，胡锦涛总书记看到了这份关于奶牛养殖信息的报道，立即做了批示：“家宝、良玉同志，要重视奶牛养殖比较效益下降的动向，吸取猪肉问题上的教训，及早研究采取措施，以避免奶牛养殖业大起大落。”

6月22日，温家宝总理再次做出批示：“此事我在六月十日已作出部署，请有关部门按照锦涛同志批示抓紧落实。”同日，回良玉副总理批示：“请发改委牵头，会同有关部门，按照锦涛、家宝同志批示要求，尽快拿出政策意见，以促进奶业健康发展。在提交国务院常务会议讨论之前，我召开会议研究一次。”

6月23日，国家发改委农经司向内蒙古、山西两省发出调研通知，要求深入了解本省奶业发展情况。

6月24日，农经司召开有关部门会议，组成由农业部、财政部、商务部、国家质检总局及委内工业司、经济运行局、经济贸易司（简称经贸司）、价格司参加的工作小组，分析中国奶业发展的现状、存在的问题及今后发展趋势。

6月26日，农经司向内蒙古伊利实业集团股份有限公司了解企业奶源及鲜奶收购情况、乳制品市场行情、现有扶持政策、企业面临的困难和设想等情况。

7月4日，国家发改委副主任杜鹰和农经司副司长方言听取了中国奶业协会刘成果理事长等关于当前奶业发展形势和面临问题的建议。

7月5日，农经司负责人员赴北京三元食品股份有限公司下属的三元绿荷奶牛中心，对企业自有奶源基地建设等问题进行调研。就牧场养殖规模、鲜奶生产、鲜奶销售渠道与价格、饲料来源、奶价调控和乳品加工税收等问题充分听取了企业的意见。并进行了北京乳品市场调研。

7月6—7日，农经司与农业部畜牧业司赴内蒙古自治区进行联合调研。调研组还特别走访了新华社刊物报道中提到的呼和浩特市赛罕区金河镇碾格图村农民陈太平、赵毛豆和舍必崖村书记席二焕等农户，实地了解农民奶牛饲养、淘汰和犊牛宰杀情况。

7月11日，农经司邀请黑龙江、内蒙古两省（自治区）有关部门负责人来京座谈，了解两省乳制品企业在鲜奶生产与收购、乳制品加工、进口奶粉规模及关税等情况。

7月17日，杜鹰主持会议，研究中国奶业发展现状、进口乳制品情况、乳制品质量安全、奶业标准、国家现行扶持奶业发展的政策措施等问题。财政部、农业部、商务部、国家质检总局、中国保险监督管理委员会（简称保监会）、国家标准化管理委员会（简称国家标准委）等部门参会并发表意见，农经司根据调研情况起草了《关于促进我国奶业持续健康发展的报告》(汇报稿)。

8月24日，回良玉副总理主持召开会议，听取国家发展改革委关于当前奶业形势的汇报。国家发改委认为，中国奶业出现较大波动的主要原因是：养殖方式粗放，良种覆盖率和单产水平低；乳品加工企业恶性竞争，市场秩序不规范；企强民弱，原料奶定价机制不合理；质量标准体系不健全，液体乳标识制度不落实；消费群体培育滞后，市场开拓不力。对此，建议尽快出台奶牛良种补贴、政策性保险、规模化养殖补助、信贷支持、防疫扑杀补贴以及加强产业指导、完善奶业标准体系、引导消费者等9项政策。与会单位农业部、商务部、国家质检总局、财政部等做了补充汇报。会上，回良玉副总理对下一步工作做出指示：一要充分认识促进奶业发展的意义，要从发展现代农业、构建和谐社会的角度，抓好此项工作；二要准确判断奶业发展形势，要顺势而为，采取必要的应对举措，认真分析背景，未雨绸缪；三要抓紧制定出台促进奶业发展的政策措施，同意良种冻精补贴、政策性保险、金融支持、扑杀补贴和启动规模养殖小区建设等政策措施，要继续抓好还原奶标识的问题，加强市场监管和法律法规建设。对上述政策措施尽快完善后，提交国务院常务会议审议。

8月29日，农经司召开会议，就国家拟出台的奶业扶持政策听取了黑龙江和内蒙古两省（自治区）发展改革委、和林县、土默特右旗、双城县、杜尔伯特蒙古族自治县县领导及伊利集团的意见和建议。财政部税政司、农业部财务司和保监会等有关部门参会。

9月10日，农经司召开会议，主要就奶牛扑杀补贴标准、贷款减息、进口免税和还原奶标识问题等扶持政策进行部门协调。9月11日，杜鹰再次召开会议，就上述问题进行协调。最终，扑杀补贴标准、冻精补贴、还原乳检测费3项政策待定。同日，马凯批示“有关政策措施尽早报国务院（部门不同意见如实反映）”。

9月14日，国务院张平秘书长和张勇副秘书长召开部门协调会议，将《关于促进奶业持续健康发展的意见》中有关政策意见再次征求了财政部、农业部、商务部、人民银行、税务总局、国家质检总局、中国银行业监督管理委员会（简称银监会）、保监会等部门的意见。其中，对冻精补贴，一致认为现行企事不分的种公牛站要尽快改革，理顺体制，实现企事分离。对患结核病、布鲁氏菌病的奶牛采取先防后杀的政策，对经营困难的奶牛养殖场（户）的贷款实行延期，对养殖小区用地可作为农用地纳入农村土地用地计划。至此，各部门意见已基本一致。

9月15日，国家发展和改革委员会将历时4个月深入调研，广泛听取各方意见基础上形成的《关于促进奶业持续健康发展的意见》文件上报国务院。在整修文件起草过程中，回良玉副总理自始至终给予了高度关注，先后9次做出批示。

9月19日，温家宝总理主持召开国务院第192次常务会议，讨论通过了国家发展和改革委员会上报的《关于促进奶业持续健康发展的意见》。

9月27日，国务院以国发〔2007〕31号文颁发了《国务院关于促进奶业持续健康发展的意见》。国务院领导充分肯定了文件内容。温家宝总理认为文件任务明确、措施具体；回良玉副总理对文件也给予高度评价："此文件为建国以来最完整的奶业文件"。

二、《国务院关于促进奶业持续健康发展的意见》的主要内容

全文除引言外，共五个部分十七条。

第一部分（第1～2条），强调了保持奶业持续健康发展的重要性和紧迫性。一是充分肯定了改革开放后中国奶业发展取得的成绩；二是分析了当前奶业存在的问题及其原因；三是指出了中国奶业正处在从单纯的数量扩张向整体优化结构、全面提高产业素质和竞争力转变的关键时期；四是阐述了促进中国奶业持续健康发展，是优化农业结构，建设现代农业的需要；是促进产业进步，增加农民收入的需要；是改善居民膳食结构，增强国民体质的需要。

第二部分（第3～4条），阐明了促进奶业持续健康发展的指导思想和基本原则。指导思想是：以邓小平理论和"三个代表"重要思想为指导，全面贯彻落实科学发展观，按照建设社会主义新农村的基本要求，把发展现代奶业放在更加重要的位置，以保护奶农利益为根本，以提高良种化水平和转变饲养方式为基础，以建立奶农与企业合理的利益关系为纽带，以完善法律法规、质量标准和规范市场秩序为保障，以加大政策扶持力度为支撑，努力推进中国奶业的规模化、标准化、优质化和产业化，把中国奶业的整体素质和效益提高到一个新水平。基本原则是：立足当前解困、着眼长远发展；坚持以农为本，理顺利益关系；规范企业行为，维护市场秩序；坚持市场导向，加大政策扶持。

第三部分（第5～10条），明确了促进奶业持续健康发展的主要任务和重点工作。主要包括有六个方面。一是加强良种繁育和推广，扩大良种奶牛核心种群。到2012年，力争奶牛良种覆盖率提高到60%，奶牛单产水平提高到5.5吨。二是积极转变养殖方式，提高原料奶质量。着力解决奶牛养殖规模小而散问题，积极推进规模化、标准化养殖方式，力争到2012年规模养殖比重提高到50%左右。大力推广科学饲养技术，切实加强疫病防治工作，加快普及机械化挤奶。三是推进产业化经营，形成合理的原料奶定价机制。鼓励乳品加工企业与奶农结成稳定的产销关系和紧密的利益联结机制；地方政府要加强对原料奶收购价格的指导，充分发挥奶农专业合作组织在价格协商中的作用；基层政府要加强奶站管理，规范原料奶收购秩序，严厉打击强买强卖等不法行为；建立原料奶质量第三方检测制度，实行优质优价。国家要采取有效措施，稳定饲料价格。四是优化奶业布局，提高企业素质。严格乳品加工行业准入制度，防止低水平重复建设；乳品加工企业要加强自律，规范经营行为；企业要建立稳定的奶源基地，避免哄抢

奶源；加快南方草山草坡和水奶牛开发，缓解奶业“北多南少”矛盾。五是健全质量标准体系和标识制度，强化市场监管。要求进一步落实国办发明电〔2005〕24号文关于加强液体乳管理规定，完善复原乳检测技术、方法，对其他液体乳也要实行明确标识。要完善法律法规，加强监管，查处低价倾销等恶性竞争行为；加强乳品进口调控与管理，对乳品进口设立符合国际惯例的特别保障措施。六是引导乳品消费，开拓奶业市场。大力宣传和普及奶类营养知识，开拓城乡消费市场，着力培育青少年消费群体。加大“学生饮用奶计划”的推广力度，力争到2010年学生饮用奶日供应量达到400万份。

第四部分（第11 ～ 15条），提出了扶持奶业发展的八条政策。

一是加大奶牛良种补贴力度。中央财政奶牛良种补贴资金1亿元，已补贴奶牛347万头，占全国产奶牛的48%。《国务院关于促进奶业持续健康发展的意见》提出进一步加大奶牛良种补贴力度，将全部产奶牛纳入良种补贴范围，对经过后裔测定并注册的优良种公牛冻精液加大补贴力度。具体补贴办法由财政部会同农业部制定。

二是实施后备母牛补贴政策。考虑到后备母牛饲养期间只有投入没有产出，为保护奶牛后备资源，《国务院关于促进奶业持续健康发展的意见》提出对享受奶牛良种补贴改良后的优质后备母牛给予一次性补贴，每头补助500元，中西部地区中央财政给予补助，东部地区补贴由地方财政负担，具体补贴办法由财政部会同农业部另行制定。按照后备母牛160万头、中西部地区中央财政补助60%测算，约需中央财政补助资金4.2亿元。

三是将牧业机械和挤奶机械购置纳入财政农机具购置补贴范围。

四是调整疫牛扑杀补贴政策范围。布鲁氏菌病、结核病虽然是二类动物疫病，但都是人畜共患病，传染性强，且至2011年，尚无有效治疗方法，通过扑杀方可逐步消灭的疫病。《国务院关于促进奶业持续健康发展的意见》提出，将患布鲁氏菌病、结核病而强制扑杀的奶牛，列入畜禽疫病扑杀补贴范围。具体办法比照口蹄疫扑杀补助办法执行，即每头作价3 000元，国家补助80%，中央财政对东、中、西部地区实行区别补助政策。初步推算，初始年份需扑杀9万头左右，需中央财政补助资金约1.35亿元，以后会逐年递减。

五是建立奶牛政策保险制度。考虑到奶牛养殖风险很大，为增强奶农抗御风险能力，《国务院关于促进奶业持续健康发展的意见》提出政府对参保奶农给予一定的保费补贴，具体补贴办法由财政部会同保监会另行制定。

六是支持标准化奶牛养殖小区建设。为转变奶牛饲养方式，《国务院关于促进奶业持续健康发展的意见》建议，国家对养殖小区水电路、粪污处理、防疫、挤奶设施及饲草料基地建设等给予适当补助，具体办法由国家发展和改革委员会同农业部另行制定。中央共安排补助投资25亿元，从2007年起分五年安排。

七是加强对奶牛养殖农户的信贷支持。由于2007年后养殖效益明显下降和奶牛价格大幅下跌，奶农偿还贷款困难，流动资金紧张。为了帮助奶农渡过难关，恢复信心，保护奶业基本生产能力，《国务院关于促进奶业持续健康发展的意见》提出，对2007年后因非主观因素发生还贷困难的奶牛养殖农户，经贷款银行同意，其逾期贷款可以展期，并免收罚息，地方政府给予适当贴息补助。具体办法由人民银行会同有关部门制定。

八是完善产业政策。乳品加工能力严重过剩，企业间争抢奶源的问题十分突出。为促进企业合理布局和有序发展，《国务院关于促进奶业持续健康发展的意见》提出，对新建和扩建乳品加工项目取消备案制，统一实行核准制，并将与之配套的奶源基地建设作为项目核准条件之一，对已建、在建、拟建项目进行清理，具体办法由发展改革委会同有关部门制定。修订《外商投资产业指导目录》，统一内外资企业进口乳品加工设备税收政策。

第五部分（第16～17条），对加强奶业发展工作组织领导和政策落实提出了要求。一是强调了地方政府的领导责任，要求地方各级政府全面落实“菜篮子”市长负责制，狠抓政策落实，确保奶农得到实惠；二是明确了部门分工，要求尽快出台配套政策，年底前落到实处。

三、“31号文件”出台的意义和作用

《国务院关于促进奶业持续健康发展的意见》立足于解决当时奶业面临的困难，又着眼于现代奶业的长远发展，提出了一系列政策措施，对于恢复奶农信心，稳定奶牛存栏，防止奶业大起大落，促进奶业增长方式的转变，全面提升中国奶业的质量、效益和竞争力具有重要意义。《国务院关于促进奶业持续健康发展的意见》在中国奶业发展的关键时期出台，对中国奶业的发展起到了积极的稳定鼓舞和促进作用。该文件是中国奶业史上国务院发布的第一个文件，具有里程碑意义，《国务院关于促进奶业持续健康发展的意见》充分肯定了奶业的地位，明确了今后奶业发展的指导思想、基本原则、主要任务和工作重点，提出了五个方面的8项操作性强的扶持政策和措施，对今后奶业的发展具有长远的指导作用。

《国务院关于促进奶业持续健康发展的意见》的出台可以概括为五个“性”。一是权威性。《国务院关于促进奶业持续健康发展的意见》是中国奶业历史上至2007年最权威的文件，是中国奶业界的大事，具有里程碑意义。《国务院关于促进奶业持续健康发展的意见》的出台充分体现了中共中央和国务院对奶业的高度重视，有关部门对奶业的大力支持，社会各界对奶业的广泛关注，提高了奶业的地位。二是必要性。国务院在奶业发展处于阶段转换的关键时期，出台《国务院关于促进奶业持续健康发展的意见》的文件，对进一步统一认识，明确奶业发展

指导思想和基本原则、主要任务和工作重点；采取综合措施，加大扶持力度；加强组织领导，落实政策措施，对保障中国奶业持续健康发展是十分必要的。三是及时性。当时奶业发展正处于一个关键时期。中国奶业发展正面临一个“坎”，如果应对及时，措施有力，可望保持持续健康发展；如果应对不好，则可能出现大起大落。国务院出台的《国务院关于促进奶业持续健康发展的意见》是及时雨，是雪中送炭。四是针对性。《国务院关于促进奶业持续健康发展的意见》提出了加大对奶业发展的政策扶持五项措施，这些措施切中奶业当前存在问题的要害，具有极强的针对性。五是指导性。《国务院关于促进奶业持续健康发展的意见》进一步明确了，奶业是一个国家农业现代化的重要标志，是中国农民增收的重要渠道。要求各级政府高度重视奶业发展，要立足当前解困，着眼长远发展；坚持以农为本，理顺利益关系；规范企业行为，维护市场秩序；坚持市场导向，加大政策扶持。并且明确了促进奶业持续健康发展的主要任务和重点工作。这些内容符合奶业发展的自然规律和经济规律，符合中国奶业的实际情况，对奶业今后的发展具有极强的指导性。

四、“31号文件”的贯彻落实及积极效果

（一）“31号文件”的贯彻落实情况

《国务院关于促进奶业持续健康发展的意见》颁布后，各有关部门按照《国务院关于促进奶业持续健康发展的意见》的指导思想、工作重点和要求积极贯彻落实。各级质量技术监督部门和农业部门紧密合作，不断加强液体乳生产经营管理，制定了复原乳检测标准和方法，进一步健全质量标准体系。2007年11月9日，农业部和国家质检总局联合发布了《关于加强液体乳标识标注管理的通知》（国质检食监联〔2007〕520号）。内容包括：一是加快完善液体乳标识制度，用复原乳作原料生产液体乳的，标注“复原乳”，并在产品配料表中如实标注复原乳所占原料比例，以生鲜牛乳为原料，经巴氏杀菌处理的巴氏杀菌乳标“鲜牛奶/乳”，以生鲜牛乳为原料，不添加辅料，经瞬时高温灭菌处理的超高温灭菌乳标“纯牛奶/乳”；二是加强对液体乳生产企业的日常监管，加强液体乳标识标注的管理，严厉打击在液体乳生产中使用非“奶”原料掺杂掺假和以次充好、利用标识进行质量欺诈等违法行为，加大无证查处工作力度，坚决查处无生产许可证生产巴氏杀菌乳、灭菌乳、酸牛乳等乳制品的违法行为，对检查出不合格产品的液体乳企业执行严格处理，对质量存在严重问题的企业依法严厉查处，对不合格产品实施召回。《关于加强液体乳标识标注管理的通知》的发布对维护消费者的知情权和选择权，进一步规范市场秩序，促进液体乳市场竞争的提高，推进原料奶优质优价，发挥了积极的推动作用。

国家发改委按照《国务院关于促进奶业持续健康发展的意见》要求，为促进

乳制品工业合理布局、有序发展，建设有中国特色的现代乳制品工业，于2008年5月29日，以2008年“35号文件”发布了《乳制品加工业产业政策》，它是建国后中国发布的第一部系统的乳制品工业产业政策，内容主要包括政策目标、产业布局、行业准入、奶源供应、技术与装备、投资融资、产品结构、质量安全、组织结构、资源节约与环境保护、乳品消费及其他等12个部分，共67条，是今后一个时期规范乳制品工业行业准入、产业布局、市场秩序和投资行为的重要依据，为有关部门、地方政府、企业及相关单位提供产业发展导向。为保障国家食物安全，防止乳制品企业盲目扩张和资源浪费，促进奶畜养殖业和乳制品加工业的协调具有指导意义。

（二）“31号文件”有关政策的实施及积极效果

由于文件出台时已是9月下旬，因而2007年只安排了奶牛冻精补贴1亿元，补贴品种范围包括荷斯坦牛、奶水牛、褐牛和牦牛，按每年每头奶牛2支冻精、每支冻精补贴15元计，每头奶牛每年可得补贴30元。2008年奶牛冻精补贴覆盖全部荷斯坦牛，补贴金额增至2.4亿元，此后，维持在每年2.4亿～2.6亿元的水平。

2008年，“31号文件”提出的各项扶持政策均得到落实。一是国家实施奶牛保险保费补贴政策，补贴比例为60%，中央、地方各补贴30%，当年中央财政补贴11.7亿元。二是中央启动奶牛规模化养殖小区建设项目，当年安排中央投资2亿元。具体补助标准是：以养殖小区奶牛年存栏量划分为200～499头、500～999头和1 000头以上三个规模，分别给予中央补助50万、100万和150万元。自2009年起，中央投资规模提高至每年5亿元。2011年，根据中国奶业发展形势，为进一步提高原料奶质量和奶牛标准化规模饲养水平，转变奶牛饲养方式，促进奶业持续健康发展，国家进一步提高奶牛规模化养殖小区建设中央补助标准，将补助规模划分为年存栏奶牛300～499头、500～999头和1 000头以上三个规模，分别给予中央补助80万、130万和170万元，比原补助标准提高了20万～30万元。截至2012年，共安排中央补助资金22亿元，扶持奶牛规模化养殖小区（场）2 999个，其中年存栏规模在1 000头以上的158个。三是由农业部牵头，会同有关部门编制《全国奶业发展规划（2009—2013年）》，并于2010年6月8日由农业部、国家发改委、工业与信息化部、商务部联合印发。

2007年10月10日　农业部畜牧业司在哈尔滨组织召开“全国落实奶业发展政策座谈会”

第四节　奶粉事件与奶业管理变革

进入21世纪，中国奶业获得了长足发展，只用了几年时间，奶牛存栏数就从500万头增加到1 000多万头。但是，在快速发展的过程中，也积累了一些深层次的矛盾和问题。2003年发生的“阜阳劣质奶粉事件”和2008年发生的“婴幼儿奶粉事件”使这些深层次的问题充分暴露了出来。特别是“婴幼儿奶粉事件”使中国奶业发展陷入了危机。该事件不但危害了婴幼儿健康和生命安全，而且对中国奶业造成了重大伤害，消费信心严重受挫，行业和国家形象受到极大损害。“婴幼儿奶粉事件”发生后，国务院及时出台政策措施，大力扶持奶业发展，社会各界密切协作、积极应对。经过三年多的整顿和振兴，奶业生产和市场消费逐步好转。

一、阜阳劣质奶粉事件

（一）“阜阳劣质奶粉事件”发生的过程

“阜阳劣质奶粉事件”是2003年后，发生在中国的制造、销售劣质奶粉和一系列因为食用劣质奶粉导致婴幼儿致病、致死相关事件的总称。安徽阜阳作为劣质奶粉的重灾区和产生严重后果的爆发区，该事件通称为“阜阳劣质奶粉事件”。劣质奶粉危害对象为以哺食奶粉为主的新生婴幼儿，主要危害是由于蛋白质摄入不足，导致营养不足，症状表现为头大、嘴小、浮肿、低烧，由于以缺乏营养的劣质奶粉作为主食，出现造血功能障碍、内脏功能衰竭、免疫力低下等情况，还有的表现为脸肿大、腿很细、屁股红肿、皮肤溃烂和其他的幼儿严重发育不良特征。由于症状最明显的特征表现为婴儿“头大”，因此又称为“大头娃”。

“阜阳劣质奶粉事件”经媒体曝光后，引起国务院领导的重视，要求国家食品药品监督管理局对这一事件进行调查。2003年4月20日，安徽省政府向全省发出紧急通知，要求各地迅速开展奶粉市场专项整治工作，严惩违法犯罪分子，切实做好受害婴儿的医疗救助工作。4月22日晚，由国家食品药品监督管理局、公安部、监察部、卫生部、商务部、国家质量监督检验检疫总局、国家工商行政管理总局等部门参加的国务院调查组迅速赶往合肥市。23日抵达阜阳，开展调查。经查，阜阳市因使用劣质奶粉导致婴幼儿营养不良的住院和死亡病例分别为171例和13例，阜阳市政府对住院患儿实行免费治疗，对死亡患儿家庭每户救助1万元。阜阳市累计检查奶粉经销户7 894个，抽检196组，扣留涉嫌不合格奶粉21 912袋，就地封存了29 550袋进货不明、有关手续提供不全的奶粉，责令暂停销售89 256袋，没收过期奶粉382袋；查处涉嫌销售不合格奶粉案件42起，立案14起，打掉劣质奶粉分装窝点1个，依法刑事拘留17人，留置审查9人，依法传讯25人；阜阳市有关部门公布了45种不合格奶粉名单。在安徽阜阳查处劣质奶粉的同时，全国各地也都紧急行动查处劣质奶粉。据新华社报道，全国工商系统已查处各类劣质奶粉127.38吨，捣毁了一批制售伪劣奶粉的窝点，封存了一批存在质量问题的奶粉。

（二）"阜阳劣质奶粉事件"暴露的问题

一是食品安全监管部门部分人员责任心不强，监管不严。由于监管不力，质量低劣的非法产品堂而皇之地进入市场，并通过市场流通环节进入到消费环节。二是企业为了利益铤而走险，违法生产经营。受超额利润驱使，生产厂、批发商、零售商形成劣质婴儿奶粉"产供销一条龙"，肆意践踏法律和道德的红线。三是食品安全监管信息不畅，婴儿营养不良病监测与预警机制失灵。工商、卫生监督、质量监督等基层机构均有各自的手工或计算机信息系统，但基本上封闭在各自管辖范围内，缺乏部门内纵向和部门外横向的沟通。四是食品安全监管法律法规存在漏洞，法制体制不健全。

"阜阳劣质奶粉事件"是一次人为制造的公共卫生事件，造成的严重后果，警示了中国食品安全形势十分严峻。在"阜阳劣质奶粉事件"中，生产者和销售者明知国家对奶粉中的蛋白质等营养物质含量有明确规定，却违反了这一规定，生产者在生产环节进行以次充好、冒充达标，销售者明知伪劣产品而予以销售，不顾消费者的生命健康，制售伪劣奶粉，因而被以生产、销售不符合卫生标准食品罪定罪。"阜阳劣质奶粉事件"也暴露了在事关人民群众身体健康和生命安全的问题上，来不得半点官僚主义和形式主义。

二、婴幼儿奶粉事件

（一）"婴幼儿奶粉事件"发生过程

2008年9月，甘肃等地报告多例婴幼儿泌尿系统结石病例，调查发现患儿多有食用三鹿牌婴幼儿配方奶粉的历史。9月11日，经相关部门调查，高度怀疑石家庄三鹿集团股份有限公司生产的三鹿牌婴幼儿配方奶粉受到三聚氰胺污染，"婴幼儿奶粉事件"爆发。从2008年9月12日至17日，各地报告临床诊断患儿一共有6 244例。随后全国各地不断传来有婴儿因为食用了三鹿牌婴幼儿奶粉而出现肾结石病症。"婴幼儿奶粉事件"导致中国近30万婴幼儿因食用三鹿牌奶粉和其他个别问题奶粉导致泌尿系统出现异常，并有多名患儿死亡，直接经济损失20亿元。"婴幼儿奶粉事件"让全中国的老百姓认识了一个可怕的名词——三聚氰胺。三聚氰胺是一种有机化工原料，含氮量高达66%，添加该物质可增加牛奶中蛋白质监测含量。如果生鲜牛奶中添加有三聚氰胺，会造成乳制品特别是婴幼儿奶粉中三聚氰胺含量较高，可能导致婴幼儿发生“肾结石”。

事件发生后，国务院相关部门对此高度重视。中共中央、国务院对严肃处理“婴幼儿奶粉事件”作出部署，立即启动国家重大食品安全事故I级响应，并成立应急处置领导小组。调动部署5 000人成立了1 400个驻厂工作小组、160个检测中心，对全国175家奶粉生产企业和奶制品销售渠道进行紧急调查检测，对广大消费者则确立“先救治后赔偿”的应急处理方针；同时，启动行政处理和刑事侦查程序，免去了包括石家庄市行政管理部门和相关企业负责人职务，并对26名有关嫌疑人进行刑事立案侦查，对三鹿集团董事长田文华实行刑事拘留。国务院新闻办举行了专场新闻发布会。国家质量监督检验检疫总局派出调查组赴三鹿奶粉生产企业调查事故原因，并在全国范围内对同类产品进行专项检查，对109家企业进行了排查，共检验了这些企业的491批次产品。专项检查显示，有22家企业的69个批次产品检出了三聚氰胺，涉及三鹿、伊利、圣元、古城、雅士利、南山倍益、蒙牛等著名品牌。在检出三聚氰胺的产品中，石家庄三鹿牌婴幼儿配方奶粉三聚氰胺含量严重超标，其中最高的达2 563毫克/千克，其他在0.09 ~ 619毫克/千克。2008年12月23日，石家庄市中级人民法院宣布三鹿集团破产。之后，卫生部等五部门公布了乳及乳制品当中三聚氰胺临时限量标准。其中，1 000克婴幼儿配方乳粉中允许存在1毫克三聚氰胺。2008年10月6日，国务院公布了《乳品质量安全监督管理条例》。根据国务院办公厅文件《关于进一步做好婴幼儿奶粉事件处置工作的通知》（国办发明电〔2008〕36号），“婴幼儿奶粉事件”被确定为国家重大食品安全事件。

（二）“婴幼儿奶粉事件”对中国奶业的影响

1. 严重挫伤了消费者信心，损害了行业和国家的形象 据有关机构调查，“婴幼儿奶粉事件”曝光之后，消费者信心严重受挫，国产各类乳制品消费者停止或减少购买的占四到六成，购买国外品牌奶粉急剧增加，事件5周后，进口品牌市场占有率由70.6%增加到86.8%，国产品牌由29.4%下降到13.2%；成人奶粉、液体乳、冰激凌销量只有事件前销量的41%、64%和21%。民族品牌信誉受到伤害，40多个国家（地区）停止了进口中国的乳制品。

2. 乳品企业开工不足，产品积压，资金周转困难 第一，企业开工不足，产销率低水平徘徊。事件发生2个多月后，据对全国631家乳品企业的统计，企业停产面仍达 18%。到11月20日，全国奶粉平均产销率为75%。第二，企业亏损严重，资金十分紧张。由于销售大幅下滑，加之大量资金用于退货和赔偿，部分企业出现严重资金困难。2008年9月和10月，伊利、蒙牛、雅士利、古城分别亏损9.5亿元、6.5亿元、2.4亿元和0.5亿元；截至2008年11月，伊利、蒙牛压库产品占用资金分别为50亿元和40亿元。第三，进口奶粉急剧增加，对国内市场冲击日益加剧。据中国海关统计，2008年10月全国进口量比8月猛增了60%以上。2009年一季度全国共进口奶粉6.6万吨，进口数量同比和环比分别增长83%和60%，而国产奶粉出现大量积压，国产奶粉企业库存已达30万吨（正常库存约8万吨）。

3. 奶牛主产区普遍出现倒奶现象，养牛效益下降 由于乳制品市场萎缩，加工企业困难，奶农卖奶难，出现了新中国成立后最严重的倒奶现象。2008年9月11日至21日，“婴幼儿奶粉事件”发生的10天内，全国共倒掉原料奶8万吨，相当于倒掉全国1天的原料奶产量。9月14日至16日，河北省全省损失原料奶5 936吨，除少量以200元一吨贱卖外，绝大多数都被奶农无奈地倒掉。由于养牛利润下降，养牛不挣钱，许多地方养殖场（户）出现了卖牛、杀牛的现象，特别是散养户，奶牛存栏数迅速下降。

（三）“婴幼儿奶粉事件”原因分析

“婴幼儿奶粉事件”的发生，集中反映了中国奶业发展中长期存在的问题：一是在奶业快速发展过程中，存在只求数量、忽视质量的倾向；二是对生鲜乳及乳制品质量监管存在严重缺失，标准体系不完善，监测和管理制度不健全，对生产全过程的质量控制存在漏洞；三是乳制品生产企业盲目发展，产能过剩，争抢奶源，无序竞争，缺乏社会责任感；四是对奶站的监管缺失，对掺杂使假、压级压价等行为打击不力，致使奶站运营管理混乱；五是奶牛养殖方式落后，规模化、标准化水平低，奶农与乳制品生产企业的利益关系不合理；六是法制建设滞后，行业指导不适应形势发展需要。因此，要振兴和保持中国奶业持续健康发展，必须对奶业进行全面整顿。

三、规范奶站和乳制品企业管理

作为“婴幼儿奶粉事件”善后工作的一部分，农业部、国家质检总局等有关单位针对事件原因的调查和整改落实，首先启动了此前管理缺位的奶站治理专项行动，重新制订了乳制品加工行业准入条件，加强了行业的整顿和规范。此后，全国生鲜乳收购站和乳制品企业的面貌发生了重大变化，奶业生产企业的整体素质得到提升，规范化管理得到加强，促进了中国奶业的恢复和振兴。

（一）生鲜乳收购站建设与管理

“婴幼儿奶粉事件”后，各级农业和畜牧兽医部门全面深入开展奶站、饲料专项整治行动，积极保护奶农利益。2008年下半年，按照国务院要求，农业部依法开展了奶站清理整顿工作，推进生鲜乳收购站标准化管理。通过全面清查奶站底数，加强奶站许可管理，推进奶站标准化建设，坚决取缔不合格奶站，规范生鲜乳生产经营秩序。截至2009年4月20日，中国奶站清理整顿全面完成，成效明显，13 503个奶站全部纳入监管，比清理整顿前减少6 890个，减幅达34%。所有奶站由乳制品生产企业、奶畜养殖场和奶农合作社三类合法主体开办，全部持证收购。现有奶站的基础设施、卫生条件、机械设备、检测手段和人员素质明显改善，机械化挤奶率达到87%，比清理整顿前提高36%，生鲜乳生产经营秩序明显规范，质量安全水平显著提高，奶站标准化建设和规范化管理迈上新台阶。

（二）出台《乳制品工业产业政策》

“婴幼儿奶粉事件”的发生，使乳制品企业在发展中积累的系列问题集中爆发，对行业发展产生了巨大的冲击。为引导乳品工业健康发展，规模企业行为，2008年3月18日，国家发展和改革委员会发布了《乳制品加工行业准入条件》（中华人民共和国国家发展和改革委员会公告2008年第26号），文件从企业设立及布局、工艺与装备产品质量等8个方面提出了具体要求。2008年5月29日，国家发改委发布了《乳制品工业产业政策》（中华人民共和国国家发展和改革委员会公告2008年第35号），文件从政策目标、产业布局、行业准入等12个方面进一步加强了对乳制品工业的统一规划和科学引导和宏观管理。2009年7月，修订形成的《乳制品工业产业政策》（2009年修订版），从政策目标、产业布局、行业准入等13个方面引导奶牛养殖、乳制品企业合理布局，促进乳制品加工与生鲜乳生产协调发展。

《乳制品工业产业政策》系列政策的出台和完善，规范了乳制品加工行业的投资行为，防止了企业盲目投资和重复建设，促进了生产企业的合理布局，加强了资源的节约和有效利用，推动了奶业的持续健康发展。

（三）乳品产业治理稳步推进

2009年9月，根据国务院办公厅《关于进一步加强乳品质量安全工作的通知》（国办发〔2010〕42号）的要求，质检总局等三部委启动了乳品行业项目（企业）审查清理及生产许可证重新审核工作。

此项工作分两步进行，一是由地方发展改革和工信部门进行乳品行业项目（企业）审查清理，企业要符合行业准入条件；二是通过发展改革和工信部门审查清理的企业，由各省质量技术监督部门，按照《企业生产乳制品许可条件审查细则（2010版）》和《企业生产婴幼儿配方乳粉许可条件审查细则（2010版）》，进行重新审核。

到2011年3月底，全国乳制品及婴幼儿配方乳粉企业生产许可重新审核工作全部结束。根据各地质量技术监督部门上报的数据，截至3月31日，通过审查和清理，全国1 176家乳制品企业中（其中婴幼儿配方乳粉企业145家），有643家企业通过了生产许可重新审核（其中婴幼儿配方乳粉企业114家），107家企业停产整改，426家企业未通过审核。通过此次审查清理，乳制品加工行业进入门槛得到提升，一批小型乳企被淘汰，促进了乳制品产业结构调整和企业技术水平的普遍提升，并通过产业整合形成一批优势企业，对推动行业发展具有积极作用。

四、奶业的管理变革

（一）发布《奶业整顿和振兴规划纲要》

2008年11月19日，国务院办公厅以国办发〔2008〕122号文转发了国家发改委、农业部、工业和信息化部、商务部、卫生部、国家质检总局、工商总局、财政部、人民银行、银监会、保监会、中宣部、监察部等13个部门制定的《奶业整顿和振兴规划纲要》。

针对中国奶业面临的困难和深层次问题，《奶业整顿和振兴规划纲要》从八个方面提出了奶业整顿和振兴的主要任务。一是全面加强质量监管。完善质量标准体系，抓紧组织修订乳品质量安全标准，抓紧制定饲料中三聚氰胺及其他有毒有害物质限量检出值标准；强化检测能力建设，加快组织开展相应仪器设备的国产化研制和开发，明确检测收费办法；健全质量管理制度，完善乳制品检验制度，建立产品质量可追溯制度、乳制品生产企业质量管理制度、生鲜乳质量监管制度；所有乳制品生产企业要限期执行良好生产规范，三年内必须全部达到标准，达不到的，要停产整顿；加强饲料和兽药质量安全监管。二是重塑消费者信心。要及时公布乳制品检测信息，畅通消费者投诉渠道，维护消费者权益，严格执行液体乳标识制度，普及乳制品知识，尽快恢复消费者对国产乳品的消费信心。三是加快市场恢复与培育工作。明确退货退款资金结算和不合格产品销毁办法；做好乳制品市场监测，确保市场供应；依法加大市场监督检查力度，维护市场秩序；继续推进"学生饮用奶计划"。四是全面提升乳制品生产企业素质。由工业和信息化部牵头，利用半年时间，开展全行业整顿；加强对乳制品生产企业的金融和财政支持，做好生鲜乳收购工作，加强分类指导，保持正常生产；提高企业管理水平，优化产业结构。五是强化生鲜乳收购管理。由农业部牵头整顿和规范奶站，逐步建立生鲜乳收购管理的长效机制。提高并明确奶站准入门槛，实行奶站生鲜乳收购许可证管理制度。参照良好农业规范，对奶站实施标准化管理。六是提高养殖水平。继续落实相关扶持政策，对重点地区特别困难奶农实施临时救助政策，保护奶农积极性；推进规模化、标准化养殖，所有奶牛养殖小区(场)要限期执行奶牛场卫生规范，力争三年内达标，达不到标准的必须停产整顿；其他奶牛饲养户(点)要参照执行；农牧部门要做好奶牛养殖技术指导和服务。七是推进产业化经营。积极扶持发展奶农专业生产合作组织；大力发展以奶农为基础、养殖基地为依托、乳制品生产企业为龙头的奶业产业化经营方式，建立合理的利益联结机制；建立多方代表参加的生鲜乳价格协调机制，制定统一规范的生鲜乳收购合同，规范生鲜乳交易行为。八是加强行业指导和法制建设。加强对乳制品工业产业政策、乳制品加工行业准入条件执行情况的监督检查，加快制定全国奶业发展规划，加强行业指导；及时分析预测市场发展趋势，加强监测预警；行业协会要认真履行职能，充分发挥作用；加强法制建设，认真贯彻落实《乳品质量安全监督管理条例》。

（二）国务院颁布奶业条例

国务院2009年10月9日发布了《乳品质量安全监督管理条例》，这是中国关于乳品质量安全的第一部法规，标志着中国奶业管理纳入了法制化轨道，对中国奶业进入法制化管理具有重要意义。《乳品质量安全监督管理条例》在系统总结近年来奶业发展和管理工作，借鉴奶业发达国家乳品质量管理经验的基础上，规定了符合中国国情的乳品质量安全保障体系，制定了涉及生鲜乳生产和收购、乳制品生产和销售以及进出口等环节的一系列质量安全制度，提出了促进奶业健康发展的相关政策，并明确了相关法律责任。进一步明确了乳制品生产经营者作为乳制品安全第一责任人的义务，规范了乳制品标准制定和乳制品检验工作，对乳制品监督管理提出了更高的要求，为从根本上提升乳制品安全水平提供了体制机制保障。

《乳品质量安全监督管理条例》的颁布与推行，进一步完善了中国的乳制品安全法律制度，对于全面加强和改进乳制品安全工作，依法规范乳制品生产经营活动，切实增强乳制品安全监管工作的规范性、科学性、有效性，保障人民群众身体健康与生命安全具有重大意义。

《乳品质量安全监督管理条例》实施后，中国乳制品安全总体状况得到了一定改善。但是，中国奶业产业链长，基础薄弱，要全面现实乳制品生产安全，今后还有很长的路要走，还有很艰巨的任务要完成。要逐步改变乳业经营主体数量庞大、经营分散、生产流通环节多的状况，加强奶源和乳制品的行业集中度，形成具有市场竞争力和抗风险能力的乳业集团。此外，中国乳业的质量标准体系建设起步晚，风险评估和检验检测能力仍有待提升，乳制品安全监管体系仍需要进一步健全，执法监管力度需要进一步加大。

（三）出台66项新乳品安全国家标准

根据《食品安全法》、《乳品质量安全监督管理条例》和《奶业整顿和振兴规划纲要》等规定，经第一届食品安全国家标准评审委员会审查，卫生部公布了《生乳》(GB19301—2010)等66项新乳品安全国家标准。农业部配合卫生部制定发布了《生乳》国家标准，标准涉及99项指标，基本涵盖了可能出现的全部安全风险。新的乳品安全国家标准包括乳品产品标准15项、生产规范2项、检验方法标准49项。这66项标准分类确定了具体实施时间，《生乳》等检验方法标准从2010年6月1日起实施，《巴氏杀菌乳》等乳品产品标准和《乳制品良好生产规范》等生产规范标准于2010年12月1日起实施，《婴儿配方食品》等婴幼儿食品安全标准于2011年4月1日起施行。

乳品安全国家标准是在总结以往乳品标准，结合中国乳品生产和消费的具体情况，认真听取和采纳各界意见的基础上制定的强制性食品安全国家标准，是保障人民身体健康、实现科学监管和规范乳品生产经营活动的重要技术措施，对促进中国乳品产业健康发展，提高食品安全水平具有重要意义。新乳品安全国家标准完善了中国乳制品质量标准体系，基本解决了现行乳品标准的矛盾、重复、交叉和指标设置不科学等问题，提高了乳品安全国家标准的科学性，形成了统一的乳品安全国家标准体系。新标准是在中国奶业处于振兴的关键时期出台的，为全行业实现科学监管、规范经营提供了重要技术措施，对于提高乳制品质量安全水平，促进中国奶业健康发展具有里程碑意义。

五、奶业向理性健康道路迈进

“婴幼儿奶粉事件”的发生，使中国奶业发展中长期积累的深层矛盾和问题充分暴露出来，这些深层矛盾和问题的充分暴露，有助于国家、部门和行业加深认识，有助于加快解决、消除这些病根，使中国奶业整体素质登上一个新的台阶，顺利实现转型，迈上理性化发展的道路。

（一）构建奶业发展的长效机制

建立奶业发展的长效机制，不是一两个机制问题，应该是一个配套的机制体系。主要包括：一是原料奶收购价格的形成机制，这是一个焦点问题，关系到以农为本，关系到奶业发展的基础；二是构建产、加、销利益联结机制，构建这个机制是奶业当前最迫切需要解决的问题，也是最难解决的问题；三是质量控制机制，加强原料奶的监控，严格按质定价，对提高乳品质量安全、保障消费者的健康都具有十分重要的意义；四是法律标准监督机制，要从深层次解决这些问题，迫切需要制定出台全国奶业管理条例，规范奶业行为，使奶业管理纳入法制化轨道；五是宏观调控机制，遵循奶业一体化管理的原则，加强涉奶部门的协调，尽快建立统一、协调的管理体制；六是构建鼓励消费的机制，市场消费是奶业发展的原动力，中国奶业能否持续增长，在很大程度上取决于能否有效地培育开拓规范奶类消费市场，把乳制品的潜在需求转化为现实需求；七是行业自律机制，通过加强自律，规范企业行为，营造行业公平、和谐的发展环境。

国务院办公厅2010年9月16日下发了《关于进一步加强乳品质量安全工作的通知》（国办发〔2010〕42号），该通知从六个方面明确了各环节监管目标、任务和责任，为乳制品质量安全工作的深入长期开展提供了指导和依据。在构建宏观调控机制方面。根据《中华人民共和国食品安全法》规定，为贯彻落实食品安全法，切实加强对食品安全工作的领导，2010年2月6日设立国务院食品安全委员会，作为国务院食品安全工作的高层次议事协调机构。食品安全委员会的成立，对加强食品安全工作，加大奶业质量安全监管力度，切实提高乳制品安全水平，保障人民群众身体健康具有重要意义。在构建行业自律机制方面，2010年12月18日，工业和信息化部等十部门发布关于印发《食品工业企业诚信体系建设工作指导意见》的通知，提出用三年左右的时间初步建立起比较完善的食品工业企业诚信体系运行机制。

（二）推动奶业的转型

经过几十年的发展，奶业在改善居民膳食营养水平，增加农民收入，促进农村经济，特别是农产品加工业的发展，加快小城镇建设等方面发挥了重要作用。但同时也应看到，影响中国奶业持续健康发展的问题仍较突出，不稳定因素依然存在。一是奶业生产整体水平仍然较低，奶业生产“小、散、低”的局面并没有得到根本扭转。二是小生产与大市场的矛盾依然尖锐，养牛户、奶站与乳制品加工企业还没有建立起风险共担、利益共享的产业链。三是乳品质量安全形势日趋复杂，乳品质量安全隐患依然存在。

中国奶业进入了结构调整和转型升级的关键时期。首先，要扭转长期形成的“重数量、轻质量”的观念。据统计，中国1984—2004年，奶牛存栏数从133.6万头增加到1 108万头，增加了7.3倍，年均递增率为11.8%，而成年母牛年均单产从2 922千克增加到3 645千克，20年间仅提高了730千克，平均每年增加37千克，年均递增率为1.17%。而美国成年母牛的年均单产从1997年的7 000多千克提高到2003年的8 000多千克，7年的时间增加了1 000多千克；韩国从1990年的4 652千克提高到2005年的7 447千克，15年间增加了2 795千克。由此可见，中国的奶业水平与先进水平仍有很大差距，另一方面也说明中国的奶业存在巨大的成长发展空间。其次，转变增长方式的关键是把奶业增长转到依靠科技进步和全面素质提高的轨道上来，加快由传统型向现代型、由粗放型向集约型、由数量型向质量效益型的转变。要转变奶牛养殖业增长方式，由“小、散、低”向规模化、集约化、标准化经营转变；要转变乳品加工业增长方式，由盲目扩张向合理布局、优化结构、提高质量和效益转变；要转变市场营销方式，由无序竞争向依法有序竞争转变，由恶性竞争向规范竞争转变；要转变产业经营方式，由松散的买卖关系向紧密的一体化关系转变。

（三）推进奶业的振兴

保障乳品质量安全、实现产业振兴，不仅是奶业界的问题，也是社会发展问题，需要社会各界的共同关注和努力。政府有关部门、企事业单位、行业协会、业内人士等，在推进奶业产业发展、加强行业自律、引导企业依法生产经营、推动奶业振兴等方面，发挥了很好的作用。奶业工作者的不懈努力，政府部门的监督管理，人民群众的广泛参与，为中国乳品质量安全水平的不断提高做出了贡献。

为进一步贯彻落实关于奶业发展的文件精神，推动中国奶业的振新和发展，由全国政协人口资源环境委员会和中国奶业协会共同主办的“中国奶业振兴态势分析会”于2009年10月15日至16日在北京成功召开。国家发改委、工信部、农业部、卫生部、国家质检总局、国家食品药品监督管理局等国务院相关部门领导，业界全国政协委员，行业协会代表，知名专家学者，企业家和奶农代表300余人出席了会议，会议就当前奶业的发展形势、面临的问题和振兴奶业的对策等进行深入了研讨和交流。会后形成了《奶业振兴急需解决几个关键问题的报告》。报告提出了推进奶业发展的十大建议，包括建立产业一体化经营模式，构建各方参与的原料奶收购价格形成机制，加快建立原料奶第三方检测机构，加强奶业协调管理，完善和落实各项奶业的优惠政策，推进奶畜品种多元化，重视牧草种植，加强奶牛营养基础研究，优化乳品企业结构和布局，开拓、培育和规范乳制品消费市场。

2009年10月15日 由全国政协与中国奶业协会共同主办，“中国奶业振兴态势分析会”在北京召开

沉舟侧畔千帆过，病树前头万木春。我们需要振奋精神，开拓进取，攻坚克难，迎接未来。中国的奶业已经重新崛起，我们已经把毒奶粉事件的负面影响转变成了正面的动力。只有敢于直面失败和失误，才会有美好的明天。

第五节 迈向奶业强国之路

中国奶业是一个长盛不衰的产业，既有巨大的社会需求，又有广阔的发展空间。经过多年的积累和近些年的快速发展，奶业作为一个产业已经形成，逐渐进入转型期，即由速度型向效益型转变，由数量型向质量型转变，由传统型向现代型转变。在新的历史条件下，中国现代奶业大体应该是个什么样子，坚持哪些指导原则，走什么道路，克服什么困难，又

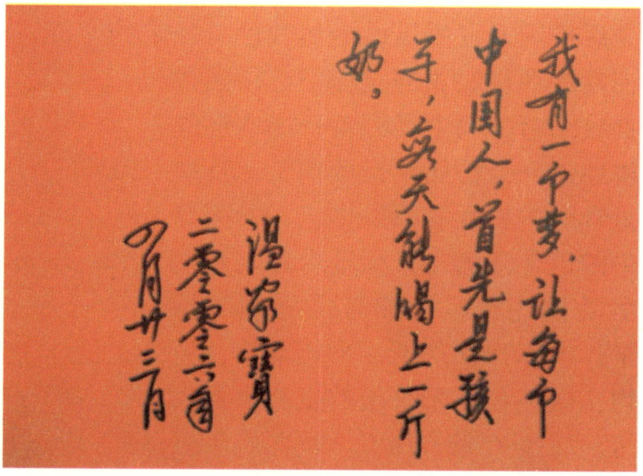

2006年4月23日 温家宝视察重庆光大奶牛科技园时的题词

是一个全新的课题。奶业界同仁经过多年的探索和研究，提出了中国未来现代奶业发展的框架和设想。在接下来的篇章里，将重点介绍中国特色的奶业发展类型、发展需要解决的问题和道路选择。关于中国奶业发展的理论体系，只有通过历史的检验才能说明它是否正确。但可以相信，随着中国经济的强劲崛起，中国奶业能够克服发展中出现的问题和不足，有条不紊地向现代奶业迈进，使中国早日成为世界奶业强国。

2012年4月23日回良玉视察蒙牛唐山事业部

2010年9月1日农业部部长韩长赋参观蒙牛

一、中国特色的奶业发展愿景

现代的奶业应当是与传统奶业相对应的发达奶业。包括育种、原料奶生产、乳制品加工和市场营销全过程的现代化，是牵涉面广的技术改造和奶业经济发展过程，是一个全面综合的概念。综合国外发展现代奶业的经验，结合中国的国情，提出了中国现代奶业的“六型”愿景。

（一）循环经济型

循环经济是现代奶业发展的方向。其主要表现为三个型，一是农牧结合型。今后中国奶业发展，虽然牧区有一定的空间，但新的增长点主要在农区。因此，在发展现代奶业的过程中必须实行农牧结合，奶牛场配备一定比例的耕地，既保证奶牛饲草饲料、特别是青贮饲料和牧草的供应，发挥奶牛的遗传潜力，又保证合理利用奶牛粪便还田，增加有机肥的施用量，提高作物产量，形成动物、植物、微生物三者平衡的生态农业系统。二是资源节约型。饲养奶牛可以把人类不能直接利用的作物秸

奶牛粪污无害化处理

秆、藤叶和籽壳充分利用起来，变废为宝，转化为奶；奶牛是饲料报酬最高的家畜，用1千克饲料喂奶牛，获得动物蛋白比喂猪至少高出2倍，有利于节约粮食；以奶牛粪便为原料生产沼气，既可开发生物能源，又可缓解农村能源短缺，生产沼气的沼液、沼渣还田，减少了化肥的施用量，增加了土壤有机质；乳品加工厂对排放的污水进行资源化利用，节约用水；采用科学的加工工艺，节省能源，奶业布局科学合理，减少运输耗能。三是环境友好型。农作物秸秆“过腹还田”，避免因焚烧秸秆造成的大气污染；奶牛粪污和乳品加工厂污水进行无害化处理，杀灭了粪便中的病原微生物，避免危害人和动物的健康，保护了环境。因此，推行良性循环模式对保障中国奶业可持续发展，促进建立资源节约型和环境友好型社会具有重要作用。

（二）质量效益型

提高质量和效益是发展现代奶业的目标。第一，保证奶及奶制品的营养安全。提高原料奶的乳脂肪、乳蛋白和干物质含量，减少体细胞数、细菌总数和药物残留，提高奶制品的质量，使奶及奶制品的质量与国际接轨。保证营养安全和卫生安全。第二，提高奶业的效益。一是增产增效，充分发挥奶牛的生产性能，提高奶牛的单产，从增产中要效益。二是节本增效，提高饲料转化率。淘汰低产、有缺陷的奶牛，降低饲料成本；加强企业管理，减少浪费，从节约中要效益。三是优质增效。改善奶及奶制品的质量，从优质中要效益。

（三）经营集约型

集约经营是现代奶业的经营方式。也就是通过转变增长方式，把奶业的增长转到依靠科技进步和从业人员素质提高的轨道上来，由粗放式经营转向集约化经营。其转变途径是：改革生产方式，推行规模化经营；以规模化为载体，广泛运用奶业现代科学技术和先进装备，推行集约化经营；通过集约化经营，集成应用奶牛繁育、饲养管理、疫病防治、牛奶收集、乳品工艺和奶及奶制品等标准，推行标准化生产，使奶业的质量和效益达到最高水平。

（四）自主创新型

自主创新是发展中国现代奶业的根本。至2011年，中国奶业科技对外的依赖程度较高，必须加强自主创新。自主创新有三种形式，即原始创新、引进消化吸收再创新和集成创新。创新的主体是企业，关键在企业领导，途径是产、学、研相结合。要整合奶业科技力量，在奶牛繁育、饲养管理、疾病防治、环境保护、奶制品深加工技术与设备等方面进行技术攻关和创新，增加拥有自主知识产权的核心技术。

（五）产业一体型

就是奶业产、加、销一体化，对奶业产业链进行整合和协调，使产加销环环相扣，走产业化的道路。首先建立合同销售制度，按照有关法律、法规，由奶农与乳品加工企业签订协约，明确规定收购奶的保护价，签订期至少在1年以上，保证奶农和乳品加工利益均衡。同时，创造条件，建立由奶农投资入股的奶业合作社，使奶农和乳品加工企业形成利益共同体，作为一种现代的经营方式参与市场竞争。

（六）文化导向型

奶业文化的核心价值观是奉献营养，服务健康。要在全行业提倡“勤、智、诚”三字精神，树立行业的新形象。“勤”，就是勤奋，艰苦奋斗，与时俱进，开拓创新，苦干实干；“智”，包括知识、智能、智慧、艺术等，所谓“智能谋，力能任”；“诚”，即诚信，“诚信者，天下之结也”，要求我们遵纪守法，当好企业公民，讲信用，讲社会责任、社会公德和职业道德，严格自律，公平竞争，团结协作，乐于奉献，不能见利忘义，更不允许假冒伪劣产品和虚假广告出现。以上三个字的内涵是：奋斗精神，科学精神，奉献精神。三字精神是行业发展取之不竭的驱动力[1]。

2008年伊利成为北京奥运会唯一指定乳制品

2010年伊利携手世界博览会签约仪式

二、奶业发展需要解决的主要问题

（一）布局科学

奶业布局要重点考虑，一是奶源基地和乳品加工企业分布均衡。原料奶新鲜易腐，鲜奶货架期短，要求乳品厂的收奶半径和乳制品的供应半径不能过长，应该在合理的范围之内。所以，既要发展北方优势奶业产区，又要推动南方奶业的发展，这样既能保证当地鲜奶的供应，又能缓减北奶南运的矛盾。二是奶源基地要根据当地农业资源进行合理布局。保证奶牛饲料特别是青贮饲料和优质牧草的供应，发挥奶牛的生产性能。同时，保证有足够的能力合理利用奶牛粪便，避免环境污染。

（二）结构合理

就是乳品企业结构合理、产品结构多元化。中国幅员辽阔，经济水平、自然

---

[1] 刘成果.2012.奶业之道.北京：中国农业出版社：158.

条件差异大。因此，既要有大型的全国性的乳品企业集团，又要有区域的中小企业，避免几家“寡头”进行行业垄断，鼓励和引导大、中、小型乳品企业协调发展。要根据市场对品种多元化的要求和不同消费人群的需求，进行市场细分，开发新产品，使产品结构多元化，形成全国性的知名品牌，区域性的地方品牌和民族传统的特色品牌，为乳品市场由城市向小城镇，进而向农村扩展创造条件。

（三）体系健全

建立健全奶业支持保障体系是中国现代奶业建设的重大任务。要建立健全奶业政策法规、标准、奶和奶制品质量安全、社会化服务、奶畜良种繁育、奶牛疫病控制与保险、奶业环境保护和奶业信息等体系。奶业政策法规体系、标准体系和奶业社会化服务体系是当前中国奶业的薄弱环节，应予以重点建设。一是标准体系。中国奶业标准存在着“旧、错、乱、缺”的问题，不能适应发展现代奶业的需要，要加大建设标准化体系的力度，采取“废、改、统、补”等方式完善奶业标准，为推行标准化生产服务。二是政策法规体系。中国奶业法律法规不健全，缺乏规范奶业健康发展所需要的行业规范和法规。至2011年，国家的奶业管理、原料奶管理、乳制品质量安全管理和乳制品市场管理等法规尚未制定，迫切要求制定和完善与国际接轨的法律法规体系，使中国奶业的管理纳入法制化轨道。中国奶业是一个新兴的产业，基础比较薄弱，在发展现代奶业的过程中，国家在奶业产业政策上应给予重点支持。如支持社会化服务体系建设、规模化奶牛场用地、良种补贴、专用青贮玉米和优质牧草种植及饲料加工补贴、全混合日粮设备、环保补贴和学生奶计划等。三是社会化服务体系。中国奶业社会服务化体系存在层次不清晰、网络不健全、服务不周到的问题，加快完善其体系建设势在必行。要完善奶业协会的职能、组织体系和规章制度，有效发挥其行业自律和为成员提供社会化服务的作用。要建立和完善养牛合作社、专业服务组织，开展良种繁育，饲料供应，疫病防治，人员培训；奶和奶制品贮藏、运输、销售等各环节的社会化服务。要鼓励龙头企业参与社会化服务和社会化服务体系建设，密切奶农与龙头企业的关系，为双方协调发展提供保障。

（四）市场规范

中国奶业市场存在着无序、扭曲的竞争，如采取竞相杀价、概念炒作、欺骗宣传、弄虚作假、搭配销售等，导致奶业市场混乱，消费者对产品失去信任，牛奶生产者和加工者利益受到损害。要加强行业自律、增强企业的诚信度、加大政府监管力度，做到产品销售时不搭配销售、不降价销售、不炒作概念，出现突发事件后搞好应急处理，将不良影响降到最低。

（五）队伍精干

现代企业家队伍是撑起中国奶业的脊梁，应该讲战略、讲大局、讲诚信、讲创新，成为行业的领军人物。要采取多种方式学习和培训，提高企业家的创业能力、经营管理和决策能力，造就一批职业化、现代化、国际化的优秀企业家。奶农是奶源基地建设的主体，有关部门和行业协会应该高度重视对他们的培训工作，采取科技入户、科技下乡和技术培训等形式，把科学技术传授给他们，提高他们的奶牛养殖水平。技术人员是奶业生产的中坚力量，要通过开展各种类型的学习培训和技术交流活动，不断提高广大基层技术人员的技术水平，造就一支有理论、有技术、有经验的技术队伍。

三、奶业发展的道路选择

（一）推进奶牛养殖规模化

国内外实践证明，实现规模化经营，是高产、优质、高效发展奶牛饲养业的必由之路。现阶段中国农户饲养的奶牛占全国奶牛总存栏数的70%以上，奶牛传统养殖的“小、散、低”状况，长期没有得到根本扭转，迫切要求向奶牛饲养规模化、现代化转变。

为了改善这种状况，许多地方对规模化经营进行了有益的探索，2004年4月，中国奶业协会在河北省石家庄市召开第一次中国奶牛发展大会，会上代表们分析了奶牛饲养业存在的问题，总结了奶牛小区建设的经验，提出了奶牛养殖规模化的重点。在农村生产力水平和农村的实际状况下，大多数农户的资本积累有限，生产力素质较低，社会化服务体系不够健全，以奶牛大户为主体的规模化饲养难以做到，而奶牛养殖小区就成了可行的现实选择。随着奶牛小区的发展，一些资金和技术积累多的奶农，可能会从“小区”转移出来，建立家庭规模奶牛场。

通过发展规模化奶牛场（小区），可以实现“五个转变”和“六个提高”。五个转变是指奶牛养殖由小规模向适度规模转变，由分散养殖向集中养殖转变，由粗放养殖向集约化养殖转变，由手工挤奶向机械化挤奶转变，由兼业经营向专业化养殖转变。六个提高是指奶牛的产奶量提高，牛奶的质量提高，劳动生产率提高，经济效益提高，奶农的组织化程度提高，环境质量提高。

在国家有关扶持政策的推动下，中国各地加快发展规模化养殖，奶牛规模养殖比重不断提高。2010年，中国存栏20头以上的奶牛规模养殖比例达到47%，比2003年提高了20%；奶牛年均单产水平达到4 800千克，比2000年提高了40%。在规模化不断推进的同时，各地涌现出一批现代化奶牛养殖场，取得了较好的经济效益。如现代牧业集团有限公司、北京三元绿荷奶牛养殖中心、上海光明荷斯坦牧业有限公司、沈阳辉山乳业有限责任公司等。这些采用先进饲养管理方式和技术的奶牛养殖企业在奶牛繁育、饲养管理、牛奶生产等诸多方面与小规模散养模式相比具有明显的优势。其工业化、流程化、科学化的管理模式，提高了牧场生产各环节的生产效率，提高了原料奶质量，降低了生产成本，减少了奶牛废弃物对环境的污染，实现了经济效益、社会效益和生态效益的统一。

（二）推进奶牛养殖集约化

利用奶牛养殖小区和规模牛场作为技术集成的载体，为开展集约化经营奠定了基础，从而有条件采取先进配套技术和管理方法。集约化经营的本质是推进科学进步，充分发挥科技在提高奶牛业生产力中的作用。由于奶牛饲养规模小，有些规模牛场和小区缺乏规范管理，不利于推广奶牛饲养先进配套技术，奶牛生产经营粗放，制约生产力水平的提高，存在的主要问题有：一是奶牛良种推广和品种改良进程缓慢，高产奶牛繁育体系不健全，后备种公牛严重不足，优秀种公牛比例偏低，荷斯坦良种奶牛覆盖面仅为1/3；二是饲料结构不合理，长期存在着“重精料、轻粗料”的倾向，优质牧草和青贮饲料十分缺乏；三是机械化挤奶程度低，中国大多数个体奶牛散养户是手工挤奶，卫生条件差，原料奶中细菌总数超标，杂质较多；四是奶牛防疫、环境保护的标准规范实施不到位，造成奶牛疫病防治难，环境污染日益突出，影响人畜健康和原料奶的质量。

为推动集约化发展，各地积极采取措施推进规模化奶牛场和养殖小区建设，许多地区探索出一些好的经验和做法。2006年6月，中国奶业协会在内蒙古包头市召开第二届中国奶牛发展大会，研究推进奶牛饲养集约化，提出了加快奶牛养殖集约化的途径。

1. 实行良种良法相配套 即大力推广良种，大力推广青贮玉米和优质牧草饲喂技术，大力推广机械化挤奶和全混合日粮（TMR）技术，大力推广奶牛粪便处理和资源化利用技术。

2. 及时调整牛群结构 牛群结构决定着一个生产周期的产奶量和再生产能力。正常情况下，适繁母牛约占全群的60%，年正常淘汰率约为适繁母牛的20%，年正常增长率约为全群的8%。至2011年，中国奶牛每年的淘汰率很低，因而低产奶牛比例增大，饲料报酬不高，固定资产摊销大，场地、人工、管理成本高，影响了奶牛生产效益。因此，应对牛群结构进行调整，提高奶牛生产的质量和效益。

3. 提高从业人员素质 奶牛业是技术要求较高的产业，提高奶农素质，调整人员结构是提高中国奶牛业水平的关键。中国奶农的生产技术知识贫乏，得不到系统的培训与指导，限制了中国奶业生产水平的进一步提高。规模化奶牛场（小区）要调整人员结构，做到量才使用，并通过培训提高从业人员素质。

通过开展集约化经营，集成应用先进的技术和工艺，是转变奶业发展方式，提高养牛质量和效益的有效途径，主要表现在三个方面。一是增产增效。通过集约化经营，发挥奶牛的生产性能，提高奶牛单产，从增产中要效益。据调查，规模为300头的牛场单产约为散养产奶牛单产的1.5倍，规模千头的牛场单产约为散养奶牛单产的1.9倍，因而效益也就同步增加。二是节本增效。通过集约化经营，提高饲料转化率，节约饲料成本；扩大良种奶牛覆盖面，淘汰低产、有缺陷奶牛，降低固定资产折旧和场地、人工、管理成本费用，从节流中要效益。三是优质增效。通过集约化经营，改善牛奶的质量，使原料奶的脂肪、蛋白质含量提高，细菌总数和体细胞数下降，从优质中要效益。

（三）推进奶牛养殖标准化

中国标准化工作的开展有多年的历史。1944年，由中国、英国、美国等18个国家发起成立了联合国标准协调委员会。1949年，中国成立中央技术管理局，内设标准化规格处，这是新中国成立以后第一个全国标准化管理机构。随着经济和社会的发展，相继成立了中央技术委员会标准局、国家标准总局、国家技术监督局，现在由国家质检总局管理全国标准化工作。农业部第一个管理农业标准化的机构是科技司标准处，现在由市场与经济信息司负责农业标准化工作。2006年，通过国家标准化管理委员会正式批准，成立了全国畜牧业标准化技术委员会，负责标准的制定、修订、审定和宣传的业务工作。地方也成立了相应的标准化管理机构。随着标准化管理机构的加强和完善，为农业、畜牧业、奶业的标准化提供了组织保证。1982年，中国制定颁布了《中国黑白花奶牛》标准（GB 3157-1982），这是中国奶牛业的第一个标准。

2008年4月16日至17日第三届中国奶牛发展大会在上海召开

为了推进奶牛业标准化工作，把推广应用先进科学技术落到实处，中国奶业协会于2008年在上海召开的第三届中国奶牛发展大会上交流了推广标准化的经验，提出了今后推进标准化的措施，取得了显著效果，对完善标准、规程的制定和实施发挥了重要作用。

2001年，国家制定了无公害食品奶牛饲养管理准则；2003年制定了农产品安全质量，无公害乳与乳制品产地环境要求；2004年，修订了奶牛饲养标准；2006

年，制定了奶牛场卫生规范；同年，引入危害分析与关键控制点（HACCP），制定了奶牛场HACCP饲养管理规范；2007年，中国奶业协会引入农业良好规范（GAP），开始了良好奶牛场的认证工作，并制定了系列实施规范。这些标准，有效地规范了行业发展，促进了科研成果在生产一线的推广和普及。在国家有关政策的支持下，各地推行奶牛养殖标准化取得了显著成效。许多规模化奶牛场（小区）都依据国标、行标和自身的特点制定了企业标准，保证了标准化工作的实施。北京三元集团制定了三元绿荷奶牛养殖中心企业标准，内蒙古澳亚牧场引进国际奶牛业的先进理念和管理模式，全面实现科学化、规模化生产。有些地方为了加快标准化奶牛养殖小区的建设，制定了符合本地特点的《奶牛养殖小区建设与管理规范》，上海市奶牛养殖全部实现了规模化，是中国奶牛养殖规模化程度最高的地区，在推行奶牛养殖标准化的过程中积累了丰富的经验，取得了良好的效果。

（四）推进奶业一体化

一体化，是指多个原来相互独立的主权实体通过某种方式逐步结合成为一个整体的过程。一体化的基本特征在于自愿性、平等性和主权让渡性，是一个长期、渐进的过程。奶业产业一体化就是奶牛养殖、乳品加工、市场营销等产业环节有机结合成为一个整体的经营方式，其实质是奶业产、加、销利益联结，形成风险共担、利益共享的经济联合体。通过奶业产业一体化，实现各方利益的均衡分配。乳品加工企业通过提高原料奶的附加值，拓宽销售渠道和服务，给消费者

首届奶牛大会开幕式

提供优质乳制品，同时获得效益。乳品企业将加工、销售的收益通过订单收购、利润返还等形式返还给奶农，使其能够得到合理的利润，从而积极发展奶牛养殖，扩大和稳定奶源基地，为乳品加工企业提供优质的原料奶，同时增加农民收入，实现良性循环。

奶业一体化是农业一体化的重要组成部分，在农业产业一体化中，奶业产业一体化最具有代表性，奶业产业一体化的经营程度也是最高的，效益也最显著。推行奶业产业一体化，对发展农业产业化具有重要的示范作用。

为了推进奶业一体化，2010年，中国奶业协会在青岛召开首届中国奶业大会，交流和讨论推进奶业一体化的经验和措施，取得了好的效果，对原料奶价格机制的形成，合同收奶和奶源基地配套建设等发挥了积极作用。一是成立原料奶价格协调委员会，在总结黑龙江省建立价格机制的基础上逐步推广。2007年9月，黑龙江省成立了省及各市（县）原料奶价格协调委员会，协调委员会在兼顾乳品企业和农户双方利益的基础上，研究、协调、确定合理的原料奶交易价格，由黑龙江省奶业协会在各地奶价基础上公布全省原料奶淡旺季参考价。这一做法引起了其他地区的重视。二是推行合同收奶。黑龙江省畜牧兽医局和黑龙江省工商行政管理局，辽宁省动物卫生监督管理局、辽宁省农垦局、辽宁省工商行政管理局分别于2007年9月和2008年6月发布了《生牛奶购销合同（示范文本）》；农业部和国家工商行政管理总局于2008年10月制定了全国《生鲜乳购销合同（示范文本）》。现已在河北等省（自治区）广泛推广。三是促进了第三方检测机制的形成。20世纪80年代末，上海就积极探索和尝试建立第三方乳与乳制品质量监督体系。1995年，上海乳品质量监督检验站作为上海地区原料奶交售的第三方检测机构，在市物价局、市奶协的支持下，首先推出了以脂肪单位与蛋白质单位作基础的原料奶的按质论价机制，此后检测项目逐年增设。天津也于2006年2月开始推行第三方检测机制。新疆维吾尔自治区人民政府支持开展第三方检测试点，并由有关部门制订了实施方案，现正在试行中。四是促进了奶源基地和乳品加工厂的配套建设。蒙牛、伊利、完达山、三元、沈阳乳业等乳品企业也按照《国务院关于促进奶业持续健康发展的意见》和《乳制品工业产业政策》的要求，通过签订合同、入股、自建规模化奶牛场等形式，稳定和扩大自有奶源基地，对奶业一体化发挥了作用。

四、迈向奶业强国之路

世纪百年，对于国家和民族，只是历史的一瞬间。站在21世纪的起点，回望20世纪初的中国奶业，品味那些奶香犹存的历史片断。

1900年，八国联军入侵北京。此后几年间，北京牛奶业日渐发展，除供皇室需要外，大多数供给外国侨民食用。当年，北京市奶牛数量不足200头。

1900年，上海的牛奶棚已经具有牛奶公司的雏形，确立了近代奶业的基础。当年，上海存栏奶牛800余头。

1900年，沙俄帝国在中国东三省修建“东清铁路”，为解决筑路员工的饮奶需要，将大批西伯利亚牛、西门塔尔牛、阿拉托乌牛、科斯特罗姆牛、雅罗斯拉夫牛、霍尔莫哥尔牛、后贝加尔牛等引入中国东北和内蒙古地区。

1903年10月，法国殖民主义者开工修建从中国昆明至越南海防的滇越铁路，把奶牛传入中国西南地区。这些分布于铁路工地沿线的奶牛场，不仅为居住在当地的外国人提供牛奶，而且还将部分剩余的乳制品经河口海关出口到越南。

以上是中国现代奶业在国家危难中诞生的历史记忆。

尽管中国奶业的世纪答卷还不完美，把一些遗憾和难题留给了21世纪，但是，中国在现代奶业史上付出了辛劳，取得了成效。

其一，20世纪初到2010年的一百年里，中国奶牛从不足2 000头增长到1 200多万头。这个难以用“增长倍数”来表述的数字具有足够大的历史震撼力。这就是中国百年奶业的足迹，这就是天翻地覆沧桑巨变的真谛。

其二，一百年里，中国能享受饮奶的人群，从皇室成员、外国侨民、婴幼儿童、病弱老人、特供阶层、归国人士等，一步一步扩大，直到取消奶票，放开供应，牛奶已成为惠及芸芸众生的普世食品。

其三，一百年前，中国没有一位执业兽医师，一百年后，中国不仅建立了完整的可与世界同行媲美的奶业科技体系，而且奶类总产量已经跃居世界第三。

其四，20世纪初，黑白花奶牛进入重庆，引发市民好奇围观的历史镜头，反衬出历史的进步与演变。一百年过去，中国的通都大邑，边疆小镇，都有了奶牛场；无论是繁华超市还是乡村小店，都摆满品种繁多的乳品。

总之，随着中国经济的强劲崛起，中国有足够的能力生产出营养的牛奶、干净的牛奶；有足够的智慧管理好每一杯奶、每一袋奶。在世纪之交，中国会继续向奶业强国迈进。

第十四章 台湾的现代奶业

1945年10月28日，中国政府收复台湾、澎湖列岛，重新恢复对台湾行使主权。国民政府指令台湾省农林部门接管日本占领时期的奶牛资产及牧场。1949年12月，国民党为恢复和发展奶牛业，相继推行了“酪农发展计划”和“台湾地区乳业管理规则”，鼓励和资助相关奶牛公司和个体奶农进口荷兰奶牛，建立奶牛推广服务机构，改进奶牛育种及管理。1955年，台湾乳业协会成立。通过举办酪农实验区和酪农培训班、设立酪农专项贷款等措施，经过60多年的发展，到2008年年底，台湾地区的奶牛总数已达到99 171头，是台湾光复时的150多倍。除了奶牛养殖外，台湾的奶山羊养殖也有大的发展，鼎盛时期约有奶山羊11万余只，年产羊奶3万余吨。

第一节 第二次世界大战后台湾奶牛业的恢复

一、接管殖民地奶业资产

日本占领时期，台湾重视奶畜的引进、饲养及研究，推动了地区奶业的发展。据称，1943年，台湾奶牛饲养达到历史高峰，有酪农70多户，奶牛1 700多头，年产鲜乳2 300多吨。战争期间，由于饲料短缺，奶牛数量减少，1945年仅有奶牛873头，牧场53家，多汇集于城郊，规模小，设备简陋，且缺乏土地种植牧草。1945年8月，日本战败宣布无条件投降，国民政府台湾省农林部门奉令接管恒春种畜场、嘉义种畜场、大埔种畜场等牧场及奶牛资产。台湾大学农科及屏东、台中的农业专科大学设立的畜产课，也有奶畜研究项目及种畜资产。此外，还有台湾畜产株式会社和相关奶业公司等。这些奶业资产均由国民政府台湾省相关机构接管并继续运营。

二、20世纪40年代末的台湾奶牛业

1949年底，国民党近百万军政人员及数十万平民陆续涌入台湾岛。一时间，岛内人满为患，包括食品在内的生活物资品极度缺乏。为尽快恢复和提高粮食

蔬菜等食物的生产供应，稳定社会秩序，台湾将主要农林资源和涉农物资都投入到种植业中去，根本无暇顾及当时尚属“奢侈食品”的牛奶生产，所以在战后的最初几年，奶牛业逐渐衰退。由表14-1可知，1945年国民政府接管台湾时，全岛尚有奶牛873头，年产牛奶992吨。1948年，奶牛存栏数减少到620头，减少了近1/3。牛奶产量减少到527吨，减少了将近一半。这种状况造成了岛内乳品供应非常紧张。另外，医院内的大量伤病士兵也要牛奶来补给营养。因此，1948年，台湾推行“酪农发展计划”，补助进口荷兰奶牛，建立奶牛推广服务机构，改进奶牛育种及管理。经过几年时间的恢复，到1951年，奶牛存栏数量增加到742头，牛奶产量增加到1 210吨，牛奶供应紧张的状况有所缓解。

表14-1　1943—1951年台湾奶牛存栏数及牛奶产量[1]

年份	奶牛数（头）	牛奶产量（吨）
1943	1 777	2 300
1945	873	992
1946	607	935
1947	658	792
1948	620	527
1949	696	885
1950	711	902
1951	742	1 210

三、“城郊型”奶牛业的发展

台湾20世纪50年代初期的奶牛饲养模式，除了台湾畜产株式会社这样的大型奶牛公司外，大多数是小型私营奶牛公司，农民个体饲养奶牛很少。在这一时期，乳品的消费者主要是城市居民。奶牛经营者为适应市场需求，大多在城市近郊设立奶牛场，所生产的生奶及其乳制品也直接销售于城市中。这种乳业生产销售格局，是一种典型的“城郊型”奶牛养殖经营模式。

1948年，台湾开始把部分接收过来的公有奶牛场转卖给私人经营，以促进私

[1] 台湾省政府新闻处. 1971. 发展畜牧：25.

人乳业的发展。于是，台湾地区的城市周边开始出现一些个体奶牛饲养户，由此改变了台湾以前的奶牛饲养方式。人数众多的农民一旦进入奶牛养殖业，必然会扩大养殖地域和养殖数量。但是，这时正值战后经济生产和社会秩序恢复期，台湾地区物价飞涨，饲料不能自给，致使奶牛饲养成本增高，牛奶生产获利微薄，所以开始时农民饲养奶牛的积极性不高，奶牛养殖业发展缓慢。政府有鉴于此，乃确定乳业发展政策，在信贷、服务和技术指导等方面给奶农提供支持，力求乳品供应自给。这样一来，城郊的个体奶农快速增多。

这一时期台湾的城郊奶牛饲养模式形成了两种类型并立的情形：一类是承袭日本占领时期的奶牛公司饲养经营模式，各城市郊区分布着一些具备奶牛饲养、乳品加工、市场销售等完整产业链的现代乳业公司；另一类就是台湾当局发展起来的个体奶农的散养模式。奶农生产的生奶由乳业公司统一收购、加工和销售。奶农散养的方式比较适合台湾地区的丘陵山地多、个体农户经营面积小的特点，因而逐渐发展起来，成为台湾乳业恢复时期奶牛饲养的主要方式。

四、成立台湾乳业协会

1955年，台湾乳业协会成立。会员由奶农、牛奶加工厂、专家学者等组成。

台湾乳业协会的任务是：负责奶牛品种改良、生产性能测定和良种登记；推广奶牛饲养管理、动物保健、精粗饲料利用、提高原料奶质量和乳品加工技改等方面的技术；负责种牛及重要器材、药品、饲料、牧草种子的统一进口与分配；参与协调生乳收购价格；组织优秀酪农选拔、乳制品促销、奶牛拍卖等活动。

作为社团组织，台湾乳业协会还承担协调排解奶农与加工企业之间的矛盾和向行政主管部门转达会员建议的任务。台湾乳业协会成立后，承担起促进发展台湾奶牛业的重任，既是台湾当局与奶农之间的联络纽带，也是乳业各利益团体之间的协调中介。因此，台湾乳业协会的成立，对促进台湾奶业的发展发挥了重要作用[1]。

五、订颁《台湾省乳业管理规则》

经过战后几年的恢复与发展，到1952年，台湾的奶牛饲养量达到890头，大致恢复到1945年的水平。1956年订颁《台湾省乳业管理规则》，实施乳业管理与辅导各奶牛场改善经营方法。为求加速发展，倡导一般农民饲养奶牛。于是，各地农户养牛增多，养牛规模扩大，鲜奶产量成倍增长。尤其是1955年成立台湾乳业协会后，台湾当局通过加强了奶牛和乳品行业管理，规范了行业标准，加大了对乳业的扶持和技术服务的力度，促进了奶牛业的快速发展。奶牛饲养量从1953

1 台湾省酪农乳品运销合作社. 1987. 酪农手册：14.

年的881头增加到1956年的1 292头（表14-2），4年时间增长了46.7%。

表14–2 1952—1956年台湾奶牛存栏数及牛奶产量[1]

年份	奶牛数（头）	牛奶产量（吨）
1952	890	1 586
1953	881	1 744
1954	1 087	1 857
1955	1 202	2 739
1956	1 292	2 885

第二节 酪农计划与奶牛业推广

1957年，台湾地区开始推广“酪农计划”，奶牛养殖迅速扩展到全岛各地，成为农业生产中一项重要的副业。至此，奶牛业进入农村，鼓励农民副业经营以充分利用农家劳动力，为农村剩余劳动力提供就业机会。通过推广奶牛养殖，大量牛粪增加了有机肥来源，促进了农地改良；同时，奶畜的部分饲料可以利用过去废弃不用的剩余农副产品。“酪农计划”推广不久，效果彰显，至1964年，酪农户数达485户，甚至一度出现牛奶生产过剩，乳品加工厂拒收生奶的现象。

一、创办“酪农实验区”

“酪农计划”实施的举措之一是1957年创办的“酪农实验区”。具体做法是，在桃园县杨梅、中枥两处，选定20户愿意饲养奶牛的农民，由农村复兴委员会及台湾省政府农林厅贷给每户1 ~ 2头奶牛，并由指派的畜牧专家传授奶牛喂养技术知识。经过1年多的喂养试验，这批参与实验的20户奶农当年的收入显著增加。根据调查，当地农民饲养1头奶牛与耕种1公顷水稻的收益相当。实验结果在当地农民中产生了很好的示范效应。实验区农户的土地利用率和农副产品的利用率都得到了提高，家庭剩余劳动力也得到了充分就业，尤其是农闲时节，由于有了奶牛饲养，农民能够做到四季就业。于是，1958年在竹南增设“酪农实验区”一处，扩大酪农实验范围，增加参与实验的农户。至此，台湾的奶牛养殖逐渐从城郊扩展到农村，从公司专业饲养向农家副业散养扩大。由于农民的积极参与，当时奶牛饲养被称为农村振兴的新兴产业。“酪农实验区”的推广，使台湾奶牛养殖进入了快速发展的时期。

[1] 台湾省政府新闻处. 1971. 发展畜牧：25.

经过“酪农实验区”的养牛实践而总结经验，从1960年开始，逐渐将指导农民饲养奶牛的事业由实验阶段进入推广普及阶段。这一时期，台湾乳业发展的特点是奶牛养殖向农村推广，具有农村副业经营性质，饲养户数大幅度增加。“酪农实验区”已扩展至台北、桃园、新竹、台中、苗栗、彰化、南投、嘉义、高雄、屏东等10县。参与实验的酪农由最初的20户增至1961年底的270户，酪农饲养之奶牛达3 335头，平均每户饲养13头。此外，当时分布在台湾各地的奶业公司有103家，饲养的奶牛3 691头，平均每家公司32头[1]。到了1964年，全岛的奶牛养殖户已有636家，共饲养奶牛4 689头，年产鲜奶11 282吨（表14-3）。

表14–3　台湾奶业恢复时期的奶牛饲养状况[2]

年份	奶牛数（头）	牛奶产量（吨）
1957	1 337	2 885
1958	1 826	3 266
1959	1 973	3 665
1960	2 828	4 689
1961	3 207	5 824
1962	3 352	4 979
1963	4 171	8 012
1964	4 689	11 282
1965	5 661	13 650

为了扩大“酪农实验区”的事业，帮助农民解决购买奶牛的资金困难，实验区奶牛推广机构经商准农村复兴委员会及土地银行，设立酪农专项贷款，辅导酪农购买奶牛和种植牧草。

另外，通过农林研究机构，向奶农普及奶牛保健及经营技术。自1957年起，在各地实验区内每年都举办酪农培训班，聘请畜牧专家讲授奶牛饲养管理以及乳品生产运销知识。到1962年，各地接受培训的酪农有890名。通过他们的示范影响，实验区的奶牛饲养经营水平大为提高，既增加了奶农的收入，又带动了更多的农民加入奶牛养殖的事业。

由于“酪农实验区”快速扩展，各地奶牛饲养量大幅增加，在20世纪60年代中期，台湾地区的生奶产量一度超过市场的需要，发生了生奶生产过剩的情况。于是，规范牛奶运销被提上了管理日程。为了加强牛奶运销规范化管理，执行

1　台湾省政府新闻处.1971.畜牧发展：20.

2　台湾省政府新闻处.1971.畜牧发展：26.

乳业标准，促进乳业发展，提高生奶及乳制品品质，保障公共卫生安全，台湾规定，北部地区所产之牛奶集中作低温消毒后销售，南部地区亦仿此进行。唯中部地区农村的鲜奶产量大，而当地城市消费量较少，则需经台湾当局批准的“鲜乳运销合作社”办理乳处理及运销工作，以保证奶农及消费者利益。

二、奶牛品种改良

台湾从20世纪50年代起，不断从国外引进优良奶牛，以供繁殖推广。1959年以后，台湾地区曾经多次从美国、荷兰等地引进纯种良种公牛及冷冻精液，用以改良台湾奶牛的品种结构，提高奶牛适应性和抗逆性，选育适合台湾饲养的高产优良奶牛品种。

经过多年的奶牛品种改良以及疾病防治水平和饲喂技术的改进，奶牛的年产奶量逐年提高。据统计资料记载，台湾奶牛平均年产奶量为：1947年2 273千克；1966年3 673千克；1976年3 830千克。20多年间，台湾地区奶牛的年泌乳量增加了1 557千克，增长了68.5%[1]。

三、推广牧草种植和农副产品的饲用开发

牧草对于发展奶业极为重要，台湾一直重视牧草品种引进试验工作。适合台湾地区种植的优良牧草品种有天竺草、巴哈稗草、狼尾草、盘古拉草、苏丹草等，豆科牧草有葛藤、银合欢、山珠儿豆、紫云英等。台湾当局自1958年起就积极进行牧草推广工作，指导酪农种植牧草，逐步推广利用山坡地带土地种植牧草。据1960年统计，台湾地区的牧草面积为1 096公顷[2]。但是，台湾地狭人稠，农户经营面积狭小，因而，酪农自种牧草多数不敷使用，必须依赖其他农副产品加以补充。可供利用的农业副产品有甘蔗尾、玉米秆、凤梨渣、甘薯藤、花生壳、番茄渣、毛豆荚等[3]。

四、制定“乳业改进原则”和成立台湾乳业发展小组

20世纪60年代中期，台湾地区的生奶产量曾出现供大于求，乳品价格下滑，挫伤了酪农的积极性，以至奶牛饲养量减少。为了促进奶业稳定发展，于1965年10月25日，台湾公布了“乳业改进原则”。在这个原则的框架下，建立了一个由奶农、乳品加工厂、乳制品进口商及相关主管部门各派出人员组成的乳业发展小组。这个小组于1965年10月30日成立，专司负责台湾的奶业发展规划、指导

---

1 台湾中兴大学. 1978. 奶牛学：14.

2 台湾省政府新闻处. 台湾的建设（1945—1962年）：39.

3 刘钦泉. 1979. 台湾奶牛经营之效益分析（1977—1978年）：12.

和协调。在这个小组的建议下，台湾还出台了对进口乳制品实行收取捐助费的政策。从乳品进口商所征收到的这些捐助费，一律用作奶业发展基金。与此同时，为了保护和刺激岛内的奶业发展，台湾当局还采取了对加糖炼乳和液体乳实行禁止进口的措施。为了加快奶牛业的发展，20世纪60 ～ 80年代，台湾曾3次向奶农施行借款，同时也允许从新西兰、美国等国引入荷斯坦牛。除了上述这些政策措施外，台湾当局还出面组织或邀请高等院校及科研单位的奶牛专家、学者编写了《台湾酪农手册》、《奶牛平衡日粮手册》等专业指导教材，人手一册免费发放，组织这些奶牛饲养者进行技术培训。到20世纪80年代，台湾岛的谷物粮食已实现了自供自给，还有剩余的水平，这一社会基本物质供应状况的变化，对刺激和促进奶业发展发挥了重要的作用。

第三节　农牧综合开发与“酪农村”建设

1966年，台湾当局提出“上山下海”的农业开发口号，提倡开发山坡地及沿海滩涂。大批进口奶牛，在山坡区修建牛舍饲养。此外，还将台湾岛西南沿海的海涂滩地（台湾称为海埔地）开发牧场，种草养牛。这个被称为“上山下海”的农牧综合开发工程，旨在提高农民收入，繁荣农村，增加乳品供应。1972年，进一步实施“奶牛专业区与酪农村建设计划”。奶牛专业区的设立，培育出一批以奶牛养殖为主业的“酪农村”，推进了奶牛养殖的专业化和规模化，使台湾奶业生产水平向前迈进了一大步。

一、奶牛养殖区域的拓展

1966年，台湾当局提出山坡地及沿海滩涂开发，在台湾中部一带选择具有发展潜力的山坡地，推广奶牛生产。先后在苗栗、彰化及后里等浅山地区设立山坡地农牧综合开发区，在山坡区建牛舍饲养奶牛，利用其肥水灌溉种植牧草，以提高山坡地的利用、山坡地水土保持效率及改善坡地农民生活，为后来的奶牛专业区生产积累了经验，打下了基础。农牧局配合加速农村建设计划，同时大量进口奶牛，设置奶牛生产专业区。该局与农村复兴委员会制定《台湾山坡地奶牛生产之经济分析》，指导山地农民开展奶牛养殖事业，既提升了山区农民的收入水平，又增加了市场的生乳来源[1]。

推行奶牛饲养“上山下海”计划以后，台湾地区奶牛养殖从城郊推广到平地乡村，再推广到山地农村，形成一个梯级扩展的格局，使养牛的区域大为拓展，

---

[1] 江荣吉.1974.台湾山坡地奶牛生产之经济分析.

市场生乳及乳制品逐年增多。台湾生乳产量从1960年不足5 000吨，增加到1972年的近23 000吨（表14-4），12年间原奶产量增加了3倍多。

表14-4 1965—1974年台湾奶牛饲养户数、头数以及产奶量状况[1]

年份	户数	奶牛数（头）	泌乳牛数（头）	牛奶产量（吨）	泌乳牛年均产奶量（吨）	户均养牛数（头）
1965	522	5 661	3 716	13 650	3 673	11
1966	480	6 017	3 976	13 834	3 479	13
1967	425	6 294	3 940	13 812	3 506	15
1968	418	6 485	4 105	14 798	3 605	16
1969	394	7 038	4 168	14 966	3 591	18
1970	389	7 596	4 430	16 123	3 640	20
1971	408	8 592	4 844	17 906	3 697	21
1972	546	11 390	6 240	22 932	3 675	21
1973	838	15 656	10 127	37 640	3 717	19
1974	1 290	21 454	13 233	41 879	3 165	17

资料来源：台湾农林厅，《农业年报 1965—1974》。

二、《台湾乳业发展十年计划（1965—1974年）》

为了推进奶牛饲养“上山下海”，台湾农林部门除成立了“乳业发展小组”外，还在农林厅增设了“山地农牧局”。“乳业发展小组”成立后，立即着手制定《台湾乳业发展十年计划（1965—1974年）》。这个计划共15款，是指导台湾乳业发展的综合计划，内容包括奶牛科研、养殖、繁育、饲料、原奶运销、乳品生产等。

根据《台湾乳业发展十年计划1965—1974年》的要求，扩大推行酪农事业。台湾当局加强了乳业试验研究，充实了台湾畜牧试验所的乳业研究设备，开展乳业相关研究。为了改良和提高奶牛品质，由政府支持实施人工授精。在各酪农地区，均设置人工授精站，“台湾乳业改进会”负责办理奶牛人工授精改良繁殖工作。奶牛人工授精技术的推广应用，奶牛的泌乳性能、抗病性能和抗逆性能都有了很大提高。

[1] 李庆余，杨垣进，黄炳文.1986.台湾养牛业之研究.

在乳业发展计划执行期间，台湾地区增加了一批山地奶牛场，包括：桃园县北新牧场、庆昌牧场，新竹县新兴牧场，苗栗县头份第一牧场，台中县龙井牧场、郁乐牧场，南投县德惠牧场，彰化县台湾奶牛生产牧场等处。奶牛牧场扩大和新建后，岛内自繁的奶牛不敷供应，于是大量进口良种奶牛。在该计划实施的10年时间里，台湾先后多次从美国、澳大利亚、新西兰等国进口奶牛1 272头。

在山地牛牧场集中地区，配合农地重划制度，在中部地区选定示范酪农村，举办“酪农饲养改进研究班”，以示范村、示范户带动奶牛养殖区域的扩大和奶牛养殖技术的提高。此外，商请有关金融机构提供贷款，辅助酪农兴建牛舍、购买奶牛，改进奶牛饲养管理，榨乳、集乳等作业环节尽量使用机械操作，以提高生产效率，降低生产成本。

加强牛病防治，每年定期对6月龄以上的奶牛实施接种防治流产菌疫苗，每年2次实施接种以防除奶牛结核病。由经过政府审核认定的台湾味全公司饲料厂，研究生产特制奶牛精饲料，向各奶牛业者供应奶牛精饲料。加强饲料作物利用及奶牛饲料之抽验。

计划规定，为保障本地原奶市场稳定，维护奶农利益，一方面要限制乳制品进口，另一方面要加强牛奶运销管理，在台北、桃园、新竹、苗栗、台中、南投、嘉义、高雄、屏东等酪农地区设置14处牛奶集运站，共同处理牛奶及辅导运销业务。1969年，台湾省农会乳品加工厂成立，以将台中、南投、彰化、嘉义等地区的剩余乳品加工成超高温灭菌奶（台湾称“保久乳”）。

在酪农集中地区，实行生奶收购订单制。为稳定乳价，确保加工厂原料乳的来源，辅导酪农及小型牧场与收购鲜乳的加工厂订立鲜乳买卖契约，由相关县市政府协助办理。酪农集中区分为三个地区：北区为台北、桃园、新竹等；中区为苗栗、台中、南投、彰化及嘉义等；南区为台南、高雄、屏东等。

“台湾乳业发展十年计划”特别提出要扩大供应鲜乳及“学童乳”。“学童乳”每瓶1元台币，不敷者由台湾乳业发展小组补贴。1966年，“学童乳”为207万瓶，至1970年增加到658万瓶[1]。

1972年，台湾当局公布“加速农村经济建设九大措施”，进一步推广酪农事业。1973年由台湾当局补助，进口奶牛2 000头，在大园、福兴及快宫等三处成立“酪农村”，发展酪农240户，又在1974年加速农村建设重要措施中，进口奶牛2 550头，在淡水、秀水、后里、外埔、田中、崙背、柳营、桥头等8处，设立奶牛农牧综合经营专区，推广酪农420户。此外，秀水、苗栗、新埔、造桥、宝山、芬

[1] 台湾省政府新闻处.1971畜牧发展：23-24.

园、通霄、里港及民雄等地也先后成立酪农专业区[1]。

三、奶牛生产专业区的设立

战后三十年，台湾奶牛业经历了城郊小型奶牛公司集中饲养，“酪农实验区”奶农散养，逐渐发展到“上山下海”专业化饲养，再到奶牛专业区饲养，最后到在台湾当局主导下建设“酪农村”等阶段。随着城市区域的扩展和环境保护意识的增强，原先布局在城郊的奶牛场因环境保护法规的限制，必须搬迁到远离城市乡镇的边远农村地区。台湾地狭人密，适合发展养殖奶牛的平原牧区不多。为了避免奶牛牧场“与农争地”，台湾当局在20世纪70年代中期，奶牛业遇到发展瓶颈时，决定开发山区牧场和海岸牧场。为了便于环境管理和经营管理，当时的奶牛养殖逐渐放弃遍地开花、分散放养的模式，采取了专业区饲养、“酪农村”管理的模式。实践证明，当年对奶牛场的布局调整和“酪农村”建设是符合台湾农业资源配置需要的。此后三十年，台湾奶牛业获得了稳定快速的发展，积累了在农牧业资源匮乏地区发展奶牛养殖业的成功经验。

20世纪70年代初，台湾通过实施“乳业发展十年计划”和“加速农村经济建设计划”等一系列举措，把过去的奶牛农户散养转变为奶牛专业区饲养。全岛各县除花莲、台东及澎湖外，都设有奶牛专业区，这避免了奶牛牧场“与农争地”，这些专业区大都设于山坡地及沿海贫瘠滩地，以开辟不适合农业耕种的荒闲地为主，因地制宜地充分利用有限的土地资源，既提高了山区农民的收益，又为消费者提供了可观的鲜牛奶，是一个一举多赢的政策举措。1972年至1974年，由于奶牛生产专业区的设立，台湾酪农户数和奶牛存栏数有显著增加，酪农户数平均增加47%，奶牛存栏数平均增加36%。奶牛专业区的设立使台湾奶牛生产向前迈进了一大步。

20世纪70年代初，台湾地区的牛只中，主要还是役用的水牛和部分肉用的黄牛为主，奶牛存栏数为15 656头，在总的牛只中仅占6.68%。经过“上山下海”奶牛牧场扩展计划，以及奶牛专业区、“酪农村”建设等政策的实施，台湾地区的牛只结构在几年时间里发生了很大的变化。到1976年，台湾地区牛只总数增加量很少，而奶牛的存栏数达到了28 570头，增长了82%。奶牛专业区计划实施10年后的1984年，台湾全岛的奶牛存栏数为39 145头，占牛总数的1/3左右（表14-5）。也就是说，在20世纪80年代中期，台湾地区每3头牛中就有1头是奶牛，随着农业机械化的普及，役用的水牛逐渐减少，许多地区已经不再用牛耕地，台湾的牛群结构快速向乳用牛、肉用牛以及乳肉兼用牛发展。

[1] 刘钦泉 . 1979. 台湾奶牛经营之效益分析（1977—1978年）：6-7.

表14–5　1973—1984年台湾牛总数与奶牛存栏量对比[1]

年份	牛总数（头）	奶牛数（头）	奶牛占比（%）
1973	234 296	15 656	6.68
1974	241 977	21 454	8.86
1975	249 329	25 168	10.10
1976	253 297	28 570	11.28
1977	186 949	23 866	12.77
1978	159 240	23 855	14.98
1979	142 829	25 108	17.58
1980	133 813	30 735	22.97
1981	128 171	31 486	24.57
1982	129 441	32 773	25.32
1983	129 852	34 617	26.66
1984	130 342	39 145	30.03

四、台湾人均牛奶消费量的增加

1949年前，台湾由于市场上牛奶供应紧张，民众很难买到乳制品，所以当时普通民众每年消费的牛奶量很少。有研究报告称，20世纪50年代，台湾地区人均牛奶消费量不足2千克。到20世纪70年代，台湾当局大力推广“学童奶”计划，民众饮食乳制品的习俗逐渐形成，当局也因势利导，加快推进奶牛养殖业，增加市场的牛奶供应，于是人均牛奶消费量大幅增加。1973年启动奶牛专业区计划时，台湾自产鲜奶量为3.8万吨，进口乳品（折合成液体乳计算）为24. 3万吨，人均年消费量约为18千克。在这之后，相继推行“上山下海”的扩展政策，“酪农村”建设政策，奶牛养殖业进入快速发展阶段，奶牛饲养量成倍增长，台湾自产牛奶的数量和比重都大幅增加。到1983年，台湾自产鲜奶量达5.8万吨，进口乳品59.7万吨，人均牛奶年消费量增加到33.5千克。十年时间，台湾年产牛奶增加2万吨，进口牛奶增加35.4万吨，人均乳制品消费量增长了86%（表14-6）。

[1] 台湾省酪农乳品运销合作社．1987.酪农手册：4.

表14–6 1973—1983年台湾牛奶消费量统计[1]

年份	生鲜乳产量（吨）	进口乳品量(吨)	牛奶消费总量（吨）	人均消费量（千克/年）
1973	37 640	242 994	200 662	18.03
1974	41 879	231 156	273 035	17.22
1975	46 189	195 720	241 909	14.98
1976	45 111	232 896	278 007	16.83
1977	45 724	305 546	351 270	20.87
1978	44 435	355 350	399 785	23.37
1979	44 419	375 396	419 815	24.17
1980	47 740	396 779	444 519	24.96
1981	50 154	409 622	459 776	25.35
1982	55 859	507 038	510 883	30.81
1983	58 022	596 899	654 921	33.50

五、奶牛饲养的生产效率

台湾地区的奶牛业以农民小规模饲养为主，个别以奶牛公司雇工饲养，但一般规模很小。1977年的一份研究报告指出，当时台湾地区的奶牛饲养状况是，奶农个体饲养的，一般每户养殖奶牛14头左右，奶牛公司平均饲养110头左右。这些奶牛中，泌乳奶牛约占2/3，童牛（台湾习惯称“女牛”）约占1/3。农户每户劳力1.5个，平均每个劳力可饲养管理奶牛10头左右。奶牛公司平均每家雇工7个，平均每个人工饲养管理奶牛16头。从劳动生产率来看，奶牛公司的效率要比奶农高60%。另外，从泌乳奶牛平均年产奶量来看，个体奶农饲养的奶牛年产奶量平均为3 700千克左右，而奶牛公司的奶牛年产奶量平均为3 400千克（表14-7）。可以看出，个体奶农的人均饲养头数少，管理饲喂更加精细，所以奶牛平均产奶量高于奶牛公司。

[1] 台湾省酪农乳品运销合作社.1987.酪农手册：4.

表14-7　1977年台湾奶牛经营状况调查[1]

地区	调查户数	每户奶牛数（头）			平均每户用工数（人）	奶牛平均年产奶量（千克）	泌乳牛平均年产奶量（千克）	平均每个人工饲养奶牛数（头）
		合计	泌乳牛	童牛				
北区	29	14.08	10.39	3.69	1.50	2 692.91	3 649.56	9.39
中区	53	12.16	8.13	4.03	1.29	2 151.54	3 217.32	9.43
南区	39	14.68	11.08	3.6	1.54	2 890.90	3 830.67	9.53
牧场	10	111.5	78.45	33.3	6.97	2 410.76	3 434.07	16.03

注：奶牛平均年产奶量包括泌乳牛及童牛（女牛）。

六、《台湾乳业发展五年计划（1984—1988年）》

台湾当局在推进奶牛专业区和“酪农村”建设取得预期成果的基础上，1984年颁布了一个综合性的《台湾乳业发展五年计划（1984—1988年）》。这个计划包括台湾奶业发展战略、发展目标、主要措施、项目内容等部分。

计划针对当时台湾地区奶业市场状况，提出要重点解决五个方面的问题。

一是台湾地区每年原料乳及乳制品的消费峰值出现在夏秋季节，为了保证夏季的原料乳供应，从1984年起，每年进口1 500 ~ 3 000头母牛，到1988年增加奶牛至51 700头，提高饲养技术水平，每头奶牛平均年产奶量提高80千克。全岛的牛奶产量达到每年递增15%。

二是随着奶牛饲养量的增加，要继续推进山坡地开发，扩大饲料作物种植面积；推进农副产品的饲用研究和推广。据测算，台湾农作物副产品如甘薯、甘蔗、玉米秆、干稻草等非常丰富，奶牛集中饲养区的台北、桃园、台中、彰化、云林、嘉义、台南、高雄及屏东9县（市）每年生产的农副产品就能饲养奶牛166 000头（按每头奶牛每年消耗6吨计）。

三是建立酪农合作牛奶工厂，集中加工运销原料乳及乳制品。为此专门制订了“牛奶运销制度”，即在专业区内设立集乳站，由当局补助购买冷冻设备，实行奶牛分散饲养，生乳集中运销的制度。在专业区之外的分散的酪农及牧场，可直接运到附近的加工厂，也可在符合卫生标准的情况下采用自产自销的宅送方式。由此构成台湾的牛奶运销网络。

四是促进牛奶市场及“学童乳”消费。供应对象为公立的幼儿园以及经主管机关审核认定的低收入家庭的小学生。供应品种为200毫升包装的鲜乳产品，偏远地区或冷藏设备不足的学校则供应“保久乳”。供应标准为每学期13周，每周供应3次，每人每次1瓶。

[1] 刘钦泉．1979.台湾奶牛经营之效益分析(1977—1978年)：9.

五是促进加工制造炼乳以处理剩余生乳。台湾地区奶牛市场的特点是夏秋季生乳原料不足，冬春季生乳供应过剩。为解决生乳原料的季节性平衡，政府在集乳站集中地区建立乳品加工厂，加工制造炼乳，处理剩余生乳，维护奶农利益，保持原料乳及乳制品的平衡供应。

在“台湾乳业发展五年计划”中，提出了如下几个方面的具体措施。

一是加强奶牛饲养管理。增加农民贷款以购买母牛；扩大母牛头数及提高乳业经营技术；实施奶牛疾病控制计划；训练乳业经营指导人员及农民等。

二是开垦山坡地扩大饲料供应。在维护水土保持、保护生态良好的前提下，开发荒闲坡地扩大牧草种植，将部分稻田转作牧地，用于奶牛饲料种植，利用冬季稻田空闲期种植饲料作物等。

三是加强乳业市场管理。修订乳价制度；协调厂、农双方原料乳交易；协助酪农经营合作牛奶工厂；依据牛奶市场需求进口母牛；增加4升包装的牛奶罐；加强学校鲜乳计划；制造炼乳或乳粉以处理剩余原料乳。

四是加强乳业法规建设。继续禁止炼乳及液体乳进口；继续征收乳制品进口关税；实施奶牛健康保险计划；实施鲜乳加贴标章规定，执行有关乳品质量卫生标准，确保乳制品品质[1]。

七、台湾乳业的分布

台湾乳业经营以酪农专业区为主干，以都市近郊及规模较大的牧场为分支，构成台湾奶牛经营的网络。

1984年台湾各县（市）奶牛饲养状况见表14-8。

表14–8　1984年台湾各县（市）奶牛饲养状况[2]

地区	县市	饲养数		饲养户数	每户饲养数（头）	总产奶量（吨）
		数量（头）	比例（%）			
合计		61 104	100	836	37.21	64 737
北区	宜兰县	13	0.04	2	6.50	4
	台北县	1 417	4.56	29	48.86	3 449
	桃园县	2 681	8.62	55	48.75	4 441
	新竹县	309	0.99	10	30.90	639
	苗栗县	1 255	4.03	50	25.10	2 733
	新竹市	320	1.03	6	53.33	446

1　台湾省酪农乳品运销合作社．1987．酪农手册：5．

2　台湾省农林厅．1985．台湾酪农经营之经济分析（台湾省乳业发展小组补助计划研究报告）：32．

（续）

地区	县市	饲养数		饲养户数	每户饲养数（头）	总产奶量（吨）
		数量（头）	比例（%）			
中区	台中县	1 417	4.56	33	42.94	2 625
	彰化县	3 660	11.77	125	29.28	8 165
	南投县	788	2.53	31	25.42	1 777
	台中市	317	1.02	9	35.22	387
	云林县	2 911	9.36	82	35.50	6 163
	嘉义县	1 314	4.22	31	42.39	2 201
南区	台南县	5 564	17.89	131	42.47	11 005
	高雄县	2 878	9.52	58	49.62	6 937
	屏东县	4 922	15.82	135	36.46	10 176
	澎湖县	3	0.01	1	3.00	10
	嘉义市	352	1.13	14	25.14	1 178
	台南市	574	1.85	21	25.33	1 510
东区	台东县	278	0.89	12	23.17	605
	花莲县	133	0.43	1	133.00	286

第四节　台湾奶业状况与管理措施

一、台湾奶业状况

2002年末，台湾奶牛存栏11.9万头，其中泌乳牛6.5万头，占牛群总数的55%。饲养奶牛的农户数为759户（即有759个家庭牛场），平均每户饲养奶牛数为157头。2002年总产奶量为35万多吨（表14-9）。台湾省饲养的奶牛品种主要为荷斯坦牛，成年母牛的平均年产奶量在5 500千克。牛奶的主要生产地区是台南、彰化、屏东、云林4个县，2008年台湾奶牛存栏9.9万头，其中4个县奶牛饲养数占饲养总数的2/3（表14-10）。

表14-9　1981—2008年台湾奶业产能统计

年 份	酪农户数	奶牛数（头）	每户饲养数(头)	年产奶量(吨)	生乳价格(元/千克)	平均每头年产奶量(千克)
1981	699	23 636	34	50 154	17.47	4 125
1991	1 113	85 060	76	225 656	18.01	4 565
1996	954	111 278	117	315 876	19.30	5 026

（续）

年 份	酪农户数	奶牛数（头）	每户饲养数(头)	年产奶量(吨)	生乳价格(元/千克)	平均每头年产奶量(千克)
1999	839	120 406	144	338 005	21.37	5 057
2000	819	119 554	146	358 049	21.29	5 565
2001	767	118 166	154	345 970	21.36	5 438
2002	759	119 068	157	357 804	21.19	5 653
2003	715	112 030	157	354 421	21.26	6 031
2004	667	105 787	159	326 756	21.37	5 993
2005	646	103 040	160	315 132	—	6 070
2006	622	103 381	166	331 572	—	6 009
2007	600	102 450	171	323 066	—	6 034
2008	559	99 171	177	315 830	—	6 022

注：生乳价格按新台币计。
资料来源：台湾省行政院农业委员会。

表14–10 2008年12月台湾各县（市）奶牛饲养情况统计

区域	饲养户数	饲养奶牛数（头）	月总产奶量（千克）	平均每头日产奶量（千克）	平均每户饲养数（头）
台北县	8	1 316	414 545	22.7	165
宜兰县	1	1	0	0	1
桃园县	31	4 655	1 311 866	21.9	150
新竹县	10	1 643	457 251	20.8	164
苗栗县	14	1 899	423 539	17.0	136
台中县	17	2 238	617 288	20.1	132
彰化县	102	21 701	5 444 219	20.2	213
南投县	5	778	190 800	19.2	156
云林县	70	11 830	3 440 738	22.1	169
嘉义县	36	6 326	1 641 491	19.8	176
台南县	103	18 707	4 740 271	19.7	182
高雄县	31	6 812	1 679 654	17.4	220
屏东县	100	16 857	4 532 789	20.0	169
台东县	8	1 180	232 184	18.6	148
花莲县	7	1 697	414 037	18.9	242
金门县	1	152	25 531	18.3	152
新竹市	4	450	82 372	15.2	113
台中市	2	83	19 530	16.6	42
嘉义市	4	280	58 724	16.9	70
台南市	4	512	139 078	21.1	128
台北市	1	54	16 100	20.8	54
高雄市	0	0	0	0	0
总计	559	99 171	2 5882 007	20.1	177

资料来源：台湾省行政院农业委员会。

台湾奶牛的饲养管理水平较高。在饲养上，酪农普遍采用平衡日粮，以当地青割草、盘固草、狼尾草加上进口玉米、小麦和豆科牧草等为饲料。全混合日粮（TMR）技术正在迅速推广，应用TMR技术的农户平均每户饲养奶牛数为186头，远高于传统饲喂方式的118头，已逐渐成为台湾省奶牛饲养方式的主流。在管理上，为了克服高温湿热气候给奶牛带来的负面影响，着力推广改进的牛舍及饲养设施，如提高牛舍高度，采用牛舍喷雾及移动式风扇降温，夏季实施喷水吹风等尽可能减少热应激对奶牛产奶的影响。台湾省没有种公牛站，奶牛繁殖是直接从美国进口冷冻精液进行人工授精，这对牛群遗传素质和生产性能的提高有显著效果。台湾省奶业的挤奶、冷却、饲料配量、牛排泄物的处理等都实现了机械化和自动化，生产效率较高。

台湾牛奶的品质也较高，其原料奶中细菌数普遍在10万以下，体细胞数在50万以下的生乳比例约占90%，乳脂率、乳蛋白率均较高。除了饲养管理环节做得好以外，还得益于其严格的品质审查和管理。从1999年6月1日开始对生乳收购根据体细胞数多少加减价，拒绝收购体细胞数在50万以上的生奶，这就促使酪农生产优质的牛奶。但由于岛内牧草需要依赖进口，所以牛奶生产成本较高，其生乳的收购价平均每千克达到21元新台币，这比澳大利亚的约10元新台币、新西兰的约7元新台币的价格高很多。

台湾共有乳制品加工厂25家，其中规模较大的有三家：味全、光全、统一，其加工量占全台湾乳制品加工总量的80%。生产的品种有鲜奶、调味奶、发酵奶、超高温灭菌奶、奶粉、冰激凌等多种，以鲜奶为主，其次是发酵奶和调味奶。奶粉生产量很少，仅有2家工厂生产，并且是季节性生产，主要是冬季有剩余原料奶时才生产。台湾的乳制品主要销往小卖店、乳品专柜、超市、批发店、乳品专卖店等，其中超市与食品便利店占乳制品销售的一半以上[1]。

小的乳品厂有些直接由奶农投资开办，加工自己牛场生产的生乳，有的根据合同从附近牛场收奶加工。主要是向本地及周围市场供应鲜奶。较大的乳品加工厂，也是根据与奶农签订的合同收奶，生乳和产品运输由专业的运输公司进行，为的是降低成本。

为保证消费者能喝到鲜奶，1986年起台湾实施了鲜奶标章（即“标识”）管理。由农业行政主管部门依乳品加工厂收购的原料生乳量核发鲜乳标章，加贴于鲜乳产品包装上供消费者识别，系一种行政管理措施，以此来监管乳品厂能确实以生乳作原料生产鲜乳，保障了消费者利益[2]。根据《实施鲜乳标章对台湾乳业的影响》中记载，台湾农林厅在消费者与舆论压力下，于1986年间出

---

1 周玲.2006.台湾省奶业发展的经验与启示.中国奶牛（11）：54-57.

2 中国奶业协会赴台考察团.2009.台湾奶业考察报告，中国乳业（8）：15-19.

台一套“进出等量、逐一粘贴”的替代方案，即鲜乳标章计划。该项制度的设计系依据乳品加工厂每月收乳量，核发等量的鲜乳标章供乳品加工厂于其所生产的每一个鲜乳产品上粘贴，借此管制乳品加工厂鲜乳的生产总量，进而防范乳品加工厂产制还原乳混充鲜乳贩卖。该项计划于1986年10月开始实施，采取自由参加方式，开办后即有75%产制鲜乳的乳品加工厂参与，这些参与该计划的乳品加工厂收乳量达总收乳量的90%以上，显示该计划的确能督促乳品加工厂自律诚实地生产鲜乳。

海峡两岸奶业研讨会

二、开展“奶牛牧场评鉴”活动

为全面提升农户自主经营管理能力，提高生产效益，增加乳业竞争力和树立形象，2001年开始，由台湾乳业协会组织开展了“奶牛牧场评鉴”活动。程序是先由奶农提出申请，申请的条件是：有牧场登记证或取得允许土地作畜牧设施使用的核准文件；过去一年内无重大违规纪录（如掺假冒充生乳、三次以上药物残留检出记录）；过去一年内牛群无结核病、布鲁氏菌病检出。然后，通过收购牧场乳的乳制品加工厂初审，再交县（市）评审小组复审，最后交乳业协会奶牛评鉴委员会核定。乳业协会报主管机关（“农业委员会”）核备。

评鉴采取评分的办法，共分五项，满分为100分：生乳品质占40分；经营效益占20分；饲养管理占20分；疫病防治占10分；环境卫生与形象占10分。评鉴结果按得分分级，设梅花奖：60 ~ 69分奖1颗梅花；70 ~ 79分奖2颗梅花；80 ~ 84分奖3颗梅花；85 ~ 89分奖4颗梅花；90 ~ 100分奖5颗梅花。

2001年有165户申请参评，评鉴结果为：157户获得1颗梅花奖以上认证，其中荣获5颗梅花奖的有2户，4颗梅花奖的有10户，3颗梅花奖的有33户。2002年扩大到327户参评，评鉴结果为：319户获得1颗梅花奖以上认证，其中荣获5颗梅花奖的有3户，4颗梅花奖的有13户，3颗梅花奖的有53户（表14-11）。通过2年的评鉴活动，找出了奶农的优、缺点，针对存在的问题，通过专家指导、改善饲养管理，对整体生产水平的提高起到推进作用[1]。

[1] 中国奶业协会赴台考察团.2009.台湾奶业考察报告，中国乳业（8）：15-19.

表14-11 “奶牛牧场评鉴”历年参加户数与评鉴成绩统计

年份	参加户数	评鉴成绩						
		5梅奖	4梅奖	3梅奖	2梅奖	1梅奖	未入选	仅初审
2001	161	2	10	33	87	25	4	—
2002	327	3	13	53	170	80	8	—
2003	468	19	30	138	206	61	14	—
2004	470	40	66	219	97	36	12	—
2005	243	30	33	61	62	29	8	20
2006	146	33	13	36	24	11	1	28

注：2005年、2007年为评鉴辅导年，未办理评鉴。
资料来源：台湾乳业协会。

三、台湾当局在奶业发展中的推动作用

为了让居民喝上鲜奶、食用乳制品以提高居民身体素质，同时也为了增加农民收入，在台湾自身气候和饲料资源等条件并不适宜发展奶牛业的情况下，台湾当局采取了一系列扶持奶牛业发展的政策措施，有力地推动了当地奶业（台湾省称酪农事业）的发展。

台湾从1957年开始提倡酪农事业，初期主要是有选择性地给予一部分酪农经费补助与优惠贷款，奖励牧草栽培，给酪农提供奶牛用青贮窖、切草机与捆草机等。1972年，为进一步推动奶牛养殖，台湾当局组织从新西兰进口5 000头奶牛，并在淡水等多个地区设置奶牛专业区，配合设置挤奶站，修建道路及水电等公共设施，使台湾奶业开始迅速发展。1973年，台湾省政府又开始制定奶价以保障酪农有20%的利润，此后又陆续实施了一些优惠政策如冷冻精液进口补贴、奶牛生产性能改良、冬季乳补贴等。从1981年开始，台湾当局核定养牛政策，确定以“奶牛为主，肉牛为副”为原则，连续实施两个五年养牛事业计划，加上在奶业长期发展过程中政府组织或参与技术辅导等，这些措施对台湾奶业的发展都起到了巨大的推动作用。

（一）有效的技术辅导和推广提高了奶牛业的整体生产水平

台湾当局十分注重对酪农的技术辅导和技术推广工作。其辅导是由行政主管部门组织教学、科研单位共同进行的，通过辅导推广先进技术，直接服

务于酪农，效果很显著，有力地提升了台湾奶牛业的整体生产水平。

早在1977年，为解决早期酪农事业发展中遭遇到的牛奶产量偏低、乳质不佳、奶牛繁殖不顺利等问题，台湾农复会就组织一些专家学者进行“建立饲养奶牛之营养模式”的课题研究，实地调查酪农的饲养管理方式、饲料生产利用与资源变化情况，搜集分析酪农所使用的饲料营养成分，最后设计出奶牛的饲粮配方，并进行饲养示范实施。这就是台湾省奶牛饲养管理辅导之肇始，它使台湾省的奶牛饲养脱离了自我摸索的困境。后来经过连续多年研究成果的积累，形成了《台湾奶牛平衡日粮手册》，内含103种奶牛饲养模式，供酪农配合日粮时参考，对台湾省奶牛饲养管理水平的提高起到了重要的作用。1986年至1991年，台湾省又组织对酪农进行牛奶生产辅导，内容涉及奶牛人工授精、酪农训练与教育、牛粪尿处理与利用、省工经营等，并陆续印发奶牛饲养管理、牛舍设计、疾病防治、挤奶机维护与使用、奶牛选拔与登记、牛舍省工经营手册及酪农饲养管理录影带等，提供给酪农参考，以提高其经营管理水平。

结合技术辅导，进行了很有成效的技术推广工作。如通过推广奶牛生产性能测定（到2003年3月台湾省已有40%的奶牛参加了测定），不仅增加了奶牛产奶量，而且提高了生乳质量。参加测定前，1992年每头年均产奶量为6 364千克，到2002年增加到6 975千克，体细胞数也由63万/毫升减少到41万/毫升。另外，全混合日粮技术、优质牧草和玉米青贮技术、奶牛疾病防治技术（如乳房炎的快速检测生物技术）等的广泛使用都有赖于技术辅导的进行。

（二）大力宣传牛奶的营养知识，推动牛奶的消费

台湾居民没有喝奶的习惯。为扩大奶的消费，推动奶业发展，台湾各界对奶的营养知识进行了大力宣传。由行政主管部门给予经费补助，乳品工业同业公会和乳业协会承担制作广告宣传片，通过电视、广播、相关网站、报纸杂志、编印小册子等方式，持续宣传喝奶对人体的好处（如补钙可以预防骨质疏松症等），宣传如何选购和保存鲜奶、如何克服乳糖不耐症等，并提出不同年龄段人群的不同饮奶量需要等。通过持续不断地宣传，引导人们增加了奶的消费，促使台湾省人均消费量达到80千克（1999年）的高水平[1]（表14-12、表14-13）。

---

[1] 按国际惯例，人均年消费量指的是各种乳制品“折算为牛奶”的千克数。一般，牛奶为1，奶酪的折算系数是10，奶粉的折算系数为8。

表14-12 1997—2008年台湾部分液体乳销售情况统计

年份	鲜乳			保久乳			调味乳			发酵乳			其他			合计		
	销售量(吨)	占有率(%)	增长率(%)	销售量(吨)	占有率(%)	增长率(%)	销售量(吨)	占有率(%)	增长率(%)	销售量(吨)	占有率(%)	增长率(%)	销售量(吨)	占有率%	增长率(%)	销售量(吨)	占有率(%)	增长率(%)
1997	222 671	49.69	1.60	21 316	4.76	−9.41	108 618	24.24	3.51	93 117	20.78	6.47	2 366	0.53	−12.03	448 088	100	2.36
1998	217 186	50.26	−2.46	21 341	4.94	0.12	99 545	23.04	−8.35	92 302	21.36	−0.88	1 742	0.40	−26.39	432 116	100	−3.56
1999	229 230	52.81	5.55	27 581	6.35	29.24	96 313	22.19	−3.25	79 621	18.34	−13.74	1 318	0.30	−24.33	434 062	100	0.45
2000	238 383	47.05	3.99	27 416	5.41	−0.60	105 416	20.80	9.45	133 595	26.37	67.79	1 891	0.37	43.44	506 700	100	16.73
2001	245 412	48.99	2.95	19 273	3.85	−29.70	88 278	17.62	−16.26	144 723	28.89	8.33	3 288	0.66	73.67	500 971	100	−1.13
2002	258 788	53.23	5.45	16 866	3.47	−12.49	86 199	17.73	−2.36	122 102	25.12	−15.63	2 171	0.45	−33.88	486 126	100	−2.96
2003	248 296	51.96	−4.05	19 759	4.13	17.15	85 857		−0.40	122 445	25.62	0.28	1 493	0.31	−31.23	477 850	100	−1.70
2004	234 406	52.57	−5.59	21 172	4.75	7.15	72 709	16.31	−15.31	116 140	26.05	−5.15	1 424	0.32	−4.62	445 851	100	−6.70
2005	226 276	48.47	−3.47	23 661	5.07	11.76	69 011	14.78	−5.09	146 980	31.48	26.55	950	0.20	−33.29	466 878	100	4.72
2006	240 061	49.07	6.09	25 608	5.23	8.23	65 363	13.36	−5.29	157 593	32.21	7.22	612	0.13	−35.58	489 237	100	4.79
2007	228 710	56.43	−4.73	15 111	3.73	−40.99	56 353	13.98	−13.33	104 391	25.76	−33.76	401	0.10	−34.47	405 267	100	−17.16
2008	225 939	56.20	−1.21	21 075	5.24	39.47	61 902	15.40	9.27	92 349	22.97	−11.54	731	0.18	82.29	401 996	100	−0.81

资料来源：台湾乳品工业同业公会。

表14-13　2002—2008年台湾液体乳进口情况统计

年份	进口量（吨）	进口配额（吨）	进口量占进口配额比例（%）	平均单价（元/千克）	总进口值（新台币元）
2002	3 632	10 649	34.1%	18.34	66 610 880
2003	5 429	15 974	34.0%	20.18	10 9557 220
2004	6 851	21 298	32.2%	21.69	148 598 190
2005	5 349	21 298	25.1%	21.71	161 126 790
2006	6 809	21 298	32.0%	20.82	141 763 380
2007	4 436	21 298	20.8%	22.88	101 495 680
2008	4 217	21 298	19.8%	25.21	106 311 401

注：平均单价按新台币计。
资料来源：台湾乳品工业同业公会。

（三）严格实施鲜奶标章管理，引导牛奶的生产和消费

台湾地区奶业发展早期经历过以超高温灭菌（UHT）奶生产为主的阶段，超高温灭菌奶可以长期保存和长途运输，但存在营养价值比鲜奶大为降低，而且生产厂家很容易用奶粉还原生产鲜奶来蒙骗消费者的弊病，为此于1986年开始，台湾严格实施鲜奶标章管理，即通过给乳品加工厂家按其收购原料奶的数量核发鲜奶标章，并贴在鲜奶产品包装上的方式来引导牛奶的生产和消费。一方面引导消费者优先选用营养价值更高的鲜奶，另一方面迫使乳品加工厂根据消费者的选择调整其生产结构，发展鲜奶生产。由于鲜奶的供应半径较小，一些中小乳品企业因为占有本地的鲜奶市场而有了自己的生存空间，同时也使消费者喝上新鲜的牛奶。台湾地区实行的“鲜奶标章”管理，是一项保护本地奶农生存和消费者利益重要举措。

除此之外，台湾地区与奶业发达国家不断的技术交流和酪农本身的经验积累，都使其奶业得到了较快的发展[1]。

（四）实施乳价评定标准和协商机制

台湾地区自1973年起实施了全区统一奶价，之后又统一了收乳标准，拟定《台湾省鲜乳加工厂收购酪农原料奶验收统一标准及计价办法》，自1975年起试行单一奶价；自1980改为冬、夏二段奶价；自1990年起实行冬、暖、夏三段奶价。从1999年6月起，台湾地区将体细胞数量列入计价范围。

---

[1] 周玲.2006.台湾省奶业发展的经验与启示.中国奶牛（11）：54-57.

第五节　台湾奶山羊与羊乳制品

一、台湾奶山羊的引进

根据文献记载，元朝时候，台湾西岸沿海及澎湖地区即从大陆的华南地区引入山羊。台湾山羊大多是黑色山羊，主要用作肉用。

1919年，萨能(Saanen)山羊和吐根堡 (Toggenburg)山羊被台湾引入，在台北市郊饲养。

萨能山羊原产于瑞士伯尔尼州西南部的Saanen地区，是世界著名的乳用山羊品种。多无角，耳长直立，被毛白色或淡黄色，体躯深宽，背长而直，四肢坚实，乳房发育良好，呈明显楔状体型。成年公羊体重75 ~ 100千克，成年母羊50 ~ 65千克；泌乳期8 ~ 10个月，年平均产奶量600 ~ 1 200千克，乳脂率3.8%。美洲、欧洲、大洋洲及日本等地均曾引种培育。

吐根堡山羊公、母羊均无角，颈下有肉垂，乳房发达，繁殖力强，多产双羔。对炎热气候和草山有良好的适应性，风土驯化能力强。毛色并非全身一致，大多以褐色为主。耳朵有白色，脸部有条状白色沿眼睛上方而下，腿部膝关节以下至蹄的毛色亦为白色，尾根两侧亦呈三角形的白色被毛，母羊为中等长度被毛，公羊被毛甚长，双耳小，向前耸立。成熟公羊可达100 千克以上，成熟母羊亦可达 55 千克以上。体型比萨能种小，具有典型的乳羊体型，日平均泌乳量为3 ~ 5 千克，泌乳期可达9个月以上。吐根堡山羊体质强健，适应力强，容易饲养。抗日战争结束后，亦曾陆续引入台湾，但至2011年，饲养吐根堡山羊的农户已经不多。

此外，还陆续引进了努比亚(Nubian)山羊 和阿尔拜因(Alpine)山羊。

努比亚山羊原产于埃及南部和苏丹北部努比亚地区。本性耐热，耐旱又耐粗饲，繁殖力强，颇能适应台湾省的亚热带气候。体型中等以上，被毛颜色有黑色、棕色和褐色，部分个体杂有白斑。耳大下垂，鼻梁拱起，前额明显突起，鼻孔下凹。母羊无胡须，毛色混杂以黑白、褐白或红白混杂居多。体躯较短，臀短而斜，四肢细长。乳房发达，呈球状。产奶量较温带地区品种低，泌乳期亦短，但乳脂率高，多数用于生产高级羊乳酪。

阿尔拜因山羊原产地为瑞士的阿尔卑斯山区，体型中至大型，被毛中长，毛色复杂，没有固定毛色，由黑、白、红棕、灰色及褐色等混杂形成不同组合，一般可归纳成8种不同色型。成熟公羊体重可达80千克以上，母羊可达60千克以上。公羊有胡须，颈部有相当多个肉髯。双耳小而耸立，有的无角，有的有角。阿尔拜因山羊耐粗饲，平均每日产奶量为3千克以上，略优于吐根堡山羊，而略低于萨能山羊。母羊的泌乳期长，体质强健，对不同气候环境的适应性良好，后来成为台湾的主要乳用山羊之一[1]。

以上是台湾早期奶山羊引进的大致情形。这些引进具有尝试性质，多数是民间散养户和小型畜牧场的自发行为。由于引进的奶山羊原产地与台湾的生态气候、饲养条件等差别很大，所以早期的引进多数未获成功。但是它们的早期引进实践，为此后的饲养、繁育、驯化引进奶山羊提供了科学研究的基础和条件。

二、奶山羊的繁育与推广措施

1956年订颁《台湾省乳业管理规则》，实施乳业管理时，台湾当局就注意将奶山羊饲养纳入乳业发展规划，与奶牛享受同等的政策扶持和资金资助。因此，从20世纪50年代起，台湾地区的奶山羊饲养就一直保持增长的势头，形成了一批具有一定市场竞争力的奶山羊乳制品。

台湾当局重视奶山羊的品种繁育，先后资助奶山羊从业者从美国、澳大利亚、新西兰等地购进乳用萨能、阿尔拜因、吐根堡等国外的优良品种达1万多只，经过适应化饲养和与当地品种进行杂交改良，逐渐选育出一批适合台湾不同生态环境饲养的乳用山羊品种。台湾地区饲养的奶山羊中，以杂交选育的奶山羊为主，约占全部饲养量的一半，其余为原产及引进的五大品种：台湾黑山羊、阿尔拜因（Alpine）山羊、努比亚（Nubian）山羊、萨能（Saanen）山羊以及吐根堡（Toggenburg）山羊。

台湾奶山羊的饲养地域比奶牛分布广，几乎在台湾东西两侧的市（县）都有奶山羊分布，而奶牛主要分布于台北丘陵地区和西岸的嘉南平原地区。根据台湾养羊协会1990年底的山羊饲养户普查数据统计，共有2 219户山羊饲养户接受普查，北部地区包括宜兰县、台北县、桃园县（市）、新竹县（市）有114户，占总户数的5.1%；中部地区包括苗栗县、台中县（市）、彰化县、南投县、云林县有931户，占总户数的42%；南部地区包括嘉义县（市）、台南县（市）、高雄县（市）、屏东县（市）、澎湖县有965户，占总户数的43.5%；东部地区包括台东县（市）、花莲县（市）有209户，占总户数的9.4%。从这个调查结果看，台湾的奶山羊主要还是分布在条件较好的西南部平原地区，东部的山区县（市）养羊较少。而且，根据台湾养羊协会的调查，自20世纪90年代开始，奶山羊饲养业出现了“离牧弃养”的现象，许多羊农因经营收益不好而决定放弃继续养羊，并且该协会推估，未来养羊户数将只减不增。

[1] 周玲.2006.台湾省奶业发展的经验与启示.中国奶牛（11）：54-57.

三、奶山羊饲养状况

台湾奶山羊饲养的特点是以农户个体散养为主，专业经营者约只占1/10，很少有公司式的规模化饲养。这种饲养方式适合山地个体农户利用农业废弃副产物及闲隙地种植羊用牧草，喂养一个数量不大的奶山羊群。因此，奶山羊养殖户多数都是兼业户，他们只是把饲养奶山羊当做一种副业来经营，作为家庭收入的补充。根据台湾养羊协会1990年底的羊品种普查数据，杂交羊有135 618只，其次为努比亚山羊44 178只，阿尔拜因山羊28 558只，萨能山羊23 115只，台湾黑山羊21 094只，吐根堡山羊8 697只，其他品种合计8 531只。根据统计，每户羊农饲养羊数达301只以上者，只有186户，占当时普查户数（2 219户）的8.4%；饲养羊在100只以上，未满300只者，有557户，占25.1%；饲养羊在50只以下的户数有866户，占总户数的39.0%。2009年，台湾奶山羊存栏6.4万只，羊奶产量1.78万吨。

四、羊奶产销及其存在的问题

据2000年的统计资料，台湾共有698家奶山羊饲养户，共饲养11万余只奶山羊，平均每户约饲养161只，平均每只泌乳羊每日泌乳量约为1.4千克。12家乳品厂总共收购生羊乳15 169吨，自产自销户生羊乳产量约14 000吨。2000年，台湾地区进口羊奶粉数量为2 381吨（以1 ： 8换算，约合液体乳19 000吨），由此可见，台湾的进口羊奶粉数量比12家羊乳加工厂全年收购的羊奶量还要多。由于自产自销户所生产的羊奶未纳入体制内管理，因而就会出现羊奶产销管理上的盲点，既不能保证进入市场的羊奶质量，也不能维护守法经营的羊农和羊奶加工企业的利益。

在羊奶加工厂方面，大量存在自产自销的未经加工消毒的生羊奶进入市场，使加工企业的合法权益受到损害。但是，自产自销的奶农却又认为，羊奶自销是台湾羊奶的传统产业，在商业化乳品加工出现以前就是以"宅配"方式销售，如果强行改变宅配方式而纳入工厂体系交售羊奶，对消费者和羊农都有一个重新适应市场环境和政策法规的过程。

与牛奶的"标章制度"的推行一样，台湾乳品管理当局对羊乳销售也要求统一实行"羊乳标章"认证。据统计，截至2002年5月，12家羊乳加工厂商的13个羊乳品牌获得了"羊乳标章"认证，质量卫生乃至纯度都符合CNS标准，已经成为羊乳消费市场主流。

值得关注的是，1988年，台湾嘉南羊乳运销合作社成立，由加入羊乳运销合作社的社员自己集资筹建乳品加工厂，由此改变羊奶的传统家庭式加工方式，使羊乳产业通过合作社的自律式管理来实现羊奶生产、加工和销售的现代化。1992

年之后，陆续又成立了高屏羊乳运销合作社、屏东县第一羊乳生产合作社等，同时增设了七八家羊乳加工厂[1]。这些合作社和加工厂的成立，推进了台湾羊奶生产销售方式的转型，杜绝了未经加工消毒的生羊奶进入市场的现象，将羊奶纳入法律规定的质量卫生监控体系。

嘉南羊乳运输合作社既是奶农的合作组织，又是产、加、销一体化的产业化组织，这样的组织，不但提高了奶农的组织化程度，还极大地提高了奶业的产业化程度，使羊奶产业有了较快发展。

[1] 林烱仁.2009.台湾养羊事业概况.

第十五章
香港的现代奶业（1946—1999年）

第二次世界大战以后，香港的经济高速增长，先后经历了三次重大的经济转型，迅速成为国际贸易、金融、航运、资讯等领域的重要中心之一，成为重要的国际大都会和旅游胜地，成为“亚洲四小龙”之一[1]。

这三次经济转型都对香港奶业产生了重大影响。第一次经济转型促进了奶业的大发展，出现了战后奶业的高峰。第二次经济转型期间，香港的奶牛饲养场进行了一次大规模的“离城进山”大迁移，全部迁转到新界地区的农村，奶业出现萎缩。第三次经济转型，正值内地改革开放，奶牛养殖业逐渐退出香港地区，转移到中国内地，香港基本上不再饲养奶牛，由此完成了长达一个半世纪的奶业历史过程。

第一节　第二次世界大战后香港奶业的恢复和发展

20世纪40年代中期至50年代初，香港经历第一次经济转型。这一时期，香港从以渔农为主转变为以转口贸易为主的地区。香港位于世界航道要冲，同时背靠中国大陆，面向东南亚，位置条件得天独厚；香港还拥有世界三大深水良港之一的维多利亚港，具有开展转口贸易的天然优势。依托这些有利条件，转口贸易很快发展成为香港的支柱产业。但是，以港口建设为基础的转口贸易，吸纳不了当时的大量农村劳动力，因而传统的渔农业依然是提供居民就业、保障农产品供应的重要产业。而奶业在其中尤其占有举足轻重的地位。因此，在战后一段时期内，香港政府继续执行扶持奶业发展的政策，使战后的奶业得到快速恢复和发展。

一、划拨公地建设新牛场

以低廉的租金拨付公地给农民建设奶牛场和牛奶公司，是香港政府从开埠初期就采取的鼓励政策。这一政策一直延续到20世纪中期。史料记载，香港政府以

[1] 卢受采，卢冬青．2004．香港经济史．北京：人民出版社：61．

廉租公地建立的牛奶公司共有八处。

（一）大屿山奶牛牧场

战后恢复时期，香港岛的城市建设快速扩展，位于岛西城郊的薄扶林（今香港大学所在地）一带，很快被纳入了市政建设规划之中，而战前这里分布着不少奶牛牧场。1946年，港府提出，薄扶林地区的所有牧场均需搬迁到大屿山筹建新牧场，政府给予搬迁补偿。大屿山（今香港国际机场所在地）是香港岛以西约10千米的岛屿，历史上由于交通不便，远离市区，这里不少土地都未开发，地广人稀，适合发展占地多、牲畜废弃物多的奶牛场。由政府安排迁入大屿山的香港牛奶公司，除了将薄扶林牧场的全部奶牛转移到新牧场饲养之外，当年还从澳大利亚购入40头母牛和1头公牛[1]。此后，大屿山的奶牛场逐渐增多，成为20世纪前半期香港奶牛饲养基地之一。直到现在，在通往市区的香港国际机场快线（高速公路）上，还能看到路旁竖立的警示牌上画着一头奶牛的醒目标识，提示过往司机注意奶牛穿越。可见，至少在香港新机场建成启用时，大屿山上还有奶牛养殖。

（二）柴湾山奶牛牧场

位于香港岛东区的柴湾山，昔日是香港最东面的军营属地。山下的鲤鱼门扼守维多利亚港东面入口，1845年已有英军驻守。1948年起，柴湾山除了原先的军营禁地外，大部分土地逐渐转为民用公地。由于柴湾山一带没有村庄民居，适合开发为牧场，战后港英政府即将早先在铜锣湾等地的奶牛迁往柴湾山徙置新建，这里就逐渐成为香港岛东部郊区的生奶基地。到1960年，政府决定把柴湾山的奶牛场再次迁往新界地区时，这里有奶业公司4家，饲养奶牛200余头。

（三）钻石山奶牛场

在北九龙的钻石山地区公有土地上，集中着大批的养牛场。这里是香港开发最早的奶牛养殖基地之一，经过战后的陆续增建和扩建，形成了香港的奶牛养殖和生奶供应的中心区域。到1961年港府将这一地块规划为居住用地，要求公有土地上的奶农搬迁时，这里有大小奶牛公司40余家，饲养奶牛800多头。

（四）慈云山奶牛场

与钻石山比邻的慈云山，也是香港奶牛养殖集中区。从1925年后，港府陆续划拨九龙慈云山公有地供奶农养奶牛，自那以后，先后有数十家奶农在此牧养奶牛，占有慈云山公有土地12万多米^2，饲养奶牛最多时超过1 000头。由于奶牛饲养量大，本地种植的牧草不够饲喂，70%饲料牧草依赖从新界购买，只有30%牧草在慈云山种植。

（五）牛头角奶牛场

牛头角占地甚广，与观塘工业区相邻。这里过去比较偏僻，土地多属公地，

---

[1] 香港历史档案馆．档案号RF000139．

现已成为香港的居民住宅区，建有许多大型公共屋苑，如牛头角村、乐华村、和乐村等。住宅区内还有一些豪华的私人屋苑如淘大花园、花园大厦等。但是，这些屋苑高厦的原址，过去多是牧场。牛头角一带曾是香港的奶牛牧场集中地，战前即有许多牧场。20世纪60年代后，这些公地才转为公屋建筑用地。

（六）观塘奶牛场

现今，观塘区已是香港最大的行政区之一，有人口58万人，俨然一个繁华卫星城。人们很难相信，1950年之前，观塘一带颇为荒芜。第二次世界大战之后，香港的工业急速发展，香港政府在观塘展开填海工程，于1957年完成，填出约57万米^{2}土地，填海土地位于观塘南部，是现在的工业区，观塘北部则发展为住宅区。战后相当长的时期内，观塘周边的公有荒地山野，政府批准用于建设奶牛牧场，是观塘工业区早期的乳品供应地之一。这里的公地牧场直到20世纪60年代中期才陆续搬出，土地改为其他工商用途。

（七）彩云奶牛场

彩云道是香港牛头角佐敦谷内的一条繁华街道，连接观塘道与彩霞道，终日车水马龙。但是在80年以前，这里也是公地奶牛场。早年从铜锣湾迁出的牛场，就有一些在彩云道落户。观塘工业区扩展后，随着地区规划的改变，彩云村周边的公地奶牛场先后与牛头角、观塘等地的牛场一并迁出。

（八）太平山奶牛场

到香港旅游观光的人，都知道从中区花园道乘山顶缆车登太平山。太平山风光秀丽，现在是高级住宅区。但是，过去太平山下还是大片的农田，盛产油茶、茶叶、油桐。农业种植主产水稻、甘薯、玉米、小麦、米豆（红豆）、棉笋（楠竹干板笋）、水竹笋丝等农产品。在山腰丘陵地带，分布着许多奶牛牧场，是当年向太平山富人别墅区供应生奶的基地。这里是香港最早开发的奶牛养殖区之一，直到战后的20世纪50年代，奶牛牧场才陆续迁移到新界各地。

二、牧场经营与乳品加工装备的进步

从19世纪中叶到20世纪中叶的一百年间，香港从开始饲养奶牛到奶业的大发展，有关奶业的法律体系已经日臻完善。第二次世界大战以后，虽然随着乳业科技的进步和环保意识的增强，曾对相关法律条款做过一些修改补充外，基本上都沿用此前的法律规定。乳业管理上的进步主要表现在监管手段的改进和监管执行的严格方面。尤其是有奶牛场历经多次搬迁，牛场环境条件更为复杂多样，监管的难度更大，监管的成本更高。但是，香港政府一直没有放松对奶业的有效监管，始终如一地依法管好奶业市场，确保市民饮用到符合卫生标准的、高质量的生奶和奶制品。

第二次世界大战后，国际奶牛饲养业和乳制品加工业都有了长足进步。香港是一个与国际水平密切接轨的大都市，因而它的奶牛饲养技术也能做到与国际先进水平同步。在牧草种植方面，香港的气候环境适合种植奶牛专用牧草“王草”，战后在新旧牧场上依然种植王草，但是不断从境外引进王草新品种，提高王草的品质和产量。此外，牧草种植上也引进了新的栽培技术，如牧草专用化肥的施用、牧场灌溉系统建设、牧草病虫害防治等，都有了新的进步。牧草的单位面积产量有了大的提高。此外，奶牛场引进了奶牛专用的配合饲料，改善饲喂技术，奶牛年产奶量大幅增加。

需要特别提到的是，香港没有农科大学，奶牛场所需的专业人才都依赖境外培养和国际招聘，因而在奶牛饲养大发展的时期，各奶牛场都普遍缺乏业务精通的专业人才。尤其是规模较小的奶牛场，专业人才的问题更为突出。香港政府渔署在这方面尽力提供服务，在疫病防治和饲养培训方面做了大量有成效的工作，使香港的奶牛饲养和乳品加工得到良好健康的发展。

香港历史档案记载，20世纪初期，有一批因1917年俄国革命而逃亡到哈尔滨定居的俄罗斯人，日本侵占中国东北后，他们为逃避战争而南下上海，不久又从上海再次南下香港。这些俄罗斯人中有不少精通畜牧业和兽医的专家，香港的牛奶公司就聘用他们进入当地奶牛场工作，为香港的奶牛饲养水平和疫病防治水平的提高增添了技术力量[1]。

在牛场设施方面，第二次世界大战后，香港奶牛场普遍配备了冷藏库和冷藏运输车，确保了生奶的质量。1960年，香港引进挤奶机，缩短了牧场每天挤奶的作业时间，提高了挤奶的劳动效率，也提高了生奶的卫生水准。此外，许多先进的奶牛场专用机械设备都先后引进，奶牛场的牧草生产收割、牛舍的清洁等作业环节的机械化程度也大幅度提高，促进了奶牛场的现代化进程[2]。

第二节 香港奶牛场“离城进山”大搬迁

20世纪50年代初至70年代末，香港经历了战后第二次经济转型。这一期间，香港集中力量发展服装等轻工业，并逐步使香港成为亚洲地区的制造业中心之一。成衣、手表、时钟、玩具等10种产品的出口名列世界首位，很多产品已经远销世界各地。这标志着香港经济结构已由转口贸易为主转变为轻工业制造业为主，轻工业已经成为香港经济的支柱产业。

这一次经济转型对奶业发展产生了重大的转折性影响。一是工业制造业的发展，需要使用大量土地建设厂房，从而迫使城郊的奶牛场“腾地外迁”；二是

---

1 香港历史档案馆．档案号RF000139．

2 香港历史档案馆．档案号RF000139．

由于生产成本和人力成本大幅提高，奶业进入微利行业；三是人们的环保意识增强，对养牛场的环境影响评估日益严格；四是政府对奶牛场建设政策从过去的鼓励扶持转变为限制发展。这次香港奶牛场大搬迁，奶业进入了调整阶段，香港奶业的鼎盛时期已经过去，进入逐渐萎缩的时代。

一、奶牛场大规模迁移徙置

香港这次进行的奶牛场大搬迁，始于1961年，到1965年基本完成，前后历时5年。

从迁出地看，除了当时尚属未开发地的离岛——大屿岛奶牛场外，原先在香港岛和九龙地区的所有奶牛场都列入搬迁之列。其中最为集中的有慈云山、钻石山、柴湾山和太平山等地。

历史上，香港的奶牛场建设都是在政府的扶持下利用城郊的公有荒地建设起来的。这次为了给快速发展的工商业“腾地”，港府决定采取“公地置换”的办法，将城郊奶牛场全部迁移到新界各地农村的公有荒地上去。

政府为此专门成立了“农林署徙置事务处”以及“公有土地办公室执行委员会”，负责具体开展奶牛场搬迁的有关事宜。

这次共涉及规模不同的五六十家奶牛公司和奶牛饲养场需要搬到新界地区的公有荒地上重建，有近3 000头奶牛需要从港岛和九龙地区转移到新址上饲养。任务之艰巨复杂，可想而知。第一，香港荒地本来就不多，而建奶牛场远比建工厂用地多，而且需要开垦大量的荒地种植牧草，因而在新界不可能找到连片的公有荒地集中建设奶牛场，只能因地制宜地分布于新界各地。第二，香港的相关法律对奶牛场建设有着许多特殊的限制，如不能靠近村镇居民点，不能污染水源环境，交通方便，具备通水、通电、清污等条件。第三，奶牛场新址的选定，需要取得政府、奶牛场主以及新址当地原住民等多个利益关联主体的接受和同意。

在搬迁过程中，最大阻力常常来自当地的原住民，他们不容易接受牛场迁入，因为担心大批的奶牛饲养会对环境造成污染，降低当地原有的生活环境水准。例如，1962年10月8日，新界地区专员致市政总署署长“关于牛场卫生”的公函上说，新界北区沙头角、万屋边两处已有几家奶牛公司申请搬迁入住，但是当地的反对意见开始高涨，这项申请需重新考虑。所有的申请都正在优先处理当中，土地谈判进程总是很缓慢的[1]。当时位于香港最北面的沙头角、万屋边尚属边远农村，如此偏僻的农村都反对牛场迁入，其他地区的工作难度更不言而喻了。

从迁入地看，这次大搬迁涉及新界东西两地的许多区（乡）农村。能够同时满足牛场建设诸多约束条件的公有荒地本来就很少，而且分布于新界各区（乡）

---

[1] 香港历史档案馆．档案号HK934–7–94．

之间，所以入迁的牛场最终也只能分散于符合条件的各地农村。其中相对集中的奶牛饲养场分布在元朗区石岗（现为驻港部队的军营之一）、北区沙头角、万屋边、坪輋，西贡区牛头山、大涌口、太康仔、白沙湾，大埔区南华莆、照镜湾（调景岭）以及荃湾区的个别农村，等等。

二、奶农的特惠补偿金

建设奶牛场是需要大量基础性投资的事业，如此大规模的异地搬迁，对原先处于基础设施较好的城郊奶牛场来说，必将面临一次艰难的职业选择：继续养牛，还是放弃改行？其实，政府当时也在思考同样的问题：香港还需要这许多奶牛场吗？政府有义务为搬迁的奶农继续提供低租金的公地吗？随着现代物流业的快速发展，香港可以从国际市场上获得足够的奶制品。因此，再没有必要如此兴师动众地建设新的奶牛场了。正是出于这样的考虑，1960年初制定的奶牛场搬迁方案中，给奶农提供的补贴很有限。

1961年8月，执行委员会针对钻石山、慈云山公有土地奶农的特惠补偿金问题进行了讨论，并通过了包含若干建议的工作备忘录。这里的牛场公有土地使用年限许可证将于1962年9月30日到期作废。当时，这一地区有44户奶农，占有公有土地121 410米^2，拥有大约800头奶牛。执行委员会提出的特惠补偿金包括：牧场上种植蔬菜的地块按标准价格补偿为6.5元/米^{2}或是1.1元/米^2，按照使用期限的不同而定；种植牧草（王草）的地块按照1.1元/米^{2}标准补偿。这份备忘录中，奶农最不能接受的是以下两点：地上建筑用地或牛栏牛舍用地无补偿；对于奶牛搬迁没有补偿，因为政府对于奶牛场用地没有责任[1]。

这个方案在征求奶农意见时，在奶农中引起轩然大波。立即就有20余名慈云山奶农联名给香港总督致函，要求政府给予奉令搬迁的奶农分配牧场公地和经济补偿，否则，“将直接或间接地造成1 000人失业，香港社会也将因此经历不稳定[2]”。鉴于民众的呼声和压力，港英政府于1962年3月制定牛场搬迁政策时，部分地采纳了奶农的意见，对搬迁徙置政策作了维护奶农利益的修改：公有地块上的奶农将在地块清空前获得特惠补偿金，用于赔偿其种植蔬菜和王草的损失；奶农可以按照每头奶牛300元得到迁移补偿，这笔赔偿可以用于为它们建造新的牛舍并迁移至新址所花费的费用。将特惠补偿金定在300元/头奶牛的初衷是希望给予这些奶农足够的激励，使他们能以最好的价钱处理他们的奶牛。同时，在新界内符合建设牧场的相应公有地块上安置他们[3]。

1 香港历史档案馆．档案号HK934-7-94．P131．
2 香港历史档案馆．档案号HK934-7-94．P150．
3 香港历史档案馆．档案号HK934-7-94．P86．

此外，政府也为那些愿意放弃继续经营奶牛养殖的奶农提供出路和补偿：任何愿意不再继续从事奶牛养殖的奶农，在新的居民安置点内，为其提供一处房屋，作为经商店铺之用。让他们中的全部或者大多数接受这个不可避免的现实，就此不再从事奶牛养殖[1]。到地块清空的限期时，如果还有奶农没有处理好他的奶牛，将获得一笔额外的补偿，前提是他的奶牛将被宰杀。这笔额外的补偿将有别于按照公共健康条例的规定，对于2年以上成年牲畜的宰杀补偿为1 500元/头，对于2年以下牲畜宰杀补偿是750元/头，在确认奶牛被宰杀之后予以补偿，奶农仍将保留销售、宰杀奶牛的全部收益[2]。

由于以上的搬迁政策比较符合民意，使搬迁工作基本得以顺利进行。当然，也有不少奶农确实放弃了养牛。在一份1962年11月15日农林署署长致新界首席健康医疗官的公函中提到，徙置事务处曾经绘制了新界奶牛场分布图，并呈送了最终安置情况的文件[3]。可是，香港历史档案的检索系统中却无法查阅到它们。不过，从“慈云山地块拆迁中注册奶农奶牛屠宰与处理数量表”中，可以推测出当时奶农改行的大致情况[4]。

慈云山搬迁前奶牛总计916头。其中，搬迁中宰杀的奶牛400头（含搬迁中死亡奶牛2头），注册奶农转移奶牛373头，转卖给新界其他牛场的奶牛142头，出口的奶牛1头。

由上面的数据可以知道，当时约有44%的奶牛被宰杀，这是一个很大的数目。另外，约有15%的奶牛转卖给其他牛场，说明搬迁后牛场数确有减少，而牛场的规模扩大了。以此推算，当时可能只有一半左右的奶牛场迁入新界各地落户。这次奶牛大搬迁中，不涉及大屿岛的奶牛场以及搬迁前已在新界建立的奶牛场，也不涉及征地范围内的农民自有农地上的奶牛场（这部分牛场另按政府征用民地政策补偿，不属于政府公地徙置对象）。香港地区奶业鼎盛时约有奶牛5 000头，徙置公地范围内的牛场约为2 500头，按55%实际进入新界饲养，则总数近1 400头。

三、新建奶牛场及牛奶质量监管

香港政府历来对奶牛场设施以及市售生奶和乳制品监管十分严格。这次牛场大迁移，必然给牛场建设和乳品质量带来许多新问题。在新建奶牛场时，政府的相关部门各司其职，根据法律规定以及职能分工，从一开始就参与了其中的规划与质量控制，以使在初建时便受到严格的质量监控。

---

1 香港历史档案馆．档案号HK934-7-94.P131.

2 香港历史档案馆．档案号HK934-7-94.P86.

3 香港历史档案馆．档案号HK934-7-94.P158.

4 香港历史档案馆．档案号HK934-7-94.P158.

新界首席健康医疗官对所有拟在辖地内兴建的奶牛场始终予以高度关注，并将发现的问题随时向相关部门通报，提出整改意见。尤其是边远的农村地区，基础设施简陋，常常会发生牛场环境卫生条件不能达到法律规定标准的问题。元朗石岗一带兴建奶牛场时，他特别致函农林署署长，提示要关注牛场卫生问题。

（1）牛场供水　元朗石岗一带供水并不困难，但如果能从山的另一侧的溪流中引用水可能会更好，因为溪流是未经污染的，只需要安装最基本的净化水的装置，比如简单的砂滤装置。当地集水池中的水是被污染的（或部分污染），污染源来自于其上众多兵营的房屋[1]。

（2）畜舍排水　与畜舍相连的由独立排水管所构成的排水系统的细节部分要详细列出。直径1.2米圆形排水管是合适的，但需要进一步的细节。在计划书中，没有设置与公牛棚和幼仔牛舍相连的由明渠或暗渠组成的排水系统，因此，小牛牛舍中的排泄物可能未经处理就排放了。

（3）动物粪便　规划中没有画出粪坑的位置，也没有明确的信息显示粪便最终将如何处理。这部分需要重新设计，这一点非常重要。

（4）员工宿舍　宿舍如何利用，应该给出相应的提示，在没有抽水设施的地方，需要建一个旱厕。这些只需要少量的经费支出就可以办到[2]。

从上面这份工作函件中即可看到，当时在新界建设牛场时，审查是相当详细而且严格的。

1965年8月4日，农渔署署长致函市政署署长，反映当时的奶牛场建设情况。他指出，所有的奶农都进行了登记注册，这有利于通过推行牛奶行业标准来强化对牛奶行业的管理。需要处理的主要困难是牛奶的制冷与配送问题。由于新建奶牛场分布于新界的边远农村，每天的生奶运送路程远、时间长，这会对生奶质量产生影响。

（1）牛奶制冷　虽然总体上生奶质量是令人满意的，但部分奶农的冷却装置不能将牛奶在短时间内冷却到位，这导致了部分牛奶变质。

（2）牛奶配送　按照制度要求，所有牛奶公司的搅乳器上都必须标明产品的名称以及生产奶农的名字，但实际上，没有标志奶农名字的搅乳器还在大量使用，还有一些是标志错误，所标名字并不在当局登记注册的范围内[3]。

1962年11月1日，新界首席健康医疗官致函农渔署署长，特别强调说，从健康卫生的角度来看，生产牛奶的成本很高，而且卫生标准非常严格，因而散布于新界相对比较偏远地段的那些小型奶牛场所产牛奶是相当不经济的。这些小型奶牛场可能被要求在6个月内关停，因为其牛奶卫生不能达标，而且这个卫生标准

1　香港历史档案馆 . 档案号HK934–7–94.P176.

2　香港历史档案馆 . 档案号HK934–7–94.P176.

3　香港历史档案馆 . 档案号HK934–7–94.P86.

没有任何理由可以被降低。从钻石山向万屋边转移奶牛，由于万屋边一点都没有准备，将承担严重的公共健康风险。这些奶牛要在极短的时间内实现转移，在这种环境条件下，生产出来的牛奶是绝对不能够为人们消费的。新近搭建起来的建筑结构，很有可能成为一个条件最为恶劣的贫民窟，来收容这些奶牛以及它们的主人。万屋边的奶牛正寄存在一个未获执照的奶牛场中，其所产牛奶不能达到给民众消费的标准，应严禁销售。如果这种牛奶在被销售，必须采取相应的法律行动予以制止[1]。

具体负责牛场搬迁事务的农渔署署长回复上述新界首席健康医疗官的公函时承认："他们（指迁入万屋边的奶牛场）已经意识到了这些迁移方面的困难以及经济方面的问题。我不是不正视那些散布于整个新界地区的小型奶牛场，而是要更关注那些由几家小奶牛公司集合而成的小集团或小团体。这些小集团或小团体能够更有效地利用一些公用设施。然而，这些公司的原奶收集以及随之而来的运输与杀菌消毒都有问题。在目前阶段，实难令人满意[2]。"为此，香港警署各驻地分署必须每天对流入本地市场的牛奶进行检验，以防止不合格的牛奶进入市场销售[3]。

经过长达5年的搬迁历程，到1965年8月，随着北区的沙头角、万屋边的最后一批奶牛场被批准设立并通过了注册登记，香港的奶牛场基本完成了从九龙向新界的转移。这时候，除了九龙还有少量非法奶牛散养户外，其余全部奶农均已登记注册。九龙内的那些非法散养户似乎不可能达到合法登记注册的要求，这样一来，他们就将被法律排斥在行业之外，而这一法律于1966年1月1日正式生效[4]。

此后，由于香港经济格局的改变，奶业生产成本与日俱增，香港当局对奶制品的质量监控也更为严格，所以养殖奶牛的利润日渐微薄，不少中小奶牛企业的生存越来越困难，奶企转行成为一时的常态。那些继续饲养奶牛的企业和奶农，饲养的奶牛数量也日渐减少。香港奶业走过了它的辉煌年代，开始逐渐走向萎缩。

第三节　最后的"香港奶农"

20 世纪 80 年代初，内地改革开放给香港带来了一个新的发展机遇。作为中

---

1 香港历史档案馆．档案号HK934－7－94．P157.
2 香港历史档案馆．档案号HK934－7－94．P158.
3 香港历史档案馆．档案号HK934－7－94．P177.
4 香港历史档案馆．档案号HK934－7－94．P86.

国改革开放的窗口，香港在参与国家改革开放的过程中，既为国家向社会主义市场经济过渡提供了经验，也为香港自身从制造业到金融业的经济转型提供了发展机会。在香港将产出效率相对较低的加工工业向内地转移的同时，奶牛饲养业也在这次产业转移中完成了历史的转折，完成了香港与内地在乳业产业链中的分工。

一、香港奶业的衰退

20世纪60年代以后，香港政府从扶持奶业发展向限制奶业发展转变，其后的20多年里，奶业特别是奶牛饲养业开始逐渐萎缩。究其原因，主要有如下几点。

（一）奶业经营效益日渐微薄

香港是一个地狭人稠的“飞地型”城市，人口密度很大，辖地内农村面积很少，而且多数是丘陵山地，适合养牛的牧地很少。因此，香港的奶牛场面积小，规模小，奶牛场没有规模效益。同时，香港经济进入高度工业化、信息化的现代经济以后，各种生产资源包括劳动力资源的成本快速提高，使本来就是微利行业的奶牛饲养业面临更加严峻的挑战，迫使不少奶业公司纷纷改行经营或亏本倒闭。勉强存在的奶业公司也大多采用兼业经营，向经济效益好的产业转移，缩小奶业在公司业务中的比重。因此，在中国改革开放之前，当初迁入香港新界的奶业公司已经有不少倒闭或改行。

（二）奶牛场的生态环境条件差

香港于20世纪中期集中徙置奶牛养殖场进入新界各地，建场的地块都是过去无人开垦耕作的边辟荒地，立地条件很差，有些是山区丘陵地，有些是山谷低洼地，易受旱涝灾害的侵袭，大大增加了新建牛场的经营风险。例如，1962年6月中旬，香港连遭暴雨，新界等地几成泽国[1]。在有多家新建奶牛场的上水、打鼓岭等处，山洪暴涨，河流泛滥，畜牧场损失惨重。在这次暴雨洪灾中，仅香港牛奶公司一家就有160头奶牛因灾死亡[2]。这样严重的旱涝灾害不时发生，给奶牛饲养业带来的打击可想而知。

（三）政府的环保规定使奶牛场的经营成本增加

1987年，香港政府发布《农业废弃物促进法》，该法对奶牛牧场以及乳品加工厂的环保要求极为严格，奶牛场要达到法律规定的环保标准，需要增加大量的资金投入，改善牧场环境和设施。在这样的情形之下，规模小的奶牛场和奶业公司基本上无法继续经营，只好放弃奶业生意。

由于以上列举的原因，实际上已经封杀了香港奶牛饲养业的发展空间。奶牛

---

1 汤开建，萧国健，陈佳荣.1999.香港6000年.香港：香港麒麟书局：671.

2 香港历史档案馆.档案号RF000139.

业最终退出香港经济舞台只是迟早的事情。

二、奶牛饲养业向内地转移

正在香港奶牛业举步维艰之时，中国改革开放给香港的奶业公司带来新的曙光。富于商业运作的香港同胞，成为中国门户初开时的第一批支持者和参与者。奶业公司自然也身在其中。香港资本在内地开办的各类奶业项目立即摆到了官方和民间的谈判桌上。

项目投资的方式有：一是独资在内地成立奶业公司，建立奶牛场；二是与内地的奶业公司合资组成奶业公司，饲养奶牛，加工奶产品；三是与内地相关公司签订供应生奶的贸易协议，由内地公司提供奶源，出口到香港的乳品加工厂生产销售。总之，在内地改革开放的政策框架下，香港的许多奶业公司都及时地将劳动密集型的奶牛饲养和生奶生产转移到内地农村，利用内地低廉的资源成本和人力成本，降低乳品生产的综合成本，提高乳业的效益。

中国改革开放后发出的第一家外资企业的营业执照，就是批给了香港的一家奶业公司下属的食品公司，他们在内地成立了第一家合资的航空食品有限公司。这家合资企业成为了中国改革开放的历史见证，也是香港奶业公司开拓大陆市场的先遣军。

三、最后的奶农

中国改革开放后的20年间，香港的牛奶生产量从每年4 000多吨快速下降到每年不足300吨。1997年香港回归中国时，其生奶产量为215吨（表15-1）。

表15-1　1990—1999年香港地区乳品生产量及进口量变动

单位：吨

年　份	自产生奶	进口鲜奶及主要奶制品		
		生奶	牛奶及奶粉	干酪及凝乳
1990	1 800	42 676	60 439	10 698
1991	1 670	42 290	74 754	11 203
1992	1 180	49 344	80 448	13 739
1993	520	48 463	81 808	15 695
1994	370	53 261	128 673	22 832
1995	407	55 975	129 182	21 744
1996	439	58 775	139 062	22 028

（续）

年　份	自产生奶	进口鲜奶及主要奶制品		
		生奶	牛奶及奶粉	干酪及凝乳
1997	215	55 183	148 337	19 141
1998	246	55 646	129 396	19 721
1999	241	56 152	112 864	20 565

资料来源：《香港经济年鉴 1991—2000》。

由表15-1可知，1990年，香港的生奶产量只有1 800吨，不足鼎盛时期的1/5。到香港回归中国后的1999年，生奶产量更降到了241吨。这个产量与香港乳品的年消费量（折合生奶30多万吨）相比，已经可以忽略不计了。至2001年，香港特别行政区只有2家牛奶公司还在饲养奶牛，但2家公司合计的奶牛数都不足100头，年产牛奶仅250吨左右[1]。

[1] 《香港经济年鉴》，2000年版第207页，2001年版第413页，2002年版第394页。

大　事　记

约10 000～4 000年前（新石器时代）

◆ 约距今7000年前，中国的黄牛和水牛被驯化。

◆ 约距今5000年前，中国的羊和马被驯化。

公元前1600—公元前1046年（商）

◆ 牛、马等被用于役、肉、奶来饲养。甲骨卜辞记载了“牛臣”、“刍正”等家畜饲养和牧场管理的职官称谓。

公元前1046—公元前771年（西周）

◆《周礼》记载“牧人”、“校人”、“牧师”、“圉师”、“瘐人”、“趣马”、“巫马”、“牛人”、“羊人”及“兽医”的职官称谓。

公元前475—公元前221年（战国）

◆《礼记·礼运》记载奶制品“醴酪”。

◆ 屈原《楚辞·大招》有“鲜蠵甘鸡，和楚酪只”的诗句。

公元前221—公元前206年（秦）

◆ 朝廷颁布保护发展马、牛生产的法令：“盗马者死，盗牛者加（枷）”。

公元前206—公元25年（西汉）

◆ 最迟到了秦汉时期，我们所熟知的游牧民族已经始形成。司马迁《史记·匈奴列传》记载：“匈奴之俗，人食畜肉，饮其汁，衣其皮；畜食草饮水，随时转移”。这是司马迁所记载的较早的游牧的生活方式，需要随时转移。其中，提到的“饮其汁”的汁显然不会是血，而是草食动物的奶汁，由此生活在此的游牧民族，开启了广泛利用畜奶的历史。

◆ 司马迁（约公元前145—公元前87年）的《史记·匈奴列传》记载：“得汉食物皆去之，以示不如潼酪之便美也。”

◆ 张骞（约公元前126年）通西域，引进了苜蓿。

◆ 汉代《乌孙公主歌》中有描述匈奴乌孙人“肉为食兮酪为浆”的生活。

◆ 司马迁的外孙杨恽（？—公元前45年）曾“养羊酤酪，以供伏腊之费”。

◆ 长沙马王堆汉墓出土的医书《十问》中记载：“饮走兽泉英，可以却老复壮。”这里的“走兽”是指牛、羊等家畜，“泉英”则是指牛奶或羊奶。

25—220年（东汉）

◆ 班固（32—92年）的《汉书·百官公卿表上》云：“武帝太初元年，更‘家马’为‘桐马’。”注引应劭曰：“主乳马，取其汁，桐治之，味酢可饮，因以名官也”。《汉书·晁错传》：“胡人食肉饮酪”。

◆ 许慎（约58—约147年）的《说文解字》解释“酪”为“乳浆也”；解释“醐”字为“醍醐，酪之精者也”。

◆ 刘熙（约生于160年左右，卒年不详）的《释名·释饮食》：“酪，泽也，乳汁所作使人肥泽也。”

221—280年（三国）

◆ 魏国邯郸淳（约132—221年）的《笑林》：“吴人至京师，为设食者有酪酥”。

265—317年（西晋）

◆ 尚书令荀勖长期体弱多病，晋武帝命内府“赐乳酪，太官随日给之”。

◆《晋书·食货志》记载，至西晋初年，官办牛场种牛达4.5万多头。

337—370年（前燕）

◆ 国王慕容皝以5千克醍醐作为国礼赠送给东晋大臣顾和。

386—534年（北魏）

◆ 朝廷设畜牧管理机构太仆寺，内设驼牛署、司羊署。

◆ 贾思勰的《齐民要术》卷6有《养牛、马、驴、骡第五十六相牛、马及诸病方法》和《养羊第五十七及酥酪、酪法，收驴马驹、羔、犊法，羊病诸方》涉及马、牛羊的养殖，并对牛羊取乳、作酪酥以及牛、羊乳调水溲面作饼等，记述颇详。

◆ 拓跋魏氏对官牧经营十分重视，曾先后设立了4处大型官牧场。道武帝天兴二年（公元399年），即在平城附近地区开鹿苑牧场，至明元帝泰常六年（公元421年），又“发京师六千人筑苑，起自旧苑，东包白登，周回三十余里”，对旧牧场进行扩建。若干年后，太武帝拓跋焘又在鄂尔多斯以南地区大兴官牧。

397年或401年—439年（北凉）

◆《凉州记》："祁连山张掖、酒泉二界之上，东西二百里，南北百余里，山中冬温夏凉，宜牧牛，乳酪浓好，夏酪不用器物，刈草着其上，不散。酥特好。酪一斛得升余酥。"

◆《魏书》卷94《列传阉官》第82《王琚传》："常饮牛乳，色如处子"。

581—618年（隋）

◆ 谢讽的《食经》，其中有"乳腐"的记载。

618—907年（唐）

◆ 唐朝立国之初，就设置了畜牧业管理机构——太仆寺、驾部和尚乘局。其中太仆寺乃朝廷的畜牧管理机构之一；驾部直属于尚书省兵部下面的一个司；尚乘局则隶属于殿中省下六部之一。

◆ 官办牧场制定牛、马、羊、驼的饲料供给标准。

◆ 孟诜（612—713年）等人的《食疗本草》称羊乳"补肺肾气，和小肠；亦主消渴，治虚劳，益精气，合脂作羹食，补肾虚"。

◆ 韦巨源（631—710年）的《烧尾食账》有"单笼金乳酥"。这是一种用酥油作配料的蒸饼。

◆ 王泠然（692—725年）的《酥合山赋》介绍"酥山"的制作工艺："味兼金房之蜜，势尽美人之情。素手淋沥而象起，玄冬涸沍而体成。足同夫霜结露凝，不异乎水积冰生。盘根趾于一器，拟崖葶于四明。""酥山"是唐宋时期盛行于宫廷中的一种高级冷食奶制品。

◆ 昝殷（生卒年不详）于9世纪中期撰写的《食医心鉴》记载：羊奶"益肾气，强阳道，对体虚之人，无论何种病症皆宜，即使健康之人，服之亦可增加体质"。

◆ 唐《元和郡县图志》（806—820年）记载："苦泉，在县西北三十里许原下，其水咸苦，羊饮之，肥而美。今于泉侧置羊牧，故俗谚云：苦泉羊，洛水浆。"著名的羊品种——苦泉羊见于记载。

◆ 兽医专著《司牧安骥集》问世，该书作者为李石，完成于公元838年前后，是中国现存的最古老的中兽医专著。

◆ 在敦煌莫高窟壁画中，有几幅描绘畜奶生产、加工的场景。如唐初的制酥图（第321窟）；盛唐的制酥图（第23窟）；晚唐的挤奶图（第9窟）；五代的挤奶图（第146窟）等。

◆ 唐五代敦煌归义军政权（848—1036年）在畜牧业管理机构中设置一个专管牧羊业的特殊职能部门——归义军羊司。

960—1127年（北宋）

◆ 宋代官方对各类家畜都有相应机构负责饲养，尤以马为多。官营养马业分朝廷、军队和地方三个系统。朝廷专有群牧司和太仆寺等机构负责养马，下设左右骥骥院、左右天驰监和各地牧监。

◆ 都城东京（今河南开封）有一家叫“乳酪张家”的著名食肆，“烹乳酪之珍馐”，风味独特。

◆ 宋陆佃（1042—1102年）著《碑雅》中说：“羊每成群，则要以一雄羊为主，举群听之，今俗谓之压群者是也，北人谓之羊头”。即认识到羊群存在头羊现象。

1127—1279年（南宋）

◆ 临安（今浙江杭州）有“贺四酪面”的著名食肆，主要制作乳饼。

1206—1368年（元）

◆ 元朝曾先后设立了太仆寺、尚乘寺、群牧都转运司等官方机构，管理国家畜牧业。

◆ 元朝蒙古族民间历法中月份的蒙古语称谓，表明了蒙古人有一种用人工方法控制羊的生育期来繁殖羊的技术——牝牡分牧，即公羊和母羊分群放牧，在固定的时间合群交配。目的是保证羊羔产于春季，利于小羊的生长发育。

◆ 元朝卞宝的《痊骥通玄论》是中国现存唯一的成书于元朝的兽医学专著，在中兽医学术研究方面曾起过承前启后的作用。

◆ 大将慧元于1217年开始制作奶粉，把牛、马、羊奶烘焙成干粉供应前线。

◆《元史·太祖纪》：“帝会诸族薛彻、大丑（及薛彻别吉）等，各以旄车载潼酪，宴于斡难河上。”

◆ 欧洲教士鲁不鲁乞（约1220—1293年）的《出使蒙古记》详细记载元朝制作马乳酒的方法。

1368—1644年（明）

◆ 据明代杨时乔的《马政纪》记载，当时民间起解马时，需要在普通马的基础上，外加挤乳马若干匹。

◆《沈氏农书》中说：“羊性抢食，持强者为胜，不顾其子。”还说：“小羊十余斤以上，已离乳者，另棚饲之。”即成年羊与小羊分别饲养，以利小羊的成长。

◆ 明代对商品羊的肥育法称之为“栈羊”，栈羊的方法见于邝璠《便民图纂》一书中。

◆ 李时珍（1518—1593年）的《本草纲目》中，有以羊、黄牛、沙牛、乌牛、秦牛、水牛、马、驴、狗、猪等畜奶治病或美容的记载。李时珍还曾记载过一首当时在民间广为流传的《服乳歌》："仙家酒，仙家酒，两个葫芦盛一斗。五行酿出真醍醐，不离人间处处有。丹田若是干涸时，咽下重楼润枯朽。清晨能饮一升余，返老还童天地久。"

◆ 喻本元、喻本亨编著《元亨疗马集》，包括理、法、方、药及针技术。

1616—1911年（清）

◆ 顺治初年（1644年），皇室在紫禁城西华门外建了3个牛圈，通称"内三圈"（也叫"内牛圈"），为专供宫廷所需牛奶。

◆ 康熙二十三年（1684年）在京城组建了庄园牛圈。

◆ 据乾隆十二年（1747年）《苏州府志》卷12《物产》记载说：牛乳"出光福诸山，田家畜乳牛，取其乳，如菽乳法点之，名乳饼，别其精者为酥"。

◆ 乾隆三十至四十三年间（1765—1778年），李南晖著《活兽慈舟》，论述家畜外形相法、饲养管理要点和病证论治。内容以水牛篇幅最多，其次是黄牛、马等家畜。

◆ 乾隆四十一年（1776年），福建《漳州府志》记载："水牛丰硕而重迟，新孳治其乳以充馔，曰牛乳"。

◆ 嘉庆元年（1796年）的《邓川州志》记载："凡家喂四牛，可作乳扇四百张，八口之家，足资府邸矣。"

◆ 嘉庆五年（1800年），医牛专著《养耕集》刊行，作者傅述凤，列牛体针灸穴位图和针灸穴40个以及20余种特殊对症针法，记述甚详。

◆（光绪）《大清会典事例》记载，在张家口外为镶黄、正黄、正白三旗牧放牛群、羊群的1 620名牧丁，每年必须向皇族进贡乳酥油10 122斤，乳油4 927斤，大小乳饼1 158斤。

◆ 南方一些地区利用水牛挤奶食用。其中最具盛名的是广东顺德著名小吃"金榜牛乳"。

◆ 医牛专著《抱犊集》，记述牛病临证诊断要点、针法、药性配方和牛病症候等。作者及具体成书时间不详。

◆ 医牛专著《牛医金鉴》，又名《牛经备要》，记述相牛法、医牛总论及牛病各论。作者及具体成书时间不详。

◆ 据记载，宫廷奶点在清末发展到高峰，慈禧太后设的西厨房共有5个局，其中有个饽饽局，是专门制作宫廷奶制品的机构。宫廷奶点多为固态的点心，包括奶油类、蛋白类、宫廷乳点类、乳制冷饮类、陪衬类共几十个品类。全乳席是皇室庆典或宴请大臣要员的盛宴。

◆ 清末，相牛医牛著作《大武经》，记述相牛、辩证、针穴、牛病医方等。

作者不详。

1842年

◆ 欧洲传教士及西方外交、商贸人员带入荷斯坦牛在福建省的厦门、泉州、福州一带饲养。此为荷斯坦牛传入中国的发端。

1860年

◆ 北京金氏牛奶场饲养蒙古牛挤奶，所产牛奶用于制作酪干、奶卷、水乌塔等传统乳制品，专供皇族食用或祭祀用。

◆ 香港私家饲养“庭院奶牛”，为香港最早引进的西方奶牛。

◆ 台湾北部的淡水、鸡笼（今基隆）成为通商贸易港。台北、鸡笼、淡水等地饲养本土黄牛挤奶。

1861年

◆ 外侨开始将欧洲乳用品种奶牛通过海运带入上海养殖和挤奶。

1865年

◆ 外侨商人将西洋奶牛带入广州，成立广东第一家专业牛奶公司。

1868年

◆ 上海暴发第一次有记载的牛瘟。

1870年

◆ 英国爱尔夏牛被侨民带入上海饲养。

◆ 上海开始出现牛奶上市价格的记载，用玻璃啤酒瓶盛牛奶，每瓶容量约650毫升，每10瓶牛奶售价1银元。

1873年

◆ 上海《申报》的“乳牛疫情”栏目报道，牛瘟至少使当地161头奶牛死亡。

1874年

◆ 法国驻军把原产法国东南部的西门塔尔牛带入上海。

1878年

◆ 据记载，上海租界有奶牛349头。

◆ 江苏省川沙县奶农用传入的英国黄白花公牛与当地黄牛“塘脚牛”交配，后培育成为役乳兼用的“川沙牛”品种。

1879年

◆ 李源生在上海开设“源生牧场”，其产业继承人李伯龙、李紫云，一直经营至1956年公私合营，这是由中国人创办且最为成功、延续时间最长的奶牛场。

◆ 外侨神父苏某在浦东开设牛奶棚，经营奶牛40头。

◆ 外侨肖氏在上海开设经过租界当局注册批准的牛奶棚。

1880年

◆ 上海公共租界工部局制定关于华人牛奶棚存栏牲畜双周简报和卫生稽查员的年度报告制度。

◆ 英国商人爱文氏从西方购进奶牛，在上海开设“爱文氏牛奶棚”。

1883年

◆ 加拿大籍美国传教士马林将西方奶牛带到南京饲养，此为南京有西方奶牛的最早记载。

1885年

◆ 香港立法会对牛病防治立法。

1886年

◆ 1886年，驻南京的英国领事馆人员将奶牛带入南京饲养。

◆ 侨居香港的英国医生曼逊发起成立香港第一家股份性质的牛奶公司——Dairy Farm Company。

◆ 香港颁布《奶牛市场管理条例》。

1887年

◆ 香港立法会颁布《牛疾病、屠宰场及市场法令》。

◆ 香港颁布《牲畜疾病与屠宰场条例》。

◆ 居住台湾沪尾（今淡水镇）的英国人从苏格兰带入爱尔夏乳牛（Ayrshire）。

1888年

◆ 美国籍医生连尼和荷兰人太兴从荷兰带入荷斯坦牛及爱尔夏牛约30头在

厦门饲养。

1889年

◆ 香港颁布《牛舍卫生登记细则》。

1893年

◆ 上海安福奶棚使用杂交的方法改良当地黄牛，后培育出乳肉兼用牛。

1894年

◆ 香港发生奶牛传染性胸膜肺炎。

1895年

◆ 来台湾从事家畜养殖的日本人，从日本带入当地饲养的荷斯坦牛。

1897年

◆ 上海公共租界工部局总办处颁发《关于对奶牛场、牛奶供应问题》文件，规范租界奶牛场和乳制品管理。

◆ 上海租界当局颁发《卫生营业执照》，规范牛奶棚的建设标准。

◆ 南德温牛、短角牛、荷斯坦牛、爱尔夏牛、瑞士褐牛等被先后引进到台湾。

◆ 德国人瓦格纳在山东省青岛市李村农事试验场用荷兰荷斯坦牛与山东当地黄牛进行杂交改良。

◆ 香港出台《牛奶污染法案》。

◆ 署名为“鸳湖渔隐”的译者在《农学报》发表《荷兰牧牛篇》的译文，介绍西方奶牛业。

1898年

◆ 俄国筑路员工将西伯利亚牛、西门塔尔牛、阿拉托乌牛、科斯特罗姆牛、雅罗斯拉夫牛、霍尔莫哥尔牛、后贝加尔牛等带入到中国东北和内蒙古地区。

1899年

◆ 上海租界当局颁布《牛奶棚规则》，增加了定期牛舍消毒的规定，对牛舍地面和墙壁的定期洗刷、奶牛饲喂管理的日常操作规程、工作人员及生奶卫生等方面制定了严格的标准。

◆ 上海租界当局检查和核发牛奶棚营业执照，仅有28户牛奶棚获得营业执照，饲养奶牛共821头。因属第一年实施营业执照管理，有的牛奶棚尚未达到卫生标准而需整改缓发，有的奶农因不了解租界当局的管理规定而未到办理处登记办理，因此，漏发未发者当属不少。据资料记载，当年上海经营牛奶棚共计64户，饲养奶牛总数1 200余头。

1900年

◆ 香港奶牛牧场的牛棚实现通电，牛舍清洗开始使用电动抽水泵和高压水枪，牛棚采用排风扇进行通风降温。

◆ 上海“中英药房”出售进口炼乳。

◆ 上海徐家汇天主教修女院从欧洲引进荷兰荷斯坦牛。

1902年

◆ 香港颁布《牛棚建设标准细则》。

1903年

7月

◆ 中东管理铁路局成立，下设兽医处。兽医处在富拉尔基（今归齐齐哈尔市管辖）设马奶房，饲养100余匹马，制造马奶酒，供给医院和疗养所。

本年

◆ 法国侨民从越南经滇越铁路把奶牛带入中国西南地区。

1904年

◆ 光绪二十九年，清政府设立商部衙门，民政畜牧事宜由其下设的平均司掌管。

◆ 香港建立牛病报告制度。

◆ 外国传教士从德国带来6只萨能奶山羊，饲养于山东省崂山县的北九水。

◆ 上海法租界内专为法国驻军供奶的牛棚改为商业经营，取名“可的牛奶棚”（Culty Dairy）。1911年该场被英商收购。此乃上海市牛奶公司及后转归于光明乳业上海乳品二厂的前身。

1906年

◆ 清朝农工商部农事试验场建于京师西直门外。其中蕃牧科负责中外食牛、役牛和乳牛的饲养管理试验等。

◆ 上海公共租界工部局颁布《上海公共租界工部局牛奶质量标准》，这是中国境内出现的最早的牛奶质量标准文本。

◆ 上海租界当局规定，生鲜牛奶不准上市销售，上市的只能是消毒牛奶。

◆ 上海务农会翻译出版《牛乳新书》和《牧草图说》。

◆ 香港的牛奶公司开始用汽车运送牛奶，并在车厢内放置人造冰块。

1907年

◆ 光绪三十二年（1907年），清政府工部并入商部，改为农工商部，平均司改为农务司，民政畜牧事宜由农务司下设的蕃殖科掌管。

◆ 广东省揭西县棉湖镇的村民曾广全自养本地水牛挤奶，自办乳品厂，生产“长雁牌”炼乳。

1908年

◆ 瑞士雀巢公司（Nestle）在上海开设销售办事处。

1910年

◆ 日本北海道荷兰奶牛及其他奶牛品种被输入中国东北地区。德国、俄国、意大利、日本等国商人开始在天津经营奶牛场。

◆ 北京的牛奶场有18家，每家饲养几头到10余头奶牛。

◆ 20世纪初，法国人经广西的镇南关（今凭祥市）、防城市东兴镇和崇左等地，将奶牛带入到南宁、柳州和桂林等中心城市饲养。

◆ 20世纪初，香港的牛奶公司开始生产炼乳。

1912年

◆ 中华民国政府农林部设垦牧司，主管垦植和畜牧业。

◆ 美籍教授高鲁甫（Gruff）从美国购入奶牛20头，在广州兴办岭南大学奶牛场。

1913年

◆ 农林部改组为农商部，设渔牧司主管渔业和畜牧业。农商部将原来设在张家口东牛群界哈达呼图克的模范垦牧场改为第一种畜试验场，饲养黑白花奶牛。

1915年

◆ 第二种畜试验场在北京西山来远斋创立，开展种畜交配、牛乳制造及疾病预防与诊治等。

1916年

◆ 上海可的牛奶公司开始建造制冰厂，使用机制人造冰冷冻保鲜牛奶。

1917年

◆ 大批俄国侨民迁入新疆伊犁、塔城等地，带入瑞士褐牛及其杂种牛，后培育成新疆褐牛。

1918年

◆ 福建省福州“积善堂”药店主人高泽接收外侨连尼的奶牛场，用其种公牛与本地黄牛杂交。

◆ 江苏省南京高等师范学校（1921年改名东南大学，再后合并成中央大学）农科实验牧场从国外引进20多头荷斯坦牛。

1919年

◆ 四川省成都外侨传教士丁氏运来荷兰荷斯坦牛6头（其中公牛1头）在华西大学饲养。

◆ 上海可的牛奶公司从国外引进第一批菌种，使用机器生产酸奶。

◆ 香港牛奶公司组建牛奶冰厂有限公司（香港人称“牛奶雪厂”）。

1920年

◆ 香港开始利用进口的奶粉和乳脂加工复原奶和还原奶油。

◆ 俄国传教士在北京东直门外开办“北馆奶牛场”和“仿欧奶牛场”，每场饲养40～50头本土黄牛或俄国荷斯坦牛。

◆ 俄国侨民在哈尔滨开设乳品厂，生产巴氏杀菌奶，年产量达20万瓶。

◆ 民族资本家尤怀皋赴美国学习奶牛养殖技术，回国后从美国引进纯种奶牛，在上海创办“自由牧场”。

1921年

◆ 虞振镛用清华大学农场的专项集资款从美国选购了荷兰牛、娟姗牛和爱尔夏牛共13头，在清华大学农学院附属农场附近创建“北京模范奶牛场”（亦称清华奶牛场）。

◆ 上海自由牧场引进美国制造的全套巴氏杀菌设备与冷却设备，在上海生产2磅、1磅和半磅瓶装的“消毒牛奶”。

1922年

◆ 1922年至1923年，东北地区相继引进红车轴草（红三叶草）、白甜车轴草（白甜三叶草）、杂三叶草、白车轴草（白三叶草）、长叶草、燕麦草、牛选草、禾萱草等。

1923年

◆ 上海可的牛奶棚生产搅拌型发泡稀奶油（上海俗称为“掼奶油”）。

◆ 上海牛奶业同业公会在上海成立。

1924年

◆ 上海公共租界成立“食品牛乳市场科”（即上海乳肉管理所的前身）。

◆ 浙江瑞安安息会牧师李氏、陈氏集股开办宇康炼乳厂，收集乡民水牛奶制造炼乳，日产30罐甜炼乳。

1925年

◆ 上海乳品加工厂开始采用不锈钢制造设备加工乳品。

1926年

◆ 吴百亨在温州独资开办“百好炼乳厂”，并将宇康炼乳厂并入后迁至瑞安生产“白日擒雕”牌甜炼乳。

◆ 台湾牧场的畜舍开始安装电动消暑送风机、电动抽水泵和畜舍清洗机。

1927年

◆ 上海乳品企业开始使用不锈钢奶槽汽车运送奶品。

1928年

◆ 国民政府颁布《牛乳营业取缔规则》，由国民政府卫生部制定并施行。

◆ 宋美龄从上海购买30多头荷斯坦牛，在四方城官地建奶牛场，即南京卫岗乳制品厂前身。

◆ 上海的牛舍安装铁制自动饮水碗、电灯和电风扇。

◆ “西康农事试验场”（1940年改称“西康省农业改进所”）在康定县建康定乳牛场。

1929年

◆ 擒雕牌甜炼乳获工商部主办的中华国货展览会一等奖。

1930年

◆ 擒雕牌甜炼乳获西湖博览会特等奖。

◆ 姜维良在上海开设的“大中（商贸）行”，专门经营进口乳品机械设备、奶瓶、奶桶及部分畜牧兽医器械。后自己设厂，制造乳品加工设备，并逐渐演变成后来的“上海饮料机械厂”，是中国最早建立的乳品机械制造企业。

◆ 中国科学工作者开始在家畜育种中进行人工授精试验。

◆ 中央农业实验所、中央林业实验所，相继从美国引进100多份豆科、禾本科牧草种子，主要有紫花苜蓿、红车轴草、杂车轴草、绛车轴草、百脉根、胡枝子、野豌豆、多花黑麦草和苏丹草，在南京进行引种试验。

◆ 上海公共租界工部局卫生处颁发《牧场牛奶的检验、出售及执照事宜》的文件，将牛奶按质量分为A级和B级；又根据牧场的生产条件、卫生状况及所产牛奶的化验结果，颁发执照时将牧场分为甲级（A级）牧场、乙级（B级）和丙级（C级）牧场。

◆ 国民政府（南京）成立实业部，仍旧设渔牧司，主管渔业和畜牧业。省级设包括畜牧在内的业务行政部门。

◆ 国民政府（南京）实业部青岛商品检验局设立血清制造所。

1931年

◆ 1931年，萧家斡在浙江杭州开办“西湖炼乳公司”，引进奶牛，牧场占地2 000多亩，为当时规模最大的奶牛场；又从国外引进先进设备，生产“燕牌”炼乳、奶粉和鲜奶等。

◆ 上海市政府卫生局颁布《牛奶棚管理规则》（修正稿）。

◆ 私营的重庆奶牛场从上海购入荷斯坦牛5头，1933年又购入5头，与当地的黄牛杂交。

1932年

◆ 中央农业实验所与上海商品检验局合办上海兽疫防治所，生产牛瘟疫苗、牛瘟血清等。

1935年

◆ 浙江百好炼乳厂首次试制奶油成功，注册“白塔牌”出售。

1936年

◆ 南京有官办、校办、教会办及私营个体奶牛场38家。其中有7家私营奶牛场联合发起成立南京市首家“牛奶公司”。

◆《乳牛学》（吴信法著）、《牛乳及其制品之研究》（金嗣说编写）由上海商务印书馆出版。

◆ 康定市乳牛场用荷兰种公牛与牦牛配种成功。

◆ 上海奶牛存栏2 887头，日总产奶量19 220千克，相当于年产奶约7 015吨。

1937年

9月

◆ 国立北平大学、国立北平师范大学、国立北洋工学院等在西安组成西安临时大学，后改迁汉中城固，更名为西北联合大学。西北联合大学利用随学校迁入的奶牛和当地原有的少数奶牛，开展奶牛饲养及繁育的研究。

11月

◆ 20日　国民政府发表迁都重庆公告。中央大学农学院实验牧场和国民革命军遗族学校实验牧场迁往成都和重庆。

本年

◆ 新疆农矿厅（后改为建设厅）从苏联购进瑞士褐牛种牛19头。

◆《牛乳及其制品》（吴信法著）由上海正中书局出版。

1938年

8月

◆ 八路军留守兵团野战医院在延安刘万家沟建立小型奶牛场，饲养有20多头奶牛。

本年

◆ 陕甘宁边区政府从西安运来几头奶牛，成立杨家岭中央管理处奶牛场。

◆ 福建省农村电化部从青岛购进6头荷兰荷斯坦牛，并与本地黄牛进行杂交扩繁。

◆ 随西南联合大学西迁入滇的原清华大学农学院农业研究所，利用原属滇越铁路成立的奶牛场和品种资源，开展奶牛良种繁育和饲养改进研究。

◆ 甘肃成立农业改进所。

◆ 中央大学在四川省成都市举办“乳业训练班”，为当地牧场的奶农进行奶业知识的普及和培训。

1939年

10月

◆ 中国共产党创建的第一个农场——光华农场在陕西省延安南郊杜甫川的马家

湾村成立，王荫圃为第一任场长，陈凌风为技术部主任。光华农场隶属于中央财政经济部。1940年冬，光华农场改由陕甘宁边区政府建设厅领导，陈凌风接任场长。

本年

◆ 延安中央医院建立奶牛养殖场，为伤病员提供牛奶、羊奶。

1940年

◆ 晋察冀军区后方医院更名为“白求恩国际和平医院”，创办医院奶牛场。

◆ 新疆建设厅从苏联购进瑞士褐牛25头，在伊犁、塔城等地进行杂交改良。

◆ 夏河奶品制造厂建立，就地收购藏民生产的鲜奶，制造酪素及黄油。

1942年

◆ 刘荫武开始萨能奶山羊的纯种选育工作。经长期严格选育和纯种繁殖，后培育出优良奶山羊品种——“西农萨能奶山羊”。

1943年

◆ 光华农场陈凌风等专家试验成功抗牛瘟血清和疫苗，迅速扑灭了边区呈蔓延趋势的牛瘟。

◆ 吕高辉在成都华西大学农业研究所育种试验场进行奶山羊和奶牛的人工授精试验。

◆ 王栋在西北农学院从事青贮玉米的研究。

◆ 重庆奶粉厂首次研制生产干酪素。

1944年

◆ 延安“枣园中央管理处”成立“枣园奶牛场”。

1946年

◆ 联合国善后救济总署在上海江湾跑马厅内设“饲养站”，接收各国捐赠的奶牛，计有荷斯坦牛、爱尔夏牛、娟姗牛、更赛牛、瑞士褐牛、无角红牛、短角牛等3 352头，并向全国各地分配。美国友人阳早作为联合国善后救济总署的专家来到中国。

◆ 上海引进美国吊桶式挤奶机，此为中国最早使用此种挤奶机的记载。

◆ 中共东北局经济委员会和东北行政委员会农林部等党政机关接收日伪遗留的农事试验场，改建成公营畜牧试验场并饲养奶牛。

◆ 白求恩国际和平医院迁往河北邢台，医院奶牛场随医院一同迁入新址。

1947年

◆ 重庆市乳品厂编辑出版中国乳品厂自办的第一张报纸《牛奶与人生》。

1948年

6月

◆ 在哈尔滨建立东北行政委员会家畜防治所，主要研究动物传染病的防治技术。（1949年更名为东北人民政府农业部兽医研究所，1957年划归新组建的中国农业科学院，更名为中国农业科学院兽医研究所，1965年再更名为中国农业科学院哈尔滨兽医研究所。2006年加挂中国动物卫生与流行病学中心哈尔滨分中心牌子。）

8月

◆ 中国共产党在哈尔滨创办解放区的第一所普通高等农业院校——东北农学院，在畜牧兽医系讲授“乳和乳制品”内容，为中国最早开设乳品加工高等教育课程的大学。（1994年东北农学院与黑龙江省农业管理干部学院合并组建东北农业大学。）

1949年

4月

◆ 北京双桥农场建场，隶属农业部，是新中国早期建立的国营奶牛场之一，其前身是国民党励志社的副食品基地，后归北京市管理。

9月

◆ 27日　中国人民政治协商会议第一届全体会议通过《中华人民共和国中央人民政府组织法》，规定中央人民政府委员会组织政务院为国家政务的最高执行机关。政务院设立农业部、食品工业部、轻工业部等部门。

◆ 29日　中国人民政治协商会议第一届全体会议通过《中华人民政治协商会议共同纲领》，第三十四条提出“保护和发展畜牧业，防止兽疫。”

11月

◆ 农业部设畜牧兽医司，职掌全国畜牧、兽医、草原行政管理和技术指导事宜，包括奶畜生产管理。

◆ 食品工业部职掌乳制品生产、管理事宜。

本年

◆ 上海牛乳业联合会与牛奶公会改组，合并成立“上海乳品业同业公会”。

◆ 华北农业科学研究所（中国农业科学院前身）与东北人民政府农业部兽医研究所（中国农业科学院哈尔滨兽医研究所前身）共同研制出牛瘟兔化弱毒疫苗。

1950年

7月

◆ 遵照毛泽东主席、周恩来总理的指示，农业部组织接运中国从苏联引进的种畜、牧草种子和家畜人工授精器械。

12月

◆ 轻工业部职掌乳制品生产、管理事宜。

◆ 农业部将垦务局改为国营农场管理局。

◆ 各大行政区陆续成立农林部，西北大区增设畜牧部。各省（自治区、直辖市）成立农业厅（农林厅），厅下设畜牧局（处/科）。内蒙古、新疆、青海、甘肃、宁夏设畜牧厅。全国部分地、县级设立畜牧局（科）。

本年

◆ 华东军政委员会农林部将接管的原国民政府农林部所属的3个牧场合并为上海牛乳场。

◆ 西安市人民政府建立西安畜牧场，饲养奶牛、奶山羊，供应城市鲜奶，这是西安最早的国营奶牛场。

◆ 济南军区所属的奶牛场和政府机关的奶牛场共同组建成公私合营的济南畜牧公司，后来转为国营济南奶牛场。

◆ 内蒙古自治区国营海拉尔牛乳化工厂建成投产，以土法生产奶油和干酪素，当年生产乳制品59吨，后经搬迁、改建，日处理能力达到3吨，1952年更名海拉尔乳品厂。

◆ 上海益民食品三厂建立（后改为上海乳品厂），用喷雾法生产光明牌全脂奶粉，这是当时全国仅有的用喷雾法生产奶粉的工厂。

1951年

5月

◆ 16—22日　农业部召开防治牛瘟座谈会，部署防疫工作。随后，在青海、四川、甘肃三省牧区开展大规模防治牛瘟工作。

9月

◆ 西北企业公司在西安市建奶牛场。

◆ **20—30日** 中共中央召开第一次农业互助合作会议，通过《中共中央关于农业生产互助合作的决议（草案）》，并于12月发给各级党委试行。

11月

◆ **26日** 农业部印发《一九五一年农业生产奖励试行办法》，开展爱国增畜运动。

本年

◆ 东北农学院（东北农业大学前身）的4名学生成为新中国培养的最早的乳品加工专门人才。

◆ 广州市大东炼乳厂成立（后改为广州市乳制品厂），用平锅法生产炼乳。

◆ 1951—1952年，北京济畜兽医院举办若干期兽医培训班，讲授了牛的人工授精知识。

◆ 1951—1958年，新疆成立国营种畜场、人工授精配种站，自治区畜牧厅数次从苏联购进阿拉托乌牛共86头（公41头、母45头），科斯特罗姆牛共68头（公28头、母40头）。

1952年

3月

◆ **25日** 农业部在华北农业科学研究所家畜防疫系的基础上，建立了农业部兽医生物药品监察所，开展兽医生物制品的监察、科研和人员培训工作。

8月

◆ **15日至9月4日** 全国畜牧兽医工作会议在北京召开。会议确定畜牧兽医方针和任务：组织起来，开展爱国增畜运动；大量繁殖，提高质量；防治兽疫，以改善饲养管理为主，注射治疗为辅；团结、教育、改造中兽医；大力组织牲畜及畜产品的运销。

10月

◆ **6—21日** 全国农业工作会议在北京召开。会议确定了1953年大力发展互助合作组织，开展爱国丰产运动的方针和计划。对发展畜牧业提出试行粮草轮作，解决饲草和肥料不足问题。

◆ 苏联专家在上海参观第一牧场并作压榨法挤奶操作示范。

12月

◆ 农业部将国营农场管理局改为国营农场管理总局。

本年

◆ 农业部颁发《防治炭疽病暂行办法草案》。

◆ 农业部颁布《关于从牛肺疫非安全区运出牛只的暂行规定》。

◆ 东北人民政府农林部农业科学研究所在热河省昭乌达盟与翁牛特旗、海金山牧场等单位合作，选用短角种公牛以人工授精的方法开展蒙古牛改良研究。

◆ 北京双桥农场率先应用新鲜精液给奶牛人工授精并取得成功。

◆ 东北人民政府农林部农业科学研究所推出直肠把握子宫颈深部输精法。

◆ 西北企业公司奶牛场和西安畜牧场合并组建西安奶牛场，美国友人阳早、寒春来场工作。

1953年

2月

◆ **15日** 中国共产党中央委员会通过《关于农业生产互助合作的决议》。

6月

◆ **2日** 农业部印发《关于加强畜疫防治工作的通报》，要求继续加强对牛瘟等八大疫病的防治工作。

◆ **15日、19日** 中共中央政治局召开会议，确定对资本主义工商业实行利用、限制和改造的方针。

8月

◆ 在原中法大学试验场建立的一个小型副食品供应基地的基础上，在北京市郊区玉泉山附近购买土地，建立了香山农场。

10月

◆ **26日至11月5日** 中共中央召开第三次农业互助合作会议，总结农业互助合作运动的经验，讨论《关于发展农业生产合作社的决议（草案）》。

12月

◆ **16日** 中共中央发出《关于发展农业生产合作社的决议》。

◆ 黑龙江省工业厅投资66万元在安达县建起一座日加工能力20吨的安达县食品厂奶粉车间（时称安达乳粉厂），设施装备主要仿制上海“海河洋行”即上海益民三厂的生产技术，采用单效盘管真空浓缩，卧式马口铁衬里木制干燥箱实施高压喷雾，投产当月即生产乳粉3吨，这是黑龙江省第一座机械化国营乳粉厂。

本年

◆ 东北人民政府农林部在辽宁省铁岭市举办“家畜（马、牛）人工授精技术培训班”，学员共50多人。后梁中民在萨尔图奶牛场（该场有100多头三河牛）利用荷斯坦种公牛鲜精进行人工授精试验。

◆ 中国医学科学院成立以周启源为组长的研究小组，研究婴幼儿食品。研究出“5410”乳儿糕配方后，首先在上海益民食品一厂投入生产，定名“光明乳儿糕”，并迅速在全国推广。

1954年

1月

◆ 政务院财政经济委员会提出《关于有步骤地将十个工人以上的资本主义工业基本上改造为公私合营企业的意见》。

7月

◆ **13日** 中共中央发出《关于加强市场管理和改造私营商业的指示》。

◆ 原系民航局所属的国营新中国农场移交给北京市农林局，改成北京市东郊畜牧场。1955年1月，该场与福康畜牧股份有限公司合并，更名为“公私合营北京市东郊畜牧场”，是北京市第一家公私合营畜牧场。

9月

◆ **2日** 政务院通过《公私合营工业企业暂行条例》，对民族资本主义工商业实行社会主义改造。

10月

◆ 北京的五里店农场、和义农场和南苑畜牧场等合并为国营南郊农场。国营彰化农场、八一农场、南苑畜牧场西部分场合并为北京西郊农场。

12月

◆ 全国各大行政区撤销，调东北、华东、西北农林局（畜牧局）部分人员到农业部工作。农业部设畜牧兽医总局。

◆ 浙江省温州市的百好乳品厂实行公私合营，更名为“公私合营温州百好乳品厂”，归属温州市轻工业局管理。

本年

◆ 公私合营后，北京济畜兽医院专门为京郊农场举办牛人工授精员培训班。这些学员成为北京市最早的奶牛人工授精技术人员。

◆ 北京市南郊农场引进苏式提筒式挤奶机，此为新中国建立后最早引进的挤奶机。

◆ 1954—1955年，在收购本地及离境苏侨所饲养奶牛的基础上，在呼伦贝尔盟筹建了20个以养牛为主的国营牧场，进行有计划地选育提高，之后经过30多年努力育成三河牛。

1955年

6月

◆ 英商“可的”和“最高”等牛奶公司将所属4个牛场的1200头奶牛和乳品厂移交给上海市农业局。

7月

◆ 西安奶牛场并入草滩农场，成为草滩农场的一个畜牧场，当时奶牛存栏200余头，是陕西省最大的国营奶牛场。

8月

◆ **5日** 农业部印发《关于山西省长治专区推广玉米秸青贮饲料工作总结的通知》。

◆ **25日** 国务院发布《关于市镇粮食定量供应暂行办法的命令》，规定了马、骡、驴、骆驼及奶牛饲料用粮标准。

9月

◆ 济南“五大牧场”并入济南市畜牧公司，1956年更名为济南牧工商公司，下辖济南乳品厂和牛奶食品厂。

◆ 新疆维吾尔自治区呼图壁种牛场建立。

11月

◆ 16—24日　中央政治局召开会议，讨论并通过《中央关于资本主义工商业改造问题的决议（草案）》。（1956年2月24日，中央政治局作了个别的修改，追认为正式决议。）

本年

◆ 中国消灭牛瘟。

◆ 轻工业部在上海举办乳和乳制品检验培训班，培训全国乳品检测技术人员。

◆ 北京国营农场引进荷兰纯种荷斯坦牛。

◆ “5410”乳儿糕配方作为中国提供的技术协助项目与罗马尼亚进行技术交流。澳大利亚悉尼大学教授、联合国蛋白质咨询委员会秘书长斯托勃·赖顿（Thomas Stapleton）撰文介绍，获得国际好评。

1956年

1月

◆ 5日　国务院总理周恩来签署《国务院关于加强民间兽医工作的指示》[（56）国（议）字第3号]，强调“广大农村中的民间兽医人员是一支不可忽视的力量”，就加强民间兽医工作提出八条指示。

◆ 15日　北京各界20多万人在天安门广场举行大会，庆祝北京市农业、手工业全部实现合作化和在全国第一个实现资本主义工商业的全行业公私合营。

◆ 23日　中共中央政治局讨论通过《1956年到1967年全国农业发展纲要（草案）》。

◆ 25日　毛泽东主席召集最高国务会议，讨论中共中央提出的《1956年到1967年全国农业发展纲要（草案）》。

◆ 上海市牛奶公司组建，该公司牧场普遍建立牛籍卡档案制度。

3月

◆ 1日　北京市牛奶站正式成立（后更名为北京市牛奶公司），负责鲜奶加工、销售。

◆ 14—22日　农业部在北京召开全国畜牧兽医工作会议，制定了《十二年发展畜牧业生产的远景规划》。

4月

◆ 26日　农业部颁发《兽医生物药品新制品试制办法》（农牧伟字第40号函）。

5月

◆ 食品工业部职掌乳制品管理事宜。

6月

◆ **12日** 农业部颁发《国营农牧场兽医工作规则》[(56) 农牧伟字第63号]，自1956年8月起施行。

◆ **22日** 农业部印发《关于建立畜牧兽医工作站的通知》。

◆ 中华人民共和国农垦部成立，王震任农垦部部长。

◆ 天津市杨柳青农场收购苏联侨民鲍洛尼科夫经营的18头奶牛，天津市第一个国营奶牛场诞生。

9月

◆ **3—11日** 农业部召开第一次全国民间兽医工作座谈会。会议总结中兽医的医疗经验，交流畜禽疫病的治疗方法和针灸经验。民间中兽医献出验方共540余件。

12月

◆ 天津市公私合营牧场奶品总店成立，后更名为天津市奶品（牛奶）公司。

本年

◆ 南京最大规模的私营牧场——三家邵氏牧场经公私合营后，改为“南京市仙林农牧场乳牛场”和“南京市国营卫岗牛奶厂”[即南京奶业（集团）有限公司的前身]。

◆ 全国各地个体养奶牛户组织成立养牛合作社。

◆“内蒙古轻工业研究所”成立，内设乳品研究室，开展乳品加工的研究工作。

◆ 食品工业部食品工业管理局在北京召开全国第一届乳制品会议。

◆ 中国共产党第八次全国代表大会、全国农业工作会提出发展城市郊区蔬菜、肉、蛋、奶生产基地。

1957年

2月

◆ **8日** 食品工业部食品工业管理局发布《全脂乳粉》（食乳技1301—56）、《淡炼乳》（食乳技1302—56）、《黄油》（食乳技1303—56）、《甜炼乳》（食乳技1304—56）、《牛乳检验方法》（食乳技1305—56）、《全脂乳粉检验方法》（食乳技

1306—56)、《淡炼乳（高温杀菌炼乳）检验方法》(食乳技1307—56)、《甜炼乳检验方法》(食乳技1308—56)、《黄油检验方法》(食乳技1309—56)、《乳、乳制品细菌检验方法》(食乳技1310—56）共10项乳制品产品质量标准及检验方法，自1957年4月1日起实施。同时，还颁布《代乳粉》(食乳技1311—57)、《代乳粉检验方法》(食乳技1312—57)。

3月

◆ 1日　中国农业科学院在北京成立。同年成立中国农业科学院畜牧研究所、哈尔滨兽医研究所、西北畜牧兽医研究所。

9月

◆ 14日　中共中央发布《关于整顿农业生产合作社的指示》、《关于做好农业合作社生产管理工作的指示》及《关于农业合作社内部贯彻执行互利政策的指示》，鼓励发展畜牧业。

10月

◆ 11日　国务院印发《关于粮食统购统销的补充规定》，对饲料的存留及发展养畜作了新的规定。

◆ 22日　中共中央公布《一九五六年到一九六七年全国农业发展纲要（修正草案)》。

◆ 中国农业科学院兰州兽医研究所成立，重点研究草食动物疫病防治技术。

本年

◆ 从苏联正式引进西门塔尔牛30头，饲养在河南省邓县南阳黄牛场。

◆ 北京市南郊农场种公牛站建立，开始以农场为单位对种公牛进行集中管理。

◆ 广西省畜牧研究所水牛研究室引进印度摩拉水牛与本地水牛杂交成功。

◆ 浙江省瑞安百好乳品厂改进炼乳结晶和砂化质量，初步解决了甜炼乳小白点沉淀问题。该厂生产的“擒雕牌”甜炼乳正式出口。

◆ 上海益民食品一厂参照“5410”乳儿糕配方，调整了“光明牌”代乳粉配方。

1958年

1月

◆ 轻工业部在北京召开全国乳制品（包括代乳品）技术经验交流会。

2月

◆ 11日　农业部印发《关于一九五八年积极发展大牲畜的意见》。

◆ 轻工业部职掌乳制品生产、管理事宜。

6月

◆ 28日　农业部、全国妇联、共青团中央印发《关于大力开展青贮玉米秸的联合通知》。

7月

◆ 中国农业科学院中兽医研究所在兰州成立。

8月

◆ 1日　轻工业部食品工业局颁布《乳、乳制品质量标准及检验方法》。

◆ 14—20日　农业部、轻工业部、商业部在浙江省瑞安县召开全国利用耕牛挤奶现场会议。

12月

◆ 1日　国务院第五办公室和第七办公室联合批转农业部、轻工业部、商业部《关于全国利用耕牛挤奶现场会议的报告》[(58) 七办发第13号]，指出“浙江省瑞安县利用耕牛挤奶的经验很好”，“为我国当前日益需要的奶食品生产提供了迅速增长的新途径”，要求各省、自治区、直辖市人民委员会“结合当地情况经过培养典型搞‘试验田’然后再稳步地加以推行。”

◆ 3日　国务院科学规划委员会和农业部批复，决定在广西壮族自治区南宁市建立中国农业科学院水牛研究所 [(58) 科字第278号函和 (58) 农院干字3号文]，实行广西壮族自治区和中国农业科学院双重领导。

◆ 农业部在陕西省渭南县召开北方十三省畜牧生产会议。

本年

◆ 毛泽东主席和周恩来总理将数十封反映牛奶供应紧张、喝奶难的人民来信批转给农垦部部长王震，并嘱咐王震同志要抓好牛奶生产、增加奶品供应，解决百姓，特别是孩子的喝奶问题。

◆ 黑龙江省肇源乳品厂研制成功半手工半机械化简易压力喷雾机。

◆ 北京市把原来南郊农场与附近的5个高级合作社合并为一个面积达13万亩的红星人民公社，解决原来农场饲料作物种植面积不足的问题。

◆ 上海市牛奶公司乳品机械修配厂成立，开始研制挤奶、饲料加工和乳品加工机械。

◆ 吴信法编著的《乳及乳制品》由轻工业出版社出版发行。

1959年

2月

◆ 5日　农业部印发《关于中兽医“采风”和编辑中兽医药物志的通知》[(59) 农牧川字第7号]。

3月

◆ 轻工业部召开全国乳品工作会议，推广小型简易喷雾设备图纸和乳品厂设计方案（总结黑龙江省肇源乳品厂成果而成）。

4月

◆ 北郊畜牧场与平西府人民公社合并，更名为国营北京市北郊农场。

5月

◆ 21日　农业部颁发修正后的《兽医生物药品新制品试制办法》[(59) 农牧伟字第37号]。

6月

◆ 18—23日　中共中央在上海举行大、中城市副食品工作会议。

9月

◆ 毛泽东主席视察天津市杨柳青农场。该场是中国较早进行奶牛规模饲养的农场之一。

12月

◆ 7日　农业部召开全国家畜、家禽育种工作会议，提出开展畜禽选育、加强种畜禽场建设、提高畜禽质量的要求。

本年

◆ 黑龙江省食品工业研究所与黑龙江省双城县乳品厂、富裕县乳品厂研制成功小型压力喷雾机和离心喷雾机。

◆ 上海食品工业设计院和上海饮料机械厂共同研制出新型的离心喷雾机。

◆ 中国农业科学院哈尔滨兽医研究所研制出牛肺疫兔化弱毒菌苗和牛肺疫兔化—绵羊适应菌苗。

◆ 首期全国水牛培训班在南宁市举办，培训内容为水牛资源调查和水牛杂交改良，来自全国有水牛省份的相关单位人员共30多人参加培训。

◆ 北京市北郊农场、南郊农场引进捷克高配管道提筒式挤奶机。

1960年

3月

◆ 7—15日　中共中央农村工作部、农业部在北京召开各省、自治区、直辖市分管畜牧业工作的书记会议。国务院副总理谭震林到会讲话。3月21日中共中央转发会议文件。

4月

◆ 11日　中华人民共和国主席令，公布《1956年到1967年全国农业发展纲要》（1960年4月10日，第二届全国人民代表大会第二次会议通过）。

11月

◆ 28日　轻工业部、农业部联合发出《关于大力推广发酵饲料的通知》。

本年

◆ 年初开始，各地大、中城市牛奶供应实行凭票供应。

◆ 轻工业部在内蒙古自治区通辽市召开全国乳品会议，宣传和推广黄牛挤奶。

◆ 东北农学院举办“全国高等农业院校畜产品加工首届师资进修班”，以乳品内容为主，由苏联乳品研究所所长加琴科教授主讲，骆承庠指导实验。

1961年

◆ 北京市国营农场奶牛育种小组成立。

◆ 农垦部调上海市牛奶公司90头奶牛援助越南。

1962年

7月

◆ 北京市委有关负责人向国务院副总理谭震林汇报国营农场经营情况。经周恩来总理同意，国务院拨款2 000万元，农垦部和北京市政府拨款1 000万元，用于北京国营农场新建40个奶牛场，解决北京牛奶供应不足问题。

11月

◆ 22日　中共中央、国务院印发《关于发展大牲畜的几项规定》，提出了十项政策。

12月

◆ 28日　农业部、财政部、中央工商行政管理局、全国供销合作总社联合印发《关于贯彻〈关于发展大牲畜的几项规定〉中有关开放牲畜交易市场的联合通知》。

1963年

5月

◆ 上海市农垦局成立，将市属的16个国营畜牧场和上海市牛奶公司划归农垦局管理。

8月

◆ 8日　国务院印发《关于民间兽医工作的决定》(国农字550号)，提出继续贯彻执行“团结、使用、教育和提高”的政策，提高民间兽医的社会地位，发挥他们的专长；成立社办的畜牧兽医站或合作性质的联合诊疗所等措施。

◆ 14日　农垦部部长王震亲自与上海市市委联系购买的340头育成母牛、5头种公牛运抵黑龙江垦区8511农场。王震部长亲自部署，将该场改成以奶牛为主的畜牧场，并定为农垦部的实验场，探索农牧结合。

本年

◆ 全国第一届乳品技术协作会在内蒙古自治区牙克石市召开。

◆ 北京市北郊农场在中国农业科学院畜牧研究所的协助下，用干冰作冷源，研制颗粒冷冻精液成功。

1964年

9月

◆ 黑龙江垦区8511农场从北京购进405头奶牛。至此，该场共购进牛750头，成为垦区奶牛基地。

本年

◆ 中国援助越南河内巴位农场建立奶牛场。

◆ 美国友人阳早和寒春在西安市草滩农场第三牧场，指导安装了中国第一部鱼骨式挤奶台。

◆ 英国赠予中国用干冰保存的荷斯坦牛和短角牛的安瓿冷冻精液。

◆ 北京市北郊农场畜牧三队引进苏式坑道式挤奶机。

1965年

5月

◆ **1日** 黑龙江垦区8511农场成立乳品车间，筹建完达山奶粉厂。

◆ **21日** 广西壮族自治区区党委、区人民委员会印发《关于用摩拉等良种牛进行杂交工作的通知》。

6月

◆ **16—18日** 农业部在北京召开全国畜牧工作会议。会议总结三年来恢复和发展畜牧业生产的经验，研究第三个五年计划时期畜牧业生产的方针、任务、政策和技术措施，重点讨论加强发展大牲畜的问题。谭震林副总理到会并讲话，毛泽东、刘少奇等国家领导人接见与会代表。8月13日国务院批转农业部《关于全国畜牧工作会议的报告》。

9月

◆ **27日** 农业部报请国务院颁布《中华人民共和国家畜防疫条例（草案)》和《中华人民共和国家畜及畜产品运输和进口检疫办法（草案)》。

本年

◆ 农业部颁发《兽医药品规范》。

◆ 农垦部从荷兰引进液氮发生器（型号PLN106)，在北京市北郊农场建立乳用公牛冻精试验点，开始了以液氮为冷源、超低温生产冷冻精液的研究。翌年即研制成功并进行了授精试验，取得满意效果。

◆ 上海饮料机械厂生产出RRJ180型不锈钢奶油搅拌机。

◆ 引进超高温灭菌机和均质机等先进技术装备，基本解决了“脂肪上浮”和“变稠”的问题。之后，又进一步改进加工工艺和调整乳固体含量，彻底解决了“脂肪上浮”和“变稠”问题。

1966年

5月

◆ **1日** 完达山奶粉厂生产出首批“完达山牌”奶粉。

本年

◆ 黑龙江省乳品工业研究所成立，设分析、工艺、设备、情报四个研究室。

◆ 北京南郊农场奶粉厂建成投产。该厂由日本引进三条乳品生产线，生产脱脂奶粉、黄油和炼乳，日处理能力为40吨。

◆ 内蒙古自治区呼和浩特市乳品厂从丹麦引进降膜式双效浓缩罐，日处理鲜奶20吨。

1967年

◆ 上海饮料机械厂开始生产牛乳杀菌用“片式热交换器”。

1968年

3月

◆ **19日** 第一轻工业部、农垦部、农业部、商业部联合发出《请抓好乳品生产，组织乳源调查及制定乳品发展规划的通知》[（68）一轻食27号、（68）垦生2号、（68）农牧吴8号、（68）高糖糖联56号]。

1970年

5月

◆ **1日** 国务院决定撤销农业部，将国务院农林办公室、农业部、林业部、水产部、农垦部合并，成立农林部。撤销农业部畜牧局，在农林部农业组内设畜牧小组。

本年

◆ 上海市牛奶公司全面推广奶牛人工授精技术。

1971年

◆ 中国相继从加拿大、英国、联邦德国、日本、荷兰、丹麦、美国、阿根廷、澳大利亚及新西兰等国引进细管和安瓿冷冻精液，剂量约6 000份，品种多达十余种（包括乳用、肉用）。

1972年

7月

◆ 商业部、轻工业部、农林部联合在内蒙古自治区阿巴嘎旗召开现场会，推广阿巴嘎旗兴办半机械化乳品厂，充分利用当地旺季分散奶源发展奶粉生产的经验。16个省（自治区、直辖市）有关部门负责人参加会议。

8月

◆ 农林部科教局在北京市召开奶牛场应用液氮冷冻精液人工授精技术座谈会，研究推广该技术和开展奶牛育种的可能性和措施。

10月

◆ 农林部科教局在北京召开北方地区奶牛育种和推广冷冻精液人工授精技术座谈会，成立“北方部分地区奶牛场黑白花奶牛育种协作组”，推选北京市农林局为组长单位；拟订《关于北方部分地区奶牛场奶牛育种工作和推广冷冻精液技术的协作办法（草案）》和《关于奶牛育种中若干技术的建议（草案）》。来自13个省（自治区、直辖市）的有关管理部门、奶牛场和科研单位代表40余人参加会议。

11月

◆ 10日　商业部、轻工业部、农林部联合印发《关于推广阿巴嘎旗发展奶粉生产经验的通知》[（72）商食联字第87号、（72）轻一生字第138号、（72）农林（农）字第121号]。

12月

◆ 农林部科教局召开部分省市机械化养鸡和家畜冷冻精液人工授精繁殖技术座谈会，积极推动牛冷冻精液的研究、推广和开展奶牛良种选育事业。

本年

◆“中国黑白花牛培育”列入农林部科技项目计划。
◆ 南京卫岗牛奶厂援建坦桑尼亚姆巴拉利农场奶牛场。
◆ 陕西省开始发展以山羊奶为原料的小型半机械化乳品厂。

1973年

1月

◆ 农林部恢复畜牧局建制。

12月

◆ 18—24日　农林部在辽宁省铁岭市召开全国种畜场座谈会。

◆ 北方部分地区奶牛场黑白花奶牛育种协作组在天津召开北方地区黑白花奶牛育种协作组第二次会议，中共中央委员王震到会并作指示。会议决定将原协作组扩大为北方地区黑白花奶牛育种协作组。由北京、天津、辽宁、吉林、黑龙江、山西、山东、河北、陕西、甘肃、宁夏、内蒙古等12个省（自治区、直辖市）农林（农牧）局牵头组成。会议通过了《北方地区黑白花奶牛育种协作办法》、《北方地区黑白花奶牛育种方案》和《北方地区黑白花奶牛鉴定办法》。来自17个省、自治区、直辖市的有关管理部门、奶牛场和科研单位代表79人参加会议。

本年

◆ 在北郊农场种公牛站的基础上，经北京市育种小组选择，将南郊农场、双桥农场、东风农场、西郊农场、东郊农场种公牛站的优秀公牛集合，成立了第一个省级种公牛站——北京市种公牛站。

◆ 辽宁省昭乌达盟、吉林省白城地区、河北省张家口地区、内蒙古锡林郭勒盟和伊克昭盟有关单位联合成立草原红牛育种协作组，吉林省任组长单位，制定了《草原红牛育种协作办法》。

◆《乳品科技情报》（季刊）在黑龙江省乳品工业研究所创刊（1977年更名为《乳品工业》，1984年更名为《中国乳品工业》，1985年改为双月刊）。

◆ 上海市牛奶公司育种领导小组成立，重新修订上海市牛奶公司良种登记标准，确定核心群育种策略。

1974年

3月

◆ 10日　巴基斯坦赠送中国的尼里－拉菲水牛50头运抵上海，农林部分配给广西25头（公牛10头、母牛15头）、湖北25头（公牛5头、母牛20头）。

4月

◆ 北方地区黑白花奶牛育种协作组在北京举办黑白花奶牛鉴定学习班。之后，北方12省（自治区、直辖市）协作组单位组织8 000多育种技术人员进行牛群普查鉴定，确定每头牛等级，在此基础上逐级申报良种登记牛。

5月

◆ 受农林部科教局委托，北方地区黑白花奶牛育种协作组在北京举办全国第一期牛冷冻精液技术训练班，中共中央委员王震到会看望学员并作指示。训练班讨论拟订《牛精液冷冻技术操作规程》。22省（自治区、直辖市）有关单位72人参加学习。

10月

◆ 21—28日　受农林部指示，广西壮族自治区农业局在南宁主持召开第一次全国水牛改良育种技术协作座谈会。会上决定成立“14省（自治区）市水牛改良育种协作组”，同时通过《14省（自治区）市水牛改良育种协作组协作办法（草案）》。

◆ 北方地区黑白花奶牛育种协作组在北京市牛奶公司良种登记工作会议上，制定了《北方地区黑白花奶牛良种登记暂行办法》。会后分华北、东北、西北三组复查良种登记牛。

本年

◆ 农林部科教局、农垦局在上海召开“南方地区大中城市奶牛育种科研协作组”成立会议，上海、广西、贵州、江西、安徽、福建、四川、湖北、湖南、江苏、广州、杭州、昆明等13个地区代表出席，上海市牛奶公司为组长单位。

◆ 北京市市委根据万里同志关于加速奶牛业生产机械化的指示，确定红星公社为机械化生产奶牛场改建试点。

◆ 第一次良种登记共复查29 865头牛，批准登记4 507头，占15%。登记牛305天平均产奶量第一胎为5 104千克，第二胎为6 560千克，五胎以上7 450千克。三胎以上平均体高135.9厘米。有26头牛1个泌乳期305天产奶量超过10 000千克。

◆ 上海市种公牛站成立，隶属上海市牛奶公司。

◆ 黑龙江省乳品工业研究所与安达乳品厂合作，研制成功喷涂卵磷脂的全脂（冷水）速溶奶粉。

1975年

1月

◆ 北方地区黑白花奶牛育种协作组在西安市召开第三次奶牛育种协作会议，国务院副总理王震来电询问会议安排并表示关切。会议通过了《关于创造、培育和使用种公牛的建议》、《每月记录三天的产奶记录制度》等。144人参加会议。

4月

◆ 北京率先开展有组织的公牛后裔测定工作。该批共测定公牛4头对照公牛1头。

7月

◆ 北方地区黑白花奶牛育种协作组在北京市通县举办第一期奶牛育种师资训练班。41人参加学习班。

11月

◆ 北方地区黑白花奶牛育种协作组在北京市召开各省、自治区、直辖市联络员会。国务院副总理王震到会，询问了解各地奶牛业发展情况，并对协作组的工作做了指示。

本年

◆ 全国轻工食品工业会议在北京召开，国务院副总理王震要求农业部、轻工业部、商业部组成联合调查组，调查奶牛、奶山羊发展情况。

◆ 在国务院副总理王震的亲自过问下，四川省机械设计院试制液氮贮存精液容器成功，填补了国内低温容器产品空白。

◆ 北方地区黑白花奶牛育种协作组出版《北方地区黑白花奶牛良种登记簿·第一卷》。1976年、1978年、1981年又连续出版第二卷、第三卷和第四卷，并于1979年出版《良种登记公牛·第一卷》。

◆ 北京市北郊农场畜牧二队自行建造转环式挤奶台，采用流水作业方式，设24个床位，每8分钟转一圈，由两个人操作。

1976年

2月

◆ 22日　农林部向国务院副总理王震呈报《山西省发展奶牛工作情况的初

步调查》。

◆ 北方地区黑白花奶牛育种协作组在西安市召开北方六省（自治区、直辖市）秸秆喂牛技术交流会议，各地交流秸秆加工调制方法。

本年

◆ 联合国开发计划署援款90万美元，在黑龙江省哈尔滨乳品工业技术开发中心建设“国家乳品检测中心”项目。

◆ 黑龙江省食品工业公司、黑龙江省乳品工业研究所、哈尔滨儿童保健所和双城儿童乳品厂，在中国医学科学院和北京医学院协助和指导下，研制出用牛奶加大豆蛋白和维生素生产婴儿奶粉。

◆ 北京市北郊农场畜牧分场机修厂成功研制9JSG-8型双管道电磁真空挤奶设备，该项目获得北京市农业科研成果三等奖。

1977年

3月

◆ 16日　农林部在内蒙古自治区集宁市举办全国家畜冷冻精液技术培训班。

7月

◆ 8日　农林部、商业部、对外贸易部、全国供销合作社、轻工业部联合颁发《全国家畜改良区域规划》。

8月

◆ 2—12日　北方地区黑白花奶牛育种协作组在黑龙江省安达县召开第四次奶牛育种协作会议。会议通过《北方黑白花奶牛乳脂测定标准（草案）》、《北方地区黑白花奶牛产奶记录标准（草案）》，有关北方黑白花奶牛品种标准化文件（报请农林部审批）和《1978—1985年育种实施方案》等。会议决定“北方地区黑白花奶牛育种协作组”更名为“中国黑白花奶牛育种科研协作组（北方组）”。176人参加会议。

12月

◆ 第四次全国乳品工业会议在江苏省无锡市召开，部署全国乳制品生产和计划调配工作。商业部介绍发展奶山羊的经验，轻工业部王毅之副部长在总结中强调奶山羊对乳业发展的积极作用。轻工业部向国务院建议开辟第二奶源，建立奶山羊基地，后获得批准。

本年

◆“草原红牛新品种培育”列为国家重大科研项目。

◆ 新疆维吾尔自治区畜牧厅从联邦德国和奥地利进口瑞士褐牛，分配到昭苏种马场、巩留牛场等场用于纯繁和杂交改良。

◆ 广州牛奶公司引进超高温灭菌纸塑铝箔盒无菌灌装机。

◆ 北京市农机研究所、北京市北郊农场、北京市自动化技术研究所合作研制成功9JZ-2自控挤奶机，并应用北郊农场畜牧二队的转环式挤奶台。该挤奶机有乳杯自动脱落功能，比提筒式挤奶机提高工效10倍。该项目获北京市农业科研成果二等奖。

◆ 金世琳等编著的《乳与乳制品生产》由轻工业出版社出版。

1978年

1月

◆ 中国黑白花奶牛育种科研协作组（北方组）出版《良种母牛登记簿》第二卷，共登记良种母牛5 134头。

2月

◆ 国务院印发《关于批发全国国营农场工作会议纪要的通知》（国发〔78〕20号）。国务院决定成立国家农垦总局。

3月

◆ 18—31日　中共中央、国务院在北京隆重召开全国科学大会。中共中央副主席、国务院副总理邓小平出席开幕会并作重要讲话。中国黑白花奶牛育种科研协作组北方组承担的“中国黑白花奶牛培育”，北京市种公牛站承担的“家畜冷冻精液人工授精繁殖技术”，吉林省农业科学院畜牧研究所等单位承担的“草原红牛的培育”，广西壮族自治区畜牧研究所承担的“水牛超低温冷冻精液人工授精技术研究”和“水牛人工授精技术”，四川省机械设计院试制的液氮贮存精液容器，黑龙江省安达县轻工机械厂研制的RP6K7型双效降膜式蒸发器，获全国科学大会优秀科技成果奖。

◆ 21日　中共中央主席、中央军委主席、国务院总理华国锋同志指示：“现在奶粉很缺，解决这个问题，要发展奶牛，也可以建立奶山羊基地”。同年，国务院做出了开发利用山羊奶资源的决策。

8月

◆ 中国黑白花奶牛育种科研北方协作组在乌鲁木齐市召开第五次育种协作会

议，分育种、饲养和繁殖技术等专业进行学术交流。24个省（自治区、直辖市）有关业务管理部门和科技工作者200多人参加会议。

◆ 中国科学院遗传研究所与上海市牛奶公司合作，在中国首先取得奶牛鲜胚胎移植的成功。

12月

◆ **4—15日** 中国派代表首次出席联合国粮食及农业组织（FAO）在印度卡纳尔召开的国际水牛繁殖与人工授精学术研讨会议。

本年

◆ 农林部、轻工业部、商业部在北京联合成立“全国奶山羊生产领导小组”，在奶山羊重点产区相应成立了省（自治区）“奶山羊生产领导办公室”，重点抓奶山羊的生产和羊奶加工。

◆ 南方地区黑白花奶牛育种协作组出版《良种母牛登记簿》第一卷及《良种公牛登记簿》第一卷。

◆ 在新疆塔城召开新疆草原兼用牛育种协作会议，总结育种改良工作经验，讨论加速育种进程的技术措施，成立育种协作组，拟定育种协作方案。

◆ 种公牛冷冻精液首次出口，支援巴基斯坦塑料细管冷冻精液2万支。

◆ 北京市双桥农场从丹麦引进鱼骨式挤奶机。

1979年

2月

◆ **23日** 第五届全国人民代表大会常务委员会第六次会议决定，批准设立国家农业委员会、林业部、农业机械部，批准农林部改称农业部。

4月

◆ **23日** 农业部颁发一九七八年版《兽药规范》[(79) 农业（牧）字第57号]，自1979年7月1日起实施。

5月

◆ **25—31日** 农业部、轻工业部、商业部在浙江省临海县联合召开第一次全国奶山羊生产基地县会议，会议总结交流发展奶山羊和乳品加工、购销等方面的经验，强调要进一步加强奶山羊基地县建设和发展山羊奶加工工业。确定在陕西、河南、山东、山西、河北、浙江6省建立首批29个奶山羊基地县。

◆ 中华人民共和国农垦部恢复。

8月

◆ **20日至10月15日** 农垦部对北京等20个城市的牛奶生产、加工、销售情况进行调查。

◆ **28日** 国务院发布《中华人民共和国食品卫生管理条例》。

9月

◆ **7—10日** 受农业部委托，辽宁省机械局、内蒙古自治区农业机械局召开鉴定会，中国农业机械研究院设计的9SQ-10型牵引式双行青贮收获机通过鉴定。

◆ **13日** 全国人民代表大会常务委员会令第二号，发布《中华人民共和国环境保护法（试行）》。

◆ **28日** 中国共产党第十一届四中全会通过《中共中央关于加快农业发展若干问题的决定》，提出将1970年以来国务院确定的“积极发展集体养猪，继续鼓励社员养猪”的方针修改为“继续鼓励社员家庭养猪养牛养羊，积极发展集体养猪养牛养羊”。

◆ 中国牦牛科研协作组成立大会在西宁市举行。

10月

◆ **9日至11月6日** 农垦部派奶牛实习组赴加拿大，访问安大略和阿尔伯塔地区的奶牛科研单位、大学、育种公司、协会、奶牛场、乳品加工厂等。

◆ **20—29日** 农业部在湖南省城步苗族自治县召开全国农区畜牧业和草山利用建设发展草食牲畜会议。农业部副部长蔡子伟、赵修主持会议。参会代表246名。会议组织参观考察了南山牧场。

◆ “北京市奶牛研究所”成立。

◆ 农垦部和农业部委托中国黑白花奶牛育种科研协作组（北方组）在北京市奶牛研究所举办全国第一期奶牛鉴定学习班，农垦部副部长张省三出席并讲话。80多位学员参加学习。

11月

◆ 中国黑白花奶牛育种科研协作组（北方组）在北京市西郊农场举行第一次奶牛繁殖技术交流会，会议起草《北方地区颗粒冷冻精液规程草案》。在北京市种公牛站举行现场冻精效果评比。来自北方组省份的48人参加会议。

12月

◆ 3日　国务院批转农业部、外贸部《关于加强进口种畜管理工作的报告》，将种畜进出口业务划归农业部管理。

本年

◆ 黑龙江省双城儿童乳品厂与哈尔滨市儿童保健站、黑龙江省乳品工业研究所协作，试制生产添加维生素D和铁盐的“双工牌”婴儿奶粉，还试制幼儿奶粉、儿童奶粉、孕妇奶粉、母乳化奶粉等。

◆ 内地鲜奶开始供应香港、澳门地区。

◆ 新疆维吾尔自治区在乌苏县召开养牛生产会议，确定全疆养牛结构为乳肉兼用牛70%、肉用牛20%和奶牛10%的比例；拟定了《1979—1985年新疆草原兼用牛品种育种计划提纲》、《新疆草原兼用牛鉴定分级标准》（试行草案），提出了《新疆草原兼用牛归属办法》。“新疆草原兼用牛”更名为“新疆褐牛”。

1980年

1月

◆ 31日　卫生部、农业部联合颁发《防治布氏杆菌病暂行办法》[（80）卫防字第5号、（80）农业（会）字第6号]。

◆ 农垦部在上海召开全国农垦奶牛生产会议。

◆《中国牦牛》杂志创刊。

2月

◆ 24—28日　中国黑白花奶牛育种科研协作组（南方组）在昆明市召开第一次繁殖技术专题会议。

3月

◆ 22日　国务院批转农业部《关于加速发展畜牧业的报告》（国发〔1980〕69号），指出“提高蛋、肉、奶在食物中的比重，是我们的一项重要任务”。

◆ 中国黑白花奶牛育种科研协作组南、北方组在西安市联合召开第一次全国奶牛饲养科学报告会。

4月

◆ 中国黑白花奶牛育种科研协作组（南方组）在长沙市召开第三次育种协作

会议。农垦部副部长张省三出席大会并讲话。

6月

◆ **5日** 经国家进出口管理委员会批准，中国种畜进出口公司在北京成立，隶属于农业部，承担种畜、种禽以及牧草种子进出口业务。

◆ **20日** 中国黑白花奶牛科研协作组南、北饲养组创办《奶牛饲养》杂志（双月刊），全国发行，编辑部设在西安市农业科学研究所。[1985年，编辑部迁天津农学院，改名为《中国奶牛科技与信息》（半月刊）。1989年，改名为《中国奶业信息》。1993年，编辑部迁往北京，改名为《中国乳业信息》]。

7月

◆ 轻工业部召开第一届全国乳制品质量评比会议。有10项产品被评为轻工部优质产品，其中黑龙江省哈尔滨松江罐头厂的红梅牌甜炼乳、密山县完达山乳品厂生产的“完达山牌”全脂甜乳粉、安达乳品厂生产的“红星牌”全脂淡乳粉和“红梅牌”全脂甜乳粉获奖。

8月

◆ **26日** 国务院批转农业部制定的《兽药管理暂行条例》（国发〔1980〕220号）。

9月

◆ **8日至10月4日** 农垦部派奶牛考察组赴民主德国，考察奶牛育种、鉴定、饲养管理、饲料利用及牛舍布局、机械化生产、乳品加工等。

◆ **26日至10月9日** 日本友好人士汤浅忠夫率团访华，与农垦部外事局达成关于中国实习生在日本实习养奶牛的协议。

◆ **29日** 农业部印发《家畜布氏菌病弱毒苗使用暂行办法》[（80）农业（牧）字第157号]。

◆ **29日** 农业部印发《一九八〇年南方家畜血吸虫病和北方布氏杆菌病等防疫会议总结报告》。

◆ 农业部、轻工业部、商业部召开第二次全国奶山羊基地县会议。

10月

◆ 国务院批转轻工业部、商业部和粮食部关于解决婴幼儿食品问题的报告，要求各地加强婴幼儿食品的生产。

◆ 农垦部、农业部在全国农业展览馆举行北京市奶牛比赛会。

◆ 中国黑白花奶牛育种科研协作组（北方组）在北京市种公牛站召开公牛后

裔测定方法讨论会，制定《公牛后裔测定技术操作规程》，并成立公牛后裔测定小组。

11月

◆ 20日　农业部、卫生部、国家医药管理总局联合颁发《兽用麻醉药品的供应、使用、管理办法》[(80) 农业（牧）字第34号、(80) 卫药字36号、(80) 国药联供字第545号]。

本年

◆“上海市奶牛研究所”成立。

◆“新疆褐牛的选育提高”(1980—1986年）列入新疆维吾尔自治区牧业科技研究项目，由畜牧厅牵头，塔城种牛场、乌鲁木齐种畜场、巩留牛场、昭苏种马场、伊犁州畜牧兽医工作站、八一农学院实施。

◆ 从联邦德国和奥地利引入第三批瑞士褐牛。

◆ 8—12月，天津市塘沽农场尝试发酵初乳饲养犊牛方法，后逐步推广至天津各奶牛场及全国。

◆ 全国骆驼育种协作会议在内蒙古自治区阿拉善左旗召开。会议讨论全国养驼业的发展方向和规划，提出双峰驼的选育方向应以绒肉为主兼顾使役和产乳。

1981年

1月

◆ 中国黑白花奶牛育种科研协作组（北方组）在大连市召开黑白花奶牛品系选育研讨会第二次会议，9省（直辖市）25名代表参加。

3月

◆ 30日　中共中央、国务院转发国家农业委员会《关于积极发展农村多种经营的报告》。报告指出牛奶供应很紧张，应加强草地建设，发展养牛。

◆ 30日　农垦部派4人赴日本汤浅牧场进行奶牛饲养管理实习。

4月

◆ 22日　农垦部派考察组赴法国考察奶牛冷冻精液制作，访问凯苏兽医器械公司和莱革勒人工授精中心。

◆ 中国黑白花奶牛育种科研协作组（北方组）分3组对15省（自治区、直辖市）的奶牛重点育种场品种牛进行验收。共验收成年品种母牛29 439头，占成年母牛的53.34%。

5月

◆ 农业部畜牧总局在内蒙古自治区通辽市召开“中国西门塔尔牛育种委员会”成立大会。中国西门塔尔牛育种委员会在农业部畜牧总局领导下，由有关行政、生产、科研和院校等单位组成，任务是培育中国西门塔尔牛。

7月

◆ 农业部、农垦部召集中国黑白花奶牛育种科研协作组南、北方组组长单位在北京开会，讨论协作组改组成立中国黑白花奶牛协会和南北方联合育种等有关问题。

◆ 儿童食品标准科研工作会议在昆明市召开，拟订《婴儿食品及断奶食品标准》(草稿)。

8月

◆ 13日　瑞典奶牛饲养专家克劳林夫妇来华讲学。

◆ 16日　美国饲料谷物委员会奶牛考察组布雷迪等来华考察。

◆ 25—31日　中国黑白花奶牛育种科研协作组南、北方组代表联席会议在大连市召开，会议着重研究育种协作组改建为中国黑白花奶牛协会并总结协作组成立以来的工作和经验，讨论修改《中国黑白花奶牛协会章程（草案)》。

9月

◆ 24日　国家农业委员会批准成立“中华人民共和国动植物检疫总所”(国农办字第〔1981〕72号)，隶属于农业部。

10月

◆ 17日　农业部畜牧总局局长祁果率中国畜牧代表团访问联邦德国，重点考察奶牛育种和饲养技术。

◆ 19日　“农业部动物检疫所”成立。

◆ 29日　经国务院批准，成立“中国食品工业协会”。

11月

◆ 6日　农垦部公布1981年农垦部优质产品名单。其中有上海市牛奶公司乳品二厂的“光明牌”全脂奶粉，黑龙江省八五一一农场完达山食品厂的“完达山牌”速溶全脂甜奶粉。

◆ 全国乳品、儿童食品工作会议在哈尔滨市召开，成立中国乳品、儿童食品工业协会，拟订儿童食品（“六五”）发展规划。

◆ 中国黑白花奶牛育种科研协作组南、北方组在武汉市召开第二次全国奶牛饲养科技报告会。100多人参加报告会。

◆ 中国黑白花奶牛育种科研协作组南、北方组联合在南京市举办第一期全国奶牛繁殖技术学习班，来自27个省、自治区、直辖市的126名学员参加学习。此期培训班后来被定为中国奶牛协会第一期繁殖技术培训班。

12月

◆ 农业部科技局在昆明市召开会议，与中国黑白花奶牛育种科研协作组共同审定北京农业大学主持拟订的《中国黑白花奶牛品种标准》。

本年

◆ 农垦部在北京召开全国奶业研讨会。

◆ 西北农学院（今西北农林科技大学）刘荫武教授主持培育的萨能奶山羊，获农业部技术进步一等奖。

◆ 由美籍专家寒春、阳早与北京南郊农场共同研制的电脉动式管道挤奶机荣获农垦部和北京市科技成果奖。

◆ 黑龙江省乳品工业研究所研制的奶粉溶解度搅拌器荣获黑龙江省科技成果三等奖，确定作为国家标准指定仪器。

◆ 北京市种公牛站利用联合国开发计划署资助，从法国凯苏IMV兽医药械公司引进制作细管冷冻精液的全套设备，成功生产出奶牛细管冷冻精液。

◆ 中国科学院遗传研究所和上海市牛奶公司合作，取得胚胎超低温冷冻保存的成功，第二年获得两头冻胚犊牛。

◆ 三河牛家畜繁育指导站建立，由谢尔塔拉种牛场统一供种。“三河牛选育提高（1981—1983年）”列入内蒙古自治区科学委员会重点科研课题计划。

◆ 北京市东北旺农场引进日本低配管道式挤奶设备。

1982年

1月

◆ **14—16日** 农业部在北京召开大中城市肉、奶、禽、蛋生产和供应座谈会，会议提供的材料显示，79个城市共生产牛奶57.84万吨，人均7.7千克。其中鲜奶供应31.82万吨，占牛奶总产量的55%，人均4.2千克。

◆ 农业部向世界粮食计划署提出申请，拟在北京、天津、上海、南京、武汉、西安等6城市合作实施奶类发展项目。

3月

◆ **15日至4月4日** 农业部畜牧总局副局长陈凌风率中国兽医检疫代表团访问联邦德国。初步商谈了中国从联邦德国进口奶牛、奶山羊等检疫条款。

4月

◆ **23日** 经国务院批准，设立“全国畜牧兽医总站”。

◆ **28日至5月15日** 农垦部在北京举办全国农垦第一届乳品评比会议。评选出优质乳品9种：“完达山牌”、“滹沱河牌”、“西湖牌”、“培力牌”、“红卫牌”、“海河牌”全脂甜奶粉、“光明牌”、“沪光牌”全脂淡奶粉和“光明牌”甜炼乳。

◆ 内蒙古轻工科学研究所金世琳先生应日本学术振兴会邀请，赴日本作乳品工业讲学及学术交流，成为中国首位出国作乳业讲学的学者。

◆ 全国赛牛会，选出8头“奶牛王”，其中北京市有6头。

5月

◆ **4日** 第五届全国人民代表大会常务委员会第二十三次会议通过关于国务院部委机构改革实施方案的决议。农业部、农垦部、国家水产总局合并，成立农牧渔业部。部内设农垦总局、畜牧局。

◆ **5—13日** 农牧渔业部在湖南省城步苗族自治县主持召开南方13省、直辖市、自治区畜牧工作会议。会议提出将耕牛改良为役乳兼用牛，并强调发展奶山羊是增加乳品供应的重要途径。

◆ 中国黑白花奶牛育种科研协作组（南方组）在杭州市召开第四次育种协作会议。

◆ 广州市牛奶公司引进无菌包装机生产的“屋型”超高温灭菌“维他奶”，在全国儿童生活用品展销会上受到欢迎。

6月

◆ **4日** 国务院发布《中华人民共和国进出口动植物检疫条例》（国发〔1982〕88号）。

◆ **30日** 农牧渔业部公布《中华人民共和国动物检疫对象名单》[（82）农（检）字第8号]，涉及奶牛的主要传染病有20种。

7月

◆ 农牧渔业部农垦总局改为农牧渔业部农垦局。

8月

◆ **5—15日** 农牧渔业部在哈尔滨市召开北方17省（自治区、直辖市）畜牧工作会议。会议提出要大力发展畜禽饲养专业户(重点户)，做到国家、集体、个人一齐上，逐步解决大中城市肉、奶、蛋、禽的供应问题。

◆ **9日** 国家标准局发布国家标准《中国黑白花奶牛》(GB3157—1982)，1983年5月1日实施。

◆ 中共中央总书记胡耀邦视察黑龙江省时提出，黑龙江省要把奶牛发展到100万头。

10月

◆ **20—24日** 农牧渔业部在哈尔滨市召开优质奶粉评比会，评出5个优质产品奶粉。

◆ 中国黑白花奶牛育种科研协作组（北方组）在西安市召开制定《高产奶牛饲养管理技术规范》讨论会。

11月

◆ **4—9日** 全国家畜布氏杆菌病和血吸虫病防治经验交流会议在四川省乐山市举行。

◆ **6日** 由轻工业部上海轻工设计院设计的第一座日处理羊奶100吨的新型乳品厂，在陕西省富平县建成投产。

◆ **10日** 农牧渔业部印发《关于淘汰兽药品种的通知》[(82) 农（牧）字第83号]。

◆ **12日** 农牧渔业部办公会研究决定，成立“中国奶牛协会”。中国奶牛协会由农牧渔业部领导，挂靠农垦局。

◆ **19日** 全国人民代表大会常务委员会委员长叶剑英签发第12号令，公布《中华人民共和国食品卫生法》。

◆ **20日至12月3日** 农牧渔业部畜牧局“六大城市奶类发展项目”管理监测组在北京召开争取世界粮食计划署奶类援助项目第四次会议。

◆ 联合国派遣乳品加工设计专家到中国考察，调查准备执行联合国援助奶类项目的6个城市的乳品厂情况。

12月

◆ **10—17日** 中国奶牛协会成立大会和中国黑白花奶牛育种科研协作组工作汇报会在北京举行。大会选举产生中国奶牛协会理事会88名理事，王震任名誉理事长，张林池任理事长，赵海泉任副理事长兼秘书长。大会通过《中国奶牛协会章程》等文件。中央有关部委及各省、自治区、直辖市代表共549人参加大会。

◆ **13日** 中共中央政治局委员王震、农牧渔业部部长林乎加出席中国奶牛协会成立大会并讲话。王震同志指出，“我们党中央的领导，都非常关心人民群众的吃、穿、用，他们经常说要改善人民的生活，就要注意食物的品种和结构，要发展肉、奶、蛋的生产和食品工业。毛主席在世的时候也很关心这个事情。还是五十年代，有许多这方面人民的来信，毛主席把我找去了，要我解决双职工的小孩吃奶问题。”“牛奶的营养价值很高，现在是缺门货，北京只有刚出生的婴儿才能订到奶，小孩到几岁就停止供应，我们这些老弱病残吃奶还是困难。牛奶供应紧张，要靠我们奶牛生产来解决。”他最后强调，“我们的奶牛事业的发展也要开创新局面。只要我们有百折不挠的精神，坚持不懈，脚踏实地干到底，就会做出成效来，就会给人民群众增一分热能，添一分幸福。”

◆ **17日** 党和国家领导人万里、习仲勋、王震、胡启立等在人民大会堂接见中国奶牛协会成立大会与会全体代表并合影留念。

本年

◆ 中国黑白花奶牛育种科研协作组举行第二次奶牛繁殖科学技术研讨会（南、北方协作组分别于1979年和1980年举办的研讨会作为第一次研讨会）。两次会议被定为中国奶牛协会第一和第二次繁殖技术研讨会。

◆ 西北地区首届乳品技术协作会议在陕西省富平县召开。

◆ 美国专家阳早、寒春夫妇协助西安有关单位，研制成功9TT-2×10型鱼骨式挤奶台，获西安市科技成果二等奖。

◆ 北京市牛奶公司组建乳品研究所，设在北京市东直门乳品厂内。

◆ 江苏省无锡县化工设备厂，在中国船舶工业总公司第九设计研究院帮助下，研制成功每小时蒸发25千克水分的小型离心喷雾干燥机。

◆ 黑龙江省海伦乳品厂在骆承庠教授的指导下，研制成功人工发酵羊奶干酪。

◆ 北京东直门乳品厂从丹麦引进一套日产15吨酸奶设备。

◆ 上海市轻工业设计院设计出降膜式三效浓缩罐，耗气量比二效浓缩罐降低30%，供陕西省富平县乳品厂和四川省红原县乳品厂使用。

◆ 黑龙江省乳品研究所研制出流化床二次干燥技术，首先在安达乳品厂和富平县乳品厂应用。此后，日处理20吨以上的乳品厂大多推广了两步干燥法，可节约能源20%。

◆ 内蒙古自治区轻工业研究所研制成功真空脱臭装置，脱膻效果很好，获得轻工业部科技成果奖。

1983年

1月

◆ 农牧渔业部印发《关于成立奶牛协会的通知》[(83) 农（办）字第1号]，要求于1983年年底前各省（自治区、直辖市）成立奶牛协会。随文转发王震同志、林乎加部长、张林池理事长在中国奶牛协会成立大会上的讲话和《中国奶牛协会章程（草案)》等文件。

3月

◆ 农牧渔业部印发《大、中城市肉奶禽蛋生产供应情况及加速改善奶类生产工作的通知》。

4月

◆ 2日　中国奶牛协会印发《公牛后裔测定规程（草案)》、《中国黑白花奶牛品种标准》，供各地试行。

◆ 25日至5月6日　中国奶牛协会和北京市牛奶公司在北京联合举办乳脂测定技术培训班。

5月

◆ 9日　中国奶牛协会与吉林省计算机研究所签订合同，开展在奶牛养殖业中运用计算机技术。

◆ 10—15日　中国奶牛协会在哈尔滨举办第二期奶牛繁殖技术暨精子顶体检查技术培训班。

◆ 16日　农牧渔业部颁布《新兽药管理暂行办法》[(83) 农（牧）字第87号]。

◆ 26—31日　中国奶牛协会在北京召开黑白花奶牛育种工作协调会议。

◆ 世界粮食计划署（WFP）第15次粮食援助政策及计划会议通过了在北京、天津、上海、南京、武汉、西安6城市实施奶类发展项目。

6月

◆ 6日　中国奶牛协会主持制定的《公牛后裔测定暂行规范》及《进口种畜精液选择标准》定稿。

◆ 17—21日　中国奶牛协会在天津召开推广发酵初乳培育犊牛技术经验交流会。

◆ 30日　中国奶牛协会主办的《中国奶牛》杂志（季刊）在湖南省出版局登记，《中国奶牛》（创刊号）出版发行。杂志编辑部设在长沙，协会副理事长兼秘书长赵海泉担任主编。1989年1月，编辑部迁往北京并改为双月刊。

7月

◆ 中共中央总书记胡耀邦在青海、甘肃两省考察时，提出“种草种树、发展畜牧、改造山河、治穷致富”的发展黄土高原经济的战略方针，并多次谈到发展奶牛养殖问题。

◆ 中国农业银行全国15个省（市）分行组成农业银行奶牛信息网。其任务是交换奶牛生产信息，传递情报、调查问题、预测奶牛生产趋势，确定奶牛贷款投向，开展咨询服务。

8月

◆ 1—10日　农牧渔业部在陕西省延安市召开北方旱地农业工作会议，中共中央总书记胡耀邦到会作了关于种草养畜、发展农业反弹琵琶的重要讲话。

◆ 11日　农牧渔业部和世界粮食计划署（WFP）双方代表在北京签署《六大城市奶类发展项目执行计划》。1984—1988年世界粮食计划署对中国北京、天津、上海、南京、武汉、西安提供脱脂奶粉45 000吨和无水黄油13 330吨，折合总价值为6 473.3万美元。

9月

◆ 21日　中国奶牛协会副理事长陈凌风与美国荷斯坦牛协会国际事务助理密克斯（Maurice E. Mix）先生会谈，商讨双方合作交流事宜。之后，密克斯先生在北京东风农场讲授奶牛线性评定技术。

11月

◆ 1—14日　中国奶牛协会在无锡举办第三期奶牛繁殖技术培训班，来自27个省、自治区、直辖市的145名学员参加培训。

◆ 25日　中共中央政治局委员王震视察北京市种公牛站和北郊农场，了解奶牛生产情况。王震指出，牛奶生产是一件关系千家万户生活和千百万幼儿们健康发育成长的大事。牛奶供应的紧张状况仍未从根本上解决，希望尽快把牛奶生产搞上去。

12月

◆ 13—19日　全国政协农业组和中国奶牛协会在北京联合召开北京市奶牛问题座谈会。中国奶牛协会理事长张林池、副理事长蔡子伟、副理事长兼秘书长赵海泉参加座谈会。会议拟订发展奶牛的建议稿。

本年

◆ 农牧渔业部畜牧局、全国畜牧兽医总站在山东召开秸秆氨化现场会，并分别在四川省隆昌县、内蒙古自治区科左后旗召开南方和北方青贮工作会议。

◆ 中国奶牛协会制定《中国黑白花种公牛后裔测定暂行规范》，并组织首次全国联合公牛后裔测定。

◆ 中国奶牛协会召开第一次全国奶牛胚胎移殖技术座谈会，来自65个单位的85位专家、教授参加会议。

◆“中国农垦乳品技术交流站”成立。

◆ 北京市政府向党中央、国务院报告，为解决北京“喝奶难”问题提出引进乳品加工设备。经中央领导批示，国家计划委员会拨款2 500万美元，用于北京的奶业发展。

◆ 西北农学院畜牧专家指导陕西省陇县山区进行黄牛改良奶牛的试验，获得成功。

◆ 新疆维吾尔自治区畜牧厅组织对“新疆草原兼用牛”进行品种审定，并命名为“新疆褐牛”。

◆ 中共中央政治局委员王震多次视察北京市种公牛站，并邀请新华社、电视台、广播电台和报社记者到种公牛站采访。

◆ 截至年底，有宁夏、北京、青海、新疆、江苏、甘肃、河北、陕西、山西、黑龙江10个省（自治区、直辖市），广州、杭州2个省会城市成立奶牛协会，并作为团体会员加入中国奶牛协会。

◆ 浙江省百好乳品厂生产果汁乳酸饮料。

1984年

1月

◆ **27日**　国家标准局发布国家标准《牛冷冻精液》（GB 4143—1984），1984年9月1日起实施。

◆ **27日**　中国第一条塑料袋装鲜牛奶生产线在杭州食品厂投入生产。当时日产袋装鲜牛奶6 000袋。

2月

◆ **14日**　国家统计局公布，1983年农村的奶粉、炼乳等食品的零售量比1982年增长50%以上。

6月

◆ **1日** 中国奶牛协会派往美国的第一批奶牛场实习生启程赴美。

◆ 中国奶牛协会在天津市召开全国国有奶牛场提高经济效益座谈会。

7月

◆ **14日** 国务院办公厅转发国家经济委员会拟定的《1981—2000年全国食品工业发展纲要》（国办发〔1984〕53号），提出到2000年，消毒奶、奶制品产量比1980年增长20倍以上；乳制品工业发展方向和重点是充分利用奶源，生产多种多样的乳制品。以发展消毒奶、酸奶、乳饮料为主，结合实际生产各种奶粉（特别是母乳化奶粉）和奶酪、奶油。

9月

◆ **5—11日** 农牧渔业部、轻工业部、商业部在河南省开封市联合召开第三次全国奶山羊基地县工作会议，总结交流基地县建设经验，表彰先进，讨论制定《全国奶山羊规划》。

◆ 中国畜产品加工协会及中国畜产品加工研究会成立，骆承庠任理事长。

10月

◆ **8日** 天津市市长李瑞环等领导同志出席表彰小学生加餐牛奶工作会议。

◆ **8—11日** 农业部在合肥市召开争取世界粮食计划署对中国奶类项目扩大和第二期援助事宜会议。

◆ **10—15日** 中国奶牛协会在武汉市召开全国奶牛“两病”（布鲁氏菌病和结核病）防治经验交流会。

◆ **19日** 受农牧渔业部的委托，中国奶牛协会理事长张林池主持召开全国奶牛发展规划座谈会。会后起草了全国奶牛发展规划建议书送农牧渔业部审查。

◆ **24—29日** 中国奶牛协会在武汉市召开推广初乳培育犊牛经验交流会。

◆ **下旬** 中共中央总书记胡耀邦视察山东省牟平县宁海镇西关村时说，中国人的体质还得多增加点蛋白，要逐步改变人民的饮食结构，这关系到中华民族体质的根本好转。

◆ **30日** 《经济日报》报道：北京市基本解决了长期存在的群众喝奶难问题，居民无需任何证明便能购买到牛奶。

11月

◆ **14日至12月15日** 中国奶牛协会应美国荷斯坦牛协会和瑞士褐牛协会邀

请，由副理事长兼秘书长赵海泉带队赴美考察奶牛业，并选购种用青年公牛。

◆ **17日** 中共中央总书记胡耀邦在中南海同农牧渔业部副部长肖鹏等同志谈了关于发展畜牧业的问题。其中，关于发展奶，强调要采取奶牛和奶羊并举的方针。强调："发展奶牛投资高、技术复杂，很难快速搞起来，而养奶羊的投资比较少，技术比较简单，饲养也比较方便，应当更快发展。可以设想，到本世纪末，即使奶牛搞不到一千万头，也要搞到七八百万头；奶羊搞不到二千万头，也要搞到一千五百万头。这就是说，今后三十年可以分成两段，前一段是从一九八五年起，先用十五年的时间，使奶牛和奶羊在数量上有充足的发展，同时注意改良品种，兼顾质量；后一段是再用十五年，在数量继续发展的同时，着重提高质量，达到品种优良化。估计全国有二千万头奶牛，四千万至五千万奶羊，基本上就可以满足了。关于奶牛、奶羊的繁殖方针，强调以改良本地品种为主，进口为辅；进口，除了引进必要的良种牛羊之外，还可以进口胚胎和精液。虽以"进口"为辅，但不要轻视"这个辅"，因为仅靠自己不够。如若一年进口二万头，五年就是十万头，十年后十万头就翻好几倍，要理顺路子，尽早进口国外优良奶牛。"

◆ 北京市政府把牛奶网点建设列入城市建设规划。

◆ **26日至12月1日** 农牧渔业部畜牧局在湖北省宜昌县召开南方三省草山建设和发展畜牧业项目工作会议。

12月

◆ **21日** 《中国食品报》报道：5年来，全国的奶山羊由120万只增加到299万只，产奶量由8.5万吨增加到42万吨，羊奶制品由5 460吨增加到23 243吨，缓和了城乡奶品供应紧张的状况。

本年

◆ 遵照王震同志的批示，经国家计委、经贸部、农牧渔业部批准，先后派考察团赴美国、加拿大、日本、澳大利亚和德国等国进行奶牛业考察，并组织国内专家对引进品种进行论证，研究拟定技术指标，作为选购种牛的依据。

◆ 上海等大城市陆续开始取消牛奶凭票供应。

◆ 中国奶牛协会从北美引进10万剂优秀荷斯坦牛冻精。

◆ 从德国引进457头德系西门塔尔牛，分别饲养在吉林查干花种畜场、内蒙古高林屯种畜场、辽宁阜新种牛场、新疆呼图壁种牛场、四川阳平种牛场。

◆ 截至年底，山东、吉林、河南、江西、安徽、辽宁、天津、上海、四川、内蒙古、湖南11个省（自治区、直辖市）和昆明成立奶牛协会，并作为团体会员加入中国奶牛协会。至此，有21个省（自治区、直辖市）和3个省会城市成立奶牛协会。

1985年

1月

◆ **18日** 《人民日报》报道，黑龙江乳品厂在安达市投产，从鲜奶检测、储存、加工制作到包装，整个生产过程全部实行联动流水作业，日处理鲜奶能力达到200吨，每年可生产8 800多吨特级速溶奶粉和146吨奶油产品。此为利用丹麦无息贷款项目引进丹麦先进技术设备建成的中国当时最大的乳品厂。

◆ 北京市国营农场管理局建北京华冠乳品公司，全套生产线均进口。

2月

◆ **14日** 国务院发布《家畜家禽防疫条例》，自1985年7月1日起施行。

◆ **28日至3月1日** 轻工业部食品工业局在北京召开婴儿断奶食品基建计划座谈会议。

3月

◆ **2—8日** 农牧渔业部在北京召开全国大、中城市农牧渔业工作会议。全国大、中城市郊区农牧渔业的规划发展方针是“服务城市、富裕农民、活跃市场、方便群众”。

◆ **3—10日** 新西兰动物健康局局长奥哈拉来华商谈并签署牛、冻精等检疫条款。

◆ **8—22日** 中国奶牛协会首次采用计算机技术录入、整理第五次全国黑白花品种牛登记统计数据。

◆ **24—29日** 以加拿大农业部动物健康局局长康纳尔德为团长的加拿大动物检疫团来华签署活牛、牛精液、牛胚胎等5个检疫条款。

◆ **25日至4月2日** 农牧渔业部部长何康率领中国农业代表团访问澳大利亚，并签署牛、牛羊冻精胚胎等5个动物检疫条款。

◆ 日本友人汤浅忠夫先生向北京东北旺农场（原中日友好人民公社）赠送34头奶牛，王震同志参加赠牛剪彩仪式，并题写“发展奶牛事业，促进中日友好”的题词。

4月

◆ **13日** 1949年后中国首次引进的美国荷斯坦青年公牛27头运抵北京。此为中国奶牛协会受农业部委托所办，分配给北京等9个种公牛站。

◆ 中国奶牛协会在南昌市召开全国第三次繁殖技术研讨会。

◆ 中国奶牛协会在南昌市召开第二次全国奶牛胚胎技术座谈会，来自32个单位的81位专家、教授参加会议。

5月

◆ 6日　羊奶粉脱膻技术及设备推广会，在陕西省三原县大成乳品乳机厂召开。

◆ 19日　中国奶牛协会派员参加在菲律宾马尼拉举行的国际热带奶牛会议。

6月

◆ 3—8日　中国奶牛协会一届二次理事会议在北京香山召开。王震同志出席会议，接见与会理事并合影留念。张林池理事长作总结讲话。理事和各省（自治区、直辖市）奶牛协会理事长共85人到会。

8月

◆ 7日　农牧渔业部印发《家畜家禽防疫条例实施细则》。

◆ 13日　农牧渔业部发布专业标准《高产奶牛饲养管理规范》(ZB B 43002—1985)，1985年9月1日实施。

◆ 15日　《人民日报》报道，黑龙江已初步建成牛奶联合生产基地。

◆ 20日　农牧渔业部畜牧局在内蒙古自治区赤峰市召开了“草原红牛”品种验收及品种标准审定会，并命名为“中国草原红牛”。

9月

◆ 14日　北京右安门乳品厂正式投产。该厂为北京当时最大的酸奶生产厂，全部酸奶生产线为国产先进设备，每天可提供2万千克酸奶。

◆ 20—25日　中国奶牛协会在天津市召开第三次公牛后裔测定协调会议。76人参加会议。

◆ 23—26日　中国奶牛协会在兰州市召开第四次奶牛饲养技术交流会议。120人参加会议。

◆ 28日　国家标准化管理委员会发布国家标准《消毒牛乳》(GB 5408—1985)、《牛乳检验方法》(GB 5409—1985)、《脱脂乳粉》(GB 5411—1985)、《全脂加糖乳粉》(GB 5412—1985)、《乳粉检验方法》(GB 5413—1985)、《稀奶油》(GB/T 5414—1985)、《奶油》(GB/T 5415—1985)、《奶油检验方法》(GB/T 5416—1985)、《全脂无糖炼乳（淡炼乳)》(GB 2747—1985)、《全脂加糖炼乳检验方法》(GB/T 5418—1985)、《全脂无糖炼乳检验方法》(GB/T 5419—1985)、《硬质干酪》(GB 5420—1985)、《硬质干酪检验方法》(GB 5421—1985)、《粗制

乳糖》(GB 5422—1985)、《粗制乳糖检验方法》(GB 5423—1985)、《工业干酪素》(GB 5424—1985)、《工业干酪素检验方法》(GB 5425—1985)，1986年8月1日起实施。

10月

◆ **20—30日** 全国农垦系统第三次乳品会议在安徽省歙县举行。会议就如何发展乳品工业提出建议。

11月

◆ **29日** 中国奶牛协会在北京召开黑白花奶牛育种阶段成果鉴定会。

12月

◆ **28日** 广西壮族自治区奶牛协会成立。至此，有22个省（自治区、直辖市）成立奶牛协会。

本年

◆ 中国奶牛协会、北京市奶牛协会、上海市奶牛协会、黑龙江省奶牛协会等单位培育的中国第一个乳用型牛专用品种“中国黑白花奶牛”在北京通过农牧渔业部品种审定，并正式命名。1992年12月7日，农业部发文批准更名为“中国荷斯坦牛”(Chinese Holstein)。

◆ 中国和瑞典政府间技术合作项目“中国－瑞典北京奶业培训中心”成立，该中心是集科研、生产、培训为一体的奶业技术培训基地。

◆ 联合国粮食及农业组织援建上海市乳品厂。

◆ 轻工业部在内蒙古自治区轻工业科学研究所建立全国乳酸菌发酵剂研究中心，利用从比利时引进的先进技术生产干粉状乳酸菌发酵剂。

◆ 中国首次派专家以观察员身份参加国际奶业联合会（International Dairy Federation，IDF）在新西兰惠灵顿召开的第69届年会。

◆ 农牧渔业部畜牧局在北京市大兴县举办全国秸秆氨化培训班。

◆ 在王震同志的直接关怀下，北京市国营农场管理局从日本进口243头荷斯坦青年母牛，饲养在永乐店农场渠头牛场。

◆ 北京市国营农场管理局和中信集团合作在北京朝阳农场建立京联牛奶公司，分别从德国和丹麦引进青年荷斯坦母牛。

◆ 吉林“草原红牛”获吉林省科技进步特等奖。

◆ 农牧渔业部召开全国大中城市农牧渔业工作会议。要求三、五年内基本解决大中城市肉、奶、禽、蛋、鱼、菜、果、花的产销问题。国务院办公厅转发农牧渔业部《关于改进大中城市农牧渔业工作的报告》。

1986年

2月

◆ **15日** 农牧渔业部发布专业标准《关中奶山羊》(ZB B 43004—1986)和《新疆褐牛》，1986年5月1日实施。

3月

◆ **11日** 国家标准局发布国家标准《三河牛》(GB 5946—1986)。

◆ **13日** 中国奶牛协会主持的“黑白花奶牛高产核心群选育”列入“七五”国家重点攻关科研课题。

4月

◆ **15日** 中国奶牛协会与美国荷斯坦牛协会签署有关进口奶牛系谱资料担保的技术协议书。

6月

◆ **4日** 农牧渔业部颁布《关于进口种畜（禽）审批暂行办法》。

◆ **13日** 农牧渔业部发布专业标准《中国草原红牛》(ZB B43006—86)，1986年10月1日实施。

7月

◆ **29日** 中国奶牛协会秘书长工作会议决定良种登记牛数据采用计算机录入，不再刊印良种登记薄。

9月

◆ **3日** 内蒙古“三河牛”由内蒙古自治区人民政府正式验收命名。

◆ **17日** 国家标准局发布《生鲜牛乳收购标准》(GB 6914—1986)，1987年7月1日实施。

◆ **27—29日** 中国奶牛协会在北京召开第四次公牛后裔测定协调会。承担后裔测定单位共15个省184个牛场。

10月

◆ **17日** 农牧渔业部印发《关于开展进口活畜疫病普查的通知》。

◆ 农牧渔业部印发《全国牛的品种区域规划》[(1986) 农(牧)字第63号]。

11月

◆ 2日　中国奶牛协会在四川省绵阳市举办削蹄技术和乳房炎检测学习班。50余人参加学习。

◆ 5—9日　中国奶牛协会在南京召开奶牛冷冻精液质量评比与经验交流会。

◆ 11—16日　中国奶牛协会与农牧渔业部农垦局在北京联合召开全国首届奶业生产信息交流会。20多个生产厂家介绍和展览展示机械设备、药物器材、饲草饲料和添加剂等。中央13个部委及其所属单位共300余人参加。

12月

◆ 11—14日　中国奶牛协会和河北省奶牛协会在唐山联合召开全国牛胚胎移植技术交流会第三次会议。

◆ 12日　农牧渔业部发布专业标准《奶牛饲养标准》(ZB B 43007—1986)，1987年2月1日起实施。

◆ 15日　农牧渔业部印发《全国黄、水牛改良工作会议纪要》。

◆ 应轻工业部的邀请，国际奶业联合会主席迪克斯特拉先生及秘书长斯托先生来中国参观访问。

本年

◆ 广西农学院卢克焕在爱尔兰都柏林大学攻读博士学位期间，将体外授精技术应用于奶牛，获得世界首例试管奶牛。

◆ 农牧渔业部草捆青贮技术考察组赴英国考察，引进草捆青贮新技术，并在内蒙古自治区翁牛特旗牧场试验成功。

1987年

1月

◆ 7—10日　中国奶牛协会在北京召开建立奶牛基础数据库论证会。

3月

◆ 3—4日　中国奶牛协会在北京召开“中国黑白花奶牛的培育研究”课题鉴定及验收会议。

◆ 29日至4月18日　中国奶牛协会在北京举办奶牛新技术应用培训班，92

名学员参加学习。

4月

◆ 28日　由美国农业部资助，美国荷斯坦牛协会专家John. D. Field率6人抵达北京，在北京、上海、南昌、广州举办奶牛技术研讨活动。

5月

◆ 21日　国务院发布《兽药管理条例》（国发〔1987〕48号），自1988年1月1日起施行。

◆ 25日至6月3日　中国奶牛协会委托河北省奶牛胚胎移殖技术研究中心（芦台农场）举办“全国牛胚胎移殖技术培训班”，并邀请澳大利亚专家作学术报告和实际操作示范。

6月

◆ 3—6日　中国奶牛协会第二次会员代表大会在北京召开。农牧渔业部部长何康出席开幕式并讲话。张林池理事长作第一届理事会工作报告。王震同志、林乎加同志、刘江同志出席闭幕式并讲话。大会选举第二届理事会理事134名，常务理事27名。聘请王震、林乎加为名誉理事长。张林池连任理事长，周鼎年任秘书长。到会代表164人，特邀代表10人。

◆ 11日　中国农业机械研究院主持研究设计的机械化奶牛场，在该院小王庄试验站通过验收。

◆ 瑞士雀巢公司与黑龙江省双城市乳食业公司共同投资成立的合资公司——双城雀巢有限公司在双城市破土动工兴建。1990年6月建成投产。

7月

◆“中国草原红牛”新品种培育成果获国家科技进步二等奖。

10月

◆ 中国奶牛协会在南京市举办第五期繁殖技术培训班，学员115人。

◆ 中国奶牛协会在南京市举办第六期牛冻精质量检验技术培训班。

11月

◆ 18—29日　欧洲经济共同体粮援司司长索伯斯特访华，同农牧渔业部就奶类援助项目进行会谈。允诺为中国20个城郊发展奶业项目提供4.5万吨脱脂奶粉、1.67万吨无水黄油和约500万美元的技术援助。

本年

◆“中国黑白花奶牛新品种培育”成果获农牧渔业部科技进步奖一等奖。

◆ 农牧渔业部成立全国水牛开发项目领导小组。

◆ 从法国引进370头蒙贝利亚牛，分别饲养在内蒙古自治区高林屯种畜场、新疆维吾尔自治区呼图壁种牛场、四川省阳平种牛场。北京市延庆农场获赠9头母牛。

◆《乳品工业手册》由轻工业出版社出版。

1988年

1月

◆ 9—19日　中国奶牛协会在天津市召开“全国推广高产奶牛饲养管理规范”会议。

3月

◆ 1日　对外经济贸易部部长郑拓彬代表中国政府与欧洲经济共同体（EEC，简称欧共体）在布鲁塞尔签署“EEC援助中国20个城市奶类发展项目”的议定书。

◆ 中国奶业协会在南京市召开全国种公牛管理技术研讨会。

4月

◆ 7—9日　农牧渔业部在北京召开欧洲经济共同体援助20个城市奶类发展项目第一次联席会议。安排落实1988年执行的项目计划任务。4月19日转发了会议纪要。

◆ 13日　第七届全国人民代表大会第一次会议通过《关于国务院机构改革方案的决定》。农牧渔业部更名为农业部。

◆ 26日　国务委员、国家科学技术委员会主任宋健视察中国—瑞典北京奶业培训中心。

◆ 中国奶牛协会主持完成的“中国黑白花奶牛的培育”获国家科技进步一等奖。完成人为赵海泉、秦志锐、王伟琪、黄国卿、丁丽娟、熊汉林、张国钧、王煜、魏荣禄、洪广田、李亚力、杨校章、孙尚德、洪振中、冀一伦。

5月

◆ 3日　农业部印发《20个城市奶类发展项目管理办法》、《20个城市奶类发展项目援助食品贮运规定》、《20个城市奶类发展项目管理费使用办法》。

◆ 10—21日　农业部畜牧局先后在北京、哈尔滨、呼和浩特举办奶牛饲养、乳品加工技术讲座，由芬兰依莱克斯德公司派遣的奶牛饲养和乳品技术专家组授课。

◆ 31日至6月5日　中国奶牛协会在西安市召开全国奶牛业发展问题研讨会暨调查研究组工作会议。

6月

◆ 25日　农业部颁布《中华人民共和国农业部关于进口饲料添加剂登记的暂行规定》[(1988) 农（牧）字第45号]。

◆ 30日　农业部发布《兽药管理条例实施细则》[(1988) 农（牧）字第39号]。

◆ 中国奶牛协会在安徽省屯溪市召开全国第四次繁殖技术研讨会。

7月

◆ 11日　农业部发布《外国企业在中华人民共和国注册兽药管理办法》[(1988) 农（牧）字第48号]。

10月

◆ 中国奶牛协会在北京召开首次乳品加工座谈会，18个省（直辖市）的牛奶公司（农工商联合公司）、农垦局、奶牛协会及省大专校院的专家参加会议。

11月

◆ 11日　农业部、审计署颁发《关于20个城市奶类发展项目审计工作中若干问题的规定》。

◆ 农业部委托南京农业大学奶牛生产技术培训中心举办“奶牛线性外貌鉴定培训班”，美国专家理查德·豪先生介绍美国荷斯坦牛线性外貌评定技术。

12月

◆ 1—4日　中国奶牛协会召开第四次全国奶牛胚胎移植技术座谈会，来自41个单位的71位专家、教授参加会议。会议提出关于超数排卵和胚胎冷冻效果、胚胎鉴定方法及提高移植妊娠率的指导意见。

◆ 21—24日　农业部奶类项目办公室在北京召开会议，研究布署开展全国奶业发展战略研究课题有关事宜。

本年

◆ 开始使用公畜模型最佳线性无偏预测（BLUP）对联合后裔测定的公牛进行遗传评定。

◆ 西北农业大学进行的奶山羊胚胎快速简易冷冻获成功，并开始筹建奶山羊良种胚胎库。

◆ 中国奶牛协会选派代表赴肯尼亚参加“第七届世界黑白花奶牛联合会会议”。

◆ 中国奶牛协会组团赴瑞典考察奶牛业和乳品业，与瑞典利乐包装公司商谈资助事宜，在北京育英学校进行了“学童课间奶”试点。

1989年

1月

◆ **7日** 农业部从加拿大多伦多市引进的90头黑白花高产奶牛（3头公牛），运抵南京农业大学实验牧场。这是新中国建立以来，南京市首批从国外引进的良种奶牛群。

◆ **9日** 农业部公布首批《饲料药物添加剂品种及使用规定》[（1989）农（牧）字第1号]。

◆ **10—16日** 农业部在北京召开全国畜牧工作会议。其中一项议题是讨论修订《菜篮子工程（肉奶禽蛋部分）实施规划》。

◆ 中国奶牛协会和农业部奶类项目办公室合办的《中国奶牛科技与信息》杂志改名为《中国奶业信息》（半月刊）。

3月

◆ **31日** 国务院印发《关于加强家畜家禽防疫工作的通知》。

◆ 中国与国际农业发展基金会在罗马签订贷款协定，为四川省雅安市发展山区奶畜业提供优惠贷款。

4月

◆ **24日** 轻工部依据《食品标签通用标准》，对乳制品等10类食品的标签内容作出具体规定，并要求各生产厂家以此为准。

5月

◆ **5日** 中国食品科学技术学会在北京召开食品工业发展研讨会。有关专家就乳制品行业的现状及其发展趋势作专题报告。

◆ **18日** 中国与芬兰政府在北京签定合作建立天津乳品研究培训中心项目协议，由芬兰政府提供1 030万芬兰马克用于建设实验乳品厂和中国乳品技术人员三年的国外培训，该项目由农业部与天津市政府共同管理。

6月

◆《中国牦牛学》由四川科技出版社出版发行。

7月

◆ **10日** 农业部令第2号，发布《核发〈兽药生产许可证〉、〈兽药经营许可证〉、〈兽药制剂许可证〉管理办法》。农业部令第3号，发布《进口兽药管理办法》。

8月

◆ **15日** 内蒙古大学旭日干教授研究的中国第一头体外受精（试管牛）牛犊出生。

◆ **31日** 农业部、商业部、司法部、对外经济贸易部、国务院侨务办公室联合印发《关于开展畜禽疫病普查的通知》。

9月

◆ **2日** 农业部令第4号，发布《新兽药及兽药新制剂管理办法》。农业部令第5号，发布《兽用新生物制品管理办法》。农业部令第6号，发布《兽药药政药检工作管理办法》。

10月

◆ **2—11日** 农业部副部长刘江率中国代表团赴印度出席联合国粮农组织奶类发展会议。会议交流有关奶业发展的经验，并制定今后的奶业发展战略及合作计划。

12月

◆ **26日** 农业部颁布《兽药生产质量管理规范（试行）》[（1989）农（牧）字第52号]。

1990年

1月

◆ **16日** 天津市乳品监测中心被农业部命名为“农业部乳品质量监督检验测试中心”。

◆ **24日** 农业部与日本国际协力事业团在北京签署日本政府援助天津奶业发展项目相关文件。

2月

◆ **21日至3月1日** 农业部在重庆召开20城市奶类项目工作会议。

5月

◆ **5—9日** 在全国大中城市重点垦区奶业经济技术发展研讨会上，“全国大中城市乳业协会”（即中国乳业协会前身）正式成立。

◆ **31日** 由中国科学院安徽光机所和安徽省农垦总公司共同研制的20千瓦微波牛奶消毒机，通过省级技术鉴定。

6月

◆ **5日至7月23日** 欧洲经济共同体选派4名荷兰专家在大连举办两期“国际奶牛场管理”培训班。

◆ **30日** 《经济日报》报道，陕西省技术监督局电子仪器厂研制出快速测定鲜奶质量的便携式测定仪。

8月

◆ **27日至9月1日** 农业部奶类项目管理办公室在天津举办“芬兰奶业合作社管理研讨班”。

◆ **31日至9月4日** 中国奶牛协会在银川市召开全国第五次繁殖技术研讨会暨第二次繁殖工作会议。

9月

◆ **25日** 陕西省兴平奶粉厂引进的一条年产540多吨奶片生产线建成投产。此乃当时国内最大的一条奶片生产线。

◆ **29日** 国家“七五”重点科研攻关项目“黑白花奶牛核心群选育”课题通过验收。

◆ 中国奶业发展战略研究课题组编著的《中国奶业发展战略研究》由湖北科学技术出版社出版。

10月

◆ **5—14日** 农业部副部长王连铮率中国农业代表团赴印度考察农业科研和奶业生产。

◆ 冀一伦、冯仰廉、陆治年、甘永祥、李易方、吴克谦、陆希蕾、王荫坡、郭佩玉、黄廷贵、李枝隆、孟庆翔、戴宝成、郭庭双等14位专家上书中央，提出“发展秸秆畜牧业”，以缓解中国粮食短缺问题。建议受到中央领导同志的肯定。

◆ 农业部与中国农业银行决定从欧洲经济共同体援助奶类物资的转化资金中提取部分资金，建立“全国奶业基金”，通过农业银行的贷款方式进行发放，实行有偿使用。

11月

◆ 6—8日　中国奶牛协会在山东省济南市举行全国奶牛业新技术、新产品展示交流会，参展产品包括挤奶设备、兽医药械、人工授精设备、饲料与饲料添加剂、乳制品加工设备、饲料加工设备、测试仪器、技术资料与图书等200多种，其中新产品43种。43个单位参加展示，大会成交额近300万元。24个省、自治区、直辖市的400多名代表参会。

◆ 14日　中国大中城市乳业协会经民政部批准正式成立。刘江为名誉理事长，房威为名誉副理事长，王怀宝为理事长，邬健庄、李海峰为副理事长，陈葆琼为秘书长。首批会员单位51个。

◆ 对外经济贸易部和加拿大国际开发署双边合作项目中加奶牛综合育种项目获得批准，并于1993年5月正式开始实施。

12月

◆ 4—8日　中国奶牛协会在南京农业大学实验牧场召开全国奶牛常见病防治研讨会。

◆ 12日　北京市南郊乳品厂和中国预防医学科学院食品营养与卫生研究所共同研制的婴儿配方奶在北京通过鉴定。

本年

◆ 中国奶牛协会主持召开首届奶牛体型线性评定研讨会，会议决定全面普及推广奶牛体型线性评定。

◆ 中国—日本技术合作天津奶业发展项目（1990—1995年），首次引进奶牛生产性能测定和血型测定技术。

1991年

1月

◆ 23日　中国大中城市乳业协会在上海召开第一次理事长、秘书长（扩大）会议。

◆ 30日至2月4日　中国水牛开发项目试点省、县工作会议在广东省汕头市召开，研讨开发水牛奶的问题。

3月

◆ 1日　《人民日报》报道：广东省鲜奶占港澳市场鲜奶总量的75%。

◆ 中国奶牛协会在四川省峨嵋山市召开全国第六次繁殖技术研讨会。

4月

◆ 26—30日　全国青贮氨化会议在山东省泰安市召开，会议讨论拟订《全国青贮饲料及氨化秸秆“八五”发展规划》。

◆ 中国首届机械化挤奶暨牛奶计量仪使用技术研讨会在西安市召开。

◆ 奶牛散放饲养和挤奶机械化现场会在洛阳市召开。

5月

◆ 20日　全国牛奶质量检测培训班在南京农业大学实验牧场举办。

6月

◆ 17日至7月15日　欧洲经济共同体派出的经济、乳品、畜牧、牧草专家与农业部有关领导和专家，联合对东北三江平原进行建立奶牛发展基地实地考察。

10月

◆ 4—8日　中国奶牛协会在山东省泰安市召开全国奶牛疫病研讨会。

本年

◆“八五”国家科技攻关专题“应用MOET（超数排卵和胚胎移植）技术选育高产中国荷斯坦牛的研究”立项（1991—1996年）。承担单位为中国奶牛协会，参加单位包括北京农业大学、中国农业科学院、新疆自治区畜牧科学院及北京奶牛中心等单位，北京农业大学张沅教授主持。

◆ 北京市开始推行中国荷斯坦牛编号办法。

◆ 国家科学技术委员会下达“华南水牛奶业开发项目”，在广西、广东实施。

◆ 北京奶牛中心和上海奶牛育种中心开始使用单性状公畜BLUP模型法，分别评估生产性能和体型外貌评分性状之后，再综合为每头牛的总性能指数（TPI）进行排队。

◆ 中国应用聚合酶链式反应（PCR）法进行奶牛胚胎性别鉴定获得成功。

1992年

1月

◆ 6日　卫生部公布1991年全国部分食品卫生调查结果，其中乳粉抽样合格率71.26%。

◆ 6—11日　中国乳业协会第一次会员代表大会暨首届年会在北京召开，国家副主席、中国奶牛协会名誉理事长王震致贺词。中国学生营养促进会会长于若木到会并讲话。

◆ 15—17日　全国奶牛繁殖技术管理规范讨论会暨中国奶牛协会第七次繁殖技术研讨会在哈尔滨市召开。会议通过《中国奶牛协会奶牛繁殖技术管理规范》，并于同年由中国奶牛协会颁布，来自全国各省（直辖市）的50位代表参加会议。

◆ 21—23日　农业部奶类项目办公室和欧洲经济共同体项目协调组在天津市召开实施欧洲经济共同体奶类项目的计划审核会。

2月

◆ 21—25日　农业部在江西省南昌市召开20个城市奶类项目工作会议。

3月

◆ 13日　中国政府与欧洲经济共同体合作实施的20个城市奶类发展项目取得显著成效。项目实施3年，累计投入资金7.5亿元，使奶牛总头数增长32.7%，总产奶量增长43.6%，人均占有奶量增长24%。

4月

◆ 3日　经民政部批准，全国大中城市乳业协会更名为“中国乳业协会”。

◆ 20—22日　中国奶牛协会第三次会员代表大会在北京召开，国家副主席王震发来贺词。大会推选129名理事组成第三届理事会。聘请王震、林乎加、何康为名誉理事长，选举孙泮棋为理事长，郭士健为秘书长。120名会员代表出席。

5月

◆ 18—21日　第六届全国乳品工业技术协作组会议在哈尔滨召开，会议通过《全国乳品工业协作组章程》，成立协作组会员大会理事会和常设办事机构“秘书处”（设在黑龙江省乳品技术开发中心）。来自全国25个省、自治区、直辖市的乳品生产、科研、工程设计、教育、设备制造等企事业单位的代表300人参加会议。

◆ 29日　国务院办公厅转发《农业部关于大力开发秸秆资源发展农区草食家畜报告》。

6月

◆ 11日　农业部印发《关于禁止使用反刍动物源性饲料饲喂反刍动物的通知》。要求：“停止用反刍动物源性饲料（包括骨粉、肉骨粉等）饲喂反刍动物。”

◆ 11日　农业部发布《关于公布〈中华人民共和国进境动物一、二类传染病、寄生虫病名录〉和〈中华人民共和国禁止携带、邮寄的动物、动物产品和其他检疫物名录〉的通知》："疯牛病和痒病被列入一类必检和法定申报传染病。"

8月

◆ 30日　黑龙江省乳品工业技术开发中心、双城市儿童乳品厂、黑龙江乳品厂共同研制的婴儿配方奶粉新品种——婴儿配方乳粉Ⅲ号在哈尔滨通过鉴定。

◆ 第一届海峡两岸畜产品加工学术研讨会在南京召开，骆承庠和林庆文（台湾）主持会议。

9月

◆ 25日　轻工业部食品工业司在人民大会堂举办新闻发布会，展示乳制品工业发展成就，推出全国十大乳制品企业：黑龙江乳品厂、杜尔伯特乳品厂、富裕县乳品厂、大庆市乳品厂、海伦县乳品厂、林甸县乳品厂、齐齐哈尔乳品厂、海拉尔乳品厂、石家庄市乳品公司、北京市西郊乳品厂。

◆ 首届中国农业博览评比会在天津举行。陕西宝鸡市柳林乳品厂、黑龙江859乳品厂的全脂加糖奶粉荣获金奖；黑龙江海伦红光乳品厂、江西乳品厂、黑龙江绿色草原牧场乳品厂、西安红旗乳品厂、黑龙江宝泉岭乳品厂的全脂加糖奶粉荣获银奖；昆明农工商联合总公司第二乳品厂的全脂淡奶粉荣获银奖。

11月

◆ 18日　卫生部印发《关于对加乳配制饮料管理的意见》。

◆ 中国奶牛协会在广西省南宁市召开全国第八次繁殖技术研讨会暨繁殖与疾病防治工作会议。

12月

◆ 25日　国家副主席、中国奶牛协会名誉理事长王震写信祝贺中国奶牛协会成立十周年："欣悉中国奶牛协会庆祝成立十周年，举办奶牛业成就展览会，我表示热烈的祝贺，并借此机会，向全国奶牛战线上的工人、专家学者、干部和广大农牧民，致以亲切的慰问。在党的基本路线的指引下，通过你们的共同努力，改变了十年前大中城市'吃奶难'的局面。现在牛奶敞开供应，奶制品种类繁多，这对于改善群众生活，促进社会安定团结，做出了一定的贡献。希望你们再接再厉，认真学好、贯彻好'十四大'精神，解放思想，实事求是，团结合作，进一步办好奶牛协会，为推动我国奶业'高产优质高效益'，为提高全民族的体质做出新贡献。"

◆ 26—28日　中国奶牛协会在北京举行了庆祝成立十周年暨奶牛业发展成就展览和先进表彰大会。农业部原部长、中国奶牛协会名誉理事长何康，农业部原副部长、中国奶牛协会顾问张林池，农业部副部长洪绂曾出席大会并先后讲话，向120个先进集体、139个先进个人和1991年全国425个高产优质高效益奶牛场（户）颁发奖状和奖品。100多位代表参加大会。

◆ 北京市农工商联合总公司实施完成的“北京市奶牛综合配套新技术推广”项目，获1992年度国家星火奖一等奖。

本年

◆ 中国日本技术合作项目——中日天津奶业发展项目，日方追加680万元人民币，用于建奶牛产房、犊牛舍和牛场道路等，并于年底竣工。

◆ 利用芬兰政府赠款的480万美元在天津建立的中芬奶业培训中心竣工。

◆ 中国奶牛协会育种委员会编制《中国奶牛遗传改良方案》。

◆ “中国荷斯坦牛高产核心牛群培育”研究成果获农业部科技进步三等奖。

1993年

3月

◆ 内蒙古伊利实业集团股份有限公司股票在上海证券交易所挂牌交易，成为中国乳品行业第一家上市公司。

4月

◆ 21日至5月10日　欧洲经济共同体与农业部奶类项目办公室在中国—瑞典北京奶业培训中心举办牛奶质量控制培训班。

5月

◆ 22—23日　欧洲经济共同体奶类项目评估团到西安考察该市执行援助的奶类项目情况。

◆ 24日至6月9日　农业部奶类项目办公室在北京举办奶牛兽医与繁殖培训班。

6月

◆ 21—24日　国务院在北京召开全国“菜篮子工程”会议。1992年全国菜篮子工程的奶类总产量563.9万吨，比1990年增长18.7%。

◆ 天津工农奶牛一场率先实施中国奶牛生产性能测定工作。

7月

◆ 11—15日　农业部畜牧兽医司、农垦司、中国奶牛协会在黑龙江哈尔滨市召开工作会议，研究落实《中国荷斯坦牛登记办法（试行）》、《中国荷斯坦种公牛后裔测定规定》及《中国荷斯坦牛后裔测定管理办法（试行）》的实施方案和措施。来自11个省、自治区、直辖市的农牧业主管部门，奶牛（业）协会及有关企事业单位的代表、专家共58人参加了会议。

8月

◆ 24—28日　中国奶牛协会在四川省绵阳市召开奶牛乳房疾病防治研讨会，会议讨论拟订《奶牛乳腺炎防治规范》（试行稿）。

9月

◆ 24—28日　农业部奶类项目办公室在辽宁省沈阳市举办在市场经济条件下奶价监测研讨班，此为农业部与欧洲经济共同体商定的1993年技术援助实施计划内容之一。

10月

◆ 中国奶牛协会在广州市召开全国第九次繁殖技术研讨会。

本年

◆ 财政部开始建立奶业风险金，连续安排3年。

◆ 国际合作项目“中加奶牛育种综合项目”（1993—2004年）获得中国和加拿大政府支持。在负责人加里·朗尼的领导下，在示范区推行奶牛繁育的各项新技术，尤其是奶牛体型线性鉴定和生产性能测定，对中国奶牛群体遗传改良起到了很大的推动作用。

1994年

1月

◆ 经国务院批准，同意在广西先行试点逐步发展水牛奶业的计划。

2月

◆ 4日　农业部颁布《动物性食品中兽药的最高残留限量（试行）》。

3月

◆ 23日　国务院总理李鹏在中央农村工作会议上讲话时指出：“推广秸秆过腹还田，发展养牛业，可以增加优质动物蛋白，改善食物结构，可以增加农家肥，节约化肥，改良土壤，是农民致富的一条有着广阔前景的路子。我国有丰富的秸秆资源，应充分利用。”

4月

◆ 15日　国务院令第153号发布《种畜禽管理条例》，自1994年7月1日起施行。

5月

◆ 中国奶牛协会在合肥召开全国第十次繁殖技术交流会暨种公牛繁殖管理规范工作经验交流会。

◆ 中国奶牛协会北方协作组工作会议在青岛召开。

◆ 中国奶牛协会在北京召开奶牛育种及计算机程序编制研讨会。

7月

◆ 17日　中国奶牛协会颁布《中国荷斯坦牛体型线性鉴定实施方案（试行）(1995—1999年)》。

8月

◆ 29日至9月2日　中国奶牛协会北方组和西北地区城市奶业科技协作组在宁夏回族自治区银川市召开奶牛业技术协作会议。

9月

◆ 国家科学技术委员会国科发外字〔1994〕322号批准中国乳制品工业协会加入国际乳品联合会。

◆ 农业部国际合作司与日本协力事业团邀请专家组成联合评估团，对日本援助的“天津奶业发展计划项目”进行联合评估。

10月

◆ 中国乳业协会常务理事会（扩大）会议在天津召开。

11月

◆ 11日至12月15日　南方14省、自治区、直辖市奶业生产经济交流会暨地方协作组成立20周年庆祝会，在上海召开。

12月

◆ 中国奶牛协会在北京市召开振兴奶业座谈会。

◆ 中国第一本《乳用公牛图谱》，由中国奶牛协会编制发行。

1995年

1月

◆ 29日　欧盟援助中国的过渡期奶类项目协议在北京举行签字仪式，农业部副部长张延喜与欧盟代表魏根分别代表中国和欧盟签字，受援项目地区有北京、天津、上海、黑龙江、新疆、甘肃、贵州等省、自治区、直辖市。

2月

◆ 13—16日　农业部和欧盟奶类项目协调组在武汉市召开“全国奶类项目工作会议”，来自全国30个省、自治区、直辖市的有关人士参加了会议。

◆ 中国政府与加拿大政府合作的奶牛科技项目——中加奶牛育种综合项目，在上海、西安、杭州3个城市进行。

3月

◆ 23—24日　由中国乳业协会及中国食品工业协会、中国饮料工业协会、中国包装技术协会联合主办的“食品无菌及纸塑软包装技术交流会”在北京召开。

6月

◆ 2日　中国轻工总会提出，食品原料基地建设方向是区域化、基地化、良种化。据此对乳制品等食品原料基地的建设作相应调整。

◆ 6日　中国乳制品工业协会在北京成立。该协会是在原全国乳品工业技术协作组基础上组建的。宋昆冈被推选为理事长。26个省、自治区、直辖市的129个大中型乳制品企事业单位成为首批会员。协会主办刊物为《中国乳品工业》、《中国乳品工业通讯》。

7月

◆ 12日　国家技术监督局日前公布第2季度婴儿配方乳粉抽查结果，抽样合格率为48.5%。本次抽查35个企业的35种产品。大型企业和合资企业的产品质量好于中小企业。

9月

◆ 中国乳制品工业代表团参加国际乳品联合会（IDF）第七十九届年会。中国正式加入IDF，成为该组织的第38个成员国。

◆ 经中国轻工总会批准，IDF中国国家委员会正式成立。

10月

◆ 中国奶业协会在杭州召开全国第十一次繁殖技术研讨会暨第四次繁殖工作会议。

11月

◆ **28日至12月3日**　中国乳业协会第二次会员代表大会暨95年会在广州召开，全国26个省、自治区、直辖市的代表以及香港、澳门的代表参加了会议。大会选举产生了中国乳业协会第二届理事会及常务理事会，王怀宝当选为理事长，陈葆琼当选为秘书长。

◆ 由北京市食品工业研究所完成的国家“八五”攻关项目“酶法改性酪蛋白及婴儿配方乳研究”，通过由轻工总会组织的国家级鉴定。

本年

◆ 中国奶牛协会发布《中国荷斯坦牛体型线性鉴定实施方案（试行）(1995—1999年)》，为参照美国系统的50分制体型线性评定。

1996年

1月

◆ **16日**　中国政府宣布消灭牛肺疫。

3月

◆ **19—22日**　农业部在北京举行首届中国国际农业科技年会，主题为畜牧业与畜产品加工。

4月

◆ **8日**　卫生部向社会公布春季食品卫生抽检结果。对奶粉等食品的抽查反映出的主要问题是细菌总数超标、营养含量不够、滥用添加剂和食品标签不规范。

◆ 中国奶牛协会与中国乳业协会联合主办“中国奶业发展研讨会”，根据企业家和专家学者的意见，向中央有关部门报送《关于持续协调健康发展我国奶业的若干政策性建议》的报告。

5月

◆ **7日** 中国、欧盟双方代表签署奶类项目第二期协议，欧盟为中国12个省、市奶类发展提供3 600万美元的无偿援助。

6月

◆ **10日** 农业部印发《关于认真组织实施新一轮“菜篮子工程”的意见》。

◆ **24日** 农业部在北京召开国家家畜禽遗传资源管理委员会成立大会。

9月

◆ **10日** 中国奶业协会派代表参加在日本札幌举办的第九届世界荷斯坦大会。

10月

◆ **14—16日** 中国乳业协会、国家体制改革委员会农村经济体制司、上海市牛奶公司联合在上海召开中国乳业发展战略研讨会。

◆ 中国奶牛协会在南昌市召开全国第十二次繁殖技术研讨会。

◆ 黑龙江省完达山集团成立。

本年

◆ 北京奶牛中心和黑龙江省畜牧研究所承担的“九五”国家重点科技项目（攻关）计划“应用胚胎生物技术建立良种牛繁育体系和生产体系”课题开始实施。

◆ 农业部颁布《青贮饲料质量评定标准（试行）》。

1997年

1月

◆ **13日** 国家技术监督局公布1996年第4季度产品质量国家监督抽查结果。其中抽检的灭菌纯牛奶和花色奶抽样合格率分别为52.9%和65.1%。

3月

◆ **17日** 中国和欧盟在农业领域的最大合作项目“中国—欧盟奶类发展项目”第2期启动仪式在北京举行。农业部副部长张延喜出席启动仪式。第2期项目（1996年11月至2000年）双方共投资6亿元人民币。此项目旨在支持中国农民提高牛奶生产效率，协助推进中国牛奶公司的经济改革和企业调整进程，促进全国奶业持续快速发展。

4月

◆ **25日** 中国营养学会公布新修订的《中国居民膳食指南》。针对居民膳食中钙摄入不足，强调每天吃奶类、豆类。

◆ 中国奶牛协会南方协作组在南宁召开“南方13省区奶牛流行热病防治研讨会”。

6月

◆ **3—7日** 卫生部和中国轻工总会质量标准部联合在安徽省歙县召开全国乳与乳制品国家标准讨论会。

7月

◆ **3日** 中华人民共和国主席令第87号，公布《中华人民共和国动物防疫法》，自1998年1月1日起施行。

9月

◆ **1日** 农业部发布《允许作饲料药物添加剂的兽药品种及使用规定》。

10月

◆ 中国奶牛协会在上海召开第十三次繁殖技术研讨会。

◆ 荷兰农业、自然管理和渔业部大臣范·阿尔森访华，与中国农业部和河南省政府签署《友好合作意向书》，共同商定在河南省建设中荷河南奶业培训示范中心。该项目总投资3 200万元，荷兰政府和河南省各出资50%。

12月

◆ 国务院批准在全国实施《中国营养改善行动计划》。

本年

◆ 中国奶业协会在京理事推选周诗平为理事长，方有生接任秘书长。

◆ 中国首次进口奶牛胚胎。

1998年

2月

◆ **13日** 国务院副总理姜春云及农业部、林业部等11个部委的领导，视察济南农工商集团第一奶牛繁殖场。

4月

◆ **29日** 南京奶业集团公司举行新闻发布会，率先在国内推出庆祝“国际牛奶日”及5月“南京牛奶宣传月”活动。

5月

◆ **24—27日** ’98中国牛奶科学论坛在北京举行。论坛由中国奶牛协会、中国乳业协会、中国乳制品工业协会、中国食品工业协会、中国营养学会、中国保健食品协会、中国食文化研究委员会等单位联合发起。论坛讨论通过了《振兴奶业，提高全民体质倡议书》和《规范行业行为，让人民吃上放心奶倡议书》，与会12位著名营养与食品专家发出《致全国儿童少年家长的公开信》，提出为了祖国未来接班人的健康成长，请给孩子每天喝牛奶或吃一些乳制品。

6月

◆ **6—10日** 经国家轻工业局批准，中国乳制品工业协会把每年的6月6—10日定为“乳与乳制品营养周”。首次宣传周在北京、上海、石家庄等20个大中城市进行。其间，中国乳制品工业协会邀请有关专家，举办“乳及乳制品与健康”研讨会。

7月

◆ **29日** 中共中央政治局常委、国务院总理朱镕基视察内蒙古伊利实业集团股份有限公司。

9月

◆ 中国奶牛协会颁布《统一中国荷斯坦牛个体编号实施办法（试行）》。

◆ 乳制品国家标准修订审定会在哈尔滨市召开。

10月

◆ **5日** 国务院办公厅转发农业部《关于1996—2000年全国秸秆养畜过腹还田项目发展纲要的通知》。就秸秆养畜，温家宝副总理指出：“秸秆养畜是实行农牧结合，推动粮食生产和畜牧业同步发展的重要举措；也是保护生态，促进农业可持续发展的有效途径”。

◆ **29日至11月1日** 中国乳制品工业协会第4次年会在上海举行。会议认为中国乳业发展正处于更新换代时期，调整结构、引导消费是今后的主要任务。来自全国29个省、自治区、直辖市的290余个单位、560余位代表参加年会。

◆ 国家食物与营养咨询委员会副主任蒋建平教授等参加在南非举行的国际学生饮用奶会议，会后向农业部领导提出了开展“学生饮用奶计划”的建议。路明副部长做了批示，责成农垦局负责此项工作。

11月

◆ **5日** 农业部令第4号，颁布《种畜禽生产经营许可证管理办法》。

12月

◆ **4日** 在全国社团清理整顿中，农业部根据奶业发展需要，决定将中国乳业协会注销后与中国奶牛协会合并，更名为“中国奶业协会”。

◆ **14日** 农业部印发《关于禁止生产、销售、使用己烯雌酚的通知》（农牧函〔1998〕39号），自1999年1月1日起停止生产、销售、使用“己烯雌酚”、“己烯雌酚注射液”。重申禁止所有激素类及有激素样作用的物质作为动物促生长剂使用。

1999年

1月

◆ **29日** 中共中央总书记、国家主席、中央军委主席江泽民，中央政治局委员、国务院副总理吴邦国，中央政治局候补委员、中央书记处书记、中共中央办公厅主任曾庆红视察内蒙古伊利实业集团股份有限公司。

2月

◆ **11日** 国家“八五”重点攻关课题“中国荷斯坦牛MOET育种体系的建立与实施”成果鉴定会召开，该课题由中国农业大学动物科技学院张沅教授主持，在北京奶牛中心良种场实施完成。

◆ **12日** 农业部发布公告第96号，公布一、二、三类动物疫病病种名录。涉及奶畜（奶牛、水牛、牦牛、山羊、绵羊）主要疫病的一类病种有9个，二类病种有12个，三类病种有13个。

3月

◆ **3—5日** 中国奶业协会在上海召开“提高牛奶和乳制品质量研讨会”。参加“中加奶牛综合育种项目”和“中国—欧洲奶类项目”的有关单位代表参加会议。

◆ 31日 中共中央政治局常委、国务院副总理李岚清在幼儿教育和青少年营养健康问题座谈会上指出，为使青少年学生健康成长，可让学生们每天增加一杯豆奶或牛奶。

4月

◆ 13—16日 中国畜牧兽医学会与台湾中华酪农协会在北京联合召开首届海峡两岸奶牛业发展学术研讨会。

◆ 16日 中共中央政治局常委、全国政协主席李瑞环视察石家庄三鹿乳业集团。

◆ 中国奶业协会在南京市召开全国第十四次繁殖技术研讨会。

◆ 荷兰农业、自然管理和渔业部与河南省签署《中荷奶业示范项目协议书》。项目区位于郑州东北郊的黄河滩区，占地总面积1 700亩，拥有1 400余亩牧草场。荷方负责牧场设计，无偿提供主要设备、奶牛、牧场种植，中方提供土地和配套设施。项目当年开工建设。

5月

◆ 11日 农业部印发《关于发布〈中华人民共和国动物及动物源食品中残留物质监控计划〉和〈官方取样程序〉的通知》（农牧发〔1999〕8号）。该计划旨在调查发现饲养场、奶场等动物源性食品中残留危害的原因。奶属于动物源性食品被列入残留物质监控计划。

◆ 29日 国务院总理朱镕基签署国务院令第266号，发布《饲料和饲料添加剂管理条例》，自发布之日起施行。

◆ 黑龙江省完达山集团乳品有限公司获得自营进出口企业证书，成为乳品行业首家获得自营进出口权的企业。

◆ 中国奶业协会成立中国荷斯坦牛全国生产性能测定工作委员会。

6月

◆ 24—25日 农业部农垦局在北京组织召开北京、天津、上海、沈阳、广州五大城市农垦“学生饮用奶计划”座谈会，布置在五大城市进行“学生饮用奶计划”试点工作。

◆ 中共中央政治局常委、国务院副总理李岚清批阅了中国工程院副院长卢良恕等专家、学者提出的“以学生奶为突破口，实施奶类行动计划”的建议，建议“由农业部牵头，会同教育部、卫生部、国家轻工业局、国家计委、财政部等有关部门组成领导小组，组织协调各部门和协会的力量，实施包括学生奶在内的奶类行动计划。”

7月

◆ **26日** 农业部发布公告第105号，公布饲料中《允许使用的饲料添加剂品种目录》，共收录饲料添加剂12类173种。

8月

◆ **18日** 农业部、对外贸易经济合作部联合发布《关于加强对进口饲用油脂和动物性饲料经营和使用管理的通知》。

◆ **25日** 国家工商行政管理局商标局日前发文，对280种重点商标作为商标专用权予以特别保护。涉及奶业的有石家庄的“三鹿”（奶粉）、黑龙江的“完达山”（奶粉）。

◆ **31日** 农业部印发《关于征求实施“学生奶计划”意见的函》。正式提出实施国家“学生饮用奶计划”的具体方案，征求国家计委、教育部、财政部、卫生部、国家轻工局、国家技术质量监督局的意见。

9月

◆ **13日** 农业部印发《关于发布〈动物性食品中兽药最高残留限量〉的通知》（农牧发〔1999〕17号），规定了42种兽药在牛奶和羊奶中的最高残留限量值。

◆ 中国乳制品工业协会第五届年会在北京召开。

◆“1999年北京国际乳品工业博览会”在北京全国农业展览馆召开。

10月

◆ **19日** 农业部印发《动物疫情报告管理办法》（农牧发〔1999〕18号），自公布之日起实施。

◆ **24日** 国家质量技术监督局公布第3季度产品质量抽查结果。其中抽取89家乳品企业的89种产品，主要为全脂加糖乳粉，抽样合格率为79.8%。

◆ 农业部编辑出版的《兽医公报》1999年第1卷第2期/总第2期登载专文，公布中国境内从未发生过痒病、牛海绵状脑病、水泡性口炎、结节性皮炎、裂谷热和小反刍兽疫等疫病。

11月

◆ **9日** “中国荷斯坦牛MOET育种体系的建立与实施”获得农业部科技进步一等奖，主要完成单位有中国奶牛协会、中国农业大学等5个单位，主要完成人有张沅、许宗良、罗应荣、陈静波、张勤等15人。

◆ **12—13日** 中国奶业协会全国奶牛生产性能测定（DHI）工作委员会

（NDHIC）和中加奶牛育种综合项目，在北京召开DHI测试中心实验室技术交流会。讨论和修订DHI实验室操作规程和DHI实验室验收标准，DHI实验室仪器的定期校正和统一标准样问题，以及DHI测试全国信息网络建设等问题。

12月

◆ **5日** 国务院印发《关于进一步加强产品质量工作若干问题的决定》（国发〔1999〕24号），提出实行免检制度。

◆ **14日** 农业部令第23号、第24号，发布《饲料添加剂和添加剂预混合饲料产品批准文号管理办法》和《饲料添加剂和添加剂预混合饲料生产许可证管理办法》，自发布之日起施行。

◆ **22日** 国家科教领导小组办公室李主其约请国家计委、教育部、财政部、农业部、卫生部、质量计监局、轻工局等部门的有关负责人，对农业部提出的“学生饮用奶计划”问题进行研究。经过协商，一致同意由农业部牵头，轻工业局配合，会同有关部门制定实施“学生饮用奶计划”的具体方案并付诸实施。

◆ **27日** 农业部副部长路明应邀出席沈阳市人民政府“学生饮用奶”启动典礼并讲话。农业部农垦局在沈阳召开“学生饮用奶计划”试点情况汇报会，布置试点工作。

◆ **30日** 中共中央政治局常委、国务院副总理李岚清在国家科教领导小组办公室召开“学生饮用奶计划”协调会情况的报告上批示：“同意，请抓紧落实并通过新闻媒体予以宣传。”

2000年

2月

◆ **15日** 国家出入境检验检疫局发布《进出口食品标签管理办法》，自2000年4月1日起施行。

3月

◆ **14日** 国家质量技术监督局令第7号，发布《产品免于质量监督检查管理办法》，自发布之日起施行。

4月

◆ **5日** 国家质量技术监督局发布2000年第1季度婴幼儿配方奶粉产品质量监督抽查结果。抽查37家生产企业的37种产品，抽样合格率为64.9%。

◆ **12日** 农业部副部长张宝文主持召开学生饮用奶计划部际协调小组第一

次会议。学生饮用奶计划部际协调小组成员单位农业部、国家发展计划委员会、教育部、财政部、卫生部、国家质量技术监督局、国家轻工业局、中共中央宣传部和国家食物与营养咨询委员会的有关负责人出席会议。会议宣布国家学生饮用奶计划部际协调小组成立，原则通过《关于实施国家“学生饮用奶计划”的通知》、《国家“学生饮用奶计划”实施方案》和《国家“学生饮用奶计划”暂行管理办法》。

◆ 20日　中国乳制品工业协会在广西壮族自治区桂林市召开“加入WTO与中国乳品工业发展研讨会”。42个乳品企业的80多位代表参加研讨会。

◆ 26日　国家质量技术监督局批准国家标准《蓝舌病微量血清综合试验及病毒分离和鉴定方法》（GB/T 18089—2000），自2000年10月1日起实施。

◆ 27日　中共中央政治局常委、国务院副总理李岚清在农业部4月6日呈报国务院的《关于实施“学生饮用奶计划”有关工作情况的报告》上批示：“请教育部配合积极推行。”

6月

◆ 2日　农业部印发《关于下达2000年兽药残留监控抽样计划的通知》，其中牛奶兽药残留监测计划抽取样品600批，检测药物种类为青霉素类、链霉素和磺胺类。

◆ 11日　河南省省长李克强、荷兰农业大臣布林克霍斯特出席中荷河南奶业培训示范中心落成典礼并剪彩、致辞。

◆ 28日　全国畜牧兽医总站、农业部奶类项目办公室、中国国际科技会议中心、中国奶业协会、中国乳制品工业协会联合主办的“2000北京国际奶业大会暨展览会”在北京举行，大会主题为“奶与人类健康”。国内外知名专家学者分别就中国和亚太地区以及世界奶业的生产现状和发展趋势、奶牛育种的现状和发展趋势、奶制品的生产质量控制、奶及奶制品的消费进行交流。

◆ 中国奶业协会第十五次繁殖技术研讨会在昆明召开，讨论制订“十五”期间工作目标。奶业相关企业首次作技术报告。19个省（自治区、直辖市）的88名代表参加会议。

7月

◆ 8日　中华人民共和国主席令第三十三号，公布修正后的《中华人民共和国产品质量法》，自2000年9月1日起施行。

8月

◆ 17日　农业部令第37号，发布《新饲料和新饲料添加剂管理办法》。农业部令第38号，发布《进口饲料和饲料添加剂登记管理办法》。皆自发布之日起施行。

◆ **29日** 农业部、国家发展计划委员会、教育部、财政部、卫生部、国家质量技术监督局、国家轻工业局联合发布《关于实施国家“学生饮用奶计划”的通知》（农垦发〔2000〕3号），决定在全国分步实施“学生饮用奶计划”。学生饮用奶计划部际协调小组办公室设在农业部农垦局。《国家“学生饮用奶计划”实施方案》同文公布。

◆ **31日** 国家发展计划委员会、国家经济贸易委员会令第7号，发布《当前国家重点鼓励发展的产业、产品和技术目录（2000年修订）》（经国务院2000年7月27日批准），自2000年9月1日起执行。奶业被列入目录。

9月

◆ **1日** 中国乳制品工业协会第六次年会在大连召开，年会的主题为“现代乳品企业的经营与管理”。来自国内外乳品企业、科研单位、大专院校及相关行业的250多个单位、680余名代表出席年会。

10月

◆ **8日** 中国奶业协会和中国畜产品加工研究会主办，南京奶业（集团）有限公司承办的“2000年全国首次液态奶新科技研讨会”在南京举行。全国乳品及相关企业、大专院校、科研院所的代表220人参加会议。

◆ **13日** 农业部、教育部、国家质量技术监督局、国家轻工业局联合发布《国家“学生饮用奶计划”暂行管理办法》（农垦发〔2000〕6号），自发布之日起施行。

◆ **20日** 农业部发布《中国学生饮用奶标志使用暂行管理办法》和《中国学生饮用奶标志使用规范》（农垦发〔2000〕7号）。

◆ **26日** 农业部、国家发展计划委员会、国家经济贸易委员会、财政部、对外贸易经济合作部、中国人民银行、国家税务总局、中国证券监督管理委员会联合公布第一批农业产业化国家重点龙头企业名单（农经发〔2000〕010号），151家企业上榜，其中有13家乳品加工企业。

◆ **30日** 农业部和中共中央宣传部联合召开实施国家“学生饮用奶计划”新闻通气会，部署有关国家“学生饮用奶计划”的宣传报道工作。农业部副部长张宝文出席会议并讲话。

11月

◆ **14日** 中国奶业协会和上海市奶业工作小组办公室联合主办的“中国奶业与入世研讨会暨展示会”在上海举行，300多名代表参加会议。

◆ 15日　农业部、中共中央宣传部、国家发展计划委员会、教育部、卫生部、财政部、国家轻工业局、国家质量技术监督局、国家食物与营养咨询委员会在北京人民大会堂联合召开实施国家“学生饮用奶计划”新闻发布会，正式启动实施国家“学生饮用奶计划”。全国人大常委会副委员长王光英出席新闻发布会并讲话，国家轻工业局副局长潘蓓蕾宣读农业部等七部委局联合发出的《关于实施国家“学生饮用奶计划”的通知》及实施方案，农业部副部长张宝文、卫生部副部长彭玉、著名营养学家于若木分别讲话。新华社就实施国家“学生饮用奶计划”发出通稿。

◆ 16日　《人民日报》报道实施国家“学生饮用奶计划”新闻发布会，并以“把好事办好”为题配发短评。

◆ 17日　中共中央政治局常委、国务院副总理李岚清在11月14日农业部呈报的《关于实施“学生饮用奶计划”进展情况的报告》上批示：“要十分注意食品卫生安全”。

◆ 在实施国家“学生饮用奶计划”新闻发布会后，中央电视台在第一、二、七套频道进行宣传报道。其他媒体相继报道和开展对“学生饮用奶计划”的宣传。

12月

◆ 4日　卫生部印发《关于开展学生饮用奶及学生集体用餐监督检查工作的通知》。

2001年

1月

◆ 1日　《轻工业“十五”发展规划》公布，提出乳品工业发展的目标、重点和方向。提出到2005年，乳制品产量达到80万吨，液体奶产量达到200万吨。

◆ 5日　农业部、教育部、国家质量技术监督局、国家轻工业局联合印发《学生饮用奶定点生产企业申报认定暂行办法》（农垦发〔2001〕1号），自发布之日起施行。

2月

◆ 5日　农业部印发《关于加强疯牛病防治工作的通知》，要求各地加强对疯牛病的监测工作。

◆ 6日　农业部副部长刘坚、以色列国驻华大使沙雷夫在北京共同签署《中华人民共和国与以色列国政府关于建立中以奶牛示范场项目的谅解备忘录》。中方投入1 000万元人民币，用于基础设施建设和牛场改造；以方投入价值50万美元的挤奶、电子计算机管理等先进设备。

◆ **9日** 国务院印发《关于2000年度国家科学技术奖励的决定》（国发〔2001〕4号），张沅主持、中国奶牛协会等单位完成的“中国荷斯坦牛MOET育种体系的建立与实施”获得2000年度国家科学技术进步奖二等奖。

◆ **14日** 农业部举行新闻发布会，通报中国疯牛病防治工作的情况，发布《中国疯牛病风险分析与评估报告》。

◆ **26日** 国家质量技术监督局批准国家标准《散装乳冷藏罐》（GB/T 10942—2001，代替GB/T 10942—1989），2001年9月1日实施。

3月

◆ **1日** 农业部印发《关于禁止在反刍动物饲料中添加和使用动物性饲料的通知》（农牧发〔2001〕7号）。

◆ **1日** 农业部、国家出入境检验检疫局联合发布公告第143号，禁止直接或间接从发生疯牛病的国家或地区进口牛、牛胚胎、牛精液、牛肉类产品及其制品、反刍动物源性饲料。

◆ **11—13日** 农业部畜牧兽医局在青岛市举办全国疯牛病检测技术培训班。

◆ **26—28日** 2001年春季（第二十五次）全国联合公牛后裔测定精液交换暨2001年秋季（第二十六次）后裔测定公牛资格审定会在重庆召开。参加交换精液的种公牛17头。

◆ 中国和欧盟各方奶业项目代表机构对水牛项目协议进行了修改，决定追加对项目的投资，欧盟增加55万欧元的无偿援助，使援助总金额达到333.7万欧元。

4月

◆ **5日** 学生饮用奶计划部际协调小组办公室召开会议，宣布成立国家学生饮用奶计划专家委员会。农业部副部长张宝文到会并讲话。

◆ **5日** 国家质量技术监督局公布产品质量国家监督抽查通报2001年第1号（质技监局监发〔2001〕50号）。其中抽样合格率为60.0%～79.9%的有灭菌奶等产品。

◆ **本月** 中国奶业协会和中加奶牛综合育种项目在西安联合举办奶牛体型鉴定交流会。参加中加奶牛综合育种项目赴加拿大专业培训的学员、加拿大体型鉴定专家及国内相关专业人员40余人参加。

5月

◆ **18日** 学生饮用奶计划部际协调小组办公室印发《关于认定北京三元食

品股份有限公司等七家企业为中国学生饮用奶定点生产企业的通知》。被认定的七家企业是：北京三元食品股份有限公司、上海光明乳业股份有限公司、天津奶业集团有限公司、菲仕兰（天津）乳制品有限公司、天津中芬乳业有限公司、天津市梦得奶制品有限公司、沈阳乳业有限责任公司。

◆ 22日　国务院发布《中国儿童发展纲要（2001—2010）》，指出"对中小学生提倡饮用畜奶，分步实施国家'学生饮用奶计划'。"

◆ 22—24日　中国奶业协会、中加奶牛育种项目和宁夏回族自治区农牧厅主办的"中国西部地区奶业发展研讨会"在银川市举行，主题为"发展西部奶业"，来自西部地区的100多名代表参加会议。

◆ 29日　国务院印发《关于基础教育改革与发展的决定》（国发〔2001〕21号），指出："有条件的地区要推行'学生饮用奶计划'。"

◆ 31日　国家质量技术监督检验检疫总局公布婴幼儿配方乳粉产品抽查结果。抽查6个城市29家经销企业销售的42家企业生产的45种产品，抽样合格率为66.7%。

6月

◆ 19—21日　中国奶业协会第十六次繁殖会议在福建省南平市召开，会议指出提高奶牛繁殖力是解决牛源不足的重要措施，提出应用人工授精技术进行黄牛改良和推广胚胎移植技术。15个省、自治区、直辖市的近150名代表参加会议。

◆ 中国和欧盟各方奶业项目代表机构对"中国—欧盟奶业和食品加工业的技术及商务合作"项目协议条款进行第二次修改，将项目结束期延至2003年年底。

7月

◆ 3日　农业部印发《关于发布〈饲料药物添加剂使用规范〉的通知》。

◆ 19日　国家高技术产业化示范项目——奶牛胚胎工程产业化建设工程，在承担单位北京奶牛中心延庆基地建成并投入使用。该项目总投资7 700万元。

◆ 22日　国家质量技术监督局在北京召开婴幼儿配方乳粉生产许可证工作会议。国家质量技术监督局、国家乳品质量监督检验中心、中国乳制品工业协会有关负责人及婴幼儿配方乳粉生产企业代表参加会议。会议讨论了《婴幼儿配方乳粉产品生产许可证实施细则》，以及实施生产许可证的时间进程等相关问题。

8月

◆ 17日　国家经济贸易委员会在北京召开液态奶生产规划会，将液态奶无菌包装列为优先开发项目，投资20亿元扶持液态奶工业的发展。

◆ 28—31日　中国奶业协会、中国食品工业协会、中国商业联合会共同主办，上海市奶业协会、上海进口食品企业协会、上海荷雅企龙展览服务有限公司承办的“首届中国乳品博览会——中国国际奶业及相关制品博览会”在上海举行。

9月

◆ 3日 农业部发布农业行业标准《无公害食品 生鲜牛乳》(NY 5045—2001)、《无公害食品 奶牛饲养兽药使用准则》(NY 5046—2001)、《无公害食品 奶牛饲养兽医防疫准则》(NY 5047—2001)、《无公害食品 奶牛饲养饲料使用准则》(NY 5048—2001)、《无公害食品 奶牛饲养管理准则》(NY/T 5049—2001)、《无公害食品 牛奶加工技术规范》(NY/T 5050—2001),2001年10月1日实施。

◆ 4日 农业部发布公告第168号《饲料药物添加剂使用规范》,自2001年7月3日起施行。原农业部发布的《饲料添加剂允许使用品种目录》(农牧发〔1994〕7号)和《允许作饲料药物添加剂的兽药品种及使用规定》(农牧发〔1997〕8号)同时废止。此次发布的《饲料药物添加剂使用规范》曾于2001年7月3日以文件形式公布。

◆ 5日 国家质量监督检验检疫总局公布第2季度全国酸牛乳国家监督抽查结果。在23家经销企业抽取的46个批次的酸牛乳产品中,抽样合格率为67.4%。

◆ 24—25日 中国乳制品工业协会第七次年会在青岛市召开。宋昆冈理事长作工作报告。年会重点讨论中国加入WTO后对乳品行业的影响。大会表彰了2001年度乳品行业优秀企业家。同期举办第一次乳品技术精品展示会,近千人参观。

◆ 中共中央政治局常委、全国人大常委会委员长李鹏视察维维集团股份有限公司。

10月

◆ 12日 中国、以色列政府间合作项目中以示范奶牛场落成典礼在北京举行。中国农业部副部长韩长赋、中共中央对外联络部副部长马文普、中国—以色列友好协会会长周觉、以色列农业及农村发展部部长沙洛姆·希姆弘、以色列驻华大使沙雷夫等出席落成典礼。

◆ 15日 中国首例体细胞克隆牛在新疆诞生。

◆ 20日 国务院办公厅转发农业部《关于加快畜牧业发展的意见》(国办发〔2001〕76号)。提出突出发展奶牛生产,提高奶类在畜产品中的比重,积极推广和实施“学生饮用奶计划”。

◆ 20—21日 中国奶业协会、中国乳制品工业协会、中国畜产品加工研究会和四川省畜牧食品局共同主办的首届中国西部乳业发展协作会暨产品交易会在成都举行。

◆ 23—24日　学生饮用奶计划部际协调小组在北京召开全国实施国家“学生饮用奶计划”工作会议，农业部副部长张宝文出席会议并讲话。各省、自治区、直辖市学生饮用奶工作机构负责人和学生饮用奶定点企业的负责人约150人参加会议。

◆ 23—26日　2001年秋季（第二十六次）全国联合公牛后裔测定精液交换暨2002年春季（第二十七次）后裔测定公牛资格审定会在江西省南昌市召开。参加交换精液的公牛21头。

◆ 中国奶业协会育种专业委员会体型外貌鉴定专业组在哈尔滨成立，会议起草了《中国荷斯坦牛体型外貌鉴定规程》（草案）。

11月

◆ 5—13日　中共中央政治局常委、国务院副总理李岚清在广东省考察。期间，李岚清视察深圳光明凤凰牛场。

◆ 7日　中共中央政治局常委、国务院副总理吴邦国视察黑龙江省垦区完达山哈尔滨乳品有限公司。

◆ 20—22日　第二届亚太地区学生饮用奶会议在上海举行，农业部副部长张宝文出席会议并讲话。本届会议由联合国粮食及农业组织、中国农业部支持，上海市农业委员会、亚太地区奶业协会、中国奶业协会和中国乳制品工业协会主办，上海市奶业协会、光明乳业股份有限公司承办。来自21个国家的380多名代表参加大会。

12月

◆ 3日　国务院办公厅印发《中国食物与营养发展纲要（2001—2010年）》（国办发〔2001〕86号），提出奶类产业作为食物与营养发展的三个重点领域之一，要优先发展；到2010年人均每年奶类摄入量为16千克，城市居民人均为32千克，农村居民人均为7千克，全国主要食物生产总量的安全保障目标奶类为2 600万吨。

◆ 10日　农业部印发《饲料工业“十五”计划和2015年远景目标规划》（农牧发〔2001〕44号），提出到2005年，奶类料比为0.3，工业饲料普及率为30%，工业饲料需求量115万吨；到2015年，奶类料比为0.3，工业饲料普及率为40%，工业饲料需求量398万吨。

◆ 13—15日　农业部畜牧兽医局在北京举办全国疯牛病、牛瘟、牛肺疫检测技术暨世界贸易组织（WTO）《实施卫生与植物卫生措施协议》（SPS协议）培训班。

◆ 17日　学生饮用奶计划部际协调小组办公室印发《关于加强监管、确保学生饮奶安全的通知》（学奶办字〔2001〕3号）。

◆ 学生饮用奶计划部际协调小组办公室统计，截至12月末，中国已有20多个省（自治区、直辖市）成立了实施“学生饮用奶计划”的协调组织和工作机构，有10多个省制定了实施方案和管理办法。

本年

◆ 农业部印发《畜牧业“十五”计划和2015年远景目标规划》，提出奶业仍然是畜牧业未来发展的重点。到2005年，奶类总产量达到1 200万吨，人均奶类占有量9千克；到2015年，奶类总产量达到3 300万吨，人均占有量22.8千克。突出发展奶类生产，在不断增加养殖数量的同时，加强品种的改良，建立优质奶源基地，提高整体产奶水平。加快乳品加工业的结构调整，改进加工工艺，增加液态奶生产。

◆ 农业部印发《关于下达2001年度兽药残留监控计划的通知》（农牧发〔2001〕24号），其中牛奶兽药残留监测计划抽取样品300批，检测药物种类为青霉素类、链霉素和磺胺类，每个月抽样一次。

2002年

1月

◆ 9—10日　科学技术部在北京召开全国科技工作会议，会议宣布2002年将全面启动实施12个重大关键技术攻关与产业化示范科技专项。“奶业重大关键技术研究与产业化技术集成示范”被列入。

◆ 14日　农业部启动“奶业行动计划”，提出要加快奶类企业产业化、规模化、现代化和集团化步伐，鼓励和支持优势企业，通过资产重组、兼并收购、强强联合，实现资产、品牌、经营的整合，进而形成可以与国外大企业集团竞争的民族奶业集团。

◆ 国家质量监督检验检疫总局产品质量监督司公布2001年第4季度对灭菌调味奶产品质量国家监督抽查结果。从9个城市19家经销企业抽取32家企业生产的33种产品，抽样合格率为75.8%。其中被抽查的5家大型企业的5种产品、18家中型企业的18种产品、9家小型企业的10种产品，抽样合格率分别为100%、77.8%、60%。

2月

◆ 9日　农业部、卫生部、国家药品监督管理局联合发布《禁止在饲料和动物饮用水中使用的药物品种目录》（农业部第176号公告），目录收载了5类40种禁止在饲料和动物饮用水中使用的药物品种。

◆ **19日**　国家质量监督检验检疫总局批准国家标准《动物结核病诊断技术》（GB 18645—2002）、《动物布鲁氏菌病诊断技术》（GB 18646—2002）、《牛传染性胸膜肺炎（牛肺疫）诊断技术》（GB 18649—2002）、《蓝舌病诊断技术》（GB 18636—2002）、《牛病毒性腹泻/黏膜病诊断技术》（GB 18637—2002）、《流行性乙型脑炎诊断技术》（GB 18638—2002）、《狂犬病诊断技术》（GB 18639—2002）、《家畜日本血吸虫病诊断技术》（GB 18640—2002）、《伪狂犬病诊断技术》（GB 18641—2002）、《牛无浆体病快速凝集检测方法》（GB 18651—2002）、《动物防疫　基本术语》（GB 18635—2002），2002年5月1日实施。

3月

◆ **5日**　农业部发布《食品动物禁用的兽药及其他化合物清单》（农牧发〔2002〕1号）。

◆ **12日**　科学技术部、农业部在北京召开“国民健康与奶业发展”科技论坛会。与会专家针对“十五”国家奶业重大科技专项的实施，提出奶业科技专项将以奶牛胚胎工厂化生产技术、优质牧草和配合饲料生产技术、奶牛规模化养殖技术、奶业质量安全检测技术等为主要目标，以期突破制约奶业进一步发展的重大技术瓶颈。

◆ **15日**　国家发展计划委员会、国家经济贸易委员会、农业部联合发布《全国食品工业“十五”发展规划》。“十五”期间，乳品工业从总体上降低奶粉生产比例，增加液态奶产量。到“十五”末，机械化挤奶率力争达到50%，全面提高原料奶质量；乳制品产量年递增速度争取达到10%左右，达到130万吨；液态奶产量力争递增速度在20%左右，达到450万吨。

◆ **18日**　农业部印发《关于下达2002年度动物源性食品中兽药残留监控计划的通知》（农牧发〔2002〕5号）。

◆ **18—19日**　农业部农垦局在北京召开农垦奶业发展战略座谈会，10个垦区分管奶业的领导、农垦重点奶业企业的负责人和有关专家20多人参加会议。会议分析了农垦和全国奶业面临的新形势，交流了垦区和企业发展奶业的工作情况和经验，研讨农垦奶业的发展战略和工作思路，讨论修改农垦奶业行动计划。

◆ **19—22日**　中国奶业协会组织的第27次全国联合公牛后裔测定精液交换暨第28次后裔测定公牛资格审定会在天津市召开。参加交换精液的公牛21头。

◆ **27日**　中国奶业协会、中国国际贸促会广东省分会、中国国际商会广东商会在深圳举办中国奶业发展高峰论坛。参加论坛的国内著名乳品企业签署宣言，宣称恪守诚信，实行有效的行为自律，倡导全国各大乳品企业为国民饮用优质牛奶做出不懈努力，以强壮国民体质。宣言呼吁全国人民常喝奶、多喝奶、喝好奶。

4月

◆ **4日** 国家质量监督检验检疫总局召开全国奶业加强质量管理、争创名牌研讨会。

◆ **4日** 阿根廷驻华大使莫雷利率该国最大的乳业集团SANCOR公司董事长ALTUNA一行3人抵达重庆，与重庆农工商集团公司有关人员就世界乳业、中国乳业的现状和双方合作的可能性进行了探讨。

◆ **9日** 农业部发布《食品动物禁用的兽药及其他化合物清单》（农业部第193号公告）。共有β-兴奋剂类、性激素类、催眠和镇静类、具有雌激素样作用的物质、氯霉素及其盐和酯及制剂、氨苯砜及制剂、各种汞制剂、硝基呋喃类、硝基咪唑类、硝基化合物10类药物和林丹（丙体六六六）、毒杀芬（氯化烯）、呋喃丹、杀虫脒、酒石酸锑钾、锥虫胂胺、孔雀石绿、五氯酚酸钠8种杀虫剂列为所有食品动物禁用。此清单曾于2002年3月5日以农牧发〔2002〕1号文发布。

◆ **15日** 农业部“万枚高产奶牛胚胎移植富民工程”项目启动仪式在北京奶牛中心延庆基地举行。农业部副部长齐景发出席启动仪式。项目内容为利用高产奶牛良种资源，生产1.5万枚高产奶牛的优质胚胎，将其中1万枚采取生物工程技术直接移植到农户饲养的受体母牛中，生产3 000～4 000头高产奶牛。项目在9个省、自治区、直辖市实施。项目省畜牧（农业）厅（局）的有关负责人、专家等100余人参加。

◆ **15—20日** 学生饮用奶计划部际协调小组办公室在北京举办学生饮用奶定点企业危害分析和关键控制点（HACCP）培训班，邀请世界超高温灭菌与包装及危害分析和关键控制点资深专家冯·博克曼（瑞典）授课，学生饮用奶定点企业的生产和质量管理负责人100余人参加培训。

◆ **16日** 农业部印发《畜牧业发展行动计划》（农牧发〔2002〕9号），提出突出抓好奶类生产，要加快良种繁育步伐，增加高产奶牛数量；加紧奶源基地建设；大力支持乳品企业的技术更新改造和科技创新，使企业真正成为技术创新的主体；大力发展优质饲料饲草生产，建立奶畜饲料生产基地；强化奶业发展服务体系建设。

◆ **29日** 农业部、国家质量监督检验检疫总局联合发布第12号令《无公害农产品管理办法》，自发布之日起施行。

◆ 国家质量监督检验检疫总局产品质量监督司公布2002年第1季度婴幼儿配方奶粉产品质量国家监督抽查结果。抽查9个省、自治区、直辖市的37家生产企业和经销企业的38种产品，抽样合格率为65.8%。其中抽查15家大中型企业的15种产品、22家小型企业的23种产品，抽样合格率分别为100%、43.5%。

5月

◆ **9日** 全国人大常委会副委员长彭珮云率领《食品卫生法》执法检查组到上海光明乳业乳品二厂检查。

◆ **13—17日** 农业部与联合国粮食及农业组织在江苏省铜山县召开"中国—联合国粮食及农业组织发展中国家小规模牛奶收集与加工亚洲区域研讨会暨第四届全球乳过氧化物酶计划专家组年会"。会议主题为限制小规模牛奶收集与加工的世界性解决途径。来自中国等27个国家和地区的100多位专家学者及粮农组织的官员参加研讨会。

◆ **17日** 中国和加拿大合作建立的中国第三方乳与乳制品质量监测示范中心协议签字仪式在天津举行。天津市农垦集团所属天津市乳品食品监测中心为实施单位，成为中国首家具有第三方公正性的乳与乳制品质量检测中心。

◆ **19日** 农业部副部长张宝文率团参加在墨西哥举行的国际学生饮用奶会议，并在大会作了题为《中国的学生饮用奶计划》的发言，受到大会的高度评价。

◆ **20日** 《人民日报》刊登学生饮用奶计划部际协调小组认定为学生饮用奶定点企业的公告。至此，学生饮用奶定点企业增加到48家。

◆ **24日** 农业部令第13号，发布《动物免疫标识管理办法》，自2002年7月1日起实施，部分条款自10月1日起实施。农业部令第14号，发布《动物检疫管理办法》，自2002年7月1日起实施。乳用动物货主提前十五天向动物防疫监督机构报检；未达到健康标准的乳用动物，必须经过实验室检验合格。农业部令第15号，发布《动物防疫条件审核管理办法》，自2002年7月1日起实施。

◆ **28日** 农业部印发《关于开展农垦无公害农产品示范基地农场创建活动的通知》(农办垦〔2002〕4号)。农垦局决定在全国农垦系统选择100个环境质量和生产条件较好，具有一定生产规模和较强技术力量的农场，开展农垦无公害农产品示范基地农场创建活动，奶作为农垦的优势农产品被列入。

6月

◆ **11日** 中共中央政治局常委、国务院副总理李岚清在新华社记者写的一篇材料上批示："对学生奶供应秩序必须予以高度重视，否则出了事就是大事，对不合格和假冒者必须严肃查处。"

◆ **15日** 中共中央政治局候补委员、国务委员吴仪视察完达山乳业股份有限公司液态奶生产基地。吴仪对垦区工作给予了肯定，推进农业产业化的方向是正确的，完达山乳业股份有限公司走龙头带公司、公司带基地、基地连着农户的做法和经验很好。

◆ 中国奶业协会第十七次繁殖技术研讨会在宁波市召开，会议就胚胎生产产业化、当前奶牛繁殖研究现状、牛繁殖疾病防治、生殖激素在奶牛繁殖中的应用等内容进行研讨。23个省（自治区、直辖市）的231名代表参加会议。

7月

◆ **2—4日** 中国乳制品工业协会主办并组织，农业部乳品质量监督检验测试中心承办的“乳品评鉴师”考测选拔在天津举行。报名参加考测选拔的120余位乳制品生产企业的产品质量专业技术人员中有31人获得“乳制品评价师”资格。

◆ **25日** 农业部发布农业行业标准《无公害食品　巴氏杀菌乳》(NY 5140—2002)、《无公害食品　灭菌乳》(NY 5141—2002)、《无公害食品　酸牛奶》(NY 5142—2002)，2002年9月1日实施。

◆ **25—29日** 中国奶业协会北方组与西部乳业发展协作组共同在新疆乌鲁木齐市召开北方组第十六次奶业协作会议暨第二届西部乳业发展协作会，会议主题“发展健康奶业，促进西部奶业开发”。

◆ 国家质量监督检验检疫总局产品质量监督司公布2002年第2季度酸牛乳产品质量国家监督抽查结果。从6个城市抽查39家企业生产的39种酸牛乳产品，抽样合格率为71.8%。其中被抽查的15家大中型企业的15种产品、24家小型企业的24种产品，抽样合格率分别为100%、54.2%。

8月

◆ **8日** 北京三元食品股份有限公司的“三元”乳品系列奶荣获北京第五届国际科技产业博览会“产品金奖”。

◆ **19—22日** 中国畜产品加工研究会牵头主办的首届中国乳业科技大会在北京召开，大会主题是“共同促进中国乳业健康发展”，全国近300家乳品加工企业、乳品包装企业、乳品机械企业代表参加会议。

◆ **28日** 上海光明乳业股份有限公司在上海证券交易所交易大厅举行上市挂牌仪式，农业部副部长张宝文、上海市政府副秘书长周太彤出席仪式并致辞。

◆ **29日** 中国奶业协会和上海奶业协会在上海共同举办中国乳业精英论坛。

◆ **29日** 国家质量监督检验检疫总局公布2002年中国名牌产品（国质检质〔2002〕250号），乳制品名牌产品的生产企业有石家庄三鹿集团股份有限公司、黑龙江龙丹乳业科技股份有限公司、青岛圣元乳业有限公司、山西古城乳业集团有限公司、内蒙古伊利实业集团股份有限公司、黑龙江省完达山乳业股份有限公司、哈尔滨金星乳业集团公司、西安银桥股份有限公司、北京三元食品股份有限公司、上海光明乳业股份有限公司、内蒙古蒙牛乳业（集团）股份有限公司。

◆ 中共中央政治局委员、全国人大常委会副委员长姜春云视察新疆呼图壁种牛场。

9月

◆ **2日** 学生饮用奶计划部际协调小组办公室印发《关于加强学生饮用奶质量及安全管理工作的通知》(学奶办字〔2002〕2号),对实施“学生饮用奶计划”工作中的有关问题作出进一步规定。

◆ **10—12日** 中国乳制品工业协会第八次年会在杭州市举行。年会特设“企业家论坛”,由企业代表介绍本企业的发展经验和做法,探讨中国乳业发展之路和行业热点问题等。同期举办第二次乳品技术精品展示会,约2 000人参观。

10月

◆ **14日** 国务院副总理温家宝在刘成果同志关于召开第四次中国奶业协会会员代表大会的汇报上批示:“奶业是一个很有潜力、大有希望的产业。发展奶业不仅是农业结构调整的一项战略性任务,而且是改善消费结构、提高人民健康水平的一项重大措施。愿奶业协会办得更好,为推进奶业产业化,加强技术和信息服务,保护农民和消费者利益,促进奶业健康发展做出贡献。”

◆ **15—16日** 中国奶业协会第四次会员代表大会暨中国奶业协会成立20周年纪念大会在北京召开,全国人大常委会副委员长姜春云致信祝贺:

奶业的发展不仅关系农民增收和我国农村经济结构的战略性调整,而且关系到改善居民饮食结构、健康水平和国民整体素质的提高。因此,奶业是农业中的一个十分重要的、大有希望的产业。

发展我国奶业必须依靠政策和科技,创新体制,提高产业化水平,并注重培养和开拓市场,务使原料生产、加工和销售协调发展。

在社会主义市场经济条件下,行业协会作为一个独立的社团法人和中介组织,在帮助企业提高生产发展能力、维护行业的整体利益、拓展国内外市场等方面发挥着不可替代的作用。希望中国奶业协会以“三个代表”重要思想为指导,认真贯彻党的十六大精神,坚持为奶农和企业服务的宗旨,为应对入世挑战、推进我国奶业现代化、提高我国奶业的发展水平做出新的更大的贡献!

农业部副部长齐景发出席大会并致辞。中国奶业协会第四次会员代表大会选举产生第四届理事会理事300名、常务理事82名、副理事长17名。理事会选举农业部原副部长、党组原副书记,国务院扶贫开发领导小组原副组长刘成果为理事长,魏克佳为副理事长兼秘书长,聘请杜青林、徐冠华、刘江、伍精华为名誉理事长,杜子端等8位为顾问。大会修改《中国奶业协会章程》,表彰48家奶业优秀企业和126名奶业优秀工作者。刘成果理事长作了“认清形势 搞好服务 推进我国奶业健康发展”的报告,提出中国奶业协会的工作“以推进奶业健康发展、提高奶业现代化水平为中心、突出抓好奶源基地建设和培育消费市场两个重点”；协会要弘扬奋斗、科学、奉献的“勤、智、诚”精神。

◆ **18日** 科学技术部、农业部在北京人民大会堂举行“十五”国家重大科技专项“奶业重大关键技术研究与产业化技术集成示范”启动签约仪式。

◆ **22日** 学生饮用奶计划部际协调小组办公室印发《关于开展学生饮用奶质量安全和供应秩序检查的通知》(学奶办字〔2002〕22号)，部署在全国开展对学生饮用奶供应秩序、产品质量和安全进行检查。

◆ **25日** 农业部公布全国农垦无公害农产品示范基地农场创建单位名单(农办垦〔2002〕28号)，其中有8个牛奶或乳制品生产农场（公司）列入。

◆ **29日** 学生饮用奶计划部际协调小组办公室召开专家委员会会议，研讨“学生饮用奶计划”实施情况和问题，以及准备召开“学生饮用奶计划”工作会议问题。有关专家，上海、天津、广州奶业管理办公室，中共中央宣传部、教育部、卫生部、国家质量监督检验检疫总局的有关负责人参加会议。

◆“中国西门塔尔牛”正式命名，并颁发畜禽新品证书（〔农02〕新品种证字第1号）。

11月

◆ **5—7日** 中国奶业协会主办的“2002中国国际乳业展览会”和“首届中国奶业产业化论坛”在北京举行。200多名国内外专家学者及政府有关部门负责人参加论坛。

◆ **12日** 中共中央政治局常委、国务院副总理李岚清在《实施学生饮用奶计划的误区——不是中毒，而是乳糖不耐症引发》上批示：“既然是这样，早应广为宣传。但同时也确应看到有因食品不洁或其他原因造成中毒的，对此要严加防范，杜绝此类事故发生。对由于责任事故造成的问题，必须依法惩办，并追究行政责任。”

12月

◆ **12日** 教育部、农业部印发《关于加强“学生饮用奶计划”管理的意见》(教体艺〔2002〕16号)，对学生饮用奶在学校的管理等问题作出明确规定。

◆ **24日** 农业部印发《动物布鲁氏菌病防治技术规范》、《牛结核病防治技术规范》等7个重大动物疫病防治技术规范（农办牧〔2002〕74号)。

◆ **26—27日** 农业部奶类项目办公室在贵阳召开全国奶业及奶类工作会议，探讨了“我国奶业如何深入开展奶业产业化经营”，各省、自治区、直辖市奶业办公室的代表参加会议。

◆ **31日** 国家质量监督检验检疫总局令第40号，公布《进境动物和动物产品风险分析管理规定》，自2003年2月1日起施行。

◆ **31日** 农业部、国家发展计划委员会、国家经济贸易委员会、财政部、对外贸易经济合作部、中国人民银行、国家税务总局、中国证券监督管理委员会、中华全国供销合作社公布《第二批农业产业化国家重点龙头企业名单》（农经发〔2002〕14号），13家奶业企业被列入。至此，共有26家奶业企业被列为农业产业化国家重点龙头企业。

◆ **31日** 学生饮用奶计划部际协调小组办公室统计，截至2002年年底，“学生饮用奶计划”已扩展到全国28个大中城市，有25家定点企业向4 468所中小学校供应学生饮用奶，每日供奶190万份，饮奶人数占全国普通中小学生人数的5.84%。

2003年

1月

◆ **2日** 中共中央总书记胡锦涛视察内蒙古蒙牛乳业（集团）股份有限公司通辽分公司，并强调：“牛奶本身就是温饱之后小康来临时的健康食品，不仅小孩要喝，老人要喝，最重要的是中小学生都要喝上奶，提升中华民族的整体素质。”

◆ **9日** 中国奶业协会理事长刘成果给农业部部长杜青林呈报《关于抓好全国奶牛良种繁育几项基础性工作的汇报》，提出进行全国性的奶畜资源普查，建立全国奶牛统一编号、佩戴耳标、建立个体奶牛档案；组织专家修订《中国荷斯坦牛群改良方案》并组织实施；建立全国奶牛数据处理中心。尽快构建一个与国际接轨又具有中国特色的奶牛良种繁育体系。

◆ **17日** 中国国家学生饮用奶代表团访问印度，并参加印度国家奶业研讨会。

◆ **22日** 农业部发布公告第236号，公布12种动物性食品中兽药残留检测方法。

◆ **22日** 农业部印发《关于发布〈兽药残留检测试验技术规范（试行）〉的通知》（农牧发〔2003〕1号），自2003年3月1日起施行。

◆ **29日** 农业部印发《优势农产品区域布局规划（2003—2007年）》（农计发〔2003〕1号）。牛奶列入优先规划布局、进行重点扶持的11个优势农产品。重点发展东北、华北及京津沪3个牛奶优势产区。到2007年，3个优势产区奶牛存栏数量达到280万头，年均递增12%左右，奶牛平均单产提高20%左右，鲜奶产量年均递增15%～18%；奶源基地向区域化、集约化、现代化发展，良种繁育、疫病防治、鲜奶收贮等支持服务体系进一步健全和完善，形成一批与国际标准接轨、具有较强竞争力和带动力的乳品加工企业。

2月

◆ **25—26日** 全国“学生饮用奶计划”工作会议在北京召开，农业部副部长、学生饮用奶计划部际协调小组组长张宝文出席会议并作题为《认真贯彻党的十六大精神，推进“学生饮用奶计划”健康发展》的主题报告。教育部、中共中央宣传部、国家计委、财政部、国家质量监督检验检疫总局等中央和国家机关部门有关负责人参加会议。会议提出到2010年，“学生饮用奶计划”要推广到更多的城市和有条件的县镇，日供学生饮用奶1 000万份以上，覆盖面占全国城市在校中小学生的30%左右。

3月

◆ **1日** 经农业部批准，中国奶业协会组织编纂，刘成果理事长任编辑委员会主任兼主编的记述奶业发展的综合性年刊《中国奶业年鉴》首卷本出版。全国人大常委会副委员长姜春云题词：“发展奶业，造福人民”。《中国奶业年鉴》面向社会、服务行业，编辑出版采用市场化机制运作。

◆ **3—5日** 中国奶业协会、广东省奶业协会、广州市奶业协会在广州举办第二届中国（广州）国际乳品工业展览会，同期举办“2003年中国国际乳业发展高峰论坛暨国际乳业资本与品牌合作对话”。

◆ **4日** 中国乳制品工业协会在北京召开理事长会议。会议认为，2002年大量资金投入乳品行业，乳品生产和消费快速生长。国家计委批准国债贴息贷款项目14个，总投资21.9亿元，加工能力173.5万吨。科学技术部组织实施的奶业科技专项总投资4.05亿元。建成投产的液态奶项目20个，总加工能力4 300吨/天，总投资19.5亿元；奶粉项目3个，规模达每年2.5万吨，总投资近亿元。

◆ **15日** 国家质量监督检验检疫总局产品质量监督司公布对婴幼儿配方乳粉产品质量“3.15”专项抽查结果。从10个省、自治区、直辖市抽查31家企业生产的31种产品，抽样合格率为83.9%。其中抽查10家大型企业和12家中型企业生产的22种产品、9家小型企业的9种产品，抽样合格率分别为100%、44.4%。

◆ **24日** 农业部公布第一批监测合格农业产业化国家重点龙头企业名单（农经发〔2003〕1号），10个乳（奶）品生产企业列入。

4月

◆ **1日** 北京三元食品股份有限公司在澳大利亚的第一家合资企业——澳洲三元凯莱乳业股份有限公司正式营业。这是中国乳品企业第一次把品牌和基地延伸到海外。

◆ **5—8日** 中国奶业协会组织的第29次全国联合公牛后裔测定精液交换暨第30次后裔测定公牛资格审定会在江苏省南京市召开。参加测定公牛41头。

◆ **22日** 农业部印发《关于下达2003年度动物性产品中兽药残留监控计划

的通知》（农牧发〔2003〕6号）。

◆ 28日　学生饮用奶计划部际协调小组办公室印发《关于加强学生饮用奶计划管理工作的通知》，进一步重申有关学生饮用奶质量、安全和管理等问题。

5月

◆ 6日　中共中央政治局常委、中央纪委书记吴官正视察黑龙江农垦完达山乳业股份有限公司哈尔滨乳品有限公司。

◆ 6日　中国乳制品工业协会颁布《乳制品企业生产技术管理规则》（中乳协〔2003〕26号），自2003年6月1日起实施。

◆ 10日　中共中央政治局常委、全国人大常委会委员长吴邦国视察蒙牛乳业（集团）股份有限公司和林格尔工厂。

◆ 14日　国家质量监督检验检疫总局局令第47号公布《进境动物遗传物质检疫管理办法》，自2003年7月1日起施行。

◆ 22日　农业部发布公告第278号，公布部分兽药品种的停药期及部分不需制订停药期规定的兽药品种。

6月

◆ 2日　国家质量监督检验检疫总局发布国家标准《中国西门塔尔牛》（GB 19166—2003），2003年11月1日实施。

◆ 11日　中国食品工业协会、北京奶业协会、中国国际贸易促进会北京分会在北京联合举办“2003年北京国际乳品工业展览会”。

◆ 15日　中共中央政治局常委、国务院总理温家宝在著名营养学家于若木向国务院领导呈报的《后“非典”时期坚持实施国家学生饮用奶计划的建议》上批示：“要总结经验。保证奶品质量，坚持群众自愿，运用市场机制，不强求一律，是四条原则。”

◆ 17日　中共中央政治局委员、国务院副总理回良玉在于若木的《后“非典”时期坚持实施国家学生饮用奶计划的建议》上批示：“发展牛奶产业，倡导国民喝奶，是推进农业结构调整的重要内容，是增强国民体质的一大举措。”

◆ 20日　全国人大农业与农村委员会副主任舒惠国、万宝瑞率领《中华人民共和国畜牧法》立法调研组到北京三元食品股份有限公司乳品一厂调研。

◆ 21日　国家质量监督检验检疫总局发布国家标准《农产品安全质量　无公害乳与乳制品产地环境要求》（GB/T 18407.5—2003），2003年12月1日实施。

◆ 28日　中国奶业协会在北京召开“鲜奶标识与中国奶业健康发展研讨会”。中国奶业协会理事长刘成果出席会议并作“鲜奶标识，势在必行”的总结讲话，呼吁尽快建立鲜奶标识制度。农业部、科学技术部、国家质量监督检验检疫总局、国务院发展研究中心的有关部门和学生饮用奶计划部际协调小组办公室的负责人，中国乳制品工业协会、中国消费者协会、部分省级奶业协会负责人，奶业领域专家学者，20多家知名乳制品加工企业，以及媒体新闻工作者近百人参加研讨会。

7月

◆ **9日** 学生饮用奶计划部际协调小组办公室组织实施的“学生奶奶源升级计划”启动仪式在北京举行。农业部副部长张宝文、总经济师朱秀岩出席启动仪式并讲话。

◆ **16日** 国务院办公厅印发《关于实施食品药品放心工程的通知》（国办发〔2003〕65号）。奶制品被列入食品药品专项整治重点食品之一。

◆ **18日** 国务院办公厅召开全国食品药品放心工程电视电话会议。

◆ **18日** 国家质量监督检验检疫总局令第52号发布《食品生产加工企业质量安全监督管理办法》，自发布之日起施行。

◆ **21日** 国家食品药品监督管理局牵头，公安部、农业部、商务部、卫生部、国家工商行政管理总局、国家质量监督检验检疫总局、海关总署印发《食品药品放心工程实施方案》（国食药监办〔2003〕174号）。奶制品被列为实施食品药品放心工程的重点食品。

◆ **26—27日** 农业部畜牧兽医局、全国畜牧兽医总站在山东省潍坊市召开“全国饲养小区暨畜产品标准化生产技术现场观摩交流会”。与会代表听取山东省推行畜牧业标准化工作情况介绍，讨论了传统畜牧业向规模化、集约化、标准化转变以保障畜产品质量安全的紧迫性，探讨了如何引导蓬勃兴起的养殖小区规范化健康发展问题，观摩了诸城市、寿光市的养殖小区。来自17个省（自治区、直辖市）畜牧局和畜牧技术推广机构的主管负责人参加会议。

◆ **31日** 农业部发布公告第291号，公布161个兽用生物制品和46个兽用化学药品的说明书和标签。

◆ 国家质量监督检验检疫总局产品质量监督司公布对强化奶粉产品质量国家监督抽查结果。从8个省、自治区、直辖市抽查25家企业的25种产品，抽样合格率为88%。其中16家大中型企业的16种产品全部合格。

8月

◆ **1日** 新疆维吾尔自治区第十届人民代表大会常务委员会第四次会议通过《新疆维吾尔自治区奶业条例》，自2003年10月1日起施行。

◆ **1—4日** 中国奶牛协会育种工作委员会与加拿大IDCBP项目组在哈尔滨召开全国奶牛DHI测定和推广技术交流会。

◆ **10—13日** 中国奶业协会第十八次繁殖技术研讨会在东山市召开。会议主题为“利用现代生物技术，高效繁殖良种奶牛”，就奶业发展现状和趋势、奶牛繁殖存在问题与解决策略进行研讨。29个省（自治区、直辖市）近300名代表参加会议。

◆ **21日** 中国乳制品工业协会在厦门召开第九次年会暨第三次乳品技术精品展示会。

9月

◆ **1日** 《光明日报》刊登著名营养学家于若木就实施国家“学生饮用奶计划”问题给中央领导的建议函：“推进国家学生饮用奶计划健康发展”。

◆ **4—23日** 应台湾财团法人农村发展基金会的邀请，中国奶业协会理事长刘成果率团赴台湾，就台奶业发展的历史和现状、乳制品消费情况、鲜奶标识运作情况、奶业协会的组织及工作情况进行考察。这是海峡两岸奶业界的首次交流。

◆ **24日** 学生饮用奶计划部际协调小组办公室组织的“学生饮用奶计划”好新闻评选活动结束。本次共评出获奖作品85篇，其中一等奖15篇、二等奖30篇、三等奖40篇。

◆ **25日** 农业部印发《关于加强奶牛调运防疫管理的通知》》(农牧发〔2003〕15号)。

◆ **29日** 多地首次开展世界学生饮用奶日纪念活动。

10月

◆ **8—9日** 中国奶业协会2003年会在北京召开，中国奶业协会理事长刘成果作了“奶业面临的形势和协会工作安排”工作报告，分析了奶业发展面临的新形势，通报换届一年来的工作和2004年工作思路。

◆ **8—10日** 中国奶业协会在北京召开2003年会，并举办2003中国国际奶业展览会及高层论坛。参加展览会的展商来自澳大利亚、英国、加拿大、法国、德国、荷兰、以色列、意大利、日本、韩国、瑞典、瑞士等多个国家和国内的100多家企业，展位面积6 000多米^2。中国奶业协会和法国驻华大使馆共同举办了中法奶业交流日活动。

◆ **9日** 农业部印发《关于颁发2003年度全国农牧渔业丰收奖的通知》(农科教发〔2003〕12号)。

◆ **18日** 蒙古国人民革命党中央政治部部长杜格尔扎布率领党务工作考察团到重庆天友乳业考察。

◆ **22日** 《中国奶业年鉴》特邀编辑座谈会在云南召开，《中国奶业年鉴》

编辑委员会主任兼主编、中国奶业协会理事长刘成果作了“编好年鉴，服务奶业”的讲话，概括了《中国奶业年鉴》权威性、系统性、连续性、科学性、史存性的特点，阐明编辑出版采用市场机制运作，总结了首卷本编纂工作取得的成绩和不足，提出了今后工作的要求。

◆ 国家质量监督检验检疫总局产品质量监督司公布2003年第3季度酸乳饮料产品国家监督抽查结果。从14个省、自治区、直辖市抽查44家生产企业的44种酸乳饮料产品，抽样合格率为77.3%。其中抽查23家大型企业的23种产品、21家中小型企业生产的21种产品，抽样合格率分别为95.7%、57.1%。

11月

◆ **4日** 学生饮用奶计划办公室与新西兰乳品原料有限公司在北京举办危害分析和关键控制点（HACCP）管理体系培训班，学生饮用奶定点企业代表参加了培训。

◆ **7日** 中国第一头应用自行分离的性控精液产生的性控荷斯坦牛母牛犊，在黑龙江省大庆市田丰生物工程公司诞生。

◆ **12日** 农业部办公厅印发《关于加快农垦养殖业发展的意见》（农办垦〔2003〕61号）。奶业列为农垦养殖业的发展重点之一，提出根据农业部《奶业优势区域发展规划》建设一批高水平的优质奶源基地。积极利用垦区技术优势和优良的奶牛种质资源，加速品种改良和优良种畜生产。建设奶牛规模化养殖小区，抓好规模化经营。

◆ **20日** 学生饮用奶计划部际协调小组办公室编辑的《中国国家学生饮用奶计划（中英文对照）》画册出版，电视宣传片《中国学生饮用奶计划》摄制完成。

◆ **23日** 联合国粮食及农业组织主办的第二届美洲地区学生饮用奶国际大会在乌拉圭首都蒙得维地亚举行。中国代表团出席大会并就中国的“学生饮用奶计划”作了发言。来自世界各国的200多名官员、专家及企业代表参加大会。

◆ **29日至12月4日** 学生奶饮用计划部际协调小组办公室，通过农业部中加奶牛育种项目的渠道，举办由定点企业高层管理干部参加的学生饮用奶安全与质量管理高级培训班，共培训管理干部17人。

12月

◆ **1日** 以中国奶业协会常务副理事长兼秘书长魏克佳为团长的中国奶业代表团访问加拿大，参加圭尔夫大学举办的学生饮用奶食品安全质量危害分析和关键控制点认证标准培训班。同时访问了中加项目办公室、SEMEX育种联合体、加拿大乳业网络等机构，拜访了世界荷斯坦联盟协会主席弗莱曼先生。

◆ **9日** 农业部发布公告第318号，公布《饲料添加剂品种目录》。

◆ **10日** 农业部印发《关于公布2003年度全国大中型农产品加工流通企业名单的通知》（农企发〔2003〕012号）。其中有6个乳品生产企业列入大型农产品加工流通企业，39个乳品生产企业列入中型农产品加工流通企业。

◆ **15—19日** 学生饮用奶计划办公室在哈尔滨举办学生饮用奶定点生产企业原料奶检测培训班，各学生饮用奶定点生产企业的原料奶检验员参加培训。

◆ **16日** 农业部印发《关于公布2003年度全国乡镇企业大中型企业名单的通知》（农企发〔2003〕13号）。其中有6个乳品生产企业列入乡镇企业中型企业。

◆ **17日** 以色列总统摩西·卡察夫偕夫人参观北京三元绿荷奶牛养殖中心中以示范奶牛场。

◆ **18日** 中国奶业协会在福建省南平市召开全国省、自治区、直辖市奶业协会负责人联席会议，交流各地工作、研究中国奶牛发展大会表彰奶牛养殖示范小区和牧场评选办法。

◆ **18日** 学生饮用奶计划部际协调小组办公室批准8家乳品企业为“学生奶奶源升级计划”第一批试点单位。

◆ **29日** 中共中央政治局常委、全国政协主席贾庆林视察蒙牛乳业（集团）股份有限公司和林格尔工厂。

◆ **31日** 中共中央、国务院印发《关于促进农民增加收入若干政策的意见》（中发〔2004〕1号）。提出“鼓励乡村建立畜禽养殖小区”。

◆ 国家质量监督检验检疫总局产品质量监督司公布2003年对酸牛奶产品质量国家监督抽查结果。从8个省、自治区、直辖市抽查44家企业的44种产品，抽样合格率为84.1%。

◆ 国家质量监督检验检疫总局产品质量监督司公布2003年对冰激凌产品质量国家监督抽查结果。从15个省、自治区、直辖市抽查70家企业的90种产品，抽样合格率为71.1%。

◆ 国家质量监督检验检疫总局产品质量监督司公布2003年对中老年奶粉产品国家监督抽查结果。从11个省、自治区、直辖市抽查35家企业生产的35种产品，抽样合格率为74.3%。其中14家大型企业的14种产品、7家中型企业的7种产品、14家小型企业的14种产品，抽样合格率分别为100%、85.7%、42.9%。

本年

◆ “反刍动物新型饲料添加剂预混料与高效饲养技术推广应用”获全国农牧渔业丰收奖一等奖。

◆ 中国奶业协会正式采用9分制体型线性评分为中国奶牛评分系统，制定了“中国荷斯坦牛体型线性鉴定性状及评分标准”。

2004年

1月

◆ 7日　农业部发布农业行业标准《无公害食品　乳粉加工技术规范》(NY/T 5298—2004)，2004年3月1日实施。

◆ 15日　中国奶业协会在福建召开各省（自治区、直辖市）奶业协会负责人联席会议。刘成果理事长出席会议并作了“如何做好协会工作”的讲话。全国各省（自治区、直辖市）奶业协会负责人、奶业界专家共80多人参加会议。

◆ 22日　中国奶业协会在北京召开驻京常务理事会，刘成果理事长出席会议。会议通报2003年中国奶业协会的工作和2004年的工作安排，交流对奶业发展形势的看法，对中国奶业协会今后的工作提出了建设性的意见。在北京的常务理事和顾问参加会议。

◆ 受国家食品药品监督管理局委托，中国奶业协会组织编写、魏克佳任主编的食品药品放心工程科普丛书《饮奶与健康》出版发行，著名营养学家于若木为本书撰写致全国消费者的一封信《牛奶给你健康、智慧与力量》，中国奶业协会理事长刘成果作序言，阐述饮奶营养、服务健康和科学饮奶的理念。

◆ 全国良种奶牛登记及信息中心开始试运行。

2月

◆ 14日　国务院公布关于2003年度国家科学技术奖励的决定（国发〔2004〕4号)。许尚忠主持、中国农业科学院畜牧研究所等单位完成的“中国西门塔尔牛新品种选育”获得2003年度国家科学技术进步奖二等奖。

◆ 17日　中共中央政治局委员、国务院副总理回良玉视察广西金光农场乳业有限公司奶牛场。

◆ 17日　国家质量监督检验检疫总局公布老年奶粉产品质量监督抽查结果。抽查11个省（自治区、直辖市）35家企业的35种产品，抽样合格率为74.3%。

3月

◆ 1日　在巴黎召开的世界荷斯坦联盟全体成员会议上，通过了中国奶业协会的入会申请，接受中国为世界荷斯坦联盟成员。

◆ 17日　农业部印发《农业机械购置补贴资金使用管理办法（试行)》(农财发〔2004〕006号)，秸秆、饲草加工处理及养殖机械被列入补贴范围。

◆ 20—23日　2004年春季（第三十一次）全国联合青年公牛后裔测定精液交换暨2004年秋季（第三十二次 ）后裔测定公牛资格审定会在浙江省杭州市召开。

参加交换精液经系谱审议合格的公牛共42头。

◆ **22日** 农业部部长杜青林主持召开2004年第13次常务会议。会议听取中国奶业协会理事长刘成果作的工作汇报，原则同意奶协今后的工作思路与工作安排，批准开展新一轮中国奶业战略研究课题。

◆ **24日** 中荷河南奶业培训示范中心项目移交中方仪式在郑州市举行。荷兰农业、自然和食品质量部副大臣卡尔丹出席移交仪式。

4月

◆ **2日** 全国畜牧兽医总站在黑龙江省双城市举办饲用玉米生产技术示范与推广培训班。200多位奶农和基层技术人员参加了培训。

◆ **7—9日** 中国奶业协会在石家庄市召开首届“中国奶牛发展大会”，大会主题是“奶源基地建设与奶业健康发展”，刘成果理事长作了“推进规模化养殖，加强奶源基地建设，夯实奶业健康发展的基础”的主题报告，提出推进规模化养殖是改变奶牛养殖“小、散、低”的战略性措施，指出从长远看适度规模的奶牛场将是规模化养殖的主体，分统结合的各种养殖小区或是目前的一种现实选择。大会为全国200个奶牛养殖示范小区和养殖示范场授牌。1 000多人参加大会。

◆ **8日** 农业部印发《关于推进畜禽现代化养殖方式的指导意见》。

◆ **9日** 国务院令第404号公布《兽药管理条例》，自2004年11月1日起施行。

◆ **11日** 中国奶业协会常务副理事长兼秘书长魏克佳率领中国奶业协会专家代表团就建立“中国奶牛数据处理中心”项目对德国、荷兰和瑞典进行考察。

◆ **16日** 农业部发布农业行业标准《发酵型含乳饮料》(NY/T 799—2004)、《生鲜牛乳中体细胞测定标准》(NY/T 800—2004)、《生鲜牛乳及其乳制品中碱性磷酸酶活度的测定方法》(NY/T 801—2004)、《乳与乳制品中淀粉的测定　酶—比色法》(NY/T 802—2004)，2004年6月1日实施。

◆ **17日** 媒体报道安徽“阜阳劣质奶粉事件”。据阜阳市政府初步核查，自2003年5月份以来，有171名婴儿因食用劣质奶粉出现营养不良综合征，其中因并发症死亡13人，仍在住院治疗的儿童有两名。

◆ **19日** 国务院总理温家宝对安徽“阜阳劣质奶粉事件”做出重要批示，国务院成立专项调查小组。

◆ **19—21日** 农业部在南宁召开全国奶水牛业发展研讨会。会议传达回良玉副总理关于发展水牛业的重要批示，交流各地发展奶水牛的经验和问题，提出加快奶水牛业发展的建议。广西、广东、湖南、湖北、江西、安徽、云南、四川、贵州9个水牛大省（自治区）的畜牧行政主管部门有关负责人参加会议。

◆ **22日** 国务院召开会议，部署严查安徽“阜阳劣质奶粉事件”的有关工作。会议决定，立即派出国务院调查组，由国家食品药品监督局领导带队，公安部、监察部、卫生部、商务部、国家质量监督检验检疫总局、国家工商行政管理总局参加，迅速赶赴阜阳，查明真相。

◆ **24日至5月6日** 中国奶业协会理事长刘成果率中国奶业代表团访问日本、韩国。在日本期间拜会日本乳业协会，日本酪农协会、日本酪农大学等机构的负责人，参观了日本明治、雪印乳品公司以及町村、小岩奶牛场；在韩国期间拜会了韩国乳业协会、韩国奶牛改良协会，参观了今日乳业公司等企业。

◆ **28日** 国家食品药品监督管理局、全国整顿和规范市场经济秩序领导小组办公室、公安部、卫生部、国家工商行政管理总局、国家质量监督检验检疫总局发出《关于进一步加大奶粉市场核查工作的紧急通知》(国食药监电〔2004〕5号)。

◆ **29日** 国家质量监督检验检疫总局公布酸奶市场抽检结果，抽样合格率为67.4%。

◆ 国家工商行政管理总局通报第1季度流通领域奶制品商品质量监测情况，抽取奶制品共301组样品，监测合格率为78.4%。

5月

◆ **1日** 国务院总理朱镕基为中国农业大学利用加拿大政府赠送的名为“龙”的种公牛的外耳成纤维细胞获得的两头克隆牛命名，分别为“大隆”和“二隆”。

◆ **6日** 《中国食品报》报道：国家发展和改革委员会支持16个乳品加工项目，安排中央国债资金1.57亿元。

◆ **9日** 国家质量监督检验检疫总局、国家标准化管理委员会发布国家标准《预包装食品标签通则》(GB 7718—2004，代替GB 7718—1994) 和《预包装特殊膳食用食品标签通则》(GB 13432—2004，代替GB 13432—1992)，2005年10月1日实施。

◆ **10日** 国家食品药品监督管理局、全国整顿和规范市场秩序领导小组办公室、公安部、卫生部、国家工商行政管理总局、国家质量监督检验检疫总局发出紧急通知，明确全国奶粉市场核查的重点品种是婴幼儿奶粉，重点地区是乡镇以下农村市场，重点环节是批发代理商。

◆ **13日** 国务院召开全国食品安全专项整治电视电话会议，贯彻落实温家宝总理关于安徽省“阜阳劣质奶粉事件”的重要指示精神，部署食品安全专项整治工作。

◆ **17日** 国务院办公厅发出《关于印发食品安全专项整治工作方案的通知》(国办发〔2004〕43号)。国务院决定，在继续实施食品药品放心工程的基础上，针对当前食品安全工作中的突出问题，在全国范围内深入开展食品安全专项整治。奶制品被列为整治重点食品。

◆ **19日** 国务院印发《关于第三批取消和调整行政审批项目的决定》（国发〔2004〕16号），学生饮用奶定点企业审批由农业部保留审批。

◆ **20日** 学生饮用奶计划部际协调小组办公室与中国消费者协会在北京召开“阜阳劣质奶粉事件与乳品安全研讨会”。农业部、国家工商行政管理总局、国家质量监督检验检疫总局、中国奶业协会、中国营养学会及中国保健协会等单位的负责人和有关专家出席会议。

◆ **21日** 中国奶业协会在国务院新闻中心召开“承诺乳品质量安全，规范奶业行业行为”新闻发布会。中国奶业协会理事长刘成果出席会议并讲话，提出通过推进适度规模经营，促进奶牛养殖的机械化、专业化、集约化、标准化、科学化。受中国奶业协会委托，中国经济景气检测中心发布《中国居民奶品消费调查报告》；中国奶业协会7家乳品企业会员单位联名发出“规范奶业行业行为，让广大消费者喝上放心奶”的倡议。

6月

◆ **12日** 中共中央政治局常委、国务院副总理黄菊视察蒙牛乳业（集团）股份有限公司和林格尔工厂。

◆ **21日** 中国奶业协会第十九次奶牛繁殖技术研讨会在湖北省宜昌市举行。会议主题为“应用繁育新技术提高奶牛质量、解决奶源问题”。中国奶业协会理事长刘成果出席会议。400余人参加会议。

7月

◆ **1日** 农业部令第38号，对《种畜禽管理条例实施细则》和《〈种畜禽生产经营许可证〉管理办法》部分条款作了修订，自2004年7月1日起施行。

◆ **5日** 农业部印发《关于下达2004年农民专业合作组织示范项目资金的通知》（农财发〔2004〕37号），其中有6个奶业生产合作社，每个项目资金15万元，共90万元。

◆ **7日** 国家质量监督检验检疫总局、国家标准化管理委员会发出通知，要求进口婴儿配方乳粉应符合《婴儿配方乳粉Ⅰ》和《婴儿配方乳粉Ⅱ、Ⅲ》技术要求，其余婴幼儿配方粉应符合《婴幼儿配方粉及婴幼儿补充谷粉通用技术条件》。

◆ **18日** 国家乳制品及肉类产品质量监督检验中心在呼和浩特市挂牌成立。该中心设在内蒙古自治区产品质量检验所。

◆ **22日** 中国奶业协会同荷兰NRS/CRDeltaVRV育种组织在北京签署国际

奶牛信息管理平台软件的引进协议。

8月

◆ **2日** 国务院办公厅印发《关于保留部分非行政许可审批项目的通知》(国办发〔2004〕62号)，由省级以下人民政府农业、教育、质量监督行政主管部门实施的学生饮用奶定点生产企业资格认定被保留。

◆ **2日** 农业部令第40号，公布《动物源性饲料产品安全卫生管理办法》，自2004年10月1日起施行。乳清粉、乳粉列入动物源性饲料产品目录。“禁止在反刍动物饲料中使用动物源性饲料产品，但乳及乳制品除外。”

◆ **4日** 中共中央政治局委员、全国人大常委会副委员长王兆国视察蒙牛乳业（集团）股份有限公司和林格尔工厂。

◆ **5日** 国家质量监督检验检疫总局公布酸奶质量监督抽查结果。抽查4个城市42家企业的42种酸奶产品，抽样合格率为90.5%。

◆ **7日** 中国畜产品加工研究会牵头主办的第二届中国乳业科技大会在北京举行。农业部原部长何康出席大会并作题为《树立科学发展观，推动中国乳业快速平稳发展》的讲话。于若木发表《致全国乳业科技工作者一封信》。500多人参加大会。

◆ **12日** 国家质量监督检验检疫总局宣布，内蒙古自治区科左后旗哈达乳业有限责任公司等54家劣质奶粉生产企业被列入首批“黑名单”。这些企业被责令停止生产并查封，其中30家企业涉嫌制假被公安部门立案调查，10名涉案人员被刑事拘留，5名企业法人代表被通缉。

◆ **21—23日** 中国奶业协会第十九次繁殖技术研讨会在湖北省宜昌市召开。刘成果理事长到会并讲话。他强调，“利用优质遗传物质，采用现代繁殖技术，加快优质奶牛的发展，提高我国牛群的质量水平，应该成为我国奶牛繁育技术工作的指导方针。”同期，召开繁殖专业委员会工作会议，推荐并选举新的专业委员会委员。24个省（自治区、直辖市）的近300名代表参加会议。

◆ **25日** 农业部发布农业行业标准《奶牛饲养标准》(NY/T 34—2004，代替NY/T 34—1986)、《牛奶中氨苄青霉素残留检测方法——HPLC》(NY/T 829—2004)，2004年9月1日实施。

◆ 学生饮用奶计划部际协调小组办公室组织学生饮用奶计划专家委员会对第一批7家学生饮用奶定点生产企业进行复审评估。

9月

◆ **1日** 中共中央政治局委员、国务院副总理回良玉视察蒙牛乳业（集团）股份有限公司和林格尔工厂。

◆ **1日** 国务院印发《关于进一步加强食品安全工作的决定》(国发〔2004〕

23号)，明确各部门食品安全监管职能责任。农业部门负责初级农产品生产环节的监管；质检部门负责食品生产加工环节的监管，将现由卫生部门承担的食品生产加工环节的卫生监管职责划归质检部门；工商部门负责食品流通环节的监管；卫生部门负责餐饮业和食堂等消费环节的监管；食品药品监管部门负责对食品安全的综合监督、组织协调和依法组织查处重大事故。提出2004年基本完成乳制品等10类产品实施食品质量安全市场准入工作，选择奶制品作为规范信息发布的两个试点之一。

◆ **3日** 农业部、国家发展和改革委员会、财政部、商务部、中国人民银行、国家税务总局、中国证券监督管理委员会、中华全国供销合作总社公布第三批农业产业化国家重点龙头企业名单（农经发〔2004〕5号），11家奶业企业被列入。至此，全国共有37家奶业企业被列为农业产业化国家重点龙头企业。

◆ **7—9日** 中国奶业协会2004年会在烟台市举行。同时召开四届三次理事会。本次年会主题为乳品质量安全与奶业健康发展。刘成果理事长作“乳品质量安全是奶业发展的生命线”的主题报告，指出乳品质量安全是人命关天的大事，是奶业企业的命根子，直接关系到农民增收。建议政府要抓紧立法，加强监管，实现“以法治奶”；企业要讲科学、讲诚信；行业要严格自律。

◆ **7—9日** 中国奶业协会在烟台市举办第二届中国国际奶业展览会及高层论坛，来自中国、瑞典、加拿大、德国、美国、韩国、日本、意大利、以色列、法国、荷兰、英国、新西兰13个国家和地区的120家厂商参展。1 000多人参加大会和参观展览。

◆ **8—9日** 全国种公牛站站长会在郑州召开。

◆ **9日** 中华人民共和国农业部和澳大利亚农渔林业部共同主办、中国奶业协会承办的中澳奶业研讨会在烟台市举行，会议主题是中澳乳品质量控制和进口奶牛质量管理。来自中澳两国政府、协会、企业、科研等单位的代表100人参加会议。

◆ **18日** 2004年中国食品安全年会在北京人民大会堂举行。宁夏农垦平吉堡酸奶厂被农业部、卫生部、商务部、国家工商行政管理总局、国家质量监督检验检疫总局、国家食品药品监督管理局授予“全国食品安全示范单位”称号。

◆ **26日** 中共中央政治局常委、国务院总理温家宝视察新疆金牛集团。

10月

◆ **9日** 农业部印发《关于命名第一批全国农产品加工业示范基地的通知》（农企发〔2004〕8号），其中有2个乳品/牛奶加工业示范基地。

◆ **15日** 黑龙江省第十届人大常委会第十一次会议通过《黑龙江省奶业条例》，包括总则、奶牛饲养与基地建设、生牛奶销售与收购、生牛奶加工与乳品安全、服务与监督、法律责任、附则共7章56条，自2004年12月1日起施行。

◆ 15—27日　全国政协人口与环境发展委员会副主任、中国奶业协会理事长刘成果率团赴英国、西班牙、丹麦和瑞典访问，重点考察家庭奶牛场的环境保护措施。

◆ 30—31日　中国奶牛育种会议暨第32批青年后裔测定精液交换在上海举行。参加后裔测定的省份21个。

11月

◆ 1日　中国乳制品工业协会颁布《乳制品感官质量评鉴细则》，包括巴氏杀菌乳等16种乳制品，2004年11月1日实施。

◆ 8日　农业部印发《畜牧业国家标准和行业标准建设规划（2004—2010年)》。

◆ 10日　农业部公布首批农业部无公害农产品示范基地农场名单（农垦发〔2004〕3号)，其中5个奶牛养殖农场/公司被确定为首批“农业部无公害农产品示范基地农场”。

◆ 15日　监察部牵头、国家质量监督检验检疫总局等部门参加的劣质奶粉案件督察组，共查处劣质奶粉生产企业49家、黑窝点1家、不合格奶粉生产企业3家，其中“阜阳劣质奶粉事件”涉案企业12家。对有关地方政府和监督部门的97名责任人员作出了处理。

◆ 15—17日　第二届澳中乳业大会暨展览会在澳大利亚悉尼召开，来自中国、澳大利亚、日本、德国等国的100多名代表参会。

◆ 19日　农业部副部长牛盾率团在澳大利亚堪培拉参加双边农业合作会谈，就奶业合作特别是改善奶牛进口管理等问题进行了磋商。

◆ 26日　新疆维吾尔自治区第十届人民代表大会常务委员会第十三次会议修正《新疆维吾尔自治区奶业条例》。

◆ 光明乳业股份有限公司技术中心荣获国家发展和改革委员会、财政部、海关总署、国家税务总局授予的“国家认定企业技术中心成就奖”。

12月

◆ 11日　中国乳业博物馆经扩建后开馆。扩建后的中国乳业博物馆面积达1 300米^2，分古代、近代、现代三大展区。扩建项目由上海市政府和光明乳业股份有限公司共同出资。

◆ 18—30日　由农业部、中共中央宣传部、教育部、国家质量监督检验检疫总局以及昆明市学生饮用奶办公室有关部门负责人组成的学生饮用奶考察团，赴日本和韩国进行考察。

◆ **24日** 中国奶业协会向国家标准化管理委员会呈送，对贯彻《食品标签国家标准实施指南》的意见，同时抄送农业部、国家发展和改革委员会、国家质量监督检验检疫总局、国家工商行政管理总局等政府部门。

◆ **31日** 中共中央、国务院印发《关于进一步加强农村工作提高农业综合生产能力若干政策的意见》（中发〔2005〕1号）。提出“从2005年起，实施奶牛良种繁育项目补贴。”

◆ 国家质量监督检验检疫总局产品质量监督司公布对冰激凌、雪糕产品国家监督抽查结果。从14个省、自治区、直辖市抽查145家企业的183种产品，抽样合格率为55.7%。其中冰激凌产品42种、雪糕产品92种，抽样合格率分别为73.8%、57.6%。

◆ 国家质量监督检验检疫总局产品质量监督司公布对酸牛奶产品国家监督抽查结果。从4个城市抽查42家企业的42种产品，抽样合格率为90.5%。2001年、2002年、2003年、2004年连续四次国家监督抽查的抽样合格率分别为65.2%、71.8%、84.1%、90.5%。

本年

◆ 国家质量监督检验检疫总局产品质量监督司公布含乳饮料产品质量国家监督抽查结果。从10个城市抽查40家企业的40种产品，抽样合格率为72.5%。

◆ 国家质量监督检验检疫总局产品质量监督司公布乳粉产品质量国家监督抽查结果。抽查9个省、直辖市、自治区64家企业生产的72种产品，抽样合格率为91.7%。其中抽查33家大中型企业的41种产品，抽样合格率为97.6%。

2005年

1月

◆ **6日** 四川、云南、重庆、北京、上海、江苏、新疆等15个省、自治区、直辖市的奶业协会和多家乳品知名企业近日在成都集会，公开表示将联合抵制《食品标签国家标准实施指南》的实施，要求国家有关部门尽快删除关于不得标示“鲜奶”的不合理条文。

◆ **7日** 中共中央政治局委员、国务院副总理回良玉视察新希望集团云南邓川蝶泉乳业有限公司。

◆ **7日** 学生饮用奶计划部际协调小组办公室召开学生饮用奶工作座谈会，根据国审办62号文件，讨论修改国家学生饮用奶计划管理办法（修订稿）。

◆ **19日** 农业部发布农业行业标准《无公害食品　液态乳》（NY 5140—2005），2005年3月1日实施。

◆ 19日　农业部令第48号公布《草畜平衡管理办法》，自2005年3月1日起施行。

◆ 21日　新疆维吾尔自治区呼图壁县启动联合国开发计划署的UNDP奶业生产扶贫能力项目。

◆ 21—22日　学生饮用奶计划部际协调小组办公室在福建省南平市召开“学生奶奶源升级计划”优质原料奶生产研讨会。会议总结“学生奶奶源升级计划”第一阶段工作，部署下一步工作；讨论和修改《中国学生奶奶源升级管理技术手册》（初稿）。有关省、自治区、直辖市学生饮用奶办事机构主管人员，“学生奶奶源升级计划”示范基地试点单位有关人员和专家组专家等参加研讨会。

◆ 25日　国家标准化管理委员会发布国家标准《乳清粉卫生标准》（GB 11674—2005）、《炼乳卫生标准》（GB 13102—2005）、《乳粉卫生标准》（GB 19644—2005）、《巴氏杀菌、灭菌乳卫生标准》（GB 19645—2005）、《奶油、稀奶油卫生标准》（GB 196460—2005）。

◆ 26日　学生饮用奶计划部际协调小组办公室印发《关于做好国家“学生奶奶源升级计划”第二阶段工作的通知》（学奶办〔2005〕1号），公布第一批国家“学生奶奶源升级计划”示范基地10个试点单位名单。

◆ 中国奶牛数据处理中心正式运行。

2月

◆ 17日　国家质量监督检验检疫总局通报2004年度制假制劣食品生产企业黑名单，其中有12家劣质奶粉企业。

◆ 18日　中国驻乌拉圭大使代表中国同乌拉圭农业部长正式签订中乌动物检疫互免协议，协议包括活牛、冻精和胚胎产品。

◆ 25—28日　学生饮用奶计划部际协调小组办公室在呼和浩特市召开“学生奶奶源升级计划”基地建设研讨会，明确奶源升级计划的目标和工作要求。

◆ 26日　中共中央政治局委员、北京市委书记刘淇，北京市市长王岐山视察北京三元集团乳品一厂。

◆ 农业部印发《关于公布2004年度全国乡镇企业大中型企业名单的通知》（农企发〔2005〕3号），7家乳品企业被列为乡镇企业中型企业。

3月

◆ 2日　农业部启动全国奶牛科技入户示范工程。10个省的10个县确定为首批示范县。

◆ 3—12日　中国人民政治协商会议第十届第三次会议在北京召开。全国政协人口资源环境委员会副主任、中国奶业协会理事长刘成果向大会提交了

“关于我国奶业发展的提案”，建议国务院法制办公室同农业部等有关部门尽快研究制定《奶业管理条例》。刘成果理事长还作了“我国奶业目前处于关键期，健康发展亟待引导和扶持”的大会发言，提出扶持建设规模化奶牛场（小区）等12项建议。

◆ **21日** 卫生部公示2005年食品专项整治内容。要求各地以农村和城乡接合部为重点，对乳制品等5类食品生产企业的卫生许可情况开展专项整治工作，使重点城市辖区内企业的卫生许可状况检查覆盖率达到95%以上。

◆ **21日** 农业部决定建立重大动物疫病防控工作定点联系制度，由农业部兽医局牵头，成立6个重大动物疫病防控工作联络组，分别负责地区动物疫病防控联络工作。

◆ **23日** 农业部印发《奶牛良种补贴试点项目资金管理暂行办法》》（农财发〔2005〕004号）。从2005年开始，中央财政设立奶牛良种补贴试点项目。奶牛良种是通过农业部审定的特级奶用种公牛的冷冻精液。补贴对象是项目区饲养奶牛的农户，重点支持农民兴办的奶牛养殖场（小区）。农户养殖的奶牛必须为荷斯坦牛。奶牛良种补贴资金实行以实物（冻精）的补贴方式，补贴标准为每支冻精补贴10元。

◆ **28日** 国家工商行政管理总局消费者权益保护局公布2004年第4季度婴幼儿配方乳粉等10类食品质量监测结果，其中婴幼儿配方乳粉监测合格率为96.6%。

◆ **30日** 国务院办公厅印发《2005年全国食品药品专项整治工作安排》（国办发〔2005〕20号），奶制品列为重点整治食品。

◆ **30—31日** 中国乳制品工业协会和澳大利亚乳品局在北京共同举办“中澳干酪生产技术研讨会”。

◆ 农业部印发《全国奶业“十一五”发展规划和2020年远景目标规划》（农牧发〔2005〕13号）。

4月

◆ **4日** 农业部在河北省徐水县举行“奶牛良种补贴（试点）项目启动仪式暨农业部送畜牧科技下乡活动”。农业部总经济师朱秀岩出席仪式并讲话。2005年，实施奶牛良种补贴政策的试点有河北、内蒙古、黑龙江和山西4省（自治区）的15个县，项目资金总额为1 500万元，计划补贴改良奶牛60万～65万头。

◆ **4—14日** 新西兰奶业代表团访华，期间拜会了农业部畜牧业司，并前往广西、山东、湖北、河北的多家奶牛养殖场及牧草种植基地考察，与中方达成相关合作意向。

◆ **8日** 由欧盟委员会驻华大使和卢森堡、英国、立陶宛、爱沙尼亚、塞浦路斯、希腊、瑞典、奥地利、西班牙、捷克、丹麦、爱尔兰、斯洛伐克等国驻华大使及波兰公使衔参赞组成的欧盟大使团参观新希望乳业旗下的华西公司。

◆ **11日** 第三届国际学生饮用奶大会在昆明市举行。联合国粮农组织代表莫纳，农业部总经济师朱秀岩，云南省副省长孔垂柱出席开幕式并致辞。有34个国家的奶业官员、专家、企业家约200余位代表参加会议。

◆ **12日** 中共中央政治局常委、中央纪委书记吴官正视察蒙牛乳业（集团）股份有限公司。

◆ **15日** 全国妇联儿童工作部牵头，内蒙古伊利实业集团股份有限公司和《中国妇女》杂志社共同主办的大型婴幼儿营养健康知识传播公益活动——“健康宝贝课堂·热线”签约暨启动仪式在北京举行。

◆ **22日** 农业部公布第二次监测合格农业产业化国家重点龙头企业名单（农经发〔2005〕7号），26家乳品生产企业上榜。

5月

◆ **12日** 中国乳制品工业协会在北京举行婴幼儿配方乳粉生产技术高层研讨会，来自全国婴幼儿配方乳粉生产企业及营养品生产企业、相关政府部门和专家的100多位代表参加会议。

◆ **24日** 农业部令第53号公布《动物病原微生物分类名录》。其中，口蹄疫病毒、牛瘟病毒、牛传染性胸膜肺炎丝状支原体、牛海绵状脑病病原和小反刍兽疫病毒列为一类。

◆ 学生饮用奶计划部际协调小组办公室制定《学生奶奶源基地升级指南》，确定第一批10个学生奶奶源升级计划示范基地试点单位。

6月

◆ **1日** 世界牛奶日，来自中国奶业协会、国家学生饮用奶计划专家委员会、中国农业大学等单位的5位专家以及相关企业的6位代表做客新华网直播间，进行“牛奶·营养·健康”主题座谈。

◆ **3日** 国家食品药品监督管理局、公安部、农业部、商务部、卫生部、国家工商行政管理总局、国家质量监督检验检疫总局、海关总署共同组织的“儿童食品行业食品信用体系建设”开始试点。

◆ **3日** 国家质量监督检验检疫总局印发《关于进一步加强食品质量安全监管工作的通知》（国质检监〔2005〕180号），提出强化对高风险食品的监管，以乳制品等5类产品为重点，有针对地增加发证检验项目。

◆ **6—10日** 新西兰农业部部长萨顿（Jim Sutton）先生率领新西兰奶业代表

团访问中国，在北京举行中新奶业研讨会。会后赴内蒙古、黑龙江等地访问。

◆ **7日**　学生饮用奶计划部际协调小组办公室印发《关于加强国家“学生饮用奶计划”工作的通知》（学奶办〔2005〕6号），明确学生饮用奶定点生产企业审核认定权下放到省级农业、教育、质检行政主管部门。

◆ **8日**　国家质量监督检验检疫总局、国家标准化管理委员会发布国家标准《挤奶设备　词汇》（GB/T 5981—2005）、《挤奶设备　结构与性能》（GB/T 8186—2005）、《挤奶设备　试验方法》（GB/T 8187—2005）、《牛奶分离机　型式与基本参数》（GB/T 7682—2005）。2005年12月1日实施。

◆ **10日**　中国奶业协会在哈尔滨市召开中国奶业市场形势分析会。刘成果理事长出席会议并讲话。

◆ **20日**　中共中央政治局常委、国家副主席曾庆红视察蒙牛乳业（集团）股份有限公司和林格尔工厂。

◆ **23日**　国家质量监督检验检疫总局印发通知，要求各地质量技术监督部门加强对奶粉生产加工环节的监管，坚决遏制造假行为。

◆ **25日**　全国畜牧总站在北京召开中国奶水牛业发展高端战略研讨会。农业部副部长尹成杰出席会议并讲话，介绍农业部对发展奶水牛业的战略构想和实施计划。中国奶业协会理事长刘成果出席会议并讲话。来自中国科学院、国务院发展研究中心、中国农业大学以及相关科研院所的院士、专家，农业部有关司局和广西、广东、浙江、福建、云南省级畜牧行政管理部门负责人80余人参加会议。

◆ **25日**　国家质量监督检验检疫总局发出紧急通知，将采取强制措施打击婴幼儿配方奶粉造假，对故意造假者将吊销其卫生许可证、工商营业执照等。

◆ **29日**　国家质量监督检验检疫总局印发通知，部署对2005年7月1日以后无生产许可证生产销售乳制品等10类食品的违法行为的查处工作。

◆《中国奶业发展战略研究》由中国农业出版社出版。该书为中国奶业协会承担的农业部软科学课题，刘成果理事长任课题组长。研究报告包括主题报告和12个专题报告。

7月

◆ **7日**　国务院办公厅召开关于支持奶业发展协调会议。农业部副部长尹成杰参加会议。

◆ **8日**　学生饮用奶计划部际协调小组办公室印发《关于加强中国学生饮用奶标志管理的通知》。

◆ **9日**　国务院令第440号，发布《中华人民共和国工业产品生产许可证管理条例》，自2005年9月1日起施行。乳制品企业实行生产许可证制度。

◆ **12日** 农业部公布21家企业递补为农业产业化国家重点龙头企业（农经发〔2005〕8号），其中2家乳品生产企业列入。

8月

◆ **2—5日** 中国奶业协会第二十次繁殖技术研讨会在长沙市召开。会议就繁殖管理及繁殖新技术在奶牛生产和科学研究中应用，进行交流。22个省（自治区、直辖市）的240余名代表参加会议。

◆ **26日** 中国名牌战略推进委员会公告2005年第5号，公布中国名牌产品名单。其中乳粉中注册商标“飞鹤”、“摇篮”，液体奶注册商标“天山雪”、“古城”、“龙丹”、“完达山”、“李子园”、“麦趣尔”、“佳宝”、“夏进”、“得益乳业”、“银桥”为新增的中国名牌产品；乳粉中注册商标“三鹿”、“古城”、“圣元”、“龙丹”、“伊利”、“完达山”、“金星”、“秦俑”，液体奶注册商标“三元”、“三鹿”、“伊利”、“光明”（限定2002年底前所属生产企业）、“蒙牛”，为复评的中国名牌产品。

◆ **27日** 中国乳制品工业协会第11次年会暨10周年庆典活动在呼和浩特市举行。

◆ 国家“学生饮用奶计划”网站开通。

9月

◆ **1日** 国家质量监督检验检疫总局局令第79号，公布《食品生产加工企业质量安全监督管理实施细则（试行）》，自2005年9月1日起施行。2003年7月18日颁布的《食品生产加工企业质量安全监督管理办法》同时废止。

◆ **1日** 《中华人民共和国工业产品生产许可证管理条例》9月1日起实施，对直接关系人体健康的的加工食品，包括乳制品在内的六大类工业产品实行生产许可证管理。

◆ **2—5日** 荷兰农业部工贸司、世界银行官员，荷兰奶业生产、加工、机械以及兽药、饲料等企业负责人一行27人，到河南省考察奶业发展情况，举办中荷（河南）奶业论坛及企业洽谈对接会。

◆ **4—6日** 中国奶业协会、中国农学会、中国农业科学院在大连联合举行奶业发展与生态环境国际论坛。农业部总经济师朱秀岩和联合国粮农组织驻华代表莫纳先生出席并致辞。中国奶业协会刘成果理事长作了“我国奶业发展与环境保护”的主题报告，建议政府有关部门加大对规模奶牛场（小区）环境保护的扶持力度，加强科研和技术推广及法制建设，呼吁行业提高环保意识。中国奶业协会在其饲料饲养专业委员会职责中增加环境保护内容，并更名为饲料饲养与环境专业委员会。常务副理事长兼秘书长魏克佳作工作报告。

◆ **4—5日** 中国奶业协会发表致人民教师的一封信，号召教师在向学生传授科学文化知识的同时，传播饮奶知识和推广国家“学生饮用奶计划”，培养孩子们从小饮奶的好习惯，使他们健康成长。

◆ **5—7日** 中国奶业协会2005年会及四届四次理事会在大连召开，同期同地举办第三届中国国际奶业展览会及高层论坛。期间召开中美奶业研讨会。

◆ **8日** 国家工商行政管理总局通报流通领域奶制品商品质量监测情况，从14个城市的92家经销单位抽取乳粉、灭菌乳、酸牛乳等奶制品共205组样品，监测合格率为95.1%。

◆ **10—11日** 农业部在杭州市召开全国推进畜牧业生产方式转变工作会议。农业部副部长尹成杰出席会议并讲话。尹成杰副部长在谈到奶业工作时，就奶业发展形势和存在的焦点问题作了分析，希望各地关注奶农群体，深入研究和认真解决突出存在的问题与矛盾，促进奶业健康发展。各省（自治区、直辖市）畜牧行政主管部门负责人参加会议。

◆ **14日** 中共中央政治局常委李长春视察内蒙古伊利实业集团股份有限公司。

◆ **15日** 国家质量监督检验检疫总局局令第80号，公布《中华人民共和国工业产品生产许可证管理条例实施办法》，自2005年11月1日起施行。2002年3月27日颁布的《工业产品生产许可证管理办法》同时废止。2010年4月21日，对该办法进行了修订。

◆ **15日** 农业部印发《关于下达2005年畜禽良种补贴项目资金的通知》（农财发〔2005〕65号）。2005年畜禽良种补贴项目中央财政资金1 500万元，计划完成奶牛能繁母牛人工授精67.5万头，采购冷冻精液135万支。

◆ **17日** 国务院办公厅印发《关于加强液态奶生产经营管理的通知》（国办发明电〔2005〕24号），就一些企业使用复原乳生产加工液体奶问题作出相应规定，要求各地政府、有关部门加大执法力度，加强对液体奶的生产经营管理。

◆ **26日** 国家标准化管理委员会发出通知，涵盖“禁鲜令”内容的强制性国家标准《预包装食品标签通则》和《预包装特殊膳食食品标签通则》10月1日如期执行，鉴于部分食品生产企业的库存旧包装未完全消化用完，为减少浪费，地方质检部门检查中可适当放宽，但不得超过2006年6月1日。

◆ **27日** 中国奶业协会在北京召开各省、直辖市、自治区、计划单列市奶（乳）业协会主要负责人座谈会，深入学习《国务院办公厅关于加强液体乳生产经营管理的通知》（国办发明电〔2005〕24号），就贯彻落实通知精神达成一致意见。

◆ **28—29日** 农业部畜牧业司、全国畜牧兽医总站在哈尔滨市召开全国养殖小区规范化生产技术推广暨科技入户观摩会。会议参观了全国奶牛存栏第一大县双城市的奶牛养殖小区，观摩了青贮玉米机械收割、粉碎、窖贮以及打包作业过程。会议还向全国畜牧技术推广机构赠送了由全国畜牧兽医总站组织编写的奶牛等8个畜种养殖小区规范化生产技术规程手册。来自养殖小区数量较多的20个省（自治区、直辖市）畜牧行政部门和省级畜牧技术推广机构主管科技的负责人参加会议。

◆ 30日　农业部发布农业行业标准《巴氏杀菌乳和UHT灭菌乳中复原乳的鉴定》（NY/T 939—2005），自2005年9月30日起实施。

◆ 中国学生饮用奶代表团参加首届东南部非洲学生饮用奶国际会议，并考察了南非等国家学生饮用奶计划和奶业。代表团成员由农业部、教育部、国家质量监督检验检疫总局、财政部等单位组成。

10月

◆ **1日**　中国正式实施31项食品卫生国家强制性标准。其中，有7项卫生标准为首次发布，涉及乳粉、巴氏杀菌乳和灭菌乳、奶油及稀奶油。

◆ **10日**　国务院总理温家宝在陕西省省长陈德铭呈报的《关于陕西奶业发展情况的调查报告》上批示："大力发展奶业，是推进农村经济结构调整、促进农民增收、改善城乡居民食物结构、提高群众健康水平的重要途径。"回良玉副总理批示："奶业发展是件大事，必须规划在前，发展有策，管理规范。"

◆ **12—14日**　中国奶业协会在山东省济南市召开第34次全国青年公牛联合后裔测定精液交换暨第35次青年公牛后裔测定评议会。

◆ **16日**　国家质量监督检验检疫总局发出紧急通知，紧急部署、贯彻落实《国务院办公厅关于进一步加强液态奶生产经营管理的通知》，严格做好液态奶生产备案工作。

◆ **19日**　科学技术部、农业部联合主办，陕西省科技厅、西北农林科技大学、西安银桥股份有限公司承办的首届中国奶业科技发展论坛在西安召开。论坛主题是"加强科技自主创新，促进我国奶业健康可持续发展"。科学技术部副部长刘燕华、农业部副部长张宝文、陕西省副省长朱静芝、中国奶业协会理事长刘成果等出席会议。

11月

◆ **9日**　农业部印发《关于公布第二批农业部无公害农产品示范基地农场名单的通知》（农垦发〔2005〕4号），1家乳制品生产企业被确定为第二批"农业部无公害农产品示范基地农场"。

◆ **9—11日**　中国奶业协会育种专业委员会换届会议暨第36次全国青年公牛联合后裔测定会在厦门召开。

◆ 16日　内蒙古伊利实业集团股份有限公司与北京奥组委签约，正式成为2008年北京奥运会唯一乳制品赞助商。届时，伊利集团将向北京2008年奥运会和残奥会、北京奥组委、中国奥委会以及参加2006年冬奥会和2008年奥运会的中国体育代表团提供资金和乳制品及服务。

◆ 17日　农业部印发《关于公布2005年全国乡镇企业创名牌重点企业的通报》(农企发〔2005〕11号)。7家乳品生产企业上榜。

12月

◆ 2日　国家质量监督检验检疫总局、国家发展和改革委员会、农业部、海关总署、国家工商行政管理总局联合发出通知，要求各地加强对液态奶监督抽查。

◆ 3日　国务院印发《关于落实科学发展观加强环境保护的决定》(国发〔2005〕39号)，提出加大规模化养殖业污染治理力度。

◆ 5日　国家质量监督检验检疫总局、国家发展改革委员会、农业部、海关总署、国家工商行政管理总局联合发出关于加强液体乳监督检查工作的通知。对全国排名前12位的乳品企业实行驻厂监管。

◆ 12日　中国乳制品工业协会颁布《生鲜牛初乳行业规范》、《牛初乳粉行业规范》。

◆ 13日　国家“学生饮用奶计划”工作会议在北京召开，来自全国各省(直辖市)的学生饮用奶计划主管部门以及相关企业近100名代表参加会议。

◆ 16日　农业部公布第一批全国农产品加工示范企业和第二批全国农产品加工业示范基地名单（农企发〔2005〕12号)。其中有39家乳制品加工企业确定为第一批全国农产品加工业示范企业，确定4家乳品加工单位和3家奶牛养殖单位为第二批全国农产品加工业示范基地。

◆ 16日　农业部印发《关于认定农产品加工企业技术创新机构的通知》(农企发〔2005〕13号)，其中认定15家乳品加工企业技术创新机构。

◆ 29日　中华人民共和国主席令第45号公布《中华人民共和国畜牧法》，自2006年7月1日起施行。

◆ 31日　中共中央、国务院印发《关于推进社会主义新农村建设的若干意见》(中发〔2006〕1号)。该意见宣布，“2006年，在全国范围取消农业税。”提出“大力发展畜牧业，扩大畜禽良种补贴规模，推广健康养殖方式，安排专项投入支持标准化畜禽养殖小区建设试点。”“支持养殖场建设大中型沼气。”

◆ 31日　国家标准化管理委员会发布《良好农业规范 第8部分：奶牛控制点与符合性规范》(GB/T 20014.8—2005)。

◆ 第二届中国饲料科技与经济高层论坛召开。中国奶业协会理事长刘成果出席并作“我国奶牛饲料业的现状及发展对策”的演讲，指出奶牛饲料是饲料业中最薄弱的环节，提出解决奶牛饲料业发展的对策建议，即采取多种措施，满足奶业发展饲料供应；依靠技术创新加快奶牛专用饲料的开发；完善奶牛饲料加工体系，提高奶牛饲料产业化经营水平；加强奶牛饲料检测、监管力度，完善奶牛饲料标准体系建设。

本年

◆ 国家质量监督检验检疫总局公布含乳饮料产品质量国家监督抽查结果。抽查10个省、自治区、直辖市30家企业的42种产品，抽样合格率为85.7%。

2006年

1月

◆ **6日** “十五”国家重大科技专项“奶业重大关键技术研究与产业化集成示范”，在北京通过了科学技术部课题专家评审组专项验收。

◆ **12日** 农业部办公厅印发《2006年为农民和部机关办理20件实事的实施方案》（农办发〔2006〕3号）。“实施畜禽养殖小区无害化处理”为为农民办理的15件实事之一。其中在5个奶牛主产省，帮助14个奶牛养殖小区完善畜禽粪污无害化处理设施，做好现场规划设计和技术指导。

◆ **19日** 农业部印发《关于实施“九大行动”的意见》（农发〔2006〕2号）。涉及奶业的行动内容有：实施畜牧水产业增长方式转变行动，奶牛良种冻精补贴95万头以上，到2010年奶牛良种覆盖率由70%提高到80%。积极推广优良品种、机械化挤奶、人工授精、胚胎移植等先进技术，重点推广全混合日粮（TMR）养殖技术。到2010年奶牛规模养殖达到60%；实施农业科技提升行动，组织开展现代奶业科研项目。实施奶牛科技入户示范工程；实施优势农产品产业带促进行动，在东北奶牛产业带新建奶牛良种场3个，推广荷斯坦牛，建设3个生产基地，加快推广鲜奶收集与运输等先进实用技术；全面完成东北奶牛产业带基层防疫基础设施建设任务；实施农产品质量安全绿色行动，启动液态奶中复原乳专项检测活动。

◆ **24日** 世界银行黑龙江省奶源基地建设项目正式启动。项目设计总投资为14.8亿元人民币，其中利用世界银行贷款1亿美元，利用意大利政府赠款550万美元。项目区覆盖黑龙江省8个市的20多个县（市），资助近1万个农户。

◆ **26日** 国家质量监督检验检疫总局发布出入境检验检疫行业标准《鲜乳中菌落总数快速测定阻抗法》（SN/T 1749—2006），2006年8月16日实施。

2月

◆ **8日** “第27届IDF世界乳业大会”新闻发布会在北京举行。中国轻工业联合会副会长、IDF中国国家委员会主席潘蓓蕾女士发布第27届世界乳业大会将于2006年10月20日至23日在上海举行的消息。IDF中国国家委员会副主席、中国乳制品工业协会理事长宋昆冈主持发布会。中国奶业协会负责人、上海市政府代表和上海市奶业协会的负责人以及在京的新闻媒体及乳业专业媒体近百人出席会议。

◆ 28日　农业部印发《关于下达2006年度动物性产品中兽药残留监控计划的通知》（农医发〔2006〕3号）。其中牛奶兽药残留监测计划抽检样品500批，检测药物种类为磺胺类、链霉素、青霉素类、土霉素/金霉素/四环素。

3月

◆ 3日　农业部印发《农业部关于调整部属畜牧兽医单位机构编制的决定》（农人发〔2006〕3号）。经农业部研究并报中央机构编制委员会办公室批准，决定成立中国动物疫病预防控制中心；全国畜牧兽医总站更名为全国畜牧总站，全国畜牧总站与中国饲料工业协会的常设办事机构合署办公；在中国兽医药品监察所加挂“农业部兽药评审中心”的牌子；农业部动物检疫所更名为中国动物卫生与流行病学中心；中国农业科学院畜牧研究所更名为中国农业科学院北京畜牧兽医研究所，中国农业科学院上海家畜寄生虫病研究所更名为中国农业科学院上海兽医研究所；在中国农业科学院北京畜牧兽医研究所、哈尔滨兽医研究所、兰州兽医研究所和上海兽医研究所，分别加挂中国动物卫生与流行病学中心北京分中心、哈尔滨分中心、兰州分中心、上海分中心牌子。

◆ 3—13日　中国人民政治协商会议第十届第四次会议在北京召开。全国政协人口资源环境委员会副主任、中国奶业协会理事长刘成果作了“积极推进奶牛保险的试点　保障奶业健康持续发展”的大会发言，提出对奶牛实行财政补贴的政策性保险的建议。

◆ 7日　农业部办公厅印发《2006年高致病性禽流感和口蹄疫等主要动物疫病监测方案》，包括口蹄疫、家畜布鲁氏菌病、牛结核病等疫病的监测。

◆ 14日　中国奶业协会颁布《中国荷斯坦母牛品种登记实施方案》、《中国荷斯坦种公牛后裔测定实施方案》和《中国荷斯坦牛种牛遗传评定方法》。

◆ 16日　中国合格评定国家认可委员会向中奶协（北京）认证中心有限公司正式颁发了国家认可证书，授权认可范围包括液体乳及乳制品制造（鲜奶、酸奶、奶粉、干酪等）、软饮料制造（含乳饮料等）、其他食品制造（冷冻饮品制造如冰激凌等）。

◆ 28日　中国乳制品工业协会召开婴幼儿配方乳粉新配方、新技术国际研讨会。中国乳制品工业协会理事长宋昆冈、美国乳品出口协会原料出口事务副总裁Matt McKnight先生出席会议并致辞。

◆ **30日** 遵照温家宝总理和回良玉副总理的批示精神，农业部派出4个调研组分赴7省、自治区进行奶业发展情况调研，并以农业部部长杜青林的名义报送了《关于当前我国奶业发展有关情况的报告》，汇报奶业发展的基本情况、突出问题和促进奶业持续健康发展的对策措施。

◆ **31日** 国务院办公厅印发《2006年全国食品安全专项整治行动方案》（国办发〔2006〕24号），提出开展液态奶中复原乳相关检测。

4月

◆ **12—15日** 中加奶牛育种研讨班及全国第35次青年公牛联合后裔测定会在北京召开，交换91头种公牛冻精。

◆ **17日** 学生饮用奶计划部际协调小组办公室组织开展创建第二批学生奶奶源示范基地活动。

◆ **18—22日** 第五届亚洲水牛大会在南宁市召开。大会主题为“水牛为农村社会经济发展作贡献”。农业部副部长张宝文、中国奶业协会理事长刘成果、广西壮族自治区副主席孙瑜出席开幕式并讲话。张宝文副部长表示，要通过优化奶水牛区域布局，加强奶水牛种源和基地建设，开发水牛乳制品，加快中国奶水牛业的发展。会议期间举办了水牛研究成果及开发产品展示等活动。来自中国、印度、巴基斯坦等19个国家600多位水牛工作者参加大会。

◆ **19日** 中共中央政治局常委、中纪委书记吴官正视察蒙牛乳业泰安有限责任公司。

◆ **19—24日** 遵照温家宝总理4月16日有关奶业生产的批示，农业部派出4个调查组对新疆、内蒙古、河北、黑龙江4省（自治区）奶业发展情况进行实地调研。

◆ **20日** 中共中央政治局常委、全国人大常委会委员长吴邦国视察上海市科教兴市项目光明荷斯坦金山种奶牛场。

◆ **23日** 中共中央政治局常委、国务院总理温家宝视察重庆市江北区光大奶牛科技园养殖基地时，提笔留言：“我有一个梦，让每个中国人，首先是孩子，每天能喝上一斤奶。”并对企业负责人说：“希望你们能让我梦想成真”。

◆ **29日** 中华人民共和国主席令第49号，公布《中华人民共和国农产品质量安全法》，自2006年11月1日起施行。

5月

◆ **11日** 农业部在北京召开“加快奶业发展　促进乳品消费”新闻发布会，

介绍中国奶业发展取得的成就、发展空间和乳品消费情况，贯彻温家宝总理留言精神，大力加快奶业发展。

◆ **12日** 中国奶业协会在济南市召开各省、自治区、直辖市奶（乳）业协会和副理事长单位的主要负责人联席会议。会议讨论通过了“促进奶业发展 扩大乳品消费”的倡议书（讨论稿）。

◆ **15日** 中国奶业协会在北京召开新闻发布会，与21家省级奶（乳）业协会和11家知名乳品企业联合发出题为“促进奶业发展 扩大乳品消费”的倡议书。倡议全行业深入学习贯彻胡锦涛总书记、温家宝总理对奶业的重要指示精神，进一步开拓乳品消费市场，加强奶源基地建设，提升乳品加工企业的整体水平，营造奶业发展的良好环境。

◆ **17日** 学生饮用奶计划部际协调小组办公室授予上海光明乳业股份有限公司申星牧场等10家奶源基地为首批“学生奶奶源升级计划奶源示范基地”。

◆ **27日** 中国奶业协会、新华社新华网在北京召开“天天饮奶，营养健康”论坛，并由新华网直播。

6月

◆ **1日** 学生饮用奶计划部际协调小组办公室在昆明市召开学生饮用奶奶源升级计划技术培训班，并为第一批学生奶奶源升级计划奶源示范基地颁发证书和标牌。

◆ **2日** 中共中央政治局常委、国务院总理温家宝在内蒙古自治区视察期间召开座谈会，听取了伊利集团和蒙牛集团负责人的汇报。温家宝总理说，奶产业要搞好，奶源很重要。只有高质量奶源才有高质量的奶制品，而奶源质量的好坏又取决于奶牛的品种和农牧民饲养的水平。牛奶的质量安全非常重要，一定要一丝不苟，要给职工们讲清楚这个道理。因为食品安全关系到每个人的健康。

◆ **5日** 农业部令第64号公布《畜禽遗传资源保种场保护区和基因库管理办法》，农业部令第65号公布《畜禽新品种配套系审定和畜禽遗传资源鉴定办法》，农业部令第66号公布《优良种畜登记规则》，自2006年7月1日起施行。

◆ **7日** 中国奶业协会、学生饮用奶计划部际协调小组办公室、公众营养与发展中心、中央电视台、人民日报和内蒙古蒙牛乳业（集团）股份有限公司在北京联合宣布，蒙牛乳业将向全国贫困地区500所小学按照每人每天1包的标准，免费提供1年蒙牛牛奶，第一站是江西省井冈山市。

◆ **13—14日** 国家“学生饮用奶计划”工作会议在北京召开。农业部副部长、学生饮用奶计划部际协调小组组长张宝文在会议上强调，要贯彻落实胡锦涛总书记和温家宝总理关于加快奶业发展、增强我国青少年身体素质的重要指示精神，加快实施国家“学生饮用奶计划”的步伐。

◆ **14日** 农业部印发《关于加快推进农垦现代农业建设的意见》（农垦发〔2006〕4号），提出进一步提高奶牛等大宗优势畜禽水产品的养殖水平。到2010年，主要畜禽养殖的规模化、标准化水平达到80%以上。奶业列为城郊垦区产业发展重点。

◆ **18—20日** 中国奶业协会在内蒙古包头市召开第二届中国奶牛发展大会。农业部副部长张宝文出席大会并将讲话。内蒙古自治区副主席雷·额尔法尼出席大会并致辞。刘成果理事长做了题为《推进奶牛养殖的集约化 转变增长方式 提高质量和效益》的主题报告，提出推进奶牛养殖集约化的必要性和迫切性。大会授予10个地级市（地区）和51个县（县级市、区）全国牛奶生产强市（地区）、强县（县级市、区）称号，公布首批通过国家良好农业规范认证的20家示范牧场名单。

◆ **21日** 卫生部通报7省（自治区）对集贸市场销售的乳饮料的卫生监督抽查情况，共抽查204份乳饮料，合格率为89.2%。

◆ **26日** 农业部令第67号发布《畜禽标识和养殖档案管理办法》，自2006年7月1日起施行。

◆ **26日** 农业部印发《全国农业和农村经济发展第十一个五年规划(2006—2010年)》（农计发〔2006〕21号）。关于奶业产业，提出“十一五”时期奶类产量达到4 200万吨，年均增长7.95%；在优势开发区域，加快奶牛等产业带建设，继续调整畜牧业结构，大力发展奶业；重点推广奶牛人工授精技术；发挥垦区的综合优势，加快建设奶牛等优势产品的现代化、规模化生产基地，增强农垦企业的示范、带动能力。

◆ 学生饮用奶计划部际协调小组办公室组织开展首届全国少儿“饮奶与健康”作文和绘画大赛，并出版《首届“牛奶与健康”全国少儿绘画和作文大赛获奖作品集》。

7月

◆ **10日** 农业部发布农业行业标准《生鲜牛乳质量管理规范》(NY/T 1172—2006)，2006年10月1日实施。

◆ **11日** 农业部印发《关于下达2006年农业科技入户项目资金的通知》。其中，奶牛科技入户项目在9个省（自治区、直辖市）的12个县（区）实施，总资金为250万元。

◆ **14—16日** 中国畜产品加工研究会牵头主办的第三届中国乳业科技大会在北京举行。

◆ **16日** 中共中央政治局常委、全国政协主席贾庆林视察内蒙古伊利实业集团股份有限公司。

◆ **19日** 农业部印发《关于下达2006年农业科技跨越计划项目资金的通知》，其中中国农业科学院饲料研究所的“犊牛断奶代乳品生产技术中试和产业化示范”列入项目计划，资金120万元。

◆ **19日** 农业部印发《关于下达2006年农民专业合作组织示范项目资金的通知》，其中奶牛专业合作社（协会）7个。

◆ **24—25日** 农业部畜牧业司、全国畜牧总站在山东省章丘市召开全国标准化畜禽养殖小区试点项目启动仪式及观摩培训班。全国标准化畜禽养殖小区试点项目2006年度遴选20个养殖小区为试点，其中奶牛养殖小区14个。

◆ **29日** 中共中央政治局委员、国务院副总理回良玉视察河北省察北牧场蒙牛乳业（察北）有限公司。

8月

◆ **4日** 农业部印发《饲料工业“十一五”发展规划（2006—2010年）》（农牧发〔2006〕11号）。

◆ **5日** 卫生部、国务院妇女儿童工作委员会、联合国儿童基金会和世界卫生组织在北京联合举办《国际母乳代用品销售守则》颁布25周年纪念大会暨2006年国际母乳喂养周活动。

◆ **8—10日** 中国奶业协会第二十一次繁殖技术研讨会在乌鲁木齐市召开。会议主题为“应用繁育新技术，促进高产优质奶牛培育”。会议就荷斯坦牛等多种产乳动物繁育技术进行交流。来自全国的170名代表参加会议。

◆ **12日** 学生饮用奶计划部际协调小组办公室在乌鲁木齐召开学生奶奶源升级计划技术培训班。

◆ **18日** 农业部奶类项目办公室在兰州市召开奶类项目和水牛开发项目工作会议。会议总结各省、自治区、直辖市奶类项目和水牛开发项目的经验，表彰实施中国—欧盟奶类项目、中国—欧盟水牛开发项目中的先进集体和先进个人。来自全国31个省、自治区、直辖市的代表参加会议。

◆ **20日** 中国乳制品工业协会在哈尔滨市举行第十二次年会暨第六次乳品技术精品展。近200余家国际、国内知名企业参展，1 000余人参加会议和参观展览。

◆ **22日** 农业部办公厅、财政部办公厅印发《关于申报2006年奶牛良种补贴项目的通知》。中央财政从2006年起设立奶牛良种补贴专项资金，当年安排资金1亿元，在22个省（自治区、直辖市）及新疆生产建设兵团、黑龙江农垦总局的178个县（区、团场）实施，计划改良347万头奶牛。

◆ **23日** 中共中央政治局委员、国务院副总理回良玉在刘成果理事长关于召开第五次中国奶业协会会员代表大会的汇报上批示："建设现代奶业，致富农户，繁荣农村；推进奶业发展，扩大消费需求，增强人民体质。真挚希望中国奶业协会更好地发挥"协调、服务、维权、自律"的职能，更好更多地为全国奶业发展办实事做贡献。"

9月

◆ **1日**　农业部印发《关于贯彻实施〈畜禽标识和养殖档案管理办法〉的通知》（农医发〔2006〕8号）。

◆ **1—3日**　中国奶业协会第五次会员代表大会在北京召开。农业部副部长张宝文出席大会并致辞。刘成果理事长作"建设现代奶业是光荣的历史任务"的报告，分析建设现代奶业的必要性，首个系统提出现代奶业的基本框架：即"三化"（规模化、集约化、一体化），"六型"（循环经济型、质量效益型、经营集约型、自主创新型、链条紧密型、文化导向型），"五要"（布局要科学、结构要合理、体系要健全、市场要规范、队伍要精干）。大会选举产生第五届中国奶业协会理事会381名理事、116名常务理事、25名副理事长，刘成果连任理事长，魏克佳连任常务副理事长兼秘书长。大会修改《中国奶业协会章程》，表彰34家奶业优秀企业和70名奶业优秀工作者。第四届中国国际奶业展览会及高层论坛同期举办。

◆ **4日**　国家质量监督检验检疫总局、国家标准化管理委员会发布国家标准《奶牛场卫生规范》（GB 16568—2006），2006年12月1日实施。

◆ **5日**　国家工商行政管理总局通报流通领域奶制品商品质量监测情况，从8个城市的67家经销单位抽取巴氏杀菌乳、灭菌乳、酸牛乳、乳粉、奶油、乳饮料、干酪和炼乳共200组样品，监测合格率为89%。

◆ **11日**　国家质量监督检验检疫总局在北京召开巴氏杀菌乳标"鲜"问题协调会。农业部副部长张宝文出席会议。国家发展和改革委员会、国家标准化管理委员会、中国奶业协会和中国乳制品工业协会等单位的有关负责人参加会议。

◆ **11日**　农业部印发《全国农垦经济与社会发展第十一个五年规划（2006—2010年）》（农垦发〔2006〕6号），提出到2010年牛奶产量达到400万吨，年均增长10.3%。以优势区域布局内的垦区为主，重点发展奶牛等优势畜禽水产品种，争取在奶牛等品种培育上取得重大突破。继续在适宜垦区建设奶源基地。

◆ **12日**　农业部在银川市召开全国奶牛良种补贴项目工作会议。

◆ **27日**　国家质量监督检疫总局发布《关于恢复阿根廷乳制品进口的公告》（2006年第145号），决定自即日起，允许阿根廷向中国出口黄油、乳清粉、全脂奶粉、浓缩乳清蛋白共4个品种的乳制品。

◆ **28日** 农业部印发《关于下达2006年畜禽良种补贴项目资金的通知》（农财发〔2006〕84号）。2006年畜禽良种补贴项目中央财政资金2 000万元，主要用于对种公牛站利用进口精液和胚胎培育后备公牛、开展奶牛生产性能测定工作进行补贴。其中冻精配种4万剂，资金600万元；胚胎移植4 500枚，资金900万元；奶牛生产性能测定（DHI）9万头，资金500万元。项目在北京、上海、天津、黑龙江、内蒙古、河北、山东和宁夏8省（自治区、直辖市）实施。

◆ **30日** 国务院总理温家宝在人民大会堂接见荣获2006年中国政府“友谊奖”的49名外国专家及眷属。中国奶业协会顾问、中国—加拿大奶牛综合育种项目加方主任加里·朗尼博士获奖。

10月

◆ **12日** 国务院印发《关于开展第一次全国污染源普查的通知》（国发〔2006〕36号）。国务院决定于2008年初开展第一次全国污染源普查。规模化养殖场被列入普查内容。

◆ **20日** 农业部印发《农产品加工业“十一五”发展规划》（农企发〔2006〕7号）。关于乳制品加工，提出加强原料奶营养与加工特性研究，建立优质奶源基地；研究干酪、益生菌发酵产品、强化婴儿乳粉、免疫活性肽等新型乳制品加工技术，优化乳制品产品结构；研究并建立菌种资源库，选育出风味独特、性能优良、便于商品化的优良菌种，生产国际先进水平的商品化直投式发酵剂；研究现代乳品质量及安全检验技术，开发质量检验设备，建立乳品加工标准体系和全程质量控制体系，提升乳制品国际竞争力。

◆ **20—23日** 国际奶业联合会（IDF，International Dairy Federation）主办的第27届世界乳业大会在上海召开。中国奶业协会理事长刘成果应邀作“迈向现代化的中国奶业”的大会演讲，阐述建设中国现代奶业的背景、初步设想和急需解决的重点问题，即市场要开拓、布局要科学、结构要合理、体系要健全、竞争要规范、队伍要精干。国内外1 500多人参会，其中中国代表400余名，其他国家代表1 100余名，创历届IDF大会参会最多记录。近200位奶业科学工作者作专题报告；中国有10位专家担任专业委员会副主席和12人作大会发言。250家参展商、800名参展人员参加大会展示。内蒙古蒙牛乳业（集团）股份有限公司“特仑苏”获得IDF全球乳业大奖“新产品开发奖”。

◆ **21日** 农业部印发《病死及死因不明动物处置办法（试行）》（农医发〔2005〕25号）。

◆ **29日** 中共中央政治局常委、国务院总理温家宝到广西皇氏乳业来宾奶水牛养殖基地视察，了解奶水牛生产加工情况。

◆ **8—10月**　中央电视台第一、第二、第八频道播出主题为“天天喝奶，健康成长”的学生饮用奶公益广告。

◆ 中国奶业协会育种专业委员会代表团11人访问美国、加拿大荷斯坦牛协会和主要奶牛育种组织。

11月

◆ **6日**　农业部办公厅印发《全国农垦农业产业化发展第十一个五年规划（2006—2010年）》（农办垦〔2006〕76号）。“十五”期间，农垦系统牛奶产量达到245.5万吨。提出“十一五”期间，做优做精乳业等传统优势产业，提高市场竞争能力。

◆ **9—11日**　中国奶业协会育种专业委员会换届会议暨第36次全国青年公牛联合后裔测定会在厦门召开。

◆ **17日**　农业部公布2005年全国乡镇企业创名牌重点企业名单（农企发〔2005〕11号）。其中7家乳（奶）业企业上榜。

◆ **25—27日**　中国奶业协会和全国畜牧总站在北京举办第一期全国奶牛生产性能测定技术培训班，各省（自治区、直辖市）奶牛生产性能测定中心（实验室）管理和技术人员220余人参加培训。

12月

◆ **1日**　农业部公布2006年全国乡镇企业创名牌重点企业（农企发〔2006〕6号），其中有9家乳品生产企业。

◆ **4日**　在北京举办“学生饮用奶计划”推广六周年新闻发布会暨“利乐促进学生奶发展项目”启动仪式活动。农业部副部长张宝文出席活动并讲话。

◆ **4—7日**　全国畜牧总站在杭州召开全国标准化畜禽养殖小区建设培训班暨畜禽排泄物无害化处理现场观摩会，实地考察浙江不同地域、不同养殖方式的畜禽排泄物无害化处理的不同模式。全国各省（自治区、直辖市）畜牧行政部门和省级畜牧技术推广机构主管负责同志参加会议。

◆ **6日**　农业部发布农业行业标准《奶牛用精饲料》（NY/T 1245—2006）、《牛冷冻精液生产技术规程》（NY/T 1234—2006）和《奶牛场HACCP饲养管理规范》（NY/T 1242—2006），2007年2月1日实施。

◆ **12日**　国家质量监督检验检疫总局、国家标准化管理委员会发布国家标准《犊牛代乳粉》（GB/T 20715—2006），2007年3月1日实施。

◆ **20日**　国家质量监督检验检疫总局、国家标准化管理委员会发布国家标准《奶牛复合微量元素维生素预混合饲料》（GB/T 20804—2006），2007年3月1日实施。

◆ **25日** 国家质量监督检验检疫总局发布《关于严格液态奶生产日期标注有关问题的公告》（2006年第186号），自2007年1月1日起实施。

◆ **31日** 中共中央、国务院印发《关于积极发展现代农业扎实推进社会主义新农村建设的若干意见》（中发〔2007〕1号）。该意见指出："扩大对养殖小区的补贴规模，继续安排奶牛良种补贴资金。""严格执行转基因食品、液态奶等农产品标识制度。"

本年

◆ 农业部印发《全国畜牧业发展第十一个五年规划（2006—2010年）》（农牧发〔2006〕12号）。

◆ 中国奶业协会和中国农业大学从加拿大奶牛工作网（CDN）引进育种值估计软件，采用多性状动物模型对中国荷斯坦牛的生产性能和体型外貌评定数据进行遗传评定。首次提出中国奶牛总性能系谱指数TPPI，对成年种公牛统一排队，第一次发布全国奶牛遗传评定概要。

◆ 中国农业科学院畜牧研究所等单位完成的"奶牛合成共轭亚油酸（CLA）的调控机理研究及其产品开发"获2006年北京市科学技术奖一等奖。

◆ 国家质量监督检验检疫总局公布婴幼儿配方乳粉产品质量国家监督抽查结果。抽查9个省、直辖市27家企业生产的27种产品，抽样合格率为70.4%。

2007年

1月

◆ **7—8日** 全国畜牧总站在哈尔滨市召开全国标准化畜禽养殖小区建设试点项目工作会。试点项目省畜牧行政部门和省级畜牧技术推广机构主管负责人参加会议。

◆ **9日** 应邀来华进行国事访问的以色列总理埃胡德·奥尔默特参观北京三元集团公司绿荷奶牛养殖中心中以示范牛场，并为"中国—以色列现代奶业技术合作中心"揭牌。

◆ **12日** 中国奶业协会与中国农业电影电视中心联合摄制的大型特别节目《圆梦在行动》在中央电视台第七频道播出，节目集新闻性、宣传性、趣味性为一体，以插播短片、文艺表演、有奖问答、现场互动等形式，重点展示中国奶业的发展历程、近年来所取得的成绩以及乳品企业的风采，宣传科学饮奶知识。

◆ **23日** 国家发展和改革委员会、科学技术部、商务部、国家知识产权局公告2007年第6号发布《当前优先发展的高技术产业化重点领域指南（2007年度）》，草食家畜高效舍饲、规模化清洁养殖所需的现代化养殖设备与环境净化设施、粪污无害处理与资源化利用技术与装备、畜禽精准饲养技术被列入。

◆ **26日** 国务院印发《关于促进畜牧业持续健康发展的意见》(国发〔2007〕4号)。提出"突出发展牛羊节粮型草食家畜，大力发展奶业"，"奶类生产要加强良种奶牛基地建设"。

◆ **30日** 商务部公告2007年第6号，公布2006年度"最具市场竞争力品牌"名单。乳制品最具市场竞争力品牌为：伊利（内蒙古伊利实业集团股份有限公司)、蒙牛（内蒙古蒙牛乳业（集团）股份有限公司)、三鹿（石家庄三鹿集团股份有限公司)、维维（维维集团股份有限公司)、光明（光明乳业股份有限公司)、夏进（宁夏新华百货夏进乳业集团股份有限公司)。

2月

◆ **7日** 农业部印发《关于加强畜禽养殖管理的通知》(农牧发〔2007〕1号)。

◆ **28日** 农业部印发《关于下达2007年度动物性产品中兽药残留监控计划的通知》(农医发〔2007〕7号)。

3月

◆ **3—15日** 中国人民政治协商会议第十届第五次会议在北京召开。全国政协人口资源环境委员会副主任、中国奶业协会理事长刘成果向大会提交了"关于建立全国奶牛生产性能测定财政支持专项的提案"和"关于在学校普及牛奶知识的提案"，建议建立全国奶牛生产性能测定财政专项，建议牛奶营养知识进大纲、入课本、上课堂，开展生动活泼的宣教活动普及牛奶营养知识。

◆ **23—26日** 由中国奶业协会组织的全国第37次联合青年公牛后裔测定会在洛阳市召开。

◆ **25日** 中共中央政治局常委、全国政协主席贾庆林视察山西省古城乳业集团有限公司。

4月

◆ **10—13日** 农业部在石家庄市举办"中澳奶牛管理培训班"。澳大利亚驻华大使馆参赞贺培德先生、澳大利亚农渔林业部官员奥利·悠兰女士以及专家团队一行8人参会，就奶牛饲养管理技术、疫病防控等内容授课。10个省（自治区）从事奶牛生产、乳品加工的100多人参加培训。

◆ **17日** 国务院办公厅印发《国家食品药品安全"十一五"规划》(国办发〔2007〕24号)，乳制品被列为高风险食品开展食品召回工作以及食品安全评价评估。

◆ **17日** 中国奶业协会在天津市召开各省奶（乳）业协会联席会议。中国奶业协会理事长刘成果出席会议。会议分析当前的奶业形势，并对奶业存在的问题向农业部提出建议。

◆ **17日** 农业部发布农业行业标准《乳与乳制品中嗜冷菌、需氧芽孢杆菌及嗜热需氧芽孢数的测定》（NY/T 1331—2007）、《乳与乳制品中5-羟甲基糠醛含量的测定 高效液相色谱法》（NY/T 1332—2007）、《畜禽粪便安全使用准则》（NY/T 1334—2007）、《牛人工授精技术规程》（NY/T 1335—2007），2007年7月1日实施。

◆ **18日** 农业部印发《关于公布第三次监测合格农业产业化国家重点龙头企业名单的通知》（农经发〔2007〕8号）。其中有32家乳品加工企业监测合格。

◆ **27日** 国务院办公厅印发《2007年全国食品安全专项整治方案》（国办发〔2007〕28号），乳制品被列为重点食品专项抽查对象。乳制品、婴儿配方食品行业为全面实施食品卫生监督量化分级管理的重点。

5月

◆ **25日** 国家质量监督检验检疫总局、国家发展和改革委员会、农业部、海关总署、国家工商行政管理总局联合发出《关于进一步加强液体乳监管工作的通知》（国质检食监联〔2007〕245号）。

◆ **25日** 第75届世界动物卫生组织（OIE）国际委员会大会以131票赞成、5票弃权、8票反对的压倒性多数通过决议，中华人民共和国作为主权国家加入OIE，恢复其在OIE的合法权利和义务，台湾以非主权地区成员身份参与OIE活动。

◆ **27日** 国家质量监督检验检疫总局公布婴幼儿配方乳粉产品质量国家监督抽查结果。抽查19个省、自治区、直辖市60家企业生产的60种产品，抽样合格率为95%。市场占有率较高的大中型企业产品抽样合格率为100%。

◆ **29日** 农业部农垦局在北京举办“世界牛奶日暨国家学生饮用奶计划”实施七周年纪念活动，以“牛奶相伴，康健一生”为主题，普及牛奶知识。

6月

◆ **4日** 国家质量监督检验检疫总局公布灭菌乳产品质量国家监督抽查结果。抽查24个省、直辖市、自治区104家企业生产的106种产品，抽样合格率为93.4%。市场占有率较高的大中型生产企业产品抽样合格率为100%。

◆ **5—7日** 农业部畜牧业司在呼和浩特市举办全国奶牛良种补贴项目管理培训班。全国实施补贴项目的22个省、自治区、直辖市及新疆生产建设兵团和黑龙江省农垦总局的有关部门及企业100多人参加培训。

◆ **6日** 中国奶业协会、学生饮用奶部际协调小组办公室、国家体育总局等7家单位联手8个企业，共同倡议发起“中国牛奶爱心行动”。

◆ **7日** 农业部向温家宝总理、回良玉副总理呈报《关于当前我国奶业情况的报告》，反映奶业发展面临奶牛养殖效益不断下降，农民奶牛养殖积极性受挫，一些地方把奶牛当肉牛卖、被宰杀等问题，如不及时采取有力调控措施，奶业发展有可能发生大幅度波动。

◆ **9日** 回良玉副总理在农业部呈报的《关于当前我国奶业情况的报告》上批示：“在奶业快速发展进程中所出现的问题，必须高度重视和认真解决，切实防止奶业发展出现大的波动。农业部所提建议请国办转请有关部门研究并拿出意见。”

◆ **10日** 温家宝总理在农业部呈报的《关于当前我国奶业情况的报告》上批示：请发改委会同农业部、财政部、商务部研究提出扶持奶业发展的政策措施，报国务院讨论。

◆ **11日** 中国农业部代表团和新西兰农业部代表团就第二届中新奶业对话进行会谈。双方讨论了全球奶业的供需状况，中新两国在乳制品产业方面的发展情况，并回顾了双边乳业合作。新西兰贸易发展局和新西兰从事农业商务的代表参加会谈。

◆ **13日** 国务院办公厅印发《关于成立国务院产品质量和食品安全领导小组的通知》（国办发〔2007〕56号）。

◆ **14日** 农业部发布农业行业标准《乳及乳制品中乳糖的测定酶—比色法》（NY/T 1422—2007），自2007年9月1日起实施。

◆ **20日** 农业部、国家发展和改革委员会、财政部、商务部、中国人民银行、国家税务总局、中国证券监督管理委员会、中华全国供销合作总社联合发出《关于递补41家企业为农业产业化国家重点龙头企业的通知》（农经发〔2007〕9号）。其中有2家乳品加工企业确定为农业产业化国家重点龙头企业。

◆ **21日** 中共中央总书记胡锦涛在题为“内蒙古大量奶牛散养户陷入困境”的报道上批示：“家宝、良玉同志，要重视奶牛养殖比较效益下降的动向，吸取猪肉问题上的教训，及早研究采取措施，以避免奶牛养殖业大起大落。”

◆ **21—23日** 中国奶业协会2007年会在南京市召开。本次年会的主题是“乳品企业健康发展与和谐奶业建设。”中国奶业协会理事长刘成果作了“发挥乳品企业的关键性作用　构建和谐奶业”的讲话，充分肯定乳品加工企业对产业链条的关键带动作用，同时，指出奶业存在的“两低”（原料奶收购价格低，乳制品市场销售价格低）、“两乱”（原料奶收购秩序乱，销售市场竞争秩序乱）现象的根源在于有些乳制品加工企业的社会责任缺失，指出企业应讲道德、履行社会责任。与会的14个中国奶协副理事长、乳品企业一致通过了《乳品企业自律南京宣言》。会议同期还举办了奶牛育种等专题研讨会并举办全国奶牛饲养管理技术培训（南京）班。学生饮用奶计划部际协调小组办公室举办学生饮用奶推广研讨会暨学生饮用奶产品展览。同期举办第五届中国国际奶业展览会及高层论坛。

◆ **25日** 以色列外交部副部长阿布拉·莫维奇一行10余人参观中以示范牛场。阿布拉·莫维奇高度赞扬中以示范牛场合作项目取得的成就，在留言薄上写下了“继续我们成功的合作”。

◆ **27日** 农业部印发《关于下达2007年农业产业化项目资金的通知》，其中3个奶（乳）业企业被列为支持对象。

◆ **28日** 农业部印发《关于下达2007年农民专业合作组织示范项目资金的通知》，其中奶业生产专业合作社4个，总资金80万元，每个合作社20万元。

◆ **28日** 农业部印发《关于下达2007年农业科技跨越计划项目资金的通知》，其中“优质高产奶牛性别控制技术集成与示范”项目和“优质高产奶牛快速高效繁育技术集成与产业化示范”项目列入，总资金360万元。

7月

◆ **6日** 中国奶业协会向国务院副总理回良玉呈报《关于保护和支持我国奶业持续健康发展的报告》。

◆ **10日** 国务院发展研究中心、农业部、商务部组成调查组，赴内蒙古、黑龙江等地联合调查“杀牛”、“倒奶”等问题。

◆ **26日** 国务院令第503号，发布《国务院关于加强食品等产品安全监督管理的特别规定》，自发布之日起施行。

8月

◆ **2日** 农业部印发《关于贯彻落实〈国务院关于加强食品等产品安全监督管理的特别规定〉的意见》（农市发〔2007〕21号）。

◆ **3日** 中国奶业协会、合肥市人民政府、安徽省农业委员会在安徽省长丰县举行“2007年中国中部地区奶业发展论坛”，论坛主题是“中部奶业的机遇与挑战”。中国奶业协会刘成果理事长作了“中国中部奶业洼地应该崛起”的演讲，提出中部地区发展奶业，市场定位应以本地为主，产品定位以巴氏杀菌奶为主，满足当地的鲜奶需求。

◆ **8日** 财政部、农业部印发《奶牛良种补贴资金管理暂行办法》（财农〔2007〕164号），自公布之日起施行。原《奶牛良种补贴试点项目资金管理暂行办法》（农财〔2005〕4号）同时废止。

◆ **8—11日** 中国奶业协会第二十二次繁殖技术研讨会在郑州市举行。会议主题为“利用繁殖新技术发展现代奶业”。会议提出要大力提高奶牛繁殖效率，利用现代技术迅速扩繁良种。会议讨论通过繁殖专业委员会工作报告。20个省（自治区、直辖市）的300余名代表参加会议。

◆ **22日** 农业部办公厅、财政部办公厅印发《2007年农业机械购置补贴实施方案》，要求牧区省在安排补贴资金时要向年产奶10万吨以上的奶牛饲养大县倾斜。

◆ **22日** 卫生部、国家标准化管理委员会发布国家标准《食品添加剂使用卫生标准》(GB 2760—2007，代替GB 2760—1996和GB/T 12493—1990)，2008年6月1日实施。

◆ **24日** 国务院副总理回良玉主持召开研究促进奶业持续健康发展问题会议，分析当前奶业发展面临的形势和问题，研究促进奶业持续健康发展有关措施。农业部副部长张宝文参加会议。

◆ **27日** 国家质量监督检验检疫总局局令第98号，公布《食品召回管理规定》并从即日施行。

◆ **27日** 国家质量监督检验检疫总局局令第102号，公布《食品标识管理规定》，自2008年9月1日起施行。原国家技术监督局公布的《查处食品标签违法行为规定》同时废止。

◆ **29—31日** 中国奶业协会和全国畜牧总站在哈尔滨市举办第二期全国奶牛生产性能测定技术培训班。各省（自治区、直辖市）奶牛生产性能测定中心（实验室）技术人员近70人参加培训。

◆ 国务院新闻办公室发表白皮书《中国的食品质量安全状况》。

◆ 农业部印发《小反刍兽疫防控应急预案》和《小反刍兽疫防治技术规范》。

9月

◆ **10日** 农业部畜牧业司印发《畜产品质量安全整治行动实施方案》，部署为期4个月的畜产品质量安全整治行动。

◆ **12日** 中国奶业协会在河北省秦皇岛市召开全国青年公牛联合后裔测定工作会议，讨论通过《中国荷斯坦青年公牛联合后裔测定规程》及其《中国荷斯坦青年公牛联合后裔测定暂行管理办法》。

◆ **14日** 农业部发布农业行业标准《奶牛胚胎移植技术规程》(NY/T 1445—2007)、《种公牛饲养管理技术规程》(NY/T 1446—2007)、《中国荷斯坦牛生产性能测定技术规范》(NY/T 1450—2007)，2007年12月1日实施。

◆ **18—21日** 中国奶业协会在北京举办奶牛GAP示范区核心牧场培训班。来自全国10个“奶业现代化生产技术集成与产业化示范”课题项目单位的技术骨干参加培训。

◆ **19日** 国务院总理温家宝主持召开国务院常务会议，研究促进油料生产和奶业发展工作。会议明确了加强良种繁育和推广，提高奶牛生产水平等六项任务及将全部产奶的奶牛纳入良种补贴范围等八项政策。

◆ **19—20日** 学生饮用奶计划部际协调小组办公室在天津市举办学生饮用奶奶源升级计划培训班，有关省（自治区、直辖市）学生饮用奶计划办公室负责人、部分学生奶奶源基地技术管理人员共70多人参加。第二批16家“学生奶奶源升级计划奶源示范基地”获得证书和标牌。

◆ **20日** 农业部部长孙政才到北京市就奶业问题进行调研。他强调，各级农业部门要迅速采取切实行动，加大工作力度，认真贯彻国务院常务会议精神，狠抓促进奶业发展政策落实，既立足当前帮助奶业发展渡过难关，又着眼长远促进奶业持续健康发展。

◆ **21日** 国土资源部、农业部印发《关于促进规模化畜禽养殖用地政策的通知》（国土资发〔2007〕220号）。

◆ **21—22日** 农业部在呼和浩特市召开全国农产品加工技术创新工作会议。农业部副部长高鸿宾出席会议并讲话，强调人们的食品消费需求呈现出多样化、方便化、营养化、安全化等新特点，市场上出现的从喝牛奶向吃牛奶的转变，既是食品消费转变的实证，也是农产品加工企业适应城乡居民消费需求变化的具体体现，说明农产品加工业正起到引导和拓展食品消费需求的作用。

◆ **27日** 国务院印发《关于促进奶业持续健康发展的意见》（国发〔2007〕31号）。要求各地政府充分认识保持奶业持续健康发展的重要性和紧迫性，提出促进奶业持续健康发展的指导思想、基本原则、主要任务和重点工作，明确了加大奶业发展的多项扶持政策，要求各地切实加强对奶业的组织领导，落实政策措施。

◆ **30日** 农业部印发《关于贯彻〈国务院关于促进奶业持续健康发展的意见〉的意见的通知》（农牧发〔2007〕14号），提出8条意见：抓紧贯彻落实各项扶持政策；加强奶牛良种繁育体系建设；加快奶牛生产方式转变；优化奶业发展布局；提高奶农组织化程度；加强奶牛疫病防控；规范液体乳标识；开拓奶制品消费市场。

◆ **30日** 国家质量监督检验检疫总局印发《关于〈国务院关于加强食品等产品安全监督管理的特别规定〉若干问题的实施意见》（国质检法〔2007〕454号）。

10月

◆ **10日** 农业部在哈尔滨市召开落实奶业发展政策座谈会，贯彻落实《国务院关于促进奶业持续健康发展的意见》精神。农业部副部长张宝文出席会议并讲话。11个奶业主产省畜牧行政主管部门负责人40余人参加座谈会。

◆ **11日** 中国奶业协会在哈尔滨市召开特别理事会，贯彻落实《国务院关于促进奶业持续健康发展的意见》精神。农业部副部长张宝文出席并通报奶业形势和落实《国务院关于促进奶业持续健康发展的意见》的工作部署，鼓励和支持奶协充分发挥社团作用，促进有关政策的落实。中国奶业协会刘成果理事长在讲话中分析国务院31号文件的出台背景，阐述了中国奶业协会在文件出台过程中所做的工作；强调国务院文件权威性高，针对性准，含金量大，指导性强的特点。对协会贯彻落实国务院文件做出具体部署和安排。各省（自治区、直辖市）奶（乳）协及企业代表300多人参加会议。

◆ **15—16日** 第38届全国青年公牛联合后裔测定工作在河北省秦皇岛市顺利完成。参测公牛22头。

◆ **17—18日** 农业部畜牧业司在北京召开全国种公牛站站长会议，对种公牛站机制体制改革、种公牛培育等提出明确要求。

◆ **26日** 农业部办公厅、财政部办公厅印发《关于下达2007年优质后备母牛饲养补贴项目实施方案的通知》（农办财〔2007〕164号），国家实施后备母牛饲养补贴制度，对享受奶牛良种补贴改良后出生的优质后备母牛给予一次性补贴。

◆ **29日** 学生饮用奶计划部际协调小组办公室召开专题研讨会，贯彻落实《国务院关于促进奶业持续健康发展的意见》中要“加大国家学生饮用奶计划的推广力度，扩大学生饮用奶覆盖范围”精神。

11月

◆ **9日** 国家质量监督检验检疫总局、农业部印发《关于加强液态奶标识标注管理的通知》，其中“严格实行液态奶标识制度”的第二条规定“以生鲜牛乳为原料，经巴氏杀菌处理的巴氏杀菌乳标‘鲜牛奶/乳’”；第三条规定“以生鲜牛乳为原料，不添加辅料，经瞬时高温灭菌处理的超高温灭菌乳标‘纯牛奶/乳’。”

◆ **13日** 国务院办公厅转发环保总局、发展改革委、农业部、建设部、卫生部、水利部、国土资源部、林业局《关于加强农村环境保护工作意见》（国办发〔2007〕63号）。规模化畜禽养殖污染防治被列为农村环境保护工作重点之一。

◆ **18日** 中共中央总书记胡锦涛视察内蒙古伊利实业集团股份有限公司。

◆ **21—30日** 中国奶业协会常务副理事长兼秘书长魏克佳率中国奶业协会奶水牛考察团访问印度。考察期间与印度奶业协会理事长Bhasin先生和秘书长Narang先生就奶业发展、奶水牛养殖、奶农合作社等问题进行探讨，并走访大型奶水牛养殖基地。

◆ **26日** 中国奶业协会理事长刘成果在云南调研了宝山、德宏2个市（州），腾冲、梁河、盈江、陇川、潞西等5个县（市）的奶水牛养殖和加工情况后，给云南省省长秦光荣写信，提出槟榔江水牛品种认定问题，建议给予支持。

◆ **28—29日** 全国畜牧总站、农业部科技入户奶牛专家组办公室在北京市大兴区召开全国奶牛标准化饲养培训班暨奶牛科技入户技术工作交流会。

12月

◆ **10—19日** 中国奶业协会理事长刘成果率中国奶业协会代表团赴以色列和奥地利考察，考察期间走访了以色列奶业协会、奶牛养殖协会（ICBA）、奶牛育种中心（IDB）、饲料配送中心、奶牛养殖场和兽医服务中心；访问了奥地利乳品加工企业、西门塔尔牛饲养场和利拉法奶牛场设备销售服务中心。

◆ **11日** 农业部、财政部印发《现代农业产业技术体系建设实施方案（试行)》(农科教发〔2007〕12号)。奶牛产业技术体系列入第一批10个大宗农产品产业技术体系建设试点。

◆ **13—14日** 中国奶业协会和全国畜牧总站在郑州市举办第一期全国奶牛生产性能测定软件培训班。各省（自治区、直辖市）奶牛生产性能测定中心（实验室）技术人员30余人参加培训。

◆ **18日** 农业部印发《关于加强种公牛站生产经营管理的意见》，提出2012年起没有后裔测定成绩的奶用种公牛冻精不得上市。

◆ **18日** 农业部发布农业行业标准《标准化奶牛场建设规范》(NY/T 1567—2007)、《畜禽养殖场质量管理体系建设通则》(NY/T 1569—2007)、《乳制品加工HACCP通则》(NY/T 1570—2007)、《牛胚胎移植技术规程》(NY/T 1572—2007)、《绿色食品　乳制品》(NY/T 657—2007，代替NY/T 657—2002)、《饲料级　乳清粉》(NY/T 1563—2007)，2008年3月1日实施。

◆ **19日** 农业部印发《农业部畜牧业统计监测管理（试行）办法》(农牧发〔2007〕17号)。中国奶业协会负责奶业生产企业统计监测的组织实施工作，包括制订重点跟踪监测企业的实施方案，监测数据采集、汇总和处理，形成跟踪企业生产和市场月度、季度和年度监测报告，参与软件平台建设、形势会商和数据核查，组织企业信息采集人员培训。

◆ **21日** 农业部和财政部在北京人民大会堂联合召开“现代农业产业技术体系建设试点启动大会”，农业部部长孙政才出席大会并讲话。孙政才宣布正式启动包括奶牛在内的10个大宗农产品产业技术体系建设试点。

◆ **22—23日** 全国农业工作会议在北京召开。农业部部长孙政才出席会议并讲话。在谈到奶业工作时，孙政才指出2008年要深入具体分析奶业供求的形势特点、面临的问题、保证有效供给的着力点。

◆ **24日** 全国农业工作会议农垦专业会在北京召开，农业部副部长高鸿宾出席会议并讲话，指出农垦农产品质量水平普遍较高，具备了率先实现农业现代化的优势和条件。农垦系统牛奶占全国的8.5%，牛奶单产4 106千克，比全国平均水平高5.3%；奶牛良种冷冻精液占全国市场的50%以上，良种奶牛群约占全国的50%。

◆ **27日** 中国人民银行、中国银行业监督管理委员会印发《关于加强和改进对奶业金融支持工作的通知》（银发〔2007〕492号）。

◆ **29日** 中共中央政治局常委、国务院总理温家宝视察陕西省富平县王寮镇奶山羊养殖示范村双杨村。

◆ **29日** 农业部公布现代农业产业技术体系建设第一批试点建设依托单位和岗位聘用人员名单（2007—2010年）（农科教发〔2007〕14号），国家奶牛产业技术研发中心建设依托单位为中国农业大学，首席科学家，遗传育种与繁殖研究室、营养与饲料研究室、疾病控制研究室、环境控制与乳品安全研究室、乳制品加工研究室研究室主任名单和23个综合试验站站长名单同时公布。

◆ **31日** 中共中央、国务院印发《关于切实加强农业基础建设进一步促进农业发展农民增收的若干意见》（中发〔2008〕1号）。指出："全面落实对粮食、油料、生猪和奶牛生产的各项扶持政策，加大对生产大县的奖励补助，逐步形成稳定规范的制度。""加快转变畜禽养殖方式，对规模养殖实行'以奖代补'，落实规模养殖用地政策，继续实行对畜禽养殖业的各项补贴政策。完善原料奶价格形成机制，严格执行液态体标识制度。""建立健全生猪、奶牛等政策性保险制度。"

◆ 学生饮用奶计划部际协调小组办公室在全国范围内组织开展学生饮用奶质量检查。

2008年

1月

◆ **1日** 国务院公布《关于2007年度国家科学技术奖励的决定》（国发〔2008〕2号），陆仲麟主持、中国农业科学院兰州畜牧与兽药研究所等单位完成的"大通牦牛"新品种及培育技术获得2007年度国家科学技术进步奖二等奖。

◆ **1日** 农业部启动畜牧业"百场（厂）千村万户"动态监测计划，针对奶牛等5个主要畜种，进行生产基本情况和成本效益月度监测。奶牛信息统计监测与预警在7个奶业主产省（自治区）的50个定点监测县内设立250个村级监测点和726个农户监测点，由各地畜牧系统机构实施；在11个省（自治区、直辖市）设立15个规模奶牛场监测点，在10个省（自治区、直辖市）设立15个乳制品加工企业监测点，由中国奶业协会实施。

◆ **7日** 农业部印发《2008年高致病性禽流感和口蹄疫等主要动物疫病监测方案》（农医发〔2008〕2号）。奶牛要进行口蹄疫、布鲁氏菌病和牛结核病监测。

◆ 7日　国家质量监督检验检疫总局、国家标准化管理委员会发布国家标准《乳粉（奶粉）》（GB 5410—2008，代替GB 5410—1999）、《奶油》（GB 5415—2008，代替GB 5415—1999）、《炼乳》（GB 5417—2008，代替GB 5417—1999）、《干酪（奶酪）》（GB 21375—2008）、2008年12月1日实施。

◆ 9日　农业部办公厅印发《奶牛标准化规模养殖生产技术规范（试行）》（农办牧〔2008〕3号），对奶牛场（小区）选址与设计、饲料与日粮配制、饲料的加工调制与贮存管理、选育与繁殖、卫生与防疫、粪污处理、记录与档案管理分别提出规范要求。

◆ 9日　农业部印发《2008年高致病性禽流感和口蹄疫等主要动物疫病流行病学调查方案》（农医发〔2008〕4号）。怀疑或确认发生口蹄疫、布鲁氏菌病、疯牛病、牛瘟和牛肺疫（已消灭疫病复发）情况时，由当地省级兽医行政管理部门组织本省动物疫病预防控制机构开展流行病学调查工作。

◆ 12日　国务院办公厅转发国家环境保护总局、国家发展和改革委员会、财政部、建设部、水利部《关于加强重点湖泊水环境保护工作的意见》（国办发〔2008〕4号）。提出科学规划畜禽饲养区域，鼓励建设生态养殖场和养殖小区，通过发展沼气、生产有机肥和无害化畜禽粪便还田等畜禽粪污综合利用方式，确保达标排放，对未能达标排放的规模化畜禽养殖场要抓紧进行治污改造。

◆ 12日　农业部印发《关于切实做好2008年重大动物疫病免疫工作的通知》（农医发〔2008〕5号），同文印发《2008年高致病性禽流感和口蹄疫等主要动物疫病免疫方案》。要求奶牛进行口蹄疫和布鲁氏菌病免疫，提出了免疫要求、免疫程序和免疫效果监测。

◆ 12日　“2008中国奶业发展高峰论坛”在北京人民大会堂举行。来自全国政协、国家发展和改革委员会、农业部、中国奶业协会、中国乳制品工业协会、中国人民大学的领导和专家，联合国世界粮食计划署、瑞典驻中国大使馆的代表等参加论坛。

◆ 15日　国家发展和改革委员会公布《关于部分重要商品及服务实行临时价格干预措施的实施办法》。牛奶被列为提价申报和调价备案的商品。

◆ 16日　国家发展和改革委员会发布公告，宣布12家生产企业在国家实行临时价格干预措施期间，如果要提高列入提价申报范围的产品出厂价格，必须按照规定报批。其中有4家乳品企业申报的品种为纯牛奶。

◆ 20日　国家发展和改革委员会、国家环境保护总局《关于降低畜牧业生产建设项目环评咨询收费加强环评管理促进畜牧业发展的通知》（发改价格〔2008〕8号）开始实施。各环评咨询、技术评估机构对所有畜禽（包括猪、牛、羊及家禽）养殖、屠宰环节的建设项目环评咨询收费，应在《国家计委、国家环保总局关于规范环境影响咨询收费有关问题的通知》（计价格〔2002〕125号）规定的收费标准基础上减半收取。环评审批过程不得收取任何费用。

◆ **21日** 国家质量监督检验检疫总局公布国家监督专项抽查结果。其中，抽查20个省、自治区、直辖市49家企业生产的49种灭菌乳产品，抽样合格率为93.9%。市场占有率较高的大型生产企业抽样合格率为100%。抽查13种获国家免检产品和8种中国名牌产品，所检项目全部达到国家标准规定的要求。

◆ **23日** 学生饮用奶计划部际协调小组办公室召开工作会议，贯彻落实《国务院关于促进奶业持续健康发展的意见》精神，研究讨论推进“学生饮用奶计划”的工作措施。学生饮用奶计划部际协调小组各成员单位主管司局负责人参加会议。

2月

◆ **21日** 农业部印发《关于加强饲料和畜产品质量安全监管工作的通知》（农牧发〔2008〕4号）。

◆ **25日** 农业部印发《关于下达2008年度动物性产品中兽药残留监控计划的通知》（农医发〔2008〕12号），其中牛奶兽药残留监测计划抽检样品430批，检测药物种类为磺胺类、链霉素、青霉素类和四环素类。

◆ **26日** 财政部印发《中央财政养殖业保险保费补贴管理办法》（财金〔2008〕27号）。奶牛被列为财政部提供保费补贴的养殖业险种，其保险责任为重大病害、自然灾害和意外事故所导致的投保个体直接死亡。补贴地区为中西部22个省（自治区、直辖市）和新疆生产建设兵团以及中央直属垦区。在补贴地区22个省（自治区、直辖市）地方财政部门补贴30%的保费后，财政部再补贴30%的保费。对于新疆生产建设兵团以及中央直属垦区，财政部为奶牛保险补贴60%的保费。

◆ **28—29日** 中国奶业协会在海南召开全国奶（乳）业协会主要负责人联席会议。会议听取了各地奶（乳）协负责人关于当前奶业形势，协会工作的介绍，交流了各地贯彻落实国发〔2007〕31号文件的情况。

3月

◆ **5日** 重庆市农垦集团所属天友乳业（股份）有限公司“天友”商标被国家工商行政管理总局商标评审委员会认定为中国驰名商标。

◆ **17日** 国家发展和改革委员会、农业部、国家工商行政管理总局、国家质量监督检验检疫总局联合印发《关于加强监督管理规范原料奶市场秩序的通知》（发改价检〔2008〕714号），要求各级价格、畜牧兽医、工商、质监部门按照职责分工，对原料奶生产、收购、加工环节的价格和质量等问题进行全面检查。

◆ **17日** 农业部办公厅印发《关于开展2008年农垦系统农业高产攻关活动的通知》（农办垦〔2008〕20号）。从2008年起，在全国农垦系统开展农业高产攻关活动。在奶业生产方面，在12个垦区选择32个奶牛养殖场，建立奶牛高产攻关点。每个攻关点奶牛存栏1 500头以上，成母牛占50%以上。成母牛年产牛奶：北京、天津、上海垦区9 000千克以上，河北、内蒙古、黑龙江、宁夏、新疆兵团、新疆（畜）垦区7 000千克以上，广东、昆明垦区6 000千克以上。

◆ **17日** 农业部办公厅印发《关于推介发布2008年农业主导品种和主推技术的通知》（农办科〔2008〕14号）。荷斯坦牛、摩拉/尼里—拉菲水牛、西门塔尔牛（德系）被列为主推品种；奶牛小区（场）规范化饲养技术、青贮饲料生产技术、紫花苜蓿综合生产技术被列为主推技术。

◆ **18日** 国家发展和改革委员会公告2008年26号发布《乳制品加工行业准入条件》，自4月1日起实施。该文件旨在规范乳制品加工行业投资行为，防止盲目投资和重复建设，引导生产企业合理布局，节约和有效利用资源，保护环境，促进乳制品加工与原料乳生产协调发展。

◆ **20日** 国家质量监督检验检疫总局、国家标准化管理委员会发布国家标准《牛冷冻精液》（GB 4143—2008，代替GB 4143—2004）。

◆ **21日** 国家发展和改革委员会办公厅、农业部办公厅印发《关于请组织申报奶牛标准化规模养殖小区（场）建设项目投资计划的通知》（发改办农经〔2008〕687号），决定安排中央预算内专项投资，用于支持奶牛标准化规模养殖小区（场）改扩建。年存栏200～499头的养殖小区（场），平均补助投资50万元；年存栏500～999头的养殖小区（场），平均补助投资100万元；年存栏1 000头以上的养殖小区（场），平均补助投资150万元。

◆ **21日** 中国奶业协会、国家发展和改革委员会公众营养与发展中心联合在上海举办“21世纪乳制品营养战略与人类健康国际论坛”，论坛主题为“21世纪人类健康，新世纪乳业发展的风向标”。中国奶业协会理事长刘成果发表“乳品·营养·健康”的主旨演讲，阐述牛奶的营养价值，提出中国奶业发展空间巨大和要不断培育开拓消费市场。

◆ **27日** 中国乳制品行业发布首批乳品企业信用等级评价结果。获得AA级以上信用等级的乳品企业有34家，其中被评为AAA级以上企业有17家。

4月

◆ **1日** 全国畜牧总站、德国宝牛育种中心在北京联合召开德系西门塔尔乳肉兼用牛推广项目实施方案签字仪式暨新闻发布会。

◆ **2日** 云南奶水牛发展战略研讨会在腾冲市举行。中国奶业协会理事长刘成果出席研讨会并作了“把会议研讨成果转化为领导决策的建议”的讲话，指出发展奶水牛业，要重点抓住认识问题、机制问题和技术性问题三件事。

◆ **7日** 《中华人民共和国政府和新西兰政府自由贸易协定》在北京正式签署。协定中对乳制品方面达成的主要内容是关税和行业保护。乳制品（包括婴儿配方奶粉、酪蛋白、酸奶和乳清）的关税将在5年或者6年的时间内逐步取消；对于某些“敏感性的”乳制品，将在更长的时间内逐步取消关税；奶酪、黄油和液态奶的关税将在10年内逐步取消；全脂奶粉和脱脂奶粉的关税将在12年内逐步取消。中国将为其正在发展的乳业提供某些额外的保护：乳业的保障机制；乳业的中期审议机制等。10年过渡期后，新西兰出口中国的奶粉将享受零关税的优惠。

◆ **12日** 中国奶业协会在北京召开纪念王震将军诞辰100周年座谈会。王震将军是中国奶牛协会第一届、第二届名誉理事长。中国奶业协会理事长刘成果、常务副理事长兼秘书长魏克佳，奶业界的代表出席座谈会并发言，追忆王震将军对奶业的卓越贡献，表达对王震将军的深切缅怀。王震将军的亲属参加座谈会。之前，《中国食品报》、《中国特产报》刊登刘成果理事长的纪念文章《王震将军——新中国奶业的开拓者》，追思新中国奶业的奠基人和杰出领导者王震将军关于奶业发展的重要思想和重大贡献。

◆ **16—17日** 中国奶业协会在上海召开第三届中国奶牛发展大会，大会主题是“奶牛饲养标准化与现代奶业”。农业部副部长高鸿宾出席开幕式并致辞。刘成果理事长作了“推进奶牛养殖标准化　发展现代奶牛养殖业”的主题报告，大会设奶牛繁育、饲料饲养与环境、奶牛卫生保健三个专场。大会授予20家奶牛场为“农业良好规范认证示范牧场”；授予30家奶牛场和乳制品企业为“全国奶业动态监测单位”；认定120家奶牛场为中国荷斯坦青年公牛联合后裔测定牛场。1 000余人参加大会。

◆ **18日** 农业部办公厅印发《中国奶牛群体遗传改良计划（2008—2020年）》（农办牧〔2008〕（8号））。该计划提出，到2020年中国荷斯坦牛品种登记工作覆盖到全国，奶牛生产性能测定规模不断扩大，全国青年公牛联合后裔测定稳步推进，优秀种公牛冷冻精液全面普及和推广，奶业优势区域成母牛年平均产奶量达7 000千克，其他地区奶牛每个世代的单产提高500千克，奶牛遗传改良技术逐步与国际接轨，奠定奶业发展的优良种源基础。

◆ **25—27日** 第39次全国青年公牛联合后裔测定工作会议在湖南省张家界市召开。

◆ 财政部印发《关于2008年度中央财政农业保险保费补贴工作有关事项的通知》（财金〔2008〕32号）。

◆ 农业部印发《关于下达2008年农业标准化实施示范项目资金的通知》，共有9个国家级奶牛标准化示范县（农场）列入。

◆ 农业部印发《关于下达2008年农业产业化项目资金的通知》，（农财发〔2008〕34号），共有4个乳品企业列入。

5月

◆ **1日** 《食品营养标签管理规范》开始实施。按照规定，食品包装上常见的“高钙”、“脱脂”、“无糖”等标志只有在符合了《规范》所规定的标准后才能使用，不能随意乱标。

◆ **13日** 中国奶业协会发文号召全国奶业界积极支持四川汶川抗震救灾工作，号召各相关企业和同仁积极响应党中央和国务院号召，以高度责任感，从企业自身实际情况出发，捐款捐物，为灾区的抗灾、救灾贡献力量。

◆ **19—21日** 第二届亚洲乳制品市场峰会在上海召开，国际乳品协会主席Jim Begg先生应邀出席会议。来自国内外的乳业专家和乳品企业的高层管理人员出席会议。

◆ **26日** 农业部印发《关于下达畜禽及蜂产品中兽药残留监控计划的通知》（农医发〔2008〕18号）。

◆ **26日** 国家质量监督检验检疫总局公布婴幼儿配方乳粉产品质量国家监督抽查结果。抽查13个省、直辖市、自治区37家企业生产的37种产品，抽样合格率为99.1%。

◆ **26—28日** 中国奶业协会、全国畜牧总站在北京举办全国奶牛群体改良高级培训班。各省（自治区、直辖市）奶牛生产性能测定中心（实验室）和种公牛站管理及技术人员190余人参加培训。

◆ **29日** 国家发展和改革委员会公告2008年第35号发布《乳制品工业产业政策》，包括政策目标、产业布局、行业准入、奶源供应、技术与装备、投资融资、产品结构、质量安全、组织结构、资源节约与环境保护、乳品消费及其他等12个部分共67条。自发布之日起实施。

◆ 北京奶牛中心种公牛站通过中奶协（北京）认证中心与国家认可委GAP联合评审，成为中国首家种公牛GAP认证示范单位。

6月

◆ **3日** 国家税务总局印发《关于进一步提高部分商品出口退税率的通知》（财税〔2009〕88号），其中有8类乳制品出口退税率提高到15%。

◆ **14日** 国家畜禽遗传资源委员会主持，牛马驼专业委员会在云南省腾冲县对云南省农业厅申报的槟榔江水牛遗传资源进行现场鉴定，专家组同意槟榔江水牛通过初审。

◆ **16日** 国家认证认可监督管理委员会印发《关于积极做好GLOBAL GAP

基准性比较准备工作的通知》，进一步明确GAP国际互认工作的任务与要求。中奶协（北京）认证中心代表中国承担奶牛GAP认证任务。

◆ **17日** 国家质量监督检验检疫总局、国家标准化管理委员会发布国家标准《中国荷斯坦牛标准》（GB/T 3157—2008，代替GB/T 3157—1982），2008年10月1日实施。

◆ **18日** 农业部公告第1224号发布《饲料添加剂安全使用规范》。

◆ **18日** 农业部办公厅公布现代农业产业技术体系执行专家组人员组成名单（2007—2010年）。奶牛产业技术体系执行专家组由国家奶牛产业技术研发中心首席科学家，各研究室主任以及岗位专家和综合试验站代表共同组成。

7月

◆ **1日** 全国畜牧总站在内蒙古自治区克什克腾旗举办第一期奶牛标准化规模养殖技术示范推广师资培训班。来自农业部重大技术推广项目——奶牛标准化规模养殖技术示范推广项目区的技术人员参加培训。

◆ **2日** 国家商标局发布公告，批准中国奶业协会徽标正式注册。

◆ **10日** 中共中央政治局常委、全国人大常委会委员长吴邦国视察内蒙古伊利实业集团股份有限公司。

◆ **14日** 农业部发布农业行业标准《乳与乳制品中1，2-丙二醇的测定 气相色谱法》（NY/T 1662—2008）、《乳与乳制品中β-乳球蛋白的测定 聚丙烯酰胺凝胶电泳法》（NY/T 1663—2008）、《大通牦牛》（NY/T 1658—2008）、《天祝白牦牛》（NY/T 1659—2008），自2008年8月10日起实施。

◆ **18日** 中国奶业协会主办、利乐公司支持的公益性“奶农培训计划”暨“奶农学校”启动仪式在黑龙江省农垦总局宝泉岭管局举行。该项计划通过举办培训班、电视教学、发送教材等方式，将奶牛养殖实用技术传授给奶农。同时，6集培训教学电视片在中央电视台播出。

◆ **18日** 河北省第十一届人民代表大会常务委员会第四次会议通过《河北省奶业条例》，包括总则、奶牛良种繁育、奶源基地建设和奶牛养殖、生鲜牛奶生产收购与销售、乳制品加工与销售、法律责任、附则共7章56条。自2008年10月1日起施行。

◆ **22日** 国家质量监督检验检疫总局发布《关于产品质量监督抽查实施规范（第一批）的公告》（2008年第83号），自2008年10月1日起实施。乳制品被列入。

8月

◆ **1日** 农业部、国家发展和改革委员会、财政部、商务部、中国人民银行、国家税务总局、中国证券监督管理委员会、中华全国供销合作总社公布第四批农业产业化国家重点龙头企业名单（农经发〔2008〕3号），8家奶业企业被列入。至此，全国共有45家奶业企业被列为农业产业化国家重点龙头企业。

◆ **1日** 全国畜牧总站在吉林省抚远县举办第二期奶牛标准化规模养殖技术示范推广师资培训班。来自农业部重大技术推广项目——奶牛标准化规模养殖技术示范推广项目区的技术人员参加培训。

◆ **4—6日** 中国奶业协会第二十三次繁殖技术研讨会在呼和浩特市召开。会议主题为“奶牛繁殖技术标准化”。中国奶业协会理事长刘成果、常务副理事长兼秘书长魏克佳到会并讲话。刘成果指出中国奶牛养殖标准化与奶牛养殖现代化要求相比，还有很大的差距，需要不断总结经验，健全标准体系，加强标准的实施与监督，以适应发展现代奶业的需要。会议研究如何根据中国现有的奶牛繁殖生产实际情况制定相关的标准，对现有的标准进行修订，以加速奶牛繁殖标准化进程。19个省（自治区、直辖市）的200多名代表参加会议。

◆ **12—13日** 中国奶业协会、全国畜牧总站在南京举办第二期全国奶牛生产性能测定软件培训班。各省（自治区、直辖市）奶牛生产性能测定中心（实验室）技术人员40余人参加培训。

◆ **26日** 国家发展和改革委员会、农业部、国家工商行政管理总局印发《关于做好原料奶价格协调工作的通知》（发改价格〔2008〕2302号）。

◆ **28日** 国务院令第533号公布《中华人民共和国畜禽遗传资源进出境和对外合作研究利用审批办法》。

◆ **28日** 农业部发布农业行业标准《乳及乳制品中共轭亚油酸（CLA）含量测定气相色谱法》（NY/T 1671—2008）和《牛羊胚胎质量检测技术规程》（NY/T 1674—2008），自2008年10月1日起实施。

◆ **30日** 中共中央政治局常委、国务院副总理李克强视察内蒙古伊利实业集团股份有限公司奶粉生产厂和内蒙古蒙牛乳业（集团）股份有限公司。

◆ **31日** 中国乳制品工业协会第十四次年会暨第八次乳品技术精品展在郑州市举办。本届参展商有200多家，参展、参会代表1 000多人。

9月

◆ **5—6日** 中国奶业协会、全国畜牧总站在哈尔滨市举办第三期全国奶牛生产性能测定技术培训班。各省（自治区、直辖市）奶牛生产性能测定中心（实验室）管理及技术人员224人参加培训。

◆ **7—9日** 中国奶业协会2008年会在哈尔滨市召开，会议主题是“如何构建奶业持续健康和谐发展的长效机制”。农业部副部长高鸿宾出席开幕式并讲话。刘成果理事长作了“构建奶业持续健康和谐发展的长效机制”的主题报告，提出在现阶段要重点构建原料奶收购价格形成、产加销利益联结、质量控制、法律标准监督、宏观调控、鼓励消费、行业自律的配套机制体系。

◆ **7—9日** 中国奶业协会在哈尔滨市举办第六届中国国际奶业展览会及高层论坛。

◆ **8日** 农业部和澳大利亚农渔林业部主办、中国奶业协会和农业部国际交流服务中心承办的“中澳奶业对话会”在哈尔滨市举行。来自中国和澳大利亚的官员与奶业专家就中国奶业发展形势，澳大利亚奶业发展情况进行交流，并对全球奶业发展中如何加强中澳奶业合作进行探讨。

◆ **8日** 河北省政府接到石家庄市政府关于石家庄三鹿集团股份有限公司生产的三鹿牌婴幼儿配方奶粉受到三聚氰胺污染的报告。

◆ **9日** 国家质量监督检验检疫总局组织开展调查三鹿牌婴幼儿奶粉引发肾结石疾病情况，对产品进行抽样检验。同时，开始组织对全国婴幼儿配方奶粉进行专项监督检查。

◆ **11日** 卫生部新闻办公室通报，近期甘肃等地报告多例婴幼儿泌尿系统结石病例，调查发现患儿多有食用三鹿牌婴幼儿配方奶粉的历史，经相关部门调查，高度怀疑石家庄三鹿集团股份有限公司生产的三鹿牌婴幼儿配方奶粉受到三聚氰胺污染。三聚氰胺是一种化工原料，可导致人体泌尿系统产生结石。卫生部提醒公众，立即停止使用该品种奶粉。石家庄三鹿集团股份有限公司决定立即对2008年8月6日以前生产的三鹿婴幼儿奶粉全部召回。

◆ **12日** 卫生部新闻办公室通报，经调查，2008年8月三鹿集团在对其产品自检时发现，婴幼儿配方奶粉样品中检出了三聚氰胺成分，表明该产品已受到污染。专家组鉴于已在患儿的尿液和结石中检出了三聚氰胺的成分，并根据现有调查研究结果和流行病学资料认定，受三聚氰胺污染的婴幼儿配方奶粉能够导致婴幼儿泌尿系统结石。

◆ **12日** 卫生部、国家食品药品监督管理局发出《关于加强婴幼儿奶粉安全监督管理的紧急通知》(卫发明电〔2008〕113号)，要求各地卫生和食品药品监督管理部门立即行动起来，在当地政府的领导下，组织协调有关部门，开展婴幼儿奶粉安全专项检查。一旦发现2008年8月6日前生产的三鹿牌婴幼儿配方奶粉，立即登记封存，停止销售，追查其来源和去向，并监督企业尽快召回全部污染奶粉。

◆ **12日** 国家工商行政管理总局发出《关于进一步加强奶粉市场监管的紧急通知》，强调加强市场监管，严把奶粉市场主体准入关；加强奶粉质量监测，确保市场奶粉质量合格；集中开展奶粉市场专项执法检查，严厉打击违法经营行为。

◆ **12日** 海峡两岸关系协会向台湾海峡交流基金会通报，石家庄三鹿集团股份有限公司6月份向台湾销售的25吨、1 000包三鹿奶粉含有三聚氰胺。请其与台湾业务主管部门联系，了解三鹿奶粉在台湾的销售渠道以及可控程度。

◆ **12日** 中国奶业协会印发《关于加强乳品质量安全工作的通知》，要求各会员单位、奶牛养殖及乳品加工相关企事业单位对乳品质量安全工作要高度重视。加强对原料奶收购环节的质量检测和监督管理。

◆ **13日** 国务院对三鹿牌婴幼儿奶粉重大安全事故的应急处置问题进行专题研究，并做出六项重大决定：第一，立即启动国家重大食品安全事故I级响应机制，成立应急处置领导小组，由卫生部牵头，国家质量监督检验检疫总局、国家工商行政管理总局、农业部、公安部、国家食品药品监督管理局等部门和河北省人民政府参加，共同做好三鹿牌婴幼儿配方奶粉重大安全事故处置工作；第二，切实加强医疗救治，对因服用三鹿牌奶粉而患结石病的患儿实行免费治疗；第三，对全国婴幼儿奶粉生产企业全面开展质量检查，并及时公布检查结果；第四，尽快查明真相，依法依纪处理；第五，及时公布有关信息；第六，认真总结经验教训。

◆ **13日** 国务院新闻办公室举行新闻发布会，介绍三鹿牌婴幼儿奶粉安全事故的有关处置情况。已初步查明导致多名儿童患泌尿系统结石病的主要原因是患儿服用的奶粉中含有三聚氰胺。三鹿牌部分批次的婴幼儿配方奶粉中含有三聚氰胺，是不法分子为增加原料奶或奶粉的蛋白含量而人为加入的。据调查，三鹿牌奶粉除少量销售到中国台湾地区用于食品加工外，未出口其他国家和地区。到现在为止，库存2 176吨，召回产品8 218吨。截至9月12日，各地向卫生部报告泌尿系统结石病患儿432例。河北省人民政府已做出决定，对三鹿集团立即停产整顿。

◆ **13日** 农业部召开紧急会议，专题研究三鹿牌婴幼儿配方奶粉事件有关问题，成立应急响应工作组，部署各项工作。

◆ **13日** 国家工商行政管理总局发出《关于立即开展三鹿牌婴幼儿配方奶粉市场清查的紧急通知》，请各地工商行政管理机关立即开展奶粉市场清查工作，一经发现2008年8月6日前生产的三鹿牌婴幼儿配方奶粉，责令经营者停止销售、立即全部下架，并依法处理。

◆ **13日** 海峡两岸关系协会负责人致电台湾海峡交流基金会，就三鹿牌婴幼儿配方奶粉之事表达对台湾同胞关心之意，同时请其进一步了解和提供三鹿奶粉流向的最新信息。当日晚，台湾海峡交流基金会向海峡两岸关系协会通报台方的处理情况。

◆ **14日** 国家处理三鹿牌婴幼儿奶粉事件领导小组召开第一次会议，部署应急处置各项工作。会议审议了国家处理三鹿牌婴幼儿奶粉事件领导小组组建方案。中共中央宣传部、外交部、国家发展和改革委员会、工业与信息化部、公安部、监察部、财政部、农业部、商务部、卫生部、国家工商行政管理总局、国家质量监督检验检疫总局、国家食品药品监督管理局、国务院台湾事务办公室、国务院新闻办公室、河北省人民政府等16个领导小组成员单位负责同志参加会议。

◆ **14日** 农业部发出《关于进一步加强生鲜牛奶生产和质量安全管理的紧急通知》。要求各地重点做好六个方面的工作：加强对生鲜牛奶质量专项检查工作的组织领导；组织开展生鲜牛奶质量安全专项监测；加强生产形势监测和产业救助；强化奶牛养殖的生产管理；加强饲料安全监管；做好信息报送和舆论引导工作。

◆ **14日** 农业部办公厅发出《关于派工作组开展奶业生产调研督导的紧急通知》。

◆ **14日** 农业部畜牧业司印发《关于开展原料奶和奶牛饲料中三聚氰胺污染专项调查监测工作的紧急通知》，对9个奶业主产省、自治区、直辖市的50个重点县，以及奶制品消费重点城市开展生鲜牛奶质量安全专项监测。

◆ **14日** 台湾海峡交流基金会致函大陆海峡两岸关系协会，通报台湾有关方面采取的措施，并商请海峡两岸关系协会继续提供相关资讯。

◆ **15日** 农业部派出6个督导组，分赴北京、河北、内蒙古、黑龙江、河南、新疆6个牛奶生产重点省（自治区、直辖市），深入奶牛养殖场（户）、饲料企业、奶站、乳制品企业和超市等场所，调研分析三鹿奶粉事件对产业的影响，了解原料奶和乳制品生产销售情况、奶站经营管理情况、奶牛饲料基本情况。

◆ **15日** 农业部畜牧业司会同中国奶业协会、河北省畜牧局在石家庄市召开乳制品企业产销衔接协调会议，解决因三鹿集团停产导致其奶源基地养殖场（户）生鲜奶无处交售问题。经协商，内蒙古伊利实业集团股份有限公司、内蒙古蒙牛乳业股份有限公司、上海光明乳业股份有限公司、北京三元食品股份有限公司等乳制品企业在保证质量的前提下，每天增加收购原料奶1 800余吨。

◆ **15日** 卫生部举行新闻发布会，通报三鹿牌婴幼儿奶粉安全事故患儿医疗救治情况，截至9月15日早8时，全国医疗机构共接诊、筛查食用三鹿牌婴幼儿配方奶粉的婴幼儿近万名，临床诊断患儿1 253名（另有2名已死亡）。其中，913名患儿症状轻微，生命体征稳定，正在进行院外随诊治疗或已经治愈；现仍留院观察治疗患儿340名，53名患儿症状较重，其余患儿病情平稳并趋于好转。

◆ **15日** 国家标准化管理委员会发表《关于婴幼儿配方粉国家标准有关情况的说明》，指出"在常规检验中不会对不可预测的化学物质进行检测"。

◆ **16日** 国家质量监督检验检疫总局公布全国婴幼儿配方奶粉三聚氰胺专项检查结果，全国共有175家婴幼儿奶粉生产企业，其中66家企业已停止生产婴幼儿奶粉。对其余109家企业进行排查，共检验491批次产品，有22家企业69批次产品检出三聚氰胺。在检出三聚氰胺的产品中，石家庄三鹿牌婴幼儿配方奶粉三聚氰胺含量最高的达2 563毫克/千克，其他为0.09～619毫克/千克。

◆ **16日**　国家质量监督检验检疫总局发布公告2008年第98号，撤销石家庄三鹿集团股份有限公司生产的“三鹿”牌婴幼儿配方乳粉、乳粉、灭菌奶免检产品资格和名牌产品称号。

◆ **17日**　国务院新闻办公室举行新闻发布会，通报婴幼儿配方乳粉抽检等情况。

◆ **17日**　国务院总理温家宝主持召开国务院常务会议，会议决定在全国全面检查奶制品，整顿奶制品行业。

◆ **17日**　农业部办公厅发出《关于稳定原料奶生产销售相关工作的紧急通知》，要求各有关省（自治区、直辖市）畜牧管理部门及时采取有效应对措施，建立基本信息日报制度。

◆ **17日**　国家工商行政管理总局发出《关于认真开展含三聚氰胺婴幼儿配方奶粉市场清查工作的紧急通知》（工商明电〔2008〕63号）。

◆ **17日**　国家质量监督检验检疫总局公布87家未检出三聚氰胺婴幼儿配方乳粉生产企业名单。

◆ **17日**　国家质量监督检验检疫总局公告2008年第99号，宣布停止实行食品类生产企业国家免检。从即日起，停止所有食品类生产企业获得的国家免检产品资格，其生产的产品和印制的包装上已使用的国家免检标志不再有效。

◆ **17日**　国家质量监督检验检疫总局发布公告2008年第100号，撤销山西古城乳业集团有限公司生产的“古城”牌乳粉、青岛圣元乳业有限公司生产的“圣元”牌乳粉、内蒙古伊利实业集团股份有限公司生产的“伊利”牌乳粉的中国名牌产品称号。

◆ **17日**　国家质量监督检验检疫总局发布公告2008年第101号，即日起停止实行食品类生产企业出口食品免验，取消有关企业获得的出口食品免验资格。

◆ **17日**　国家认证认可监督管理委员会发出通知，责成各有关认证机构按照相关程序，撤销石家庄三鹿集团股份有限公司及其产品相关认证证书；责成中国合格评定国家认可中心按照相关程序，撤销该企业的实验室认可证书；责成河北出入境检验检疫局按照相关程序，吊销该企业出口食品卫生注册资格。

◆ **17日**　海峡两岸关系协会函复台湾海峡交流基金会，告知大陆22家企业、69批次产品中检出三聚氰胺，其中除三鹿奶粉外，其他产品均未销往台湾。

◆ **18日**　国务院办公厅发出通知，决定废止1999年12月5日发布的《国务院关于进一步加强产品质量工作若干问题的决定》（国发〔1999〕24号）中有关食品质量免检制度的内容。

◆ **18日**　国家质量监督检验检疫总局令第109号决定自公布之日起，对《产品免于质量监督检查管理办法》（国家质量监督检验检疫总局令第9号）予以废止。同日发出《关于进一步加强乳制品及相关食品中三聚氰胺及其他有毒有害物质检验监管工作的紧急通知》。

◆ **18日** 国家工商行政管理总局发出《关于认真开展含三聚氰胺液态奶市场清查工作的紧急通知》。

◆ **18日** 国家处理三鹿牌婴幼儿奶粉事件领导小组召开第二次全体会议，按照“全国统一领导、地方政府负责、部门指导协调、各方联合行动”的工作方针，部署做好当前四项重点工作的具体措施。16个成员单位的负责人参加会议。

◆ **18日** 农业部副部长高鸿宾主持召开加强监督管理促进奶业稳定发展视频会议，传达贯彻落实党中央、国务院对处理婴幼儿奶粉事件的精神，研究部署稳定奶业发展、保障原料奶质量安全的各项重点工作。

◆ **18日** 国家发展和改革委员会、农业部、国家工商行政管理总局联合发出通知，要求各地做好原料奶协调工作。一是抓紧建立原料奶价格协调机制；二是规范原料奶交易行为；三是加强原料奶市场监督检查；四是做好原料奶价格有关情况的监测分析。

◆ **18日** 国家质量监督检验检疫总局公布全国液体乳三聚氰胺专项检查结果，406家乳品企业847批次产品未检出三聚氰胺；重点抽查产品市场占有率达70%以上的蒙牛、伊利、光明、三元、雀巢知名品牌企业生产的液体乳产品331批未检出，其中蒙牛、伊利、光明三大集团液体乳产品24批次检出三聚氰胺。

◆ **18日** 国家质量监督检验检疫总局公告2008年第102号，撤销内蒙古蒙牛乳业集团股份有限公司、内蒙古伊利实业集团股份有限公司、上海光明乳业股份有限公司液体乳产品中国名牌产品称号。

◆ **18日** 农业部副部长高鸿宾赴河北省进行奶业生产调研。

◆ **18日** 中国奶业协会向乳品加工企业会员单位发出紧急倡议。倡议确保原料奶收购、加强乳制品生产管理、稳定原料奶和乳制品价格。保护广大奶农的利益，保护奶业发展的基础，稳定乳制品市场的供应。

◆ **20日** 国务院办公厅发出《关于进一步做好婴幼儿奶粉事件处置工作的通知》(国办发明电〔2008〕36号)。

◆ **20日** 国家工商行政管理总局发出《关于认真贯彻国务院国办发明电〔2008〕36号文件精神全面开展流通环节奶制品市场专项整治工作的紧急通知》。

◆ **20日** 中国奶业协会向回良玉副总理、李克强副总理呈送“关于做好婴幼儿奶粉事件处理工作的建议”报告，建议加快三聚氰胺的检验速度，尽快恢复闲置的加工能力，调整产品结构，及时支付奶资，明确质量标准，正确引导消费。建议有关部门尽快制定和颁布三聚氰胺的检测标准，以满足生产和乳品质量安全的需要。

◆ **20日** 21家婴幼儿配方奶粉生产企业负责人，向国家质量监督检验检疫总局递交质量安全承诺书。

◆ **21日** 农业部、工业和信息化部、公安部、卫生部、国家工商行政管理总局、国家质量监督检验检疫总局联合发出《关于开展全国奶站专项整治行动的通知》（农牧发〔2008〕10号）。

◆ **21日** 农业部发出《关于确保奶农利益稳定奶业生产的紧急通知》，要求各级农业和畜牧兽医部门迅速行动起来，采取有效措施，全力以赴确保奶农利益、稳定奶业生产。

◆ **21日** 农业部召开奶站专项清理整顿工作协调会，农业部部长孙政才出席会议并讲话，高鸿宾副部长主持会议，工业和信息化部、公安部、国家质量监督检验检疫总局、国家工商行政管理总局有关负责人参加会议。

◆ **21日** 国家质量监督检验检疫总局发出通知，要求各级质检部门进一步加强乳制品生产企业的驻厂监管工作，确保所有监管检验工作按照统一检验方法、统一检验仪器、统一检验结果判定规则的要求开展，严把企业原材料进厂关和产品出厂关。

◆ **21日** 截至日前，全国已有700多家乳制品企业向国家质量监督检验检疫总局递交质量承诺书。这些企业均为“婴幼儿奶粉事件”发生后，乳制品质量检验全部合格的生产企业。

◆ **22日** 新华社电，吴显国同志对三鹿牌奶粉事件负有领导责任，对事件未及时上报、处置不力负有直接责任，被免去其河北省省委常委、石家庄市委书记职务；李长江同志对在多家奶制品企业部分产品含有三聚氰胺的事件中国家质量监督检验检疫总局监管缺失负有领导责任，引咎辞去国家质量监督检验检疫总局局长职务。

◆ **22日** 农业部会同卫生部、工业和信息化部、公安部、国家质量监督检验检疫总局、国家工商行政管理总局召开奶站专项整治行动视频会议，农业部部长孙政才出席会议并讲话。会议对保护奶农利益和全面提高奶产品质量安全水平，确保奶业健康稳定发展做出部署。

◆ **22日** 香港食物及卫生局公布奶类、婴幼儿配方乳粉、孕产妇食品中三聚氰胺限量值为1.0毫克/千克，其他食品中三聚氰胺限量值为2.5毫克/千克。

◆ **23日** 农业部副部长高鸿宾主持召开奶站清理整顿工作督导动员会并作动员报告。工业和信息化部、卫生部、国家质量监督检验检疫总局等有关负责人参加会议。

◆ **23日** 农业部会同工业和信息化部、公安部、卫生部、国家工商行政管理总局、国家质量监督检验检疫总局组成8个联合督导组，分赴16个奶牛和饲料生产主产省（自治区、直辖市）和部分非主产省（自治区、直辖市），督导奶站清理整顿和饲料专项整治工作。中国奶业协会派出工作人员参与督查工作。

◆ **23日** 农业部办公厅印发《关于促进农垦奶业生产稳定发展的通知》（农办垦〔2008〕79号），提出对垦区奶业工作的七条要求。

◆ **23日** 中国奶业协会组织有关专家对国家质量监督检验检疫总局的《关于征求奶制品行业开展全面整顿工作方案（征求意见稿）》（质检办监〔2008〕536号）进行讨论，形成修改意见提交国家质量监督检验检疫总局。

◆ **23日** 国家质量监督检验检疫总局通报，质检系统已派出1 644个驻厂监管组进驻乳制品生产加工企业。

◆ **24日** 农业部发出《关于采取切实措施保护奶农合法利益的紧急通知》（农明字〔2008〕第113号），针对奶牛主产省份相继出现倒奶现象，要求各级农业和畜牧行政管理部门千方百计保护奶农合法利益，千方百计稳定奶业生产。

◆ **24日** 国家质量监督检验检疫总局公布市场销售新生产的（自2008年9月14日以后生产的）乳制品三聚氰胺抽样检测结果。第一批液体乳（酸乳、巴氏杀菌乳、灭菌乳等主要品种）抽检，从9个大城市的市场抽检38个品牌的235批次产品，样品均未检出三聚氰胺。

◆ **24日** 国务院台湾事务办公室举行例行新闻发布会，通报与台湾方面在沟通“婴幼儿奶粉事件”处理方面的情况。

◆ **24日** 应美国卫生与公众服务部部长莱维特（Michael Leavitt）要求，卫生部部长陈竺在卫生部与其举行电话会议，通报“婴幼儿奶粉事件”的最新进展情况和中国政府采取的措施。双方就食品安全领域开展交流达成一致意见。

◆ **24日** 中国奶业协会印发增加原料奶收购每日检测的紧急通知，及时掌握行业原料奶收购和生产情况，密切关注行业发展动态，为国家有关部门出台相关奶业扶持政策和措施提供参考。

◆ **25日** 国务院派出督查组陆续赴重点省（自治区）开展督查。督查组由卫生部、财政部、工业和信息化部、农业部、商务部、国家质量监督检验检疫总局、国家工商行政管理总局等部门有关负责人分别任各组组长。

◆ **25日** 农业部印发《关于采取果断措施加强蛋白饲料生产企业监控的通知》。

◆ **25日** 国家质量监督检验检疫总局发出《关于监督乳制品生产企业落实质量安全责任的意见》。

◆ **25日** 国家质量监督检验检疫总局公布110批次进口预包装乳制品三聚氰胺检测情况，对进口乳制品的检验留样、市场抽样以及9月9日以后进口的乳及乳制品抽样共282个样品进行三聚氰胺检测，均未检出三聚氰胺。其中172个样品是乳清粉等食品加工生产原料。

◆ **26日** 财政部印发《原料奶收购贷款中央财政贴息管理办法》（财金〔2008〕107号），决定从2008年10月1日起至12月31日，中央财政对企业的原料奶收购贷款给予利息补贴，贴息率为半年期银行贷款基准利率的50%（即3.105%）。贴息期限为3个月，实际贷款期限不足3个月的，按实际贷款期限贴息。

◆ **26日** 国家质量监督检验检疫总局公布市场销售新生产的乳制品（第二批液体乳）三聚氰胺抽样检测结果，从15个大城市的市场抽检47个品牌的296批次产品，均未检出三聚氰胺。

◆ **26日** 世界卫生组织和联合国粮食及农业组织发出新闻稿，称三聚氰胺为低毒。

◆ **27日** 中国奶业协会召开稳定奶及奶制品生产座谈会，就进一步做好“婴幼儿奶粉事件”处置工作，保护广大奶农的利益，稳定奶及奶制品生产，保障市场供应进行研究和讨论，提出具体措施和建议。部分奶业主产省（自治区、直辖市）奶业协会和乳品加工企业负责人参加会议。

◆ **27日** 中国奶业协会向温家宝总理呈送报告，反映奶农倒奶问题、三聚氰胺检测存在的问题、企业收奶困难等实际情况，提出尽快解决三聚氰胺检测的瓶颈问题、支持乳品加工企业收购原料奶、建立国家奶粉储备制度、充分利用闲置的加工能力、加大落实《国务院关于促进奶业持续健康发展的意见》文件力度、提升消费信心的六点建议。

◆ **28日** 国家发展和改革委员会召开扶持奶业稳定发展应急措施研讨会。中国奶业协会常务副理事长兼秘书长魏克佳参加会议并发言。中国奶业协会呈送了扶持奶业稳定发展的建议报告。

◆ **28日** 国家处理“婴幼儿奶粉事件”领导小组组长、卫生部部长陈竺接受记者采访时说：“自9月11日以来，没有发生因食用含三聚氰胺奶粉引发婴幼儿死亡病例。统计显示，确诊的患儿中，3岁以下的占99.2%，3岁以上的占0.8%，4岁以上的儿童基本无临床病例报告。成人由于其自身解剖、生理功能和饮食结构等特点，食用含三聚氰胺奶粉会引起泌尿系统结石的可能性较小。”

◆ **28日** 国家质量监督检验检疫总局公布市场销售新生产的乳制品（第三批液体乳）三聚氰胺抽样检测结果，从18个大城市的市场抽检52个品牌的232批次产品，均未检出三聚氰胺。

◆ **28日** 中国大陆与台湾的食品卫生专家在北京就“婴幼儿奶粉事件”进行沟通和座谈。大陆食品卫生专家详细通报事件的处置情况和工作进展，特别是在质检方面对奶制品市场的整顿及采取的强化检验监管措施，以及相关食品对台销售等情况。双方一致同意，在海峡两岸关系协会和海峡交流基金会的框架下，建立食品安全联系渠道和通报机制。

◆ **29—30日** 香港食物及卫生局副秘书长聂德权率香港有关部门的专家，澳门泌尿外科学会会长、澳门仁伯爵医院泌尿外科医生何舜发等访问内地，考察内地因食用三聚氰胺污染奶粉所致肾结石患儿医疗救治情况。

品牌86批次婴幼儿配方乳粉，抽检15个省（自治区、直辖市）生产的45个品牌132批次其他乳粉，均符合相应的三聚氰胺临时管理限量值规定。

◆ 20日　农业部发布农业行业标准《乳与乳制品中蛋白质的测定　双缩脲比色法》（NY/T 1678—2008），2008年10月20日实施。

◆ 21日　国家质量监督检验检疫总局公布市场销售新生产的乳制品（第十四批液体乳）三聚氰胺抽样检测结果，从22个大中城市的市场抽检60个品牌的472批次产品，均符合液体乳三聚氰胺临时管理限量值规定。

◆ 22日　农业部发布2008年第1102号公告，鉴定槟榔江水牛为牛遗传资源。

◆ 22日　国家质量监督检验检疫总局公布市场销售新生产的乳制品（第九批乳粉）三聚氰胺抽样检测结果。抽检10个省（自治区、直辖市）生产的22个品牌86批次婴幼儿配方乳粉，抽检16个省（自治区、直辖市）生产的50个品牌201批次其他乳粉，均符合相应的三聚氰胺临时管理限量值规定。

◆ 22日　国家质量监督检验检疫总局在其官方网站上针对公众通过网站留言和“咨询服务热线电话”就有关婴幼儿配方奶粉、液体乳和其他奶粉质量提出的问题、建议、疑惑等，发表“关于乳制品等相关问题的集中答复”。

◆ 23日　国家质量监督检验检疫总局公布市场销售新生产的乳制品（第十五批液体乳）三聚氰胺抽样检测结果，从22个大城市的市场抽检63个品牌的502批次产品，均符合液体乳三聚氰胺临时管理限量值规定。

◆ 24日　农业部印发《关于成立农业部奶业管理办公室的通知》（农人发〔2008〕13号）。农业部奶业管理办公室设在畜牧业司，其主要职责为：会同有关部门拟订奶业发展规划、计划，提出政策建议，并组织实施；指导奶源基地建设、标准化生产和奶畜养殖管理；指导生鲜乳收购站布局规划和建设；指导生鲜乳生产环节、收购环节的监督管理工作；制定并组织实施生鲜乳质量安全监测计划，开展生鲜乳质量监督抽查工作；指导建立养殖档案和生鲜乳收购、销售、检测记录，负责生鲜乳收购站统计及相关监督管理工作。

◆ 24日　国家质量监督检验检疫总局公布市场销售新生产的乳制品（第十批乳粉）三聚氰胺抽样检测结果。抽检7个省（自治区、直辖市）生产的19个品牌131批次婴幼儿配方乳粉，抽检12个省（自治区、直辖市）生产的36个品牌125批次其他乳粉，均符合相应的三聚氰胺临时管理限量值规定。

◆ 24日　经国家认证认可监督管理委员会正式批准，北京华思联认证中心、中奶协（北京）认证中心正式整合成一家认证机构，新组建的认证机构命名为北京华思联认证中心。

◆ 25日　国家质量监督检验检疫总局公布市场销售新生产的乳制品（第十六批液体乳）三聚氰胺抽样检测结果，从22个大城市的市场抽检70个品牌的521批次产品，均符合液体乳三聚氰胺临时管理限量值规定。

◆ 26日　国家质量监督检验检疫总局公布市场销售新生产的乳制品（第十一批乳粉）三聚氰胺抽样检测结果。抽检7个省（自治区、直辖市）生产的13个品牌101批次婴幼儿配方乳粉，抽检9个省（自治区、直辖市）生产的18个品牌46批次其他乳粉，均符合相应的三聚氰胺临时管理限量值规定。

◆ 27日　国家质量监督检验检疫总局公布市场销售新生产的乳制品（第十七批液体乳）三聚氰胺抽样检测结果，从22个大城市的市场抽检65个品牌的548批次产品，均符合液体乳三聚氰胺临时管理限量值规定。

◆ 28日　国家质量监督检验检疫总局公布市场销售新生产的乳制品（第十二批乳粉）三聚氰胺抽样检测结果。抽检7个省（自治区、直辖市）生产的14个品牌68批次婴幼儿配方乳粉，抽检13个省（自治区、直辖市）生产的50个品牌237批次其他乳粉，均符合相应的三聚氰胺临时管理限量值规定。

◆ 29日　农业部办公厅印发《生鲜乳生产技术规程（试行）》（农办牧〔2008〕68号），以进一步规范生鲜乳生产，推进标准化规模养殖，提高生鲜乳质量安全水平。

◆ 29日　国家质量监督检验检疫总局公布市场销售新生产的乳制品（第十八批液体乳）三聚氰胺抽样检测结果，从27个大中城市的市场抽检79个品牌的575批次产品，均符合液体乳三聚氰胺临时管理限量值规定。

◆ 30日　卫生部、外交部、国家发展和改革委员会、工业和信息化部、公安部、监察部、财政部、农业部、商务部、国家工商行政管理总局、国家质量监督检验检疫总局、国务院法制办公室、国家食品药品监督管理局联合召开电视电话会议，贯彻落实《乳品质量安全监督管理条例》。卫生部部长陈竺出席会议并讲话。国家婴幼儿奶粉事件领导小组16个成员单位和各省（自治区、直辖市）人民政府负责人，各地主管部门负责人分别在主会场和各地分会场参加会议。

◆ 30日　农业部会同国家工商行政管理总局制定印发《生鲜乳购销合同（示范文本）》（GF—2008—0157）（农牧发〔2008〕12号），规范生鲜乳购销双方销售、购买行为。

◆ 30日　国家质量监督检验检疫总局公布市场销售新生产的乳制品（第十三批乳粉）三聚氰胺抽样检测结果。抽检5个省（自治区、直辖市）生产的14个品牌60批次婴幼儿配方乳粉，抽检12个省（自治区、直辖市）生产的22个品牌68批次其他乳粉，均符合相应的三聚氰胺临时管理限量值规定。

◆ 31日　农业部办公厅印发《乳品质量安全监督管理条例》有关证书格式（农办牧〔2008〕67号），供各地在自行印制、发放和管理有关证书时参照使用。

◆ 31日　国家质量监督检验检疫总局公布市场销售新生产的乳制品（第十九批液体乳）三聚氰胺抽样检测结果，从27个大中城市的市场抽检72个品牌的659批次产品，均符合液体乳三聚氰胺临时管理限量值规定。

◆ 31日　中国奶业协会会同有关部门编辑出版的《奶牛养殖安全知识系列挂图》60万份，向全国31个省（自治区、直辖市）免费发放。

◆ 31日　以色列农业部长希姆宏参观北京三元绿荷养殖中心中以示范奶牛场。

11月

◆ 1日　第40次全国青年公牛联合后裔测定冻精交换在山东省奥克斯生物技术有限公司顺利完成。

◆ 3日　国家质量监督检验检疫总局公布市场销售新生产的乳制品（第二十批液体乳）三聚氰胺抽样检测结果，从28个大中城市的市场抽检87个品牌的711批次产品，均符合液体乳三聚氰胺临时管理限量值规定。

◆ 4日　国家质量监督检验检疫总局公布市场销售新生产的乳制品（第十四批乳粉）三聚氰胺抽样检测结果。抽检8个省（自治区、直辖市）生产的25个品牌152批次婴幼儿配方乳粉，抽检12个省（自治区、直辖市）生产的39个品牌165批次其他乳粉，均符合相应的三聚氰胺临时管理限量值规定。

◆ 5日　农业部召开全国奶站整顿和饲料整治总结视频会议，高鸿宾副部长主持会议并讲话。

◆ 5日　国家质量监督检验检疫总局公布市场销售新生产的乳制品（第二十一批液体乳）三聚氰胺抽样检测结果，从27个大中城市的市场抽检64个品牌的523批次产品，均符合液体乳三聚氰胺临时管理限量值规定。

◆ 6日　国家质量监督检验检疫总局公布市场销售新生产的乳制品（第十五批乳粉）三聚氰胺抽样检测结果。抽检4个省（自治区、直辖市）生产的11个品牌19批次婴幼儿配方乳粉，抽检9个省（自治区、直辖市）生产的33个品牌75批次其他乳粉，均符合相应的三聚氰胺临时管理限量值规定。

◆ 7日　国务院办公厅转发国家发展和改革委员会、农业部、工业和信息化部、商务部、卫生部、国家质量监督检验检疫总局、国家工商行政管理总局、财政部、人民银行、中国银行业监督管理委员会、中国保险监督管理委员会、中共中央宣传部、监察部等13个部门制定的《奶业整顿和振兴规划纲要》（国办发〔2008〕122号）。《奶业整顿和振兴规划纲要》包括危机与机遇、目标与方针、任务与措施、责任与考核四个部分。

◆ 7日　农业部令第15号，发布《生鲜乳生产收购管理办法》，包括总则、生鲜乳生产、生鲜乳收购、生鲜乳运输、监督检查及附则共6章40条，自发布之日起施行。

◆ 7日　国家质量监督检验检疫总局公布市场销售新生产的乳制品（第二十二批液体乳）三聚氰胺抽样检测结果，从32个大中城市的市场抽检72个品牌的446批次产品，均符合液体乳三聚氰胺临时管理限量值规定。

◆ **10日** 国家质量监督检验检疫总局公布市场销售新生产的乳制品（第十六批乳粉）三聚氰胺抽样检测结果。抽检5个省（自治区、直辖市）生产的18个品牌138批次婴幼儿配方乳粉，抽检13个省（自治区、直辖市）生产的33个品牌135批次其他乳粉，均符合相应的三聚氰胺临时管理限量值规定。

◆ **11日** 国家质量监督检验检疫总局公布市场销售新生产的乳制品（第二十三批液体乳）三聚氰胺抽样检测结果，从37个大中城市抽检100个品牌978批次液体乳，均符合液体乳三聚氰胺临时管理限量值规定。

◆ **12—15日** 农业部畜牧业司在武汉市召开全国下半年畜牧业生产形势分析会。会议交流全国奶站清理整顿及建设情况，分析全国畜牧业生产形势。

◆ **14日** 国家质量监督检验检疫总局公布市场销售新生产的乳制品（第十七批乳粉、第二十四批液体乳）三聚氰胺抽样检测结果。抽检7个省（自治区、直辖市）生产的17个品牌101批次婴幼儿配方乳粉，抽检9个省（自治区、直辖市）生产的30个品牌117批次普通乳粉和其他配方乳粉，从32个城市抽检的26个省（自治区、直辖市）生产的79个品牌695批次液体乳，均符合相应的三聚氰胺临时管理限量值规定。

◆ **16日** 中国奶业协会理事长刘成果在农区草业发展论坛上发表“奶业振兴，急需草业支撑”的演讲，提出创建新的草业文化、要立草为业形成战略、国家应出台扶持草业政策和加大草业科研技术推广的支持力度。

◆ **17日** 国家质量监督检验检疫总局公布市场销售新生产的乳制品（第十八批乳粉、第二十五批液体乳）三聚氰胺抽样检测结果。抽检5个省（自治区、直辖市）生产的14个品牌68批次婴幼儿配方乳粉，抽检9个省（自治区、直辖市）生产的27个品牌106批次普通乳粉和其他配方乳粉，从33个城市抽检24个省（自治区、直辖市）生产的87个品牌773批次液体乳，均符合相应的三聚氰胺临时管理限量值规定。

◆ **19日** 工业和信息化部、国家质量监督检验检疫总局、国家工商行政管理总局联合在呼和浩特市召开全国乳制品行业整顿和规范工作现场会议。会议主题为“行业整顿、规范工作”。

◆ **20日** 国家质量监督检验检疫总局公布市场销售新生产的乳制品（第十九批乳粉、第二十六批液体乳）三聚氰胺抽样检测结果。抽检6个省（自治区、直辖市）生产的10个品牌48批次婴幼儿配方乳粉，抽检8个省（自治区、直辖市）生产的24个品牌96批次普通乳粉和其他配方乳粉，从33个城市抽检25个省（自治区、直辖市）生产的93个品牌665批次液体乳，均符合相应的三聚氰胺临时管理限量值规定。

◆ **20日** 卫生部通报，截至11月20日8时，全国因食用三鹿牌奶粉和其他个别问题奶粉住院治疗的婴幼儿还有1 041名，其中较重症状患儿1名；累计已康复出院50 741名。

◆ **24日** 国家质量监督检验检疫总局公布市场销售新生产的乳制品（第二十批乳粉、第二十七批液体乳）三聚氰胺抽样检测结果。抽检6个省（自治区、直辖市）生产的10个品牌87批次婴幼儿配方乳粉，抽检7个省（自治区、直辖市）生产的22个品牌51批次普通乳粉和其他配方乳粉，从30个城市抽检24个省（自治区、直辖市）生产的85个品牌728批次液体乳，均符合相应的三聚氰胺临时管理限量值规定。

◆ **25日** 中国奶业协会理事长刘成果在中国奶业发展高峰论坛上发表演讲，就贯彻落实《奶业整顿和振兴规划纲要》，提出需要认真解决重塑信心、科学布局、合理结构、规模化、饲草种植五个问题。

◆ **27日** 国家质量监督检验检疫总局公布市场销售新生产的乳制品（第二十一批乳粉、第二十八批液体乳）三聚氰胺抽样检测结果。抽检5个省（自治区、直辖市）生产的10个品牌53批次婴幼儿配方乳粉，抽检7个省（自治区、直辖市）生产的24个品牌128批次普通乳粉和其他配方乳粉，从28个城市抽检22个省（自治区、直辖市）生产的84个品牌684批次液体乳，均符合相应的三聚氰胺临时管理限量值规定。

◆ **28日** 卫生部、工业和信息化部、公安部、监察部、农业部、商务部、国家工商行政管理总局、国家质量监督检验检疫总局、国家食品药品监督管理局联合发出《关于开展全国打击违法添加非食用物质和滥用食品添加剂专项整治的紧急通知》（卫监督发〔2008〕60号），同文下发《全国打击违法添加非食用物质和滥用食品添加剂专项整治方案》。

◆ **30日至12月1日** 中国奶业协会、全国畜牧总站在济南举办第三期全国奶牛生产性能测定软件培训班。各省（自治区、直辖市）奶牛生产性能测定中心（实验室）技术人员234人参加培训。

12月

◆ **1日** 国家发展和改革委员会令第3号，经国务院批准，决定解除《国家发展改革委关于对部分重要商品及服务实行临时价格干预措施的实施办法》（国家发展改革委2008年第58号令）中规定的对乳品等食品类商品及服务的临时价格干预措施，自2008年12月1日起施行。

◆ **1日** 国家发展和改革委员会、国家质量监督检验检疫总局联合发出《关于规范对乳品及含乳食品进行三聚氰胺检测收费问题的通知》（发改价格〔2008〕3246号）。

◆ **1日** 国家质量监督检验检疫总局公布市场销售新生产的乳制品（第二十二批乳粉、第二十九批液体乳）三聚氰胺抽样检测结果。抽检4个省（自治区、直辖市）生产的10个品牌72批次婴幼儿配方乳粉，抽检8个省（自治区、直辖市）生产的22个品牌58批次普通乳粉和其他配方乳粉，从28个城市抽检23个省（自治区、直辖市）生产的83个品牌786批次液体乳，均符合相应的三聚氰胺临时管理限量值规定。

◆ 3日　国家工商行政管理总局印发《关于贯彻〈奶业整顿和振兴规划纲要〉的实施意见》。

◆ 4日　国家质量监督检验检疫总局公布市场销售新生产的乳制品（第二十三批乳粉、第三十批液体乳）三聚氰胺抽样检测结果。抽检5个省（自治区、直辖市）生产的7个品牌56批次婴幼儿配方乳粉，抽检5个省（自治区、直辖市）生产的7个品牌40批次普通乳粉和其他配方乳粉，从28个城市抽检22个省（自治区、直辖市）生产的73个品牌570批次液体乳，均符合相应的三聚氰胺临时管理限量值规定。

◆ 5日　农业部奶业管理办公室在北京举办奶业管理法规培训班，培训《乳品质量安全监督管理条例》和《奶业整顿和振兴规划纲要》等相关法律法规政策。来自省、自治区、直辖市及计划单列市的奶业管理人员和生鲜乳质量检测单位共120多人参加。

◆ 8日　卫生部、工业和信息化部、公安部、监察部、农业部、商务部、国家工商行政管理总局、国家质量监督检验检疫总局、国家食品药品监督管理局联合在北京召开2008年全国打击违法添加非食用物质和滥用食品添加剂专项整治电视电话会议，由卫生部等9部门联合组成全国专项整治领导小组，共同组织开展为期4个月的专项整治工作。

◆ 8日　国家质量监督检验检疫总局公布市场销售新生产的乳制品（第二十四批乳粉、第三十一批液体乳）三聚氰胺抽样检测结果。抽检5个省（自治区、直辖市）生产的7个品牌51批次婴幼儿配方乳粉，抽检6个省（自治区、直辖市）生产的16个品牌92批次普通乳粉和其他配方乳粉，从23个城市抽检20个省（自治区、直辖市）生产的70个品牌898批次液体乳，均符合相应的三聚氰胺临时管理限量值规定。

◆ 11日　农业部公告第1126号发布《饲料添加剂品种目录（2008）》。

◆ 11日　国家质量监督检验检疫总局公布市场销售新生产的乳制品（第二十五批乳粉、第三十二批液体乳）三聚氰胺抽样检测结果。抽检3个省（自治区、直辖市）生产的4个品牌18批次婴幼儿配方乳粉，抽检4个省（自治区、直辖市）生产的6个品牌21批次普通乳粉和其他配方乳粉，从22个城市抽检18个省（自治区、直辖市）生产的45个品牌383批次液体乳，均符合相应的三聚氰胺临时管理限量值规定。

◆ 12日　全国打击违法添加非食用物质和滥用食品添加剂专项整治领导小

组印发《食品中可能违法添加的非食用物质和易滥用的食品添加剂品种名单（第一批）》（食品整治办〔2008〕3号）。乳及乳制品中可能违法添加的主要非食用物质为蛋白精、三聚氰胺、硫氰酸钠。

◆ **15日** 国家质量监督检验检疫总局公布市场销售新生产的乳制品（第二十六批乳粉、第三十三批液体乳）三聚氰胺抽样检测结果。抽检4个省（自治区、直辖市）生产的9个品牌52批次婴幼儿配方乳粉，抽检4个省（自治区、直辖市）生产的9个品牌62批次普通乳粉和其他配方乳粉，从24个城市抽检22个省（自治区、直辖市）生产的66个品牌848批次液体乳，均符合相应的三聚氰胺临时管理限量值规定。

◆ **16日** 农业部办公厅公布《2009年挤奶机械和贮奶（冷藏）罐选型推荐目录》（农办机〔2008〕35号），共有挤奶机械和贮奶（冷藏）罐199种，其中挤奶机械159种机型，贮奶（冷藏）罐40种机型。

◆ **18日** 国家质量监督检验检疫总局公布市场销售新生产的乳制品（第二十七批乳粉、第三十四批液体乳）三聚氰胺抽样检测结果。抽检4个省（自治区、直辖市）生产的4个品牌25批次婴幼儿配方乳粉，抽检4个省（自治区、直辖市）生产的7个品牌82批次普通乳粉和其他配方乳粉，从23个城市抽检22个省（自治区、直辖市）生产的65个品牌641批次液体乳，均符合相应的三聚氰胺临时管理限量值规定。

◆ **22日** 农业部印发《关于开展全国打击食用农产品中违法添加非食用物质和滥用食品添加剂专项整治的紧急通知》（农质发〔2008〕3号）。同文下发《全国打击食用农产品中违法添加非食用物质和滥用食品添加剂专项整治方案》。

◆ **22日** 国家质量监督检验检疫总局公布市场销售新生产的乳制品（第二十八批乳粉、第三十五批液体乳）三聚氰胺抽样检测结果。抽检5个省（自治区、直辖市）生产的6个品牌44批次婴幼儿配方乳粉，抽检6个省（自治区、直辖市）生产的9个品牌70批次普通乳粉和其他配方乳粉，从25个城市抽检23个省（自治区、直辖市）生产的70个品牌765批次液体乳，均符合相应的三聚氰胺临时管理限量值规定。

◆ **25日** 河北省石家庄市政府举行新闻发布会，确认石家庄市中级人民法院已经受理债权银行提出的三鹿集团股份有限公司破产清算申请，宣布三鹿集团进入破产程序。截至10月31日财务审计和资产评估，三鹿集团资产总额为15.61亿元，总负债为17.62亿元，净资产为－2.01亿元。借款9.02亿元用于支付患病婴幼儿的治疗和赔偿费用后，净资产为－11.03亿元。河北省政府承诺保证归还所欠经销商的剩余款项。

◆ **25日** 国家质量监督检验检疫总局公布市场销售新生产的乳制品（第二十九批乳粉、第三十六批液体乳）三聚氰胺抽样检测结果。抽检3个省（自治区、直辖市）生产的6个品牌102批次婴幼儿配方乳粉，抽检7个省（自治区、直辖市）生产的12个品牌73批次普通乳粉和其他配方乳粉，从24个城市抽检20个省（自治区、直辖市）生产的62个品牌632批次液体乳，均符合相应的三聚氰胺临时管理限量值规定。

◆ 26日　农业部、财政部印发《2009年农业机械购置补贴实施方案》（农财发〔2008〕190号），挤奶机械、储奶罐和饲草料加工机械以及清粪机被列入补贴范围。补贴政策要向奶牛主产省倾斜。通过实施补贴，提高生鲜乳收购站机械装备水平，促进奶业生产机械化。

◆ 27日　新华网报道，从中国乳制品工业协会获悉，三鹿集团股份有限公司等22家责任企业愿意向患儿主动赔偿，对近30万名确诊患儿给予一次性现金赔偿。

◆ 27日　农业部在北京召开全国农业工作会议。农业部部长孙政才出席会议并讲话。

◆ 28日　农业部畜牧业司会同农机化管理司在北京召开生鲜乳收购站机械设备购置补贴布置会，召集10个奶业主产省（自治区、直辖市）畜牧部门负责人，部署落实生鲜乳收购站机械设备购置补贴财政支持政策。

◆ 28日　农业部财务司、畜牧业司、农机化管理司共同召集内蒙古、黑龙江、河北、新疆、山东、河南、陕西、山西、辽宁和宁夏10个奶业主产省（自治区）畜牧、农机部门负责人，在北京召开生鲜乳收购站机械设备购置补贴布置会，对2009年生鲜乳收购站机械设备购置补贴工作进行部署。

◆ 29日　卫生部联合农业部、国家标准管理委员会等有关部门在北京召开乳品质量安全标准工作第一次协调小组会议。会议宣布乳品质量安全标准工作协调小组成立，审议协调小组工作职责和《完善乳品质量安全标准工作方案》，全面部署完善乳品质量安全标准相关工作。

◆ 29日　国家质量监督检验检疫总局公布市场销售新生产的乳制品（第三十批乳粉、第三十七批液体乳）三聚氰胺抽样检测结果。抽检3个省（自治区、直辖市）生产的4个品牌18批次婴幼儿配方乳粉，抽检5个省（自治区、直辖市）生产的7个品牌38批次普通乳粉和其他配方乳粉，从23个城市抽检20个省（自治区、直辖市）生产的66个品牌710批次液体乳，均符合相应的三聚氰胺临时管理限量值规定。

◆ 30日　农业部公告第1137号发布《乳用动物健康标准》。

◆ 31日　中共中央、国务院印发《关于2009年促进农业稳定发展农民持续增收的若干意见》（中发〔2009〕1号）。该意见提出“继续落实奶牛良种补贴、优质后备奶牛饲养补贴等政策，实施奶牛生产大县财政奖励政策，着力扶持企业建设标准化奶站，确保奶源质量。增加畜禽标准化规模养殖场（小区）项目投资，加大信贷支持力度，落实养殖场用地等政策。”

◆ **31日** 农业部办公厅印发《关于认真贯彻落实〈奶业整顿和振兴规划纲要〉的通知》（农办牧〔2008〕84号）。

◆ **31日** 国家质量监督检验检疫总局公布市场销售新生产的乳制品（第三十一批乳粉、第三十八批液体乳）三聚氰胺抽样检测结果。抽检3个省（自治区、直辖市）生产的5个品牌13批次婴幼儿配方乳粉，抽检3个省（自治区、直辖市）生产的8个品牌40批次普通乳粉和其他配方乳粉，从23个城市抽检21个省（自治区、直辖市）生产的59个品牌433批次液体乳，均符合相应的三聚氰胺临时管理限量值规定。

◆ 国务院《研究扶持乳品行业发展有关问题的会议纪要》（国阅〔2008〕147号）指出，“可以考虑采取对学生饮用奶定点生产企业给予增值税优惠政策、对西部贫困家庭学生给予饮奶补贴、利用财政贴息支持建立奶粉商业储备等措施，促进乳制品消费，解决企业奶粉库存量过大等问题。”

本年

◆ 中国奶业协会修订中国奶牛性能指数（CPI），增加体细胞数性状。

2009年

1月

◆ **4日** 国家质量监督检验检疫总局通报，至2008年12月31日，对市场销售新生产的（9月14日以后生产的）乳制品开展跟踪监测，公布了31批乳粉和38批液体乳的抽样检测结果，共28 257批次乳制品均符合相应的三聚氰胺临时管理限量值规定。对9月14日以前生产的经过批批检验符合三聚氰胺限量值规定贴标上市的乳制品抽样6 522个，均符合三聚氰胺临时管理限量值规定。至此，市场供应的主要品种乳制品均符合三聚氰胺临时管理限量值规定。

◆ **5日** 农业部办公厅印发《关于开展2009年生鲜乳收购站机械设备购置补贴工作的通知》（农办牧〔2009〕4号）。只有奶农专业生产合作社和奶畜养殖场新建或改造生鲜乳收购站，或者乳品企业参股经营收购站的，才能享受补贴政策。个体收购站、流动收奶点一律不得给予补贴。各地要优先安排奶牛养殖小区的购机补贴，通过补贴政策，引导小规模饲养户向养殖小区集中，促进养殖小区发展。

◆ **5日** 国家质量监督检验检疫总局公布市场销售新生产的乳制品（第三十二批乳粉、第三十九批液体乳）三聚氰胺抽样检测结果。抽检2个省（自治区、直辖市）生产的3个品牌18批次婴幼儿配方乳粉，抽检3个省（自治区、直辖市）生产的4个品牌29批次普通乳粉和其他配方乳粉，从21个城市抽检21个省（自治区、直辖市）生产的51个品牌716批次液体乳，均符合相应的三聚氰胺临时管理限量值规定。

◆ 6日　农业部奶业管理办公室组织对北京、河北、内蒙古、黑龙江、山东、河南等6个奶牛主产省（自治区、直辖市）生鲜乳三聚氰胺监测，共抽检660个奶站的660批次生鲜乳样品，合格率为100%。

◆ 6日　农业部办公厅印发《关于推介发布2009年农业主导品种和主推技术的通知》（农办科〔2009〕3号）。荷斯坦牛、摩拉/尼里—拉菲乳用水牛、西门塔尔牛、萨能奶山羊、崂山奶山羊被列为主推品种；奶牛小区（场）规范化饲养技术、生鲜乳安全生产技术、青贮饲料生产技术、紫花苜蓿综合生产技术被列为主推技术。

◆ 8日　农业部印发《关于开展2009年生鲜乳质量安全监测工作的通知》（农牧发〔2009〕1号），同文下发《2009年生鲜乳质量安全监测计划》和《农业部生鲜乳质量安全监测工作规范》。

◆ 8日　国家质量监督检验检疫总局公布市场销售新生产的乳制品（第三十三批乳粉、第四十批液体乳）三聚氰胺抽样检测结果。抽检4个省（自治区、直辖市）生产的13个品牌72批次婴幼儿配方乳粉，抽检5个省（自治区、直辖市）生产的12个品牌77批次普通乳粉和其他配方乳粉，从22个城市抽检20个省（自治区、直辖市）生产的66个品牌685批次液体乳，均符合相应的三聚氰胺临时管理限量值规定。

◆ 8日　卫生部公布婴幼儿奶粉事件全国累计免费筛查问题奶粉婴幼儿2 243万人，累计报告患儿近29.6万人，其中接受住院的5.2万多人，已有5.1万患儿痊愈出院。

◆ 10—11日　农业部农业机械试验鉴定总站在上海召开挤奶机械和贮奶（冷藏）罐选型鉴定质量分析会，同期召开中国奶业协会养殖工程与机械专业委员会会议。

◆ 11—15日　农业部奶业管理办公室派出5个工作组赴河北、河南、山东、黑龙江、内蒙古，就生鲜乳收购站清理整顿、挤奶机械补贴落实情况、打击生鲜乳中违法添加非食用物质专项整治和奶业生产等情况进行调研和工作督导。

◆ 13日　农业部办公厅印发《2009年全国通用类农业机械购置补贴产品目录》。161种挤奶机机型、26种冷藏罐机型、14种贮奶罐机型列入补贴产品目录。

◆ 13—14日　农业部奶业管理办公室在哈尔滨市举办全国生鲜乳质量安全监测工作培训班，全面部署2009年全国生鲜乳质量安全监督监测工作，培训相关法律法规和生鲜乳质量安全检验方法及标准。来自全国33个质检机构共100多名管理和技术人员参加培训。

◆ **14日** 农业部印发《2009年国家动物疫病监测计划》（农医发〔2009〕2号）。涉及奶畜的有口蹄疫监测计划、布鲁氏菌病监测计划、牛结核病监测计划、血吸虫病监测计划。

◆ **14日** 农业部印发《2009年全国高致病性禽流感和口蹄疫等主要动物疫病流行病学调查方案》（农医发〔2009〕3号）。涉及奶畜的疫病有口蹄疫、炭疽、布鲁氏菌病、结核病、疯牛病、牛瘟和牛肺疫等。

◆ **14日** 国家质量监督检验检疫总局公布市场销售新生产的乳制品（第三十四批乳粉、第四十一批液体乳）三聚氰胺抽样检测结果。抽检2个省（自治区、直辖市）生产的4个品牌23批次婴幼儿配方乳粉，抽检4个省（自治区、直辖市）生产的10个品牌43批次普通乳粉和其他配方乳粉，从22个城市抽检20个省（自治区、直辖市）生产的55个品牌702批次液体乳，均符合相应的三聚氰胺临时管理限量值规定。

◆ **19日** 中国奶业协会在北京召开乳品企业奶源基地建设和奶站管理座谈会。中国奶业协会刘成果理事长出席座谈会并讲话。

◆ **19日** 国家质量监督检验检疫总局公布市场销售新生产的乳制品（第三十五批乳粉、第四十二批液体乳）三聚氰胺抽样检测结果。抽检3个省（自治区、直辖市）生产的6个品牌36批次婴幼儿配方乳粉，抽检7个省（自治区、直辖市）生产的11个品牌76批次普通乳粉和其他配方乳粉，从23个城市抽检20个省（自治区、直辖市）生产的72个品牌1 010批次液体乳，均符合相应的三聚氰胺临时管理限量值规定。

◆ **19日** 农业部公告第1149号，公布《人畜共患传染病名录》。

◆ **20日** 农业部与卫生部联合印发《关于加强人畜共患病防治工作的通知》。

◆ **22日** “婴幼儿奶粉事件”系列刑事案件在河北省石家庄市中级人民法院一审宣判，被告人张玉军犯以危险方法危害公共安全罪，判处死刑，剥夺政治权利终身；被告人耿金平犯生产、销售有毒食品罪，被判处死刑，剥夺政治权利终身，并处没收个人全部财产；被告单位石家庄三鹿集团股份有限公司犯生产、销售伪劣产品罪，判处罚金人民币4 937.482 2万元；被告人田文华犯生产、销售伪劣产品罪，判处无期徒刑，剥夺政治权利终身，并处罚金人民币2 468.741 1万元；生产、销售含有三聚氰胺的“蛋白粉”的被告人高俊杰犯以危险方法危害公共安全罪被判处死刑缓期执行，被告人张彦章、薛建忠以同样罪名被判处无期徒刑；其他15名被告人各获2年至15年不等的有期徒刑，其中原三鹿集团股份有限公司高管王玉良、杭志奇、吴聚生分别被判处有期徒刑15年、8年和5年。

◆ **22日** 国家质量监督检验检疫总局公布市场销售新生产的乳制品（第三十六批乳粉、第四十三批液体乳）三聚氰胺抽样检测结果。抽检3个省（自治区、直辖市）生产的4个品牌24批次婴幼儿配方乳粉，抽检5个省（自治区、直辖市）生产的6个品牌32批次普通乳粉和其他配方乳粉，从22个城市抽检19个省（自治区、直辖市）生产的56个品牌625批次液体乳，均符合相应的三聚氰胺临时管理限量值规定。

◆ **23日** 农业部办公厅印发《关于2009年农垦系统农业高产攻关活动方案的通知》。

◆ **24日** 农业部印发《全国奶牛优势区域布局规划（2008—2015年）》（农牧发〔2009〕2号）。全国奶牛优势区域为京津沪奶牛优势区、东北内蒙古奶牛优势区、华北奶牛优势区、西北奶牛优势区4大区13个省313个县（场）。

2月

◆ **4日** 全国打击违法添加非食用物质和滥用食品添加剂专项整治领导小组印发《食品中可能违法添加的非食用物质名单（第二批）》（食品整治办〔2009〕5号）。乳及乳制品（含乳饮料）中可能违法添加的主要非食用物质为皮革水解物、β-内酰胺酶。

◆ **4日** 国家质量监督检验检疫总局公布市场销售新生产的乳制品（第三十七批乳粉、第四十四批液体乳）三聚氰胺抽样检测结果。抽检2个省（自治区、直辖市）生产的3个品牌28批次婴幼儿配方乳粉，抽检5个省（自治区、直辖市）生产的6个品牌29批次普通乳粉和其他配方乳粉，从21个城市抽检21个省（自治区、直辖市）生产的63个品牌1349批次液体乳，均符合相应的三聚氰胺临时管理限量值规定。

◆ **6日** 国务院办公厅印发《食品安全整顿工作方案》（国办发〔2009〕8号）。

◆ **6日** 农业部印发《2009年农产品质量安全整治暨农产品质量安全执法年活动实施方案》（农质发〔2009〕2号），包括《2009年生鲜乳专项整治行动实施方案》。工作目标要求生鲜乳收购站检查率达到100%，生鲜乳质量安全违规单位查处率达到100%，生鲜乳中三聚氰胺检测合格率达到100%。

◆ **9日** 国家质量监督检验检疫总局公布市场销售新生产的乳制品（第三十八批乳粉、第四十五批液体乳）三聚氰胺抽样检测结果。抽检2个省（自治区、直辖市）生产的2个品牌9批次婴幼儿配方乳粉，抽检4个省（自治区、直辖市）生产的5个品牌56批次普通乳粉和其他配方乳粉，从19个城市抽检19个省（自治区、直辖市）生产的51个品牌812批次液体乳，均符合相应的三聚氰胺临时管理限量值规定。

◆ **12日** 国家质量监督检验检疫总局公布市场销售新生产的乳制品（第三十九批乳粉、第四十六批液体乳）三聚氰胺抽样检测结果。抽检1个品牌2批次婴幼儿配方乳粉，抽检2个省（自治区、直辖市）生产的3个品牌30批次普通乳粉和其他配方乳粉，从20个城市抽检19个省（自治区、直辖市）生产的42个品牌382批次液体乳，均符合相应的三聚氰胺临时管理限量值规定。

◆ **12日** 石家庄市中级人民法院发出民事裁定书，正式宣布石家庄市三鹿集团股份有限公司破产。

◆ **13日** 中共中央政治局常委、全国政协主席贾庆林视察重庆光大（集团）有限公司。

◆ **13日** 中国乳制品工业协会在哈尔滨市召开理事长会议暨2009年行业协会联席会议。

◆ **13日** 三鹿集团股份有限公司管理人委托拍卖机构发布拍卖公告，三鹿集团破产财产主要包括：三鹿集团的土地使用权、房屋建筑物、机器设备等可持续经营的有效资产；三鹿集团所持有的新乡市林鹤乳业有限公司98.80%的投资权益；三鹿集团所持有的唐山三鹿乳业有限公司70%的投资权益；三鹿集团所持有的石家庄君乐宝乳业有限公司16.97%的投资权益。上述标的的拍卖实行整体组包拍卖方式，总估价约为7.26亿元。公告同时还对竞买人资格作了限定。

◆ **14—16日** 中国奶业协会在广州市召开中国奶业发展史课题研讨会。中国奶业协会理事长刘成果出席会议并讲话。

◆ **16日** 国家质量监督检验检疫总局公布市场销售新生产的乳制品（第四十批乳粉、第四十七批液体乳）三聚氰胺抽样检测结果。抽检2个品牌6批次婴幼儿配方乳粉，抽检1个省（自治区、直辖市）生产的2个品牌12批次普通乳粉和其他配方乳粉，从20个城市抽检21个省（自治区、直辖市）生产的60个品牌744批次液体乳，均符合相应的三聚氰胺临时管理限量值规定。

◆ **18日** 农业部办公厅印发《关于加强β-内酰胺酶等非食用物质监管的通知》（农办牧〔2009〕11号），要求各级畜牧（奶业）管理部门依法加强生鲜乳质量安全监管，严厉打击生鲜乳中添加β-内酰胺酶等非食用物质的非法行为。

◆ **20日** 国家质量监督检验检疫总局公布市场销售新生产的乳制品（第四十一批乳粉、第四十八批）液体乳三聚氰胺抽样检测结果。抽检3个省（自治区、直辖市）生产的3个品牌264批次婴幼儿配方乳粉，抽检3个省（自治区、直辖市）生产的4个品牌101批次普通乳粉和其他配方乳粉，从21个城市抽检20个省（自治区、直辖市）生产的61个品牌797批次液体乳，均符合相应的三聚氰胺临时管理限量值规定。

◆ **23日** 农业部奶业管理办公室召开生鲜乳质量安全专项整治工作部署会议，研究打击生鲜乳中添加β-内酰胺酶等非食用物质的具体措施。13个奶业主产省畜牧（奶业）主管部门负责人参加会议。

◆ **24日** 国家质量监督检验检疫总局公布市场销售新生产的乳制品（第四十二批乳粉、第四十九批液体乳）三聚氰胺抽样检测结果。抽检3个省（自治区、直辖市）生产的2个品牌27批次婴幼儿配方乳粉，抽检2个省（自治区、直辖市）生产的5个品牌51批次普通乳粉和其他配方乳粉，从20个城市抽检20个省（自治区、直辖市）生产的56个品牌549批次液体乳，均符合相应的三聚氰胺临时管理限量值规定。

◆ 26日　国家统计局公布2008年国民经济和社会发展统计公报，牛奶产量首次被列入。2008年中国牛奶产量3 651万吨，比2007年增长3.6%。

◆ 26日　国家质量监督检验检疫总局公布市场销售新生产的乳制品（第四十三批乳粉、第五十批液体乳）三聚氰胺抽样检测结果。抽检4个省（自治区、直辖市）生产的4个品牌50批次婴幼儿配方乳粉，抽检2个省（自治区、直辖市）生产的2个品牌8批次普通乳粉和其他配方乳粉，从21个城市抽检19个省（自治区、直辖市）生产的49个品牌527批次液体乳，均符合相应的三聚氰胺临时管理限量值规定。

◆ 28日　中华人民共和国主席令第9号公布《中华人民共和国食品安全法》，自2009年6月1日起施行。《中华人民共和国食品卫生法》同时废止。

◆ 农业部办公厅印发《农业部2009年兽医工作要点》，涉及奶牛免疫的口蹄疫强制免疫疫病群体免疫密度常年维持在90%以上，其中应免畜免疫密度要达到100%，免疫抗体合格率全年保持在70%以上。建立完善兽药使用制度，重点抓好奶牛用药监管工作，保证用药安全。

3月

◆ 2日　国家质量监督检验检疫总局公布市场销售新生产的乳制品（第四十四批乳粉、第五十一批液体乳）三聚氰胺抽样检测结果。抽检2个省（自治区、直辖市）生产的2个品牌35批次婴幼儿配方乳粉，抽检2个省（自治区、直辖市）生产的3个品牌26批次普通乳粉和其他配方乳粉，从19个城市抽检21个省（自治区、直辖市）生产的56个品牌756批次液体乳，均符合相应的三聚氰胺临时管理限量值规定。

◆ 4日　国务院办公厅印发《关于认真贯彻实施食品安全法的通知》（国办发〔2009〕25号）。

◆ 4日　石家庄三鹿集团股份有限公司破产首次拍卖会在石家庄市中级人民法院审判庭举行。北京三元集团有限责任公司与河北三元食品有限公司组成的联合竞拍体以61 650万元人民币的价格竞拍成功。

◆ 6日　卫生部、工业和信息化部、公安部、监察部、农业部、商务部、国家工商行政管理总局、国家质量监督检验检疫总局、国家食品药品监督管理局联合印发《全国打击违法添加非食用物质和滥用食品添加剂专项整治近期工作重点及要求》（卫监督发〔2009〕21号）。

◆ **6日** 农业部印发《关于下达2009年度动物及动物产品兽药残留监控计划的通知》（农医发〔2009〕6号）。

◆ **6日** 国家质量监督检验检疫总局公布市场销售新生产的乳制品（第四十五批乳粉、第五十二批液体乳）三聚氰胺抽样检测结果。抽检3个省（自治区、直辖市）生产的3个品牌72批次婴幼儿配方乳粉，抽检6个省（自治区、直辖市）生产的12个品牌56批次普通乳粉和其他配方乳粉，从19个城市抽检20个省（自治区、直辖市）生产的58个品牌926批次液体乳，均符合相应的三聚氰胺临时管理限量值规定。

◆ **6日** 河北三元食品有限公司、北京三元集团有限责任公司与石家庄三鹿集团股份有限公司管理人在石家庄市签署《资产转让协议》。河北三元食品有限公司、北京三元集团有限责任公司受让三鹿集团的土地使用权、房屋建筑物、机器设备等可持续经营的有效资产，以及三鹿集团持有的新乡市林鹤乳业有限公司98.8%的投资权益。

◆ **9日** 财政部印发《关于延长原料奶收购贷款中央财政贴息政策期限的通知》（财金〔2009〕22号）。

◆ **12日** 中国奶业协会在北京召开部分乳品企业、地方奶业协会工作座谈会。内蒙古、黑龙江、北京、河北、辽宁等5个省（自治区、直辖市）奶业协会和10个乳品企业的负责人应邀出席会议。

◆ **13日** 国家质量监督检验检疫总局公布市场销售新生产的乳制品（第四十七批乳粉、第五十四批液体乳）三聚氰胺抽样检测结果。抽检6个省（自治区、直辖市）生产的5个品牌18批次婴幼儿配方乳粉，抽检1个省（自治区、直辖市）生产的1个品牌7批次普通乳粉和其他配方乳粉，从20个城市抽检20个省（自治区、直辖市）生产的47个品牌667批次液体乳，均符合相应的三聚氰胺临时管理限量值规定。

◆ **16日** 中共中央政治局委员、国务院副总理回良玉视察山东得益乳业有限公司。他说，要倡导发展巴氏杀菌奶，要重视巴氏杀菌奶宣传。

◆ **17日** 国家质量监督检验检疫总局公布市场销售新生产的乳制品（第四十九批乳粉、第五十六批液体乳）三聚氰胺抽样检测结果。抽检3个省（自治区、直辖市）生产的3个品牌13批次婴幼儿配方乳粉，抽检3个省（自治区、直辖市）生产的3个品牌4批次普通乳粉和其他配方乳粉，从20个城市抽检20个省（自治区、直辖市）生产的57个品牌614批次液体乳，均符合相应的三聚氰胺临时管理限量值规定。

◆ **23日** 农业部印发《生鲜乳收购站标准化管理技术规范》（农牧发〔2009〕4号），指导各级畜牧兽医部门全面推进生鲜乳收购站标准化管理，严格执行生鲜乳收购准入制度。

◆ **23日** 国家工商行政管理总局印发《流通环节食品安全整顿工作方案》（工商食字〔2009〕64号），奶制品市场专项执法检查被列为整顿工作重点。

◆ **24日** 国家质量监督检验检疫总局公布市场销售新生产的乳制品（第四十八批乳粉、第五十五批液体乳）三聚氰胺抽样检测结果。抽检2个省（自治区、直辖市）生产的5个品牌14批次婴幼儿配方乳粉，抽检4个省（自治区、直辖市）生产的4个品牌20批次普通乳粉和其他配方乳粉，从22个城市抽检22个省（自治区、直辖市）生产的63个品牌1 012批次液体乳，均符合相应的三聚氰胺临时管理限量值规定。

◆ **25日** 农业部办公厅印发《关于做好2009年疯牛病监测工作的通知》（农办医〔2009〕11号）。2009年应完成的疯牛病规定采样数为6 500份，监测总分数值为113 520。采集临床疑似牛脑样品其中80%以上应为奶牛脑样品，另外需采集其他症状类型牛的脑样品，其中50%以上应为奶牛脑样品。

◆ **26—27日** 中国奶业协会、全国畜牧总站在郑州市举办第一期全国奶牛生产性能测定补贴项目交流与技术培训班。来自17个项目省（自治区、直辖市）奶牛生产性能测定中心（实验室）管理与技术人员52人参加培训。

◆ **30日** 国家质量监督检验检疫总局公布市场销售新生产的乳制品（第五十批乳粉、第五十七批液体乳）三聚氰胺抽样检测结果。抽检2个省（自治区、直辖市）生产的2个品牌16批次婴幼儿配方乳粉，抽检3个省（自治区、直辖市）生产的4个品牌23批次普通乳粉和其他配方乳粉，从20个城市抽检20个省（自治区、直辖市）生产的59个品牌1 079批次液体乳，均符合相应的三聚氰胺临时管理限量值规定。

◆ **31日** 国家“学生饮用奶计划”工作会议在北京召开，学生饮用奶计划部际协调小组成员单位部门负责人和各省学生饮用奶工作机构负责人参加会议。

◆ **31日** 农业部会同工业和信息化部、卫生部、国家质量监督检验检疫总局、国家工商行政管理总局等部门召开生鲜乳第三方检测制度研讨会。

◆ **31日** 农业部奶业管理办公室通报2009年全国第一次生鲜乳质量安全监测结果，抽检29个省、自治区、直辖市的2 259个生鲜乳收购站和1 114台运输车、3 373批次生鲜乳样品，三聚氰胺含量全部符合临时管理限量值规定，合格率为100%。

◆ **31日** 国家认证认可监督管理委员会公告2009年第15号，发布《乳制品生产企业良好生产规范（GMP）认证实施规则（试行）》，2009年6月实施。

◆ 国家学生饮用奶计划办公室组织开展第三批“学生奶奶源示范基地”创建活动，并在“学生奶奶源示范基地”和有条件的奶牛场推广“奶牛良好农业规范（GAP）”的认证工作。经地方推荐，专家审核，最后41家奶源基地被确定为奶源示范基地创建单位，参加创建活动。

4月

◆ **7日** 国家质量监督检验检疫总局公布市场销售新生产的乳制品（第五十一批乳粉、第五十八批液体乳）三聚氰胺抽样检测结果。抽检2个省（自治区、直辖市）生产的2个品牌16批次婴幼儿配方乳粉，抽检1个省（自治区、直辖市）生产的1个品牌7批次普通乳粉和其他配方乳粉，从20个城市抽检20个省（自治区、直辖市）生产的58个品牌1 053批次液体乳，均符合相应的三聚氰胺临时管理限量值规定。

◆ **8日** 中国奶业协会组织的第41次全国青年公牛联合后裔测定冻精交换在山东省农业科学院奶牛研究中心完成，参测公牛58头。

◆ **9日** 北京三元集团以4 900万元竞得三鹿集团第三批公开拍卖的破产财产——三鹿集团所持有三鹿（山东）乳业有限公司95%的股权。而另一项原本也将被拍卖的唐山三鹿乳业有限公司70%的股权，则被宣布临时撤拍。

◆ **13日** 国家质量监督检验检疫总局公布市场销售新生产的乳制品（第五十二批乳粉、第五十九批液体乳）三聚氰胺抽样检测结果。抽检1个省（自治区、直辖市）生产的1个品牌3批次婴幼儿配方乳粉，从18个城市抽检20个省（自治区、直辖市）生产的46个品牌630批次液体乳，均符合相应的三聚氰胺临时管理限量值规定。至此，对2008年9月14日以后19个省（自治区、直辖市）生产的89个品牌3 206批次婴幼儿配方乳粉抽样检测，25个省（自治区、直辖市）生产的192个品牌4071批次普通乳粉和其他配方乳粉抽样检测，从74个城市抽检29个省（自治区、直辖市）生产的225个品牌38 528批次液体乳，均符合相应的三聚氰胺临时管理限量值规定。

◆ **14日** 卫生部、工业和信息化部、公安部、监察部、农业部、商务部、国家工商行政管理总局、国家质量监督检验检疫总局、国家食品药品监督管理局联合发出《关于做好全国打击违法添加非食用物质和滥用食品添加剂专项整治规范巩固阶段工作的通知》（卫发明电〔2009〕47号）。

◆ **16日** 中共中央政治局委员、上海市市委书记俞正声视察光明食品集团海丰万头奶牛养殖示范基地。

◆ **16日** 中国奶业协会理事长刘成果出席在江苏省常州市举行的中国草学会饲料生产专业委员会第15次学术研讨会暨饲草与节粮型畜牧业发展会议，并作了“草畜乳协调发展是建设现代奶业的必然选择”的讲话，提出农区种草养牛势在必行，要走出“草粮争地”的认识误区，制定并落实优惠政策，加强科技支撑，探讨可持续的运作模式。

◆ **20日** 学生饮用奶计划部际协调小组办公室组织开展第二届“牛奶与健康”全国少儿绘画和作文大赛。大赛共收到来自全国23个省（自治区、直辖市）

的作品36 542篇（幅），其中作文1 803篇，绘画1 839幅。依据大赛评审标准和规则，评出了特等奖、一等奖、二等奖、三等奖和优秀奖等奖项。

◆ **22日** 卫生部、工业和信息化部、农业部、国家工商行政管理总局、国家质量监督检验检疫总局、国家食品药品监督管理局发布公告2009年第6号《关于加强生鲜乳品抗生素残留量管理的公告》，严禁在乳品标签、标识和广告中宣传“无抗奶”等不科学、不符合实际的内容。自即日起，各乳品生产经营和餐饮企业应当停止“无抗奶”生产经营活动。自2009年6月30日起，各有关监管部门开始依法查处。

◆ **22日** 国家奶牛产业技术体系主导的奶牛“金钥匙工程”培训计划启动。第一期“金钥匙技术推广培训班”在黑龙江省肇东市开班。

◆ **23日** 中国奶业协会在北京召开《中国奶业史》专题会议。刘成果理事长出席会议并作了“撰写好《中国奶业史》是我们的责任”的讲话，阐述了撰写奶业史的时代背景、重要意义、撰写要求等。各专题负责人及有关人员参加会议。

◆ **28—29日** 农业部在石家庄市召开全国生鲜乳收购站建设和管理现场会。农业部副部长高鸿宾出席会议并讲话，河北省副省长张和出席会议并致辞，国家首席兽医师于康震主持会议。农业部、中共中央宣传部、工业和信息化部、公安部、监察部、商务部、卫生部、国家工商行政管理总局、国家质量监督检验检疫总局等有关部门负责人，各省（自治区、直辖市）畜牧行政主管部门分管奶业工作的负责人，10个省（自治区）奶牛生产大县畜牧局局长共160余人参加会议。

◆ 学生饮用奶计划部际协调小组办公室委托农业部乳品质量监督检验测试中心（北京）开展学生饮用奶质量内部检查工作。共抽取了35家定点生产企业的36个产品，所有产品综合判定全部合格。

5月

◆ **4日** 国家质量监督检验检疫总局公布市场销售新生产的乳制品三聚氰胺抽样检测结果。抽检4个省（自治区、直辖市）生产的11个品牌23批次婴幼儿配方乳粉，抽检7个省（自治区、直辖市）生产的11个品牌14批次普通乳粉和其他配方乳粉，抽检10个省（自治区、直辖市）生产的11个品牌119批次液体乳，抽检2个省（自治区、直辖市）生产的3个品牌3批次炼乳等其他乳制品，均符合相应的三聚氰胺临时管理限量值规定。

◆ **7日** 学生饮用奶计划部际协调小组办公室公布第三批学生奶奶源示范基地创建单位（学奶办〔2009〕9号），42家奶牛场入选。

◆ **10日** 国务院印发《关于当前稳定农业发展促进农民增收的意见》（国发〔2009〕25号），指出抓紧落实已出台的奶牛良种冻精补贴等扶持政策，继续安排

30亿元中央建设投资支持生猪和奶牛标准化规模养殖小区建设。继续实施奶粉临时收储政策，进一步扩大国产奶粉收储规模。将原料奶收购贷款财政贴息政策实施期限延长至2009年12月底。要严格执行对生产加工过程中使用复原乳的液态奶进行标识的有关规定，切实保障消费者知情权。

◆ **12日** 国家质量监督检验检疫总局公布市场销售新生产的乳制品三聚氰胺抽样检测结果。抽检7个省（自治区、直辖市）生产的10个品牌29批次婴幼儿配方乳粉，抽检5个省（自治区、直辖市）生产的12个品牌58批次普通乳粉和其他配方乳粉，抽检10个省（自治区、直辖市）生产的53个品牌93批次液体乳，抽检2个省（自治区、直辖市）生产的2个品牌2批次炼乳等其他乳制品，均符合相应的三聚氰胺临时管理限量值规定。

◆ **13日** 农业部办公厅印发《关于开展全国生鲜乳收购站大检查的通知》。农业部定于5月至6月在全国开展生鲜乳收购站大检查。

◆ **18日** 国务院印发《轻工业调整和振兴规划》（国发〔2009〕15号）。

◆ **19日** 国家质量监督检验检疫总局公布市场销售新生产的乳制品三聚氰胺抽样检测结果。抽检4个省（自治区、直辖市）生产的18个品牌52批次婴幼儿配方乳粉，抽检5个省（自治区、直辖市）生产的25个品牌61批次普通乳粉和其他配方乳粉，抽检13个省（自治区、直辖市）生产的67个品牌125批次液体乳，抽检2个省（自治区、直辖市）生产的2个品牌2批次炼乳等其他乳制品，均符合相应的三聚氰胺临时管理限量值规定。

◆ **29日** 学生饮用奶计划部际协调小组办公室在杭州市举办“2009年学生奶奶源升级计划”启动仪式。

◆ **30日至6月1日** 中国奶业协会2009年会在杭州市召开，同期召开五届四次理事会。年会主题为“树立消费信心，振兴民族奶业”。农业部副部长高鸿宾出席开幕式并讲话。中国奶业协会理事长刘成果作“增强信心、共克时艰，转型升级、振兴民族奶业”的主题报告，指出要深刻反思“婴幼儿奶粉事件”，奶牛养殖业增长方式要由“小、散、低”向规模化、集约化、标准化转变；乳品加工业增长方式要由盲目扩张向合理布局、优化结构、提高质量和效益转变；市场营销方式要由无序竞争向有序竞争转变，由恶性竞争向规范竞争转变；产业经营方式要由松散的买卖关系向紧密的一体化关系转变。中国奶业协会常务副理事长兼秘书长魏克佳作工作报告。

◆ **30日至6月1日** 中国奶业协会在杭州市举办第七届中国国际奶业展览会及高层论坛。本届展会展览总面积约1万米^2，展位380多个，参展商151家。其中外商来自10多个国家。

◆ **31日** 中国奶业协会在杭州市杭州乐园门前广场举办“天天饮奶　营养健康”为主题的乳制品市场促销活动。

6月

◆ **3日** 国家税务总局印发《关于进一步提高部分商品出口退税率的通知》(财税〔2009〕88号)，其中有8类乳制品出口退税率提高到15%。

◆ **3日** 农业部印发《关于下达2009年度动物源细菌耐药性监测计划的通知》(农医发〔2009〕10号)。

◆ **4日** 国家质量监督检验检疫总局公布市场销售新生产的乳制品三聚氰胺抽样检测结果。抽检6个省（自治区、直辖市）生产的15个品牌32批次婴幼儿配方乳粉，抽检11个省（自治区、直辖市）生产的33个品牌77批次普通乳粉和其他配方乳粉，抽检16个省（自治区、直辖市）生产的88个品牌157批次液体乳，抽检3个省（自治区、直辖市）生产的4个品牌15批次炼乳等其他乳制品，均符合相应的三聚氰胺临时管理限量值规定。

◆ **8日** 农业部发布第1218号公告，规定饲料原料和饲料产品中三聚氰胺限量值为2.5毫克/千克。

◆ **8日** 农业部办公厅印发《关于开展奶牛良种补贴项目资金执行情况专项检查的通知》。入选2008年奶牛良种补贴项目的36个种公牛站和全国39个奶牛良种补贴项目实施单位列入检查范围。

◆ **8日** 国家质量监督检验检疫总局公布市场销售新生产的乳制品三聚氰胺抽样检测结果。抽检7个省（自治区、直辖市）生产的16个品牌32批次婴幼儿配方乳粉，抽检10个省（自治区、直辖市）生产的18个品牌47批次普通乳粉和其他配方乳粉，抽检14个省（自治区、直辖市）生产的73个品牌158批次液体乳，均符合相应的三聚氰胺临时管理限量值规定。

◆ **12日** 全国人大常委会副委员长司马义·铁力瓦尔地率领人大执法检查组视察北京三元集团河北三元食品有限公司乳品六厂和质量检测中心。

◆ **16日** 海峡两岸奶业研讨会在台北市召开。会议由两岸奶业行业协会共同主办。中国奶业协会常务副理事长兼秘书长魏克佳率奶业代表团一行16人参加研讨会和经贸洽谈会，了解奶业管理部门的工作职能和农业合作组织的运作模式。

◆ **16日** 国家质量监督检验检疫总局公布市场销售新生产的乳制品三聚氰胺抽样检测结果。抽检8个省（自治区、直辖市）生产的21个品牌75批次婴幼儿配方乳粉，抽检10个省（自治区、直辖市）生产的32个品牌136批次普通乳粉和其他配方乳粉，抽检16个省（自治区、直辖市）生产的66个品牌140批次液体乳，抽检到1批次炼乳，均符合相应的三聚氰胺临时管理限量值规定。

◆ **19日** 中共中央政治局常委、国务院总理温家宝视察蒙牛乳业(唐山)有限公司时说，奶制品的质量关系着千家万户包括几亿孩子的健康。奶制品出口还关系世界其他国家人民的健康。要让孩子们喝上安全的奶，要让家长们放心，不能有丝毫马虎。

◆ 22—25日　中国奶业协会、全国畜牧总站在乌鲁木齐市举办第四期全国奶牛生产性能测定技术培训班。中国奶业协会理事长刘成果出席开班式并讲话。各省（自治区、直辖市）奶牛生产性能测定中心（实验室）和奶牛场管理及技术人员230余人参加培训。

◆ 22—25日　国家质量监督检验检疫总局公布市场销售新生产的乳制品三聚氰胺抽样检测结果。抽检3个省（自治区、直辖市）生产的5个品牌6批次婴幼儿配方乳粉，抽检6个省（自治区、直辖市）生产的11个品牌26批次普通乳粉和其他配方乳粉，抽检10个省（自治区、直辖市）生产的60个品牌124批次液体乳，抽检3个省（自治区、直辖市）生产的5个品牌6批次炼乳等其他乳制品，均符合相应的三聚氰胺临时管理限量值规定。

◆ 26日　工业和信息化部、国家发展和改革委员会联合发布《乳制品工业产业政策（2009年修订）》（工联产业〔2009〕第48号）。该文件为原《乳制品工业产业政策》、《乳制品加工行业准入条件》整合修订而成，包括政策目标、产业布局、行业准入、奶源供应、技术与装备、投资融资、产品结构、质量安全、组织结构、资源节约与环境保护、消费与流通、监督管理及其他共13章70条，自发布之日起实施。

◆ 30日　国家质量监督检验检疫总局公布市场销售新生产的乳制品三聚氰胺抽样检测结果。抽检6个省（自治区、直辖市）生产的9个品牌21批次婴幼儿配方乳粉，抽检8个省（自治区、直辖市）生产的20个品牌40批次普通乳粉和其他配方乳粉，抽检13个省（自治区、直辖市）生产的48个品牌81批次液体乳，抽检4个省（自治区、直辖市）生产的7个品牌12批次炼乳等其他乳制品，均符合相应的三聚氰胺临时管理限量值规定。

◆ 学生饮用奶计划部际协调小组办公室在杭州市举办2009年学生奶奶源升级计划培训班，奶源示范基地创建单位技术和管理人员参加培训。

◆ 中国奶业协会育种专业委员会代表团访问英国和西班牙奶牛协会和奶牛育种组织。

7月

◆ 2日　农业部办公厅印发《关于加快生鲜乳收购站机械设备购置补贴实施工作的紧急通知》。

◆ 7日　国家质量监督检验检疫总局公布市场销售新生产的乳制品三聚氰胺抽样检测结果。抽检9个省（自治区、直辖市）生产的11个品牌22批次婴幼儿配方乳粉，抽检9个省（自治区、直辖市）生产的33个品牌53批次普通乳粉和其他配方乳粉，抽检16个省（自治区、直辖市）生产的100个品牌215批次液体乳，抽检1个省（自治区、直辖市）5家企业生产的6批次炼乳等其他乳制品，均符合相应的三聚氰胺临时管理限量值规定。

◆ 9日　农业部办公厅印发《关于开展奶牛标准化规模养殖技术培训的通知》，要求各地按照《奶业整顿和振兴规划纲要》有关要求，开展奶牛标准化规模养殖技术培训。农业部奶业管理办公室委托全国畜牧总站组织奶牛标准化规模养殖技术师资培训，重点培训全国330多个奶牛大县的管理和技术人员。

◆ 9日　财政部印发《关于再次延长原料奶收购贷款中央财政贴息政策期限的通知》（财金〔2009〕64号）。

◆ 11—12日　农业部奶业管理办公室委托全国畜牧总站在呼和浩特市举办第一期全国奶牛标准化规模养殖技术师资培训班。来自内蒙古、山西79个奶牛大县及农垦系统的畜牧行政管理人员和技术推广机构技术人员参加培训。

◆ 14日　国家质量监督检验检疫总局公布市场销售新生产的乳制品三聚氰胺抽样检测结果。抽检7个省（自治区、直辖市）生产的27个品牌94批次婴幼儿配方乳粉，抽检11个省（自治区、直辖市）生产的41个品牌95批次普通乳粉和其他配方乳粉，抽检13个省（自治区、直辖市）生产的59个品牌130批次液体乳，抽检2个省（自治区、直辖市）2家企业生产的2批次炼乳等其他乳制品，均符合相应的三聚氰胺临时管理限量值规定。

◆ 15—16日　商务部发布公告，宣布自2009年8月1日起，对鲜奶、奶粉和乳清产品实施自动进口许可管理，同时将上述品种纳入实行进口报告管理的大宗农产品目录。

◆ 17日　工业和信息化部、财政部及商务部下发奶粉收储相关文件，5万吨奶粉收储启动，收购依然以贴息形式进行。

◆ 17日　新西兰驻华大使伍开文先生拜会中国奶业协会。伍开文先生介绍了新西兰奶业发展的情况，表示新西兰政府对奶业十分重视，中新两国乳制品贸易与合作已有一定的基础，希望今后加强双方的合作。

◆ 17—18日　农业部奶业管理办公室委托全国畜牧总站在北京举办第二期全国奶牛标准化规模养殖技术师资培训班。来自北京、天津、河北73个奶牛大县及农垦系统的畜牧行政管理人员和技术推广机构技术人员参加培训。

◆ 18日　上海光明乳业股份有限公司以增资形式认购新西兰Synlait Milk公司新增普通股2 600多万股，并获得后者51%的股权。上海光明乳业股份有限公司完成了国内乳企首笔海外并购。

◆ 20日　国务院令第557号，发布《中华人民共和国食品安全法实施条例》，自公布之日起施行。

◆ 20日　国家质量监督检验检疫总局令第118号，公布《进出口饲料和饲料添加剂检验检疫监督管理办法》自2009年9月1日起施行。饲草类、青贮料、饲料粮谷类、糠麸饼粕渣类等列入该办法管辖范围。

◆ 21日　国家质量监督检验检疫总局公布市场销售新生产的乳制品三聚氰胺抽样检测结果。抽检4个省（自治区、直辖市）生产的6个品牌14批次婴幼儿配方乳粉，抽检5个省（自治区、直辖市）生产的13个品牌32批次普通乳粉和其他配方乳粉，抽检10个省（自治区、直辖市）生产的78个品牌177批次液体乳，均符合相应的三聚氰胺临时管理限量值规定。

◆ 21—22日　农业部奶业管理办公室委托全国畜牧总站在哈尔滨举办第三期全国奶牛标准化规模养殖技术师资培训班。来自黑龙江、辽宁、山东、上海、河南90个奶牛大县（区）的畜牧行政管理人员和技术推广机构技术人员参加培训。

◆ 23日　由国家质量监督检验检疫总局和德国食品、农业和消费者保护部联合主办，中国检验检疫科学研究院承办的中德乳制品质量控制与安全论坛在北京召开。论坛主题为“好品质、好牛奶、好生活”。

◆ 23日　国家认证认可监督管理委员会、工业和信息化部与黑龙江省人民政府在哈尔滨市共同签署备忘录，在黑龙江省开展以乳制品生产企业为主要对象的良好生产规范（GMP）、危害分析与关键控制点（HACCP）体系认证试点示范工作。

◆ 27日　财政部下发通知，再次延长原料奶收购贷款中央财政贴息政策实施期限至2009年12月底。贴息率仍按3.105%执行。

◆ 28日　国家质量监督检验检疫总局公布市场销售新生产的乳制品三聚氰胺抽样检测结果。抽检6个省（自治区、直辖市）生产的12个品牌37批次婴幼儿配方乳粉，抽检6个省（自治区、直辖市）生产的9个品牌29批次普通乳粉和其他配方乳粉，抽检11个省（自治区、直辖市）生产的38个品牌67批次液体乳，抽检到1家企业生产的1批次干酪，均符合相应的三聚氰胺临时管理限量值规定。

◆ 30日　国家工商行政管理总局令第44号，公布《食品流通许可证管理办法》自公布之日起施行。

8月

◆ 3日　农业部第1246号公告，规定兽药产品的质量标准、规程、标签和说明书不得标注对一类动物疫病具有治疗的疗效。

◆ 12日　国家质量监督检验检疫总局公布市场销售新生产的乳制品三聚氰胺抽样检测结果。抽检7个省（自治区、直辖市）生产的16个品牌40批次婴幼儿配方乳粉，抽检15个省（自治区、直辖市）生产的31个品牌42批次普通乳粉和其他配方乳粉，抽检16个省（自治区、直辖市）生产的125个品牌270批次液体乳，抽检3个省（自治区、直辖市）生产的6个品牌8批次炼乳等其他乳制品，均符合相应的三聚氰胺临时管理限量值规定。

◆ 13日　中瑞奶业中心第二期工作计划——奶牛规模化牧场高级培训计划合作备忘录签字仪式在北京举行。中国奶业协会理事长刘成果出席签字仪式并致辞。农业部畜牧业司司长王智才、瑞典驻华公使临时代办Mattias Lentz、利乐拉伐总裁Joakim Rosengren、北京首都农业集团董事长张福平参加签字仪式并发言。

◆ 14—17日　中国奶业协会第二十四次繁殖技术研讨会在武汉市召开。大会主题为“高效繁殖，健康养殖，促进牛业可持续发展”。会议就胚胎生物工程、性控冷冻精液、母畜科和产科病防治等奶牛实用技术进行交流。28个省（自治区、直辖市）的300余名代表参加会议。

◆ 18日　国家质量监督检验检疫总局公布市场销售新生产的乳制品三聚氰胺抽样检测结果。抽检5个省（自治区、直辖市）生产的14个品牌40批次婴幼儿配方乳粉，抽检3个省（自治区、直辖市）生产的7个品牌32批次普通乳粉和其他配方乳粉，抽检12个省（自治区、直辖市）生产的59个品牌160批次液体乳，抽检2个省（自治区、直辖市）生产的2批次炼乳等其他乳制品，均符合相应的三聚氰胺临时管理限量值规定。

◆ 21—23日　中国乳制品工业协会第十五次年会暨第九次乳品技术精品展示会在南京召开。会议主题为“自律·和谐·科学发展”。全国乳制品行业的600多名代表参加会议。

◆ 25日　中共中央政治局常委、国家副主席习近平视察内蒙古蒙牛乳业（集团）股份有限公司和林格尔工厂。他在看到宣传板上的“民以食为天，食以奶为先”后，对在场的人说，这句话后面应该再加一句“奶以安为要”。

◆ 27日　国家质量监督检验检疫总局公布市场销售新生产的乳制品三聚氰胺抽样检测结果。抽检7个省（自治区、直辖市）生产的16个品牌28批次婴幼儿配方乳粉，抽检7个省（自治区、直辖市）生产的28个品牌46批次普通乳粉和其他配方乳粉，抽检14个省（自治区、直辖市）生产的88个品牌145批次液体乳，抽检1批次酥油，均符合相应的三聚氰胺临时管理限量值规定。

◆ 27日　全国重点乳品加工企业信息监测会议在天津市召开。农业部畜牧业司、中国奶业协会、天津市奶业办公室、地方奶业协会的领导以及乳品加工企业信息监测代表共30多人参加会议。

◆ 28日　国家工商行政管理总局印发流通环节食品安全监管八项制度（工商食字〔2009〕176号）：《食品市场主体准入登记管理制度》、《食品市场质量监管制度》、《食品市场巡查监管制度》、《食品抽样检验工作制度》、《食品市场分类监管制度》、《食品安全预警和应急处置制度》、《食品广告监管制度》、《食品安全监管执法协调协作制度》。

◆ 学生饮用奶计划部际协调小组办公室在内蒙古自治区召开工作座谈会，总结交流学生饮用奶的推广和监管工作，部分省市学生奶办公室负责人参加。

9月

◆ **1日** 中国保险监督管理委员会印发《关于进一步做好农业保险发展工作的通知》（保监发〔2009〕93号），提出努力提高奶牛保险的承保率。

◆ **1—2日** 中国人民政治协商会议全国委员会人口资源环境委员会联合中国奶业协会在北京开展中国奶业振兴调研活动。调研组由全国政协人口资源环境委员会副主任张黎担任组长，中国奶业协会理事长刘成果担任副组长。调研组一行21人先后走访了三元食品第一乳品加工厂、三元绿荷第一牧场和内蒙古蒙牛乳业（集团）股份有限公司北京通州加工厂，并召开座谈会听取企业生产情况。

◆ **7日** 国家质量监督检验检疫总局公布市场销售新生产的乳制品三聚氰胺抽样检测结果。抽检7个省（自治区、直辖市）生产的13个品牌36批次婴幼儿配方乳粉，抽检10个省（自治区、直辖市）生产的42个品牌56批次普通乳粉和其他配方乳粉，抽检17个省（自治区、直辖市）生产的93个品牌187批次液体乳，抽检5个省（自治区、直辖市）生产的7个品牌9批次炼乳等其他乳制品，均符合相应的三聚氰胺临时管理限量值规定。

◆ **10日** 农业部办公厅、财政部办公厅印发《2009年畜牧良种补贴项目实施指导意见》（农办财〔2009〕105号）。对全国902万头奶用能繁母牛全部实施良种冻精补贴；包括荷斯坦牛、娟姗牛、奶水牛、乳用西门塔尔牛、褐牛、牦牛和三河牛等品种。荷斯坦牛、娟姗牛每剂冻精补贴15元，其他奶牛品种每剂冻精补贴10元。

◆ **17日** 国家质量监督检验检疫总局公布市场销售新生产的乳制品三聚氰胺抽样检测结果。抽检4个省（自治区、直辖市）生产的13个品牌43批次婴幼儿配方乳粉，抽检5个省（自治区、直辖市）生产的10个品牌48批次普通乳粉和其他配方乳粉，抽检7个省（自治区、直辖市）生产的49个品牌112批次液体乳，抽检1批次炼乳等其他乳制品，均符合相应的三聚氰胺临时管理限量值规定。

◆ **18日** 卫生部、工业和信息化部、监察部、公安部、农业部、商务部、国家工商行政管理总局、国家质量监督检验检疫总局、国家食品药品监督管理局联合印发《关于加强食品添加剂监督管理工作的通知》（卫监督发〔2009〕89号）。同文印发《全国打击违法添加非食用物质和滥用食品添加剂整顿工作方案》。整顿工作从2009年9月至2010年底。

◆ **21—23日** 农业部在江苏省泰州市召开全国畜禽标准化规模养殖暨良种繁育体系建设现场会，农业部副部长高鸿宾出席会议并讲话。各省（自治区、直辖市）、计划单列市及新疆生产建设兵团畜牧行政主管部门负责人参加会议。

◆ **24日** 国家质量监督检验检疫总局公布市场销售新生产的乳制品三聚氰

胺抽样检测结果。抽检7个省（自治区、直辖市）生产的12个品牌35批次婴幼儿配方乳粉，抽检9个省（自治区、直辖市）生产的25个品牌70批次普通乳粉和其他配方乳粉，抽检13个省（自治区、直辖市）生产的67个品牌177批次液体乳，抽检1批次干酪，均符合相应的三聚氰胺临时管理限量值规定。

10月

◆ 13日　国家质量监督检验检疫总局公布市场销售新生产的乳制品三聚氰胺抽样检测结果。抽检7个省（自治区、直辖市）生产的13个品牌30批次婴幼儿配方乳粉，抽检10个省（自治区、直辖市）生产的26个品牌36批次普通乳粉和其他配方乳粉，抽检13个省（自治区、直辖市）生产的100个品牌223批次液体乳，抽检4个省（自治区、直辖市）生产的9个品牌22批次炼乳、奶片等其他乳制品，均符合相应的三聚氰胺临时管理限量值规定。

◆ 15日　中国人民政治协商会议全国委员会人口资源环境委员会、中国奶业协会共同在北京召开"中国奶业振兴态势分析会"。大会主题是贯彻落实《奶业整顿振兴规划纲要》，推进奶业转型升级。全国政协副主席王志珍，中国奶业协会理事长刘成果，国家发改委副主任穆虹，工业和信息化部副部长苗圩，农业部副部长高鸿宾，卫生部副部长陈啸宏，国家质量监督检验检疫总局副局长蒲长城，国家食品药品监督管理局副局长边振甲等出席会议。全国政协委员、行业协会代表、知名专家、企业家和奶农代表近200余人参加会议。全国政协汇集各方意见，形成政策建议上报国务院。

◆ 中共中央政治局常委、全国政协主席贾庆林视察伊利集团奶粉工厂。

◆ 23日　农业部办公厅印发《关于开展全国生鲜乳收购站清理整顿工作督查的通知》，督查内容为生鲜乳收购站清理整顿进展、生鲜乳收购站监督管理状况和生鲜乳质量安全管理制度落实情况。

◆ 25日　中共中央政治局委员、中央书记处书记、中央组织部部长李源潮视察内蒙古蒙牛乳业（集团）股份有限公司。

◆ 26日　国家质量监督检验检疫总局公布市场销售新生产的乳制品三聚氰胺抽样检测结果。抽检7个省（自治区、直辖市）生产的13个品牌27批次婴幼儿配方乳粉，抽检6个省（自治区、直辖市）生产的22个品牌30批次普通乳粉和其他配方乳粉，抽检11个省（自治区、直辖市）生产的101个品牌205批次液体乳，抽检到1批次黄油，均符合相应的三聚氰胺临时管理限量值规定。

◆ 28—29日　农业部奶业管理办公室委托全国畜牧总站在西安市举办第四期全国奶牛标准化规模养殖技术师资培训班。来自陕西、宁夏52个奶牛大县的畜牧行政管理人员和技术推广机构技术人员，以及18个省（自治区）畜牧站技术人员参加培训。

◆ **29日**　农业部办公厅印发《关于加快推进生鲜乳收购站清理整顿工作的通知》，要求各地明确目标，进一步落实责任；严格审核，确保建设质量和速度；加强指导，维护正常的生鲜乳收购秩序；强化执法，做好日常监管，保证生鲜乳收购站清理整顿目标按时完成。

11月

◆ **2日**　全国人大常委会委员、教科文卫委员会副主任委员宋法棠率领全国人大《食品安全法》执法检查组到重庆市农垦集团天友乳业股份有限公司检查。

◆ **3—4日**　中国奶业协会、全国畜牧总站在西安举办第一期全国奶牛生产性能测定实验室技术培训班。16个项目省（自治区、直辖市）奶牛生产性能测定中心（实验室）的技术人员35人参加培训。

◆ **4日**　三元食品股份有限公司宣布，其母公司首都农业集团已经与河北国信资产运营有限公司签署协议，购买后者所持唐山三鹿等资产。至此，除石家庄君乐宝乳业有限公司股份外，三鹿集团全部资产已悉数由三元集团接手。

◆ **9—11日**　农业部奶业管理办公室委托全国畜牧总站在乌鲁木齐市举办第五期全国奶牛标准化规模养殖技术师资培训班。来自新疆34个奶牛大县和新疆生产建设兵团团（场）的畜牧行政管理人员和技术推广机构技术人员参加培训。

◆ **17日**　全国人大常委会副委员长兼秘书长李建国率领《食品安全法》执法检查组到黑龙江省农垦完达山乳业股份有限公司检查。

◆ **22日**　乳业产业技术创新战略联盟成立大会在北京举行。乳业产业技术创新战略联盟由27家乳制品生产重点企业、13家乳品科学优势学科的大学和6家乳业技术研究院所共46家单位组成。东北农业大学为理事长单位。

◆ **22日**　上海市发展和改革委员会、上海市农业委员会出台《关于进一步完善上海市原料奶收购价格形成机制的实施方案》，对原料奶收购价格政策作出新的规定。

◆ **27日**　中国奶业协会组织的第42次全国青年公牛联合后裔测定冻精交换在山东省农业科学院奶牛研究中心完成，参测公牛85头。

◆ 肯尼亚国民议会议长肯尼思·马伦德率领肯尼亚国民议会代表团参观北京三元食品股份有限公司。

◆ 荷兰农业部副部长安娜玛丽·伯格率领代表团参观北京三元食品股份有限公司。

12月

◆ **1—3日**　全国畜牧总站在乌鲁木齐市举办生鲜乳安全生产技术推广培训班。来自新疆生产建设兵团年存栏300头以上奶牛场技术人员和师畜牧兽医站技术人员参加培训。

◆ 4日　农业部紧急发电（农明字〔2009〕131号）要求各地进一步加强生鲜乳收购站监督管理，巩固生鲜乳收购站清理整顿工作阶段性成果，保障人民群众饮奶安全。

◆ 8日　中国奶业协会受农业部奶业管理办公室委托，组织召开重点乳品企业及奶业协会座谈会。会议分析奶业形势，对2010年奶业管理工作提出建议。10家乳品企业和6个省（自治区、直辖市）奶业协会会员单位负责人应邀参加会议。

◆ 14日　农业部宣布海南省免疫无口蹄疫区正式建成。

◆ 18日　工业和信息化部、国家发展和改革委员会、监察部、农业部、商务部、卫生部、中国人民银行、国家工商行政管理总局、国家质量监督检验检疫总局、国家食品和药品监督管理局印发《食品工业企业诚信体系建设工作指导意见》（工信部联消费〔2009〕701号）。

◆ 22日　重点奶业机械生产企业座谈会在北京召开。21家奶业机械生产企业的50余名代表应邀参加。

◆ 22日　农业部印发《关于2009年度中华农业科技奖的表彰决定》（农科教发〔2009〕11号）。中国农业大学的“人α-乳清白蛋白转基因奶牛的生产和应用”获科学研究成果一等奖；南京农业大学的“乳酸菌发酵剂制造核心技术创新及应用”获科学研究成果二等奖；西北农林科技大学的“奶牛优质高效产业化配套技术体系研究与示范”、沈阳农业大学的“牛初乳活性IgG的分离纯化及新产品开发与产业化”获科学研究成果三等奖；中国奶业协会的《测奶养牛——奶牛生产性能测定（DHI）技术》获科普类成果奖。

◆ 23日　国家质量监督检验检疫总局2009年119号公告，颁布《乳制品生产企业落实质量安全主体责任监督检查规定》，自2010年3月1日起施行。

◆ 25日　国家质量监督检验检疫总局2009年125号公告，发布《关于规范进口乳制品卫生证书管理的公告》。

◆ 27—28日　全国农业工作会议在北京召开。

◆ 31日　中共中央、国务院印发《关于加大统筹城乡发展力度进一步夯实农业农村发展基础的若干意见》（中发〔2010〕1号），提出：“支持建设生猪、奶牛规模养殖场（小区）”，“开展标准化创建活动，推进畜禽养殖加工一体化。支持畜禽良种繁育体系建设。”

本年

◆ 农业部2009年对生鲜乳进行兽药残留监测，检测药物种类为磺胺类、链霉素、青霉素类、四环素类、氯霉素、氨基糖苷类。抽检样品1 630批次，未检出残留超标样品。

◆ 农业部农村经济体制与经营管理司、农村合作经济经营管理总站调查统计：截至2009年年底，全国（除西藏、农垦系统外）从事奶业生产的农民专业合作社5 217个，占畜牧业生产农民专业合作社的7.22%。

2010年

1月

◆ **5日** 国家质量监督检验检疫总局公告2010年第4号，公布2009年第3批产品质量国家监督抽查结果。其中抽查19个省、自治区、直辖市58家企业生产的58种婴幼儿配方乳粉产品，进行12项指标检验，均符合标准要求。

◆ **8日** 科学技术部办公厅印发《关于选择一批产业技术创新战略联盟开展试点工作的通知》（国科办政〔2010〕3号），公布开展试点工作的36个产业技术创新战略联盟名单。乳业产业技术创新战略联盟被列入首批试点。

◆ **13日** 农业部畜牧业司在北京召开畜禽养殖废弃物防治和利用研讨会。会议针对畜禽养殖业发展现状、畜禽养殖业造成的环境问题及其防治措施等进行讨论，并对《畜禽养殖废弃物防治和利用规划（征求意见稿）》提出修改意见和建议。来自全国畜牧总站、农业部农业环境监测站（北京）、中国农业科学院、中国科学院以及中国农业大学、华南农业大学等单位的专家参加会议。

◆ **19日** 农业部办公厅印发《2010年生鲜乳专项整治行动实施方案》（农质发〔2010〕2号）。

◆ **20日** 农业部印发《关于开展2010年生鲜乳质量安全监测工作的通知》和《2010年全国生鲜乳质量安全监测计划》（农牧发〔2010〕1号）。

◆ **20日** 卫生部在北京召开第一届食品安全国家标准审评委员会成立大会。第一届食品安全国家标准审评委员会设10个专业分委员会，由350名委员和20个单位委员组成，主要职责是审评食品安全国家标准，提出实施食品安全国家标准的建议，对食品安全国家标准的重大问题提供咨询等。卫生部部长陈竺担任主任委员，卫生部副部长陈啸宏担任常务副主任委员，农业部副部长陈晓华等担任副主任委员。

◆ **21日** 卫生部、工业和信息化部、农业部、商务部、国家工商行政管理总局、国家质量监督检验检疫总局、国家食品药品监督管理局印发《食品安全风险评估管理规定（试行）》（卫监督发〔2010〕8号），自发布之日起实施。

◆ **21日** 农业部令2010年第5号，发布《家畜遗传材料生产许可办法》。农业部令2010年第6号，发布《动物检疫管理办法》。皆自2010年3月1日起施行。出售、运输乳用动物及其精液和胚胎，应当提前15天申报检疫。封锁区内的生鲜奶的运输监管按照《重大动物疫情应急条例》实施。农业部令2010年第7号，发布《动物防疫条件审查办法》，自2010年5月1日起施行。

◆ 22日　农业部办公厅印发《2010年畜牧业工作要点》（农办牧〔2010〕5号），提出继续强化奶业的扶持引导和规范整顿：继续开展生鲜乳收购站清理整顿工作；组织实施生鲜乳质量安全监督监测；加强奶业发展的行业指导；规范生鲜乳收购秩序。组织实施全国奶牛遗传改良计划。大力开展奶牛生产性能测定工作。加强奶牛养殖技术指导与培训。继续实施奶牛标准化规模养殖项目和生鲜乳收购站挤奶机械设备购置补贴项目，开展奶牛场良好生产规范培训。启动实施奶牛标准化养殖示范创建。

◆ 22日　中国奶业协会理事长刘成果出席在北京人民大会堂召开的中国羊奶产业发展论坛，发表“羊奶特色独具，极富发展潜力”的演讲，提出发展羊奶产业主要是打造三个链条：循环经济链条、产加销一体化链条、科技创新链条。

◆ 27日　中国奶业协会育种工作委员会会议在北京召开，审议通过第六届中国奶业协会育种工作委员会建议名单，讨论工作报告及下一届育种工作委员会重点工作。

◆ 28日　农业部办公厅印发《2010年国家动物疫病强制免疫计划》（农医发〔2010〕1号）、《2010年国家动物疫病监测计划》（农医发〔2010〕2号）。

◆ 28日　农业部印发《关于〈2010年全国高致病性禽流感和口蹄疫等主要动物疫病流行病学调查方案〉的通知》（农医发〔2010〕3号）。

2月

◆ 3日　陕西省公安厅公布渭南市乐康乳业有限公司三聚氰胺超标乳制品案件查处情况。已查明污染源20吨问题奶粉为2008年大荔县荔华乳业公司未被销毁的奶粉，系社会人员马双林将奶粉售给乐康乳业有限责任公司。问题奶粉流入广东、福建两食品企业，被用作生产奶糖等。

◆ 4日　农业部办公厅印发《关于开展2010年种畜禽质量安全监督检验工作的通知》（农办牧〔2010〕7号）。

◆ 6日　国务院印发《关于设立国务院食品安全委员会的通知》（国发〔2010〕6号）。国务院食品安全委员会为国务院食品安全工作的高层次议事协调机构，其主要职责为分析食品安全形势，研究部署、统筹指导食品安全工作；提出食品安全监管的重大政策措施；督促落实食品安全监管责任。李克强任主任，回良玉、王岐山任副主任。国务院食品安全委员会设立国务院食品安全委员会办公室，具体承担委员会的日常工作。张勇任国务院食品安全委员会办公室主任。

◆ 9日　中共中央政治局常委、国务院副总理、国务院食品安全委员会主任李克强主持召开国务院食品安全委员会第一次全体会议。李克强强调，对近期发现的使用和销售“问题奶粉”的违法犯罪案件，要彻底追查，对“问题奶粉”要全部销毁，对不法分子要予以严惩。

◆ **9日** 农业部办公厅印发《关于2009年农垦系统农业高产攻关完成情况的通报》。在31个奶牛高产攻关单位中，有21个单位实现了当年的攻关目标。

◆ **10日** 农业部印发《关于加强种畜禽生产经营管理的意见》（农牧发〔2010〕2号），提出要积极引导奶牛养殖场（区）参与奶牛生产性能测定，强化数据分析，为种公牛后裔测定提供评估依据，同时根据测定结果指导养殖场（区）改善饲养管理，做好选种选配，提高奶牛生产水平。2012年起没有后裔测定成绩的奶用种公牛，不得参加畜牧良种补贴项目。

◆ **13日** 农业部办公厅印发《关于进一步加强A型口蹄疫防控工作的紧急通知》（农明字〔2010〕第17号）。

◆ **20日** 国家发展和改革委员会办公厅、农业部办公厅印发《关于申报奶牛标准化规模养殖小区（场）建设项目投资计划的通知》（发改办农经〔2010〕378号），2010年继续安排中央投资5亿元用于支持奶牛标准化规模养殖小区（场）改扩建，申报条件和补助投资标准不变。

◆ **21日** 农业部印发《关于下达2010年度动物及动物产品兽药残留监控计划的通知》（农医发〔2010〕8号），牛奶兽药残留监测检测药物种类为磺胺类、链霉素、青霉素类、四环素类，计划抽检样品980批次。牛奶样品从奶牛养殖（户）、生鲜乳收购站抽取。

◆ **25日** 国家统计局公布2009年国民经济和社会发展统计公报，牛奶产量3 518万吨，比2008年下降1.1%。

◆ **28日至3月10日** 农业部奶业培训团赴新西兰，进行奶业法规、奶牛集约化饲养、生鲜乳质量控制与管理等内容培训。

3月

◆ **2日** 国务院办公厅印发《2010年食品安全整顿工作安排》（国办发〔2010〕17号），强调“加强生鲜乳质量安全监管，强化生鲜乳收购站日常监管与标准化管理，坚决取缔未经许可的非法收购站（点）”，“公布国家乳品质量安全标准”，“加大食品特别是乳品等高风险食品检验检测频次，定期公布检验检测结果”。

◆ **4日** 农业部办公厅、财政部办公厅印发《2010年农业机械购置补贴实施指导意见》（农办财〔2010〕28号），与奶业相关的23个机械品目被列入中央财政农机购置补贴目录。补贴比例及单机补贴额不变。补贴对象为取得当地工商登记的奶农专业合作社、奶畜养殖场所办生鲜乳收购站和乳品生产企业参股经营的生鲜乳收购站。

◆ **4—6日** 中国畜产品加工研究会和东北农业大学在哈尔滨市举办中美乳品生产与加工研讨会暨第四届中国乳业科技大会。大会主题为“新型乳制品开发和乳制品安全”，重点交流新型配料与婴儿配方奶粉、奶酪加工关键技术与乳制品营养以及乳制品安全等内容。

◆ **5日** 2010年农业部奶业机械产品选型质量分析会暨奶业机械产品部级推广鉴定培训班在广州召开。

◆ **9日** 国务院办公厅印发《关于统筹推进新一轮“菜篮子”工程建设的意见》（国办发〔2010〕18号），奶被列为产品之一。“支持建设生猪、奶牛规模养殖场（小区），重点加强养殖场（小区）水、电、路等基础设施和畜禽粪便、尸体等畜禽养殖废弃物污染防治以及疫病防控等方面的设施建设，推进畜禽养殖加工一体化。”选择奶牛等10种农产品（畜种），“大规模开展标准化创建活动”，带动“畜禽养殖标准化生产”。

◆ **12日** 农业部办公厅印发《关于继续开展奶牛标准化规模养殖技术培训的通知》。

◆ **12日** 农业部办公厅印发《关于2010年农垦系统畜牧高产攻关活动方案的通知》（农办垦〔2010〕16号）。

◆ **12日** 农业部办公厅印发《关于推介发布2010年农业主导品种和主推技术的通知》（农办科〔2010〕14号）。荷斯坦牛等7种奶畜列入主导品种；奶牛全混合日粮（TMR）调制技术等5项奶业相关技术列入主推技术。

◆ **15日** 根据全国31个省（自治区、直辖市）报告，各地在集中清查问题奶粉期间共报告发现问题奶粉2.51万吨。除极少量作为司法证据保存等特殊需要外，问题奶粉已全部予以销毁。

◆ **21日** 国务院印发《关于落实〈政府工作报告〉重点工作部门分工的意见》（国发〔2010〕8号），提出加强对养牛大县的财政扶持。

◆ **21—23日** 中共中央总书记胡锦涛在宁夏回族自治区视察工作期间视察宁夏塞上阳光牧场。他鼓励企业充分利用当地发展奶牛养殖业的独特优势，不断扩大养殖规模，切实保证奶源质量，带动更多群众勤劳致富、科技致富。

◆ **22日** 农业部办公厅印发《生鲜乳抗生素残留专项整治方案》和《奶牛用抗生素清单》（农办医〔2010〕17号）。β-内酰胺类、氨基糖苷类药物列入生鲜乳抗生素残留专项整治检测重点。β-内酰胺类、氨基糖苷类、大环内酯类、四环素类和其他共5类28种药物列入奶牛常用抗生素清单。

◆ **23日** 国家工商行政管理总局印发《2010年流通环节食品安全整顿工作方案》（工商食字〔2010〕51号），奶制品被列为重点食品专项执法检查。

◆ **23日** 农业部印发《关于下达2010年农业标准化实施示范（农民专业合作组织）项目资金的通知》（农财发〔2010〕20号）。2个奶业生产专业合作社（村）列入。

◆ **23日** 农业部印发《关于下达2010年农业产业化项目资金的通知》（农财

发〔2010〕20号）。2个奶业企业列入。

◆ **23日** 农业部印发《关于下达2010年农民专业合作组织示范项目资金的通知》（农财发〔2010〕25号）。1个奶山羊专业合作社列入。

◆ **24日** 农业部部长韩长赋与新西兰农业部部长大卫·卡特（David Carter）在北京签署《中国—新西兰奶业合作安排》。韩长赋部长在会见大卫·卡特部长时，指出双方在奶业领域合作成效显著。

◆ **25日** 农业部印发《关于下达2010年生鲜乳质量安全监管项目资金的通知》（农财发〔2010〕66号）。项目总资金1 500万元，用于开展生鲜乳质量安全监测、监管调研、技术规范制定和安全生产培训与宣传等。

◆ **25日** 农业部畜牧业司在北京举办全国生鲜乳质量安全检测技术培训班。培训内容包括生鲜乳中三聚氰胺（快速检测），皮革水解物，碱类物质等指标的检测方法。各省（自治区、直辖市）质检机构60余名代表参加。

◆ **26日** 卫生部发布通告（卫通〔2010〕7号），公布《生乳》（GB19301—2010）等66项食品安全国家标准，包括乳品产品标准15项、生产规范2项、检验方法标准49项。自2010年6月1日起，新的标准开始陆续实施。

◆ **29日** 农业部印发《关于加快推进畜禽标准化规模养殖的意见》（农牧发〔2010〕6号），提出“力争到2015年，全国畜禽规模养殖比重在现有基础上再提高10至15个百分点，其中标准化规模养殖比重占规模养殖场的50%。”

◆ **29日** 农业部印发《关于贯彻落实〈国务院办公厅关于统筹推进新一轮菜篮子工程建设的意见〉的通知》（农市发〔2010〕4号）。

4月

◆ **6日** 农业部办公厅印发《关于开展重点省生鲜乳收购站清理整顿工作督查的通知》，督查实施时间为2010年4月8日至18日。督查内容为生鲜乳收购站清理整顿进展、生鲜乳收购站监督管理状况和生鲜乳收购秩序。

◆ **6日** 农业部办公厅印发《2010年动物布病专项调查方案》。

◆ **7日** 国家质量监督检验检疫总局令第129号，公布《食品生产许可管理办法》，自2010年6月1日起施行。法律、行政法规对乳品生产许可另有规定的，依照其规定。

◆ **8日** 农业部办公厅印发《关于继续执行奶牛种牛暂停调运措施的紧急通知》（农明字〔2010〕第47号）。

◆ **8日** “中国荷斯坦牛分子育种关键技术研究与应用”通过由教育部组织的成果鉴定，主要完成单位包括中国农业大学、北京奶牛中心、中国农业科学院北京畜牧兽医研究所、中国奶业协会等4家单位，主要完成人包括张沅、张勤、张胜利等30人。

◆ **9日** 全国政协副主席、九三学社中央副主席王志珍视察重庆农垦集团天友乳业渝北基地。

◆ **12—13日** 农业部奶业管理办公室委托全国畜牧总站在南宁市举办第六期全国奶牛标准化规模养殖技术师资培训班。本期培训班主要针对南方奶水牛养殖业，来自广西、广东、云南、贵州、福建和江西等6个奶水牛养殖大省的奶水牛大县的畜牧行政管理人员和技术推广机构技术人员及部分养殖场的场长共计100余人参加培训。

◆ **13日** 农业部办公厅印发《2010畜禽养殖标准化示范创建活动工作方案》（农办牧〔2010〕5号），启动实施畜禽养殖标准化示范创建活动。同文公布奶牛等6类畜禽标准化示范场验收评分标准。除奶牛存栏200头以上等必备条件，奶牛场考核项目包括选址与建设、设施与设备、管理制度与记录、环保要求、生产水平和质量安全5大项15分项。2010年计划创建400个奶牛标准化示范场（小区）。

◆ **18—19日** 农业部畜牧业司在哈尔滨市召开生鲜乳收购站清理整顿工作座谈会。11个省（自治区、直辖市）的奶业分管负责人和5个督导组成员共30余人参加座谈会。

◆ **26—27日** 中国奶业协会在武汉市举办2010年第一期奶农培训班。来自湖北各地的200余名奶农和技术人员参加培训。

5月

◆ **5日** 农业部办公厅印发《关于准许进口奶牛种牛运输的通知》。

◆ **6—7日** 农业部在大连市召开全国畜禽养殖标准化示范创建启动会。农业部副部长高鸿宾出席会议并讲话。农业部国家首席兽医师于康震主持会议。农业部有关部门、各省（自治区、直辖市）畜牧行政主管部门有关负责人参加会议。至此，全国存栏20头以上奶牛规模比重达42.4%，比2003年提高15.4个百分点。奶牛优势省区牛奶产量占全国总量的88.3%。

◆ **12日** 农业部办公厅、财政部办公厅印发《2010年畜牧良种补贴项目实施指导意见》（农办财〔2010〕58号）。

◆ **13日** 农业部办公厅印发《关于开展奶（肉）牛良种补贴项目执行与资金使用情况专项检查的通知》（农办牧〔2010〕28号）。

◆ **13—14日** 农业部奶业管理办公室委托全国畜牧总站在成都市举办第七期全国奶牛标准化规模养殖师资培训班，来自四川、重庆、湖南、湖北、安徽、江西、吉林、甘肃、青海、西藏10个省（自治区、直辖市）奶业行政管理部门和技术推广机构的管理及技术人员120余人参加培训。

◆ **19日** 学生饮用奶计划部际协调小组办公室公布第四批学生奶奶源示范基地创建单位（学奶办〔2010〕6号），40家奶牛场入选。

◆ **21日** 中国奶业协会组织的第43次全国青年公牛联合后裔测定冷冻精液交换在山东省农业科学院奶牛研究中心完成，参测公牛80头。

◆ **31日** 学生饮用奶计划部际协调小组办公室公布第三批学生奶奶源升级计划奶源示范基地名单（学奶办〔2010〕8号），35家奶牛场入选。

◆ **31日** 财政部印发《关于2010年度中央财政农业保险保费补贴工作有关事项的通知》（财金〔2010〕49号），新增牦牛为中央财政养殖业保险保费补贴品种，补贴地区为四川、青海、云南、甘肃省和西藏自治区。中央财政对奶牛保险原有补贴比例保持不变，新增的牦牛保险保费补贴比例为40%。对新增的牦牛保险，省级财政至少补贴25%的保费。

◆ **31日** 农业部办公厅印发《关于开展奶（肉）牛良种补贴项目执行与资金使用情况专项检查的通知》。

6月

◆ **1日** 中国奶业协会在济南市举办2010年第二期奶农培训班。来自山东各地的450余名奶农及技术人员参加培训。

◆ **3日** 国家发展和改革委员会办公厅、工业和信息化部办公厅印发《关于食品安全检验检测能力建设实施意见的通知》（发改办产业〔2010〕1327号），同文公布《乳制品工业食品安全检测能力建设实施方案》。

◆ **3日** 英国驻华领馆贸易投资总署、西北英格兰发展署和上海奶业行业协会在上海世博园共同举办中英奶牛研讨会。

◆ **4日** 农业部办公厅印发《关于进一步加强奶牛良种补贴项目管理的通知》（农办牧〔2010〕30号）。

◆ **4日** 农业部在内蒙古自治区集宁市召开布鲁氏菌病区域化管理综合防控试点启动暨重点省份布病防控工作座谈会，农业部副部长高鸿宾出席会议并讲话。

◆ **7日** 农业部印发《奶牛乳房炎防治技术指南（试行）》（农医发〔2010〕29号），《跨省引进乳用种用动物检疫审批表（申报书）》、《跨省引进乳用种用动物检疫审批表》样式及其填写和应用规范（农医发〔2010〕30号）。

◆ **7日** 2010年学生奶奶源升级计划培训班暨2009年奶源示范基地授牌仪式在青岛市举行。来自全国15个省（自治区、直辖市）学生饮用奶管理办公室的有关负责人出席活动。第三批35家“学生奶奶源示范基地”被正式授牌。至此，学生奶奶源升级计划已经建成61家学生奶奶源示范基地。

◆ **7日** 中国奶业协会在山东省青岛市举办2010年第二期奶农培训班，来自山东各地的350余名奶农和技术人员参加了培训。

◆ **8日** 农业部、国家发展和改革委员会、工业和信息化部、商务部联合公布《全国奶业发展规划（2009—2013年）》（农牧发〔2010〕3号），提出到2013年，全国奶牛存栏达到1 500万头，奶类产量达到4 800万吨，成母牛平均单产水平提高到5.7吨；100头以上奶牛规模养殖比例达到35%。奶牛粗饲料质量显著提高。奶水牛和奶山羊发展取得突破。生鲜乳收购站100%实现持证收购和标准化管理，偏远牧区、山区的牛奶收购点和山羊奶收购点100%纳入监管范围。乳制品企业稳定可控奶源达到70%以上，乳品质量全部符合法律法规及相关标准的要求。生产经营低温产品的乳制品企业拥有完善冷链体系的比例达到90%以上。配送网络覆盖全部中小城市和90%以上乡村。

◆ **8—10日** 中国奶业协会在青岛市召开首届中国奶业大会。大会主题为推进奶业产业一体化。国家首席兽医师于康震出席开幕式并讲话。中国奶业协会理事长刘成果作"逐步推进产业一体化是解决奶业深层次矛盾、构建奶业持续健康发展长效机制的根本举措"的主题报告，指出产业一体化是奶业健康发展的内在要求，推进措施是提高对奶业产业一体化的认识、提高奶农的组织化程度、加快推进合同收奶的步伐。

◆ **8—10日** 中国奶业协会主办的第八届中国国际奶业展览会及高层论坛和乳制品市场促销活动在青岛市举办。国家首席兽医师于康震、中国奶业协会理事长刘成果等出席开幕式并剪彩、巡展。本届展览总面积约1.3万米^2，参展单位171家，外国厂商来自18个国家。

◆ **10日** 农业部畜牧业司印发通知，要求各地认真组织《生乳》国家标准贯彻执行，加强生鲜乳质量安全监管能力建设工作。

◆ **12日** 农业部办公厅、财政部办公厅印发《2010年畜牧良种补贴项目实施指导意见》。

◆ **15日** 荷兰合作银行发布2010年度"全球乳业20强"榜单。内蒙古蒙牛乳业（集团）股份有限公司以37.7亿美元的营业收入从第19位跃居第16位；内蒙古伊利实业集团股份有限公司以35.6亿美元的营业收入第一次上榜，列第17位。

◆ **17—18日** 中国奶业协会、全国畜牧总站在昆明市举办第五期全国奶牛生产性能测定技术培训班。各省（自治区、直辖市）奶牛生产性能测定中心（实验室）管理及技术人员110余人参加培训。

◆ **18日** 国家发展和改革委员会印发《农产品冷链物流发展规划》（发改经贸〔2010〕1304号），提出积极推进乳制品等其他产品的冷链物流发展。

◆ **19—28日** 农业部畜牧业司派出5个督导组，分别赴11个省（自治区、直辖市）和17个奶牛肉牛冻精供应单位，开展奶牛肉牛良种补贴执行情况现场督导检查。

◆ **21日** 农业部办公厅关于做好宣传贯彻《生乳》国家标准有关工作的通知

◆ **30日** 国家质量监督检验检疫总局、国家标准化管理委员会发布国家标准《麦洼牦牛》(GB/T 24865—2010)，2011年1月1日实施。

7月

◆ **1—2日** 农业部在广州市召开全国饲料和生鲜乳质量安全监管工作会议。农业部副部长高鸿宾出席会议并讲话，广东省副省长李容根出席并致辞，国家首席兽医师于康震主持会议。各省（自治区、直辖市）和新疆生产建设兵团及黑龙江农垦总局畜牧饲料行政管理部门有关负责人参加会议。卫生部、公安部、监察部、商务部、国家工商行政管理总局、国家质量监督检验检疫总局代表应邀到会。

◆ **5日** 国务院印发《关于促进农业机械化和农机工业又好又快发展的意见》(国发〔2010〕22号)，提出因地制宜发展畜禽养殖机械化。

◆ **5日** 国家发展和改革委员会在济南召开第四届中国生物产业大会，北京奶牛中心承担的“高产优秀荷斯坦种牛选育高技术产业化示范工程”被授予“国家高技术产业化示范工程”。

◆ **8日** 农业部发布农业行业标准《牛胚胎性别鉴定技术方法 PCR法》(NY/T 1903—2010)，自2010年9月1日起实施。

◆ **13日** 国家质量监督检验检疫总局颁布《产品质量监督抽查实施规范 含乳饮料》(CCGF 120.6—2010)，2010年8月1日实施。

◆ **13日** 卫生部举行新闻发布会，介绍乳品安全国家标准的有关情况。

◆ **16日** 农业部印发《2010年生鲜乳抗生素残留检测计划》(农医发〔2010〕32号)。

◆ **18日** 中共中央政治局常委、中共中央纪委书记贺国强视察内蒙古伊利实业集团股份有限公司金川新工业园。

◆ **22—23日** 中国奶业协会在呼和浩特市举办2010年第三期奶农培训班。来自内蒙古各地的300余名奶农及技术人员参加培训。

◆ **26日** 国家质量监督检验检疫总局公告2010年第74号，公布2010年特殊配方乳粉产品质量国家监督抽查结果。抽查15个省、自治区、直辖市39家企业生产的58种特殊配方乳粉产品，进行19项指标检验，其中1种产品的维生素E含量和1种产品的钙含量不符合相关标准或标签明示值的要求。

8月

◆ **7—8日** 第一届中国国际乳酸菌及发酵乳制品加工技术创新学术大会在呼和浩特市召开。来自新加坡、日本、澳大利亚、荷兰、美国、加拿大等国的高等院校、研究所、企业的200多位专家参加大会。

◆ **10—11日** 全国畜牧总站在西安举办全国奶牛全混合日粮（TMR）配制技术推广培训班，来自各省（自治区、直辖市）技术推广机构和奶牛规模养殖场的130余名技术人员参加培训。

◆ **11—14日** 中国奶业协会第二十五次繁殖学术年会暨国家肉牛/奶牛产业技术体系第二届全国牛病防治学术研讨会在苏州市举行。会议主题为“控制疾病，促进繁殖，推进牛业产业化”。中国奶业协会理事长刘成果、常务副理事长兼秘书长魏克佳出席会议并讲话，指出要注重繁育的多元化，要加强奶牛繁育良种化和新技术的推广工作。从本年起将繁殖技术研讨会改名为繁殖学术年会。18个省（自治区、直辖市）的300余名代表参加会议。

◆ **12—13日** 中国奶业协会、全国畜牧总站在南京市举办第四期全国奶牛生产性能测定软件培训班。各省（自治区、直辖市）奶牛生产性能测定中心（实验室）管理及技术人员30余人参加培训。

◆ **15—16日** 中国奶业协会在齐齐哈尔市甘南县举办2010年第四期奶农培训班。来自黑龙江各地的300余名奶农及技术人员参加培训。

◆ **16日** 中共中央政治局常委、国务院副总理、国务院食品安全委员会主任李克强主持召开国务院食品安全委员会全体会议并讲话。李克强听取了各部门关于问题乳粉清查进展和食品安全整顿情况，强调要加大食品安全整顿工作力度，始终保持高压态势，特别是要做好问题乳粉的清查和销毁工作，铲除隐患，切实提高人民群众的消费安全感和消费信心。要针对乳品、食用油等重点产品、行业和环节，强化整顿措施，建立长效机制，严把企业准入关、产品出厂关和生产经营全程控制关，确保食品质量安全可靠，让广大人民群众吃得放心、吃得健康。

◆ **20日** 农业部印发《关于开展布病区域化管理综合防控试点工作的通知》。

◆ **21—22日** 中国乳制品工业协会第十六次年会暨第十次乳品技术精品展示会在银川市召开，大会主题是“诚信·责任·质量”。工业和信息化部党组成员、总工程师朱宏任出席开幕式并讲话。600多人参加会议。

◆ **26—27日** 中国食品土畜进出口商会在北京举办乳制品国际贸易与产业发展研讨会。200多名代表参加会议。

◆ **28—29日** 中国奶业协会在兰州市举办2010年第五期奶农培训班。来自甘肃各地的330余名奶农及技术人员参加培训。

9月

◆ **8日** 学生饮用奶计划部际协调小组办公室印发《关于表彰国家学生饮用奶计划推广先进单位和先进个人的决定》，决定授予92家单位为国家“学生饮用奶计划”推广先进单位称号，授予100名同志为国家“学生饮用奶计划”推广先进个人称号。

◆ **9—10日** 中国奶业协会在河北省沧州市举办2010年第六期奶农培训班。来自河北各地的200余名奶农及技术人员参加培训。

◆ **13日** 农业部畜牧业司在哈尔滨市召开启动全国生鲜乳收购站信息监测项目试点工作。

◆ **13—14日** 中国奶业协会在宁夏回族自治区吴忠市举办2010年第七期奶农培训班。来自宁夏各地的330余名奶农及技术人员参加培训。

◆ **16日** 国务院办公厅印发《关于进一步加强乳品质量安全工作的通知》(国办发〔2010〕42号)，要求严把生产经营许可关、强化检验检测和监测评估、完善乳品追溯制度、强化婴幼儿配方乳粉监管、加大对非法生产经营乳品行为的打击惩处力度、严格落实乳品质量安全各方责任。

◆ **16日** 农业部畜牧业司召开奶粉进出口情况座谈会，商务部、工业和信息化部、国家质量监督检验检疫总局、中国乳制品工业协会、中国食品土畜进出口商会、中国奶业协会以及部分企业代表参加会议。

◆ **16日** 农业部公告第1460号，公布2010年农产品质量安全检测机构考核合格及农业部部级产品质量监督检验测试中心审查认可名单（第三批）。北京奶牛中心［农业部牛冷冻精液质量监督检验测试中心（北京）］列入名单。

◆ **17日** 农业部印发《农业部关于加快推进动物疫病区域化管理工作的意见》。

◆ **20日** 学生饮用奶计划部际协调小组办公室在北京人民大会堂举行“浇灌梦想 托举明天——国家学生饮用奶计划实施十周年”纪念大会。农业部副部长、学生饮用奶计划部际协调小组组长高鸿宾出席活动并讲话。农业部、国家发展和改革委员会、教育部等有关部门负责人，中国奶业协会负责人，被表彰的“学生饮用奶计划”先进集体、个人等近百人出席活动。“学生饮用奶计划”自2000年11月15日正式启动实施，已覆盖全国28个省、直辖市、自治区的224个城市；日供奶量从2001年的50多万份，提高到2009年底的470万份，已建成61家原奶质量达到甚至超过欧盟标准的学生奶奶源示范基地，实施十年来没有发生一起食品安全事故，为保障校园食品安全建立了一个行之有效的模式。

◆ **20日** 卫生部令第77号，发布《食品安全国家标准管理办法》，自2010年12月1日起施行。

◆ **21日** 农业部办公厅、财政部办公厅印发《2010年畜禽标准化养殖扶持项目实施指导意见》(农办财〔2010〕119号)。

10月

◆ **8日** 农业部印发《农业部表彰工作管理办法》(农人发〔2010〕8号)。

中国奶业协会设立的表彰项目为“优秀奶业工作者和乳品加工企业”，表彰周期为2年。

◆ **11日** 农业部办公厅印发《关于开展全国生鲜乳收购站拉网式检查的通知》（农办牧〔2010〕48号），要求所有抽检的样品检测三聚氰胺。

◆ **12日** 农业部印发《关于下达2010年农业标准化实施示范项目资金的通知》（农财发〔2010〕215号）。其中有2个国家级奶牛标准化示范县（场），总资金100万元。

◆ **18日** 首都农业集团三元食品股份有限公司生产的“五色养牛奶”在法国巴黎的2010SIAL国际食品展览会上荣获金奖。

◆ **20日** 国家质量监督检验检疫总局举行2010年版《企业生产婴幼儿配方乳粉许可条件审查细则（征求意见稿）》听证会。新版《细则》提高对企业自行检验产品质量的要求，特别强调对三聚氰胺的检验。

◆ **20日** 卫生部令第77号发布《食品安全国家标准管理办法》，自2010年12月1日起施行。

◆ **21日** 工业和信息化部印发《食品工业企业诚信体系建设工作部门联席会议制度》和《食品工业企业诚信体系建设工作实施方案》（工信部消费〔2010〕549号）。

◆ **22日** 财政部发布消息称，财政部拨付1.9亿元用于乳制品企业收购原料奶贷款贴息。加上2009年已拨付的0.8亿元，财政部共拨付原料奶收购贷款贴息资金近2.7亿元。

◆ **24—25日** 中国奶业协会在陕西省宝鸡市千阳县举办2010年第八期奶农培训班。来自陕西各地的260余名奶农及技术人员参加培训。

◆ **27日** 农业部办公厅公布第一批畜禽标准化示范场名单（农办牧〔2010〕53号），其中奶牛标准化示范场329个。

◆ **28日** 农业部办公厅印发《关于贯彻落实〈国务院办公厅关于进一步加强乳品质量安全工作的通知〉的通知》（农办牧〔2010〕52号）。

◆ 农业部畜牧业司在云南省腾冲县召开“全国奶水牛工作座谈会”，会议研究了奶水牛业的发展现状、存在的问题及下一步工作措施。来自各省畜牧部门、科研单位和企业的代表参加会议。

11月

◆ **1日** 国家质量监督检验检疫总局2010年第119号公告《关于发布企业生产婴幼儿配方乳粉许可条件审查细则（2010版）和企业生产乳制品许可条件审查细则（2010版）的公告》，自公布之日起施行。

◆ **2日** 朝鲜民主主义人民共和国总理崔永林一行考察黑龙江农垦完达山阳

光乳业公司。

◆ **2—12日** 农业部奶业代表团应邀出席在新西兰举办的第28界世界乳业峰会。本届峰会的主题是“营利性、竞争性、可持续性和安全性”，重点讨论全球奶业发展现状和前景、奶业可持续发展、奶业经济和政策、乳品标准和质量安全、乳品营养与健康、奶业科技与研发六个方面问题。会后，代表团考察了新西兰奶业、草原保护建设情况。

◆ **3日** 卫生部会同农业部、商务部、国家工商行政管理总局、国家质量监督检验检疫总局、国家食品药品监督管理局制定的《食品安全信息公布管理办法》公布（卫监督发〔2010〕93号），自公布之日起施行。

◆ **4—5日** 农业部在湖北省宜昌市召开全国畜禽养殖标准化示范创建现场会。农业部国家首席兽医师于康震主持会议，农业部副部长高鸿宾出席会议并讲话。高鸿宾指出，开展畜禽养殖标准化示范创建活动就是要通过先进示范、典型引路，辐射带动广大养殖场户走标准化规模养殖发展道路。农业部有关部门、各省（自治区、直辖市）畜牧部门分管负责人参加会议。

◆ **10日** 农业部办公厅印发《关于开展牛海绵状脑病风险因素调查工作的通知》（农办医〔2010〕89号）。

◆ **20日** 中国奶业协会组织的第44次全国青年公牛联合后裔测定冷冻精液交换在山东省农业科学院奶牛研究中心完成，参测公牛78头。

◆ **26—27日** 中国奶业协会第六次会员代表大会在北京召开。刘成果作第五届理事会工作报告。大会选举产生第六届中国奶业协会理事会437名理事、130名常务理事、27名副会长，农业部副部长高鸿宾当选为会长，魏克佳为常务副会长，谷继承为副会长兼秘书长。聘请刘成果为名誉会长。大会修改通过了协会章程。为骆承庠、冀一伦、李易方、王伟琪、张邦恢、冯仰廉、徐定人7名同志颁发“中国奶业终身贡献奖”，追授赵海全、秦志锐、金世琳3名同志“中国奶业终身贡献奖”。

◆ **30日** 国务院办公厅转发国家发展和改革委员会、农业部《关于加快转变东北地区农业发展方式建设现代农业指导意见》（国办发〔2010〕59号），提出在东北建设肉蛋奶和绒毛生产基地；重点支持牛奶等产品生产大县（市、区、场）发展农产品加工业；建立和完善东北奶牛等农产品国家级工程研究中心、产业技术研发中心和综合实验站；积极研制粮食、乳、肉等农产品精深加工成套设备。

12月

◆ **1日** 工业和信息化部、国家发展和改革委员会、国家质量监督检验检疫总局印发《关于在乳品行业开展项目（企业）审核清理工作的通知》（工信部联消费〔2010〕598号）。

◆ **2日** 农业部公告1498号，公布2010年农产品质量安全检测机构考核合格及农业部部级产品质量监督检验测试中心审查认可名单（第四批）。其中有中国农业科学院北京畜牧兽医研究所［农业部奶及奶制品质量监督检验测试中心（北京）］、天津市乳品食品监测中心（农业部乳品质量监督检验测试中心）。

◆ **2日** 农业部奶业管理办公室在重庆召开2010年全国生鲜乳质量安全监管工作会议。

◆ **7日** 国家质量监督检验检疫总局局令第133号公布《产品质量监督抽查管理办法》，自2011年2月1日起施行。2001年12月发布的《产品质量国家监督抽查管理办法》同时废止。

◆ **9日** 国家食品药品监督管理局印发《关于进一步加强餐饮服务环节乳品监管工作的通知》（国食药监食〔2010〕476号）。

◆ **10日** 农业部办公厅印发《关于加强节日期间饲料和生鲜乳质量安全监管工作的通知》（农办牧〔2010〕59号），提出以生鲜乳收购站和运输车为重点，严厉打击生鲜乳中添加三聚氰胺等违禁物质的不法行为。

◆ **10日** 农业部办公厅公布第二批畜禽标准化示范场名单（农办牧〔2010〕60号），其中奶牛标准化示范场81个。至此，2010年农业部公布的奶牛标准化示范场达到410个。

◆ **10日** 农业部办公厅印发《关于开展牛海绵状脑病风险因素调查工作的通知》（农办医〔2010〕89号），奶牛场列入调查范围。

◆ **15日** 卫生部、国家食品药品监督管理局、工业和信息化部、农业部印发《全国抗菌药物联合整治工作方案》（卫医政发〔2010〕111号）。

◆ **15日** "中国奶粉爱心诚信联盟活动"在北京启动，"中国关心下一代健康体育基金会·婴幼儿奶粉爱心诚信基金"成立仪式及中国奶粉业的质量安全与社会责任论坛同期举行。全国人大常委会原副委员长、中国关心下一代工作委员会主任顾秀莲出席活动。

◆ **16日** 农业部公布2008—2010年度全国农牧渔业丰收奖获奖名单（农科教发〔2010〕7号）。河北省畜牧兽医研究所完成的"奶牛无公害标准化生产新技术推广"获得一等奖；北京奶牛中心完成的"奶牛优质冻精及配套技术推广"和中国农业科学院北京畜牧兽医研究所完成的"奶牛提质增效关键技术示范推广"获得三等奖。

◆ **17日** 农业部印发《2011年国家动物疫病监测计划》（农医发〔2010〕48号）。涉及奶畜疫病监测的有口蹄疫、布鲁氏菌病（所有乳用牛羊列入监测范围）、牛结核病（所有乳用牛包括奶水牛列入监测范围）、血吸虫病、牛海绵状脑病、牛传染性胸膜肺炎、羊痒病、小反刍兽疫。

◆ **17日** 农业部印发《2011年全国高致病性禽流感和口蹄疫等主要动物疫

病流行病学调查方案》(农医发〔2010〕49号)。

◆ **21日** 农业部公布第二批全国农产品加工业示范企业和第四批全国农产品加工业示范基地名单(农企发〔2010〕5号),其中有8家乳品生产企业及3家奶源和加工示范基地上榜。

◆ **21—22日** 农业部在北京召开全国农业工作会议。农业部部长韩长赋出席会议并讲话。韩长赋部长在谈到奶业工作时说,“十二五”时期,要加强奶源生产基地建设。“十二五”发展现代农业的目标任务之一是加强大宗农产品优势区建设。这是保障重要农产品供应的主体区域。奶牛列入12种大宗农产品。

◆ **23日** 全国畜牧兽医工作会议在北京举行。农业部部长韩长赋、副部长高鸿宾出席会议并讲话。

◆ **26—27日** 中国奶业协会、全国畜牧总站在北京召开2010年奶牛生产性能测定项目工作会议并同期举办全国规模化奶牛场场长培训班。来自全国各省(自治区、直辖市)奶牛生产性能测定中心(实验室)和奶牛场的管理及技术人员400余人参加会议和培训。

◆ **27日** 农业部发布公告第1521号颁布《中华人民共和国兽药典(2010年版)》及《兽药使用指南》,自2011年7月1日起施行。

◆ **27日** 农业部发布公告第1519号,禁止在饲料和动物饮水中使用苯乙醇胺A、班布特罗、盐酸齐帕特罗、盐酸氯丙那林、马布特罗、西布特罗、溴布特罗、酒石酸阿福特罗、富马酸福莫特罗、盐酸可乐定、盐酸赛庚啶。

◆ **30日** 国务院副总理回良玉在张宝文、刘成果等14位农业专家呈报的《关于大力推进苜蓿产业发展的建议》上批示:“所提建议请农业部主动商发改委、财政部予以研究。”国务院总理温家宝批示:“赞成。要彻底解决牛奶质量安全问题,必须从发展优质饲草产业抓起。请农业部按照良玉同志的批示尽快研究提出意见。”

◆ **30日** 环境保护部发布《畜禽养殖业污染防治技术政策》(环发〔2010〕151号),提出畜禽养殖污染防治应贯彻“预防为主、防治结合,经济性和实用性相结合,管理措施和技术措施相结合,有效利用和全面处理相结合”的技术方针,实行“源头削减、清洁生产、资源化综合利用,防止二次污染”的技术路线。

◆ 第四届“中澳奶业对话会”在澳大利亚墨尔本举行。中华人民共和国农业部与澳大利亚农渔林业部交流了中澳奶业发展情况,探讨了奶业合作事宜。

本年

◆ 中国农业科学院北京畜牧兽医研究所等单位完成的“裹包TMR和热应激”为主的成果及推广应用”,获农牧渔业丰收奖三等奖。

◆ 农业部实施2010年度动物及动物产品兽药残留监控计划,对牛奶进行兽药残留监测，检测药物种类为磺胺类、链霉素、青霉素类、四环素类，抽检样品980批次未检出残留超标样品；农业部实施2010年度生鲜乳抗生素残留检测计划，检测药物种类为β-内酰胺类、阿维菌素类、氨基糖甙类、氟喹诺酮类、苯并咪唑类、甲砜霉素、林可胺类和大环内酯类、氯羟吡啶、四环素类，抽检牛奶样品1 890批次，检测结果未检出残留超标样品。

◆ 农业部农村经济体制与经营管理司、农村合作经济经营管理总站调查统计：截至2010年年底，全国（除西藏、农垦系统外）从事奶业生产的农民专业合作社7 316个，占畜牧业生产农民专业合作社的7.05%。

2011年

1月

◆ **3日** 全国食品安全整顿工作办公室印发《食品中可能违法添加的非食用物质和易滥用的食品添加剂品种名单（第五批）》（整顿办函〔2011〕1号）。对已公布的《食品中可能违法添加的非食用物质名单（第二批）》第1条的“皮革水解物”修改为“革皮水解物”，将检测方法适应范围限定为“仅适应于生鲜乳、纯牛奶、奶粉”。

◆ **5日** 农业部印发《关于开展2011年生鲜乳质量安全监测工作的通知》（农牧发〔2011〕1号），同文印发《2011年全国生鲜乳质量安全监测计划》和《农业部生鲜乳质量安全监测工作规范》。2011年开展全国生鲜乳中违禁添加物专项监测、生鲜乳质量安全异地抽检和《生乳》国标安全指标监测，计划监测抽检样品分别为6 450批次、925批次和600批次。

◆ **5日** 农业部印发《关于认定国家农产品加工技术研发专业分中心的通知》（农企发〔2011〕1号），其中认定2家乳品加工企业和1家乳品设备生产企业。

◆ **5日** 国家工商行政管理总局印发《关于进一步加强流通环节乳制品抽样检验工作的通知》（工商食字〔2011〕3号）。要求各地工商部门要“突出消费量大的液体乳、酸奶、奶粉等重点品种，有针对性地开展定期抽检、专项抽检、跟踪抽检和快速检测。特别是要增加对婴幼儿配方乳粉的抽样检验数量和频次，对批发企业、大中型超市销售的婴幼儿配方乳粉，要明确监管责任人，每周进行抽样检验，对小超市、食杂店、零售商等销售的婴幼儿配方乳粉要经常开展抽样检验。”

◆ **6日** 农业部印发《关于做好2011年农业农村经济工作的意见》（农发〔2011〕1号），提出“推进畜禽标准化规模养殖，积极发展现代畜牧业。加强畜禽良种繁育体系建设，加快实施畜禽良种工程和改良计划。扩大畜牧良种补贴规模。”“加强生鲜乳收购站和饲料质量安全监管”。加快农垦现代农业建设，巩固和建设牛奶等大型农产品生产基地。

◆ 10日　国家质量监督检验检疫总局、国家标准化管理委员会发布国家标准《奶牛脊椎畸形综合征检测PCR-RFLP法》（GB/T 25887—2010）、《三河牛》（GB/T 5946—2010，代替GB/T 5946—1986）、《牛胚胎》（GB/T 25881—2010）、《青贮玉米品质分级》（GB/T 25882—2010），2011年6月1日实施。

◆ 13日　国务院食品安全委员会办公室通报，2010年7月以来，在国务院食品安全委员会的统一部署下，有关部门和地方集中查办了40起非法使用2008年问题乳粉生产、销售原料乳粉和乳制品案件，共发现涉案问题乳粉2 131．87吨、抓获96名犯罪嫌疑人；已对查明负有责任的191名领导干部和监管部门工作人员给予党纪政纪处分、行政问责和诫勉谈话。

◆ 19—20日　农业部畜牧业司在北京召开会议，召集国家奶牛产业技术体系、国家牧草产业技术体系、中国畜牧业协会草业分会有关专家，传达温家宝总理、回良玉副总理对《关于大力推进苜蓿产业发展的建议》的批示，研究拟订苜蓿产业发展扶持政策，形成初步方案。

◆ 21日　农业部公告第1531号，公布《2009—2011年国家支持推广的农业机械产品目录》（2011年度调整），增补并列式等各种挤奶机（台）、牛奶冷藏罐及运输罐、全混合日粮饲料搅拌机、自走式青贮取料机、青饲料切碎机、铡草机、清粪机、奶牛饮水箱产品。

◆ 22日　中国奶业协会在北京召开驻京常务理事座谈会，农业部副部长、中国奶业协会会长高鸿宾，中国奶业协会名誉会长刘成果出席会议并讲话。中国奶业协会副会长兼秘书长谷继承汇报2010年工作并提出2011年重点工作计划。会议座谈了奶业形势，提出协会下一步工作建议。50多位在京常务理事参加会议。

◆ 28日　农业部印发《2011年度动物及动物产品兽药残留监控计划》（农医发〔2011〕3号）。2011年计划抽检牛奶样品3 190批，检测药物种类为β-内酰胺类、氨基糖甙类、氟喹诺酮类、磺胺类、林可胺类和大环内酯类、氯霉素、四环素类。

◆ 28日　农业部印发《关于下达2011年动物源细菌耐药性监测计划的通知》（农医发〔2011〕5号），奶牛场列为采样地点之一，牛奶为检样。

◆ 31日　农业部印发《2011年国家动物疫病强制免疫计划》（农医发〔2011〕6号），要求对所有奶牛和种公牛进行A型口蹄疫强制免疫，对所有牛进行O型和亚洲I型口蹄疫强制免疫；群体免疫密度常年维持在90%以上，其中应免畜免疫密度要达到100%，免疫抗体合格率全年保持在70%以上。

◆ 31日　农业部办公厅印发《2011年畜牧业司工作要点》（农办牧函〔2011〕1号），提出加快实施奶牛遗传改良计划，继续开展奶牛生产性能测定，扩大测定规模，抓好测定数据在生产上的应用。加快奶业生产发展，强化生鲜乳收购站和运输监管，严格生鲜乳质量安全监测与执法，做好奶业行业发展指导与服务工作。

2月

◆ 1日　科学技术部农村科技司等单位主办的首届中国农业科技创新创业大赛总决赛暨颁奖晚会在中央电视台播出。中博农畜牧科技股份有限公司作为奶业界唯一进入大赛决赛的企业，夺得本届大赛企业成长组一等奖，获得天使投资1 000万元和奖金30万元。其参赛项目“现代农业—规模化牧场建设”作为大赛优秀项目入选科学技术部“十二五”农村领域科技计划预备项目库。

◆ 10日　农业部办公厅印发现代农业产业技术体系执行专家组人员组成名单（2011—2015年）（农办科〔2011〕2号）。奶牛产业技术体系执行专家组由国家奶牛产业技术研发中心首席科学家、各研究室主任、2位岗位科学家和4位综合试验站代表共13人组成。

◆ 10日　农业部办公厅印发《关于做好2011年农垦系统农业生产工作的通知》（农办垦〔2011〕10号），提出2011年农垦系统牛奶总产量目标为355万吨。加强学生饮用奶奶源基地建设，保障学生饮用奶质量。继续开展奶牛高产攻关活动。

◆ 11日　农业部办公厅印发《农业部2011年兽医工作要点》（农办医〔2011〕2号），提出“着力强化布病等人畜共患病的防控。”“对布病，在继续推进布病区域化防控试点工作基础上，全面启动‘布病防控三年攻坚计划’。按照《全国布病防治工作方案》要求，分区防治，分类指导”。组织实施好卫生部、国家食品药品监督管理局、工业与信息化部、农业部联合下发的《全国抗菌药联合整治工作方案》，强化抗生素经营使用监管和残留监测。

◆ 14日　国家质量监督检验检疫总局公布灭菌乳产品质量国家监督抽查结果。抽查13个省、自治区、直辖市82家企业生产的120种灭菌乳产品，进行13项指标检验，产品质量均符合标准规定的要求。

◆ 15日　农业部副部长高鸿宾主持召开会议，落实温家宝总理、回良玉副总理对《关于大力推进苜蓿产业发展的建议》的批示精神，研究苜蓿产业发展问题。农业部畜牧业司等13个有关部门、单位和中国奶业协会的负责人及专家参加会议。高鸿宾副部长听取了畜牧业司对苜蓿产业发展情况的汇报，对下一步工作安排提出要求。

◆ 17日　农业部新闻办公室在其官方网站上通报，2010年抽检生鲜乳样品7 406批次，奶站4 778批次，运输车2 628批次，三聚氰胺全部符合临时管理限量规定，没有检出皮革水解蛋白等违禁添加物质，生鲜乳质量安全状况总体良好。该通报针对网络文章《内地“皮革奶粉”死灰复燃　长期食用可致癌》。

◆ 17日　学生饮用奶计划部际协调小组办公室印发《学生饮用奶计划宣传

信息员工作方案》（学奶办〔2011〕1号），要求各省学生饮用奶工作机构建立宣传信息员队伍，以加强“学生饮用奶计划”宣传。

◆ **17—24日** 农业部畜牧业司制定《奶牛苜蓿产业发展问题调研方案》，派出4个调研组赴河北、山东、甘肃和宁夏开展奶牛苜蓿产业发展情况专题调研。

◆ **18日** 中共中央政治局常委、国务院副总理、国务院食品安全委员会主任李克强主持召开国务院食品安全委员会第三次全体会议。会议将深化乳制品等重点行业领域综合治理，切实保障食品重点品种的安全列为8项重点工作之一。

◆ **25日** 海关总署发布公告2011年第10号。至2月22日，原产于新西兰的脂肪含量大于1%未浓缩的乳及奶油本年度累计进口申报数量为1 566.113吨，加上2010年以在途方式进口的198.529吨，合计数量已超过2011年1 505吨的特保措施触发水平数量。自2月26日起，对上述产品按最惠国税率征收进口关税。

◆ **25日** 农业部办公厅印发《2011年农垦系统畜牧高产攻关活动方案》（农办垦〔2011〕15号），确定畜牧高产攻关单位104个，其中奶牛高产攻关单位53个。

◆ **28日** 国家统计局公布2010年国民经济和社会发展统计公报，牛奶产量3 570万吨，比2009年增长1.5%。

3月

◆ **2日** 农业部召开全国春季重大动物疫病防控工作视频会议，高鸿宾副部长出席会议并讲话。高鸿宾副部长特别强调，布病的问题不解决有可能再次重创中国的奶业，要综合运用检、免、杀、防等防治措施，打一场布病的攻坚战。

◆ **2日** 农业部办公厅印发《关于推介发布2011年农业主导品种和主推技术的通知》（农办科〔2011〕6号），荷斯坦牛等6个奶畜品种被列入主导品种；适度规模奶牛场标准化养殖技术等8项奶牛养殖相关技术被列入主推技术。

◆ **4日** 农业部办公厅印发《2011畜禽养殖标准化示范创建活动工作方案》（农办牧〔2011〕5号），公布修订后的奶牛等6类畜禽标准化示范场验收评分标准。

◆ **8日** 农业部印发《现代农业产业技术体系建设依托单位和岗位聘用人员名单（2011—2015年）》（农科教发〔2011〕3号）。国家奶牛产业技术研发中心建设依托单位为中国农业大学。首席科学家、6个研究室主任及26个岗位专家和23个综合试验站站长名单公布。

◆ **9日** 海关总署发布公告2011年第16号。至3月14日，原产于新西兰的固状和浓缩非固状乳及奶油进口申报数量已达到110 139.7吨，超过2011年109 974吨的特保措施触发标准。自3月15日起，对进口的原产于新西兰的上述农产品按最惠国税率征收进口关税。

◆ **10日** 农业部办公厅印发《农业部畜禽标准化示范场管理办法（试行）》（农办牧〔2011〕6号），自发布之日起施行。

◆ **15日** 国务院办公厅印发《2011年食品安全重点工作安排》(国办发〔2011〕12号)，要求“取缔未经许可非法经营的生鲜乳收购站（点），打击收购站之间违规进行生鲜乳交易的行为。”加强乳制品综合治理。强化生鲜乳收购、运输许可管理，推进生鲜乳收购站标准化建设。严格核准新建和改扩建乳制品工业项目，落实企业原料检验、出厂批批检验制度和婴幼儿配方乳粉企业驻厂监督措施。强化乳制品流通许可管理。监督生产经营者严格执行乳制品生产经营记录和进货查验制度。建立全国统一的乳制品生产经营企业信息数据库，健全验证验票查询系统。在婴幼儿配方乳粉和原料乳粉生产企业试点建设电子信息追溯系统。

◆ **15—16日** 中国奶业协会、全国畜牧总站在北京举办2011年全国奶牛生产性能测定技术培训（北京）班。来自北京各区（县）奶农和技术人员100余人参加培训。

◆ **18日** 农业部发布公告第1556号，批准中国农业科学院兰州兽医研究所研制的奶牛衣原体病灭活疫苗（SX5株）为一类新兽药。

◆ **18日** 农业部办公厅公布2011年农垦农产品质量追溯创建单位名单（农办垦〔2011〕21号），共有6个奶牛养殖企业和乳品生产企业入选。

◆ **21日** 国家工商行政管理总局印发《关于进一步完善和规范流通环节乳制品市场主体准入有关工作的通知》(工商食字〔2011〕67号)，在食品流通许可项目中对乳制品进行分类单项审核和管理。实行乳制品经营主体经济户口管理，于2011年6月底前建立统一的流通环节乳制品经营主体信息数据库。从2011年8月1日开始，按照监管责任区进行拉网式排查检查，逐户对乳制品经营者进行登记，建立监管档案。

◆ **21日** 农业部办公厅、财政部办公厅印发《2011年农业机械购置补贴实施指导意见》(农办财〔2011〕34号)，挤奶机械、饲料作物收获机械、饲料（草）加工机械、畜牧饲养机械中与奶业相关的23个品目被列入中央财政农机购置补贴目录。补贴资金实行定额补贴，按不超过本省（自治区、直辖市、新疆生产建设兵团、农垦）市场平均价格30%测算，单机补贴限额不超过5万元。挤奶机械、高性能青饲料收获机等单机补贴限额可提高到12万元。

◆ **22日** 农业部印发《关于下达2011年农民专业合作经济组织标准化实施示范项目资金的通知》(农财发〔2011〕11号）和《关于下达2011年农民专业合作经济组织建设项目资金的通知》(农财发〔2011〕15号)，5个奶牛养殖专业合作社被分别列入项目支持对象。

◆ **22日** 农业部印发《关于下达2011年农业产业化项目资金的通知》(农财发〔2011〕13号)。1家乳品加工企业列入。

◆ **23日** 工业和信息化部印发《2011年食品安全重点工作实施方案》(工信部消费〔2011〕130号)，要求坚决淘汰不符合国家产业政策的乳制品项目（企业），确保乳制品行业有序、规范和健康发展。在所有婴幼儿配方乳粉生产企业全面建立和实施诚信管理体系。会同相关部门组织制订乳制品生产企业诚信激励惩戒措施。以乳品生产经营单位信用档案为基础，完成全国乳制品生产企业诚信体系信息平台建设。

◆ 27日　国家发展和改革委员会令第9号，公布《产业结构调整指导目录（2011年本）》，自2011年6月1日起施行。牛羊胚胎（体内）及精液工厂化生产等8项奶牛养殖相关技术被列入鼓励类；日处理原料乳能力（两班）20吨以下浓缩、喷雾干燥等设施、200千克/小时以下的手动及半自动液体乳灌装设备被列入淘汰类。

◆ 29日　农业部印发《关于下达2011年优势农产品重大技术推广项目资金的通知》（农财发〔2011〕44号），“高寒地区奶牛高产技术集成配套示范与推广”、“奶牛精准养殖技术示范与推广”、“奶站标准化技术示范与推广”被列入。

◆ 30日　农业部印发《关于下达2011年畜牧业质量安全监管项目资金的通知》（农财发〔2011〕48号），其中生鲜乳质量安全监管项目资金1 500万元，用于开展生鲜乳质量安全监测、相关技术规范制定、安全生产岗位技能培训、监管督导检查、质量安全现状调研等。

◆ 31日　工业和信息化部在青岛召开全国婴幼儿配方乳粉企业诚信管理体系建设启动会，宣布婴幼儿奶粉生产企业将全部建立诚信管理体系。全国100余家婴幼儿配方乳粉生产企业在《全国婴幼儿配方奶粉生产企业诚信宣言》上签字。

◆ 31日　农业部办公厅印发《关于开展2011年种畜禽质量安全监督检验工作的通知》（农办牧〔2011〕10号）。荷斯坦牛、西门塔尔牛、奶水牛、褐牛、牦牛、三河牛等品种种牛被列入检测范围。

4月

◆ 2日　国家质量监督检验检疫总局召开新闻发布会，通报乳制品企业生产许可重新审核工作情况。截至3月底，全国乳制品及婴幼儿配方乳粉企业生产许可重新审核工作全部结束。全国1 176家乳制品企业，其中643家企业通过了生产许可重新审核；乳制品企业中生产婴幼儿配方乳粉企业有145家，其中114家通过了生产许可重新审核；107家乳制品企业停产整改，426家企业未通过审核。各地质量技术监督部门正在依法注销未通过审核企业的乳制品生产许可证，未通过审核和停产整改的企业一律停止生产乳制品。

◆ 6日　卫生部、工业和信息化部、农业部、国家工商行政管理总局、国家质量监督检验检疫总局联合发布《关于三聚氰胺在食品中的限量值的公告》（卫生部公告2011年第10号），规定婴儿配方食品中三聚氰胺的限量值为1毫克/千克，其他食品中三聚氰胺的限量值为2.5毫克/千克，高于上述限量的食品一律不得销售。规定自发布之日起施行。乳与乳制品中三聚氰胺临时管理限量值公告（2008年第25号公告）同时废止。

◆ **7—8日** 中国奶业协会、全国畜牧总站在天津举办2011年全国奶牛生产性能测定技术培训（天津）班。中国奶业协会名誉会长刘成果出席开班式。来自天津各区县奶农和技术人员150余人参加培训。

◆ **11日** 农业部印发《奶畜养殖和生鲜乳收购运输环节违法行为依法从重处罚的规定》（农牧发〔2011〕4号），对在奶畜养殖过程中使用违禁药品和其他化合物的，生鲜乳收购者在生鲜乳收购过程中加入非食品用化学物质或者其他可能危害人体健康的物质的，生产、销售的生鲜乳含有违禁物质不符合国家限量标准的，未取得生鲜乳收购许可证收购生鲜乳的，生鲜乳运输车辆未取得生鲜乳准运证明的等违法行为作出具体从重处罚的规定，自发布之日起施行。

◆ **11日** 农业部办公厅印发《生鲜乳生产收购记录和进货查验制度》、《生鲜乳质量安全异地抽检制度》和《全国奶畜养殖和生鲜乳收购运输监督抽检方案》（农办牧〔2011〕13号），自发布之日起施行。

◆ **19—20日** 中国奶业协会、全国畜牧总站在济南举办2011年全国奶牛生产性能测定（山东）暨山东省现代奶业生产技术培训班。来自山东各地的奶农和技术人员250余人参加培训。

◆ **20日** 国务院办公厅印发《关于严厉打击食品非法添加行为切实加强食品添加剂监管的通知》（国办发〔2011〕20号），提出特别要针对生鲜乳收购等重点环节，加大巡查和抽检力度，提高抽检频次，扩大抽检范围。

◆ **20日** 卫生部发布食品安全国家标准《预包装食品标签通则》（GB 7718—2011，代替GB 7718—2004），2012年4月20日实施。食品安全国家标准《食品添加剂使用标准》（GB 2760—2011，代替GB 2760—2007《食品添加剂使用卫生标准》），2011年6月20日实施。食品安全国家标准《食品中真菌毒素限量》（GB 2761—2011，代替GB 2761—2005《食品中真菌毒素限量》以及GB 2715—2005《粮食卫生标准》中的真菌毒素限量指标），2011年10月20日实施。

◆ **20日** 国家食品药品监督管理局印发《2011年餐饮服务食品安全重点工作安排实施方案的通知》（国食药监食〔2011〕180号），集中整治违规采购行为，乳制品被列入重点食品。

◆ **20日** 学生饮用奶计划部际协调小组办公室印发《关于开展第五批学生奶奶源示范基地创建工作的通知》（学奶办〔2011〕3号），公布了第五批学生奶奶源示范基地创建步骤与申报具体要求。

◆ **22—23日** 中国奶业协会、全国畜牧总站在哈尔滨举办2011年全国奶牛生产性能测定技术培训（黑龙江农垦）班。来自黑龙江农垦各场的奶农和技术人员100余人参加培训。

◆ **26日** 学生饮用奶计划部际协调小组办公室印发《关于做好学生饮用奶计划监管工作的紧急通知》（学奶办〔2011〕4号），针对个别地方中小学生在饮用牛奶时发生的群体性不适现象，提出进一步加强“学生饮用奶计划”的管理措施，强化政策和规章制度落实。

◆ **27日** 国务院食品安全委员会办公室、工业和信息化部、公安部、农业部、商务部、卫生部、国家工商行政管理总局、国家质量监督检验检疫总局、国家食品药品监督管理局联合发布《关于严厉打击食品非法添加行为严格规范食品添加剂生产经营使用的公告》。

◆ **29日** 国家发展和改革委员会、财政部、商务部联合发布《鼓励进口技术和产品目录（2011年版）》（发改产业〔2011〕937号），奶牛乳房炎防控技术、动物传染性海绵状脑病快速检测技术被列入。

◆ **29日** 海关总署发布公告2011年第27号。至4月29日，原产于新西兰的黄油和其他从乳中提取的脂和油进口申报数量已达到11 075.38吨，超过2011年10 882吨的特保措施触发标准。自4月30日起，对进口原产于新西兰的上述农产品按最惠国税率征收进口关税。

5月

◆ **6日** 农业部印发《全国农业和农村经济发展第十二个五年规划（2011—2015年）》（农计发〔2011〕9号），提出加快发展奶牛，建设东北内蒙古产区、华北产区、西部产区、南方产区和大城市周边产区等五大奶业产区，加强奶源基地建设。加快实施奶牛遗传改良计划，建立苜蓿等优质饲料基地，提高挤奶机械化水平。净化奶牛群体重大疫病，强化生鲜乳质量监管。积极推进“学生饮用奶计划”，促进乳制品消费。

◆ **6日** 农业部发布公告1574号，公布2011年农产品质量安全检测机构考核合格及农业部部级产品质量监督检验测试中心审查认可名单（第二批）。南京农业大学［农业部牛冷冻精液质量监督检验测试中心（南京）］列入名单。

◆ **17日** 农业部印发《农产品加工业“十二五”发展规划》（农企发〔2011〕6号），提出到2015年，优势区域的乳及乳制品加工产值占全国的80%以上。加快形成东北、华北、西北地区乳品加工产业带，加快形成大中城市郊区乳品加工基地、西北垦区乳品加工基地、西北及西南草原生态区乳品加工基地。乳品加工要重点推进新产品开发和质量安全体系建设，丰富产品品种，形成多样化乳品产品结构，保障乳及乳制品安全。

◆ **19日** 农业部印发《农产品质量安全发展“十二五”规划》（农质发〔2011〕5号），提出到“十二五”末，主要农产品质量安全抽检合格率稳定保持在96%以上。奶牛标准化养殖示范场建设列为推进农业标准化生产的任务之一。

◆ **19日** 学生饮用奶计划部际协调小组办公室印发《关于确定第五批学生奶奶源示范基地创建单位的通知》（学奶办〔2011〕5号），公布第五批学生奶奶源示范基地创建单位，40家奶牛场入选。

◆ **21日** 中国奶业协会组织的第45次全国青年公牛联合后裔测定冷冻精液交换在山东省农业科学院奶牛研究中心完成，参测公牛98头。

◆ **22—27日** 世界动物卫生组织（OIE）第79届年会在法国巴黎召开。大会讨论并通过关于全球控制和消灭口蹄疫的战略规划。会议特别强调，在2020年以前，OIE应通过实施“东南亚—中国口蹄疫控制和扑灭计划”，在相关地区消灭口蹄疫。会议还通过中国被OIE认可为无牛肺疫国家，中国农业科学院兰州兽医研究所国家口蹄疫参考实验室被指定为其参考实验室的有关决议。

◆ **23—24日** 中国奶业协会、全国畜牧总站在武汉举办2011年全国奶牛生产性能测定技术培训（湖北）班。来自湖北各地的奶农和技术人员110余人参加培训。

◆ **25日** 农业部办公厅、财政部办公厅印发《2011年畜牧良种补贴项目实施指导意见》（农办财〔2011〕66号）。2011年奶牛良种补贴资金2.6亿元，计划补贴奶用能繁母牛896万头，其中能繁荷斯坦和娟姗牛756.5万头（全国），奶水牛51.5万头（9省、自治区），乳用西门塔尔牛46万头（9个项目区），褐牛32万头（新疆），牦牛5万头（青海），三河牛5万头（内蒙古），补贴标准不变；新增牦牛良种种公牛补贴资金3 000万元，计划补贴1.5万头（5省、自治区，其中新疆含褐牛），一次性每头补贴2 000元。

◆ **31日** 农业部发布公告第1592号，就实施《中华人民共和国兽药典》2010年版公告相关事宜。《中华人民共和国兽药典》2010年版是兽药研制、生产、经营、使用和监督管理活动均应遵循的法定依据。

6月

◆ **1日** 国务院印发《关于促进牧区又好又快发展的若干意见》（国发〔2011〕17号），提出积极发展现代草原畜牧业。牦牛纳入畜牧良种补贴范围；在实行草原生态保护补助奖励机制的8个省（自治区）实施人工种植牧草良种补贴，中央财政每666.6米^{2}补贴10元。

◆ **4—7日** 中国畜牧业协会主办，中国草学会、中国奶业协会、国家牧草产业技术体系、国家奶牛产业技术体系协办的第四届中国苜蓿发展大会在内蒙古自治区鄂托克旗召开。

◆ **11日** 第四次中国—新西兰奶业对话会在合肥市召开，两国农业部双方回顾近年来各自奶业发展情况，探讨奶业领域未来发展重点，就全球乳制品贸易、产业发展政策及法规、质量安全及生产组织方式等问题进行交流。同时，两国的奶业界同行们就应对全球金融危机、加强奶业经济技术交流与合作等问题进行讨论，取得积极的成果。

◆ 11—13日　中国奶业协会在合肥市召开第二届中国奶业大会，大会主题为“转变奶业发展方式保障乳品质量安全”。农业部副部长、中国奶业协会会长高鸿宾出席开幕式并作主题报告，提出大力推进标准化规模养殖，加快奶牛品种改良提高生产水平，发展优质牧草产业，调整优化奶牛饲料结构，切实加强生鲜乳监管，从源头保证乳品质量安全。积极发挥协会作用，为行业发展服务。安徽省省委常委、副省长余欣荣出席开幕式并致辞。中国奶业协会名誉会长刘成果出席开幕式。同期召开中国奶业协会2011年会和六届二次理事会，副会长兼秘书长谷继承作工作报告。常务副会长魏克佳主持大会。大会设10个专场论坛69个专题报告。2 000余人参加大会。

◆ 11—13日　中国奶业协会主办的第九届中国国际奶业展览会及高层论坛和乳制品市场促销活动与第二届中国奶业大会同期同地举办。农业部副部长、中国奶业协会会长高鸿宾，安徽省省委常委、副省长余欣荣，中国奶业协会名誉会长刘成果出席开幕式并剪彩、巡展。本届展会室内外展览面积约2万米^2，展位约950个，参展厂商230家，外国厂商来自18个国家，展览涵盖奶业产业链的各个环节。8家知名乳品企业开展乳制品市场促销活动。2 000余人参观展览。

◆ 16日　国家发展和改革委员会办公厅、农业部办公厅印发《关于申报2011年奶牛标准化规模养殖小区（场）建设项目投资计划的通知》（发改办农经〔2011〕1435号）。2011年继续安排中央投资5亿元用于支持奶牛标准化规模养殖小区（场）改扩建。申报场养殖规模提高至300头以上，每个场中央平均补助投资标准按3个规模档次分别提高至80万元（年存栏300～499头）、130万元（年存栏500～999头）、170万元（年存栏1 000头以上）。

◆ 17日　农业部办公厅印发《饲料和饲料添加剂畜禽靶动物有效性评价试验指南（试行）》和《饲料和饲料添加剂畜禽靶动物耐受性评价试验指南（试行）》（农办牧〔2011〕21号）。两个指南对泌乳奶牛、泌乳水牛、泌乳奶山羊、泌乳奶绵羊分别作出试验规定。

◆ 17日　农业部办公厅公布第三批农垦现代化养殖示范场名单（农办垦〔2011〕54号），共有13个奶牛养殖场（小区），有效期3年。

◆ 20日　农业部发布公告第1603号，颁布《从境外首次引进畜禽遗传资源技术要求（试行）》，从适用范围、基本条件、种用性能评估、中间试验的数量要求进行了详细规定。种牛的首次引进，单品种的公牛数量不超过10头、母牛不超过100头、冷冻精液不超过2 000剂、冷冻胚胎不超过400枚。

◆ 23日　国家发展和改革委员会、科学技术部、工业和信息化部、商务部、国家知识产权局公告2011年第10号发布《当前优先发展的高技术产业化重点领域指南（2011年度）》。草食家畜高效舍饲、畜禽标准化健康养殖产业模式、精准饲养与全程管理数字化技术等被列入。

◆ **29日** 海关总署发布公告2011年第44号。至7月1日，原产于新西兰的乳酪进口申报数量已达到4 256.06吨，超过2011年4 167吨的特保措施触发标准。自7月2日起，对进口的原产于新西兰的乳酪按最惠国税率征收进口关税。

7月

◆ **6日** 农业部办公厅、财政部办公厅印发《2011奶牛生产性能测定补贴项目实施指导意见》（农办财〔2011〕93号）。2011年项目资金2 000万元，计划测定奶牛26万头，每头奶牛补贴70元。项目在18个省（自治区、直辖市）以及新疆生产建设兵团和黑龙江农垦总局的荷斯坦成年母牛存栏在100头以上的规模养殖场（户）和小区实施。在项目区为养殖场（户）和小区免费提供奶牛生产性能测定服务。

◆ **6日** 国家税务总局公告2011年第38号发布《关于部分液体乳增值税适用税率的公告》，巴氏杀菌乳和灭菌乳均属于初级农业产品，按13%的税率征收增值税；调制乳不属于初级农业产品，按照17%税率征收增值税。自公布之日起施行。《国家税务总局关于营养强化奶适用增值税税率问题的批复》（国税函〔2005〕676号）同时废止。

◆ **8日** 学生饮用奶计划部际协调小组办公室《关于印发第四批学生奶奶源升级计划奶源示范基地名单的通知》（学奶办〔2011〕8号），公布第四批学生奶奶源升级计划奶源示范基地名单，40家奶牛场入选。

◆ **8—18日** 中国奶业协会副会长兼秘书长谷继承率中国奶业代表团赴巴西进行交流考察，并就奶业科研、管理和商贸领域的合作达成初步意向。

◆ **12日** 财政部印发《关于2011年度中央财政农业保险保费补贴工作有关事项的通知》（财金〔2011〕73号），规定中央财政奶牛保险保费补贴比例由30%提高至50%，保费补贴地区增加中国农业发展集团总公司，其中央财政补贴比例为80%。

◆ **15日** 农业部发布公告1612号，公布综合性专业性（区域性）重点实验室和“学科群”名单。其中，与奶牛相关的农业部动物遗传育种与繁殖重点实验室依托单位为中国农业大学；农业部奶牛遗传育种与繁殖重点实验室依托单位为北京奶牛中心；农业部水牛遗传繁育技术重点实验室依托单位为广西壮族自治区水牛研究所；农业部奶牛遗传育种与繁殖科学观测实验站依托单位为上海光明荷斯坦牧业有限公司；农业部牦牛遗传育种与繁殖科学观测实验站依托单位为青海省大通种牛场；农业部动物营养与饲料学重点实验室依托单位为中国农业科学院北京畜牧兽医研究所。

◆ 18日 农业部办公厅印发《全国畜牧业标准体系“十二五”规划（2011—2015年）》（农办牧〔2011〕25号）。有关奶业方面的标准列入“十二五”标准制修订规划的有26项。

◆ 18—22日 应阿根廷农林渔业部副部长Lorenzo Basso的邀请，中国奶业协会副会长兼秘书长谷继承率中国奶业代表团赴阿根廷进行交流考察。

◆ 21日 农业部部长韩长赋与阿根廷农牧渔业部部长多明戈斯（Dominguez）在北京共同签署《中华人民共和国农业部与阿根廷农牧渔业部乳业合作谅解备忘录》，双方将在奶牛生产关键技术、奶农和牧场管理人员培训、新产品的开发、生鲜乳质量安全控制等领域开展合作。

◆ 29—30日 中国奶业协会第二十六次繁殖学术年会暨国家肉牛/奶牛产业技术体系第三届全国牛病防治学术研讨会在兰州举行，会议主题为“科学用药，优质高效”。中国奶业协会常务副会长魏克佳、中国奶业协会副会长兼秘书长谷继承到会。魏克佳作了题为“我国奶业发展现状与趋势”的报告。会议报告了奶牛、肉牛产业的最新研究动态，就与生产应用紧密结合的繁殖管理及疾病控制技术进行了研讨。来自全国24个省、自治区、直辖市大专院校、科研院所和相关企业以及新加坡、巴西、马来西亚、泰国、朝鲜等国家和地区的314名代表参加会议。

◆ 31日 海关总署发布公告2011年第48号，《中华人民共和国政府和哥斯达黎加共和国政府自由贸易协定》，将自2011年8月1日起正式实施。进口原产于哥斯达黎加共和国的改良种用的牛和其他牛2011年协议税率为零，乳及乳制品2011年协议税率为5.6%～18.7%。

◆ 学生饮用奶计划部际协调小组办公室组织编写的《中国学生饮用奶奶源基地建设探索与实践》出版。

8月

◆ 5日 农业部办公厅印发《关于实施“奶业提升农垦先行—农垦奶牛场现代化管理培训计划”的通知》（农办垦〔2011〕62号），同文印发《奶业提升农垦先行——农垦奶牛场现代化管理培训计划实施方案》。该计划培训对象为垦区和农场畜牧主管部门负责人、规模化奶牛养殖场（小区）的管理及技术人员，培训内容为奶牛标准化养殖技术等，计划举办10期。

◆ 7—8日 中国奶业协会联合农业部奶牛科技入户工程、国家奶牛产业技术体系，在哈尔滨举办2011年生鲜乳生产收购专职岗位技能培训（黑龙江）班。来自黑龙江各地的奶农和技术人员150余人参加培训。

◆ 19—21日 中国乳制品工业协会在成都举行第十七次年会暨第十一次乳品技术精品展示会。工业和信息化部党组成员、总工程师朱宏任，四川省人民政府副省长李成云出席开幕式并致辞，中国乳制品工业协会理事长宋昆冈作题为“整改后的中国乳制品工业”主题报告。近2 000人出席会议及展览活动。

◆ 22日　中国教育学会体育与卫生分会主办、教育部体育卫生与艺术教育司和学生饮用奶计划部际协调小组办公室支持的“饮奶加运动，健康伴成长”学生体质升级计划主题活动在昆明举行。

◆ 22日　农业部公布全国一村一品示范村镇名单（农经发〔2011〕9号），内蒙古自治区呼和浩特市土默特左旗羊路什村列为生鲜牛乳示范村。

◆ 22—24日　农业部农垦局主办、中国农垦经济发展中心承办的“奶业提升农垦先行——农垦奶牛场现代化管理培训计划”启动仪式暨第一期培训班在北京举行。来自北京、天津、河北、辽宁农垦系统的畜牧生产部门负责人、奶牛养殖相关农场畜牧主管负责人，奶牛场及养殖小区的场长和管理及技术人员140多人参加培训。

◆ 25—27日　中国奶业协会、全国畜牧总站在陕西省咸阳市举办2011年全国奶牛生产性能测定技术培训（陕西）班。来自陕西各市县奶农和技术人员100余人参加培训。

◆ 27日　中共中央政治局常委、国务院总理温家宝在视察现代牧业（集团）有限公司塞北乳业公司时对职工们说：“我有一个愿望：一个13亿人口的国家，应该培养出自己的奶牛品种，生产出高品质的牛奶和乳制品，培养出自己的牛奶和乳制品品牌，不仅要在中国占领制高点，而且要在世界上占据领先地位，这需要一个艰苦而长期的努力过程。但是，只要奶业企业、奶业职工和农业部门下定决心，共同努力，攀登高峰，就一定能够实现这个目标。”

◆ 29日　农业部副部长高鸿宾主持召开会议，再次听取农业部畜牧业司关于苜蓿产业发展情况的汇报，研究苜蓿产业发展问题。农业部有关司（局）和中国奶业协会的负责人及专家参加会议。

9月

◆ 1日　农业部发布农业行业标准《牛乳中孕酮含量的测定　高效液相色谱—质谱法》（NY/T 2069—2011）、《牛初乳及其制品中免疫球蛋白IgG的测定　分光光度法》（NY/T 2070—2011）、《标准化奶牛养殖小区项目建设标准》（NY/T 2079—2011），自2011年12月1日起实施。

◆ 1日　农业部印发《关于认定第一批国家农业产业化示范基地的通知》（农经发〔2011〕8号），宁夏回族自治区利通金银滩奶牛核心园区列为国家农业产业化示范基地。

◆ 2日　农业部印发《全国畜牧业发展第十二个五年规划（2011—2015年）》（农牧发〔2011〕8号），提出到2015年，奶类产量达到5 000万吨，成年奶牛年平均单产超过5 500千克；存栏100头以上奶牛规模养殖比重超过38%；生鲜乳收购站100%实现持证收购和标准化管理。

◆ **5日** 中共中央政治局委员、国务院副总理张德江视察黑龙江省完达山阳光乳业有限公司。

◆ **5—6日** 中国奶业协会、全国畜牧总站在郑州市举办2011年全国奶牛生产性能测定技术培训（河南）班。来自河南各市县奶农和技术人员240余人参加培训。

◆ **9日** 农业部印发《全国农垦经济和社会发展第十二个五年规划》（农垦发〔2011〕4号），提出围绕奶牛等优势养殖业，进一步优化布局和结构，鼓励发展现代家庭牧场，推进规模养殖。稳步实施“学生饮用奶计划”，建设现代化奶源示范基地，保障学生饮用奶质量安全。到2015年，垦区牛奶产量470万吨，年均增长5.2%。

◆ **13日** 财政部和农业部联合召开苜蓿产业发展座谈会。会议分析中国苜蓿产业面临的形势、存在的困难和问题；讨论苜蓿种植、加工、流通、使用和进出口等有关情况；研究奶业企业、草业企业、专业合作组织及农牧民如何结合建立相互衔接的生产经营机制；提出促进苜蓿产业发展的对策和措施建议。财政部和农业部有关部门以及中国奶业协会、中国农业科学院、中国农业大学等17个单位的代表参加会议。

◆ **13日** 农业部召开全国秋季重大动物疫病防控工作视频会议，高鸿宾副部长出席会议并讲话，强调要抓好养殖环节抗生素滥用的监管问题。

◆ **15日** 国家发展和改革委员会、财政部印发《关于降低动物及动物产品检疫收费标准及有关问题的通知》（发改价格〔2011〕2021号），规定牛产地检疫每头3元，屠宰检疫每头6元；羊产地检疫每只1元，屠宰检疫每只2元；跨省引进的乳用、种用牛每头30元，羊15元；冷冻精液每管（0.25毫升）1元；胚胎每个10元；同文还规定了检验收费标准，自2011年9月15日起执行。

◆ **16日** 国家发展和改革委员会、农业部印发《关于下达奶牛标准化规模养殖小区（场）建设项目2011年中央预算内投资计划的通知》（发改投资〔2011〕2028号），2011年继续安排中央投资5亿元用于支持奶牛标准化规模养殖小区（场）改扩建。

◆ **16—18日** 中国奶业协会、全国畜牧总站在河北省正定市举办2011年全国奶牛生产性能测定技术培训（河北）班。来自河北各地的奶农和技术人员240余人参加培训。

◆ **19日** 农业部办公厅印发《关于开展2010年畜牧良种补贴项目执行情况与资金使用情况专项检查的通知》（农办牧〔2011〕32号）。农业部决定在2011年9月至10月，派出6个督导组对部分省份开展包括奶牛在内的良种补贴项目执行情况与资金使用情况进行重点检查。

◆ 19日　农业部印发《饲料工业“十二五”发展规划》（农牧发〔2011〕9号），提出鼓励利用中低产田、冬闲田和不适合粮食生产的土地种植牧草和饲用作物，发展优质饲草加工业。鼓励发展全株青贮玉米，推广以优质青贮饲料为基础的优质高效饲养模式。继续推进秸秆养畜，改善秸秆收贮设备设施条件，推广青贮、氨化、微贮等处理技术，培育农作物秸秆商业化处理利用模式，提高秸秆饲用量和饲用效率。秸秆饲用量增加1 000万吨，饲用秸秆处理利用率达到50%。

◆ 26—28日　农业部农垦局主办、中国农垦经济发展中心承办的“奶业提升农垦先行——农垦奶牛场现代化管理培训计划”第二期培训班在黑龙江省农垦总局九三管理局举行。来自黑龙江省和内蒙古自治区农垦系统的牧场生产部门负责人、奶牛养殖相关农场畜牧主管负责人、奶牛场及养殖小区的场长和管理及技术人员150多人参加培训。

◆ 29日　新疆维吾尔自治区第十一届人民代表大会常务委员会第三十一次会议通过修订的《新疆维吾尔自治区奶业条例》，自2011年12月1日起施行。

10月

◆ 7—22日　中国奶业协会常务副会长魏克佳率中国奶牛生产性能测定培训团赴美国和加拿大进行培训。全国8个省（自治区、直辖市）奶牛生产性能测定中心的主要技术负责人参加培训。

◆ 10日　中共中央政治局常委、中共中央纪委书记贺国强视察内蒙古伊利实业集团股份有限公司宁夏吴忠工厂。

◆ 10日　农业部办公厅印发《全国农垦农产品质量追溯体系建设发展规划（2011—2015）》（农办垦〔2011〕70号），提出制定乳品等质量追溯操作规程，扩大标准覆盖面，引导更多农业企业开展农产品质量追溯系统建设。

◆ 10日　农业部办公厅印发《关于公布2011年第一批畜禽标准化示范场名单的通知》（农办牧〔2011〕37号），其中奶牛标准化示范场60个。

◆ 12日　《农民日报》刊载专访“转变发展方式加快现代畜牧业建设——农业部副部长高鸿宾谈畜牧业‘十二五’发展规划”。高鸿宾副部长在谈到“十二五”奶业发展有哪些重大的利好政策时表示，将增加饲料和生鲜乳质量安全监管经费；稳步扩大奶牛等政策性农业保险试点范围；逐步建立生鲜乳价格协调和利益联动机制；培养适应现代畜牧业发展的新型农牧民；将畜禽规模养殖用地纳入当地土地利用总体规划。

◆ 12日　卫生部发布公告2011年第24号，公布食品安全国家标准《预包装食品营养标签通则》（GB 28050—2011）。2013年1月1日实施。

◆ 13—14日　农业部畜牧业司在陕西省杨凌农业高新技术产业示范区召开

全国畜禽标准化规模养殖现场会。陕西省副省长祝列克出席会议并致辞。农业部副部长高鸿宾出席会议并讲话，他指出，全国年存栏100头以上奶牛规模养殖比重达30.6%。要以示范创建为载体，扩大标准化规模养殖辐射带动面。他强调生鲜乳质量安全是奶业发展的生命线。要进一步落实质量安全责任，巩固清理整顿的成果，继续保持高压态势，深入开展生鲜乳违禁物专项整治。要切实加强奶站和运输车监管，坚决取缔不合格奶站。强化生鲜乳质量安全监测和执法，做好专项检测、异地抽检、飞行抽检和隐患排查，一旦检出违禁物质，要立即追根溯源，查原因、找源头、打苗头、堵漏洞，从重从快处罚，坚决打击各种违法行为。

◆ 14日　国务院发布《国家食品安全事故应急预案》(2011年10月5日修订)，包括总则、组织机构及职责、应急保障、监测预警、报告与评估、应急响应、后期处置、附则7个部分。食品安全事故共分四级，即特别重大食品安全事故、重大食品安全事故、较大食品安全事故和一般食品安全事故。预案明确食品安全事故处置原则：以人为本，减少危害；统一领导，分级负责；科学评估，依法处置；居安思危，预防为主。《国家食品安全事故应急预案》自发布之日起施行。

◆ 15—18日　国际奶业联合会（IDF，International Dairy Federation）主办的2011世界乳业峰会在意大利帕尔玛举行。内蒙古蒙牛乳业（集团）股份有限公司荣获“最佳环境可持续发展奖”，其产品“新养道”荣获“最佳新品乳饮料奖”。上海光明乳业食品有限公司获得“最佳商业新品牌奖”。

◆ 17日　国务院印发《关于加强环境保护重点工作的意见》(国发〔2011〕35号)，提出“促进农业和农村污染减排，着力抓好规模化畜禽养殖污染防治。”

◆ 17日　农业部办公厅印发《关于发布2011年上半年动物产品残留监控结果的通报》(农办医〔2011〕63号)。农业部组织对牛奶进行兽药残留监测，检测药物种类为β-内酰胺类、氨基糖甙类、氟喹诺酮类、磺胺类、林可胺类和大环内酯类、氯霉素、四环素类，抽检牛奶样品1 631批，均未检出残留超标样品。

◆ 18—19日　中国奶业协会联合农业部奶牛科技入户工程、国家奶牛产业技术体系，在济南市举办2011年生鲜乳生产收购专职岗位技能培训（山东）班。来自山东各地的奶农和技术人员300余人参加培训。

◆ 20—21日　中国奶业协会、全国畜牧总站在哈尔滨市举办2011年全国奶牛生产性能测定技术培训（黑龙江）班。来自黑龙江各地的奶农和技术人员140余人参加培训。

◆ 26—28日　农业部畜牧业司召开苜蓿产业发展座谈会，研究制定高产优质苜蓿示范片区建设项目的实施指导意见和资金管理办法。奶业及苜蓿主产省的畜牧（奶业）主管部门负责人，以及奶牛产业技术体系、牧草产业技术体系、畜牧业协会草业分会的专家和从事苜蓿生产、经营和贸易的企业代表参加座谈会。

◆ 27—28日　中国奶业协会、全国畜牧总站联合农业部奶牛科技入户工程和国家奶牛产业技术体系，在辽宁省辽阳市举办2011年生鲜乳生产收购专职岗位技能培训暨奶牛生产性能测定技术培训（辽宁）班。来自辽宁各地的奶农和技术人员180余人参加培训。

◆ **28日**　国家质量监督检验检疫总局公告2011年第155号，公布乳粉和婴幼儿配方乳粉产品质量国家监督抽查结果。抽查14个省、自治区、直辖市53家企业生产的60种乳粉产品，其中1种全脂甜奶粉产品的大肠菌群项目超出标准规定，其他检验指标均符合标准要求；抽查17个省、自治区、直辖市54家企业生产的54种婴幼儿配方乳粉产品，其中涉及人身健康安全的指标均符合标准要求，有3家企业的3种产品不符合其他指标标准的规定。

◆ **31日**　农业部畜牧业司向各省、自治区、直辖市畜牧（农牧、农业、农林）厅（局、委、办）和新疆生产建设兵团畜牧兽医局发函（农奶办便函〔2011〕226号），转发《中国奶业协会关于选聘特约通讯联络员的通知》。要求“各地按通知要求，认真做好奶业信息与宣传工作，”推荐特约通讯联络员候选人员。特约通讯联络员负责与中国奶业协会的信息联络工作，负责采集奶业相关信息，组织或撰写相关稿件。

◆ 中共中央政治局委员、全国政协副主席王刚视察内蒙古蒙牛乳业（集团）股份有限公司和林格尔工厂。

11月

◆ **1日**　国家主席胡锦涛在访问奥地利家庭农庄时说：“这个家庭农庄自动化水平高，家里就只有三口人参与经营。养了80头奶牛，还有其他牲畜，连饲料都是自己家种的。这种经营管理模式有值得借鉴之处。”

◆ **3日**　国务院令第609号发布《饲料和饲料添加剂管理条例》，自2012年5月1日起施行。

◆ **4—6日**　中国奶业协会、全国畜牧总站在福州市召开2011年奶牛生产性能测定项目工作会议并同期举办全国规模化奶牛场场长培训班。来自全国各省（自治区、直辖市）奶牛生产性能测定中心（实验室）和奶牛场的管理及技术人员330余人参加会议和培训。

◆ **7—8日**　农业部农垦局主办、中国农垦经济发展中心承办的“奶业提升农垦先行——农垦奶牛场现代化管理培训计划”第三期培训班在广州市举行，近100人参加培训。

◆ **8日**　农业部印发《关于加快推进农业清洁生产的意见》（农科教发〔2011〕11号），提出以生猪、奶牛等标准化规模养殖场（小区）建设项目和大中型畜禽养殖场沼气工程为重点，加强粪污处理设施建设，推进畜禽废弃物的无害化治理和利用。

◆ **11日** 农业部印发《关于进一步加强农业和农村节能减排工作的意见》(农科教发〔2011〕12号)，提出力争到2015年，50%以上的规模化畜禽养殖场配套建设废弃物处理利用设施。

◆ **11日** 中国奶业协会在海口市召开2010—2011年重点奶业企业（乳品加工企业和奶牛养殖场）信息监测工作培训会议。30个大型奶牛养殖场和25个乳品加工企业的信息监测工作负责人参加培训。

◆ **15日** 农业部发布公告第1675号，对三河牛等65个农产品颁发中华人民共和国农产品地理标志登记证书。三河牛划定的区域保护范围为呼伦贝尔市13个旗（市、区）。

◆ **20日** 《人民日报》刊载采访农业部副部长高鸿宾的专访《奶业：疗伤三年谋振兴》。高鸿宾表示，经过三年的整顿、振兴，现代奶业的基础格局正在形成。全国13 503个奶站全部纳入监管，持证收购，全国机械化挤奶率提高至87%；农业部连续三年实施生鲜乳质量安全监测计划，累计抽检3.7万批次，生鲜乳质量安全水平总体良好。今后建设现代奶业重点要推进标准化、规模化、产业化和集约化，提升资源节约和环境友好程度，确保质量安全。

◆ **21日** 阿根廷农牧渔业部副国务秘书阿尔图罗·维德拉率阿根廷奶业代表团拜会中国奶业协会，就未来进一步交流合作与中方进行座谈。

◆ **23日** 国务院办公厅印发《关于实施农村义务教育学生营养改善计划的意见》(国办发〔2011〕54号)。从2011年秋季学期起，在集中连片特殊困难地区启动农村（不含县城）义务教育学生营养改善计划试点工作。奶被列入加餐或课间餐。

◆ **23日** 中国奶业协会在山东省农业科学院奶牛研究中心组织第46次全国青年公牛联合后裔测定冷冻精液交换，参测公牛58头。

◆ **24日** 国务院召开部署实施全国农村义务教育学生营养改善计划电视电话会议。中共中央政治局委员、国务委员、国家教育体制改革领导小组组长刘延东出席会议并讲话。

◆ **25日** 农业部副部长高鸿宾会见新西兰恒天然集团全球首席执行官西奥·史毕根斯，双方就加强在奶业领域的进一步合作交换意见。高鸿宾建议，加强奶牛养殖和牧场建设领域的合作；加强生鲜乳质量安全生产技术及质量安全监管体系建设领域的合作，特别是婴幼儿奶粉质量安全方面的合作；合作建立奶农培训学校，为中国奶业从业者提供培训，提高中国奶农生产技能。

◆ **25日** 农业部印发《生鲜乳收购站质量安全“黑名单”制度（试行)》，(农牧发〔2011〕11号)，规定生鲜乳收购站列入“黑名单”的违规情形、期限和管理措施。农业部在各省公布的生鲜乳收购站质量安全“黑名单”基础上建立数据库。自2012年1月1日起施行。

◆ **29日** 国家发展和改革委员会、农业部、财政部印发《“十二五”农作物秸秆综合利用实施方案》（发改环资〔2011〕2615号），秸秆饲料化利用为利用重点领域之一。

◆ **29日** 农业部办公厅公布第二批畜禽标准化示范场名单（农办牧〔2011〕42号），其中奶牛标准化示范场12个。至此，2011年农业部公布的奶牛标准化示范场达到72个。农业部已公布的奶牛标准化示范场总共为482个。

12月

◆ **7—8日** 农业部在昆明市召开全国畜禽种业发展座谈会。农业部副部长高鸿宾出席会议并讲话，云南省副省长孔垂柱出席会议并致词。高鸿宾指出，要规范开展生产性能测定，解决好测定设备、人员和技术缺乏问题。

◆ **8—9日** 农业部农垦局主办、中国农垦经济发展中心承办的“奶业提升农垦先行——农垦奶牛场现代化管理培训计划”第四期培训班在上海举行，100余人参加培训。

◆ **10—12日** 中国奶业协会、全国畜牧总站在太原市举办2011年全国奶牛生产性能测定技术培训（山西）班。来自山西各地的奶农和技术人员180余人参加培训。

◆ **12日** 农业部印发《关于2010—2011年度中华农业科技奖的表彰决定》（农科教发〔2011〕15号）。西北农林科技大学等单位完成的“奶牛优质高效产业化配套技术体系研究与示范”获中华农业科技奖科研类成果一等奖；中国农业科学院草原研究所等单位完成的“奶牛优质饲草生产技术研究与示范”获二等奖。

◆ **15日** 国务院印发《国家环境保护“十二五”规划》（国发〔2011〕42号），提出到2015年，全国规模化畜禽养殖场和养殖小区配套建设固体废物和污水贮存处理设施的比例达到50%以上。

◆ **21日** 农业部办公厅印发《全国节粮型畜牧业发展规划（2011—2020年）》（农办牧〔2011〕52号），提出加快发展奶牛，到2015年，奶类产量达到5 000万吨，年递增5.9%；到2020年，奶类产量达到6 400万吨，年均递增5%。

◆ **21日** 农业部印发《全国畜禽遗传资源保护和利用“十二五”规划》（农牧发〔2011〕13号），提出牛遗传资源保护思路和主要任务是以活体保护为主、冷冻精液和胚胎等遗传物质保存为辅。

◆ **21日** 国家质量监督检验检疫总局公告2011年第189号，公布灭菌乳产品质量国家监督抽查结果。抽查10个省、直辖市73家企业生产的73种灭菌乳产品，进行10项指标检验。其中有1种纯牛奶产品的蛋白质不符合标准的规定，其他产品及其余项目均符合标准要求。

◆ **23日** 国家质量监督检验检疫总局公告2011年第191号，公布液体乳产品质量国家监督抽查结果。抽查21个省、自治区、直辖市128家企业生产的200种液体乳产品，进行18项指标检验。其中有2种产品黄曲霉毒素M1项目不符合标准的规定。

◆ 27—28日　农业部在北京召开全国农业工作会议。农业部部长韩长赋出席会议并讲话。韩长赋在谈到奶业工作时指出，2012年要着力抓好奶业生产。推动苜蓿等饲料基地建设，促进奶业健康发展。推进生鲜乳质量安全监管，对个别产品中存在的突出问题实施集中治理，努力确保不发生重大农产品质量安全事件。

◆ 28日　农业部、国家发展和改革委员会、财政部、商务部、中国人民银行、国家税务总局、中国证券监督管理委员会、中华全国供销合作总社联合公布第五批农业产业化国家重点龙头企业名单（2011年农经发〔2011〕12号），9家奶业企业上榜。至此，全国共有54家奶业企业被列为农业产业化国家重点龙头企业。

◆ 29日　农业部在北京召开全国畜牧兽医工作会议。农业部部长韩长赋、副部长高鸿宾出席会议并讲话。高鸿宾在谈到奶业工作时指出，2011年奶业振兴步伐加快，奶牛生产持续增长，生鲜乳价格总体平稳，养殖效益好于常年，单产5吨的奶牛年获利2 000元左右。在生鲜乳专项整治方面始终保持高压态势，奶站管理水平和生鲜乳质量安全水平大幅提高。从2012年开始，国家将启动实施“振兴奶业苜蓿发展行动”，中央财政每年安排5.25亿元，在奶牛主产省和苜蓿主产省，开展奶牛优质苜蓿标准化高产创建。2012年建设50万亩（33.33千米^2）优质苜蓿生产基地，到“十二五”末，累计建设200万亩（133.32千米^2）基地。他强调，各地要把优质苜蓿生产基地建设作为振兴奶业的战略性措施来抓。继续抓好生鲜乳专项整治，加强奶站标准化建设和管理，加快奶站信息化监管平台和质量安全追溯系统建设，努力构建生鲜乳监管长效机制。

◆ 29日　农业部印发《农业部农产品质量安全风险评估实验室管理规范》（农质发〔2011〕13号）和公布首批农业部农产品质量安全风险评估实验室名单（农质发〔2011〕14号），其中奶产品质量安全风险评估实验室2个，依托单位分别为中国农业科学院北京畜牧兽医研究所、上海市动物疫病预防控制中心（上海市乳品培训研究中心）。

◆ 30日　农业部办公厅印发《动物电子耳标试点方案》（农办医〔2011〕75号），农业部兽医局在天津市武清县、内蒙古自治区呼和浩特市、湖南省邵阳市以及新疆生产建设兵团进行试点，每个省（自治区、直辖市）试点奶牛总数量在1万头左右，分别选择5个左右的奶牛养殖场和一部分奶牛散养户开展试点工作。

◆ 31日　中共中央、国务院印发《关于加快推进农业科技创新持续增强农产品供给保障能力的若干意见》（中发〔2012〕1号），提出“启动实施振兴奶业苜蓿发展行动，推进生猪和奶牛规模化养殖小区建设”。

◆ **31日** 国家发展和改革委员会、工业和信息化部印发《食品工业“十二五”发展规划》(发改产业〔2011〕3229号)，提出到2015年，原料乳产量达到5 000万吨，增长33.4%；乳制品产量达到2 700万吨，增长15%，其中干乳制品产量900万吨，液体乳产量1 800万吨。通过兼并、重组，培育形成一批年销售收入超过20亿元的骨干企业。乳制品加工能力闲置率控制在25%以内。

◆ **31日** 中国奶业协会印发《关于聘任中国奶业协会特约通讯联络员的通知》，聘请农业部奶业管理办公室，各省、自治区、直辖市奶业行政主管部门及奶业协会，乳品企业、科研院校共48名奶业工作者为特约通讯联络员。

本年

◆ 农业部2011年对牛奶进行兽药残留监测，检测药物种类为β-内酰胺类、氨基糖甙类、氟喹诺酮类、磺胺类、林可胺类和大环内酯类、氯霉素、四环素类，抽检牛奶样品3 621批，均未检出残留超标样品。

◆ 国家质量监督检验检疫总局官方网站：截至2011年12月底，全国核发乳制品生产许可证711个，核发婴幼儿配方乳粉生产许可证116个。

◆ 农业部农村经济体制与经营管理司、农村合作经济经营管理总站调查统计：截至2011年年底，全国（除西藏、农垦系统外）从事奶业生产的农民专业合作社10 182个，占畜牧业生产农民专业合作社的7.09%，比2010年增长39.2%。

后 记

2005年，王福兆教授向时任中国奶业协会理事长的刘成果建议由中国奶业协会组织编撰中国奶业史书。尔后，陆续又有秦志锐、骆承庠、魏荣禄、顾佳升等专家学者提出相同建议。经征询业内一些老同志、专家学者的意见，并与农业部有关部门沟通，刘成果理事长遂决定由中国奶业协会牵头，组织专家学者撰写中国奶业发展史，开中国奶业编修史之先，补中国奶业无史书之憾，以述往知来而鉴古察今。

2007年，《中国奶业史》编撰工作启动。刘成果理事长提出了四条编撰原则——客观真实、全面系统、学术价值和可读可鉴。坚持客观真实，即广泛收集史料，包括典籍文献、走访当事人等，要原始、实地、可靠；坚持全面系统，即覆盖奶业各领域且互通，反映历程各阶段且贯通，整体水乳交融，要横通、纵通、会通；坚持学术价值，即研究变化规律，有史有论，论从史出，要有分析、有观点、有结论；坚持可读可鉴，即有理有据、通俗易懂、图文并茂，读后要有启发、有收获、有益处。

在刘成果理事长的主持下，先后有来自17个单位的85人参加了《中国奶业史》的编撰工作。在众多的编写人员中，既有农业经济史学家、国家奶业重大科技专项和奶牛产业技术体系专家等著名教授学者，也有曾经长期从事奶业管理工作的知名领导；既有白发苍苍、业已退休或退而不休的资深奶业工作者，也有风华正茂、活跃在奶业工作岗位的中青年工作者。另外，还有50多人热情地提供文献资料或提供历史情况。可以说，《中国奶业史》是集体智慧的结晶。

《中国奶业史》从决定编撰到书稿写就历时5年多，大致可分为撰前、撰写和统稿三个阶段。

第一阶段，撰前阶段。主要工作包括申请立项课题、制定编撰要求、走访资深人士、查找收集史料等。

2007年4月10日，中国奶业协会向行业有关单位和专家学者发出邀请函，邀请参加《中国奶业发展史》（暂定名）的编撰工作，标志着中国奶业发展历史研究与编写工作正式启动。同时，成立了编辑委员会，刘成果理事长担任编辑委员会主任兼主编。下设编辑部，具体负责组织联络和日常工作。编辑部先设在中国奶业协会乳品工业委员会秘书处，后改设在中国奶业协会秘书处。尔后，依托中国奶业协会专业委员会确定参加编撰人员组成课题组，刘成果理事长担任课题组组长，魏克佳、徐定人、许世卫担任副组长；进行专题分工，明确各子课题负责人，拟定研究内容和编撰提纲。

2008年9月，中国奶业协会向农业部提交了开展中国奶业发展历史研究与编撰的课题立项申请报告。课题立项申请被批准列入农业部软科学研究项目计划。同时，农业部农垦局、财务司也给予经费资助。12月26日，中国奶业协会在北京召开《中国奶业发展史》（暂定名）课题启动会，刘成果主编主持了会议，明确了编撰相关要求。会议讨论确定了编撰指南。会后，编撰人员即开始了访谈资深人士、查找收集史料等撰前工作。

第二阶段，撰写阶段。主要工作包括研讨撰写内容、细化结构提纲、分析考证史料、落笔撰写书稿和交流篇章样稿等。

2009年，中国奶业发展历史研究与编写工作全面展开。中国奶业协会先后主持召开5次专题会议，研究讨论相关问题，推动研究编撰进展。

2月15日，在广州市燕岭大厦召开第一次专题会议，对撰前史料收集等工作进行了交流，重点讨论调整了《中国奶业发展史》（暂定名）编撰框架结构，修改了编撰提纲，确定了历史人物入选原则和相关要求，部署了研究和撰写工作进程安排，要求各子课题细化编写各章节提纲。

4月23日，在中国农业科学院研究生院会议室召开第二次专题会议，讨论了大事记入选标准和编写工作的考核办法，确定不再单独设历史人物附录，要求各课题组试写样稿。刘成果主编强调写好《中国奶业发展史》（暂定名）是奶业人的责任，进一步阐述撰写《中国奶业发展史》（暂定名）的时代背景、重要意义、标准和要求及结构设计等。

6月10日，在北京召开第三次专题会议，讨论了各子课题组撰写的样稿，进一步统一和规范一些行业用语的提法，提出要选择有代表性事件的图片，明确撰写技术是写其社会要素，而不是技术本身的介绍。会议还特别讨论了我国香港、澳门和台湾奶业有关篇章的撰写事宜。

11月7—8日，在北京香山三元商务会馆召开第四次专题会议。会议听取了各课题组进度汇报，讨论在撰写过程中遇到的一些具体问题。会议进一步重申了撰写的指导原则，要求各课题组执笔人员准确把握编撰原则。会议还提出有关图片、大事记和史料的具体要求。

除了专题会议外，各子课题组也相继多次召开讨论会，邀请业内有关专家建言献策，分析考证和研究取舍史料，商讨具体写法，不断补充、修改内容。

2010年12月8日，在厦门召开第五次专题会议。会议听取各子课题组的工作进展汇报，交流了已完成的书稿内容，讨论问题，提出修改建议，安排了下一步工作进度计划。

2011年7月，各篇章的初稿基本撰写完成，送刘成果主编和其他负责人审阅。之后，以各子课题组为单元召集书稿讨论会，听取各组负责人及主要执笔人汇报。刘成果主编提出了修改意见，要求进一步补充、核实有关史料，把握重点，规范用语，修正有关提法。有些章节修改较大甚至是结构性修改。

第三阶段，统稿阶段。主要工作包括分章审阅书稿、讨论修改意见、核实补充史料、统一体例格式、修正数据、调整重复内容、规范文字表述、完善照片图表、通篇审阅书稿等。

2011年12月2日，刘成果主编在中国奶业协会会议室主持召开会议，启动统稿工作。刘成果主编强调，要按照防错误、防遗漏、防重复的原则进行统稿，贯彻编撰原则。在史料、史论方面较欠缺的篇章要充实加工。各部分都要注意对奶业文化的梳理和提炼。书名正式确定为《中国奶业史》。刘成果主编对统稿要求、统稿进度和人员分工作出具体安排。《中国奶业史》的编撰工作正式进入统稿阶段。

2012年2—4月，中国奶业协会组织人员前往北京、上海、哈尔滨、天津、西安、济南、重庆、广州、南京、武汉等地的档案馆，查阅了大量原始档案，收集了各地有价值的奶业历史资料，以进一步充实近现代奶业史章节内容。

4月10日，刘成果主编在中国奶业协会会议室主持召开《中国奶业史》统稿工作会议，通报了分章统稿进展情况，分章提出修改要求，并成立以魏克佳为组长、刘琳为副组长的统稿组进行通篇统稿。

4—12月，统稿组对书稿进行了分章审阅，并召集了8次集中讨论会，与编写人员沟通，交换修改意见。9月，将《中国奶业史》（通史卷）中的“现代篇”书稿送魏荣禄、王福兆、庹国柱三位先生审阅。

10月23日，在北京圆山大酒店召开《中国奶业史》编撰总结会，魏克佳常务副主编对几年来《中国奶业史》编撰工作作了全面总结，刘成果主编对参加编撰的全体人员给予高度肯定，并对最后阶段的工作提出明确要求，确定由各子课题组负责人进行通篇终稿审阅，并送农业部畜牧业司、农垦局审阅。

12月，为了加快出版进度，将书稿交付中国农业出版社。中国农业出版社本着对书稿高度负责的态度，邀请农史专家徐旺生、李群和穆祥桐先生对《中国奶业史》（通史卷）进行审阅。统稿组与三位先生进行了座谈，听取他们意见。后徐旺生、李群先生不辞辛苦，搁置手头工作，挤出时间，重点对“古代篇”和“近代篇”进行了补充和修改以及史料的核实。

2013年1月，统稿组召开集中讨论会，逐一讨论各位专家通篇终审书稿后所提的意见，与编写人员再沟通，对书稿又进行了补充修改。至此，《中国奶业史》脱稿。

《中国奶业史》分为通史卷和专史卷两卷，全书总计大约156万字，其中通史卷约79万字，专史卷约77万字。两卷主体采用编年体体裁，以时间为经，以史事为纬，按照历史时期记述奶业历史事件。但在部分篇章中也采用了纪事本末体体裁，以事件为中心集中叙述。两卷的写作视野和风格迥异。通史卷主要记叙了中国奶业从原始萌芽到形成现代产业的近万年的历史，通过记叙史实体现奶业历史发展脉络，分析、研究奶业历史现象，探索奶业历史发展的客观规律。叙事时间从新石器时代起至2010年，个别事情写到2012年，大事记则到2011年底；专史卷按照奶牛育种史等专题，记叙该领域所发生的重大历史变迁和技术进步，涵盖了原料奶生产、乳制品加工、市场消费等整个产业链，大部分章节叙事时间从1949年至2010年或2011年，个别章节根据内容时间跨度向前延伸。

本卷为通史卷，包括古代篇、近代篇、现代篇和大事记4个部分。

“古代篇”主要记述了从新石器时代至1840年中国奶业由萌芽到逐步形成的漫长历程，从挤奶利用到家庭加工制品，从民间走向皇室，描述了古朴的奶食文化的产生和在华夏的传播。该部分由曹幸穗负责，张苏、柏芸参加编写，彭煜师、陈蕴鸾、李亦菁参加资料搜集，徐旺生补充了部分内容并作了修改，张书义补充了部分奶制品、奶文化及古字音注等内容。

“近代篇”主要记述了1840—1948年在西方外来乳用品种牛进入中国后逐步形成奶业产业的变化历程，描述了西方奶牛养殖与乳品加工技术以及管理模式的影响，反映了中国不同地区奶业的发展情况。该部分始由顾佳升负责，后改为曹幸穗负责，顾佳升、张苏、苏天旺参加编写，李琦珂、徐永智、曹竹菲、沈丽君参加资料搜集，李群补充了部分内容并作了修改。

“现代篇”主要记述了1949—2010年中国奶业形成产业体系的发展历程，描述了中国奶业在不同地区的发展状况及特点。该部分始由徐定人负责，李栋、赵伟、周振峰、王树贵参加编写，形成初稿。在做出结构性修改决定后，改由曹幸穗负责，晋萍、陈小凤参加编写，陈影、曹琰参加资料搜集。王林昌撰写了有关“学生饮用奶计划”部分，李栋撰写了有关“阜阳劣质奶粉事件”和“婴幼儿奶粉事件”部分。方言撰写了有关国务院《关于促进奶业持续健康发展的意见》（国发〔2007〕31号）的起草、出台的详细过程材料。毕鉴琨参加后期的文稿整理工作。张邦恢、陈绍祐、李胜利提供了部分资料。

“大事记”主要收录了约10000～4000年前至2011年年底中国奶业发生的大事、要事以及与奶业密切相关并对其产生重大影响的事情共2 208条。其中，约10000～4000年前至1948年部分由曹幸穗负责，张苏、晋萍参加编写，刘琳、徐旺生、李群、穆祥桐作了内容补充和修改；1949—2010年部分始由许世卫、冯艳秋负责，汤承超、林少华、陈晓明完成初稿。在决定对该部分做重大修改后，由魏克佳负责，赵伟（1949—1957年部分）、李栋（1958—1977年部分）、周振峰（1978—1999年部分）、刘琳（2000—2011年部分）参加编写，刘琳并对1949—1999年部分进行了补充和修改。王林昌提供了“学生饮用奶计划”部分内容，豆明、陈联奇提供了2000—2010年的部分资料，各子课题组也提供了相关部分内容。毕鉴琨、曹正参加了部分资料的收集整理工作。

要特别说明的是，由于搜集到的有关澳门特别行政区奶业生产的史料很少，故在本书未体现，有待日后补充。

《中国奶业史》洋洋洒洒百万多字，凝聚了辛辛苦苦百多人的心血。参加编撰人员在本职工作繁忙之余承担编写任务，放弃节假日休息而昼夜伏案，殚精竭虑、数易其稿，成稿后又虚心接受意见反复修改。统稿组除了做好统稿审阅工作外，还承担了观点审议、史料核实、文字规范、数据核对、图片整理、部分内容改写或重写等工作，同样放弃休息加班加点。中国农业出版社的颜景辰、刘伟编辑从统稿伊始便介入工作，提出出版要求，提高了统稿效率。在后期编校书稿中编辑们认真负责，指出存在的纰漏，使书稿文字更加规范。最后要特别提出的，就是曹幸穗先生为本书所做出的贡献，他在承担了《中国奶业史》（通史卷）的“古代篇、近代篇”撰写任务后，又承担了“现代篇”的重写任务，尤其是在身体作了手术尚未痊愈期间就投入工作。另外，曹幸穗先生还对参加《中国奶业史》（专史卷）编撰的同志进行史学写作技巧的指导，帮助大家把握写史的正确方法。

《中国奶业史》（通史卷）的编撰工作得到了农业部办公厅、畜牧业司及奶业管理办公室、兽医局的大力支持，得到了农业部农垦局、产业政策与法规司和财务司的经费资助，得到了本卷编写人员所在单位全国农业展览馆、中国农业科学院农业信息研究所的鼎力相助，得到了《中国奶牛》编辑部、《中国乳品工业》编辑部、中国农垦经济发展中心、农业部农业机械试验鉴定总站、中国农业出版社、国家农业图书馆等单位的真诚帮助，在此一并表示衷心感谢！对前面所提及的热心提供珍贵史料的众多人士，对于曾为本卷编撰做过工作的杨秀文、张朔望、曹正、关智萍、门建清、肖建国、乔丽娥，在此一并致以诚挚谢意！

《中国奶业史》是中国奶业协会奉献给中国奶业的一份历史记录，希望能够对业内人士和关注奶业的人士有所裨益。因其为拓荒补白之作，既无可借鉴的范本参考，又多为技术人员执笔而缺乏史学家之功力，加之时间跨度长、内容涉及广，史料收集、考证难度大，众手成书，其中的疏漏乃至错误之处在所难免，好在此乃一家之言，恳请读者不吝斧正。

《中国奶业史》编辑委员会

2013年5月2日于北京

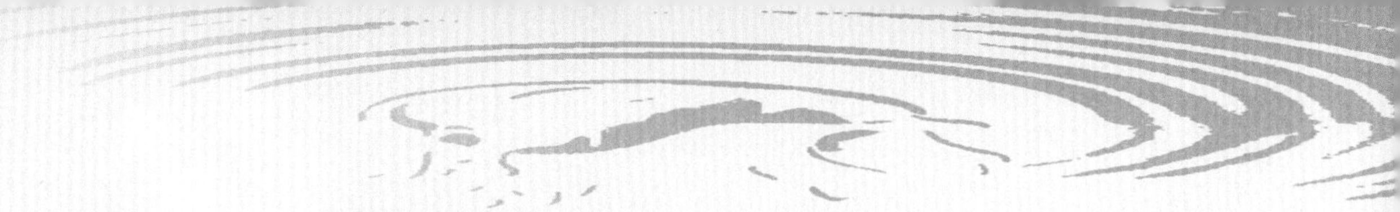